国政選挙総覧

1947-2016

日外アソシエーツ

A Databook of National Election in Japan 1947-2016

Compiled by
Nichigai Associates, Inc.

©2017 by Nichigai Associates, Inc.
Printed in Japan

本書はディジタルデータでご利用いただくことができます。詳細はお問い合わせください。

●編集担当● 松村 愛／熊木 ゆかり／河原 努
装 丁：小林 彩子（flavour）

刊行にあたって

　昨年6月、法相、総務相を歴任した自民党の鳩山邦夫衆議院議員が亡くなった。鳩山氏は、昭和51年（1976年）の衆議院議員総選挙で自民党から旧東京8区に出馬し初当選。平成5年（1993年）には新進党結成に参加し、民主党を経て、自民党に復帰。その後も自民党離党、復党を繰り返し、"政界の渡り鳥"とも呼ばれ、浮沈の激しい政治人生を歩んだ。この間、平成17年（2005年）の第44回衆議院議員総選挙は福岡県第6区から立候補するなど、複数の地域、複数の党派を渡り歩いてきた稀有な政治家の一人だ。

　一人の政治家がどの選挙区・党派から立候補したのかを時系列で追っていくのは、その人物の政治的基盤や政治理念を知るうえで非常に重要な情報である。しかしながら、特定の政治家が立候補した全ての選挙結果を調べるには、従来は選挙ごとにまとめられた資料を複数あたるしかなく、一度に調べることは容易ではなかった。

　本書は、戦後の新憲法下で行われた補欠選挙を含む全ての国政選挙の結果を、可能な限り都道府県別に通覧できるように排列したツールである。前述の鳩山氏のように、複数の地域・党派から立候補した政治家の選挙活動の履歴を調べるのに適しているほか、各都道府県の選挙動向を俯瞰し、その地域の政治の潮流を知ることを可能にした。

　巻末には「候補者氏名索引」を掲載。延べ4万人にも上る現在までの国政選挙の全候補者を初めて五十音順で引くことができるようにした。さらに、各選挙の党派別獲得議席と党派の正式名称を掲載した「党派別獲得議席一覧」、不定期に行われる補欠選挙の概要を実施日順に掲載した「衆議院議員選挙補欠選挙一覧」「参議院議員選挙補欠選挙一覧」を併載した。これらの付録は、本書の内容を補いつつ、それ自体も非常に使い勝手の良い資料になったと自負している。

　本書が戦後政治史調査の基本ツールとして、公共図書館はもちろん、大学や自治体で広く利用されることを願っている。

2017年5月

日外アソシエーツ

目　次

凡　例 …………………………………………………………… (6)

衆議院議員総選挙 …………………………………………………… 1

参議院議員通常選挙 ………………………………………………… 405

候補者氏名索引 ……………………………………………………… 585

付　録 ………………………………………………………………… 655

凡　例

1. 本書の内容
　　本書は、戦後新憲法下で実施された国政選挙の当落結果を都道府県別に掲載した資料集である。戦後70年間の衆議院議員総選挙、参議院議員通常選挙、及びその補欠選挙などの結果を収録した。

2. 収録対象
　（１）衆議院議員総選挙
　　　　昭和24年（1949年）の第24回から平成26年（2014年）の第47回まで
　（２）参議院議員通常選挙
　　　　昭和22年（1947年）の第1回から平成28年（2016年）の第24回まで
　（３）（１）（２）に関係する補欠選挙、再選挙、繰上当選

3. 記載事項
　（１）衆議院議員総選挙・選挙区
　　　都道府県／回次／投票日／選挙区／定数／
　　　当落（比例区当選者は「比当」）／候補者氏名／年齢／性別／党派／新現前元／得票数
　　　※比例区との重複立候補者は党派の後ろに㊗を付与した
　　　例）
　　　　　【第1区】定数1
　　　　　当　横路　孝弘　73　男　民主㊗前　116,398
　　　　　　　船橋　利実　54　男　自民㊗前　105,918
　　　　　　　野呂田博之　56　男　共産　新　32,031
　　　　　　　飯田　佳宏　41　男　無所属　新　13,444
　（２）衆議院議員総選挙・比例区
　　　ブロック／回次／定数／投票日／党派／党派別得票数／党派別当選人数／
　　　名簿順位／当落（小選挙区当選は「選当」）／小選挙区／惜敗率／候補者氏名／年齢／
　　　性別／新現前元
　　　※党派別当選人数に繰上当選は含まない
　　　※年齢及び性別は比例区単独候補者のみ記載し、小選挙区当選者は年齢及び性別を省略し文字を縮小して記載した

※惜敗率の欄に「▼」がある候補者は、重複先の小選挙区の得票が有効投票総数の10分の1以上の得票に達しなかった者であり、名簿順位上、当選ラインに達していても当選出来ない

例）
```
       社会民主党        843,060票    当選人数 3人
              1 選当 兵7  土井たか子 前
              1 選当 大10 辻元 清美  前
       1 当 兵6 (65.90) 中川 智子  52 女 前
       1 当 兵8 (47.41) 北川れん子  46 女 新
       1 当 奈3 (34.15) 植田 至紀  34 男 新
       1    大17   ▼   中北龍太郎  53 男 新
```

（３）参議院議員通常選挙・選挙区

都道府県／回次／投票日／選挙区／定数／

当落／候補者氏名／年齢／性別／党派／新現前元／得票数

（４）参議院議員通常選挙・全国区

回次／定数／投票日／

当落／候補者氏名／年齢／性別／党派／新現前元／得票数

※参議院議員の任期については６年と決まっているため、任期の記載は省略した。但し、第１回通常選挙や、通常選挙と同時に行われる補欠選挙、繰上当選においては、任期が３年の当選議員もいるため、その場合は当落の後に「３」を記載した

例）
```
    当     松村 秀逸  62 男 自民 現  382,149
    当 ※  阿部 竹松  50 男 社会 現  376,901
    繰当3  山高しげり 63 女 無所属 新 375,172
          安田善一郎 50 男 自民 新  374,843
```

（５）参議院議員通常選挙・比例区

回次／定数／投票日／党派／党派別得票数／党派別当選人数／

名簿順位／当落／候補者氏名／年齢／性別／新現前元／得票数

※党派別当選人数に繰上当選は含まない

※第13回から第18回は厳正拘束名簿式のため得票数は空欄

（６）補欠選挙及び再選挙

回次／投票日／事由／選挙区／被選挙数／

当落／候補者氏名／年齢／性別／党派／新現前元／得票数

※昭和22年から昭和26年に実施された補欠選挙ついては、性別及び年齢の調査がつかなかったため、該当する欄を空欄とした

例）
《補選》第６回参議院議員選挙
昭和40年（1965年）４月11日実施
※髙橋進太郎の退職(知事選立候補)による

【宮城県選挙区】被選挙数１
```
   当  髙橋文五郎  71 男 自民 新  256,658
       戸田 菊雄  41 男 社会 新  143,145
       引地金治郎 57 男 民社 新   33,367
```

〈共通事項〉
　※使用漢字は原則常用漢字、新字体に統一した
　※繰上当選があった場合、当落の欄を「繰当」とし、その事由等を該当する選挙の末尾に注記した
　※当選後に失格となった候補者は、候補者氏名の前に㊟、辞退した当選者は㊞を付与し、その事由等を該当する選挙の末尾に注記した。その他の辞退者は得票数の欄に「辞退」と記載した
　※候補者氏名は原則として立候補時の氏名を採用した。また、別名を持つ場合は（　）で補記した
　※党派名は略称を掲載し、正式名称は巻末の「党派別獲得議席一覧」に選挙ごとに掲載した。また各選挙の際に議席を持っていた、あるいは議席を獲得した党派名を掲載し、それ以外は「諸派」にまとめた
　※新現前元の「新」はその身分を有したことがない者、「現」は選挙の時点でその身分を有していた者、「前」は選挙の直前にその身分を失った者、「元」はかつてその身分を有したことのある者で「前」以外の者を示す
　※按分票（案分票）については小数点以下を切り捨てた

4．排　　列
　（1）衆議院議員総選挙
　　全国を「北海道」「東北」「北関東」「南関東」「東京」「北陸信越」「東海」「近畿」「中国」「四国」「九州」の11ブロックに分け、それぞれのブロックの下を都道府県順、その下を回次順に排列した。比例区はブロックの最後に回次順に排列した
　（2）参議院議員通常選挙
　　選挙区は都道府県順、その下を回次順に排列。全国区及び比例区は回次順に排列した
　（3）補欠選挙及び再選挙
　　関係する選挙の直後に排列した
　　　※ブロックは北から南、都道府県は都道府県コード順、回次順は昇順、各選挙結果は得票数順（参議院議員通常選挙比例区の第13回から第18回は名簿順）とした

5．候補者氏名索引
　（1）候補者氏名を読みの五十音順で排列し、本文での記載頁を示した。選挙によって違う氏名・表記で立候補した人物については、氏名の読みが同じ場合は（　）で別名を補記した
　　　例）高田 巌　（高田 がん）
　　その他の場合は、可能な限り立候補回数の多い氏名に寄せ、参照見出しを立てた
　　　例）猪木 寛至　→アントニオ猪木

（２）候補者氏名読みの濁音、半濁音は清音扱い、拗促音は直音扱いとし、音引きは無視した。また、ヂ→シ、ヅ→スとみなした

　　尚、候補者氏名読みについては出来るだけ調査したが、どうしても調査がつかなかったものについては、一般的な読みを採用した

6．参考資料

選挙及び人名データについては、主に下記の資料に拠った

『朝日新聞縮刷版』（1947-2016）朝日新聞社.
『参議院議員選挙一覧』（1955-2013）参議院事務局庶務部資料課編,参議院事務局.
『参議院議員通常選挙の実績　第1回～第15回』（1990）自治省選挙部.
『衆議院議員選挙の実績　第1-30回』（1967）公明選挙連盟.
『衆議院議員選挙の実績　第1巻・第2巻』（1991）自治省選挙部.
『衆議院議員総選挙一覧』（1949-1967）衆議院事務局.
『衆議院議員総選挙最高裁判所裁判官国民審査結果調』（1949-2014）総務省自治行政局選挙部.
『選挙年鑑』（総務省自治行政局選挙部、1964-2003）
佐藤令（2005）「戦後の補欠選挙」,『レファレンス』659,pp.76-105,国立国会図書館.
人物情報データベース「whoplus」日外アソシエーツ.

衆議院議員総選挙

宋蜀華民族學文集

選挙区・北海道

第24回衆議院議員選挙
昭和24年（1949年）1月23日実施

【第1区】定数5
当	苫米地英俊	65	男	民自	前	33,915
当	宇野秀次郎	56	男	民自	新	29,662
当	小川原政信	67	男	民自	前	28,580
当	椎熊 三郎	54	男	民主	前	23,970
当	浦口 鉄男	43	男	諸派	新	22,069
	東　　隆	47	男	農新	元	20,056
	横路 節雄	38	男	社会	新	19,099
	正木　清	49	男	社会	前	16,424
	広谷 俊二	36	男	共産	新	14,388
	田中 信夫	52	男	民主	新	13,390
	和泉　盛	48	男	無所属	新	11,066
	長谷 長次	46	男	農新	新	10,090
	境　一雄	49	男	社会	前	9,263
	二宮 喜治	29	男	諸派	新	3,249
	氏家 民雄	37	男	労農	新	2,588

【第2区】定数4
当	河口 陽一	43	男	農新	前	30,182
当	玉置 信一	54	男	民自	新	28,483
当	松本六太郎	60	男	農新	元	27,669
当	佐々木秀世	40	男	民自	前	27,415
	山本 英一	46	男	民自	新	20,009
	高橋日出男	54	男	民自	新	19,242
	三浦 満吉	51	男	農新	新	17,146
	坂東幸太郎	68	男	民主	前	16,163
	和田 敏明	44	男	社会	前	13,034
	加藤 直次	52	男	無所属	新	12,182
	五十嵐久弥	42	男	共産	新	11,063
	大久保 猛	43	男	労農	新	7,180
	村上 彦二	31	男	無所属	新	4,699

【第3区】定数3
当	田中　元	37	男	民自	新	36,680
当	冨永格五郎	55	男	民自	前	35,352
当	川村善八郎	57	男	民自	前	30,527
	館　俊三	53	男	労農	前	27,199
	幡野 直次	58	男	農新	新	22,998
	杉村 大造	62	男	民主	新	12,109
	米沢　勇	46	男	社会	新	11,303
	葛西奥羽之亮	48	男	無所属	新	5,644

【第4区】定数5
当	岡田 春夫	35	男	労農	前	39,925
当	北　二郎	31	男	農新	前	37,448
当	小平　忠	34	男	農新	新	32,460
当	柄沢とし子	38	女	共産	元	28,259
当	篠田 弘作	50	男	民自	新	27,878
	徳中 祐満	62	男	民自	新	22,919
	三好 竹勇	47	男	民主	前	20,788
	松浦　栄	49	男	民自	前	20,302
	山中日露史	43	男	社会	前	18,303
	香川 兼吉	57	男	民自	元	18,019
	海内 要道	46	男	無所属	新	16,952
	池戸 芳一	43	男	無所属	新	14,434
	川原 正幸	35	男	労農	新	14,172
	太田 信吉	48	男	社会	前	9,933
	西田 正一	48	男	民主	新	6,915
	喜多 幸章	42	男	社会	新	6,364

【第5区】定数5
当	伊藤 郷一	49	男	民自	前	46,544
当	高倉 定助	56	男	農新	前	42,211
当	松田 鉄蔵	49	男	民自	新	29,107
当	飯田 義茂	67	男	農新	前	26,784
当	林　好次	54	男	民主	新	26,381
	本名　武	38	男	民主	元	24,419
	森 三樹二	46	男	社会	前	19,327
	永井勝次郎	48	男	社会	前	17,431
	中島 武市	43	男	民自	新	15,516
	荒井 英二	39	男	共産	新	12,874
	岡林 歓喜	52	男	社会	新	9,742
	佐野 法幸	31	男	社会	新	9,611
	桑原啓次郎	54	男	無所属	新	4,512

第25回衆議院議員選挙
昭和27年（1952年）10月1日実施

【第1区】定数5
当	椎熊 三郎	57	男	改進	前	49,645
当	横路 節雄	41	男	左社	新	48,826
当	町村 金五	52	男	改進	新	42,815
当	薄田 美朝	55	男	自由	新	36,041
当	正木　清	52	男	左社	元	35,777
	苫米地英俊	67	男	自由	前	29,599
	岩本 政一	49	男	自由	新	29,546
	宇野秀次郎	59	男	自由	前	23,458
	和泉　盛	51	男	右社	新	16,558
	浦口 鉄男	46	男	諸派	前	10,523
	杉之原舜一	55	男	共産	新	10,023

【第2区】定数4
当	松浦周太郎	56	男	改進	元	63,394
当	佐々木秀世	43	男	自由	前	45,171
当	芳賀　貢	44	男	左社	新	42,427
当	玉置 信一	57	男	自由	前	37,923
	河口 陽一	46	男	改進	前	35,884
	武田信之助	54	男	自由	元	28,935
	林　唯義	50	男	無所属	新	27,446
	五十嵐久弥	44	男	共産	新	6,139

【第3区】定数3
当	平塚常次郎	70	男	自由	元	53,502

当	川村善八郎	59	男	自由	前	45,826		佐々木秀世	44	男	自由鳩	前	29,071
当	館　俊三	56	男	労農	元	43,047		林　唯義	51	男	無所属	新	26,228
	田中　元	40	男	自由	前	35,678		伊集院兼清	60	男	右社	新	15,951
	冨永格五郎	57	男	自由	前	23,846		五十嵐久弥	45	男	共産	新	5,543
	須藤秀夫	45	男	協同	新	11,981		【第3区】定数3					
	石田元宏	38	男	諸派	新	3,778	当	田中　元	40	男	自由吉	元	70,609
【第4区】定数5							当	川村善八郎	60	男	自由吉	前	41,404
当	岡田春夫	38	男	労農	前	66,775	当	館　俊三	56	男	労農	前	37,355
当	渡辺惣蔵	45	男	左社	新	59,471		平塚常次郎	71	男	自由鳩	前	25,655
当	篠田弘作	53	男	自由	前	56,446		笠原利重	42	男	左社	新	15,954
当	山中日露史	46	男	左社	元	45,924		大島寅吉	78	男	改進	元	9,647
当	南条徳男	57	男	自由	元	44,576		岡　武夫	49	男	右社	新	9,241
	小平　忠	37	男	協同	前	44,254	【第4区】定数5						
	北勝太郎	63	男	協同	元	38,085	当	小平　忠	37	男	右社	元	74,486
	手代木隆吉	68	男	改進	元	30,759	当	岡田春夫	38	男	労農	前	71,723
	星野靖之助	53	男	無所属	元	24,263	当	篠田弘作	53	男	自由吉	前	68,951
	柄沢とし子	41	女	共産	前	16,797	当	山中日露史	47	男	左社	前	56,450
【第5区】定数5							当	南条徳男	57	男	自由吉	前	55,985
当	森三樹二	49	男	左社	元	48,117		渡辺惣蔵	46	男	左社	前	54,671
当	伊藤郷一	51	男	自由	前	44,158		手代木隆吉	69	男	改進	元	34,787
当	高倉定助	59	男	改進	前	38,882		柄沢とし子	41	女	共産	元	16,870
	永井勝次郎	51	男	左社	元	38,448	【第5区】定数5						
当	松田鉄蔵	51	男	自由	前	34,625	当	本名　武	41	男	改進	元	66,682
	本名　武	40	男	改進	元	34,053	当	森三樹二	49	男	左社	前	52,395
	林　好次	56	男	改進	元	25,085	当	永井勝次郎	52	男	左社	前	51,563
	小笠原恵	41	男	協同	新	24,092	当	伊藤郷一	52	男	自由	前	51,132
	高野源蔵	52	男	右社	新	18,694	当	松田鉄蔵	52	男	自由鳩	前	48,383
	尾崎天風	65	男	自由	元	15,411		高倉定助	59	男	改進	前	35,787
	古沢泰一	41	男	自由	新	14,415		小笠原恵	41	男	右社	新	29,709
	南雲正朔	49	男	改進	元	11,868		奥村邦教	37	男	自由吉	新	14,531
	日光福治	31	男	共産	新	9,632		日光福治	32	男	共産	新	10,717
	藤本国夫	35	男	諸派	新	3,972		藤本国夫	36	男	諸派	新	4,248

第26回衆議院議員選挙
昭和28年(1953年)4月19日実施

第27回衆議院議員選挙
昭和30年(1955年)2月27日実施

【第1区】定数5							【第1区】定数5						
当	苫米地英俊	68	男	自由	元	56,747	当	横路節雄	44	男	左社	前	75,389
当	横路節雄	42	男	左社	前	48,513	当	椎熊三郎	59	男	民主	前	56,970
当	正木　清	52	男	左社	前	45,835	当	正木　清	54	男	左社	前	54,022
当	椎熊三郎	57	男	改進	前	37,877	当	薄田美朝	58	男	自由	元	51,517
当	町村金五	52	男	改進	新	37,573	当	町村金五	54	男	無所属	前	50,963
	薄田美朝	56	男	自由吉	前	37,318		宇野秀次郎	61	男	民主	元	37,842
	岩本政一	49	男	自由吉	新	30,973		苫米地英俊	70	男	自由	前	37,116
	斎藤正志	47	男	右社	新	19,587		千秋邦夫	48	男	右社	新	17,829
	宇野秀次郎	59	男	自由鳩	元	16,151		広谷俊二	41	男	共産	新	9,432
	杉之原舜一	55	男	共産	新	9,538		高井清治	44	男	無所属	新	4,109
【第2区】定数4							【第2区】定数4						
当	芳賀　貢	45	男	左社	前	47,368	当	松浦周太郎	58	男	民主	前	62,556
当	松浦周太郎	56	男	改進	前	44,894	当	芳賀　貢	47	男	左社	前	55,998
当	武田信之助	54	男	自由吉	前	44,450	当	佐々木秀世	45	男	民主	元	49,330
当	玉置信一	57	男	自由吉	前	44,199	当	林　唯義	52	男	民主	新	40,383
	河口陽一	47	男	改進	元	37,925		玉置信一	59	男	自由	前	36,955

	氏名	年齢	性別	党派	新旧	得票数
	河口　陽一	48	男	右社	元	35,324
	武田信之助	56	男	自由	前	34,958
	五十嵐久弥	47	男	共産	新	7,685

【第3区】定数3

	氏名	年齢	性別	党派	新旧	得票数
当	平塚常次郎	73	男	民主	元	67,798
当	田中　正巳	37	男	自由	新	39,082
当	川村善八郎	62	男	自由	前	36,717
	館　俊三	58	男	労農	前	32,964
	笠原　利重	44	男	左社	新	25,428
	曽田　玄陽	42	男	右社	新	18,252
	西館　仁	51	男	共産	新	1,827

【第4区】定数5

	氏名	年齢	性別	党派	新旧	得票数
当	渡辺　惣蔵	48	男	左社	元	88,028
当	小平　忠	39	男	右社	前	68,746
当	南条　徳男	59	男	民主	前	67,830
当	岡田　春夫	40	男	労農	前	63,432
当	篠田　弘作	55	男	自由	前	60,782
	山中日露史	48	男	左社	前	59,260
	手代木隆吉	71	男	民主	元	39,527
	若原　譲	45	男	無所属	新	14,562
	村上　由	53	男	共産	新	11,858
	須合武四郎	44	男	無所属	新	4,705
	小名　孝雄	28	男	無所属	新	3,881
	瀬賀　恭夫	34	男	無所属	新	1,799

【第5区】定数5

	氏名	年齢	性別	党派	新旧	得票数
当	永井勝次郎	54	男	左社	前	65,898
当	森　三樹二	51	男	左社	前	60,325
当	本名　武	43	男	民主	前	53,327
当	松田　鉄蔵	54	男	民主	前	48,373
当	伊藤　郷一	54	男	自由	前	48,287
	松浦　定義	50	男	右社	新	46,704
	中山　正男	44	男	民主	新	36,932
	日光　福治	34	男	共産	新	16,049
	古沢　泰一	43	男	自由	新	14,257
	藤本　国夫	37	男	諸派	新	6,942

第28回衆議院議員選挙

昭和33年(1958年) 5月22日実施

【第1区】定数5

	氏名	年齢	性別	党派	新旧	得票数
当	横路　節雄	47	男	社会	前	90,624
当	町村　金五	57	男	自民	前	82,480
	正木　清	57	男	社会	前	70,669
	椎熊　三郎	63	男	自民	前	65,230
	薄田　美朝	61	男	自民	前	48,646
	西館　仁	54	男	共産	新	9,731
	高井　清治	48	男	無所属	新	7,850

【第2区】定数4

	氏名	年齢	性別	党派	新旧	得票数
当	松浦周太郎	62	男	自民	前	74,472
当	芳賀　貢	50	男	社会	前	66,029
当	安井　吉典	42	男	社会	新	62,097
当	林　唯義	56	男	自民	前	60,512
	佐々木秀世	49	男	自民	前	47,420

	氏名	年齢	性別	党派	新旧	得票数
	五十嵐久弥	50	男	共産	新	6,675

【第3区】定数3

	氏名	年齢	性別	党派	新旧	得票数
当	館　俊三	61	男	社会	元	54,762
当	平塚常次郎	76	男	自民	前	49,195
当	田中　正巳	40	男	自民	前	48,093
	川村善八郎	65	男	自民	前	38,276
	曽田　玄陽	45	男	社会	新	25,220
	城　三丘	47	男	無所属	新	3,855
	谷内　盛治	37	男	共産	新	1,891

【第4区】定数5

	氏名	年齢	性別	党派	新旧	得票数
当	篠田　弘作	58	男	自民	前	101,140
当	岡田　春夫	43	男	社会	前	87,458
当	南条　徳男	62	男	自民	前	82,032
当	山中日露史	52	男	社会	元	77,318
当	小平　忠	42	男	社会	前	70,448
	渡辺　惣蔵	51	男	社会	前	68,757
	村上　由	57	男	共産	新	9,293
	小名　孝雄	31	男	無所属	新	3,394

【第5区】定数5

	氏名	年齢	性別	党派	新旧	得票数
当	本名　武	46	男	自民	前	68,195
当	松浦　定義	53	男	社会	新	63,268
当	森　三樹二	54	男	社会	前	62,587
当	永井勝次郎	57	男	社会	前	61,560
当	松田　鉄蔵	57	男	自民	前	61,359
	伊藤　郷一	57	男	自民	前	52,453
	中山　正男	47	男	自民	新	29,427
	日光　福治	37	男	共産	新	17,049
	藤本　国夫	41	男	諸派	新	6,560

《補選》第28回衆議院議員選挙

昭和34年(1959年) 5月16日実施

※町村金五の退職、横路節雄の辞職(ともに知事選立候補)による

【第1区】被選挙数2

	氏名	年齢	性別	党派	新旧	得票数
当	横路　節雄	48	男	社会	前	160,215
当	高田　富与	66	男	自民	新	133,632
	西館　仁	55	男	共産	新	4,869
	肥後　亨	33	男	諸派	新	565

第29回衆議院議員選挙

昭和35年(1960年)11月20日実施

【第1区】定数5

	氏名	年齢	性別	党派	新旧	得票数
当	横路　節雄	49	男	社会	前	83,138
当	高田　富与	68	男	自民	前	72,521
当	椎熊　三郎	65	男	自民	前	60,494
当	島本　虎三	46	男	社会	新	53,422
当	寿原　正一	49	男	自民	新	50,893
	正木　清	60	男	社会	前	47,628
	箕輪　登	36	男	無所属	新	39,940
	渡辺　国弘	57	男	民社	新	12,640
	西館　仁	57	男	共産	新	6,274

【第2区】定数4
	氏名	年齢	性別	党派	新旧	得票数
当	佐々木秀世	51	男	自民	元	71,752
当	松浦周太郎	64	男	自民	前	65,833
当	芳賀 貢	52	男	社会	前	60,449
当	安井 吉典	45	男	社会	前	57,030
	林 唯義	58	男	自民	前	48,267
	林 謙二	50	男	無所属	新	35,274
	五十嵐久弥	52	男	共産	新	5,534

【第3区】定数3
	氏名	年齢	性別	党派	新旧	得票数
当	山内 広	53	男	社会	新	66,856
当	田中 正巳	43	男	自民	前	50,860
当	川村善八郎	68	男	自民	元	47,629
	佐藤 孝行	32	男	自民	新	31,618
	窪田 長松	63	男	民社	新	13,186
	谷内 盛治	39	男	共産	新	4,320

【第4区】定数5
	氏名	年齢	性別	党派	新旧	得票数
当	南条 徳男	65	男	自民	前	92,684
当	岡田 春夫	46	男	社会	前	89,209
当	渡辺 惣蔵	53	男	社会	元	85,414
当	篠田 弘作	61	男	自民	前	81,606
当	山中日露史	54	男	社会	前	75,064
	小平 忠	45	男	民社	前	72,642
	豊島 俊男	50	男	共産	新	8,031

【第5区】定数5
	氏名	年齢	性別	党派	新旧	得票数
当	本名 武	49	男	自民	前	76,563
当	伊藤 郷一	60	男	自民	元	73,046
当	岡田 利春	35	男	社会	新	67,118
当	永井勝次郎	59	男	社会	前	63,919
当	松田 鉄蔵	59	男	自民	前	61,466
	松浦 定義	56	男	社会	前	56,502
	日光 福治	39	男	共産	新	12,761
	堀 正	40	男	民社	新	9,723
	藤本 国夫	43	男	諸派	新	3,567

第30回衆議院議員選挙
昭和38年(1963年)11月21日実施

【第1区】定数5
	氏名	年齢	性別	党派	新旧	得票数
当	地崎宇三郎	44	男	自民	新	93,915
当	横路 節雄	52	男	社会	前	91,817
当	椎熊 三郎	68	男	自民	前	76,922
当	泊谷 裕夫	42	男	社会	新	64,215
当	寿原 正一	52	男	自民	前	64,000
	島本 虎三	49	男	社会	前	63,079
	荒井 英二	53	男	共産	新	10,640

【第2区】定数4
	氏名	年齢	性別	党派	新旧	得票数
当	佐々木秀世	54	男	自民	前	77,873
当	松浦周太郎	67	男	自民	前	70,868
当	芳賀 貢	55	男	社会	前	70,454
当	安井 吉典	48	男	社会	前	65,202
	林 唯義	61	男	自民	元	60,866
	五十嵐久弥	55	男	共産	新	6,976
	浜西健次郎	35	男	無所属	新	3,205

【第3区】定数3
	氏名	年齢	性別	党派	新旧	得票数
当	山内 広	56	男	社会	前	65,222
当	田中 正巳	46	男	自民	前	50,582
当	佐藤 孝行	35	男	無所属	新	36,850
	川村善八郎	71	男	自民	前	33,550
	西野 吉一	49	男	無所属	新	28,335
	清野 清	36	男	共産	新	7,736

【第4区】定数5
	氏名	年齢	性別	党派	新旧	得票数
当	篠田 弘作	64	男	自民	前	91,395
当	小平 忠	48	男	民社	元	91,058
当	岡田 春夫	49	男	社会	前	86,264
当	南条 徳男	68	男	自民	前	76,048
当	山中日露史	57	男	社会	前	73,370
	渡辺 惣蔵	56	男	社会	前	71,838
	豊島 俊男	53	男	共産	新	10,915
	加納 勝美	27	男	無所属	新	2,361

【第5区】定数5
	氏名	年齢	性別	党派	新旧	得票数
当	本名 武	52	男	自民	前	69,620
当	中川 一郎	38	男	自民	新	68,231
当	永井勝次郎	62	男	社会	前	64,939
当	松田 鉄蔵	62	男	無所属	前	62,160
当	松浦 定義	59	男	社会	元	58,206
	岡田 利春	38	男	社会	前	56,906
	阿部 英一	43	男	自民	新	54,668
	中山 正男	52	男	無所属	新	18,677
	日光 福治	42	男	共産	新	11,675
	豊原 洋	33	男	無所属	新	1,741

第31回衆議院議員選挙
昭和42年(1967年)1月29日実施

【第1区】定数5
	氏名	年齢	性別	党派	新旧	得票数
当	横路 節雄	56	男	社会	前	100,563
当	島本 虎三	52	男	社会	元	95,701
当	地崎宇三郎	47	男	自民	前	80,269
当	箕輪 登	42	男	自民	新	77,496
当	斎藤 実	43	男	公明	新	76,176
	泊谷 裕夫	45	男	社会	前	73,649
	寿原 正一	56	男	自民	前	72,607
	椎熊 正男	44	男	無所属	新	41,233
	荒井 英二	56	男	共産	新	22,281
	前谷 宏	42	男	無所属	新	4,664

【第2区】定数4
	氏名	年齢	性別	党派	新旧	得票数
当	松浦周太郎	70	男	自民	前	107,612
	佐々木秀世	57	男	自民	前	77,221
当	安井 吉典	51	男	社会	前	75,120
当	芳賀 貢	59	男	社会	前	69,300
	五十嵐久弥	59	男	共産	新	22,322

【第3区】定数3
	氏名	年齢	性別	党派	新旧	得票数
当	田中 正巳	49	男	自民	前	68,077
当	佐藤 孝行	38	男	自民	前	58,561
当	山内 広	59	男	社会	前	54,303
	本間 英作	51	男	社会	新	36,285

	清野 清	39	男	共産	新	11,904
	小西 悌喜	40	男	無所属	新	9,536

【第4区】定数5

	南条 徳男	71	男	自民	前	101,559
当	岡田 春夫	52	男	社会	前	92,253
当	篠田 弘作	67	男	自民	前	85,929
当	渡辺 惣蔵	59	男	社会	元	85,674
当	小平 忠	51	男	民社	前	81,487
	井野 正揮	49	男	社会	新	79,100
	豊島 俊男	57	男	共産	新	18,349

【第5区】定数5

当	岡田 利春	41	男	社会	元	98,539
当	中川 一郎	41	男	自民	前	90,733
当	永井勝次郎	65	男	社会	前	74,043
当	本名 武	55	男	自民	前	68,807
当	美濃 政市	55	男	社会	新	64,494
	松田 鉄蔵	66	男	自民	前	62,914
	日光 福治	45	男	共産	新	20,015
	森田 洲右	33	男	無所属	新	17,423
	藤本 国夫	49	男	無所属	新	6,648

第32回衆議院議員選挙

昭和44年(1969年)12月27日実施

【第1区】定数5

当	地崎宇三郎	50	男	自民	前	100,799
当	横路 孝弘	28	男	社会	新	98,829
当	斎藤 実	46	男	公明	前	90,453
当	箕輪 登	45	男	自民	前	81,008
当	島本 虎三	55	男	社会	前	61,271
	寿原 正一	58	男	無所属	元	57,986
	泊谷 裕夫	48	男	社会	元	54,867
	荒井 英二	59	男	共産	新	46,867
	南 道郎	43	男	民社	新	41,538
	中山信一郎	58	男	無所属	新	15,735
	橋野 信一	54	男	諸派	新	448

【第2区】定数4

当	松浦周太郎	73	男	自民	前	91,096
当	佐々木秀世	60	男	自民	前	65,805
当	安井 吉典	54	男	社会	前	58,800
当	芳賀 貢	61	男	社会	前	56,053
	高橋 敏男	41	男	共産	新	25,256

【第3区】定数3

当	阿部 文男	47	男	自民	新	56,531
当	佐藤 孝行	41	男	自民	元	53,267
当	田中 正巳	52	男	自民	前	48,124
	山内 広	62	男	社会	前	39,417
	小田原要四蔵	42	男	社会	新	30,101
	清野 清	42	男	共産	新	16,773
	高橋 甚八	62	男	諸派	新	376

【第4区】定数5

当	小平 忠	54	男	民社	前	91,648
当	篠田 弘作	70	男	自民	前	87,943
当	南条 徳男	74	男	自民	前	72,589
当	井野 正揮	52	男	社会	新	69,581
当	相沢 武彦	36	男	公明	新	66,354
	渡辺 惣蔵	62	男	社会	前	64,773
	岡田 春夫	55	男	社会	前	58,431
	後藤 鉄治	51	男	共産	新	24,862

【第5区】定数5

当	中川 一郎	44	男	自民	前	90,074
当	本名 武	58	男	自民	前	89,004
当	安田 貴六	57	男	自民	新	88,176
当	岡田 利春	44	男	社会	前	73,756
	美濃 政市	57	男	社会	前	58,648
	永井勝次郎	68	男	社会	前	58,617
	細野 重利	39	男	公明	新	55,346
	日光 福治	48	男	共産	新	23,999
	藤本 国夫	52	男	諸派	新	4,321

第33回衆議院議員選挙

昭和47年(1972年)12月10日実施

【第1区】定数5

当	島本 虎三	58	男	社会	前	142,641
当	多田 光雄	54	男	共産	新	119,946
当	箕輪 登	48	男	自民	前	115,536
当	横路 孝弘	31	男	社会	前	111,244
当	地崎宇三郎	53	男	自民	前	100,931
	斎藤 実	49	男	公明	前	85,978
	寿原 正一	61	男	無所属	元	71,189
	南 道郎	46	男	民社	新	55,853

【第2区】定数4

当	佐々木秀世	63	男	自民	前	73,993
当	芳賀 貢	64	男	社会	前	71,407
当	安井 吉典	57	男	社会	前	70,036
当	松浦周太郎	76	男	自民	前	64,825
	村上 茂利	54	男	自民	新	46,747
	大矢 健	45	男	無所属	新	26,983
	高橋 敏男	44	男	共産	新	24,964
	上草 義輝	33	男	無所属	新	22,719

【第3区】定数3

当	塚田 庄平	54	男	社会	新	78,146
当	佐藤 孝行	44	男	自民	前	66,459
当	田中 正巳	55	男	自民	前	61,045
	阿部 文男	50	男	自民	前	57,537
	清野 清	45	男	共産	新	29,864

【第4区】定数5

当	三枝 三郎	59	男	自民	新	104,491
当	岡田 春夫	58	男	社会	元	99,661
当	篠田 弘作	73	男	自民	前	81,769
当	渡辺 惣蔵	65	男	社会	元	69,368
当	小平 忠	57	男	民社	前	69,261
	外尾 静子	47	女	共産	新	66,073
	相沢 武彦	39	男	公明	前	58,883
	竹田 厳道	54	男	無所属	新	32,511

衆議院・選挙区（北海道）

【第5区】定数5
当	中川　一郎	47	男	自民	前	115,040
当	島田　琢郎	46	男	社会	新	87,210
当	安田　貴六	60	男	自民	前	85,696
当	本名　武	61	男	自民	前	82,897
当	美濃　政市	60	男	社会	前	77,333
	岡田　利春	47	男	社会	前	76,828
	八木沢藤吉	41	男	共産	新	40,873

第34回衆議院議員選挙
昭和51年（1976年）12月5日実施

【第1区】定数5
当	横路　孝弘	35	男	社会	現	146,400
当	地崎宇三郎	57	男	自民	現	143,201
当	斎藤　実	53	男	公明	元	139,554
当	島本　虎三	62	男	社会	現	129,889
当	箕輪　登	52	男	自民	現	121,818
	多田　光雄	58	男	共産	現	114,840
	高崎　愛子	46	女	民社	新	60,784
	西村　慎一	45	男	無所属	新	50,612
	岸田　昌洋	37	男	無所属	新	24,298
	板垣　登	58	男	無所属	新	3,601

【第2区】定数4
当	川田　正則	53	男	自民	新	82,611
当	芳賀　貢	68	男	社会	現	79,241
当	安井　吉典	61	男	社会	現	77,527
当	村上　茂利	58	男	自民	新	71,990
	上草　義輝	37	男	自民	新	67,230
	沢田耕七郎	46	男	共産	新	31,223
	西野　展先	40	男	無所属	新	1,572

【第3区】定数3
当	阿部　文男	54	男	自民	元	93,284
当	塚田　庄平	58	男	社会	現	67,983
当	田中　正巳	59	男	自民	現	56,474
	佐藤　孝行	48	男	無所属	現	53,513
	清野　清	49	男	共産	新	34,534

【第4区】定数5
当	小平　忠	61	男	民社	現	95,141
当	岡田　春夫	62	男	社会	現	93,862
当	篠田　弘作	77	男	自民	現	91,037
当	池端　清一	47	男	社会	新	84,441
当	野村　光雄	54	男	公明	新	81,376
	三枝　三郎	63	男	自民	現	79,856
	外尾　静子	51	女	共産	新	76,005

【第5区】定数5
当	岡田　利春	51	男	社会	元	111,913
当	中川　一郎	51	男	自民	現	103,965
当	本名　武	65	男	自民	現	91,217
当	島田　琢郎	50	男	社会	現	88,145
当	美濃　政市	64	男	社会	現	80,345
	安田　貴六	64	男	自民	現	68,884
	水落　恒彦	53	男	共産	新	41,503

	沢田　征矢	34	男	無所属	新	21,116
	都築　利夫	45	男	無所属	新	2,051

第35回衆議院議員選挙
昭和54年（1979年）10月7日実施

【第1区】定数5
当	横路　孝弘	38	男	社会	前	172,598
当	地崎宇三郎	60	男	自民	前	149,587
当	多田　光雄	60	男	共産	元	141,609
当	箕輪　登	55	男	自民	前	137,608
当	斎藤　実	56	男	公明	前	134,400
	小林　恒人	41	男	社会	新	123,052
	土谷　享	42	男	新自ク	新	34,261
	滑川　清文	33	男	諸派	新	4,136

【第2区】定数4
当	上草　義輝	40	男	自民	新	97,009
当	安井　吉典	63	男	社会	前	78,840
当	村上　茂利	60	男	自民	前	75,050
当	芳賀　貢	71	男	社会	前	73,324
	川田　正則	56	男	自民	前	71,661
	沢田耕七郎	49	男	共産	新	21,693

【第3区】定数3
当	佐藤　孝行	51	男	無所属	元	76,977
当	塚田　庄平	61	男	社会	前	72,661
当	阿部　文男	57	男	自民	前	65,143
	田中　正巳	62	男	自民	前	56,753
	清野　清	52	男	共産	新	26,143

【第4区】定数5
当	岡田　春夫	65	男	社会	前	84,006
当	三枝　三郎	66	男	自民	元	83,695
当	小平　忠	64	男	民社	前	75,709
当	渡辺　省一	49	男	自民	新	74,002
当	高橋　辰夫	50	男	自民	新	73,376
	外尾　静子	54	女	共産	新	71,436
	池端　清一	50	男	社会	前	71,345
	野村　光雄	57	男	公明	前	69,726

【第5区】定数5
当	中川　一郎	54	男	自民	前	158,027
当	安田　貴六	66	男	自民	元	99,935
当	岡田　利春	54	男	社会	前	96,618
当	新村　源雄	59	男	社会	新	82,480
当	島田　琢郎	53	男	社会	前	74,045
	本名　武	67	男	自民	前	56,940
	芝田重郎太	47	男	共産	新	31,335

第36回衆議院議員選挙
昭和55年（1980年）6月22日実施

【第1区】定数5
当	地崎宇三郎	60	男	自民	前	186,329
当	箕輪　登	56	男	自民	前	164,389
当	小林　恒人	42	男	社会	新	161,142

当	横路 孝弘	39	男	社会	前	152,850		沢田耕七郎	53	男	共産	新	14,798
当	斎藤 実	56	男	公明	前	134,058	【第3区】定数3						
	多田 光雄	61	男	共産	前	125,714	当	佐藤 孝行	55	男	無所属	前	75,712
	土谷 享	43	男	新自ク	新	24,796	当	奥野 一雄	57	男	社会	新	71,475
	滑川 清文	34	男	諸派	新	3,773	当	阿部 文男	61	男	自民	前	65,769
	沖田 豊春	52	男	無所属	新	1,423		小笠原 孝	54	男	無所属	新	52,481
【第2区】定数4								清野 清	56	男	共産	新	19,392
当	川田 正則	57	男	自民	元	111,652		谷口 隆司	43	男	新自ク	新	4,132
当	五十嵐広三	54	男	社会	新	100,311	【第4区】定数5						
当	上草 義輝	41	男	自民	前	73,512	当	小平 忠	68	男	民社	元	92,156
当	安井 吉典	64	男	社会	前	71,904	当	池端 清一	54	男	社会	前	86,837
	村上 茂利	61	男	自民	前	66,850	当	岡田 春夫	69	男	社会	前	86,726
	沢田耕七郎	50	男	共産	新	15,378	当	渡辺 省一	53	男	自民	前	77,696
【第3区】定数3							当	高橋 辰夫	55	男	自民	前	72,123
当	阿部 文男	58	男	自民	前	93,057		三枝 三郎	70	男	自民	前	69,758
当	塚田 庄平	61	男	社会	前	81,085		外尾 静子	58	女	共産	新	66,708
当	佐藤 孝行	52	男	無所属	前	73,189	【第5区】定数5						
	清野 清	52	男	共産	新	37,980	当	中川 昭一	30	男	自民	新	163,755
【第4区】定数5							当	島田 琢郎	57	男	社会	前	71,955
当	池端 清一	50	男	社会	元	90,013	当	岡田 利春	58	男	社会	前	71,643
当	三枝 三郎	67	男	自民	前	78,352	当	鈴木 宗男	35	男	無所属	新	67,436
当	高橋 辰夫	51	男	自民	前	78,261	当	新村 源雄	64	男	社会	元	65,151
当	渡辺 省一	50	男	自民	前	77,918		北村 義和	58	男	自民	前	64,866
当	岡田 春夫	66	男	社会	前	72,463		安田 貴六	71	男	自民	前	63,340
	外尾 静子	55	女	共産	新	69,041		武部 勤	42	男	無所属	新	61,762
	野村 光雄	58	男	公明	元	67,929		芝田重郎太	51	男	共産	新	20,478
	小平 忠	64	男	民社	前	67,648							

第38回衆議院議員選挙
昭和61年(1986年)7月6日実施

【第5区】定数5						
当	中川 一郎	55	男	自民	前	145,801
当	安田 貴六	67	男	自民	前	95,919
当	岡田 利春	55	男	社会	前	92,464
当	北村 義和	54	男	自民	新	84,314
当	島田 琢郎	53	男	社会	前	78,606
	新村 源雄	60	男	社会	前	77,515
	芝田重郎太	48	男	共産	新	31,578

【第1区】定数6						
当	町村 信孝	41	男	自民	前	165,041
当	小林 恒人	48	男	社会	前	161,293
当	佐藤 静雄	44	男	自民	新	152,709
当	藤原 房雄	56	男	公明	新	149,036
	箕輪 登	62	男	自民	前	142,311
当	児玉 健次	53	男	共産	新	132,789
	竹村 泰子	52	女	無所属	前	131,560
【第2区】定数4						
当	川田 正則	63	男	自民	元	94,964
当	五十嵐広三	60	男	社会	前	82,068
当	安井 吉典	70	男	社会	前	79,493
当	上草 義輝	47	男	自民	前	74,523
	村上 茂利	67	男	自民	前	73,296
	沢田耕七郎	56	男	共産	新	16,394
	佐々木邦男	45	男	無所属	新	9,169
【第3区】定数3						
当	奥野 一雄	60	男	社会	前	83,384
当	佐藤 孝行	58	男	無所属	前	79,687
当	阿部 文男	64	男	自民	前	77,233
	斎藤 光路	46	男	共産	新	19,140
【第4区】定数5						
当	高橋 辰夫	57	男	自民	前	100,297

第37回衆議院議員選挙
昭和58年(1983年)12月18日実施

【第1区】定数5						
当	竹村 泰子	50	女	無所属	新	185,161
当	町村 信孝	39	男	自民	新	171,814
当	斎藤 実	60	男	公明	前	150,502
当	小林 恒人	45	男	社会	前	140,623
当	箕輪 登	59	男	自民	前	114,970
	児玉 健次	50	男	共産	新	109,206
	佐藤 静雄	42	男	自民	新	87,377
【第2区】定数4						
当	村上 茂利	65	男	自民	元	90,066
当	安井 吉典	68	男	社会	前	81,296
当	五十嵐広三	57	男	社会	前	81,205
当	上草 義輝	44	男	自民	前	72,114
	川田 正則	60	男	自民	前	71,945

当	鳩山由紀夫	39	男	自民	新	93,001	
当	池端 清一	56	男	社会	前	87,603	
当	中沢 健次	51	男	社会	新	87,539	
当	渡辺 省一	56	男	自民	前	84,626	
	小平 忠	70	男	民社	前	83,022	
	島垣 正信	44	男	共産	新	41,051	

【第5区】 定数 5

当	中川 昭一	32	男	自民	前	118,149
当	北村 直人	39	男	自民	新	106,341
当	武部 勤	45	男	自民	新	103,590
当	鈴木 宗男	38	男	自民	前	93,835
当	岡田 利春	61	男	社会	前	81,950
	島田 琢郎	59	男	社会	前	68,705
	新村 源雄	66	男	社会	前	68,509
	芝田重郎太	54	男	共産	新	20,914

第39回衆議院議員選挙
平成2年（1990年）2月18日実施

【第1区】 定数 6

当	伊東 秀子	46	女	社会	新	261,170
当	小林 恒人	52	男	社会	前	178,130
当	松浦 昭	60	男	自民	新	155,264
当	町村 信孝	45	男	自民	前	155,142
当	児玉 健次	56	男	共産	前	153,527
当	藤原 房雄	60	男	公明	前	146,626
	佐藤 静雄	48	男	自民	前	114,081
	阿部 康彦	34	男	無所属	新	24,967

【第2区】 定数 4

当	佐々木秀典	55	男	社会	新	108,962
当	五十嵐広三	63	男	社会	前	84,953
当	今津 寛	43	男	自民	新	79,806
当	上草 義輝	50	男	自民	前	72,207
	金田 英行	47	男	自民	新	53,219
	沢田耕七郎	60	男	共産	新	26,654

【第3区】 定数 3

当	佐藤 孝行	62	男	自民	前	76,351
当	阿部 文男	67	男	自民	前	72,546
当	鉢呂 吉雄	42	男	無所属	新	71,973
	奥野 一雄	63	男	社会	前	63,180
	斎藤 光踏	49	男	共産	新	13,437
	奥野 正敏	44	男	無所属	新	4,611

【第4区】 定数 5

当	池端 清一	60	男	社会	前	102,553
当	中沢 健次	55	男	社会	前	101,982
当	鳩山由紀夫	43	男	自民	前	85,516
当	小平 忠正	47	男	民社	新	85,210
当	渡辺 省一	59	男	自民	前	81,793
	高橋 辰夫	61	男	自民	前	77,772
	島垣 正信	48	男	共産	新	45,199

【第5区】 定数 5

当	中川 昭一	36	男	自民	前	110,781
当	武部 勤	48	男	自民	前	100,379

当	北村 直人	42	男	自民	前	97,120
当	岡田 利春	64	男	社会	前	92,543
当	鈴木 宗男	42	男	自民	前	89,654
	永井 哲男	39	男	無所属	新	82,566
	保格 博夫	58	男	社会	新	81,457
	村口 照美	54	女	共産	新	26,335

第40回衆議院議員選挙
平成5年（1993年）7月18日実施

【第1区】 定数 6

当	町村 信孝	48	男	自民	前	186,192
当	長内 順一	46	男	公明	新	171,089
当	伊東 秀子	49	女	社会	前	160,619
当	荒井 聡	47	男	日本新	新	137,014
当	佐藤 静雄	51	男	自民	元	133,465
当	池田 隆一	48	男	社会	新	132,812
	児玉 健次	60	男	共産	前	125,643
	松浦 知子	58	女	新生	新	77,837
	金石 清禅	54	男	自民	新	28,561
	沢田 健一	29	男	無所属	新	14,149
	阿部 康彦	37	男	無所属	新	11,336
	小林鍵三郎	88	男	無所属	新	5,232

【第2区】 定数 4

当	今津 寛	46	男	自民	前	84,315
当	五十嵐広三	67	男	社会	前	75,902
当	佐々木秀典	58	男	社会	前	70,582
当	金田 英行	50	男	自民	新	68,593
	上草 義輝	54	男	自民	前	62,842
	遠藤 英徳	42	男	共産	新	20,059

【第3区】 定数 3

当	佐藤 孝行	65	男	自民	前	81,153
当	鉢呂 吉雄	45	男	社会	前	55,620
当	金田 誠一	45	男	無所属	新	47,339
	秋田喜美男	49	男	無所属	新	31,402
	阿部 洋	35	男	無所属	新	21,870
	伏木田政義	46	男	共産	新	15,069
	牧野喜代志	42	男	無所属	新	10,209

【第4区】 定数 5

当	鳩山由紀夫	46	男	さき	前	111,824
当	高橋 辰夫	64	男	自民	元	81,334
	池端 清一	63	男	社会	前	73,433
	渡辺 省一	63	男	自民	前	73,410
	小平 忠正	51	男	民社	前	71,993
	中沢 健次	58	男	社会	前	63,279
	紙 智子	38	女	共産	新	55,457

【第5区】 定数 5

当	中川 昭一	40	男	自民	前	110,832
当	北村 直人	46	男	新生	前	107,295
当	武部 勤	52	男	自民	前	87,944
当	鈴木 宗男	45	男	自民	前	85,201
当	永井 哲男	43	男	無所属	新	71,422
	岡田 利春	68	男	社会	前	68,236

	池本　柳次	46	男	社会　新	61,328
	村口　照美	57	女	共産　新	26,136
	秋辺　得平	49	男	無所属　新	5,686

第41回衆議院議員選挙
平成8年(1996年)10月20日実施

【第1区】定数1
当	横路　孝弘	55	男	民主㊗元	102,577
	馬杉　栄一	50	男	自民㊗新	56,265
	小村　貞三	49	男	共産　新	32,703
	長谷川　岳	25	男	無所属　新	32,019

【第2区】定数1
当	長内　順一	49	男	新進　前	73,697
比当	吉川　貴盛	46	男	自民㊗新	63,524
	山根　幸嗣	47	男	共産　新	48,273
	松木　謙公	37	男	自連　新	20,009
	沢田　健一	32	男	諸派　新	6,653

【第3区】定数1
当	石崎　岳	41	男	自民㊗新	54,275
	荒井　聡	50	男	民主㊗前	51,479
	三井　辨雄	53	男	新進　新	50,902
比当	児玉　健次	63	男	共産㊗元	40,623
	打本　智香	27	女	新社会　新	9,010

【第4区】定数1
当	佐藤　静雄	55	男	自民㊗前	58,371
	鈴木　康司	50	男	新進　新	53,332
	池田　隆一	51	男	民主㊗前	51,714
	大和　時也	60	男	共産　新	26,562

【第5区】定数1
当	町村　信孝	52	男	自民㊗前	113,282
	小野健太郎	35	男	新進　新	61,846
	宮内　聡	33	男	共産　新	44,885
	池中万吏江	54	女	自連　新	7,576

【第6区】定数1
当	佐々木秀典	62	男	民主㊗前	76,572
	今津　寛	50	男	自民㊗前	46,609
	荻生　和敏	46	男	共産　新	16,992
	佐々木栄一	25	男	無所属　新	16,982

【第7区】定数1
当	金田　英行	53	男	自民㊗前	65,955
	桜庭　康喜	54	男	民主㊗新	62,549
	上草　義輝	57	男	新進　元	52,300
	猿子　昌正	50	男	共産　新	11,149

【第8区】定数1
当	鉢呂　吉雄	48	男	民主㊗前	110,305
比当	佐藤　孝行	68	男	自民㊗前	94,700
	高橋　佳大	37	男	共産　新	27,058

【第9区】定数1
当	鳩山由紀夫	49	男	民主㊗前	131,936
	高橋　辰夫	67	男	自民㊗前	68,793
	紙　智子	41	女	共産㊗新	49,196

【第10区】定数1
当	小平　忠正	54	男	民主㊗前	100,489
	渡辺　省一	66	男	自民㊗前	72,641
	藤崎　勲	64	男	共産　新	28,609

【第11区】定数1
当	中川　昭一	43	男	自民㊗前	97,428
	池本　柳次	49	男	民主㊗新	67,250
	佐藤　糸江	50	女	共産　新	17,319

【第12区】定数1
当	武部　勤	55	男	自民㊗前	92,114
	永井　哲男	46	男	民主㊗前	69,971
	村口　照美	60	女	共産　新	14,976

【第13区】定数1
当	北村　直人	49	男	新進　前	83,490
比当	鈴木　宗男	48	男	自民㊗前	55,491
	岡田　篤	45	男	民主㊗新	41,565
	石川　明美	45	男	共産　新	14,736

第42回衆議院議員選挙
平成12年(2000年)6月25日実施

【第1区】定数1
当	横路　孝弘	59	男	民主㊗前	132,514
	木本　由孝	56	男	自民㊗新	76,047
	小村　貞三	53	男	共産　新	32,267
	八田　信之	55	男	自由㊗新	20,554

【第2区】定数1
当	吉川　貴盛	49	男	自民㊗前	76,276
	石田　幸子	50	女	民主㊗新	63,965
	紙　智子	45	女	共産㊗新	60,461
	松木　謙公	41	男	無所属　新	19,775
	浅野　隆雄	44	男	社民㊗新	15,722
	藤田　勉	38	男	自連㊗新	8,456

【第3区】定数1
当	荒井　聡	54	男	民主㊗元	96,653
	石崎　岳	44	男	自民㊗前	90,694
比当	児玉　健次	67	男	共産㊗前	41,499
	横山　充洋	50	男	自連　新	9,909

【第4区】定数1
当	佐藤　静雄	58	男	自民㊗前	88,825
	池田　隆一	55	男	民主㊗元	81,805
	琴坂　禎子	64	女	共産　新	36,257

【第5区】定数1
当	町村　信孝	55	男	自民㊗前	123,680
	小林千代美	31	女	民主㊗新	84,631
	宮内　聡	37	男	共産　新	35,006
	小野健太郎	38	男	自由㊗新	25,845

【第6区】定数1
当	佐々木秀典	65	男	民主㊗前	70,680
	今津　寛	53	男	自民㊗元	68,781
	真下　紀子	43	女	共産　新	21,376
	西川　将人	31	男	自由㊗新	16,104

【第7区】 定数1

当	金田　英行	57	男	自民[比]前	94,290
	桜庭　康喜	58	男	民主[比]新	85,553
	猿子　昌正	54	男	共産　新	11,889

【第8区】 定数1

当	鉢呂　吉雄	52	男	民主[比]前	123,638
	佐藤　孝行	72	男	自民[比]前	111,551
	原田　有康	51	男	共産　新	26,345

【第9区】 定数1

当	鳩山由紀夫	53	男	民主[比]前	131,500
比当	岩倉　博文	50	男	自民[比]新	128,975
	田沢　裕一	34	男	共産　新	28,840

【第10区】 定数1

当	小平　忠正	58	男	民主[比]前	106,221
	山下　貴史	47	男	自民[比]新	87,196
	田中　弓夫	56	男	共産　新	26,875

【第11区】 定数1

当	中川　昭一	46	男	自民[比]前	112,297
	出田　基子	53	女	民主[比]新	57,486
	浅沼　双枝	45	女	共産　新	24,717

【第12区】 定数1

当	武部　　勤	59	男	自民[比]前	100,502
	永井　哲男	50	男	民主[比]元	74,163
	村口　照美	64	女	共産　新	14,109

【第13区】 定数1

当	北村　直人	52	男	自民[比]前	86,567
	仲野　博子	41	女	民主[比]新	55,732
	鰐淵　俊之	63	男	自由[比]前	25,169
	渋谷　　肇	53	男	共産　新	16,055
	加藤　真一	32	男	諸派　新	1,071

第43回衆議院議員選挙

平成15年（2003年）11月9日実施

【第1区】 定数1

当	横路　孝弘	62	男	民主[比]前	143,987
	三品　孝行	37	男	自民[比]新	89,758
	横山　博子	61	女	共産　新	25,995

【第2区】 定数1

当	三井　辨雄	60	男	民主[比]前	107,840
	吉川　貴盛	53	男	自民[比]前	83,573
	小田　一郎	41	男	共産[比]新	24,259
	石田　幸子	54	女	無所属　新	18,227
	広坂　光則	55	男	無所属　新	2,531

【第3区】 定数1

当	荒井　　聡	57	男	民主[比]前	114,131
比当	石崎　　岳	48	男	自民[比]元	111,252
	川部　竜二	32	男	共産　新	18,537

【第4区】 定数1

当	鉢呂　吉雄	55	男	民主[比]元	100,883
	佐藤　静雄	62	男	自民[比]前	83,994
	琴坂　禎子	68	女	共産　新	20,827

【第5区】 定数1

当	町村　信孝	59	男	自民[比]前	129,035
比当	小林千代美	34	女	民主[比]新	120,192
	宮内　　聡	40	男	共産[比]新	25,603

【第6区】 定数1

当	今津　　寛	57	男	自民[比]元	112,270
比当	佐々木秀典	69	男	民主[比]前	111,656
	西川　将人	35	男	無所属　新	37,518
	中野　芳宣	55	男	共産　新	18,144

【第7区】 定数1

当	北村　直人	56	男	自民[比]前	85,585
比当	仲野　博子	44	女	民主[比]新	72,508
	八木　靖彦	63	男	共産　新	13,617

【第8区】 定数1

当	金田　誠一	56	男	民主[比]前	106,709
	佐藤　健治	46	男	自民[比]新	74,482
	前田　一男	37	男	無所属　新	55,400
	伏木田政義	56	男	共産　新	15,980

【第9区】 定数1

当	鳩山由紀夫	56	男	民主[比]前	141,442
	岩倉　博文	53	男	自民[比]前	118,958
	谷本　誠治	56	男	共産　新	22,382

【第10区】 定数1

当	小平　忠正	61	男	民主[比]前	121,516
比当	山下　貴史	51	男	自民[比]新	106,560
	谷　　建夫	60	男	共産　新	18,456

【第11区】 定数1

当	中川　昭一	50	男	自民[比]前	112,210
	山内　恵子	63	女	社民[比]前	52,395
	長谷部昭夫	59	男	共産　新	16,235

【第12区】 定数1

当	武部　　勤	62	男	自民[比]前	118,258
比当	松木　謙公	44	男	民主[比]新	82,731
	村口　照美	67	女	共産　新	16,686

第44回衆議院議員選挙

平成17年（2005年）9月11日実施

【第1区】 定数1

当	横路　孝弘	64	男	民主[比]前	143,564
	三品　孝行	39	男	自民[比]新	128,166
	横山　博子	63	女	共産　新	25,481
	秋元　正博	49	男	諸派　新	16,698

【第2区】 定数1

当	三井　辨雄	62	男	民主[比]前	129,357
比当	吉川　貴盛	54	男	自民[比]元	127,031
	金倉　昌俊	30	男	共産　新	29,131

【第3区】 定数1

当	石崎　　岳	50	男	自民[比]前	138,765
比当	荒井　　聡	59	男	民主[比]前	125,445
	川部　竜二	33	男	共産　新	22,581

【第4区】 定数1

当	鉢呂　吉雄	57	男	民主　前	108,023

	佐藤　静雄	63	男	自民[比]元	100,170
	琴坂　禎子	69	女	共産　新	20,766

【第５区】定数１

当	町村　信孝	60	男	自民[比]前	173,947
	小林千代美	36	女	民主[比]前	124,547
	山崎　貴裕	31	男	共産　新	22,521

【第６区】定数１

当	佐々木隆博	56	男	民主[比]新	143,860
	金田　英行	62	男	自民[比]前	141,099
	田辺　八郎	62	男	共産　新	23,343

【第７区】定数１

当	仲野　博子	46	女	民主[比]前	95,473
	北村　直人	58	男	自民[比]前	86,924
	村上　和繁	45	男	共産　新	15,438

【第８区】定数１

当	金田　誠一	57	男	民主[比]前	134,963
	佐藤　健治	48	男	自民[比]新	114,141
	前川　一夫	57	男	共産　新	21,891

【第９区】定数１

当	鳩山由紀夫	58	男	民主[比]前	150,050
	岩倉　博文	55	男	自民[比]元	131,130
	佐藤　昭子	62	女	共産　新	23,400

【第10区】定数１

当	小平　忠正	63	男	民主[比]前	109,422
	山下　貴史	52	男	無所属　前	78,604
比当	飯島　夕雁	41	女	自民[比]新	62,100
	谷　建夫	62	男	共産　新	17,617

【第11区】定数１

当	中川　昭一	52	男	自民[比]前	107,056
	石川　知裕	32	男	民主[比]新	84,626
	長谷部昭夫	61	男	共産　新	16,145

【第12区】定数１

当	武部　勤	64	男	自民[比]前	124,465
比当	松木　謙公	46	男	民主[比]前	101,835
	菅原　誠	32	男	共産　新	14,882

第45回衆議院議員選挙

平成21年（2009年）８月30日実施

【第１区】定数１

当	横路　孝弘	68	男	民主[比]前	183,216
	長谷川　岳	38	男	自民[比]新	124,343
	松井　秀明	40	男	共産　新	25,803
	高元　和枝	59	女	諸派　新	4,083

【第２区】定数１

当	三井　辨雄	66	男	民主[比]前	165,267
	吉川　貴盛	58	男	自民[比]前	93,870
	岡　千陽	46	女	共産[比]新	27,580
	本田　由美	31	女	社民[比]新	14,311
	山本　志美	42	女	諸派　新	3,782

【第３区】定数１

当	荒井　聰	63	男	民主[比]元	186,081
	石崎　岳	54	男	自民[比]前	112,844
	森山　佳則	42	男	諸派　新	6,723

【第４区】定数１

当	鉢呂　吉雄	61	男	民主[比]前	149,697
	宮本　融	44	男	自民[比]新	75,029
	鶴見　俊蔵	55	男	諸派　新	3,923

【第５区】定数１

当	小林千代美	40	女	民主[比]元	182,952
比当	町村　信孝	64	男	自民[比]前	151,448
	畑野　泰紀	42	男	諸派　新	5,380

【第６区】定数１

当	佐々木隆博	60	男	民主[比]前	175,879
	今津　寛	62	男	自民[比]前	119,964
	荻生　和敏	59	男	共産[比]新	17,884
	武田　慎一	42	男	諸派　新	3,554

【第７区】定数１

当	伊東　良孝	60	男	自民[比]新	100,150
比当	仲野　博子	50	女	民主[比]前	99,236
	金成　幸子	50	女	諸派　新	2,131

【第８区】定数１

当	逢坂　誠二	50	男	民主[比]前	171,114
	福島啓史郎	63	男	自民[比]新	58,046
	佐藤　健治	52	男	無所属　新	40,090
	西野　晃	32	男	諸派　新	4,075

【第９区】定数１

当	鳩山由紀夫	62	男	民主　前	201,461
	川畑　悟	38	男	自民[比]新	79,116
	佐藤　昭子	66	女	共産[比]新	20,286
	里村　英一	49	男	諸派　新	2,735

【第10区】定数１

当	小平　忠正	67	男	民主[比]前	159,473
	飯島　夕雁	45	女	自民[比]前	89,287
	大林　誠	36	男	諸派　新	6,114

【第11区】定数１

当	石川　知裕	36	男	民主[比]前	118,655
	中川　昭一	56	男	自民[比]前	89,818
	渡辺　紫	60	女	共産[比]新	11,140

【第12区】定数１

当	松木　謙公	50	男	民主[比]前	127,166
比当	武部　勤	68	男	自民[比]前	112,690
	笠松　長麿	56	男	諸派　新	2,763

《補選》第45回衆議院議員選挙

平成22年（2010年）10月24日実施
※小林千代美の辞職による

【第５区】被選挙数１

当	町村　信孝	66	男	自民　前	125,636
	中前　茂之	38	男	民主　新	94,135
	宮内　聡	47	男	共産　新	15,583
	河村美知子	62	女	無所属　新	2,697
	森山　佳則	43	男	諸派　新	2,325

衆議院・北海道

第46回衆議院議員選挙
平成24年(2012年)12月16日実施

【第1区】定数1
当	船橋 利実	52	男	自民㊗	新	86,034
比当	横路 孝弘	71	男	民主㊗	前	79,994
	大竹 智和	35	男	維新㊗	新	46,681
	清水 宏保	38	男	大地㊗	新	44,845
	野呂田博之	54	男	共産㊗	新	19,340

【第2区】定数1
当	吉川 貴盛	62	男	自民㊗	元	83,575
	三井 辨雄	70	男	民主㊗	前	55,520
比当	高橋 美穂	47	女	維新㊗	新	47,139
	太田 秀子	55	女	共産	新	28,183
	沢田 隆二	42	男	みんな㊗	新	24,606

【第3区】定数1
当	高木 宏寿	52	男	自民㊗	新	88,360
比当	荒井 聡	66	男	民主㊗	前	64,599
	小和田康文	42	男	維新㊗	新	35,907
	町川 順子	53	女	大地㊗	新	31,024
	森 英士	34	男	共産	新	19,705

【第4区】定数1
当	中村 裕之	51	男	自民㊗	新	79,588
	鉢呂 吉雄	64	男	民主㊗	前	53,217
	苫米地英人	53	男	大地㊗	新	25,778
	菊地 葉子	61	女	共産	新	21,379

【第5区】定数1
当	町村 信孝	68	男	自民㊗	前	128,435
	中前 茂之	40	男	民主㊗	新	69,075
	西田 雄二	49	男	みんな㊗	新	41,025
	鈴木 龍次	52	男	共産	新	21,422
	森山 佳則	46	男	諸派	新	4,200

【第6区】定数1
当	今津 寛	66	男	自民㊗	前	103,064
	佐々木隆博	63	男	民主㊗	前	69,272
	安住 太伸	42	男	みんな㊗	新	48,736
	荻生 和敏	63	男	共産	新	18,915

【第7区】定数1
当	伊東 良孝	64	男	自民㊗	前	72,945
	鈴木 貴子	26	女	大地㊗	新	51,051
	仲野 博子	53	女	民主㊗	前	21,513
	佐々木亮子	52	女	共産	新	8,918

【第8区】定数1
当	前田 一男	46	男	自民㊗	新	107,937
	逢坂 誠二	53	男	民主㊗	前	77,402
	北出 美翔	26	女	未来㊗	新	25,793
	高橋 佳大	53	男	共産	新	15,953

【第9区】定数1
当	堀井 学	40	男	自民㊗	新	121,145
	山岡 達丸	33	男	民主㊗	新	61,616
	花井 泰子	69	女	共産	新	29,257
	島崎 直美	53	女	諸派	新	7,495

【第10区】定数1
当	稲津 久	54	男	公明	前	87,930
	小平 忠正	70	男	民主㊗	前	62,998
	浅野 貴博	34	男	大地㊗	前	39,818
	木村 賢治	61	男	共産	新	13,320

【第11区】定数1
当	中川 郁子	53	女	自民㊗	新	86,719
比当	石川 知裕	39	男	大地㊗	前	70,112
	渡辺 紫	64	女	共産	新	13,235

【第12区】定数1
当	武部 新	42	男	自民㊗	新	91,208
	松木 謙公	53	男	大地㊗	前	52,976
	山崎 摩耶	65	女	民主㊗	前	25,501
	菅原 誠	39	男	共産	新	11,532

第47回衆議院議員選挙
平成26年(2014年)12月14日実施

【第1区】定数1
当	横路 孝弘	73	男	民主㊗	前	116,398
	船橋 利実	54	男	自民㊗	前	105,918
	野呂田博之	56	男	共産	新	32,031
	飯田 佳宏	41	男	無所属	新	13,444

【第2区】定数1
当	吉川 貴盛	64	男	自民㊗	前	88,667
比当	松木 謙公	55	男	維新㊗	元	56,375
	池田 真紀	42	女	無所属	新	46,922
	金倉 昌俊	40	男	共産㊗	新	36,277

【第3区】定数1
当	高木 宏寿	54	男	自民㊗	前	92,649
比当	荒井 聡	68	男	民主㊗	前	85,591
	吉岡 弘子	63	女	共産	新	30,271
	小和田康文	44	男	維新㊗	新	26,211

【第4区】定数1
当	中村 裕之	53	男	自民㊗	前	77,690
	鉢呂 吉雄	66	男	民主㊗	元	70,049
	酒井 隆裕	40	男	共産	新	23,532

【第5区】定数1
当	町村 信孝	70	男	自民㊗	前	131,394
	勝部 賢志	55	男	民主㊗	新	94,975
	鈴木 龍次	54	男	共産	新	31,523

【第6区】定数1
当	佐々木隆博	65	男	民主㊗	元	104,595
比当	今津 寛	68	男	自民㊗	前	101,748
	荻生 和敏	65	男	共産	新	24,656

【第7区】定数1
当	伊東 良孝	66	男	自民㊗	前	72,281
比当	鈴木 貴子	28	女	民主㊗	前	72,056
	石川 明美	63	女	共産	新	13,218

【第8区】定数1
当	逢坂 誠二	55	男	民主㊗	元	97,745
比当	前田 一男	48	男	自民㊗	前	91,351
	原田 有康	66	男	共産	新	17,465

【第9区】定数1

	当	堀井　　学	42	男	自民㊣前	97,805
		山岡　達丸	35	男	民主㊣元	86,252
		工藤　良一	60	男	共産　新	29,841

【第10区】定数1

	当	稲津　　久	56	男	公明　前	86,722
		神谷　　裕	46	男	民主㊣新	71,219
		木村　賢治	63	男	共産　新	20,803

【第11区】定数1

	当	中川　郁子	55	女	自民㊣前	87,118
		三津　丈夫	68	男	民主㊣新	61,405
		畑中　庸助	63	男	共産　新	18,303

【第12区】定数1

	当	武部　　新	44	男	自民㊣前	92,357
		水上　美華	32	女	民主㊣新	62,035
		菅原　　誠	41	男	共産　新	18,451

《補選》第47回衆議院議員選挙
平成28年(2016年)4月24日実施
※町村信孝の死去による

【第5区】被選挙数1

	当	和田　義明	44	男	自民　新	135,842
		池田　真紀	43	女	無所属　新	123,517

比例区・北海道

第41回衆議院議員選挙　定数9
平成8年(1996年)10月20日実施

民主党　　　835,072票　　当選人数　3人

1	当			池端　清一	67	男	前
2	当			中沢　健次	62	男	元
3	当			金田　誠一	49	男	前
4	選当	北9		鳩山由紀夫			前
4	選当	北1		横路　孝弘			元
4	選当	北6		佐々木秀典			前
4	選当	北8		鉢呂　吉雄			前
4	選当	北10		小平　忠正			前
4		北3	(94.84)	荒井　　聡	50	男	前
4		北7	(94.83)	桜庭　康喜	54	男	新
4		北4	(88.59)	池田　隆一	51	男	新
4		北12	(75.96)	永井　哲男	46	男	新
4		北11	(69.02)	池本　柳次	49	男	新
4		北13	(49.78)	岡田　　篤	45	男	新
15				佐野　法充	48	男	新

自由民主党　　740,677票　　当選人数　3人

1	当	北13		鈴木　宗男	48	男	前
2	選当	北3		石崎　　岳			新
2	選当	北7		金田　英行			前
2	選当	北4		佐藤　静雄			前
2	選当	北12		武部　　勤			前
2	選当	北11		中川　昭一			前
2	選当	北5		町村　信孝			前
2	当	北2	(86.19)	吉川　貴盛	46	男	新
2	当	北8	(85.85)	佐藤　孝行	68	男	前
2		北10	(72.28)	渡辺　省一	66	男	前
2		北6	(60.86)	今津　　寛	50	男	前
2		北1	(54.85)	馬杉　栄一	50	男	新
2		北9	(52.14)	高橋　辰夫	67	男	前
14				木本　由孝	53	男	新
15				沢入　房子	31	女	新

新進党　　　552,847票　　当選人数　2人

1	当			鰐淵　俊之	59	男	新
2	当			丸谷　佳織	31	女	新
3				中沢　　健	41	男	新
4				武山　耕三	44	男	新

日本共産党　　396,923票　　当選人数　1人

1	当	北3		児玉　健次	63	男	元
2		北9		紙　　智子	41	女	新
3				岡田　晋一	43	男	新

新社会党　　　100,807票　　当選人数　0人

1		北3		打本　智香	27	女	新

第42回衆議院議員選挙　定数8
平成12年(2000年)6月25日実施

民主党　　　898,678票　　当選人数　3人

1	当			中沢　健次	65	男	前
2	当			金田　誠一	52	男	前
3	当			三井　辨雄	57	男	新
4				鈴木　康司	54	男	新
5	選当	北1		横路　孝弘			前
5	選当	北3		荒井　　聡			元
5	選当	北6		佐々木秀典			前
5	選当	北8		鉢呂　吉雄			前
5	選当	北9		鳩山由紀夫			前
5	選当	北10		小平　忠正			前
5		北4	(92.09)	池田　隆一	55	男	元
5		北7	(90.73)	桜庭　康喜	58	男	新
5		北2	(83.85)	石田　幸子	50	女	新
5		北12	(73.79)	永井　哲男	50	男	元
5		北5	(68.42)	小林千代美	31	女	新
5		北13	(64.38)	仲野　博子	41	女	新
5		北11	(51.19)	出田　基子	53	女	新

自由民主党　　735,318票　　当選人数　2人

1	当			鈴木　宗男	52	男	前

衆議院・比例区（北海道）　　国政選挙総覧

	2	選当	北2	吉川　貴盛			前
	2	選当	北4	佐藤　静雄			前
	2	選当	北5	町村　信孝			前
	2	選当	北7	金田　英行			前
	2	選当	北11	中川　昭一			前
	2	選当	北12	武部　勤			前
	2	選当	北13	北村　直人			前
2	当	北9	(98.07)	岩倉　博文	50	男	新
2		北6	(97.31)	今津　寛	53	男	元
2		北3	(93.83)	石崎　岳	44	男	前
2		北8	(90.22)	佐藤　孝行	72	男	前
2		北10	(82.08)	山下　貴史	47	男	新
2		北1	(57.38)	木本　由孝	56	男	新
15				尾谷　洋子	49	女	新

公明党　　368,198票　　当選人数　1人
　1　当　　　　　　丸谷　佳織　35　女　前
　2　　　　　　　　森　成之　47　男　新
　3　　　　　　　　青野美代子　56　女　新

日本共産党　365,061票　　当選人数　1人
　1　　　北3　　　児玉　健次　67　男　前
　2　　　北2　　　紙　智子　45　女　新
　3　　　北5　　　宮内　聡　37　男　新
　4　　　　　　　　青山　慶二　45　男　新
　5　　　　　　　　春木　智江　41　女　新

社会民主党　255,319票　　当選人数　1人
　1　当　　　　　　山内　恵子　60　女　新
　2　　　北2　▼　浅野　隆雄　44　男　新

自由党　　236,301票　　当選人数　0人
　1　　　北13　　鰐淵　俊之　63　男　前
　2　　　北6　▼　西川　将人　31　男　新
　2　　　北5　▼　小野健太郎　38　男　新
　2　　　北1　▼　八田　信之　55　男　新
　5　　　　　　　　島本　順光　53　男　新

政党自由連合　17,987票　　当選人数　0人
　1　　　北2　▼　藤田　勉　38　男　新
　1　　　北3　▼　横山　充洋　50　男　新

第43回衆議院議員選挙　定数8
平成15年（2003年）11月9日実施

民主党　　1,153,471票　　当選人数　4人
　1　選当　北2　三井　辨雄　　　　前
　1　選当　北4　鉢呂　吉雄　　　　元
　3　選当　北1　横路　孝弘　　　　前
　3　選当　北3　荒井　聰　　　　　前
　3　選当　北8　金田　誠一　　　　前
　3　選当　北9　鳩山由紀夫　　　　前
　3　選当　北10　小平　忠正　　　　前
　3　当　北6　(99.45)　佐々木秀典　69　男　前
　3　当　北5　(93.14)　小林千代美　34　女　新

3	当	北7	(84.72)	仲野　博子	44	女	新
3	当	北12	(69.95)	松木　謙公	44	男	新
12				木本　由孝	60	男	新
13				ひろたまゆみ	39	女	新
14				中村　剛	34	男	新
15				林　かづき	34	女	新

自由民主党　876,653票　　当選人数　3人
　1　当　　　　　　金田　英行　60　男　前
　　　　2　選当　北5　町村　信孝　　　　前
　　　　2　選当　北6　今津　寛　　　　　元
　　　　2　選当　北7　北村　直人　　　　前
　　　　2　選当　北11　中川　昭一　　　　前
　　　　2　選当　北12　武部　勤　　　　　前
　2　当　北3　(97.47)　石崎　岳　48　男　元
　2　当　北10　(87.69)　山下　貴史　51　男　新
　2　　　北9　(84.10)　岩倉　博文　53　男　前
　2　　　北4　(83.25)　佐藤　静雄　62　男　前
　2　　　北2　(77.49)　吉川　貴盛　53　男　前
　2　　　北8　(69.79)　佐藤　健治　46　男　新
　2　　　北1　(62.33)　三品　孝行　37　男　新
　14　　　　　　　　藤井　利範　49　男　新
　15　　　　　　　　八重樫　登　52　男　新

公明党　　394,843票　　当選人数　1人
　1　当　　　　　　丸谷　佳織　38　女　前
　2　　　　　　　　包国　嘉介　38　男　新

日本共産党　253,442票　　当選人数　0人
　1　　　　　　　　児玉　健次　70　男　前
　2　　　北5　▼　宮内　聡　40　男　新
　3　　　北2　　　小田　一郎　41　男　新

社会民主党　147,146票　　当選人数　0人
　1　　　北11　　山内　恵子　63　女　前
　2　　　　　　　　島田　俊明　58　男　新

第44回衆議院議員選挙　定数8
平成17年（2005年）9月11日実施

民主党　　1,090,727票　　当選人数　3人
　1　当　　　　　　逢坂　誠二　46　男　新
　　　　2　選当　北1　横路　孝弘　　　　前
　　　　2　選当　北2　三井　辨雄　　　　前
　　　　2　選当　北6　佐々木隆博　　　　新
　　　　2　選当　北7　仲野　博子　　　　前
　　　　2　選当　北8　金田　誠一　　　　前
　　　　2　選当　北9　鳩山由紀夫　　　　前
　　　　2　選当　北10　小平　忠正　　　　前
　2　当　北3　(90.40)　荒井　聰　59　男　前
　2　当　北12　(81.81)　松木　謙公　46　男　前
　2繰当　北11　(79.04)　石川　知裕　32　男　新
　2　　　北5　(71.60)　小林千代美　36　女　前
　13　　　　　　　　西川　将人　36　男　新
　14　　　　　　　　広田まゆみ　41　女　新

15			中村	剛	35	男	新	15			関藤	政則	59	男	新

自由民主党 940,705票　当選人数 3人
1	当	北10	(56.75)	飯島	夕雁	41	女	新
2	当			今津	寛	58	男	前
	3	選当	北3	石崎	岳			前
	3	選当	北5	町村	信孝			前
	3	選当	北11	中川	昭一			前
	3	選当	北12	武部	勤			前
3	当	北2	(98.20)	吉川	貴盛	54	男	元
3		北6	(98.08)	金田	英行	62	男	前
3		北4	(92.73)	佐藤	静雄	63	男	元
3		北7	(91.04)	北村	直人	58	男	前
3		北1	(89.27)	三品	孝行	39	男	新
3		北9	(87.39)	岩倉	博文	55	男	元
3		北8	(84.57)	佐藤	健治	48	男	新
14				武谷	洋三	62	男	新
15				藤井	利範	51	男	新

新党大地 433,938票　当選人数 1人
1	当	鈴木	宗男	57	男	元
2		多原	香里	32	女	新
3		田中	いづみ	27	女	新

公明党 368,552票　当選人数 1人
1	当	丸谷	佳織	40	女	前
2		野々川	正幸	58	男	新

日本共産党 241,371票　当選人数 0人
1	宮内	聡	42	男	新
2	渡辺	紫	57	女	新

社会民主党 152,646票　当選人数 0人
1	山内	恵子	65	女	元

※荒井聡(民主)の道知事選立候補のため平成19年3月27日石川知裕が繰上当選

第45回衆議院議員選挙　定数8
平成21年(2009年) 8月30日実施

民主党 1,348,318票　当選人数 4人
	1	選当	北1	横路	孝弘	前
	1	選当	北2	三井	辨雄	前
	1	選当	北3	荒井	聰	元
	1	選当	北4	鉢呂	吉雄	前
	1	選当	北5	小林	千代美	元
	1	選当	北6	佐々木	隆博	新
	1	選当	北8	逢坂	誠二	前
	1	選当	北10	小平	忠正	前
	1	選当	北11	石川	知裕	前
	1	選当	北12	松木	謙公	前
1	当	北7	(99.08)	仲野	博子	50	女	前
12	当			山崎	摩耶	62	女	新
13	当			山岡	達丸	30	男	新
14	当			工藤	仁美	54	女	新

自由民主党 805,895票　当選人数 2人
	1	選当	北7	伊東	良孝		新
1	当	北12	(88.61)	武部	勤	68	男	前
1	当	北5	(82.78)	町村	信孝	64	男	前
1	当	北11	(75.69)	中川	昭一	56	男	前
1	繰当	北6	(68.20)	今津	寛	62	男	前
1		北1	(67.86)	長谷川	岳	38	男	新
1		北3	(60.64)	石崎	岳	54	男	前
1		北2	(56.79)	吉川	貴盛	58	男	前
1		北10	(55.98)	飯島	夕雁	45	女	前
1		北4	(50.12)	宮本	融	44	男	新
1		北9	(39.27)	川畑	悟	38	男	新
1		北8	(33.92)	福島啓史郎		63	男	新
13				穴田	貴洋	33	男	新
14				沼沢	真也	32	男	新
15				上地	史隆	29	男	新

新党大地 433,122票　当選人数 1人
1	当	鈴木	宗男	61	男	前
2		八代	英太	72	男	元
3	繰当	浅野	貴博	31	男	新
4		HANAジュンコ		50	女	新

公明党 354,886票　当選人数 1人
1	当	稲津	久	51	男	新
2		武田	久之	45	男	新

日本共産党 241,345票　当選人数 0人
1			宮内	聡	46	男	新
2	北2	▼	岡	千陽	46	女	新
2	北6	▼	荻生	和敏	59	男	新
2	北9	▼	佐藤	昭子	66	女	新
2	北11	▼	渡辺	紫	60	女	新

社会民主党 113,562票　当選人数 0人
1		山口	たか	59	女	新
2	北2	本田	由美	31	女	新

幸福実現党 20,276票　当選人数 0人
1	佐藤	直史	51	男	新
2	小林	智雄	45	男	新

新党本質 7,399票　当選人数 0人
1	佐野	秀光	38	男	新
2	本藤	昭子	67	女	新

※鈴木宗男(大地)が最高裁での実刑確定により失職、比例名簿次点であった八代英太が参院選に出馬したことで繰上当選の資格を喪失したため、平成22年9月28日浅野貴博が繰上当選
※町村信孝(自民)が衆院北海道5区補選立候補のため辞職、比例名簿次点であった中川昭一が衆院選後に亡くなったため、平成22年10月6日今津寛が繰上当選

第46回衆議院議員選挙　定数8
平成24年(2012年)12月16日実施

自由民主党　　　692,304票　　当選人数　3人
1	当			渡辺	孝一	55	男	新
	2	選当	北1	船橋	利実			新
	2	選当	北2	吉川	貴盛			元
	2	選当	北3	高木	宏寿			新
	2	選当	北4	中村	裕之			新
	2	選当	北5	町村	信孝			前
	2	選当	北6	今津	寛			前
	2	選当	北7	伊東	良孝			前
	2	選当	北8	前田	一男			新
	2	選当	北9	堀井	学			新
	2	選当	北11	中川	郁子			新
	2	選当	北12	武部	新			新
13	当			清水	誠一	63	男	新
14	当			勝沼	栄明	38	男	新
15				大越	農子	43	女	新

民主党　　　447,356票　　当選人数　2人
1	当	北1	(92.97)	横路	孝弘	71	男	前
1	当	北3	(73.10)	荒井	聰	66	男	前
1		北8	(71.71)	逢坂	誠二	53	男	前
1		北10	(71.64)	小平	忠正	70	男	前
1		北6	(67.21)	佐々木隆博		63	男	前
1		北4	(66.86)	鉢呂	吉雄	64	男	前
1		北2	(66.43)	三井	辨雄	70	男	前
1		北5	(53.78)	中前	茂之	40	男	新
1		北9	(50.86)	山岡	達丸	33	男	新
1		北7	(29.49)	仲野	博子	53	女	前
1		北12	(27.95)	山崎	摩耶	65	女	新

新党大地　　　346,848票　　当選人数　1人
1	当	北11	(80.84)	石川	知裕	39	男	前
1	繰当	北7	(69.98)	鈴木	貴子	26	女	新
1		北12	(58.08)	松木	謙公	53	男	新
1		北1	(52.12)	清水	宏保	38	男	新
1		北10	(45.28)	浅野	貴博	34	男	新
1		北3	(35.11)	町川	順子	53	女	新
1		北4	(32.38)	苫米地英人		53	男	新

日本維新の会　　　333,760票　　当選人数　1人
1	当	北2	(56.40)	高橋	美穂	47	女	新
1		北1	(54.25)	大竹	智和	35	男	新
1		北3	(40.63)	小和田康文		42	男	新
4				米長	知得	36	男	新

公明党　　　289,011票　　当選人数　1人
1	当			佐藤	英道	52	男	新
2				武田	久之	48	男	新

日本共産党　　　182,968票　　当選人数　0人
1				畠山	和也	41	男	新
2		北1	▼	野呂田博之		54	男	新

みんなの党　　　155,522票　　当選人数　0人
1		北6	(47.28)	安住	太伸	42	男	新
1		北5	(31.94)	西田	雄二	49	男	新
1		北2	(29.44)	沢田	隆二	42	男	新

日本未来の党　　　81,838票　　当選人数　0人
1		北8		北出	美翔	26	女	新

社会民主党　　　48,351票　　当選人数　0人
1				浅野	隆雄	56	男	新

幸福実現党　　　10,506票　　当選人数　0人
1				小島	一郎	41	男	新
2				角	建二郎	42	男	新

※石川知裕(大地)が陸山会事件で有罪判決を受け辞職したため平成25年6月3日鈴木貴子が繰上当選

第47回衆議院議員選挙　定数8
平成26年(2014年)12月14日実施

自由民主党　　　744,748票　　当選人数　3人
1	当			渡辺	孝一	57	男	前
	2	選当	北2	吉川	貴盛			前
	2	選当	北3	高木	宏寿			前
	2	選当	北4	中村	裕之			前
	2	選当	北5	町村	信孝			前
	2	選当	北7	伊東	良孝			前
	2	選当	北9	堀井	学			前
	2	選当	北11	中川	郁子			前
	2	選当	北12	武部	新			前
2	当	北6	(97.27)	今津	寛	68	男	前
2	当	北8	(93.45)	前田	一男	48	男	前
2		北1	(90.99)	船橋	利実	54	男	前
13				清水	誠一	65	男	前
14				金沢知歌子		49	女	新
15				東	国幹	46	男	新

民主党　　　688,922票　　当選人数　2人
1	当	北7		鈴木	貴子	28	女	前
	2	選当	北1	横路	孝弘			前
	2	選当	北6	佐々木隆博				元
	2	選当	北8	逢坂	誠二			元
2	当	北3	(92.38)	荒井	聰	68	男	前
2		北4	(90.16)	鉢呂	吉雄	66	男	元
2		北9	(88.18)	山岡	達丸	35	男	元
2		北10	(82.12)	神谷	裕	46	男	新
2		北5	(72.28)	勝部	賢志	55	男	新
2		北11	(70.48)	三津	丈夫	68	男	新
2		北12	(67.16)	水上	美華	32	女	新

公明党　　　307,534票　　当選人数　1人
1	当			佐藤	英道	54	男	前
2				武田	久之	50	男	新

日本共産党		302,251票		当選人数	1人		
1	当		畠山	和也	43	男	新
2	北2		金倉	昌俊	40	男	新

維新の党			247,342票		当選人数	1人		
1	当	北2	(63.58)	松木	謙公	55	男	元
1		北3	(28.29)	小和田康文		44	男	新
3				大竹	智和	37	男	新

支持政党なし		104,854票		当選人数	0人		
1			佐野	秀光	44	男	新
2			本藤	昭子	72	女	新

社会民主党		53,604票		当選人数	0人		
1			道林	実	72	男	新

次世代の党		38,342票		当選人数	0人		
1			安田	聡	44	男	新

幸福実現党		12,267票		当選人数	0人		
1			森山	佳則	47	男	新
2			瀬戸	優一	27	男	新

選挙区・青森県

第24回衆議院議員選挙
昭和24年(1949年)1月23日実施

【第1区】 定数4

当	小笠原八十美	63	男	民自	前	50,665
当	苫米地義三	71	男	民主	前	42,990
当	山崎 岩男	50	男	民主	前	39,323
当	夏堀源三郎	64	男	民自	前	31,980
	米内山義一郎	42	男	社会	新	19,476
	大塚英五郎	43	男	共産	新	15,271
	楠美隆之進	43	男	無所属	新	11,849
	西村菊次郎	50	男	社会	新	11,351
	富樫 正秋	30	男	労農	新	6,830
	小石 定吉	55	男	国協	新	4,948

【第2区】 定数3

当	奈良 治二	48	男	民自	新	25,040
当	笹森 順造	65	男	国協	前	23,536
当	清藤 唯七	58	男	民主	新	23,210
	木村 文男	47	男	民自	新	22,309
	大沢喜代一	50	男	共産	元	20,977
	工藤 鉄男	76	男	民自	前	20,406
	外崎千代吉	54	男	社革	前	15,718
	森田 キヨ	41	女	無所属	新	15,503
	三和 精一	49	男	民主	新	14,910
	島口重次郎	39	男	社会	新	8,089
	仁尾 勝男	46	男	無所属	新	6,217
	川瀬 謙	44	男	新自	新	215

第25回衆議院議員選挙
昭和27年(1952年)10月1日実施

【第1区】 定数4

当	山崎 岩男	51	男	自由	前	57,806
当	森田重次郎	62	男	改進	元	46,831
当	小笠原八十美	64	男	自由	前	46,249
当	三浦 一雄	57	男	改進	元	42,240
	夏堀源三郎	65	男	自由	前	40,446
	淡谷 悠蔵	55	男	左社	新	35,496
	大塚英五郎	44	男	共産	新	4,719

【第2区】 定数3

当	木村 文男	48	男	自由	新	38,307
当	笹森 順造	66	男	改進	前	35,286
当	三和 精一	50	男	自由	新	31,299
	楠美 省吾	47	男	改進	元	30,229
	奈良 治二	49	男	自由	前	24,169
	竹内 俊吉	52	男	自由	元	23,130
	外崎千代吉	55	男	協同	元	17,792
	清藤 志郎	35	男	無所属	新	11,489
	大沢喜代一	50	男	共産	元	8,249
	岩淵謙二郎	49	男	左社	新	7,827

第26回衆議院議員選挙
昭和28年(1953年)4月19日実施

【第1区】 定数4

当	夏堀源三郎	65	男	自由吉	元	56,780
当	山崎 岩男	52	男	自由吉	前	46,913
当	三浦 一雄	57	男	改進	前	46,827
当	淡谷 悠蔵	56	男	左社	新	44,428
	小笠原八十美	64	男	自由鳩	前	39,335
	森田重次郎	62	男	改進	前	31,417
	平野善治郎	51	男	改進	新	22,742
	岡本久三郎	33	男	無所属	新	4,296
	大塚英五郎	45	男	共産	新	2,624
	坂本三次郎	54	男	無所属	新	141

【第2区】 定数3

当	楠美 省吾	47	男	改進	元	48,031
当	木村 文男	48	男	自由吉	前	45,236
当	三和 精一	50	男	自由吉	前	41,442
	笹森 順造	66	男	改進	前	38,591
	外崎千代吉	55	男	右社	元	25,617
	清藤 志郎	35	男	自由鳩	新	13,066
	鈴木清四郎	50	男	無所属	新	8,716
	柴田久次郎	51	男	共産	新	5,837
	中川 功	58	男	自由鳩	新	721

第27回衆議院議員選挙
昭和30年(1955年)2月27日実施

【第1区】 定数4

当	淡谷 悠蔵	57	男	左社	前	64,805
当	三浦 一雄	59	男	民主	前	50,794
当	夏堀源三郎	67	男	民主	前	50,746
当	小笠原八十美	66	男	自由	元	46,921
	森田重次郎	64	男	民主	元	45,785
	山崎 岩男	54	男	自由	前	42,256

【第2区】 定数3

当	木村 文男	50	男	民主	前	43,514
当	楠美 省吾	49	男	民主	前	39,617
当	竹内 俊吉	54	男	民主	元	37,865
	三和 精一	52	男	自由	前	36,873
	福士 文知	41	男	諸派	新	27,467
	島口重次郎	43	男	右社	新	26,617
	大沢 久明	53	男	共産	元	8,005
	工藤 浩	44	男	自由	新	7,838

第28回衆議院議員選挙
昭和33年(1958年)5月22日実施

【第1区】 定数4

当	三浦 一雄	63	男	自民	前	55,388

当	夏堀源三郎	71	男	自民	前	53,021
当	淡谷 悠蔵	61	男	社会	前	49,497
当	津島 文治	60	男	無所属	元	42,648
	森田重次郎	67	男	自民	元	37,642
	米内山義一郎	48	男	社会	新	36,827
	白鳥 大八	45	男	無所属	新	19,331
	三星 実	49	男	無所属	新	10,694
	大塚英五郎	49	男	共産	新	2,631

【第2区】 定数 3

当	三和 精一	55	男	自民	元	57,146
当	竹内 俊吉	58	男	自民	前	48,163
当	島口重次郎	45	男	社会	新	45,703
	楠美 省吾	53	男	自民	前	43,821
	木村 文男	53	男	自民	前	42,061
	大沢 久明	57	男	共産	元	5,683

第29回衆議院議員選挙
昭和35年(1960年)11月20日実施

【第1区】 定数 4

当	淡谷 悠蔵	63	男	社会	元	53,629
当	三浦 一雄	65	男	自民	前	52,880
当	津島 文治	62	男	自民	前	50,686
当	森田重次郎	70	男	自民	元	50,578
	夏堀源三郎	73	男	自民	前	49,225
	米内山義一郎	51	男	社会	新	41,810
	山口 森蔵	73	男	民社	新	4,084
	大沢 久明	57	男	共産	元	3,839

【第2区】 定数 3

当	田沢 吉郎	42	男	自民	新	53,909
当	三和 精一	58	男	自民	前	49,319
当	竹内 俊吉	60	男	自民	前	48,391
	楠美 省吾	55	男	自民	元	45,320
	島口重次郎	48	男	社会	前	40,110
	外崎千代吉	63	男	民社	元	6,495
	岸谷 俊雄	55	男	共産	新	2,705

第30回衆議院議員選挙
昭和38年(1963年)11月21日実施

【第1区】 定数 4

当	森田重次郎	73	男	自民	前	70,895
当	熊谷 義雄	58	男	自民	新	68,999
当	米内山義一郎	54	男	社会	新	63,383
当	淡谷 悠蔵	66	男	社会	前	51,239
	津島 文治	65	男	自民	前	48,910
	大沢 久明	61	男	共産	元	11,391

【第2区】 定数 3

当	竹内 黎一	37	男	無所属	新	51,306
当	島口重次郎	51	男	社会	元	47,670
当	田沢 吉郎	45	男	自民	前	46,547
	楠美 省吾	58	男	自民	元	43,522
	三和 精一	61	男	自民	前	30,444

	佐藤 誠治	48	男	無所属	新	11,064
	松山 治郎	39	男	無所属	新	6,079
	西谷 末七	56	男	共産	新	4,764

第31回衆議院議員選挙
昭和42年(1967年)1月29日実施

【第1区】 定数 4

当	森田重次郎	76	男	自民	前	71,855
当	熊谷 義雄	61	男	自民	前	67,738
当	淡谷 悠蔵	69	男	社会	前	59,865
当	米内山義一郎	57	男	社会	前	53,778
	三上 辰蔵	50	男	自民	新	37,905
	山崎 竜男	44	男	無所属	新	35,588
	竹中 修一	49	男	無所属	新	22,751
	大沢 久明	65	男	共産	元	11,400

【第2区】 定数 3

当	田沢 吉郎	49	男	自民	前	67,773
当	竹内 黎一	40	男	自民	前	60,004
当	島口重次郎	55	男	社会	前	44,347
	楠美 省吾	61	男	自民	元	38,277
	花田 一	47	男	無所属	新	26,735
	松山 治郎	42	男	無所属	新	7,221
	西谷 末七	59	男	共産	新	6,855

第32回衆議院議員選挙
昭和44年(1969年)12月27日実施

【第1区】 定数 4

当	熊谷 義雄	64	男	自民	前	66,156
当	中村 拓道	58	男	無所属	新	58,641
当	森田重次郎	79	男	自民	前	57,456
当	古寺 宏	44	男	公明	新	47,308
	淡谷 悠蔵	72	男	社会	前	46,731
	米内山義一郎	60	男	社会	前	42,414
	三上 辰蔵	52	男	自民	新	41,644
	沢田半右衛門	50	男	共産	新	9,412
	岩岡 三夫	38	男	無所属	新	8,435
	長浜 重造	52	男	諸派	新	401

【第2区】 定数 3

当	田沢 吉郎	51	男	自民	前	60,487
当	津川 武一	59	男	共産	新	47,590
当	竹内 黎一	43	男	自民	前	45,292
	森田 稔夫	32	男	自民	新	25,246
	東海正次郎	56	男	社会	新	23,492
	花田 一	50	男	無所属	新	21,767
	木村 守男	31	男	無所属	新	15,440
	楠美 省吾	64	男	無所属	元	12,549
	野呂峰五郎	61	男	諸派	新	267

第33回衆議院議員選挙
昭和47年（1972年）12月10日実施

【第1区】定数4
当	竹中　修一	54	男	自民	新	83,060
当	熊谷　義雄	67	男	自民	前	61,701
当	米内山義一郎	63	男	社会	元	60,351
当	中村　拓道	61	男	自民	前	55,991
	古寺　　宏	47	男	公明	前	48,231
	森田重次郎	82	男	自民	前	47,670
	佐川由三郎	48	男	無所属	新	29,370
	千葉　民蔵	60	男	社会	新	27,149
	沢田半右衛門	53	男	共産	新	18,742
	鈴木　象一	33	男	無所属	新	2,404

【第2区】定数3
当	田沢　吉郎	54	男	自民	前	75,426
当	竹内　黎一	46	男	自民	前	67,860
当	津川　武一	62	男	共産	前	53,423
	森田　稔夫	35	男	自民	新	41,882
	東海正次郎	59	男	社会	新	18,996
	浅利　　崇	64	男	民社	新	6,897

第34回衆議院議員選挙
昭和51年（1976年）12月5日実施

【第1区】定数4
当	古寺　　宏	51	男	公明	元	65,509
当	熊谷　義雄	71	男	自民	現	62,504
当	津島　雄二	46	男	自民	現	59,765
当	竹中　修一	58	男	自民	現	59,043
	中村　寿文	37	男	無所属	新	48,450
	田名部匡省	41	男	無所属	新	45,010
	米内山義一郎	67	男	社会	現	44,344
	渡辺　三夫	57	男	社会	新	37,190
	大塚英五郎	68	男	共産	新	33,660
	佐川由三郎	52	男	無所属	新	29,828

【第2区】定数3
当	田沢　吉郎	58	男	自民	現	97,670
当	竹内　黎一	50	男	自民	現	71,698
当	津川　武一	66	男	共産	現	52,828
	越谷　政一	53	男	社会	新	26,433

第35回衆議院議員選挙
昭和54年（1979年）10月7日実施

【第1区】定数4
当	津島　雄二	49	男	自民	前	77,804
当	田名部匡省	44	男	自民	新	73,971
当	関　　晴正	55	男	社会	新	72,556
当	竹中　修一	61	男	自民	前	67,095
	古寺　　宏	54	男	公明	前	63,900
	熊谷　義雄	74	男	自民	前	60,080
	中村　寿文	40	男	新自ク	新	39,595
	加福　重治	39	男	共産	新	12,569

【第2区】定数3
当	田沢　吉郎	61	男	自民	前	79,299
当	竹内　黎一	53	男	自民	前	64,513
当	津川　武一	69	男	共産	前	61,980
	木村　守男	41	男	新自ク	新	60,890
	越谷　政一	56	男	社会	新	11,579

第36回衆議院議員選挙
昭和55年（1980年）6月22日実施

【第1区】定数4
当	竹中　修一	62	男	自民	前	84,684
当	田名部匡省	45	男	自民	前	79,873
当	関　　晴正	56	男	社会	前	77,580
当	津島　雄二	50	男	自民	前	69,380
	大島　理森	33	男	自民	新	63,958
	古寺　　宏	55	男	公明	元	59,733
	中村　寿文	40	男	無所属	新	26,810
	加福　重治	40	男	共産	新	12,531

【第2区】定数3
当	竹内　黎一	53	男	自民	前	74,053
当	田沢　吉郎	62	男	自民	前	69,767
当	木村　守男	42	男	新自ク	新	67,631
	津川　武一	69	男	共産	前	51,274
	森田　稔夫	42	男	無所属	新	25,165
	越谷　政一	57	男	社会	新	10,071
	対馬テツ子	27	女	諸派	新	1,239

第37回衆議院議員選挙
昭和58年（1983年）12月18日実施

【第1区】定数4
当	大島　理森	37	男	自民	新	98,275
当	津島　雄二	53	男	自民	前	96,478
当	関　　晴正	60	男	社会	前	92,083
当	田名部匡省	49	男	自民	前	81,503
	竹中　修一	65	男	自民	前	76,609
	沢谷　忠則	51	男	共産	新	13,768

【第2区】定数3
当	田沢　吉郎	65	男	自民	前	86,217
当	津川　武一	73	男	共産	元	70,473
当	竹内　黎一	57	男	自民	前	65,036
	木村　守男	45	男	自民	前	64,661

第38回衆議院議員選挙
昭和61年（1986年）7月6日実施

【第1区】定数4
当	竹中　修一	68	男	自民	元	101,717
当	大島　理森	39	男	自民	前	100,653
当	津島　雄二	56	男	自民	前	100,385
当	田名部匡省	51	男	自民	前	96,725

	関　　晴正	62	男	社会	前	84,073
	沢谷　忠則	54	男	共産	新	14,972

【第2区】定数3

当	木村　守男	48	男	自民	元	83,052
当	田沢　吉郎	68	男	自民	前	75,888
当	竹内　黎一	59	男	自民	前	74,846
	津川　武一	75	男	共産	前	50,271
	山内　　弘	57	男	社会	新	24,417
	坂本　直作	49	男	無所属	新	871

第39回衆議院議員選挙
平成2年(1990年)2月18日実施

【第1区】定数4

当	関　　晴正	66	男	社会	元	161,579
当	田名部匡省	55	男	自民	前	106,946
当	津島　雄二	60	男	自民	前	88,328
当	大島　理森	43	男	自民	前	84,302
	竹中　修一	71	男	自民	前	69,803
	富樫　秀雄	55	男	共産	新	14,648

【第2区】定数3

当	木村　守男	52	男	自民	前	77,687
当	山内　　弘	60	男	社会	新	71,855
当	田沢　吉郎	72	男	自民	前	67,972
	竹内　黎一	63	男	自民	前	65,555
	木村昭四郎	62	男	共産	新	19,768
	坂本　直作	52	男	無所属	新	1,465

第40回衆議院議員選挙
平成5年(1993年)7月18日実施

【第1区】定数4

当	田名部匡省	58	男	自民	前	105,905
当	大島　理森	46	男	自民	前	102,921
当	津島　雄二	63	男	自民	前	87,182
当	今村　　修	51	男	社会	新	66,437
	山崎　　力	46	男	日本新	新	58,412
	髙橋千鶴子	33	女	共産	新	25,329
	大久保利夫	50	男	無所属	新	5,959

【第2区】定数3

当	木村　守男	55	男	新生	前	83,832
当	竹内　黎一	66	男	自民	元	76,436
当	田沢　吉郎	75	男	自民	前	67,962
	山内　　弘	64	男	社会	前	36,997
	工藤　　章	63	男	共産	新	17,043

第41回衆議院議員選挙
平成8年(1996年)10月20日実施

【第1区】定数1

当	津島　雄二	66	男	自民	前	86,411
	工藤　隆一	46	男	新進	新	71,999
	今村　　修	54	男	社民㊗	前	24,075

	富樫　秀雄	62	男	共産	新	15,548

【第2区】定数1

当	江渡　聡徳	41	男	自民㊗	新	63,672
	三村　申吾	40	男	新進	新	62,907
	戸来　　勉	43	男	民主㊗	新	11,581
	建部　玲子	55	女	社民㊗	新	8,705
	相馬　和孝	65	男	共産	新	5,235

【第3区】定数1

当	大島　理森	50	男	自民	前	96,628
	田名部匡省	61	男	新進	前	81,460
	松橋　三夫	47	男	共産	新	6,119

【第4区】定数1

当	木村　太郎	31	男	新進	新	101,059
	津島　恭一	42	男	自民㊗	新	70,590
	木村昭四郎	69	男	共産	新	21,034

第42回衆議院議員選挙
平成12年(2000年)6月25日実施

【第1区】定数1

当	津島　雄二	70	男	自民	前	96,691
	今村　　修	58	男	社民㊗	元	40,706
	戸来　　勉	46	男	民主㊗	新	34,645
	堀　　幸光	52	男	共産	新	16,094

【第2区】定数1

当	三村　申吾	44	男	無会	新	80,338
	江渡　聡徳	44	男	自民㊗	前	74,118
	木下千代治	67	男	社民㊗	新	13,112
	工藤　内記	55	男	共産	新	3,645

【第3区】定数1

当	大島　理森	53	男	自民	前	93,602
	田名部匡代	30	女	民主㊗	新	64,203
	松橋　三夫	50	男	共産	新	7,540

【第4区】定数1

当	木村　太郎	34	男	自民㊗	前	126,056
	田沢摩希子	31	女	社民㊗	新	36,354
	遠藤　節子	56	女	共産	新	20,334

第43回衆議院議員選挙
平成15年(2003年)11月9日実施

【第1区】定数1

当	津島　雄二	73	男	自民	前	81,511
	横山　北斗	40	男	無所属	新	74,799
	戸来　　勉	50	男	民主㊗	新	15,736
	今村　　修	61	男	社民㊗	元	14,123
	松森　俊逸	47	男	無所属	新	12,119
	畑中　孝之	40	男	共産	新	7,010

【第2区】定数1

当	江渡　聡徳	48	男	自民㊗	元	96,784
	斉藤　孝一	64	男	社民㊗	新	21,537
	工藤　祥子	56	女	共産	新	10,605

【第3区】定数1
当	大島　理森	57	男	自民	前	86,909
	田名部匡代	34	女	民主㊗	前	70,275
	松橋　三夫	54	男	共産	新	5,284

【第4区】定数1
当	木村　太郎	38	男	自民㊗	前	110,675
	渋谷　　修	53	男	民主㊗	元	40,864
	遠藤　節子	59	女	共産	新	13,524
	井上　　浩	51	男	社民㊗	新	8,864

第44回衆議院議員選挙
平成17年（2005年）9月11日実施

【第1区】定数1
当	津島　雄二	75	男	自民	前	94,072
比当	横山　北斗	41	男	民主㊗	新	79,323
	升田世喜男	48	男	無所属	新	26,380
	渋谷　哲一	43	男	無所属	新	12,636
	仲谷　良子	65	女	社民㊗	新	11,521
	高柳　博明	35	男	共産	新	8,832

【第2区】定数1
当	江渡　聡徳	49	男	自民㊗	前	89,887
	中村　友信	50	男	民主㊗	新	46,124
	木下千代治	72	男	社民㊗	新	13,327
	市川　俊光	46	男	共産	新	4,941

【第3区】定数1
当	大島　理森	59	男	自民㊗	前	90,925
比当	田名部匡代	36	女	民主㊗	元	73,846
	松橋　三夫	56	男	共産	新	6,450

【第4区】定数1
当	木村　太郎	40	男	自民㊗	前	113,704
	渋谷　　修	55	男	民主㊗	元	41,489
	津島　恭一	51	男	国民㊗	前	38,027
	船水　奐彦	59	男	共産	新	10,222

第45回衆議院議員選挙
平成21年（2009年）8月30日実施

【第1区】定数1
当	横山　北斗	45	男	民主㊗	前	101,290
	津島　　淳	42	男	無所属	新	68,910
	升田世喜男	52	男	無所属	新	35,283
	渡辺　英彦	69	男	社民㊗	新	12,847
	吉俣　　洋	35	男	共産㊗	新	7,976
	上田　一博	59	男	諸派	新	1,483

【第2区】定数1
当	江渡　聡徳	53	男	自民㊗	前	86,654
比当	中野渡詔子	38	女	民主㊗	新	64,334
	熊谷ヒサ子	61	女	無所属	新	7,164
	森光　　浄	59	男	諸派	新	2,288

【第3区】定数1
当	大島　理森	62	男	自民㊗	前	90,176
比当	田名部匡代	40	女	民主㊗	前	89,809
	中西　修二	62	男	諸派	新	2,249

【第4区】定数1
当	木村　太郎	44	男	自民㊗	前	112,563
比当	津島　恭一	55	男	民主㊗	元	97,747
	石田　昭弘	50	男	諸派	新	3,719

第46回衆議院議員選挙
平成24年（2012年）12月16日実施

【第1区】定数1
当	津島　　淳	46	男	自民㊗	新	73,237
	升田世喜男	55	男	維新㊗	新	47,400
	横山　北斗	49	男	未来㊗	前	32,050
	波多野里奈	39	女	民主㊗	新	17,066
	斎藤　美緒	32	女	共産	新	11,217

【第2区】定数1
当	江渡　聡徳	57	男	自民㊗	前	81,937
	中村　友信	57	男	民主㊗	前	18,836
	中野渡詔子	42	女	未来㊗	前	18,180
	小笠原良子	63	女	共産	新	6,683

【第3区】定数1
当	大島　理森	66	男	自民㊗	前	74,946
	田名部匡代	43	女	民主㊗	前	46,184
	山内　　卓	34	男	未来㊗	新	12,878
	松橋　三夫	63	男	共産	新	5,593

【第4区】定数1
当	木村　太郎	47	男	自民㊗	前	104,544
	津島　恭一	58	男	民主㊗	前	35,141
	千葉　浩規	51	男	共産	新	17,594

第47回衆議院議員選挙
平成26年（2014年）12月14日実施

【第1区】定数1
当	津島　　淳	48	男	自民㊗	前	66,041
比当	升田世喜男	57	男	維新㊗	新	62,254
	吉俣　　洋	40	男	共産	新	18,274

【第2区】定数1
当	江渡　聡徳	59	男	自民㊗	前	81,054
	中野渡詔子	44	女	維新㊗	元	28,282
	小笠原良子	65	女	共産	新	10,775

【第3区】定数1
当	大島　理森	68	男	自民㊗	前	59,280
	田名部匡代	45	女	民主㊗	元	49,142
	松橋　三夫	65	男	共産	新	7,311

【第4区】定数1
当	木村　太郎	49	男	自民㊗	前	79,156
	山内　　崇	59	男	民主㊗	新	38,106
	千葉　浩規	53	男	共産	新	15,831

選挙区・岩手県

第24回衆議院議員選挙
昭和24年(1949年)1月23日実施

【第1区】定数4
当	山本　猛夫	48	男	民自	前	45,661
当	野原　正勝	44	男	民自	前	41,052
当	鈴木　善幸	39	男	民自	前	38,751
当	石川金次郎	53	男	社会	前	26,731
	小笠原二三男	40	男	社会	新	23,798
	橋本八百二	47	男	諸派	新	22,296
	鈴木　東民	55	男	共産	新	19,718
	野館　伍八	30	男	労農	新	4,024
	似鳥　吉治	58	男	民主	新	3,192
	千葉庄三郎	42	男	無所属	新	3,133

【第2区】定数4
当	小沢佐重喜	52	男	民自	前	47,124
当	浅利　三朗	68	男	民自	前	35,693
当	高田　弥市	44	男	民自	前	29,336
当	志賀健次郎	47	男	民主	前	25,946
	上野　次郎	46	男	民自	新	21,075
	及川　規	57	男	社会	元	16,847
	大竹　文男	34	男	諸派	新	12,038
	梅津　松夫	39	男	無所属	新	11,596
	小原　正嘉	37	男	無所属	新	9,668
	斎藤　竜雄	44	男	共産	新	7,971
	菅原　エン	50	女	無所属	元	6,913
	紺野　俊雄	43	男	国協	新	3,006
	伊藤幸太郎	50	男	無所属	新	1,898
	白方　幸市	51	男	無所属	新	876

第25回衆議院議員選挙
昭和27年(1952年)10月1日実施

【第1区】定数4
当	田子　一民	70	男	自由	元	90,683
当	石川金次郎	55	男	右社	前	43,498
当	鈴木　善幸	41	男	自由	前	42,269
当	野原　正勝	46	男	自由	前	39,205
	山本　猛夫	49	男	自由	前	29,219
	柴田　義男	50	男	左社	新	24,495
	斎藤　竜雄	46	男	共産	新	3,289
	戸花　喜一	44	男	改進	新	2,325

【第2区】定数4
当	小沢佐重喜	53	男	自由	前	50,372
当	志賀健次郎	48	男	改進	前	44,014
当	浅利　三朗	69	男	自由	前	38,147
当	阿部　千一	58	男	自由	新	34,113
	北山　愛郎	47	男	左社	新	32,131
	鶴見　祐輔	67	男	改進	元	30,272
	泉　国三郎	55	男	右社	元	19,721
	八重樫運吉	47	男	無所属	新	16,221
	三浦　惣平	47	男	共産	新	1,831
	石井　鱗	42	男	無所属	新	1,045

第26回衆議院議員選挙
昭和28年(1953年)4月19日実施

【第1区】定数4
当	田子　一民	71	男	自由吉	前	73,100
当	鈴木　善幸	42	男	自由吉	前	45,863
当	中居英太郎	35	男	右社	新	35,079
当	柴田　義男	51	男	左社	新	31,774
	山本　猛夫	49	男	自由鳩	元	30,972
	野原　正勝	47	男	自由吉	前	28,660
	柴田兵一郎	53	男	自由吉	元	22,981
	村上徳一郎	65	男	自由吉	新	16,540
	小野　隆祥	43	男	労農	新	4,824

【第2区】定数4
当	北山　愛郎	47	男	左社	新	62,350
当	高田　弥市	47	男	自由吉	元	48,622
当	志賀健次郎	49	男	改進	前	46,630
当	小沢佐重喜	54	男	自由吉	前	46,451
	浅利　三朗	70	男	自由吉	前	43,696
	椎名悦三郎	55	男	無所属	新	12,823
	紺野　俊雄	45	男	無所属	新	9,280

第27回衆議院議員選挙
昭和30年(1955年)2月27日実施

【第1区】定数4
当	田子　一民	73	男	自由	前	55,719
当	野原　正勝	48	男	民主	元	54,967
当	中居英太郎	37	男	右社	前	52,465
当	鈴木　善幸	44	男	自由	前	48,757
	山本　猛夫	51	男	民主	元	48,453
	柴田　義男	53	男	左社	前	45,296
	富田　邦靖	37	男	諸派	新	3,819

【第2区】定数4
当	小沢佐重喜	56	男	自由	前	66,794
当	志賀健次郎	51	男	民主	前	58,319
当	北山　愛郎	49	男	左社	前	52,148
当	椎名悦三郎	57	男	民主	新	37,947
	高田　弥市	49	男	自由	前	35,443
	渡辺　長純	41	男	右社	新	17,871
	紺野　俊雄	47	男	諸派	新	9,371
	斎藤　竜雄	49	男	共産	新	3,163

第28回衆議院議員選挙
昭和33年(1958年)5月22日実施

【第1区】 定数4
	当	山中 吾郎	47	男	社会	新	55,907
	当	鈴木 善幸	47	男	自民	前	55,896
	当	野原 正勝	52	男	無所属	元	49,578
	当	山本 猛夫	54	男	自民	前	46,670
		田子 一民	76	男	自民	前	46,405
		中居英太郎	40	男	社会	前	44,390
		柴田 義男	56	男	社会	元	20,048
		藤原 隆三	41	男	共産	新	2,747

【第2区】 定数4
	当	小沢佐重喜	59	男	自民	前	76,451
	当	志賀健次郎	54	男	自民	前	60,435
	当	北山 愛郎	52	男	社会	前	55,573
	当	椎名悦三郎	60	男	自民	前	40,531
		千葉 七郎	52	男	社会	新	32,930
		紺野 俊雄	50	男	無所属	新	8,204
		佐久間 博	48	男	共産	新	3,904

第29回衆議院議員選挙
昭和35年(1960年)11月20日実施

【第1区】 定数4
	当	山中 吾郎	50	男	社会	前	79,284
	当	鈴木 善幸	49	男	自民	前	63,230
	当	野原 正勝	54	男	自民	前	59,056
	当	山本 猛夫	57	男	自民	前	48,542
		岩動 道行	47	男	自民	新	44,358
		石川克二郎	35	男	民社	新	27,721
		藤原 隆三	44	男	共産	新	6,253

【第2区】 定数4
	当	小沢佐重喜	61	男	自民	前	63,848
	当	志賀健次郎	56	男	自民	前	55,676
	当	北山 愛郎	55	男	社会	前	49,009
	当	椎名悦三郎	62	男	自民	前	48,318
		千葉 七郎	55	男	社会	新	46,426
		菅野 敬一	44	男	民社	新	13,329
		佐久間 博	50	男	共産	新	4,587

第30回衆議院議員選挙
昭和38年(1963年)11月21日実施

【第1区】 定数4
	当	岩動 道行	50	男	自民	新	67,459
	当	山中 吾郎	53	男	社会	前	60,725
	当	鈴木 善幸	52	男	自民	前	60,372
	当	野原 正勝	57	男	自民	前	56,148
		小笠原二三男	53	男	社会	新	51,213
		山本 猛夫	60	男	自民	前	40,032
		藤原 隆三	47	男	共産	新	7,839

【第2区】 定数4
	当	小沢佐重喜	64	男	自民	前	59,985
	当	椎名悦三郎	65	男	自民	前	58,568
	当	千葉 七郎	58	男	社会	新	57,143
	当	志賀健次郎	59	男	自民	前	55,467
		北山 愛郎	58	男	社会	前	51,995
		宮脇 嘉一	47	男	共産	新	3,830

第31回衆議院議員選挙
昭和42年(1967年)1月29日実施

【第1区】 定数4
	当	鈴木 善幸	56	男	自民	前	80,873
	当	野原 正勝	60	男	自民	前	67,258
	当	山本弥之助	59	男	社会	新	64,777
	当	山中 吾郎	56	男	社会	前	58,785
		岩動 道行	53	男	自民	前	51,765
		山本 猛夫	63	男	無所属	元	21,105
		中居英太郎	49	男	民社	元	20,715
		杉内 美夫	39	男	共産	新	8,380

【第2区】 定数4
	当	北山 愛郎	61	男	社会	元	62,421
	当	椎名悦三郎	69	男	自民	前	58,652
	当	志賀健次郎	63	男	自民	前	52,970
	当	小沢佐重喜	68	男	自民	前	43,094
		千葉 七郎	61	男	社会	前	40,878
		増田 盛	53	男	無所属	新	22,435
		及川 逸平	55	男	無所属	新	6,754
		鈴木 康洋	32	男	無所属	新	6,167
		小原 春松	40	男	共産	新	4,763

第32回衆議院議員選挙
昭和44年(1969年)12月27日実施

【第1区】 定数4
	当	鈴木 善幸	58	男	自民	前	93,215
	当	野原 正勝	63	男	自民	前	57,437
	当	山本弥之助	62	男	社会	前	55,302
	当	山中 吾郎	59	男	社会	前	52,292
		山本 猛夫	66	男	自民	元	36,805
		玉沢徳一郎	32	男	無所属	新	18,079
		宮脇 嘉一	53	男	共産	新	14,765

【第2区】 定数4
	当	小沢 一郎	27	男	自民	新	71,520
	当	千葉 七郎	64	男	社会	元	53,788
	当	椎名悦三郎	71	男	自民	前	52,268
	当	北山 愛郎	64	男	社会	前	49,707
		志賀健次郎	66	男	自民	前	45,435
		金野 剛	34	男	共産	新	8,687
		鈴木 康洋	35	男	無所属	新	6,966

第33回衆議院議員選挙
昭和47年（1972年）12月10日実施

【第1区】定数4

当	鈴木 善幸	61	男	自民	前	112,780
当	野原 正勝	66	男	自民	前	60,467
当	山中 吾郎	62	男	社会	前	58,944
当	山本弥之助	65	男	社会	前	51,536
	柏 朔司	41	男	共産	新	37,785
	玉沢徳一郎	34	男	無所属	新	34,837
	山本 猛夫	69	男	無所属	元	18,983

【第2区】定数4

当	椎名悦三郎	74	男	自民	前	71,556
当	小沢 一郎	30	男	自民	前	60,675
当	志賀 節	39	男	自民	新	60,577
当	北山 愛郎	67	男	社会	前	49,808
	千葉 七郎	67	男	社会	前	43,483
	鈴木 康洋	38	男	民社	新	15,955
	金野 剛	37	男	共産	新	13,968
	伊藤幸太郎	72	男	無所属	新	251

第34回衆議院議員選挙
昭和51年（1976年）12月5日実施

【第1区】定数4

当	鈴木 善幸	65	男	自民	現	73,115
当	中村 直	64	男	自民	新	64,809
当	玉沢徳一郎	38	男	無所属	新	61,778
当	小川 仁一	58	男	社会	新	60,444
	山本弥之助	69	男	社会	現	56,539
	野原 正勝	70	男	自民	現	49,351
	柏 朔司	45	男	共産	新	39,354
	山本 猛夫	73	男	諸派	元	10,702

【第2区】定数4

当	小沢 一郎	34	男	自民	現	71,449
当	志賀 節	43	男	自民	現	69,780
当	北山 愛郎	71	男	社会	元	59,997
当	椎名悦三郎	78	男	自民	現	59,149
	千葉 七郎	71	男	社会	元	52,298
	高橋 啓一	48	男	共産	新	12,351

第35回衆議院議員選挙
昭和54年（1979年）10月7日実施

【第1区】定数4

当	鈴木 善幸	68	男	自民	前	98,925
当	工藤 巌	57	男	自民	新	75,145
当	玉沢徳一郎	41	男	自民	前	60,189
当	小野 信一	47	男	社会	新	59,356
	小川 仁一	61	男	社会	前	53,046
	柏 朔司	48	男	共産	新	33,721
	山本 敏夫	36	男	無所属	新	12,717

【第2区】定数4

当	小沢 一郎	37	男	自民	前	70,183
当	志賀 節	46	男	自民	前	61,010
当	北山 愛郎	74	男	社会	前	57,878
当	椎名 素夫	49	男	自民	新	57,267
	菅原喜重郎	52	男	無所属	新	35,931
	金野 茂	48	男	社会	新	34,399
	伊藤 司男	36	男	共産	新	9,479

第36回衆議院議員選挙
昭和55年（1980年）6月22日実施

【第1区】定数4

当	鈴木 善幸	69	男	自民	前	111,535
当	玉沢徳一郎	42	男	自民	前	71,939
当	小野 信一	48	男	社会	前	69,214
当	工藤 巌	58	男	自民	前	61,297
	小川 仁一	62	男	社会	元	60,219
	柏 朔司	49	男	共産	新	23,584
	山本 敏夫	36	男	無所属	新	11,028

【第2区】定数4

当	小沢 一郎	38	男	自民	前	72,838
当	椎名 素夫	49	男	自民	前	58,159
当	北山 愛郎	74	男	社会	前	58,010
当	志賀 節	47	男	自民	前	57,545
	菅原喜重郎	53	男	無所属	新	38,954
	金野 茂	48	男	社会	新	30,758
	伊藤 司男	36	男	共産	新	10,832

第37回衆議院議員選挙
昭和58年（1983年）12月18日実施

【第1区】定数4

当	鈴木 善幸	72	男	自民	前	100,315
当	工藤 巌	62	男	自民	前	78,055
当	小川 仁一	65	男	社会	元	71,017
当	玉沢徳一郎	46	男	自民	前	65,034
	小野 信一	51	男	社会	前	63,735
	宮脇 善雄	43	男	共産	新	20,439
	山本 敏夫	40	男	無所属	新	6,106

【第2区】定数4

当	菅原喜重郎	57	男	民社	新	67,778
当	志賀 節	50	男	自民	前	66,734
当	椎名 素夫	53	男	自民	前	64,739
当	小沢 一郎	41	男	自民	前	63,212
	北山 愛郎	78	男	社会	前	61,141
	伊藤 司男	40	男	共産	新	11,401

第38回衆議院議員選挙
昭和61年（1986年）7月6日実施

【第1区】定数4

当	玉沢徳一郎	48	男	自民	前	95,681

当	鈴木　善幸	75	男	自民	前	92,452
当	工藤　　巌	64	男	自民	前	79,285
当	小野　信一	54	男	社会	元	73,678
	小川　仁一	68	男	社会	前	63,291
	斉藤　　信	35	男	共産	新	18,781

【第２区】定数４

当	小沢　一郎	44	男	自民	前	95,208
当	椎名　素夫	55	男	自民	前	67,126
当	沢藤礼次郎	57	男	社会	新	66,198
当	志賀　　節	53	男	自民	前	62,379
	菅原喜重郎	59	男	民社	前	54,044
	伊藤　司男	42	男	共産	新	11,512

第39回衆議院議員選挙

平成２年（1990年）２月18日実施

【第１区】定数４

当	鈴木　俊一	36	男	自民	新	97,565
当	山中　邦紀	56	男	社会	新	88,386
当	工藤　　巌	68	男	自民	前	83,581
当	小野　信一	57	男	社会	前	79,521
	玉沢徳一郎	52	男	自民	前	71,260
	中村　　力	28	男	無所属	新	37,645
	斉藤　　信	39	男	共産	新	13,603

【第２区】定数４

当	小沢　一郎	47	男	自民	前	89,449
当	志賀　　節	57	男	自民	前	59,779
当	沢藤礼次郎	61	男	社会	前	59,667
当	菅原喜重郎	63	男	民社	元	57,937
	椎名　素夫	59	男	自民	前	55,021
	小野寺藤雄	55	男	社会	新	40,459
	伊藤　司男	46	男	共産	新	9,193

第40回衆議院議員選挙

平成５年（1993年）７月18日実施

【第１区】定数４

当	玉沢徳一郎	55	男	自民	元	109,353
当	鈴木　俊一	40	男	自民	前	80,555
当	工藤堅太郎	50	男	新生	新	73,452
当	中村　　力	31	男	無所属	新	55,274
	小野　信一	61	男	社会	前	47,723
	山中　邦紀	60	男	社会	前	44,538
	三浦　和夫	45	男	日本新	新	20,740
	佐久間敏子	42	女	共産	新	17,874

【第２区】定数３

当	小沢　一郎	51	男	新生	前	142,451
当	沢藤礼次郎	64	男	社会	前	69,779
当	志賀　　節	60	男	自民	前	60,443
	菅原喜重郎	66	男	無所属	前	47,246
	鈴木　康洋	59	男	民社	新	18,783
	瀬川　貞清	43	男	共産	新	10,306

第41回衆議院議員選挙

平成８年（1996年）10月20日実施

【第１区】定数１

当	達増　拓也	32	男	新進	新	67,420
比当	玉沢徳一郎	58	男	自民[比]	前	49,665
	中村　　力	34	男	無所属	前	17,087
	山中　邦紀	63	男	社民[比]	元	16,758
	佐久間敏子	45	女	共産	新	10,668
	後藤百合子	47	女	民主[比]	新	4,551

【第２区】定数１

当	鈴木　俊一	43	男	自民[比]	前	95,913
	工藤堅太郎	54	男	新進	前	83,038
	佐藤　謙一	51	男	社民[比]	新	12,081
	久慈　裕子	46	女	共産	新	10,533

【第３区】定数１

当	佐々木洋平	54	男	新進	新	103,952
	志賀　　節	63	男	自民[比]	前	58,881
	小野寺永子	61	女	共産	新	17,846

【第４区】定数１

当	小沢　一郎	54	男	新進	前	125,619
	沢藤礼次郎	67	男	社民[比]	前	38,482
	井形　厚一	31	男	自民[比]	新	20,179
	八重樫奈都子	53	女	共産	新	9,933

第42回衆議院議員選挙

平成12年（2000年）６月25日実施

【第１区】定数１

当	達増　拓也	36	男	自由[比]	前	74,835
	玉沢徳一郎	62	男	自民[比]	前	65,597
	後藤百合子	51	女	社民[比]	新	17,309
	佐藤隆五郎	59	男	共産	新	9,261
	藤倉喜久治	56	男	民主[比]	新	6,964

【第２区】定数１

当	鈴木　俊一	47	男	自民[比]	前	119,022
比当	工藤堅太郎	57	男	自由[比]	元	53,743
	八田　通孝	44	男	社民[比]	新	19,567
	西山　　剛	47	男	共産	新	10,493

【第３区】定数１

当	黄川田　徹	46	男	自由[比]	新	58,776
	中村　　力	38	男	無所属	元	52,368
	志賀　　節	67	男	自民[比]	元	30,623
	佐々木洋平	58	男	保守	前	20,000
	熊谷　修二	40	男	民主[比]	新	15,483
	菊池　幸夫	41	男	共産	新	10,414
	加藤　　正	67	男	無所属	新	2,846

【第４区】定数１

当	小沢　一郎	58	男	自由	前	119,099
	木村　幸弘	40	男	社民[比]	新	37,417
	井形　厚一	34	男	自民[比]	新	28,926
	坂本　良子	52	女	共産	新	14,051

第43回衆議院議員選挙

平成15年（2003年）11月９日実施

【第１区】定数１

当	達増　拓也	39	男	民主[比]前	91,025
	及川　敦	36	男	自民[比]新	57,899
	後藤百合子	54	女	社民[比]新	12,014
	長沼　洋一	45	男	共産　新	8,806

【第２区】定数１

当	鈴木　俊一	50	男	自民[比]前	116,854
	工藤堅太郎	61	男	民主[比]前	72,599
	久保　幸男	45	男	共産　新	10,532

【第３区】定数１

当	黄川田　徹	50	男	民主[比]前	93,862
	中村　力	41	男	自民[比]元	79,453
	菊池　幸夫	44	男	共産　新	10,690

【第４区】定数１

当	小沢　一郎	61	男	民主　前	128,458
比当	玉沢徳一郎	65	男	自民[比]元	37,251
	久保　孝喜	49	男	社民[比]新	20,936
	高橋　綱記	55	男	共産　新	10,642

第44回衆議院議員選挙

平成17年（2005年）９月11日実施

【第１区】定数１

当	達増　拓也	41	男	民主[比]前	95,109
	及川　敦	38	男	自民[比]新	65,187
	細川　光正	56	男	社民[比]新	14,050
	神部　伸也	31	男	共産　新	9,659

【第２区】定数１

当	鈴木　俊一	52	男	自民[比]前	116,448
	畑　浩治	41	男	民主[比]新	94,095

【第３区】定数１

当	黄川田　徹	51	男	民主[比]前	102,477
	橋本　英教	38	男	自民[比]新	69,817
	菊池　幸夫	46	男	共産　新	13,816

【第４区】定数１

当	小沢　一郎	63	男	民主　前	124,578
比当	玉沢徳一郎	67	男	自民[比]前	48,093
	久保　孝喜	51	男	社民[比]新	23,727
	高橋　綱記	57	男	共産　新	11,420

《補選》第44回衆議院議員選挙

平成19年（2007年）７月29日実施

※達増拓也の辞職（知事選立候補）による

【第１区】被選挙数１

当	階　猛	40	男	民主　新	102,987
	玉沢　正徳	36	男	自民　新	53,125
	瀬川　貞清	57	男	共産　新	10,821

第45回衆議院議員選挙

平成21年（2009年）８月30日実施

【第１区】定数１

当	階　猛	42	男	民主[比]前	116,425
	高橋比奈子	51	女	自民[比]新	50,585
	伊沢　昌弘	62	男	社民[比]新	13,048
	吉田　恭子	28	女	共産　新	12,187
	森　憲作	52	男	諸派　新	1,047

【第２区】定数１

当	畑　浩治	45	男	民主[比]新	115,080
	鈴木　俊一	56	男	自民[比]前	94,566
	工藤　哲子	46	女	諸派　新	2,581

【第３区】定数１

当	黄川田　徹	55	男	民主[比]前	122,746
	橋本　英教	42	男	自民[比]新	57,674
	阿部　忠臣	35	男	諸派　新	2,811

【第４区】定数１

当	小沢　一郎	67	男	民主　前	133,978
	高橋　嘉信	55	男	自民[比]元	41,690
	小原　宣良	65	男	社民[比]新	28,925
	瀬川　貞清	59	男	共産[比]新	8,288
	安永　陽	61	男	諸派　新	1,280

第46回衆議院議員選挙

平成24年（2012年）12月16日実施

【第１区】定数１

当	階　猛	46	男	民主[比]前	55,909
比当	高橋比奈子	54	女	自民[比]新	44,002
	達増　陽子	47	女	未来[比]新	41,706
	伊沢　昌弘	65	男	社民[比]新	9,922
	八幡　志乃	30	女	共産　新	9,473

【第２区】定数１

当	鈴木　俊一	59	男	自民[比]元	96,523
比当	畑　浩治	49	男	未来[比]前	63,695
	久慈　茂雄	64	男	共産　新	10,491

【第３区】定数１

当	黄川田　徹	59	男	民主[比]前	62,684
	佐藤奈保美	46	女	未来[比]新	43,539
比当	橋本　英教	45	男	自民[比]新	36,234
	菊池　幸夫	53	男	共産　新	8,642

【第４区】定数１

当	小沢　一郎	70	男	未来　前	78,057
比当	藤原　崇	29	男	自民[比]新	47,887
	及川　敏章	56	男	民主[比]新	28,593
	高橋　綱記	65	男	共産　新	17,033

第47回衆議院議員選挙

平成26年（2014年）12月14日実施

【第１区】定数１

当	階　猛	48	男	民主[比]前	76,787

比当	高橋比奈子	56	女	自民㊤前	46,409
	吉田　恭子	33	女	共産　新	15,374
	細川　光正	65	男	社民㊤新	9,052

【第2区】 定数1

当	鈴木　俊一	61	男	自民㊤前	73,661
	畑　　浩治	51	男	生活㊤前	62,009
	久保　幸男	56	男	共産　新	11,289

【第3区】 定数1

当	黄川田　徹	61	男	民主㊤前	80,339
比当	橋本　英教	47	男	自民㊤前	46,165
	菊池　幸夫	55	男	共産　新	15,328

【第4区】 定数1

当	小沢　一郎	72	男	生活㊤前	75,293
比当	藤原　　崇	31	男	自民㊤前	57,824
	高橋　綱記	67	男	共産　新	24,421

選挙区・宮城県

第24回衆議院議員選挙
昭和24年(1949年)1月23日実施

【第1区】 定数5

当	庄司　一郎	58	男	民自　前	55,023
当	本間　俊一	38	男	民自　前	41,358
当	千葉　三郎	56	男	民主　元	35,739
当	安部　俊吾	66	男	民自　元	27,532
当	佐々木更三	50	男	社会　前	26,719
	只野直三郎	50	男	諸派　前	26,371
	竹谷源太郎	49	男	社会　前	21,203
	丹野　　実	40	男	国協　元	20,682
	早坂　　忠	59	男	民自　新	19,693
	鈴木　善蔵	41	男	共産　新	16,186
	菊地清太郎	49	男	諸派　新	12,185
	半沢健次郎	44	男	無所属　新	11,505
	大川　修造	45	男	社会　新	11,309
	大沼　　康	42	男	無所属　新	6,400
	佐々木孝三郎	58	男	民主　新	5,755
	守屋　伴男	44	男	諸派　新	4,640
	小平　国雄	66	男	無所属　新	2,434

【第2区】 定数4

当	大石　武一	41	男	民自　前	44,171
当	内海　安吉	60	男	民自　前	32,895
当	角田　幸吉	54	男	民自　前	28,814
当	高橋清治郎	56	男	民主　前	22,393
	川村　二郎	44	男	社会　新	19,604
	宮東　孝行	43	男	無所属　新	13,307
	鈴木源次郎	31	男	無所属　新	10,999
	田中　清逸	39	男	社会　新	7,561
	小田島森良	37	男	共産　新	7,292
	三浦　英夫	34	男	民主　新	6,947
	佐藤　利雄	44	男	国協　新	5,420

第25回衆議院議員選挙
昭和27年(1952年)10月1日実施

【第1区】 定数5

当	只野直三郎	51	男	諸派　元	53,756
当	本間　俊一	39	男	自由　前	49,977
当	佐々木更三	51	男	左社　前	44,275
当	菊地養之輔	63	男	右社　元	40,541
当	竹谷源太郎	51	男	右社　元	37,943
	庄司　一郎	60	男	自由　前	37,506
	丹野　　実	42	男	無所属　元	25,804
	安部　俊吾	67	男	自由　前	24,043
	佐藤忠治郎	55	男	無所属　新	21,570
	井上東治郎	46	男	改進　元	14,333
	平渡　　信	72	男	自由　新	13,515
	阿子島俊治	50	男	改進　元	13,364
	守屋　栄夫	67	男	無所属　元	12,951
	半沢健次郎	45	男	無所属　新	11,991
	高橋　　啓	57	男	改進　新	10,951
	坂藤忠四郎	37	男	共産　新	5,536
	遠藤　金二	53	男	無所属　新	947

【第2区】 定数4

当	大石　武一	43	男	自由　前	34,894
当	村松　久義	54	男	自由　元	32,332
当	内海　安吉	62	男	自由　前	30,937
当	日野　吉夫	50	男	右社　元	29,188
	小山倉之助	68	男	改進　元	28,361
	長谷川　峻	40	男	無所属　新	26,499
	川村　二郎	46	男	無所属　新	25,083
	角田　幸吉	56	男	自由　前	24,079
	高橋清治郎	58	男	改進　前	20,331
	宮東　孝行	45	男	無所属　新	3,363
	西条　寛六	45	男	共産　新	2,425
	高橋　清蔵	42	男	労農　新	1,363

第26回衆議院議員選挙
昭和28年(1953年)4月19日実施

【第1区】 定数5

当	只野直三郎	52	男	諸派　前	68,470
当	竹谷源太郎	52	男	右社　前	63,969
当	庄司　一郎	61	男	自由吉　元	61,041
当	本間　俊一	40	男	自由吉　前	56,449
当	佐々木更三	51	男	左社　前	48,358
	菊地養之輔	63	男	右社　前	43,780
	阿子島俊治	50	男	改進　元	26,489
	安部　俊吾	68	男	自由鳩　元	19,227
	椎名　　衛	38	男	改進　新	10,179

	神谷　六郎	43	男	共産	新	8,230

【第２区】定数４

当	小山倉之助	69	男	改進	元	41,350
当	日野　吉夫	51	男	右社	前	40,725
当	長谷川　峻	40	男	自由吉	新	39,608
当	内海　安吉	62	男	自由吉	前	33,434
	大石　武一	43	男	自由吉	前	31,457
	角田　幸吉	56	男	自由鳩	元	26,595
	村松　久義	54	男	自由吉	前	25,966
	川村　二郎	46	男	無所属	新	16,924
	菅原　寛一	44	男	左社	新	6,073
	坂藤忠四郎	37	男	共産	新	2,071

第27回衆議院議員選挙

昭和30年(1955年)２月27日実施

【第１区】定数５

当	保科善四郎	63	男	民主	新	75,461
当	菊地養之輔	65	男	右社	元	67,998
当	佐々木更三	53	男	左社	前	65,224
当	愛知　揆一	47	男	自由	新	56,385
当	竹谷源太郎	54	男	右社	前	54,551
	本間　俊一	42	男	自由	前	53,366
	只野直三郎	54	男	諸派	前	39,447
	庄司　一郎	63	男	自由	前	37,557
	三文字正平	64	男	無所属	新	4,074

【第２区】定数４

当	大石　武一	45	男	民主	元	54,028
当	村松　久義	56	男	民主	元	48,315
当	日野　吉夫	53	男	右社	前	47,725
当	内海　安吉	64	男	自由	前	40,366
	長谷川　峻	42	男	自由	前	34,944
	小山倉之助	70	男	諸派	前	20,766
	前田　久吾	40	男	左社	新	14,444
	宮東　孝行	47	男	諸派	新	3,941
	吉田　秀一	61	男	無所属	新	3,911
	坂藤忠四郎	39	男	共産	新	2,525

第28回衆議院議員選挙

昭和33年(1958年)５月22日実施

【第１区】定数５

当	愛知　揆一	50	男	自民	前	132,925
当	本間　俊一	45	男	自民	元	76,481
当	佐々木更三	56	男	社会	前	65,917
当	竹谷源太郎	57	男	社会	前	60,665
当	菊地養之輔	68	男	社会	前	52,106
繰当	保科善四郎	67	男	自民	前	50,337
	只野直三郎	57	男	諸派	元	25,629
	鈴木　善蔵	49	男	共産	新	5,086

※本間俊一(自民)死去のため昭和33年8月26日
保科善四郎(自民)が繰上当選

【第２区】定数４

当	日野　吉夫	56	男	社会	前	55,741
当	内海　安吉	68	男	自民	前	52,779
当	大石　武一	48	男	自民	前	52,374
当	長谷川　峻	46	男	自民	元	52,208
	村松　久義	59	男	自民	前	39,217
	角田　幸吉	61	男	諸派	元	19,392
	関　　幸夫	39	男	共産	新	2,847

第29回衆議院議員選挙

昭和35年(1960年)11月20日実施

【第１区】定数５

当	愛知　揆一	53	男	自民	前	106,737
当	西宮　　弘	54	男	社会	新	88,222
当	保科善四郎	69	男	自民	前	68,093
当	伊藤宗一郎	36	男	自民	新	59,682
当	佐々木更三	59	男	社会	前	58,797
	竹谷源太郎	59	男	民社	前	46,946
	只野直三郎	60	男	諸派	元	23,630
	鈴木　善蔵	51	男	共産	新	6,590
	伊東信止郎	75	男	無所属	新	1,352

【第２区】定数４

当	内海　安吉	70	男	自民	前	55,492
当	長谷川　峻	48	男	自民	前	54,628
当	大石　武一	51	男	自民	前	52,138
当	日野　吉夫	58	男	社会	前	48,768
	菅野　　一	54	男	無所属	新	30,953
	千葉　佳男	30	男	社会	新	20,080
	三浦　英夫	44	男	無所属	新	9,084
	関　　幸夫	41	男	共産	新	2,715

第30回衆議院議員選挙

昭和38年(1963年)11月21日実施

【第１区】定数５

当	西宮　　弘	57	男	社会	元	100,531
当	愛知　揆一	56	男	自民	前	96,116
当	保科善四郎	72	男	自民	前	66,916
当	佐々木更三	63	男	社会	前	62,989
当	竹谷源太郎	62	男	民社	元	62,595
	伊藤宗一郎	39	男	自民	前	59,118
	只野直三郎	63	男	諸派	元	18,963
	鈴木　善蔵	54	男	共産	新	9,969

【第２区】定数４

当	長谷川　峻	51	男	自民	前	56,662
当	大石　武一	54	男	自民	前	55,321
当	内海　安吉	73	男	自民	前	50,332
当	日野　吉夫	61	男	社会	前	47,130
	千葉　佳男	33	男	社会	新	29,774
	菊池福治郎	38	男	無所属	新	24,128
	奥津　秀雄	31	男	共産	新	3,021

第31回衆議院議員選挙
昭和42年(1967年) 1月29日実施

【第1区】定数5

	愛知 揆一	59	男	自民	前	104,718
当	愛知 揆一	59	男	自民	前	104,718
当	佐々木更三	66	男	社会	前	99,214
当	西宮 弘	60	男	社会	前	69,102
当	伊藤宗一郎	42	男	自民	元	64,225
当	古内 広雄	59	男	無所属	新	57,283
	保科善四郎	75	男	自民	前	51,911
	竹谷源太郎	65	男	民社	前	47,700
	佐々木敬一	47	男	無所属	新	23,542
	鈴木 善蔵	57	男	共産	新	13,301
	只野直三郎	66	男	諸派	元	11,731

【第2区】定数4

当	長谷川 峻	54	男	自民	前	56,802
当	内海 英男	44	男	自民	新	45,760
当	大石 武一	57	男	自民	前	42,972
当	千葉 佳男	36	男	社会	新	41,365
	日野 吉夫	65	男	社会	前	35,518
	菊池福治郎	41	男	無所属	新	33,532
	菅野 一	60	男	無所属	新	14,064
	奥津 秀雄	34	男	共産	新	3,419

第32回衆議院議員選挙
昭和44年(1969年)12月27日実施

【第1区】定数5

当	愛知 揆一	62	男	自民	前	117,210
当	伊藤宗一郎	45	男	自民	前	88,788
当	西宮 弘	63	男	社会	元	85,900
当	古内 広雄	62	男	自民	前	81,796
当	佐々木更三	69	男	社会	前	69,349
	高橋正次郎	44	男	公明	新	64,274
	竹谷源太郎	68	男	民社	元	51,146
	鈴木 善蔵	60	男	共産	新	22,820
	只野直三郎	69	男	諸派	元	8,418

【第2区】定数4

当	長谷川 峻	57	男	自民	前	52,616
当	内海 英男	47	男	自民	前	49,184
当	大石 武一	60	男	自民	前	48,438
当	日野 吉夫	68	男	社会	元	46,119
	菊池福治郎	44	男	無所属	新	38,439
	千葉 佳男	39	男	社会	前	30,540
	奥津 秀雄	37	男	共産	新	5,622
	吉田幸一郎	37	男	無所属	新	1,221

第33回衆議院議員選挙
昭和47年(1972年)12月10日実施

【第1区】定数5

当	愛知 揆一	65	男	自民	前	127,216
当	三塚 博	45	男	自民	新	91,361
当	佐々木更三	72	男	社会	前	91,041
当	伊藤宗一郎	48	男	自民	前	75,821
当	庄司 幸助	54	男	共産	新	74,222
	西宮 弘	66	男	社会	前	71,297
	武田 一夫	38	男	公明	新	64,617
	竹谷源太郎	71	男	民社	元	59,135
	只野直三郎	72	男	諸派	元	10,039

【第2区】定数4

当	大石 武一	63	男	自民	前	57,717
当	内海 英男	50	男	自民	前	54,496
	日野 吉夫	71	男	社会	前	52,330
当	長谷川 峻	60	男	自民	前	50,779
	菊池福治郎	47	男	無所属	新	47,568
	千葉 堅弥	58	男	民社	新	31,852
	雫石 五郎	37	男	共産	新	9,722
	吉田幸一郎	40	男	無所属	新	563

第34回衆議院議員選挙
昭和51年(1976年)12月5日実施

【第1区】定数5

当	愛知 和男	39	男	自民	新	131,289
当	西宮 弘	70	男	社会	元	96,998
当	武田 一夫	42	男	公明	新	92,521
当	三塚 博	49	男	自民	現	82,771
当	伊藤宗一郎	52	男	自民	現	77,486
	佐々木更三	76	男	社会	現	75,573
	庄司 幸助	58	男	共産	現	73,063
	横田 陽吉	52	男	自民	新	61,827
	竹谷 源氏	52	男	民社	新	42,762
	只野直三郎	76	男	諸派	元	7,846
	千葉 佳男	46	男	無所属	元	3,699

【第2区】定数4

	日野 市朗	42	男	社会	新	67,338
当	菊池福治郎	51	男	新自ク	新	66,807
当	長谷川 峻	64	男	自民	現	56,898
当	内海 英男	54	男	自民	現	51,157
	大石 武一	67	男	自民	現	47,961
	相沢 正巳	35	男	無所属	新	16,107
	雫石 五郎	41	男	共産	新	10,698

第35回衆議院議員選挙
昭和54年(1979年)10月7日実施

【第1区】定数5

当	愛知 和男	42	男	自民	前	106,563
当	三塚 博	52	男	自民	前	91,751
当	伊藤宗一郎	55	男	自民	前	88,904
当	武田 一夫	45	男	公明	前	84,946
当	庄司 幸助	61	男	共産	元	79,232
	戸田 菊雄	55	男	社会	新	73,878
	西宮 弘	73	男	社会	前	71,403
	横田 陽吉	54	男	無所属	新	56,790

	竹谷　源氏	55	男	民社	新	38,584
	保科　真一	56	男	無所属	新	9,206
	只野直三郎	79	男	諸派	元	6,771
	手塚　洋	29	男	諸派	新	1,766

【第2区】定数4

当	内海　英男	57	男	自民	前	63,523
当	日野　市朗	45	男	社会	前	62,704
当	長谷川　峻	67	男	自民	前	61,803
当	菊池福治郎	54	男	無所属	前	50,549
	大石　正光	34	男	無所属	新	46,785
	佐立　昭	36	男	共産	新	9,566
	相沢　正巳	38	男	無所属	新	9,494

第36回衆議院議員選挙
昭和55年（1980年）6月22日実施

【第1区】定数5

当	愛知　和男	42	男	自民	前	157,216
当	戸田　菊雄	56	男	社会	新	117,346
当	伊藤宗一郎	56	男	自民	前	113,793
当	三塚　博	52	男	自民	前	107,704
当	武田　一夫	45	男	公明	前	87,647
	庄司　幸助	62	男	共産	前	86,416
	西宮　弘	74	男	無所属	元	67,890
	只野直三郎	79	男	諸派	元	8,755
	手塚　洋	29	男	諸派	新	2,183
	佐藤　勝男	32	男	無所属	新	2,139

【第2区】定数4

当	日野　市朗	46	男	社会	前	61,920
当	長谷川　峻	68	男	自民	前	60,672
当	内海　英男	58	男	自民	前	59,436
当	菊池福治郎	55	男	自民	前	56,804
	大石　正光	35	男	自民	新	55,863
	佐立　昭	37	男	共産	新	10,309
	相沢　正巳	39	男	無所属	新	6,121

第37回衆議院議員選挙
昭和58年（1983年）12月18日実施

【第1区】定数5

当	愛知　和男	46	男	自民	前	135,259
当	三塚　博	56	男	自民	前	114,369
当	武田　一夫	49	男	公明	前	107,574
当	伊藤宗一郎	59	男	自民	前	102,785
当	戸田　菊雄	59	男	社会	前	98,224
	庄司　幸助	65	男	共産	元	88,990
	太田　幸作	51	男	社会	新	81,868

【第2区】定数4

当	内海　英男	61	男	自民	前	69,491
当	長谷川　峻	71	男	自民	前	64,392
当	日野　市朗	49	男	社会	前	63,799
当	菊池福治郎	58	男	自民	前	53,437
	大石　正光	38	男	無所属	新	49,875

	佐立　昭	40	男	共産	新	8,564
	相沢　正巳	42	男	無所属	新	4,234

第38回衆議院議員選挙
昭和61年（1986年）7月6日実施

【第1区】定数5

当	三塚　博	58	男	自民	前	159,417
当	愛知　和男	48	男	自民	前	142,336
当	伊藤宗一郎	62	男	自民	前	120,217
当	武田　一夫	51	男	公明	前	99,192
当	戸田　菊雄	62	男	社会	前	93,229
	庄司　幸助	68	男	共産	元	83,692
	太田　幸作	54	男	社会	新	65,037
	平沢　暁男	45	男	無所属	新	2,205

【第2区】定数4

当	大石　正光	41	男	自民	新	74,674
当	菊池福治郎	61	男	自民	前	63,452
当	長谷川　峻	74	男	自民	前	60,582
当	内海　英男	64	男	自民	前	59,288
	日野　市朗	52	男	社会	前	58,575
	佐立　昭	43	男	共産	新	8,897

第39回衆議院議員選挙
平成2年（1990年）2月18日実施

【第1区】定数5

当	戸田　菊雄	65	男	社会	前	150,369
当	岡崎トミ子	46	女	社会	新	149,740
当	愛知　和男	52	男	自民	前	144,498
当	三塚　博	62	男	自民	前	138,949
当	伊藤宗一郎	65	男	自民	前	111,666
	千葉　国男	48	男	公明	新	104,274
	遠藤いく子	41	女	共産	新	61,170
	鈴木　精紀	43	男	無所属	新	18,273

【第2区】定数4

当	日野　市朗	56	男	社会	元	91,853
当	内海　英男	67	男	自民	前	59,223
当	大石　正光	45	男	自民	前	55,250
当	長谷川　峻	77	男	自民	前	52,601
	菊池福治郎	64	男	自民	前	46,080
	黒須　光男	42	男	無所属	新	26,668
	芳賀　芳昭	48	男	共産	新	7,393

第40回衆議院議員選挙
平成5年（1993年）7月18日実施

【第1区】定数5

当	愛知　和男	56	男	新生	前	159,533
当	三塚　博	65	男	自民	前	134,076
当	岡崎トミ子	49	女	社会	前	111,360
当	千葉　国男	51	男	公明	新	106,002
当	伊藤宗一郎	69	男	自民	前	104,625

衆議院・選挙区（宮城県）　　　　　国政選挙総覧

	戸田　菊雄	69	男	社会	前	68,340
	遠藤いく子	44	女	共産	新	61,361
	佐藤　豊	40	男	日本新	新	61,106

【第2区】定数3
当	菊池福治郎	68	男	自民	元	63,666
当	日野　市朗	59	男	社会	前	59,819
当	大石　正光	48	男	自民	前	52,579
	土井喜美夫	49	男	無所属	新	38,672
	安住　淳	31	男	無所属	新	36,642
	長谷川　章	50	男	自民	新	32,692
	鈴木　昇	49	男	新生	新	20,807
	芳賀　芳昭	51	男	共産	新	5,790

第41回衆議院議員選挙
平成8年（1996年）10月20日実施

【第1区】定数1
当	愛知　和男	59	男	新進	前	77,817
	岡崎トミ子	52	女	民主	前	56,537
	浅野　公道	57	男	自民㊥	新	28,351
	遠藤いく子	47	女	共産㊥	新	26,346
	岡本　正哉	32	男	無所属	新	1,535

【第2区】定数1
当	中野　正志	48	男	自民	新	68,137
	千葉　国男	55	男	新進	前	62,533
	佐藤　豊	43	男	民主㊥	新	27,328
	五島　平	45	男	共産	新	18,157
	石川　建治	38	男	社民㊥	新	12,629
	五十嵐辰也	44	男	自連	新	1,490

【第3区】定数1
当	三塚　博	69	男	自民	前	81,784
	百足　健一	51	男	新進	新	53,150
	大友ひろみ	32	女	共産	新	18,972

【第4区】定数1
当	伊藤宗一郎	72	男	自民	前	75,196
	仁田　和広	46	男	新進	新	59,436
	菅原　国夫	70	男	共産	新	18,813
	佐藤　芳博	48	男	社民㊥	新	14,887

【第5区】定数1
当	安住　淳	34	男	民主㊥	新	54,550
	土井喜美夫	53	男	新進	新	50,139
	二見　剛	51	男	自民㊥	新	16,407
	須田　吉隆	48	男	社民㊥	新	8,122
	内藤　隆司	38	男	共産	新	6,854

【第6区】定数1
当	菊池福治郎	71	男	自民	前	70,765
	大石　正光	51	男	新進	前	70,114
	芳賀　芳昭	54	男	共産	新	8,171
	三上　良喜	72	男	民主	新	7,566
	千葉　佳男	66	男	自連	元	757

《補選》第41回衆議院議員選挙
平成9年（1997年）12月14日実施
※菊池福治郎の辞職による

【第6区】被選挙数1
当	小野寺五典	37	男	自民	新	73,881
	大石　正光	52	男	無所属	前	66,955
	芳賀　芳昭	55	男	共産	新	8,660

《補選》第41回衆議院議員選挙
平成12年（2000年）2月27日実施
※小野寺五典の辞職による

【第6区】被選挙数1
当	大石　正光	55	男	民主	元	54,735
	菅野　哲雄	51	男	社民	新	40,097
	伊藤　智巳	38	男	無所属	新	11,076
	芳賀　芳昭	58	男	共産	新	9,324

第42回衆議院議員選挙
平成12年（2000年）6月25日実施

【第1区】定数1
当	今野　東	52	男	民主㊥	新	88,864
	愛知　和男	62	男	自民㊥	前	73,839
	遠藤いく子	51	女	共産㊥	新	28,281
	沖田　捷夫	55	男	社民㊥	新	20,416

【第2区】定数1
当	鎌田さゆり	35	女	民主㊥	新	99,498
	中野　正志	52	男	自民㊥	前	87,949
	津田　宣勝	58	男	共産	新	20,914

【第3区】定数1
当	三塚　博	72	男	自民㊥	前	84,278
	小山　克博	43	男	民主㊥	新	40,896
	堀　誠	33	男	自由㊥	新	22,501
	加藤　幹夫	36	男	共産	新	14,429

【第4区】定数1
当	伊藤宗一郎	76	男	自民㊥	前	104,711
	作並ゆきの	34	女	民主㊥	新	49,973
	佐藤　道子	58	女	共産	新	27,478

【第5区】定数1
当	安住　淳	38	男	民主㊥	前	69,459
	土井喜美夫	56	男	自民㊥	新	68,237
	原　伸雄	58	男	共産	新	9,355

【第6区】定数1
当	大石　正光	55	男	民主㊥	前	59,588
	佐藤久一郎	50	男	自民㊥	新	44,629
比当	菅野　哲雄	51	男	社民㊥	新	41,170
	芳賀　芳昭	58	男	共産	新	7,427
	伊藤　智巳	38	男	無所属	新	5,448

《補選》第42回衆議院議員選挙
平成13年（2001年）10月28日実施
※伊藤宗一郎の死去による
【第4区】被選挙数1
	当	伊藤信太郎	48	男	自民	新	63,745
		本間俊太郎	61	男	無所属	新	48,871
		山条　隆史	38	男	民主	新	11,683
		小野　敏郎	52	男	共産	新	9,281

第43回衆議院議員選挙
平成15年（2003年）11月9日実施
【第1区】定数1
	当	今野　　東	55	男	民主㊗前	106,821
		土井　　亨	45	男	自民㊗新	84,565
		菅野　直子	31	女	共産　新	18,960

【第2区】定数1
	当	鎌田さゆり	38	女	民主㊗前	98,028
比	当	中野　正志	55	男	自民㊗元	94,621
		五島　　平	52	男	共産㊗新	11,311
		田山　英次	43	男	社民㊗新	9,107
		柴田　紘一	62	男	無所属 新	3,019

【第3区】定数1
	当	西村　明宏	43	男	自民㊗新	74,045
比	当	橋本　清仁	32	男	民主㊗新	73,803
		高橋　光二	52	男	共産　新	11,915

【第4区】定数1
	当	伊藤信太郎	50	男	自民㊗前	76,554
		本間俊太郎	63	男	無所属 新	61,200
		山条　隆史	40	男	民主㊗新	40,583
		小野　敏郎	54	男	共産　新	12,196

【第5区】定数1
	当	安住　　淳	41	男	民主㊗前	73,135
		斎藤　正美	48	男	自民㊗新	64,122
		高野　　博	60	男	共産　新	6,853

【第6区】定数1
	当	小野寺五典	43	男	自民㊗元	82,750
		大石　正光	58	男	民主㊗前	58,420
		菅野　哲雄	55	男	社民㊗前	17,772
		近江　　寿	61	男	共産　新	4,256

《補選》第43回衆議院議員選挙
平成17年（2005年）4月24日実施
※鎌田さゆりの辞職による
【第2区】被選挙数1
	当	秋葉　賢也	42	男	自民	新	58,023
		門間由記子	30	女	民主	新	52,381
		菊地　文博	45	男	無所属	新	22,702
		五島　　平	54	男	共産	新	8,358
		田山　英次	45	男	社民	新	6,808

第44回衆議院議員選挙
平成17年（2005年）9月11日実施
【第1区】定数1
	当	土井　　亨	47	男	自民㊗新	117,236
比	当	郡　　和子	48	女	民主㊗新	115,264
		角野　達也	46	男	共産　新	15,470

【第2区】定数1
	当	秋葉　賢也	43	男	自民㊗前	130,257
		門間由記子	30	女	民主㊗新	98,645
		五島　　平	54	男	共産㊗新	17,906

【第3区】定数1
	当	西村　明宏	45	男	自民㊗前	98,269
		橋本　清仁	34	男	民主㊗前	78,503
		高橋　光二	54	男	共産　新	11,256

【第4区】定数1
	当	伊藤信太郎	52	男	自民㊗前	114,245
		石山　敬貴	35	男	民主㊗新	78,627
		高橋　卓也	49	男	共産　新	16,584

【第5区】定数1
	当	安住　　淳	43	男	民主㊗前	78,205
		斎藤　正美	50	男	自民㊗前	68,485
		高野　　博	62	男	共産　新	7,691

【第6区】定数1
	当	小野寺五典	45	男	自民㊗前	100,359
比	当	菅野　哲雄	56	男	社民㊗元	49,263
		近江　　寿	63	男	共産　新	8,354

第45回衆議院議員選挙
平成21年（2009年）8月30日実施
【第1区】定数1
	当	郡　　和子	52	女	民主㊗前	149,980
		土井　　亨	51	男	自民㊗前	87,401
		角野　達也	50	男	共産　新	14,547
		矢島　卓臣	26	男	無所属 新	2,987
		遠田　敬一	58	男	諸派　新	1,344

【第2区】定数1
	当	斎藤　恭紀	40	男	民主㊗新	158,041
		中野　正志	61	男	自民㊗前	98,517
		佐藤　　豊	56	男	無所属 新	9,912
		安部　公人	42	男	諸派　新	2,086

【第3区】定数1
	当	橋本　清仁	38	男	民主㊗元	108,718
		西村　明宏	49	男	自民㊗前	85,897
		小林　睦明	38	男	諸派　新	2,895

【第4区】定数1
	当	石山　敬貴	39	男	民主㊗新	119,926
		伊藤信太郎	56	男	自民㊗前	92,610
		加藤　幹夫	45	男	共産㊗新	11,881
		村上　善昭	36	男	諸派　新	2,424

【第5区】定数1
	当	安住　　淳	47	男	民主㊗前	89,484

	斎藤　正美	54	男	自民㊋新	63,303
【第6区】定数1					
当	小野寺五典	49	男	自民㊋前	100,832
	菅野　哲雄	60	男	社民㊋前	54,133
	氏家　次男	61	男	諸派　新	3,346

第46回衆議院議員選挙
平成24年（2012年）12月16日実施

【第1区】定数1
当	土井　亨	54	男	自民㊋元	87,482
比当	郡　和子	55	女	民主㊋前	60,916
比当	林　宙紀	35	男	みんな㊋新	38,316
	横田　匡人	47	男	未来　新	16,557
	角野　達也	53	男	共産　新	13,454
	桑島　崇史	33	男	社民　新	6,547

【第2区】定数1
当	秋葉　賢也	50	男	自民㊋前	76,595
	中野　正志	64	男	維新㊋元	45,316
	今野　東	65	男	民主㊋元	35,085
	斎藤　恭紀	43	男	未来㊋前	34,348
	菊地　文博	52	男	みんな㊋新	23,138
	福島　一恵	52	女	共産　新	14,494

【第3区】定数1
当	西村　明宏	52	男	自民㊋元	88,801
	橋本　清仁	41	男	民主㊋前	47,298
	吉田　剛	31	男	共産　新	16,370

【第4区】定数1
当	伊藤信太郎	59	男	自民㊋元	80,250
	石山　敬貴	42	男	民主㊋前	54,253
	畠山　昌樹	38	男	維新㊋新	30,722
	戸津川　永	30	男	共産　新	13,492
	村上　善昭	40	男	諸派　新	2,518

【第5区】定数1
当	安住　淳	50	男	民主㊋前	62,928
比当	大久保三代	36	女	自民㊋新	30,138
	阿部　信子	49	女	未来㊋新	8,029

	渡辺　昌明	59	男	共産　新	6,046
	首藤　博敏	53	男	無所属　新	1,621
【第6区】定数1					
当	小野寺五典	52	男	自民㊋前	97,405
	鎌田さゆり	47	女	民主㊋元	20,961
	高村　直也	29	男	共産　新	6,349

第47回衆議院議員選挙
平成26年（2014年）12月14日実施

【第1区】定数1
当	土井　亨	56	男	自民㊋前	93,345
比当	郡　和子	57	女	民主㊋前	81,113
	松井　秀明	46	男	共産　新	25,063

【第2区】定数1
当	秋葉　賢也	52	男	自民㊋前	91,289
	林　宙紀	37	男	維新㊋前	60,653
	大内　真理	36	女	共産　新	21,630
	増元　照明	59	男	次世代㊋新	15,228
	桑島　崇史	35	男	社民㊋新	11,725

【第3区】定数1
当	西村　明宏	54	男	自民㊋前	76,246
	橋本　清仁	43	男	民主㊋元	48,957
	吉田　剛	33	男	共産　新	14,712

【第4区】定数1
当	伊藤信太郎	61	男	自民㊋前	68,773
	井戸　正枝	48	女	民主㊋元	35,242
	小高　洋	34	男	共産　新	16,041

【第5区】定数1
当	安住　淳	52	男	民主㊋前	64,753
比当	勝沼　栄明	40	男	自民㊋前	34,293
	高村　直也	31	男	共産　新	9,763

【第6区】定数1
当	小野寺五典	54	男	自民㊋前	101,223
	鎌田さゆり	49	女	民主㊋元	32,797
	内藤　隆司	56	男	共産　新	9,351

選挙区・秋田県

第24回衆議院議員選挙
昭和24年（1949年）1月23日実施

【第1区】定数4
当	石田　博英	36	男	民自　前	44,632
当	平沢　長吉	56	男	民自　前	30,343
当	宮腰　喜助	45	男	民主　新	28,339
当	畠山　重勇	55	男	民主　新	27,286
	細野三千雄	53	男	社会　前	24,377
	島田　晋作	49	男	社会　前	18,817
	堀井　勇子	27	女	国協　新	17,212
	島田　健三	41	男	労農　新	16,573
	和崎　ハル	65	女	民主　元	16,468
	田中　健吉	41	男	社革　前	9,411
	鎌田千代治	35	男	無所属　新	7,766
	山本　喜助	50	男	民自　新	6,229

【第2区】定数4
当	笹山茂太郎	49	男	民主　新	40,505
当	飯塚　定輔	53	男	民自　新	39,121
当	根本龍太郎	43	男	民自　前	34,500
当	村上　清治	55	男	民自　前	33,152
	鈴木　清	43	男	共産　新	33,112
	川俣　清音	51	男	社会　元	28,919
	梁田正次郎	48	男	民主　新	14,928

| | 佐藤　栄七 | 40 | 男 | 労農 | 新 | 6,361 |

第25回衆議院議員選挙
昭和27年(1952年)10月1日実施

【第1区】定数4

当	石田　博英	37	男	自由	前	58,245
当	細野三千雄	55	男	右社	元	47,845
当	平沢　長吉	58	男	自由	前	37,761
当	松野　孝一	47	男	改進	新	36,740
	石山　権作	43	男	左社	新	34,745
	宮腰　喜助	46	男	改進	前	27,453
	堀井　勇子	28	女	改進	新	19,780
	田中　健吉	42	男	協同	元	4,564
	岡野　庄蔵	29	男	共産	新	4,062

【第2区】定数4

当	根本龍太郎	45	男	自由	前	56,505
当	笹山茂太郎	50	男	改進	前	45,135
当	川俣　清音	53	男	右社	元	44,435
当	飯塚　定輔	54	男	自由	前	37,819
	斎藤　憲三	54	男	改進	元	28,673
	鶴田　知也	50	男	左社	新	18,200
	村上　清治	57	男	自由	新	17,178
	三村雷太郎	45	男	共産	新	6,228

第26回衆議院議員選挙
昭和28年(1953年)4月19日実施

【第1区】定数4

当	石山　権作	43	男	左社	新	54,096
当	石田　博英	38	男	自由鳩	前	53,262
当	細野三千雄	56	男	右社	前	43,002
当	須磨弥吉郎	60	男	改進	新	41,748
	平沢　長吉	59	男	自由吉	前	38,805
	松野　孝一	48	男	改進	前	36,419
	堀井　勇子	29	女	無所属	新	18,372

【第2区】定数4

当	川俣　清音	53	男	右社	前	45,073
当	根本龍太郎	45	男	自由鳩	前	43,200
当	飯塚　定輔	55	男	自由吉	前	40,427
当	斎藤　憲三	55	男	改進	元	37,950
	笹山茂太郎	51	男	改進	前	36,939
	小山田義孝	56	男	自由吉	元	29,787
	鶴田　知也	51	男	左社	新	16,571
	鈴木　清	46	男	共産	新	8,277
	遠藤　久雄	36	男	無所属	新	3,095

第27回衆議院議員選挙
昭和30年(1955年)2月27日実施

【第1区】定数4

当	石田　博英	40	男	民主	前	62,058
当	須磨弥吉郎	62	男	民主	前	55,085
当	石山　権作	45	男	左社	前	53,031
当	細野三千雄	57	男	右社	前	49,688
	柳谷清三郎	54	男	民主	新	43,753
	平沢　長吉	61	男	自由	元	36,682
	宮腰　喜助	49	男	無所属	元	10,404
	三浦雷太郎	47	男	共産	新	5,186

【第2区】定数4

当	笹山茂太郎	53	男	民主	元	55,897
当	根本龍太郎	47	男	民主	前	48,250
当	川俣　清音	55	男	右社	前	46,126
当	斎藤　憲三	57	男	民主	前	36,797
	飯塚　定輔	57	男	自由	前	34,011
	栗林　三郎	48	男	左社	新	27,996
	鈴木　清	47	男	共産	新	7,935
	遠藤　久雄	38	男	自由	新	5,891
	武野　武治	40	男	無所属	新	5,615

第28回衆議院議員選挙
昭和33年(1958年)5月22日実施

【第1区】定数4

当	鈴木　一	44	男	無所属	新	61,722
当	石田　博英	43	男	自民	前	61,141
当	柳谷清三郎	57	男	自民	新	55,150
当	石山　権作	48	男	社会	前	52,977
	須磨弥吉郎	65	男	自民	前	36,526
	宮腰庄太郎	51	男	社会	新	23,415
	渋谷　倉蔵	55	男	自民	新	20,279
	三浦雷太郎	50	男	共産	新	4,202

【第2区】定数4

当	根本龍太郎	50	男	自民	前	54,336
当	笹山茂太郎	56	男	自民	前	46,618
当	栗林　三郎	51	男	社会	新	46,397
当	飯塚　定輔	60	男	自民	元	41,597
	斎藤　憲三	60	男	自民	前	39,394
	川俣　清音	59	男	社会	前	38,581
	鈴木　清	51	男	共産	新	6,583
	伊藤為之助	54	男	無所属	新	6,396

第29回衆議院議員選挙
昭和35年(1960年)11月20日実施

【第1区】定数4

当	石山　権作	51	男	社会	前	84,814
当	石田　博英	45	男	自民	前	60,356
当	柳谷清三郎	60	男	自民	前	54,220
当	佐々木義武	51	男	自民	新	52,558
	鈴木　一	47	男	民社	前	45,132
	三浦雷太郎	53	男	共産	新	9,531

【第2区】定数4

当	川俣　清音	61	男	社会	元	53,034
当	斎藤　憲三	62	男	自民	元	49,068
当	栗林　三郎	53	男	社会	前	48,072

衆議院・選挙区（秋田県）

当	飯塚　定輔	63	男	自民	前	42,346
	笹山茂太郎	59	男	自民	前	41,583
	根本龍太郎	53	男	自民	前	38,168
	鈴木　義雄	55	男	共産	新	4,621

第30回衆議院議員選挙
昭和38年（1963年）11月21日実施

【第1区】定数4

当	沢田　政治	41	男	社会	新	62,800
当	鈴木　　一	50	男	民社	元	56,652
当	石田　博英	48	男	自民	前	55,493
当	佐々木義武	54	男	自民	前	52,236
	柳谷清三郎	63	男	自民	前	50,945
	石山　権作	54	男	社会	前	46,525
	三浦雷太郎	56	男	共産	新	10,167

【第2区】定数4

当	根本龍太郎	56	男	自民	元	56,416
当	笹山茂太郎	62	男	自民	元	45,304
当	栗林　三郎	56	男	社会	前	44,469
当	川俣　清音	64	男	社会	前	44,250
	斎藤　憲三	65	男	自民	前	39,780
	飯塚　定輔	66	男	自民	前	38,023
	鈴木　義雄	58	男	共産	新	5,941

第31回衆議院議員選挙
昭和42年（1967年）1月29日実施

【第1区】定数4

当	石田　博英	52	男	自民	前	64,460
当	佐々木義武	57	男	自民	前	63,473
当	内藤　良平	50	男	社会	新	62,564
当	鈴木　　一	53	男	民社	前	58,133
	沢田　政治	44	男	社会	前	55,149
	山崎　五郎	53	男	自民	新	45,295
	三浦雷太郎	59	男	共産	新	12,721

【第2区】定数4

当	根本龍太郎	59	男	自民	前	52,759
当	笹山茂太郎	65	男	自民	前	52,365
当	栗林　三郎	60	男	社会	前	51,644
当	斎藤　憲三	68	男	自民	元	50,777
	川俣　清音	67	男	社会	前	48,713
	鈴木　義雄	61	男	共産	新	9,557

第32回衆議院議員選挙
昭和44年（1969年）12月27日実施

【第1区】定数4

当	石田　博英	55	男	自民	前	66,731
当	鈴木　　一	56	男	民社	前	62,437
当	内藤　良平	53	男	社会	前	57,084
当	佐々木義武	60	男	自民	前	56,872
	佐藤　敬治	49	男	社会	新	56,010

	伊藤　虎雄	47	男	公明	新	35,941
	小川　俊三	49	男	共産	新	16,129
	小林　宏晨	32	男	無所属	新	8,615

【第2区】定数4

当	根本龍太郎	62	男	自民	前	50,468
当	川俣健二郎	43	男	社会	新	45,021
当	笹山茂太郎	68	男	自民	前	41,259
当	長谷部七郎	45	男	社会	新	38,805
	飯塚　定輔	72	男	自民	元	37,069
	佐藤　正忠	41	男	無所属	新	32,395
	鈴木　義雄	64	男	共産	新	12,871
	田島　　正	50	男	諸派	新	1,189
	遠藤　久雄	52	男	無所属	新	863

第33回衆議院議員選挙
昭和47年（1972年）12月10日実施

【第1区】定数4

当	佐々木義武	63	男	自民	前	80,482
当	石田　博英	57	男	自民	前	63,432
当	佐藤　敬治	52	男	社会	新	60,739
当	中川利三郎	52	男	共産	新	55,265
	鈴木　　一	59	男	民社	前	54,014
	内藤　良平	56	男	社会	前	53,315
	畠山　敏雄	60	男	無所属	新	3,460

【第2区】定数4

当	根本龍太郎	65	男	自民	前	51,653
当	川俣健二郎	46	男	社会	前	50,883
当	笹山茂太郎	71	男	自民	前	49,067
当	村岡　兼造	41	男	自民	新	44,394
	長谷部七郎	48	男	社会	前	39,886
	長沼　宗二	40	男	共産	新	13,214
	小野崎四郎	59	男	無所属	新	10,811
	菅原　　甫	41	男	無所属	新	10,259
	田島　正止	53	男	諸派	新	1,229

第34回衆議院議員選挙
昭和51年（1976年）12月5日実施

【第1区】定数4

当	佐々木義武	67	男	自民	現	90,676
当	石田　博英	61	男	自民	現	84,274
当	佐藤　敬治	56	男	社会	現	72,166
当	川口　大助	58	男	社会	新	65,610
	中川利三郎	56	男	共産	現	63,493
	北潟　　勝	60	男	公明	新	23,148

【第2区】定数4

当	栗林　三郎	69	男	社会	元	61,640
当	川俣健二郎	50	男	社会	現	52,730
当	笹山茂太郎	75	男	自民	現	51,545
当	根本龍太郎	69	男	自民	現	51,497
	村岡　兼造	45	男	自民	現	50,260
	長沼　宗二	44	男	共産	新	15,032

第35回衆議院議員選挙
昭和54年（1979年）10月7日実施

【第1区】定数4
当	佐々木義武	70	男	自民	前	84,265
当	石田　博英	64	男	自民	前	81,610
当	中川利三郎	59	男	共産	元	80,136
当	川口　大助	61	男	社会	元	76,946
	佐藤　敬治	59	男	社会	前	72,053

【第2区】定数4
当	村岡　兼造	48	男	自民	元	71,944
当	川俣健二郎	53	男	社会	前	59,499
当	細谷　昭雄	52	男	社会	新	56,081
当	根本龍太郎	72	男	自民	前	53,069
	笹山　登生	38	男	自民	新	49,402
	長沼　宗二	46	男	共産	新	13,414

第36回衆議院議員選挙
昭和55年（1980年）6月22日実施

【第1区】定数4
当	佐々木義武	71	男	自民	前	101,868
当	佐藤　敬治	60	男	社会	元	77,104
当	石田　博英	65	男	自民	前	74,753
当	川口　大助	62	男	社会	前	69,150
	中川利三郎	60	男	共産	前	61,863
	佐藤　敬夫	45	男	無所属	新	27,329

【第2区】定数4
当	根本龍太郎	73	男	自民	前	60,425
当	村岡　兼造	48	男	自民	前	60,076
当	笹山　登生	39	男	自民	新	57,416
当	川俣健二郎	53	男	社会	前	56,518
	細谷　昭雄	53	男	社会	前	55,209
	長沼　宗二	47	男	共産	新	13,119
	田島　正止	61	男	諸派	新	1,163

第37回衆議院議員選挙
昭和58年（1983年）12月18日実施

【第1区】定数4
当	野呂田芳成	54	男	自民	新	81,446
当	佐藤　敬治	63	男	社会	前	74,015
当	中川利三郎	63	男	共産	元	62,187
当	佐々木義武	74	男	自民	前	61,839
	藤村　昭孝	56	男	社会	新	56,927
	佐藤　敬夫	48	男	自民	新	56,837

【第2区】定数4
当	川俣健二郎	57	男	社会	前	61,698
当	村岡　兼造	52	男	自民	前	60,021
当	細谷　昭雄	56	男	社会	元	56,811
当	笹山　登生	42	男	自民	前	54,298
	根本龍太郎	76	男	自民	前	42,273
	長沼　宗二	51	男	共産	新	10,698

第38回衆議院議員選挙
昭和61年（1986年）7月6日実施

【第1区】定数4
当	野呂田芳成	56	男	自民	前	83,547
当	佐藤　敬夫	51	男	自民	新	80,699
当	佐藤　敬治	66	男	社会	前	66,374
当	二田　孝治	48	男	自民	新	66,156
	中川利三郎	66	男	共産	前	57,329
	高橋　久也	51	男	社会	新	36,718
	小畑　　元	37	男	無所属	新	35,253

【第2区】定数3
当	村岡　兼造	54	男	自民	前	77,619
当	笹山　登生	45	男	自民	前	63,270
当	川俣健二郎	60	男	社会	前	59,750
	御法川英文	50	男	無所属	新	57,914
	細谷　昭雄	59	男	社会	前	51,244
	最上　健造	40	男	共産	新	9,102

第39回衆議院議員選挙
平成2年（1990年）2月18日実施

【第1区】定数4
当	佐藤　敬治	69	男	社会	前	76,946
当	佐藤　敬夫	54	男	自民	前	76,525
当	野呂田芳成	60	男	自民	前	73,030
当	二田　孝治	51	男	自民	前	67,689
	加成　義臣	44	男	社会	新	59,087
	中川利三郎	69	男	共産	元	53,707
	小畑　　元	41	男	無所属	新	27,861

【第2区】定数3
当	村岡　兼造	58	男	自民	前	74,440
当	川俣健二郎	63	男	社会	前	68,968
当	御法川英文	53	男	無所属	前	58,028
	笹山　登生	49	男	自民	前	53,575
	鈴木　俊夫	39	男	共産	新	12,807
	石川　久一	67	男	無所属	新	6,279

第40回衆議院議員選挙
平成5年（1993年）7月18日実施

【第1区】定数4
当	佐藤　敬夫	58	男	自民	前	79,160
当	野呂田芳成	63	男	自民	前	78,368
当	二田　孝治	55	男	自民	前	69,264
当	畠山健治郎	59	男	社会	新	67,738
	加成　義臣	47	男	社会	新	55,265
	荻原　和子	52	女	共産	新	44,437
	熊谷　啓治	50	男	諸派	新	926

【第2区】定数3
当	村岡　兼造	61	男	自民	前	78,354
当	笹山　登生	52	男	新生	元	70,733
当	御法川英文	57	男	自民	前	64,105

衆議院・選挙区（秋田県）

川俣健二郎	67	男	社会	前		58,773
栗林 次美	45	男	社会	新		23,904
佐藤 栄吉	51	男	共産	新		7,609

第41回衆議院議員選挙
平成8年（1996年）10月20日実施

【第1区】定数1

当	佐藤 敬夫	61	男	新進	元	95,194
比当	二田 孝治	58	男	自民比	前	84,625
	荻原 和子	55	女	共産	新	29,514

【第2区】定数1

当	野呂田芳成	66	男	自民比	前	86,677
比当	畠山健治郎	62	男	社民比	前	54,131
	工藤 良一	69	男	共産	新	11,172
	三浦 卓	60	男	自連比	新	5,774

【第3区】定数1

当	村岡 兼造	65	男	自民比	前	150,956
	寺田 創	25	男	新進	新	85,390
	藤井 利夫	66	男	共産	新	24,405

第42回衆議院議員選挙
平成12年（2000年）6月25日実施

【第1区】定数1

当	二田 孝治	62	男	自民比	前	101,848
比当	佐藤 敬夫	65	男	民主比	前	101,313
	今川 和信	35	男	共産	新	17,738
	船川 克夫	55	男	自由比	新	10,463

【第2区】定数1

当	野呂田芳成	70	男	自民比	前	89,428
	畠山健治郎	66	男	社民比	前	49,443
	菊地 時子	49	女	共産	新	13,090
	工藤 富裕	47	男	自由比	新	12,736

【第3区】定数1

当	村岡 兼造	68	男	自民比	前	170,176
	中島 達郎	59	男	民主比	新	45,572
	笹山 登生	59	男	自由比	前	37,876
	和賀 正雄	51	男	共産	新	16,517

第43回衆議院議員選挙
平成15年（2003年）11月9日実施

【第1区】定数1

当	寺田 学	27	男	民主比	新	68,586
	佐藤 敬夫	68	男	保守新	前	49,777
	石川錬治郎	64	男	無所属	新	24,382
	今川 和信	39	男	共産	新	12,713

【第2区】定数1

当	野呂田芳成	74	男	自民	前	109,296
	佐々木重人	33	男	民主比	新	55,969
比当	山本喜代宏	47	男	社民比	新	27,624
	明石 喜進	62	男	共産	新	10,838

【第3区】定数1

当	御法川信英	39	男	無所属	新	133,981
	村岡 兼造	72	男	自民比	前	117,453
	我妻 桂子	49	女	共産	新	18,276

第44回衆議院議員選挙
平成17年（2005年）9月11日実施

【第1区】定数1

当	寺田 学	28	男	民主比	前	77,135
比当	二田 孝治	67	男	自民比	前	68,526
	石川錬治郎	66	男	国民比	新	14,751
	今川 和信	40	男	共産	新	13,334

【第2区】定数1

当	野呂田芳成	75	男	無所属	前	80,974
	小野 貴樹	34	男	自民比	新	53,555
	佐々木重人	35	男	民主	新	45,020
	山本喜代宏	49	男	社民比	前	28,131
	藤本 金治	59	男	共産	新	7,606

【第3区】定数1

当	御法川信英	41	男	自民比	前	114,228
	京野 公子	55	女	民主比	新	82,480
	村岡 敏英	45	男	無所属	新	79,759

第45回衆議院議員選挙
平成21年（2009年）8月30日実施

【第1区】定数1

当	寺田 学	32	男	民主比	前	93,097
	二田 孝治	71	男	自民比	前	61,752
	鈴木 知	32	男	共産比	新	15,830
	藤井 陽光	61	男	無所属	新	7,353
	鶴田裕貴博	50	男	諸派	新	1,472

【第2区】定数1

当	川口 博	62	男	無所属	新	93,951
比当	金田 勝年	59	男	自民比	新	92,600
	山本喜代宏	53	男	社民比	元	23,719
	佐々木重人	39	男	みんな	新	8,645
	藤原 純一	58	男	諸派	新	1,342

【第3区】定数1

当	京野 公子	59	女	民主比	新	101,777
	御法川信英	45	男	自民比	前	90,575
	村岡 敏英	49	男	無所属	新	76,787
	西本 篤	39	男	諸派	新	2,847

第46回衆議院議員選挙
平成24年（2012年）12月16日実施

【第1区】定数1

当	冨樫 博之	57	男	自民比	新	73,356
	寺田 学	36	男	民主比	前	49,243
	近江屋信広	63	男	維新比	元	15,333
	高松 和夫	70	男	未来比	前	9,702

| | | 佐竹 良夫 | 62 | 男 | 共産 | 新 | 9,414 |

【第2区】定数1
当		金田 勝年	63	男	自民㊗前		91,747
		川口 博	65	男	民主㊗前		57,392
		石田 寛	65	男	社民	新	21,483
		佐藤 邦靖	57	男	共産	新	7,581

【第3区】定数1
当		御法川信英	48	男	自民㊗元		97,164
比当		村岡 敏英	52	男	維新㊗新		74,422
		京野 公子	62	女	未来㊗前		25,185
		三井マリ子	64	女	民主㊗新		23,665
		佐藤長右衛門	68	男	共産	新	7,211

第47回衆議院議員選挙
平成26年(2014年)12月14日実施

【第1区】定数1
当		冨樫 博之	59	男	自民㊗前		66,388
比当		寺田 学	38	男	民主㊗元		57,782
		山内 梅良	66	男	共産	新	11,579
		伊藤 正通	63	男	社民㊗新		5,441

【第2区】定数1
当		金田 勝年	65	男	自民㊗前		82,046
		緑川 貴士	29	男	民主㊗新		56,701
		藤本 金治	68	男	共産	新	11,247

【第3区】定数1
当		御法川信英	50	男	自民㊗前		94,096
比当		村岡 敏英	54	男	維新㊗前		88,483
		我妻 桂子	60	女	共産	新	14,333

選挙区・山形県

第24回衆議院議員選挙
昭和24年(1949年)1月23日実施

【第1区】定数4
当		牧野 寛索	48	男	民自	元	52,268
当		鹿野 彦吉	46	男	民自	新	45,994
当		松浦 東介	43	男	民自	前	42,511
当		小野 孝	47	男	民主	前	25,847
		大滝亀代司	52	男	新自	前	25,115
		小林 清市	48	男	諸派	新	22,126
		海野 三朗	61	男	社会	前	17,426
		長岡太刀雄	44	男	共産	新	15,926
		船木 武雄	45	男	民主	新	13,758
		斎藤 仁	46	男	社会	新	11,956
		高梨 義雄	39	男	無所属	新	9,844
		升川 清雄	41	男	民主	新	8,109
		内藤松次郎	49	男	民自	新	4,658
		横尾 文栄	44	男	無所属	新	2,827

【第2区】定数4
当		志田 義信	44	男	民自	新	41,457
当		池田正之輔	52	男	民自	元	39,076
当		図司 安正	45	男	民主	前	31,870
当		上林与市郎	38	男	社会	前	26,945
		金野 定吉	40	男	社会	前	23,687
		池田喜代治	42	男	民主	新	22,314
		小林 赤治	43	男	無所属	新	18,837
		竹内 丑松	48	男	共産	新	15,523
		土田作治郎	48	男	民主	新	13,959
		三沢源三郎	56	男	民自	新	11,154

第25回衆議院議員選挙
昭和27年(1952年)10月1日実施

【第1区】定数4
当		黒金 泰美	41	男	自由	新	51,184
当		西村 力弥	42	男	左社	新	50,564
当		木村 武雄	50	男	自由	元	44,260
当		松浦 東介	45	男	自由	前	39,298
		牧野 寛索	50	男	自由	前	36,378
		大久保伝蔵	50	男	自由	元	34,863
		鹿野 彦吉	47	男	自由	前	34,206
		大滝亀代司	53	男	無所属	元	28,205
		小野 孝	49	男	改進	前	19,631
		工藤 忠雄	26	男	諸派	新	4,138
		大野 敏英	47	男	共産	新	3,733

【第2区】定数4
当		加藤 精三	51	男	自由	新	50,078
当		松岡 俊三	72	男	自由	元	49,288
当		上林与市郎	40	男	左社	前	38,762
当		池田正之輔	54	男	自由	前	29,617
		図司 安正	46	男	自由	元	26,084
		伊藤 五郎	50	男	改進	元	24,749
		志田 義信	46	男	自由	前	23,233
		松沢 雄蔵	41	男	無所属	新	19,842
		金野 定吉	42	男	右社	元	13,913
		竹内 丑松	49	男	共産	新	5,142
		佐藤 啓輔	45	男	無所属	新	5,113
		市川 清敏	48	男	無所属	新	2,277
		三沢源三郎	58	男	協同	新	452

第26回衆議院議員選挙
昭和28年(1953年)4月19日実施

【第1区】 定数4

当	西村	力弥	43	男	左社	前	49,101
当	木村	武雄	50	男	自由鳩	前	48,100
当	牧野	寛索	51	男	自由吉	元	46,399
当	黒金	泰美	42	男	自由	前	45,668
	鹿野	彦吉	48	男	自由	元	44,174
	松浦	東介	46	男	自由鳩	前	43,248
	大久保伝蔵		51	男	自由	元	37,384
	小野	孝	49	男	改進	元	17,389
	工藤	忠雄	27	男	諸派	新	5,002
	斎藤	仁	49	男	右社	新	4,442
	大野	敏英	48	男	共産	新	2,808

【第2区】 定数4

当	加藤	精三	52	男	自由吉	前	47,374
当	上林与市郎		41	男	左社	前	47,142
当	池田正之輔		55	男	自由鳩	前	39,172
当	松岡	俊三	72	男	自由吉	前	34,587
	伊藤	五郎	51	男	改進	元	33,562
	図司	安正	47	男	自由吉	元	29,666
	松沢	雄蔵	42	男	無所属	新	21,489
	佐久間	太	56	男	右社	新	15,750
	志田	義信	46	男	自由吉	元	12,568
	竹内	丑松	50	男	共産	新	3,376
	佐藤	啓輔	45	男	無所属	新	2,885
	森国	年男	38	男	労農	新	1,838

第27回衆議院議員選挙
昭和30年(1955年)2月27日実施

【第1区】 定数4

当	松浦	東介	47	男	民主	元	63,746
当	黒金	泰美	44	男	自由	前	56,547
当	西村	力弥	45	男	左社	前	52,194
当	鹿野	彦吉	50	男	自由	元	47,991
	牧野	寛索	53	男	自由	前	38,678
	木村	武雄	52	男	自由	前	29,693
	大滝亀代司		56	男	民主	元	28,567
	平賀	信一	47	男	右社	新	10,287
	工藤	忠雄	28	男	諸派	新	9,568
	横山	義雄	43	男	無所属	新	4,325

【第2区】 定数4

当	池田正之輔		57	男	民主	前	54,045
当	加藤	精三	54	男	自由	前	53,123
当	上林与市郎		43	男	左社	前	45,182
当	松沢	雄蔵	44	男	民主	新	44,151
	奥山	英悦	41	男	右社	新	37,861
	高山	政夫	55	男	自由	新	37,612
	森国	年男	40	男	労農	新	5,116
	佐藤	啓輔	47	男	無所属	新	3,414
	三沢源三郎		60	男	無所属	新	1,293

第28回衆議院議員選挙
昭和33年(1958年)5月22日実施

【第1区】 定数4

当	鹿野	彦吉	53	男	自民	前	62,325
当	西村	力弥	48	男	社会	前	57,740
当	木村	武雄	55	男	自民	元	57,331
当	黒金	泰美	47	男	自民	前	56,147
	松浦	東介	51	男	自民	前	48,141
	牧野	寛索	56	男	無所属	元	47,533
	大滝亀代司		59	男	無所属	元	37,020
	阿部	五郎	47	男	共産	新	3,998

【第2区】 定数4

当	加藤	精三	57	男	自民	前	53,783
当	松沢	雄蔵	47	男	自民	前	51,765
当	上林与市郎		46	男	社会	前	49,461
当	池田正之輔		60	男	自民	前	48,662
	伊藤	五郎	56	男	自民	元	45,710
	奥山	英悦	45	男	社会	新	37,044
	森国	年男	43	男	無所属	新	5,208
	志田	義信	51	男	諸派	元	4,985
	竹内	丑松	55	男	共産	新	4,033
	三沢源三郎		64	男	無所属	新	726

第29回衆議院議員選挙
昭和35年(1960年)11月20日実施

【第1区】 定数4

当	黒金	泰美	49	男	自民	前	66,098
当	西村	力弥	51	男	社会	前	57,171
当	牧野	寛索	58	男	自民	元	55,930
当	松浦	東介	53	男	自民	元	53,637
	鹿野	彦吉	55	男	自民	前	48,535
	木村	武雄	58	男	自民	前	45,890
	長	俊英	44	男	社会	新	27,334
	阿部	五郎	49	男	共産	新	4,106

【第2区】 定数4

当	松沢	雄蔵	49	男	自民	前	55,159
当	池田正之輔		62	男	自民	前	51,581
当	安宅	常彦	40	男	社会	新	45,982
当	伊藤	五郎	58	男	自民	元	45,179
	加藤	精三	59	男	自民	前	44,475
	上林与市郎		48	男	社会	前	44,010
	山本松次郎		60	男	民社	新	4,526
	竹内	丑松	57	男	共産	新	3,986
	志田	義信	54	男	無所属	元	2,485

第30回衆議院議員選挙
昭和38年(1963年)11月21日実施

【第1区】 定数4

当	黒金	泰美	52	男	自民	前	71,723
当	木村	武雄	61	男	自民	元	67,483

当	華山　親義	63	男	社会	新	59,445	
当	松浦　東介	56	男	自民	前	56,373	
	鹿野　彦吉	58	男	自民	元	53,936	
	西村　力弥	54	男	社会	前	43,957	
	小角　英夫	49	男	無所属	新	9,154	
	阿部　五郎	52	男	共産	新	4,790	

【第2区】定数4

当	加藤　精三	63	男	自民	元	59,709	
当	松沢　雄蔵	52	男	自民	前	56,408	
	池田正之輔	65	男	自民	前	50,207	
	安宅　常彦	43	男	社会	前	46,990	
	伊藤　五郎	61	男	自民	前	45,630	
	上林与市郎	51	男	社会	元	33,235	
	鈴木　吉治	56	男	共産	新	4,682	
	佐藤　芳明	65	男	無所属	新	1,083	

第31回衆議院議員選挙
昭和42年（1967年）1月29日実施

【第1区】定数4

当	黒金　泰美	56	男	自民	前	64,821	
当	木村　武雄	64	男	自民	前	63,970	
当	鹿野　彦吉	62	男	自民	元	63,807	
当	華山　親義	66	男	社会	前	52,756	
	西村　力弥	57	男	社会	元	51,972	
	堀田　政孝	49	男	無所属	新	44,070	
	島津　昭	39	男	共産	新	4,946	

【第2区】定数4

当	松沢　雄蔵	56	男	自民	前	67,297	
当	安宅　常彦	46	男	社会	前	58,332	
当	池田正之輔	68	男	自民	前	53,707	
当	阿部　昭吾	38	男	社会	新	50,378	
	矢口　麓蔵	64	男	自民	新	45,965	
	鈴木　吉治	39	男	共産	新	6,079	

第32回衆議院議員選挙
昭和44年（1969年）12月27日実施

【第1区】定数4

当	木村　武雄	67	男	自民	前	58,507	
当	堀田　政孝	52	男	無所属	新	57,037	
当	鹿野　彦吉	65	男	自民	前	56,062	
当	華山　親義	69	男	社会	前	47,331	
	黒金　泰美	59	男	自民	前	44,250	
	近藤　鉄雄	40	男	自民	新	40,711	
	大場　宗蔵	47	男	社会	新	33,981	
	武田　忠	31	男	公明	新	33,032	
	島津　昭	42	男	共産	新	8,411	

【第2区】定数4

当	松沢　雄蔵	59	男	自民	前	70,025	
当	池田正之輔	71	男	無所属	前	59,201	
当	安宅　常彦	49	男	社会	前	57,062	
当	阿部　昭吾	41	男	社会	前	49,688	

	田中　正樹	49	男	自民	新	47,065	
	鈴木　吉治	42	男	共産	新	10,471	
	相蘇　完一	41	男	無所属	新	1,133	

《補選》第32回衆議院議員選挙
昭和47年（1972年）9月23日実施
※堀田政孝、華山親義の死去による

【第1区】被選挙数2

当	近藤　鉄雄	43	男	自民	新	131,493	
当	黒金　泰美	61	男	自民	前	112,268	
	渡辺　三郎	45	男	社会	新	78,060	
	島津　昭	45	男	共産	新	13,833	
	大場　宗蔵	50	男	無所属	新	8,998	
	鈴木　武	46	男	無所属	新	1,748	
	建部　憲市	29	男	無所属	新	1,549	
	前田　律	71	男	無所属	新	937	

第33回衆議院議員選挙
昭和47年（1972年）12月10日実施

【第1区】定数4

当	渡辺　三郎	45	男	社会	新	84,306	
当	近藤　鉄雄	43	男	自民	前	80,802	
当	木村　武雄	70	男	自民	前	79,493	
当	黒金　泰美	62	男	自民	前	74,621	
	鹿野　彦吉	68	男	自民	前	57,030	
	島津　昭	45	男	共産	新	13,769	
	大場　宗蔵	50	男	無所属	新	3,258	
	鈴木　武	46	男	無所属	新	950	

【第2区】定数4

当	松沢　雄蔵	62	男	自民	前	68,500	
当	加藤　紘一	33	男	自民	新	65,987	
当	阿部　昭吾	44	男	社会	前	56,868	
当	安宅　常彦	52	男	社会	前	55,783	
	池田正之輔	74	男	自民	前	46,567	
	佐藤　幸夫	47	男	共産	新	16,428	
	相蘇　完一	44	男	無所属	新	1,656	
	高橋　藤雄	65	男	無所属	新	230	

第34回衆議院議員選挙
昭和51年（1976年）12月5日実施

【第1区】定数4

当	渡辺　三郎	49	男	社会	現	79,267	
当	近藤　鉄雄	47	男	自民	現	75,081	
当	木村　武雄	74	男	自民	現	72,203	
当	鹿野　道彦	34	男	自民	新	60,199	
	黒金　泰美	66	男	自民	現	53,011	
	島津　昭	49	男	共産	新	21,977	
	小山田喜代志	40	男	公明	新	21,347	
	内山　毅	32	男	民社	新	19,971	

衆議院・選挙区（山形県）　　国政選挙総覧

【第2区】定数4
当	松沢　雄蔵	66	男	自民	現	81,466
当	加藤　紘一	37	男	自民	現	77,496
当	阿部　昭吾	48	男	社会	現	60,748
当	安宅　常彦	56	男	社会	現	59,820
	小竹　輝弥	47	男	共産	新	37,845
	松本　直明	42	男	無所属	新	3,395

第35回衆議院議員選挙
昭和54年（1979年）10月7日実施

【第1区】定数4
当	鹿野　道彦	37	男	自民	前	79,694
当	渡辺　三郎	52	男	社会	前	78,685
当	近藤　鉄雄	50	男	自民	前	72,829
当	渡部　正郎	60	男	無所属	新	67,469
	木村　武雄	77	男	自民	前	65,906
	島津　昭	52	男	共産	新	23,302

【第2区】定数4
当	加藤　紘一	40	男	自民	前	74,382
当	佐藤　誼	52	男	社会	新	73,991
当	阿部　昭吾	51	男	社民連	前	68,078
当	松沢　雄蔵	68	男	自民	前	59,777
	伊藤　五郎	77	男	自民	元	33,214
	佐藤　俊次	48	男	共産	新	12,601

第36回衆議院議員選挙
昭和55年（1980年）6月22日実施

【第1区】定数4
当	鹿野　道彦	38	男	自民	前	86,210
当	木村　武雄	77	男	自民	元	81,846
当	渡辺　三郎	53	男	社会	前	76,237
当	近藤　鉄雄	50	男	自民	前	69,035
	山川　幸信	48	男	民社	新	42,831
	渡部　正郎	61	男	自民		32,458
	島津　昭	53	男	共産	新	19,028

【第2区】定数4
当	加藤　紘一	41	男	自民	前	108,806
当	近岡理一郎	53	男	自民	新	66,300
当	阿部　昭吾	51	男	社民連	前	62,898
当	佐藤　誼	53	男	社会	前	61,360
	須藤美也子	45	女	共産	新	26,053

第37回衆議院議員選挙
昭和58年（1983年）12月18日実施

【第1区】定数4
当	鹿野　道彦	41	男	自民	前	76,668
当	渡辺　三郎	56	男	社会	前	73,014
当	近藤　鉄雄	54	男	自民	前	70,578
当	榎本　和平	57	男	自民	新	67,273
	山川　幸信	51	男	民社	新	56,669

	木村　莞爾	41	男	無所属	新	32,342
	塚田　武	43	男	無所属	新	17,326
	我妻　勇一	44	男	共産	新	9,710
	斎藤　義広	37	男	無所属	新	1,360

【第2区】定数4
当	加藤　紘一	44	男	自民	前	103,170
当	近岡理一郎	57	男	自民	前	56,782
当	佐藤　誼	56	男	社会	前	54,011
当	阿部　昭吾	55	男	社民連	前	51,733
	須藤美也子	48	女	共産	新	26,096
	土門　宏	37	男	無所属	新	6,680

第38回衆議院議員選挙
昭和61年（1986年）7月6日実施

【第1区】定数4
当	鹿野　道彦	44	男	自民	前	94,320
当	近藤　鉄雄	56	男	自民	前	76,946
当	遠藤　武彦	47	男	自民	新	57,743
当	榎本　和平	60	男	自民	前	55,954
	五十嵐恒男	57	男	社会	新	48,264
	渡辺　三郎	59	男	無所属	前	48,230
	塚田　武	45	男	無所属	新	27,410
	我妻　勇一	46	男	共産	新	10,498

【第2区】定数3
当	加藤　紘一	47	男	自民	前	112,194
当	近岡理一郎	59	男	自民	前	84,183
当	阿部　昭吾	57	男	社民連	前	73,495
	佐藤　誼	59	男	社会	前	56,804
	若林　喬二	58	男	共産	新	10,209

第39回衆議院議員選挙
平成2年（1990年）2月18日実施

【第1区】定数4
当	遠藤　登	60	男	社会	新	106,111
当	鹿野　道彦	48	男	自民	前	97,277
当	遠藤　武彦	51	男	自民	前	67,058
当	近藤　鉄雄	60	男	自民	前	66,984
	榎本　和平	63	男	自民	前	57,679
	遠藤　利明	40	男	無所属	新	34,265
	今泉　義憲	56	男	共産	新	10,974

【第2区】定数3
当	加藤　紘一	50	男	自民	前	103,717
当	近岡理一郎	63	男	自民	前	78,836
当	阿部　昭吾	61	男	社民連	前	75,979
	佐藤　誼	62	男	社会	元	74,416
	矢口　広義	42	男	共産	新	8,357

第40回衆議院議員選挙

平成５年（1993年）７月18日実施

【第１区】定数４

当	鹿野　道彦	51	男	自民	前	103,559
当	近藤　鉄雄	63	男	自民	前	81,731
当	遠藤　利明	43	男	無所属	新	75,477
当	遠藤　登	64	男	社会	前	70,606
	遠藤　武彦	54	男	自民	前	69,437
	井上　龍男	53	男	共産	新	12,363

【第２区】定数３

当	加藤　紘一	54	男	自民	前	128,784
当	阿部　昭吾	64	男	社民連	前	77,640
当	近岡理一郎	66	男	自民	前	60,670
	佐藤　慎司	31	男	共産	新	23,690

第41回衆議院議員選挙

平成８年（1996年）10月20日実施

【第１区】定数１

当	鹿野　道彦	54	男	新進	前	81,047
比当	遠藤　利明	46	男	自民[比]	前	60,748
	山崎　晋吾	57	男	社民[比]	新	15,002
	井上　龍男	56	男	共産	新	10,955

【第２区】定数１

当	遠藤　武彦	58	男	無所属	元	94,211
	近藤　鉄雄	67	男	自民	前	74,500
	岩本　康嗣	31	男	共産	新	8,993
	千葉　常義	63	男	新社会[比]	新	7,356

【第３区】定数１

当	近岡理一郎	70	男	自民[比]	前	88,389
	斉藤　昌助	57	男	無所属	新	54,640
	遠藤　宏司	48	男	共産	新	9,162

【第４区】定数１

当	加藤　紘一	57	男	自民	前	112,033
	寒河江孝允	51	男	新進	新	38,139
	佐藤　慎司	34	男	共産	新	20,171

第42回衆議院議員選挙

平成12年（2000年）６月25日実施

【第１区】定数１

当	鹿野　道彦	58	男	民主	前	90,349
	遠藤　利明	50	男	自民[比]	前	70,290
	佐藤亜希子	25	女	共産	新	12,996

【第２区】定数１

当	遠藤　武彦	61	男	自民[比]	前	93,819
	近藤　洋介	35	男	無所属	新	77,491
	太田　俊男	46	男	共産	新	11,718

【第３区】定数１

当	近岡理一郎	73	男	自民[比]	前	88,069
	斉藤　昌助	61	男	社民[比]	新	55,891
	工藤美恵子	46	女	共産	新	9,944

【第４区】定数１

当	加藤　紘一	61	男	自民[比]	前	131,181
	寒河江孝允	55	男	民主[比]	新	36,086
	佐藤　雅之	27	男	共産	新	14,584

《補選》第42回衆議院議員選挙

平成14年（2002年）10月27日実施

※加藤紘一の辞職による

【第４区】被選挙数１

当	斎藤　淳	33	男	民主	新	51,437
	寒河江孝允	57	男	無所属	新	33,858
	須藤　也子	67	女	共産	新	20,877

第43回衆議院議員選挙

平成15年（2003年）11月９日実施

【第１区】定数１

当	遠藤　利明	53	男	自民[比]	元	100,764
比当	鹿野　道彦	61	男	民主[比]	前	81,580
	斉藤　昌助	65	男	社民[比]	新	12,266
	石川　渉	29	男	共産	新	7,356

【第２区】定数１

当	遠藤　武彦	65	男	自民[比]	前	124,591
比当	近藤　洋介	38	男	民主[比]	新	106,846
	横山　賢二	45	男	共産	新	9,094

【第３区】定数１

当	加藤　紘一	64	男	無所属	元	137,206
	斎藤　淳	34	男	民主[比]	前	84,946
	佐藤　雅之	31	男	共産	新	10,735

第44回衆議院議員選挙

平成17年（2005年）９月11日実施

【第１区】定数１

当	遠藤　利明	55	男	自民[比]	前	125,774
	鹿野　道彦	63	男	民主[比]	前	86,755
	石川　渉	31	男	共産	新	10,536

【第２区】定数１

当	遠藤　武彦	66	男	自民[比]	前	142,342
比当	近藤　洋介	40	男	民主[比]	前	117,211

【第３区】定数１

当	加藤　紘一	66	男	自民[比]	前	159,486
	伊藤　鉼一	58	男	社民[比]	新	49,057
	佐藤　雅之	32	男	共産	新	20,657

第45回衆議院議員選挙

平成21年（2009年）８月30日実施

【第１区】定数１

当	鹿野　道彦	67	男	民主[比]	元	106,202
比当	遠藤　利明	59	男	自民[比]	前	104,911
	伊藤　香織	27	女	無所属	新	11,419

	佐藤 雅之	36	男	共産㊎新	6,021
	森 大吾郎	35	男	諸派 新	1,149

【第2区】定数1
当	近藤 洋介	44	男	民主㊎前	166,287
	鈴木 啓功	42	男	自民㊎新	80,995
	後藤 克彦	44	男	諸派 新	6,459

【第3区】定数1
当	加藤 紘一	70	男	自民㊎前	130,502
比当	吉泉 秀男	61	男	社民㊎新	80,362
	長谷川 剛	31	男	共産 新	13,789
	城取 良太	32	男	諸派 新	4,880

第46回衆議院議員選挙
平成24年(2012年)12月16日実施

【第1区】定数1
当	遠藤 利明	62	男	自民㊎前	102,169
	鹿野 道彦	70	男	民主㊎前	70,411
	石川 渉	39	男	共産 新	14,447

【第2区】定数1
当	鈴木 憲和	30	男	自民㊎新	100,744
比当	近藤 洋介	47	男	民主㊎前	81,832
	川野 裕章	53	男	維新㊎新	26,358
	岩本 康嗣	47	男	共産 新	9,809

【第3区】定数1
当	阿部 寿一	53	男	無所属 新	71,768
	加藤 紘一	73	男	自民 前	70,303
	佐藤 丈晴	45	男	維新㊎新	25,299
	吉泉 秀男	64	男	社民 前	22,930
	長谷川 剛	34	男	共産 新	9,170

第47回衆議院議員選挙
平成26年(2014年)12月14日実施

【第1区】定数1
当	遠藤 利明	64	男	自民㊎前	98,508
	原田 和広	41	男	民主㊎新	46,029
	石川 渉	41	男	共産 新	16,577

【第2区】定数1
当	鈴木 憲和	32	男	自民㊎前	97,915
比当	近藤 洋介	49	男	民主㊎前	90,420
	白根沢澄子	64	女	共産 新	11,086

【第3区】定数1
当	加藤 鮎子	35	女	自民㊎新	79,872
	阿部 寿一	55	男	無所属 前	78,384
	吉田 大成	45	男	民主㊎新	15,981
	長谷川 剛	36	男	共産 新	10,794
	佐藤 誠	66	男	無所属 新	1,319

選挙区・福島県

第24回衆議院議員選挙
昭和24年(1949年)1月23日実施

【第1区】定数4
当	大内 一郎	59	男	民自 前	38,280
当	八百板 正	45	男	社会 前	26,699
当	松本 善寿	36	男	民自 新	26,448
当	今泉 貞雄	44	男	民自 新	24,224
	原 孝吉	66	男	民自 前	23,031
	鈴木 六郎	34	男	共産 新	20,640
	榊原 千代	52	女	社会 前	18,027
	志田 ヒデ	58	女	無所属 新	16,953
	柳沼 沢介	62	男	民主 新	9,069
	本田 宥元	40	男	諸派 新	7,995
	壁谷 祐之	50	男	民主 新	5,122
	小池 精一	33	男	無所属 新	4,041
	力石 義忠	47	男	社革 新	2,975

【第2区】定数5
当	江花 静	48	男	民自 新	35,427
当	大和田義栄	51	男	民自 新	34,892
当	菅家 喜六	56	男	民自 新	30,172
当	鈴木 義男	56	男	社会 前	26,110
当	円谷 光衛	61	男	民自 新	25,206
	白石 正明	74	男	民自 新	23,616
	中野 寅吉	71	男	新自 前	23,157
	竹内 七郎	44	男	共産 新	20,462
	山下 春江	49	女	民主 前	17,611
	真野目吉治	44	男	無所属 新	16,070
	佐々木荘治	48	男	民自 新	13,409
	林 徹夫	30	男	無所属 新	12,689
	山内 二郎	43	男	無所属 新	9,791
	高瀬 真一	56	男	民自 新	9,664
	平田 一郎	51	男	無所属 新	4,857
	小沢 三男	45	男	民主 新	2,313

【第3区】定数3
当	関内 正一	53	男	民自 前	40,738
当	高木 松吉	52	男	民自 新	37,718
当	松井 政吉	44	男	社会 新	34,485
	斎藤 晃	48	男	諸派 前	33,329
	平田 良衛	49	男	共産 新	19,381
	宗像 孝三	66	男	民自 新	19,362
	苅宿 俊風	52	男	無所属 新	10,609

第25回衆議院議員選挙
昭和27年(1952年)10月1日実施

【第1区】定数4
当	佐藤善一郎	53	男	自由 新	40,938
当	加藤 宗平	55	男	自由 元	34,713
当	八百板 正	47	男	左社 前	33,256

	氏名	年齢	性別	党派	新元前	得票数
当	粟山 博	67	男	改進	元	25,484
	大内 一郎	61	男	自由	前	25,018
	田中 利勝	54	男	右社	新	22,937
	鈴木 周次郎	60	男	自由	元	22,713
	今泉 貞雄	46	男	自由	前	18,841
	松本 善寿	38	男	自由	前	18,052
	壁谷 祐之	51	男	自由	新	10,967
	岡部 文侯	38	男	無所属	新	6,112
	服部 実	58	男	共産	新	5,138
	佐藤 朝海	44	男	無所属	新	4,957
	力石 義忠	49	男	協同	新	1,934

【第2区】定数5

	氏名	年齢	性別	党派	新元前	得票数
当	鈴木 義男	58	男	右社	前	59,099
当	白石 正明	76	男	自由	新	38,064
当	菅家 喜六	58	男	自由	前	33,005
当	山下 春江	51	女	改進	元	32,643
当	河原田 稼吉	66	男	自由	新	29,749
	円谷 光衛	63	男	自由	前	28,322
	唐橋 重政	57	男	自由	元	24,461
	江花 静	49	男	自由	前	24,209
	林 平馬	68	男	改進	元	23,237
	荒木 武行	56	男	自由	元	19,458
	高瀬 真一	57	男	改進	新	12,732
	山内 二郎	45	男	左社	新	10,944
	山内 一郎	35	男	自由	新	10,152
	三輪 行治	38	男	共産	新	4,386
	青柳 新七	53	男	無所属	新	3,577
	長谷川 輝	33	男	無所属	新	3,088

【第3区】定数3

	氏名	年齢	性別	党派	新元前	得票数
当	鈴木 直人	52	男	自由	新	56,821
当	松井 政吉	46	男	右社	前	55,053
当	高木 松吉	53	男	自由	前	49,173
	関内 正一	55	男	自由	前	42,625
	藤 二雄	47	男	自由	新	15,468
	小野 一雄	38	男	改進	新	11,417
	植村 鶴吉	38	男	共産	新	5,748

第26回衆議院議員選挙

昭和28年(1953年) 4月19日実施

【第1区】定数4

	氏名	年齢	性別	党派	新元前	得票数
当	八百板 正	48	男	左社	前	48,475
当	粟山 博	68	男	改進	前	38,826
当	加藤 宗平	55	男	自由吉	前	33,024
当	佐藤 善一郎	54	男	自由吉	前	32,163
	鈴木 周次郎	60	男	自由鳩	元	31,004
	大内 一郎	62	男	自由吉	元	30,441
	田中 利勝	56	男	右社	新	27,664
	今泉 貞雄	46	男	自由吉	元	18,367
	松本 善寿	39	男	自由鳩	元	12,470

【第2区】定数5

	氏名	年齢	性別	党派	新元前	得票数
当	山下 春江	51	女	改進	前	51,659
当	鈴木 義男	59	男	右社	前	50,098
当	助川 良平	32	男	自由吉	新	45,539
当	菅家 喜六	58	男	自由吉	前	29,107
当	河原田 稼吉	67	男	自由吉	前	28,098
	唐橋 重政	58	男	自由鳩	元	27,779
	円谷 光衛	64	男	自由鳩	元	25,682
	江花 静	50	男	自由吉	元	25,638
	平田 ヒデ	50	女	右社	新	23,168
	菅野 義丸	48	男	自由吉	新	21,417
	林 平馬	69	男	改進	元	16,489
	山内 二郎	45	男	左社	新	12,343
	山内 一郎	35	男	自由鳩	新	4,645
	三輪 行治	39	男	共産	新	4,198

【第3区】定数3

	氏名	年齢	性別	党派	新元前	得票数
当	高木 松吉	54	男	自由鳩	前	53,771
当	松井 政吉	46	男	右社	前	50,295
当	関内 正一	56	男	自由吉	元	48,378
	太田 秋之助	72	男	自由吉	元	41,568
	斎藤 晃	50	男	諸派	元	17,080
	大河原 一次	49	男	左社	新	13,367
	小野 一雄	38	男	改進	新	11,030
	植村 鶴吉	39	男	共産	新	4,277

第27回衆議院議員選挙

昭和30年(1955年) 2月27日実施

【第1区】定数4

	氏名	年齢	性別	党派	新元前	得票数
当	八百板 正	49	男	左社	前	49,841
当	鈴木 周次郎	62	男	民主	元	47,814
当	粟山 博	70	男	民主	前	47,069
当	田中 利勝	57	男	右社	新	45,256
	天野 光晴	47	男	自由	新	31,034
	加藤 宗平	57	男	自由	前	27,107
	松本 善寿	40	男	民主	元	15,572
	壁谷 祐之	54	男	自由	前	12,719
	只野 伍郎	40	男	諸派	新	2,006

【第2区】定数5

	氏名	年齢	性別	党派	新元前	得票数
当	助川 良平	34	男	自由	前	47,740
当	鈴木 義男	61	男	右社	前	44,756
当	平田 ヒデ	52	女	右社	新	41,236
当	山下 春江	53	女	諸派	前	40,444
当	八田 貞義	45	男	自由	新	39,960
	水野谷 友次郎	56	男	民主	新	37,496
	荒木 武行	58	男	民主	元	32,010
	菅家 喜六	60	男	自由	前	27,589
	松崎 誠	52	男	無所属	新	25,634
	高瀬 真一	60	男	民主	新	16,606
	山内 二郎	47	男	左社	新	11,153
	赤沼 武夫	25	男	無所属	新	6,879
	中河西 仁兵衛	51	男	無所属	新	1,002

【第3区】定数3

	氏名	年齢	性別	党派	新元前	得票数
当	高木 松吉	56	男	民主	前	56,801
当	松井 政吉	48	男	右社	前	53,933
当	鈴木 直人	54	男	自由	元	51,685

衆議院・選挙区（福島県）　　　　国政選挙総覧

	関内　正一	57	男	自由	前	43,987
	大河原一次	51	男	左社	新	24,843
	小野　一雄	40	男	無所属	新	12,654

《補選》第27回衆議院議員選挙
昭和32年（1957年）9月3日実施
※鈴木周次郎の当選無効（公職選挙法違反）による

【第1区】被選挙数1

当	小松信太郎	55	男	社会	新	137,213
	鈴木周次郎	64	男	自民	元	95,507
	遠藤　雄蔵	48	男	共産	新	4,902

第28回衆議院議員選挙
昭和33年（1958年）5月22日実施

【第1区】定数4

当	粟山　博	73	男	自民	前	54,197
当	八百板　正	53	男	社会	前	50,980
当	小松信太郎	55	男	社会	前	45,668
当	天野　光晴	51	男	諸派	新	41,760
	石原三起子	49	女	自民	新	34,183
	田中　利勝	61	男	社会	前	34,147
	松本　善寿	42	男	無所属	元	16,572
	鈴木　周助	45	男	無所属	新	10,589
	遠藤　雄蔵	49	男	共産	新	3,324

【第2区】定数5

当	八田　貞義	48	男	自民	前	61,230
当	助川　良平	37	男	自民	前	59,010
当	山下　春江	56	女	自民	前	48,574
当	菅家　喜六	63	男	自民	元	43,206
当	野口　忠夫	47	男	社会	新	42,852
	広川　弘禅	56	男	自民	前	42,598
	鈴木　義男	64	男	社会	前	40,269
	平田　ヒデ	55	女	社会	前	40,048
	荒木　武行	61	男	無所属	元	11,013
	竹内　七郎	51	男	共産	新	3,351
	赤沼　武夫	28	男	無所属	新	1,848

【第3区】定数3

当	斎藤　邦吉	48	男	自民	新	65,767
当	武藤　武雄	42	男	社会	新	59,532
当	木村　守江	58	男	自民	新	59,393
	松井　政吉	52	男	社会	前	43,738
	高木　松吉	59	男	自民	前	33,127
	小野　一雄	43	男	無所属	新	2,596
	折笠　藤雄	50	男	共産	新	2,348
	芳賀　武	52	男	無所属	新	285

第29回衆議院議員選挙
昭和35年（1960年）11月20日実施

【第1区】定数4

当	八百板　正	55	男	社会	前	44,169
当	亀岡　高夫	40	男	自民	新	41,936
当	吉村　吉雄	45	男	社会	新	41,278
当	伊藤　幟	62	男	自民	新	39,731
	粟山　秀	52	女	自民	新	39,084
	天野　光晴	53	男	自民	前	37,878
	小松信太郎	58	男	民社	前	33,122
	松本　善寿	46	男	無所属	元	12,598
	遠藤　雄蔵	51	男	共産	新	4,273
	田中　利勝	63	男	無所属	元	2,539

【第2区】定数5

当	野口　忠夫	49	男	社会	前	64,552
当	大竹　作摩	65	男	自民	新	56,137
当	八田　貞義	51	男	自民	前	55,173
当	渋谷　直蔵	44	男	自民	新	47,890
当	鈴木　義男	66	男	民社	元	46,187
	山下　春江	59	女	自民	前	43,272
	今泉　兼寛	53	男	自民	新	33,851
	菅家　喜六	66	男	自民	前	32,108
	竹内　七郎	53	男	共産	新	8,485
	吉田　利作	52	男	無所属	新	7,227

【第3区】定数3

当	木村　守江	60	男	自民	前	73,345
当	斎藤　邦吉	51	男	自民	前	68,944
当	松井　政吉	54	男	社会	元	63,710
	武藤　武雄	44	男	民社	前	48,157
	折笠　藤雄	53	男	共産	新	3,324
	芳賀　武	55	男	無所属	新	384

第30回衆議院議員選挙
昭和38年（1963年）11月21日実施

【第1区】定数4

当	粟山　ひで	55	女	自民	新	64,196
当	亀岡　高夫	43	男	自民	前	60,789
当	天野　光晴	56	男	自民	元	60,133
当	吉村　吉雄	48	男	社会	前	56,864
	八百板　正	58	男	社会	前	44,755
	小林　峯一	40	男	民社	新	16,966
	遠藤　雄蔵	54	男	共産	新	4,555

【第2区】定数5

当	八田　貞義	54	男	自民	前	79,481
当	渋谷　直蔵	47	男	自民	前	58,560
当	伊東　正義	49	男	自民	新	54,969
当	野口　忠夫	52	男	社会	前	54,439
当	湊　徹郎	43	男	自民	新	53,084
	平田　ヒデ	61	女	社会	元	47,687
	生江　光喜	47	男	民社	新	29,067
	佐藤　一郎	48	男	共産	新	6,209

【第3区】定数3
当	斎藤 邦吉	54	男	自民	前	80,444
当	木村 守江	63	男	自民	前	75,772
当	松井 政吉	57	男	社会	前	65,420
	江井 兵庫	43	男	無所属	新	11,752
	折笠 藤雄	56	男	共産	新	4,859

第31回衆議院議員選挙
昭和42年(1967年)1月29日実施

【第1区】定数4
当	八百板 正	61	男	社会	元	75,841
当	粟山 秀	59	女	自民	前	56,451
当	亀岡 高夫	47	男	自民	前	54,356
当	天野 光晴	59	男	自民	前	51,278
	吉村 吉雄	51	男	社会	前	41,496
	井筒 光男	45	男	無所属	新	18,054
	藪内 喜一郎	61	男	民社	新	14,449
	鈴木 信	46	男	共産	新	5,613

【第2区】定数5
当	湊 徹郎	47	男	自民	前	69,200
当	八田 貞義	57	男	自民	前	67,483
当	唐橋 東	54	男	社会	新	63,132
当	渋谷 直蔵	50	男	自民	前	62,199
当	野口 忠夫	55	男	社会	前	57,980
	伊東 正義	53	男	自民	前	57,198
	古関 政行	43	男	共産	新	6,792

【第3区】定数3
当	斎藤 邦吉	57	男	自民	前	62,001
当	菅波 茂	53	男	自民	新	56,077
当	田畑 金光	53	男	民社	新	49,381
	松井 政吉	60	男	社会	前	45,388
	山田 栄三	45	男	自民	新	23,066
	本間 政男	48	男	社会	新	12,440
	江井 兵庫	47	男	無所属	新	5,078
	佐藤 一郎	51	男	共産	新	4,438

第32回衆議院議員選挙
昭和44年(1969年)12月27日実施

【第1区】定数4
当	亀岡 高夫	49	男	自民	前	68,585
当	天野 光晴	62	男	自民	前	60,481
当	粟山 秀	62	女	自民	前	60,303
当	八百板 正	64	男	社会	前	50,874
	吉村 吉雄	54	男	社会	元	42,165
	磯田 一雄	43	男	公明	新	36,093
	藪内 喜一郎	64	男	民社	新	12,499
	鈴木 信	49	男	共産	新	10,896

【第2区】定数5
当	伊東 正義	56	男	自民	元	104,966
当	湊 徹郎	50	男	自民	前	55,758
当	八田 貞義	60	男	自民	前	53,376
当	渋谷 直蔵	53	男	自民	前	50,352
当	渡部 恒三	37	男	無所属	新	45,761
	野口 忠夫	58	男	社会	前	42,248
	唐橋 東	57	男	社会	前	37,461
	古関 政行	46	男	共産	新	8,549

【第3区】定数3
当	斎藤 邦吉	60	男	自民	前	61,525
当	田畑 金光	55	男	民社	前	59,183
当	菅波 茂	56	男	自民	前	55,723
	松井 政吉	63	男	社会	元	49,673
	塩田 智禧	34	男	公明	新	28,277
	佐藤 一郎	54	男	共産	新	5,705

第33回衆議院議員選挙
昭和47年(1972年)12月10日実施

【第1区】定数4
当	亀岡 高夫	52	男	自民	前	69,369
当	粟山 秀	64	女	自民	前	64,188
当	天野 光晴	65	男	自民	前	61,420
当	八百板 正	67	男	社会	前	52,779
	吉村 吉雄	57	男	社会	元	46,374
	安田 純治	41	男	無所属	新	45,804
	石原 幹市郎	69	男	無所属	新	30,541

【第2区】定数5
当	伊東 正義	58	男	自民	前	72,052
当	八田 貞義	63	男	自民	前	63,232
当	湊 徹郎	53	男	自民	前	58,999
当	渡部 恒三	40	男	自民	前	57,846
当	渋谷 直蔵	56	男	自民	前	56,711
	野口 忠夫	61	男	社会	元	50,417
	塩田 智禧	37	男	公明	新	28,524
	渡部 行雄	47	男	社会	新	28,167
	古関 政行	49	男	共産	新	10,988

【第3区】定数3
当	斎藤 邦吉	63	男	自民	前	70,954
当	菅波 茂	59	男	自民	前	64,172
当	上坂 昇	54	男	社会	新	63,713
	田畑 金光	58	男	民社	前	60,772
	佐藤 一郎	57	男	共産	新	7,542
	江尻 征也	30	男	無所属	新	5,157
	折笠 秀一	25	男	無所属	新	2,664

第34回衆議院議員選挙
昭和51年(1976年)12月5日実施

【第1区】定数4
当	亀岡 高夫	56	男	自民	現	67,016
当	八百板 正	71	男	社会	元	63,088
当	天野 光晴	69	男	自民	現	61,710
当	安田 純治	45	男	無所属	新	53,566
	粟山 明	55	男	自民	新	49,300
	本田 栄一	47	男	民社	新	45,005

| | | 鈴木 | 孝二 | 46 | 男 | 社会 | 新 | 39,672 | | | 安田 | 純治 | 48 | 男 | 無所属 | 前 | 56,408 |

【第2区】 定数5

当	伊東 正義	62	男	自民	現	66,884
当	渡部 行雄	51	男	社会	新	64,198
当	渋谷 直蔵	60	男	自民	現	60,287
当	渡部 恒三	44	男	自民	現	57,553
当	湊 徹郎	57	男	自民	現	54,562
	八田 貞義	67	男	自民	現	54,294
	下田 京子	36	女	共産	新	41,275
	滝沢 幸助	51	男	民社	新	32,321

【第3区】 定数3

当	斎藤 邦吉	67	男	自民	現	90,855
当	上坂 昇	58	男	社会	現	78,617
当	菅波 茂	63	男	自民	現	60,016
	高萩 粂雄	48	男	共産	新	12,669
	野木 清司	73	男	諸派	新	1,390

第35回衆議院議員選挙
昭和54年（1979年）10月7日実施

【第1区】 定数4

当	亀岡 高夫	59	男	自民	前	68,955
当	粟山 明	58	男	自民	新	60,716
当	天野 光晴	72	男	自民	前	56,275
当	安田 純治	48	男	無所属	前	55,809
	石原健太郎	42	男	新自ク	新	52,369
	八百板 正	74	男	社会	前	44,394
	鈴木 孝二	48	男	社会	新	37,459

【第2区】 定数5

当	渋谷 直蔵	63	男	自民	前	76,058
当	八田 貞義	70	男	自民	元	75,271
当	伊東 正義	65	男	自民	前	74,346
当	渡部 恒三	47	男	自民	前	73,390
当	渡部 行雄	54	男	社会	前	57,109
	滝沢 幸助	54	男	民社	新	49,726
	三富 要	50	男	共産	新	15,532

【第3区】 定数3

当	斎藤 邦吉	70	男	自民	前	86,260
当	上坂 昇	61	男	社会	前	64,432
当	菅波 茂	66	男	自民	前	53,308
	滝 実	48	男	無所属	新	43,982
	高萩 粂雄	51	男	共産	新	11,929
	野木 清	76	男	諸派	新	841

第36回衆議院議員選挙
昭和55年（1980年）6月22日実施

【第1区】 定数4

当	亀岡 高夫	60	男	自民	前	79,212
当	石原健太郎	42	男	新自ク	新	77,084
当	粟山 明	59	男	自民	前	68,440
当	天野 光晴	73	男	自民	前	66,022
	鈴木 孝二	49	男	社会	新	62,489

【第2区】 定数5

当	伊東 正義	66	男	自民	前	111,135
当	渡部 恒三	48	男	自民	前	75,029
当	八田 貞義	70	男	自民	前	63,674
当	渋谷 直蔵	63	男	自民	前	61,997
当	渡部 行雄	55	男	社会	前	58,392
	滝沢 幸助	55	男	民社	新	47,696
	三富 要	51	男	共産	新	14,572

【第3区】 定数3

当	斎藤 邦吉	70	男	自民	前	87,964
当	上坂 昇	61	男	社会	前	73,030
当	菅波 茂	67	男	自民	前	57,378
	滝 実	48	男	無所属	新	52,605
	高萩 粂雄	52	男	共産	新	12,482
	野木 清	77	男	諸派	新	1,243

第37回衆議院議員選挙
昭和58年（1983年）12月18日実施

【第1区】 定数4

当	亀岡 高夫	63	男	自民	前	70,172
当	天野 光晴	76	男	自民	前	65,389
当	佐藤 徳雄	55	男	社会	新	64,090
当	石原健太郎	46	男	新自ク	前	54,800
	粟山 明	62	男	自民	前	53,833
	安田 純治	52	男	無所属	元	50,965
	大野 正一	58	男	無所属	新	32,929

【第2区】 定数5

当	渡部 恒三	51	男	自民	前	88,116
当	伊東 正義	70	男	自民	前	82,344
当	渡部 行雄	58	男	社会	前	66,343
当	渋谷 直蔵	67	男	自民	前	65,184
当	滝沢 幸助	58	男	民社	新	51,841
	八田 貞義	74	男	自民	前	50,861
	三富 要	55	男	共産	新	11,689
	斎藤 貞夫	33	男	無所属	新	2,054

【第3区】 定数3

当	斎藤 邦吉	74	男	自民	前	84,795
当	田中 直紀	43	男	自民	新	80,641
当	上坂 昇	65	男	社会	前	70,220
	滝 実	52	男	自民	新	47,043
	高萩 粂雄	55	男	共産	新	9,167
	芦名 昇盛	49	男	諸派	新	387

第38回衆議院議員選挙
昭和61年（1986年）7月6日実施

【第1区】 定数4

当	亀岡 高夫	66	男	自民	前	76,897
当	天野 光晴	79	男	自民	前	65,529
当	佐藤 徳雄	58	男	社会	前	61,927
当	粟山 明	65	男	自民	元	58,430

	氏名	年齢	性別	所属	新旧	得票数
	安田　純治	54	男	無所属	元	47,073
	増子　輝彦	38	男	無所属	新	42,575
	石原健太郎	48	男	新自ク	前	41,544
	池田　敏博	38	男	無所属	新	21,109

【第2区】定数5

当	渡部　恒三	54	男	自民	前	104,300
当	伊東　正義	72	男	自民	前	99,187
当	穂積　良行	51	男	自民	新	77,067
当	滝沢　幸助	61	男	民社	前	46,524
当	渡部　行雄	61	男	社会	前	41,672
	志賀　一夫	60	男	社会	新	41,145
	三富　　要	57	男	共産	新	13,130
	星　　雅之	42	男	無所属	新	9,061

【第3区】定数3

当	田中　直紀	46	男	自民	前	92,507
当	斎藤　邦吉	77	男	自民	前	70,949
当	上坂　　昇	68	男	社会	前	64,225
	坂本　剛二	41	男	自民	新	61,517
	佐藤　敏彦	30	男	共産	新	10,342

第39回衆議院議員選挙
平成2年(1990年)2月18日実施

【第1区】定数4

当	増子　輝彦	42	男	無所属	新	58,301
当	佐藤　恒晴	54	男	社会	新	58,032
当	佐藤　徳雄	61	男	社会	前	56,588
当	金子徳之介	57	男	自民	新	55,535
	天野　光晴	82	男	自民	前	54,968
	粟山　　明	69	男	自民	前	50,804
	佐藤　剛男	52	男	無所属	新	32,922
	阿部裕美子	43	女	共産	新	31,682
	武藤　敏治	59	男	無所属	新	29,254
	亀岡　偉民	34	男	無所属	新	19,076
	大波　芳男	37	男	無所属	新	610

【第2区】定数5

当	伊東　正義	76	男	自民	前	104,475
当	渡部　恒三	57	男	自民	前	79,719
当	穂積　良行	55	男	自民	前	60,831
当	志賀　一夫	64	男	社会	新	59,139
当	渡部　行雄	65	男	社会	前	46,732
	滝沢　幸助	64	男	民社	前	40,662
	下田　京子	49	女	共産	新	32,589
	荒井　広幸	31	男	無所属	新	32,272
	緑川　幹男	28	男	無所属	新	1,833

【第3区】定数3

当	鈴木　　久	49	男	社会	新	89,951
当	斎藤　邦吉	80	男	自民	前	64,382
当	坂本　剛二	45	男	自民	新	61,330
	田中　直紀	49	男	自民	前	61,126
	木幡　弘道	42	男	無所属	新	34,368
	佐藤　敏彦	33	男	共産	新	9,502

第40回衆議院議員選挙
平成5年(1993年)7月18日実施

【第1区】定数4

当	金子徳之介	61	男	新生	前	77,268
当	根本　　匠	42	男	自民	新	64,503
当	増子　輝彦	45	男	自民	前	60,367
当	佐藤　剛男	56	男	自民	新	52,502
	石原健太郎	55	男	無所属	元	51,090
	佐藤　恒晴	57	男	社会	前	38,531
	亀岡　偉民	37	男	自民	新	29,343
	阿部裕美子	46	女	共産	新	26,879
	遠藤　義裕	48	男	社会	新	19,155

【第2区】定数5

当	渡部　恒三	61	男	新生	前	97,303
当	斎藤　文昭	50	男	自民	新	63,666
当	玄葉光一郎	29	男	無所属	新	55,096
当	穂積　良行	58	男	自民	前	50,998
当	荒井　広幸	35	男	自民	新	47,476
	佐藤　公威	62	男	社会	新	41,087
	滝沢　幸助	68	男	民社	元	34,815
	志賀　一夫	67	男	社会	前	33,329
	原田　俊広	33	男	共産	新	10,451

【第3区】定数3

当	田中　直紀	53	男	自民	元	97,796
当	木幡　弘道	46	男	日本新	新	64,977
当	坂本　剛二	48	男	自民	前	64,387
	鈴木　　久	52	男	社会	前	60,756
	佐藤　敏彦	37	男	共産	新	10,643

第41回衆議院議員選挙
平成8年(1996年)10月20日実施

【第1区】定数1

当	佐藤　剛男	59	男	自民㊗	前	102,950
	石原健太郎	59	男	無所属	元	93,347
	佐藤　恒晴	60	男	社民㊗	元	38,196
	岡崎　勝男	58	男	共産	新	20,451

【第2区】定数1

当	根本　　匠	45	男	自民㊗	前	100,102
	増子　輝彦	49	男	新進	前	88,661
	飛田　利光	47	男	共産	新	14,412

【第3区】定数1

当	荒井　広幸	38	男	自民㊗	前	91,747
比当	玄葉光一郎	32	男	民主㊗	前	88,214
	鈴木　正一	43	男	共産	新	11,031
	鈴木　尚之	49	男	無所属	新	7,688

【第4区】定数1

当	渡部　恒三	64	男	新進	前	93,960
	斎藤　文昭	53	男	自民	前	87,643
	原田　俊広	37	男	共産	新	11,226

【第5区】定数1

当	坂本　剛二	51	男	新進	前	79,027

	田中　直紀	56	男	自民　前		78,690
	鈴木　　久	56	男	民主⊕元		34,082
	佐藤　敏彦	40	男	共産　新		14,862

第42回衆議院議員選挙
平成12年（2000年）6月25日実施

【第1区】定数1
当	佐藤　剛男	62	男	自民⊕前		89,353
	亀岡　偉民	44	男	無所属　新		68,875
	木幡　弘道	53	男	民主⊕前		56,838
	石原健太郎	62	男	自由⊕元		32,166
	佐藤　恒晴	64	男	社民⊕元		28,251
	新美　正代	54	女	共産⊕新		19,927

【第2区】定数1
当	根本　　匠	49	男	自民⊕前		116,835
	増子　輝彦	52	男	民主⊕元		80,005
	村上　　武	51	男	社民⊕新		14,186
	飛田　利光	50	男	共産　新		11,714

【第3区】定数1
当	玄葉光一郎	36	男	民主⊕前		118,385
	穂積　良行	65	男	自民⊕前		91,081
	鈴木　正一	46	男	共産　新		10,683

【第4区】定数1
当	渡部　恒三	68	男	無会　前		102,631
	山内日出夫	48	男	自民⊕新		88,501
	原田　俊広	40	男	共産　新		11,312

【第5区】定数1
当	吉野　正芳	51	男	自民⊕新		109,270
	吉田　　泉	51	男	民主⊕新		73,903
	吉田　英策	41	男	共産　新		24,616

第43回衆議院議員選挙
平成15年（2003年）11月9日実施

【第1区】定数1
当	佐藤　剛男	66	男	自民⊕前		98,896
	亀岡　偉民	48	男	無会　新		96,954
	石原信市郎	36	男	民主⊕新		72,076
	山田　　裕	48	男	共産　新		15,241

【第2区】定数1
当	根本　　匠	52	男	自民⊕前		108,838
比当	増子　輝彦	56	男	民主⊕元		94,514
	松崎　信夫	46	男	共産　新		9,968

【第3区】定数1
当	玄葉光一郎	39	男	民主⊕前		110,606
	荒井　広幸	45	男	自民⊕前		94,413
	鈴木　正一	50	男	共産　新		7,522

【第4区】定数1
当	渡部　恒三	71	男	無会　前		97,014
	山内日出夫	51	男	自民⊕新		78,059
	原田　俊広	44	男	共産　新		10,581

【第5区】定数1
当	坂本　剛二	59	男	自民⊕前		100,600
比当	吉田　　泉	54	男	民主⊕新		84,480
	吉田　英策	44	男	共産　新		16,520
	永山　茂雄	55	男	無所属　新		7,418

第44回衆議院議員選挙
平成17年（2005年）9月11日実施

【第1区】定数1
当	亀岡　偉民	50	男	自民⊕新		171,507
	石原信市郎	38	男	民主⊕新		109,795
	山田　　裕	50	男	共産　新		20,412

【第2区】定数1
当	根本　　匠	54	男	自民⊕前		125,447
	増子　輝彦	57	男	民主⊕前		100,949
	佐藤　克朗	50	男	共産　新		11,221

【第3区】定数1
当	玄葉光一郎	41	男	民主⊕前		143,850
	蓮実　　進	72	男	自民⊕前		65,996

【第4区】定数1
当	渡部　恒三	73	男	民主⊕前		91,440
比当	渡部　　篤	53	男	自民⊕新		84,803
	原田　俊広	46	男	共産　新		12,356

【第5区】定数1
当	吉野　正芳	57	男	自民⊕前		112,808
比当	吉田　　泉	56	男	民主⊕前		92,935
	吉田　英策	46	男	共産　新		18,783
	鈴木　　工	61	男	国民⊕新		12,345

第45回衆議院議員選挙
平成21年（2009年）8月30日実施

【第1区】定数1
当	石原洋三郎	36	男	民主⊕新		156,060
	亀岡　偉民	53	男	自民⊕前		136,526
	山田　　裕	54	男	共産　新		15,879
	大橋　一之	40	男	諸派　新		3,492

【第2区】定数1
当	太田　和美	30	女	民主⊕前		131,306
	根本　　匠	58	男	自民⊕前		111,596
	酒井　秀光	41	男	諸派　新		2,397

【第3区】定数1
当	玄葉光一郎	45	男	民主⊕前		159,826
比当	吉野　正芳	61	男	自民⊕前		56,858

【第4区】定数1
当	渡部　恒三	77	男	民主⊕前		91,695
	渡部　　篤	57	男	自民⊕前		49,349
	小熊　慎司	41	男	みんな　新		42,824
	鈴木　規雄	56	男	諸派　新		1,735

【第5区】定数1
当	吉田　　泉	60	男	民主⊕前		135,692
	坂本　剛二	64	男	自民⊕前		88,968

| | 石渡 | 剛 | 40 | 男 | 諸派 | 新 | 5,150 |

	吉田	英策	53	男	共産	新	16,479
	菅本	和雅	45	男	みんな	比新	10,177
	松本	喜一	64	男	未来	比新	6,937

第46回衆議院議員選挙
平成24年（2012年）12月16日実施

【第1区】定数1
当	亀岡 偉民	57	男	自民	比元	121,235
	石原洋三郎	39	男	未来	比前	50,141
	大場 秀樹	43	男	民主	比新	44,599
	渡部チイ子	59	女	共産	新	21,896

【第2区】定数1
当	根本 匠	61	男	自民	比元	98,913
	緑川 一徳	31	男	維新	新	27,673
	太田 和美	33	女	未来	比前	26,821
	斎藤 康雄	63	男	民主	比新	26,208
	平 善彦	60	男	共産	新	10,194

【第3区】定数1
当	玄葉光一郎	48	男	民主	比前	107,737
比当	菅野佐智子	59	女	自民	比新	48,796
	小山田智枝	43	女	共産	新	16,313

【第4区】定数1
当	菅家 一郎	57	男	自民	比新	71,751
比当	小熊 慎司	44	男	維新	比新	50,036
	小川 右善	63	男	社民	比新	15,718
	原田 俊広	53	男	共産	新	8,903

【第5区】定数1
当	坂本 剛二	68	男	自民	比元	61,440
比当	吉田 泉	63	男	民主	比前	54,497
	宇佐美 登	45	男	維新	比元	26,299

第47回衆議院議員選挙
平成26年（2014年）12月14日実施

【第1区】定数1
当	亀岡 偉民	59	男	自民	比前	102,950
比当	金子 恵美	49	女	民主	比新	97,643
	渡部 保子	72	女	共産	新	16,787

【第2区】定数1
当	根本 匠	63	男	自民	比前	91,686
	岡部 光規	46	男	民主	比新	58,358
	平 善彦	62	男	共産	新	15,947

【第3区】定数1
当	玄葉光一郎	50	男	民主	比前	94,462
	上杉謙太郎	39	男	自民	比新	49,174
	横田 洋子	56	女	共産	新	13,824

【第4区】定数1
当	小熊 慎司	46	男	維新	比前	56,856
比当	菅家 一郎	59	男	自民	比前	56,440
	小川 右善	65	男	社民	比新	10,139
	田中和加子	58	女	共産	新	9,413

【第5区】定数1
当	吉野 正芳	66	男	自民	比前	71,102
	吉田 泉	65	男	民主	比前	60,041
	吉田 英策	55	男	共産	新	21,527

比例区・東北

第41回衆議院議員選挙　定数16
平成8年（1996年）10月20日実施

自由民主党　1,630,777票　当選人数　6人
1	当			穂積 良行	61	男	前
2	当			御法川英文	60	男	前
3	当			熊谷 市雄	68	男	新
4	選当	福3		荒井 広幸			前
4	選当	福1		佐藤 剛男			前
4	選当	岩2		鈴木 俊一			前
4	選当	山3		近岡理一郎			前
4	選当	福2		根本 匠			前
4	選当	秋2		野呂田芳成			前
4	選当	秋3		村岡 兼造			前
4	当	秋1	(88.89)	二田 孝治	58	男	前
4	当	山1	(74.95)	遠藤 利明	46	男	前
4	当	岩1	(73.66)	玉沢徳一郎	58	男	前
4		岩3	(56.64)	志賀 節	63	男	前
15				竹内 黎一	70	男	前
16				田沢 吉郎	78	男	前
17	選当	青2		江渡 聡徳			新
17		青4	(69.85)	津島 恭一	42	男	新
17		宮1	(36.43)	浅野 公道	57	男	新
17		宮5	(30.07)	二見 剛	51	男	新
17		岩4	(16.06)	井形 厚一	31	男	新
22				丹野 君子	69	女	新
23				神戸 達臣	54	男	新
24				保科 弘	51	男	新
25				吉田 修	49	男	新
26				近江屋信広	47	男	新

新進党　1,532,987票　当選人数　6人
1	当	木幡 弘道	49	男	前
2	当	井上 義久	49	男	元
3	当	笹山 登生	55	男	前
4	当	今田 保典	54	男	新
5	当	萩野 浩基	56	男	新
6	当	菅原喜重郎	69	男	元
7		阿部 昭吾	68	男	前
8		菊池 利吉	73	男	新

衆議院・比例区（東北）　　　国政選挙総覧

9			奈良岡　茂	48	男	新	
10			金沢勘兵衛	75	男	新	
11			小松　由知	32	男	新	
12			伊勢　敏	48	男	新	
13			野崎　敏雄	37	男	新	
14			及川　敏章	40	男	新	

民主党　　　513,410票　　当選人数　2人
1	当		日野　市朗	62	男	前
2	選当	宮5	安住　淳			新
2	当	福3	(96.14)	玄葉光一郎	32	男	前
2		宮1	(72.65)	岡崎トミ子	52	女	前
2		福5	(43.12)	鈴木　久	56	男	元
2		宮2	(40.10)	佐藤　豊	43	男	新
2		青2	(18.18)	戸来　勉	43	男	新
2		岩1	(6.75)	溝江百合子	47	女	新
9			石井　宏作	55	男	新

日本共産党　　　442,790票　　当選人数　1人
1	当		松本　善明	70	男	前
2		宮1	遠藤いく子	47	女	新
3			高橋千鶴子	37	女	新

社会民主党　　　382,271票　　当選人数　1人
1	当	秋2	(62.45)	畠山健治郎	62	男	前
1		福1	(37.10)	佐藤　恒晴	60	男	元
1		岩4	(30.63)	沢藤礼次郎	67	男	
1		青1	(27.86)	今村　修	54	男	前
1		岩1	(24.85)	山中　邦紀	63	男	元
1		宮4	(19.79)	佐藤　芳博	48	男	新
1		宮2	(18.53)	石川　建治	38	男	新
1		山1	(18.51)	山崎　晋吾	57	男	新
1		宮5	(14.88)	須田　吉隆	48	男	新
1		青2	(13.67)	建部　玲子	55	女	新
1		岩2	(12.59)	佐藤　謙一	51	男	新

新社会党　　　84,167票　　当選人数　0人
| 1 | | 山2 | 千葉　常義 | 63 | 男 | 新 |

自由連合　　　37,661票　　当選人数　0人
| 1 | | 秋2 | 三浦　卓 | 60 | 男 | 新 |

第42回衆議院議員選挙　定数14
平成12年（2000年）6月25日実施

自由民主党　　　1,545,028票　　当選人数　5人
1	当		御法川英文	64	男	前
2	当		荒井　広幸	42	男	前
3	当		萩野　浩基	59	男	前
4	当		坂本　剛二	55	男	前
5	当		熊谷　市雄	72	男	前
6 繰当			津島　恭一	46	男	新
7	選当	青4	木村　太郎			前
7	選当	岩2	鈴木　俊一			前
7	選当	宮3	三塚　博			前
7	選当	宮4	伊藤宗一郎			前
7	選当	秋1	二田　孝治			前
7	選当	秋2	野呂田芳成			前
7	選当	秋3	村岡　兼造			前
7	選当	山2	遠藤　武彦			前
7	選当	山3	近岡理一郎			前
7	選当	山4	加藤　紘一			前
7	選当	福1	佐藤　剛男			前
7	選当	福2	根本　匠			前
7	選当	福5	吉野　正芳			新
7		宮5	(98.24)	土井喜美夫	56	男	新
7		青2	(92.25)	江渡　聡徳	44	男	前
7		宮2	(88.39)	中野　正志	52	男	前
7		岩1	(87.65)	玉沢徳一郎	62	男	前
7		福4	(86.23)	山内日出夫	48	男	新
7		宮1	(83.09)	愛知　和男	62	男	前
7		山1	(77.79)	遠藤　利明	50	男	前
7		福3	(76.93)	穂積　良行	65	男	前
7		宮6	(74.89)	佐藤久一郎	50	男	新
7		岩3	(52.10)	志賀　節	67	男	元
7		岩4	(24.28)	井形　厚一	34	男	新
31			二見　剛	54	男	新

民主党　　　1,024,253票　　当選人数　3人
1	当		日野　市朗	66	男	前
2	当		今田　保典	57	男	前
3	選当	宮1	今野　東			新
3	選当	宮2	鎌田さゆり			新
3	選当	宮5	安住　淳			前
3	選当	宮6	大石　正光			前
3	選当	福3	玄葉光一郎			前
3	当	秋1	(99.47)	佐藤　敬夫	65	男	前
3 繰当		青3	(68.59)	田名部匡代	30	女	新
3		福2	(68.47)	増子　輝彦	52	男	元
3		福5	(67.63)	吉田　泉	51	男	新
3		福1	(63.61)	木幡　弘道	53	男	前
3		宮3	(48.52)	小山　克博	43	男	新
3		宮4	(47.72)	作並ゆきの	34	女	新
3		青1	(35.83)	戸来　勉	46	男	新
3		山4	(27.50)	寒河江孝允	55	男	新
3		秋3	(26.77)	中島　達郎	59	男	新
3		岩3	▼	熊谷　修二	40	男	新
3		岩1	▼	藤倉喜久治	56	男	新

自由党　　　786,751票　　当選人数　3人
1	選当	岩1	達増　拓也			前
1	選当	岩3	黄川田　徹			新
3	当		菅原喜重郎	73	男	前
4	当	岩2	工藤堅太郎	57	男	元
5	当		高橋　嘉信	46	男	新
6 繰当		福1	(35.99)	石原健太郎	62	男	元
6		宮3	(26.69)	堀　誠	33	男	新
6		秋3	(22.25)	笹山　登生	59	男	前
6		秋2	▼	工藤　富裕	47	男	新

| | | 6 | 秋1 | ▼ | 船川 克夫 | 55 | 男 | 新 |

社会民主党 　　517,267票　　当選人数　1人

1	当	宮6	(69.09)	菅野 哲雄	51	男	新
1		山3	(63.46)	斉藤 昌助	61	男	新
1		秋2	(55.28)	畠山健治郎	66	男	前
1		青1	(42.09)	今村 修	58	男	元
1		福1	▼	佐藤 恒晴	64	男	元
1		岩4	(31.41)	木村 幸弘	40	男	新
1		青4	(28.83)	田沢摩希子	31	女	新
1		岩1	▼	後藤百合子	51	女	新
1		宮1	▼	沖田 捷夫	55	男	新
1		岩2	▼	八田 通孝	44	男	新
1		青2	▼	木下千代治	67	男	新
1		福2	▼	村上 武	51	男	新

公明党 　　474,238票　　当選人数　1人

1	当	井上 義久	52	男	前
2		吉田 順一	45	男	新
3		鈴木 祐子	47	女	新
4		高橋 新紀	52	男	新
5		三浦 恭	58	女	新
6		間山 治子	51	女	新

日本共産党 　　391,055票　　当選人数　1人

1	当			松本 善明	74	男	前
2				杉山 茂雅	44	男	新
3		宮1		遠藤いく子	51	女	新
4		福1	▼	新美 正代	54	女	新

無所属の会 　　82,978票　　当選人数　0人

| 1 | 荒川 和男 | 48 | 男 | 新 |

政党自由連合 　　13,196票　　当選人数　0人

| 1 | 村田 恒有 | 54 | 男 | 新 |

※菅原喜重郎(自由)辞職のため平成13年8月23日石原健太郎が繰上当選
※御法川英文(自民)死去のため平成15年5月2日津島恭一が繰上当選
※日野市朗(民主)死去のため平成15年7月16日田名部匡代が繰上当選

第43回衆議院議員選挙　定数14
平成15年(2003年)11月9日実施

自由民主党 　　1,794,284票　　当選人数　6人

1	当			吉野 正芳	55	男	前
2	当			二田 孝治	65	男	前
3	当			萩野 浩基	63	男	前
4	当			津島 恭一	49	男	前
5	当	岩4		玉沢徳一郎	65	男	元
	6	選当	青2	江渡 聡徳	元
	6	選当	青4	木村 太郎	前
	6	選当	岩2	鈴木 俊一	前
	6	選当	宮3	西村 明宏	新
	6	選当	宮4	伊藤信太郎	前
	6	選当	宮6	小野寺五典	元
	6	選当	山1	遠藤 利明	元
	6	選当	山2	遠藤 武彦	前
	6	選当	福1	佐藤 剛男	前
	6	選当	福2	根本 匠	前
	6	選当	福5	坂本 剛二	前

6	当	宮2	(96.52)	中野 正志	55	男	元
6		宮5	(87.67)	斎藤 正美	48	男	新
6		秋3	(87.66)	村岡 兼造	72	男	前
6		福3	(85.35)	荒井 広幸	45	男	前
6		岩3	(84.64)	中村 力	41	男	元
6		福4	(80.46)	山内日出夫	51	男	新
6		宮1	(79.16)	土井 亨	45	男	新
6		岩1	(63.60)	及川 敦	36	男	新
25				近藤 悦夫	55	男	新

民主党 　　1,784,768票　　当選人数　5人

	1	選当	岩1	達増 拓也	前
	1	選当	岩3	黄川田 徹	前
	1	選当	宮1	今野 東	前
	1	選当	宮2	鎌田さゆり	前
	1	選当	宮5	安住 淳	前
	1	選当	秋1	寺田 学	新
	1	選当	福3	玄葉光一郎	前

1	当	宮3	(99.67)	橋本 清仁	32	男	新
1		福2	(86.83)	増子 輝彦	56	男	元
1		山2	(85.75)	近藤 洋介	38	男	新
1		福5	(83.97)	吉田 泉	54	男	新
1	当	山1	(80.96)	鹿野 道彦	61	男	前
1		青3	(80.86)	田名部匡代	34	女	前
1		福1	(72.88)	石原信市郎	36	男	新
1		宮6	(70.59)	大石 正光	58	男	前
1		岩2	(62.12)	工藤堅太郎	61	男	前
1		山3	(61.91)	斎藤 淳	34	男	前
1		宮4	(53.01)	山条 隆史	40	男	新
1		秋2	(51.20)	佐々木重人	33	男	新
1		青4	(36.92)	渋谷 修	53	男	元
1		青1	▼	戸来 勉	50	男	新

公明党 　　565,179票　　当選人数　1人

1	当	井上 義久	56	男	前
2		井上 龍雄	51	男	新
3		間山 治子	54	女	新

日本共産党 　　313,290票　　当選人数　1人

1	当			高橋千鶴子	44	女	新
2		宮2	▼	五島 平	52	男	新
3				佐藤 秀樹	36	男	新

社会民主党 　　310,187票　　当選人数　1人

1	当	秋2	(25.27)	山本喜代宏	47	男	新
1		青2	(22.25)	斉藤 孝一	64	男	新
1		宮6	(21.47)	菅野 哲雄	55	男	前
1		岩4	(16.29)	久保 孝喜	49	男	新

1	青1	▼	今村　修	61	男	元	
1	岩1	▼	後藤百合子	54	女	新	
1	山1	▼	斉藤　昌助	65	男	新	
1	宮2	▼	田山　英次	43	男	新	
1	青4	▼	井上　浩	51	男	新	

第44回衆議院議員選挙　定数14
平成17年(2005年)9月11日実施

自由民主党　　　1,901,595票　　当選人数　6人

1	当			坂本　剛二	60	男	前
2	当			中野　正志	57	男	前
3	当			佐藤　剛男	68	男	前
4	当	岩4		玉沢徳一郎	67	男	前
	5	選当	青2	江渡　聡徳			前
	5	選当	青3	大島　理森			前
	5	選当	青4	木村　太郎			前
	5	選当	岩2	鈴木　俊一			前
	5	選当	宮1	土井　亨			新
	5	選当	宮2	秋葉　賢也			前
	5	選当	宮3	西村　明宏			前
	5	選当	宮4	伊藤信太郎			前
	5	選当	宮6	小野寺五典			前
	5	選当	秋3	御法川信英			前
	5	選当	山1	遠藤　利明			前
	5	選当	山2	遠藤　武彦			前
	5	選当	山3	加藤　紘一			前
	5	選当	福1	亀岡　偉民			新
	5	選当	福2	根本　匠			前
	5	選当	福5	吉野　正芳			前
5	当	福4	(92.74)	渡部　篤	53	男	新
5	当	秋1	(88.83)	二田　孝治	67	男	前
5		宮5	(87.57)	斎藤　正美	50	男	新
5		岩1	(68.53)	及川　敦	38	男	新
5		岩3	(68.12)	橋本　英教	38	男	新
5		秋2	(66.13)	小野　貴樹	34	男	新
5		福3	(45.87)	蓮実　進	72	男	新
28				佐藤　敬夫	70	男	元

民主党　　　1,748,165票　　当選人数　5人

	1	選当	岩1	達増　拓也			前
	1	選当	岩3	黄川田　徹			前
	1	選当	宮5	安住　淳			前
	1	選当	秋1	寺田　学			前
	1	選当	福3	玄葉光一郎			前
	1	選当	福4	渡部　恒三			前
1	当	宮1	(98.31)	郡　和子	48	女	新
1	当	青1	(84.32)	横山　北斗	41	男	新
1	当	福5	(82.38)	吉田　泉	56	男	前
1	当	山2	(82.34)	近藤　洋介	40	男	前
1	当	青3	(81.21)	田名部匡代	36	女	元
1		岩2	(80.80)	畑　浩治	41	男	新
1		福2	(80.47)	増子　輝彦	57	男	前

1	宮3	(79.88)	橋本　清仁	34	男	前	
1	宮2	(75.73)	門間由記子	30	女	新	
1	秋3	(72.20)	京野　公子	55	女	新	
1	山1	(68.97)	鹿野　道彦	63	男	前	
1	宮4	(68.82)	石山　敬貴	35	男	新	
1	福1	(64.01)	石原信市郎	38	男	新	
1	秋2	(55.59)	佐々木重人	35	男	新	
1	青2	(51.31)	中村　友信	50	男	新	
1	青4	(36.48)	渋谷　修	55	男	元	

公明党　　　620,638票　　当選人数　1人

1	当		井上　義久	58	男	前
2			若松　謙維	50	男	元
3			間山　治子	56	女	新

社会民主党　　　362,523票　　当選人数　1人

1	当	宮6	(49.08)	菅野　哲雄	56	男	元
1		秋2	(34.74)	山本喜代宏	49	男	前
1		山3	(30.75)	伊藤　鋒一	58	男	新
1		岩4	(19.04)	久保　孝喜	51	男	新
1	青2	▼		木下千代治	72	男	新
1	岩1	▼		細川　光正	56	男	新
1	青1	▼		仲谷　良子	65	女	新

日本共産党　　　325,176票　　当選人数　1人

1	当			高橋千鶴子	45	女	前
2		宮2	▼	五島　平	54	男	新
3				菅原　則勝	47	男	新

国民新党　　　244,933票　　当選人数　0人

1		青4		津島　恭一	51	男	前
2		秋1	▼	石川錬治郎	66	男	新
2		福5	▼	鈴木　工	61	男	新

第45回衆議院議員選挙　定数14
平成21年(2009年)8月30日実施

民主党　　　2,433,836票　　当選人数　7人

1	選当	青1	横山　北斗		前
1	選当	岩1	階　猛		前
1	選当	岩2	畑　浩治		新
1	選当	岩3	黄川田　徹		前
1	選当	宮1	郡　和子		前
1	選当	宮2	斎藤　恭紀		新
1	選当	宮3	橋本　清仁		元
1	選当	宮4	石山　敬貴		新
1	選当	宮5	安住　淳		前
1	選当	秋1	寺田　学		前
1	選当	秋3	京野　公子		新
1	選当	山1	鹿野　道彦		元
1	選当	山2	近藤　洋介		前
1	選当	福1	石原洋三郎		新
1	選当	福2	太田　和美		前
1	選当	福3	玄葉光一郎		前
1	選当	福4	渡部　恒三		前

衆議院・比例区(東北)

					氏名	年齢	性別	新/元/前
		1	選当	福5	吉田　　泉			前
1	当	青3	(99.59)		田名部匡代	40	女	前
1	当	青4	(86.83)		津島　恭一	55	男	元
1	当	青2	(74.24)		中野渡詔子	38	女	新
22	当				和嶋　未希	37	女	新
23	当				高松　和夫	67	男	新
24	当				菊池長右エ門	75	男	新
25	当				山口　和之	53	男	新
26					川口　民一	78	男	新
27繰当					渡部　一夫	61	男	新
28					鈴木　　久	69	男	元

自由民主党　1,491,761票　当選人数 4人

					氏名	年齢	性別	新/元/前
1	当	福3			吉野　正芳	61	男	前
2	当				秋葉　賢也	47	男	前
		3	選当	青2	江渡　聡徳			前
		3	選当	青3	大島　理森			前
		3	選当	青4	木村　太郎			前
		3	選当	宮6	小野寺五典			前
		3	選当	山3	加藤　紘一			前
3	当	山1	(98.78)		遠藤　利明	59	男	前
3	当	秋2	(98.56)		金田　勝年	59	男	新
3		秋3	(88.99)		御法川信英	45	男	前
3		福1	(87.48)		亀岡　偉民	53	男	前
3		福2	(84.98)		根本　　匠	58	男	前
3		岩2	(82.17)		鈴木　俊一	56	男	前
3		宮3	(79.00)		西村　明宏	49	男	前
3		宮4	(77.22)		伊藤信太郎	56	男	前
3		宮5	(70.74)		斎藤　正美	54	男	新
3		秋1	(66.33)		二田　孝治	71	男	前
3		福5	(65.56)		坂本　剛二	64	男	前
3		宮2	(62.33)		中野　正志	61	男	前
3		宮1	(58.27)		土井　　亨	51	男	前
3		福4	(53.81)		渡部　　篤	57	男	前
3		山2	(48.70)		鈴木　啓功	42	男	新
3		岩3	(46.98)		橋本　英教	42	男	新
3		岩1	(43.44)		高橋比奈子	51	女	新
3		岩4	(31.11)		高橋　嘉信	55	男	元
26					近江屋信広	59	男	前
27					長岡　重代	62	女	新
28					佐藤　久孝	62	男	新

公明党　516,688票　当選人数 1人

			氏名	年齢	性別	新/元/前
1	当		井上　義久	62	男	前
2			若松　謙維	54	男	元
3			川又　哲也	43	男	新

社会民主党　316,635票　当選人数 1人

				氏名	年齢	性別	新/元/前
1	当	山3	(61.57)	吉泉　秀男	61	男	新
1		宮6	(53.68)	菅野　哲雄	60	男	前
1		秋2	(25.24)	山本喜代宏	53	男	元
1		岩4	(21.58)	小原　宣良	65	男	新
1		青1	▼	渡辺　英彦	69	男	新
1		岩1	▼	伊沢　昌弘	62	男	新

日本共産党　315,201票　当選人数 1人

				氏名	年齢	性別	新/元/前
1	当			高橋千鶴子	49	女	前
2				宮本しづえ	57	女	新
3		秋1	▼	鈴木　　知	36	男	新
3		宮4	▼	加藤　幹夫	45	男	新
3		青1	▼	吉俣　　洋	35	男	新
3		岩4	▼	瀬川　貞清	59	男	新
3		山1	▼	佐藤　雅之	36	男	新

みんなの党　241,445票　当選人数 0人

				氏名	年齢	性別	新/元/前
1		福4	(46.70)	小熊　慎司	41	男	新
1		秋2	▼	佐々木重人	39	男	新

幸福実現党　36,295票　当選人数 0人

		氏名	年齢	性別	新/元/前
1		松島　弘典	52	男	新
2		上条　幸哉	45	男	新
3		秋元　真樹	61	女	新

※和嶋未希(民主)が酒田市長選に立候補し、比例名簿次点であった川口民一が除籍されたため、平成24年10月22日渡部一夫が繰上当選

第46回衆議院議員選挙　定数14
平成24年(2012年)12月16日実施

自由民主党　1,238,716票　当選人数 5人

				氏名	新/元/前
	1	選当	青1	津島　　淳	新
	1	選当	青2	江渡　聡徳	前
	1	選当	青3	大島　理森	前
	1	選当	青4	木村　太郎	前
	1	選当	岩2	鈴木　俊一	元
	1	選当	宮1	土井　　亨	元
	1	選当	宮2	秋葉　賢也	前
	1	選当	宮3	西村　明宏	元
	1	選当	宮4	伊藤信太郎	元
	1	選当	宮6	小野寺五典	前
	1	選当	秋1	冨樫　博之	新
	1	選当	秋2	金田　勝年	前
	1	選当	秋3	御法川信英	元
	1	選当	山1	遠藤　利明	前
	1	選当	山2	鈴木　憲和	新
	1	選当	福1	亀岡　偉民	元
	1	選当	福2	根本　　匠	元
	1	選当	福4	菅家　一郎	新
	1	選当	福5	坂本　剛二	元
1	当	岩1	(78.70)	高橋比奈子 54 女	新
1	当	岩4	(61.34)	藤原　　崇 29 男	新
1	当	岩3	(57.80)	橋本　英教 45 男	新
1	当	宮5	(47.89)	大久保三代 36 女	新
1	当	福3	(45.29)	菅野佐智子 59 女	新
25				吉田　　修 65 男	新
26				村上　文人 62 男	新

民主党　805,709票　当選人数 3人

				氏名	新/元/前
	1	選当	岩1	階　　　猛	前

衆議院・比例区（東北）

	1	選当	岩3		黄川田	徹		前
	1	選当	宮5		安住	淳		前
	1	選当	福3		玄葉光一郎			前
1	当	福5	(88.70)	吉田	泉	63	男	前
1	当	山2	(81.22)	近藤	洋介	47	男	前
1	当	宮1	(69.63)	郡	和子	55	女	前
1		山1	(68.91)	鹿野	道彦	70	男	前
1		宮4	(67.60)	石山	敬貴	42	男	前
1		秋1	(67.12)	寺田	学	36	男	前
1		秋2	(62.55)	川口	博	65	男	前
1		青3	(61.62)	田名部匡代		43	女	前
1		宮3	(53.26)	橋本	清仁	41	男	前
1		宮2	(45.80)	今野	東	65	男	元
1		福1	(36.78)	大場	秀樹	43	男	新
1		岩4	(36.63)	及川	敏章	56	男	新
1		青4	(33.61)	津島	恭一	58	男	前
1		福2	(26.49)	斎藤	康雄	63	男	新
1		秋3	(24.35)	三井マリ子		64	女	新
1		青2	(22.98)	中村	友信	57	男	新
1		宮6	(21.51)	鎌田さゆり		47	女	元
1		青1	▼	波多野里奈		39	女	新

日本維新の会 725,006票　当選人数 2人

1	当	福4		小熊	慎司	44	男	新
2	当	秋3	(76.59)	村岡	敏英	52	男	新
2		青1	(64.72)	升田世喜男		55	男	新
4		宮2	(59.16)	中野	正志	64	男	元
4		福5	(42.80)	宇佐美 登		45	男	元
4		宮4	(38.28)	畠山	昌樹	38	男	新
4		山3	(35.25)	佐藤	丈晴	45	男	新
4		福2	(27.97)	緑川	一徳	31	男	新
4		山2	(26.16)	川野	裕章	53	男	新
4		秋1	▼	近江屋信広		63	男	元

公明党 398,131票　当選人数 1人

1	当			井上	義久	65	男	前
2				真山	祐一	31	男	新

日本未来の党 391,216票　当選人数 1人

1	当	岩2	(65.98)	畑	浩治	49	男	前
1		宮2	(44.84)	斎藤	恭紀	43	男	前
1		青1	(43.76)	横山	北斗	49	男	前
1		福1	(41.35)	石原洋三郎		39	男	前
1		福2	(27.11)	太田	和美	33	女	前
1		秋3	(25.92)	京野	公子	62	女	前
1		秋1	▼	高松	和夫	70	男	前
8				菊池長右エ門		78	男	前
9		岩1	(74.59)	達増	陽子	47	女	新
9		岩3	(69.45)	佐藤奈保美		46	女	新
9		青2	(22.18)	中野渡詔子		42	女	前
9		宮1	▼	横田	匡人	47	男	新
9		青3	▼	山内	卓	34	男	新
9		宮5	▼	阿部	信子	49	女	新
9		福5	▼	松本	喜一	64	男	新

16				川口	民一	81	男	新

みんなの党 306,102票　当選人数 1人

1	当	宮1	(43.79)	林	宙紀	35	男	新
1		宮2	(30.20)	菊地	文博	52	男	新
1		福5	▼	菅本	和雅	45	男	新

日本共産党 256,838票　当選人数 1人

1	当		高橋千鶴子		53	女	前
2			岩渕	友	36	女	新

社会民主党 160,367票　当選人数 0人

1		山3	(31.95)	吉泉	秀男	64	男	前
1		秋2	(23.41)	石田	寛	65	男	新
1		福4	(21.90)	小川	右善	63	男	新
1		岩1	▼	伊沢	昌弘	65	男	新
1		宮1	▼	桑島	崇史	33	男	新
6				山名	文世	64	男	新
7				菅野	哲雄	64	男	元

新党改革 41,587票　当選人数 0人

1			上杉謙太郎		37	男	新

幸福実現党 14,825票　当選人数 0人

1			松島	弘典	55	男	新
2			中西	修二	65	男	新
3			酒井	秀光	45	男	新

第47回衆議院議員選挙　定数14
平成26年(2014年)12月14日実施

自由民主党 1,265,372票　当選人数 5人

1	選当	青1		津島	淳			前
1	選当	青2		江渡	聡徳			前
1	選当	青3		大島	理森			前
1	選当	青4		木村	太郎			前
1	選当	岩2		鈴木	俊一			前
1	選当	宮1		土井	亨			前
1	選当	宮2		秋葉	賢也			前
1	選当	宮3		西村	明宏			前
1	選当	宮4		伊藤信太郎				前
1	選当	宮6		小野寺五典				前
1	選当	秋1		冨樫	博之			前
1	選当	秋2		金田	勝年			前
1	選当	秋3		御法川信英				前
1	選当	山1		遠藤	利明			前
1	選当	山2		鈴木	憲和			前
1	選当	山3		加藤	鮎子			新
1	選当	福1		亀岡	偉民			前
1	選当	福2		根本	匠			前
1	選当	福5		吉野	正芳			前
1	当	福4	(99.26)	菅家	一郎	59	男	前
1	当	岩4	(76.79)	藤原	崇	31	男	前
1	当	岩1	(60.43)	高橋比奈子		56	女	前
1	当	岩3	(57.46)	橋本	英教	47	男	前

衆議院・比例区（東北）

1	当	宮5	(52.95)	勝沼　栄明	40	男	前
1		福3	(52.05)	上杉謙太郎	39	男	新
26				菅野佐智子	61	女	前
27				吉田　修	67	男	新
28				村上　文人	64	男	新

民主党　　　　　863,539票　　当選人数　4人

	1	選当	岩1	階　猛			前
	1	選当	岩3	黄川田　徹			前
	1	選当	宮5	安住　淳			前
	1	選当	福3	玄葉光一郎			前
1	当	福1	(94.85)	金子　恵美	49	女	新
1		山2	(92.34)	近藤　洋介	49	男	前
1	当	秋1	(87.03)	寺田　学	38	男	元
1	当	宮1	(86.89)	郡　和子	57	女	前
1		福5	(84.44)	吉田　泉	65	男	前
1		青3	(82.89)	田名部匡代	45	女	元
1		秋2	(69.10)	緑川　貴士	29	男	新
1		宮3	(64.20)	橋本　清仁	43	男	元
1		福2	(63.64)	岡部　光規	46	男	新
1		宮4	(51.24)	井戸　正枝	49	女	元
1		青4	(48.14)	山内　崇	59	男	新
1		山1	(46.72)	原田　和広	41	男	新
1		宮6	(32.40)	鎌田さゆり	49	女	元
1		山3	▼	吉田　大成	45	男	新
19				小林　義明	72	男	新

維新の党　　　　499,437票　　当選人数　2人

	1	選当	福4	小熊　慎司			前
1	当	青1	(94.26)	升田世喜男	57	男	新
1	当	秋3	(94.03)	村岡　敏英	54	男	前
1		宮2	(66.44)	林　宙紀	37	男	前
1		青2	(34.89)	中野渡詔子	44	女	元

公明党　　　　　431,169票　　当選人数　2人

1	当			井上　義久	67	男	前
2	当			真山　祐一	33	男	新

日本共産党　　　379,811票　　当選人数　1人

1	当			高橋千鶴子	55	女	前
2				岩渕　友	38	女	新

生活の党　　　　181,487票　　当選人数　0人

	1	選当	岩4	小沢　一郎			前
1		岩2	(84.18)	畑　浩治	51	男	前
3				平野　貞夫	79	男	新

社会民主党　　　131,857票　　当選人数　0人

1		福4	▼	小川　右善	65	男	新
1		岩1	▼	細川　光正	65	男	新
1		秋1	▼	伊藤　正通	63	男	新
1		宮2	▼	桑島　崇史	35	男	新
5				木村　正弘	48	男	新

次世代の党　　　71,026票　　当選人数　0人

1		宮2	▼	増元　照明	59	男	新

2		菀田　中子	42	女	新

幸福実現党　　18,201票　　当選人数　0人

1		矢内　筆勝	53	男	新
2		城取　良太	37	男	新
3		油井　哲史	34	男	新

選挙区・茨城県

第24回衆議院議員選挙
昭和24年(1949年) 1月23日実施

【第1区】 定数4
当	橋本登美三郎	49	男	民自	新	54,600
当	山口　武秀	36	男	労農	前	40,054
当	小野瀬忠兵衛	51	男	民自	前	38,490
当	幡谷仙次郎	61	男	民自	新	31,339
	吉田　寛	45	男	民主	新	28,305
	弓削　德介	33	男	共産	新	15,118
	堅野　光正	41	男	無所属	新	13,175
	山田　正雄	49	男	民自	新	7,741
	沼田　政次	44	男	社会	新	6,988
	大山　安一	36	男	民自	新	3,300
	阿川銀之助	59	男	無所属	新	1,914

【第2区】 定数4
当	山崎　猛	64	男	民自	前	62,606
当	石野　久男	39	男	労農	前	31,485
当	塚原　俊郎	40	男	民自	新	27,502
当	清水　照夫	55	男	無所属	新	19,129
	沼田　秀郷	45	男	共産	新	16,413
	福地　周蔵	49	男	民主	新	12,497
	片寄　富七	50	男	社会	新	9,227
	藤田　市介	47	男	無所属	新	1,705
	面川　義雄	54	男	民自	新	1,638

【第3区】 定数5
当	鈴木　明良	41	男	民自	前	56,828
当	北沢　直吉	49	男	民自	新	43,967
当	原　　彪	46	男	民主	前	22,855
当	池田　峯雄	39	男	共産	新	22,800
当	金塚　孝	48	男	民主	新	21,185
	細田　綱吉	50	男	社会	元	19,840
	谷口　武雄	43	男	国協	前	17,374
	平本　寿	40	男	民自	新	15,551
	菊池　重作	53	男	社会	前	15,502
	森江　信照	44	男	民自	新	14,794
	間宮三男也	46	男	無所属	新	3,771

第25回衆議院議員選挙
昭和27年(1952年)10月1日実施

【第1区】 定数4
当	内田　信也	71	男	自由	元	80,771
当	加藤　高蔵	43	男	改進	元	61,608
当	中山　栄一	56	男	改進	元	40,267
当	橋本登美三郎	51	男	自由	前	37,331
	葉梨新五郎	51	男	自由	元	35,968
	小野瀬忠兵衛	53	男	自由	前	24,179
	染谷　末雄	46	男	労農	新	14,321
	石上　長寿	50	男	共産	新	5,165
	大德　正一	46	男	再建	新	3,448

【第2区】 定数3
当	山崎　猛	66	男	自由	前	76,328
当	石野　久男	41	男	労農	前	39,641
当	塚原　俊郎	41	男	自由	前	37,268
	大貫　英明	40	男	左社	新	33,176
	小林　孝正	37	男	共産	新	6,477
	福地　周蔵	51	男	無所属	新	5,378
	須藤　淳次	56	男	協同	新	1,106

【第3区】 定数5
当	佐藤洋之助	58	男	自由	元	44,234
当	赤城　宗徳	47	男	自由	元	44,086
当	山本　粂吉	59	男	改進	元	34,301
当	風見　章	66	男	無所属	元	32,757
当	丹羽喬四郎	48	男	自由	新	30,041
	原　　彪	47	男	改進	前	24,020
	北沢　直吉	50	男	自由	前	23,165
	鈴木　明良	43	男	自由	前	21,577
	細田　綱吉	52	男	右社	元	19,204
	大月　和男	48	男	無所属	新	16,332
	金塚　孝	50	男	改進	前	10,132
	池田　峯雄	41	男	共産	前	8,373
	宮代　徹	48	男	左社	新	7,508

第26回衆議院議員選挙
昭和28年(1953年) 4月19日実施

【第1区】 定数4
当	葉梨新五郎	52	男	自由吉	元	55,770
当	橋本登美三郎	52	男	自由吉	前	54,887
当	加藤　高蔵	44	男	改進	前	49,789
当	内田　信也	72	男	自由吉	前	46,916
	中山　栄一	57	男	改進	前	46,059
	山口　武秀	38	男	無所属	元	25,125
	宍戸　寛	42	男	左社	新	14,028
	亀井貫一郎	60	男	無所属	元	13,386
	石上　長寿	50	男	共産	新	3,350

【第2区】 定数3
当	塚原　俊郎	42	男	自由吉	前	47,063
当	山崎　猛	66	男	自由吉	前	39,517
当	大高　康	54	男	改進	新	38,668
	石野　久男	42	男	労農	前	37,044
	大貫　英明	41	男	左社	新	25,887
	武藤　武雄	36	男	右社	新	16,133
	小林　孝正	38	男	共産	新	4,614
	福地　周蔵	52	男	無所属	新	2,269

【第3区】 定数5
当	原　　彪	48	男	改進	元	39,986
当	丹羽喬四郎	49	男	自由吉	前	39,489
当	佐藤洋之助	58	男	自由吉	前	39,157

当	赤城　宗徳	48	男	自由吉	前	38,311
当	風見　　章	67	男	無所属	前	32,878
	山本　粂吉	59	男	改進	前	32,255
	細田　綱吉	52	男	右社	元	31,725
	北沢　直吉	51	男	自由吉	元	29,807
	大月　和男	49	男	自由鳩	新	15,689
	竹山晋一郎	53	男	共産	新	4,050
	赤荻桃太郎	42	男	無所属	新	1,745

第27回衆議院議員選挙
昭和30年(1955年) 2月27日実施

【第1区】定数4
当	加藤　高蔵	46	男	民主	前	64,520
当	中山　栄一	59	男	民主	元	57,664
当	大久保留次郎	67	男	民主	元	41,552
当	橋本登美三郎	53	男	自由	前	38,922
	葉梨新五郎	53	男	自由	前	34,407
	宍戸　　寛	44	男	左社	新	29,437
	山口　武秀	40	男	諸派	元	28,204
	山本　　正	44	男	自由	新	19,705
	箱崎満寿雄	40	男	共産	新	2,999

【第2区】定数3
当	石野　久男	43	男	労農	元	61,204
当	大高　　康	56	男	民主	前	53,990
当	塚原　俊郎	44	男	自由	前	40,343
	山崎　　猛	68	男	自由	前	40,307
	武藤　武雄	38	男	右社	新	24,712

【第3区】定数5
当	赤城　宗徳	50	男	民主	前	47,112
当	風見　　章	68	男	左社	前	46,728
当	山本　粂吉	61	男	民主	元	46,502
当	細田　綱吉	54	男	右社	前	39,459
当	北沢　直吉	53	男	自由	元	32,760
	佐藤洋之助	60	男	自由	前	31,552
	丹羽喬四郎	50	男	自由	前	29,849
	清水　　浄	55	男	民主	新	27,588
	皆川四郎平	50	男	無所属	新	11,595
	赤荻桃太郎	43	男	無所属	新	2,601

第28回衆議院議員選挙
昭和33年(1958年) 5月22日実施

【第1区】定数4
当	橋本登美三郎	57	男	自民	前	66,860
当	久保　三郎	47	男	社会	新	60,001
当	加藤　高蔵	49	男	自民	前	55,959
当	大久保留次郎	70	男	自民	前	52,106
	中山　栄一	62	男	自民	前	47,280
	宍戸　　寛	47	男	社会	新	17,412
	葉梨　信行	29	男	無所属	新	10,312
	針谷　武夫	46	男	共産	新	3,134
	山本　武弘	56	男	無所属	新	2,405

【第2区】定数3
当	石川　次夫	43	男	社会	新	65,441
当	塚原　俊郎	47	男	自民	前	56,717
当	石野　久男	47	男	社会	前	45,313
	大高　　康	59	男	自民	前	35,512
	川崎　三蔵	50	男	自民	新	33,686
	高山慶太郎	49	男	共産	新	2,770
	西野哲太郎	63	男	無所属	新	1,458

【第3区】定数5
当	赤城　宗徳	53	男	自民	前	67,953
当	丹羽喬四郎	54	男	自民	元	48,266
当	佐藤洋之助	63	男	自民	元	47,267
当	北沢　直吉	56	男	自民	前	43,730
当	風見　　章	72	男	社会	前	36,004
	細田　綱吉	57	男	社会	前	35,662
	山本　粂吉	64	男	自民	前	34,521
	池田　峯雄	46	男	共産	元	6,744

第29回衆議院議員選挙
昭和35年(1960年)11月20日実施

【第1区】定数4
当	橋本登美三郎	59	男	自民	前	69,923
当	久保　三郎	49	男	社会	前	55,131
当	加藤　高蔵	52	男	自民	前	54,509
当	中山　栄一	65	男	自民	元	44,730
	大久保留次郎	73	男	自民	前	43,683
	田山　東虎	52	男	社会	新	21,092
	木内　竜夫	32	男	無所属	新	18,985
	山本　　正	50	男	無所属	新	8,727
	葉梨　信行	31	男	無所属	新	8,132
	高橋信次郎	53	男	民社	新	3,878
	針谷　武夫	48	男	共産	新	3,821

【第2区】定数3
当	塚原　俊郎	50	男	自民	前	59,526
当	石川　次夫	45	男	社会	前	53,785
当	大高　　康	61	男	自民	元	52,862
	石野　久男	49	男	社会	前	52,301
	山崎光三郎	35	男	民社	新	24,093
	高山慶太郎	52	男	共産	新	3,986

【第3区】定数5
当	丹羽喬四郎	56	男	自民	前	60,764
当	赤城　宗徳	55	男	自民	前	58,348
当	北沢　直吉	59	男	自民	前	43,057
当	風見　　章	74	男	社会	前	41,686
当	佐藤洋之助	66	男	自民	前	41,467
	山本　粂吉	67	男	自民	元	37,164
	宮代　　徹	57	男	社会	新	21,217
	皆川四郎平	56	男	民社	新	9,703
	池田　峯雄	49	男	共産	元	8,362

第30回衆議院議員選挙
昭和38年(1963年)11月21日実施

【第1区】定数4

当	橋本登美三郎	62	男	自民	前	68,202
当	久保 三郎	52	男	社会	前	64,356
当	加藤 高蔵	55	男	自民	前	58,391
当	中山 栄一	68	男	自民	前	45,396
	葉梨 信行	34	男	無所属	新	29,236
	木内 竜夫	35	男	無所属	新	19,506
	山本 正	53	男	無所属	新	10,527
	浅野 一郎	42	男	無所属	新	6,615
	針谷 武夫	51	男	共産	新	4,506

【第2区】定数3

当	塚原 俊郎	53	男	自民	前	64,062
当	石野 久男	52	男	社会	元	59,767
当	大高 康	64	男	自民	前	58,562
	石川 次夫	48	男	社会	前	52,407
	下山田行雄	41	男	無所属	新	11,388
	高山慶太郎	55	男	共産	新	3,880

【第3区】定数5

当	赤城 宗徳	58	男	自民	前	74,318
当	丹羽喬四郎	59	男	自民	前	56,257
当	登坂重次郎	54	男	無所属	新	50,139
当	落合 寛茂	65	男	社会	新	44,679
当	佐藤洋之助	69	男	自民	前	39,634
	北沢 直吉	62	男	自民	前	38,888
	池田 峯雄	52	男	共産	元	7,628

第31回衆議院議員選挙
昭和42年(1967年)1月29日実施

【第1区】定数4

当	橋本登美三郎	65	男	自民	前	70,460
当	久保 三郎	55	男	社会	前	61,254
当	葉梨 信行	38	男	無所属	新	58,868
当	中山 栄一	71	男	自民	前	48,455
	加藤 高蔵	58	男	自民	前	46,050
	木内 竜夫	38	男	無所属	新	23,610
	久野 益義	62	男	無所属	新	9,499
	針谷 武夫	54	男	共産	新	6,041

【第2区】定数3

当	石川 次夫	51	男	社会	前	76,910
当	塚原 俊郎	56	男	自民	前	69,557
当	石野 久男	55	男	社会	元	49,546
	下山田行雄	45	男	自民	新	44,551
	高山慶太郎	58	男	共産	新	5,538

【第3区】定数5

当	赤城 宗徳	62	男	自民	前	68,647
当	北沢 直吉	65	男	自民	元	60,055
当	丹羽喬四郎	62	男	自民	前	52,577
当	佐藤洋之助	72	男	自民	前	40,198
当	登坂重次郎	53	男	自民	前	40,186

	落合 寛茂	69	男	社会	前	29,463
	高杉 廸忠	41	男	社会	新	20,913
	池田 峯雄	55	男	共産	元	7,427

第32回衆議院議員選挙
昭和44年(1969年)12月27日実施

【第1区】定数4

当	橋本登美三郎	68	男	自民	前	76,082
当	葉梨 信行	41	男	自民	前	66,302
当	中山 利生	44	男	自民	新	55,775
当	久保 三郎	58	男	社会	前	53,224
	坂本 全	49	男	公明	新	51,232
	長谷川好三	53	男	無所属	新	49,632
	石井 健二	42	男	共産	新	8,380
	久野 益義	65	男	無所属	新	6,483

【第2区】定数3

当	塚原 俊郎	59	男	自民	前	80,268
当	梶山 静六	43	男	自民	新	61,340
当	石川 次夫	54	男	社会	前	51,228
	石野 久男	58	男	社会	前	44,303
	下山田行雄	47	男	無所属	新	31,837
	高山慶太郎	61	男	共産	新	6,293

【第3区】定数5

当	丹羽喬四郎	65	男	自民	前	68,100
当	赤城 宗徳	65	男	自民	前	63,849
当	北沢 直吉	68	男	自民	前	55,089
当	登坂重次郎	56	男	自民	前	53,390
当	二見 伸明	34	男	公明	新	49,185
	竹内 猛	47	男	社会	新	41,577
	池田 峯雄	58	男	共産	元	10,510
	中村 時保	32	男	無所属	新	5,362

第33回衆議院議員選挙
昭和47年(1972年)12月10日実施

【第1区】定数4

当	橋本登美三郎	71	男	自民	前	100,909
当	久保 三郎	61	男	社会	前	82,251
当	中山 利生	47	男	自民	前	77,146
当	葉梨 信行	43	男	自民	前	70,399
	宮寺 新三	46	男	公明	新	51,123
	石井 健二	45	男	共産	新	16,099

【第2区】定数3

当	塚原 俊郎	62	男	自民	前	76,511
当	梶山 静六	46	男	自民	前	68,932
当	石野 久男	61	男	社会	元	67,098
	石川 次夫	57	男	社会	前	55,125
	佐藤 正喜	34	男	共産	新	12,599

【第3区】定数5

当	赤城 宗徳	68	男	自民	前	65,297
当	丹羽喬四郎	68	男	自民	前	59,885
当	竹内 猛	50	男	社会	新	57,734

当	登坂重次郎	59	男	自民	前	56,094
当	北沢　直吉	71	男	自民	前	48,363
	二見　伸明	37	男	公明	前	48,346
	関　章一	38	男	無所属	新	20,505
	池田　峯雄	61	男	共産	元	15,184

第34回衆議院議員選挙
昭和51年（1976年）12月5日実施

【第1区】定数4
当	葉梨　信行	47	男	自民	現	89,774
当	久保　三郎	65	男	社会	現	88,510
当	橋本登美三郎	75	男	無所属	現	73,034
当	中山　利生	51	男	自民	現	62,150
	狩野　明男	42	男	無所属	新	50,397
	石井　健二	49	男	共産	新	28,025

【第2区】定数3
当	塚原　俊平	29	男	自民	新	80,785
当	安島　友義	54	男	社会	新	70,600
当	石野　久男	65	男	社会	現	69,281
	梶山　静六	50	男	自民	現	68,627
	大和田正輝	50	男	共産	新	13,380

【第3区】定数5
当	中村喜四郎	27	男	無所属	新	93,210
当	二見　伸明	41	男	公明	元	70,967
当	丹羽喬四郎	72	男	自民	現	60,888
当	登坂重次郎	63	男	自民	現	60,362
当	竹内　猛	54	男	社会	現	51,074
	赤城　宗徳	72	男	自民	現	44,466
	北沢　直吉	75	男	自民	現	42,951
	奈良　達雄	44	男	共産	新	20,587

第35回衆議院議員選挙
昭和54年（1979年）10月7日実施

【第1区】定数4
当	橋本登美三郎	78	男	無所属	前	73,643
当	葉梨　信行	50	男	自民	前	66,298
当	狩野　明男	45	男	自民	新	65,386
当	久保　三郎	68	男	社会	前	62,364
	中山　利生	54	男	自民	前	58,916
	塚田　延充	41	男	民社	新	44,557
	海野　幹雄	47	男	共産	新	21,235
	芹沢　力雄	47	男	無所属	新	7,014

【第2区】定数3
当	梶山　静六	53	男	自民	元	112,509
当	塚原　俊平	32	男	自民	前	69,197
当	石野　久男	68	男	社会	前	59,329
	安島　友義	57	男	社会	前	58,604
	大和田正輝	53	男	共産	新	8,665

【第3区】定数5
当	赤城　宗徳	74	男	自民	元	92,267
当	中村喜四郎	30	男	自民	前	81,672

当	二見　伸明	44	男	公明	前	59,476
当	丹羽　雄哉	35	男	自民	新	58,441
当	竹内　猛	57	男	社会	前	52,998
	登坂重次郎	66	男	自民	前	52,003
	奈良　達雄	47	男	共産	新	16,701
	神林　一芳	51	男	無所属	新	4,170

第36回衆議院議員選挙
昭和55年（1980年）6月22日実施

【第1区】定数4
当	中山　利生	55	男	自民	元	87,754
当	葉梨　信行	51	男	自民	前	83,806
当	久保　三郎	69	男	社会	前	79,734
当	狩野　明男	45	男	自民	前	74,902
	橋本登美三郎	79	男	無所属	前	70,020
	塚田　延充	42	男	民社	新	55,260
	海野　幹雄	48	男	共産	新	21,809
	高橋　満	35	男	無所属	新	2,666

【第2区】定数3
当	梶山　静六	54	男	自民	前	98,786
当	塚原　俊平	33	男	自民	前	83,061
当	城地　豊司	52	男	社会	新	74,729
	石野　久男	69	男	社会	前	59,540
	大和田正輝	53	男	共産	新	9,943

【第3区】定数5
当	中村喜四郎	31	男	自民	前	87,446
当	丹羽　雄哉	36	男	自民	前	84,724
当	赤城　宗徳	75	男	自民	前	74,154
当	登坂重次郎	67	男	自民	元	72,468
当	竹内　猛	57	男	社会	前	59,733
	二見　伸明	45	男	公明	前	57,393
	奈良　達雄	48	男	共産	新	19,224

第37回衆議院議員選挙
昭和58年（1983年）12月18日実施

【第1区】定数4
当	葉梨　信行	55	男	自民	前	82,664
当	天野　等	50	男	社会	新	78,418
当	塚田　延充	45	男	民社	新	76,452
当	額賀福志郎	39	男	無所属	新	75,799
	中山　利生	58	男	自民	前	71,348
	狩野　明男	49	男	自民	前	63,796
	海野　幹雄	52	男	共産	新	21,514
	石津　政雄	36	男	無所属	新	7,559
	吉田　悟	27	男	無所属	新	933

【第2区】定数3
当	梶山　静六	57	男	自民	前	93,092
当	城地　豊司	56	男	社会	前	76,181
当	塚原　俊平	36	男	自民	前	74,608
	石野　久男	72	男	社会	元	63,587
	大和田正輝	57	男	共産	新	9,210

【第３区】定数５

当	中村喜四郎	34	男	自民	前	98,485
当	丹羽　雄哉	39	男	自民	前	78,723
当	二見　伸明	48	男	公明	元	72,248
当	赤城　宗徳	79	男	自民	前	67,977
当	竹内　　猛	61	男	社会	前	65,582
	登坂重次郎	70	男	自民	前	63,918
	奈良　達雄	51	男	社会	新	19,897

第38回衆議院議員選挙

昭和61年(1986年)７月６日実施

【第１区】定数４

当	中山　利生	61	男	自民	元	122,384
当	額賀福志郎	42	男	自民	前	111,933
当	葉梨　信行	57	男	自民	前	98,314
当	塚田　延充	48	男	民社	前	88,479
	天野　　等	52	男	社会	前	83,310
	関戸　秀子	40	女	共産	新	20,182
	久保田　孝	44	男	無所属	新	2,481

【第２区】定数３

当	梶山　静六	60	男	自民	前	116,830
当	城地　豊司	58	男	社会	前	109,863
当	塚原　俊平	39	男	自民	前	84,147
	海老沢文範	38	男	共産	新	14,356

【第３区】定数５

当	中村喜四郎	37	男	自民	前	124,880
当	丹羽　雄哉	42	男	自民	前	102,583
当	二見　伸明	51	男	公明	前	71,844
当	竹内　　猛	63	男	社会	前	63,104
当	赤城　宗徳	81	男	自民	前	62,625
	森　　　茂	47	男	自民	新	51,494
	奈良　達雄	54	男	共産	新	19,686

第39回衆議院議員選挙

平成２年(1990年)２月18日実施

【第１区】定数４

当	時崎　雄司	50	男	社会	新	134,009
当	葉梨　信行	61	男	自民	前	112,924
当	額賀福志郎	46	男	自民	前	106,885
当	中山　利生	64	男	自民	前	103,974
	塚田　延充	52	男	民社	前	80,887
	関戸　秀子	43	女	共産	新	20,345
	鵜浦　　勉	42	男	無所属	新	10,508

【第２区】定数３

当	大畠　章宏	42	男	社会	新	122,237
当	梶山　静六	63	男	自民	前	110,524
当	塚原　俊平	42	男	自民	前	73,057
	中村　敏夫	56	男	共産	新	18,492

【第３区】定数５

当	中村喜四郎	40	男	自民	前	121,300
当	丹羽　雄哉	45	男	自民	前	95,793
当	赤城　徳彦	30	男	自民	新	72,843
当	竹内　　猛	67	男	社会	前	65,401
当	二見　伸明	55	男	公明	前	63,510
	若菜　徳則	46	男	社会	新	39,611
	山中　　勝	37	男	無所属	新	30,271
	椋木　浩治	43	男	自民	新	21,811
	奈良　達雄	57	男	共産	新	19,117
	森　　　茂	51	男	無所属	新	12,093
	小松崎　清	47	男	無所属	新	2,315

第40回衆議院議員選挙

平成５年(1993年)７月18日実施

【第１区】定数４

当	塚田　延充	55	男	民社	元	125,235
当	額賀福志郎	49	男	自民	前	111,912
当	中山　利生	68	男	自民	前	104,559
当	葉梨　信行	64	男	自民	前	94,600
	時崎　雄司	53	男	社会	前	77,927
	関戸　秀子	47	女	共産	新	25,786

【第２区】定数３

当	梶山　静六	67	男	自民	前	104,138
当	大畠　章宏	45	男	社会	前	81,537
当	塚原　俊平	46	男	自民	前	78,086
	斎藤全一郎	38	男	日本新	新	60,568
	藤田　邦良	42	男	共産	新	9,015

【第３区】定数５

当	中村喜四郎	44	男	自民	前	129,982
当	丹羽　雄哉	49	男	自民	前	114,979
当	赤城　徳彦	34	男	自民	前	85,552
当	二見　伸明	58	男	公明	前	69,689
当	竹内　　猛	70	男	社会	前	35,657
	若菜　徳則	50	男	社会	新	29,209
	山中　　勝	40	男	無所属	新	28,431
	田谷　武夫	41	男	共産	新	22,212

第41回衆議院議員選挙

平成８年(1996年)10月20日実施

【第１区】定数１

当	赤城　徳彦	37	男	自民[比]	前	114,796
	塚田　延充	58	男	新進	前	63,069
	時崎　雄司	56	男	民主[比]	元	24,730
	関戸　秀子	50	女	共産	新	15,185

【第２区】定数１

当	額賀福志郎	52	男	自民[比]	前	109,139
	常井　美治	41	男	新進	新	54,138
	横倉　達士	57	男	共産	新	13,039

【第３区】定数１

当	中山　利生	71	男	自民[比]	前	89,822
	永岡　洋治	45	男	新進	新	59,080
	上野　高志	32	男	共産	新	26,815
	阿部　　昭	32	男	自連	新	4,090

【第４区】定数１

当	梶山　静六	70	男	自民[比]	前	112,977
	斎藤全一郎	41	男	新進	新	38,028
	根本　道直	62	男	共産	新	14,325

【第５区】定数１

当	塚原　俊平	49	男	自民[比]	前	69,369
比当	大畠　章宏	49	男	民主[比]	前	53,497
	藤田　邦良	45	男	共産	新	9,698
	高木　豊	54	男	無所属	新	2,007

【第６区】定数１

当	丹羽　雄哉	52	男	自民	前	110,495
	小林　邦男	48	男	新進	新	39,372
	小松　豊正	48	男	共産	新	20,035
	中原　恵人	26	男	さき[比]	新	15,410
	柳沢　雅美	41	男	新社会[比]	新	7,369
	叶屋　博基	30	男	自連	新	1,516

【第７区】定数１

当	中村喜四郎	47	男	無所属	前	100,175
	田中　勝也	43	男	新進	新	72,208
	小島　修	34	男	共産[比]	新	12,032
	前川　紀昭	55	男	自連	新	2,348

《補選》第41回衆議院議員選挙

平成10年（1998年）２月１日実施

※塚原俊平の死去による

【第５区】被選挙数１

当	岡部　英男	69	男	自民	新	59,084
	藤田　邦良	46	男	共産	新	13,108
	高木　豊	55	男	無所属	新	5,206

第42回衆議院議員選挙

平成12年（2000年）６月25日実施

【第１区】定数１

当	赤城　徳彦	41	男	自民[比]	前	132,229
	佐藤　由実	31	女	民主[比]	新	53,184
	高沢　勝一	57	男	社民[比]	新	18,573
	田谷　武夫	48	男	共産	新	17,246
	郡司　孝夫	54	男	自連	新	2,968

【第２区】定数１

当	額賀福志郎	56	男	自民[比]	前	135,296
	常井　美治	44	男	民主[比]	新	54,698
	横倉　達士	61	男	共産	新	11,354

【第３区】定数１

当	葉梨　信行	71	男	自民[比]	前	97,972
比当	小泉　俊明	43	男	民主[比]	新	79,230
	上野　高志	35	男	共産	新	20,755
	宮崎　久常	52	男	無所属	新	6,867

【第４区】定数１

当	梶山　弘志	44	男	自民[比]	新	139,817
	大和田喜市	73	男	共産	新	27,927

【第５区】定数１

当	大畠　章宏	52	男	民主[比]	前	65,995
	岡部　英男	71	男	自民[比]	前	62,375
	武藤　博光	38	男	自由[比]	新	8,177
	大曽根勝正	57	男	共産	新	7,773

【第６区】定数１

当	丹羽　雄哉	56	男	自民[比]	前	125,581
	五十嵐弘子	56	女	民主[比]	新	51,292
	二見　伸明	65	男	自由[比]	前	26,091
	小松　豊正	52	男	共産	新	19,110

【第７区】定数１

当	中村喜四郎	51	男	無所属	前	88,095
	田中　勝也	47	男	無所属	新	51,824
	永岡　洋治	49	男	無所属	新	36,307
	野村　五男	58	男	自由[比]	新	12,749
	稲葉　修敏	38	男	共産	新	10,579

《補選》第42回衆議院議員選挙

平成15年（2003年）４月27日実施

※中村喜四郎の退職（被選資格の喪失）による

【第７区】被選挙数１

当	永岡　洋治	52	男	自民	新	70,251
	吉原　英一	54	男	無所属	新	51,798
	加藤真砂子	54	女	自由	新	34,608
	稲葉　修敏	41	男	共産	新	6,890

第43回衆議院議員選挙

平成15年（2003年）11月９日実施

【第１区】定数１

当	赤城　徳彦	44	男	自民[比]	前	128,349
	福島　伸享	33	男	民主[比]	新	77,420
	小島　修	41	男	共産	新	12,845

【第２区】定数１

当	額賀福志郎	59	男	自民[比]	前	127,364
	常井　美治	48	男	民主[比]	新	55,444
	高原　努	53	男	共産	新	8,631

【第３区】定数１

当	葉梨　康弘	44	男	自民[比]	新	102,315
比当	小泉　俊明	46	男	民主[比]	前	92,306
	上野　高志	39	男	共産	新	14,546

【第４区】定数１

当	梶山　弘志	48	男	自民[比]	前	119,047
	大嶋　修一	57	男	社民[比]	新	28,660
	川崎　篤子	50	女	共産	新	13,015

【第５区】定数１

当	大畠　章宏	56	男	民主[比]	前	74,407
	岡部　英明	44	男	自民[比]	新	59,090
	大内　智子	26	女	共産	新	7,667

【第６区】定数１

当	丹羽　雄哉	59	男	自民[比]	前	130,525

| | 二見　伸明 | 68 | 男 | 民主㊡元 | 74,915 |
| | 佐藤　正剛 | 45 | 男 | 共産　新 | 17,471 |

【第7区】定数1
当	永岡　洋治	52	男	自民㊡前	97,642
	五十嵐弘子	59	女	民主㊡新	44,543
	田谷　武夫	52	男	共産㊡新	9,942

第44回衆議院議員選挙
平成17年(2005年)9月11日実施

【第1区】定数1
当	赤城　徳彦	46	男	自民㊡前	144,499
	福島　伸享	35	男	民主㊡新	86,999
	田谷　武夫	54	男	共産㊡新	16,476

【第2区】定数1
当	額賀福志郎	61	男	自民㊡前	138,728
	小林　誠	27	男	民主㊡新	65,268
	高原　努	55	男	共産　新	10,259

【第3区】定数1
当	葉梨　康弘	45	男	自民㊡前	113,977
	小泉　俊明	48	男	民主㊡前	82,841
	中山　一生	42	男	無所属　新	29,416
	上野　高志	40	男	共産　新	11,859
	猿田　玲	27	女	社民㊡新	5,344

【第4区】定数1
当	梶山　弘志	49	男	自民㊡前	122,200
	高野　守	46	男	民主㊡新	59,941
	川崎　篤子	52	女	共産　新	11,212

【第5区】定数1
当	大畠　章宏	57	男	民主㊡前	74,753
比当	岡部　英明	46	男	自民㊡新	70,098
	藤田　邦良	54	男	共産　新	6,511

【第6区】定数1
当	丹羽　雄哉	61	男	自民㊡前	141,212
	川口　良治	40	男	民主㊡新	76,798
	桜井よう子	63	女	無所属　新	16,769
	塚本　武志	61	男	共産　新	14,680

【第7区】定数1
当	中村喜四郎	56	男	無所属　元	89,099
比当	永岡　桂子	51	女	自民㊡新	81,230
	五十嵐弘子	61	女	民主㊡新	33,266
	稲葉　修敏	43	男	共産　新	7,854

第45回衆議院議員選挙
平成21年(2009年)8月30日実施

【第1区】定数1
当	福島　伸享	39	男	民主㊡新	151,165
	赤城　徳彦	50	男	自民㊡前	92,528
	田谷　武夫	58	男	共産㊡新	15,776
	金沢　光司	34	男	諸派　新	5,267

【第2区】定数1
| 当 | 石津　政雄 | 62 | 男 | 民主㊡新 | 114,455 |

| 比当 | 額賀福志郎 | 65 | 男 | 自民㊡前 | 111,674 |
| | 中村　幸樹 | 45 | 男 | 諸派　新 | 7,125 |

【第3区】定数1
当	小泉　俊明	52	男	民主㊡元	146,983
	葉梨　康弘	49	男	自民㊡前	103,228
	宮本　春樹	51	男	諸派　新	7,026

【第4区】定数1
当	梶山　弘志	53	男	自民㊡前	104,236
比当	高野　守	50	男	民主㊡新	97,256
	中村　伸丈	42	男	諸派　新	3,968

【第5区】定数1
当	大畠　章宏	61	男	民主㊡前	91,855
	岡部　英明	50	男	自民㊡前	54,541
	野口　航太	33	男	諸派　新	3,513

【第6区】定数1
当	大泉　博子	59	女	民主㊡新	147,865
	丹羽　雄哉	65	男	自民㊡前	114,204
	鈴木　俊博	35	男	諸派　新	10,082

【第7区】定数1
当	中村喜四郎	60	男	無所属　前	78,999
比当	柳田　和己	59	男	民主㊡新	67,331
比当	永岡　桂子	55	女	自民㊡前	64,180
	杉浦　昭	60	男	諸派　新	3,062

第46回衆議院議員選挙
平成24年(2012年)12月16日実施

【第1区】定数1
当	田所　嘉徳	58	男	自民㊡新	103,463
	福島　伸享	42	男	民主㊡前	66,076
	海老沢由紀	38	女	維新㊡新	29,611
	武藤　優子	48	女	未来㊡新	15,971
	田谷　武夫	61	男	共産　新	13,065

【第2区】定数1
当	額賀福志郎	68	男	自民㊡前	113,891
	石津　政雄	65	男	民主㊡前	47,922
	原田　雅也	43	男	みんな㊡新	31,846
	梅沢田鶴子	56	女	共産　新	8,703

【第3区】定数1
当	葉梨　康弘	53	男	自民㊡元	113,158
	小泉　俊明	55	男	未来㊡前	46,539
	前田　善成	45	男	維新㊡新	43,614
	小林　恭子	62	女	共産　新	19,177

【第4区】定数1
当	梶山　弘志	57	男	自民㊡前	113,718
	高野　守	53	男	民主㊡前	48,395
	宇野　周治	62	男	共産　新	12,555

【第5区】定数1
当	大畠　章宏	65	男	民主㊡前	61,142
比当	石川　昭政	40	男	自民㊡新	51,841
	福田　明	56	男	共産　新	11,043

【第6区】定数1
| 当 | 丹羽　雄哉 | 68 | 男 | 自民㊡元 | 91,121 |

	狩野 岳也	48	男	無所属 新	45,377
	大泉 博子	62	女	民主㊗前	39,161
	深沢 裕	41	男	維新㊗新	36,617
	青木 道子	62	女	共産 新	13,680
	栗山 天心	54	男	未来㊗新	12,644

【第7区】定数1
当	中村喜四郎	63	男	無所属 前	81,157
比当	永岡 桂子	59	女	自民㊗前	59,605
	筒井 洋介	33	男	維新㊗新	23,344
	柳田 和己	62	男	民主㊗前	18,983
	白畑 勇	60	男	共産 新	7,034

第47回衆議院議員選挙
平成26年(2014年)12月14日実施

【第1区】定数1
当	田所 嘉徳	60	男	自民㊗前	105,536
比当	福島 伸享	44	男	民主㊗元	77,179
	大内久美子	65	女	共産㊗新	32,048

【第2区】定数1
当	額賀福志郎	70	男	自民㊗前	142,238
	川井 宏子	49	女	共産 新	43,303

【第3区】定数1
当	葉梨 康弘	55	男	自民㊗前	120,500
	石井 章	57	男	維新㊗元	55,103
	小林 恭子	64	女	共産 新	33,465

【第4区】定数1
当	梶山 弘志	59	男	自民㊗前	95,655
	高野 守	55	男	民主㊗元	41,507
	堀江 鶴治	73	男	共産 新	9,331
	木村 隆	63	男	無所属 新	1,874

【第5区】定数1
当	大畠 章宏	67	男	民主㊗前	60,688
比当	石川 昭政	42	男	自民㊗前	53,732
	福田 明	58	男	共産 新	11,239

【第6区】定数1
当	丹羽 雄哉	70	男	自民㊗前	119,116
	青山 大人	35	男	民主㊗新	85,120
	井上 圭一	52	男	共産 新	25,709

【第7区】定数1
当	中村喜四郎	65	男	無所属 前	88,393
比当	永岡 桂子	61	女	自民㊗前	65,638
	白畑 勇	62	男	共産 新	18,883

選挙区・栃木県

第24回衆議院議員選挙
昭和24年(1949年)1月23日実施

【第1区】定数5
当	船田 享二	52	男	国協 前	30,777
当	森山 欽司	33	男	民主 新	28,281
当	尾関 義一	61	男	民自 新	27,318
当	高塩 三郎	50	男	民自 新	24,808
当	戸叶 里子	42	女	社会 前	24,790
	宮下 重寿	43	男	共産 新	24,336
	相馬 助治	39	男	無所属 前	23,063
	石森憲四郎	52	男	民自 新	23,058
	大貫 大八	47	男	社会 新	22,259
	高瀬 伝	52	男	社革 前	16,510
	大橋 キミ	45	女	民自 元	15,768
	木村 貞	57	男	民自 新	9,291
	吉原 勝一	43	男	農新 新	8,906
	大島 頼光	48	男	民主 新	6,091
	加藤 要作	46	男	諸派 新	5,888
	関 清吉	38	男	無所属 新	532

【第2区】定数5
当	山口 好一	46	男	民自 前	38,113
当	森下 孝	35	男	民自 新	37,601
当	小平 久雄	39	男	民自 前	31,890
当	大沢嘉平治	44	男	民自 前	30,006
当	佐藤 親弘	56	男	民自 新	22,138
	山田 長司	41	男	社会 新	21,001
	松本 三益	45	男	共産 新	20,885
	厚木 学	49	男	民自 新	15,211
	金子益太郎	52	男	社会 前	13,467
	戸叶 武	47	男	無所属 新	12,884
	栗田 英男	37	男	民主 前	12,538
	松島 宇平	44	男	労農 新	5,534
	保谷 俊平	40	男	民主 新	3,853
	塚田 説夫	29	男	国協 新	3,769

第25回衆議院議員選挙
昭和27年(1952年)10月1日実施

【第1区】定数5
当	船田 中	57	男	自由 元	52,117
当	戸叶 里子	43	女	右社 前	35,482
当	高瀬 伝	53	男	改進 元	35,208
当	森山 欽司	35	男	改進 前	34,573
当	野沢 清人	45	男	自由 新	31,633
	黒沢 幸一	49	男	右社 新	30,003
	尾関 義一	63	男	自由 前	27,795
	高塩 三郎	52	男	自由 前	25,140
	高瀬 兼介	45	男	自由 新	15,961
	遠井 浅次	45	男	諸派 新	15,649
	渡 利三	48	男	自由 新	8,248
	宮下 重寿	45	男	共産 新	8,118
	木村 貞	59	男	無所属 新	6,065
	大橋 キミ	47	女	無所属 元	3,335

67

衆議院・選挙区（栃木県）

	石崎直三郎	64	男	無所属	新	1,289

【第2区】 定数5

当	小平 久雄	42	男	自由	前	38,835
当	松村 光三	69	男	自由	元	38,568
当	森下 国雄	56	男	自由	元	38,225
当	山田 長司	44	男	左社	新	35,287
当	栗田 英男	39	男	改進	元	28,326
	佐藤 親弘	59	男	自由	前	28,219
	山口 好一	48	男	自由	前	26,686
	大川 信助	65	男	自由	新	25,904
	戸叶 武	49	男	右社	新	22,532
	杉田 一郎	57	男	無所属	元	13,130
	浜野 清	38	男	共産	新	5,880

第26回衆議院議員選挙
昭和28年（1953年）4月19日実施

【第1区】 定数5

当	尾関 義一	63	男	自由吉	元	46,133
当	黒沢 幸一	50	男	左社	新	41,799
当	船田 中	57	男	自由吉	前	41,666
当	高瀬 伝	54	男	改進	前	39,250
当	戸叶 里子	44	女	右社	前	36,888
	野沢 清人	45	男	自由	前	32,537
	森山 欽司	36	男	改進	新	31,208
	高塩 三郎	52	男	自由	元	28,872
	大貫 大八	49	男	右社	新	17,925
	石森憲四郎	54	男	自由吉	新	8,606
	石崎直三郎	64	男	自由鳩	新	2,730
	増淵 忠	43	男	無所属	新	2,551

【第2区】 定数5

当	佐藤 親弘	60	男	自由吉	元	44,503
当	山田 長司	45	男	左社	前	43,106
当	小平 久雄	43	男	自由吉	前	38,683
当	山口 好一	49	男	自由鳩	元	37,662
当	栗田 英男	40	男	改進	前	35,248
	森下 国雄	57	男	自由	前	34,557
	松村 光三	69	男	自由	前	26,510
	大沢嘉平治	47	男	自由吉	元	23,058
	金子益太郎	55	男	右社	元	15,107
	浜野 清	38	男	共産	新	4,874

第27回衆議院議員選挙
昭和30年（1955年）2月27日実施

【第1区】 定数5

当	森山 欽司	38	男	民主	元	52,528
当	船田 中	59	男	自由	前	49,613
当	高瀬 伝	56	男	民主	前	44,531
当	野沢 清人	47	男	自由	元	42,771
当	戸叶 里子	46	女	右社	前	40,454
	黒沢 幸一	52	男	左社	前	39,511
	大貫 大八	51	男	右社	新	37,830

	尾関 義一	65	男	自由	前	32,577
	増淵 忠	45	男	無所属	新	4,875
	杉山 千株	47	男	労農	新	1,822

【第2区】 定数5

当	森下 国雄	58	男	民主	元	54,669
当	小平 久雄	44	男	自由	前	42,906
当	山口 好一	51	男	民主	前	42,521
当	山田 長司	46	男	左社	前	41,270
当	神田 大作	41	男	右社	新	35,911
	栗田 英男	42	男	民主	前	30,234
	佐藤 親弘	61	男	自由	前	28,099
	石村幸一郎	51	男	無所属	新	14,932
	浜野 清	40	男	共産	新	4,507
	津布久真次	41	男	無所属	新	2,247

第28回衆議院議員選挙
昭和33年（1958年）5月22日実施

【第1区】 定数5

当	大貫 大八	54	男	社会	新	57,077
当	高瀬 伝	59	男	自民	前	47,393
当	戸叶 里子	49	女	社会	前	47,122
当	野沢 清人	50	男	自民	前	46,039
当	船田 中	63	男	自民	前	44,024
	尾関 義一	68	男	自民	元	42,417
	森山 欽司	41	男	自民	前	37,288
	高木 章	53	男	自民	元	30,219
	広瀬 秀吉	40	男	社会	新	19,781
	宮下 重寿	50	男	共産	新	4,035
	増淵 忠	49	男	無所属	新	1,855

【第2区】 定数5

当	森下 国雄	61	男	自民	前	52,945
当	神田 大作	45	男	社会	前	48,676
当	小平 久雄	48	男	自民	前	46,967
当	山田 長司	50	男	社会	前	43,257
当	山口 好一	54	男	自民	前	40,552
	栗田 英男	45	男	自民	元	31,412
	石村幸一郎	54	男	自民	新	26,770
	岩崎 純三	33	男	自民	新	26,690
	浜野 清	43	男	共産	新	4,162

第29回衆議院議員選挙
昭和35年（1960年）11月20日実施

【第1区】 定数5

当	船田 中	65	男	自民	前	55,292
当	森山 欽司	43	男	自民	元	50,406
当	尾関 義一	71	男	自民	元	48,220
当	広瀬 秀吉	42	男	社会	新	48,188
当	戸叶 里子	51	女	社会	前	46,322
	高瀬 伝	61	男	自民	前	41,205
	渡辺美智雄	37	男	無所属	新	35,837
	高木 章	56	男	自民	元	34,679

	大貫	大八	57	男	民社	前	17,589
	宮下	重寿	53	男	共産	新	3,317
	佐藤	代作	30	男	無所属	新	641

【第2区】定数5

当	小平	久雄	50	男	自民	前	45,460
当	森下	国雄	64	男	自民	前	42,832
当	武藤	山治	35	男	社会	新	40,013
当	山田	長司	52	男	社会	前	39,933
当	山口	好一	57	男	自民	前	32,672
	岩崎	純三	36	男	自民	新	28,448
	神田	大作	47	男	民社	前	28,285
	岡田	広	50	男	自民	新	26,911
	藤尾	正行	43	男	無所属	新	22,619
	小塙	定一	34	男	共産	新	2,206

第30回衆議院議員選挙
昭和38年(1963年)11月21日実施

【第1区】定数5

当	高瀬	伝	64	男	自民	元	68,540
当	船田	中	68	男	自民	前	63,592
当	戸叶	里子	54	女	社会	前	61,314
当	森山	欽司	46	男	自民	前	60,748
当	渡辺美智雄		40	男	自民	新	60,196
	広瀬	秀吉	45	男	社会	前	51,620
	江口	義時	42	男	共産	新	3,217

【第2区】定数5

当	小平	久雄	53	男	自民	前	52,450
当	森下	国雄	67	男	自民	前	46,066
当	山田	長司	55	男	社会	前	42,927
当	藤尾	正行	46	男	自民	新	42,226
当	武藤	山治	38	男	社会	前	41,875
	山口	好一	60	男	自民	前	37,554
	稲村	利幸	28	男	自民	新	24,624
	小塙	定一	37	男	共産	新	3,013

第31回衆議院議員選挙
昭和42年(1967年)1月29日実施

【第1区】定数5

当	船田	中	71	男	自民	前	70,473
当	広瀬	秀吉	48	男	社会	元	67,831
当	渡辺美智雄		43	男	自民	前	66,818
当	森山	欽司	50	男	自民	前	64,995
当	戸叶	里子	58	女	社会	前	60,788
	高瀬	伝	68	男	自民	前	56,279
	兵藤	忠一	43	男	共産	新	4,896

【第2区】定数5

当	小平	久雄	56	男	自民	前	42,723
当	武藤	山治	41	男	社会	前	40,525
当	神田	大作	53	男	民社	前	40,238
当	森下	国雄	70	男	自民	前	38,063
当	藤尾	正行	50	男	自民	前	34,901

	山田	長司	58	男	社会	前	34,511
	山口	好一	63	男	無所属	元	28,673
	岡田	広	56	男	無所属	新	24,940
	稲村	利幸	31	男	自民	新	24,765
	高沢	正治	41	男	無所属	新	11,854
	小塙	定一	40	男	共産	新	3,329

第32回衆議院議員選挙
昭和44年(1969年)12月27日実施

【第1区】定数5

当	渡辺美智雄		46	男	自民	前	72,541
当	森山	欽司	52	男	自民	前	68,527
当	船田	中	74	男	自民	前	67,948
当	戸叶	里子	61	女	社会	前	62,003
当	広瀬	秀吉	51	男	社会	前	50,164
	金沢	敏夫	53	男	公明	新	44,319
	平野	照子	28	女	民社	新	29,355
	簗瀬	勇	49	男	無所属	新	16,545
	小塙	定一	43	男	共産	新	5,474

【第2区】定数5

当	藤尾	正行	52	男	自民	前	48,529
当	小平	久雄	59	男	自民	前	47,722
当	稲村	利幸	34	男	無所属	新	41,611
当	和田	一郎	40	男	公明	新	36,464
当	森下	国雄	73	男	自民	前	35,542
	神田	大作	56	男	民社	前	35,199
	武藤	山治	44	男	社会	前	34,594
	山田	長司	61	男	社会	元	27,708
	橋本雄飛太郎		54	男	無所属	新	22,317
	川野	敏雄	48	男	無所属	新	12,659
	高沢	正治	44	男	無所属	新	6,582
	中里	富蔵	43	男	共産	新	5,394

第33回衆議院議員選挙
昭和47年(1972年)12月10日実施

【第1区】定数5

当	船田	中	77	男	自民	前	93,947
当	渡辺美智雄		49	男	自民	前	76,951
当	森山	欽司	55	男	自民	前	69,630
当	広瀬	秀吉	54	男	社会	前	60,148
当	稲葉	誠一	54	男	社会	新	53,941
	平野	照子	31	女	民社	新	41,062
	戸叶	勝朗	40	男	無所属	新	24,146
	小塙	定一	46	男	共産	新	12,202

【第2区】定数5

当	武藤	山治	47	男	社会	元	71,633
当	小平	久雄	62	男	自民	前	56,784
当	稲村	利幸	37	男	自民	前	54,522
当	神田	大作	59	男	民社	元	51,521
当	藤尾	正行	55	男	自民	前	50,033
	和田	一郎	43	男	公明	前	46,356

	森下　国雄	76	男	自民	前	41,807
	大阿久照代	30	女	共産	新	14,337

第34回衆議院議員選挙
昭和51年(1976年)12月5日実施

【第1区】定数5

当	渡辺美智雄	53	男	自民	現	95,602
当	森山　欽司	59	男	自民	現	85,051
当	船田　中	81	男	自民	現	71,518
当	稲葉　誠一	58	男	社会	現	70,955
当	広瀬　秀吉	58	男	社会	現	69,824
	水谷　弘	34	男	公明	新	49,100
	小塙　定一	50	男	共産	新	16,510

【第2区】定数5

当	武藤　山治	51	男	社会	現	68,146
当	藤尾　正行	59	男	自民	現	61,382
当	神田　厚	35	男	民社	新	61,051
当	和田　一郎	47	男	公明	元	55,492
当	稲村　利幸	41	男	自民	現	54,966
	小平　久雄	66	男	自民	現	53,891
	森下　知則	34	男	新自ク	新	31,432
	大阿久照代	34	女	共産	新	17,832
	山田　二男	36	男	無所属	新	1,522

第35回衆議院議員選挙
昭和54年(1979年)10月7日実施

【第1区】定数5

当	渡辺美智雄	56	男	自民	前	116,100
当	船田　元	25	男	自民	新	79,189
当	森山　欽司	62	男	自民	前	67,114
当	広瀬　秀吉	61	男	社会	前	53,550
当	稲葉　誠一	61	男	社会	前	49,409
	村田　茂忠	43	男	新自ク	新	34,995
	大阿久照代	36	女	共産	新	17,715

【第2区】定数5

当	稲村　利幸	43	男	自民	前	72,330
当	武藤　山治	54	男	社会	前	68,397
当	神田　厚	38	男	民社	前	61,850
当	藤尾　正行	62	男	自民	前	53,595
当	和田　一郎	50	男	公明	前	50,771
	植竹　繁雄	48	男	自民	新	45,245
	高村　宏	36	男	共産	新	10,696

第36回衆議院議員選挙
昭和55年(1980年)6月22日実施

【第1区】定数5

当	渡辺美智雄	56	男	自民	前	133,372
当	船田　元	26	男	自民	前	88,808
当	森山　欽司	63	男	自民	前	82,653
当	広瀬　秀吉	62	男	社会	前	61,494
当	稲葉　誠一	62	男	社会	前	60,292
	村田　茂忠	44	男	新自ク	新	42,994
	大阿久照代	37	女	共産	新	16,592

【第2区】定数5

当	稲村　利幸	44	男	自民	前	77,468
当	武藤　山治	54	男	社会	前	75,207
当	藤尾　正行	63	男	自民	前	67,009
当	植竹　繁雄	49	男	自民	新	62,422
当	神田　厚	39	男	民社	前	61,255
	和田　一郎	51	男	公明	前	53,900
	高村　宏	36	男	共産	新	11,286

第37回衆議院議員選挙
昭和58年(1983年)12月18日実施

【第1区】定数5

当	渡辺美智雄	60	男	自民	前	143,623
当	船田　元	30	男	自民	前	68,403
当	森山　欽司	66	男	自民	前	60,484
当	広瀬　秀吉	65	男	社会	前	58,442
当	稲葉　誠一	65	男	社会	前	55,945
	滝　友二	43	男	共産	新	13,583

【第2区】定数5

当	武藤　山治	58	男	社会	前	71,965
当	稲村　利幸	48	男	自民	前	68,106
当	神田　厚	42	男	民社	前	64,062
当	水谷　弘	41	男	公明	新	63,497
当	藤尾　正行	66	男	自民	前	61,494
	植竹　繁雄	52	男	自民	前	59,000
	加藤　芳江	42	女	共産	新	10,752

第38回衆議院議員選挙
昭和61年(1986年)7月6日実施

【第1区】定数5

当	渡辺美智雄	62	男	自民	前	133,035
当	船田　元	32	男	自民	前	83,339
当	広瀬　秀吉	68	男	社会	前	62,002
当	稲葉　誠一	68	男	社会	前	59,459
当	森山　欽司	69	男	自民	前	55,710
	蓮実　進	53	男	無所属	新	52,808
	水本　務	51	男	民社	新	26,163
	滝　友二	46	男	共産	新	11,407
	坂本　敞義	50	男	無所属	新	1,271

【第2区】定数5

当	藤尾　正行	69	男	自民	前	80,364
当	稲村　利幸	50	男	自民	前	74,359
当	武藤　山治	60	男	社会	前	68,685
当	水谷　弘	43	男	公明	前	61,504
当	神田　厚	45	男	民社	前	56,632
	植竹　繁雄	55	男	自民	元	55,039
	進藤　初洋	37	男	無所属	新	27,463
	団原　敬	34	男	共産	新	8,401

第39回衆議院議員選挙
平成2年(1990年)2月18日実施

【第1区】定数5
当	小林　　守	45	男	社会	新	120,018
当	渡辺美智雄	66	男	自民	前	100,881
当	船田　　元	36	男	自民	前	80,875
当	簗瀬　　進	39	男	自民	新	80,840
当	安田　　範	62	男	社会	新	76,317
	蓮実　　進	57	男	自民	新	74,575
	滝　　友二	49	男	共産	新	11,144

【第2区】定数5
当	武藤　山治	64	男	社会	前	78,685
当	藤尾　正行	73	男	自民	前	71,804
当	神田　　厚	48	男	民社	前	68,179
当	稲村　利幸	54	男	自民	前	64,009
当	植竹　繁雄	59	男	自民	元	63,846
	水谷　　弘	47	男	公明	前	55,444
	進藤　初洋	40	男	無所属	新	38,270
	藤掛　久夫	57	男	共産	新	13,949
	坂本　敏義	53	男	無所属	新	1,070

第40回衆議院議員選挙
平成5年(1993年)7月18日実施

【第1区】定数5
当	渡辺美智雄	69	男	自民	前	132,796
当	船田　　元	39	男	新生	前	119,652
当	簗瀬　　進	43	男	さき	前	116,391
当	小林　　守	48	男	社会	前	52,289
当	蓮実　　進	60	男	自民	新	50,430
	安田　　範	66	男	社会	前	46,873
	滝　　友二	53	男	共産	新	10,810

【第2区】定数5
当	茂木　敏充	37	男	日本新	新	61,865
当	藤尾　正行	76	男	自民	前	61,628
当	山岡　賢次	50	男	自民	新	57,978
当	青山　二三	54	女	公明	新	56,748
当	神田　　厚	52	男	民社	前	54,208
	進藤　初洋	44	男	新生	新	52,454
	植竹　繁雄	62	男	自民	前	49,692
	武藤　山治	68	男	社会	前	43,924
	藤掛　久夫	60	男	共産	新	11,226

第41回衆議院議員選挙
平成8年(1996年)10月20日実施

【第1区】定数1
当	船田　　元	42	男	無所属	前	127,503
	簗瀬　　進	46	男	民主㊛前		57,240
	滝　　友二	56	男	共産	新	12,154
	西　　弘次	27	男	自連	新	4,345

【第2区】定数1
当	西川　公也	53	男	自民㊛新		73,393
比当	小林　　守	51	男	民主㊛前		55,439
	小林　年治	44	男	共産	新	8,846
	高橋　　功	34	男	自連	新	1,960

【第3区】定数1
当	渡辺　喜美	44	男	自民㊛新		90,082
	槇　　昌三	53	男	共産	新	17,990

【第4区】定数1
当	佐藤　　勉	44	男	自民㊛新		117,851
	山岡　賢次	53	男	新進	前	83,383
	青木　　弘	35	男	共産	新	14,899
	入野　正明	36	男	無所属	新	4,848

【第5区】定数1
当	茂木　敏充	41	男	自民㊛前		77,659
	進藤　初洋	47	男	新進	新	70,067
	藤掛　久夫	63	男	共産	新	12,435
	井上　和子	64	女	自連㊛新		3,418

第42回衆議院議員選挙
平成12年(2000年)6月25日実施

【第1区】定数1
当	水島　広子	32	女	民主㊛新		107,634
	船田　　元	46	男	自民㊛前		91,411
	八木　隆次	35	男	社民	新	10,584
	野村　節子	47	女	共産㊛前		10,422
	西　　弘次	31	男	自連	新	4,319

【第2区】定数1
当	西川　公也	57	男	自民㊛前		77,054
比当	小林　　守	55	男	民主㊛前		74,132
	福田　道夫	41	男	共産	新	9,006

【第3区】定数1
当	渡辺　喜美	48	男	自民㊛前		112,358
	槇　　昌三	56	男	共産	新	22,392

【第4区】定数1
当	佐藤　　勉	48	男	自民㊛前		115,284
比当	山岡　賢次	57	男	自由㊛元		65,860
	中井　　豊	43	男	民主㊛新		42,503
	飯塚　　正	49	男	共産	新	12,522

【第5区】定数1
当	茂木　敏充	44	男	自民㊛前		108,837
	福冨　健一	45	男	民主㊛新		49,171
	川上　　均	44	男	共産	新	13,102

第43回衆議院議員選挙
平成15年(2003年)11月9日実施

【第1区】定数1
当	船田　　元	49	男	自民㊛元		123,297
比当	水島　広子	35	女	民主㊛前		102,127
	田部　明男	48	男	共産	新	6,904

【第2区】定数1

当	森山　真弓	76	女	自民	前	96,224
	小林　守	59	男	民主[比]	前	60,010
	福田　道夫	44	男	共産	新	5,506

【第3区】定数1

当	渡辺　喜美	51	男	自民	前	100,539
	松永　昌樹	62	男	社民[比]	新	24,513
	槇　昌三	60	男	共産	新	9,186

【第4区】定数1

当	佐藤　勉	51	男	自民[比]	前	125,031
比当	山岡　賢次	60	男	民主[比]	前	104,159
	山崎　寿彦	51	男	共産	新	7,822

【第5区】定数1

当	茂木　敏充	48	男	自民[比]	前	124,612
	中塚　英範	29	男	民主[比]	新	35,131
	川上　均	47	男	共産	新	8,445

第44回衆議院議員選挙

平成17年(2005年)9月11日実施

【第1区】定数1

当	船田　元	51	男	自民[比]	前	141,868
	水島　広子	37	女	民主[比]	前	103,757
	野村　節子	52	女	共産	新	10,301

【第2区】定数1

当	森山　真弓	77	女	自民	前	99,115
比当	福田　昭夫	57	男	民主[比]	新	86,818

【第3区】定数1

当	渡辺　喜美	53	男	自民[比]	前	98,889
	小林　隆	42	男	民主[比]	新	41,776
	山口　睦子	58	女	社民[比]	新	6,346
	槇　昌三	61	男	共産	新	5,905
	斎藤　進	62	男	無所属	新	1,618

【第4区】定数1

当	佐藤　勉	53	男	自民[比]	前	140,304
比当	山岡　賢次	62	男	民主[比]	前	108,473
	山崎　寿彦	52	男	共産	新	9,900

【第5区】定数1

当	茂木　敏充	49	男	自民[比]	前	125,773
	富岡　芳忠	38	男	民主[比]	新	56,680

第45回衆議院議員選挙

平成21年(2009年)8月30日実施

【第1区】定数1

当	石森　久嗣	47	男	民主[比]	新	145,702
	船田　元	55	男	自民[比]	前	111,455
	小池　一徳	48	男	共産[比]	新	8,883
	河内　宏之	59	男	諸派	新	3,836

【第2区】定数1

当	福田　昭夫	61	男	民主[比]	前	115,046
	西川　公也	66	男	自民	前	65,222
	坂下　邦文	62	男	諸派[比]	新	2,526

【第3区】定数1

当	渡辺　喜美	57	男	みんな[比]	前	142,482
	斎藤　克巳	53	男	諸派	新	7,024

【第4区】定数1

当	山岡　賢次	66	男	民主[比]	前	139,878
比当	佐藤　勉	57	男	自民[比]	前	109,287
	植竹　哲也	39	男	無所属	新	20,176
	関沢　知尋	35	男	諸派	新	2,505

【第5区】定数1

当	茂木　敏充	53	男	自民[比]	前	101,383
比当	富岡　芳忠	42	男	民主[比]	新	92,592
	森　兼光	50	男	諸派	新	2,226

第46回衆議院議員選挙

平成24年(2012年)12月16日実施

【第1区】定数1

当	船田　元	59	男	自民[比]	元	100,133
	石森　久嗣	50	男	民主[比]	前	56,143
	荒木　大樹	41	男	みんな[比]	新	50,771
	田部　明男	57	男	共産	新	7,687

【第2区】定数1

当	西川　公也	69	男	自民[比]	元	55,853
比当	福田　昭夫	64	男	民主[比]	前	46,271
比当	柏倉　祐司	43	男	みんな[比]	新	38,086
	藤井　豊	64	男	共産	新	4,348

【第3区】定数1

当	渡辺　喜美	60	男	みんな	前	84,023
比当	簗　和生	33	男	自民[比]	新	48,912
	秋山　幸子	61	女	共産	新	6,509

【第4区】定数1

当	佐藤　勉	60	男	自民[比]	前	109,762
	藤岡　隆雄	35	男	みんな[比]	新	49,021
	山岡　賢次	69	男	未来[比]	前	26,310
	工藤　仁美	57	女	民主[比]	前	22,546
	早乙女利次	65	男	共産	新	7,053

【第5区】定数1

当	茂木　敏充	57	男	自民[比]	前	101,533
	富岡　芳忠	46	男	みんな[比]	前	38,626
	川上　均	56	男	共産	新	10,696

第47回衆議院議員選挙

平成26年(2014年)12月14日実施

【第1区】定数1

当	船田　元	61	男	自民[比]	前	110,030
	柏倉　祐司	45	男	民主[比]	前	63,332
	野村　節子	61	女	共産	新	21,543

【第2区】定数1

当	福田　昭夫	66	男	民主[比]	前	62,439
比当	西川　公也	71	男	自民[比]	前	62,240
	阿部　秀実	55	男	共産	新	9,054

【第3区】定数1
当　簗　　和生　35　男　自民⒝前　62,814
　　秋山　幸子　63　女　共産　新　14,438
　　渡辺　喜美　62　男　無所属　前　51,627
【第4区】定数1
当　佐藤　　勉　62　男　自民⒝前　114,328
　　藤岡　隆雄　37　男　民主⒝新　62,251
　　山崎　寿彦　62　男　共産　新　16,773
【第5区】定数1
当　茂木　敏充　59　男　自民⒝前　101,514
　　川上　　均　58　男　共産　新　31,119

選挙区・群馬県

第24回衆議院議員選挙
昭和24年（1949年）1月23日実施

【第1区】定数3
当　石井　繁丸　46　男　社会　前　34,531
当　藤枝　泉介　43　男　民自　新　31,790
当　金子与重郎　49　男　無所属　新　30,636
　　生方　大吉　68　男　民主　前　27,551
　　鈴木　強平　52　男　民主　前　25,478
　　荻原喜代次　58　男　民自　新　21,264
　　大神　　正　39　男　共産　新　17,604
　　吉野　志解　39　男　無所属　新　7,675
　　村井右喜男　38　男　民自　新　7,617
　　栗原悦太郎　49　男　労農　新　4,060
【第2区】定数3
当　長谷川四郎　45　男　民主　新　33,740
当　増田　連也　58　男　民主　新　33,494
当　松井　豊吉　55　男　民自　前　28,393
　　大島　義晴　56　男　社会　前　26,486
　　野本　品吉　57　男　国協　前　12,749
　　栗田　四郎　58　男　民自　新　11,902
　　林　泰二郎　42　男　共産　新　7,982
　　堀越　節義　47　男　民自　新　6,216
　　後藤　帰一　51　男　無所属　新　2,322
　　谷　　末三　58　男　無所属　新　681
　　萩原源太郎　51　男　無所属　新　219
【第3区】定数4
当　小峯　柳多　42　男　民自　前　49,264
当　中曽根康弘　32　男　民主　新　45,261
当　武藤運十郎　48　男　社会　前　42,800
当　小渕　光平　46　男　民自　新　27,197
　　最上　英子　48　女　民自　前　25,286
　　堤　　源寿　45　男　共産　新　24,734
　　小池　督治　41　男　民自　新　19,160
　　高橋　辰二　46　男　労農　新　11,210
　　桜井　行美　39　男　無所属　新　9,372
　　折茂　栄寿　48　男　無所属　新　8,442
　　神保　カネ　46　女　無所属　新　5,749
　　飯島吉之助　49　男　民自　新　5,573
　　中曽根　薫　47　男　民自　新　1,857
　　松本　寿一　38　男　諸派　新　1,109

第25回衆議院議員選挙
昭和27年（1952年）10月1日実施

【第1区】定数3
当　五十嵐吉蔵　50　男　改進　元　39,968
当　石井　繁丸　48　男　右社　前　39,728
当　金子与重郎　51　男　改進　前　32,179
　　藤枝　泉介　44　男　自由　前　32,177
　　茜ケ久保重光　47　男　左社　新　27,249
　　清水留三郎　69　男　改進　元　27,249
　　武井　群嗣　63　男　無所属　新　24,446
　　佐藤　正二　39　男　共産　新　5,429
　　片野英一郎　42　男　無所属　新　2,912
【第2区】定数3
当　福井　盛太　67　男　自由　新　42,631
当　長谷川四郎　47　男　改進　前　35,855
当　岡部　周治　61　男　右社　新　33,688
　　松井　豊吉　57　男　自由　前　29,907
　　笹本　一雄　54　男　無所属　新　26,133
　　堀越　節義　49　男　自由　新　10,788
　　林　泰二郎　43　男　共産　新　3,734
【第3区】定数4
当　中曽根康弘　34　男　改進　前　71,967
当　福田　赳夫　47　男　無所属　新　46,531
当　武藤運十郎　50　男　左社　前　42,983
当　木暮武太夫　59　男　自由　元　40,282
　　小峯　柳多　44　男　自由　前　36,558
　　小渕　光平　48　男　自由　前　30,133
　　小此木左馬太　47　男　右社　新　17,226
　　滝沢　浜吉　62　男　無所属　元　16,891
　　最上　政三　61　男　改進　元　11,644
　　奥　　源寿　47　男　共産　新　6,176

第26回衆議院議員選挙
昭和28年（1953年）4月19日実施

【第1区】定数3
当　藤枝　泉介　45　男　自由吉　元　49,461
当　金子与重郎　52　男　改進　前　46,742
当　五十嵐吉蔵　51　男　改進　前　39,322
　　茜ケ久保重光　47　男　左社　新　37,828
　　石井　繁丸　49　男　右社　前　37,136
　　鈴木　順一　43　男　無所属　新　21,321

衆議院・選挙区(群馬県) 　　　国政選挙総覧

| | 佐藤　正二 | 39 | 男 | 共産 | 新 | 4,271 |

【第2区】定数3
当	笹本　一雄	54	男	無所属	新	44,879
当	松井　豊吉	58	男	自由吉	元	38,527
当	長谷川四郎	48	男	改進	前	35,239
	大島　義晴	58	男	右社	元	33,185
	福井　盛太	67	男	自由吉	前	32,039
	林　泰二郎	44	男	共産	新	2,711

【第3区】定数4
当	中曽根康弘	34	男	改進	前	65,878
当	小峯　柳多	44	男	自由吉	元	60,529
当	武藤運十郎	51	男	左社	前	54,896
当	福田　赳夫	48	男	無所属	前	52,665
	木暮武太夫	60	男	自由吉	前	45,966
	小渕　光平	49	男	自由吉	元	34,826
	堤　源寿	48	男	共産	新	5,255

第27回衆議院議員選挙
昭和30年(1955年)2月27日実施

【第1区】定数3
当	茜ケ久保重光	49	男	左社	新	63,277
当	五十嵐吉蔵	53	男	民主	前	48,399
当	藤枝　泉介	47	男	民主	前	44,224
	石井　繁丸	51	男	右社	元	42,007
	金子　重平	53	男	自由	新	33,130
	登山　嘉蔵	52	男	民主	新	26,500
	岩尾　峻二	56	男	無所属	新	1,471

【第2区】定数3
当	長谷川四郎	50	男	民主	前	49,535
当	福井　盛太	69	男	自由	元	43,634
当	笹本　一雄	56	男	民主	前	39,023
	松井　豊吉	60	男	自由	前	26,006
	高橋徳次郎	49	男	右社	新	20,517
	境野　武夫	50	男	左社	新	12,789
	林　泰二郎	46	男	共産	新	2,975

【第3区】定数4
当	中曽根康弘	36	男	民主	前	83,399
当	福田　赳夫	50	男	民主	前	61,090
当	武藤運十郎	53	男	左社	前	52,462
当	栗原　俊夫	45	男	左社	新	43,077
	小峯　柳多	46	男	自由	前	38,687
	小渕　光平	50	男	自由	元	35,886

第28回衆議院議員選挙
昭和33年(1958年)5月22日実施

【第1区】定数3
当	藤枝　泉介	50	男	自民	前	61,252
当	茜ケ久保重光	52	男	社会	前	52,683
当	五十嵐吉蔵	56	男	自民	前	49,199
	石井　繁丸	54	男	社会	元	46,750
	久保田円次	54	男	自民	新	45,126

	生方　大吉	76	男	無所属	元	10,927
	山本　俊五	51	男	共産	新	3,463
	福島　易男	36	男	無所属	新	3,349

【第2区】定数3
当	長谷川四郎	53	男	自民	前	48,665
当	東海林　稔	54	男	社会	新	45,029
	福井　盛太	72	男	自民	前	38,194
	笹本　一雄	59	男	自民	前	32,167
	松井　豊吉	63	男	自民	元	20,199
	木村寅太郎	55	男	無所属	元	14,284
	林　泰二郎	49	男	共産	新	2,595

【第3区】定数4
当	福田　赳夫	53	男	自民	前	88,027
当	中曽根康弘	39	男	自民	前	70,852
当	栗原　俊夫	49	男	社会	前	53,237
当	小渕　光平	54	男	自民	元	49,762
	武藤運十郎	56	男	社会	前	35,457
	小此木左馬太	53	男	無所属	新	19,293
	堤　源寿	53	男	共産	新	5,017

第29回衆議院議員選挙
昭和35年(1960年)11月20日実施

【第1区】定数3
当	藤枝　泉介	52	男	自民	前	60,866
当	久保田円次	57	男	自民	新	51,986
当	田辺　誠	38	男	社会	新	48,238
	茜ケ久保重光	55	男	社会	前	41,497
	金子　重平	59	男	自民	新	31,052
	小沼弥藤次	62	男	無所属	新	13,841
	野口　綾子	56	女	民社	新	6,384
	山本　俊五	53	男	共産	新	4,814
	高木翔之助	59	男	無所属	新	4,440
	福島　易男	38	男	無所属	新	2,068
	石原増太郎	36	男	無所属	新	229

【第2区】定数3
当	長谷川四郎	55	男	自民	前	50,388
当	東海林　稔	56	男	社会	前	41,008
当	笹本　一雄	62	男	自民	元	38,763
	福井　盛太	75	男	自民	前	37,570
	松井輝一郎	34	男	無所属	新	14,951
	岡部　桂一	57	男	民社	新	7,881
	藤倉　健二	32	男	共産	新	2,742

【第3区】定数4
当	福田　赳夫	55	男	自民	前	92,099
当	中曽根康弘	42	男	自民	前	76,274
当	栗原　俊夫	51	男	社会	前	44,463
当	山口　鶴男	35	男	社会	新	39,398
	沼賀　健次	52	男	民社	新	29,313
	伊能　芳雄	62	男	自民	新	26,763
	堤　源寿	55	男	共産	新	6,330

第30回衆議院議員選挙
昭和38年(1963年)11月21日実施

【第1区】定数3
当	藤枝　泉介	55	男	自民	前	77,988
当	久保田円次	60	男	自民	前	69,563
当	茜ケ久保重光	58	男	社会	元	60,800
	田辺　　誠	41	男	社会	前	48,667
	山本　俊五	56	男	共産	新	7,397

【第2区】定数3
当	長谷川四郎	58	男	自民	前	53,922
当	坂村　吉正	50	男	自民	新	44,790
当	東海林　稔	60	男	社会	前	39,493
	笹本　一雄	65	男	自民	前	38,714
	松井輝一郎	38	男	無所属	新	17,930
	藤倉　健二	35	男	共産	新	4,260

【第3区】定数4
当	福田　赳夫	58	男	自民	前	95,378
当	中曽根康弘	45	男	自民	前	84,504
当	小渕　恵三	26	男	自民	新	47,350
当	栗原　俊夫	54	男	社会	前	44,496
	山口　鶴男	38	男	社会	前	43,774
	堤　　源寿	58	男	共産	新	6,916

第31回衆議院議員選挙
昭和42年(1967年)1月29日実施

【第1区】定数3
当	藤枝　泉介	59	男	自民	前	73,312
当	久保田円次	63	男	自民	前	72,631
当	田辺　　誠	44	男	社会	元	69,312
	茜ケ久保重光	61	男	社会	前	51,497
	山本　俊五	60	男	共産	新	10,489

【第2区】定数3
当	長谷川四郎	62	男	自民	前	65,283
当	坂村　吉正	53	男	自民	前	56,884
当	東海林　稔	63	男	社会	前	46,572
	松井輝一郎	41	男	無所属	新	23,789
	藤倉　健二	38	男	共産	新	9,066

【第3区】定数4
当	福田　赳夫	62	男	自民	前	100,573
当	中曽根康弘	48	男	自民	前	72,731
当	小渕　恵三	29	男	自民	前	61,543
当	山口　鶴男	41	男	社会	元	50,747
	栗原　俊夫	57	男	社会	前	43,348
	堤　　源寿	61	男	共産	新	9,919

第32回衆議院議員選挙
昭和44年(1969年)12月27日実施

【第1区】定数3
当	藤枝　泉介	62	男	自民	前	80,112
当	久保田円次	66	男	自民	前	78,916
当	田辺　　誠	47	男	社会	前	70,127
	山本　俊五	62	男	共産	新	18,549
	神倉　勝義	29	男	無所属	新	2,474

【第2区】定数3
当	長谷川四郎	64	男	自民	前	67,002
当	中島源太郎	40	男	自民	新	52,717
当	坂村　吉正	56	男	自民	前	45,362
	小川　省吾	47	男	社会	前	39,400
	難波　重留	44	男	公明	新	26,159
	松井輝一郎	44	男	無所属	新	7,125
	藤倉　健二	41	男	共産	新	6,280

【第3区】定数4
当	中曽根康弘	51	男	自民	前	106,823
当	福田　赳夫	64	男	自民	前	99,466
当	山口　鶴男	44	男	社会	前	59,659
当	小渕　恵三	32	男	自民	前	50,185
	庭山　　昌	30	男	公明	新	35,942
	堤　　源寿	64	男	共産	新	10,764
	宍戸　忠男	44	男	諸派	新	270

第33回衆議院議員選挙
昭和47年(1972年)12月10日実施

【第1区】定数3
当	田辺　　誠	50	男	社会	前	70,285
当	久保田円次	69	男	自民	前	66,095
当	羽生田　進	62	男	自民	新	62,956
	熊川　次男	42	男	自民	新	53,870
	稲垣　倉造	47	男	共産	新	42,145
	福島　崇行	36	男	無所属	新	13,274

【第2区】定数3
当	長谷川四郎	67	男	自民	前	66,864
当	小川　省吾	50	男	社会	新	56,244
当	坂村　吉正	59	男	自民	前	53,684
	中島源太郎	43	男	自民	前	50,297
	笹川　　堯	37	男	無所属	新	32,260
	藤倉　健二	44	男	共産	新	7,876

【第3区】定数4
当	福田　赳夫	67	男	自民	前	178,281
当	中曽根康弘	54	男	自民	前	93,879
当	山口　鶴男	47	男	社会	前	57,909
当	小渕　恵三	35	男	自民	前	37,258
	遠藤　　功	31	男	共産	新	18,544

第34回衆議院議員選挙
昭和51年(1976年)12月5日実施

【第1区】定数3
当	田辺　　誠	54	男	社会	現	64,692
当	久保田円次	73	男	自民	現	64,243
当	羽生田　進	66	男	自民	現	61,354
	金子才十郎	50	男	無所属	新	53,397
	熊川　次男	46	男	自民	新	53,103

| | 稲垣　倉造 | 51 | 男 | 共産 | 新 | 45,504 |

【第2区】定数3
当	中島源太郎	47	男	自民	元	85,794
当	小川　省吾	54	男	社会	現	64,902
当	長谷川四郎	71	男	自民	現	58,105
	坂村　青波	52	女	自民	新	46,467
	林　泰二郎	67	男	共産	新	18,495

【第3区】定数4
当	福田　赳夫	71	男	自民	現	148,736
当	小渕　恵三	39	男	自民	現	76,012
当	山口　鶴男	51	男	社会	現	65,061
当	中曽根康弘	58	男	自民	現	56,454
	庭山　　昌	37	男	公明	新	45,048
	遠藤　　功	35	男	共産	新	18,485

第35回衆議院議員選挙
昭和54年(1979年)10月7日実施

【第1区】定数3
当	熊川　次男	48	男	自民	新	85,566
当	田辺　　誠	57	男	社会	前	75,138
当	久保田円次	76	男	自民	前	62,838
	羽生田　進	68	男	自民	前	57,518
	稲垣　倉造	54	男	共産	新	45,784

【第2区】定数3
当	長谷川四郎	74	男	自民	前	96,414
当	中島源太郎	50	男	自民	前	74,379
当	小川　省吾	57	男	社会	前	55,387
	中田　米蔵	43	男	共産	新	15,358

【第3区】定数4
当	福田　赳夫	74	男	自民	前	122,542
当	中曽根康弘	61	男	自民	前	95,961
当	小渕　恵三	42	男	自民	前	62,375
当	山口　鶴男	54	男	社会	前	62,148
	庭山　　昌	40	男	公明	新	43,537
	畑　　　利	63	男	共産	新	18,709

第36回衆議院議員選挙
昭和55年(1980年)6月22日実施

【第1区】定数3
当	熊川　次男	49	男	自民	前	97,669
当	久保田円次	76	男	自民	前	92,248
当	田辺　　誠	58	男	社会	前	91,282
	稲垣　倉造	55	男	共産	新	54,106

【第2区】定数3
当	長谷川四郎	75	男	自民	前	97,338
当	中島源太郎	51	男	自民	前	89,362
当	小川　省吾	58	男	社会	前	64,313
	中田　米蔵	44	男	共産	新	12,980
	橋本　尚稔	33	男	諸派	新	6,657

【第3区】定数4
当	福田　赳夫	75	男	自民	前	128,542
当	中曽根康弘	62	男	自民	前	96,930
当	山口　鶴男	54	男	社会	前	64,971
当	小渕　恵三	42	男	自民	前	59,647
	庭山　　昌	40	男	公明	新	41,641
	遠藤　　功	38	男	共産	新	15,643

第37回衆議院議員選挙
昭和58年(1983年)12月18日実施

【第1区】定数3
当	尾身　幸次	51	男	無所属	新	77,381
当	田辺　　誠	61	男	社会	前	76,205
当	熊川　次男	53	男	自民	前	61,658
	久保田円次	80	男	自民	前	50,758
	稲垣　倉造	58	男	共産	新	40,862
	菅野　義章	51	男	自民	新	24,047
	中村　千春	35	男	無所属	新	2,206

【第2区】定数3
当	中島源太郎	54	男	自民	前	79,416
当	小川　省吾	61	男	社会	前	69,942
当	長谷川四郎	78	男	自民	前	67,892
	笹川　　堯	48	男	自民	新	56,970
	小菅　啓司	33	男	共産	新	6,099
	橋本　尚稔	36	男	無所属	新	2,724

【第3区】定数4
当	福田　赳夫	78	男	自民	前	129,100
当	中曽根康弘	65	男	自民	前	117,970
当	山口　鶴男	58	男	社会	前	77,301
当	小渕　恵三	46	男	自民	前	49,028
	遠藤　　功	42	男	共産	新	18,643

第38回衆議院議員選挙
昭和61年(1986年)7月6日実施

【第1区】定数3
当	尾身　幸次	53	男	自民	前	103,783
当	田辺　　誠	64	男	社会	前	91,935
当	熊川　次男	55	男	自民	前	82,541
	田島　雄一	37	男	無所属	新	66,140
	有馬　良一	36	男	共産	新	14,483

【第2区】定数3
当	中島源太郎	57	男	自民	前	84,618
当	笹川　　堯	50	男	自民	新	76,671
当	谷津　義男	51	男	自民	新	74,275
	須永　　徹	36	男	社会	新	60,326
	小菅　啓司	35	男	共産	新	7,215

【第3区】定数4
当	福田　赳夫	81	男	自民	前	120,500
当	中曽根康弘	68	男	自民	前	115,381
当	山口　鶴男	60	男	社会	前	81,954
当	小渕　恵三	49	男	自民	前	75,289
	酒井　悦夫	31	男	共産	新	17,094

第39回衆議院議員選挙

平成２年（1990年）２月18日実施

【第１区】定数３

当	田辺　誠	67	男	社会	前	103,768
当	尾身　幸次	57	男	自民	前	91,583
当	佐田玄一郎	37	男	自民	新	85,713
	熊川　次男	59	男	自民	前	78,144
	有馬　良一	40	男	共産	新	17,463

【第２区】定数３

当	須永　徹	40	男	社会	新	89,352
当	中島源太郎	61	男	自民	前	80,205
当	笹川　尭	54	男	自民	前	72,322
	谷津　義男	55	男	自民	前	71,545
	小菅　啓司	39	男	共産	新	6,004

【第３区】定数４

当	福田　康夫	53	男	自民	新	88,445
当	山口　鶴男	64	男	社会	前	87,758
当	中曽根康弘	71	男	無所属	前	86,552
当	小渕　恵三	52	男	自民	前	76,932
	白石　健一	46	男	無所属	新	57,395
	宇津野洋一	56	男	共産	新	20,946
	佐藤　国雄	46	男	無所属	新	17,202

《補選》第39回衆議院議員選挙

平成４年（1992年）３月29日実施

※中島源太郎、須永徹の死去による

【第２区】被選挙数２

当	谷津　義男	57	男	自民	前	106,600
当	中島洋次郎	32	男	自民	新	89,066
	須永　敏江	41	女	社会	新	66,432
	小菅　啓司	41	男	共産	新	7,615

第40回衆議院議員選挙

平成５年（1993年）７月18日実施

【第１区】定数３

当	尾身　幸次	60	男	自民	前	85,048
当	佐田玄一郎	40	男	自民	前	75,906
当	田辺　誠	71	男	社会	前	58,804
	阿部　一郎	39	男	新生	新	56,721
	熊川　次男	62	男	自民	元	53,270
	有馬　良一	43	男	共産	新	18,963

【第２区】定数３

当	谷津　義男	58	男	自民	前	75,742
当	笹川　尭	57	男	無所属	前	74,797
当	中島洋次郎	34	男	自民	前	61,611
	清水　聖義	51	男	日本新	新	43,808
	長沼　広	42	男	社会	新	38,741
	小菅　啓司	42	男	共産	新	8,121
	石川　四郎	48	男	無所属	新	2,766

【第３区】定数４

当	小渕　恵三	56	男	自民	前	89,440
当	福田　康夫	57	男	自民	前	83,501
当	山口　鶴男	67	男	社会	前	65,037
当	中曽根康弘	75	男	自民	前	64,387
	駒井　実	52	男	新生	新	51,231
	最上　進	51	男	無所属	新	22,295
	飯塚　俊彦	38	男	共産	新	17,400

第41回衆議院議員選挙

平成８年（1996年）10月20日実施

【第１区】定数１

当	尾身　幸次	63	男	自民[比]	前	110,103
	熊川　次男	65	男	新進	元	58,025
	高橋　仁	31	男	民主[比]	新	31,358
	長谷川　薫	46	男	共産	新	21,193

【第２区】定数１

当	笹川　尭	61	男	新進	前	81,026
	森田　修	47	男	自民[比]	新	59,230
	小菅　啓司	45	男	共産	新	20,183
	最上　進	55	男	自連[比]	新	11,484

【第３区】定数１

当	谷津　義男	62	男	自民[比]	前	85,562
	笹川　博義	30	男	新進	新	41,452
	長沼　広	46	男	民主[比]	新	28,901
	渋沢　哲男	37	男	共産	新	10,262

【第４区】定数１

当	福田　康夫	60	男	自民[比]	前	73,674
	駒井　実	55	男	新進	新	45,134
	中島　政希	43	男	民主[比]	新	24,977
	飯塚　俊彦	41	男	共産	新	16,425

【第５区】定数１

当	小渕　恵三	59	男	自民[比]	前	127,052
	柴山　美雪	48	女	民主[比]	新	33,218
	住谷　輝彦	68	男	共産	新	19,438

第42回衆議院議員選挙

平成12年（2000年）６月25日実施

【第１区】定数１

当	佐田玄一郎	47	男	自民[比]	前	134,247
	熊川　次男	69	男	民主[比]	元	61,658
	山田富美子	53	女	共産	新	31,147

【第２区】定数１

当	笹川　尭	64	男	自民[比]	前	76,743
	森田　修	50	男	無所属	新	56,622
	石関　圭	32	男	民主[比]	新	42,756
	小菅　啓司	49	男	共産	新	16,985

【第３区】定数１

当	谷津　義男	65	男	自民[比]	前	99,345
	長沼　広	49	男	民主[比]	新	60,836
	渋沢　哲男	41	男	共産	新	12,415

【第4区】定数1
当　福田　康夫　63　男　自民㊥前　94,517
　　中島　政希　46　男　民主㊥新　49,063
　　野村喜代子　57　女　共産　新　20,284
【第5区】定数1
当　小渕　優子　26　女　自民㊥新　163,991
　　山口　鶴男　74　男　社民㊥元　35,769
　　半田　　正　58　男　共産　新　11,674
　　安藤　広幸　50　男　自連　新　3,259

第43回衆議院議員選挙
平成15年（2003年）11月9日実施

【第1区】定数1
当　尾身　幸次　70　男　自民㊥前　130,242
　　高橋　　仁　38　男　民主㊥新　68,960
　　松浦　信夫　48　男　共産　新　16,126
【第2区】定数1
当　笹川　　堯　68　男　自民㊥前　76,779
　　石関　　圭　36　男　民主㊥新　57,331
　　森田　　修　54　男　無所属　新　32,037
　　佐藤　民雄　53　男　共産　新　10,847
【第3区】定数1
当　谷津　義男　69　男　自民㊥前　91,330
　　長沼　　広　53　男　民主㊥新　67,087
　　渋沢　哲男　44　男　共産　新　8,019
【第4区】定数1
当　福田　康夫　67　男　自民㊥前　98,903
　　富岡由紀夫　39　男　民主㊥新　48,427
　　小笠原真明　54　男　共産㊥新　11,815
【第5区】定数1
当　小渕　優子　29　女　自民㊥前　144,848
　　浅貝　正雄　61　男　社民㊥新　27,693
　　柳田キミ子　58　女　共産　新　15,674

第44回衆議院議員選挙
平成17年（2005年）9月11日実施

【第1区】定数1
当　佐田玄一郎　52　男　自民㊥前　136,920
　　高橋　　仁　40　男　民主㊥新　78,544
　　近藤　好枝　48　女　共産　新　18,578
　　土屋　富久　68　男　社民㊥新　11,233
【第2区】定数1
当　笹川　　堯　69　男　自民㊥前　99,919
比当　石関　貴史　33　男　民主㊥新　98,497
　　藤掛　順恒　59　男　共産　新　12,832
【第3区】定数1
当　谷津　義男　71　男　自民㊥前　111,034
　　柿沼　正明　39　男　民主㊥新　69,734
　　小菅　啓司　54　男　共産　新　10,444
【第4区】定数1
当　福田　康夫　69　男　自民㊥前　118,517

　　中島　政希　52　男　民主㊥新　56,364
　　酒井　悦夫　51　男　共産　新　13,809
【第5区】定数1
当　小渕　優子　31　女　自民㊥前　144,782
　　田島　国彦　36　男　民主㊥新　52,394
　　福田あい子　52　女　共産　新　16,234

第45回衆議院議員選挙
平成21年（2009年）8月30日実施

【第1区】定数1
当　宮崎　岳志　39　男　民主㊥新　122,711
　　尾身　幸次　76　男　自民　前　109,846
　　酒井　宏明　43　男　共産㊥新　15,783
　　山田　　晶　57　男　無所属　新　5,505
　　滝崎　明彦　45　男　諸派　新　1,795
【第2区】定数1
当　石関　貴史　37　男　民主㊥前　114,622
　　笹川　　堯　73　男　自民　前　90,962
　　矢島笑鯉子　33　女　無所属　新　12,885
　　蜂須　　豊　45　男　諸派　新　2,487
【第3区】定数1
当　柿沼　正明　43　男　民主㊥新　109,173
　　谷津　義男　75　男　自民　前　89,436
　　石見　泰介　47　男　諸派　新　3,586
【第4区】定数1
当　福田　康夫　73　男　自民　前　103,852
比当　三宅　雪子　44　女　民主㊥新　91,904
　　森田　貴行　38　男　諸派　新　4,315
【第5区】定数1
当　小渕　優子　35　女　自民㊥前　152,708
　　土屋　富久　72　男　社民㊥新　53,048
　　生方　秀幸　37　男　諸派　新　9,406

第46回衆議院議員選挙
平成24年（2012年）12月16日実施

【第1区】定数1
当　佐田玄一郎　59　男　自民㊥前　94,709
比当　上野　宏史　41　男　維新㊥新　46,835
　　宮崎　岳志　42　男　民主㊥前　35,074
　　後藤　　新　52　男　未来㊥新　20,663
　　生方　秀男　64　男　共産　新　13,152
【第2区】定数1
当　井野　俊郎　32　男　自民㊥新　87,309
比当　石関　貴史　40　男　維新㊥前　51,840
　　桑原　　功　67　男　民主㊥前　19,583
　　関口　直久　62　男　共産　新　17,366
【第3区】定数1
当　笹川　博義　46　男　自民㊥新　84,363
　　柿沼　正明　47　男　民主㊥前　37,878
　　長谷川嘉一　60　男　未来㊥新　33,793
　　渋沢　哲男　53　男　共産　新　9,025

【第4区】定数1
当	福田 達夫	45	男	自民㊗新	93,220	
	宮原田綾香	28	女	維新㊗新	42,536	
	青木 和也	25	男	民主㊗新	17,336	
	萩原 貞夫	63	男	共産 新	14,174	

【第5区】定数1
当	小渕 優子	39	女	自民㊗前	134,685	
	小林 人志	61	男	社民㊗新	22,603	
	糸井 洋	44	男	共産 新	17,036	

第47回衆議院議員選挙
平成26年(2014年)12月14日実施

【第1区】定数1
当	佐田玄一郎	61	男	自民㊗前	61,927	
	上野 宏史	43	男	無所属 前	54,530	
比当	宮崎 岳志	44	男	民主㊗元	49,862	

	店橋世津子	53	女	共産 新	21,394	

【第2区】定数1
当	井野 俊郎	34	男	自民㊗前	84,530	
比当	石関 貴史	42	男	維新㊗前	53,038	
	藤掛 順恒	68	男	共産 新	20,068	

【第3区】定数1
当	笹川 博義	48	男	自民㊗前	83,837	
	長谷川嘉一	62	男	民主㊗新	49,494	
	渋沢 哲男	55	男	共産 新	15,972	

【第4区】定数1
当	福田 達夫	47	男	自民㊗前	102,153	
	萩原 貞夫	65	男	共産 新	41,148	

【第5区】定数1
当	小渕 優子	41	女	自民㊗前	114,458	
	小林 人志	63	男	社民㊗新	23,590	
	糸井 洋	46	男	共産 新	23,121	

選挙区・埼玉県

第24回衆議院議員選挙
昭和24年(1949年)1月23日実施

【第1区】定数4
当	福永 健司	40	男	民自 新	53,069	
当	渡部 義通	49	男	共産 新	30,311	
当	川島 金次	47	男	社会 前	24,247	
当	大泉 寛三	56	男	民自 新	23,882	
	河端作兵衛	63	男	民自 新	22,425	
	田口助太郎	43	男	民自 前	21,310	
	井堀 繁雄	48	男	社会 新	17,352	
	白戸としえ	50	女	民主 新	10,373	
	山本 富嘉	41	男	社会 新	9,911	
	井出 喜三	48	男	無所属 新	9,652	
	有馬 順二	41	男	国協 新	4,447	
	大木 武雄	52	男	無所属 新	3,976	

【第2区】定数3
当	山口六郎次	54	男	民自 前	40,579	
当	細田 栄蔵	57	男	民自 新	32,794	
当	清水 逸平	55	男	民自 新	29,475	
	松山 義雄	47	男	民主 新	28,887	
	末延一二三	48	男	民自 新	25,995	
	牛窪 宗吉	43	男	共産 新	24,331	
	師岡 栄一	45	男	社会 前	14,030	

【第3区】定数3
当	高田 富之	38	男	共産 新	39,025	
当	阿左美広治	62	男	無所属 新	36,662	
当	高間 松吉	52	男	民自 新	29,128	
	松崎 朝治	47	男	民自 前	24,724	
	石井 栄一	61	男	民主 新	21,691	
	青柳 高一	37	男	民自 新	16,630	
	杉村沖治郎	60	男	社会 新	16,255	

	関根 久蔵	56	男	民主 前	15,607	
	鍬塚 巌	45	男	国協 新	8,859	
	片山 徳次	47	男	社会 新	2,514	

【第4区】定数3
当	青木 正	52	男	民自 新	60,802	
当	古島 義英	65	男	民自 前	41,177	
当	佐瀬 昌三	48	男	民自 前	41,101	
	吉田七五郎	42	男	民自 新	20,294	
	馬場 秀夫	49	男	社会 前	20,073	
	古末 憲一	43	男	共産 新	15,493	
	永塚 勇助	51	男	社会 新	8,902	
	高橋 是孝	57	男	諸派 新	2,270	

第25回衆議院議員選挙
昭和27年(1952年)10月1日実施

【第1区】定数4
当	福永 健司	42	男	自由 前	53,176	
当	川島 金次	48	男	右社 前	50,439	
当	松永 東	64	男	自由 元	43,810	
当	大泉 寛三	58	男	自由 前	42,788	
	井堀 繁雄	50	男	右社 新	32,296	
	田口助太郎	45	男	自由 元	18,001	
	藤間 生大	39	男	共産 新	9,374	
	白戸としえ	51	女	改進 新	7,441	

【第2区】定数3
当	松山 義雄	49	男	自由 新	39,469	
当	平岡忠次郎	41	男	右社 新	38,638	
当	横川 重次	57	男	自由 元	35,841	
	山口六郎次	56	男	自由 前	29,723	
	細田 栄蔵	59	男	自由 前	26,556	
	末延一二三	50	男	自由 新	19,496	

衆議院・選挙区(埼玉県)　　　　　　国政選挙総覧

	南　　与之	49	男	改進	新	11,742
	牛窪　宗吉	45	男	共産	新	6,348
	森　利一	51	男	無所属	新	2,219

【第3区】定数3

当	荒船清十郎	45	男	自由	元	39,329
当	貫井　清憲	60	男	自由	新	38,262
当	阿左美広治	64	男	自由	前	31,398
	松崎　朝治	49	男	自由	元	29,385
	杉村沖治郎	62	男	右社	新	24,681
	天田　勝正	46	男	右社	新	18,950
	高間　松吉	54	男	自由	前	18,238
	高田　富之	40	男	共産	前	13,252
	小菅一光典	46	男	改進	新	6,876
	間庭　信一	43	男	諸派	新	1,953

【第4区】定数3

当	青木　　正	53	男	自由	前	41,311
当	古島　義英	67	男	自由	前	33,784
当	新井　堯爾	66	男	無所属	元	29,763
	佐瀬　昌三	50	男	自由	前	28,931
	山本　勝市	56	男	自由	元	27,626
	三ツ林幸三	59	男	自由	元	20,701
	斎藤　圭一	33	男	改進	新	10,835
	永塚　勇助	52	男	無所属	新	9,881
	由木　隆定	42	男	左社	新	9,414
	渡辺　善寿	50	男	右社	新	6,012
	小川　友三	48	男	諸派	新	5,719
	白石　敏夫	42	男	共産	新	4,221

第26回衆議院議員選挙
昭和28年(1953年)4月19日実施

【第1区】定数4

当	福永　健司	42	男	自由吉	前	57,545
当	井堀　繁雄	50	男	右社	新	52,328
当	川島　金次	49	男	右社	前	47,267
当	松永　　東	65	男	自由鳩	前	42,482
	大泉　寛三	58	男	自由吉	前	30,373
	藤間　生大	39	男	共産	新	7,118
	岡　浩一	48	男	左社	新	6,994
	平岡　保三	57	男	改進	新	2,703

【第2区】定数3

当	平岡忠次郎	41	男	右社	前	44,565
当	松山　義雄	50	男	自由吉	前	41,120
当	山口六郎次	56	男	自由	元	40,110
	平岡　良蔵	56	男	自由	元	31,584
	横川　重次	58	男	自由吉	前	30,592
	南　与之	49	男	改進	新	10,777
	牛窪　宗吉	45	男	共産	新	5,416

【第3区】定数3

当	杉村沖治郎	62	男	右社	新	61,328
当	荒船清十郎	46	男	自由	前	39,797
当	松崎　朝治	49	男	自由	元	37,622
	阿左美広治	65	男	自由吉	前	33,358

	貫井　清憲	60	男	自由吉	前	27,308
	青柳　高一	40	男	自由鳩	元	8,906
	小菅一光典	46	男	改進	新	4,353
	岡　正吉	46	男	共産	新	3,497

【第4区】定数3

当	青木　　正	54	男	自由吉	前	38,766
当	佐瀬　昌三	50	男	自由吉	元	36,773
当	山本　勝市	57	男	自由鳩	元	35,567
	古島　義英	67	男	自由鳩	前	28,317
	新井　堯爾	66	男	自由吉	前	21,437
	三ツ林幸三	59	男	無所属	元	18,769
	由木　隆定	42	男	左社	新	11,294
	清水　重夫	59	男	無所属	新	9,145
	吉田七五郎	44	男	無所属	新	7,665
	斎藤　圭一	33	男	改進	新	7,606
	渡辺　善寿	51	男	右社	新	6,488
	白石　敏夫	42	男	共産	新	3,427

第27回衆議院議員選挙
昭和30年(1955年)2月27日実施

【第1区】定数4

当	松永　　東	67	男	民主	前	71,996
当	福永　健司	44	男	自由	前	56,549
当	川島　金次	51	男	右社	前	49,463
当	井堀　繁雄	52	男	右社	前	42,474
	柏　正男	51	男	左社	新	25,421
	中島弥団次	68	男	民主	元	19,925
	宮岡　義一	45	男	労農	新	6,074
	大石　信二	54	男	無所属	新	4,543

【第2区】定数3

当	平岡忠次郎	43	男	右社	前	46,042
当	松山　義雄	51	男	自由	前	38,910
当	横川　重次	60	男	自由	元	37,478
	山口六郎次	58	男	自由	前	35,161
	末延一二三	52	男	民主	新	21,513
	師岡　栄一	49	男	左社	元	15,529
	南　与之	51	男	民主	新	13,477
	牛窪　宗吉	47	男	共産	新	4,348
	仲　春治	42	男	無所属	新	3,589

【第3区】定数3

当	杉村沖治郎	64	男	右社	前	51,601
当	荒船清十郎	47	男	自由	前	51,481
当	阿左美広治	67	男	無所属	元	42,765
	松崎　朝治	51	男	民主	前	38,380
	高田　富之	42	男	左社	元	36,735

【第4区】定数3

当	山本　勝市	58	男	民主	前	59,349
当	古島　義英	69	男	民主	元	40,718
当	青木　　正	56	男	自由	前	39,730
	板川　正吾	41	男	左社	新	31,741
	佐瀬　昌三	52	男	自由	前	30,066
	原　虎一	57	男	右社	新	10,716

	大藤　暉一	47	男	民主	新	8,705

第28回衆議院議員選挙
昭和33年(1958年) 5月22日実施

【第1区】定数4
当	福永　健司	47	男	自民	前	62,113
当	松永　　東	70	男	自民	前	61,016
当	高石幸三郎	59	男	自民	新	53,314
当	柏　　正男	54	男	社会	新	46,796
	井堀　繁雄	55	男	社会	前	46,374
	畑　　　和	47	男	社会	新	45,684
	日向　和夫	47	男	共産	新	7,018

【第2区】定数3
当	平岡忠次郎	46	男	社会	前	57,597
当	山口六郎次	61	男	自民	元	49,039
当	松山　義雄	55	男	自民	前	48,589
	横川　重次	63	男	自民	前	41,689
	末延一二三	55	男	無所属	新	15,912
	牛窪　宗吉	51	男	共産	新	6,646

【第3区】定数3
当	荒船清十郎	51	男	自民	前	75,961
当	高田　富之	46	男	社会	元	64,045
当	鴨田　宗一	51	男	自民	新	51,367
	小菅一光典	51	男	無所属	新	16,346
	田口　錦一	35	男	社会	新	12,813
	栗原　福雄	30	男	諸派	新	7,762
	平田　藤吉	36	男	共産	新	1,856

【第4区】定数3
当	板川　正吾	44	男	社会	新	53,058
当	山本　勝市	62	男	自民	前	38,930
当	青木　　正	59	男	自民	前	38,260
	遠藤　柳作	72	男	自民	元	28,872
	大沢　　弘	50	男	無所属	新	23,321
	佐瀬　昌三	55	男	無所属	元	21,522
	古島　義英	72	男	自民	前	20,555
	小川　友三	54	男	諸派	新	5,501
	古末　憲一	50	男	共産	新	2,046

第29回衆議院議員選挙
昭和35年(1960年)11月20日実施

【第1区】定数4
当	畑　　　和	50	男	社会	新	82,318
当	福永　健司	50	男	自民	前	72,313
当	松永　　東	73	男	自民	前	49,200
当	井堀　繁雄	58	男	民社	元	37,863
	高石幸三郎	62	男	自民	前	37,187
	只松　祐治	40	男	社会	新	22,823
	平田　藤吉	39	男	共産	新	7,276

【第2区】定数3
当	平岡忠次郎	49	男	社会	前	52,949
当	山口六郎次	64	男	自民	前	49,651
当	松山千恵子	46	女	自民	新	48,889
	小宮山重四郎	33	男	自民	新	43,123
	長谷川　勉	51	男	民社	新	10,943
	牛窪　宗吉	53	男	共産	新	5,114

【第3区】定数3
当	荒船清十郎	53	男	自民	前	81,203
当	高田　富之	48	男	社会	前	61,416
当	鴨田　宗一	54	男	自民	前	48,820
	栗原　福雄	32	男	無所属	新	9,978
	埼玉　　豊	33	男	民社	新	6,691
	沢田　　肇	33	男	共産	新	2,549

【第4区】定数3
当	青木　　正	61	男	自民	前	55,498
当	板川　正吾	47	男	社会	前	51,321
当	大沢　雄一	57	男	自民	新	47,435
	山本　勝市	64	男	自民	前	43,809
	大森　　誠	33	男	無所属	新	16,997
	古末　憲一	53	男	共産	新	2,103

第30回衆議院議員選挙
昭和38年(1963年)11月21日実施

【第1区】定数4
当	福永　健司	53	男	自民	前	83,668
当	畑　　　和	53	男	社会	前	76,638
当	只松　祐治	43	男	社会	新	56,447
当	大泉　寛三	69	男	自民	元	54,887
	松永　　東	76	男	自民	前	53,170
	井堀　繁雄	61	男	民社	前	44,801
	平田　藤吉	42	男	共産	新	13,164

【第2区】定数3
当	小宮山重四郎	36	男	自民	新	67,302
当	平岡忠次郎	52	男	社会	前	60,776
当	松山千恵子	49	女	自民	前	50,906
	長又　寿夫	46	男	自民	新	33,933
	長谷川　勉	54	男	民社	新	14,867
	牛窪　宗吉	56	男	共産	新	9,460

【第3区】定数3
当	荒船清十郎	56	男	自民	前	87,697
当	鴨田　宗一	57	男	自民	前	61,711
当	高田　富之	51	男	社会	前	58,225
	栗原　福雄	35	男	無所属	新	13,617
	沢田　　肇	36	男	共産	新	3,802

【第4区】定数3
当	山本　勝市	67	男	自民	元	72,163
当	板川　正吾	50	男	社会	前	58,377
当	青木　　正	64	男	自民	前	56,888
	佐瀬　昌三	61	男	自民	元	34,760
	古末　憲一	56	男	共産	新	4,218
	北岡　　巌	57	男	民社	新	3,125
	竹川　時正	56	男	無所属	新	1,700

衆議院・選挙区(埼玉県) 　　　　国政選挙総覧

第31回衆議院議員選挙
昭和42年(1967年)1月29日実施

【第1区】定数4
当	福永　健司	56	男	自民	前	118,992
当	小川新一郎	40	男	公明	新	92,750
当	只松　祐治	46	男	社会	前	87,785
当	畑　　和	56	男	社会	前	86,589
	松永　光	38	男	無所属	新	62,140
	大泉　寛三	72	男	自民	前	61,900
	山本とみか	57	男	民社	新	36,487
	平田　藤吉	45	男	共産	新	28,253

【第2区】定数3
当	小宮山重四郎	39	男	自民	前	74,172
当	山口　敏夫	26	男	無所属	新	62,531
当	平岡忠次郎	55	男	社会	前	50,450
	松山千恵子	52	女	自民	前	48,571
	清水　徳松	43	男	社会	新	20,932
	山畑　武雄	41	男	共産	新	16,040
	長谷川　勉	58	男	民社	新	15,624

【第3区】定数3
当	荒船清十郎	59	男	自民	前	88,502
当	鴨田　宗一	60	男	自民	前	64,251
当	高田　富之	54	男	社会	前	53,437
	栗原　福雄	38	男	無所属	新	11,780
	斎藤　公子	46	女	共産	新	7,807

【第4区】定数3
当	板川　正吾	53	男	社会	前	60,847
当	三ツ林弥太郎	48	男	自民	新	54,775
当	青木　正久	44	男	自民	新	51,829
	野中　英二	47	男	無所属	新	48,970
	山本　勝市	70	男	自民	前	37,276
	古末　憲一	59	男	共産	新	9,884
	更科　要治	63	男	無所属	新	596

第32回衆議院議員選挙
昭和44年(1969年)12月27日実施

【第1区】定数4
当	福永　健司	59	男	自民	前	115,229
当	小川新一郎	43	男	公明	前	112,430
当	松永　光	41	男	無所属	新	89,160
当	畑　　和	59	男	社会	前	73,813
	只松　祐治	49	男	社会	前	58,826
	平田　藤吉	48	男	共産	新	51,525
	和田　一仁	45	男	民社	新	41,854
	谷古宇甚三郎	42	男	自民	新	37,363
	大木　明雄	49	男	諸派	新	755

【第2区】定数3
当	山口　敏夫	29	男	自民	前	93,161
当	小宮山重四郎	42	男	自民	前	64,118
当	松山千恵子	55	女	自民	元	57,883
	清水　徳松	46	男	社会	新	52,094
	武井　育夫	34	男	共産	新	22,052

【第3区】定数3
当	荒船清十郎	62	男	自民	前	76,736
当	鴨田　宗一	63	男	自民	前	51,117
当	高田　富之	57	男	社会	前	39,889
	片貝　光次	45	男	無所属	新	34,969
	斎藤　公子	49	女	共産	新	10,731
	小菅一光典	63	男	無所属	新	9,176
	栗原　福雄	41	男	無所属	新	4,483

【第4区】定数3
当	青木　正久	46	男	自民	前	63,662
当	野中　英二	49	男	無所属	新	61,703
当	三ツ林弥太郎	51	男	自民	前	60,625
	板川　正吾	56	男	社会	前	55,508
	栗岡宏太郎	35	男	公明	新	54,314
	高根　賢一	36	男	共産	新	13,132

第33回衆議院議員選挙
昭和47年(1972年)12月10日実施

【第1区】定数4
当	平田　藤吉	51	男	共産	新	138,218
当	松永　光	44	男	自民	前	133,620
当	福永　健司	62	男	自民	前	128,117
当	小川新一郎	46	男	公明	前	126,342
	只松　祐治	52	男	社会	元	95,277
	沢田　広	54	男	社会	新	81,561
	和田　一仁	48	男	民社	新	44,592

【第2区】定数3
当	山口　敏夫	32	男	自民	前	95,570
当	小宮山重四郎	45	男	自民	前	95,231
当	清水　徳松	49	男	社会	新	80,041
	宮地　正介	32	男	公明	新	61,802
	松山千恵子	58	女	自民	前	57,806
	武井　育夫	37	男	共産	新	41,999

【第3区】定数3
当	荒船清十郎	65	男	自民	前	82,529
当	鴨田　宗一	66	男	自民	前	62,870
当	高田　富之	60	男	社会	前	56,934
	片貝　光次	48	男	自民	新	45,505
	斎藤　公子	52	女	共産	新	15,688
	栗原　福雄	44	男	無所属	新	3,122

【第4区】定数3
当	板川　正吾	59	男	社会	元	104,537
当	三ツ林弥太郎	54	男	自民	前	92,436
当	野中　英二	52	男	自民	前	91,308
	青木　正久	49	男	自民	前	62,391
	高根　賢一	39	男	共産	新	27,698

第34回衆議院議員選挙
昭和51年(1976年)12月5日実施

【第1区】定数3
当	松永　　光	48	男	自民	現	147,679
当	小川新一郎	50	男	公明	現	103,863
当	只松　祐治	56	男	社会	元	95,395
	渡辺　　貢	48	男	共産	新	81,525
	酒井　　強	45	男	無所属	新	5,416
	野口　平八	53	男	無所属	新	5,041

【第2区】定数3
当	山口　敏夫	36	男	新自ク	現	188,592
当	小宮山重四郎	49	男	自民	現	117,610
当	宮地　正介	36	男	公明	新	83,874
	清水　徳松	53	男	社会	現	76,120
	飯塚　博之	46	男	共産	新	55,709
	舟橋　功一	44	男	無所属	新	45,253

【第3区】定数3
当	荒船清十郎	69	男	自民	現	117,029
当	高田　富之	64	男	社会	現	56,124
当	鴨田　宗一	70	男	自民	現	51,841
	藤元　勝夫	34	男	共産	新	29,903
	栗原　福雄	48	男	無所属	新	10,748

【第4区】定数3
当	青木　正久	53	男	自民	元	108,613
当	板川　正吾	63	男	社会	現	100,533
当	野中　英二	56	男	自民	現	92,595
	三ツ林弥太郎	58	男	自民	現	88,874
	山田　英介	31	男	公明	新	64,699
	吉川　春子	36	女	共産	新	54,247

【第5区】定数3
当	大成　正雄	55	男	新自ク	新	133,029
当	沢田　　広	58	男	社会	新	88,496
当	福永　健司	66	男	自民	現	86,823
	畠山晃司郎	35	男	公明	新	79,303
	平田　藤吉	55	男	共産	現	73,812

第35回衆議院議員選挙
昭和54年(1979年)10月7日実施

【第1区】定数3
当	松永　　光	50	男	自民	前	102,091
当	小川新一郎	53	男	公明	前	88,237
当	渡辺　　貢	51	男	共産	新	81,640
	浜田卓二郎	38	男	自民	新	67,554
	只松　祐治	59	男	社会	前	65,139
	田村　　洋	37	男	諸派	新	3,078

【第2区】定数3
当	山口　敏夫	39	男	新自ク	前	157,654
当	小宮山重四郎	52	男	自民	前	116,120
当	宮地　正介	39	男	公明	前	94,168
	松本　幸男	53	男	社会	新	79,359
	矢島　恒夫	47	男	共産	新	63,611

【第3区】定数3
当	荒船清十郎	72	男	自民	前	84,223
当	高田　富之	67	男	社会	前	45,279
当	鴨田利太郎	49	男	自民	新	41,517
	福島　　修	32	男	自民	新	36,104
	片貝　光次	55	男	自民	新	34,078
	藤元　勝夫	37	男	共産	新	27,400
	栗原　福雄	51	男	無所属	新	6,743

【第4区】定数3
当	三ツ林弥太郎	60	男	自民	元	113,716
当	山田　英介	34	男	公明	新	94,822
当	野中　英二	59	男	自民	前	83,198
	青木　正久	56	男	自民	前	80,952
	板川　正吾	66	男	社会	前	74,654
	吉川　春子	38	女	共産	新	63,946

【第5区】定数3
当	和田　一仁	55	男	民社	新	95,797
当	福永　健司	69	男	自民	前	88,647
当	沢田　　広	60	男	社会	前	79,688
	飯塚　博之	49	男	共産	新	59,762
	大成　正雄	57	男	無所属	前	37,978

第36回衆議院議員選挙
昭和55年(1980年)6月22日実施

【第1区】定数3
当	松永　　光	51	男	自民	前	126,969
当	浜田卓二郎	38	男	自民	新	114,210
当	渡辺　　貢	52	男	共産	前	92,836
	小川新一郎	53	男	公明	前	92,336
	只松　祐治	59	男	社会	元	71,365
	田村　　洋	37	男	諸派	新	4,525

【第2区】定数3
当	山口　敏夫	39	男	新自ク	前	198,002
当	小宮山重四郎	52	男	自民	前	147,487
当	松本　幸男	54	男	社会	新	102,404
	宮地　正介	39	男	公明	前	101,854
	武井　育夫	45	男	共産	新	53,576

【第3区】定数3
当	荒船清十郎	73	男	自民	前	102,728
当	鴨田利太郎	50	男	自民	前	60,468
当	高田　富之	68	男	社会	前	56,151
	藤元　勝夫	37	男	共産	新	31,283
	比企　能忠	46	男	新自ク	新	11,616
	栗原　福雄	52	男	無所属	新	10,979

【第4区】定数3
当	三ツ林弥太郎	61	男	自民	前	118,444
当	青木　正久	57	男	自民	元	116,601
当	野中　英二	60	男	自民	前	100,369
	山田　英介	35	男	公明	前	97,644
	板川　正吾	66	男	社会	元	84,001
	吉川　春子	39	女	共産	新	69,610
	武井　　優	33	男	無所属	新	4,924

【第5区】定数3
当　福永　健司　69　男　自民　前　145,313
当　和田　一仁　55　男　民社　前　113,396
当　沢田　広　　61　男　社会　前　102,938
　　飯塚　博之　50　男　共産　新　66,803
　　上田　清司　32　男　新自ク　新　42,156

第37回衆議院議員選挙
昭和58年(1983年)12月18日実施

【第1区】定数3
当　小川新一郎　57　男　公明　元　112,551
当　浜田卓二郎　42　男　自民　前　107,209
当　松永　光　　55　男　自民　前　105,660
　　渡辺　貢　　55　男　共産　前　99,174
　　阿部　野人　50　男　社会　新　55,701
【第2区】定数3
当　山口　敏夫　43　男　新自ク　前　181,385
当　小宮山重四郎　56　男　自民　前　128,152
当　宮地　正介　43　男　公明　元　121,939
　　小松　定男　53　男　社会　新　83,257
　　矢島　恒夫　52　男　共産　新　76,503
【第3区】定数3
当　加藤　卓二　57　男　自民　新　76,155
当　田並　胤明　51　男　社会　新　71,188
当　糸山英太郎　41　男　無所属　新　60,733
　　鴨田利太郎　53　男　自民　前　50,556
　　藤元　勝夫　41　男　共産　新　22,972
　　栗原　福雄　55　男　無所属　新　5,487
【第4区】定数3
当　山田　英介　38　男　公明　元　131,715
当　三ツ林弥太郎　65　男　自民　前　112,445
当　青木　正久　60　男　自民　前　104,722
　　野中　英二　63　男　自民　前　96,816
　　細川　律夫　40　男　社会　新　94,592
　　久世　智照　42　男　共産　新　38,099
【第5区】定数3
当　福永　健司　73　男　自民　前　99,720
当　沢田　広　　65　男　社会　前　93,752
当　和田　一仁　59　男　民社　前　92,538
　　飯塚　博之　53　男　共産　新　59,946
　　上田　清司　35　男　新自ク　新　39,056
　　塩味達次郎　37　男　無所属　新　21,020
　　宮脇　則夫　47　男　無所属　新　9,684

第38回衆議院議員選挙
昭和61年(1986年)7月6日実施

【第1区】定数3
当　松永　光　　57　男　自民　前　148,886
当　浜田卓二郎　44　男　自民　前　101,631
当　小川新一郎　59　男　公明　前　101,102
　　渡辺　貢　　58　男　共産　元　94,533
　　岡　真智子　39　女　社会　新　59,556
　　山崎　工　　45　男　無所属　新　6,512
　　安藤　正之　39　男　諸派　新　3,154
【第2区】定数4
当　山口　敏夫　45　男　新自ク　前　187,076
当　小宮山重四郎　58　男　自民　前　127,504
当　宮地　正介　46　男　公明　前　109,458
当　矢島　恒夫　54　男　共産　新　89,615
　　小松　定男　55　男　社会　新　85,977
　　石井　健祐　40　男　自民　新　39,248
　　黛　敬子　　43　女　無所属　新　12,154
　　浅沼　秀豊　41　男　無所属　新　1,476
【第3区】定数3
当　加藤　卓二　59　男　自民　前　79,248
当　糸山英太郎　44　男　自民　前　78,771
当　田並　胤明　53　男　社会　前　70,195
　　増田　敏男　57　男　無所属　新　68,741
　　藤元　勝夫　44　男　共産　新　17,467
　　栗原　福雄　58　男　無所属　新　3,842
　　中畝　友幸　53　男　無所属　新　457
【第4区】定数4
当　野中　英二　66　男　自民　元　122,705
当　三ツ林弥太郎　67　男　自民　前　120,716
当　山田　英介　41　男　公明　前　116,073
当　青木　正久　63　男　自民　前　105,843
　　細川　律夫　42　男　社会　新　103,654
　　阿部　幸代　37　女　共産　新　45,726
　　竹川　時正　79　男　無所属　新　2,905
【第5区】定数3
当　福永　健司　75　男　自民　前　129,805
当　沢田　広　　67　男　社会　前　105,376
当　和田　一仁　61　男　民社　前　99,802
　　上田　清司　38　男　新自ク　新　69,595
　　飯塚　博之　56　男　共産　新　64,687

第39回衆議院議員選挙
平成2年(1990年)2月18日実施

【第1区】定数3
当　和田　静夫　63　男　社会　新　152,506
当　松永　光　　61　男　自民　前　136,422
当　浜田卓二郎　48　男　自民　前　125,594
　　福留　泰蔵　36　男　公明　新　97,119
　　渡辺　貢　　61　男　共産　元　84,513
　　福島　崇行　54　男　無所属　新　6,714
　　酒井　強　　58　男　無所属　新　2,373
　　森　通暁　　47　男　諸派　新　1,045
　　富田　隆　　31　男　諸派　新　484
【第2区】定数4
当　小松　定男　59　男　社会　新　208,974
当　山口　敏夫　49　男　自民　前　196,096
当　小宮山重四郎　62　男　自民　前　129,296
当　宮地　正介　49　男　公明　前　109,398

	氏名	年齢	性別	党派	新旧	得票数
	矢島　恒夫	58	男	共産	前	99,379
	石井　健祐	43	男	無所属	新	38,864
	高橋　洋一	47	男	諸派	新	1,652
	杉浦　茂	31	男	諸派	新	553

【第3区】定数3
当	加藤　卓二	63	男	自民	前	88,235
当	田並　胤明	57	男	社会	前	88,146
当	増田　敏男	60	男	無所属	新	68,132
	糸山英太郎	47	男	自民	前	66,187
	藤元　勝夫	47	男	共産	新	18,538
	栗原　福雄	61	男	無所属	新	3,824
	大内　利裕	37	男	諸派	新	303

【第4区】定数4
当	細川　律夫	46	男	社会	新	206,942
当	青木　正久	67	男	自民	前	122,000
当	山田　英介	44	男	公明	前	121,796
当	三ツ林弥太郎	71	男	自民	前	120,377
	野中　英二	70	男	自民	前	106,775
	阿部　幸代	41	女	共産	新	45,928

【第5区】定数3
当	沢田　広	71	男	社会	前	164,062
当	福永　信彦	45	男	自民	新	132,390
当	和田　一仁	65	男	民社	前	80,499
	高村　雅子	43	女	共産	新	73,681
	上田　清司	41	男	無所属	新	54,418
	浜田　槙子	47	女	無所属	新	42,835
	小山　博史	45	男	無所属	新	29,865
	佐賀　保	42	男	無所属	新	8,755
	村上　博	38	男	諸派	新	1,018
	広瀬　健一	25	男	諸派	新	397

第40回衆議院議員選挙
平成5年(1993年)7月18日実施

【第1区】定数4
当	今井　宏	52	男	日本新	新	125,007
当	福留　泰蔵	40	男	公明	新	98,636
当	松永　光	64	男	自民	前	93,987
当	石田　勝之	38	男	さき	新	79,218
	浜田卓二郎	51	男	自民	前	76,745
	田村さわ子	44	女	共産	新	69,751
	和田　静夫	66	男	社会	前	51,133
	酒井　強	62	男	諸派	新	2,350

【第2区】定数5
当	山口　敏夫	52	男	無所属	前	153,148
当	五十嵐ふみひこ	44	男	日本新	新	152,238
当	宮地　正介	53	男	公明	前	106,934
当	矢島　恒夫	61	男	共産	元	101,382
当	小宮山重四郎	65	男	自民	前	98,525
	小松　定男	62	男	社会	前	82,181
	浜田マキ子	51	女	自民	新	42,652
	石井　健祐	47	男	無所属	新	28,034

【第3区】定数3
当	増田　敏男	64	男	新生	前	86,034
当	加藤　卓二	66	男	自民	前	77,386
当	糸山英太郎	51	男	無所属	元	77,058
	田並　胤明	60	男	社会	前	70,808
	丸井八千代	37	女	共産	新	17,790

【第4区】定数4
当	武山百合子	45	女	日本新	新	146,341
当	山田　英介	48	男	公明	前	123,122
当	細川　律夫	49	男	社会	前	116,209
当	三ツ林弥太郎	74	男	自民	前	105,852
	青木　正久	70	男	自民	前	100,044
	野中　英二	73	男	無所属	元	73,461
	熊木　仁	36	男	共産	新	44,059

【第5区】定数4
当	上田　清司	45	男	新生	新	110,606
当	枝野　幸男	29	男	日本新	新	96,926
当	若松　謙維	37	男	公明	新	86,409
当	福永　信彦	49	男	自民	前	78,657
	高村　雅子	46	女	共産	新	70,861
	秦　哲美	63	男	社会	新	63,461
	穂坂　邦夫	51	男	自民	新	37,800
	和田　一仁	68	男	民社	前	29,115
	沢田　広	74	男	無所属	前	18,662
	寺内　弘子	57	女	無所属	新	9,118

第41回衆議院議員選挙
平成8年(1996年)10月20日実施

【第1区】定数1
当	松永　光	67	男	自民	前	85,109
	浜田卓二郎	55	男	新進	元	79,930
	富樫　練三	53	男	共産	新	46,243
	中郡　聡	39	男	自連	新	7,177

【第2区】定数1
当	石田　勝之	41	男	新進	前	76,252
比当	新藤　義孝	38	男	自民	㊎新	75,642
	石井多計志	63	男	共産	新	35,719
	前原　博孝	49	男	民主	㊎新	17,329
	田村　正敏	49	男	自連	㊎新	2,466
	酒井　強	65	男	無所属	新	896

【第3区】定数1
当	今井　宏	55	男	新進	前	63,841
	野口　卓爾	60	男	自民	㊎新	54,703
比当	細川　律夫	53	男	民主	㊎前	45,400
	熊木　仁	39	男	共産	新	25,792
	井上　豊治	49	男	無所属	新	13,524

【第4区】定数1
当	上田　清司	48	男	新進	前	72,420
	早川　忠孝	51	男	自民	㊎新	46,869
	綾部　澄子	37	女	共産	新	33,670
	石塚　聡	38	男	民主	㊎新	28,401
	早川　竜介	25	男	自連	新	3,140

衆議院・選挙区（埼玉県）　　　国政選挙総覧

	【第5区】定数1					宮川　敏明	59　男　自連　新　12,636
当	福永　信彦	52	男	自民⑪前	63,120	【第14区】定数1	
	金子善次郎	53	男	新進　新	54,032	当　三ツ林弥太郎	77　男　自民⑪前　77,260
比当	枝野　幸男	32	男	民主⑪前	51,425	山田　英介	51　男　新進　前　76,121
	藤原　幸朗	66	男	共産　新	33,643	山田　弘吉	38　男　共産　新　34,718
	阿部　政幸	47	男	自連⑪新	2,127	鳥海　裕	36　男　自連⑪新　5,689

【第6区】定数1
当　若松　謙維　41　男　新進　前　71,944
　　茶谷　滋　39　男　自民⑪新　63,505
　　高村　雅子　49　女　共産⑪新　39,480
比当　深田　肇　64　男　社民⑪新　17,909
　　石川　八郎　63　男　自連⑪新　2,201

第42回衆議院議員選挙
平成12年（2000年）6月25日実施

【第1区】定数1
当　武正　公一　39　男　民主⑪新　105,783
　　松永　光　71　男　自民　前　87,358
　　吉野　良司　67　男　共産　新　34,973
　　天辰　武夫　55　男　社民⑪新　19,887

【第7区】定数1
当　中野　清　60　男　新進　新　74,905
　　小宮山　徹　34　男　自民⑪新　44,767
比当　矢島　恒夫　64　男　共産　前　40,245
　　伊藤雄一郎　33　男　民主　新　22,751
　　佐藤　時弘　59　男　社民　新　8,452
　　根岸　進　47　男　自連　新　1,088

【第2区】定数1
当　新藤　義孝　42　男　自民⑪前　82,581
　　石田　勝之　45　男　改革　前　79,555
　　谷口　雅典　34　男　民主⑪新　38,816
　　永塚　友啓　52　男　共産　新　33,096

【第8区】定数1
当　並木　正芳　47　男　新進　新　50,712
　　新井　正則　41　男　自民⑪新　47,784
　　当麻よし子　47　女　民主⑪新　30,047
　　石田　道男　67　男　共産　新　28,327
　　原　武夫　58　男　自連⑪新　5,619

【第3区】定数1
当　細川　律夫　56　男　民主⑪前　105,054
　　今井　宏　58　男　自民⑪前　87,344
　　田村　勉　52　男　共産　新　30,997

【第4区】定数1
当　上田　清司　52　男　民主⑪前　106,131
　　早川　忠孝　54　男　自民⑪新　70,062
　　綾部　澄子　41　女　共産　新　39,069

【第9区】定数1
当　大野　松茂　60　男　自民⑪新　77,998
　　五十嵐ふみひこ　47　男　民主⑪前　46,471
　　松本　泰高　49　男　新進　新　43,273
　　塩川　鉄也　34　男　共産　新　29,601
　　石井　健祐　50　男　自連⑪新　8,922

【第5区】定数1
当　枝野　幸男　36　男　民主⑪前　106,711
　　福永　信彦　56　男　自民⑪前　86,179
　　藤原　幸朗　70　男　共産　新　34,192
　　会田　千和　45　女　自連　新　7,369

【第10区】定数1
当　山口　泰明　47　男　自民⑪新　74,839
　　松崎　哲久　46　男　民主⑪新　43,644
　　武藤　晴子　51　女　共産　新　28,999
　　山口　佳子　52　女　無所属　新　10,593
　　和田　敏　44　男　自連⑪新　3,355

【第6区】定数1
当　大島　敦　43　男　民主⑪新　80,342
比当　若松　謙維　44　男　公明⑪前　78,000
　　高村　雅子　53　女　共産⑪新　40,160
　　小林　俊博　52　男　自由　新　27,032

【第11区】定数1
当　加藤　卓二　70　男　自民⑪前　78,705
　　田並　胤明　63　男　無所属　元　51,775
　　小泉　龍司　44　男　無所属　新　37,444
　　平沢　義郎　60　男　共産　新　18,336
　　加藤　裕康　51　男　無所属　新　10,044
　　新井　勝　50　男　新社会⑪新　4,769

【第7区】定数1
当　中野　清　64　男　自民⑪前　76,366
　　小宮山泰子　35　女　無所属　新　53,334
　　田川　秀明　41　男　民主⑪新　39,200
比当　矢島　恒夫　68　男　共産⑪前　37,220
　　高橋　勇　63　男　社民　新　15,357

【第12区】定数1
当　増田　敏男　67　男　新進　前　76,105
　　小島　敏男　56　男　自民⑪新　72,827
　　丸井八千代　40　女　共産　新　20,241
　　門田　俊夫　48　男　自連⑪新　19,369

【第8区】定数1
当　木下　厚　55　男　民主⑪新　52,816
　　新井　正則　44　男　自民⑪新　50,990
　　並木　正芳　51　男　改革　前　48,276
比当　塩川　鉄也　38　男　共産⑪新　34,361

【第13区】定数1
当　土屋　品子　44　女　無所属　新　112,112
　　瀬戸井　誠　61　男　共産　新　50,295
　　山口　節生　47　男　無所属　新　16,303

【第9区】定数1
当　大野　松茂　64　男　自民⑪前　110,836
比当　五十嵐ふみひこ　51　男　民主⑪元　82,520
　　菅間公弥子　56　女　共産　新　34,487

86

【第10区】定数1				
当	山口　泰明	51	男	自民㊗前	91,094
	松崎　哲久	50	男	民主　新	62,011
	武藤　晴子	55	女	共産　新	32,147
【第11区】定数1				
当	小泉　龍司	47	男	無所属新	89,084
	加藤　卓二	73	男	自民㊗前	77,770
	黒田　達也	37	男	民主㊗新	37,286
	柿沼　綾子	47	女	共産　新	18,616
	大川優美子	53	女	自由㊗新	6,881
【第12区】定数1				
当	小島　敏男	60	男	自民㊗前	101,809
比当	田並　胤明	67	男	民主㊗元	85,764
	荻原　初男	46	男	共産　新	20,845
【第13区】定数1				
当	土屋　品子	48	女	無会　前	127,028
比当	武山百合子	52	女	自由㊗前	40,035
比当	日森　文尋	51	男	社民㊗新	38,679
	佐藤　俊一	51	男	共産　新	33,398
	山口　節生	50	男	自連　新	6,750
【第14区】定数1				
当	三ツ林隆志	46	男	自民㊗新	81,652
	長峯　正之	65	男	民主㊗新	47,305
	沢口千枝子	49	女	共産　新	30,779
	山田　英介	55	男	自由㊗元	29,960
	福野　幸央	57	男	無所属新	25,447
	鷺　富士雄	50	男	自連　新	1,464

第43回衆議院議員選挙
平成15年(2003年)11月9日実施

【第1区】定数1				
当	武正　公一	42	男	民主㊗前	117,587
	金子善次郎	60	男	保守新　前	59,910
	伊藤　岳	43	男	共産　新	16,257
	天辰　武夫	58	男	社民㊗新	8,960
	山口　節生	54	男	諸派　新	6,237
【第2区】定数1				
当	石田　勝之	48	男	民主㊗元	114,322
	新藤　義孝	45	男	自民㊗前	91,095
	永塚　友啓	55	男	共産　新	18,706
【第3区】定数1				
当	細川　律夫	60	男	民主㊗前	104,182
比当	今井　宏	62	男	自民㊗元	103,588
	田村　勉	55	男	共産　新	16,703
【第4区】定数1				
当	神風　英男	42	男	民主㊗新	81,367
比当	早川　忠孝	58	男	自民㊗新	69,625
	綾部　澄子	44	女	共産　新	18,527
【第5区】定数1				
当	枝野　幸男	39	男	民主㊗前	95,626
	高橋　秀明	47	男	自民㊗新	60,410
	松下　裕	58	男	共産　新	13,493

【第6区】定数1				
当	大島　敦	46	男	民主㊗前	112,794
	若松　謙維	48	男	公明　前	103,511
	元山かよ子	44	女	共産㊗新	18,380
【第7区】定数1				
当	小宮山泰子	38	女	民主㊗新	97,353
比当	中野　清	67	男	自民㊗前	88,151
	大橋　昌次	56	男	共産　新	15,489
	市川　博美	55	男	社民㊗新	6,935
【第8区】定数1				
当	新井　正則	48	男	自民㊗新	70,959
比当	木下　厚	59	男	民主㊗前	69,418
	並木　正芳	54	男	無所属元	22,509
比当	塩川　鉄也	41	男	共産㊗前	18,512
【第9区】定数1				
当	大野　松茂	67	男	自民㊗前	104,167
比当	五十嵐文彦	55	男	民主㊗前	94,569
	神田　三春	49	女	共産　新	16,514
【第10区】定数1				
当	山口　泰明	55	男	自民㊗前	87,489
比当	松崎　哲久	53	男	民主㊗新	75,083
	永田　健一	28	男	共産　新	13,051
【第11区】定数1				
当	小泉　龍司	51	男	自民㊗前	123,057
	八木　昭次	32	男	民主㊗新	52,729
	柿沼　綾子	51	女	共産　新	16,873
【第12区】定数1				
当	増田　敏男	74	男	自民　前	95,889
	本多　平直	38	男	民主㊗新	75,439
	鈴木千賀子	48	女	共産　新	14,106
【第13区】定数1				
当	土屋　品子	51	女	自民㊗前	81,935
比当	武山百合子	56	女	民主㊗前	81,361
	赤岸　雅治	42	男	共産　新	11,942
	日森　文尋	54	男	社民㊗前	10,555
	会田　信源	33	男	無所属新	3,991
【第14区】定数1				
当	三ツ林隆志	50	男	自民㊗前	104,066
比当	中野　譲	36	男	民主㊗新	86,826
	苗村　光雄	47	男	共産　新	16,194
【第15区】定数1				
当	高山　智司	33	男	民主㊗新	80,745
	松永　光	74	男	自民　元	58,522
	村主　明子	32	女	共産　新	16,394
	秋本　清一	50	男	無所属新	14,566
	田崎　良雄	58	男	無所属新	4,179

《補選》第43回衆議院議員選挙
平成16年(2004年)4月25日実施
※新井正則の辞職による

【第8区】被選挙数1				
当	柴山　昌彦	38	男	自民　新	52,543

木下　厚	59	男	民主　前	46,945
柳下　礼子	57	女	共産　新	17,655

第44回衆議院議員選挙
平成17年（2005年）9月11日実施

【第1区】定数1
当	武正　公一	44	男	民主㊗前	115,262
比	金子善次郎	61	男	自民㊗元	112,340
	伊藤　岳	45	男	共産　新	19,319
	池田万佐代	46	女	社民　新	13,869

【第2区】定数1
当	新藤　義孝	47	男	自民㊗元	138,376
	石田　勝之	50	男	民主㊗前	105,080
	池田　伸宏	32	男	共産　新	23,657

【第3区】定数1
当	今井　宏	64	男	自民㊗前	140,010
比当	細川　律夫	62	男	民主㊗前	109,816
	松沢　勇	58	男	共産　新	22,912

【第4区】定数1
当	早川　忠孝	60	男	自民㊗前	103,366
比	神風　英男	43	男	民主㊗前	86,229
	桜井　晴子	49	女	共産　新	22,322

【第5区】定数1
当	枝野　幸男	41	男	民主㊗前	103,014
比	牧原　秀樹	34	男	自民㊗新	91,472
	松下　裕	60	男	共産　新	17,140

【第6区】定数1
当	大島　敦	48	男	民主㊗前	123,159
比	中根　一幸	36	男	自民㊗新	121,665
	元山佳与子	46	女	共産㊗新	25,014

【第7区】定数1
当	中野　清	69	男	自民㊗前	122,274
比当	小宮山泰子	40	女	民主㊗前	106,542
	本山　修一	57	男	共産　新	21,895

【第8区】定数1
当	柴山　昌彦	39	男	自民㊗前	115,223
	木下　厚	61	男	民主㊗元	76,354
比	塩川　鉄也	43	男	共産㊗前	27,783

【第9区】定数1
当	大野　松茂	69	男	自民㊗前	139,211
	五十嵐文彦	56	男	民主㊗前	97,348
	辻　源巳	33	男	共産　新	22,312

【第10区】定数1
当	山口　泰明	56	男	自民㊗前	117,477
	松崎　哲久	55	男	民主㊗前	78,578
	梅沢　永治	56	男	共産　新	17,670

【第11区】定数1
当	新井　悦二	48	男	自民㊗新	97,928
	小泉　龍司	52	男	無所属　前	93,008
	八木　昭次	34	男	民主㊗新	36,119
	柿沼　綾子	52	女	共産　新	16,910

【第12区】定数1
当	小島　敏男	65	男	自民㊗前	129,783
	本多　平直	40	男	民主㊗前	84,705
	鈴木千賀子	50	女	共産　新	17,270

【第13区】定数1
当	土屋　品子	53	女	自民㊗前	124,494
	武山百合子	58	女	民主㊗前	85,619
	赤岸　雅治	44	男	共産　新	19,928

【第14区】定数1
当	三ツ林隆志	52	男	自民㊗前	128,642
	中野　譲	38	男	民主㊗前	92,584
	苗村　光雄	49	男	共産　新	20,964

【第15区】定数1
当	田中　良生	41	男	自民㊗新	106,961
比当	高山　智司	35	男	民主㊗前	85,276
	村主　明子	33	女	共産　新	22,091
	山口　節生	55	男	無所属　新	3,957

第45回衆議院議員選挙
平成21年（2009年）8月30日実施

【第1区】定数1
当	武正　公一	48	男	民主㊗前	163,973
	金子善次郎	65	男	自民㊗前	77,988
	伊藤　岳	49	男	共産㊗新	23,623
	内海　浩唯	48	男	諸派　新	3,615

【第2区】定数1
当	石田　勝之	54	男	民主㊗元	140,892
比当	新藤　義孝	51	男	自民㊗前	112,920
	村岡　正嗣	57	男	共産　新	23,357
	鈴木　豪	30	男	諸派　新	4,484

【第3区】定数1
当	細川　律夫	66	男	民主㊗前	167,432
	今井　宏	68	男	自民㊗前	103,369
	飯田　剛	50	男	諸派　新	8,194

【第4区】定数1
当	神風　英男	47	男	民主㊗前	121,137
	早川　忠孝	63	男	自民㊗前	74,889
	桜井　晴子	53	女	共産㊗新	23,966
	水野　武光	51	男	諸派　新	3,311

【第5区】定数1
当	枝野　幸男	45	男	民主㊗前	130,920
	牧原　秀樹	38	男	自民㊗前	85,139
	佐々木正子	55	女	諸派　新	5,274

【第6区】定数1
当	大島　敦	52	男	民主㊗前	186,993
	中根　一幸	40	男	自民㊗前	84,654
	院田　浩利	42	男	諸派　新	5,119

【第7区】定数1
当	小宮山泰子	44	女	民主㊗前	142,556
	中野　清	73	男	自民　前	89,627
	長沼　チネ	59	女	共産　新	21,983
	山田　将之	37	男	無所属　新	2,740

	野沢　永光	30	男	諸派　新	2,569

【第８区】定数１

当	小野塚勝俊	37	男	民主[比]新	114,657
比当	柴山　昌彦	43	男	自民[比]前	91,376
比当	塩川　鉄也	47	男	共産[比]前	24,918
	桜沢　正顕	40	男	諸派　新	2,676

【第９区】定数１

当	五十嵐文彦	60	男	民主[比]元	151,057
	大塚　　拓	36	男	自民[比]前	109,918
	各務　正人	51	男	諸派　新	5,506

【第10区】定数１

当	松崎　哲久	59	男	民主[比]元	123,089
	山口　泰明	60	男	自民[比]前	94,779
	町田　貴志	40	男	諸派　新	5,402

【第11区】定数１

当	小泉　龍司	56	男	無所属　元	171,000
	新井　悦二	51	男	自民[比]前	62,034
	黒田　嘉寛	54	男	諸派　新	8,948

【第12区】定数１

当	本多　平直	44	男	民主[比]元	138,727
	小島　敏男	69	男	自民[比]前	99,256
	清水　鉄男	55	男	諸派　新	4,752

【第13区】定数１

当	森岡洋一郎	34	男	民主[比]新	121,840
	土屋　品子	57	女	自民[比]前	85,457
	日森　文尋	60	男	社民[比]前	13,699
	武山百合子	61	女	無所属　元	12,612
	鈴木こず恵	40	女	諸派　新	3,087

【第14区】定数１

当	中野　　譲	42	男	民主[比]元	146,148
	三ツ林隆志	56	男	自民[比]前	100,474
	谷井　美穂	46	女	諸派　新	8,993

【第15区】定数１

当	高山　智司	39	男	民主[比]前	120,751
	田中　良生	45	男	自民[比]前	85,826
	村主　明子	37	女	共産　新	22,168
	石井　　安	48	男	諸派　新	2,903

第46回衆議院議員選挙

平成24年(2012年)12月16日実施

【第１区】定数１

当	村井　英樹	32	男	自民[比]新	96,242
比当	武正　公一	51	男	民主[比]前	76,583
	日色　隆善	47	男	みんな[比]新	42,451
	青柳　伸二	65	男	共産　新	18,503
	川上　康正	48	男	社民[比]新	8,396

【第２区】定数１

当	新藤　義孝	54	男	自民[比]前	112,484
	松本　佳和	47	男	みんな[比]新	53,604
	石田　勝之	57	男	民主[比]前	50,711
	奥田　智子	44	女	共産　新	24,724

【第３区】定数１

当	黄川田仁志	42	男	自民[比]新	87,695
	細川　律夫	69	男	民主[比]前	58,590
	谷古宇勘司	62	男	維新[比]新	46,136
	宮瀬　英治	35	男	みんな[比]新	37,034
	広瀬　伸一	56	男	共産　新	17,346

【第４区】定数１

当	豊田真由子	38	女	自民[比]新	71,061
	神風　英男	51	男	民主[比]前	53,366
	青柳　仁士	34	男	維新[比]新	46,303
	桜井　晴子	56	女	共産[比]新	23,360
	小笠原洋輝	28	男	無所属　新	3,617

【第５区】定数１

当	枝野　幸男	48	男	民主[比]前	93,585
比当	牧原　秀樹	41	男	自民[比]元	84,120
	藤島　利久	50	男	未来[比]新	15,434
	大石　　豊	52	男	共産　新	13,109

【第６区】定数１

当	中根　一幸	43	男	自民[比]元	90,871
比当	大島　　敦	55	男	民主[比]前	90,673
	磯村　健治	63	男	維新[比]新	35,838
	戸口　佐一	62	男	共産　新	19,799
	院田　浩利	45	男	諸派　新	2,354

【第７区】定数１

当	神山　佐市	58	男	自民[比]新	78,505
	矢口　健一	40	男	維新[比]新	44,428
比当	小宮山泰子	47	女	未来[比]前	44,415
	島田智哉子	50	女	民主[比]新	38,335
	長沼　チネ	62	女	共産　新	18,568

【第８区】定数１

当	柴山　昌彦	47	男	自民[比]前	85,375
	小野塚勝俊	40	男	民主[比]前	46,394
	並木　正芳	63	男	維新[比]元	36,680
	辻　　源巳	41	男	共産　新	19,099
	西川　　浩	55	男	未来[比]新	13,939

【第９区】定数１

当	大塚　　拓	39	男	自民[比]元	109,062
	五十嵐文彦	64	男	民主[比]前	49,981
	浦沢　　将	45	男	維新[比]新	37,301
	松浦　武志	49	男	未来[比]新	17,696
	工藤　　武	48	男	共産　新	17,156

【第10区】定数１

当	山口　泰明	64	男	自民[比]元	85,846
比当	坂本祐之輔	57	男	維新[比]新	56,482
	松崎　哲久	62	男	未来[比]前	20,863
	弓削　勇人	39	男	民主[比]新	18,157
	梅沢　永治	63	男	共産　新	13,444

【第11区】定数１

当	小泉　龍司	60	男	無所属　前	118,916
比当	今野　智博	37	男	自民[比]新	55,288
	柴岡　祐真	28	男	共産　新	22,334

【第12区】定数１

当	野中　　厚	36	男	自民[比]新	65,989

	森田　俊和	38	男	無所属　新	55,663
	本多　平直	48	男	民主㊎前	36,500
	永沼　宏之	44	男	みんな　新	35,500
	大野　辰男	59	男	共産　新	10,470
	川島　良吉	94	男	無所属　新	2,169

【第13区】定数1
当	土屋　品子	60	女	自民㊎元	77,623
	森岡洋一郎	37	男	民主㊎前	45,019
	中村　匡志	35	男	維新　新	32,986
	北角　嘉幸	49	男	みんな㊎新	26,934
	並木　敏恵	52	女	共産　新	16,881

【第14区】定数1
当	三ッ林裕巳	57	男	自民㊎新	84,263
比当	鈴木　義弘	50	男	維新㊎新	71,949
	中野　譲	45	男	民主㊎前	42,655
	苗村　光雄	56	男	共産　新	20,190
	大塚　克雄	65	男	無所属　新	3,161

【第15区】定数1
当	田中　良生	49	男	自民㊎元	88,210
	高山　智司	42	男	民主㊎前	49,147
	斉藤　裕康	43	男	みんな㊎新	35,750
	小高真由美	48	女	未来㊎新	17,460
	小久保剛志	37	男	共産　新	16,168

第47回衆議院議員選挙
平成26年(2014年)12月14日実施

【第1区】定数1
当	村井　英樹	34	男	自民㊎前	105,760
比当	武正　公一	53	男	民主㊎前	82,857
	松村　敏夫	40	男	共産　新	28,259
	松本　翔	29	男	社民㊎新	8,492

【第2区】定数1
当	新藤　義孝	56	男	自民㊎前	128,938
	奥田　智子	46	女	共産㊎新	70,074

【第3区】定数1
当	黄川田仁志	44	男	自民㊎前	107,986
	細川　律夫	71	男	民主㊎元	75,715
	宮川　雅之	40	男	共産　新	33,858

【第4区】定数1
当	豊田真由子	40	女	自民㊎前	88,730
	神風　英男	53	男	民主㊎元	62,062
	桜井　晴子	58	女	共産　新	33,646

【第5区】定数1
当	枝野　幸男	50	男	民主㊎前	90,030
比当	牧原　秀樹	43	男	自民㊎前	86,636
	山本　悠子	62	女	共産　新	18,654

【第6区】定数1
当	大島　敦	57	男	民主㊎前	103,918
比当	中根　一幸	45	男	自民㊎前	94,303
	戸口　佐一	64	男	共産　新	26,825

【第7区】定数1
当	神山　佐市	60	男	自民㊎前	89,089
比当	小宮山泰子	49	女	民主㊎前	73,513
	長沼　チネ	64	女	共産　新	31,119
	根本　千裕	55	男	次世代㊎新	13,500

【第8区】定数1
当	柴山　昌彦	49	男	自民㊎前	93,126
	小野塚勝俊	42	男	民主㊎元	61,711
	辻　源巳	43	男	共産　新	30,212

【第9区】定数1
当	大塚　拓	41	男	自民㊎前	111,316
	青柳　仁士	36	男	維新㊎新	60,121
	広森すみ子	66	女	共産　新	38,534

【第10区】定数1
当	山口　泰明	66	男	自民㊎前	83,544
比当	坂本祐之輔	59	男	維新㊎前	65,104
	石井　祐一	63	男	共産　新	27,787

【第11区】定数1
当	小泉　龍司	62	男	無所属　前	100,636
比当	今野　智博	39	男	自民㊎前	53,276
	柴岡　祐真	30	男	共産　新	27,904

【第12区】定数1
当	野中　厚	38	男	自民㊎前	72,422
	森田　俊和	40	男	次世代㊎新	57,299
	本多　平直	50	男	民主㊎元	41,407
	鈴木千賀子	59	女	共産　新	16,570

【第13区】定数1
当	土屋　品子	62	女	自民㊎前	90,167
	山内　康一	41	男	民主㊎前	44,916
	秋山　文和	67	男	共産　新	27,111
	中村　匡志	37	男	次世代㊎新	17,254

【第14区】定数1
当	三ッ林裕巳	59	男	自民㊎前	96,511
比当	鈴木　義弘	52	男	維新㊎前	73,320
	苗村　光雄	58	男	共産　新	33,103

【第15区】定数1
当	田中　良生	51	男	自民㊎前	98,287
	高山　智司	44	男	民主㊎元	60,671
	田村　勉	66	男	共産　新	28,945

比例区・北関東

第41回衆議院議員選挙　定数21
平成8年（1996年）10月20日実施

自由民主党　1,962,854票　当選人数　8人
					氏名	年齢	性別	新前
1	当				中曽根康弘	78	男	前
2	当				葉梨 信行	67	男	前
3	当				森山 真弓	68	女	新
4	当				佐田玄一郎	43	男	前
5	当				中島洋次郎	37	男	前
	6	選当	茨1		赤城 徳彦			前
	6	選当	群5		小渕 恵三			前
	6	選当	群1		尾身 幸次			前
	6	選当	茨4		梶山 静六			前
	6	選当	埼11		加藤 卓二			前
	6	選当	茨5		塚原 俊平			前
	6	選当	茨3		中山 利生			前
	6	選当	茨2		額賀福志郎			前
	6	選当	群4		福田 康夫			前
	6	選当	埼5		福永 信彦			前
	6	選当	埼14		三ツ林弥太郎			前
	6	選当	栃5		茂木 敏充			前
	6	選当	栃3		谷津 義男			前
19	当				蓮実 進	63	男	前
20	当				植竹 繁雄	65	男	元
	21	選当	埼9		大野 松茂			新
	21	選当	栃4		佐藤 勉			新
	21	選当	栃2		西川 公也			新
	21	選当	埼10		山口 泰明			新
	21	選当	栃3		渡辺 喜美			新
21	当	埼2	(99.20)		新藤 義孝	38	男	新
21	繰当	埼12	(95.69)		小島 敏男	56	男	新
21		埼8	(94.22)		新井 正則	41	男	新
21		埼6	(88.27)		茶谷 滋	39	男	新
21		埼3	(85.68)		野口 卓爾	60	男	新
21		群2	(73.09)		森田 修	47	男	新
21		埼4	(64.71)		早川 忠孝	51	男	新
21		埼7	(59.76)		小宮山 徹	34	男	新
34					長塚 恒夫	58	男	新
35					榊原 喜広	55	男	新
36					岡田 史一	50	男	新

新進党　1,500,349票　当選人数　6人
1	当			神田 厚	55	男	前
2	当			宮地 正介	56	男	前
3	当			青山 二三	57	女	前
4	当			福留 泰蔵	43	男	前
5	当			二見 伸明	61	男	前
6	当			武山百合子	49	女	前
7				中田 一郎	66	男	新
8				小林 俊博	48	男	新
9				村上 薫	73	男	新
10				梅沢 伸年	62	男	新
11				荒井 武	44	男	新
12				山本 章雄	48	男	新
13				高野 三郎	38	男	新
14				松倉 城久	33	男	新

民主党　965,328票　当選人数　4人
1	当	埼5	(81.47)	枝野 幸男	32	男	前
1	当	茨5	(77.11)	大畠 章宏	49	男	前
1	当	栃2	(75.53)	小林 守	51	男	前
1	当	埼3	(71.11)	細川 律夫	53	男	前
1		埼9	(59.57)	五十嵐ふみひこ	47	男	前
1		埼8	(59.25)	当麻よし子	47	女	新
1		埼10	(58.31)	松崎 哲久	46	男	新
1		栃1	(44.89)	簗瀬 進	46	男	前
1		埼4	(39.21)	石塚 聡	38	男	新
1		群4	(33.90)	中島 政希	43	男	新
1		群3	(33.77)	長沼 広	46	男	新
1		埼7	(30.37)	伊藤雄一郎	33	男	新
1		群1	(28.48)	高橋 仁	31	男	新
1		群5	(26.14)	柴山 美雪	48	女	新
1		埼2	(22.72)	前原 博孝	49	男	新
1		茨1	(21.54)	時崎 雄司	56	男	元

日本共産党　722,792票　当選人数　2人
1	当			金子 満広	71	男	元
2	当	埼7		矢島 恒夫	64	男	前
3		埼6		高村 雅子	49	女	新
4		茨7		小島 修	34	男	新
5				有馬 良一	47	男	新

社会民主党　282,201票　当選人数　1人
1	当	埼6	(24.89)	深田 肇	64	男	新
1		埼7	(11.28)	佐藤 時弘	59	男	新
3				市川 博美	48	男	新

新社会党　81,836票　当選人数　0人
| 1 | 茨6 | (6.66) | 柳沢 雅美 | 41 | 男 | 新 |
| 1 | 埼11 | (6.05) | 新井 勝 | 50 | 男 | 新 |

新党さきがけ　64,350票　当選人数　0人
| 1 | 茨6 | | 中原 恵人 | 26 | 男 | 新 |

自由連合　47,020票　当選人数　0人
1	埼12	(25.45)	門田 俊夫	48	男	新
1	群2	(14.17)	最上 進	55	男	新
1	埼9	(11.43)	石井 健祐	50	男	新
1	埼8	(11.08)	原 武夫	58	男	新
1	埼14	(7.36)	鳥海 裕	36	男	新
1	埼10	(4.48)	和田 敏	44	男	新
1	栃5	(4.40)	井上 和子	64	女	新
1	埼5	(3.36)	阿部 政幸	47	男	新

1		埼2	(3.23)	田村　正敏	49	男	新
1		埼6	(3.05)	石川　八郎	63	男	新
1		埼7	(1.45)	根岸　進	47	男	新

※中島洋次郎（自民）の公職選挙法違反による辞職のため平成11年1月21日小島敏男が繰上当選

第42回衆議院議員選挙　定数20
平成12年（2000年）6月25日実施

自由民主党　　1,924,629票　　当選人数　7人

1	当			中曽根康弘	82	男	前
2	当			森山　真弓	72	女	前
3	当			中山　利生	75	男	前
4	当			尾身　幸次	67	男	前
5	当			増田　敏男	71	男	前
6	当			蓮実　進	67	男	前
7	当			植竹　繁雄	69	男	前
8	選当	茨1		赤城　徳彦			前
8	選当	茨2		額賀福志郎			前
8	選当	茨3		葉梨　信行			前
8	選当	茨4		梶山　弘志			新
8	選当	茨6		丹羽　雄哉			前
8	選当	栃2		西川　公也			前
8	選当	栃3		渡辺　喜美			前
8	選当	栃4		佐藤　勉			前
8	選当	栃5		茂木　敏充			前
8	選当	群1		佐田玄一郎			前
8	選当	群2		笹川　堯			前
8	選当	群3		谷津　義男			前
8	選当	群4		福田　康夫			前
8	選当	群5		小渕　優子			新
8	選当	埼2		新藤　義孝			前
8	選当	埼7		中野　清			前
8	選当	埼9		大野　松茂			前
8	選当	埼10		山口　泰明			前
8	選当	埼12		小島　敏男			前
8	選当	埼14		三ッ林隆志			新
8		埼8	(96.54)	新井　正則	44	男	新
8		茨5	(94.51)	岡部　英男	71	男	前
8		埼11	(87.29)	加藤　卓二	73	男	前
8		栃1	(84.92)	船田　元	46	男	前
8		埼3	(83.14)	今井　宏	58	男	前
8		埼5	(80.75)	福永　信彦	56	男	前
8		埼4	(66.01)	早川　忠孝	54	男	新
35				笹川　博義	33	男	新

民主党　　1,552,220票　　当選人数　5人

1	当			金子善次郎	56	男	新
2	選当	茨5		大畠　章宏			前
2	選当	栃1		水島　広子			新
2	選当	埼1		武正　公一			新
2	選当	埼3		細川　律夫			前
2	選当	埼4		上田　清司			前
2	選当	埼5		枝野　幸男			前
2	選当	埼6		大島　敦			新
2	選当	埼8		木下　厚			新
2	当	栃2	(96.20)	小林　守	55	男	前
2	当	埼12	(84.24)	田並　胤明	67	男	元
2	当	茨3	(80.87)	小泉　俊明	43	男	新
2	当	埼9	(74.45)	五十嵐ふみひこ	51	男	元
2		埼10	(68.07)	松崎　哲久	50	男	新
2		群3	(61.23)	長沼　広	49	男	新
2		埼14	(57.93)	長峯　正之	65	男	新
2		群2	(55.71)	石関　圭	32	男	新
2		群4	(51.90)	中島　政希	46	男	新
2		埼7	(51.33)	田川　秀明	41	男	新
2		埼2	(47.00)	谷口　雅典	34	男	新
2		群1	(45.92)	熊川　次男	69	男	元
2		栃5	(45.17)	福冨　健一	45	男	新
2		埼11	(41.85)	黒田　達也	37	男	新
2		茨6	(40.84)	五十嵐弘子	56	女	新
2		茨2	(40.42)	常井　美治	44	男	新
2		茨1	(40.22)	佐藤　由実	31	女	新
2		栃4	(36.86)	中井　豊	43	男	新

公明党　　793,124票　　当選人数　3人

1	当			石井　啓一	42	男	前
2	当			青山　二三	61	女	前
3	当	埼6		若松　謙維	44	男	前
4				福島　肇	44	男	新
5				佐々木弘道	39	男	新
6				小林　玲子	33	女	新
7				中島　勝広	51	男	新

自由党　　781,818票　　当選人数　2人

1	当	栃4	(57.12)	山岡　賢次	57	男	元
1	当	埼13	(31.51)	武山百合子	52	女	前
1		茨6	(20.77)	二見　伸明	65	男	前
4		埼14	(36.69)	山田　英介	55	男	元
4		茨7	▼	野村　五男	58	男	新
6		埼6	(33.64)	小林　俊博	52	男	新
6		茨5	▼	武藤　博光	38	男	新
6		埼11	▼	大川優美子	53	女	新
9				下村　高明	46	男	新

日本共産党　　672,615票　　当選人数　2人

1	当	埼7		矢島　恒夫	68	男	前
2	当	埼8		塩川　鉄也	38	男	新
3				増子　典男	59	男	新
4		栃1	▼	野村　節子	47	女	新
5		埼6		高村　雅子	53	女	新
6				有馬　良一	50	男	新
7				佐藤　正剛	42	男	新

社会民主党　　518,647票　　当選人数　1人

1	当	埼13	(30.44)	日森　文尋	51	男	新
1		群5	(21.81)	山口　鶴男	74	男	元
1		埼7	▼	高橋　勇	63	男	新

1		埼1	▼	天辰	武夫	55	男 新
1		茨1	▼	高沢	勝一	57	男 新
1		栃1	▼	八木	隆次	35	男 新
7				市川	博美	52	男 新

政党自由連合　　37,767票　　当選人数　0人
1　　　最上　進　58　男　新

第43回衆議院議員選挙　定数20
平成15年(2003年)11月9日実施

民主党　　2,299,620票　　当選人数　8人

1	選当	茨5	大畠 章宏		前
1	選当	埼1	武正 公一		前
1	選当	埼2	石田 勝之		元
1	選当	埼3	細川 律夫		前
1	選当	埼4	神風 英男		新
1	選当	埼5	枝野 幸男		前
1	選当	埼6	大島 敦		前
1	選当	埼7	小宮山泰子		新
1	選当	埼15	高山 智司		新
1	当	埼13	(99.29)	武山百合子	56 女 前
1	当	埼8	(97.82)	木下 厚	59 男 前
1	当	埼9	(90.78)	五十嵐文彦	55 男 前
1	当	茨3	(90.21)	小泉 俊明	46 男 前
1	当	埼10	(85.81)	松崎 哲久	53 男 新
1	当	埼14	(83.43)	中野 譲	36 男 新
1	当	栃4	(83.30)	山岡 賢次	60 男 前
1	当	栃1	(82.83)	水島 広子	35 女 前
1繰	当	埼12	(78.67)	本多 平直	38 男 新
1		群2	(74.67)	石関 圭	36 男 新
1		群3	(73.45)	長沼 広	53 男 新
1		栃2	(62.36)	小林 守	59 男 前
1		茨1	(60.31)	福島 伸享	33 男 新
1		茨6	(57.39)	二見 伸明	68 男 元
1		群1	(52.94)	高橋 仁	38 男 新
1		群4	(48.96)	富岡由紀夫	39 男 新
1		茨7	(45.61)	五十嵐弘子	59 女 新
1		茨2	(43.53)	常井 美治	48 男 新
1		埼11	(42.84)	八木 昭次	32 男 新
1		栃5	(28.19)	中塚 英範	29 男 新

自由民主党　　2,275,223票　　当選人数　8人

1	当		佐田玄一郎	50	男 前
2	当		小島 敏男	63	男 前
3	当		西川 公也	60	男 前
4	当		蓮実 進	70	男 前
5	当		植竹 繁雄	72	男 前
	6	選当	茨1	赤城 徳彦	前
	6	選当	茨2	額賀福志郎	前
	6	選当	茨3	葉梨 康弘	新
	6	選当	茨4	梶山 弘志	前
	6	選当	茨6	丹羽 雄哉	前
	6	選当	茨7	永岡 洋治	前
	6	選当	栃1	船田 元	元
	6	選当	栃4	佐藤 勉	前
	6	選当	栃5	茂木 敏充	前
	6	選当	群1	尾身 幸次	前
	6	選当	群2	笹川 堯	前
	6	選当	群3	谷津 義男	前
	6	選当	群4	福田 康夫	前
	6	選当	群5	小渕 優子	前
	6	選当	埼8	新井 正則	新
	6	選当	埼9	大野 松茂	前
	6	選当	埼10	山口 泰明	前
	6	選当	埼11	小泉 龍司	前
	6	選当	埼13	土屋 品子	前
	6	選当	埼14	三ツ林隆志	前
6	当	埼3	(99.42)	今井 宏	62 男 元
6	当	埼7	(90.54)	中野 清	67 男 前
6	当	埼4	(85.56)	早川 忠孝	58 男 新
6	当	埼2	(79.68)	新藤 義孝	45 男 前
6		茨5	(79.41)	岡部 英明	44 男 新
6		埼5	(63.17)	高橋 秀明	47 男 新
32				中山 一生	40 男 新
33				戸塚 一二	71 男 新
34				佐藤 明男	51 男 新
35				百武 公親	41 男 新

公明党　　857,490票　　当選人数　3人

1	当		石井 啓一	45	男 前
2	当		遠藤 乙彦	56	男 元
3	当		長沢 広明	45	男 新
4			岡本 章	45	男 新

日本共産党　　402,849票　　当選人数　1人

1	当	埼8		塩川 鉄也	41 男 前
2				森原 公敏	54 男 新
3		埼6	▼	元山かよ子	44 女 新
4		茨7	▼	田谷 武夫	52 男 新
5		群4	▼	小笠原真明	54 男 新

社会民主党　　231,140票　　当選人数　0人

1		栃3	(24.38)	松永 昌樹	62 男 新
1		茨4	(24.07)	大嶋 修一	57 男 新
1		群5	(19.11)	浅貝 正雄	61 男 新
1		埼13	▼	日森 文尋	54 男 前
1		埼1	▼	天辰 武夫	58 男 新
1		埼7	▼	市川 博美	55 男 新

※木下厚(民主)の衆院埼玉8区補選立候補のため平成16年4月21日本多平直が繰上当選

第44回衆議院議員選挙　定数20
平成17年(2005年)9月11日実施

自由民主党　　2,892,780票　　当選人数　9人

1	当		尾身 幸次	72	男 前
2	当		西川 公也	62	男 前

衆議院・比例区(北関東)

3	選当	茨1	赤城 徳彦	前			
3	選当	茨2	額賀福志郎	前			
3	選当	茨3	葉梨 康弘	前			
3	選当	茨4	梶山 弘志	前			
3	選当	茨6	丹羽 雄哉	前			
3	選当	栃1	船田 元	前			
3	選当	栃3	渡辺 喜美	前			
3	選当	栃4	佐藤 勉	前			
3	選当	栃5	茂木 敏充	前			
3	選当	群1	佐田玄一郎	前			
3	選当	群2	笹川 堯	前			
3	選当	群3	谷津 義男	前			
3	選当	群4	福田 康夫	前			
3	選当	群5	小渕 優子	前			
3	選当	埼2	新藤 義孝	元			
3	選当	埼3	今井 宏	前			
3	選当	埼4	早川 忠孝	前			
3	選当	埼7	中野 清	前			
3	選当	埼8	柴山 昌彦	前			
3	選当	埼9	大野 松茂	前			
3	選当	埼10	山口 泰明	前			
3	選当	埼11	新井 悦二	新			
3	選当	埼12	小島 敏男	前			
3	選当	埼13	土屋 品子	前			
3	選当	埼14	三ツ林隆志	前			
3	選当	埼15	田中 良生	新			
3	当	埼6	(98.78)	中根 一幸	36	男	新
3	当	埼1	(97.46)	金子善次郎	61	男	元
3	当	茨5	(93.77)	岡部 英明	46	男	新
3	当	茨7	(91.16)	永岡 桂子	51	女	新
3	当	埼5	(88.79)	牧原 秀樹	34	男	新
34	当			中森 福代	55	女	新
35	当			並木 正芳	56	男	元
36繰当				大高 松男	62	男	新
37				佐藤 明男	53	男	新
38				牛込 年秋	59	男	新
39				百武 公親	43	男	新

民主党　　　　2,260,717票　　当選人数　7人

1	選当	茨5	大畠 章宏	前			
1	選当	埼1	武正 公一	前			
1	選当	埼5	枝野 幸男	前			
1	選当	埼6	大島 敦	前			
1	当	群2	(98.57)	石関 貴史	33	男	新
1	当	栃2	(87.59)	福田 昭夫	57	男	新
1	当	埼7	(87.13)	小宮山泰子	40	女	前
1	当	埼4	(83.42)	神風 英男	43	男	前
1	当	埼15	(79.72)	高山 智司	35	男	前
1	当	埼3	(78.43)	細川 律夫	62	男	前
1	当	栃4	(77.31)	山岡 賢次	62	男	前
1		埼2	(75.93)	石田 勝之	50	男	前
1		栃1	(73.13)	水島 広子	37	女	前
1		茨3	(72.68)	小泉 俊明	48	男	前
1		埼14	(71.97)	中野 譲	38	男	前
1		埼9	(69.92)	五十嵐文彦	56	男	前
1		埼13	(68.77)	武山百合子	58	女	前
1		埼10	(66.88)	松崎 哲久	55	男	前
1		埼8	(66.26)	木下 厚	61	男	元
1		埼12	(65.26)	本多 平直	40	男	前
1		群3	(62.80)	柿沼 正明	39	男	新
1		茨1	(60.20)	福島 伸享	35	男	新
1		群1	(57.36)	高橋 仁	40	男	新
1		茨6	(54.38)	川口 良治	40	男	新
1		茨4	(49.05)	高野 守	46	男	新
1		群4	(47.55)	中島 政希	52	男	新
1		茨2	(47.04)	小林 誠	27	男	新
1		栃5	(45.06)	富岡 芳忠	38	男	新
1		栃3	(42.24)	小林 隆	42	男	新
1		茨7	(37.33)	五十嵐弘子	61	女	新
1		埼11	(36.88)	八木 昭次	34	男	新
1		群5	(36.18)	田島 国彦	36	男	新

公明党　　　　937,345票　　当選人数　2人

1	当			石井 啓一	47	男	前
2	当			遠藤 乙彦	58	男	前
3				長沢 広明	47	男	前
4				溝口 三嘉	38	男	新

日本共産党　　477,958票　　当選人数　1人

1	当	埼8		塩川 鉄也	43	男	前
2				森原 公敏	55	男	新
3		埼6	▼	元山佳与子	46	女	新
4		茨1	▼	田谷 武夫	54	男	新

社会民主党　　323,979票　　当選人数　1人

1		群1	▼	土屋 富久	68	男	新
1		栃3	▼	山口 睦子	58	女	新
1		茨3	▼	猿田 玲	27	女	新
4	当			日森 文尋	56	男	元

新党日本　　　294,952票　　当選人数　0人

1				平山 誠	53	男	新

※中森福代(自民)のさいたま市長選立候補のため平成21年5月19日大高松男が繰上当選

第45回衆議院議員選挙　定数20
平成21年(2009年)8月30日実施

民主党　　　　3,172,577票　　当選人数　10人

1	選当	茨1	福島 伸享		新
1	選当	茨2	石津 政雄		新
1	選当	茨3	小泉 俊明		元
1	選当	茨5	大畠 章宏		前
1	選当	茨6	大泉 博子		新
1	選当	栃1	石森 久嗣		新
1	選当	栃2	福田 昭夫		前
1	選当	栃4	山岡 賢次		前
1	選当	群1	宮崎 岳志		新

衆議院・比例区（北関東）

	1	選当	群2	石関 貴史	前		
	1	選当	群3	柿沼 正明	新		
	1	選当	埼1	武正 公一	前		
	1	選当	埼2	石田 勝之	元		
	1	選当	埼3	細川 律夫	前		
	1	選当	埼4	神風 英男	前		
	1	選当	埼5	枝野 幸男	前		
	1	選当	埼6	大島 敦	前		
	1	選当	埼7	小宮山泰子	前		
	1	選当	埼8	小野塚勝俊	新		
	1	選当	埼9	五十嵐文彦	元		
	1	選当	埼10	松崎 哲久	元		
	1	選当	埼12	本多 平直	前		
	1	選当	埼13	森岡洋一郎	新		
	1	選当	埼14	中野 譲	元		
	1	選当	埼15	高山 智司	元		
1	当	茨4	(93.30)	高野 守	50	男	新
1	当	栃5	(91.32)	富岡 芳忠	42	男	新
1	当	群4	(88.49)	三宅 雪子	44	女	新
1	当	茨7	(85.23)	柳田 和己	59	男	新
30	当			川口 浩	54	男	新
31	当			石井 章	52	男	新
32	当			野木 実	67	男	新
33	当			中島 政希	56	男	新
34	当			桑原 功	64	男	新
35	当			玉木 朝子	57	女	新
36				多田 直弘	40	男	新

自由民主党　　1,945,933票　　当選人数　6人

1	当			佐田玄一郎	56	男	前
	2	選当	茨4	梶山 弘志	前		
	2	選当	栃5	茂木 敏充	前		
	2	選当	群5	小渕 優子	前		
2	当	茨2	(97.57)	額賀福志郎	65	男	前
2	当	茨7	(81.24)	永岡 桂子	55	女	前
2	当	埼2	(80.14)	新藤 義孝	51	男	前
2	当	埼8	(79.69)	柴山 昌彦	43	男	前
2	当	栃4	(78.13)	佐藤 勉	57	男	前
2		茨6	(77.23)	丹羽 雄哉	65	男	前
2		埼10	(77.00)	山口 泰明	60	男	前
2		栃1	(76.49)	船田 元	55	男	前
2		埼9	(72.76)	大塚 拓	36	男	前
2		埼12	(71.54)	小島 敏男	69	男	前
2		埼15	(71.07)	田中 良生	45	男	前
2		茨3	(70.23)	葉梨 康弘	49	男	前
2		埼13	(70.13)	土屋 品子	57	女	前
2		埼14	(68.74)	三ツ林隆志	56	男	前
2		埼5	(65.03)	牧原 秀樹	38	男	前
2		埼4	(61.82)	早川 忠孝	63	男	前
2		埼3	(61.73)	今井 宏	68	男	前
2		茨1	(61.20)	赤城 徳彦	50	男	前
2		茨5	(59.37)	岡部 英明	50	男	前
2		栃2	(56.69)	西川 公也	66	男	前

2		埼1	(47.56)	金子善次郎	65	男	前
2		埼6	(45.27)	中根 一幸	40	男	前
2		埼11	(36.27)	新井 悦二	51	男	前
28				並木 正芳	60	男	前
29				大高 松男	66	男	前

公明党　　855,134票　　当選人数　2人

1	当			石井 啓一	51	男	前
2	当			遠藤 乙彦	62	男	前
3				長沢 広明	51	男	元
4				高橋 次郎	42	男	新

みんなの党　　597,025票　　当選人数　1人

	1	選当	栃3	渡辺 喜美	前		
2	当			山内 康一	36	男	前

日本共産党　　471,138票　　当選人数　1人

1	当	埼8		塩川 鉄也	47	男	前
2				綾部 澄子	50	女	新
3		埼4	(19.78)	桜井 晴子	53	女	新
3		埼1	▼	伊藤 岳	49	男	新
3		茨1	▼	田谷 武夫	58	男	新
3		栃1	▼	小池 一徳	48	男	新
3		群1	▼	酒井 宏明	43	男	新
8				片山 和子	33	女	新

社会民主党　　274,030票　　当選人数　0人

1		群5	(34.73)	土屋 富久	72	男	新
1		埼13	▼	日森 文尋	60	男	前
3				松沢 悦子	61	女	新

国民新党　　99,354票　　当選人数　0人

1				中村 公一	49	男	新

新党日本　　68,191票　　当選人数　0人

1				金谷 重男	55	男	新

幸福実現党　　46,867票　　当選人数　0人

1				石川 悦男	51	男	新
2				新井 明	40	男	新
3				緑川 風子	57	女	新
4				堀内 尚人	50	男	新

第46回衆議院議員選挙　定数20
平成24年(2012年)12月16日実施

自由民主党　　1,820,116票　　当選人数　6人

1	選当	茨1	田所 嘉徳	新	
1	選当	茨2	額賀福志郎	前	
1	選当	茨3	葉梨 康弘	元	
1	選当	茨4	梶山 弘志	前	
1	選当	茨6	丹羽 雄哉	元	
1	選当	栃1	船田 元	元	
1	選当	栃2	西川 公也	元	
1	選当	栃4	佐藤 勉	前	
1	選当	栃5	茂木 敏充	前	

衆議院・比例区（北関東）

1	選当	群1	佐田玄一郎				前
1	選当	群2	井野 俊郎				新
1	選当	群3	笹川 博義				新
1	選当	群4	福田 達夫				新
1	選当	群5	小渕 優子				前
1	選当	埼1	村井 英樹				新
1	選当	埼2	新藤 義孝				前
1	選当	埼3	黄川田仁志				新
1	選当	埼4	豊田真由子				新
1	選当	埼6	中根 一幸				元
1	選当	埼7	神山 佐市				新
1	選当	埼8	柴山 昌彦				前
1	選当	埼9	大塚 拓				元
1	選当	埼10	山口 泰明				元
1	選当	埼12	野中 厚				新
1	選当	埼13	土屋 品子				
1	選当	埼14	三ツ林裕巳				新
1	選当	埼15	田中 良生				元
1	当	埼5	(89.88)	牧原 秀樹	41	男	元
1	当	茨5	(84.78)	石川 昭政	40	男	新
1	当	茨7	(73.44)	永岡 桂子	59	女	前
1	当	栃3	(58.21)	簗 和生	33	男	新
1	当	埼11	(46.49)	今野 智博	37	男	新
33	当			新谷 正義	37	男	新
34				佐藤 明男	60	男	新
35				百武 公親	50	男	新
36				下田 彰一	59	男	新

日本維新の会　1,169,781票　当選人数　4人

1	当	群1		上野 宏史	41	男	新
2	当	群2		石関 貴史	40	男	前
3	当	埼14	(85.38)	鈴木 義弘	50	男	新
3	当	埼10	(65.79)	坂本祐之輔	57	男	新
3		埼4	(65.15)	青柳 仁士	34	男	新
3		埼7	(56.59)	矢口 健一	40	男	新
3		埼3	(52.60)	谷古宇勘司	62	男	新
3		群4	(45.62)	宮原田綾香	28	女	新
3		埼8	(42.96)	並木 正芳	63	男	元
3		埼13	(42.49)	中村 匡志	35	男	新
3		茨6	(40.18)	深沢 裕	41	男	新
3		埼6	(39.43)	磯村 健治	63	男	新
3		茨3	(38.54)	前田 善成	45	男	新
3		埼9	(34.20)	浦沢 将	45	男	新
3		茨7	(28.76)	筒井 洋介	33	男	新
3		茨1	(28.61)	海老沢由紀	38	女	新
17				植竹 哲也	42	男	新
18				仲田 大介	30	男	新

民主党　976,922票　当選人数　3人

	1	選当	茨5	大畠 章宏			前
	1	選当	埼5	枝野 幸男			前
1	当	埼6	(99.78)	大島 敦	55	男	前
1	当	栃2	(82.84)	福田 昭夫	64	男	前
1	当	埼1	(79.57)	武正 公一	51	男	前
1		埼4	(75.09)	神風 英男	51	男	前
1		埼3	(66.81)	細川 律夫	69	男	前
1		茨1	(63.86)	福島 伸享	42	男	前
1		埼13	(57.99)	森岡洋一郎	37	男	前
1		栃1	(56.06)	石森 久嗣	50	男	前
1		埼15	(55.71)	高山 智司	42	男	前
1		埼12	(55.31)	本多 平直	48	男	前
1		埼8	(54.34)	小野塚勝俊	40	男	前
1		埼14	(50.62)	中野 譲	45	男	前
1		埼7	(48.83)	島田智哉子	50	女	新
1		埼9	(45.82)	五十嵐文彦	64	男	前
1		埼2	(45.08)	石田 勝之	57	男	前
1		群3	(44.89)	柿沼 正明	47	男	前
1		茨6	(42.97)	大泉 博子	62	女	前
1		茨4	(42.55)	高野 守	53	男	前
1		茨2	(42.07)	石津 政雄	65	男	前
1		群1	(37.03)	宮崎 岳志	42	男	前
1		群2	(22.42)	桑原 功	67	男	前
1		栃4	(20.54)	工藤 仁美	57	女	前
1		群4	(18.59)	青木 和也	25	男	新
1		茨7	▼	柳田 和己	62	男	新
1		埼10	▼	弓削 勇人	39	男	新

公明党　820,358票　当選人数　3人

1	当			石井 啓一	54	男	前
2	当			岡本 三成	47	男	新
3	当			輿水 恵一	50	男	新
4				村上 知己	47	男	新
5				川浦 伸一	38	男	新
6				森 正慶	40	男	新

みんなの党　787,462票　当選人数　2人

1	当			山内 康一	39	男	前
2	当	栃2	(68.18)	柏倉 祐司	43	男	新
2		埼12	(53.79)	永沼 宏之	44	男	新
2		栃1	(50.70)	荒木 大樹	41	男	新
2		埼2	(47.65)	松本 佳和	47	男	新
2		栃4	(44.66)	藤岡 隆雄	35	男	新
2		埼1	(44.10)	日色 隆善	47	男	新
2		埼3	(42.23)	宮瀬 英治	35	男	新
2		埼15	(40.52)	斉藤 裕康	43	男	新
2		栃5	(38.04)	富岡 芳忠	46	男	前
2		埼13	(34.69)	北角 嘉幸	49	男	新
2		茨2	(27.96)	原田 雅也	43	男	新

日本未来の党　387,625票　当選人数　1人

1	当	埼7	(56.57)	小宮山泰子	47	女	前
1		茨3	(41.12)	小泉 俊明	55	男	前
1		埼10	(24.30)	松崎 哲久	62	男	前
1		栃4	(23.97)	山岡 賢次	69	男	前
5				石井 章	55	男	前
6		群3	(40.05)	長谷川嘉一	60	男	新
6		群1	▼	後藤 新	52	男	新
6		埼15	▼	小高真由美	48	女	新

6	埼5	▼	藤島 利久	50	男	新	
6	埼8	▼	西川 浩	55	男	新	
6	埼9	▼	松浦 武志	49	男	新	
6	茨1	▼	武藤 優子	48	女	新	
6	茨6	▼	栗山 天心	54	男	新	
14			駒井 実	71	男	新	

日本共産党　367,245票　当選人数 1人
1	当		塩川 鉄也	50	男	前	
2			梅村 早江子	48	女	新	
3	埼4	(32.87)	桜井 晴子	56	女	新	

社会民主党　118,046票　当選人数 0人
1	群5	(16.78)	小林 人志	61	男	新	
1	埼1	▼	川上 康正	48	男	新	
3			松沢 悦子	64	女	新	

幸福実現党　19,795票　当選人数 0人
1			大門 未来	27	女	新	
2			川辺 賢一	25	男	新	
3			鈴木 純一郎	25	男	新	
4			安永 陽	64	男	新	

第47回衆議院議員選挙　定数20
平成26年(2014年)12月14日実施

自由民主党　2,034,586票　当選人数 8人
1	選当	茨1	田所 嘉徳			前	
1	選当	茨2	額賀 福志郎			前	
1	選当	茨3	葉梨 康弘			前	
1	選当	茨4	梶山 弘志			前	
1	選当	茨6	丹羽 雄哉			前	
1	選当	栃1	船田 元			前	
1	選当	栃3	簗 和生			前	
1	選当	栃4	佐藤 勉			前	
1	選当	栃5	茂木 敏充			前	
1	選当	群1	佐田 玄一郎			前	
1	選当	群2	井野 俊郎			前	
1	選当	群3	笹川 博義			前	
1	選当	群4	福田 達夫			前	
1	選当	群5	小渕 優子			前	
1	選当	埼1	村井 英樹			前	
1	選当	埼2	新藤 義孝			前	
1	選当	埼3	黄川田 仁志			前	
1	選当	埼6	豊田 真由子			前	
1	選当	埼7	神山 佐市			前	
1	選当	埼8	柴山 昌彦			前	
1	選当	埼9	大塚 拓			前	
1	選当	埼10	山口 泰明			前	
1	選当	埼12	野中 厚			前	
1	選当	埼13	土屋 品子			前	
1	選当	埼14	三ツ林 裕巳			前	
1	選当	埼15	田中 良生			前	
1	当	栃2	(99.68)	西川 公也	71	男	前
1	当	埼5	(96.23)	牧原 秀樹	43	男	前
1	当	埼6	(90.74)	中根 一幸	45	男	前
1	当	茨5	(88.53)	石川 昭政	42	男	前
1	当	茨7	(74.25)	永岡 桂子	61	女	前
1	当	埼11	(52.93)	今野 智博	39	男	前
33	当			尾身 朝子	53	女	新
34	当			木村 弥生	49	女	新
35				冨山 ひで子	51	女	新
36				佐藤 明男	62	男	新
37				百武 公親	52	男	新
38				下田 彰一	61	男	新

民主党　1,049,602票　当選人数 4人
1	選当	茨5	大畠 章宏			前	
1	選当	栃2	福田 昭夫			前	
1	選当	埼5	枝野 幸男			前	
1	選当	埼6	大島 敦			前	
1	当	埼7	(82.51)	小宮山 泰子	49	女	前
1	当	群1	(80.51)	宮崎 岳志	44	男	元
1	当	埼1	(78.34)	武正 公一	53	男	前
1	当	茨1	(73.13)	福島 伸享	44	男	元
1		茨6	(71.45)	青山 大人	35	男	新
1		埼3	(70.11)	細川 律夫	71	男	元
1		埼4	(69.94)	神風 英男	53	男	元
1		埼8	(66.26)	小野塚 勝俊	42	男	元
1		埼15	(61.72)	高山 智司	44	男	元
1		群3	(59.03)	長谷川 嘉一	62	男	新
1		栃1	(57.55)	柏倉 祐司	45	男	元
1		埼12	(57.17)	本多 平直	50	男	前
1		栃4	(54.44)	藤岡 隆雄	37	男	新
1		埼13	(49.81)	山内 康一	41	男	前
1		茨4	(43.39)	高野 守	55	男	元
20				山根 隆治	66	男	新
21				野木 実	73	男	元

公明党　868,102票　当選人数 3人
1	当		石井 啓一	56	男	前	
2	当		岡本 三成	49	男	前	
3	当		輿水 恵一	52	男	前	
4			川浦 伸一	40	男	新	

維新の党　816,014票　当選人数 3人
1	当	埼10	(77.92)	坂本 祐之輔	59	男	前
1	当	埼14	(75.97)	鈴木 義弘	52	男	前
1	当	群2	(62.74)	石関 貴史	42	男	前
1		埼9	(54.00)	青柳 仁士	36	男	新
1		茨3	(45.72)	石井 章	57	男	元
6				並木 正芳	65	男	元

日本共産党　686,893票　当選人数 2人
1	当		塩川 鉄也	52	男	前	
2	当		梅村 早江子	50	女	新	
3	茨1		大内 久美子	65	女	新	
4	埼2		奥田 智子	46	女	新	

衆議院・比例区（北関東）　　　　　　　国政選挙総覧

次世代の党　　　　　167,632票　　　当選人数　0人
　1　　　埼12　(79.11)　森田　俊和　40　男　新
　1　　　埼13　　▼　　中村　匡志　37　男　新
　1　　　埼 7　　▼　　根本　千裕　55　男　新

生活の党　　　　　　131,013票　　　当選人数　0人
　1　　　　　　　　　　松崎　哲久　64　男　元

社会民主党　　　　　109,038票　　　当選人数　0人
　1　　　群 5　(20.61)　小林　人志　63　男　新
　1　　　埼 1　　▼　　松本　翔　　29　男　新

幸福実現党　　　　　 24,989票　　　当選人数　0人
　1　　　　　　　　　　小島　一郎　43　男　新
　2　　　　　　　　　　中村　幸樹　50　男　新
　3　　　　　　　　　　佐々木正子　60　女　新
　4　　　　　　　　　　三觜　明美　53　女　新

選挙区・千葉県

第24回衆議院議員選挙
昭和24年(1949年)1月23日実施

【第1区】定数4

	氏名	年齢	性別	党派	新旧	得票
当	佐久間　徹	51	男	民自	新	34,432
当	柳沢　義男	43	男	民自	新	34,325
当	多田　勇	39	男	民自	前	33,883
当	渋谷雄太郎	63	男	民自	前	28,796
	吉川　兼光	48	男	社会	前	27,816
	萩原　中	50	男	共産	新	27,808
	成島　憲子	52	女	民主	前	26,162
	高原　正高	53	男	民自	新	21,349
	渡辺　長松	52	男	民自	新	9,703
	山本　力	49	男	民主	新	6,494
	上田　新三	42	男	国協	新	4,510

【第2区】定数4

	氏名	年齢	性別	党派	新旧	得票
当	山村新治郎	42	男	民自	前	41,533
当	竹尾　弌	54	男	民自	前	31,899
当	寺島隆太郎	38	男	民主	前	28,367
当	仲内　憲治	48	男	民自	前	26,220
	椎名　隆	50	男	民主	新	25,860
	小川　豊明	52	男	労農	新	21,364
	梅田　道之	45	男	民自	新	10,762
	篠塚　県治	36	男	共産	新	8,842
	堀井　実	49	男	社会	新	7,598
	加瀬左武郎	40	男	国協	新	3,856

【第3区】定数5

	氏名	年齢	性別	党派	新旧	得票
当	森　暁	43	男	民自	元	43,391
当	片岡伊三郎	56	男	民自	前	32,510
当	水田三喜男	45	男	民自	前	29,381
当	小高　熹郎	48	男	民自	新	29,050
当	田中　豊	56	男	民主	前	24,517
	福井　順一	41	男	民自	新	22,708
	川崎巳三郎	45	男	共産	新	19,697
	加藤　伴平	54	男	民主	新	17,947
	野老　誠	45	男	労農	前	17,366
	鈴木要太郎	52	男	民主	新	17,325
	富田　照	58	男	民自	前	16,450
	鈴木　績	41	男	民主	新	9,579
	織本　倪	50	男	無所属	新	7,980
	岩瀬　健蔵	43	男	無所属	新	7,110
	石井林之助	47	男	社会	新	5,494
	中村　好郎	43	男	民主	新	4,143
	山本　長蔵	42	男	国協	新	3,894
	植草平八郎	40	男	社革	新	2,549
	五木田　寛	41	男	国協	新	2,028
	江沢　得二	40	男	無所属	新	1,336

第25回衆議院議員選挙
昭和27年(1952年)10月1日実施

【第1区】定数4

	氏名	年齢	性別	党派	新旧	得票
当	吉川　兼光	49	男	右社	元	65,240
当	川島正次郎	62	男	自由	元	36,558
当	臼井　荘一	50	男	改進	新	31,688
当	伊能繁次郎	51	男	自由	新	30,573
	柳沢　義男	45	男	自由	前	25,496
	始関　伊平	45	男	自由	新	25,480
	多田　勇	41	男	自由	前	21,852
	佐久間　徹	53	男	自由	前	18,330
	高原　正高	55	男	自由	新	13,362
	萩原　中	51	男	共産	新	11,780
	篠原　陸朗	69	男	改進	元	9,744
	鈴木　隆	70	男	無所属	元	2,935

【第2区】定数4

	氏名	年齢	性別	党派	新旧	得票
当	山村新治郎	44	男	自由	前	49,660
当	寺島隆太郎	40	男	自由	前	42,191
当	竹尾　弌	55	男	自由	前	34,971
当	小川　豊明	54	男	左社	新	31,690
	椎名　隆	52	男	改進	新	28,712
	仲内　憲治	50	男	自由	前	27,779
	飯田シズカ	31	女	協同	新	3,454
	金親　清	45	男	共産	新	2,622

【第3区】定数5

	氏名	年齢	性別	党派	新旧	得票
当	千葉　三郎	58	男	改進	前	47,465
当	水田三喜男	47	男	自由	前	45,270
当	中村庸一郎	56	男	改進	元	34,708
当	福井　順一	43	男	自由	新	30,563
当	森　清	36	男	自由	新	28,609
	小高　熹郎	50	男	自由	前	27,495
	野老　誠	48	男	左社	元	26,050
	田中　豊	58	男	自由	前	24,687
	小高長三郎	61	男	自由	元	18,306
	片岡伊三郎	58	男	自由	前	17,793
	木島　義夫	63	男	自由	元	15,424
	富田　照	60	男	自由	元	13,142
	織本　倪	52	男	労農	新	4,202
	林　邦美	39	男	共産	新	3,643

第26回衆議院議員選挙
昭和28年(1953年)4月19日実施

【第1区】定数4

	氏名	年齢	性別	党派	新旧	得票
当	吉川　兼光	50	男	右社	前	68,293
当	始関　伊平	46	男	自由鳩	新	41,451
当	川島正次郎	62	男	自由吉	前	37,079
当	臼井　荘一	50	男	改進	前	36,825

	伊能繁次郎	52	男	自由吉	前	35,367
	成島　勇	61	男	改進	元	26,067
	柳沢　義男	45	男	自由吉	元	23,666
	萩原　中	51	男	共産	新	12,324

【第2区】定数4

当	山村新治郎	45	男	自由鳩	前	50,413
当	小川　豊明	55	男	左社	前	39,596
当	竹尾　弌	56	男	自由吉	前	37,817
当	寺島隆太郎	41	男	自由吉	前	37,492
	椎名　隆	52	男	改進	新	30,902
	仲内　憲治	51	男	自由吉	元	25,810
	金親　清	45	男	共産	新	2,685

【第3区】定数5

当	水田三喜男	47	男	自由吉	前	48,443
当	千葉　三郎	59	男	改進	前	48,169
当	森　清	37	男	自由鳩	前	45,326
当	小高　熹郎	50	男	自由鳩	元	37,838
当	中村庸一郎	56	男	改進	前	35,145
	野老　誠	48	男	左社	元	35,057
	小高長三郎	62	男	自由吉	元	35,045
	福井　順一	44	男	自由吉	前	33,846
	中村　好郎	45	男	無所属	新	2,723

第27回衆議院議員選挙
昭和30年(1955年)2月27日実施

【第1区】定数4

当	川島正次郎	64	男	民主	前	59,652
当	吉川　兼光	52	男	右社	前	56,812
当	臼井　荘一	52	男	民主	前	53,296
当	横銭　重吉	40	男	左社	新	39,854
	始関　伊平	47	男	民主	前	38,024
	柳沢　義男	47	男	自由	元	18,195
	多田　勇	43	男	自由	元	16,373
	鈴木　績	45	男	自由	新	9,832

【第2区】定数4

当	山村新治郎	46	男	民主	前	45,092
当	椎名　隆	54	男	民主	新	43,280
当	小川　豊明	56	男	左社	前	30,156
当	竹尾　弌	58	男	自由	前	27,929
	寺島隆太郎	42	男	自由	前	24,770
	仲内　憲治	53	男	自由	元	21,169
	長谷川進一	52	男	右社	新	18,079

【第3区】定数5

当	千葉　三郎	61	男	民主	前	54,777
当	中村庸一郎	58	男	民主	前	42,569
当	水田三喜男	49	男	自由	前	40,290
当	森　清	39	男	民主	前	38,816
当	福井　順一	46	男	自由	元	36,716
	小高　熹郎	52	男	民主	前	34,370
	野老　誠	50	男	右社	元	26,738
	小高長三郎	64	男	自由	元	22,325
	実川　清之	51	男	左社	新	15,262

第28回衆議院議員選挙
昭和33年(1958年)5月22日実施

【第1区】定数4

当	川島正次郎	67	男	自民	前	90,984
当	始関　伊平	51	男	自民	元	83,823
当	吉川　兼光	55	男	社会	前	65,696
当	臼井　荘一	55	男	自民	前	59,604
	横銭　重吉	44	男	社会	前	44,849
	萩原　中	57	男	共産	新	12,685

【第2区】定数4

当	山村新治郎	50	男	自民	前	47,215
当	寺島隆太郎	46	男	自民	元	37,423
当	木倉和一郎	56	男	自民	新	34,897
当	小川　豊明	60	男	社会	前	32,216
	桜井　茂尚	43	男	社会	新	28,431
	椎名　隆	57	男	自民	前	25,561
	小原　美紀	48	男	諸派	新	8,341
	堀内幾三郎	52	男	無所属	新	7,433
	小川安之助	36	男	共産	新	2,755

【第3区】定数5

当	水田三喜男	53	男	自民	前	63,832
当	森　清	42	男	自民	前	63,266
当	実川　清之	54	男	社会	新	59,616
当	福井　順一	49	男	自民	前	55,279
当	千葉　三郎	64	男	自民	前	52,160
	中村庸一郎	61	男	自民	前	39,273
	小松　七郎	52	男	共産	新	3,595
	中村　好郎	50	男	無所属	新	2,339

第29回衆議院議員選挙
昭和35年(1960年)11月20日実施

【第1区】定数4

当	川島正次郎	70	男	自民	前	92,175
当	藤原豊次郎	61	男	社会	新	86,715
当	始関　伊平	53	男	自民	前	64,654
当	臼井　荘一	58	男	自民	前	62,837
	吉川　兼光	58	男	民社	前	50,855
	川崎巳三郎	54	男	共産	新	8,081
	高木　青年	38	男	諸派	新	827

【第2区】定数4

当	伊能繁次郎	59	男	自民	元	49,906
当	小川　豊明	62	男	社会	前	43,126
当	山村新治郎	52	男	自民	前	42,823
当	寺島隆太郎	48	男	自民	前	39,532
	木倉和一郎	58	男	自民	前	31,091
	椎名　隆	60	男	無所属	元	19,899
	小原　美紀	50	男	民社	新	12,007
	佐藤　二郎	35	男	共産	新	2,772

【第3区】定数5

当	水田三喜男	55	男	自民	前	70,556
当	千葉　三郎	66	男	自民	前	59,464

当	中村庸一郎	64	男	自民	元	57,906
当	実川 清之	57	男	社会	前	54,165
当	森 清	45	男	自民	前	48,517
	福井 順一	51	男	自民	前	41,992
	花沢 亨	53	男	民社	新	10,099
	浜田 幸一	32	男	無所属	新	5,783
	松本惣一郎	55	男	共産	新	2,056

第30回衆議院議員選挙
昭和38年(1963年)11月21日実施

【第1区】定数4
当	川島正次郎	73	男	自民	前	101,919
当	吉川 兼光	61	男	民社	元	69,177
当	臼井 荘一	61	男	自民	前	66,689
当	始関 伊平	56	男	自民	前	65,874
	藤原豊次郎	64	男	社会	前	59,053
	木原 実	47	男	社会	新	47,761
	川崎巳三郎	58	男	共産	新	12,671
	高木 俊司	41	男	無所属	新	732
	阿部 十七	30	男	諸派	新	232

【第2区】定数4
当	山村新治郎	55	男	自民	前	69,906
当	桜井 茂尚	48	男	社会	新	44,693
当	伊能繁次郎	62	男	自民	前	39,655
当	寺島隆太郎	51	男	自民	前	38,062
	鎌形 剛	37	男	無所属	新	15,108
	佐藤 二郎	38	男	共産	新	4,424

【第3区】定数5
当	水田三喜男	58	男	自民	前	76,264
当	森 清	48	男	自民	前	74,308
当	千葉 三郎	69	男	自民	前	57,729
当	実川 清之	60	男	社会	前	55,443
当	中村庸一郎	67	男	自民	前	47,245
	岩永 武夫	52	男	無所属	新	13,901
	岩瀬 宝作	53	男	共産	新	3,552

《補選》第30回衆議院議員選挙
昭和39年(1964年)11月16日実施
※寺島隆太郎、山村新治郎の死去による

【第2区】被選挙数2
当	山村新治郎	31	男	自民	新	68,124
当	小川 三男	62	男	社会	新	37,572
	水野 清	39	男	無所属	新	23,792
	山崎 健二	35	男	無所属	新	21,634
	岡田 敏男	51	男	民社	新	21,559
	鎌形 剛	38	男	無所属	新	8,771
	佐藤 二郎	39	男	共産	新	3,287

第31回衆議院議員選挙
昭和42年(1967年)1月29日実施

【第1区】定数4
当	木原 実	50	男	社会	新	120,936
当	川島正次郎	76	男	自民	前	108,388
当	始関 伊平	59	男	自民	前	99,938
当	臼井 荘一	64	男	自民	前	99,298
	上林繁次郎	50	男	公明	新	91,783
	吉川 兼光	64	男	民社	前	85,607
	川崎巳三郎	61	男	共産	新	29,372
	大野 弘忠	33	男	無所属	新	11,181

【第2区】定数4
当	山村新治郎	33	男	自民	前	48,116
当	水野 清	41	男	自民	新	43,581
当	小川 三男	65	男	社会	前	35,003
当	伊能繁次郎	65	男	自民	前	31,775
	桜井 茂尚	52	男	社会	前	30,430
	林 大幹	44	男	無所属	新	29,043
	岡田 敏男	53	男	民社	新	18,534
	佐藤 二郎	41	男	共産	新	4,690

【第3区】定数5
当	水田三喜男	61	男	自民	前	73,827
当	森 清	51	男	自民	前	73,138
当	千葉 三郎	73	男	自民	前	52,181
当	実川 清之	63	男	社会	前	49,945
当	中村庸一郎	70	男	自民	前	46,638
	片岡 文重	61	男	民社	新	20,275
	岩瀬 宝作	36	男	共産	新	6,089
	長谷 長次	63	男	無所属	元	1,340

第32回衆議院議員選挙
昭和44年(1969年)12月27日実施

【第1区】定数4
当	川島正次郎	79	男	自民	前	142,044
当	鳥居 一雄	32	男	公明	新	129,780
当	木原 実	53	男	社会	前	122,744
当	始関 伊平	62	男	自民	前	105,052
	臼井 荘一	67	男	自民	前	104,423
	岡田 敏男	56	男	民社	新	73,416
	川崎巳三郎	64	男	共産	新	53,730
	藤原豊次郎	70	男	諸派	元	8,335

【第2区】定数4
当	伊能繁次郎	68	男	自民	前	56,480
当	水野 清	44	男	自民	前	42,662
当	山村新治郎	36	男	自民	前	42,339
当	鶴岡 洋	37	男	公明	新	31,899
	林 大幹	47	男	無所属	新	31,543
	小川 三男	67	男	社会	前	28,217
	桜井 茂尚	54	男	社会	元	27,673
	佐藤 二郎	44	男	共産	新	6,413
	石毛 藤樹	28	男	無所属	新	2,949

【第3区】定数5
	氏名	年齢	性別	所属	新現元前	得票数
当	浜田 幸一	41	男	自民	新	78,128
当	水田三喜男	64	男	自民	前	62,637
当	森 美秀	50	男	自民	新	58,064
当	千葉 三郎	75	男	自民	前	45,906
当	中村庸一郎	73	男	自民	前	45,523
	吉浦 忠治	43	男	公明	新	43,201
	実川 清之	66	男	社会	前	39,936
	岩瀬 宝作	39	男	共産	新	6,905
	長谷 長次	66	男	無所属	元	441
	小野 盛	60	男	諸派	新	356

第33回衆議院議員選挙
昭和47年(1972年)12月10日実施

【第1区】定数4
	氏名	年齢	性別	所属	新現元前	得票数
当	染谷 誠	54	男	自民	新	167,509
当	木原 実	56	男	社会	前	167,464
当	臼井 荘一	70	男	自民	元	156,816
当	柴田 睦夫	44	男	共産	新	143,076
	鳥居 一雄	35	男	公明	前	140,622
	始関 伊平	65	男	自民	前	113,158
	吉川 成夫	41	男	民社	新	74,345

【第2区】定数4
	氏名	年齢	性別	所属	新現元前	得票数
当	山村新治郎	39	男	自民	前	56,265
当	水野 清	47	男	自民	前	53,242
当	伊能繁次郎	71	男	自民	前	51,096
当	林 大幹	50	男	無所属	新	41,488
	井上 裕	45	男	無所属	新	40,932
	桜井 茂尚	57	男	社会	元	40,205
	鶴岡 洋	40	男	公明	前	28,273
	柊 弘一	39	男	共産	新	9,718
	石毛 藤樹	31	男	無所属	新	1,058

【第3区】定数5
	氏名	年齢	性別	所属	新現元前	得票数
当	浜田 幸一	44	男	自民	前	82,421
当	水田三喜男	67	男	自民	前	75,516
当	金瀬 俊雄	53	男	社会	新	65,837
当	千葉 三郎	78	男	自民	前	55,962
当	森 美秀	53	男	自民	前	50,516
	吉浦 忠治	46	男	公明	新	42,036
	佐久間国重	44	男	無所属	新	38,536
	岩瀬 宝作	42	男	共産	新	13,504
	鈴木 徳夫	47	男	無所属	新	893
	長谷 長次	69	男	無所属	元	442

第34回衆議院議員選挙
昭和51年(1976年)12月5日実施

【第1区】定数4
	氏名	年齢	性別	所属	新現元前	得票数
当	鳥居 一雄	39	男	公明	元	115,868
当	始関 伊平	69	男	自民	元	114,353
当	木原 実	60	男	社会	現	108,226
当	柴田 睦夫	48	男	共産	現	99,718
	臼井 荘一	74	男	自民	現	96,886
	加藤 綾子	46	女	民社	新	66,417
	村上 睦郎	49	男	無所属	新	66,306

【第2区】定数4
	氏名	年齢	性別	所属	新現元前	得票数
当	井上 裕	49	男	無所属	新	59,945
当	宇野 亨	52	男	無所属	新	55,779
当	林 大幹	54	男	自民	現	53,729
当	小川 国彦	43	男	社会	新	53,269
	水野 清	51	男	自民	現	52,086
	山村新治郎	43	男	自民	現	45,157
	鶴岡 洋	44	男	公明	元	36,788
	桜井 恵	49	男	共産	新	12,472

【第3区】定数5
	氏名	年齢	性別	所属	新現元前	得票数
当	水田三喜男	71	男	自民	現	75,739
当	石橋 一弥	54	男	自民	新	68,285
当	吉浦 忠治	50	男	公明	新	62,866
当	浜田 幸一	48	男	自民	現	62,450
当	森 美秀	57	男	自民	現	54,591
繰当	千葉千代世	69	女	社会	新	53,588
	島田 光男	45	男	新自ク	新	47,082
	岩瀬 宝作	46	男	共産	新	16,048

※水田三喜男(自民)死去のため昭和51年12月24日千葉千代世(社会)が繰上当選

【第4区】定数3
	氏名	年齢	性別	所属	新現元前	得票数
当	友納 武人	62	男	自民	新	134,310
当	新村 勝雄	58	男	社会	新	128,120
当	染谷 誠	58	男	自民	現	119,902
	森田 景一	48	男	公明	新	105,225
	高橋 勲	35	男	共産	新	68,330

第35回衆議院議員選挙
昭和54年(1979年)10月7日実施

【第1区】定数4
	氏名	年齢	性別	所属	新現元前	得票数
当	鳥居 一雄	42	男	公明	前	96,988
当	始関 伊平	72	男	自民	前	89,077
当	柴田 睦夫	51	男	共産	前	87,822
当	木原 実	63	男	社会	前	75,059
	泰道 三八	34	男	新自ク	新	71,336
	臼井日出男	40	男	自民	新	67,586
	加藤 綾子	49	女	民社	新	53,690
	石渡 秀男	52	男	無所属	新	18,507
	佐藤 七郎	37	男	諸派	新	2,151
	宮沢 秀雄	62	男	無所属	新	813

【第2区】定数4
	氏名	年齢	性別	所属	新現元前	得票数
当	水野 清	54	男	無所属	元	92,586
当	山村新治郎	46	男	無所属	元	72,155
当	小川 国彦	46	男	社会	前	53,605
当	宇野 亨	55	男	自民	前	53,104
	井上 裕	51	男	自民	前	47,238
	林 大幹	57	男	自民	前	44,992
	桜井 恵	52	男	共産	新	11,233

衆議院・選挙区（千葉県）

【第3区】定数5
	氏名	年齢	性別	党派	新旧	得票数
当	浜田 幸一	51	男	自民	前	70,098
当	池田 淳	60	男	無所属	新	63,902
当	森 美秀	60	男	自民	前	58,902
当	石橋 一弥	57	男	自民	前	54,955
当	中村正三郎	45	男	無所属	新	54,875
	吉浦 忠治	53	男	公明	前	48,391
	辻田 実	46	男	社会	新	37,090
	島田 光男	48	男	新自ク	新	20,865
	岩瀬 宝作	48	男	共産	新	10,671

【第4区】定数3
	氏名	年齢	性別	党派	新旧	得票数
当	森田 景一	51	男	公明	新	110,144
当	染谷 誠	61	男	自民	前	109,377
当	新村 勝雄	61	男	社会	前	104,845
	友納 武人	65	男	自民	前	104,205
	吉野 幸子	54	女	共産	新	53,369
	吉川 武三	37	男	無所属	新	8,031

第36回衆議院議員選挙
昭和55年（1980年）6月22日実施

【第1区】定数4
	氏名	年齢	性別	党派	新旧	得票数
当	泰道 三八	35	男	無所属	新	130,889
当	始関 伊平	73	男	自民	前	122,074
当	臼井日出男	41	男	自民	新	117,288
当	鳥居 一雄	42	男	公明	前	104,777
	木原 実	64	男	社会	前	101,466
	柴田 睦夫	51	男	共産	前	98,196
	下村 保知	58	男	民社	新	46,937
	佐藤 七郎	37	男	諸派	新	2,993
	秋山 高志	28	男	諸派	新	1,964

【第2区】定数4
	氏名	年齢	性別	党派	新旧	得票数
当	水野 清	55	男	自民	前	98,712
当	山村新治郎	47	男	自民	前	81,256
当	小川 国彦	47	男	社会	前	67,128
当	林 大幹	58	男	自民	元	64,179
	桜井 恵	53	男	共産	新	23,205
	二神 能基	37	男	無所属	新	3,901

【第3区】定数5
	氏名	年齢	性別	党派	新旧	得票数
当	石橋 一弥	58	男	自民	前	75,675
当	中村正三郎	45	男	自民	前	68,476
当	池田 淳	61	男	自民	前	67,203
当	森 美秀	60	男	自民	前	63,329
当	吉浦 忠治	53	男	公明	元	56,584
	辻田 実	46	男	社会	新	43,253
	田中 弘子	36	女	共産	新	24,756
	島田 光男	49	男	新自ク	新	24,502
	高橋 哲夫	32	男	無所属	新	2,113

【第4区】定数3
	氏名	年齢	性別	党派	新旧	得票数
当	友納 武人	65	男	自民	元	217,490
当	染谷 誠	62	男	自民	前	136,957
当	新村 勝雄	62	男	社会	前	126,561
	森田 景一	52	男	公明	前	112,820

	吉野 幸子	54	女	共産	新	68,884

第37回衆議院議員選挙
昭和58年（1983年）12月18日実施

【第1区】定数4
	氏名	年齢	性別	党派	新旧	得票数
当	鳥居 一雄	46	男	公明	前	115,920
当	臼井日出男	44	男	自民	前	105,993
当	柴田 睦夫	55	男	共産	元	101,287
当	上野 建一	52	男	社会	新	96,892
	小島 孝之	36	男	民社	新	92,235
	始関 伊平	76	男	自民	前	86,676
	泰道 三八	38	男	自民	前	51,468
	川村 皓章	57	男	無所属	新	22,888

【第2区】定数4
	氏名	年齢	性別	党派	新旧	得票数
当	水野 清	58	男	自民	前	81,602
当	山村新治郎	50	男	自民	前	79,588
当	小川 国彦	50	男	社会	前	73,668
当	林 大幹	61	男	自民	前	51,824
	青柳 敏夫	56	男	無所属	新	27,295
	宇野 裕	26	男	無所属	新	20,038
	関 和夫	51	男	共産	新	13,471
	塚本 靖祐	42	男	無所属	新	2,341

【第3区】定数5
	氏名	年齢	性別	党派	新旧	得票数
当	浜田 幸一	55	男	自民	元	85,327
当	石橋 一弥	61	男	自民	前	67,008
当	森 美秀	64	男	自民	前	58,238
当	吉浦 忠治	57	男	公明	前	58,085
当	中村正三郎	49	男	自民	前	50,552
	辻田 実	50	男	社会	新	45,904
	川上 紀一	64	男	無所属	新	45,605
	池田 淳	65	男	自民	前	38,344
	田中 弘子	39	女	共産	新	18,377

【第4区】定数3
	氏名	年齢	性別	党派	新旧	得票数
当	新村 勝雄	65	男	社会	前	157,658
当	森田 景一	55	男	公明	元	142,291
当	友納 武人	69	男	自民	前	140,966
	染谷 誠	65	男	自民	前	134,072
	吉野 幸子	58	女	共産	新	62,463

第38回衆議院議員選挙
昭和61年（1986年）7月6日実施

【第1区】定数5
	氏名	年齢	性別	党派	新旧	得票数
当	臼井日出男	47	男	自民	前	124,074
当	江口 一雄	48	男	自民	新	119,055
当	鳥居 一雄	48	男	公明	前	114,824
当	岡島 正之	55	男	自民	新	98,276
当	柴田 睦夫	57	男	共産	前	97,900
	上野 建一	55	男	社会	前	92,993
	小島 孝之	38	男	民社	新	88,557
	脇本 和夫	44	男	無所属	新	4,382

衆議院・選挙区（千葉県）

【第2区】定数4
当	水野　　清	61	男	自民	前	101,494
当	山村新治郎	53	男	自民	前	86,838
当	小川　国彦	53	男	社会	前	72,938
当	林　　大幹	64	男	自民	前	61,624
	角田　邦男	43	男	無所属	新	38,260
	関　　和夫	54	男	共産	新	15,197
	宇野　　裕	28	男	無所属	新	14,542

【第3区】定数5
当	浜田　幸一	57	男	自民	前	105,908
当	石橋　一弥	64	男	自民	前	75,275
当	森　　美秀	66	男	自民	前	75,089
当	中村正三郎	51	男	自民	前	66,689
当	吉浦　忠治	59	男	公明	前	61,615
	辻田　　実	52	男	社会	新	54,896
	丹下　敬二	55	男	共産	新	12,146
	細木　久慶	46	男	無所属	新	7,371

【第4区】定数4
当	友納　武人	71	男	自民	前	145,962
当	染谷　　誠	68	男	自民	元	142,752
当	森田　景一	58	男	公明	前	118,546
当	新村　勝雄	68	男	社会	前	105,963
	吉野　幸子	60	女	共産	新	79,864
	岡戸　光雄	48	男	サラ新	新	52,089
	小山善次郎	58	男	民社	新	38,887

第39回衆議院議員選挙
平成2年（1990年）2月18日実施

【第1区】定数5
当	上野　建一	58	男	社会	元	221,216
当	臼井日出男	51	男	自民	前	132,238
当	江口　一雄	52	男	自民	前	127,689
当	鳥居　一雄	52	男	公明	前	109,241
当	岡島　正之	59	男	自民	前	106,202
	柴田　睦夫	61	男	共産	前	97,917
	小島　孝之	42	男	民社	新	76,075
	脇本　和夫	47	男	無所属	新	3,776
	酒井　邦雄	38	男	諸派	新	2,277
	佐藤　真也	28	男	諸派	新	2,187

【第2区】定数4
当	水野　　清	65	男	自民	前	110,328
当	山村新治郎	56	男	自民	前	88,101
当	小川　国彦	57	男	社会	前	86,695
当	林　　大幹	67	男	自民	前	65,307
	清田乃り子	36	女	無所属	新	62,393
	関　　和夫	57	男	共産	新	14,731

【第3区】定数5
当	大木　正吾	67	男	社会	新	101,426
当	森　　英介	41	男	自民	新	88,316
当	浜田　幸一	61	男	自民	前	85,120
当	石橋　一弥	67	男	自民	前	81,460
当	中村正三郎	55	男	自民	前	76,162

	吉浦　忠治	63	男	公明	前	65,301
	佐藤多美雄	41	男	共産	新	12,643

【第4区】定数4
当	井奥　貞雄	51	男	自民	新	159,120
当	狩野　　勝	54	男	自民	新	155,693
当	小岩井　清	54	男	社会	新	154,618
当	新村　勝雄	71	男	社会	前	130,684
	森田　景一	61	男	公明	前	116,390
	吉野　幸子	64	女	共産	新	72,131
	宮田　　修	43	男	無所属	新	19,534
	片岡　顕安	60	男	進歩	新	18,376
	岡戸　光雄	51	男	無所属	新	11,361
	矢田　良彦	36	男	諸派	新	1,275
	遠藤　誠一	29	男	諸派	新	508

第40回衆議院議員選挙
平成5年（1993年）7月18日実施

【第1区】定数5
当	野田　佳彦	36	男	日本新	新	175,671
当	岡島　正之	62	男	新生	前	151,163
当	鳥居　一雄	56	男	公明	前	113,706
当	臼井日出男	54	男	自民	前	108,613
当	志位　和夫	38	男	共産	新	98,297
	江口　一雄	55	男	自民	前	97,277
	吉峯　啓晴	44	男	社会	新	82,633
	渡辺　卓也	29	男	民社	新	22,935
	脇本　和夫	51	男	無所属	新	4,853

【第2区】定数4
当	水野　　清	68	男	自民	前	84,734
当	実川　幸夫	49	男	新生	新	80,554
当	林　　幹雄	46	男	自民	新	67,016
当	須藤　　浩	36	男	日本新	新	44,526
	小川　国彦	60	男	社会	前	42,744
	伊藤　和男	45	男	無所属	新	39,090
	角田　邦男	50	男	無所属	新	30,220
	清田乃り子	40	女	社会	新	29,909
	関　　和夫	61	男	共産	新	15,248
	木内　昭二	38	男	無所属	新	3,740

【第3区】定数5
当	森　　英介	44	男	自民	前	86,670
当	浜田　靖一	37	男	自民	新	82,039
当	大木　正吾	71	男	社会	前	76,417
当	中村正三郎	59	男	自民	前	74,860
当	石橋　一弥	71	男	自民	前	68,600
	熊沢　　高	41	男	共産	新	21,647
	秋山　　建	49	男	無所属	新	11,425

【第4区】定数5
当	井奥　貞雄	54	男	新生	前	160,902
当	狩野　　勝	58	男	自民	前	138,563
当	長浜　博行	34	男	日本新	新	134,529
当	富田　茂之	39	男	公明	新	114,258
当	田中　　甲	36	男	さき	新	105,327

	小岩井　清	58	男	社会	前	55,692
	三輪　由美	37	女	共産	新	53,217
	柳田　祥子	59	女	社会	新	44,464
	三ツ松　要	58	男	無所属	新	27,952

第41回衆議院議員選挙

平成8年(1996年)10月20日実施

【第1区】定数1

当	臼井日出男	57	男	自民[比]	前	77,679
	村井　実	53	男	新進	新	40,094
	木田　直子	46	女	民主[比]	新	31,226
	野村　裕	51	男	共産	新	25,612
	半沢　勝男	58	男	新社会	新	5,206
	村田　英保	51	男	自連[比]	新	2,059

【第2区】定数1

当	江口　一雄	59	男	自民[比]	元	75,939
	仲村　和平	59	男	新進	新	60,401
	森島　丈裕	28	男	民主[比]	新	34,172
	天木　繁男	53	男	共産	新	31,862
	川元　辰義	40	男	自連	新	2,320

【第3区】定数1

当	岡島　正之	65	男	新進	前	84,846
	松野　博一	34	男	自民[比]	新	73,254
	千葉　通子	58	女	共産	新	30,691
	竹内　圭司	29	男	民主[比]	新	22,068
	東　三元	43	男	自連[比]	新	1,765

【第4区】定数1

当	田中　昭一	59	男	自民[比]	新	73,792
	野田　佳彦	39	男	新進	前	73,687
	小島　孝之	48	男	民主[比]	新	45,924
	丸山　慎一	40	男	共産	新	37,300

【第5区】定数1

当	田中　甲	39	男	民主[比]	前	67,032
	狩野　勝	61	男	自民[比]	前	62,951
	中津川博郷	47	男	新進	新	43,682
	小沢　剛	66	男	共産	新	25,586
	豊田　勝彦	63	男	新社会	新	7,319
	本橋　千明	39	男	自連[比]	新	1,311

【第6区】定数1

当	渡辺　博道	46	男	自民[比]	新	60,801
比当	生方　幸夫	48	男	民主[比]	新	55,272
	中嶋　誠	47	男	共産[比]	新	31,588
	阿部スミコ	55	女	自連[比]	新	7,352

【第7区】定数1

当	松本　和那	57	男	自民[比]	新	71,306
	宮本　悦朗	48	男	新進	新	53,484
	湯浅　和子	54	女	民主[比]	新	41,980
	若王子博夫	68	男	共産	新	26,242
	今泉　理	42	男	自連[比]	新	2,968

【第8区】定数1

当	桜田　義孝	46	男	自民[比]	新	69,539
	長浜　博行	38	男	新進	前	62,740
	早川　幸彦	55	男	民主[比]	新	40,103
	加藤　英雄	43	男	共産	新	29,884
	松本　英征	53	男	自連	新	2,284

【第9区】定数1

当	実川　幸夫	53	男	新進	前	79,539
	水野　賢一	30	男	自民[比]	新	75,667
	多田　育民	56	男	民主[比]	新	35,211
	関　和夫	64	男	共産	新	28,937

【第10区】定数1

当	林　幹雄	49	男	自民[比]	前	114,010
	須藤　浩	39	男	新進[比]	前	44,408
	一河　普	47	男	共産	新	17,234
	川村　康之	49	男	自連	新	2,854

【第11区】定数1

当	森　英介	48	男	自民[比]	前	116,195
	初谷　幸一	41	男	新進	新	45,894
	飯村　毬子	51	女	共産	新	21,954
	原　直子	32	女	自連	新	4,600

【第12区】定数1

当	浜田　靖一	41	男	自民[比]	前	102,570
	森田　恵	33	男	民主[比]	新	61,083
	川上　謹一	66	男	共産	新	26,149

第42回衆議院議員選挙

平成12年(2000年)6月25日実施

【第1区】定数1

当	臼井日出男	61	男	自民[比]	前	90,358
	北村　哲男	62	男	民主[比]	前	66,378
	小柴　玲子	65	女	共産	新	32,492
	木村美由紀	27	女	自連	新	12,470

【第2区】定数1

当	永田　寿康	30	男	民主[比]	新	82,074
	江口　一雄	62	男	自民[比]	前	73,197
	富田　茂之	46	男	公明[比]	前	47,322
	中村　敏夫	70	男	共産	新	32,216
	工藤　忠次	34	男	自連	新	5,216

【第3区】定数1

当	松野　博一	37	男	自民[比]	新	95,311
	岡島　正之	69	男	保守	前	64,182
	竹内　圭司	32	男	民主[比]	新	53,862
	黒須　康代	39	女	共産	新	27,248
	藤野　正剛	37	男	自連	新	3,725

【第4区】定数1

当	野田　佳彦	43	男	民主[比]	元	116,156
	西尾　憲一	49	男	自民[比]	新	76,067
	石井　正二	55	男	共産[比]	新	44,586
	秋元　豊	62	男	自連	新	8,899

【第5区】定数1

当	田中　甲	43	男	民主[比]	前	100,292
	狩野　勝	65	男	自民[比]	元	80,093
	中嶋　誠	51	男	共産[比]	新	25,409
	藤原　信	68	男	社民[比]	新	18,258

衆議院・選挙区（千葉県）　　　国政選挙総覧

	佐藤 博美	32	男	自連 新	6,610		比当	松野 博一	41	男	自民比前	84,693
【第6区】定数1								金野 光政	55	男	共産 新	8,768
当	生方 幸夫	52	男	民主比前	78,359		【第4区】定数1					
	井奥 貞雄	61	男	自民比前	73,462		当	野田 佳彦	46	男	民主比前	135,522
	湯田 博雄	63	男	共産 新	23,913			長谷川 大	44	男	自民比新	80,051
	島村 善行	53	男	自連比新	15,197			津賀 幸子	55	女	共産 新	27,441
【第7区】定数1							【第5区】定数1					
当	松本 和那	61	男	自民比前	81,252		当	村越 祐民	29	男	民主比新	76,671
	内山 晃	46	男	民主 新	62,292			薗浦健太郎	31	男	自民比新	64,393
	妹尾 七重	57	女	共産 新	31,930			田中 甲	46	男	諸派 前	41,883
	北角 虎男	73	男	社民比新	24,432			黒沢 秀明	65	男	共産 新	13,919
	三角 和雄	42	男	自連比新	9,637		【第6区】定数1					
【第8区】定数1							当	生方 幸夫	56	男	民主比前	83,985
当	長浜 博行	41	男	民主比元	91,220		比当	渡辺 博道	53	男	自民比前	79,161
比当	桜田 義孝	50	男	自民比前	88,065			高橋 妙子	59	女	共産 新	16,485
	高田 保典	61	男	共産 新	23,235		【第7区】定数1					
	佐々木利夫	57	男	社民比新	21,429		当	内山 晃	49	男	民主比新	96,915
	林 秀和	36	男	自連 新	6,294			松本 和巳	38	男	自民比新	83,899
【第9区】定数1								渡部 隆夫	60	男	共産 新	16,481
当	水野 賢一	33	男	自民比前	103,381			宮岡進一郎	62	男	無所属 新	4,485
	須藤 浩	42	男	民主比元	71,184		【第8区】定数1					
	関 和夫	68	男	共産 新	31,671		当	松崎 公昭	60	男	民主比前	100,794
	生方 伸	50	男	自由 新	29,777		比当	桜田 義孝	53	男	自民比前	95,627
	古橋 清	45	男	自連 新	4,733			加藤 英雄	50	男	共産 新	19,117
【第10区】定数1							【第9区】定数1					
当	林 幹雄	53	男	自民比前	126,837		当	水野 賢一	37	男	自民比前	103,199
	黒柳 博司	41	男	民主比新	38,207		比当	須藤 浩	46	男	民主比元	89,057
	高田 範子	47	女	共産 新	25,446			上田 美毎	62	男	共産 新	16,892
	林 秋男	47	男	無所属 新	8,038		【第10区】定数1					
【第11区】定数1							当	林 幹雄	56	男	自民比前	94,946
当	森 英介	51	男	自民比前	135,151			谷田川 元	40	男	無所属 新	81,950
	松本 勝仁	40	男	民主比新	45,465			中沢 健	48	男	民主比新	31,864
	小暮 義雄	41	男	共産 新	23,064			坂本 弘毅	59	男	共産 新	7,595
【第12区】定数1								加瀬 博	72	男	無所属 新	1,539
当	中村正三郎	65	男	自民比前	124,966		【第11区】定数1					
	半田 善三	49	男	民主比前	57,064		当	森 英介	55	男	自民比前	130,863
	鴨志田安代	44	女	共産 新	18,305		比当	長浜 博行	45	男	民主比前	60,296
	村田 英保	55	男	自連 新	12,804			前田 京子	40	女	共産 新	16,358
							【第12区】定数1					
							当	浜田 靖一	48	男	自民比前	115,708

第43回衆議院議員選挙
平成15年（2003年）11月9日実施

							比当	青木 愛	38	女	民主比新	87,522
								鴨志田安代	48	女	共産 新	11,303
【第1区】定数1							【第13区】定数1					
当	田嶋 要	42	男	民主比新	100,838		当	実川 幸夫	60	男	自民比前	81,625
	臼井日出男	64	男	自民比前	89,873		比当	若井 康彦	57	男	民主比新	75,927
	安喰 武夫	45	男	共産 新	14,183			井野 長英	31	男	共産 新	11,435
【第2区】定数1												
当	永田 寿康	34	男	民主比前	111,539							

第44回衆議院議員選挙
平成17年（2005年）9月11日実施

	江口 一雄	66	男	自民比元	93,617							
	中嶋 誠	54	男	共産 新	18,703		【第1区】定数1					
	若松 繁男	62	男	社民比新	6,724		当	臼井日出男	66	男	自民比元	124,292
【第3区】定数1							比当	田嶋 要	43	男	民主比前	105,459
当	岡島 一正	46	男	民主比新	85,610							

| | | 佐々木友樹 | 26 | 男 | 共産 | 新 | 13,443 |

【第2区】定数1
	当	山中 燁子	59	女	自民㊗元	124,261
	比当	永田 寿康	36	男	民主㊗前	112,943
		佐藤 健	57	男	共産 新	16,497
		若松 繁男	64	男	社民㊗新	8,772
		脇本 和夫	63	男	無所属 新	2,401

【第3区】定数1
	当	松野 博一	42	男	自民㊗前	108,937
		岡島 一正	47	男	民主㊗前	85,707
		金野 光政	57	男	共産 新	9,957

【第4区】定数1
	当	野田 佳彦	48	男	民主㊗前	129,834
	比当	藤田 幹雄	36	男	自民㊗新	128,890
		仁木 利則	53	男	共産 新	24,138
		永野 耕士	57	男	無所属 新	6,311

【第5区】定数1
	当	薗浦健太郎	33	男	自民㊗新	132,691
		村越 祐民	31	男	民主㊗前	94,528
		師岡 徹	30	男	共産 新	18,227

【第6区】定数1
	当	渡辺 博道	55	男	自民㊗前	112,397
		生方 幸夫	57	男	民主㊗前	82,636
		高橋 妙子	61	女	共産 新	17,323

【第7区】定数1
	当	松本 和巳	40	男	自民㊗新	118,801
	比当	内山 晃	51	男	民主㊗前	104,630
		徳増記代子	52	女	共産 新	18,658

【第8区】定数1
	当	桜田 義孝	55	男	自民㊗前	128,659
		松崎 公昭	62	男	民主㊗前	99,204
		高橋 敏	48	男	共産 新	16,588
		今井 洋一	47	男	無所属 新	3,614

【第9区】定数1
	当	水野 賢一	39	男	自民㊗前	140,838
		須藤 浩	48	男	民主㊗前	79,514
		小倉 忠平	44	男	共産 新	16,307
		中原 英雄	65	男	国民 新	10,746

【第10区】定数1
	当	林 幹雄	58	男	自民㊗前	128,174
		谷田川 元	42	男	民主㊗新	89,183
		坂本 弘毅	61	男	共産 新	10,414

【第11区】定数1
	当	森 英介	57	男	自民㊗前	145,176
		土屋 正秀	39	男	民主㊗新	70,589
		小林 周二	60	男	共産 新	15,968

【第12区】定数1
	当	浜田 靖一	49	男	自民㊗前	143,780
		青木 愛	40	女	民主㊗前	92,611
		鴨志田安代	50	男	共産 新	13,129

【第13区】定数1
| | 当 | 実川 幸夫 | 61 | 男 | 自民㊗前 | 106,994 |
| | | 若井 康彦 | 59 | 男 | 民主㊗前 | 75,909 |

| | | 井野 長英 | 33 | 男 | 共産 | 新 | 13,756 |

《補選》第44回衆議院議員選挙
平成18年(2006年) 4月23日実施
※松本和巳の辞職による

【第7区】被選挙数1
	当	太田 和美	26	女	民主 新	87,046
		斎藤 健	46	男	自民 新	86,091
		徳増記代子	53	女	共産 新	14,274
		宮岡進一郎	64	男	無所属 新	1,530
		小林 崇徳	63	男	無所属 新	681

第45回衆議院議員選挙
平成21年(2009年) 8月30日実施

【第1区】定数1
	当	田嶋 要	47	男	民主㊗前	142,694
		臼井 正一	34	男	自民㊗新	94,820
		安喰 武夫	51	男	共産 新	12,540
		階 一喜	45	男	諸派 新	1,644

【第2区】定数1
	当	黒田 雄	50	男	民主㊗新	153,745
		山中 燁子	63	女	自民㊗前	89,311
		小倉 忠平	48	男	共産㊗新	22,052
		矢代 智康	35	男	諸派 新	4,174

【第3区】定数1
	当	岡島 一正	51	男	民主㊗元	112,035
	比当	松野 博一	46	男	自民㊗前	85,777
		古川 裕三	27	男	諸派 新	4,210

【第4区】定数1
	当	野田 佳彦	52	男	民主㊗前	162,153
		藤田 幹雄	40	男	自民㊗前	85,425
		野屋敷いとこ	58	女	みんな 新	28,280
		斉藤 和子	34	女	共産㊗新	23,050
		山中宏一郎	41	男	諸派 新	3,403

【第5区】定数1
	当	村越 祐民	35	男	民主㊗元	127,588
		薗浦健太郎	37	男	自民㊗前	83,422
		田中 甲	52	男	みんな㊗元	42,379
		佐高 芳行	40	男	諸派 新	3,045

【第6区】定数1
	当	生方 幸夫	61	男	民主㊗元	108,270
		渡辺 博道	59	男	自民㊗前	72,401
		小平 由紀	47	女	みんな 新	15,063
		山崎 温之	57	男	共産 新	12,427
		松本 和巳	44	男	無所属 元	9,204
		三島佳代子	50	女	諸派 新	1,857

【第7区】定数1
	当	内山 晃	55	男	民主㊗前	125,647
	比当	斎藤 健	50	男	自民㊗新	104,262
		上田 恵子	42	女	社民㊗新	23,086
		牧野 正彦	54	男	諸派 新	3,140

衆議院・選挙区（千葉県）　　　国政選挙総覧

【第8区】定数1					
当	松崎　公昭	65	男	民主㊣元	138,923
	桜田　義孝	59	男	自民㊣前	97,007
	加藤　英雄	56	男	共産㊣新	19,378
	森　　泰子	59	女	諸派　新	4,052
【第9区】定数1					
当	奥野総一郎	45	男	民主㊣元	136,932
	水野　賢一	43	男	自民㊣前	101,734
	波田野辰雄	69	男	無所属新	7,651
	伊藤　純子	55	女	諸派　新	4,707
【第10区】定数1					
当	谷田川　元	46	男	民主㊣新	118,564
比当	林　　幹雄	62	男	自民㊣前	107,745
	金井　貴雄	38	男	諸派　新	3,158
【第11区】定数1					
当	森　　英介	61	男	自民㊣前	116,937
比当	金子　健一	51	男	民主㊣新	112,707
	久我　　司	36	男	諸派　新	5,489
【第12区】定数1					
当	浜田　靖一	53	男	自民㊣前	134,298
比当	中後　　淳	39	男	民主㊣新	114,921
	田辺丈太郎	29	男	諸派　新	3,687
【第13区】定数1					
当	若井　康彦	63	男	民主㊣元	118,062
	実川　幸夫	65	男	自民㊣前	80,573
	石井　裕朗	42	男	諸派　新	4,293
	橘　　謙造	60	男	無所属新	4,127

第46回衆議院議員選挙
平成24年（2012年）12月16日実施

【第1区】定数1					
当	田嶋　　要	51	男	民主㊣前	76,914
比当	門山　宏哲	48	男	自民㊣新	69,927
比当	田沼　隆志	36	男	維新㊣新	44,668
	西野　元樹	38	男	みんな新	27,089
	寺尾　　賢	36	男	共産　新	13,102
【第2区】定数1					
当	小林　鷹之	38	男	自民㊣新	100,551
	中田　敏博	44	男	維新㊣新	54,123
	樋口　博康	53	男	民主㊣新	46,883
	黒田　　雄	53	男	未来㊣前	30,122
	入沢　俊行	35	男	共産　新	17,604
【第3区】定数1					
当	松野　博一	50	男	自民㊣前	80,710
	岡島　一正	55	男	未来㊣前	31,161
	小林　　隆	49	男	維新㊣新	30,565
	青山明日香	30	女	民主㊣新	28,979
	石川　　正	67	男	共産　新	9,298
	井上由紀子	62	女	無所属新	1,723
【第4区】定数1					
当	野田　佳彦	55	男	民主㊣前	163,334
	藤田　幹雄	44	男	自民㊣元	72,187

	三宅　雪子	47	女	未来㊣前	28,187
	斉藤　和子	38	女	共産㊣新	21,459
【第5区】定数1					
当	薗浦健太郎	40	男	自民㊣元	81,772
	村越　祐民	38	男	民主㊣前	51,206
	木村　長人	48	男	維新㊣新	39,653
	渡辺　耕士	57	男	みんな㊣新	28,707
	相原　史乃	38	女	未来㊣前	14,913
	浅野　史子	42	女	共産　新	12,583
	赤塚　裕彦	54	男	無所属新	2,770
【第6区】定数1					
当	渡辺　博道	62	男	自民㊣元	69,689
比当	生方　幸夫	65	男	民主㊣前	46,331
	遠藤　宣彦	49	男	維新㊣元	29,956
	鴈野　　聡	43	男	みんな新	24,350
	三輪　由美	57	女	共産　新	13,511
	白石　純子	50	女	未来㊣新	13,139
【第7区】定数1					
当	斎藤　　健	53	男	自民㊣前	104,839
	林　　千勝	51	男	維新㊣新	29,665
	中沢　　健	57	男	民主㊣新	28,970
	内山　　晃	58	男	未来㊣前	24,216
	石塚　貞通	45	男	みんな新	22,999
	渡部　隆夫	69	男	共産　新	12,080
	村上　克子	73	女	社民㊣新	6,096
【第8区】定数1					
当	桜田　義孝	62	男	自民㊣元	93,882
	松崎　公昭	69	男	民主㊣前	56,831
	山本　幸治	41	男	みんな新	44,532
	姫井由美子	53	女	未来㊣新	18,846
	武石　英紀	62	男	共産　新	14,914
【第9区】定数1					
当	秋本　真利	37	男	自民㊣新	80,024
比当	奥野総一郎	48	男	民主㊣前	63,422
比当	西田　　譲	37	男	維新㊣新	45,781
	河上　満栄	41	女	未来㊣元	16,616
	木崎　俊行	44	男	共産　新	12,601
	須藤　　浩	55	男	無所属元	6,955
【第10区】定数1					
当	林　　幹雄	65	男	自民㊣前	110,139
	谷田川　元	49	男	民主㊣前	62,690
	笠原　正実	58	男	共産　新	12,230
	有田　恵子	59	女	諸派　新	7,831
【第11区】定数1					
当	森　　英介	64	男	自民㊣前	128,785
	金子　健一	55	男	未来㊣前	48,114
	椎名　史明	55	男	共産　新	21,110
【第12区】定数1					
当	浜田　靖一	57	男	自民㊣前	139,935
	中後　　淳	42	男	未来㊣前	58,491
	米本　展久	61	男	共産　新	16,262
【第13区】定数1					
当	白須賀貴樹	37	男	自民㊣新	75,152

比当	若井　康彦	66	男	民主㊗前	50,666	
比当	椎木　　保	46	男	維新㊗新	40,471	
	佐竹　知之	67	男	共産　新	13,769	
	古川　裕三	30	男	諸派　新	3,134	

第47回衆議院議員選挙
平成26年（2014年）12月14日実施

【第1区】定数1
当	田嶋　　要	53	男	民主㊗前	84,755
比当	門山　宏哲	50	男	自民㊗前	76,937
	田沼　隆志	38	男	次世代前	26,322
	吉田　直義	27	男	共産　新	18,182

【第2区】定数1
当	小林　鷹之	40	男	自民㊗前	118,592
	藤巻　健太	31	男	維新　新	56,479
	小松　　実	66	男	共産　新	43,622

【第3区】定数1
当	松野　博一	52	男	自民㊗前	85,277
	岡島　一正	57	男	生活㊗元	30,238
	青山明日香	32	女	民主　新	29,656
	椛沢　洋平	35	男	共産　新	14,611

【第4区】定数1
当	野田　佳彦	57	男	民主㊗前	119,193
	木村　哲也	45	男	自民㊗新	67,600
比当	斉藤　和子	40	女	共産㊗新	24,275
	西尾　憲一	64	男	無所属新	19,510

【第5区】定数1
当	薗浦健太郎	42	男	自民㊗前	105,941
	村越　祐民	40	男	民主㊗元	57,500
	浅野　史子	44	女	共産　新	28,055
	石田　和男	77	男	無所属新	5,411

【第6区】定数1
当	渡辺　博道	64	男	自民㊗前	77,066

	生方　幸夫	67	男	民主㊗前	50,323	
	三輪　由美	59	女	共産　新	25,242	
	遠藤　宣彦	51	男	次世代㊗元	15,395	

【第7区】定数1
当	斎藤　　健	55	男	自民㊗前	111,030
	石塚　貞通	47	男	維新㊗新	48,651
	渡部　隆夫	71	男	共産　新	27,306
	阿部　治正	60	男	社民㊗新	14,718

【第8区】定数1
当	桜田　義孝	64	男	自民㊗前	98,569
比当	太田　和美	35	女	維新㊗元	69,667
	小野里定良	67	男	共産　新	32,118

【第9区】定数1
当	秋本　真利	39	男	自民㊗前	85,092
比当	奥野総一郎	50	男	民主㊗前	68,564
	西田　　譲	39	男	次世代㊗前	24,039
	鴨志田安代	59	女	共産　新	20,745

【第10区】定数1
当	林　　幹雄	67	男	自民㊗前	97,783
	谷田川元	51	男	民主㊗元	65,809
	笠原　正実	60	男	共産　新	14,049

【第11区】定数1
当	森　　英介	66	男	自民㊗前	110,965
	金子　健一	57	男	生活㊗元	38,783
	椎名　史明	57	男	共産　新	25,997

【第12区】定数1
当	浜田　靖一	59	男	自民㊗前	134,037
	米本　展久	63	男	共産　新	46,397

【第13区】定数1
当	白須賀貴樹	39	男	自民㊗前	96,294
	若井　康彦	68	男	民主　新	64,725
	中川　勝俊	68	男	共産　新	28,147

選挙区・神奈川県

第24回衆議院議員選挙
昭和24年（1949年）1月23日実施

【第1区】定数4
当	春日　正一	42	男	共産　新	57,893
当	松尾トシ子	42	女	社会　前	39,415
当	三浦寅之助	50	男	民自　前	37,017
当	門司　　亮	52	男	社会　前	33,712
	高橋　長治	52	男	民主　前	29,734
	藤木　光雄	48	男	民自　新	27,133
	青木　　巽	57	男	民主　新	26,843
	糸川二一郎	58	男	労農　新	12,592
	伊藤　敏行	47	男	民自　新	8,834
	鳥谷　寅雄	45	男	無所属新	8,656
	碓井　貞義	47	男	無所属新	5,311
	竹田　道二	30	男	無所属新	4,251
	天野　修一	59	男	無所属新	2,379
	高見　天覚	49	男	諸派　新	557

【第2区】定数4
当	今野　武雄	42	男	共産　新	38,250
当	白井　佐吉	52	男	民自　前	33,063
当	永井　要造	60	男	民主　新	28,430
当	土井　直作	49	男	社会　前	28,341
	小暮藤三郎	69	男	民自　前	25,577
	鈴木　角蔵	41	男	民自　新	24,892
	笹口　　晃	45	男	社会　前	22,627
	大久保英俊	33	男	諸派　新	17,918
	中村　聖子	34	女	諸派　新	3,688
	林　　重信	31	男	無所属新	3,668
	森田　安正	41	男	国協　新	3,114

衆議院・選挙区（神奈川県）　　　国政選挙総覧

	上森　子鉄	48	男	無所属	新	2,493
	置鮎　敏宏	48	男	社革	新	1,946
	井上　菊雄	52	男	無所属	新	1,879

【第3区】定数5

当	岡崎　勝男	52	男	民自	新	43,818
当	岩本　信行	54	男	民自	前	39,540
当	小金　義照	51	男	無所属	新	33,788
当	河野　謙三	48	男	民自	新	33,673
当	中西伊之助	62	男	共産	元	31,491
	片山　哲	62	男	社会	前	31,214
	鈴木　雄二	40	男	社会	前	28,605
	佐藤　謙吉	52	男	民自	新	26,553
	添田　良信	49	男	無所属	新	22,233
	萩原　寿雄	53	男	国協	前	17,169
	兼子　一道	45	男	民主	新	8,995
	布施　掏一	37	男	労農	新	3,335
	上木神秀三	47	男	社革	新	662

第25回衆議院議員選挙
昭和27年（1952年）10月1日実施

【第1区】定数4

当	門司　亮	54	男	右社	前	53,748
当	松尾トシ子	45	女	右社	前	44,176
当	高橋　長治	55	男	改進	元	43,816
当	中　助松	48	男	自由	元	43,573
	飛鳥田一雄	37	男	左社	新	43,245
	三浦寅之助	53	男	自由	前	37,862
	米田　吉盛	53	男	改進	元	22,108
	佐久間道夫	59	男	改進	元	20,243
	吉田　セイ	42	女	改進	元	15,417
	金井　芳次	57	男	左社	新	14,199
	川合　武	36	男	自由	新	13,714
	藤木　光雄	51	男	自由	新	13,696
	糸川二一郎	61	男	共産	新	13,412
	松尾　彪五	59	男	無所属	新	2,937
	渡辺　伸	44	男	諸派	新	1,916
	丸田　舜巍	35	男	無所属	新	1,638

【第2区】定数4

当	土井　直作	51	男	右社	前	48,392
当	山本　正一	51	男	自由	元	46,465
当	小泉　純也	48	男	改進	元	46,027
当	志村　茂治	54	男	左社	新	37,882
	野口　喜一	57	男	自由	元	30,696
	野田　武夫	57	男	改進	元	29,509
	笹口　晃	48	男	右社	新	23,706
	今野　武雄	45	男	共産	前	14,458
	松崎　定治	47	男	自由	新	13,289
	杉浦　真徳	46	男	無所属	新	1,413

【第3区】定数5

当	片山　哲	65	男	右社	元	102,838
当	河野　一郎	54	男	自由	元	57,580
当	小金　義照	54	男	自由	前	49,445
当	岩本　信行	57	男	自由	前	40,038
当	岡崎　勝男	55	男	自由	前	36,837
	佐藤　謙吉	55	男	自由	新	35,054
	安藤　覚	53	男	無所属	元	32,241
	内野竹千代	51	男	共産	新	9,954
	坂田　稔	47	男	改進	新	1,929

第26回衆議院議員選挙
昭和28年（1953年）4月19日実施

【第1区】定数4

当	飛鳥田一雄	37	男	左社	新	71,680
当	三浦寅之助	53	男	自由吉	元	59,285
当	門司　亮	54	男	右社	前	54,600
当	中　助松	49	男	自由鳩	前	54,201
	高橋　長治	55	男	改進	前	50,891
	松尾トシ子	45	女	右社	前	48,971
	川合　武	37	男	無所属	新	9,885
	佐藤　一馬	50	男	諸派	新	4,057
	丸田　舜巍	35	男	無所属	新	2,189
	須田　安太	31	男	無所属	新	1,552

【第2区】定数4

当	山本　正一	51	男	自由鳩	前	44,112
当	小泉　純也	49	男	改進	前	42,900
当	志村　茂治	54	男	左社	前	41,574
当	土井　直作	52	男	右社	前	41,048
	野田　武夫	58	男	改進	元	39,537
	鈴木　恭一	54	男	自由吉	新	29,348
	笹口　晃	49	男	右社	元	26,488
	今野　武雄	46	男	共産	元	12,690
	五井　節蔵	63	男	自由吉	新	12,676
	杉浦　真徳	46	男	無所属	新	1,487

【第3区】定数5

当	片山　哲	65	男	右社	前	81,402
当	安藤　覚	53	男	自由鳩	元	51,180
当	河野　一郎	54	男	自由鳩	前	47,774
当	岡崎　勝男	55	男	自由吉	前	46,454
当	小金　義照	55	男	自由吉	前	42,492
	岩本　信行	58	男	自由吉	前	37,034
	森島　守人	57	男	左社	新	26,601
	内野竹千代	51	男	共産	新	7,332
	坂田　稔	48	男	改進	新	3,037
	後藤　帰一	53	男	無所属	新	1,911

第27回衆議院議員選挙
昭和30年（1955年）2月27日実施

【第1区】定数4

当	米田　吉盛	56	男	民主	元	82,275
当	飛鳥田一雄	39	男	左社	前	74,689
当	門司　亮	57	男	右社	前	67,197
当	松尾トシ子	47	女	右社	元	55,591
	小林　正基	50	男	民主	新	52,628

	三浦寅之助	55	男	自由	前	49,957
	春日 正一	48	男	共産	元	26,707
	松尾 彪五	62	男	無所属	新	5,003

【第2区】定数4

	小泉 純也	51	男	民主	前	57,559
当	志村 茂治	56	男	左社	前	55,162
当	野田 武夫	60	男	民主	元	52,791
当	山本 正一	53	男	民主	前	50,037
	土井 直作	54	男	右社	前	49,882
	鈴木 恭一	56	男	自由	新	30,269
	笹口 晃	51	男	右社	元	27,394
	今野 武雄	47	男	共産	元	16,872
	城 千尋	33	男	労農	新	2,324
	杉浦 真徳	48	男	無所属	新	1,720

【第3区】定数5

当	河野 一郎	56	男	民主	前	69,433
当	片山 哲	67	男	右社	前	58,923
当	森島 守人	58	男	左社	新	45,784
当	安藤 覚	55	男	民主	前	43,998
当	小金 義照	56	男	自由	前	42,156
	岩本 信行	59	男	自由	元	39,299
	佐藤 謙吉	57	男	民主	新	38,815
	岡崎 勝男	57	男	自由	前	32,323
	亀井貫一郎	62	男	右社	元	16,496

第28回衆議院議員選挙
昭和33年(1958年)5月22日実施

【第1区】定数4

当	藤山愛一郎	61	男	自民	新	143,101
当	飛鳥田一雄	43	男	社会	前	86,404
当	門司 亮	60	男	社会	前	68,227
当	松尾トシ子	50	女	社会	前	67,436
	米田 吉盛	59	男	自民	前	60,318
	三浦寅之助	58	男	無所属	元	25,898
	春日 正一	51	男	共産	元	23,611
	川合 武	42	男	無所属	新	15,645
	久野 恵司	50	男	無所属	新	1,004

【第2区】定数4

当	土井 直作	57	男	社会	元	77,452
当	中嶋 英夫	37	男	社会	新	74,865
当	小泉 純也	54	男	自民	前	66,699
当	山本 正一	57	男	自民	前	63,159
繰当	野田 武夫	63	男	自民	前	61,837
	志村 茂治	59	男	無所属	前	23,892
	中西 功	47	男	共産	新	16,504
	杉浦 真徳	51	男	無所属	新	2,503

※山本正一(自民)の鎌倉市長選立候補のため昭和33年8月25日野田武夫(自民)が繰上当選

【第3区】定数5

当	森島 守人	62	男	社会	前	64,676
当	河野 一郎	59	男	自民	前	63,265
当	岩本 信行	63	男	自民	元	62,699
当	片山 哲	70	男	社会	前	60,589
当	小金 義照	60	男	自民	前	58,751
	安藤 覚	58	男	自民	前	49,732
	木村 剛輔	40	男	無所属	新	43,391
	内野竹千代	56	男	共産	新	9,793

第29回衆議院議員選挙
昭和35年(1960年)11月20日実施

【第1区】定数4

当	飛鳥田一雄	45	男	社会	前	141,354
当	藤山愛一郎	63	男	自民	前	106,863
当	米田 吉盛	62	男	自民	元	83,072
当	門司 亮	62	男	民社	前	56,513
	松尾トシ子	53	女	民社	前	44,174
	春日 正一	53	男	共産	元	25,925
	小林 正基	55	男	自民	新	21,333
	松尾 彪五	68	男	無所属	新	4,358
	三宮 維信	68	男	無所属	新	467

【第2区】定数4

当	中嶋 英夫	40	男	社会	前	108,160
当	小泉 純也	56	男	自民	前	66,994
当	田川 誠一	42	男	自民	新	65,379
当	野田 武夫	65	男	自民	前	64,595
	土井 直作	60	男	民社	前	53,516
	中西 功	50	男	共産	新	25,273

【第3区】定数5

当	森島 守人	64	男	社会	前	76,255
当	河野 一郎	62	男	自民	前	66,515
当	小金 義照	62	男	自民	前	58,272
当	安藤 覚	61	男	自民	元	56,738
当	片山 哲	73	男	民社	前	48,541
	岩本 信行	65	男	自民	前	48,274
	木村 剛輔	42	男	自民	新	47,886
	内野竹千代	59	男	共産	新	11,281
	河野 孔明	55	男	無所属	新	677

第30回衆議院議員選挙
昭和38年(1963年)11月21日実施

【第1区】定数4

当	藤山愛一郎	66	男	自民	前	126,415
当	門司 亮	65	男	民社	前	107,855
当	野間千代三	44	男	社会	新	104,530
当	大出 俊	41	男	社会	新	101,241
	岡崎 勝男	66	男	自民	元	92,711
	石母田 達	39	男	共産	新	22,005

【第2区】定数4

当	中嶋 英夫	43	男	社会	元	98,492
当	田川 誠一	45	男	自民	前	79,824
当	秋山 徳雄	56	男	社会	新	72,356
当	小泉 純也	59	男	自民	前	71,607
	土井 直作	63	男	民社	元	67,059

	中西　功	53	男	共産	新	37,948
	野田　豊	67	男	自民	新	35,992

【第3区】定数5

当	河野　一郎	65	男	自民	前	98,830
当	平林　剛	42	男	社会	新	61,765
当	安藤　覚	64	男	自民	前	57,215
当	木村　剛輔	45	男	自民	新	53,370
当	小金　義照	65	男	自民	前	52,275
	片山　哲	76	男	民社	前	51,525
	森島　守人	67	男	社会	前	44,506
	戸川猪佐武	39	男	無所属	新	19,871
	兼子　秀夫	50	男	無所属	新	19,540
	内野竹千代	62	男	共産	新	13,652
	深作清次郎	52	男	諸派	新	230

第31回衆議院議員選挙
昭和42年（1967年）1月29日実施

【第1区】定数5

当	藤山愛一郎	69	男	自民	前	171,677
当	大出　俊	44	男	社会	前	114,497
当	伏木　和雄	38	男	公明	新	110,505
当	門司　亮	69	男	民社	前	110,392
当	野間千代三	47	男	社会	前	103,363
	橋中千代蔵	57	男	自民	新	77,111
	石母田　達	42	男	共産	新	43,624
	石井　貞夫	49	男	諸派	新	20,124
	丸田　舜巍	49	男	無所属	新	2,480

【第2区】定数4

当	田川　誠一	48	男	自民	前	110,205
当	曽祢　益	63	男	民社	新	109,229
当	小泉　純也	63	男	自民	前	103,286
当	中嶋　英夫	46	男	社会	前	95,843
	松尾　正吉	51	男	公明	新	93,172
	秋山　徳雄	60	男	社会	前	89,262
	松島松太郎	51	男	共産	新	44,908
	河村　隆一	42	男	無所属	新	5,812
	深作清次郎	55	男	無所属	新	833

【第3区】定数5

当	河野　洋平	30	男	自民	新	106,827
当	河村　勝	51	男	民社	新	91,123
当	加藤　万吉	40	男	社会	新	77,806
当	平林　剛	45	男	社会	前	71,493
当	小浜　新次	51	男	公明	新	68,516
	安藤　覚	67	男	自民	前	67,336
	小金　義照	68	男	自民	前	60,992
	木村　剛輔	49	男	自民	前	52,792
	内野竹千代	65	男	共産	新	22,834

第32回衆議院議員選挙
昭和44年（1969年）12月27日実施

【第1区】定数5

当	伏木　和雄	41	男	公明	前	150,481
当	小此木彦三郎	41	男	自民	新	123,228
当	藤山愛一郎	72	男	自民	前	113,952
当	門司　亮	72	男	民社	前	109,261
当	大出　俊	47	男	社会	前	101,386
	野間千代三	50	男	社会	前	91,714
	石母田　達	45	男	共産	新	79,993

【第2区】定数4

当	松尾　正吉	54	男	公明	新	119,598
当	中嶋　英夫	49	男	社会	前	112,709
当	曽祢　益	66	男	民社	前	108,358
当	田川　誠一	51	男	自民	前	107,429
	小泉純一郎	27	男	自民	新	103,381
	松島松太郎	54	男	共産	新	73,261

【第3区】定数5

当	河野　洋平	32	男	自民	前	100,216
当	小浜　新次	54	男	公明	前	99,341
当	河村　勝	54	男	民社	前	94,558
当	小金　義照	71	男	自民	元	92,466
当	平林　剛	48	男	社会	前	79,859
	甘利　正	55	男	自民	新	68,020
	加藤　万吉	43	男	社会	前	66,321
	増本　一彦	33	男	共産	新	42,557
	安藤　哲	40	男	無所属	新	25,138
	大塚　幸造	45	男	無所属	新	4,973

第33回衆議院議員選挙
昭和47年（1972年）12月10日実施

【第1区】定数5

当	石母田　達	48	男	共産	新	171,623
当	大出　俊	50	男	社会	前	155,571
当	伏木　和雄	44	男	公明	前	148,250
当	藤山愛一郎	75	男	自民	前	145,058
当	小此木彦三郎	44	男	自民	前	122,140
	門司　亮	74	男	民社	前	109,636
	野間千代三	53	男	社会	元	97,652
	石川　弘之	29	男	無所属	新	5,741

【第2区】定数4

当	田川　誠一	54	男	自民	前	139,809
当	岩垂寿喜男	43	男	社会	新	125,221
当	中路　雅弘	46	男	共産	新	125,177
当	小泉純一郎	30	男	自民	新	122,188
	松尾　正吉	57	男	公明	前	117,213
	曽祢　益	69	男	民社	前	97,572

【第3区】定数5

当	河野　洋平	35	男	自民	前	141,448
当	小浜　新次	57	男	公明	前	112,297
当	増本　一彦	36	男	共産	新	107,245

当	平林　　剛	51	男	社会	前	99,440	
当	河村　　勝	57	男	民社	前	97,436	
	甘利　　正	58	男	自民	新	96,592	
	加藤　万吉	46	男	社会	元	93,504	
	小金　義照	74	男	自民	前	79,624	
	山田　　誠	27	男	無所属	新	11,403	

第34回衆議院議員選挙
昭和51年(1976年)12月5日実施

【第1区】定数4
当	工藤　　晃	49	男	新自ク	新	102,390
当	伊藤　　茂	48	男	社会	新	87,790
当	小此木彦三郎	48	男	自民	現	86,685
当	伏木　和雄	48	男	公明	現	85,040
	陶山圭之輔	41	男	共産	新	67,133
	三浦　　隆	46	男	民社	新	64,982
	栗木　伸一	38	男	諸派	新	1,616
	吉川　朝臣	43	男	無所属	新	1,204

【第2区】定数5
当	田川　誠一	58	男	新自ク	現	203,647
当	曽祢　　益	73	男	民社	元	135,658
当	市川　雄一	41	男	公明	新	130,298
当	小泉純一郎	34	男	自民	現	117,698
当	岩垂寿喜男	47	男	社会	現	113,615
	中路　雅弘	50	男	共産	現	107,999
	山本　正治	30	男	諸派	新	3,195
	中岡　　要	65	男	無所属	新	1,720

【第3区】定数3
当	甘利　　正	62	男	新自ク	新	162,029
当	加藤　万吉	49	男	社会	元	112,209
当	戸沢　政方	57	男	自民	新	110,585
	小浜　新次	61	男	公明	現	108,182
	増本　一彦	40	男	共産	現	82,525
	重松九州男	64	男	無所属	新	1,573
	福田喜代徳	43	男	無所属	新	1,077

【第4区】定数4
当	川合　　武	61	男	新自ク	新	145,455
当	大出　　俊	54	男	社会	現	132,473
当	草野　　威	48	男	公明	新	110,497
当	高橋　高望	46	男	民社	新	96,829
	佐藤　一郎	63	男	自民	新	89,324
	石母田　達	52	男	共産	現	88,880

【第5区】定数3
当	河野　洋平	39	男	新自ク	現	161,081
当	河村　　勝	61	男	民社	現	96,649
当	平林　　剛	55	男	社会	現	74,633
	亀井　善之	40	男	自民	新	56,509
	岡村　共栄	34	男	共産	新	45,107

第35回衆議院議員選挙
昭和54年(1979年)10月7日実施

【第1区】定数4
当	伏木　和雄	51	男	公明	前	74,863
当	小此木彦三郎	51	男	自民	前	73,134
当	伊藤　　茂	51	男	社会	前	66,198
当	三浦　　隆	49	男	民社	新	58,568
	陶山圭之輔	44	男	共産	新	56,987
	工藤　　晃	52	男	新自ク	前	45,185
	田上　　等	29	男	社民連	新	9,506
	小杉　秀紀	31	男	諸派	新	1,641

【第2区】定数5
当	市川　雄一	44	男	公明	前	114,768
当	田川　誠一	61	男	新自ク	前	113,977
当	小泉純一郎	37	男	自民	前	105,125
当	中路　雅弘	53	男	共産	元	104,246
当	岩垂寿喜男	50	男	社会	前	103,856
	小川　　泰	56	男	民社	新	94,240
	山本　正治	33	男	諸派	新	4,139
	原　　　洋	33	男	諸派	新	1,562

【第3区】定数3
当	小浜　新次	64	男	公明	元	123,389
当	加藤　万吉	52	男	社会	前	110,137
当	戸沢　政方	60	男	自民	前	100,682
	甘利　　正	64	男	新自ク	前	99,936
	増本　一彦	43	男	共産	元	73,433
	東間　　徹	36	男	諸派	新	2,965

【第4区】定数4
当	大出　　俊	57	男	社会	前	120,285
当	佐藤　一郎	66	男	自民	新	109,800
当	草野　　威	51	男	公明	前	98,317
当	高橋　高望	49	男	民社	前	91,227
	石母田　達	55	男	共産	元	88,018
	川合　　武	64	男	新自ク	前	61,943

【第5区】定数3
当	河野　洋平	42	男	新自ク	前	101,177
当	河村　　勝	64	男	民社	前	88,439
当	亀井　善之	43	男	自民	新	84,234
	平林　　剛	57	男	社会	前	83,517
	岡村　共栄	37	男	共産	新	41,963

第36回衆議院議員選挙
昭和55年(1980年)6月22日実施

【第1区】定数4
当	小此木彦三郎	52	男	自民	前	130,553
当	三浦　　隆	49	男	民社	前	89,125
当	伊藤　　茂	52	男	社会	前	87,094
当	伏木　和雄	51	男	公明	前	84,155
	陶山圭之輔	45	男	共産	新	71,356
	工藤　　晃	53	男	新自ク	元	55,096
	田上　　等	30	男	社民連	新	16,818

衆議院・選挙区（神奈川県）　　　　　国政選挙総覧

	渡辺	恭章	39	男	無所属	新	2,678
	小杉	秀紀	32	男	諸派	新	2,050

【第2区】定数5

当	田川	誠一	62	男	新自ク	前	159,183
当	小泉	純一郎	38	男	自民	前	146,681
当	岩垂	寿喜男	51	男	社会	前	127,275
当	市川	雄一	45	男	公明	前	116,213
当	中路	雅弘	53	男	共産	前	110,879
	小川	泰	57	男	民社	新	107,532
	山田	吉三郎	48	男	自民	新	65,404
	山本	正治	34	男	諸派	新	5,520

【第3区】定数3

当	戸沢	政方	61	男	自民	前	162,054
当	加藤	万吉	53	男	社会	前	131,889
当	甘利	正	65	男	新自ク	元	128,587
	小浜	新次	65	男	公明	前	128,067
	増本	一彦	44	男	共産	元	83,793
	東間	徴	36	男	諸派	新	4,460

【第4区】定数4

当	大出	俊	58	男	社会	前	176,792
当	佐藤	一郎	67	男	自民	前	160,423
当	高橋	高望	49	男	民社	前	122,139
当	草野	威	51	男	公明	前	108,210
	石母田	達	56	男	共産	元	104,195
	新堀	豊彦	48	男	新自ク	新	70,392
	依岡	雄一郎	28	男	諸派	新	2,736

【第5区】定数3

当	亀井	善之	44	男	自民	前	121,494
当	河野	洋平	43	男	新自ク	前	110,268
当	平林	剛	58	男	社会	元	104,838
	河村	勝	64	男	民社	前	98,126
	岡村	共栄	37	男	共産	新	39,387

第37回衆議院議員選挙
昭和58年（1983年）12月18日実施

【第1区】定数4

当	小此木	彦三郎	55	男	自民	前	109,739
当	伊藤	茂	55	男	社会	前	89,736
当	伏木	和雄	55	男	公明	前	84,597
当	三浦	隆	53	男	民社	前	69,956
	鈴木	恒夫	42	男	新自ク	新	68,881
	斎藤	淑子	44	女	共産	新	53,110
	工藤	晃	56	男	無所属	元	7,148

【第2区】定数5

当	田川	誠一	65	男	新自ク	前	146,238
当	市川	雄一	48	男	公明	前	122,233
当	小泉	純一郎	41	男	自民	前	115,274
当	岩垂	寿喜男	54	男	社会	前	115,148
当	小川	泰	60	男	民社	新	110,450
	中路	雅弘	57	男	共産	前	94,876
	河野	鉄雄	51	男	自民	新	50,720
	今野	弘	43	男	無所属	新	7,038

【第3区】定数3

当	橋本	文彦	44	男	公明	新	147,500
当	加藤	万吉	57	男	社会	前	130,501
当	甘利	明	34	男	新自ク	新	125,939
	戸沢	政方	64	男	自民	前	124,766
	増本	一彦	47	男	共産	元	71,463
	重松	九州男	71	男	諸派	新	1,968

【第4区】定数4

当	大出	俊	61	男	社会	前	151,678
当	佐藤	一郎	70	男	自民	前	122,640
当	田中	慶秋	45	男	民社	新	120,428
当	草野	威	55	男	公明	前	120,292
	新堀	豊彦	52	男	新自ク	新	92,241
	小泉	初恵	42	女	共産	新	87,979
	樋口	叔弘	54	男	無所属	新	1,395

【第5区】定数3

当	河村	勝	68	男	民社	元	128,493
当	河野	洋平	46	男	新自ク	前	114,839
当	富塚	三夫	54	男	社会	新	99,202
	亀井	善之	47	男	自民	前	93,669
	岡村	共栄	41	男	共産	新	29,854

第38回衆議院議員選挙
昭和61年（1986年）7月6日実施

【第1区】定数4

当	小此木	彦三郎	58	男	自民	前	136,108
当	伏木	和雄	57	男	公明	前	94,001
当	伊藤	茂	58	男	社会	前	90,147
当	鈴木	恒夫	45	男	新自ク	新	70,793
	三浦	隆	55	男	民社	前	67,838
	斎藤	淑子	46	女	共産	新	57,529

【第2区】定数5

当	小泉	純一郎	44	男	自民	前	167,838
当	市川	雄一	51	男	公明	前	128,381
当	田川	誠一	68	男	新自ク	前	121,641
当	岩垂	寿喜男	57	男	社会	前	117,543
当	中路	雅弘	59	男	共産	元	102,731
	小川	泰	63	男	民社	前	96,557
	河野	鉄雄	53	男	無所属	新	32,270
	原田	義昭	41	男	無所属	新	31,671
	山本	正治	40	男	諸派	新	5,486
	宮崎	欣子	46	女	無所属	新	4,453

【第3区】定数4

当	橋本	文彦	47	男	公明	前	140,930
当	加藤	万吉	59	男	社会	前	136,369
当	甘利	明	36	男	新自ク	前	125,563
当	戸沢	政方	67	男	自民	元	121,846
	藤井	裕久	54	男	自民	新	95,331
	河野	幸司	40	男	共産	新	56,971

【第4区】定数4

当	大出	俊	64	男	社会	前	176,254
当	佐藤	一郎	73	男	自民	前	156,101

当	草野　　威	57	男	公明	前	128,100
当	田中　慶秋	48	男	民社	前	125,661
	小泉　初恵	44	女	共産	新	91,351
	新堀　豊彦	54	男	無所属	新	55,703

【第5区】定数3

当	亀井　善之	50	男	自民	元	145,553
当	河野　洋平	49	男	新自ク	前	125,043
当	河村　　勝	70	男	民社	前	110,197
	富塚　三夫	57	男	社会	前	97,762
	熊田　和武	46	男	共産	新	21,895

第39回衆議院議員選挙
平成2年（1990年）2月18日実施

【第1区】定数4

当	伊藤　　茂	61	男	社会	前	165,254
当	鈴木　恒夫	49	男	自民	前	115,227
当	小此木彦三郎	62	男	自民	前	107,669
当	伏木　和雄	61	男	公明	前	79,859
	三浦　　隆	59	男	民社	元	72,045
	斎藤　淑子	50	女	共産	新	52,589
	木内　　博	33	男	無所属	新	42,984

【第2区】定数5

当	小泉純一郎	48	男	自民	前	168,997
当	田川　誠一	71	男	進歩	前	164,207
当	岩垂寿喜男	60	男	社会	前	162,341
当	市川　雄一	55	男	公明	前	117,601
当	原田　義昭	45	男	自民	新	107,171
	中路　雅弘	63	男	共産	前	86,400
	横山　純子	47	女	無所属	新	83,354
	小川　　泰	67	男	無所属	元	24,600
	山本　正治	44	男	諸派	新	3,904
	葉山　秀俊	45	男	無所属	新	962
	秋山　伸二	27	男	諸派	新	487

【第3区】定数4

当	加藤　万吉	63	男	社会	前	241,995
当	河上　覃雄	43	男	公明	新	137,147
当	甘利　　明	40	男	自民	前	124,931
当	藤井　裕久	57	男	自民	新	113,661
	戸沢　政方	70	男	自民	前	106,512
	河野　幸司	44	男	共産	新	64,612
	中川　智正	27	男	諸派	新	1,445

【第4区】定数4

当	大出　　俊	67	男	社会	前	161,826
当	佐藤謙一郎	42	男	自民	新	152,854
当	池田　元久	49	男	社会	新	152,260
当	草野　　威	61	男	公明	前	113,246
	米田　建三	42	男	自民	新	97,967
	田中　慶秋	51	男	民社	前	85,056
	小泉　初恵	48	女	共産	新	81,858
	青木　勝治	50	男	進歩	新	54,848

【第5区】定数3

当	富塚　三夫	60	男	社会	元	165,584
当	河野　洋平	53	男	自民	前	135,957
当	亀井　善之	53	男	自民	前	132,747
	大石　尚子	53	女	民社	新	89,160
	熊田　和武	49	男	共産	新	22,420

第40回衆議院議員選挙
平成5年（1993年）7月18日実施

【第1区】定数4

当	中田　　宏	28	男	日本新	新	109,070
当	上田　　勇	34	男	公明	新	85,577
当	小此木八郎	28	男	自民	新	81,673
当	伊藤　　茂	65	男	社会	前	77,901
	鈴木　恒夫	52	男	自民	前	67,144
	計屋　圭宏	48	男	新生	新	64,783
	加藤　尚彦	56	男	さき	新	59,750
	斎藤　淑子	53	女	共産	新	40,429
	渡辺　光子	43	女	無所属	新	34,745
	山田　智信	41	男	民社	新	21,220
	鈴木　　純	51	男	無所属	新	2,329

【第2区】定数5

当	永井　英慈	56	男	日本新	新	158,573
当	小泉純一郎	51	男	自民	前	149,269
当	市川　雄一	58	男	公明	前	123,781
当	松沢　成文	35	男	新生	新	118,879
当	岩垂寿喜男	64	男	社会	前	104,033
	中路　雅弘	67	男	共産	元	90,974
	原田　義昭	48	男	自民	前	82,006
	横山　純子	51	女	無所属	新	54,563
	原　　正人	35	男	自民	新	25,082

【第3区】定数5

当	藤井　裕久	61	男	新生	前	132,236
当	甘利　　明	43	男	自民	前	129,149
当	河上　覃雄	47	男	公明	前	105,823
当	加藤　万吉	66	男	社会	前	101,879
当	中島　章夫	57	男	日本新	前	100,032
	横田　光弘	35	男	さき	新	94,084
	河野　幸司	47	男	共産	新	46,343
	門広　繁幸	42	男	自民	新	41,791
	藤村　久子	49	女	無所属	新	41,131

【第4区】定数5

当	佐藤謙一郎	46	男	さき	前	219,330
当	上田　晃弘	41	男	公明	新	114,968
当	米田　建三	45	男	自民	新	106,328
当	土田　龍司	41	男	新生	新	103,757
当	大出　　俊	71	男	社会	前	94,071
	田中　慶秋	55	男	民社	元	91,660
	池田　元久	52	男	社会	前	90,677
	大森　　猛	48	男	共産	新	60,671
	藤村　二生	55	男	無所属	新	5,714

【第5区】定数3

当	河野　洋平	56	男	自民	前	163,505
当	小泉　晨一	45	男	日本新	新	129,609

当	亀井 善之	57	男	自民 前	116,945		
	富塚 三夫	64	男	社会 前	100,233		
	熊田 和武	53	男	共産 新	25,845		

第41回衆議院議員選挙
平成8年(1996年)10月20日実施

【第1区】定数1
当	松本 純	46	男	自民㊡新	55,360
比当	佐藤謙一郎	49	男	民主㊡前	54,494
	岡部 正久	58	男	新進 新	50,684
	田村ミキ子	46	女	共産 新	26,686
	林 由美子	42	女	社民㊡新	22,236

【第2区】定数1
当	菅 義偉	47	男	自民㊡新	70,459
	上田 晃弘	45	男	新進 前	65,905
	大出 彰	45	男	民主㊡新	44,184
	三輪智恵美	42	女	共産 新	30,550
	松永 靖彦	60	男	新社会㊡新	5,855
	叶屋 友基	27	男	自連 新	1,555

【第3区】定数1
当	西川 知雄	47	男	新進 新	60,360
比当	小此木八郎	31	男	自民㊡前	56,700
	加藤 尚彦	59	男	民主㊡新	41,750
	倉崎 武二	67	男	共産 新	27,258
	秋田 信弘	51	男	新社会㊡新	5,426
	沢口 秀真	33	男	自連 新	1,291

【第4区】定数1
当	飯島 忠義	51	男	自民㊡新	46,389
	浅尾慶一郎	32	男	新進 新	38,725
	中島 章夫	60	男	民主㊡前	29,967
	長島 一由	29	男	無所属 新	28,656
	宇都宮寧子	57	女	共産 新	21,681
	高野 良裕	48	男	自連㊡新	19,464

【第5区】定数1
当	田中 慶秋	58	男	新進 元	81,289
	鈴木 一誠	54	男	自民㊡新	58,732
	浅利 治	48	男	民主㊡新	49,369
比当	大森 猛	52	男	共産㊡新	37,263

【第6区】定数1
当	池田 元久	55	男	民主㊡元	60,290
	土田 龍司	44	男	新進 前	55,182
	山東 昭子	54	女	自民㊡新	50,411
	堀野 祐吉	69	男	共産 新	26,316
	大川 敏彦	37	男	自連 新	2,410

【第7区】定数1
当	鈴木 恒夫	55	男	自民㊡元	75,599
	鈴木 照通	38	男	新進 新	54,275
	首藤 信彦	51	男	民主 新	50,365
	高橋 和十	67	男	共産 新	28,811
	計屋 圭宏	51	男	無所属 新	12,258
	宮川 喬	59	男	自連 新	2,120

【第8区】定数1
当	中田 宏	32	男	新進 前	66,313
	松崎 正策	49	男	自民㊡新	39,862
	清水 雅子	52	女	民主 新	34,130
比当	伊藤 茂	68	男	社民㊡前	22,806
	宇野スマ子	61	女	共産 新	19,703
	佐々木健二	31	男	自連 新	1,770

【第9区】定数1
当	松沢 成文	38	男	新進 前	72,147
	小川 栄一	52	男	自民㊡新	50,423
	小西 正典	46	男	民主㊡新	46,782
	藤井 一夫	56	男	共産 新	33,596
	高木 規	26	男	自連 新	2,788

【第10区】定数1
当	永井 英慈	59	男	新進 前	70,276
比当	田中 和徳	47	男	自民㊡新	68,892
比当	中路 雅弘	70	男	共産㊡元	48,488
	柴田 久史	37	男	民主㊡新	35,101
	岩城 伸明	34	男	自連 新	2,406

【第11区】定数1
当	小泉純一郎	54	男	自民 前	118,955
	宮地 忠継	53	男	新進 新	53,523
	吉田 光孝	55	男	共産 新	27,518
	秦 誠一	45	男	自連 新	4,552

【第12区】定数1
当	桜井 郁三	52	男	自民㊡新	51,360
	江崎洋一郎	38	男	新進 新	50,511
	原田 尚武	29	男	民主㊡新	40,523
	桑原 正一	65	男	共産 新	25,143

【第13区】定数1
当	冨沢 篤紘	56	男	新進 新	73,773
比当	甘利 明	47	男	自民㊡前	72,022
	小山 順子	41	女	民主㊡新	32,928
	上田 博之	37	男	共産 新	24,895
	平岡 幸雄	63	男	新社会㊡新	8,413
	清水 正法	52	男	自連㊡新	4,775

【第14区】定数1
当	藤井 裕久	64	男	新進 前	83,010
	中本 太衛	31	男	自民㊡新	52,567
	鈴木 毅	41	男	民主㊡新	51,597
	志賀 紳	60	男	共産 新	33,722
	小池 康修	40	男	自連㊡新	4,038

【第15区】定数1
当	河野 太郎	33	男	自民㊡新	84,723
	池田東一郎	35	男	新進 新	71,426
	富塚 三夫	67	男	民主㊡元	47,506
	山本 一雄	51	男	共産 新	28,820

【第16区】定数1
当	亀井 善之	60	男	自民㊡前	88,325
	寺地 秀己	47	男	新進 新	36,295
	小泉 晨一	49	男	自連㊡前	26,799
	青井 功	48	男	共産 新	21,264

【第17区】定数1
当　河野　洋平　59　男　自民㊡前　105,282
　　露木　順一　40　男　無所属　新　59,005
　　斎藤　尚之　36　男　新進　新　49,419
　　小沢　睦夫　53　男　共産　新　21,572

第42回衆議院議員選挙
平成12年（2000年）6月25日実施

【第1区】定数1
当　佐藤謙一郎　53　男　民主㊡前　91,578
　　松本　純　50　男　自民㊡前　81,245
　　宗形　孝至　55　男　共産　新　28,411
　　飯島　浩史　37　男　自由㊡新　23,783
　　松田　清　51　男　自連　新　3,593
【第2区】定数1
当　菅　義偉　51　男　自民㊡前　95,960
比当　大出　彰　49　男　民主㊡新　93,434
　　湯川　和子　48　女　共産　新　37,485
【第3区】定数1
当　小此木八郎　35　男　自民㊡前　61,016
　　加藤　尚彦　63　男　民主㊡新　55,389
　　西川　知雄　51　男　改革　前　41,429
　　大間知哲哉　41　男　共産　新　29,546
　　蒲池　重徳　53　男　自由㊡新　15,478
　　木村小夜子　50　女　自連　新　5,613
【第4区】定数1
当　大石　尚子　63　女　民主㊡新　73,979
　　飯島　忠義　55　男　自民㊡前　52,468
　　高野　良裕　52　男　自連㊡新　36,528
　　田中　義彦　61　男　共産　新　20,127
　　酒井　文彦　46　男　無所属　新　8,969
　　川上　昌俊　41　男　無所属　新　2,549
　　渥美　和也　42　男　無所属　新　1,896
【第5区】定数1
当　田中　慶秋　62　男　民主㊡前　128,010
　　鈴木　一誠　58　男　自民㊡新　70,343
比当　大森　猛　55　男　共産㊡前　48,146
【第6区】定数1
当　池田　元久　59　男　民主㊡前　77,169
比当　上田　勇　41　男　公明㊡前　52,175
　　佐藤　茂　45　男　無所属　新　45,624
　　藤井美登里　44　女　共産　新　26,355
比当　土田　龍司　48　男　自由㊡元　24,444
【第7区】定数1
当　鈴木　恒夫　59　男　自民㊡前　85,340
比当　首藤　信彦　55　男　民主㊡新　80,189
比当　樋高　剛　34　男　自由㊡新　37,827
　　石原　守　63　男　社民㊡新　29,620
　　佐藤　邦男　44　男　共産　新　26,861
　　早川　浩人　32　男　自連　新　4,697
【第8区】定数1
当　中田　宏　35　男　無会　前　97,402

　　江田　憲司　44　男　自民㊡新　58,787
　　安田　節子　53　女　社民㊡新　21,642
　　相田弥智子　37　女　自由㊡新　19,991
　　大庭　裕子　39　女　共産　新　18,988
　　原田　悦子　37　女　自連　新　1,854
【第9区】定数1
当　松沢　成文　42　男　民主㊡前　122,551
　　小川　栄一　56　男　自民㊡新　64,981
　　井口　真美　39　女　共産　新　39,751
　　舘沢　恵一　49　男　自連　新　5,633
【第10区】定数1
当　田中　和徳　51　男　自民㊡前　94,183
比当　永井　英慈　63　男　民主㊡前　87,775
　　笠木　隆　53　男　共産　新　48,812
　　兼平　健吾　39　男　自連　新　7,180
【第11区】定数1
当　小泉純一郎　58　男　自民　前　157,335
　　沢木　優輔　42　男　民主㊡新　42,707
　　小泉　安司　63　男　共産　新　27,890
【第12区】定数1
当　江崎洋一郎　42　男　民主㊡新　54,237
　　桜井　郁三　56　男　自民㊡前　50,814
　　原田　尚武　32　男　無所属　新　36,414
比当　阿部　知子　52　女　社民㊡新　36,276
　　沼上　常生　42　男　共産　新　15,293
【第13区】定数1
当　甘利　明　50　男　自民　前　114,351
　　冨沢　篤紘　60　男　民主㊡前　86,879
　　長嶋　康夫　64　男　共産　新　20,804
　　千葉　紘代　57　女　社民㊡新　20,695
　　中村　徹　47　男　自連　新　7,040
【第14区】定数1
当　藤井　裕久　68　男　自由　前　71,365
比当　中本　太衛　34　男　自民㊡新　70,195
　　計屋　圭宏　55　男　民主㊡新　58,088
比当　原　陽子　25　女　社民㊡新　39,549
　　奥出　孝子　61　女　共産　新　26,894
【第15区】定数1
当　河野　太郎　37　男　自民㊡前　120,001
　　鈴木　毅　44　男　民主㊡新　56,943
　　山中　悦子　54　女　社民㊡新　39,636
　　三上　正　62　男　共産　新　24,355
　　清水　洋子　41　女　自連　新　12,012
【第16区】定数1
当　亀井　善之　64　男　自民㊡前　99,966
　　山条　隆史　37　男　民主㊡新　53,262
　　酒井　邦男　57　男　共産　新　21,562
　　小泉　晨一　52　男　自連㊡元　16,911
【第17区】定数1
当　河野　洋平　63　男　自民㊡前　140,236
　　ツルネン・マルテイ　60　男　民主㊡新　85,227
　　鈴木新三郎　53　男　共産　新　23,019

衆議院・南関東

《補選》第42回衆議院議員選挙

平成14年（2002年）10月27日実施

※中田宏の退職（横浜市長選立候補）による

【第８区】被選挙数１

当	江田　憲司	46	男	無所属	新	50,671
	山際大志郎	34	男	自民	新	29,267
	折田　明子	27	女	民主	新	19,997
	大森　興治	45	男	無所属	新	13,108
	宗田　裕之	43	男	共産	新	12,129

第43回衆議院議員選挙

平成15年（2003年）11月９日実施

【第１区】定数１

当	松本　　純	53	男	自民[比]	元	111,730
比当	佐藤謙一郎	56	男	民主[比]	前	97,630
	中家　治子	49	女	共産	新	15,331
	林　　貞三	67	男	社民[比]	新	10,243

【第２区】定数１

当	菅　　義偉	54	男	自民[比]	前	115,495
比当	大出　　彰	52	男	民主[比]	前	93,406
	湯川美和子	51	女	共産	新	22,997

【第３区】定数１

当	小此木八郎	38	男	自民[比]	前	91,207
比当	加藤　尚彦	66	男	民主[比]	新	81,996
	大谷　　務	53	男	共産	新	18,867
	和田　　茂	48	男	社民[比]	新	10,158
	山下浩一郎	51	男	無所属	新	4,489

【第４区】定数１

当	大石　尚子	67	女	民主[比]	前	89,515
	林　　　潤	31	男	自民[比]	新	74,267
	馬渡　龍治	46	男	無所属	新	13,706
	林　　伸明	37	男	共産	新	13,473

【第５区】定数１

当	田中　慶秋	65	男	民主[比]	前	123,905
	坂井　　学	38	男	自民[比]	新	91,513
	大森　　猛	59	男	共産[比]	前	30,770

【第６区】定数１

当	上田　　勇	45	男	公明	前	82,269
比当	池田　元久	62	男	民主[比]	前	81,733
	勝又恒一郎	40	男	無所属	新	30,689
	上田　恵子	36	女	社民[比]	新	15,854
	藤井美登里	48	女	共産	新	13,538

【第７区】定数１

当	首藤　信彦	58	男	民主[比]	前	96,479
比当	鈴木　恒夫	62	男	自民[比]	前	93,857
	松阪　雅子	49	女	共産	新	16,796

【第８区】定数１

当	岩国　哲人	67	男	民主[比]	前	80,752
	江田　憲司	47	男	無所属	前	78,782
	吉田　隆嘉	39	男	自民[比]	新	39,434
	山中　栄司	59	男	共産	新	9,801

【第９区】定数１

当	笠　　浩史	38	男	民主[比]	新	78,590
	中港　　拓	34	男	自民[比]	新	57,457
	鴨下　　元	25	男	共産	新	14,409
	小林　武治	61	男	無所属	新	5,696

【第10区】定数１

当	田中　和徳	54	男	自民[比]	前	114,766
比当	計屋　圭宏	58	男	民主[比]	新	89,752
	笠木　　隆	57	男	共産[比]	新	34,003

【第11区】定数１

当	小泉純一郎	61	男	自民	前	174,374
	沢木　優輔	46	男	民主[比]	新	46,290
	瀬戸　和弘	51	男	共産	新	13,632

【第12区】定数１

当	中塚　一宏	38	男	民主[比]	前	75,826
比当	桜井　郁三	59	男	自民[比]	元	73,767
比当	阿部　知子	55	女	社民[比]	前	26,954
	高松みどり	60	女	共産	新	11,280
	鈴木　浩一	31	男	無所属	新	4,617

【第13区】定数１

当	甘利　　明	54	男	自民	前	139,236
	土田　龍司	51	男	民主[比]	前	86,256
	新井　俊次	65	男	共産	新	19,431

【第14区】定数１

当	藤井　裕久	71	男	民主[比]	前	97,214
	中本　太衛	38	男	自民[比]	前	81,794
	原　　陽子	28	女	社民[比]	前	26,508
	藤原　正明	31	男	共産	新	14,915
	箕浦　一雄	70	男	無所属	新	2,134

【第15区】定数１

当	河野　太郎	40	男	自民[比]	前	148,955
	酒井　文彦	50	男	民主[比]	新	76,967
	吉田　貞夫	68	男	共産	新	16,122
	桂　　秀光	47	男	無所属	新	6,674

【第16区】定数１

当	亀井　善之	67	男	自民[比]	前	125,067
	長田　英知	29	男	民主[比]	新	82,967
	桧山　千里	40	女	共産	新	17,877

【第17区】定数１

当	河野　洋平	66	男	自民[比]	前	135,206
	阪口　直人	40	男	民主[比]	新	81,900
	鈴木新三郎	56	男	共産	新	18,690

【第18区】定数１

当	樋高　　剛	37	男	民主[比]	前	64,879
比当	山際大志郎	35	男	自民[比]	新	58,001
	小川　栄一	60	男	無所属	新	15,136
	平田　桂子	35	女	無所属	新	13,267
	宗田　裕之	45	男	共産	新	13,084
	竹村　英明	52	男	社民[比]	新	5,610
	安済　清雄	63	男	無所属	新	875

第44回衆議院議員選挙
平成17年(2005年) 9月11日実施

【第1区】定数1
当	松本　　純	55	男	自民㊡前	161,702
	佐藤謙一郎	58	男	民主㊡前	95,601
	高山　　修	49	男	共産　新	20,216

【第2区】定数1
当	菅　　義偉	56	男	自民㊡前	160,111
	大出　　彰	54	男	民主㊡前	91,723
	板谷みや子	61	女	共産　新	22,284

【第3区】定数1
当	小此木八郎	40	男	自民㊡前	131,831
	加藤　尚彦	68	男	民主㊡前	76,625
	大谷　　務	55	男	共産　新	21,810
	河野　敏久	48	男	日本㊡新	12,537
	山下浩一郎	53	男	無所属新	5,007

【第4区】定数1
当	林　　　潤	32	男	自民㊡新	119,618
	大石　尚子	69	女	民主㊡前	78,326
	高野　良裕	57	男	日本㊡新	15,961
	林　　伸明	39	男	共産　新	13,774

【第5区】定数1
当	坂井　　学	40	男	自民㊡新	151,617
	田中　慶秋	67	男	民主㊡前	114,816
	大森　　猛	60	男	共産㊡元	30,407

【第6区】定数1
当	上田　　勇	47	男	公明　前	123,040
	池田　元久	64	男	民主㊡前	102,429
	佐藤　　清	50	男	共産　新	21,146

【第7区】定数1
当	鈴木　恒夫	64	男	自民㊡前	145,371
	首藤　信彦	60	男	民主㊡前	92,721
	比嘉　常一	46	男	共産　新	16,689

【第8区】定数1
当	江田　憲司	49	男	無所属元	88,098
比当	岩国　哲人	69	男	民主㊡前	78,860
比当	福田　峰之	41	男	自民㊡新	74,399
	山中　栄司	61	男	共産　新	11,578

【第9区】定数1
当	山内　康一	32	男	自民㊡新	86,673
比当	笠　　浩史	40	男	民主㊡前	82,878
	鴨下　　元	27	男	共産　新	16,636

【第10区】定数1
当	田中　和徳	56	男	自民㊡前	160,669
	計屋　圭宏	60	男	民主㊡前	89,025
	笠木　　隆	58	男	共産㊡新	34,971

【第11区】定数1
当	小泉純一郎	63	男	自民　前	197,037
	斎藤　　勁	60	男	民主㊡新	50,551
	瀬戸　和弘	53	男	共産　新	11,377
	天木　直人	58	男	無所属新	7,475
	羽柴　秀吉	55	男	無所属新	2,874

【第12区】定数1
当	桜井　郁三	61	男	自民㊡前	108,898
	中塚　一宏	40	男	民主㊡前	75,865
比当	阿部　知子	57	女	社民㊡前	35,133
	沼上　常生	47	男	共産　新	12,211

【第13区】定数1
当	甘利　　明	56	男	自民　前	174,361
	土田　龍司	53	男	民主㊡元	88,170
	近藤　知昭	56	男	共産　新	22,907

【第14区】定数1
当	赤間　二郎	37	男	自民㊡新	135,719
	藤井　裕久	73	男	民主㊡前	107,608
	藤原　正明	33	男	共産　新	23,064

【第15区】定数1
当	河野　太郎	42	男	自民㊡前	186,770
	勝又恒一郎	42	男	民主㊡新	83,490
	西脇　拓也	28	男	共産　新	22,139

【第16区】定数1
当	亀井　善之	69	男	自民㊡前	159,268
	長田　英知	31	男	民主㊡新	87,991
	桧山　千里	42	女	共産　新	21,504

【第17区】定数1
当	河野　洋平	68	男	自民㊡前	169,825
	阪口　直人	42	男	民主㊡新	89,901
	鈴木新三郎	58	男	共産　新	20,117

【第18区】定数1
当	山際大志郎	37	男	自民㊡前	111,787
	樋高　　剛	39	男	民主㊡前	77,877
	宗田　裕之	46	男	共産　新	18,345

《補選》第44回衆議院議員選挙
平成18年(2006年)10月22日実施
※亀井善之の死去による

【第16区】被選挙数1
当	亀井善太郎	35	男	自民　新	109,464
	後藤　祐一	37	男	民主　新	80,450
	笠木　　隆	60	男	共産　新	9,862

第45回衆議院議員選挙
平成21年(2009年) 8月30日実施

【第1区】定数1
当	中林美恵子	48	女	民主㊡新	135,211
比当	松本　　純	59	男	自民㊡前	117,840
	香西　亮子	35	女	共産　新	18,898
	山本　誠一	37	男	無所属新	9,229

【第2区】定数1
当	菅　　義偉	60	男	自民㊡前	132,270
比当	三村　和也	33	男	民主㊡新	131,722
	高山　　修	53	男	共産　新	20,366

【第3区】定数1
当	岡本　英子	44	女	民主㊡新	125,856

		小此木 八郎	44	男	自民㊗前	89,588
		加藤 正法	40	男	みんな㊗新	20,407
		古谷 靖彦	37	男	共産㊗新	19,419
		山下 浩一郎	57	男	無所属 新	2,279
		徳島 正浩	44	男	諸派 新	2,206

【第4区】定数1

		氏名	年齢	性別	所属	得票
当		長島 一由	42	男	民主㊗新	89,082
比当		浅尾 慶一郎	45	男	みんな㊗新	70,728
		林 潤	36	男	自民㊗前	64,006
		伊藤 航平	27	男	無所属 新	7,270
		小原 真理	49	女	諸派 新	3,505

【第5区】定数1

当		田中 慶秋	71	男	民主㊗元	156,328
		坂井 学	43	男	自民㊗前	116,468
		岩崎 広	62	男	共産 新	29,657
		門守 隆	40	男	諸派 新	4,448

【第6区】定数1

当		池田 元久	68	男	民主㊗前	132,192
		上田 勇	51	男	公明 前	94,941
		藤井 美登里	53	女	共産㊗新	22,464
		寺島 博也	47	男	諸派 新	5,790

【第7区】定数1

当		首藤 信彦	64	男	民主㊗元	157,070
		鈴木 馨祐	32	男	自民㊗前	109,844
		石井 諭	49	男	諸派 新	7,731

【第8区】定数1

当		江田 憲司	53	男	みんな㊗前	128,753
比当		山崎 誠	46	男	民主㊗新	74,544
		福田 峰之	45	男	自民㊗前	54,480
		小島 祐行	39	男	諸派 新	4,246

【第9区】定数1

当		笠 浩史	44	男	民主㊗前	127,219
		中山 展宏	40	男	自民㊗新	49,274
		利根川 武矩	65	男	共産 新	16,239
		須藤 教成	29	男	無所属 新	4,423
		小口 裕嗣	32	男	諸派 新	3,055

【第10区】定数1

当		城島 光力 (城島 正光)	62	男	民主㊗前	152,921
比当		田中 和徳	60	男	自民㊗前	118,641
		笠木 隆	62	男	共産㊗新	33,134
		島崎 隆一	54	男	諸派 新	5,746

【第11区】定数1

当		小泉 進次郎	28	男	自民 新	150,893
比当		横粂 勝仁	27	男	民主㊗新	96,631
		伊東 正子	68	女	共産 新	12,601
		鶴川 晃久	35	男	諸派 新	2,375
		岩田 吉喜	50	男	無所属 新	1,830

【第12区】定数1

当		中塚 一宏	44	男	民主㊗元	110,532
		桜井 郁三	65	男	自民㊗前	69,524
比当		阿部 知子	61	女	社民㊗前	47,538
		渡辺 慈子	61	女	共産 新	11,240

		山田 茂	45	男	諸派 新	2,056

【第13区】定数1

当		橘 秀徳	40	男	民主㊗新	138,104
比当		甘利 明	60	男	自民㊗前	136,164
		近藤 知昭	60	男	共産 新	18,721
		鈴木 千尋	38	男	諸派 新	6,588

【第14区】定数1

当		本村 賢太郎	39	男	民主㊗新	157,644
		赤間 二郎	41	男	自民㊗前	104,631
		赤間 友子	67	女	共産 新	17,844
		石川 雅士	32	男	諸派 新	2,713
		吉田 隆則	57	男	無所属 新	1,737

【第15区】定数1

当		河野 太郎	46	男	自民㊗前	163,470
比当		勝又 恒一郎	46	男	民主㊗新	124,414
		西脇 拓也	32	男	共産 新	15,786
		浜田 勇作	35	男	諸派 新	3,341

【第16区】定数1

当		後藤 祐一	40	男	民主㊗新	167,721
		亀井 善太郎	38	男	自民㊗前	113,341
		住吉 正充	35	男	諸派 新	4,166

【第17区】定数1

当		神山 洋介	34	男	民主㊗新	139,678
		牧島 かれん	32	女	自民㊗新	105,806
		井上 義行	46	男	無所属 新	42,881
		中野 淳子	48	女	諸派 新	4,067

【第18区】定数1

当		樋高 剛	43	男	民主㊗元	110,239
		山際 大志郎	40	男	自民㊗前	82,221
		宗田 裕之	50	男	共産㊗新	15,832
		藤崎 浩太郎	30	男	みんな 新	14,325
		遠山 浩子	36	女	諸派 新	3,209

第46回衆議院議員選挙
平成24年（2012年）12月16日実施

【第1区】定数1

当		松本 純	62	男	自民㊗前	101,238
		中林 美恵子	52	女	民主㊗前	50,927
		松本 孝一	52	男	維新㊗新	41,198
		山下 頼行	39	男	みんな㊗新	36,706
		明石 行夫	53	男	共産 新	15,664

【第2区】定数1

当		菅 義偉	64	男	自民㊗前	138,040
		三村 和也	37	男	民主㊗前	71,302
		児玉 俊明	50	男	共産 新	28,947

【第3区】定数1

当		小此木 八郎	47	男	自民㊗元	85,451
		高橋 真由美	44	女	維新㊗新	39,781
		勝又 恒一郎	50	男	民主㊗前	34,738
		毛呂 武史	44	男	みんな㊗新	32,189
		岡本 英子	48	女	未来㊗前	22,163
		本橋 佳世	39	女	共産 新	16,773

衆議院・選挙区(神奈川県)

【第4区】定数1
当	浅尾慶一郎	48	男	みんな㊗前	100,632
比当	山本　朋広	37	男	自民㊗元	57,542
	荻原　隆宏	42	男	民主㊗新	33,022
	加藤　勝広	68	男	共産　新	15,456

【第5区】定数1
当	坂井　　学	47	男	自民㊗元	107,796
	湯沢　大地	45	男	維新㊗新	46,632
	池田東一郎	51	男	みんな㊗新	43,786
	田中　慶秋	74	男	民主㊗前	30,494
	横山　征吾	41	男	共産　新	19,512
	河野　敏久	56	男	未来㊗新	16,268

【第6区】定数1
当	上田　　勇	54	男	公明　元	82,147
比当	青柳陽一郎	43	男	みんな㊗新	69,511
	池田　元久	71	男	民主㊗前	51,819
	藤井　悦雄	60	男	共産　新	16,369

【第7区】定数1
当	鈴木　馨祐	35	男	自民㊗元	105,920
	田中　朝子	53	女	みんな㊗新	58,380
	首藤　信彦	67	男	民主㊗前	53,958
	山崎　　誠	50	男	未来㊗前	20,743
	比嘉　常一	54	男	共産　新	12,422

【第8区】定数1
当	江田　憲司	56	男	みんな㊗前	127,294
比当	福田　峰之	48	男	自民㊗元	60,643
	伊藤久美子	53	女	民主㊗新	33,769
	釘丸　　進	39	男	共産　新	13,526

【第9区】定数1
当	笠　　浩史	47	男	民主㊗前	67,448
比当	中山　展宏	44	男	自民㊗新	58,370
比当	椎名　　毅	37	男	みんな㊗新	41,454
	堀口　　望	36	男	共産　新	15,773

【第10区】定数1
当	田中　和徳	63	男	自民㊗前	104,994
	城島　光力 (城島　正光)	65	男	民主㊗前	61,255
	久米英一郎	47	男	みんな㊗新	44,493
	石川　輝久	62	男	維新㊗新	44,185
	中野　智裕	54	男	共産　新	25,310

【第11区】定数1
当	小泉進次郎	31	男	自民　前	184,360
	林　公太郎	30	男	民主㊗新	25,134
	斉田　道夫	64	男	共産　新	17,740
	森本　敏秀	64	男	無所属 新	2,131
	岩田　吉喜	54	男	無所属 新	1,489

【第12区】定数1
当	星野　剛士	49	男	自民㊗新	73,476
比当	阿部　知子	64	女	未来㊗前	50,976
	中塚　一宏	47	男	民主㊗前	47,834
	甘粕　和彦	29	男	維新㊗新	32,590
	沼上　常生	54	男	共産　新	10,871

【第13区】定数1
当	甘利　　明	63	男	自民㊗前	111,733
	菅原　直敏	34	男	みんな㊗新	50,826
	太田　祐介	38	男	維新㊗新	43,754
	橘　　秀徳	43	男	民主㊗前	38,637
	宮応　勝幸	69	男	共産　新	15,131

【第14区】定数1
当	赤間　二郎	44	男	自民㊗元	100,494
	本村賢太郎	42	男	民主㊗前	65,832
	中本　太衛	47	男	維新㊗元	39,141
	松本　雅威	41	男	みんな㊗新	27,153
	猪股　ゆり	28	女	共産　新	14,549
	今井　達也	25	男	社民㊗新	6,306

【第15区】定数1
当	河野　太郎	49	男	自民㊗前	192,604
	浅賀　由香	32	女	共産　新	48,198

【第16区】定数1
当	義家　弘介	41	男	自民㊗新	98,958
比当	後藤　祐一	43	男	民主㊗前	90,881
	富山　泰庸	41	男	維新㊗新	38,058
	池田　博英	50	男	共産　新	15,494

【第17区】定数1
当	牧島かれん	36	女	自民㊗新	98,019
	井上　義行	49	男	みんな㊗新	54,337
	神山　洋介	37	男	民主㊗前	46,654
	露木　順一	57	男	未来㊗新	44,013
	横田　英司	55	男	共産　新	9,848

【第18区】定数1
当	山際大志郎	44	男	自民㊗元	82,333
	船川　治郎	45	男	みんな㊗新	43,873
	網屋　信介	55	男	民主㊗前	34,205
	樋高　　剛	47	男	未来㊗前	25,279
	山崎　雅子	59	女	共産　新	15,514

第47回衆議院議員選挙
平成26年(2014年)12月14日実施

【第1区】定数1
当	松本　　純	64	男	自民㊗前	113,844
比当	篠原　　豪	39	男	維新㊗新	68,061
	明石　行夫	55	男	共産　新	35,465

【第2区】定数1
当	菅　　義偉	66	男	自民㊗前	147,084
	三輪智恵美	60	女	共産　新	47,119
	岡本　幸三	54	男	生活　新	23,011

【第3区】定数1
当	小此木八郎	49	男	自民㊗前	102,323
	勝又恒一郎	52	男	民主㊗元	50,199
	木佐木忠晶	30	男	共産　新	31,853
	横田　光弘	57	男	次世代㊗新	19,516

【第4区】定数1
当	浅尾慶一郎	50	男	無所属 前	91,063
比当	山本　朋広	39	男	自民㊗前	61,479

衆議院・選挙区（山梨県）　　　国政選挙総覧

	加藤　勝広	70	男	共産	新	20,063
	荻原　隆宏	44	男	無所属	新	16,633

【第5区】定数1
当	坂井　学	49	男	自民㊥	前	112,963
比当	水戸　将史	52	男	維新㊥	比	56,647
	横山　征吾	43	男	共産	新	32,075
	後藤田弥生	48	女	無所属	新	27,188
	河野　敏久	58	男	次世代㊥	新	7,656

【第6区】定数1
当	上田　勇	56	男	公明	前	78,746
比当	青柳陽一郎	45	男	維新㊥	前	52,368
	三村　和也	39	男	民主	元	43,464
	北谷　真利	53	女	共産	新	23,013

【第7区】定数1
当	鈴木　馨祐	37	男	自民㊥	前	101,088
	中谷　一馬	31	男	民主	新	50,511
	豊田　有希	39	男	維新	新	39,964
	大山奈々子	51	女	共産	新	26,151
	松田　学	57	男	次世代㊥	前	10,073

【第8区】定数1
当	江田　憲司	58	男	維新	前	116,189
比当	福田　峰之	50	男	自民㊥	前	73,032
	若林　靖久	29	男	共産	新	24,024

【第9区】定数1
当	笠　浩史	49	男	民主㊥	前	64,534
比当	中山　展宏	46	男	自民㊥	前	59,991
	椎名　毅	39	男	維新㊥	前	27,762
	堀口　望	38	男	共産	新	18,134

【第10区】定数1
当	田中　和徳	65	男	自民㊥	前	114,564
	城島　光力 （城島　正光）	67	男	民主㊥	元	66,897
	中野　智裕	56	男	共産	新	38,025

【第11区】定数1
当	小泉進次郎	33	男	自民	前	168,953

	瀬戸　和弘	62	男	共産	新	33,930

【第12区】定数1
当	星野　剛士	51	男	自民㊥	前	83,327
比当	阿部　知子	66	女	民主㊥	前	82,612
	味村耕太郎	25	男	共産	新	16,189
	甘粕　和彦	31	男	次世代㊥	新	14,208

【第13区】定数1
当	甘利　明	65	男	自民㊥	前	142,201
	伊藤　優太	29	男	維新	新	58,941
	高久　良美	60	男	共産	新	34,014

【第14区】定数1
当	赤間　二郎	46	男	自民㊥	前	109,408
比当	本村賢太郎	44	男	民主㊥	元	83,485
	中野渡　旬	66	男	共産	新	22,720
	中本　太衛	49	男	次世代㊥	元	16,091

【第15区】定数1
当	河野　太郎	51	男	自民㊥	前	155,388
	池田東一郎	53	男	無所属	新	39,211
	沼上　徳光	28	男	共産	新	38,068

【第16区】定数1
当	後藤　祐一	45	男	民主㊥	前	103,116
比当	義家　弘介	43	男	自民㊥	前	101,627
	池田　博英	52	男	共産	新	20,243

【第17区】定数1
当	牧島かれん	38	女	自民㊥	前	118,537
比当	神山　洋介	39	男	民主㊥	元	79,788
	吉田　福治	59	男	共産	新	23,569

【第18区】定数1
当	山際大志郎	46	男	自民㊥	前	86,869
	中田　宏	50	男	次世代㊥	前	59,138
	北村　造	31	男	維新㊥	新	26,691
	塩田　儀夫	64	男	共産	新	24,616
	樋高　剛	49	男	生活㊥	元	20,105

選挙区・山梨県

第24回衆議院議員選挙
昭和24年（1949年）1月23日実施

【全県区】定数5
当	樋貝　詮三	60	男	民自	前	41,745
当	鈴木　正文	51	男	民自	前	38,661
当	天野　久	58	男	民主	前	35,823
当	深沢　義守	45	男	共産	新	31,695
当	小林　信一	42	男	無所属	新	27,403
	小野　永雄	51	男	社会	新	26,284
	山田栄太郎	48	男	民自	新	22,475
	松沢　一	54	男	社革	前	21,848
	秋山　賢蔵	54	男	民主	新	21,528
	笠井　重治	64	男	無所属	元	18,698

	鈴木　隆平	60	男	無所属	新	16,671
	古屋　貞雄	62	男	社会	新	14,794
	小野崎一恵	48	女	無所属	新	8,154
	藤本　直	36	男	諸派	新	1,353
	古屋　勤	40	男	国協	新	1,138

第25回衆議院議員選挙
昭和27年（1952年）10月1日実施

【全県区】定数5
当	吉江　勝保	52	男	自由	新	48,909
当	平野　力三	53	男	協同	元	47,183
当	内田　常雄	45	男	自由	新	44,297
当	荻野　豊平	61	男	無所属	新	43,117

	古屋	貞雄	62	男	左社	新	40,103
当	古屋	貞雄	62	男	左社	新	40,103
	小林	信一	44	男	改進	前	39,836
	鈴木	正文	53	男	自由	前	38,262
	星野	重次	57	男	改進	新	31,329
	深沢	義守	46	男	共産	前	11,060
	池谷	源一	68	男	無所属	新	10,992
	亀井	高義	45	男	諸派	新	506

第26回衆議院議員選挙
昭和28年(1953年) 4月19日実施

【全県区】定数 5

当	古屋	貞雄	63	男	左社	前	53,710
当	古屋	菊男	64	男	改進	新	53,561
当	小林	信一	45	男	無所属	元	47,986
当	平野	力三	54	男	右社	前	40,727
当	鈴木	正文	53	男	自由吉	元	38,939
	内田	常雄	45	男	自由吉	前	38,314
	荻野	豊平	61	男	無所属	前	37,922
	吉江	勝保	52	男	自由吉	前	33,863
	笠井	重治	66	男	無所属	元	10,751
	堀内	文美	56	男	無所属	新	648

第27回衆議院議員選挙
昭和30年(1955年) 2月27日実施

【全県区】定数 5

当	堀内	一雄	61	男	民主	元	58,036
当	荻野	豊平	63	男	民主	元	56,735
当	小林	信一	47	男	無所属	前	45,568
当	古屋	貞雄	65	男	左社	前	43,983
当	内田	常雄	47	男	自由	元	41,741
	鈴木	正文	55	男	自由	前	32,759
	安田	敏雄	45	男	左社	新	31,367
	平野	力三	56	男	諸派	前	20,794
	島津	久子	58	女	無所属	新	19,858
	平林新一郎		30	男	無所属	新	4,312
	志村卯三郎		50	男	右社	新	3,184
	堀内	文美	58	男	無所属	新	1,816

第28回衆議院議員選挙
昭和33年(1958年) 5月22日実施

【全県区】定数 5

当	金丸	信	43	男	自民	新	69,354
当	金丸	徳重	57	男	社会	新	55,480
当	堀内	一雄	64	男	自民	前	53,812
当	田辺	国男	44	男	自民	新	46,377
当	内田	常雄	50	男	自民	前	45,431
	小林	信一	50	男	無所属		33,810
	古屋	貞雄	68	男	社会	前	30,612
	鈴木	正文	58	男	無所属	元	18,030
	荻野	豊平	66	男	自民	前	17,957

	平野	力三	59	男	無所属	元	10,840
	雪江	雪	51	男	共産	新	5,742
	堀内	文美	62	男	諸派	新	1,670

第29回衆議院議員選挙
昭和35年(1960年)11月20日実施

【全県区】定数 5

当	金丸	信	46	男	自民	前	71,435
当	堀内	一雄	67	男	自民	前	61,430
当	内田	常雄	53	男	自民	前	59,522
当	小林	信一	52	男	社会	元	51,007
当	田辺	国男	47	男	自民	前	50,711
	金丸	徳重	60	男	社会	前	45,366
	古屋	貞雄	70	男	社会	元	39,834
	雪江	雪	53	男	共産	新	5,525
	堀内	文美	64	男	諸派	新	1,495

第30回衆議院議員選挙
昭和38年(1963年)11月21日実施

【全県区】定数 5

当	金丸	徳重	63	男	社会	元	76,008
当	内田	常雄	56	男	自民	前	70,824
当	堀内	一雄	70	男	自民	前	64,821
当	金丸	信	49	男	自民	前	62,206
当	田辺	国男	50	男	自民	前	62,112
	小林	信一	55	男	社会	前	50,492
	平出	芳幸	36	男	共産	新	4,054
	堀内	文美	67	男	諸派	新	1,194

第31回衆議院議員選挙
昭和42年(1967年) 1月29日実施

【全県区】定数 5

当	小林	信一	59	男	社会	元	77,495
当	金丸	信	52	男	自民	前	71,339
当	金丸	徳重	66	男	社会	前	66,849
当	内田	常雄	59	男	自民	前	65,635
当	中尾	栄一	37	男	無所属	新	52,530
	田中	徹雄	48	男	自民	新	51,029
	平野	力三	68	男	無所属	元	17,317
	平出	芳幸	40	男	共産	新	5,754
	堀内	文美	70	男	諸派	新	1,676
	杉本	広義	46	男	無所属	新	647

第32回衆議院議員選挙
昭和44年(1969年)12月27日実施

【全県区】定数 5

当	内田	常雄	62	男	自民	前	83,607
当	金丸	信	55	男	自民	前	68,660
当	小林	信一	61	男	社会	前	65,662

衆議院・選挙区（山梨県）

	当	中尾	栄一	39	男	自民	前	62,357
	当	金丸	徳重	69	男	社会	前	59,953
		及川	順郎	32	男	公明	新	49,081
		平出	芳幸	42	男	共産	新	9,743
		堀内	文美	73	男	無所属	新	1,575
		杉本	広義	49	男	無所属	新	647

第33回衆議院議員選挙
昭和47年（1972年）12月10日実施

【全県区】定数5

当	金丸	信	58	男	自民	前	102,954
当	内田	常雄	65	男	自民	前	66,213
当	中尾	栄一	42	男	自民	前	61,696
当	小林	信一	64	男	社会	前	52,703
当	金丸	徳重	72	男	社会	前	49,909
	日向	美行	51	男	共産	新	42,862

第34回衆議院議員選挙
昭和51年（1976年）12月5日実施

【全県区】定数5

当	鈴木	強	62	男	社会	新	74,968
当	中尾	栄一	46	男	自民	現	68,077
当	金丸	信	62	男	自民	現	67,609
当	堀内	光雄	46	男	自民	新	66,258
当	内田	常雄	69	男	自民	現	61,489
	小林	信一	68	男	社会	現	53,565
	及川	順郎	39	男	公明	新	43,486
	日向	美行	55	男	共産	新	33,125
	遠藤	欣之助	40	男	民社	新	7,905

第35回衆議院議員選挙
昭和54年（1979年）10月7日実施

【全県区】定数5

当	金丸	信	65	男	自民	前	92,007
当	田辺	国男	66	男	自民	元	90,098
当	中尾	栄一	49	男	自民	前	59,474
当	堀内	光雄	49	男	自民	前	57,957
当	神沢	浄	64	男	社会	新	55,514
	鈴木	強	65	男	社会	前	54,798
	及川	順郎	42	男	公明	新	44,434
	福田	剛司	34	男	共産	新	11,961

第36回衆議院議員選挙
昭和55年（1980年）6月22日実施

【全県区】定数5

当	金丸	信	65	男	自民	前	86,919
当	渡辺	国男	66	男	自民	前	75,013
当	鈴木	強	66	男	社会	元	72,952
当	堀内	光雄	50	男	自民	前	65,959
当	中尾	栄一	50	男	自民	前	55,089
	神沢	浄	64	男	社会	前	48,935
	及川	順郎	43	男	公明	新	37,857
	石丸あきじ		54	女	共産	新	28,962

第37回衆議院議員選挙
昭和58年（1983年）12月18日実施

【全県区】定数5

当	金丸	信	69	男	自民	前	96,449
当	鈴木	強	69	男	社会	前	74,562
当	田中	克彦	55	男	社会	新	73,193
当	田辺	国男	70	男	自民	前	71,301
当	堀内	光雄	53	男	自民	前	61,499
	中尾	栄一	53	男	自民	前	59,109
	石丸あきじ		58	女	共産	新	19,118

第38回衆議院議員選挙
昭和61年（1986年）7月6日実施

【全県区】定数5

当	金丸	信	71	男	自民	前	112,530
当	堀内	光雄	56	男	自民	前	82,388
当	中尾	栄一	56	男	自民	元	79,517
当	田辺	国男	72	男	自民	前	72,384
当	上田	利正	55	男	社会	新	66,013
	田中	克彦	57	男	社会	前	61,128
	石丸あきじ		60	女	共産	新	19,218

第39回衆議院議員選挙
平成2年（1990年）2月18日実施

【全県区】定数5

当	金丸	信	75	男	自民	前	101,756
当	上田	利正	59	男	社会	前	94,390
当	輿石	東	53	男	社会	新	80,311
当	中尾	栄一	60	男	自民	前	77,282
当	田辺	国男	76	男	自民	前	75,412
	堀内	光雄	60	男	自民	前	70,606
	桜井	真作	49	男	共産	新	17,130

第40回衆議院議員選挙
平成5年（1993年）7月18日実施

【全県区】定数5

当	堀内	光雄	63	男	自民	元	99,708
当	輿石	東	57	男	社会	前	72,561
当	小沢	鋭仁	39	男	日本新	新	71,038
当	横内	正明	51	男	無所属	新	69,704
当	中尾	栄一	63	男	自民	前	67,388
	田辺	国男	79	男	自民	前	63,356
	赤池	誠章	32	男	無所属	新	31,741
	桜井	真作	53	男	共産	新	19,696

第41回衆議院議員選挙
平成8年(1996年)10月20日実施

【第1区】定数1
当	中尾　栄一	66	男	自民㊗前	52,111
	輿石　　東	60	男	民主㊗前	45,288
	後藤　　斎	39	男	新進　新	25,265
	小越　　進	34	男	共産　新	10,610
	市川　重元	51	男	自連　新	753

【第2区】定数1
当	堀内　光雄	66	男	自民㊗前	90,567
	杉本　公文	44	男	新進　新	31,825
	秋山　晃一	43	男	共産　新	15,553

【第3区】定数1
当	横内　正明	54	男	自民㊗前	87,683
	長谷　仁美	33	女	共産　新	31,737
	松崎　泰夫	53	男	自連㊗新	7,250

第42回衆議院議員選挙
平成12年(2000年)6月25日実施

【第1区】定数1
当	小沢　鋭仁	46	男	民主㊗前	58,781
	中尾　栄一	70	男	自民㊗前	52,964
	赤池　誠章	38	男	無所属　新	15,803
	遠藤　昭子	48	女	共産　新	12,538

【第2区】定数1
当	堀内　光雄	70	男	自民㊗前	108,336
	秋山　晃一	47	男	共産　新	22,338
	石井　健祐	53	男	自連　新	13,738

【第3区】定数1
当	横内　正明	58	男	自民㊗前	86,300
比当	後藤　　斎	42	男	民主㊗新	54,517
	菅沢　三郎	55	男	共産　新	13,875

《補選》第42回衆議院議員選挙
平成15年(2003年)4月27日実施
※横内正明の辞職（知事選立候補）による

【第3区】被選挙数1
当	保坂　　武	58	男	無所属　新	98,509
	深沢　　久	60	男	共産　新	29,054

第43回衆議院議員選挙
平成15年(2003年)11月9日実施

【第1区】定数1
当	小沢　鋭仁	49	男	民主㊗前	71,623
	米田　建三	56	男	自民㊗前	45,282
	遠藤　昭子	52	女	共産　新	13,545

【第2区】定数1
当	堀内　光雄	73	男	自民　前	101,727
	花田　　仁	42	男	共産㊗新	30,225

【第3区】定数1
当	保坂　　武	58	男	自民㊗前	83,107
	後藤　　斎	46	男	民主㊗前	62,475
	深沢　　久	61	男	共産　新	11,555

第44回衆議院議員選挙
平成17年(2005年)9月11日実施

【第1区】定数1
当	小沢　鋭仁	51	男	民主㊗前	70,281
比当	赤池　誠章	44	男	自民㊗新	65,426
	遠藤　昭子	53	女	共産　新	12,173

【第2区】定数1
当	堀内　光雄	75	男	無所属　前	63,758
比当	長崎幸太郎	37	男	自民㊗新	62,821
	坂口　岳洋	34	男	民主㊗新	33,827
	渡辺　正好	46	男	共産　新	7,216

【第3区】定数1
当	保坂　　武	60	男	無所属　前	63,659
比当	後藤　　斎	48	男	民主㊗元	61,716
比当	小野　次郎	52	男	自民㊗新	51,318

第45回衆議院議員選挙
平成21年(2009年)8月30日実施

【第1区】定数1
当	小沢　鋭仁	55	男	民主㊗前	91,422
	赤池　誠章	48	男	自民㊗前	46,881
	遠藤　昭子	57	女	共産㊗新	11,972
	早瀬　浩行	48	男	諸派　新	1,480

【第2区】定数1
当	坂口　岳洋	38	男	民主㊗新	66,868
	長崎幸太郎	41	男	無所属　前	57,213
	堀内　光雄	79	男	自民　前	52,773
	宮松　宏至	69	男	諸派　新	1,214

【第3区】定数1
当	後藤　　斎	52	男	民主㊗前	112,894
	小野　次郎	56	男	自民㊗前	63,611
	桜田　大佑	47	男	諸派　新	3,662

第46回衆議院議員選挙
平成24年(2012年)12月16日実施

【第1区】定数1
当	宮川　典子	33	女	自民㊗新	54,930
比当	小沢　鋭仁	58	男	維新㊗前	34,414
	斎藤　　勁	67	男	民主㊗前	26,070
	植村　道隆	39	男	共産　新	10,694

【第2区】定数1
当	長崎幸太郎	44	男	無所属　元	62,135
比当	堀内　詔子	47	女	自民㊗新	55,012
	坂口　岳洋	41	男	民主㊗前	29,534
	渡辺　正好	54	男	共産　新	6,924

衆議院・比例区（南関東）

【第3区】定数1
当　後藤　斎　55　男　民主㊥前　50,362
比当　中谷　真一　36　男　自民㊥新　50,190
比当　中島　克仁　45　男　みんな㊥新　38,620
　　　花田　仁　51　男　共産　新　11,680

比当　宮川　典子　35　女　自民㊥前　101,026
　　　遠藤　昭子　63　女　共産㊥新　29,125
【第2区】定数1
当　長崎幸太郎　46　男　無所属　前　85,117
比当　堀内　詔子　49　女　自民㊥前　68,109
　　　秋山　晃一　61　男　共産　新　14,578

第47回衆議院議員選挙
平成26年（2014年）12月14日実施

【第1区】定数1
当　中島　克仁　47　男　民主㊥前　102,111

比例区・南関東

第41回衆議院議員選挙　定数23
平成8年（1996年）10月20日実施

自由民主党		1,820,846票		当選人数	7人		
1	当		石橋　一弥	74	男	前	
2	当		中村正三郎	62	男	前	
3	当		井奥　貞雄	57	男	前	
		4　選当　神16	亀井　善之			前	
		4　選当　神17	河野　洋平			前	
4	当	神13　(97.62)	甘利　明	47	男	前	
4	当	神3　(93.93)	小此木八郎	31	男	前	
8	当		田辺　国男	83	男	元	
9	選当	神4	飯島　忠義			新	
9	選当	神15	河野　太郎			新	
9	選当	神12	桜井　郁三			新	
9	選当	千8	桜田　義孝			新	
9	選当	神2	菅　義偉			新	
9	選当	千4	田中　昭一			新	
9	選当	千7	松本　和那			新	
9	選当	神1	松本　純			新	
9	選当	千6	渡辺　博道			新	
9	選当	千2	江口　一雄			元	
9	選当	千7	鈴木　恒夫			元	
9	選当	千1	臼井日出男				
9	選当	山1	中尾　栄一			前	
9	選当	千12	浜田　靖一			前	
9	選当	千10	林　幹雄			前	
9	選当	山2	堀内　光雄			前	
9	選当	千11	森　英介			前	
9	選当	山3	横内　正明			前	
9	当	神10　(98.03)	田中　和徳	47	男	新	
9繰当		千9　(95.13)	水野　賢一	30	男	新	
9		千5　(93.91)	狩野　勝	61	男	前	
9		千3　(86.33)	松野　博一	34	男	新	
9		神6　(83.61)	山東　昭子	54	女	新	
9		神5　(72.25)	鈴木　一誠	54	男	新	
9		神9　(69.88)	小川　栄一	52	男	新	
9		神14　(63.32)	中本　太衛	31	男	新	

9		神8　(60.11)	松崎　正策	49	男	新	
36			新堀　豊彦	65	男	新	
新進党		1,667,552票		当選人数	7人		
1	当		米津　等史	37	男	新	
2	当		市川　雄一	61	男	前	
3	当		河上　覃雄	50	男	前	
4	当		上田　勇	38	男	前	
5	当		富田　茂之	43	男	前	
6	当		米田　建三	49	男	前	
7			松崎　公昭	53	男	新	
8		千10	須藤　浩	39	男	前	
9			大石　尚子	60	女	新	
10			小山善次郎	69	男	新	
11			茅野　誠	43	男	新	
12			佐波　利昭	42	男	新	
13			飯島　浩史	33	男	新	
14			堀　誠	29	男	新	
民主党		1,331,850票		当選人数	5人		
1	当		葉山　峻	63	男	新	
2	当		小沢　鋭仁	42	男	前	
3	当		北村　哲男	58	男	新	
		4　選当　千5	田中　甲			前	
		4　選当　神6	池田　元久			元	
4	当	神1　(98.43)	佐藤謙一郎	49	男	前	
4	当	千6　(90.90)	生方　幸夫	48	男	新	
4		山1　(86.90)	輿石　東	60	男	前	
4		神12　(78.89)	原田　尚武	29	男	新	
4		神3　(69.16)	加藤　尚彦	59	男	新	
4		神9　(64.84)	小西　正典	46	男	新	
4		神4　(64.59)	中島　章夫	60	男	前	
4		神2　(62.70)	大出　彰	45	男	新	
4		千4　(62.23)	小島　孝之	48	男	新	
4		神14　(62.15)	鈴木　毅	41	男	新	
4		神5　(60.73)	浅利　治	48	男	新	
4		千12　(59.55)	森田　恵	33	男	新	
4		千7　(58.87)	湯浅　和子	54	女	新	
4		千8　(57.66)	早川　幸彦	55	男	新	

4		神15	(56.07)	富塚	三夫	67	男 元
4		神8	(51.46)	清水	雅子	52	女 新
4		神10	(49.94)	柴田	久史	37	男 新
4		千2	(44.99)	森島	丈裕	28	男 新
4		神13	(44.63)	小山	順子	41	女 新
4		千9	(44.26)	多田	育民	56	男 新
4		千1	(40.19)	木田	直子	46	女 新
4		千3	(26.00)	竹内	圭司	29	男 新

日本共産党 　881,751票　当選人数 3人
1	当		志位	和夫	42	男 前
2	当	神10	中路	雅弘	70	男 元
3	当	神5	大森	猛	52	男 新
4		千6	中嶋	誠	47	男 新
5			畑野	君枝	39	女 新

社会民主党 　403,875票　当選人数 1人
1	当	神8	伊藤	茂	68	男 前
2		神1	林	由美子	42	女 新
3			海野	明昇	58	男 新

新社会党 　102,906票　当選人数 0人
1			上野	建一	65	男 元
2		神13	(11.40)	平岡	幸雄	63	男 新
2		神3	(8.98)	秋田	信弘	51	男 新
2		神2	(8.30)	松永	靖彦	60	男 新

自由連合 　71,756票　当選人数 0人
1		神16		小泉	晨一	49	男 前
2		神4	(41.95)	高野	良裕	48	男 新
2		千6	(12.09)	阿部スミコ		55	女 新
2		山3	(8.26)	松崎	泰夫	53	男 新
2		神13	(6.47)	清水	正法	52	男 新
2		神14	(4.86)	小池	康修	40	男 新
2		千7	(4.16)	今泉	理	42	男 新
2		神10	(3.42)	岩城	伸明	34	男 新
2		千1	(2.65)	村田	英保	51	男 新
2		千3	(2.08)	東	三元	43	男 新
2		千5	(1.95)	本橋	千明	39	男 新

※石橋一弥(自民)死去のため平成11年3月16日
水野賢一が繰上当選

第42回衆議院議員選挙　定数21
平成12年(2000年) 6月25日実施

民主党 　1,940,792票　当選人数 6人
1	当			松崎	公昭	56	男 前
2	当			葉山	峻	67	男 前
3	当	山3		後藤	斎	42	男 新
4	選当	千2		永田	寿康		新
4	選当	千4		野田	佳彦		元
4	選当	千5		田中	甲		前
4	選当	千6		生方	幸夫		前
4	選当	千8		長浜	博行		元
4	選当	神1		佐藤謙一郎			前
4	選当	神4		大石	尚子		新
4	選当	神5		田中	慶秋		前
4	選当	神6		池田	元久		前
4	選当	神9		松沢	成文		前
4	選当	神12		江崎洋一郎			新
4	選当	山1		小沢	鋭仁		前
4	当	神2	(97.36)	大出	彰	49	男 新
4	当	神7	(93.96)	首藤	信彦	55	男 新
4		神10	(93.19)	永井	英慈	63	男 前
4		神3	(90.77)	加藤	尚彦	63	男 新
4		神14	(81.39)	計屋	圭宏	55	男 新
4		千7	(76.66)	内山	晃	46	男 新
4		神13	(75.97)	冨沢	篤紘	60	男 前
4		千1	(73.46)	北村	哲男	62	男 前
4		千9	(68.85)	須藤	浩	42	男 元
4		神17	(60.77)	ツルネン・マルテイ		60	男 新
4		千3	(56.51)	竹内	圭司	32	男 新
4		神16	(53.28)	山条	隆史	37	男 新
4		神15	(47.45)	鈴木	毅	44	男 新
4		千12	(45.66)	半田	善三	49	男 前
4		千11	(33.64)	松本	勝仁	40	男 新
4		千10	(30.12)	黒柳	博司	41	男 新
4		神11	(27.14)	沢木	優輔	42	男 新

自由民主党 　1,734,297票　当選人数 6人
1	当			浜田	靖一	44	男 前
2	当			渡辺	博道	49	男 前
3	当			米田	建三	52	男 前
4	当			実川	幸夫	56	男 前
5	選当	千1		臼井日出男			前
5	選当	千3		松野	博一		新
5	選当	千7		松本	和那		前
5	選当	千9		水野	賢一		前
5	選当	千10		林	幹雄		前
5	選当	千11		森	英介		前
5	選当	千12		中村正三郎			前
5	選当	神2		菅	義偉		前
5	選当	神3		小此木八郎			前
5	選当	神7		鈴木	恒夫		前
5	選当	神10		田中	和徳		前
5	選当	神15		河野	太郎		前
5	選当	神16		亀井	善之		前
5	選当	神17		河野	洋平		前
5	選当	山2		堀内	光雄		前
5	選当	山3		横内	正明		前
5	当	神14	(98.36)	中本	太衛	34	男 新
5	当	千8	(96.54)	桜田	義孝	50	男 前
5		千6	(93.75)	井奥	貞雄	61	男 前
5		神12	(93.68)	桜井	郁三	56	男 前
5		山1	(90.10)	中尾	栄一	70	男 前
5		千2	(89.18)	江口	一雄	62	男 前
5		神1	(88.71)	松本	純	50	男 前
5		千5	(79.85)	狩野	勝	65	男 元

衆議院・比例区（南関東）

5	神4	(70.92)	飯島 忠義	55	男	前
5	千4	(65.48)	西尾 憲一	49	男	新
5	神8	(60.35)	江田 憲司	44	男	新
5	神5	(54.95)	鈴木 一誠	58	男	新
5	神9	(53.02)	小川 栄一	56	男	新

公明党　　　871,150票　　当選人数 3人

1	当		市川 雄一	65	男	前
2	当		河上 覃雄	54	男	前
3	当	神6 (67.61)	上田 勇	41	男	前
3		千2 (57.65)	富田 茂之	46	男	前
5			橋本 立明	59	男	新
6			菅井 正昭	54	男	新

自由党　　　839,845票　　当選人数 2人

1	選当	神14	藤井 裕久			前
2	当	神7 (44.32)	樋高 剛	34	男	新
2	当	神6 (31.67)	土田 龍司	48	男	元
4		神8 ▼	相田 弥智子	37	女	新
5			荒木 詩郎	46	男	新
6		千9 (28.80)	生方 伸	50	男	新
6		神1 (25.97)	飯島 浩史	37	男	新
6		神3 ▼	蒲池 重徳	53	男	新

日本共産党　　808,453票　　当選人数 2人

1	当		志位 和夫	45	男	前
2	当	神5	大森 猛	55	男	前
3		千4	石井 正二	55	男	新
4		神10	笠木 隆	53	男	新
5		千5	中嶋 誠	51	男	新
6			岡田 まり子	53	女	新
7			福田 剛司	55	男	新
8			三浦 伸子	29	女	新

社会民主党　　670,141票　　当選人数 2人

1	当	神12 (66.88)	阿部 知子	52	女	新
1	当	神14 (55.41)	原 陽子	25	女	新
1		神7 (34.70)	石原 守	63	男	新
1		神15 (33.02)	山中 悦子	54	女	新
1		千7 (30.06)	北角 虎男	73	男	新
1		千8 ▼	佐々木 利夫	57	男	新
1		神8 ▼	安田 節子	53	女	新
1		千5 ▼	藤原 信	68	男	新
1		神13 ▼	千葉 紘代	57	女	新

政党自由連合　　145,858票　　当選人数 0人

1		神4 (49.37)	高野 良裕	52	男	新
1		千6 ▼	島村 善行	53	男	新
1		神16 ▼	小泉 晨一	52	男	元
1		千7 ▼	三角 和雄	42	男	新
1		神13 ▼	中村 徹	47	男	新

第43回衆議院議員選挙　定数22
平成15年（2003年）11月9日実施

民主党　　　2,819,165票　　当選人数 9人

1	選当	神18	樋高 剛			前
2	当	千11	長浜 博行	45	男	前
3	選当	千1	田嶋 要			新
3	選当	千2	永田 寿康			前
3	選当	千3	岡島 一正			新
3	選当	千4	野田 佳彦			前
3	選当	千5	村越 祐民			新
3	選当	千6	生方 幸夫			前
3	選当	千7	内山 晃			新
3	選当	千8	松崎 公昭			前
3	選当	神4	大石 尚子			前
3	選当	神5	田中 慶秋			前
3	選当	神7	首藤 信彦			前
3	選当	神8	岩国 哲人			前
3	選当	神9	笠 浩史			新
3	選当	神12	中塚 一宏			前
3	選当	神14	藤井 裕久			前
3	選当	山1	小沢 鋭仁			前
3	当	神6 (99.34)	池田 元久	62	男	前
3		千13 (93.01)	岩井 康彦	57	男	新
3		神3 (89.90)	加藤 尚彦	66	男	新
3	当	神1 (87.38)	佐藤 謙一郎	56	男	前
3		千9 (86.29)	須藤 浩	46	男	元
3		神2 (80.87)	大出 彰	52	男	前
3	当	神10 (78.20)	計屋 圭宏	58	男	新
3	当	千12 (75.64)	青木 愛	38	女	新
3		山3 (75.17)	後藤 斎	46	男	前
3		神16 (66.33)	長田 英知	29	男	新
3		神13 (61.94)	土田 龍司	51	男	前
3		神17 (60.57)	阪口 直人	40	男	新
3		神15 (51.67)	酒井 文彦	50	男	新
3		千10 (33.56)	中沢 健	48	男	新
3		神11 (26.54)	沢木 優輔	46	男	新

自由民主党　　2,441,590票　　当選人数 8人

1	当		中村 正三郎	69	男	前
2	当		江崎 洋一郎	45	男	前
3	選当	千9	水野 賢一			前
3	選当	千10	林 幹雄			前
3	選当	千11	森 英介			前
3	選当	千12	浜田 靖一			前
3	選当	千13	実川 幸夫			前
3	選当	神1	松本 純			元
3	選当	神2	菅 義偉			前
3	選当	神3	小此木 八郎			前
3	選当	神10	田中 和徳			前
3	選当	神15	河野 太郎			前
3	選当	神16	亀井 善之			前
3	選当	神17	河野 洋平			前

衆議院・比例区（南関東）

		3	選当 山3	保坂　武	前		
3	当	千3	(98.92)	松野 博一	41	男	前
3	当	神12	(97.28)	桜井 郁三	59	男	元
3	当	神7	(97.28)	鈴木 恒夫	62	男	前
3	当	千8	(94.87)	桜田 義孝	53	男	前
3	当	千6	(94.25)	渡辺 博道	53	男	前
3	当	神18	(89.39)	山際大志郎	35	男	新
3		千1	(89.12)	臼井日出男	64	男	前
3		千7	(86.56)	松本 和巳	38	男	新
3		神14	(84.13)	中本 太衛	38	男	前
3		千5	(83.98)	薗浦健太郎	31	男	新
3		千2	(83.93)	江口 一雄	66	男	元
3		神4	(82.96)	林　潤	31	男	新
3		神5	(73.85)	坂井 学	38	男	新
3		神9	(73.10)	中港 拓	34	男	新
3		山1	(63.22)	米田 建三	56	男	前
3		千4	(59.06)	長谷川 大	44	男	新
3		神8	(48.83)	吉田 隆嘉	39	男	新
33				鈴木 一誠	61	男	新

公明党　　　969,464票　　当選人数　3人
1	当		河上 覃雄	57	男	前
2	当		富田 茂之	50	男	元
3	当		古屋 範子	47	女	新
4			加藤 雅之	39	男	新
5			吉田 一国	56	男	新
6			神谷 達彦	43	男	新

日本共産党　　521,309票　　当選人数　1人
1	当		志位 和夫	49	男	前
2		神5	大森 猛	59	男	前
3		神10	笠木 隆	57	男	新
4			浅野 史子	33	女	新
5		山2	花田 仁	42	男	新

社会民主党　　300,599票　　当選人数　1人
1	当	神12	(35.54)	阿部 知子	55	女	前
1		神14	(27.26)	原 陽子	28	女	前
1		神6	▼	上田 恵子	36	女	新
1		神3	▼	和田 茂	48	男	新
1		神1	▼	林 貞三	67	男	新
1		神18	▼	竹村 英明	52	男	新
1		千2	▼	若松 繁男	62	男	新

第44回衆議院議員選挙　定数22
平成17年（2005年）9月11日実施

自由民主党　　3,510,617票　　当選人数　10人
		1	選当 千2	山中 燁子			元
2	当			江崎洋一郎	47	男	前
3	当	山3		小野 次郎	52	男	新
		4	選当 千1	臼井日出男			元
		4	選当 千3	松野 博一			前
		4	選当 千5	薗浦健太郎			新
		4	選当 千6	渡辺 博道			前
		4	選当 千7	松本 和巳			新
		4	選当 千8	桜田 義孝			前
		4	選当 千9	水野 賢一			前
		4	選当 千10	林 幹雄			前
		4	選当 千11	森 英介			前
		4	選当 千12	浜田 靖一			前
		4	選当 千13	実川 幸夫			前
		4	選当 神1	松本 純			前
		4	選当 神2	菅 義偉			前
		4	選当 神3	小此木八郎			前
		4	選当 神4	林 潤			新
		4	選当 神5	坂井 学			新
		4	選当 神7	鈴木 恒夫			前
		4	選当 神9	山内 康一			新
		4	選当 神10	田中 和徳			前
		4	選当 神12	桜井 郁三			前
		4	選当 神14	赤間 二郎			新
		4	選当 神15	河野 太郎			前
		4	選当 神16	亀井 善之			前
		4	選当 神17	河野 洋平			前
		4	選当 神18	山際大志郎			前
4	当	千4	(99.27)	藤田 幹雄	36	男	新
4	当	山2	(98.53)	長崎幸太郎	37	男	新
4	当	山1	(93.09)	赤池 誠章	44	男	新
4	当	神8	(84.45)	福田 峰之	41	男	新
33	当			近江屋信広	55	男	新
34				鈴木 馨祐	28	男	新
35				杉村 太蔵	26	男	新
36	当			浮島 敏男	56	男	新
37				秋山 武	55	男	新
38				石川 英男	44	男	新

民主党　　2,439,549票　　当選人数　7人
1	当			長浜 博行	46	男	前
		2	選当 千4	野田 佳彦			前
		2	選当 山1	小沢 鋭仁			前
2	当	山3	(96.94)	後藤 斎	48	男	元
2	当	神9	(95.62)	笠 浩史	40	男	前
2	当	千2	(90.89)	永田 寿康	36	男	前
2	当	神8	(89.51)	岩国 哲人	69	男	前
2	当	千7	(88.07)	内山 晃	51	男	前
2	当	千1	(84.84)	田嶋 要	43	男	前
2 繰当		神6	(83.24)	池田 元久	64	男	前
2 繰当		神14	(79.28)	藤井 裕久	73	男	前
2		千3	(78.67)	岡島 一正	47	男	前
2		千8	(77.10)	松崎 公昭	62	男	前
2		神5	(75.72)	田中 慶秋	67	男	前
2		千6	(73.52)	生方 幸夫	57	男	前
2		千5	(71.23)	村越 祐民	31	男	前
2		千13	(70.94)	若井 康彦	59	男	前
2		神12	(69.66)	中塚 一宏	40	男	前
2		神18	(69.66)	樋高 剛	39	男	前

衆議院・比例区（南関東）　　　国政選挙総覧

				氏名	年齢	性別	新前元
2		千10	(69.57)	谷田川　元	42	男	新
2		神4	(65.48)	大石　尚子	69	女	前
2		千12	(64.41)	青木　愛	40	女	前
2		神7	(63.78)	首藤　信彦	60	男	前
2		神1	(59.12)	佐藤謙一郎	58	男	前
2		神3	(58.12)	加藤　尚彦	68	男	前
2		神2	(57.28)	大出　彰	54	男	前
2		千9	(56.45)	須藤　浩	48	男	前
2		神10	(55.40)	計屋　圭宏	60	男	前
2		神16	(55.24)	長田　英知	31	男	新
2		山2	(53.05)	坂口　岳洋	34	男	新
2		神17	(52.93)	阪口　直人	42	男	新
2		神13	(50.56)	土田　龍司	53	男	元
2		千11	(48.62)	土屋　正秀	39	男	新
2		神15	(44.70)	勝又恒一郎	42	男	新
2		神11	(25.65)	斎藤　勁	60	男	新
36				中沢　健	50	男	新

公明党　　1,007,504票　当選人数　3人
- 1　当　　　富田　茂之　51　男　前
- 2　当　　　古屋　範子　49　女　前
- 3　当　　　谷口　和史　43　男　新
- 4　　　　　川浪　隆　44　男　新
- 5　　　　　吉田　一国　58　男　新

日本共産党　　566,945票　当選人数　1人
- 1　当　　　志位　和夫　51　男　前
- 2　　神5　大森　猛　60　男　元
- 3　　　　　浅野　史子　35　女　新
- 4　　神10　笠木　隆　58　男　新
- 5　　　　　花田　仁　44　男　新

社会民主党　　444,753票　当選人数　1人
- 1　当　神12（32.26）阿部　知子　57　女　前
- 1　　千2　▼　若松　繁男　64　男　新
- 3　　　　　和田　茂　50　男　新

新党日本　　309,851票　当選人数　0人
- 1　　神4　▼　高野　良裕　57　男　新
- 1　　神3　▼　河野　敏久　48　男　新

※永田寿康（民主）が偽メール問題の責任を取り辞職したため平成18年4月18日池田元久が繰上当選

※長浜博行（民主）の参院選立候補のため平成19年7月20日藤井裕久が繰上当選

第45回衆議院議員選挙　定数22
平成21年（2009年）8月30日実施

民主党　　3,695,159票　当選人数　11人
- 1　選当　千1　田嶋　要　前
- 1　選当　千2　黒田　雄　新
- 1　選当　千3　岡島　一正　元
- 1　選当　千4　野田　佳彦　前
- 1　選当　千5　村越　祐民　元
- 1　選当　千6　生方　幸夫　元
- 1　選当　千7　内山　晃　前
- 1　選当　千8　松崎　公昭　元
- 1　選当　千9　奥野総一郎　新
- 1　選当　千10　谷田川　元　新
- 1　選当　千13　若井　康彦　元
- 1　選当　神1　中林美恵子　新
- 1　選当　神3　岡本　英子　新
- 1　選当　神4　長島　一由　新
- 1　選当　神5　田中　慶秋　元
- 1　選当　神6　池田　元久　前
- 1　選当　神7　首藤　信彦　元
- 1　選当　神9　笠　浩史　前
- 1　選当　神10　城島　光力　元
　　　　　　　　　　（城島　正光）
- 1　選当　神12　中塚　一宏　元
- 1　選当　神13　橘　秀徳　新
- 1　選当　神14　本村賢太郎　新
- 1　選当　神16　後藤　祐一　新
- 1　選当　神17　神山　洋介　新
- 1　選当　神18　樋高　剛　元
- 1　選当　山1　小沢　鋭仁　前
- 1　選当　山2　坂口　岳洋　新
- 1　選当　山3　後藤　斎　前
- 1　当　神2（99.58）三村　和也　33　男　新
- 1　　千11（96.38）金子　健一　51　男　新
- 1　　千12（85.57）中後　淳　39　男　新
- 1　　神15（76.10）勝又恒一郎　46　男　新
- 1　　神11（64.03）横粂　勝仁　27　男　新
- 1　　神8（57.89）山崎　誠　46　男　新
- 35　当　　　藤井　裕久　77　男　前
- 36　当　　　水野　智彦　53　男　新
- 37　当　　　石田　三示　57　男　新
- 38　当　　　斎藤　勁　64　男　新
- 39　当　　　相原　史乃　35　女　新
- 40　　　　　浜口　健司　38　男　新
- 41　　　　　榎本　和孝　29　男　新
- 42　　　　　園田　昭夫　66　男　新

自由民主党　　2,233,560票　当選人数　6人
- 1　選当　千11　森　英介　前
- 1　選当　千12　浜田　靖一　前
- 1　選当　神2　菅　義偉　前
- 1　選当　神15　河野　太郎　前
- 1　当　神13（98.59）甘利　明　60　男　前
- 1　当　千10（90.87）林　幹雄　62　男　前
- 1　当　神1（87.15）松本　純　59　男　前
- 1　当　千7（82.98）斎藤　健　50　男　新
- 1　当　千10（77.58）田中　和徳　60　男　前
- 1　当　千3（76.56）松野　博一　46　男　前
- 1　　神17（75.74）牧島かれん　32　女　新
- 1　　神18（74.58）山際大志郎　40　男　前
- 1　　神5（74.50）坂井　学　43　男　前

1	千9	(74.29)	水野　賢一	43	男	前
1	神4	(71.85)	林　　潤	36	男	前
1	神3	(71.18)	小此木八郎	44	男	前
1	神7	(69.93)	鈴木　馨祐	32	男	前
1	千8	(69.82)	桜田　義孝	59	男	前
1	千13	(68.24)	実川　幸夫	65	男	前
1	神16	(67.57)	亀井善太郎	38	男	前
1	千6	(66.87)	渡辺　博道	59	男	前
1	千1	(66.44)	臼井　正一	34	男	新
1	神14	(66.37)	赤間　二郎	41	男	前
1	千5	(65.38)	薗浦健太郎	37	男	前
1	神12	(62.89)	桜井　郁三	65	男	前
1	千2	(58.09)	山中　燁子	63	女	前
1	山3	(56.34)	小野　次郎	56	男	前
1	千4	(52.68)	藤田　幹雄	40	男	前
1	山1	(51.27)	赤池　誠章	48	男	前
1	神8	(42.31)	福田　峰之	45	男	前
1	神9	(38.73)	中山　展宏	40	男	新
32			江崎洋一郎	51	男	前
33			浮島　敏男	60	男	前
34			佐々木誠一	58	男	新
35			本間　一裕	54	男	新

公明党　　　862,427票　　当選人数 2人

1	当		富田　茂之	55	男	前
2	当		古屋　範子	53	女	前
3			谷口　和史	47	男	前
4			川浪　　隆	48	男	新
5			久保田雅昭	50	男	新

みんなの党　　605,358票　　当選人数 1人

1	選当	神8	江田　憲司			前
1	当	神4	(79.39)	浅尾慶一郎	45	男	新
3		千5	(33.21)	田中　　甲	52	男	元
3		千4	▼	野屋敷いとこ	58	女	新
3		神3	▼	加藤　正法	40	男	新
3		千6	▼	小平　由紀	47	女	新

日本共産党　　601,299票　　当選人数 1人

1	当		志位　和夫	55	男	前
2			畑野　君枝	52	女	新
3	神10	(21.66)	笠木　　隆	62	男	新
3	神6	▼	藤井美登里	53	女	新
3	神3	▼	古谷　靖彦	37	男	新
3	神18	▼	宗田　裕之	50	男	新
3	千2	▼	小倉　忠平	48	男	新
3	千4	▼	斉藤　和子	34	女	新
3	千8	▼	加藤　英雄	56	男	新
3	山1	▼	遠藤　昭子	57	女	新

社会民主党　　369,754票　　当選人数 1人

1	当	神12	(43.00)	阿部　知子	61	女	前
1		千7	▼	上田　恵子	42	女	新
3				村上　克子	69	女	新

国民新党　　102,992票　　当選人数 0人

1		市川　智志	42	男	新

新党日本　　79,792票　　当選人数 0人

1		河野　敏久	52	男	新

幸福実現党　　44,162票　　当選人数 0人

1		黒川　白雲	42	男	新
2		志波　光晴	52	男	新
3		市川　茂浩	34	男	新
4		山本　　崇	47	男	新
5		千葉　伸二	51	男	新

第46回衆議院議員選挙　定数22
平成24年(2012年)12月16日実施

自由民主党　　2,020,043票　　当選人数 6人

1	選当	千2	小林　鷹之			新
1	選当	千3	松野　博一			前
1	選当	千5	薗浦健太郎			元
1	選当	千6	渡辺　博道			元
1	選当	千7	斎藤　　健			前
1	選当	千8	桜田　義孝			元
1	選当	千9	秋本　真利			新
1	選当	千10	林　　幹雄			前
1	選当	千11	森　　英介			前
1	選当	千12	浜田　靖一			前
1	選当	千13	白須賀貴樹			新
1	選当	神1	松本　　純			前
1	選当	神2	菅　　義偉			前
1	選当	神3	小此木八郎			元
1	選当	神5	坂井　　学			元
1	選当	神7	鈴木　馨祐			元
1	選当	神10	田中　和徳			前
1	選当	神12	星野　剛士			新
1	選当	神13	甘利　　明			前
1	選当	神14	赤間　二郎			元
1	選当	神15	河野　太郎			前
1	選当	神16	義家　弘介			新
1	選当	神17	牧島かれん			新
1	選当	神18	山際大志郎			元
1	選当	山1	宮川　典子			新
1	当	山3	(99.65)	中谷　真一	36	男	新
1	当	千1	(90.91)	門山　宏哲	48	男	新
1	当	山2	(88.53)	堀内　詔子	47	女	新
1	当	神9	(86.54)	中山　展宏	44	男	新
1		神4	(57.18)	山本　朋広	37	男	元
1		神8	(47.64)	福田　峰之	48	男	元
1		千4	(44.19)	藤田　幹雄	44	男	元
33				文月　　涼	45	男	新
34				石川　英男	51	男	新
35				出畑　　実	62	男	新

衆議院・比例区（南関東）　　　国政選挙総覧

日本維新の会		1,443,270票		当選人数 5人			
1	当	山1		小沢　鋭仁	58	男	前
2	当			松田　学	55	男	新
3	当	千1	(58.07)	田沼　隆志	36	男	新
3	当	千9	(57.20)	西田　譲	37	男	新
3	当	千13	(53.85)	椎木　保	46	男	新
3		千2	(53.82)	中田　敏博	44	男	新
3		千5	(48.49)	木村　長人	48	男	新
3		神3	(46.55)	高橋真由美	44	女	新
3		神2	(44.35)	甘粕　和彦	29	男	新
3		神5	(43.25)	湯沢　大地	45	男	新
3		千6	(42.98)	遠藤　宣彦	49	男	元
3		神10	(42.08)	石川　輝久	62	男	新
3		神1	(40.69)	松本　孝一	52	男	新
3		神13	(39.15)	太田　祐介	38	男	新
3		神14	(38.94)	中本　太衛	47	男	元
3		神16	(38.45)	富山　泰庸	41	男	新
3		千3	(37.87)	小林　隆	49	男	新
3		千7	(28.29)	林　千勝	51	男	新
19				田中　甲	55	男	元
20				横田　光弘	55	男	新
民主党		1,323,048票		当選人数 4人			
1	選当	千1		田嶋　要			前
1	選当	千4		野田　佳彦			前
1	選当	神9		笠　浩史			前
1	選当	山3		後藤　斎			前
1	当	神16	(91.83)	後藤　祐一	43	男	前
1	当	千9	(79.25)	奥野総一郎	48	男	前
1	当	千13	(67.41)	若井　康彦	66	男	前
1	当	千6	(66.48)	生方　幸夫	65	男	前
1		神14	(65.50)	本村賢太郎	42	男	前
1		神12	(65.10)	中塚　一宏	47	男	前
1		神6	(63.08)	池田　元久	71	男	前
1		千5	(62.62)	村越　祐民	38	男	前
1		千8	(60.53)	松崎　公昭	69	男	前
1		神10	(58.34)	城島　光力（城島　正光）	65	男	前
1		千10	(56.91)	谷田川　元	49	男	前
1		神2	(51.65)	三村　和也	37	男	前
1		神7	(50.94)	首藤　信彦	67	男	前
1		神1	(50.30)	中林美恵子	52	女	前
1		神17	(47.59)	神山　洋介	37	男	前
1		山2	(47.53)	坂口　岳洋	41	男	前
1		山1	(47.46)	斎藤　勁	67	男	前
1		千2	(46.62)	樋口　博康	53	男	新
1		神18	(41.54)	網屋　信介	55	男	前
1		神3	(40.65)	勝又恒一郎	50	男	前
1		千3	(35.90)	青山明日香	30	女	新
1		神13	(34.57)	橘　秀徳	43	男	前
1		神4	(32.81)	荻原　隆宏	42	男	新
1		神5	(28.28)	田中　慶秋	74	男	前
1		千7	(27.63)	中沢　健	57	男	新

1		神8	(26.52)	伊藤久美子	53	女	新
1		神11	(13.63)	林　公太郎	30	男	新
みんなの党		951,294票		当選人数 3人			
1	選当	神4		浅尾慶一郎			前
1	選当	神8		江田　憲司			前
1	当	神6	(84.61)	青柳陽一郎	43	男	新
1	当	山3	(76.68)	中島　克仁	45	男	新
1	当	神9	(61.46)	椎名　毅	37	男	新
1		神17	(55.43)	井上　義行	49	男	新
1		神7	(55.11)	田中　朝子	53	女	新
1		神18	(53.28)	船川　治郎	45	男	新
1		千8	(47.43)	山本　幸治	41	男	新
1		神13	(45.48)	菅原　直敏	34	男	新
1		神10	(42.37)	久米英一郎	47	男	新
1		神5	(40.61)	池田東一郎	51	男	新
1		神3	(37.66)	毛呂　武史	44	男	新
1		神1	(36.25)	山下　頼行	39	男	新
1		千1	(35.21)	西野　元樹	38	男	新
1		千5	(35.10)	渡辺　耕士	57	男	新
1		千6	(34.94)	鷹野　聡	43	男	新
1		神14	(27.01)	松本　雅威	41	男	新
1		千7	(21.93)	石塚　貞通	45	男	新
公明党		810,936票		当選人数 2人			
1	当			富田　茂之	59	男	前
2	当			古屋　範子	56	女	前
3				石毛　宏幸	53	男	新
4				川浪　隆	51	男	新
5				吉田　一国	65	男	新
日本未来の党		477,309票		当選人数 1人			
1	当	神12	(69.37)	阿部　知子	64	女	前
1		神17	(44.90)	露木　順一	57	男	新
1		千12	(41.79)	中後　淳	42	男	前
1		千3	(38.60)	岡島　一正	55	男	前
1		千11	(37.35)	金子　健一	55	男	前
1		神18	(30.70)	樋高　剛	47	男	前
1		千2	(29.95)	黒田　雄	53	男	前
1		千7	(23.09)	内山　晃	58	男	前
1		神3	▼	岡本　英子	48	女	前
1		千9	▼	河上　満栄	41	女	元
1		千8	▼	姫井由美子	53	女	新
1		神7	▼	山崎　誠	50	男	前
1		千6	▼	白石　純子	50	女	新
1		千5	▼	相原　史乃	38	女	前
1		千4	▼	三宅　雪子	47	女	前
1		神5	▼	河野　敏久	56	男	新
17				大山　昌宏	42	男	前
日本共産党		447,890票		当選人数 1人			
1	当			志位　和夫	58	男	前
2				畑野　君枝	55	女	新
3		千4	▼	斉藤　和子	38	女	新
4				藤井美登里	57	女	新

衆議院・比例区（南関東）

社会民主党				147,191票	当選人数	0人
1	神14	▼	今井 達也	25	男	新
1	千7	▼	村上 克子	73	女	新
3			上田 恵子	45	女	新

幸福実現党		20,987票	当選人数	0人
1		加藤 文康	50	男 新
2		屋舗 保	62	男 新
3		久我 司	40	男 新
4		宮松 宏至	72	男 新
5		彦川 太志	27	男 新

第47回衆議院議員選挙　定数22
平成26年（2014年）12月14日実施

自由民主党				2,321,609票	当選人数	8人
1	当		中谷 真一	38	男	前
	2	選当 千2	小林 鷹之			前
	2	選当 千3	松野 博一			前
	2	選当 千5	薗浦健太郎			前
	2	選当 千6	渡辺 博道			前
	2	選当 千7	斎藤 健			前
	2	選当 千8	桜田 義孝			前
	2	選当 千9	秋本 真利			前
	2	選当 千10	林 幹雄			前
	2	選当 千11	森 英介			前
	2	選当 千12	浜田 靖一			前
	2	選当 千13	白須賀貴樹			前
	2	選当 神1	松本 純			前
	2	選当 神2	菅 義偉			前
	2	選当 神3	小此木八郎			前
	2	選当 神5	坂井 学			前
	2	選当 神7	鈴木 馨祐			前
	2	選当 神10	田中 和徳			前
	2	選当 神12	星野 剛士			前
	2	選当 神13	甘利 明			前
	2	選当 神14	赤間 二郎			前
	2	選当 神15	河野 太郎			前
	2	選当 神17	牧島かれん			前
	2	選当 神18	山際大志郎			前
2	当	山1	(98.93)	宮川 典子	35	女 前
2	当	神16	(98.55)	義家 弘介	43	男 前
2	当	神9	(92.96)	中山 展宏	46	男 前
2	当	千1	(90.77)	門山 宏哲	50	男 前
2	当	山2	(80.01)	堀内 詔子	49	女 前
2	当	神4	(67.51)	山本 朋広	39	男 前
2	当	神8	(62.85)	福田 峰之	50	男 前
2		千4	(56.71)	木村 哲也	45	男 新
33				金子真理子	65	女 新
34				松田 紀子	59	女 新
35				文月 涼	47	男 新
36				三沢 英生	41	男 新
37				角田 宏子	47	女 新
38				藤田 幹雄	46	男 元
39				出畑 実	64	男 新
40				小林 博次	44	男 新

民主党				1,203,572票	当選人数	4人
	1	選当 千1	田嶋 要			前
	1	選当 千4	野田 佳彦			前
	1	選当 神9	笠 浩史			前
	1	選当 神16	後藤 祐一			前
	1	選当 山1	中島 克仁			前
1	当	神12	(99.14)	阿部 知子	66	女 前
1	当	千9	(80.57)	奥野総一郎	50	男 前
1		神14	(76.30)	本村賢太郎	44	男 元
1		神17	(67.31)	神山 洋介	39	男 元
1		千10	(67.30)	谷田川 元	51	男 元
1		千13	(67.21)	岩井 康彦	68	男 前
1		千6	(65.29)	生方 幸夫	67	男 前
1		神10	(58.39)	城島 光力	67	男 元
				（城島 正光）		
1		神6	(55.19)	三村 和也	39	男 元
1		千5	(54.27)	村越 祐民	40	男 元
1		神7	(49.96)	中谷 一馬	31	男 新
1		神3	(49.05)	勝又恒一郎	52	男 元
1		千3	(34.77)	青山明日香	32	女 新
19				前川 忠夫	76	男 新
20				山口 繁	75	男 新

維新の党				1,053,221票	当選人数	4人
1	当	千8	(70.67)	太田 和美	35	女 元
1	当	神6	(66.50)	青柳陽一郎	45	男 前
1	当	神1	(59.78)	篠原 豪	39	男 新
1	当	神5	(50.14)	水戸 将史	52	男 新
1		千2	(47.62)	藤巻 健太	31	男 新
1		千7	(43.81)	石塚 貞通	47	男 新
1		神9	(43.01)	椎名 毅	39	男 前
1		神13	(41.44)	伊藤 優太	29	男 新
1		神7	(39.53)	豊田 有希	39	男 新
1		神18	(30.72)	北村 造	31	男 新

公明党		875,712票	当選人数	3人
1		富田 茂之	61	男 前
2	当	古屋 範子	58	女 前
3	当	角田 秀穂	53	男 新
4		川浪 隆	53	男 新
5		井川 泰雄	40	男 新

日本共産党				813,634票	当選人数	3人
1	当			志位 和夫	60	男 前
2				畑野 君枝	57	女 新
3	当	千4		斉藤 和子	40	女 新
4		山1		遠藤 昭二	63	女 新
5				岡崎 裕	36	男 新

次世代の党				236,596票	当選人数	0人
1		神18	(68.07)	中田 宏	50	男 前

衆議院・比例区（南関東）　　　　　　　国政選挙総覧

1	千1	(31.05)	田沼	隆志	38	男	前
1	千9	(28.25)	西田	譲	39	男	前
1	千6	▼	遠藤	宣彦	51	男	元
1	神3	▼	横田	光弘	57	男	新
1	神12	▼	甘粕	和彦	31	男	新
1	神14	▼	中本	太衛	49	男	元
1	神7	▼	松田	学	57	男	前
1	神5	▼	河野	敏久	58	男	新

生活の党　　　　175,431票　　当選人数　0人
1	千3	(35.45)	岡島	一正	57	男	元
1	千11	(34.95)	金子	健一	57	男	元
1	神18	▼	樋高	剛	49	男	元

社会民主党　　　132,542票　　当選人数　0人
| 1 | 千7 | ▼ | 阿部 | 治正 | 60 | 男 | 新 |
| 2 | | | 木村 | 栄子 | 66 | 女 | 新 |

幸福実現党　　　24,052票　　当選人数　0人
1			加藤	文康	52	男	新
2			古川	裕三	32	男	新
3			壹岐	愛子	29	女	新
4			宮松	宏至	74	男	新
5			表	奈就子	31	女	新

選挙区・東京都

第24回衆議院議員選挙
昭和24年（1949年）1月23日実施

【第1区】定数4
当	野坂 参三	58	男	共産	前	61,202
当	井手 光治	45	男	民自	新	40,456
当	浅沼稲次郎	52	男	社会	前	36,291
当	野村専太郎	59	男	民自	新	35,350
	高橋庄八郎	37	男	民自	新	33,859
	桜内 義雄	38	男	民主	前	30,172
	丸山 茂	40	男	民自	新	26,719
	原 彪	56	男	社会	前	26,456
	宮島 ヒサ	51	女	民自	新	14,819
	安田 徳治	56	男	民自	新	4,886
	原 享	35	男	国協	新	4,822
	今井 はつ	49	女	無所属	元	4,788
	谷村 勇	59	男	無所属	新	2,668
	白石 清	41	男	無所属	新	2,366
	田中 正義	51	男	無所属	新	2,357
	東瀬 利雄	44	男	民自	新	716
	松本 武夫	44	男	無所属	新	640
	豊口 茂治	51	男	無所属	新	576
	田辺軍太郎	50	男	民主	新	506
	楠間 亀楠	69	男	無所属	新	386
	千代田一郎	36	男	諸派	新	295
	鎌田 文雄	51	男	無所属	新	176
	東条栄之助	44	男	無所属	新	145

【第2区】定数3
当	菊池 義郎	60	男	民自	前	51,718
当	松岡 駒吉	62	男	社会	前	43,026
当	伊藤 憲一	38	男	共産	新	39,337
	宇都宮徳馬	44	男	民自	新	27,955
	加藤シヅエ	53	女	社会	前	19,935
	西本 啓	58	男	民主	新	14,897
	山田イワオ	33	男	民自	新	9,100
	泉 ケン信	42	男	諸派	新	4,738
	戸田 正直	40	男	無所属	新	4,490
	木下 港二	27	男	無所属	新	3,289
	中島 睦正	36	男	国協	新	1,142

【第3区】定数3
当	広川 弘禅	48	男	民自	前	67,134
当	鈴木茂三郎	57	男	社会	前	42,448
当	徳田 球一	56	男	共産	前	34,640
	井上 貞蔵	57	男	無所属	新	20,711
	本田 トヨ	56	女	民主	新	11,494
	志田 義忠	53	男	無所属	新	2,073
	清水 玉次	50	男	民主	新	1,858
	貴島 桃隆	49	男	諸派	新	1,467
	岩間 尹	54	男	諸派	新	354

【第4区】定数3
当	花村 四郎	59	男	民自	前	49,836
当	風早八十二	51	男	共産	新	46,530
当	高木 章	46	男	民自	新	30,196
	菊川 忠雄	49	男	社会	前	24,826
	荒畑 寒村	63	男	無所属	前	21,388
	古川 丈吉	46	男	民自	新	16,708
	栗山 力	49	男	民自	新	9,797
	西 勝造	66	男	国協	新	7,041
	新甫 八郎	37	男	無所属	新	1,485
	八島 定	56	男	諸派	新	1,078
	清水 亘	41	男	諸派	新	842
	関口喜八郎	38	男	労農	新	796
	丸山 義一	58	男	諸派	新	757
	麻生 重一	46	男	無所属	新	441

【第5区】定数4
当	神山 茂夫	45	男	共産	新	50,585
当	加藤隆太郎	63	男	民自	前	39,392
当	石田 一松	48	男	国協	前	38,863
当	鈴木 仙八	51	男	民自	前	37,918
	渡辺年之助	48	男	社会	新	19,241
	秋葉 保	42	男	民自	新	16,704
	高木 惣市	51	男	民主	新	11,276
	山岸アキラ	46	男	社会	新	7,103
	栗田 久男	42	男	社革	新	4,419
	鈴木 豊	43	男	民主	新	3,544
	高藤 宇一	33	男	無所属	新	1,646

【第6区】定数5
当	聴濤 克巳	46	男	共産	新	57,711
当	天野 公義	29	男	民自	新	55,266
当	島村 一郎	56	男	民自	前	50,777
当	中島 守利	73	男	民自	前	42,654
当	山口シヅエ	33	女	社会	前	35,632
	熊本 虎三	55	男	社会	新	29,372
	島上善五郎	47	男	社会	前	24,452
	新井 京太	63	男	民自	新	20,794
	林 博	33	男	無所属	新	15,512
	小野内寿松	56	男	民主	新	12,319
	山口久太郎	67	男	民主	新	11,514
	山屋八万雄	50	男	民自	新	11,463
	小西 幸助	56	男	民主	新	8,505
	長瀬健太郎	41	男	無所属	新	8,097
	千葉藤左衛門	61	男	国協	新	2,067
	大橋 正雄	32	男	無所属	新	1,800
	松浦 良平	57	男	無所属	新	1,470
	葛西直太郎	51	男	無所属	新	287

【第7区】定数5
当	栗山長次郎	54	男	民自	前	43,860
当	土橋 一吉	42	男	共産	新	43,581
当	福田 篤泰	44	男	民自	新	43,003

当	松谷天光光 (園田天光光)	31	女	労農	前	36,043
当	並木　芳雄	42	男	民主	前	30,055
	田辺　忠男	59	男	民自	新	28,254
	山花　秀雄	46	男	社会	前	19,314
	八並　達雄	49	男	民主	前	17,631
	真鍋　富次	51	男	民主	新	6,331
	阿部　茂夫	58	男	社会	元	5,313
	坂口　康男	45	男	社会	新	3,593
	山口　四郎	41	男	民主	新	2,711
	秋山　順介	48	男	無所属	新	2,312
	川上ユキオ	58	男	新自	新	2,255
	加藤　叔道	46	男	諸派	新	1,434
	久保　久治	59	男	無所属	新	1,170
	国原　賢徳	53	男	無所属	新	517

《補選》第24回衆議院議員選挙
昭和27年(1952年)3月12日実施
※聴濤克巳の公職追放、中島守利の死去による

【第6区】被選挙数2
当	熊本　虎三	56	男	右社	新	62,136
当	新井　京太	64	男	自由	新	59,437
	島上善五郎	48	男	左社	前	39,216
	天野　頼義	57	男	自由	新	35,796
	林　　　博	34	男	改進	新	30,359
	真鍋　儀十	60	男	改進	前	28,521
	滝沢　七郎	74	男	無所属	前	27,645
	佐久間栄吉	72	男	無所属	新	23,609
	吉田　資治	48	男	共産	新	15,205
	赤尾　　敏	53	男	諸派	前	12,205
	飯塚　侑造	44	男	無所属	新	4,136
	小田　俊与	44	男	諸派	新	1,121
	肥後　　亨	25	男	諸派	新	286

第25回衆議院議員選挙
昭和27年(1952年)10月1日実施

【第1区】定数4
当	鳩山　一郎	69	男	自由	元	108,660
当	浅沼稲次郎	53	男	右社	前	81,796
当	原　　　彪	57	男	左社	元	46,913
当	安藤　正純	75	男	自由	元	41,710
	野村専太郎	51	男	自由	前	33,814
	中島弥団次	66	男	改進	元	27,133
	長野　高一	59	男	自由	元	24,249
	細川　嘉六	63	男	共産	新	21,426
	井手　光治	47	男	自由	前	19,757
	頼母木真六	53	男	改進	元	19,490
	高橋　義次	69	男	改進	元	12,018
	駒井　重次	57	男	改進	元	11,988
	宮島　ヒサ	53	女	自由	新	9,824

川口　　寿	53	男	自由	元	5,365
太田金次郎	55	男	無所属	新	4,949
今井　はつ	51	女	無所属	元	2,869
紺野　俊雄	44	男	再建	新	2,307
清水　　亘	43	男	諸派	新	1,826
宗前　　清	54	男	無所属	元	1,681
白石　　清	43	男	無所属	新	1,517
品川　　司	41	男	無所属	新	393
関根　信義	59	男	無所属	新	355
肥後　　亨	26	男	諸派	新	286
鎌田　文雄	53	男	無所属	新	214

【第2区】定数3
当	松岡　駒吉	64	男	右社	前	58,075
当	宇都宮徳馬	46	男	自由	新	56,459
当	加藤　勘十	60	男	右社	元	53,019
	菊池　義郎	62	男	自由	前	51,714
	山元亀次郎	58	男	左社	元	21,200
	田辺　忠男	61	男	改進	新	18,722
	伊井弥四郎	46	男	共産	新	15,790
	山田イワオ	34	男	無所属	新	4,426

【第3区】定数3
当	鈴木茂三郎	59	男	左社	前	69,626
当	広川　弘禅	50	男	自由	前	63,030
当	三輪　寿壮	57	男	右社	元	54,036
	鍋山　貞親	51	男	無所属	新	22,681
	伊東　隆治	54	男	改進	新	19,214
	淡　徳三郎	51	男	無所属	新	16,503
	井上　明子	27	女	無所属	新	5,999
	高野清八郎	66	男	無所属	新	3,371

【第4区】定数3
当	菊川　忠雄	51	男	右社	元	49,422
当	帆足　　計	46	男	左社	新	43,568
当	花村　四郎	61	男	自由	前	39,787
	高木　　章	48	男	自由	前	32,829
	岡崎　英城	51	男	自由	新	25,775
	風早八十二	53	男	共産	前	24,836
	本領信治郎	48	男	改進	元	20,032
	野田　　豊	56	男	自由	新	16,781
	三上　英雄	59	男	自由	前	10,595
	古川　丈吉	48	男	自由	新	10,125
	吉原勘右衛門	58	男	自由	新	5,141
	栗山　　力	50	男	無所属	新	3,519
	島崎　専蔵	39	男	諸派	新	890

【第5区】定数4
	中村　梅吉	51	男	自由	元	53,300
当	河野　　密	54	男	右社	元	51,254
当	前田　米蔵	70	男	自由	元	45,091
当	石田　一松	49	男	改進	前	39,161
	鈴木　仙八	52	男	自由	前	39,074
	浜野　清吾	54	男	改進	元	32,180
	加藤隆太郎	65	男	自由	前	22,548
	山岸　　晟	48	男	左社	新	21,142
	青柳　盛雄	43	男	共産	新	15,936

	渡辺年之助	49	男	右社	新	13,450		小林　昌治	48	男	無所属	新	748
	鈴木　東民	57	男	労農	新	4,211		肥後　　亨	26	男	諸派	新	397
	横手　行雄	28	男	無所属	新	3,698		鎌田　文雄	54	男	無所属	新	319
	片桐　勝昌	45	男	再建	新	2,898	【第2区】定数3
	鈴木　　豊	45	男	無所属	新	1,352	当	加藤　勘十	61	男	右社	前	62,076
	日比辰三郎	48	男	無所属	新	779	当	菊池　義郎	62	男	自由吉	元	53,344
	寺田　武雄	47	男	無所属	新	762	当	宇都宮徳馬	46	男	自由	前	48,752
【第6区】定数5		松岡　駒吉	64	男	右社	前	46,727
当	山口シヅエ	34	女	右社	前	72,937		渡辺　鉄蔵	68	男	自由鳩	元	24,221
当	熊本　虎三	56	男	右社	前	67,050		大柴　滋夫	35	男	左社	新	23,648
当	島上善五郎	48	男	左社	元	53,312		山本　長蔵	45	男	改進	新	14,086
当	島村　一郎	58	男	自由	前	49,174		伊井弥四郎	47	男	共産	新	13,682
当	新井　京太	65	男	自由	前	39,947		山田イワオ	35	男	無所属	新	5,289
	天野　公義	31	男	自由	前	38,991		宮腰　喜助	47	男	無所属	元	2,542
	林　　　博	35	男	改進	新	36,899	【第3区】定数3
	野口辰五郎	56	男	自由	新	33,393	当	鈴木茂三郎	60	男	左社	前	63,804
	真鍋　儀十	61	男	改進	元	27,968	当	安井　大吉	62	男	自由吉	新	58,869
	小野　孝行	58	男	自由	新	20,693	当	三輪　寿壮	58	男	右社	前	48,106
	赤尾　　敏	53	男	諸派	元	16,751		広川　弘禅	50	男	自由鳩	前	44,957
	吉田　資治	48	男	共産	新	16,051		淡　徳三郎	51	男	無所属	新	16,487
	山屋八万雄	52	男	自由	新	10,173		矢野　酉雄	55	男	無所属	新	5,786
	竹本　信一	59	男	無所属	新	714	【第4区】定数3
【第7区】定数5		当	菊川　忠雄	52	男	右社	前	56,046
当	中村　高一	55	男	右社	元	61,367	当	花村　四郎	61	男	自由鳩	前	51,644
当	並木　芳雄	44	男	改進	前	50,476	当	帆足　　計	47	男	左社	前	50,535
当	山花　秀雄	48	男	左社	元	47,433		高木　　章	48	男	自由吉	元	44,718
当	大久保留次郎	65	男	自由	元	45,477		岡崎　英城	52	男	自由吉	新	36,734
当	栗山長次郎	56	男	自由	前	42,347		風早八十二	53	男	共産	元	25,378
	福田　篤泰	45	男	自由	前	31,756		本領信治郎	49	男	改進	元	17,348
	津雲　国利	58	男	自由	元	30,762		松村　金助	51	男	無所属	新	3,332
	松谷天光光（園田天光光）	33	女	改進	前	21,989	【第5区】定数4
	当	鈴木　仙八	52	男	自由鳩	元	53,406
	和田　敏明	47	男	諸派	元	13,683	当	神近　市子	64	女	左社	新	53,182
	野本　義松	54	男	無所属	新	6,777	当	河野　　密	55	男	右社	前	47,039
	畑　　敏秋	41	男	諸派	新	1,559	当	中村　梅吉	52	男	自由鳩	前	44,957
		石田　一松	50	男	改進	元	34,924
第26回衆議院議員選挙		浜野　清吾	55	男	無所属	元	32,188
昭和28年(1953年)4月19日実施		前田　米蔵	71	男	自由吉	前	30,885
		加藤隆太郎	64	男	自由吉	元	26,573
【第1区】定数4		青柳　盛雄	44	男	共産	新	13,568
当	鳩山　一郎	69	男	自由鳩	前	100,610		渡辺年之助	50	男	右社	新	9,819
当	浅沼稲次郎	54	男	右社	前	76,758		横手　行雄	29	男	無所属	新	1,337
当	安藤　正純	77	男	自由吉	前	67,234		日比辰三郎	49	男	無所属	新	705
当	原　　　彪	58	男	左社	前	58,814	【第6区】定数5
	野村専太郎	52	男	自由吉	元	43,339	当	熊本　虎三	57	男	右社	前	66,240
	中島弥団次	66	男	改進	元	36,590	当	山口シヅエ	35	女	右社	前	64,030
	頼母木真六	54	男	改進	元	20,937	当	島村　一郎	58	男	自由鳩	前	61,207
	細川　嘉六	64	男	共産	新	19,353	当	島上善五郎	49	男	左社	前	58,333
	井手　光治	48	男	自由吉	元	16,723	当	天野　公義	32	男	自由	元	50,663
	駒井　重次	58	男	改進	元	8,562		新井　京太	65	男	自由	前	46,677
	川口　　寿	54	男	無所属	元	2,758		林　　　博	35	男	改進	新	46,388
	小田　天界	49	男	諸派	元	1,197		野口辰五郎	56	男	自由吉	新	32,786
	品川　　司	42	男	諸派	新	787		真鍋　儀十	60	男	改進	元	32,100

衆議院・選挙区（東京都）　　　国政選挙総覧

	吉田　資治	49	男	共産	新	16,765
	赤尾　敏	54	男	諸派	元	13,029
	風間　日光	25	男	無所属	新	1,779
	竹本　信一	60	男	無所属	新	667

【第7区】定数5

当	中村　高一	55	男	右社	前	68,474
当	並木　芳雄	44	男	改進	前	50,517
当	山花　秀雄	49	男	左社	前	48,006
当	福田　篤泰	46	男	自由吉	元	46,420
当	津雲　国利	49	男	自由吉	元	35,378
	栗山長次郎	56	男	自由鳩	前	32,109
	大久保留次郎	65	男	自由吉	前	24,799
	松谷天光光（園田天光光）	34	女	改進	元	24,326
	和田としあき	47	男	諸派	元	12,410
	田辺　忠男	61	男	無所属	新	5,949
	野本　義松	55	男	無所属	新	1,625

第27回衆議院議員選挙
昭和30年（1955年）2月27日実施

【第1区】定数4

当	鳩山　一郎	72	男	民主	前	149,541
当	安藤　正純	78	男	民主	前	93,819
当	原　彪	60	男	左社	前	89,575
当	浅沼稲次郎	56	男	右社	前	77,417
	野村専太郎	53	男	自由	元	63,316
	長野　高一	61	男	民主	元	37,177
	宮本けんじ	46	男	共産	新	27,825
	品川　司	44	男	諸派	新	1,809
	小田　天界	50	男	諸派	元	1,245
	樫村　広史	59	男	無所属	新	635
	鎌田　文雄	55	男	無所属	新	628
	星井　一	48	男	諸派	新	626
	長谷川武一郎	55	男	諸派	新	623
	林　武一	55	男	諸派	新	526

【第2区】定数3

当	松岡　駒吉	66	男	右社	元	86,514
当	菊池　義郎	64	男	民主	前	74,852
当	宇都宮徳馬	48	男	民主	新	71,796
	加藤　勘十	62	男	右社	前	52,490
	大柴しげ夫	37	男	左社	新	31,531
	長久保定雄	49	男	自由	新	25,970
	松本　三益	50	男	共産	新	19,843
	山田イワオ	37	男	無所属	新	4,822

【第3区】定数3

当	広川　弘禅	52	男	民主	元	90,698
当	鈴木茂三郎	62	男	左社	前	72,128
当	三輪　寿壮	60	男	右社	前	62,946
	安井　大吉	64	男	自由	前	34,922
	岩間　正男	49	男	共産	新	18,352
	本田　トヨ	61	女	無所属	新	16,962

【第4区】定数3

当	花村　四郎	62	男	民主	前	78,439
当	帆足　計	49	男	左社	前	77,712
当	岡崎　英城	54	男	民主	新	62,783
	菊川　君子	49	女	右社	新	60,441
	高木　章	50	男	自由	元	41,046
	風早八十二	55	男	共産	元	36,852
	松村　金助	53	男	無所属	新	4,037
	石井　正二	59	男	無所属	新	1,349

【第5区】定数4

当	中村　梅吉	53	男	民主	前	106,388
当	神近　市子	66	女	左社	前	75,580
当	河野　密	57	男	右社	前	68,196
当	浜野　清吾	56	男	民主	元	52,530
	鈴木　仙八	55	男	民主	前	40,399
	須藤喜三郎	58	男	自由	新	34,810
	石田　一松	52	男	無所属	元	31,651
	青柳　盛雄	46	男	共産	新	19,241
	寺田　武雄	49	男	無所属	新	1,363
	日比辰三郎	50	男	諸派	新	815
	清瀬　邦弘	60	男	無所属	新	338
	吉田　長蔵	58	男	無所属	新	303
	東瀬　利雄	48	男	無所属	新	302

【第6区】定数5

当	島上善五郎	51	男	左社	前	85,203
当	林　博	37	男	民主	新	83,924
当	島村　一郎	60	男	民主	前	82,775
当	真鍋　儀十	63	男	民主	元	65,461
当	山口シヅエ	37	女	右社	前	64,706
	新井　京太	67	男	民主	元	61,919
	天野　公義	33	男	自由	前	59,934
	茅野　真好	54	男	右社	新	43,871
	吉田　資治	51	男	共産	新	21,619
	赤尾　敏	56	男	諸派	元	12,237
	風間　日光	26	男	諸派	新	5,139
	重見　均一	49	男	無所属	新	2,273
	泉　勘次郎	51	男	無所属	新	1,968
	後藤　帰一	55	男	無所属	新	1,119
	竹本　信一	61	男	無所属	新	896
	がくし勇三郎	46	男	無所属	新	848

【第7区】定数5

当	並木　芳雄	46	男	民主	前	73,471
当	中村　高一	57	男	右社	前	60,031
当	山花　秀雄	50	男	左社	前	52,100
当	木崎　茂男	37	男	民主	新	33,313
当	福田　篤泰	48	男	自由	前	32,300
	栗山長次郎	58	男	民主	前	28,500
	津雲　国利	61	男	自由	前	27,576
	松谷天光光（園田天光光）	36	女	民主	元	24,415
	北条　秀一	50	男	右社	新	17,922
	石井あや子	52	女	労農	新	15,640
	大木　操	63	男	民主	新	11,937

	大野みつる	46	男	共産	新	11,443
	松岡 富治	54	男	民主	新	5,837
	佐藤 吉熊	54	男	無所属	新	2,899
	湯川 康平	41	男	諸派	新	2,060
	畑 敏秋	43	男	諸派	新	1,335
	古賀 一	60	男	無所属	新	956

第28回衆議院議員選挙
昭和33年（1958年）5月22日実施

【第1区】定数4
当	田中 栄一	56	男	自民	新	149,304
当	浅沼稲次郎	59	男	社会	前	125,597
当	原 彪	63	男	社会	前	97,833
当	鳩山 一郎	75	男	自民	前	89,572
	長野 高一	65	男	自民	元	67,225
	聴濤 克巳	54	男	共産	元	30,087
	品川 司	47	男	無所属	新	3,825
	平林 太一	61	男	無所属	新	2,198
	小田 俊与	51	男	諸派	新	1,809
	鎌田 文雄	58	男	無所属	新	1,638
	長谷川武一郎	58	男	無所属	新	1,044
	岸本 力男	38	男	諸派	新	721
	喜島 登竜	56	男	無所属	新	701

【第2区】定数3
当	加藤 勘十	66	男	社会	元	88,410
当	宇都宮徳馬	51	男	自民	前	71,014
当	松岡 駒吉	70	男	社会	前	66,616
繰当	菊池 義郎	68	男	自民	前	57,511
	代田 朝義	63	男	無所属	新	55,848
	大柴しげ夫	40	男	社会	新	36,225
	山村 久	59	男	無所属	新	21,478
	松本 三益	54	男	共産	新	18,675
	長久保定雄	52	男	無所属	新	13,628

※松岡駒吉（社会）死去のため昭和33年8月20日
菊池義郎（自民）が繰上当選

【第3区】定数3
当	賀屋 興宣	69	男	自民	新	96,910
当	鈴木茂三郎	65	男	社会	前	95,093
当	本島百合子	50	女	社会	新	77,867
	広瀬 俊吉	57	男	自民	新	51,567
	伊井弥四郎	52	男	共産	新	14,242
	末藤 方啓	26	男	無所属	新	7,694
	金沢 武夫	53	男	無所属	新	1,809
	浅沼美知雄	42	男	諸派	新	1,200
	近藤 昌一	60	男	無所属	新	334

【第4区】定数3
当	菊川 君子	52	女	社会	新	96,821
当	岡崎 英城	57	男	自民	前	86,858
当	帆足 計	52	男	社会	前	86,047
	花村 四郎	66	男	自民	前	72,260
	小峯 柳多	49	男	諸派	元	25,877
	亀田 東伍	47	男	共産	新	25,856

	本領信治郎	54	男	無所属	元	12,915
	石井 正二	62	男	無所属	新	2,254

【第5区】定数4
当	中村 梅吉	57	男	自民	前	117,490
当	神近 市子	69	女	社会	前	98,492
当	河野 密	60	男	社会	前	95,627
当	浜野 清吾	60	男	自民	前	80,847
	鈴木 仙八	58	男	自民	元	80,050
	神山 茂夫	53	男	共産	元	43,310
	清水 亘	49	男	諸派	新	2,432
	日比辰三郎	53	男	諸派	新	1,577

【第6区】定数5
当	山口シヅエ	40	女	社会	前	106,523
当	島上善五郎	54	男	社会	前	95,833
当	島村 一郎	63	男	自民	前	89,814
当	天野 公義	37	男	自民	元	76,446
当	新井 京太	70	男	自民	元	74,207
	茅野 真好	57	男	社会	新	70,855
	林 博	40	男	自民	前	67,766
	山田 正明	45	男	無所属	新	26,399
	真鍋 儀十	66	男	無所属	前	25,471
	吉田 資治	54	男	共産	新	24,630
	風間 日光	30	男	諸派	新	11,007
	赤尾 敏	59	男	諸派	元	10,765
	泉 勘次郎	54	男	無所属	新	2,650
	橋本 定雄	27	男	無所属	新	1,269
	平田 市松	44	男	無所属	新	502

【第7区】定数5
当	福田 篤泰	51	男	自民	前	69,250
当	中村 高一	60	男	社会	前	61,140
当	北条 秀一	53	男	社会	新	61,047
当	山花 秀雄	54	男	社会	前	59,084
当	細田 義安	55	男	自民	新	57,779
	津雲 国利	64	男	自民	元	47,271
	並木 芳雄	50	男	自民	前	45,676
	木崎 茂男	41	男	自民	前	33,023
	松谷天光光（園田天光光）	39	女	無所属	元	20,839
	大野みつる	50	男	共産	新	14,005
	古賀 一	63	男	無所属	新	1,973
	畑 敏秋	46	男	諸派	新	1,785
	木下 常雄	43	男	無所属	新	1,368

第29回衆議院議員選挙
昭和35年（1960年）11月20日実施

【第1区】定数4
当	安井誠一郎	69	男	自民	新	138,332
当	浅沼 享子	56	女	社会	新	107,974
当	田中 栄一	59	男	自民	前	90,653
当	原 彪	65	男	社会	前	84,651
	麻生 良方	36	男	民社	新	55,655
	聴濤 克巳	56	男	共産	元	19,795

	品川 司	50	男	無所属	新	1,368
	小田 俊与	53	男	諸派	新	1,074
	平林 太一	63	男	無所属	新	796
	小田 天界	56	男	諸派	元	641
	遠藤 義孝	38	男	無所属	新	543
	鎌田 文雄	61	男	無所属	新	523
	児玉富士太郎	50	男	諸派	新	495
	築紫 次郎	41	男	無所属	新	490
	清水 亘	51	男	諸派	新	466
	山下順一郎	25	男	無所属	新	460
	佐々木 励	48	男	無所属	新	446
	肥後 亨	34	男	無所属	新	387
	野々上武敏	50	男	諸派	新	274
	加藤 大三	37	男	無所属	新	233
	南 俊夫	48	男	諸派	新	173
	樫村 広史	64	男	諸派	新	141

【第2区】定数3

当	加藤 勘十	68	男	社会	前	94,777
当	宇都宮徳馬	54	男	自民	前	75,985
当	大柴 滋夫	43	男	社会	新	64,697
	菊池 義郎	70	男	自民	前	62,288
	川端 文夫	55	男	民社	新	42,337
	本島 寛	56	男	自民	新	34,706
	松本 三益	56	男	共産	新	16,207
	石村 秀郎	32	男	諸派	新	350

【第3区】定数3

当	鈴木茂三郎	67	男	社会	前	97,387
当	賀屋 興宣	71	男	自民	前	90,540
当	本島百合子	53	女	民社	前	53,878
	広川 弘禅	58	男	自民	元	45,215
	渡辺 美恵	43	女	社会	新	32,990
	伊井弥四郎	55	男	共産	新	14,093
	末藤 方啓	29	男	無所属	新	3,221
	貴島 桃隆	59	男	無所属	新	663
	島崎 正昭	33	男	無所属	新	354
	後藤 卓司	26	男	諸派	新	252
	常岡 要	44	男	諸派	新	216
	高瀬喜太郎	30	男	諸派	新	46

【第4区】定数3

当	帆足 計	55	男	社会	前	91,908
当	花村 四郎	69	男	自民	元	72,116
当	岡崎 英城	59	男	自民	前	68,158
	菊川 君子	55	女	民社	前	51,430
	大門 義雄	55	男	社会	新	44,226
	小峯 柳多	52	男	自民	元	36,458
	鈴木 市蔵	50	男	共産	新	22,072
	石井 正二	64	男	無所属	新	1,106
	深作清次郎	49	男	諸派	新	154
	三重野勝彦	47	男	男	新	48

【第5区】定数4

当	河野 密	62	男	社会	前	106,651
当	中村 梅吉	59	男	自民	前	98,585
当	鈴木 仙八	61	男	自民	元	87,165

当	浜野 清吾	62	男	自民	前	83,056
	神近 市子	72	女	社会	前	78,452
	神山 茂夫	55	男	共産	元	37,173
	重枝 琢巳	43	男	民社	新	30,349
	日比辰三郎	56	男	無所属	新	648
	大木 明雄	40	男	諸派	新	433
	谷村 蕃	30	男	諸派	新	141

【第6区】定数5

当	山口シヅエ	43	女	社会	前	97,689
当	島上善五郎	56	男	社会	前	91,621
当	島村 一郎	66	男	自民	前	76,605
当	天野 公義	39	男	自民	前	75,295
当	林 博	43	男	自民	元	70,752
	大日向蔦次	60	男	社会	新	66,425
	鯨岡 兵輔	45	男	自民	新	42,331
	新井 京太	73	男	自民	前	40,297
	島 清	52	男	民社	新	38,858
	吉田 資治	56	男	共産	新	21,242
	真鍋 儀十	69	男	無所属	元	15,946
	杉田 武夫	58	男	民社	新	10,606
	赤尾 敏	61	男	諸派	元	6,069
	風間 日光	32	男	無所属	新	5,092
	泉 勘次郎	56	男	無所属	新	1,559
	小山 寿男	34	男	諸派	新	138

【第7区】定数5

当	山花 秀雄	56	男	社会	前	102,604
当	中村 高一	63	男	社会	前	86,509
当	福田 篤泰	54	男	自民	前	84,211
当	津雲 国利	67	男	自民	元	68,733
当	細田 義安	57	男	自民	前	55,328
	北条 秀一	56	男	民社	前	44,514
	並木 芳雄	52	男	自民	元	42,783
	土橋 一吉	52	男	共産	元	30,227
	井上 明	26	男	諸派	新	1,059

第30回衆議院議員選挙

昭和38年(1963年)11月21日実施

【第1区】定数4

当	田中 栄一	62	男	自民	前	142,688
当	麻生 良方	39	男	民社	新	83,192
当	原 彪	68	男	社会	前	77,481
当	四宮 久吉	68	男	自民	新	74,573
	広沢 賢一	44	男	社会	新	67,614
	聴濤 克巳	59	男	共産	元	41,670
	品川 司	53	男	無所属	新	3,727
	鎌田 文雄	64	男	無所属	新	791
	南 俊夫	51	男	無所属	新	731
	清水 亘	54	男	諸派	新	676
	高橋 秀郎	58	男	諸派	新	529
	山本 達雄	25	男	諸派	新	501
	中村 吟造	67	男	無所属	新	487
	平野 世界	50	男	無所属	新	466

	荒原	朴水	58	男	無所属	新	425		島崎	十三	36	男	諸派	新	57
	木村	八郎	43	男	諸派	新	411		柿沼	二六	25	男	諸派	新	34
	岸本	力男	43	男	諸派	新	284		笹崎	四郎	43	男	諸派	新	13
	藤田	一郎	38	男	諸派	新	256		【第5区】定数4
	浜	十九	27	男	諸派	新	164	当	中村	梅吉	62	男	自民	前	121,207
	森高	十六	59	男	諸派	新	57	当	神近	市子	75	女	社会	元	117,175

【第2区】定数3
当	大柴	滋夫	46	男	社会	前	98,119	当	河野	密	65	男	社会	前	100,380
当	菊池	義郎	73	男	自民	元	77,854	当	浜野	清吾	65	男	自民	前	91,704
当	宇都宮徳馬		57	男	自民	前	72,836		鈴木	仙八	64	男	自民	前	79,861
	加藤	勘十	71	男	社会	前	71,529		神山	茂夫	58	男	共産	元	44,299
	本島	寛	59	男	自民	新	38,697		重枝	琢巳	46	男	民社	新	36,108
	川端	文夫	58	男	民社	新	38,135		築紫	次郎	44	男	無所属	新	919
	塚田	大願	54	男	共産	新	19,120		日比辰三郎		59	男	無所属	新	564
	山本	長蔵	55	男	無所属	新	6,941		小林	二二	29	男	諸派	新	399
	近衛	仙子	54	女	諸派	新	927		坂田	稔	58	男	諸派	新	338
	下田	九郎	29	男	諸派	新	463		大木	明雄	43	男	諸派	新	332
	福田	進	35	男	諸派	新	450		加藤	直臣	55	男	諸派	新	289
	遠井	司郎	40	男	諸派	新	135		松本	五郎	33	男	諸派	新	179
	藤井	二十	27	男	諸派	新	112		高田	十二	33	男	諸派	新	117
	笠原	二郎	42	男	諸派	新	79		【第6区】定数5
	江尻淳之助		40	男	諸派	新	66	当	山口シヅエ		46	女	社会	前	103,606

【第3区】定数3
当	賀屋	興宣	74	男	自民	前	93,714	当	島上善五郎		59	男	社会	前	102,296
当	鈴木茂三郎		70	男	社会	前	75,973	当	天野	公義	42	男	自民	前	99,095
当	本島百合子		56	女	民社	前	62,366	当	島村	一郎	69	男	自民	前	93,234
	高田なほ子		58	女	社会	新	60,194	当	鯨岡	兵輔	48	男	自民	新	84,682
	広川	弘禅	61	男	自民	元	50,423		林	博	46	男	自民	前	74,397
	土岐	強	51	男	共産	新	19,305		安田	竜	45	男	社会	新	72,369
	貴島	桃隆	62	男	無所属	新	844		島	清	55	男	民社	新	46,850
	大井	一郎	54	男	諸派	新	243		吉田	資治	59	男	共産	新	40,317
	高田	十八	25	女	諸派	新	154		モリムケン		75	男	無所属	新	10,339
	清水	巌	31	男	諸派	新	139		鈴木	行雄	47	男	無所属	新	3,864
	藤木	三郎	40	男	諸派	新	80		風間	日光	35	男	無所属	新	2,724
	中堂	利夫	28	男	諸派	新	78		古賀	一	69	男	諸派	新	1,005
	高橋	十郎	52	男	諸派	新	66		池田	唯成	31	男	諸派	新	493
	曽田	二一	32	男	諸派	新	37		中村	六郎	37	男	諸派	新	394

【第4区】定数3
									木内幸太郎		49	男	無所属	新	247
当	帆足	計	58	男	社会	前	74,550		常岡	要	47	男	無所属	新	195
当	岡崎	英城	62	男	自民	前	71,414		島名	二三	32	男	諸派	新	166
当	重盛	寿治	62	男	社会	新	62,868		塚田	二七	29	男	諸派	新	138
	小峯	柳多	55	男	自民	元	61,247		三宮	十五	36	男	諸派	新	116
	菊川	君子	58	女	民社	元	55,435		【第7区】定数5
	松本	善明	37	男	共産	新	37,363	当	福田	篤泰	58	男	自民	前	110,171
	花村	正道	50	男	自民	新	35,749	当	長谷川正三		49	男	社会	新	88,445
	白河	忠一	38	男	無所属	新	3,632	当	中村	高一	66	男	社会	前	84,506
	石井	正二	67	男	無所属	新	1,148	当	小山	省二	57	男	自民	新	76,459
	浅沼美知雄		47	男	無所属	新	718	当	山花	秀雄	59	男	社会	前	71,009
	九条	裕美	30	女	諸派	新	561		津雲	国利	70	男	自民	前	62,166
	山口	十一	33	男	諸派	新	231		北条	秀一	59	男	民社	元	52,161
	岡田	尚平	28	男	諸派	新	202		土橋	一吉	55	男	共産	元	49,692
	中川	二四	30	男	諸派	新	131		並木	芳雄	55	男	無所属	元	25,071
	信岡	博	47	男	諸派	新	86		小泉	武雄	57	男	無所属	新	10,690
									二子石邦雄		34	男	無所属	新	4,122
									畑	敏秋	52	男	諸派	新	394

	氏名	年齢	性別	所属	新旧	得票数
	向井 宗一	55	男	諸派	新	263
	藤井 十四	31	女	諸派	新	222
	浅野仁次郎	61	男	諸派	新	219
	佐久間二五	31	男	諸派	新	125
	鶴岡 七郎	36	男	諸派	新	93

第31回衆議院議員選挙
昭和42年（1967年）1月29日実施

【第1区】定数3

	氏名	年齢	性別	所属	新旧	得票数
当	田中 栄一	65	男	自民	前	80,799
当	広沢 賢一	47	男	社会	新	61,914
当	麻生 良方	43	男	民社	前	60,918
	丸山 茂	56	男	自民	新	35,879
	紺野与次郎	56	男	共産	新	32,908
	平井 義一	53	男	無所属	元	7,857
	小林 梅子	58	女	無所属	新	2,367
	森 悦子	57	女	諸派	新	802
	鎌田 文雄	67	男	無所属	新	544
	小田 俊与	60	男	無所属	新	537
	野々上武敏	57	男	諸派	新	372
	国沢徳五郎	76	男	諸派	新	225

【第2区】定数5

	氏名	年齢	性別	所属	新旧	得票数
当	宇都宮徳馬	60	男	自民	前	94,453
当	鈴切 康雄	40	男	公明	新	81,866
当	加藤 勘十	74	男	社会	元	77,286
当	大柴 滋夫	49	男	社会	前	71,294
当	菊池 義郎	76	男	自民	前	64,800
	川端 文夫	61	男	民社	新	60,504
	塚田 大願	57	男	共産	新	46,273
	本島 寛	62	男	無所属	新	38,032
	山本 長蔵	58	男	無所属	新	6,447

【第3区】定数4

	氏名	年齢	性別	所属	新旧	得票数
当	賀屋 興宣	77	男	自民	前	96,381
当	本島百合子	59	女	民社	前	85,391
当	山本 政弘	48	男	社会	新	70,586
当	広川シヅエ	54	女	自民	新	59,263
	小島 重正	52	男	公明	新	57,962
	大浜 亮一	54	男	社会	新	46,774
	土岐 強	55	男	共産	新	42,731
	末藤 方啓	35	男	無所属	新	5,638
	服部 隆男	37	男	無所属	新	2,851
	緒方 克行	41	男	無所属	新	1,494
	金沢 武夫	62	男	無所属	新	995

【第4区】定数5

	氏名	年齢	性別	所属	新旧	得票数
当	和田 耕作	60	男	民社	新	81,096
当	岡崎 英城	66	男	自民	前	76,145
当	小峯 柳多	58	男	自民	元	74,599
当	松本 善明	40	男	共産	新	67,907
当	帆足 計	61	男	社会	前	66,945
	大沢 重信	49	男	公明	新	64,659
	重盛 寿治	65	男	社会	前	52,872
	三上 英子	43	女	無所属	新	44,032

	氏名	年齢	性別	所属	新旧	得票数
	石井 正二	70	男	無所属	新	873
	新道 虎雄	64	男	諸派	新	451

【第5区】定数3

	氏名	年齢	性別	所属	新旧	得票数
当	中村 梅吉	65	男	自民	前	91,013
当	神近 市子	78	女	社会	前	80,292
当	伊藤惣助丸	33	男	公明	新	56,873
	高橋 正則	52	男	民社	新	43,170
	青柳 盛雄	58	男	共産	新	41,904
	山田 忠義	35	男	自民	新	38,480
	日比辰三郎	62	男	無所属	新	793

【第6区】定数4

	氏名	年齢	性別	所属	新旧	得票数
当	天野 公義	45	男	自民	前	91,994
当	有島 重武	42	男	公明	新	68,453
当	山口シヅエ	49	女	社会	前	57,848
当	佐野 進	46	男	社会	新	53,535
	山田 正明	53	男	無所属	新	41,545
	島 清	58	男	民社	新	36,016
	吉田 資治	63	男	共産	新	30,993
	赤尾 敏	68	男	諸派	元	4,829
	赤石 貞治	37	男	無所属	新	426
	依田 均嶺	59	男	諸派	新	112

【第7区】定数5

	氏名	年齢	性別	所属	新旧	得票数
当	福田 篤泰	60	男	自民	前	156,131
当	大野 潔	36	男	公明	新	110,892
当	長谷川正三	52	男	社会	前	107,873
当	小山 省二	60	男	自民	前	107,342
当	山花 秀雄	62	男	社会	前	101,792
	中村 高一	69	男	社会	前	96,620
	土橋 一吉	58	男	共産	元	93,273
	北条 秀一	62	男	民社	元	90,233
	並木 芳雄	58	男	無所属	元	33,451
	岩崎 筆吉	38	男	無所属	新	891

【第8区】定数3

	氏名	年齢	性別	所属	新旧	得票数
当	山田 久就	60	男	自民	新	60,901
当	依田 圭五	45	男	社会	新	40,831
当	四宮 久吉	71	男	自民	前	40,498
	長野 高一	73	男	無所属	元	33,839
	原 彪	72	男	社会	前	32,072
	金子 満広	42	男	共産	新	23,776
	荒瀬修一郎	37	男	民社	新	22,672
	西山 由高	30	男	無所属	新	5,383
	南 俊夫	54	男	無所属	新	480

【第9区】定数3

	氏名	年齢	性別	所属	新旧	得票数
当	河野 密	69	男	社会	前	96,751
当	浜野 清吾	68	男	自民	前	77,707
当	松本 忠助	52	男	公明	新	67,254
	鈴木 仙八	67	男	自民	元	62,163
	中村 靖	34	男	無所属	新	47,921
	津金 佑近	37	男	共産	新	41,502
	武藤 武雄	50	男	民社	元	27,993

【第10区】定数4

	氏名	年齢	性別	所属	新旧	得票数
当	竹入 義勝	41	男	公明	新	110,905
当	島村 一郎	72	男	自民	前	103,937

当	鯨岡 兵輔	51	男	自民	前	103,833
当	島上善五郎	63	男	社会	前	84,598
	安田 竜	49	男	社会	新	77,107
	小糸喜美子	53	女	民社	新	47,753
	関 研二	53	男	共産	新	45,796
	西山 芳行	69	男	無所属	新	825
	新見治三郎	64	男	無所属	新	390
	友谷 栄三	65	男	諸派	新	260

第32回衆議院議員選挙
昭和44年（1969年）12月27日実施

【第1区】定数3

当	田中 栄一	68	男	自民	前	66,501
当	麻生 良方	46	男	民社	前	47,006
当	渡部みち子	37	女	公明	新	45,625
	紺野与次郎	59	男	共産	新	39,493
	広沢 賢一	50	男	社会	前	39,090
	丸山 茂	59	男	自民	新	37,619
	斉藤 裕蔵	66	男	無所属	新	1,298
	森 悦子	60	女	諸派	新	475
	鎌田 文雄	70	男	無所属	新	310
	高橋 忠春	70	男	無所属	新	235
	三井 常三	62	男	諸派	新	200
	金谷 政雄	60	男	無所属	新	181
	深作清次郎	58	男	諸派	新	106

【第2区】定数5

当	鈴切 康雄	43	男	公明	前	90,674
当	宇都宮徳馬	63	男	自民	前	81,827
当	米原 昶	60	男	共産	元	71,357
当	菊池 義郎	79	男	自民	前	70,506
当	川端 文夫	64	男	民社	新	60,931
	大柴 滋夫	52	男	社会	前	51,792
	久保田幸平	57	男	社会	新	34,933
	神戸 敏光	25	男	無所属	新	5,238
	安藤 忠昌	36	男	無所属	新	3,226
	品川 司	59	男	無所属	新	2,604
	青山新太郎	51	男	諸派	新	267

【第3区】定数4

当	小坂徳三郎	53	男	自民	新	94,209
当	多田 時子	44	女	公明	新	67,543
当	山本 政弘	51	男	社会	前	66,084
当	賀屋 興宣	80	男	自民	前	63,527
	本島百合子	62	女	民社	前	59,625
	梅津 四郎	67	男	共産	新	55,473
	広川シズエ	57	女	自民	前	30,923
	石戸 薫	49	男	無所属	新	565
	麦谷 一雄	62	男	諸派	新	180

【第4区】定数5

当	松本 善明	43	男	共産	前	79,799
当	大久保直彦	33	男	公明	新	69,723
当	小峯 柳多	61	男	自民	前	68,864
当	和田 耕作	62	男	民社	前	65,437

当	岡崎 英城	68	男	自民	前	64,287
	金子 光	55	女	社会	新	46,467
	帆足 計	64	男	諸派	前	39,124
	三上 英子	46	女	無所属	新	17,511
	窪田 志一	55	男	無所属	新	1,250
	石井 正二	73	男	無所属	新	611
	師岡 たま	52	女	諸派	新	196

【第5区】定数3

当	中村 梅吉	68	男	自民	前	99,655
当	伊藤惣助丸	36	男	公明	前	62,091
当	青柳 盛雄	61	男	共産	新	53,148
	木村美智男	47	男	社会	新	51,985
	高橋 正則	55	男	民社	新	40,450
	山田 忠義	38	男	無所属	新	12,217
	清水正二郎	44	男	諸派	新	1,080

【第6区】定数4

当	有島 重武	45	男	公明	前	69,662
当	天野 公義	48	男	自民	前	67,696
当	山口シヅエ	52	女	自民	前	58,276
当	不破 哲三	39	男	共産	新	52,860
	佐野 進	49	男	社会	前	46,964
	山田 正明	56	男	無所属	新	35,573
	野末チンペイ	37	男	無所属	新	31,033
	赤尾 敏	70	男	諸派	元	2,277
	有田 正憲	57	男	諸派	新	567
	久保 義一	51	男	無所属	新	483
	赤石 貞治	40	男	無所属	新	312
	手塚 恒雄	66	男	諸派	新	242

【第7区】定数5

当	福田 篤泰	63	男	自民	前	158,997
当	土橋 一吉	61	男	共産	元	154,836
当	大野 潔	39	男	公明	前	142,898
当	小山 省二	63	男	自民	前	136,069
当	和田 春生	50	男	民社	新	119,995
	長谷川正三	55	男	社会	前	105,009
	山花 秀雄	65	男	社会	前	100,816
	斉藤 富一	46	男	諸派	新	635

【第8区】定数3

当	山田 久就	62	男	自民	前	53,647
当	石井 桂	71	男	自民	新	49,281
当	中川 嘉美	36	男	公明	新	43,604
	金子 満広	45	男	共産	新	37,462
	依田 圭五	48	男	社会	前	34,094
	立川 談志	33	男	無所属	新	19,548
	荒瀬修一郎	40	男	民社	新	17,605
	河合 大介	37	男	無所属	新	6,723
	高橋 秀郎	64	男	諸派	新	198

【第9区】定数3

当	浜野 清吾	71	男	自民	前	107,003
当	松本 忠助	55	男	公明	前	80,718
当	河野 密	72	男	社会	前	69,637
	中島 武敏	41	男	共産	新	65,929
	武藤 武雄	53	男	民社	元	27,349

	小倉 和巳	40	男	無所属	新	7,616
	新島 才次	67	男	諸派	新	537

【第10区】定数4
当	竹入 義勝	43	男	公明	前	126,455
当	鯨岡 兵輔	54	男	自民	前	116,256
当	小林 政子	45	女	共産	新	94,155
当	島村 一郎	75	男	自民	前	90,798
	島上善五郎	66	男	社会	前	87,068
	小糸喜美子	56	女	民社	新	29,343
	松浦 秀夫	25	男	無所属	新	1,481
	清水 亘	60	男	諸派	新	729
	新見治三郎	67	男	無所属	新	374
	瀬戸 朝男	44	男	諸派	新	220

第33回衆議院議員選挙
昭和47年(1972年)12月10日実施

【第1区】定数3
当	紺野与次郎	62	男	共産	新	58,907
当	田中 栄一	71	男	自民	前	56,627
当	加藤 清政	55	男	社会	新	49,310
	渡部 通子	40	女	公明	前	45,695
	与謝野 馨	34	男	自民	新	40,963
	麻生 良方	48	男	民社	前	39,029
	鎌田 文雄	73	男	無所属	新	594
	清水 亘	63	男	諸派	新	210
	南 俊夫	60	男	諸派	新	182

【第2区】定数5
当	石原慎太郎	40	男	無所属	新	118,671
当	米原 昶	63	男	共産	前	85,667
当	大柴 滋夫	55	男	社会	元	85,429
当	鈴切 康雄	46	男	公明	前	81,048
当	宇都宮徳馬	66	男	自民	前	65,330
	川端 文夫	67	男	民社	前	45,775
	菊池 義郎	82	男	自民	前	41,968
	神戸 敏光	28	男	無所属	新	6,874
	品川 司	62	男	無所属	新	1,712

【第3区】定数4
当	山本 政弘	54	男	社会	前	108,924
当	小坂徳三郎	56	男	自民	前	99,441
当	津金 佑近	43	男	共産	新	92,294
当	越智 通雄	43	男	自民	新	89,517
	多田 時子	47	女	公明	前	77,421
	恵 忠久	47	男	無所属	新	2,264

【第4区】定数5
当	松本 善明	46	男	共産	前	107,903
当	金子 光	58	女	社会	新	92,774
当	大久保直彦	36	男	公明	新	67,482
当	和田 耕作	65	男	民社	前	61,992
当	粕谷 茂	46	男	自民	新	61,596
	岡崎 英城	71	男	自民	前	60,416
	小峯 柳多	64	男	自民	前	47,627
	武内寿美子	54	女	無所属	新	1,524

	宇賀神徳一	68	男	無所属	新	547

【第5区】定数3
当	中村 梅吉	71	男	自民	前	95,880
当	青柳 盛雄	64	男	共産	前	79,359
当	高沢 寅男	46	男	社会	新	68,625
	伊藤惣助丸	39	男	公明	前	63,235
	高橋 正則	58	男	民社	新	31,468
	山田 忠義	41	男	無所属	新	14,844
	田中 勲	37	男	無所属	新	13,444
	田尻 容基	72	男	無所属	新	258

【第6区】定数4
当	不破 哲三	42	男	共産	前	78,959
当	有馬 重武	48	男	公明	前	73,251
当	天野 公義	51	男	自民	前	71,080
当	佐野 進	52	男	社会	元	67,789
	山口シヅエ	55	女	自民	前	64,009
	畑 昭三	44	男	民社	新	17,911
	赤石 貞治	43	男	無所属	新	1,154

【第7区】定数5
当	土橋 一吉	64	男	共産	前	208,117
当	福田 篤泰	66	男	自民	前	177,806
当	大野 潔	42	男	公明	前	167,668
	長谷川正三	58	男	社会	元	164,809
当	小山 省二	66	男	自民	前	148,537
	山花 貞夫	36	男	社会	新	144,415
	和田 春生	53	男	民社	前	134,605
	伊藤 公介	31	男	無所属	新	27,754
	深作清次郎	61	男	諸派	新	730

【第8区】定数3
当	金子 満広	48	男	共産	新	54,638
当	山田 久就	65	男	自民	前	47,000
当	深谷 隆司	37	男	無所属	新	46,161
	中川 嘉美	39	男	公明	前	42,059
	依田 圭五	51	男	社会	元	30,985
	石井 桂	74	男	自民	前	24,217
	荒瀬修一郎	43	男	民社	新	12,398
	河合 靖之	40	男	無所属	新	10,489

【第9区】定数3
当	浜野 清吾	74	男	自民	前	97,874
当	中島 武敏	44	男	共産	新	96,152
当	松本 忠助	57	男	公明	前	77,712
	河野 密	74	男	社会	前	65,595
	中村 武志	63	男	民社	新	35,541
	堀内 文吾	52	男	無所属	新	26,186
	新島 才次	69	男	諸派	新	496

【第10区】定数4
当	竹入 義勝	46	男	公明	前	132,230
当	小林 政子	48	女	共産	新	123,515
当	鯨岡 兵輔	57	男	自民	前	111,301
当	島村 一郎	78	男	自民	前	82,390
	渋沢 利久	44	男	社会	新	61,766
	安田 竜	54	男	社会	新	52,266
	佐野善次郎	46	男	無所属	新	40,824

| | 青木 | 清 | 45 | 男 | 民社 | 新 | 20,813 |

第34回衆議院議員選挙
昭和51年（1976年）12月5日実施

【第1区】定数3
当	麻生 良方	52	男	無所属	元	59,808
当	与謝野 馨	38	男	自民	新	53,034
当	大塚 雄司	47	男	自民	新	46,177
	木内 良明	32	男	公明	新	45,813
	加藤 清政	59	男	社会	現	42,666
	紺野与次郎	66	男	共産	現	39,754
	小田 俊与	69	男	無所属	新	480
	日月 外記	63	男	諸派	新	391
	南 俊夫	64	男	諸派	新	190

【第2区】定数5
当	石原慎太郎	44	男	自民	元	111,112
当	鈴切 康雄	50	男	公明	現	86,636
当	大内 啓伍	46	男	民社	新	77,645
当	宇都宮徳馬	70	男	無所属	元	75,869
当	大柴 滋夫	59	男	社会	現	68,546
	米原 昶	67	男	共産	現	65,018
	山本 峯章	39	男	無所属	新	14,795
	川戸 力	54	男	無所属	新	4,788
	黒沢 史郎	33	男	諸派	新	1,411
	東 正博	39	男	無所属	新	614

【第3区】定数4
当	越智 通雄	47	男	自民	現	110,210
当	小坂徳三郎	60	男	自民	現	101,019
当	山本 政弘	58	男	社会	現	100,542
当	池田 克也	39	男	公明	新	88,209
	津金 佑近	47	男	共産	現	77,321

【第4区】定数5
当	粕谷 茂	50	男	自民	現	92,222
当	金子 光	62	女	社会	現	83,079
当	和田 耕作	69	男	民社	現	82,253
当	松本 善明	50	男	共産	現	80,331
当	大久保直彦	40	男	公明	現	70,861
	細木 久慶	37	男	無所属	新	55,196
	三上 英子	53	女	自民	新	43,733

【第5区】定数3
当	中村 靖	44	男	自民	新	92,716
当	長田 武士	45	男	公明	新	86,511
当	高沢 寅男	50	男	社会	現	84,292
	青柳 盛雄	68	男	共産	現	62,321
	山田 忠義	45	男	自民	新	53,333

【第6区】定数4
当	有島 重武	52	男	公明	現	71,459
当	山口シヅエ	59	女	自民	元	65,023
当	不破 哲三	46	男	共産	現	57,756
当	佐野 進	56	男	社会	現	52,487
	天野 公義	55	男	自民	現	50,253
	伊藤 昌弘	49	男	無所属	新	39,486

	畑 昭三	48	男	民社	新	23,056
	橋本 明男	51	男	無所属	新	15,783
	秋山 秀男	34	男	諸派	新	1,395
	深作清次郎	65	男	無所属	新	428

【第7区】定数4
当	福田 篤泰	70	男	自民	現	163,130
当	長谷川正三	62	男	社会	現	132,347
当	大野 潔	46	男	公明	現	108,183
当	工藤 晃	50	男	共産	新	104,968
	菅 直人	30	男	無所属	新	71,368
	川田 章	37	男	無所属	新	25,279
	早川 輝道	60	男	無所属	新	2,548

【第8区】定数3
当	鳩山 邦夫	28	男	無所属	新	61,207
当	山田 久就	69	男	自民	現	47,106
当	中川 嘉美	43	男	公明	元	45,394
	深谷 隆司	41	男	自民	現	44,364
	金子 満広	52	男	共産	現	40,727
	佐藤 祐次	45	男	社会	新	21,698

【第9区】定数3
当	依田 実	46	男	新自ク	新	122,217
当	松本 忠助	61	男	公明	現	85,019
当	浜野 清吾	78	男	自民	現	78,381
	中島 武敏	48	男	共産	現	69,653
	惣田 清一	54	男	社会	新	64,786

【第10区】定数5
当	竹入 義勝	50	男	公明	現	140,807
当	渋沢 利久	48	男	社会	新	106,177
当	鯨岡 兵輔	61	男	自民	現	105,174
当	小林 政子	52	女	共産	現	101,536
当	島村 宜伸	42	男	自民	新	81,154
	田島 衛	55	男	無所属	新	56,732
	佐野善次郎	50	男	無所属	新	30,695
	宇田川芳雄	47	男	無所属	新	30,669
	松原 広繁	43	男	無所属	新	2,005

【第11区】定数4
当	伊藤 公介	35	男	新自ク	新	145,119
当	山花 貞夫	40	男	社会	新	138,052
当	石川 要三	51	男	自民	新	119,353
当	長谷雄幸久	43	男	公明	新	118,061
	土橋 一吉	68	男	共産	現	97,573
	小山 省二	70	男	自民	現	95,253

第35回衆議院議員選挙
昭和54年（1979年）10月7日実施

【第1区】定数3
当	飛鳥田一雄	64	男	社会	元	50,823
当	木内 良明	35	男	公明	新	45,268
当	大塚 雄司	50	男	自民	前	42,503
	与謝野 馨	41	男	自民	前	40,796
	平山 知子	40	女	共産	新	36,668
	麻生 良方	55	男	無所属	元	23,051

	北崎 辰雄	51	男	諸派	新	237
	増田 真一	56	男	諸派	新	91

【第2区】定数5
当	鈴切 康雄	53	男	公明	前	75,439
当	上田 哲	51	男	社会	新	71,252
当	石原慎太郎	47	男	自民	前	71,238
当	大内 啓伍	49	男	民社	前	57,358
当	榊 利夫	50	男	共産	新	57,076
	宇都宮徳馬	73	男	無所属	前	49,904
	大柴 滋夫	61	男	社民連	前	19,044
	山本 峯章	42	男	無所属	新	9,577
	黒沢 史郎	36	男	諸派	新	819
	品川 司	68	男	諸派	新	585

【第3区】定数4
当	池田 克也	42	男	公明	前	61,635
当	小坂徳三郎	63	男	自民	前	60,840
当	山本 政弘	61	男	社会	前	57,797
当	越智 通雄	50	男	自民	前	56,715
	小杉 隆	44	男	新自ク	新	51,522
	今井 伸英	44	男	共産	新	46,610
	和田 春生	60	男	民社	元	45,173
	石戸 薫	59	男	無所属	新	553

【第4区】定数5
当	粕谷 茂	53	男	自民	前	84,076
当	松本 善明	53	男	共産	前	73,332
当	大久保直彦	43	男	公明	前	64,438
当	和田 耕作	72	男	民社	前	62,960
当	金子 光	65	女	社会	前	58,686
	安東仁兵衛	52	男	社民連	新	20,548
	川上源太郎	40	男	無所属	新	14,404
	細木 久慶	40	男	無所属	新	5,517

【第5区】定数3
当	長田 武士	48	男	公明	前	68,602
当	高沢 寅男	52	男	社会	前	55,906
当	中村 靖	47	男	自民	前	54,852
	木谷 八士	45	男	共産	新	50,153
	山田 忠義	48	男	自民	新	40,723
	森木 亮	44	男	民社	新	24,241
	田中 勲	44	男	無所属	新	6,156

【第6区】定数4
当	有島 重武	55	男	公明	前	64,402
当	天野 公義	58	男	自民	元	61,390
当	不破 哲三	49	男	共産	前	58,549
当	山口シヅエ	61	女	自民	前	42,701
	伊藤 昌弘	51	男	民社	新	42,394
	佐野 進	59	男	社会	前	41,407
	秋山 秀男	37	男	諸派	新	1,107
	深作清次郎	68	男	諸派	新	300

【第7区】定数4
当	大野 潔	49	男	公明	前	103,663
当	工藤 晃	53	男	共産	新	100,323
当	長谷川正三	65	男	社会	前	92,277
当	小沢 潔	52	男	自民	新	88,010

	福田 篤泰	72	男	自民	前	79,546
	菅 直人	32	男	社民連	新	67,480
	牧山 昭郎	38	男	新自ク	新	34,246

【第8区】定数3
当	深谷 隆司	44	男	自民	元	52,967
当	金子 満広	54	男	共産	元	42,900
当	中川 嘉美	46	男	公明	前	42,871
	山田 久就	72	男	自民	前	34,602
	鳩山 邦夫	31	男	自民	前	30,584
	佐藤 祐次	47	男	社会	新	13,833

【第9区】定数3
当	中島 武敏	51	男	共産	元	80,961
当	松本 忠助	64	男	公明	前	79,078
当	浜野 剛	53	男	自民	新	67,755
	依田 実	49	男	新自ク	前	52,420
	惣田 清一	57	男	社会	新	39,222
	加部明三郎	73	男	無所属	新	16,562
	松本 或彦	39	男	無所属	新	9,432
	松本 善寿	65	男	無所属	元	2,197

【第10区】定数5
当	竹入 義勝	53	男	公明	前	125,088
当	小林 政子	55	女	共産	前	95,098
当	鯨岡 兵輔	64	男	自民	前	87,185
当	田島 衛	58	男	新自ク	新	73,148
当	渋沢 利久	51	男	社会	前	73,108
	島村 宜伸	45	男	自民	前	70,425
	松原 広繁	46	男	無所属	新	1,273

【第11区】定数4
当	石川 要三	54	男	自民	前	132,331
当	山花 貞夫	43	男	社会	前	126,326
当	長谷雄幸久	46	男	公明	前	115,605
当	岩佐 恵美	40	女	共産	新	106,686
	伊藤 公介	37	男	新自ク	前	101,997
	原 武夫	41	男	自民	新	23,774
	椎木 裕治	28	男	諸派	新	1,882

第36回衆議院議員選挙

昭和55年（1980年）6月22日実施

【第1区】定数3
当	与謝野 馨	41	男	自民	元	76,274
当	大塚 雄司	51	男	自民	前	59,277
当	飛鳥田一雄	65	男	社会	前	50,142
	木内 良明	35	男	公明	前	48,351
	平山 知子	40	女	共産	新	43,434
	今井 晶三	49	男	新自ク	新	13,161
	千代丸健二	47	男	諸派	新	1,967
	矢田 茂	62	男	無所属	新	1,410
	木本 幸雄	52	男	諸派	新	205

【第2区】定数5
当	石原慎太郎	47	男	自民	前	162,780
当	上田 哲	52	男	社会	前	96,092
当	大内 啓伍	50	男	民社	前	85,323

		鈴切	康雄	53	男	公明	前	79,613
当		榊	利夫	51	男	共産	前	63,755
		土田	洋子	35	女	諸派	新	7,995

【第3区】定数4
当		小坂徳三郎		64	男	自民	前	97,821
当		越智	通雄	51	男	自民	前	88,714
当		小杉	隆	44	男	新自ク	新	85,919
当		山本	政弘	61	男	社会	前	68,131
		池田	克也	43	男	公明	前	60,823
		今井	伸英	44	男	共産	新	55,112
		和田	春生	61	男	民社	元	45,146

【第4区】定数5
当		粕谷	茂	54	男	自民	前	142,127
当		松本	善明	54	男	共産	前	86,610
当		和田	耕作	73	男	民社	前	78,976
当		金子	光	66	女	社会	前	77,607
当		大久保直彦		44	男	公明	前	68,402
		鈴木	公子	49	女	新自ク	新	40,428
		細木	久慶	40	男	無所属	新	9,210
		工藤	泰治	52	男	無所属	新	8,424
		古市	隆雄	47	男	無所属	新	680

【第5区】定数3
当		中村	靖	48	男	自民	前	113,481
当		長田	武士	48	男	公明	前	70,285
当		高沢	寅男	53	男	社会	前	66,046
		木谷	八士	46	男	共産	新	58,677
		山田	忠義	48	男	無所属	新	35,880
		森木	亮	44	男	民社	新	29,891
		小島	弘	47	男	新自ク	新	19,999

【第6区】定数4
当		天野	公義	59	男	自民	前	69,452
当		柿沢	弘治	46	男	新自ク	新	67,568
当		有馬	重武	55	男	公明	前	63,184
当		不破	哲三	50	男	共産	前	56,812
		伊藤	昌弘	52	男	民社	新	52,624
		山口シヅエ		62	女	自民	前	48,106
		佐野	進	59	男	社会	元	37,198
		岐部	健治	31	男	諸派	新	805

【第7区】定数4
当		菅	直人	33	男	社民連	新	157,921
当		小沢	潔	52	男	自民	前	114,334
当		大野	潔	50	男	公明	前	107,135
当		長谷川正三		66	男	社会	前	107,002
		秋本	文夫	45	男	自民	新	103,362
		工藤	晃	54	男	共産	前	102,198

【第8区】定数3
当		深谷	隆司	44	男	自民	前	76,254
当		鳩山	邦夫	31	男	自民	元	70,866
当		金子	満広	55	男	共産	前	46,208
		中川	嘉美	46	男	公明	前	45,029
		佐藤	祐次	48	男	社会	新	16,476

【第9区】定数3
当		浜野	剛	54	男	自民	前	113,143

当		中島	武敏	51	男	共産	前	89,251
当		依田	実	49	男	新自ク	元	88,329
		松本	忠助	65	男	公明	前	84,845
		今	正一	51	男	社会	新	49,869

【第10区】定数5
当		島村	宜伸	46	男	自民	元	146,911
当		竹入	義勝	54	男	公明	前	134,971
当		鯨岡	兵輔	64	男	自民	前	127,612
当		小林	政子	56	女	共産	前	103,059
当		田島	衛	59	男	新自ク	前	98,286
		渋沢	利久	52	男	社会	前	92,534
		松原	広繁	47	男	無所属	新	2,312

【第11区】定数4
当		石川	要三	54	男	自民	前	196,550
当		伊藤	公介	38	男	新自ク	元	176,987
当		山花	貞夫	44	男	社会	前	141,758
当		岩佐	恵美	41	女	共産	前	123,174
		長谷雄幸久		46	男	公明	前	121,196
		椎木	裕治	29	男	諸派	新	2,580

第37回衆議院議員選挙
昭和58年(1983年)12月18日実施

【第1区】定数3
当		与謝野	馨	45	男	自民	前	59,189
当		大塚	雄司	54	男	自民	前	50,636
当		木内	良明	39	男	公明	元	50,071
		平山	知子	44	女	共産	新	47,179
		佐々木秀典		49	男	社会	新	42,991
		赤尾	敏	84	男	諸派	元	1,308
		北嶋	雅彦	29	男	諸派	新	858
		松田	菊寿	29	男	無所属	新	741
		木本	幸雄	55	男	諸派	新	445

【第2区】定数5
当		石原慎太郎		51	男	自民	前	96,386
当		鈴切	康雄	57	男	公明	前	80,013
当		大内	啓伍	53	男	民社	前	64,407
当		上田	哲	55	男	社会	前	63,732
当		岡崎万寿秀		53	男	共産	新	58,960
		新井	将敬	35	男	自民	新	40,393
		石井	光義	51	男	新自ク	新	36,225
		佐藤	裕彦	25	男	自民	新	18,303
		品川	司	73	男	諸派	新	1,203

【第3区】定数4
当		小杉	隆	48	男	新自ク	前	103,771
		山本	政弘	65	男	社会	前	79,313
当		小坂徳三郎		67	男	自民	前	74,386
当		池田	克也	46	男	公明	元	73,928
		越智	通雄	54	男	自民	前	69,141
		今井	伸英	48	男	共産	新	47,304
		古賀	裕也	43	男	諸派	新	1,810

【第4区】定数5
当		粕谷	茂	57	男	自民	前	78,964

当	金子　　光	69	女	社会	前	70,620		田島　　衛	62	男	新自ク	前	71,608
当	松本　善明	57	男	共産	前	67,633		矢作　　徹	30	男	無所属	新	10,245
当	大久保直彦	47	男	公明	前	66,052	【第11区】定数4						
当	藤原哲太郎	56	男	民社	新	62,166	当	石川　要三	58	男	自民	前	125,872
	高橋　一郎	57	男	自民	新	56,730	当	伊藤　公介	42	男	新自ク	前	125,207
	佐々木清成	52	男	諸派	新	37,135	当	斉藤　　節	53	男	公明	新	124,010
	日高　達夫	38	男	無所属	新	11,811	当	山花　貞夫	47	男	社会	前	123,309
	増田　卓二	46	男	無所属	新	8,469		岩佐　恵美	44	女	共産	前	110,321
	細木　久慶	44	男	無所属	新	3,145		石渡　照久	53	男	自民	新	76,154
【第5区】定数3								山田　禎一	58	男	自民	新	42,046
当	中村　　靖	51	男	自民	前	87,493		山本　忠雄	46	男	民社	新	40,186
当	長田　武士	52	男	公明	前	78,063		小川　　力	34	男	諸派	新	777
当	高沢　寅男	57	男	社会	前	70,009		宮内　陽肇	82	男	無所属	新	697
	木谷　八士	49	男	共産	新	55,639							
	山田　忠義	52	男	無所属	新	30,507	## 第38回衆議院議員選挙						
	小林　興起	39	男	無所属	新	22,569	昭和61年(1986年)7月6日実施						
【第6区】定数4							【第1区】定数3						
	有島　重武	59	男	公明	前	69,691	当	与謝野　馨	47	男	自民	前	67,285
当	柿沢　弘治	50	男	自民	前	65,209	当	大塚　雄司	57	男	自民	前	55,795
	不破　哲三	53	男	共産	前	61,129	当	木内　良明	41	男	公明	前	51,000
	伊藤　昌弘	56	男	民社	新	56,266		和田　静夫	59	男	社会	新	39,667
	天野　公義	62	男	自民	前	51,955		筆坂　秀世	38	男	共産	新	33,204
	山口シヅエ	66	女	自民	元	27,004		木本　幸雄	58	男	諸派	新	704
	鮫島　将夫	50	男	社会	新	25,455		南　　俊夫	74	男	諸派	新	585
	深作清次郎	72	男	諸派	新	422	【第2区】定数5						
【第7区】定数4							当	石原慎太郎	53	男	自民	前	101,240
当	菅　　直人	37	男	社民連	前	127,700	当	新井　将敬	38	男	自民	新	100,909
当	大野　　潔	53	男	公明	前	110,458	当	鈴切　康雄	60	男	公明	前	82,908
当	工藤　　晃	57	男	共産	元	103,751	当	上田　　哲	58	男	社会	前	74,092
当	小沢　　潔	56	男	自民	前	99,110	当	岡崎万寿秀	56	男	共産	前	64,409
	常松　裕志	43	男	社会	新	80,496		大内　啓伍	56	男	民社	前	61,710
	秋本　文夫	49	男	自民	新	70,908	【第3区】定数4						
	大松　明則	43	男	民社	新	49,227	当	越智　通雄	57	男	自民	元	103,413
【第8区】定数3							当	小杉　　隆	50	男	新自ク	前	78,362
当	鳩山　邦夫	35	男	自民	前	59,897	当	小坂徳三郎	70	男	自民	前	76,746
当	中川　嘉美	50	男	公明	元	55,015	当	池田　克也	49	男	公明	前	74,143
当	深谷　隆司	48	男	自民	前	53,826		山本　政弘	67	男	社会	前	73,280
	金子　満広	59	男	共産	前	50,757		大田みどり	36	女	共産	新	48,250
	友部　達夫	55	男	諸派	新	6,042		伊藤　勢次	33	男	民社	新	24,184
	増田　真一	60	男	諸派	新	179	【第4区】定数5						
【第9区】定数3							当	粕谷　　茂	60	男	自民	前	89,658
当	中村　　巌	49	男	公明	新	89,284	当	高橋　一郎	60	男	自民	新	84,109
当	浜野　　剛	57	男	自民	前	87,190	当	松本　善明	60	男	共産	前	73,239
当	中島　武敏	55	男	共産	前	73,620	当	金子　　光	72	女	社会	前	69,606
	依田　　実	53	男	新自ク	前	71,751	当	大久保直彦	50	男	公明	前	65,418
	今　　正二	54	男	社会	新	54,809		藤原哲太郎	58	男	民社	前	45,574
	山本　　茂	30	男	無所属	新	1,749		岩附　　茂	34	男	社民連	新	22,812
【第10区】定数5								日高　達夫	40	男	無所属	新	12,643
当	竹入　義勝	57	男	公明	前	137,075		松田　幸子	30	女	諸派	新	7,574
当	鯨岡　兵輔	68	男	自民	前	112,188	【第5区】定数3						
当	島村　宜伸	49	男	自民	前	103,290	当	中村　　靖	54	男	自民	前	97,338
当	渋沢　利久	55	男	社会	元	97,146	当	長田　武士	54	男	公明	前	75,770
当	佐藤　祐弘	50	男	共産	新	82,282							

当	高沢 寅男	59	男	社会	前	71,505	
	小林 興起	42	男	無所属	新	69,322	
	木谷 八士	52	男	共産	新	58,758	

【第6区】定数4

当	柿沢 弘治	52	男	自民	前	89,166	
当	有島 重武	62	男	公明	前	72,250	
当	不破 哲三	56	男	共産	前	70,120	
当	天野 公義	65	男	自民	元	62,224	
	伊藤 昌弘	58	男	民社	前	60,191	
	鮫島 将夫	52	男	社会	新	24,725	

【第7区】定数4

当	小沢 潔	58	男	自民	前	173,623	
当	菅 直人	39	男	社民連	前	136,482	
当	大野 潔	56	男	公明	前	115,383	
当	工藤 晃	60	男	共産	前	106,060	
	常松 裕志	46	男	社会	新	87,515	
	大松 明則	45	男	民社	新	51,750	

【第8区】定数3

当	鳩山 邦夫	37	男	自民	前	65,008	
当	深谷 隆司	50	男	自民	前	62,984	
当	金子 満広	61	男	共産	元	55,098	
	中川 嘉美	52	男	公明	前	50,485	

【第9区】定数3

当	中島 武敏	57	男	共産	前	95,881	
当	中村 巌	51	男	公明	前	92,005	
当	浜野 剛	60	男	自民	前	89,872	
	前田福三郎	44	男	自民	新	76,573	
	山崎 芳子	51	女	無所属	新	42,896	

【第10区】定数5

当	竹入 義勝	60	男	公明	前	149,594	
当	鯨岡 兵輔	70	男	自民	前	126,933	
当	島村 宜伸	52	男	自民	前	118,555	
当	渋沢 利久	58	男	社会	前	96,382	
当	佐藤 祐弘	53	男	共産	前	91,004	
	田島 衛	65	男	新自ク	元	86,613	

【第11区】定数5

当	石渡 照久	55	男	自民	新	136,449	
当	石川 要三	61	男	自民	前	136,067	
当	山花 貞夫	50	男	社会	前	132,939	
当	斉藤 節	55	男	公明	前	122,847	
当	岩佐 恵美	47	女	共産	元	116,996	
	伊藤 公介	44	男	新自ク	前	113,056	
	山本 忠雄	48	男	民社	新	36,235	
	吉田 勉	38	男	サラ新	新	26,437	
	末岡 健一	32	男	諸派	新	1,735	

第39回衆議院議員選挙
平成2年(1990年)2月18日実施

【第1区】定数3

当	鈴木喜久子	54	女	社会	新	72,117	
当	与謝野 馨	51	男	自民	前	63,284	
当	大塚 雄司	60	男	自民	前	51,940	
	木内 良明	45	男	公明	前	43,321	
	筆坂 秀世	41	男	共産	新	23,754	
	久保田 孝	48	男	無所属	新	1,188	
	太田 竜	59	男	諸派	新	341	
	松本 知子	31	女	諸派	新	276	
	清原 淳永	56	女	諸派	新	187	
	木本 幸雄	61	男	諸派	新	169	

【第2区】定数5

当	石原慎太郎	57	男	自民	前	119,743	
当	上田 哲	61	男	社会	前	102,000	
当	新井 将敬	42	男	自民	前	86,326	
当	大内 啓伍	60	男	民社	元	80,882	
当	遠藤 乙彦	43	男	公明	新	76,285	
	岡崎万寿秀	60	男	共産	前	62,557	
	品川 司	79	男	諸派	新	957	
	船木 千照	32	女	諸派	新	402	
	島本 義夫	34	男	諸派	新	368	
	松葉 裕子	25	女	諸派	新	360	
	満生 均史	38	男	諸派	新	58	

【第3区】定数4

当	斉藤 一雄	65	男	社会	新	112,942	
当	越智 通雄	60	男	自民	前	100,301	
当	小杉 隆	54	男	自民	前	94,454	
当	井上 義久	42	男	公明	新	65,259	
	石井 紘基	49	男	社民連	新	50,882	
	大田みどり	39	女	共産	新	46,739	
	松井比呂美	50	女	無所属	新	24,964	
	依田 米秋	54	男	進歩	新	14,002	
	三井 理峯	78	女	無所属	新	674	
	鈴木 孝子	55	女	諸派	新	615	
	石井 久子	29	女	諸派	新	398	
	三原 四郎	50	男	諸派	新	349	

【第4区】定数5

当	粕谷 茂	64	男	自民	前	78,114	
当	石原 伸晃	32	男	無所属	新	73,929	
当	高橋 一郎	63	男	自民	前	72,165	
当	外口 玉子	52	女	無所属	新	69,131	
当	沖田 正人	61	男	社会	新	66,337	
	松本 善明	63	男	共産	前	61,311	
	大久保直彦	53	男	公明	前	58,863	
	岩附 茂	37	男	社民連	新	29,333	
	田中 良	29	男	進歩	新	11,508	
	細木 久慶	50	男	諸派	新	4,830	
	日高 達夫	44	男	無所属	新	3,636	
	藤原 和秀	31	男	無所属	新	2,831	
	麻原 彰晃	34	男	諸派	新	1,783	
	町田 徹	45	男	無所属	新	747	
	高岡紀代子	49	女	諸派	新	285	
	森田 優一	27	男	諸派	新	218	
	重松九州男	77	男	諸派	新	182	

【第5区】定数3

当	高沢 寅男	63	男	社会	前	124,667	
当	小林 興起	46	男	自民	新	103,179	

当	長田　武士	58	男	公明	前		77,426
	中村　靖	57	男	自民	前		73,871
	高橋　知一	61	男	共産	新		55,706
	長田　彫潮	39	男	諸派	新		755
	久野　弘文	37	男	諸派	新		710
	上祐　史浩	27	男	諸派	新		310

【第6区】定数4

当	柿沢　弘治	56	男	自民	前		91,567
当	不破　哲三	60	男	共産	前		74,238
当	吉田　和子	40	女	社会	新		66,441
当	東　祥三	38	男	公明	新		64,409
	天野　公義	68	男	自民	前		50,413
	伊藤　昌弘	62	男	民社	元		40,401
	町田　健彦	47	男	無所属	新		20,199
	品川喜代子	32	女	諸派	新		2,023
	木下　浩美	30	女	諸派	新		234
	松田ユカリ	28	女	諸派	新		202
	藤波　典雄	38	男	諸派	新		152
	鎌田紳一郎	30	男	諸派	新		71

【第7区】定数4

当	小沢　潔	62	男	自民	前		210,451
当	常松　裕志	49	男	社会	新		174,342
当	菅　直人	43	男	社民連	前		137,343
当	大野由利子	48	女	公明	新		108,037
	工藤　晃	64	男	共産	前		101,243
	大松　明則	49	男	民社	新		33,586
	五十嵐ふみひこ	41	男	無所属	新		24,948
	杉本　栄次	77	男	諸派	新		1,148
	山本まゆみ	35	女	諸派	新		536
	杉浦　実	28	男	諸派	新		232

【第8区】定数3

当	鳩山　邦夫	41	男	自民	前		59,850
当	深谷　隆司	54	男	自民	前		57,274
当	金子　満広	65	男	共産	前		44,154
	太田　昭宏	44	男	公明	新		38,955
	坂本　直子	49	女	社会	新		36,537
	東郷　健	57	男	諸派	新		253
	長田　準一	35	男	諸派	新		188
	宮本　公恵	29	女	諸派	新		99
	村井　秀夫	31	男	諸派	新		72

【第9区】定数3

当	浜野　剛	64	男	自民	前		131,096
当	渋谷　修	39	男	社会	新		119,646
当	中村　巌	55	男	公明	前		81,724
	中島　武敏	61	男	共産	前		74,242
	古山　和宏	31	男	無所属	新		26,375
	三浦　真一	39	男	諸派	新		405
	坪倉　浩子	26	女	諸派	新		272
	名倉　文彦	28	男	諸派	新		188
	尾ノ上亀一	73	男	諸派	新		187

【第10区】定数5

当	渋沢　利久	62	男	社会	前		174,486
当	島村　宜伸	55	男	自民	前		142,922
当	山口那津男	37	男	公明	新		139,516
当	鯨岡　兵輔	74	男	自民	前		138,986
当	佐藤　祐弘	56	男	共産	前		91,160
	十文字孝夫	54	男	民社	新		25,179
	関　章一	55	男	無所属	新		16,279
	関根　重信	41	男	無所属	新		14,583
	鈴木　広	70	男	無所属	新		1,870
	植松　義隆	43	男	諸派	新		632
	原川　聡明	34	男	諸派	新		493
	新実　智光	25	男	諸派	新		205
	岐部　哲也	34	男	諸派	新		139

【第11区】定数5

当	山花　貞夫	53	男	社会	前		177,605
当	伊藤　公介	48	男	自民	元		166,515
当	石川　要三	64	男	自民	前		132,536
当	斉藤　節	59	男	公明	前		129,169
当	長谷百合子	42	女	社会	新		127,742
	石渡　照久	59	男	自民	前		113,713
	岩佐　恵美	50	女	共産	前		109,567
	吉田　勉	41	男	無所属	新		10,483
	山本　忠雄	52	男	無所属	新		6,175
	山田　明人	41	男	諸派	新		2,678
	末岡　健一	36	男	諸派	新		1,803
	中島　二郎	38	男	無所属	新		1,549
	辻松　範昌	56	男	諸派	新		1,021
	森　達雄	54	男	無所属	新		942
	飯田エリ子	29	女	諸派	新		494
	佐伯　一明	29	男	諸派	新		217

第40回衆議院議員選挙
平成5年（1993年）7月18日実施

【第1区】定数3

当	海江田万里	44	男	日本新	新		63,939
当	与謝野　馨	54	男	自民	前		39,867
当	柴野たいぞう	42	男	新生	新		34,784
	大塚　雄司	64	男	自民	前		28,382
	鈴木喜久子	57	女	社会	前		26,711
	筆坂　秀世	45	男	共産	新		24,542
	今泉　雲海	51	男	無所属	新		530
	東郷　健	61	男	諸派	新		450
	浅野　光雪	42	男	諸派	新		118

【第2区】定数5

当	石原慎太郎	60	男	自民	前		92,259
当	大内　啓伍	63	男	民社	前		73,314
当	新井　将敬	45	男	自民	前		72,059
当	遠藤　乙彦	46	男	公明	前		70,590
当	宇佐美　登	26	男	さき	新		62,188
	岡崎万寿秀	63	男	共産	元		57,346
	上田　哲	65	男	社会	前		54,820
	徳永　一視	66	男	無所属	新		2,540
	高橋　広吉	62	男	諸派	新		348
	中村　徳一	63	男	諸派	新		335

【第3区】定数4

	氏名	年齢	性別	党派	新旧	得票数
当	石井　紘基	52	男	日本新	新	115,036
当	栗本慎一郎	51	男	無所属	新	74,126
当	小杉　　隆	57	男	自民	前	68,320
当	越智　通雄	64	男	自民	前	64,466
	井上　義久	45	男	公明	前	60,858
	斉藤　一雄	68	男	社会	前	47,537
	大田みどり	43	女	共産	新	43,310
	ドクター・中松（中松　義郎）	65	男	諸派	新	13,965
	森　　雅彦	34	男	諸派	新	419
	勝倉　　勝	28	男	諸派	新	297

【第4区】定数5

	氏名	年齢	性別	党派	新旧	得票数
当	山田　　宏	35	男	日本新	新	91,700
当	松本　善明	67	男	共産	元	76,122
当	粕谷　　茂	67	男	自民	前	67,950
当	高橋　一郎	67	男	新生	前	65,211
当	石原　伸晃	36	男	自民	前	61,261
	魚住裕一郎	40	男	公明	新	58,048
	外口　玉子	55	女	社会	前	33,396
	三井マリ子	45	女	無所属	新	24,965
	沖田　正人	64	男	社会	前	20,222
	中野　　光	29	男	諸派	新	334
	西山　　剛	31	男	諸派	新	260
	伊東マサコ	47	女	諸派	新	237

【第5区】定数3

	氏名	年齢	性別	党派	新旧	得票数
当	鮫島　宗明	49	男	日本新	新	76,618
当	吉田　公一	52	男	新生	新	69,246
当	石井　啓一	35	男	公明	新	65,752
	小林　興起	49	男	自民	前	61,276
	高沢　寅男	66	男	社会	前	52,229
	増村耕太郎	39	男	共産	新	39,682
	中村　　靖	61	男	自民	元	37,204
	野間　　健	34	男	無所属	新	12,820
	一ノ瀬大輔	26	男	無所属	新	4,748
	伊藤　睦子	46	女	諸派	新	791
	浜崎　隆一	38	男	無所属	新	783
	栗原　登一	62	男	諸派	新	330

【第6区】定数4

	氏名	年齢	性別	党派	新旧	得票数
当	柿沢　弘治	59	男	自民	前	89,019
当	不破　哲三	63	男	共産	前	67,306
当	東　　祥三	42	男	公明	前	61,862
当	西川太一郎	51	男	新生	新	55,973
	広田　信子	37	女	日本新	新	38,147
	町田　健彦	50	男	自民	新	24,919
	伊藤　昌弘	65	男	無所属	元	24,047
	吉田　和子	44	女	社会	前	23,760
	楠田　健史	28	男	諸派	新	315
	大原　伸二	44	男	諸派	新	287

【第7区】定数4

	氏名	年齢	性別	党派	新旧	得票数
当	菅　　直人	46	男	社民連	前	154,827
当	渡辺浩一郎	49	男	日本新	新	144,230
当	小沢　　潔	65	男	自民	前	133,937
当	大野由利子	51	女	公明	前	109,725
	常松　裕志	53	男	社会	前	95,254
	佐々木憲昭	47	男	共産	新	79,924
	山本　　敦	36	男	諸派	新	24,294
	荒木　和博	36	男	無所属	新	6,586
	前畑　伸光	46	男	無所属	新	5,036
	保田　玲子	47	女	諸派	新	739
	平田　　良	35	男	諸派	新	520
	相良　輝彦	57	男	諸派	新	468

【第8区】定数2

	氏名	年齢	性別	党派	新旧	得票数
当	鳩山　邦夫	44	男	無所属	前	89,800
当	深谷　隆司	57	男	自民	前	57,809
	金子　満広	68	男	共産	前	57,395
	山崎　義章	40	男	諸派	新	873
	吉沢　　保	43	男	諸派	新	751

【第9区】定数3

	氏名	年齢	性別	党派	新旧	得票数
当	太田　昭宏	47	男	公明	新	75,358
当	浜野　　剛	67	男	自民	前	73,015
当	中島　武敏	64	男	共産	元	72,494
	古山　和宏	34	男	新生	新	57,226
	安田　権寧	38	男	日本新	新	56,557
	奥田　研二	48	男	社会	新	30,437
	渋谷　　修	43	男	諸派	前	25,444
	和田　宗春	49	男	無所属	新	17,722
	大村　真一	33	男	諸派	新	458
	志良以　栄	56	男	諸派	新	355

【第10区】定数5

	氏名	年齢	性別	党派	新旧	得票数
当	山口那津男	41	男	公明	前	126,772
当	鴨下　一郎	44	男	日本新	新	120,456
当	島村　宜伸	59	男	自民	前	105,008
当	鯨岡　兵輔	77	男	自民	前	100,763
当	佐々木陸海	49	男	共産	新	80,346
	逸見　英幸	45	男	新生	新	77,732
	渋沢　利久	65	男	社会	前	75,371
	関　　章一	59	男	無所属	新	8,822
	小田桐朋子	37	女	諸派	新	4,923
	宮沢　仙吉	33	男	諸派	新	494
	深野　昭男	60	男	諸派	新	386
	小野里　博	37	男	諸派	新	313

【第11区】定数5

	氏名	年齢	性別	党派	新旧	得票数
当	伊藤　達也	32	男	日本新	新	215,247
当	山花　貞夫	57	男	社会	前	144,947
当	高木　陽介	33	男	公明	新	130,517
当	伊藤　公介	51	男	自民	前	126,430
当	岩佐　恵美	54	女	共産	元	106,401
	石川　要三	68	男	自民	前	104,217
	石渡　照久	62	男	自民	元	89,911
	長谷百合子	46	女	社会	前	55,590
	伊東　敬芳	57	男	諸派	新	1,409
	影山　裕二	31	男	諸派	新	758
	竹林　雄二	26	男	諸派	新	628
	東　　哲朗	34	男	諸派	新	620

第41回衆議院議員選挙
平成8年(1996年)10月20日実施

【第1区】定数1
当	与謝野 馨	58	男	自民㊥前		82,098
比当	海江田万里	47	男	民主㊥前		63,661
	大塚 淳子	54	女	共産 新		36,308
	柴野たいぞう	45	男	新進 前		27,424

【第2区】定数1
当	鳩山 邦夫	48	男	民主㊥前		88,183
比当	深谷 隆司	61	男	自民㊥前		68,503
	中島 東	52	男	共産 新		40,461

【第3区】定数1
当	栗本慎一郎	54	男	自民㊥前		73,055
	松原 仁	40	男	新進 新		67,653
	若月 秀人	53	男	共産 新		43,263
	宇佐美 登	29	男	さき 前		35,025
	岩崎弥太郎	38	男	無所属 新		7,982

【第4区】定数1
当	新井 将敬	48	男	無所属 前		78,805
	大内 啓伍	66	男	自民㊥前		46,840
	小塙 三男	65	男	共産 新		30,522
	仲田 明子	52	女	民主㊥新		23,260
	上田 哲	68	男	無所属 元		21,319
	河野 統	39	男	無所属 新		3,367
	黒沢 苗美	43	女	新社会 新		2,418

【第5区】定数1
当	小杉 隆	61	男	自民㊥前		84,731
	手塚 仁雄	30	男	民主㊥新		51,418
	野村沙知代	64	女	新進㊥新		43,347
	渡辺 信次	39	男	共産 新		28,514
	戸沢 二郎	50	男	社民 新		10,861
	宮本 尚美	60	女	新社会 新		4,524

【第6区】定数1
当	岩国 哲人	60	男	新進 新		82,106
比当	越智 通雄	67	男	自民㊥前		62,518
比当	石井 紘基	55	男	民主㊥前		52,014
	水無瀬 攻	53	男	共産 新		29,636
	大村 博	54	男	社民㊥新		10,384
	北里 正治	42	男	無所属 新		1,590

【第7区】定数1
当	粕谷 茂	70	男	自民㊥前		65,332
	三木 立	27	男	民主㊥前		57,220
	樋口 俊一	45	男	新進 新		47,241
	亀井 清	35	男	共産 新		39,049
	江原 栄昭	57	男	新社会㊥新		7,557

【第8区】定数1
当	石原 伸晃	39	男	自民㊥前		74,856
	山田 宏	38	男	新進 前		67,670
	八田 和佳	36	男	共産 新		40,677
	村田 誠醇	49	男	民主㊥新		37,598
	辻 毅	53	男	無所属 新		8,324

【第9区】定数1
当	吉田 公一	55	男	新進 前		67,657
	小川 敏夫	48	男	民主㊥新		59,668
	ガッツ石松	47	男	自民㊥新		43,766
	増村耕太郎	42	男	共産㊥新		37,172
	坂藤 朋夫	48	男	社民㊥新		11,808

【第10区】定数1
当	小林 興起	52	男	自民㊥元		52,787
	鮫島 宗明	52	男	新進 前		45,536
	長妻 昭	36	男	民主㊥新		33,480
	中野 顕	32	男	共産 新		27,230
	田中 秀樹	45	男	社民㊥新		8,394
	鴨志田昭人	52	男	無所属 新		4,745

【第11区】定数1
当	下村 博文	42	男	自民㊥新		68,321
	古山 和宏	37	男	新進 新		61,221
比当	中島 武敏	68	男	共産㊥前		54,559
	渋谷 修	46	男	民主㊥元		38,454
	西川 進	51	男	新社会㊥新		4,470

【第12区】定数1
当	八代 英太	59	男	自民㊥新		61,461
	沢 たまき	59	女	新進 新		60,289
	飯田 幸平	69	男	共産 新		45,858
	和田 宗春	52	男	民主㊥新		38,785
	安田 権寧	41	男	無所属 新		5,501
	富山 栄子	48	女	新社会㊥新		4,456

【第13区】定数1
当	鴨下 一郎	47	男	新進 前		70,697
	近藤 信好	66	男	自民㊥新		65,191
	鈴木 賢市	41	男	共産 新		41,918
	鈴木喜久子	61	女	民主㊥元		24,044

【第14区】定数1
当	西川太一郎	54	男	新進 前		60,995
	松島みどり	40	女	自民㊥新		58,581
	佐藤 幸博	40	男	共産 新		32,365
	緒方 浩	44	男	民主㊥新		24,564

【第15区】定数1
当	柿沢 弘治	62	男	自民㊥前		61,701
	黒柳 明	65	男	新進 新		46,969
	房宗 治	53	男	共産 新		29,901
	大沢 昇	31	男	民主㊥新		28,181
	北浦 義久	35	男	無所属 新		2,629

【第16区】定数1
当	島村 宜伸	62	男	自民㊥前		77,753
	佐藤 直子	41	女	新進 新		64,942
	井上 和雄	44	男	民主㊥新		28,805
	阿部 安則	40	男	共産 新		27,923

【第17区】定数1
当	平沢 勝栄	51	男	自民㊥新		73,726
	山口那津男	44	男	新進 前		63,732
	杉江 彰	49	男	共産 新		34,662
	米山久美子	49	女	民主㊥新		33,667
	関根 重信	48	男	無所属 新		9,236

| | 品川喜代子 | 39 | 女 | 諸派　新 | 1,755 |

【第18区】定数1
当	菅　　直人	50	男	民主㊗前	116,910
	金森　　隆	28	男	新進　新	24,245
	大久保　力	57	男	自民㊗新	23,566
	戸田　定彦	53	男	共産　新	22,488

【第19区】定数1
当	末松　義規	39	男	民主㊗新	76,599
	渡辺浩一郎	52	男	新進　前	54,641
	金子　哲男	50	男	自民㊗新	47,675
	朝倉　篤郎	68	男	共産　新	33,075
	常松　裕志	56	男	社民㊗元	21,557
	伊藤　太郎	31	男	自連㊗新	1,998

【第20区】定数1
当	大野由利子	54	女	新進　前	55,559
	清水清一朗	49	男	自民㊗新	54,582
	中野志乃夫	39	男	民主㊗新	41,705
	前沢　延浩	63	男	共産　新	35,150
	朝木　直子	29	女	無所属　新	13,957
	永田　悦子	68	女	新社会　新	4,878

【第21区】定数1
当	山本　譲司	34	男	民主㊗新	55,458
比当	小沢　　潔	69	男	自民㊗前	49,308
	古賀　俊昭	49	男	新進　新	46,919
	岩佐　恵美	57	女	共産㊗前	40,114

【第22区】定数1
当	伊藤　達也	35	男	新進　前	69,707
比当	山花　貞夫	60	男	民主㊗前	63,974
	進藤　勇治	44	男	自民㊗新	49,837
	松田　佳子	59	女	共産　新	35,762
比当	保坂　展人	40	男	社民㊗新	13,904
	佐藤　和友	47	男	新社会　新	2,526

【第23区】定数1
当	伊藤　公介	54	男	自民㊗前	85,035
	北里　槙男	62	男	新進　新	46,821
	佐瀬順二郎	42	男	民主㊗新	45,182
	黒沢　　肇	63	男	共産　新	40,870
	峰村　芳夫	60	男	自連㊗新	3,686

【第24区】定数1
当	小林　多門	53	男	自民㊗新	75,061
	高木　陽介	36	男	新進　前	64,730
	阿久津幸彦	40	男	民主㊗新	50,067
	武山健二郎	67	男	共産　新	30,965

【第25区】定数1
当	石川　要三	71	男	自民㊗元	72,180
	臼井　　孝	55	男	新進　新	62,028
	吉永　洋司	70	男	共産　新	22,312
	鈴木　　泰	36	男	民主㊗新	19,611

《補選》第41回衆議院議員選挙
平成10年(1998年) 3月29日実施
※新井将敬の死去による

【第4区】被選挙数1
当	森田　健作	48	男	自民　新	50,242
	松原　　仁	41	男	無所属　新	35,521
	徳留　道信	45	男	共産　新	35,150
	上田　　哲	70	男	無所属　元	18,305
	佐竹　弘靖	37	男	自由　新	6,254
	山口　節生	48	男	無所属　新	662

《補選》第41回衆議院議員選挙
平成11年(1999年) 4月11日実施
※鳩山邦夫の辞職(知事選立候補)による

【第2区】被選挙数1
当	中山　義活	54	男	民主　新	134,265
	中島　　東	55	男	共産　新	54,940

《補選》第41回衆議院議員選挙
平成11年(1999年) 4月11日実施
※柿沢弘治の退職(知事選立候補)による

【第15区】被選挙数1
当	木村　　勉	59	男	自民　新	89,605
	吉田　和子	49	女	民主　元	53,490
	房宗　　治	56	男	共産　新	32,551

第42回衆議院議員選挙
平成12年(2000年) 6月25日実施

【第1区】定数1
当	海江田万里	51	男	民主㊗前	93,173
	与謝野　馨	61	男	自民㊗前	90,540
	大塚　淳子	58	女	共産　新	36,525
	日野　雄策	42	男	自連　新	3,118
	丸川　　仁	37	男	無所属　新	2,492

【第2区】定数1
当	中山　義活	55	男	民主㊗前	88,744
	深谷　隆司	64	男	自民㊗前	81,923
	室　喜代一	44	男	共産　新	32,155
	栄　　博士	39	男	無所属　新	5,371
	小松　一彦	36	男	自連　新	3,665

【第3区】定数1
当	松原　　仁	43	男	民主㊗新	84,372
	内藤　　尚	53	男	自民㊗新	82,954
	若月　秀人	57	男	共産　新	38,812
	坪谷　郁子	42	女	自由㊗新	18,991
	梅　　　蘭	35	女	社民㊗新	13,575
	岩崎弥太郎	41	男	無所属　新	7,269
	高　信太郎	55	男	自連　新	4,357

衆議院・選挙区（東京都）

【第4区】定数1
当	森田 健作	50	男	無所属 前	92,711
	遠藤 乙彦	53	男	公明㊎前	59,487
	宇佐美 登	33	男	民主㊎元	49,662
	徳留 道信	48	男	共産 新	36,498
	小茶野 満	40	女	自連 新	2,925

【第5区】定数1
当	手塚 仁雄	33	男	民主㊎新	83,619
	小杉 隆	64	男	自民㊎前	79,609
	宮本 栄	38	男	共産 新	27,728
	遠藤 宣彦	37	男	自由 新	26,390
	戸沢 二郎	53	男	社民 新	16,163
	斉藤さちこ	32	女	自連 新	6,304

【第6区】定数1
当	石井 紘基	59	男	民主㊎前	93,919
	越智 通雄	71	男	自民㊎前	55,821
比当	保坂 展人	44	男	社民㊎前	38,167
比当	鈴木 淑夫	68	男	自由㊎前	30,914
	水無瀬 攻	56	男	共産 新	26,130
	斉藤りえ子	41	女	自連 新	6,765

【第7区】定数1
当	長妻 昭	40	男	民主㊎新	82,502
	粕谷 茂	74	男	自民㊎前	77,407
	小堤 勇	51	男	共産 新	37,380
	末次 精一	37	男	自由 新	25,910
	柴野たいぞう	48	男	諸派 元	7,830

【第8区】定数1
当	石原 伸晃	43	男	自民 前	105,779
	片山 光代	60	女	民主㊎新	77,132
	山崎 和子	55	女	共産 新	36,546
	長谷川英憲	62	男	無所属 新	22,799

【第9区】定数1
当	吉田 公一	59	男	民主㊎前	86,450
	菅原 一秀	38	男	自民 新	81,912
	望月 康子	43	女	共産 新	44,057
	川島智太郎	36	男	自由㊎新	31,612

【第10区】定数1
当	小林 興起	56	男	自民 前	71,318
比当	鮫島 宗明	56	男	民主㊎元	64,272
	山本 敏江	51	女	共産 新	29,907
	堀田 容正	45	男	自由㊎新	18,509

【第11区】定数1
当	下村 博文	46	男	自民㊎前	90,483
	渋谷 修	49	男	民主㊎前	65,109
	中島 武敏	71	男	共産 前	54,698
	古山 和宏	41	男	自由㊎新	29,307

【第12区】定数1
当	八代 英太	63	男	自民㊎前	90,208
	藤田 幸久	50	男	民主㊎前	64,913
	山岸 光夫	49	男	共産 新	45,482
	栗本慎一郎	58	男	自連㊎前	20,902

【第13区】定数1
当	鴨下 一郎	51	男	自民㊎前	90,567
比当	城島 正光	53	男	民主㊎前	52,996
	佐々木陸海	56	男	共産 前	48,349
	逸見 英幸	52	男	自由㊎新	23,526

【第14区】定数1
当	西川太一郎	58	男	保守 前	73,209
比当	井上 和雄	48	男	民主㊎新	64,064
	塩沢 俊之	53	男	共産 新	35,803
	松崎 泰夫	57	男	自連 新	5,537
	和田 庶吾	47	男	無所属 新	4,350

【第15区】定数1
当	柿沢 弘治	66	男	無所属 元	54,298
	木村 勉	60	男	自民㊎前	52,892
	榛田 敦行	29	男	共産 新	29,412
	馬渡 龍治	42	男	民主㊎新	27,654
比当	東 祥三	49	男	自由㊎前	22,800
	近藤 薫	56	男	無所属 新	1,302

【第16区】定数1
当	宇田川芳雄	71	男	無所属 新	72,825
	島村 宜伸	66	男	自民㊎前	69,543
比当	中津川博郷	51	男	民主㊎新	53,897
	安部 安則	44	男	共産 新	30,772

【第17区】定数1
当	平沢 勝栄	54	男	自民㊎前	95,606
	山口那津男	47	男	公明㊎元	74,633
	米山久美子	53	女	無所属 新	42,882
	三小田准一	41	男	共産 新	41,083

【第18区】定数1
当	菅 直人	53	男	民主㊎前	114,750
	片岡 久議	32	男	自民㊎新	49,740
	戸田 定彦	57	男	共産 新	21,900
	金森 隆	31	男	自由㊎新	16,467
	金子 遊	25	男	自連 新	1,521

【第19区】定数1
当	末松 義規	43	男	民主㊎前	118,852
	塚原 宏司	42	男	自民㊎前	73,076
	宮内 俊清	59	男	共産 新	38,040
	渡辺浩一郎	56	男	自由㊎元	31,772

【第20区】定数1
当	加藤 公一	36	男	民主㊎新	93,236
	大野由利子	58	女	公明㊎前	58,613
	清水清一朗	53	男	無所属 新	48,613
	鈴木 郁雄	55	男	共産 新	35,826

【第21区】定数1
当	山本 譲司	37	男	民主㊎前	98,775
	加藤 積一	43	男	自民㊎前	73,067
	鈴木 進	60	男	共産 新	36,150

【第22区】定数1
当	山花 郁夫	33	男	民主㊎前	104,132
	進藤 勇治	48	男	自民㊎前	77,761
	鈴木 盛夫	34	男	自由㊎前	39,503
	岡田 隆郎	61	男	共産 新	38,318
	酒井 松美	59	女	無所属 新	5,635
	友野 康治	34	男	自連 新	2,687

【第23区】定数1
当	伊藤 公介	58	男	自民 比前	100,271
比当	石毛 鍈子	61	女	民主 比前	87,232
	佐藤 洋子	55	女	共産 新	36,113
	長尾 彰久	58	男	自由 比新	20,986
	塚原 光良	35	男	無所属 新	6,172
	山口 裕	53	男	自連 新	2,570

【第24区】定数1
当	阿久津幸彦	44	男	民主 比新	106,292
	小林 多門	57	男	自民 比前	95,102
	藤本 実	31	男	共産 新	37,492

【第25区】定数1
当	石川 要三	74	男	自民 比前	88,007
	島田 久	65	男	民主 比新	62,352
	鈴木 拓也	30	男	共産 新	25,325
	岡村 光芳	53	男	自連 新	4,299

《補選》第42回衆議院議員選挙

平成12年(2000年)10月22日実施
※山本譲司の辞職による

【第21区】被選挙数1
当	川田 悦子	51	女	無所属 新	51,008
	加藤 積一	43	男	自民 新	48,883
	長島 昭久	38	男	民主 新	25,843
	工藤てい子	51	女	社民 新	13,627

《補選》第42回衆議院議員選挙

平成15年(2003年)4月27日実施
※石井紘基の死去による

【第6区】被選挙数1
当	小宮山洋子	54	女	民主 新	99,600
	越智 通雄	74	男	自民 元	57,783
	田中美代子	56	女	共産 新	20,483

第43回衆議院議員選挙

平成15年(2003年)11月9日実施

【第1区】定数1
当	海江田万里	54	男	民主 比前	105,222
比当	与謝野 馨	65	男	自民 比元	103,785
	佐藤 文則	50	男	共産 新	20,640
	浜田麻記子	61	女	無所属 新	5,572
	又吉 光雄	59	男	諸派 新	698

【第2区】定数1
当	中山 義活	58	男	民主 比前	104,477
	深谷 隆司	68	男	自民 比元	91,926
	室 喜代一	48	男	共産 新	21,334

【第3区】定数1
当	松原 仁	47	男	民主 比前	122,181
	石原 宏高	39	男	自民 比新	113,494
	大貫 清文	46	男	共産 新	22,615

【第4区】定数1
当	中西 一善	39	男	自民 比新	90,693
比当	宇佐美 登	36	男	民主 比元	77,953
	山谷えり子	53	女	保守新 前	26,707
比当	山口 富男	49	男	共産 比前	23,942

【第5区】定数1
当	手塚 仁雄	37	男	民主 比前	107,110
比当	小杉 隆	68	男	自民 比元	99,618
	遠藤 宣彦	40	男	無所属 新	18,213
	宮本 栄	41	男	共産 新	17,927

【第6区】定数1
当	小宮山洋子	55	女	民主 比前	131,715
	越智 隆雄	39	男	自民 比新	78,650
	保坂 展人	47	男	社民 比前	23,320
	田中美代子	56	女	共産 新	18,625

【第7区】定数1
当	長妻 昭	43	男	民主 比前	99,891
	松本 文明	54	男	自民 比新	83,588
	小沢 哲雄	62	男	共産 新	21,982
	矢部 一	52	男	無所属 新	14,743
	富家 孝	56	男	無会 新	11,778

【第8区】定数1
当	石原 伸晃	46	男	自民 比前	136,429
	鈴木 盛夫	37	男	民主 比新	78,007
	沢田 俊史	52	男	共産 新	17,572
	杉山 章子	26	女	社民 比新	16,156

【第9区】定数1
当	菅原 一秀	41	男	自民 比新	112,868
	吉田 公一	63	男	民主 比前	96,662
	望月 康子	47	女	共産 新	27,903
	村田 敏	52	男	社民 新	8,841

【第10区】定数1
当	小林 興起	59	男	自民 比前	81,979
比当	鮫島 宗明	59	男	民主 比前	77,417
	山本 敏江	54	女	共産 新	19,338
	志良以 栄	66	男	諸派 新	2,706

【第11区】定数1
当	下村 博文	49	男	自民 比前	113,477
	渡辺浩一郎	59	男	民主 比元	87,331
	徳留 道信	51	男	共産 新	30,998

【第12区】定数1
当	太田 昭宏	58	男	公明 前	98,700
比当	藤田 幸久	53	男	民主 比元	95,110
	山岸 光夫	52	男	共産 新	30,251

【第13区】定数1
当	城島 正光	56	男	民主 比前	90,277
比当	鴨下 一郎	54	男	自民 比前	88,254
	田村 智子	38	女	共産 新	28,605

【第14区】定数1
当	松島みどり	47	女	自民 比前	66,417
比当	井上 和雄	51	男	民主 比前	63,385
	西川太一郎	61	男	保守新 前	44,799
	伊藤 文雄	59	男	共産 新	18,799

第44回衆議院議員選挙
平成17年(2005年)9月11日実施

【第15区】定数1
	氏名	年齢	性別	所属	得票数
当	木村 勉	64	男	自民㊗元	69,164
	東 祥三	52	男	民主㊗前	58,616
	柿沢 弘治	69	男	無会 前	47,843
	榛田 敦行	32	男	共産 新	19,610

【第16区】定数1
	氏名	年齢	性別	所属	得票数
当	島村 宜伸	69	男	自民㊗元	80,015
比当	中津川博郷	54	男	民主㊗前	70,189
	宇田川芳雄	74	男	無会 前	58,250
	安部 安則	47	男	共産㊗新	17,985

【第17区】定数1
	氏名	年齢	性別	所属	得票数
当	平沢 勝栄	58	男	自民㊗前	142,916
	錦織 淳	58	男	民主㊗元	65,269
	菅野 勝祐	58	男	共産 新	22,316

【第18区】定数1
	氏名	年齢	性別	所属	得票数
当	菅 直人	57	男	民主 前	139,195
比当	鳩山 邦夫	55	男	自民㊗前	83,337
	小林 幹典	37	男	共産 新	16,010

【第19区】定数1
	氏名	年齢	性別	所属	得票数
当	末松 義規	46	男	民主㊗前	136,082
	松本 洋平	30	男	自民㊗新	88,501
	藤岡 智明	56	男	共産 新	22,921
	横田 昌三	34	男	社民㊗新	9,529

【第20区】定数1
	氏名	年齢	性別	所属	得票数
当	加藤 公一	39	男	民主㊗前	111,041
	清水清一朗	56	男	自民㊗新	81,588
	池田真理子	49	女	共産㊗新	26,434

【第21区】定数1
	氏名	年齢	性別	所属	得票数
当	長島 昭久	41	男	民主㊗新	81,398
	橋本 城二	54	男	自民㊗新	71,873
	川田 悦子	54	女	無所属 前	37,019
	田川 豊	35	男	共産 新	17,409

【第22区】定数1
	氏名	年齢	性別	所属	得票数
当	山花 郁夫	36	男	民主㊗前	113,931
比当	伊藤 達也	42	男	自民㊗前	105,385
	若林 義春	53	男	共産㊗新	24,859
	佐藤 盛隆	55	男	無所属 新	4,001

【第23区】定数1
	氏名	年齢	性別	所属	得票数
当	伊藤 公介	62	男	自民㊗前	126,221
比当	石毛 鍈子	65	女	民主㊗前	110,266
	今村順一郎	44	男	共産㊗新	23,943

【第24区】定数1
	氏名	年齢	性別	所属	得票数
当	萩生田光一	40	男	自民㊗新	108,843
比当	阿久津幸彦	47	男	民主㊗前	106,733
	藤本 実	34	男	共産 新	21,407
	石橋 薫	48	男	無所属 新	8,762

【第25区】定数1
	氏名	年齢	性別	所属	得票数
当	井上 信治	34	男	自民㊗新	80,443
比当	島田 久	68	男	民主㊗新	71,151
	鈴木 拓也	33	男	共産 新	15,381
	池田 正二	53	男	無所属 新	6,858

【第1区】定数1
	氏名	年齢	性別	所属	得票数
当	与謝野 馨	67	男	自民㊗前	149,894
	海江田万里	56	男	民主㊗前	101,396
	堀江 泰信	51	男	共産 新	21,794
	又吉 光雄	61	男	諸派 新	1,557

【第2区】定数1
	氏名	年齢	性別	所属	得票数
当	深谷 隆司	69	男	自民㊗元	127,889
	中山 義活	60	男	民主㊗前	98,335
	中島 東	61	男	共産 新	24,848

【第3区】定数1
	氏名	年齢	性別	所属	得票数
当	石原 宏高	41	男	自民㊗新	151,989
比当	松原 仁	49	男	民主㊗前	123,999
	後藤 均	44	男	共産 新	23,611

【第4区】定数1
	氏名	年齢	性別	所属	得票数
当	平 将明	38	男	自民㊗新	119,812
	宇佐美 登	38	男	民主㊗前	86,354
	佐藤 文則	52	男	共産 新	25,077
	中西 一善	41	男	無所属 元	19,955
	佐藤 博己	56	男	無所属 新	5,313

【第5区】定数1
	氏名	年齢	性別	所属	得票数
当	小杉 隆	69	男	自民㊗前	150,667
	手塚 仁雄	38	男	民主㊗前	109,618
	星見 定子	48	女	共産 新	22,107

【第6区】定数1
	氏名	年齢	性別	所属	得票数
当	越智 隆雄	41	男	自民㊗新	136,750
比当	小宮山洋子	56	女	民主㊗前	130,283
	田中美代子	58	女	共産 新	28,252

【第7区】定数1
	氏名	年齢	性別	所属	得票数
当	松本 文明	56	男	自民㊗新	131,464
比当	長妻 昭	45	男	民主㊗前	113,221
	太田 宜興	29	男	共産 新	24,110

【第8区】定数1
	氏名	年齢	性別	所属	得票数
当	石原 伸晃	48	男	自民㊗前	161,966
	鈴木 盛夫	39	男	民主㊗前	94,074
	沢田 俊史	54	男	共産 新	26,819

【第9区】定数1
	氏名	年齢	性別	所属	得票数
当	菅原 一秀	43	男	自民㊗前	153,309
	川島智太郎	41	男	民主㊗新	87,890
	望月 康子	49	女	共産 新	28,493
	中川 直人	48	男	社民㊗新	14,952

【第10区】定数1
	氏名	年齢	性別	所属	得票数
当	小池百合子	53	女	自民㊗前	109,764
	鮫島 宗明	61	男	民主㊗前	50,536
	小林 興起	61	男	日本㊗比	41,089
	山本 敏江	56	女	共産 新	17,929

【第11区】定数1
	氏名	年齢	性別	所属	得票数
当	下村 博文	51	男	自民㊗前	148,099
	渡辺浩一郎	61	男	民主㊗元	85,832
	徳留 道信	53	男	共産 新	35,233

【第12区】定数1
当	太田 昭宏	59	男	公明	前	109,636
	藤田 幸久	55	男	民主㊥	前	73,943
	八代 英太	68	男	無所属	前	44,279
	野々山 研	42	男	共産	新	26,068

【第13区】定数1
当	鴨下 一郎	56	男	自民㊥	前	129,586
	城島 正光	58	男	民主㊥	前	80,378
	田村 智子	40	女	共産㊥	新	30,806

【第14区】定数1
当	松島みどり	49	女	自民㊥	前	118,771
	井上 和雄	53	男	民主㊥	前	69,108
	伊藤 文雄	61	男	共産	新	22,131
	前田 真司	29	男	無所属	新	4,478

【第15区】定数1
当	木村 勉	66	男	自民㊥	前	123,021
	東 祥三	54	男	民主㊥	元	79,621
	吉田 年男	57	男	共産	新	23,659

【第16区】定数1
当	島村 宜伸	71	男	自民㊥	前	145,439
	中津川博郷	56	男	民主㊥	前	84,564
	安部 安則	49	男	共産	新	25,328

【第17区】定数1
当	平沢 勝栄	60	男	自民㊥	前	161,324
	錦織 淳	60	男	民主㊥	元	67,300
	小島佐知子	61	女	共産	新	27,597

【第18区】定数1
当	菅 直人	58	男	民主㊥	前	126,716
比当	土屋 正忠	63	男	自民㊥	新	118,879
	宮本 徹	33	男	共産	新	21,542

【第19区】定数1
当	松本 洋平	32	男	自民㊥	新	138,596
比当	末松 義規	48	男	民主㊥	前	133,180
	清水 明男	54	男	共産	新	27,811

【第20区】定数1
当	木原 誠二	35	男	自民㊥	新	112,634
比当	加藤 公一	41	男	民主㊥	前	107,916
	池田真理子	50	女	共産㊥	新	32,299

【第21区】定数1
当	小川 友一	59	男	自民㊥	新	109,310
比当	長島 昭久	43	男	民主㊥	前	98,749
	田川 豊	36	男	共産	新	25,483
	十河 豊	62	男	無所属	新	3,739

【第22区】定数1
当	伊藤 達也	44	男	自民㊥	前	150,404
	山花 郁夫	38	男	民主㊥	前	107,417
	若林 義春	55	男	共産㊥	新	28,356
	山下 万葉	25	男	無所属	新	2,483

【第23区】定数1
当	伊藤 公介	63	男	自民㊥	前	162,351
	石毛 鍈子	67	女	民主㊥	前	107,136
	室谷 友英	56	男	共産	新	27,232

【第24区】定数1
当	萩生田光一	42	男	自民㊥	前	150,552
	阿久津幸彦	49	男	民主㊥	前	106,459
	長谷川 暁	33	男	共産	新	26,233

【第25区】定数1
当	井上 信治	35	男	自民㊥	前	113,800
	島田 久	70	男	民主㊥	前	66,008
	鈴木 拓也	35	男	共産	新	19,954

第45回衆議院議員選挙
平成21年(2009年) 8月30日実施

【第1区】定数1
当	海江田万里	60	男	民主㊥	元	141,742
比当	与謝野 馨	71	男	自民㊥	前	130,030
	冨田 直樹	33	男	共産	新	19,288
	田中 順子	47	女	諸派	新	2,718
	野沢 哲夫	43	男	無所属	新	1,418
	黒沢 武邦	39	男	無所属	新	1,300
	マック赤坂	60	男	諸派	新	987
	又吉 光雄	65	男	諸派	新	718
	前田 禎信	38	男	無所属	新	652

【第2区】定数1
当	中山 義活	64	男	民主㊥	元	138,603
	深谷 隆司	73	男	自民	前	98,593
	中島 東	65	男	共産	新	26,172
	タナカヒロコ	57	女	無所属	新	4,579
	加藤 文康	46	男	諸派	新	1,924
	千葉 潤	41	男	無所属	新	1,748

【第3区】定数1
当	松原 仁	53	男	民主㊥	前	163,791
	石原 宏高	45	男	自民㊥	前	121,699
	沢田 英次	66	男	共産	新	28,221

【第4区】定数1
当	藤田 憲彦	36	男	民主㊥	新	100,067
比当	平 将明	42	男	自民㊥	前	93,583
	宇佐美 登	42	男	無所属	元	46,107
	渋谷 要	76	男	共産	新	23,622
	下川貴久枝	52	女	諸派	新	3,323

【第5区】定数1
当	手塚 仁雄	42	男	民主㊥	元	149,623
	佐藤ゆかり	48	女	自民㊥	前	121,244
	宮本 栄	47	男	共産	新	22,864
	木下 真	31	男	諸派	新	3,632

【第6区】定数1
当	小宮山洋子	60	女	民主㊥	前	174,367
	越智 隆雄	45	男	自民㊥	前	102,944
	佐藤 直樹	30	男	共産	新	27,105
	中岡 陽子	48	女	諸派	新	4,986

【第7区】定数1
当	長妻 昭	49	男	民主㊥	前	167,905
	松本 文明	60	男	自民㊥	前	79,686
	太田 宜興	33	男	共産	新	24,103

		大門	一也	49	男	諸派	新	2,401

【第8区】 定数1
| | | 石原 | 伸晃 | 52 | 男 | 自民 ㊗ 前 | 147,514 |
| 当 |
		保坂	展人	53	男	社民 ㊗ 前	116,723
		沢田	俊史	58	男	共産 新	24,965
		植田	誠一	44	男	諸派 新	6,132

【第9区】 定数1
当	木内	孝胤	43	男	民主 ㊗ 新	140,109
比当	菅原	一秀	47	男	自民 ㊗ 前	126,026
	岸	良信	54	男	共産 新	26,796
	沖原	唯浩	35	男	諸派 新	3,644

【第10区】 定数1
当	江端	貴子	49	女	民主 ㊗ 新	105,512
比当	小池百合子	57	女	自民 ㊗ 前	96,739
	山本	敏江	60	女	共産 新	21,092

【第11区】 定数1
当	下村	博文	55	男	自民 ㊗ 前	117,472
	有田	芳生	57	男	日本 新	113,998
	徳留	道信	57	男	共産 新	36,487
	前田	浩一	38	男	諸派 新	6,853
	和合	秀典	67	男	諸派 新	2,360

【第12区】 定数1
当	青木	愛	44	女	民主 ㊗ 元	118,753
	太田	昭宏	63	男	公明 前	108,679
	池内	沙織	26	女	共産 新	31,475
	与国	秀行	33	男	諸派 新	3,813

【第13区】 定数1
当	平山	泰朗	37	男	民主 ㊗ 新	114,653
比当	鴨下	一郎	60	男	自民 ㊗ 前	111,590
	渡辺	修次	69	男	共産 新	26,259
	藤山	和正	49	男	諸派 新	2,873

【第14区】 定数1
当	木村	剛司	38	男	民主 ㊗ 新	110,624
	松島みどり	53	女	自民 ㊗ 前	93,675
	伊藤	文雄	65	男	共産 新	23,705
	吉田	昌文	40	男	諸派 新	3,409

【第15区】 定数1
当	東	祥三	58	男	民主 ㊗ 元	105,131
	木村	勉	70	男	自民 ㊗ 前	80,054
比当	柿沢	未途	38	男	みんな 新	38,808
	吉田	年男	61	男	共産 新	22,176
	井寺	英人	36	男	諸派 新	1,843

【第16区】 定数1
当	初鹿	明博	40	男	民主 ㊗ 新	128,400
	島村	宜伸	75	男	自民 前	113,634
	河合	恭一	57	男	共産 新	23,385
	小島	一郎	38	男	諸派 新	5,763

【第17区】 定数1
当	平沢	勝栄	63	男	自民 ㊗ 前	138,512
比当	早川久美子	38	女	民主 ㊗ 新	106,892
	新井	杉生	50	男	共産 新	21,448
	深尾	一平	28	男	諸派 新	2,787

【第18区】 定数1
当	菅	直人	62	男	民主 ㊗ 前	163,446
	土屋	正忠	67	男	自民 ㊗ 前	88,325
	小泉民未嗣	31	男	共産 新	21,004
	森	香樹	62	男	諸派 新	2,087

【第19区】 定数1
当	末松	義規	52	男	民主 ㊗ 前	170,437
	松本	洋平	36	男	自民 ㊗ 前	105,721
	清水	明男	58	男	共産 新	27,860
	高橋佐恵子	67	女	無所属 新	2,912
	石田真一郎	43	男	諸派 新	2,740

【第20区】 定数1
当	加藤	公一	45	男	民主 ㊗ 前	136,294
	木原	誠二	39	男	自民 ㊗ 前	95,718
	池田真理子	54	女	共産 ㊗ 新	31,475
	阿部	一之	33	男	諸派 新	2,560

【第21区】 定数1
当	長島	昭久	47	男	民主 ㊗ 前	142,418
	小川	友一	63	男	自民 ㊗ 前	79,628
	星	篤麿	56	男	共産 新	21,155
	山本	充志	45	男	諸派 新	3,976

【第22区】 定数1
当	山花	郁夫	42	男	民主 ㊗ 元	154,904
	伊藤	達也	48	男	自民 ㊗ 前	117,315
	吉岡	正史	35	男	共産 新	28,556
	辻村	智子	36	女	諸派 新	5,501

【第23区】 定数1
当	櫛渕	万里	41	女	民主 ㊗ 新	168,346
	伊藤	公介	67	男	自民 ㊗ 前	108,528
	古橋	良恭	48	男	共産 新	27,699
	松尾	洋平	30	男	諸派 新	4,885

【第24区】 定数1
当	阿久津幸彦	53	男	民主 ㊗ 元	148,719
	萩生田光一	46	男	自民 ㊗ 前	121,867
	長谷川 暁	37	男	共産 新	26,392
	小野沢智子	55	女	諸派 新	3,762

【第25区】 定数1
当	井上	信治	39	男	自民 ㊗ 前	106,201
	真砂	太郎	53	男	国民 ㊗ 新	48,373
	鈴木	治	52	男	共産 新	21,044
	鈴木	泰	49	男	無所属 新	19,874
	小鮒	将人	41	男	諸派 新	6,673

第46回衆議院議員選挙
平成24年(2012年)12月16日実施

【第1区】 定数1
当	山田	美樹	38	女	自民 ㊗ 新	82,013
比当	海江田万里	63	男	民主 ㊗ 前	80,879
	加藤	義隆	38	男	維新 ㊗ 新	48,083
	小斉	太郎	42	男	みんな ㊗ 新	31,554
	冨田	直樹	36	男	共産 新	18,763
	野沢	哲夫	46	男	未来 ㊗ 新	14,875

	伊藤　希望	28	女	諸派	新	1,999
	又吉　光雄	68	男	諸派	新	1,011
	亀山　教明	49	男	無所属	新	614

【第2区】定数1

当	辻　清人	33	男	自民[比]	新	84,663
	中山　義活	67	男	民主[比]	前	64,676
比当	大熊　利昭	49	男	みんな[比]	新	48,704
	松本　和巳	47	男	維新[比]	元	38,564
	桑名　文彦	42	男	共産	新	23,035
	井上　雅弘	57	男	無所属	新	2,045

【第3区】定数1

当	石原　宏高	48	男	自民[比]	元	122,314
比当	松原　仁	56	男	民主[比]	前	120,298
	池田　剛久	47	男	未来[比]	新	25,773
	香西　克介	36	男	共産	新	23,167

【第4区】定数1

当	平　将明	45	男	自民[比]	前	96,810
	犬伏　秀一	56	男	維新[比]	新	44,999
	藤田　憲彦	39	男	民主[比]	前	42,424
	広瀬　雅志	55	男	みんな[比]	新	34,902
	山本　純平	38	男	共産	新	24,167
	佐野　秀光	42	男	諸派	新	2,603

【第5区】定数1

当	若宮　健嗣	51	男	自民[比]	元	85,408
	手塚　仁雄	46	男	民主[比]	前	65,778
比当	三谷　英弘	36	男	みんな[比]	新	46,629
	渡辺　徹	34	男	維新[比]	新	45,518
	丸子　安子	44	女	未来[比]	新	19,462
	三浦　岩男	63	男	共産	新	15,796
	曽我　周作	33	男	諸派	新	1,089

【第6区】定数1

当	越智　隆雄	48	男	自民[比]	元	98,112
	小宮山洋子	64	女	民主[比]	前	70,126
	花輪　智史	46	男	維新[比]	新	52,734
	落合　貴之	33	男	みんな[比]	新	52,325
	佐藤　直樹	33	男	共産	新	24,725

【第7区】定数1

当	長妻　昭	52	男	民主[比]	前	100,872
比当	松本　文明	63	男	自民[比]	元	79,048
	吉田康一郎	45	男	維新[比]	新	45,556
	太田　宜興	36	男	共産	新	19,495
	岡本　幸三	52	男	未来[比]	新	17,437
	西野　貞吉	76	男	無所属	新	1,315

【第8区】定数1

当	石原　伸晃	55	男	自民[比]	前	132,521
	山本　太郎	38	男	無所属	新	71,028
	円　より子	65	女	民主[比]	新	54,881
	上保　匡勇	28	男	共産	新	23,961

【第9区】定数1

当	菅原　一秀	50	男	自民[比]	前	145,013
	木内　孝胤	46	男	未来[比]	前	55,736
	福村　隆	49	男	民主[比]	新	45,386
	坂尻正由喜	41	男	共産	新	24,976

【第10区】定数1

当	小池百合子	60	女	自民[比]	前	108,983
	江端　貴子	52	女	民主[比]	前	47,493
	多ケ谷　亮	44	男	未来[比]	新	24,414
	今　秀子	64	女	共産	新	22,044

【第11区】定数1

当	下村　博文	58	男	自民[比]	前	116,521
	猪野　隆	47	男	維新[比]	新	49,334
	太田　順子	45	女	民主[比]	新	36,144
	須藤　武美	58	男	共産	新	27,726
	橋本　久美	43	女	未来[比]	新	26,469

【第12区】定数1

当	太田　昭宏	67	男	公明	元	114,052
比当	青木　愛	47	女	未来[比]	前	56,432
	池内　沙織	30	女	共産[比]	新	41,934
	服部　聖巳	34	女	諸派	新	9,359

【第13区】定数1

当	鴨下　一郎	63	男	自民[比]	前	115,797
	川口　浩	57	男	維新[比]	前	46,947
	藤尾　直樹	33	男	民主[比]	新	26,438
	祖父江元希	37	男	共産	新	23,091
	本多　正樹	40	男	未来[比]	新	17,906

【第14区】定数1

当	松島みどり	56	女	自民[比]	元	90,608
	野口　東秀	50	男	維新[比]	新	40,312
	木村　剛司	41	男	未来[比]	前	35,334
	犬塚　直史	58	男	民主[比]	新	24,277
	阿藤　和之	41	男	共産	新	20,298
	藤田　直樹	50	男	無所属	新	1,677
	渋江　勝義	65	男	無所属	新	608

【第15区】定数1

当	柿沢　未途	41	男	みんな[比]	前	88,222
比当	秋元　司	41	男	自民[比]	新	74,159
	田中美絵子	37	女	民主[比]	前	29,355
	東　祥三	61	男	未来[比]	前	28,518
	吉田　年男	64	男	共産	新	18,667

【第16区】定数1

当	大西　英男	66	男	自民[比]	新	95,222
	中津川博郷	63	男	維新[比]	前	46,537
	上田　令子	47	女	みんな[比]	新	43,179
	初鹿　明博	43	男	未来[比]	前	27,525
	今野　克義	40	男	民主[比]	新	22,741
	島長香代子	63	女	共産	新	15,145

【第17区】定数1

当	平沢　勝栄	67	男	自民[比]	前	131,471
	小林　等	39	男	維新[比]	新	45,285
	早川久美子	41	女	民主[比]	前	37,592
	新井　杉生	53	男	共産	新	24,181

【第18区】定数1

当	土屋　正忠	70	男	自民[比]	元	84,078
比当	菅　直人	66	男	民主[比]	前	73,942
	横粂　勝仁	31	男	無所属	前	44,828
	五十嵐勝哉	45	男	維新[比]	新	28,837

	杉村　康之	43	男	未来[比]新	15,873
	柳　孝義	51	男	共産　新	13,419

【第19区】定数1

当	松本　洋平	39	男	自民[比]元	101,362
	末松　義規	56	男	民主[比]前	81,490
比当	山田　宏	54	男	維新[比]元	64,857
	井手重美津子	48	女	共産　新	24,660
	渡辺浩一郎	68	男	未来[比]前	22,445

【第20区】定数1

当	木原　誠二	42	男	自民[比]元	98,070
	加藤　公一	48	男	民主[比]前	61,519
	野田　数	39	男	維新[比]新	50,031
	池田真理子	58	女	共産　新	33,092

【第21区】定数1

当	長島　昭久	50	男	民主[比]前	82,831
比当	小田原　潔	48	男	自民[比]新	70,070
	佐々木理江	30	女	維新[比]新	36,734
	吉岡　正史	38	男	共産　新	21,762
	藤田　祐司	60	男	未来[比]新	11,408
	谷川　博之	42	男	無所属　新	4,413

【第22区】定数1

当	伊藤　達也	51	男	自民[比]元	115,290
	山花　郁夫	45	男	民主[比]前	66,210
	鹿野　晃	39	男	維新[比]新	40,698
	津山　謙	39	男	みんな[比]新	37,805
	坂内　淳	51	男	共産　新	25,740
	井原　義博	57	男	諸派　新	2,180

【第23区】定数1

当	小倉　将信	31	男	自民[比]新	87,192
	櫛渕　万里	45	女	民主[比]前	63,969
	伊藤　俊輔	33	男	維新[比]新	59,166
	白川　哲也	31	男	みんな[比]新	39,676
	松村　亮佑	32	男	共産　新	21,006
	石井　貴士	39	男	未来[比]新	18,125

【第24区】定数1

当	萩生田光一	49	男	自民[比]元	121,433
	阿久津幸彦	56	男	民主[比]前	60,784
	小林　弘幸	40	男	みんな[比]新	40,922
	藤井　義裕	37	男	維新[比]新	30,042
	峯岸　益生	64	男	共産　新	21,448

【第25区】定数1

当	井上　信治	43	男	自民[比]前	100,523
	竹田　光明	57	男	民主[比]前	28,751
	松本　鉄平	34	男	維新[比]新	27,258
	井上　宣	38	男	共産　新	17,720
	真砂　太郎	56	男	未来[比]新	10,689

第47回衆議院議員選挙

平成26年（2014年）12月14日実施

【第1区】定数1

当	山田　美樹	40	女	自民[比]前	107,015
	海江田万里	65	男	民主[比]前	89,232
	冨田　直樹	38	男	共産　新	32,830
	渡辺　徹	36	男	次世代[比]新	18,128
	野崎　孝信	27	男	無所属　新	2,209
	又吉　光雄	70	男	諸派　新	1,416

【第2区】定数1

当	辻　清人	35	男	自民[比]前	103,954
	中山　義活	69	男	民主[比]元	58,407
	大熊　利昭	51	男	維新[比]前	44,550
	石沢　憲之	27	男	共産　新	32,296
	犬丸　勝子	59	女	諸派　新	4,668

【第3区】定数1

当	石原　宏高	50	男	自民[比]前	115,623
比当	松原　仁	58	男	民主[比]前	111,353
	香西　克介	38	男	共産　新	34,295

【第4区】定数1

当	平　将明	47	男	自民[比]前	109,377
	藤田　憲彦	41	男	民主[比]元	48,861
	山本　純平	40	男	共産　新	38,925
	犬伏　秀一	58	男	次世代[比]新	20,108

【第5区】定数1

当	若宮　健嗣	53	男	自民[比]前	102,424
	手塚　仁雄	48	男	民主[比]元	66,255
	三谷　英弘	38	男	無所属　前	44,103
	沢井　正代	65	女	共産　新	32,140
	ドクター・中松（中松　義郎）	86	男	無所属　新	12,777

【第6区】定数1

当	越智　隆雄	50	男	自民[比]前	110,872
比当	落合　貴之	35	男	維新[比]新	88,915
	岸　武志	43	男	共産　新	51,595

【第7区】定数1

当	長妻　昭	54	男	民主[比]前	104,422
比当	松本　文明	65	男	自民[比]前	83,476
	太田　宜興	38	男	共産　新	27,866
	吉田康一郎	47	男	次世代[比]新	18,332

【第8区】定数1

当	石原　伸晃	57	男	自民[比]前	116,193
	円　より子	67	女	民主[比]新	73,348
	沢田　真吾	29	男	共産　新	37,788
	鈴木　達夫	74	男	無所属　新	16,981

【第9区】定数1

当	菅原　一秀	52	男	自民[比]前	123,368
比当	木内　孝胤	48	男	維新[比]元	65,809
	原　純子	50	女	共産　新	50,861

【第10区】定数1

当	小池百合子	62	女	自民[比]前	93,610
	江端　貴子	54	女	民主[比]元	44,123
	今　秀子	66	女	共産[比]新	28,453
	多ケ谷　亮	46	男	生活　新	9,663
	神谷ちづ子	61	女	次世代　新	8,688

【第11区】定数1

当	下村　博文	60	男	自民[比]前	129,587
	山内　金久	66	男	共産　新	43,083

	熊木美奈子	53	女	民主[比]	新	43,040
	下村　芽生	27	女	無所属	新	15,447

【第12区】定数1

当	太田　昭宏	69	男	公明	前	88,499
比当	池内　沙織	32	女	共産[比]	新	44,721
	青木　　愛	49	女	生活[比]	前	40,067
	田母神俊雄	66	男	次世代[比]	新	39,233

【第13区】定数1

当	鴨下　一郎	65	男	自民[比]	前	113,036
	長谷川貴子	41	女	民主[比]	新	43,028
	祖父江元希	39	男	共産	新	35,518
	和田　智之	40	男	次世代	新	11,915

【第14区】定数1

当	松島みどり	58	女	自民[比]	前	87,546
	木村　剛司	43	男	民主[比]	元	63,377
	阿藤　和之	43	男	共産	新	37,089

【第15区】定数1

当	柿沢　未途	43	男	維新[比]	前	88,507
比当	秋元　　司	43	男	自民[比]	前	85,714
	吉田　年男	66	男	共産	新	31,384
	猪野　　隆	49	男	無所属	新	8,759

【第16区】定数1

当	大西　英男	68	男	自民[比]	前	98,536
比当	初鹿　明博	45	男	維新[比]	元	56,701
	大田　朝子	30	女	共産[比]	新	36,976
	石井　義哲	57	男	次世代[比]	新	11,484
	岡本　貴士	34	男	無所属	新	9,334

【第17区】定数1

当	平沢　勝栄	69	男	自民[比]	前	125,351
	高橋　美穂	49	女	維新[比]	前	46,156
	新井　杉生	55	男	共産	新	39,724

【第18区】定数1

当	土屋　正忠	72	男	自民[比]	前	106,143
比当	菅　　直人	68	男	民主[比]	前	89,877
	結城　　亮	44	男	共産	新	35,699

【第19区】定数1

当	松本　洋平	41	男	自民[比]	前	107,608
	末松　義規	58	男	民主[比]	元	87,584
	小泉民未嗣	36	男	共産	新	36,878
	山田　　宏	56	男	次世代[比]	前	30,658

【第20区】定数1

当	木原　誠二	44	男	自民[比]	前	110,273
	竹田　光明	59	男	民主[比]	元	51,362
	池田真理子	60	女	共産	新	49,902

【第21区】定数1

当	小田原　潔	50	男	自民[比]	前	83,984
比当	長島　昭久	52	男	民主[比]	前	82,351
	吉岡　正史	40	男	共産[比]	新	35,598

【第22区】定数1

当	伊藤　達也	53	男	自民[比]	前	116,757
	山花　郁夫	47	男	民主[比]	元	80,014
	坂内　　淳	53	男	共産	新	36,980
	鹿野　　晃	41	男	次世代[比]	新	20,288

【第23区】定数1

当	小倉　将信	33	男	自民[比]	前	104,709
	櫛渕　万里	47	女	民主[比]	元	63,706
	伊藤　俊輔	35	男	維新[比]	新	50,836
	松村　亮佑	34	男	共産	新	35,166

【第24区】定数1

当	萩生田光一	51	男	自民[比]	前	126,024
	阿久津幸彦	58	男	民主[比]	元	71,212
	市川　克宏	40	男	共産	新	32,887
	藤井　義裕	39	男	次世代[比]	新	13,680

【第25区】定数1

当	井上　信治	45	男	自民[比]	前	100,081
	山下　容子	56	女	民主[比]	新	32,687
	井上　　宣	40	男	共産	新	29,650

《補選》第47回衆議院議員選挙

平成28年（2016年）10月23日実施

※小池百合子の辞職（知事選立候補）による

【第10区】被選挙数1

当	若狭　　勝	59	男	自民	前	75,755
	鈴木　庸介	40	男	民進	新	47,141
	吉井　利光	34	男	諸派	新	2,824

比例区・東京

第41回衆議院議員選挙　定数19

平成8年（1996年）10月20日実施

自由民主党　1,398,791票　当選人数　5人

1	当	東2		深谷　隆司	61	男	前
2	当			鯨岡　兵輔	81	男	前
3	当			高橋　一郎	70	男	前
4	選当	東8		石原　伸晃			前
4	選当	東23		伊藤　公介			前
4	選当	東15		柿沢　弘治			前
4	選当	東7		粕谷　　茂			前
4	選当	東3		栗本慎一郎			前
4	選当	東5		小杉　　隆			前
4	選当	東16		島村　宜伸			前
4	選当	東1		与謝野　馨			前
4	当	東21	(88.91)	小沢　　潔	69	男	前
4	当	東6	(76.14)	越智　通雄	67	男	前
4		東4	(59.43)	大内　啓伍	66	男	前
15	選当	東25		石川　要三			元
15	選当	東10		小林　興起			元
15	選当	東24		小林　多門			新
15	選当	東11		下村　博文			新

衆議院・比例区（東京）

	15	選当	東17	平沢 勝栄		新
	15	選当	東12	八代 英太		新
15	東20	(98.24)	清水清一朗	49	男	新
15	東14	(96.04)	松島みどり	40	女	新
15	東13	(92.21)	近藤 信好	66	男	新
15	東22	(71.49)	進藤 勇治	44	男	新
15	東9	(64.68)	ガッツ石松	47	男	新
15	東19	(62.23)	金子 哲男	50	男	新
15	東18	(20.15)	大久保 力	57	男	新
28				中村 靖	64	男	元

新進党　　1,275,432票　　当選人数 5人

1	当			城島 正光	49	男	新
2	当			東 祥三	45	男	前
3	当			遠藤 乙彦	49	男	前
4	当			太田 昭宏	51	男	前
5	当			石井 啓一	38	男	前
6		東5		野村沙知代	64	女	新
7				大塚 雄司	67	男	元
8				逸見 英幸	49	男	新
9				山本香代子	35	女	新
10				荒木 隆夫	53	男	新
11				戸田 豊重	65	男	新
12				堀田 恵彦	64	男	新
13				坂井 恒則	60	男	新
14				大井田健一	35	男	新
15				小山 理	69	男	新

民主党　　1,213,677票　　当選人数 5人

	1	選当	東18	菅 直人		前
2	当			石毛 鍈子	58	女	新
	3	選当	東2	鳩山 邦夫		前
3	当	東22	(91.77)	山花 貞夫	60	男	前
3	当	東1	(77.54)	海江田万里	47	男	前
6	当			藤田 幸久	46	男	新
7	当	東6	(63.34)	石井 紘基	55	男	前
7 繰当	東11	(56.28)	渋谷 修	46	男	元
7	東8	(50.22)	村田 誠醇	49	男	新
7	東13	(34.01)	鈴木喜久子	61	女	元
11			吉田 和子	47	女	元
	12	選当	東21	山本 譲司		新
12	東5	(60.68)	手塚 仁雄	30	男	新
12	東15	(45.67)	大沢 昇	31	男	新
15			市川 隆	44	男	新
	16	選当	東19	末松 義規		新
16	東9	(88.19)	小川 敏夫	48	男	新
16	東7	(87.58)	三木 立	27	男	新
16	東20	(75.06)	中野志乃夫	39	男	新
16	東24	(66.70)	阿久津幸彦	40	男	新
16	東10	(63.42)	長妻 昭	36	男	新
16	東12	(63.10)	和田 宗春	52	男	新
16	東23	(53.13)	佐瀬順二郎	42	男	新
16	東17	(45.66)	米山久美子	49	女	新
16	東14	(40.27)	緒方 浩	44	男	新
16	東16	(37.04)	井上 和雄	44	男	新
16	東4	(29.51)	仲田 明子	52	女	新
16	東25	(27.16)	鈴木 泰	36	男	新

日本共産党　　923,764票　　当選人数 3人

1	当			不破 哲三	66	男	前
2	当			佐々木陸海	52	男	前
3	当	東11		中島 武敏	68	男	前
4		東21		岩佐 恵美	57	女	前
5		東9		増村耕太郎	42	男	新
6				小泉 親司	48	男	新
7				今村順一郎	37	男	新

社会民主党　　280,391票　　当選人数 1人

1	当	東22		保坂 展人	40	男	新
2		東19	(28.14)	常松 裕志	56	男	元
2		東9	(17.45)	坂藤 朋夫	48	男	新
2		東10	(15.90)	田中 秀樹	45	男	新
2		東5	(12.81)	戸沢 二郎	50	男	新
2		東6	(12.64)	大村 博	54	男	新

新社会党　　68,260票　　当選人数 0人

1	東7		江原 栄昭	57	男	新
2	東12	(7.25)	富山 栄子	48	女	新
2	東11	(6.54)	西川 進	51	男	新

自由連合　　25,813票　　当選人数 0人

1	東23	(4.33)	峰村 芳夫	60	男	新
1	東19	(2.60)	伊藤 太郎	31	男	新

※山花貞夫（民主）死去のため平成11年7月27日渋谷修が繰上当選

第42回衆議院議員選挙　定数17
平成12年（2000年）6月25日実施

民主党　　1,653,045票　　当選人数 6人

1	当			岩国 哲人	63	男	前
2	当	東13		城島 正光	53	男	前
	3	選当	東18	菅 直人		前
	3	選当	東1	海江田万里		前
	3	選当	東6	石井 紘基		前
	3	選当	東9	吉田 公一		前
	3	選当	東19	末松 義規		前
	3	選当	東21	山本 譲司		前
	3	選当	東2	中山 義活		前
	3	選当	東3	松原 仁		新
	3	選当	東5	手塚 仁雄		新
	3	選当	東7	長妻 昭		新
	3	選当	東20	加藤 公一		新
	3	選当	東22	山花 郁夫		新
	3	選当	東24	阿久津幸彦		新
3	当	東10	(90.12)	鮫島 宗明	56	男	元
3	当	東14	(87.50)	井上 和雄	48	男	新
3	当	東23	(86.99)	石毛 鍈子	61	女	前
3	当	東16	(74.00)	中津川博郷	51	男	新

衆議院・比例区（東京）

3	東8	(72.91)	片山 光代	60	女	新	4	東10	(25.95)	堀田 容正	45	男	新
3	東12	(71.95)	藤田 幸久	50	男	前	4	東3	▼	坪谷 郁子	42	女	新
3	東11	(71.95)	渋谷 修	49	男	前	4	東23	▼	長尾 彰久	58	男	新
3	東25	(70.84)	島田 久	65	男	新	4	東18	▼	金森 隆	31	男	新
3	東4	(53.56)	宇佐美 登	33	男	元							
3	東15	(50.93)	馬渡 龍治	42	男	新							
26			中村 晃久	30	男	新							

公明党　　　726,203票　　当選人数　2人
1	当		太田 昭宏	54	男	前
2	当		高木 陽介	40	男	元
3	東17	(78.06)	山口那津男	47	男	元
3	東4	(64.16)	遠藤 乙彦	53	男	前
3	東20	(62.86)	大野由利子	58	女	前
6			太宰 寿子	64	女	新
7			小磯 善彦	45	男	新
8			原口 勲	58	男	新

自由民主党　　　1,110,177票　　当選人数　4人
1	当		松島みどり	43	女	新
2	当		鳩山 邦夫	51	男	元
3	当		伊藤 達也	38	男	前
4	当		高橋 一郎	74	男	前
5			大内 啓伍	70	男	元
6	選当	東10	小林 興起	前
6	選当	東11	下村 博文	前
6	選当	東12	八代 英太	前
6	選当	東13	鴨下 一郎	前
6	選当	東17	平沢 勝栄	前
6	選当	東23	伊藤 公介	前
6	選当	東25	石川 要三	前
6	東3	(98.31)	内藤 尚	53	男	新
6	東15	(97.41)	木村 勉	60	男	前
6	東1	(97.17)	与謝野 馨	61	男	前
6	東16	(95.49)	島村 宜伸	66	男	前
6	東5	(95.20)	小杉 隆	64	男	前
6	東9	(94.75)	菅原 一秀	38	男	新
6	東7	(93.82)	粕谷 茂	74	男	前
6	東2	(92.31)	深谷 隆司	64	男	前
6	東24	(89.47)	小林 多門	57	男	前
6	東22	(74.67)	進藤 勇治	48	男	新
6	東21	(73.97)	加藤 積一	43	男	新
6	東19	(61.48)	塚原 宏司	42	男	新
6	東6	(59.43)	越智 通雄	71	男	前
6	東18	(43.34)	片岡 久議	32	男	新

社会民主党　　　377,230票　　当選人数　1人
1	当	東6	(40.63)	保坂 展人	44	男	前
1		東5	▼	戸沢 二郎	53	男	新
1		東3	▼	梅 蘭	35	女	新
4				常松 裕志	60	男	元
5				池田 幸代	28	女	新

社会党　　　99,565票　　当選人数　0人
1			上田 哲	72	男	元
2			田所 智子	33	女	新
3			安徳 暢子	65	女	新
4			工藤 英三	78	男	新

無所属の会　　　68,367票　　当選人数　0人
|1| | |金森 薫|48|男|新|

政党自由連合　　　39,755票　　当選人数　0人
|1| |東12|▼|栗本慎一郎|58|男|前|

保守党　　　29,232票　　当選人数　0人
|1| | |石渡 照久|69|男|元|

日本共産党　　　817,045票　　当選人数　2人
1	当		不破 哲三	70	男	前
2	当		山口 富男	46	男	新
3			若林 義春	49	男	新
4			原 知良	36	男	新
5			池田真理子	45	女	新
6			今村順一郎	41	男	新

自由党　　　776,018票　　当選人数　2人
1	当	東15	(41.99)	東 祥三	49	男	前
1	当	東6	(32.91)	鈴木 淑夫	68	男	前
3		東19		渡辺浩一郎	56	男	元
4		東22	(37.93)	鈴木 盛夫	34	男	新
4		東9	(36.56)	川島智太郎	36	男	新
4		東11	(32.38)	古山 和宏	41	男	新
4		東5	(31.55)	遠藤 宣彦	37	男	新
4		東7	(31.40)	末次 精一	37	男	新
4		東13	(25.97)	逸見 英幸	52	男	新

第43回衆議院議員選挙　定数17
平成15年（2003年）11月9日実施

民主党　　　2,291,124票　　当選人数　8人
1	選当	東1	海江田万里	前
1	選当	東2	中山 義活	前
1	選当	東3	松原 仁	前
1	選当	東5	手塚 仁雄	前
1	選当	東6	小宮山洋子	前
1	選当	東7	長妻 昭	前
1	選当	東13	城島 正光	前
1	選当	東19	末松 義規	前
1	選当	東20	加藤 公一	前
1	選当	東21	長島 昭久	新
1	選当	東22	山花 郁夫	前
1	当	東24	(98.06)	阿久津幸彦	47	男	前
1	当	東12	(96.36)	藤田 幸久	53	男	元
1	当	東14	(95.43)	井上 和雄	51	男	前
1	当	東10	(94.43)	鮫島 宗明	59	男	前

163

衆議院・比例区（東京）

1	当	東25 (88.44)	島田　　久	68	男	新
1	当	東16 (87.71)	中津川博郷	54	男	前
1	当	東23 (87.35)	石毛　鍈子	65	女	前
1	当	東4 (85.95)	宇佐美　登	36	男	元
1	当	東9 (85.64)	吉田　公一	63	男	前
1	当	東15 (84.74)	東　　祥三	52	男	前
1	当	東11 (76.95)	渡辺浩一郎	59	男	元
1	当	東8 (57.17)	鈴木　盛夫	37	男	新
1	当	東17 (45.66)	錦織　　淳	58	男	元
25			鈴木　淑夫	72	男	前
26			川島智太郎	39	男	新
27			片山　光代	63	女	新
28			大森　俊和	35	男	新

自由民主党　　1,867,544票　　当選人数　6人

1	当		八代　英太	66	男	前
2	当	東18	鳩山　邦夫	55	男	前
3	当	東22	伊藤　達也	42	男	前
4	選当	東4	中西　一善			新
4	選当	東8	石原　伸晃			前
4	選当	東9	菅原　一秀			新
4	選当	東10	小林　興起			前
4	選当	東11	下村　博文			前
4	選当	東14	松島みどり			前
4	選当	東15	木村　　勉			元
4	選当	東16	島村　宜伸			元
4	選当	東17	平沢　勝栄			前
4	選当	東23	伊藤　公介			前
4	選当	東24	萩生田光一			新
4	選当	東25	井上　信治			新
4	当	東1 (98.63)	与謝野　馨	65	男	元
4	当	東13 (97.75)	鴨下　一郎	54	男	前
4	当	東5 (93.00)	小杉　　隆	68	男	元
4	当	東3 (92.89)	石原　宏高	39	男	新
4	当	東21 (88.29)	橋本　城二	54	男	新
4	当	東2 (87.98)	深谷　隆司	68	男	元
4	当	東7 (83.67)	松本　文明	54	男	新
4	当	東20 (73.47)	清水清一朗	56	男	新
4	当	東19 (65.03)	松本　洋平	30	男	新
4	当	東6 (59.71)	越智　隆雄	39	男	新
26			進藤　勇治	52	男	新

公明党　　805,640票　　当選人数　2人

1	当		高木　陽介	43	男	前
2	当		高木美智代	51	女	新
3			三国　俊夫	41	男	新
4			高橋　幸男	57	男	新

日本共産党　　532,376票　　当選人数　1人

1	当	東4		山口　富男	49	男	前
2		東22		若林　義春	53	男	新
3		東23	▼	今村順一郎	44	男	新
4		東20		池田真理子	49	女	新
5		東16	▼	安部　安則	47	男	新

社会民主党　　247,103票　　当選人数　0人

1		東6	▼	保坂　展人	47	男	前
1		東8	▼	杉山　章子	26	女	新
1		東9	▼	村田　　敏	52	男	新
1		東19	▼	横田　昌三	34	男	新
5				中川　直人	46	男	新

第44回衆議院議員選挙　定数17
平成17年（2005年）9月11日実施

自由民主党　　2,665,417票　　当選人数　7人

1	当			猪口　邦子	53	女	新
2	当	東18		土屋　正忠	63	男	新
3	選当	東1		与謝野　馨			前
3	選当	東2		深谷　隆司			元
3	選当	東3		石原　宏高			新
3	選当	東4		平　　将明			新
3	選当	東5		小杉　　隆			前
3	選当	東6		越智　隆雄			新
3	選当	東7		松本　文明			新
3	選当	東8		石原　伸晃			前
3	選当	東9		菅原　一秀			前
3	選当	東10		小池百合子			前
3	選当	東11		下村　博文			前
3	選当	東13		鴨下　一郎			前
3	選当	東14		松島みどり			前
3	選当	東15		木村　　勉			前
3	選当	東16		島村　宜伸			前
3	選当	東17		平沢　勝栄			前
3	選当	東19		松本　洋平			新
3	選当	東20		木原　誠二			新
3	選当	東21		小川　友一			新
3	選当	東22		伊藤　達也			前
3	選当	東23		伊藤　公介			前
3	選当	東24		萩生田光一			前
3	選当	東25		井上　信治			前
26	当			愛知　和男	68	男	元
27	当			安井潤一郎	55	男	新
28	当			若宮　健嗣	44	男	新
29	当			大塚　　拓	32	男	新
30	当			清水清一朗	58	男	新

民主党　　1,962,225票　　当選人数　6人

1	選当	東18		菅　　直人			前
1	当	東19 (96.09)		末松　義規	48	男	前
1	当	東20 (95.81)		加藤　公一	41	男	前
1	当	東6 (95.27)		小宮山洋子	56	女	前
1	当	東21 (90.33)		長島　昭久	43	男	前
1	当	東7 (86.12)		長妻　　昭	45	男	前
1	当	東3 (81.58)		松原　　仁	49	男	前
1	当	東2 (76.89)		中山　義活	60	男	前
1	当	東5 (72.75)		手塚　仁雄	38	男	前
1	当	東4 (72.07)		宇佐美　登	38	男	前

衆議院・比例区（東京）

1	東22	(71.41)	山花 郁夫	38	男	前
1	東24	(70.71)	阿久津幸彦	49	男	前
1	東1	(67.64)	海江田万里	56	男	前
1	東12	(67.44)	藤田 幸久	55	男	前
1	東23	(65.99)	石毛 鍈子	67	女	前
1	東15	(64.72)	東 祥三	54	男	元
1	東13	(62.02)	城島 正光	58	男	前
1	東14	(58.18)	井上 和雄	53	男	前
1	東16	(58.14)	中津川博郷	56	男	前
1	東8	(58.08)	鈴木 盛夫	39	男	新
1	東25	(58.00)	島田 久	70	男	新
1	東11	(57.95)	渡辺浩一郎	61	男	元
1	東9	(57.32)	川島智太郎	41	男	新
1	東10	(46.04)	鮫島 宗明	61	男	前
1	東17	(41.71)	錦織 淳	60	男	元
26			関口 太一	29	男	新
27			神野 吉弘	48	男	新
28			滝口 学	34	男	新
29			梶川 康二	38	男	新

公明党　　820,126票　　当選人数　2人
1	当		高木 陽介	45	男	前
2	当		高木美智代	52	女	前
3			関本 憲二	49	男	新
4			星 和男	42	男	新

日本共産党　　586,017票　　当選人数　1人
1		東22	▼	若林 義春	55	男	新
2	当			笠井 亮	52	男	前
3		東2		池田真理子	50	女	新
4		東13		田村 智子	40	女	新

社会民主党　　300,782票　　当選人数　1人
| 1 | | 東9 | ▼ | 中川 直人 | 48 | 男 | 新 |
| 2 | 当 | | | 保坂 展人 | 49 | 男 | 元 |

新党日本　　290,027票　　当選人数　0人
| 1 | | 東10 | | 小林 興起 | 61 | 男 | 前 |

第45回衆議院議員選挙　定数17
平成21年（2009年）8月30日実施

民主党　　2,839,081票　　当選人数　8人
1	選当	東1		海江田万里			元
1	選当	東2		中山 義活			元
1	選当	東3		松原 仁			前
1	選当	東4		藤田 憲彦			新
1	選当	東5		手塚 仁雄			元
1	選当	東6		小宮山洋子			前
1	選当	東7		長妻 昭			前
1	選当	東9		木内 孝胤			新
1	選当	東10		江端 貴子			新
1	選当	東12		青木 愛			元
1	選当	東13		平山 泰朗			新
1	選当	東14		木村 剛司			新

1	選当	東15		東 祥三			元
1	選当	東16		初鹿 明博			新
1	選当	東18		菅 直人			前
1	選当	東19		末松 義規			前
1	選当	東20		加藤 公一			前
1	選当	東21		長島 昭久			前
1	選当	東22		山花 郁夫			元
1	選当	東23		櫛渕 万里			新
1	選当	東24		阿久津幸彦			元
1	当	東17	(77.17)	早川久美子	38	女	新
23	当			竹田 光明	54	男	新
24	当			石毛 鍈子	71	女	元
25	当			小林 興起	65	男	元
26	当			吉田 公一	68	男	元
27	当			川島智太郎	45	男	新
28	当			中津川博郷	60	男	元
29	当			渡辺浩一郎	65	男	元
30				篠原 滋子	69	女	新

自由民主党　　1,764,696票　　当選人数　5人
1	選当	東8		石原 伸晃			前
1	選当	東11		下村 博文			前
1	選当	東17		平沢 勝栄			前
1	選当	東25		井上 信治			前
1	当	東13	(97.32)	鴨下 一郎	60	男	前
1	当	東4	(93.52)	平 将明	42	男	前
1	当	東1	(91.73)	与謝野 馨	71	男	前
1	当	東10	(91.68)	小池百合子	57	女	前
1	当	東9	(89.94)	菅原 一秀	47	男	前
1		東14	(84.67)	松島みどり	53	女	前
1		東24	(81.94)	萩生田光一	46	男	前
1		東5	(81.03)	佐藤ゆかり	48	女	前
1		東15	(76.14)	木村 勉	70	男	前
1		東22	(75.73)	伊藤 達也	48	男	前
1		東3	(74.30)	石原 宏高	45	男	前
1		東20	(70.22)	木原 誠二	39	男	前
1		東23	(64.46)	伊藤 公介	67	男	前
1		東19	(62.02)	松本 洋平	36	男	前
1		東6	(59.03)	越智 隆雄	45	男	前
1		東21	(55.91)	小川 友一	63	男	前
1		東18	(54.03)	土屋 正忠	67	男	前
1		東7	(47.45)	松本 文明	60	男	前
23				若宮 健嗣	47	男	前
24				安井潤一郎	59	男	前
25				愛知 和男	72	男	前
26				国安 正昭	71	男	新
27				大西 英男	63	男	新
28				石田 計夫	65	男	新

公明党　　717,199票　　当選人数　2人
1	当		高木 陽介	49	男	前
2	当		高木美智代	56	女	前
3			吉田 富雄	52	男	新
4			遠藤五十六	51	男	新

衆議院・比例区（東京）

日本共産党			665,462票	当選人数 1人		
1	当		笠井　亮	56	男	前
2			谷川　智行	38	男	新
3		東20	池田真理子	54	女	新
4		東11	徳留　道信	57	男	新

みんなの党			419,903票	当選人数 1人		
1	当	東15	柿沢　未途	38	男	新

社会民主党			299,032票	当選人数 0人		
1		東8	保坂　展人	53	男	前
2			池田　一慶	29	男	新

新党日本			100,381票	当選人数 0人		
1		東11	有田　芳生	57	男	新
2			後藤　雄一	60	男	新

国民新党			86,046票	当選人数 0人		
1			中村慶一郎	75	男	新
2		東25	真砂　太郎	53	男	新

幸福実現党			35,667票	当選人数 0人		
1			本地川瑞祥	59	男	新
2			ドクター・中松（中松　義郎）	81	男	新
3			河口純之助	48	男	新
4			さとうふみや	43	女	新
5			斎藤　忠彦	47	男	新
6			城取　孝司	57	男	新
7			饗庭　直道	42	男	新

第46回衆議院議員選挙　定数17
平成24年(2012年)12月16日実施

自由民主党			1,626,057票	当選人数 5人		
1	選当	東1	山田　美樹			新
1	選当	東2	辻　清人			新
1	選当	東3	石原　宏高			元
1	選当	東4	平　将明			前
1	選当	東5	若宮　健嗣			元
1	選当	東6	越智　隆雄			元
1	選当	東8	石原　伸晃			前
1	選当	東9	菅原　一秀			前
1	選当	東10	小池百合子			前
1	選当	東11	下村　博文			前
1	選当	東13	鴨下　一郎			前
1	選当	東14	松島みどり			元
1	選当	東16	大西　英男			新
1	選当	東17	平沢　勝栄			前
1	選当	東18	土屋　正忠			元
1	選当	東19	松本　洋平			元
1	選当	東20	木原　誠二			元
1	選当	東22	伊藤　達也			元
1	選当	東23	小倉　将信			新
1	選当	東24	萩生田光一			元

	1	選当	東25		井上　信治		前		
1	当	東21	(84.59)	小田原　潔	48	男	新		
1	当	東15	(84.05)	秋元　司	41	男	新		
1	当	東7	(78.36)	松本　文明	63	男	元		
25	当			赤枝　恒雄	68	男	新		
26	当			田畑　毅	40	男	新		
27				川松真一朗	32	男	新		
28				小野　敬三	67	男	新		
29				石田　計夫	69	男	新		

日本維新の会			1,298,309票	当選人数 3人			
1	当		石原慎太郎	80	男	元	
2	当		今村　洋史	50	男	新	
3	当	東19	山田　宏	54	男	元	
4		東23	(67.85)	伊藤　俊輔	33	男	新
4		東1	(58.62)	加藤　義隆	38	男	新
4		東6	(53.74)	花輪　智史	46	男	新
4		東5	(53.29)	渡辺　徹	34	男	新
4		東20	(51.01)	野田　数	39	男	新
4		東16	(48.87)	中津川博郷	63	男	前
4		東4	(46.48)	犬伏　秀一	56	男	新
4		東2	(45.55)	松本　和巳	47	男	元
4		東7	(45.16)	吉田康一郎	45	男	新
4		東14	(44.49)	野口　東秀	50	男	新
4		東21	(44.34)	佐々木理江	30	女	新
4		東11	(42.33)	猪野　隆	47	男	新
4		東13	(40.54)	川口　浩	57	男	前
4		東22	(35.30)	鹿野　晃	39	男	新
4		東17	(34.44)	小林　等	39	男	新
4		東18	(34.29)	五十嵐勝哉	45	男	新
4		東25	(27.11)	松本　鉄平	34	男	新
4		東24	(24.73)	藤井　義裕	37	男	新
22				上村　昭徳	48	男	新

民主党			1,008,011票	当選人数 3人			
	1	選当	東7	長妻　昭			前
	1	選当	東21	長島　昭久			前
1	当	東1	(98.61)	海江田万里	63	男	前
1	当	東3	(98.35)	松原　仁	56	男	前
1	当	東18	(87.94)	菅　直人	66	男	前
1		東19	(80.39)	末松　義規	56	男	前
1		東5	(77.01)	手塚　仁雄	46	男	前
1		東2	(76.39)	中山　義活	67	男	前
1		東23	(73.36)	櫛渕　万里	45	女	前
1		東6	(71.47)	小宮山洋子	64	女	前
1		東20	(62.72)	加藤　公一	48	男	前
1		東22	(57.42)	山花　郁夫	45	男	前
1		東24	(50.05)	阿久津幸彦	56	男	前
1		東4	(43.82)	藤田　憲彦	39	男	前
1		東10	(43.57)	江端　貴子	52	女	前
1		東8	(41.41)	円　より子	65	女	新
1		東15	(33.27)	田中美絵子	37	女	前
1		東9	(31.29)	福村　隆	49	男	新
1		東11	(31.01)	太田　順子	45	女	新

衆議院・比例区（東京）

				氏名	年齢	性別	新前
1		東25	(28.60)	竹田　光明	57	男	前
1		東17	(28.59)	早川久美子	41	女	前
1		東14	(26.79)	犬塚　直史	58	男	新
1		東13	(22.83)	藤尾　直樹	33	男	新
1		東16	▼	今野　克義	40	男	新
25				吉田　公一	72	男	前

みんなの党　762,730票　当選人数　2人

				氏名	年齢	性別	新前
1	選当	東15		柿沢　未途			前
1	当	東2	(57.52)	大熊　利昭	49	男	新
1	当	東5	(54.59)	三谷　英弘	36	男	新
1		東6	(53.33)	落合　貴之	33	男	新
1		東23	(45.50)	白川　哲也	31	男	新
1		東16	(45.34)	上田　令子	47	女	新
1		東1	(38.47)	小斉　太郎	42	男	新
1		東4	(36.05)	広瀬　雅志	55	男	新
1		東24	(33.69)	小林　弘幸	40	男	新
1		東22	(32.79)	津山　謙	39	男	新

公明党　662,743票　当選人数　2人

		氏名	年齢	性別	新前
1	当	高木　陽介	53	男	前
2	当	高木美智代	60	女	前
3		村中　克也	41	男	新
4		小島　誠一	38	男	新

日本共産党　484,365票　当選人数　1人

			氏名	年齢	性別	新前
1	当		笠井　亮	60	男	前
2			宮本　徹	40	男	新
3		東12	池内　沙織	30	女	新
4			大田　朝子	28	女	新

日本未来の党　448,689票　当選人数　1人

				氏名	年齢	性別	新前
1	当	東12	(49.47)	青木　愛	47	女	前
1		東14	(38.99)	木村　剛司	41	男	前
1		東9	(38.43)	木内　孝胤	46	男	前
1		東15	(32.32)	東　祥三	61	男	前
1		東16	(28.90)	初鹿　明博	43	男	前
1		東11	(22.71)	橋本　久美	43	女	新
1		東10	(22.40)	多ケ谷　亮	44	男	新
1		東5	▼	丸子　安子	44	女	新
1		東19	▼	渡辺浩一郎	68	男	前
1		東3	▼	池田　剛久	47	男	新
1		東23	▼	石井　貴士	39	男	新
1		東18	▼	杉村　康之	43	男	新
1		東1	▼	野沢　哲夫	46	男	新
1		東7	▼	岡本　幸三	52	男	新
1		東13	▼	本多　正樹	40	男	新
1		東21	▼	藤田　祐司	60	男	新
1		東25	▼	真砂　太郎	56	男	新
18				川島智太郎	48	男	前

社会民主党　136,889票　当選人数　0人

	氏名	年齢	性別	新前
1	横田　昌三	44	男	新

新党改革　93,194票　当選人数　0人

	氏名	年齢	性別	新前
	磯貝　誠	38	男	新

幸福実現党　16,620票　当選人数　0人

	氏名	年齢	性別	新前
1	釈　量子	43	女	新
2	吉井　利光	30	男	新
3	坂本　隆一	62	男	新
4	東条　保子	65	女	新

第47回衆議院議員選挙　定数17
平成26年(2014年)12月14日実施

自由民主党　1,847,986票　当選人数　6人

				氏名	年齢	性別	新前
1	選当	東1		山田　美樹			前
1	選当	東2		辻　清人			前
1	選当	東3		石原　宏高			前
1	選当	東4		平　将明			前
1	選当	東5		若宮　健嗣			前
1	選当	東6		越智　隆雄			前
1	選当	東8		石原　伸晃			前
1	選当	東9		菅原　一秀			前
1	選当	東10		小池百合子			前
1	選当	東11		下村　博文			前
1	選当	東13		鴨下　一郎			前
1	選当	東14		松島みどり			前
1	選当	東16		大西　英男			前
1	選当	東17		平沢　勝栄			前
1	選当	東18		土屋　正忠			前
1	選当	東19		松本　洋平			前
1	選当	東20		木原　誠二			前
1	選当	東21		小田原　潔			前
1	選当	東22		伊藤　達也			前
1	選当	東23		小倉　将信			前
1	選当	東24		萩生田光一			前
1	選当	東25		井上　信治			前
1	当	東15	(96.84)	秋元　司	43	男	前
1	当	東7	(79.94)	松本　文明	65	男	前
25	当			鈴木　隼人	37	男	新
26	当			前川　恵	39	女	新
27	当			若狭　勝	58	男	新
28	当			赤枝　恒雄	70	男	前
29	繰当			田畑　毅	42	男	前
30				金森　篤子	64	女	新
31				石田　計夫	71	男	新

民主党　939,795票　当選人数　3人

				氏名	年齢	性別	新前
1	選当	東7		長妻　昭			前
1	当	東21	(98.05)	長島　昭久	52	男	前
1	当	東3	(96.30)	松原　仁	58	男	前
1	当	東18	(84.67)	菅　直人	68	男	前
1		東1	(83.38)	海江田万里	65	男	前
1		東19	(81.39)	末松　義規	58	男	元
1		東14	(72.39)	木村　剛司	43	男	元
1		東22	(68.53)	山花　郁夫	47	男	元
1		東5	(64.68)	手塚　仁雄	48	男	元
1		東8	(63.12)	円　より子	67	女	新

衆議院・比例区（東京）

1		東23	(60.84)	櫛渕 万里	47	女	元
1		東24	(56.50)	阿久津幸彦	58	男	元
1		東2	(56.18)	中山 義活	69	男	元
1		東10	(47.13)	江端 貴子	54	女	元
1		東20	(46.57)	竹田 光明	59	男	元
1		東4	(44.67)	藤田 憲彦	41	男	元
1		東13	(38.06)	長谷川貴子	41	女	新
1		東11	(33.21)	熊木美奈子	53	女	新
1		東25	(32.66)	山下 容子	56	女	新
20				石毛 鍈子	76	女	元
21				福村 隆	51	男	新
22				早川 周作	37	男	新

日本共産党　　885,927票　当選人数 3人

1	当		笠井 亮	62	男	前
2	当		宮本 徹	42	男	新
3	当	東12	池内 沙織	32	女	新
4			坂井和歌子	37	女	新
5		東16	大田 朝子	30	女	新
6		東21	吉岡 正史	40	男	新

維新の党　　816,047票　当選人数 3人

　　　　　1 選当 東15 柿沢 未途 前

1	当	東6	(80.19)	落合 貴之	35	男	新
1	当	東16	(57.54)	初鹿 明博	45	男	元
1	当	東9	(53.34)	木内 孝胤	48	男	元
1		東23	(48.54)	伊藤 俊輔	35	男	新
1		東2	(42.85)	大熊 利昭	51	男	前
1		東17	(36.82)	高橋 美穂	49	女	前

公明党　　700,127票　当選人数 2人

1	当		高木 陽介	54	男	前
2	当		高木美智代	62	女	前
3			村中 克也	43	男	新
4			荒神 享佑	37	男	新

次世代の党　　253,107票　当選人数 0人

1	東19		山田 宏	56	男	前
2	東12	(44.33)	田母神俊雄	66	男	新
2	東4	▼	犬伏 秀一	58	男	新
2	東7	▼	吉田康一郎	47	男	新
2	東22	▼	鹿野 晃	41	男	新
2	東1	▼	渡辺 徹	36	男	新
2	東16	▼	石井 義哲	57	男	新
2	東24	▼	藤井 義裕	39	男	新
9			石原慎太郎	82	男	前

生活の党　　156,170票　当選人数 0人

1	東12	(45.27)	青木 愛	49	女	前
1	東10	▼	多ケ谷 亮	46	男	新
3			川島智太郎	50	男	元

社会民主党　　129,992票　当選人数 0人

1		石川 大我	40	男	新

幸福実現党　　17,648票　当選人数 0人

1		釈 量子	45	女	新

2		トクマ	48	男	新
3		吉井 利光	32	男	新
4		伊藤 希望	30	女	新

新党改革　　16,597票　当選人数 0人

1		後藤 昌代	53	女	新
2		中川 幸司	34	男	新
3		藤野 靖	51	男	新
4		新尉 ジン	30	男	新

※若狭勝（自民）の衆院東京10区補選立候補のため平成28年10月19日田畑毅が繰上当選

選挙区・新潟県

第24回衆議院議員選挙
昭和24年(1949年)1月23日実施

【第1区】定数3
当	風間　啓吉	42	男	民自	新	38,251
当	松木　　弘	71	男	民自	新	35,605
当	上村　　進	67	男	共産	新	20,143
	青柳良太郎	57	男	民自	新	19,473
	石山　賢吉	68	男	民主	前	19,107
	星名　芳男	41	男	労農	新	18,578
	笠原　貞造	49	男	社会	前	16,580
	高杉　喜八	41	男	無所属	新	6,196

【第2区】定数4
当	渡辺　良夫	45	男	民自	前	59,116
当	玉井　祐吉	35	男	労農	前	32,685
当	稲葉　　修	41	男	民主	新	29,640
当	三宅　正一	50	男	社会	元	29,222
	高岡　忠弘	51	男	民主	前	28,739
	韮沢　四郎	38	男	共産	新	25,080
	島名　　健	55	男	無所属	新	16,361

※中蒲原郡七谷村における選挙が無効となり、同村のみ再選挙が行われた

【第3区】定数5
当	亘　　四郎	51	男	民自	前	56,570
当	田中　角栄	32	男	民自	前	42,536
当	稲村　順三	50	男	社会	前	32,492
当	小林　　進	40	男	社革	新	30,611
当	丸山　直友	62	男	民自	新	30,386
	清沢　俊英	60	男	社会	前	28,077
	安東　義雄	46	男	共産	新	22,644
	神山　栄一	58	男	民主	前	18,024
	高野　雅臣	45	男	民主	新	14,897
	村田万一郎	51	男	民自	新	7,854
	金子　信治	53	男	民自	新	7,331
	崎山　　健	39	男	無所属	新	5,982

【第4区】定数3
当	塚田十一郎	46	男	民自	前	68,308
当	田中　彰治	47	男	民自	新	56,938
当	猪俣　浩三	56	男	社会	前	29,421
	荊木　一久	47	男	民主	前	28,755
	寺島　泰治	43	男	共産	新	14,910
	能仲　文夫	43	男	無所属	新	11,732

《再選挙》第24回衆議院議員選挙
昭和25年(1950年)10月30日実施
※中蒲原郡七谷村における選挙無効による

【第2区】被選挙数4
当	渡辺　良夫		自由	58,809
当	玉井　祐吉		労農	32,623

第25回衆議院議員選挙（続き）

当	三宅　正一	社会	29,643
当	稲葉　　修	民主	29,636
	高岡　忠弘	民主	29,613
	韮沢　四郎	共産	25,044
	島名　　健	民自	16,344

第25回衆議院議員選挙
昭和27年(1952年)10月1日実施

【第1区】定数3
当	大島　秀一	55	男	自由	新	51,197
当	吉川　大介	59	男	改進	元	39,797
当	北　　晗吉	67	男	自由	元	39,430
	葛西　嘉資	46	男	自由	新	37,992
	桜井　奎夫	42	男	左社	新	31,615
	笠原　貞造	51	男	右社	元	15,816
	上村　　進	69	男	共産	元	8,783
	風間　啓吉	44	男	自由	前	3,409
	山崎平太郎	42	男	無所属	新	555

【第2区】定数4
当	渡辺　良夫	46	男	自由	前	50,380
当	井伊　誠一	59	男	右社	元	49,020
当	高岡　大輔	51	男	改進	元	36,730
当	佐藤　芳男	55	男	改進	元	36,517
	稲葉　　修	42	男	改進	前	36,494
	石田　宥全	51	男	左社	新	27,530
	安中　忠雄	46	男	自由	新	10,295
	湯浅　豊治	39	男	共産	新	6,091

【第3区】定数5
当	田中　角栄	34	男	自由	前	62,788
当	大野　市郎	41	男	自由	新	57,071
当	三宅　正一	51	男	右社	前	52,009
当	稲村　順三	51	男	左社	前	50,332
当	亘　　四郎	52	男	自由	前	37,429
	小林　　進	42	男	協同	前	33,807
	内藤久一郎	47	男	改進	元	22,105
	高野　雅臣	47	男	改進	新	20,611
	安東　義雄	47	男	共産	新	10,033
	佐藤　　剛	46	男	再建	新	3,779

【第4区】定数3
当	田中　彰治	49	男	自由	前	79,369
当	塚田十一郎	48	男	自由	前	47,559
当	猪俣　浩三	58	男	左社	前	45,857
	久保田才次郎	49	男	改進	新	40,676
	鈴木吉治郎	50	男	右社	新	12,388
	中村又七郎	68	男	無所属	元	7,795
	小俣　文蔵	37	男	共産	新	3,246

第26回衆議院議員選挙
昭和28年（1953年）4月19日実施

【第1区】定数3

当	有田　八郎	68	男	無所属	新	48,330
当	桜井　奎夫	45	男	左社	新	46,501
当	北　　暘吉	67	男	自由鳩	前	42,863
	大島　秀一	56	男	自由吉	前	42,851
	吉川　大介	60	男	改進	前	39,208

【第2区】定数4

当	稲葉　　修	43	男	改進	元	51,034
当	渡辺　良夫	47	男	自由吉	前	43,582
当	井伊　誠一	60	男	右社	前	43,390
当	佐藤　芳男	56	男	改進	前	37,256
	高岡　大輔	51	男	改進	前	35,809
	石田　宥全	52	男	左社	新	34,057
	吉岡喜三郎	50	男	右社	新	8,545
	塚野　健治	54	男	自由鳩	新	8,402
	木暮　山人	25	男	無所属	新	2,553

【第3区】定数5

当	田中　角栄	34	男	自由吉	前	61,949
当	小林　　進	42	男	右社	元	56,586
当	稲村　順三	52	男	左社	前	51,574
当	亘　　四郎	53	男	自由鳩	前	46,690
当	三宅　正一	52	男	右社	前	42,781
	大野　市郎	42	男	自由吉	前	41,365
	田下　政治	66	男	改進	元	36,985
	安東　義雄	48	男	共産	新	8,623

【第4区】定数3

当	田中　彰治	49	男	自由鳩	前	79,777
当	塚田十一郎	49	男	自由吉	前	60,501
当	猪俣　浩三	58	男	左社	前	52,945
	鈴木吉治郎	51	男	右社	新	28,128
	小俣　文蔵	38	男	共産	新	3,748

第27回衆議院議員選挙
昭和30年（1955年）2月27日実施

【第1区】定数3

当	大島　秀一	57	男	自由	元	57,022
当	桜井　奎夫	47	男	左社	前	54,961
当	北　　暘吉	69	男	民主	前	49,216
	有田　八郎	70	男	無所属	前	44,089
	倉品克一郎	48	男	民主	新	42,727
	上村　　進	72	男	共産	元	6,953

【第2区】定数4

当	石田　宥全	54	男	左社	新	50,190
当	高岡　大輔	53	男	民主	元	49,119
当	渡辺　良夫	49	男	自由	前	48,180
当	稲葉　　修	45	男	民主	前	39,193
	井伊　誠一	62	男	右社	前	38,602
	佐藤　芳男	58	男	民主	前	36,336
	佐藤佐藤治	54	男	共産	新	4,691

	木暮　山人	26	男	無所属	新	4,016

【第3区】定数5

当	稲村　隆一	56	男	左社	新	66,346
当	田中　角栄	36	男	自由	前	55,242
当	大野　市郎	44	男	自由	元	48,330
当	亘　　四郎	55	男	民主	前	48,310
当	三宅　正一	54	男	右社	前	45,653
	小林　　進	44	男	右社	前	43,967
	高野　雅臣	49	男	民主	新	37,637
	下条　恭平	54	男	無所属	新	15,906
	安東　義雄	50	男	共産	新	7,297

【第4区】定数3

当	田中　彰治	51	男	民主	前	79,389
当	塚田十一郎	51	男	自由	前	58,956
当	猪俣　浩三	60	男	左社	前	50,367
	鈴木吉治郎	52	男	右社	新	37,871
	小俣　文蔵	40	男	共産	新	4,032

第28回衆議院議員選挙
昭和33年（1958年）5月22日実施

【第1区】定数3

当	桜井　奎夫	50	男	社会	前	46,446
当	大島　秀一	61	男	自民	前	40,243
当	高橋清一郎	48	男	無所属	新	38,650
	松井　　誠	45	男	社会	新	37,242
	倉品克一郎	52	男	無所属	新	36,530
	北　　暘吉	72	男	自民	前	28,527
	広神　伊藤	62	男	無所属	新	18,775
	高野幾太郎	62	男	無所属	新	13,713
	樋口　幸吉	48	男	共産	新	4,250
	高杉　喜八	48	男	無所属	新	1,077

【第2区】定数4

当	渡辺　良夫	52	男	自民	前	69,674
当	井伊　誠一	65	男	社会	元	43,669
当	石田　宥全	57	男	社会	前	42,474
当	稲葉　　修	48	男	自民	前	41,949
	佐藤　芳男	61	男	自民	元	34,083
	高岡　大輔	56	男	自民	前	26,909
	佐藤佐藤治	57	男	共産	新	3,249
	木暮　山人	30	男	無所属	新	2,974
	工藤　清司	50	男	無所属	新	252

【第3区】定数5

当	田中　角栄	40	男	自民	前	86,131
当	小林　　進	47	男	社会	元	55,399
当	亘　　四郎	58	男	自民	前	54,643
当	三宅　正一	57	男	社会	前	52,377
当	大野　市郎	47	男	自民	前	51,739
	稲村　隆一	60	男	社会	前	44,542
	高野　雅臣	53	男	無所属	新	18,968
	安東　義雄	53	男	共産	新	8,092
	棚村　重信	39	男	無所属	新	6,950

【第4区】定数3
当 田中　彰治 54 男 自民 前 75,530
当 塚田十一郎 54 男 自民 前 62,510
当 猪俣　浩三 63 男 社会 前 58,545
　 鈴木吉治郎 56 男 社会 新 37,042
　 寺島　泰治 51 男 共産 新 3,165

第29回衆議院議員選挙
昭和35年（1960年）11月20日実施

【第1区】定数3
当 高橋清一郎 50 男 自民 前 64,168
当 小沢　辰男 43 男 自民 新 64,061
当 松井　誠 48 男 社会 新 49,950
　 桜井　奎夫 53 男 社会 前 45,553
　 大島　秀一 63 男 自民 前 38,595
　 高月　辰佳 57 男 民社 新 10,093
　 樋口　幸吉 51 男 共産 新 6,609
　 木暮　山人 32 男 無所属 新 1,279
【第2区】定数4
当 渡辺　良夫 55 男 自民 前 76,179
当 井伊　誠一 68 男 社会 前 46,482
当 石田　宥全 59 男 社会 前 46,393
当 稲葉　修 51 男 自民 前 38,320
　 高岡　大輔 59 男 自民 元 37,895
　 大沢　勝衛 54 男 民社 新 10,635
　 佐藤佐藤治 59 男 共産 新 6,745
【第3区】定数5
当 田中　角栄 42 男 自民 前 89,892
当 稲村　隆一 62 男 社会 元 66,007
当 三宅　正一 59 男 社会 前 51,802
当 大野　市郎 49 男 自民 前 51,239
当 小林　進 50 男 社会 前 50,965
　 亘　四郎 61 男 自民 前 44,110
　 片桐　政美 35 男 民社 新 18,291
　 浦沢与三郎 41 男 共産 新 6,997
【第4区】定数3
当 田中　彰治 57 男 自民 前 80,510
当 猪俣　浩三 66 男 社会 前 58,203
当 塚田十一郎 56 男 自民 前 53,542
　 木原　正雄 55 男 民社 新 23,374
　 鈴木吉治郎 58 男 社会 新 16,217
　 寺島　泰治 53 男 共産 新 4,918

第30回衆議院議員選挙
昭和38年（1963年）11月21日実施

【第1区】定数3
当 小沢　辰男 46 男 自民 前 81,416
当 高橋清一郎 53 男 自民 前 68,478
当 松井　誠 51 男 社会 前 44,404
　 桜井　奎夫 56 男 社会 元 44,229
　 柏原　正雄 62 男 民社 新 44,080

　 樋口　幸吉 54 男 共産 新 7,530
【第2区】定数4
当 渡辺　良夫 58 男 自民 前 85,206
当 稲葉　修 53 男 自民 前 56,774
当 石田　宥全 62 男 社会 前 48,761
当 井伊　誠一 71 男 社会 前 39,571
　 小柳　和夫 36 男 無所属 新 10,305
　 佐藤佐藤治 62 男 共産 新 8,991
【第3区】定数5
当 田中　角栄 45 男 自民 前 113,392
当 村山　達雄 48 男 自民 新 47,647
当 稲村　隆一 65 男 社会 前 45,493
当 小林　進 53 男 社会 前 44,945
当 亘　四郎 63 男 自民 元 44,331
　 大野　市郎 52 男 自民 前 40,770
　 三宅　正一 62 男 社会 前 35,790
　 片桐　政美 38 男 民社 新 15,497
　 浦沢与三郎 44 男 共産 新 7,644
【第4区】定数3
当 田中　彰治 60 男 自民 前 62,187
当 大竹　太郎 58 男 自民 新 61,739
当 塚田　徹 29 男 無所属 新 60,450
　 猪俣　浩三 69 男 社会 前 53,734
　 寺島　泰治 56 男 共産 新 5,249

第31回衆議院議員選挙
昭和42年（1967年）1月29日実施

【第1区】定数3
当 小沢　辰男 50 男 自民 前 94,910
当 高橋清一郎 56 男 自民 前 79,553
当 米田　東吾 51 男 社会 新 73,184
　 山本悌二郎 36 男 民社 新 32,133
　 山本　保 42 男 自民 新 15,859
　 伊藤　正三 51 男 共産 新 10,309
【第2区】定数4
当 渡辺　肇 28 男 自民 新 66,456
当 稲葉　修 57 男 自民 前 45,067
当 石田　宥全 66 男 社会 前 43,358
当 阿部　助哉 52 男 社会 新 41,376
　 佐藤　隆 39 男 自民 新 37,175
　 高岡　大輔 65 男 無所属 元 16,271
　 村山吉五郎 64 男 無所属 新 8,764
　 湯浅　豊治 53 男 共産 新 7,424
【第3区】定数5
当 田中　角栄 48 男 自民 前 122,756
当 大野　市郎 56 男 自民 元 62,006
当 三宅　正一 66 男 社会 元 55,377
当 村山　達雄 51 男 自民 前 54,563
当 稲村　隆一 68 男 社会 前 45,074
　 小林　進 56 男 社会 前 43,455
　 真貝　秀二 41 男 共産 新 8,796

衆議院・選挙区（新潟県）

【第4区】定数3
	当	猪俣 浩三	72	男	社会	元	75,478
	当	塚田 徹	32	男	自民	前	60,801
	当	大竹 太郎	61	男	自民	前	49,508
		高鳥 修	37	男	自民	新	44,770
		須藤友三郎	42	男	共産	新	4,678

第32回衆議院議員選挙
昭和44年（1969年）12月27日実施

【第1区】定数3
当	小沢 辰男	53	男	自民	前	95,159
当	米田 東吾	54	男	社会	前	63,178
当	高橋清一郎	59	男	自民	前	61,046
	山本悌二郎	39	男	民社	新	45,792
	伊藤 正三	54	男	共産	新	15,731

【第2区】定数4
当	渡辺 肇	31	男	自民	前	64,058
当	稲葉 修	60	男	自民	前	54,410
当	松沢 俊昭	42	男	社会	新	45,481
当	阿部 助哉	55	男	社会	前	39,866
	旗野 進一	58	男	無所属	新	33,109
	湯浅 豊治	56	男	共産	新	10,501
	小柳 和夫	42	男	社会	新	9,604

【第3区】定数5
当	田中 角栄	51	男	自民	前	133,042
当	村山 達雄	54	男	自民	前	58,675
当	大野 市郎	59	男	自民	前	50,045
当	小林 進	59	男	社会	元	45,698
当	三宅 正一	69	男	社会	前	39,237
	金子 一夫	37	男	公明	新	36,063
	稲村 稔夫	41	男	社会	新	30,777
	真貝 秀二	44	男	共産	新	10,134

【第4区】定数3
当	木島喜兵衛	52	男	社会	新	65,105
当	高鳥 修	40	男	自民	新	62,442
当	大竹 太郎	64	男	自民	前	56,123
	塚田 徹	35	男	自民	前	47,782
	須藤友三郎	45	男	共産	新	5,588

第33回衆議院議員選挙
昭和47年（1972年）12月10日実施

【第1区】定数3
当	小沢 辰男	56	男	自民	前	100,824
当	高橋 千寿	51	女	自民	新	72,620
当	米田 東吾	57	男	社会	前	67,396
	山本悌二郎	42	男	民社	新	54,815
	伊藤 千穂	47	男	共産	新	25,367
	福田 満	41	男	無所属	新	7,031

【第2区】定数4
当	稲葉 修	63	男	自民	前	67,244
当	渡辺 紘三	30	男	自民	新	53,946
当	阿部 助哉	58	男	社会	前	53,304
当	旗野 進一	61	男	自民	新	49,230
	松沢 俊昭	45	男	社会	前	49,028
	木村 善策	48	男	共産	新	13,557

【第3区】定数5
当	田中 角栄	54	男	自民	前	182,681
当	小林 進	62	男	社会	前	58,217
当	三宅 正一	72	男	社会	前	55,363
当	村山 達雄	57	男	自民	前	48,329
当	大野 市郎	62	男	自民	前	39,867
	古川 久	34	男	公明	新	30,747
	真貝 秀二	47	男	共産	新	18,944

【第4区】定数3
当	高鳥 修	43	男	自民	前	64,348
当	木島喜兵衛	55	男	社会	前	60,659
当	大竹 太郎	67	男	自民	前	60,351
	塚田 徹	38	男	自民	元	58,673
	須藤友三郎	48	男	共産	新	9,185

第34回衆議院議員選挙
昭和51年（1976年）12月5日実施

【第1区】定数3
当	小沢 辰男	59	男	自民	現	92,814
当	山本悌二郎	46	男	民社	新	72,231
当	米田 東吾	61	男	社会	現	66,855
	高橋 千寿	55	女	自民	現	66,556
	林 弘二	51	男	共産	新	44,900
	福田 満	45	男	無所属	新	11,394
	萱森 政義	39	男	無所属	新	1,436

【第2区】定数4
当	佐藤 隆	48	男	無所属	新	88,154
当	松沢 俊昭	49	男	社会	元	66,089
当	渡辺 紘三	34	男	自民	現	50,668
当	稲葉 修	67	男	自民	現	43,431
	阿部 助哉	62	男	社会	現	43,338
	旗野 進一	65	男	自民	現	16,323
	木村 善策	52	男	共産	新	10,548

【第3区】定数5
当	田中 角栄	58	男	無所属	現	168,522
当	小林 進	66	男	社会	現	54,302
当	三宅 正一	76	男	社会	現	54,035
当	渡辺 秀央	42	男	自民	新	40,188
当	村山 達雄	61	男	自民	現	37,107
	大野 市郎	66	男	自民	現	33,333
	片桐 政美	51	男	民社	新	24,966
	古川 久	38	男	公明	新	23,914
	真貝 秀二	51	男	共産	新	18,154
	高田 巌 （高田 がん）	46	男	無所属	新	1,044

【第4区】定数3
当	木島喜兵衛	59	男	社会	現	60,345
当	塚田 徹	42	男	自民	元	56,555

当	高鳥　　修	47	男	自民	現	54,388
	大竹　太郎	71	男	自民	現	48,763
	白川　勝彦	31	男	無所属	新	30,385
	須藤友三郎	52	男	共産	新	8,041

第35回衆議院議員選挙
昭和54年(1979年)10月7日実施

【第1区】定数3

当	小沢　辰男	62	男	自民	前	101,240
当	近藤　元次	49	男	自民	新	82,342
当	米田　東吾	64	男	社会	前	75,262
	山本悌二郎	49	男	民社	前	65,401
	林　　弘二	54	男	共産	新	28,487

【第2区】定数4

当	阿部　助哉	65	男	社会	元	62,609
当	稲葉　　修	69	男	自民	前	62,124
当	佐藤　　隆	51	男	自民	前	59,251
当	渡辺　紘三	37	男	自民	前	57,182
	松沢　俊昭	51	男	社会	前	54,362
	栗原　博久	32	男	無所属	新	14,746
	木村　善策	54	男	共産	新	8,253

【第3区】定数5

当	田中　角栄	61	男	無所属	前	141,285
当	村山　達雄	64	男	自民	前	59,321
当	三宅　正一	78	男	社会	前	52,061
当	小林　　進	69	男	社会	前	49,756
当	渡辺　秀央	45	男	自民	前	48,454
	桜井　　新	46	男	無所属	新	48,315
	片桐　政美	54	男	民社	新	21,042
	古川　　久	41	男	公明	新	19,682
	真貝　秀二	54	男	共産	新	13,363
	西川　　攻	34	男	無所属	新	1,168
	伊丹善二郎	44	男	無所属	新	481

【第4区】定数3

当	高鳥　　修	50	男	自民	前	68,748
当	白川　勝彦	34	男	無所属	新	66,428
当	木島喜兵衛	62	男	社会	前	59,760
	塚田　　徹	45	男	自民	前	49,717
	須藤友三郎	54	男	共産	新	7,782

第36回衆議院議員選挙
昭和55年(1980年)6月22日実施

【第1区】定数3

当	小沢　辰男	63	男	自民	前	102,416
当	近藤　元次	50	男	自民	前	100,124
当	米田　東吾	65	男	社会	前	75,318
	山本悌二郎	50	男	民社	元	74,169
	林　　弘二	55	男	共産	新	23,960

【第2区】定数4

当	佐藤　　隆	52	男	自民	前	66,629
当	松沢　俊昭	52	男	社会	元	60,742
当	渡辺　紘三	38	男	自民	前	59,871
当	阿部　助哉	65	男	社会	前	57,041
	稲葉　　修	70	男	自民	前	52,286
	栗原　博久	33	男	無所属	新	15,965
	木村　善策	55	男	共産	新	8,345

【第3区】定数5

当	田中　角栄	62	男	無所属	前	138,598
当	桜井　　新	47	男	無所属	新	70,926
当	渡辺　秀央	45	男	自民	前	69,472
当	村山　達雄	65	男	自民	前	57,281
当	小林　　進	69	男	社会	前	55,031
	三宅　正一	79	男	社会	前	53,973
	真貝　秀二	55	男	共産	新	12,631
	伊丹善二郎	45	男	無所属	新	383

【第4区】定数3

当	白川　勝彦	35	男	自民	前	67,549
当	高鳥　　修	51	男	自民	前	65,434
当	木島喜兵衛	63	男	社会	前	57,261
	塚田　　徹	45	男	自民	元	53,886
	須藤友三郎	55	男	共産	新	7,089

第37回衆議院議員選挙
昭和58年(1983年)12月18日実施

【第1区】定数3

当	小沢　辰男	67	男	自民	前	123,492
当	近藤　元次	53	男	自民	前	85,216
当	関山　信之	49	男	社会	新	70,532
	山本悌二郎	53	男	民社	元	66,678
	相沢　朝子	44	女	共産	新	18,173

【第2区】定数4

当	渡辺　紘三	41	男	自民	前	63,512
当	佐藤　　隆	56	男	自民	前	61,358
当	稲葉　　修	74	男	自民	元	52,627
当	松沢　俊昭	56	男	社会	前	47,571
	吉田　正雄	60	男	社会	新	41,784
	栗原　博久	36	男	無所属	新	29,518
	木暮　山人	55	男	無所属	新	12,998
	高沢　健吉	46	男	民社	新	8,730
	小日向昭一	35	男	共産	新	6,850

【第3区】定数5

当	田中　角栄	65	男	無所属	前	220,761
当	村山　達雄	68	男	自民	前	48,324
当	渡辺　秀央	49	男	自民	前	47,118
当	小林　　進	73	男	社会	前	44,088
当	桜井　　新	50	男	自民	前	40,931
	野坂　昭如	53	男	無所属	新	28,045
	岡崎　圭介	47	男	社会	新	27,597
	丸山　久明	45	男	共産	新	16,321
	影山　次郎	35	男	諸派	新	93

【第4区】定数3

当	高鳥　　修	54	男	自民	前	89,366
当	白川　勝彦	38	男	自民	前	54,512

当	木島 喜兵衛	66	男	社会	前	53,527
	佐藤 節夫	43	男	無所属	新	23,240
	須藤 友三郎	59	男	共産	新	7,200

第38回衆議院議員選挙
昭和61年(1986年)7月6日実施

【第1区】 定数3
当	小沢 辰男	69	男	自民	前	118,771
当	近藤 元次	56	男	自民	前	104,267
当	関山 信之	52	男	社会	前	66,699
	山本 悌二郎	56	男	民社	元	58,376
	相沢 朝子	47	女	共産	新	20,555

【第2区】 定数3
当	佐藤 隆	58	男	自民	前	74,084
当	渡辺 紘三	44	男	自民	前	64,785
当	稲葉 修	76	男	自民	前	58,928
	吉田 正雄	63	男	社会	新	52,690
	斎藤 一保	53	男	社会	新	32,842
	栗原 博久	39	男	無所属	新	28,251
	小日向 昭一	38	男	共産	新	8,554

【第3区】 定数5
当	田中 角栄	68	男	無所属	前	179,062
当	坂上 富男	59	男	社会	新	72,729
当	渡辺 秀央	52	男	自民	前	63,554
当	桜井 新	53	男	自民	前	62,189
当	村山 達雄	71	男	自民	前	49,692
	丸山 久明	47	男	共産	新	16,332
	西川 攻	40	男	無所属	新	3,758

【第4区】 定数2
当	高鳥 修	57	男	自民	前	71,780
当	白川 勝彦	41	男	自民	前	65,488
	筒井 信隆	41	男	社会	新	57,560
	宮越 馨	44	男	無所属	新	30,906
	佐藤 節夫	45	男	無所属	新	20,401
	田中 徳光	41	男	共産	新	4,700

第39回衆議院議員選挙
平成2年(1990年)2月18日実施

【第1区】 定数3
当	関山 信之	56	男	社会	前	128,513
当	近藤 元次	59	男	自民	前	116,449
当	小沢 辰男	73	男	自民	前	111,699
	高沢 健吉	52	男	民社	新	24,497
	川俣 幸雄	34	男	共産	新	18,062

【第2区】 定数3
当	吉田 正雄	66	男	社会	新	79,926
当	岩村 卯一郎	62	男	無所属	新	57,275
当	佐藤 隆	62	男	自民	前	54,375
	稲葉 大和	46	男	自民	新	50,151
	白沢 三郎	48	男	自民	新	46,803
	栗原 博久	42	男	無所属	新	45,670

	小日向 昭一	42	男	共産	新	10,232

【第3区】 定数5
当	目黒 吉之助	55	男	社会	新	94,107
当	渡辺 秀央	55	男	自民	前	72,263
当	星野 行男	57	男	自民	新	69,832
当	桜井 新	56	男	自民	前	66,860
当	村山 達雄	75	男	自民	前	64,468
	坂上 富男	63	男	社会	前	63,178
	諸里 正典	53	男	無所属	新	28,782
	丸山 久明	51	男	共産	新	13,668
	西川 攻	44	男	無所属	新	2,293

【第4区】 定数2
当	筒井 信隆	45	男	社会	新	82,603
当	高鳥 修	60	男	自民	前	65,951
	白川 勝彦	44	男	自民	前	61,106
	宮越 馨	48	男	無所属	新	47,388
	田中 徳光	44	男	共産	新	4,001

第40回衆議院議員選挙
平成5年(1993年)7月18日実施

【第1区】 定数3
当	近藤 元次	63	男	自民	前	111,568
当	小沢 辰男	76	男	新生	前	105,956
当	関山 信之	59	男	社会	前	71,721
	吉田 六左エ門	53	男	無所属	新	61,110
	川俣 幸雄	38	男	共産	新	24,045

【第2区】 定数3
当	栗原 博久	46	男	無所属	新	83,154
当	白沢 三郎	52	男	新生	新	71,838
当	稲葉 大和	49	男	自民	新	65,281
	岩村 卯一郎	65	男	自民	前	54,742
	吉田 正雄	70	男	社会	前	42,774
	小日向 昭一	45	男	共産	新	11,667

【第3区】 定数5
当	田中 真紀子	49	女	無所属	新	93,319
当	星野 行男	61	男	新生	前	84,997
当	桜井 新	60	男	自民	前	66,128
当	坂上 富男	66	男	社会	元	49,825
当	村山 達雄	78	男	自民	前	49,158
	渡辺 秀央	59	男	自民	前	48,882
	目黒 吉之助	59	男	社会	前	39,854
	広井 忠男	50	男	日本新	新	21,199
	丸山 久明	54	男	共産	新	14,699

【第4区】 定数2
当	白川 勝彦	48	男	自民	元	76,698
当	高鳥 修	64	男	自民	前	59,202
	筒井 信隆	48	男	社会	前	59,064
	宮越 馨	51	男	新生	新	51,731
	田中 徳光	48	男	共産	新	5,706

第41回衆議院議員選挙

平成８年（1996年）10月20日実施

【第１区】定数１

当	吉田六左エ門	56	男	自民[比]	新	87,887
	関山　信之	62	男	無所属	前	81,037
	川俣　幸雄	41	男	共産[比]	新	22,366
	中山　均	37	男	諸派	新	14,725

【第２区】定数１

当	桜井　新	63	男	自民[比]	前	94,203
	近藤　基彦	42	男	無所属	新	89,044
	小林　一三	49	男	民主[比]	新	17,335
	野崎　洪	49	男	共産	新	13,883
	稲村　稔夫	68	男	新社会[比]	新	12,503
	西川　攻	51	男	無所属	新	4,093

【第３区】定数１

当	稲葉　大和	52	男	自民[比]	前	79,635
	岩村卯一郎	69	男	無所属	元	66,067
	白沢　三郎	55	男	新進	前	60,223
	田崎　正一	71	男	共産	新	15,110

【第４区】定数１

当	栗原　博久	49	男	自民[比]	前	85,743
	渡辺　秀央	62	男	無所属	元	62,823
比当	坂上　富男	69	男	民主[比]	前	42,144
	渡辺　憲彦	53	男	共産	新	15,408

【第５区】定数１

当	田中真紀子	52	女	自民[比]	前	96,759
	星野　行男	64	男	新進	前	75,524
	片岡　正英	41	男	社民[比]	新	15,823
	近藤　正行	56	男	共産	新	9,961

【第６区】定数１

当	高鳥　修	67	男	自民[比]	前	107,578
	筒井　信隆	51	男	無所属	元	103,307
	阿部　正義	52	男	共産	新	9,634
	佐藤　栄喜	51	男	無所属	新	2,061

第42回衆議院議員選挙

平成12年（2000年）６月25日実施

【第１区】定数１

当	吉田六左エ門	60	男	自民[比]	前	98,952
	関山　信之	66	男	民主[比]	元	80,544
	岩崎　駿介	63	男	社民[比]	新	26,215
	川俣　幸雄	45	男	共産[比]	新	23,581

【第２区】定数１

当	近藤　基彦	46	男	無所属	新	123,811
	桜井　新	67	男	自民[比]	前	100,220
	村山　史彦	65	男	共産	新	24,172
	川原　勇	61	男	無所属	新	4,009

【第３区】定数１

当	稲葉　大和	56	男	自民[比]	前	111,819
	白沢　三郎	59	男	自由[比]	元	57,409
	倉持　八郎	57	男	社民[比]	新	34,320
	稲垣　恵造	63	男	共産	新	15,045

【第４区】定数１

当	栗原　博久	53	男	自民[比]	前	72,604
	菊田真紀子	30	女	自由[比]	新	69,910
	坂上　富男	73	男	民主[比]	前	58,008
	武藤　元美	43	女	共産	新	18,069

【第５区】定数１

当	田中真紀子	56	女	自民	前	137,866
	目黒吉之助	66	男	社民[比]	元	50,208
	加藤　栄二	69	男	共産	新	12,827

【第６区】定数１

当	筒井　信隆	55	男	民主[比]	元	119,734
	白川　勝彦	55	男	自民[比]	前	114,404
	阿部　正義	55	男	共産	新	8,935

《補選》第42回衆議院議員選挙

平成14年（2002年）10月27日実施

※田中真紀子の辞職による

【第５区】被選挙数１

当	星野　行男	70	男	無所属	元	69,146
	石積　勝	52	男	無所属	新	60,045
	桑原加代子	55	女	共産	新	15,298

第43回衆議院議員選挙

平成15年（2003年）11月９日実施

【第１区】定数１

当	西村智奈美	36	女	民主[比]	新	119,297
	吉田六左エ門	63	男	自民[比]	前	96,107
	川俣　幸雄	48	男	共産[比]	新	18,134

【第２区】定数１

当	近藤　基彦	49	男	自民[比]	前	95,391
	藤島　正之	60	男	無所属	前	56,002
	坂上　富男	76	男	民主[比]	元	49,382
	米山　洋子	55	女	共産	新	12,225
	西川　攻	58	男	無所属	新	4,132

【第３区】定数１

当	稲葉　大和	59	男	自民[比]	前	108,627
	倉持　八郎	60	男	社民[比]	新	70,256
	田中　真一	41	男	共産	新	15,399

【第４区】定数１

当	菊田真紀子	34	女	民主[比]	新	113,271
	栗原　博久	56	男	自民[比]	前	83,880
	武藤　元美	46	女	共産	新	14,776

【第５区】定数１

当	田中真紀子	59	女	無所属	元	98,112
	星野　行男	71	男	自民[比]	前	61,937
	白川　勝彦	58	男	無所属	元	30,086
	斎藤　実	46	男	共産	新	9,506

【第６区】定数１

当	筒井　信隆	59	男	民主[比]	前	89,693
	高鳥　修一	43	男	自民[比]	新	64,582

衆議院・選挙区（新潟県）

```
　風間　直樹　37　男　無所属　新　　59,116
　阿部　正義　59　男　共産　　新　　 7,257
```

第44回衆議院議員選挙
平成17年（2005年）9月11日実施

【第1区】定数1
```
当　西村智奈美　38　女　民主㊣前　136,391
比当　吉田六左エ門　65　男　自民㊣元　117,652
　川俣　幸雄　50　男　共産㊣新　 20,541
```
【第2区】定数1
```
当　近藤　基彦　51　男　自民㊣前　113,916
比当　鷲尾英一郎　28　男　民主㊣新　101,637
　細井　良雄　56　男　共産　新　 13,727
```
【第3区】定数1
```
当　稲葉　大和　61　男　自民㊣前　111,695
　宮崎　増次　54　男　社民㊣新　 73,114
　鈴木　泰　　45　男　国民㊣新　 23,845
　田中　真一　43　男　共産　新　 14,132
```
【第4区】定数1
```
当　菊田真紀子　35　女　民主㊣前　114,843
　栗原　洋志　34　男　自民㊣新　 93,971
　武藤　元美　48　女　共産　新　 18,503
```
【第5区】定数1
```
当　田中真紀子　61　女　無所属　前　105,484
　米山　隆一　38　男　自民㊣新　 82,993
　斎藤　実　　47　男　共産　新　 17,693
```
【第6区】定数1
```
当　筒井　信隆　60　男　民主㊣前　114,081
比当　高鳥　修一　44　男　自民㊣新　102,187
　武田　勝利　41　男　共産　新　 11,138
```

第45回衆議院議員選挙
平成21年（2009年）8月30日実施

【第1区】定数1
```
当　西村智奈美　42　女　民主㊣前　169,389
　吉田六左エ門　69　男　自民㊣前　 90,626
　武田　勝利　45　男　共産㊣新　 17,919
　松本　弘司　49　男　諸派　新　  3,690
```
【第2区】定数1
```
当　鷲尾英一郎　32　男　民主㊣前　122,686
　近藤　基彦　55　男　自民㊣前　 86,960
　米山　昇　　57　男　社民㊣新　 22,866
　菅原　智　　49　男　諸派　新　  2,257
```
【第3区】定数1
```
当　黒岩　宇洋　42　男　民主㊣新　154,985
　稲葉　大和　65　男　自民㊣前　 77,058
　富川　将充　36　男　諸派　新　  2,668
```
【第4区】定数1
```
当　菊田真紀子　39　女　民主㊣前　144,230
　栗原　洋志　38　男　自民㊣新　 82,826
　関谷　剛　　38　男　諸派　新　  3,660
```

【第5区】定数1
```
当　田中真紀子　65　女　民主　前　103,202
　米山　隆一　41　男　自民㊣新　 86,453
　伊部　昌一　57　男　社民㊣新　 17,698
　山田　好孝　58　男　無所属　新　  1,458
　笠巻　健也　39　男　諸派　新　  1,323
```
【第6区】定数1
```
当　筒井　信隆　64　男　民主㊣前　124,894
　高鳥　修一　48　男　自民㊣前　 89,672
　橋本　正幸　61　男　共産　新　  9,222
　国領　大聖　32　男　諸派　新　  1,836
```

第46回衆議院議員選挙
平成24年（2012年）12月16日実施

【第1区】定数1
```
当　石崎　徹　　28　男　自民㊣新　 97,010
　西村智奈美　45　女　民主㊣前　 78,283
　内山　航　　31　男　未来㊣新　 27,749
　武田　勝利　48　男　共産　新　 17,071
```
【第2区】定数1
```
当　細田　健一　48　男　自民㊣新　 81,537
比当　鷲尾英一郎　35　男　民主　前　 69,389
　渡辺　英明　62　男　社民㊣新　 18,169
　宮路　敏裕　54　男　共産㊣新　 10,042
```
【第3区】定数1
```
当　斎藤　洋明　36　男　自民㊣新　 92,280
　黒岩　宇洋　46　男　民主㊣前　 76,135
　田中　真一　50　男　共産　新　 11,465
　三村　誉一　66　男　無所属　新　  4,075
```
【第4区】定数1
```
当　金子　恵美　34　女　自民㊣新　 80,514
比当　菊田真紀子　43　女　民主㊣前　 66,457
　栗原　博久　65　男　維新㊣元　 32,181
　西沢　博　　32　男　共産　新　  9,908
```
【第5区】定数1
```
当　長島　忠美　61　男　自民㊣新　 80,488
　田中真紀子　68　女　民主㊣前　 51,503
　米山　隆一　45　男　維新㊣新　 35,720
　服部　耕一　43　男　共産　新　  8,296
```
【第6区】定数1
```
当　高鳥　修一　52　男　自民㊣元　 98,676
　筒井　信隆　68　男　民主㊣前　 66,564
　高橋ミキ子　53　女　共産　新　 13,914
```

第47回衆議院議員選挙
平成26年（2014年）12月14日実施

【第1区】定数1
```
当　石崎　徹　　30　男　自民㊣前　 92,656
比当　西村智奈美　47　女　民主㊣元　 84,573
　町田　明広　49　男　共産　新　 20,037
```

【第２区】定数１

当	細田　健一	50	男	自民[比]	前	70,589
比当	鷲尾英一郎	37	男	民主[比]	前	70,487
	渡辺　英明	64	男	社民[比]	新	11,801
	五位野和夫	52	男	共産	新	11,434

【第３区】定数１

当	黒岩　宇洋	48	男	民主[比]	元	82,619
比当	斎藤　洋明	38	男	自民[比]	前	74,319
	伊藤　　誠	40	男	共産	新	11,214

【第４区】定数１

当	金子　恵美	36	女	自民[比]	前	77,137
比当	菊田真紀子	45	女	民主[比]	前	74,073
	西沢　　博	34	男	共産	新	13,957

【第５区】定数１

当	長島　忠美	63	男	自民[比]	前	81,176
	森　ゆうこ	58	女	生活[比]	新	47,420
	服部　耕一	45	男	共産	新	12,993

【第６区】定数１

当	高鳥　修一	54	男	自民[比]	前	83,638
	梅谷　　守	41	男	民主[比]	新	62,766
	高橋ミキ子	55	女	共産	新	12,315

選挙区・富山県

第24回衆議院議員選挙

昭和24年（1949年）１月23日実施

【第１区】定数３

当	鍛冶　良作	55	男	民自	前	62,878
当	佐伯　宗義	56	男	民主	前	38,880
当	内藤　　隆	57	男	民自	新	30,108
	矢後　嘉蔵	50	男	社会	前	28,879
	保科　治朗	48	男	無所属	新	18,570
	荒木丈太郎	52	男	国協	新	18,131
	山本松次郎	50	男	無所属	新	16,743
	松島　治重	38	男	共産	新	15,607

【第２区】定数３

当	土倉　宗明	61	男	民自	元	55,276
当	橘　　直治	42	男	民主	前	45,128
当	内藤　友明	56	男	国協	前	41,393
	木倉　純郎	39	男	民自	新	19,453
	杉原　一雄	41	男	社会	新	18,908
	蓑島　宗平	70	男	民自	新	17,811
	巴陵　宣正	42	男	共産	新	8,814

第25回衆議院議員選挙

昭和27年（1952年）10月１日実施

【第１区】定数３

当	松岡　松平	47	男	自由	新	45,094
当	内藤　　隆	58	男	自由	前	41,502
当	佐伯　宗義	58	男	改進	前	36,218
	三鍋　義三	54	男	左社	新	35,847
	鍛冶　良作	57	男	自由	前	33,070
	森丘　正唯	72	男	改進	新	28,382
	荒木丈太郎	53	男	無所属	新	18,284
	村上　虎雄	50	男	共産	新	5,028

【第２区】定数３

当	松村　謙三	69	男	改進	元	52,776
当	河合　良成	66	男	自由	新	51,020
当	内藤　友明	57	男	改進	前	42,801
	土倉　宗明	63	男	自由	前	38,743
	杉沢　博吉	47	男	左社	新	14,882
	木倉　純郎	41	男	自由	新	8,553
	岩倉　政治	49	男	共産	新	6,616

第26回衆議院議員選挙

昭和28年（1953年）４月19日実施

【第１区】定数３

当	佐伯　宗義	59	男	改進	前	51,527
当	鍛冶　良作	58	男	自由吉	元	51,505
当	三鍋　義三	55	男	左社	新	47,707
	内藤　　隆	59	男	自由吉	前	44,226
	松岡　松平	48	男	自由吉	前	29,683
	矢後　嘉蔵	52	男	無所属	元	9,453
	山本松次郎	53	男	右社	新	6,633

【第２区】定数３

当	土倉　宗明	63	男	自由吉	元	61,815
当	松村　謙三	70	男	改進	前	49,727
当	内藤　友明	58	男	改進	前	47,297
	杉沢　博吉	47	男	左社	新	24,421
	岩倉　政治	50	男	共産	新	6,300
	鞍馬可寿子	40	女	自由鳩	新	5,448

第27回衆議院議員選挙

昭和30年（1955年）２月27日実施

【第１区】定数３

当	三鍋　義三	57	男	左社	前	58,806
当	松岡　松平	50	男	民主	元	54,152
当	佐伯　宗義	60	男	民主	前	48,213
	内藤　　隆	61	男	自由	元	44,596
	鍛冶　良作	60	男	自由	前	35,841
	寺崎新一郎	34	男	無所属	新	9,651
	五十嵐　隆	52	男	右社	新	5,392

【第２区】定数３

当	松村　謙三	72	男	民主	前	67,275
当	内藤　友明	60	男	民主	前	48,811
当	正力松太郎	69	男	無所属	新	48,438

衆議院・北陸信越

| | 佐野 憲治 | 40 | 男 | 左社 | 新 | 48,167 |

第28回衆議院議員選挙
昭和33年(1958年)5月22日実施

【第1区】定数3
当	三鍋 義三	60	男	社会	前	62,300
当	内藤 隆	64	男	自民	元	60,965
当	鍛冶 良作	63	男	自民	元	48,829
	佐伯 宗義	64	男	自民	前	46,807
	松岡 松平	53	男	自民	前	29,625
	中川 力松	35	男	共産	新	5,495

【第2区】定数3
当	松村 謙三	75	男	自民	前	69,559
当	正力松太郎	73	男	自民	前	65,079
当	佐野 憲治	43	男	社会	新	54,763
	内藤 友明	63	男	自民	前	40,496
	巴陵 宣正	49	男	共産	新	2,019

第29回衆議院議員選挙
昭和35年(1960年)11月20日実施

【第1区】定数3
当	佐伯 宗義	66	男	自民	元	60,230
当	内藤 隆	67	男	自民	前	55,476
当	三鍋 義三	62	男	社会	前	53,457
	鍛冶 良作	65	男	自民	前	50,373
	松岡 松平	55	男	無所属	元	20,178
	寺崎新一郎	40	男	民社	新	10,616
	高辻 武邦	64	男	無所属	新	8,778
	中川 力松	37	男	共産	新	5,001

【第2区】定数3
当	松村 謙三	77	男	自民	前	70,847
当	正力松太郎	75	男	自民	前	56,698
当	佐野 憲治	45	男	社会	前	46,768
	内藤 友明	65	男	自民	元	43,632
	堂故 敏雄	66	男	民社	新	15,325
	巴陵 宣正	52	男	共産	新	1,946

第30回衆議院議員選挙
昭和38年(1963年)11月21日実施

【第1区】定数3
当	鍛冶 良作	68	男	自民	元	58,638
当	佐伯 宗義	69	男	自民	前	50,258
当	内藤 隆	70	男	自民	前	47,185
	増山直太郎	56	男	社会	新	46,916
	松岡 松平	58	男	無所属	元	39,969
	山本 宗間	56	男	社会	新	32,165
	佐竹 周一	37	男	共産	新	4,802
	長田 久光	46	男	無所属	新	2,015

【第2区】定数3
当	松村 謙三	80	男	自民	前	79,197

当	正力松太郎	78	男	自民	前	67,395
当	佐野 憲治	48	男	社会	前	55,003
	中川 力松	40	男	共産	新	9,018

第31回衆議院議員選挙
昭和42年(1967年)1月29日実施

【第1区】定数3
当	古川 喜一	52	男	社会	新	80,762
当	鍛冶 良作	71	男	自民	前	58,808
当	内藤 隆	73	男	自民	前	53,950
	佐伯 宗義	72	男	自民	前	48,350
	松岡 松平	62	男	無所属	元	46,214
	中田 純	36	男	共産	新	7,900

【第2区】定数3
当	松村 謙三	84	男	自民	前	70,617
当	正力松太郎	81	男	自民	前	64,902
当	佐野 憲治	51	男	社会	前	54,387
	綿貫 民輔	39	男	自民	新	47,850
	中川 力松	43	男	共産	新	5,453

第32回衆議院議員選挙
昭和44年(1969年)12月27日実施

【第1区】定数3
当	古川 喜一	54	男	自民	前	62,295
当	佐伯 宗義	75	男	自民	元	61,613
当	鍛冶 良作	74	男	社会	前	56,815
	松岡 松平	65	男	無所属	元	53,495
	内藤 隆	76	男	自民	前	44,995
	中田 純	39	男	共産	新	10,310
	寺崎新一郎	49	男	無所属	新	5,126

【第2区】定数3
当	吉田 実	59	男	自民	新	80,922
当	綿貫 民輔	42	男	自民	新	63,693
当	佐野 憲治	54	男	社会	前	50,566
	片岡 清一	58	男	自民	新	47,780
	中川 力松	46	男	共産	新	5,628

第33回衆議院議員選挙
昭和47年(1972年)12月10日実施

【第1区】定数3
当	住 栄作	52	男	無所属	新	72,047
当	松岡 松平	67	男	無所属	元	58,226
当	古川 喜一	57	男	社会	前	57,672
	佐伯 宗義	78	男	自民	前	56,008
	小林 謙	49	男	自民	新	40,768
	中田 純	42	男	共産	新	19,497
	尾島 充麿	50	男	民社	新	12,690
	寺崎新一郎	52	男	無所属	新	2,448
	堀田 正篤	26	男	無所属	新	239

【第2区】定数3
	片岡 清一	61	男	自民	新	76,522
当						
当	綿貫 民輔	45	男	自民	前	64,950
当	佐野 憲治	57	男	社会	前	62,954
	吉田 実	62	男	自民	前	62,355
	有馬 茂和	42	男	共産	新	9,769

第34回衆議院議員選挙
昭和51年（1976年）12月5日実施

【第1区】定数3
当	住 栄作	56	男	自民	現	88,162
当	玉生 孝久	52	男	自民	新	84,260
当	古川 喜一	61	男	社会	現	63,838
	中田 純	46	男	共産	新	28,174
	山本 義則	51	男	無所属	新	24,580
	野島 迪雄	40	男	公明	新	20,994

【第2区】定数3
当	綿貫 民輔	49	男	自民	現	87,752
当	片岡 清一	65	男	自民	現	71,506
当	佐野 憲治	61	男	社会	現	58,995
	有馬 茂和	46	男	共産	新	20,854

第35回衆議院議員選挙
昭和54年（1979年）10月7日実施

【第1区】定数3
当	住 栄作	59	男	自民	前	86,509
当	安田 修三	52	男	社会	新	80,065
当	玉生 孝久	55	男	自民	前	67,729
	野上 徹	41	男	自民	新	61,252
	中田 純	49	男	共産	新	23,957

【第2区】定数3
当	片岡 清一	68	男	自民	前	73,956
当	綿貫 民輔	52	男	自民	前	73,356
当	木間 章	49	男	社会	新	72,943
	萩山 教厳	47	男	自民	新	47,329
	有馬 茂和	49	男	共産	新	10,118

第36回衆議院議員選挙
昭和55年（1980年）6月22日実施

【第1区】定数3
当	住 栄作	60	男	自民	前	89,600
当	玉生 孝久	56	男	自民	前	83,993
当	野上 徹	41	男	自民	新	81,577
	安田 修三	53	男	社会	前	76,758
	中田 純	49	男	共産	新	15,280
	赤江 清美	53	男	無所属	新	549

【第2区】定数3
当	綿貫 民輔	53	男	自民	前	84,848
当	片岡 清一	68	男	自民	前	75,292
当	木間 章	49	男	社会	前	73,370
	萩山 教厳	48	男	自民	新	45,604
	有馬 茂和	50	男	共産	新	9,761

第37回衆議院議員選挙
昭和58年（1983年）12月18日実施

【第1区】定数3
当	安田 修三	56	男	社会	元	94,281
当	住 栄作	63	男	自民	前	87,083
当	野上 徹	45	男	自民	前	68,578
	玉生 孝久	59	男	自民	前	64,016
	田中 高良	36	男	共産	新	7,782
	泉田 伊佐夫	44	男	無所属	新	5,836
	酒井 敏雄	72	男	無所属	新	673

【第2区】定数3
当	綿貫 民輔	56	男	自民	前	71,849
当	木間 章	53	男	社会	前	69,298
当	片岡 清一	72	男	自民	前	65,210
	萩山 教厳	51	男	自民	新	52,314
	川崎 伸一	35	男	共産	新	6,765

第38回衆議院議員選挙
昭和61年（1986年）7月6日実施

【第1区】定数3
当	住 栄作	66	男	自民	前	99,420
当	安田 修三	59	男	社会	前	84,028
当	玉生 孝久	62	男	自民	元	83,562
	野上 徹	47	男	自民	前	77,053
	田中 高良	38	男	共産	新	9,780

【第2区】定数3
当	綿貫 民輔	59	男	自民	前	75,711
当	片岡 清一	74	男	自民	前	59,448
当	木間 章	55	男	社会	前	51,479
	萩山 教厳	54	男	無所属	新	42,369
	吉田 力	38	男	無所属	新	38,811
	橘 康太郎	52	男	無所属	新	32,582
	川崎 伸一	38	男	共産	新	4,987

第39回衆議院議員選挙
平成2年（1990年）2月18日実施

【第1区】定数3
当	安田 修三	62	男	社会	前	81,732
当	住 博司	35	男	自民	新	80,506
当	長勢 甚遠	46	男	自民	新	80,078
	野上 徹	51	男	自民	元	72,697
	広野 允士	47	男	無所属	新	55,547
	田中 高良	42	男	共産	新	7,484

【第2区】定数3
当	綿貫 民輔	62	男	自民	前	82,092
当	萩山 教厳	57	男	自民	新	77,736
当	木間 章	59	男	社会	前	73,291

	橘　康太郎	55	男	自民	新	69,999
	川崎　伸一	42	男	共産	新	4,968

第40回衆議院議員選挙

平成5年(1993年)7月18日実施

【第1区】定数3

当	住　博司	38	男	自民	前	83,198
当	広野　允士	50	男	新生	新	82,631
当	長勢　甚遠	49	男	自民	前	75,743
	安田　修三	66	男	社会	前	57,626
	野上　徹	54	男	自民	元	51,665
	田中　高良	45	男	共産	新	9,470

【第2区】定数3

当	綿貫　民輔	66	男	自民	前	96,567
当	橘　康太郎	59	男	自民	新	72,458
当	萩山　教厳	61	男	自民	前	67,018
	木間　章	62	男	社会	前	55,379
	上田　俊彦	40	男	共産	新	8,249

第41回衆議院議員選挙

平成8年(1996年)10月20日実施

【第1区】定数1

当	長勢　甚遠	53	男	自民[比]	前	55,580
	広野　允士	53	男	新進	前	47,515
	野上　徹	58	男	無所属	元	25,506
	高木　睦子	53	女	民主[比]	新	19,918
	岡田美乃利	51	男	共産	新	8,101

【第2区】定数1

当	住　博司	42	男	自民[比]	前	126,734
	折田　誠	44	男	共産	新	22,745

【第3区】定数1

当	綿貫　民輔	69	男	自民[比]	前	182,185
	上田　弘	49	男	共産	新	31,476
	宮西伊佐雄	28	男	無所属	新	14,222

《補選》第41回衆議院議員選挙

平成10年(1998年)8月23日実施

※住博司の死去による

【第2区】被選挙数1

当	宮腰　光寛	47	男	自民	新	66,814
	西尾　政英	37	男	無所属	新	52,151
	住　一郎	46	男	無所属	新	30,631
	折田　誠	46	男	共産	新	8,015

第42回衆議院議員選挙

平成12年(2000年)6月25日実施

【第1区】定数1

当	長勢　甚遠	56	男	自民[比]	前	66,576
	広野ただし	57	男	自由[比]	元	40,366
	高木　睦子	56	女	社民[比]	新	20,212
	原田　貢彰	31	男	民主[比]	新	17,239
	火爪　弘子	45	女	共産	新	10,707

【第2区】定数1

当	宮腰　光寛	49	男	自民[比]	前	105,449
	高岸　由英	49	男	民主[比]	新	37,567
	折田　誠	48	男	共産	新	15,208

【第3区】定数1

当	綿貫　民輔	73	男	自民[比]	前	150,200
	野畑　圭造	58	男	民主[比]	新	46,478
	湊谷　道夫	64	男	社民[比]	新	46,394
	上田　弘	53	男	共産	新	13,610

第43回衆議院議員選挙

平成15年(2003年)11月9日実施

【第1区】定数1

当	長勢　甚遠	60	男	自民[比]	前	76,154
比当	村井　宗明	30	男	民主[比]	新	51,306
	山田　哲男	56	男	共産	新	9,764

【第2区】定数1

当	宮腰　光寛	52	男	自民[比]	前	93,849
	西尾　政英	42	男	民主[比]	新	42,244
	辰尾　哲雄	54	男	社民[比]	新	13,792
	古沢　利之	49	男	共産	新	8,015

【第3区】定数1

当	綿貫　民輔	76	男	自民	前	159,316
	窪田　正人	56	男	社民[比]	新	51,663
	山本　洋史	33	男	共産	新	17,756

第44回衆議院議員選挙

平成17年(2005年)9月11日実施

【第1区】定数1

当	長勢　甚遠	61	男	自民[比]	前	88,840
比当	村井　宗明	32	男	民主[比]	前	71,072
	山田　哲男	57	男	共産	新	9,919

【第2区】定数1

当	宮腰　光寛	54	男	自民[比]	前	101,830
	西尾　政英	44	男	民主[比]	新	54,701
	秋原　伸行	64	男	社民[比]	新	13,272
	平崎　功	49	男	共産	新	7,320

【第3区】定数1

当	綿貫　民輔	78	男	国民[比]	前	120,083
比当	萩山　教厳	73	男	自民[比]	前	100,586
	向井　英二	59	男	民主[比]	新	47,735
	窪田　正人	58	男	社民[比]	新	15,163
	坂本　洋史	35	男	共産	新	7,244

第45回衆議院議員選挙
平成21年（2009年）8月30日実施

【第1区】定数1
当	村井　宗明	36	男	民主	比前	90,377
比当	長勢　甚遠	65	男	自民	比前	82,040
	佐伯めぐみ	28	女	共産	比新	6,974
	吉田かをる	54	女	諸派	新	1,684

【第2区】定数1
当	宮腰　光寛	58	男	自民	比前	105,828
	藤井　宗一	61	男	社民	比新	73,597
	小野　彦治	41	男	諸派	新	3,579

【第3区】定数1
当	橘　慶一郎	48	男	自民	比新	134,315
	相本　芳彦	53	男	無所属	新	105,483
	柴田　巧	48	男	無所属	新	50,752
	出口　佑一	32	男	諸派	新	2,249

第46回衆議院議員選挙
平成24年（2012年）12月16日実施

【第1区】定数1
当	田畑　裕明	39	男	自民	比新	70,268
	村井　宗明	39	男	民主	比前	43,072
	吉田　豊史	42	男	無所属	新	24,370
	山田　哲男	65	男	共産	新	7,023

【第2区】定数1
当	宮腰　光寛	61	男	自民	比前	102,251
	東　篤	52	男	社民	比新	25,396
	高橋　渡	49	男	共産	新	8,646

【第3区】定数1
当	橘　慶一郎	51	男	自民	比前	162,891
	朴沢　宏明	37	男	民主	比新	35,024
	泉野　和之	55	男	共産	新	13,400

第47回衆議院議員選挙
平成26年（2014年）12月14日実施

【第1区】定数1
当	田畑　裕明	41	男	自民	比前	70,085
比当	吉田　豊史	44	男	維新	比新	39,249
	高橋　渡	51	男	共産	新	9,795

【第2区】定数1
当	宮腰　光寛	63	男	自民	比前	82,898
	東　篤	54	男	社民	比新	23,350
	平崎　功	58	男	共産	新	11,158

【第3区】定数1
当	橘　慶一郎	53	男	自民	比前	138,991
	坂本　洋史	44	男	共産	新	32,118

選挙区・石川県

第24回衆議院議員選挙
昭和24年（1949年）1月23日実施

【第1区】定数3
当	坂田　英一	52	男	民自	新	43,171
当	岡　良一	44	男	社会	新	40,148
当	梨木作次郎	42	男	共産	新	37,448
	井村　徳二	50	男	民主	前	37,271
	殿田　孝次	45	男	民自	元	30,770
	東　舜英	53	男	民自	前	14,428
	竹田　儀一	56	男	民主	前	8,981
	町野　吉蔵	36	男	無所属	新	2,310

【第2区】定数3
当	益谷　秀次	62	男	民自	前	39,393
当	大森　玉木	63	男	民主	前	32,351
当	南　好雄	45	男	民自	新	31,980
	浜名　勝治	38	男	無所属	新	27,252
	五坪　茂雄	60	男	民主	前	24,206
	山崎　広	45	男	社会	新	13,828
	梅田　兵一	37	男	共産	新	6,229

第25回衆議院議員選挙
昭和27年（1952年）10月1日実施

【第1区】定数3
当	辻　政信	49	男	無所属	新	64,912
当	坂田　英一	55	男	自由	前	41,504
当	武部　英治	49	男	改進	新	32,986
	岡　良一	47	男	右社	前	31,453
	前川　吉栄	50	男	改進	新	27,968
	武谷甚太郎	60	男	改進	元	23,050
	森島　守人	56	男	左社	新	17,971
	梨木作次郎	44	男	共産	前	8,909
	長谷　長次	49	男	無所属	元	2,658

【第2区】定数3
当	益谷　秀次	64	男	自由	前	49,588
当	南　好雄	48	男	自由	前	39,636
当	大森　玉木	66	男	改進	前	34,581
	喜多壮一郎	58	男	改進	元	31,669
	北尾　幸一	48	男	無所属	新	17,368
	富田　喜作	48	男	無所属	新	13,650
	梅田　兵一	45	男	共産	新	2,837

第26回衆議院議員選挙
昭和28年(1953年)4月19日実施

【第1区】定数3

当	岡　　良一	48	男	右社	元	54,593
当	辻　　政信	50	男	無所属	前	50,090
当	坂田　英一	56	男	自由吉	前	47,572
	武谷甚太郎	60	男	改進	元	45,167
	武部　英治	50	男	改進	前	36,747
	内山　光雄	31	男	労農	新	23,704

【第2区】定数3

当	喜多壮一郎	59	男	改進	元	46,189
当	益谷　秀次	65	男	自由吉	前	45,703
当	南　　好雄	49	男	自由吉	前	39,095
	大森　玉木	67	男	改進	前	38,309
	奥村　喜則	34	男	右社	新	8,975
	富田　喜作	49	男	無所属	新	8,386
	梅田　兵一	46	男	共産	新	1,649

第27回衆議院議員選挙
昭和30年(1955年)2月27日実施

【第1区】定数3

当	辻　　政信	52	男	民主	前	83,696
当	岡　　良一	49	男	右社	前	53,577
当	徳田与吉郎	48	男	民主	新	51,901
	坂田　英一	57	男	自由	前	42,468
	内山　光雄	33	男	労農	新	24,630
	北尾　幸一	51	男	左社	新	4,918

【第2区】定数3

当	益谷　秀次	67	男	自由	前	49,381
当	大森　玉木	68	男	民主	元	45,199
当	南　　好雄	51	男	自由	前	42,043
	喜多壮一郎	60	男	民主	前	34,765
	富田　喜作	51	男	無所属	新	11,611
	日吉　宗能	57	男	左社	新	6,911
	原　　由友	43	男	共産	新	1,439

第28回衆議院議員選挙
昭和33年(1958年)5月22日実施

【第1区】定数3

当	坂田　英一	61	男	自民	元	53,033
当	岡　　良一	53	男	社会	前	49,342
当	辻　　政信	55	男	自民	前	45,582
	徳田与吉郎	51	男	自民	前	43,932
	井村　重雄	55	男	自民	新	42,664
	森　　正夫	35	男	社会	新	27,910
	喜多壮一郎	64	男	無所属	元	11,703
	梨木作次郎	50	男	共産	元	7,990

【第2区】定数3

当	益谷　秀次	70	男	自民	前	55,849
当	南　　好雄	54	男	自民	前	41,938
当	大森　玉木	72	男	自民	前	35,191
	北尾　幸一	54	男	社会	新	25,254
	富田　喜作	54	男	無所属	新	23,240
	梅田　兵一	51	男	共産	新	2,008

第29回衆議院議員選挙
昭和35年(1960年)11月20日実施

【第1区】定数3

当	井村　重雄	57	男	自民	新	64,635
当	坂田　英一	63	男	自民	前	64,125
当	岡　　良一	55	男	社会	前	61,411
	吉田　秀雄	38	男	民社	新	54,144
	梨木作次郎	53	男	共産	元	22,229
	佐竹　弘造	44	男	無所属	新	4,593

【第2区】定数3

当	益谷　秀次	72	男	自民	前	53,906
当	南　　好雄	56	男	自民	前	43,889
当	大森　玉木	74	男	自民	前	32,473
	坂本三十次	37	男	無所属	新	27,061
	北尾　幸一	57	男	社会	新	26,178
	富田　喜作	57	男	無所属	新	13,868
	梅田　兵一	53	男	共産	新	1,268
	増宮　乙吉	43	男	民社	新	613

第30回衆議院議員選挙
昭和38年(1963年)11月21日実施

【第1区】定数3

当	坂田　英一	66	男	自民	前	74,796
当	岡　　良一	58	男	社会	前	74,507
当	井村　重雄	60	男	自民	前	65,961
	梨木作次郎	56	男	共産	元	42,986

【第2区】定数3

当	益谷　秀次	75	男	自民	前	44,191
当	南　　好雄	59	男	自民	前	37,365
当	稲村佐近四郎	46	男	無所属	新	34,874
	坂本三十次	40	男	無所属	新	32,501
	大森　玉木	77	男	自民	前	27,086
	北尾　幸一	60	男	社会	新	20,974
	輪田　一造	53	男	共産	新	1,168

第31回衆議院議員選挙
昭和42年(1967年)1月29日実施

【第1区】定数3

当	坂田　英一	69	男	自民	前	65,123
当	井村　重雄	64	男	自民	前	55,842
当	桂木　鉄夫	46	男	無所属	新	43,954
	岡　　良一	61	男	社会	前	41,136
	北井　外治	53	男	社会	新	37,375
	梨木作次郎	59	男	共産	元	25,427
	竹山　重勝	54	男	民社	新	25,413

	佐竹　弘造	50	男	無所属	新	21,805

【第2区】定数3

当	坂本三十次	44	男	自民	新	55,680
当	益谷　秀次	79	男	自民	前	52,242
当	稲村佐近四郎	50	男	自民	前	40,653
	浅井　正弘	43	男	社会	新	28,815
	梅田　兵一	60	男	共産	新	2,321
	酒井　定治	48	男	無所属	新	1,386

第32回衆議院議員選挙
昭和44年（1969年）12月27日実施

【第1区】定数3

当	森　喜朗	32	男	無所属	新	64,595
当	別川悠紀夫	51	男	自民	新	58,034
当	奥田　敬和	42	男	自民	新	49,014
	桂木　鉄夫	49	男	自民	前	43,862
	岡　良一	64	男	無所属	元	42,554
	嶋崎　譲	44	男	社会	新	33,799
	呉藤　憲治	31	男	公明	新	24,154
	表　久守	34	男	民社	新	21,723
	梨木作次郎	62	男	共産	元	16,312
	酒井　定治	51	男	無所属	新	204

【第2区】定数3

当	益谷　秀次	81	男	自民	前	56,080
当	坂本三十次	46	男	自民	前	44,679
当	稲村佐近四郎	52	男	自民	前	35,946
	浅井　正弘	46	男	社会	新	31,100
	小竹　耕	37	男	無所属	新	12,035
	中川又四郎	47	男	無所属	新	8,393
	梅田　兵一	63	男	共産	新	2,131

第33回衆議院議員選挙
昭和47年（1972年）12月10日実施

【第1区】定数3

当	森　喜朗	35	男	自民	前	78,221
当	嶋崎　譲	47	男	社会	新	75,120
当	奥田　敬和	45	男	自民	前	67,627
	別川悠紀夫	54	男	自民	前	59,706
	桂木　鉄夫	52	男	無所属	元	58,164
	佐竹　弘造	56	男	無所属	新	15,622
	森　昭	44	男	共産	新	15,572

【第2区】定数3

当	瓦　力	35	男	自民	新	62,897
当	稲村佐近四郎	55	男	自民	前	49,696
当	坂本三十次	49	男	自民	前	48,869
	守友　友範	53	男	社会	新	48,641
	山口　正明	45	男	共産	新	2,638

第34回衆議院議員選挙
昭和51年（1976年）12月5日実施

【第1区】定数3

当	森　喜朗	39	男	自民	現	107,657
当	奥田　敬和	49	男	自民	現	89,311
当	嶋崎　譲	51	男	社会	現	80,545
	伊藤喜美子	54	女	共産	新	28,933
	庄源　一	29	男	公明	新	20,694

【第2区】定数3

当	坂本三十次	53	男	自民	現	64,506
当	瓦　力	39	男	自民	現	59,605
当	稲村佐近四郎	59	男	自民	現	48,550
	山本　信晃	38	男	社会	新	39,799
	鶴野幸一郎	32	男	公明	新	5,697
	大川　末男	33	男	共産	新	3,821

第35回衆議院議員選挙
昭和54年（1979年）10月7日実施

【第1区】定数3

当	森　喜朗	42	男	自民	前	111,297
当	奥田　敬和	51	男	自民	前	81,125
当	嶋崎　譲	54	男	社会	前	64,893
	森　昭	51	男	共産	新	24,860

【第2区】定数3

当	瓦　力	42	男	自民	前	59,868
当	坂本三十次	56	男	自民	前	54,780
当	稲村佐近四郎	62	男	自民	前	53,986
	山本　信晃	40	男	社会	新	37,829
	大川　末男	36	男	共産	新	4,409

第36回衆議院議員選挙
昭和55年（1980年）6月22日実施

【第1区】定数3

当	森　喜朗	42	男	自民	前	116,366
当	奥田　敬和	52	男	自民	前	111,216
当	嶋崎　譲	55	男	社会	前	79,128
	宮本　一二	31	男	民社	新	38,557
	森　昭	52	男	共産	新	23,250

【第2区】定数3

当	瓦　力	43	男	自民	前	58,686
当	稲村佐近四郎	63	男	自民	前	57,684
当	坂本三十次	57	男	自民	前	56,191
	山本　信晃	41	男	社会	新	37,397
	大川　末男	36	男	共産	新	3,582
	林　諄	40	男	無所属	新	3,151
	坂野　三勢	55	男	無所属	新	2,262

第37回衆議院議員選挙
昭和58年(1983年)12月18日実施

【第1区】定数3
当	森　喜朗	46	男	自民	前	112,384
当	奥田　敬和	56	男	自民	前	85,597
当	嶋崎　譲	58	男	社会	前	67,349
	宮本　一二	35	男	民社	新	39,775
	森　昭	55	男	共産	新	17,274

【第2区】定数3
当	瓦　力	46	男	自民	前	57,829
当	坂本三十次	60	男	自民	前	53,536
当	稲村佐近四郎	66	男	自民	前	51,627
	粟森　喬	44	男	社会	新	34,125
	大川　末男	40	男	共産	新	4,752
	林　諄	44	男	無所属	新	2,937

第38回衆議院議員選挙
昭和61年(1986年)7月6日実施

【第1区】定数3
当	森　喜朗	48	男	自民	前	147,768
当	奥田　敬和	58	男	自民	前	98,666
当	嶋崎　譲	61	男	社会	前	78,846
	宮本　一二	37	男	民社	新	35,533
	内藤　英一	35	男	共産	新	16,828

【第2区】定数2
当	瓦　力	49	男	自民	前	88,629
当	坂本三十次	63	男	自民	前	86,198
	大川　末男	42	男	共産	新	17,537

第39回衆議院議員選挙
平成2年(1990年)2月18日実施

【第1区】定数3
当	奥田　敬和	62	男	自民	前	134,161
当	森　喜朗	52	男	自民	前	129,515
当	嶋崎　譲	65	男	社会	前	117,566
	内藤　英一	39	男	共産	新	22,258

【第2区】定数2
当	瓦　力	52	男	自民	前	74,675
当	坂本三十次	67	男	自民	前	66,305
	稲村　建男	46	男	無所属	新	48,241
	高橋　美奈子	30	女	無所属	新	35,969
	大川　末男	46	男	共産	新	3,868

第40回衆議院議員選挙
平成5年(1993年)7月18日実施

【第1区】定数3
当	奥田　敬和	65	男	新生	前	141,614
当	森　喜朗	56	男	自民	前	136,950
当	嶋崎　譲	68	男	社会	前	70,453
	内藤　英一	42	男	共産	新	28,256

【第2区】定数2
当	瓦　力	56	男	自民	前	77,693
当	坂本三十次	70	男	自民	前	70,609
	鍵主　政範	43	男	社会	新	37,679
	黒崎　清則	45	男	共産	新	6,342

第41回衆議院議員選挙
平成8年(1996年)10月20日実施

【第1区】定数1
当	奥田　敬和	68	男	新進	前	87,329
比当	桑原　豊	51	男	民主㊤	新	71,154
	内藤　英一	46	男	共産	新	18,431

【第2区】定数1
当	森　喜朗	59	男	自民㊤	前	105,586
比当	一川　保夫	54	男	新進㊤	新	80,534
	西村　祐士	42	男	共産	新	10,467
	諸橋　茂一	48	男	無所属	新	7,793

【第3区】定数1
当	瓦　力	59	男	自民㊤	前	92,820
	矢田　富郎	47	男	無所属	新	90,798
	鍵主　政範	46	男	民主㊤	新	14,129
	古川　孝作	55	男	共産	新	6,471

《補選》第41回衆議院議員選挙
平成10年(1998年)8月23日実施
※奥田敬和の死去による

【第1区】被選挙数1
当	奥田　建	39	男	民主	新	78,788
	岡部　雅夫	65	男	無所属	新	42,024
	尾西　洋子	54	女	共産	新	18,989

第42回衆議院議員選挙
平成12年(2000年)6月25日実施

【第1区】定数1
当	馳　浩	39	男	自民㊤	新	107,179
比当	奥田　建	41	男	民主㊤	前	100,392
	佐藤　正幸	32	男	共産	新	11,988

【第2区】定数1
当	森　喜朗	62	男	自民㊤	前	142,457
比当	一川　保夫	58	男	自由㊤	前	67,756
	西村　祐士	45	男	共産	新	10,859

【第3区】定数1
当	瓦　力	63	男	自民㊤	前	133,667
	池田　健三郎	31	男	民主㊤	新	39,687
	坂本　浩	36	男	共産	新	8,176
	種部　秀之	33	男	自連㊤	新	3,123

第43回衆議院議員選挙
平成15年(2003年)11月9日実施

【第1区】定数1
当	奥田　　建	44	男	民主㊥前	99,868
比当	馳　　浩	42	男	自民㊥前	97,075
	佐藤　正幸	35	男	共産　新	10,567

【第2区】定数1
当	森　喜朗	66	男	自民㊥前	114,541
比当	一川　保夫	61	男	民主㊥前	82,069
	西村　祐士	49	男	共産　新	9,342

【第3区】定数1
当	瓦　　力	66	男	自民㊥前	102,864
	桑原　　豊	58	男	民主㊥前	66,240
	坂本　　浩	39	男	共産　新	7,972

第44回衆議院議員選挙
平成17年(2005年)9月11日実施

【第1区】定数1
当	馳　　浩	44	男	自民　前	129,142
	奥田　　建	46	男	民主㊥前	99,397
	佐藤　正幸	37	男	共産　新	11,802

【第2区】定数1
当	森　喜朗	68	男	自民㊥前	129,785
	一川　保夫	63	男	民主㊥前	83,905
	西村　祐士	50	男	共産　新	11,515

【第3区】定数1
当	北村　茂男	59	男	自民㊥新	116,215
	桑原　　豊	59	男	民主㊥元	77,463

第45回衆議院議員選挙
平成21年(2009年)8月30日実施

【第1区】定数1
当	奥田　　建	50	男	民主㊥元	125,667
比当	馳　　浩	48	男	自民㊥前	117,168
	佐藤　正幸	41	男	共産㊥新	10,982
	松林　淳一	45	男	諸派　新	1,738

【第2区】定数1
当	森　喜朗	72	男	自民㊥前	123,490

比当	田中美絵子	33	女	民主㊥新	119,021
	宮元　　智	49	男	諸派　新	3,467

【第3区】定数1
当	近藤　和也	35	男	民主㊥新	100,832
比当	北村　茂男	63	男	自民㊥前	98,599
	東　義和	54	男	諸派　新	2,654

第46回衆議院議員選挙
平成24年(2012年)12月16日実施

【第1区】定数1
当	馳　　浩	51	男	自民㊥前	99,544
	奥田　　建	53	男	民主㊥前	47,582
	小間井俊輔	31	男	維新㊥新	41,207
	熊野　盛夫	42	男	未来　新	10,629
	黒崎　清則	64	男	共産　新	8,969

【第2区】定数1
当	佐々木　紀	38	男	自民㊥新	123,283
	宮本　啓子	65	女	民主㊥新	37,601
	細野　祐治	59	男	社民㊥新	17,161
	西村　祐士	58	男	共産　新	13,184

【第3区】定数1
当	北村　茂男	67	男	自民㊥前	89,266
	近藤　和也	39	男	民主㊥前	62,543
	渡辺　裕子	27	女	共産　新	12,147

第47回衆議院議員選挙
平成26年(2014年)12月14日実施

【第1区】定数1
当	馳　　浩	53	男	自民㊥前	76,422
	田中美絵子	38	女	民主㊥元	59,590
	亀田　良典	66	男	共産　新	14,720

【第2区】定数1
当	佐々木　紀	40	男	自民㊥前	110,583
	西村　祐士	60	男	共産　新	30,889
	浜崎　　茂	47	男	無所属新	5,075

【第3区】定数1
当	北村　茂男	69	男	自民㊥前	71,384
	近藤　和也	41	男	民主㊥元	64,940
	渡辺　裕子	29	女	共産　新	7,726

選挙区・福井県

第24回衆議院議員選挙
昭和24年(1949年)1月23日実施

【全県区】定数4
当	飛鳥　　繁	42	男	民自　新	38,815
当	福田　　一	47	男	民自　新	36,624
当	坪川　信三	40	男	民主　前	34,561
当	奥村又十郎	38	男	民主　元	31,250
	藤井　九助	45	男	民自　新	28,722
	堂森　芳夫	46	男	社会　元	28,063
	三宅　嘉久	50	男	諸派　新	26,438
	長谷川政友	39	男	民主　前	24,728
	加藤吉太夫	54	男	農新　前	21,253
	斎木　重一	54	男	社会　新	17,797
	伊井与三二	50	男	諸派　新	13,580
	落合　栄一	43	男	共産　新	9,886

衆議院・選挙区（福井県）　国政選挙総覧

	青木清左衛門	50	男	民主	前	9,293
	石田　左近	60	男	無所属	新	2,711

第25回衆議院議員選挙
昭和27年（1952年）10月1日実施

【全県区】定数4

当	植木庚子郎	52	男	自由	新	66,014
当	奥村又十郎	41	男	自由	前	52,457
当	福田　一	50	男	自由	前	49,738
当	坪川　信三	42	男	自由	前	49,224
	斎木　重一	57	男	左社	新	49,054
	伊藤又右衛門	50	男	無所属	新	30,140
	薩摩　雄次	54	男	改進	元	30,136
	井手　成三	46	男	改進	新	18,717
	青木清左衛門	53	男	改進	元	5,597
	上田　利威	36	男	無所属	新	4,189
	落合　栄一	47	男	共産	新	3,356

第26回衆議院議員選挙
昭和28年（1953年）4月19日実施

【全県区】定数4

当	斎木　重一	58	男	左社	新	57,434
当	福田　一	51	男	自由吉	前	52,395
当	植木庚子郎	53	男	自由吉	前	52,189
当	坪川　信三	43	男	自由吉	前	49,550
	奥村又十郎	42	男	自由吉	前	46,967
	薩摩　雄次	55	男	改進	元	45,694
	高木　勇二	43	男	右社	新	25,207
	長谷川政友	42	男	無所属	元	15,369
	落合　栄一	46	男	共産	新	2,747
	石田　左近	64	男	自由鳩	新	1,880

第27回衆議院議員選挙
昭和30年（1955年）2月27日実施

【全県区】定数4

当	奥村又十郎	43	男	自由	元	67,043
当	薩摩　雄次	57	男	民主	元	63,975
当	植木庚子郎	55	男	自由	前	54,825
当	堂森　芳夫	51	男	右社	元	54,003
	斎木　重一	59	男	左社	前	50,080
	福田　一	52	男	自由	前	45,831
	伊藤又右衛門	52	男	民主	新	18,417
	今井　はつ	53	女	無所属	元	4,236
	前田　岳洋	60	男	無所属	新	2,177

第28回衆議院議員選挙
昭和33年（1958年）5月22日実施

【全県区】定数4

当	植木庚子郎	58	男	自民	前	65,760
当	奥村又十郎	47	男	自民	前	59,070
当	福田　一	56	男	自民	元	58,831
当	堂森　芳夫	54	男	社会	前	57,082
	坪川　信三	48	男	自民	元	50,236
	田畑政一郎	34	男	社会	新	44,672
	薩摩　雄次	60	男	自民	前	34,015
	落合　栄一	51	男	共産	新	2,965

第29回衆議院議員選挙
昭和35年（1960年）11月20日実施

【全県区】定数4

当	植木庚子郎	60	男	自民	前	69,381
当	福田　一	58	男	自民	前	67,088
当	堂森　芳夫	57	男	社会	前	66,727
当	薩摩　雄次	62	男	自民	元	54,403
	奥村又十郎	49	男	自民	前	53,455
	田畑政一郎	36	男	社会	新	43,715
	万谷　義雄	41	男	民社	新	11,588
	落合　栄一	54	男	共産	新	3,808

第30回衆議院議員選挙
昭和38年（1963年）11月21日実施

【全県区】定数4

当	福田　一	61	男	自民	前	79,751
当	坪川　信三	54	男	自民	元	64,162
当	植木庚子郎	63	男	自民	前	62,904
当	堂森　芳夫	60	男	社会	前	56,652
	田畑政一郎	39	男	社会	新	49,230
	薩摩　雄次	65	男	自民	前	47,604
	山谷　親平	41	男	諸派	新	19,642
	井手　成三	57	男	無所属	新	6,921
	落合　栄一	57	男	共産	新	3,834

第31回衆議院議員選挙
昭和42年（1967年）1月29日実施

【全県区】定数4

当	福田　一	64	男	自民	前	81,147
当	植木庚子郎	67	男	自民	前	75,993
当	堂森　芳夫	63	男	社会	前	74,329
当	坪川　信三	57	男	自民	前	71,541
	斉藤　敬一	41	男	社会	新	68,816
	落合　栄一	60	男	共産	新	8,216

第32回衆議院議員選挙
昭和44年（1969年）12月27日実施

【全県区】定数4

当	坪川　信三	60	男	自民	前	81,339
当	植木庚子郎	69	男	自民	前	75,297
当	福田　一	67	男	自民	前	65,277

当	堂森 芳夫	66	男	社会	前	65,079
	斉藤 敬一	44	男	社会	新	49,488
	松崎 芳伸	56	男	民社	新	46,679
	落合 栄一	63	男	共産	新	7,635
	加藤 幾	57	男	諸派	新	1,173

第33回衆議院議員選挙
昭和47年（1972年）12月10日実施

【全県区】定数4

当	坪川 信三	63	男	自民	前	87,595
当	福田 一	70	男	自民	前	81,991
当	植木庚子郎	72	男	自民	前	81,710
当	堂森 芳夫	69	男	社会	前	68,162
	田畑政一郎	48	男	社会	新	60,543
	坂口 章	48	男	共産	新	17,281
	竹内 啓	37	男	無所属	新	15,734
	重野 誠男	40	男	無所属	新	1,251

第34回衆議院議員選挙
昭和51年（1976年）12月5日実施

【全県区】定数4

当	福田 一	74	男	自民	現	65,370
当	平泉 渉	47	男	無所属	新	65,134
当	坪川 信三	67	男	自民	現	59,551
当	田畑政一郎	52	男	社会	新	53,554
	牧野 隆守	50	男	無所属	新	49,335
	堂森 芳夫	73	男	社会	現	48,939
	植木庚子郎	76	男	自民	現	41,920
	横手 文雄	41	男	民社	新	29,036
	中野 弘則	38	男	公明	新	26,329
	坂口 章	52	男	共産	新	12,530
	竹内 啓	41	男	無所属	新	10,061

第35回衆議院議員選挙
昭和54年（1979年）10月7日実施

【全県区】定数4

当	福田 一	77	男	自民	前	105,061
当	田畑政一郎	55	男	社会	前	80,537
当	牧野 隆守	53	男	自民	新	78,485
当	横手 文雄	44	男	民社	新	76,233
	平泉 渉	49	男	自民	前	62,930
	元山章一郎	43	男	共産	新	13,237

第36回衆議院議員選挙
昭和55年（1980年）6月22日実施

【全県区】定数4

当	牧野 隆守	54	男	自民	前	106,258
当	平泉 渉	50	男	自民	元	102,321
当	福田 一	78	男	自民	前	94,175
当	横手 文雄	45	男	民社	前	79,878
	田畑政一郎	56	男	社会	前	78,382
	元山章一郎	44	男	共産	新	10,095

第37回衆議院議員選挙
昭和58年（1983年）12月18日実施

【全県区】定数4

当	福田 一	81	男	自民	前	106,285
当	平泉 渉	54	男	自民	前	68,923
当	辻 一彦	59	男	無所属	新	59,654
当	横手 文雄	48	男	民社	前	59,523
	牧野 隆守	57	男	自民	前	56,250
	田畑政一郎	59	男	社会	元	50,320
	館山不二夫	50	男	無所属	新	31,544
	元山章一郎	47	男	共産	新	7,967

第38回衆議院議員選挙
昭和61年（1986年）7月6日実施

【全県区】定数4

当	牧野 隆守	60	男	自民	元	101,106
当	辻 一彦	61	男	無所属	前	96,949
当	福田 一	84	男	自民	前	95,104
当	平泉 渉	56	男	自民	前	81,960
	横手 文雄	51	男	民社	前	56,489
	館山不二夫	52	男	無所属	新	24,687
	南 秀一	36	男	共産	新	12,311

第39回衆議院議員選挙
平成2年（1990年）2月18日実施

【全県区】定数4

当	牧野 隆守	64	男	自民	前	84,785
当	辻 一彦	65	男	社会	前	84,062
当	平泉 渉	60	男	自民	前	71,654
当	山本 拓	37	男	自民	新	62,293
	福田 輝夫	38	男	無所属	新	59,776
	中川 平一	41	男	民社	新	57,191
	坂川 優	37	男	無所属	新	40,801
	金元 幸枝	31	女	共産	新	20,543
	笹木 竜三	33	男	無所属	新	20,305

第40回衆議院議員選挙
平成5年（1993年）7月18日実施

【全県区】定数4

当	山本 拓	41	男	自民	前	103,901
当	笹木 竜三	36	男	無所属	新	97,382
当	辻 一彦	68	男	社会	前	85,524
当	平泉 渉	63	男	自民	前	81,064
	牧野 隆守	67	男	自民	前	80,400
	金元 幸枝	35	女	共産	新	19,973

第41回衆議院議員選挙
平成8年(1996年)10月20日実施

【第1区】定数1
当	笹木　竜三	39	男	新進㊙前	48,214
	松宮　　勲	52	男	無所属　新	40,840
	平泉　　渉	66	男	自民㊙前	32,263
	古川太三郎	63	男	民主㊙新	12,022
	金元　幸枝	38	女	共産　新	8,369

【第2区】定数1
当	牧野　隆守	70	男	自民㊙元	79,222
	山本　　拓	44	男	新進　前	65,024
	宇野　邦弘	44	男	共産　新	7,078

【第3区】定数1
当	辻　一彦	71	男	民主㊙前	52,473
	高木　　毅	40	男	自民㊙新	48,762
	松田　篤之	58	男	新進㊙新	32,426
	吉田　一夫	71	男	共産　新	8,974

第42回衆議院議員選挙
平成12年(2000年)6月25日実施

【第1区】定数1
当	松宮　　勲	56	男	自民㊙新	61,707
	笹木　竜三	43	男	無所属　前	54,234
	青木　　康	52	男	民主㊙新	16,507
	金元　幸枝	42	女	共産　新	10,998

【第2区】定数1
当	牧野　隆守	74	男	自民㊙前	98,361
	京藤　啓民	59	男	民主㊙新	36,125
	野波栄一郎	59	男	共産　新	9,126

【第3区】定数1
当	高木　　毅	44	男	自民㊙新	81,698
	辻　一彦	75	男	民主㊙前	66,398
	小柳　茂臣	46	男	共産　新	7,384

第43回衆議院議員選挙
平成15年(2003年)11月9日実施

【第1区】定数1
当	松宮　　勲	59	男	自民㊙前	55,698
	笹木　竜三	46	男	無所属　元	54,019
	本郷　史剛	32	男	民主㊙新	16,309
	金元　幸枝	45	女	共産㊙新	6,354

【第2区】定数1
当	山本　　拓	51	男	自民㊙元	62,558
比当	若泉　征三	58	男	民主㊙新	43,143
	平泉　　渉	73	男	無所属　元	31,120
	宇野　邦弘	52	男	共産　新	5,118

【第3区】定数1
当	高木　　毅	47	男	自民㊙前	85,113
	玉村　和夫	53	男	民主㊙新	49,395
	山本　雅彦	46	男	共産　新	7,781

第44回衆議院議員選挙
平成17年(2005年)9月11日実施

【第1区】定数1
当	稲田　朋美	46	女	自民㊙新	51,242
比当	笹木　竜三	48	男	民主㊙元	50,869
	松宮　　勲	61	男	無所属　前	45,332
	金元　幸枝	47	女	共産　新	5,988

【第2区】定数1
当	山本　　拓	53	男	自民㊙前	96,245
	若泉　征三	60	男	民主㊙前	57,504

【第3区】定数1
当	高木　　毅	49	男	自民㊙前	93,451
	玉村　和夫	55	男	民主㊙新	60,193

第45回衆議院議員選挙
平成21年(2009年)8月30日実施

【第1区】定数1
当	稲田　朋美	50	女	自民㊙前	78,969
比当	笹木　竜三	52	男	民主㊙前	72,119
	金元　幸枝	51	女	共産㊙新	6,940

【第2区】定数1
当	山本　　拓	57	男	自民㊙前	80,033
比当	糸川　正晃	34	男	民主㊙前	78,496
	河合　勇樹	47	男	諸派　新	2,403

【第3区】定数1
当	高木　　毅	53	男	自民㊙前	80,724
比当	松宮　　勲	65	男	民主㊙元	74,158
	北野　光夫	42	男	諸派　新	4,058

第46回衆議院議員選挙
平成24年(2012年)12月16日実施

【第1区】定数1
当	稲田　朋美	53	女	自民㊙前	68,027
	鈴木　宏治	39	男	維新㊙新	29,622
	笹木　竜三	56	男	民主㊙前	22,985
	金元　幸枝	54	女	共産　新	6,014
	山崎　隆敏	63	男	社民㊙新	2,681

【第2区】定数1
当	山本　　拓	60	男	自民㊙前	68,126
	糸川　正晃	37	男	民主㊙前	38,354
	武田将一朗	42	男	みんな㊙新	17,067
	藤岡　繁樹	61	男	共産　新	5,273

【第3区】定数1
当	高木　　毅	56	男	自民㊙前	77,543
	松宮　　勲	68	男	民主㊙前	28,364
	塚本　　崇	38	男	維新㊙新	20,972
	山本　雅彦	55	男	共産　新	7,048

第47回衆議院議員選挙
平成26年（2014年）12月14日実施

【第1区】定数1

当	稲田　朋美	55	女	自民㊣前	116,855
	鈴木　宏治	41	男	維新㊣新	47,802
	金元　幸枝	56	女	共産　新	15,561

【第2区】定数1

当	高木　　毅	58	男	自民㊣前	83,086
	辻　　一憲	49	男	民主㊣新	42,032
	宇野　邦弘	63	男	共産　新	9,941

選挙区・長野県

第24回衆議院議員選挙
昭和24年（1949年）1月23日実施

【第1区】定数3

当	小坂善太郎	58	男	民主　前	55,195
当	田中　重弥	42	男	民自　元	42,322
当	倉石　忠雄	50	男	民自　前	38,354
	青木恵一郎	45	男	共産　新	29,589
	中沢　茂一	38	男	国協　新	24,063
	丸山　邦雄	47	男	民自　新	13,780
	長命　　保	52	男	無所属　新	7,343
	渡辺　万作	66	男	諸派　新	6,125
	坂口　　登	51	男	社会　新	6,054
	本藤　恒松	55	男	社革　前	2,603

【第2区】定数3

当	黒沢富次郎	59	男	民自　新	37,005
当	小林　運美	45	男	民主　前	35,846
当	井出一太郎	38	男	国協　前	30,948
	勝俣　　稔	59	男	民主　新	29,274
	田中　操吉	42	男	共産　新	22,906
	唐木田藤五郎	53	男	国協　前	21,106
	宮下　　学	49	男	社会　新	20,921
	北村　貞治	49	男	民自　新	14,716

【第3区】定数4

当	林　　百郎	38	男	共産　前	52,862
当	小川　平二	40	男	民自　新	46,233
当	今村　忠助	51	男	民自　前	44,427
当	吉川　久衛	45	男	国協　前	28,541
	野溝　　勝	52	男	社会　前	28,267
	清水八十治	35	男	民自　新	27,557
	片山　　均	54	男	民主　新	25,147
	牧野内武人	51	男	労農　新	7,464

【第4区】定数3

当	降旗　徳弥	52	男	民自　前	62,718
当	増田甲子七	52	男	民自　前	54,334
当	植原悦二郎	73	男	民自　前	34,739
	棚橋　小虎	61	男	社会　元	30,018
	伊藤　富雄	59	男	共産　新	17,392
	久保由五郎	49	男	民主　新	2,295

第25回衆議院議員選挙
昭和27年（1952年）10月1日実施

【第1区】定数3

当	小坂善太郎	60	男	自由　前	63,858
当	倉石　忠雄	52	男	自由　前	51,431
当	中沢　茂一	40	男	右社　新	48,264
	西村　彰一	54	男	右社　新	30,196
	土屋　俊治	58	男	自由　新	18,383
	広瀬　健一	42	男	左社　新	13,124
	久保　速雄	42	男	共産　新	7,472
	古村幸一郎	38	男	無所属　新	4,912
	本藤　恒松	57	男	協同　元	2,872

【第2区】定数3

当	勝俣　　稔	61	男	自由　新	41,426
	羽田武嗣郎	49	男	自由　元	39,137
	井出一太郎	40	男	改進　前	38,952
	黒沢富次郎	61	男	自由　前	25,794
	小林　運美	47	男	改進　前	24,487
	丸山　　茂	42	男	自由　新	22,471
	仁科　　哲	37	男	右社　新	14,996
	翠川　　勉	42	男	左社　新	12,143
	大塚　辰紀	41	男	共産　新	7,965
	宮下　　学	51	男	無所属　新	4,628

【第3区】定数4

当	宮沢　胤勇	64	男	改進　元	41,578
当	原　　　茂	39	男	左社　新	40,519
当	今村　忠助	53	男	自由　前	34,608
当	小川　平二	42	男	自由　前	34,185
	吉川　久衛	47	男	改進　前	31,899
	中島　　巌	52	男	無所属　新	31,453
	清水八十治	37	男	自由　新	26,356
	林　　百郎	40	男	共産　前	26,173
	小島　利雄	54	男	右社　新	13,059
	千村　常作	30	男	無所属　新	275

【第4区】定数3

当	増田甲子七	53	男	自由　前	62,329
当	吉田　　正	55	男	右社　元	36,339
当	植原悦二郎	75	男	自由　前	32,811
	唐沢　俊樹	61	男	改進　新	30,800
	萩元　隼人	55	男	左社　新	30,526
	降旗　徳弥	53	男	自由　前	29,014

| | 小原 | 嘉 | 54 | 男 | 共産 | 新 | 5,143 |

第26回衆議院議員選挙
昭和28年(1953年)4月19日実施

【第1区】定数3
当	中沢	茂一	40	男	右社	前	80,006
当	小坂善太郎		41	男	自由吉	前	59,417
当	倉石	忠雄	52	男	自由吉	前	46,233
	西村	彰一	54	男	右社	新	44,318
	久保	速雄	42	男	共産	新	6,739
	鹿田	利吉	54	男	自由鳩	新	1,547

【第2区】定数3
当	松平	忠久	49	男	右社	新	52,517
当	井出一太郎		41	男	改進	前	49,504
	羽田武嗣郎		49	男	自由吉	前	41,587
	勝俣	稔	61	男	自由吉	前	41,503
	小山	亮	58	男	無所属	元	26,724
	翠川	勉	43	男	左社	新	7,487
	大塚	辰紀	42	男	共産	新	6,765

【第3区】定数4
当	吉川	久衛	49	男	改進	元	56,415
当	原	茂	40	男	左社	前	51,244
当	小川	平二	43	男	自由吉	前	46,785
当	今村	忠助	54	男	自由吉	前	40,166
	宮沢	胤勇	65	男	改進	前	31,190
	林	百郎	40	男	共産	元	28,746
	清水八十治		37	男	無所属	新	13,488
	牧野内武人		53	男	労農	新	5,735

【第4区】定数3
当	萩元たけ子		53	女	左社	新	48,454
当	降旗	徳弥	54	男	自由吉	元	43,722
当	増田甲子七		54	男	自由吉	前	40,574
	植原悦二郎		75	男	自由鳩	前	31,149
	吉田	正	56	男	右社	前	30,343
	唐沢	俊樹	63	男	改進	新	29,276
	小原	嘉	54	男	共産	新	3,825

第27回衆議院議員選挙
昭和30年(1955年)2月27日実施

【第1区】定数3
当	小坂善太郎		43	男	自由	前	63,590
当	西村	彰一	56	男	右社	新	53,758
当	倉石	忠雄	54	男	自由	前	53,227
	中沢	茂一	42	男	右社	前	47,695
	中村	勝治	51	男	民主	新	36,211
	笠井	深	39	男	諸派	新	741
	鹿田	利吉	56	男	諸派	新	515

【第2区】定数3
当	松平	忠久	50	男	右社	前	49,633
当	井出一太郎		43	男	民主	前	46,590
当	小山	亮	60	男	無所属	元	45,673

	勝俣	稔	63	男	自由	元	38,546
	羽田武嗣郎		51	男	自由	前	35,177
	丸山	茂	44	男	民主	新	14,611
	小林	運美	49	男	民主	元	5,943

【第3区】定数4
当	宮沢	胤勇	67	男	民主	元	52,195
当	中島	巖	54	男	右社	新	51,949
当	原	茂	42	男	左社	前	47,798
当	吉川	久衛	49	男	民主	前	45,456
	小川	平二	45	男	自由	前	39,595
	林	百郎	43	男	共産	元	30,511
	竹内	友衛	31	男	自由	新	10,786
	小塩	完次	57	男	諸派	新	3,435

【第4区】定数3
当	下平	正一	37	男	左社	新	57,306
当	唐沢	俊樹	64	男	民主	新	46,852
当	植原悦二郎		77	男	民主	元	42,028
	増田甲子七		56	男	自由	前	39,919
	降旗	徳弥	56	男	自由	前	20,661
	筒井	直久	51	男	右社	新	16,977
	村上	康也	42	男	共産	新	9,554
	堀	文雄	52	男	労農	新	1,621

第28回衆議院議員選挙
昭和33年(1958年)5月22日実施

【第1区】定数3
当	小坂善太郎		46	男	自民	前	73,963
当	倉石	忠雄	57	男	自民	前	73,007
当	中沢	茂一	45	男	社会	元	62,430
	西村	彰一	59	男	社会	前	47,744
	吉岡	昇	49	男	共産	新	4,396

【第2区】定数3
当	羽田武嗣郎		55	男	自民	元	70,920
当	井出一太郎		46	男	自民	前	61,149
当	松平	忠久	54	男	社会	前	52,473
	小山	亮	63	男	社会	前	50,297
	依田	七重	35	男	共産	新	4,795
	山岸	丈夫	43	男	諸派	新	744

【第3区】定数4
当	小川	平二	48	男	自民	元	58,208
当	吉川	久衛	53	男	自民	前	51,463
当	原	茂	45	男	社会	前	50,000
当	中島	巖	57	男	社会	前	48,533
	宮沢	胤勇	70	男	自民	前	46,019
	林	百郎	45	男	共産	元	33,261
	柿木	卓美	29	男	無所属	新	3,686

【第4区】定数3
当	増田甲子七		59	男	自民	元	73,364
当	下平	正一	40	男	社会	前	51,331
当	小沢	貞孝	41	男	無所属	新	46,917
	唐沢	俊樹	67	男	自民	前	41,815
	植原悦二郎		80	男	自民	前	27,512

	青島　良平	32	男	共産	新	3,914

第29回衆議院議員選挙
昭和35年（1960年）11月20日実施

【第1区】定数3
当	小坂善太郎	48	男	自民	前	77,553
当	倉石　忠雄	60	男	自民	前	57,397
当	中沢　茂一	48	男	社会	前	57,046
	清水　　勇	35	男	社会	新	46,260
	吉岡　　昇	51	男	共産	新	6,216
	駒津恒治郎	36	男	無所属	新	1,354

【第2区】定数3
当	羽田武嗣郎	57	男	自民	前	67,536
当	松平　忠久	56	男	社会	前	57,479
当	井出一太郎	48	男	自民	前	55,778
	平等　文成	53	男	社会	新	41,004
	依田　七重	37	男	共産	新	6,380

【第3区】定数4
当	宮沢　胤勇	72	男	自民	元	62,101
当	中島　　巌	60	男	社会	前	52,629
当	原　　　茂	47	男	社会	前	51,745
当	小川　平二	50	男	自民	前	50,426
	吉川　久衛	55	男	自民	前	39,564
	林　　百郎	48	男	共産	元	34,446
	柿木　卓美	31	男	無所属	新	5,963

【第4区】定数3
当	唐沢　俊樹	69	男	自民	元	74,318
当	増田甲子七	62	男	自民	前	64,137
当	下平　正一	42	男	社会	前	62,078
	小沢　貞孝	43	男	民社	前	36,926
	青島　良平	34	男	共産	新	6,307

第30回衆議院議員選挙
昭和38年（1963年）11月21日実施

【第1区】定数3
当	小坂善太郎	51	男	自民	前	71,329
当	中沢　茂一	51	男	社会	前	66,017
当	倉石　忠雄	63	男	自民	前	59,291
	清水　　勇	38	男	社会	新	48,696
	藤沢隆治郎	54	男	共産	新	8,344

【第2区】定数3
当	羽田武嗣郎	60	男	自民	前	63,586
当	井出一太郎	51	男	自民	前	57,345
当	松平　忠久	59	男	社会	前	48,344
	平等　文成	56	男	社会	新	40,876
	北村　貞治	62	男	無所属	新	21,658
	羽毛田正直	56	男	共産	新	6,013
	柳沢　　濛	50	男	無所属	新	3,107
	金井　　栄	60	男	無所属	新	1,063

【第3区】定数4
当	小川　平二	53	男	自民	前	52,039
当	林　　百郎	51	男	共産	元	47,407
当	吉川　久衛	58	男	自民	元	46,124
当	原　　　茂	50	男	社会	前	44,584
	宮沢　胤勇	75	男	自民	前	40,389
	中島　　巌	63	男	社会	前	39,459
	向山　一人	49	男	無所属	新	29,269
	柿木　卓美	34	男	無所属	新	4,221

【第4区】定数3
当	下平　正一	45	男	社会	前	74,689
当	増田甲子七	65	男	自民	前	67,453
当	唐沢　俊樹	72	男	自民	前	62,904
	村上　康也	51	男	共産	新	18,033

第31回衆議院議員選挙
昭和42年（1967年）1月29日実施

【第1区】定数3
当	小坂善太郎	55	男	自民	前	69,514
当	倉石　忠雄	66	男	自民	前	65,044
当	中沢　茂一	54	男	社会	前	62,383
	大久保　隆	49	男	社会	新	51,511
	藤沢隆治郎	57	男	共産	新	11,565

【第2区】定数3
当	平等　文成	59	男	社会	新	66,563
当	羽田武嗣郎	63	男	自民	前	61,916
当	井出一太郎	55	男	自民	前	54,126
	松平　忠久	62	男	社会	前	51,674
	羽毛田正直	59	男	共産	新	9,513

【第3区】定数4
当	原　　　茂	54	男	社会	前	52,600
当	吉川　久衛	61	男	自民	前	52,205
当	小川　平二	57	男	自民	前	50,948
当	林　　百郎	54	男	共産	前	47,280
	中島　　巌	66	男	無所属	元	45,915
	柿木　卓美	37	男	無所属	新	27,131
	金子淳一郎	45	男	自民	新	20,836
	長谷部平吉	45	男	無所属	新	11,241

【第4区】定数3
当	下平　正一	49	男	社会	前	70,564
当	増田甲子七	68	男	自民	前	61,071
当	唐沢　俊樹	75	男	自民	前	57,026
繰当	小沢　貞孝	50	男	民社	元	44,655
	村上　康也	54	男	共産	新	13,034

※唐沢俊樹（自民）死去のため昭和42年3月27日小沢貞孝（民社）が繰上当選

第32回衆議院議員選挙
昭和44年（1969年）12月27日実施

【第1区】定数3
当	小坂善太郎	57	男	自民	前	68,156
当	倉石　忠雄	69	男	自民	前	66,923
当	中沢　茂一	57	男	社会	前	63,578

	大久保　隆	52	男	社会	新	44,407
	富森　啓児	37	男	共産	新	29,131

【第2区】定数3

当	羽田　　孜	34	男	自民	新	73,325
当	松平　忠久	65	男	社会	元	60,220
当	井出一太郎	57	男	自民	前	57,692
	渡辺　　武	35	男	公明	新	35,308
	羽毛田正直	62	男	共産	新	14,080
	徳武　重信	43	男	無所属	新	4,469

【第3区】定数4

当	小川　平二	59	男	自民	前	56,681
当	林　　百郎	57	男	共産	前	48,026
当	向山　一人	55	男	無所属	新	44,868
当	原　　　茂	56	男	社会	前	41,211
	吉川　久衛	64	男	自民	前	39,809
	滝沢　主税	39	男	公明	新	29,809
	柿木　卓美	40	男	無所属	新	26,343
	長谷部平吉	48	男	民社	新	19,976
	中原嘉之吉	44	男	社会	新	18,337

【第4区】定数3

当	増田甲子七	71	男	自民	前	68,959
当	下平　正一	51	男	社会	前	57,187
当	唐沢俊二郎	39	男	自民	新	52,153
	小沢　貞孝	53	男	民社	前	51,947
	村上　康也	57	男	共産	新	18,687

第33回衆議院議員選挙
昭和47年(1972年)12月10日実施

【第1区】定数3

当	小坂善太郎	60	男	自民	前	78,764
当	倉石　忠雄	72	男	自民	前	73,880
当	中沢　茂一	60	男	社会	前	60,550
	富森　啓児	40	男	共産	新	55,992
	田中　秀征	32	男	無所属	新	22,291

【第2区】定数3

当	羽田　　孜	37	男	自民	前	67,307
当	井出一太郎	60	男	自民	前	60,859
当	中村　　茂	52	男	社会	新	50,291
	松平　忠久	68	男	社会	前	42,202
	小林　節夫	47	男	共産	新	25,227

【第3区】定数4

当	小川　平二	62	男	自民	前	57,923
当	林　　百郎	60	男	共産	前	57,831
当	原　　　茂	59	男	社会	前	54,111
当	吉川　久衛	67	男	自民	元	52,583
	向山　一人	58	男	自民	前	46,561
	中島　　衛	36	男	無所属	新	44,331
	金子淳一郎	51	男	無所属	新	13,083

【第4区】定数3

当	小沢　貞孝	56	男	民社	元	60,879
当	唐沢俊二郎	42	男	自民	前	59,695
当	下平　正一	54	男	社会	前	58,117

	増田甲子七	74	男	自民	前	58,075
	宇留賀行雄	46	男	共産	新	38,792
	山口　富永	48	男	無所属	新	802

第34回衆議院議員選挙
昭和51年(1976年)12月5日実施

【第1区】定数3

当	倉石　忠雄	76	男	自民	現	63,151
当	小坂善太郎	64	男	自民	現	62,964
当	清水　　勇	51	男	社会	新	56,900
	富森　啓児	44	男	共産	新	47,934
	中沢　茂一	64	男	社会	現	47,246
	田中　秀征	36	男	無所属	新	25,750
	柳沢　春吉	43	男	公明	新	17,054

【第2区】定数3

当	中村　　茂	56	男	社会	現	70,208
当	井出一太郎	64	男	自民	現	69,797
当	羽田　　孜	41	男	自民	現	61,243
	小林　節夫	51	男	共産	新	32,759
	依田　米秋	41	男	無所属	新	14,412

【第3区】定数4

当	向山　一人	62	男	自民	元	59,590
当	中島　　衛	40	男	無所属	新	57,172
当	小川　平二	66	男	自民	現	56,912
当	原　　　茂	63	男	社会	現	50,247
	林　　百郎	64	男	共産	現	43,957
	吉川　久衛	71	男	自民	現	33,010
	柿木　卓美	47	男	無所属	新	22,835
	五味　豊二	42	男	無所属	新	18,206

【第4区】定数3

当	下平　正一	58	男	社会	現	65,071
当	増田甲子七	78	男	自民	元	60,897
当	唐沢俊二郎	46	男	自民	現	59,421
	小沢　貞孝	60	男	民社	現	58,618
	宇留賀行雄	50	男	共産	新	35,500
	平林　俊夫	50	男	無所属	新	4,485

第35回衆議院議員選挙
昭和54年(1979年)10月7日実施

【第1区】定数3

当	小坂善太郎	67	男	自民	前	73,237
当	倉石　忠雄	79	男	自民	前	66,067
当	清水　　勇	53	男	社会	前	60,520
	富森　啓児	47	男	共産	新	50,287
	田中　秀征	39	男	無所属	新	34,690
	酒井　　強	48	男	無所属	新	2,002
	渡辺　孝夫	29	男	諸派	新	805

【第2区】定数3

当	羽田　　孜	44	男	自民	前	71,160
当	中村　　茂	58	男	社会	前	57,717
当	井出一太郎	67	男	自民	前	56,551

	小林　節夫	54	男	共産	新	27,150
	依田　米秋	43	男	無所属	新	10,086
	芝間　　衛	34	男	無所属	新	8,640

【第3区】定数4
当	宮下　創平	51	男	無所属	新	60,093
当	中島　　衛	43	男	自民	前	52,865
当	小川　平二	69	男	自民	前	50,865
当	林　百郎	67	男	共産	元	50,837
	向山　一人	65	男	自民	前	48,694
	串原　義直	53	男	社会	新	35,453
	原　　茂	66	男	社会	前	25,748
	柿木　卓美	50	男	無所属	新	18,579

【第4区】定数3
当	小沢　貞孝	62	男	民社	元	78,402
当	唐沢俊二郎	49	男	自民	前	70,303
当	下平　正一	61	男	社会	前	63,192
	増田　信彦	57	男	自民	新	51,547
	福元　　博	38	男	共産	新	14,068

第36回衆議院議員選挙
昭和55年(1980年)6月22日実施

【第1区】定数3
当	小坂善太郎	68	男	自民	前	71,863
当	清水　　勇	54	男	社会	前	67,102
当	倉石　忠雄	79	男	自民	前	66,955
	富森　啓児	48	男	共産	新	50,543
	田中　秀征	39	男	無所属	新	49,680
	山本　竜二	28	男	諸派	新	722

【第2区】定数3
当	羽田　　孜	44	男	自民	前	80,943
当	中村　　茂	59	男	社会	前	63,921
当	井出一太郎	68	男	自民	前	57,830
	小林　節夫	54	男	共産	新	29,731
	依田　米秋	44	男	新自ク	新	9,677
	芝間　　衛	34	男	無所属	新	7,972

【第3区】定数4
当	小川　平二	70	男	自民	前	72,672
当	串原　義直	53	男	社会	新	70,987
当	宮下　創平	52	男	自民	前	66,502
当	林　百郎	68	男	共産	前	63,463
	中島　　衛	44	男	自民	前	63,249

【第4区】定数3
当	唐沢俊二郎	49	男	自民	前	95,457
当	小沢　貞孝	63	男	民社	前	73,033
当	下平　正一	62	男	社会	前	66,002
	福元　　博	38	男	共産	新	25,815

第37回衆議院議員選挙
昭和58年(1983年)12月18日実施

【第1区】定数3
当	田中　秀征	43	男	自民	新	83,218
当	若林　正俊	49	男	自民	新	73,749
当	清水　　勇	58	男	社会	前	63,520
	小坂善太郎	71	男	自民	前	52,186
	富森　啓児	51	男	共産	新	40,614

【第2区】定数3
当	羽田　　孜	48	男	自民	前	71,880
当	中村　　茂	63	男	社会	前	68,335
当	井出一太郎	71	男	自民	前	50,695
	小林　節夫	58	男	共産	新	31,757

【第3区】定数4
当	宮下　創平	56	男	自民	前	81,147
当	中島　　衛	47	男	自民	元	74,967
当	串原　義直	57	男	社会	前	60,354
当	林　百郎	71	男	共産	前	54,936
	小川　　元	44	男	自民	新	48,838
	原　　茂	70	男	新自ク	元	10,639

【第4区】定数3
当	塩島　　大	49	男	自民	新	68,957
当	唐沢俊二郎	53	男	自民	前	67,917
当	小沢　貞孝	67	男	民社	前	67,053
	下平　正一	65	男	社会	前	59,197
	福元　　博	42	男	共産	新	16,136

第38回衆議院議員選挙
昭和61年(1986年)7月6日実施

【第1区】定数3
当	若林　正俊	52	男	自民	前	78,631
当	清水　　勇	60	男	社会	前	77,602
当	小坂善太郎	74	男	自民	元	75,299
	田中　秀征	45	男	自民	前	73,301
	石坂　千穂	37	女	共産	新	24,101

【第2区】定数3
当	羽田　　孜	50	男	自民	前	88,908
当	井出　正一	47	男	自民	新	60,328
当	中村　　茂	65	男	社会	前	58,537
	平野　成基	36	男	無所属	新	38,354
	藤原　　超	49	男	共産	新	14,712

【第3区】定数4
当	宮下　創平	58	男	自民	前	92,783
当	中島　　衛	50	男	自民	前	77,128
当	小川　　元	47	男	自民	新	62,833
当	串原　義直	59	男	社会	前	53,075
	木島日出夫	39	男	共産	新	44,210
	今村　忠雄	53	男	民社	新	17,446

【第4区】定数3
当	唐沢俊二郎	56	男	自民	前	80,554
当	村井　　仁	49	男	自民	新	78,802
当	小沢　貞孝	69	男	民社	前	60,555
	下平　正一	68	男	社会	元	57,685
	福元　　博	44	男	共産	新	15,316

第39回衆議院議員選挙
平成2年(1990年) 2月18日実施

【第1区】定数3
当	田中　秀征	49	男	自民	元	86,465
当	清水　　勇	64	男	社会	前	84,027
当	小坂　憲次	43	男	自民	新	78,385
	若林　正俊	55	男	自民	前	73,399
	石坂　千穂	41	女	共産	新	25,175

【第2区】定数3
当	堀込　征雄	48	男	社会	新	83,814
当	羽田　　孜	54	男	自民	前	71,192
当	井出　正一	50	男	自民	前	57,004
	平野　成基	39	男	無所属	新	48,317
	松沢　瑞枝	46	女	共産	新	18,507

【第3区】定数4
当	串原　義直	63	男	社会	前	83,513
当	宮下　創平	62	男	自民	前	78,981
当	中島　　衛	54	男	自民	前	66,503
当	木島日出夫	43	男	共産	新	64,948
	小川　　元	51	男	自民	前	56,430

【第4区】定数3
当	北沢　清功	62	男	社会	新	88,094
当	唐沢俊二郎	59	男	自民	前	81,388
当	村井　　仁	52	男	自民	前	66,003
	小沢　貞孝	73	男	民社	前	51,495
	福元　　博	48	男	共産	新	16,233

第40回衆議院議員選挙
平成5年(1993年) 7月18日実施

【第1区】定数3
当	田中　秀征	52	男	さき	前	94,257
当	若林　正俊	59	男	自民	元	86,582
当	小坂　憲次	47	男	自民	前	75,130
	清水　　勇	67	男	社会	前	60,069
	三井　隆典	46	男	共産	新	14,903
	霜田　　清	26	男	無所属	新	11,141
	今井　利夫	42	男	諸派	新	549

【第2区】定数3
当	羽田　　孜	57	男	新生	前	146,870
当	井出　正一	54	男	さき	前	54,274
当	堀込　征雄	51	男	社会	前	41,246
	平野　成基	43	男	自民	新	31,388
	松沢　瑞枝	50	女	共産	新	13,223

【第3区】定数3
当	中島　　衛	57	男	新生	前	95,618
当	小川　　元	54	男	自民	元	77,140
当	宮下　創平	65	男	自民	前	76,874
	木島日出夫	46	男	共産	前	53,240
	串原　義直	66	男	社会	前	52,413

【第4区】定数3
当	村井　　仁	56	男	新生	前	121,646
当	唐沢俊二郎	63	男	自民	前	70,020
当	北沢　清功	66	男	社会	前	49,352
	小島　重喜	54	男	無所属	新	33,378
	清水　啓司	41	男	共産	新	13,979

第41回衆議院議員選挙
平成8年(1996年)10月20日実施

【第1区】定数1
当	小坂　憲次	50	男	新進	前	118,386
	田中　秀征	56	男	さき	前	78,401
	若林　正俊	62	男	自民	比前	65,403
	宮川　和浩	36	男	共産	新	21,329

【第2区】定数1
当	村井　　仁	59	男	新進	前	122,483
	望月　雄内	55	男	自民	比新	60,399
比当	北沢　清功	69	男	社民	前	27,930
	清水　啓司	44	男	共産	新	24,990

【第3区】定数1
当	羽田　　孜	61	男	新進	前	161,670
	井出　正一	57	男	さき	比前	70,960
	松沢　瑞枝	53	女	共産	新	25,600

【第4区】定数1
当	小川　　元	57	男	自民	比前	72,810
	後藤　茂之	40	男	新進	新	65,009
比当	木島日出夫	50	男	共産	比元	30,327

【第5区】定数1
当	宮下　創平	68	男	自民	比前	106,449
	中島　　衛	60	男	新進	前	94,496
	山口　典久	35	男	共産	新	21,502

第42回衆議院議員選挙
平成12年(2000年) 6月25日実施

【第1区】定数1
当	小坂　憲次	54	男	自民	比前	127,010
	金久保喜一	43	男	民主	比新	81,289
	中野　早苗	52	女	共産	比新	52,445

【第2区】定数1
当	村井　　仁	63	男	自民	比前	95,046
	下条　みつ	44	男	民主	比新	81,710
比当	山口わか子	65	女	社民	比新	45,584
	清水　啓司	48	男	共産	新	27,858

【第3区】定数1
当	羽田　　孜	64	男	民主	前	163,382
比当	岩崎　忠夫	57	男	自民	比新	67,002
	中沢　憲一	62	男	共産	新	34,110
	細谷登起男	51	男	無所属	新	2,276

【第4区】定数1
当	後藤　茂之	44	男	民主	比新	78,397
	小川　　元	61	男	自民	比前	72,772
比当	木島日出夫	53	男	共産	比前	27,661

【第5区】定数1
当	宮下　創平	72	男	自民㊫前	120,337
	加藤　　隆	50	男	民主　新	55,736
	大坪　　勇	61	男	共産　新	35,141

第43回衆議院議員選挙
平成15年(2003年)11月9日実施

【第1区】定数1
当	小坂　憲次	57	男	自民㊫前	118,065
比当	篠原　　孝	55	男	民主㊫新	111,821
	中野　早苗	55	女	共産　新	32,757

【第2区】定数1
当	下条　みつ	47	男	民主㊫新	108,397
比当	村井　　仁	66	男	自民㊫前	98,756
	山口わか子	68	女	社民　前	26,865
	清水　啓司	51	男	共産　新	18,038

【第3区】定数1
当	羽田　　孜	68	男	民主㊫前	150,203
比当	岩崎　忠夫	60	男	自民㊫前	78,364
	岩谷　昇介	50	男	共産　新	28,083

【第4区】定数1
当	後藤　茂之	47	男	自民㊫前	70,618
比当	堀込　征雄	61	男	民主㊫前	50,651
	浜　万亀彦	67	男	社民㊫新	26,211
	上田　秀昭	49	男	共産　新	15,286

【第5区】定数1
当	宮下　一郎	45	男	自民㊫新	108,567
	加藤　　隆	54	男	民主　新	70,507
	三沢　好夫	59	男	共産　新	20,679
	関　　浩行	43	男	無所属　新	6,408

第44回衆議院議員選挙
平成17年(2005年)9月11日実施

【第1区】定数1
当	小坂　憲次	59	男	自民㊫前	140,831
比当	篠原　　孝	57	男	民主㊫前	121,185
	中野　早苗	57	女	共産㊫新	34,869

【第2区】定数1
当	下条　みつ	49	男	民主㊫前	124,973
	関谷　理記	37	男	自民㊫新	86,735
	山口わか子	70	女	社民　元	30,991
	岸野　正明	39	男	共産　新	17,081
	東城日出子	34	女	無所属　新	7,591

【第3区】定数1
当	羽田　　孜	70	男	民主㊫前	143,728
	岩崎　忠夫	62	男	自民㊫前	102,889
	岩谷　昇介	51	男	共産　新	34,669

【第4区】定数1
当	後藤　茂之	49	男	自民㊫前	87,859
	堀込　征雄	63	男	民主㊫前	66,503
	上田　秀昭	51	男	共産　新	22,349

【第5区】定数1
当	宮下　一郎	47	男	自民㊫前	120,025
	加藤　　学	36	男	民主㊫新	72,505
	三沢　好夫	61	男	共産　新	26,363

第45回衆議院議員選挙
平成21年(2009年)8月30日実施

【第1区】定数1
当	篠原　　孝	61	男	民主㊫前	161,543
	小坂　憲次	63	男	自民㊫前	124,136
	山口　典久	48	男	共産　新	26,872
	横田　基文	31	男	諸派　新	2,535

【第2区】定数1
当	下条　みつ	53	男	民主㊫前	158,666
	務台　俊介	53	男	自民㊫新	79,267
	中川　博司	51	男	社民㊫新	18,603
	岸野　正明	43	男	共産　新	18,529
	上条昭太郎	37	男	無所属　新	6,682
	大槻穂奈美	53	女	諸派　新	2,118

【第3区】定数1
当	羽田　　孜	74	男	民主㊫前	138,614
	岩崎　忠夫	66	男	自民㊫元	106,574
	岩谷　昇介	55	男	共産　新	40,948
	江原　　学	52	男	諸派　新	5,576

【第4区】定数1
当	矢崎　公二	49	男	民主㊫新	106,262
	後藤　茂之	53	男	自民㊫前	63,118
	上田　秀昭	55	男	共産　新	16,575
	増沢　宏昭	48	男	諸派　新	2,878

【第5区】定数1
当	加藤　　学	40	男	民主㊫新	107,300
	宮下　一郎	51	男	自民㊫前	91,836
	三沢　好夫	65	男	共産　新	14,841
	池田　幸代	37	女	社民㊫新	13,576
	原山　幸三	47	男	諸派　新	1,176

第46回衆議院議員選挙
平成24年(2012年)12月16日実施

【第1区】定数1
当	篠原　　孝	64	男	民主㊫前	89,400
比当	小松　　裕	51	男	自民㊫新	79,860
比当	宮沢　隆仁	57	男	維新㊫新	47,870
	武田　良介	33	男	共産　新	27,119

【第2区】定数1
当	務台　俊介	56	男	自民㊫新	93,092
	下条　みつ	56	男	民主㊫前	64,278
	百瀬　智之	29	男	維新㊫新	49,489
	北村　正弘	50	男	共産　新	26,626
	味岡　淳二	53	男	諸派　新	2,239

【第3区】定数1
当	寺島　義幸	59	男	民主㊫新	69,843

比当	井出	庸生	35	男	みんな㊥新	67,750		比当	小松	裕	53	男	自民㊥前	74,137
比当	木内	均	48	男	自民㊥新	62,539			武田	良介	35	男	共産 新	26,903
	井出	泰介	44	男	維新㊥新	29,905			宮沢	隆仁	59	男	次世代㊥前	12,888
	岩谷	昇介	59	男	共産 新	21,433	

【第4区】定数1 （左）／【第2区】定数1 （右）

当	後藤	茂之	57	男	自民㊥元	68,083		当	務台	俊介	58	男	自民㊥前	75,718
	矢崎	公二	53	男	民主 前	47,089			下条	みつ	58	男	民主㊥元	63,558
	三浦	茂樹	43	男	未来㊥新	20,462			百瀬	智之	31	男	維新㊥新	41,232
	上田	秀昭	58	男	共産 新	19,552			清沢	達也	40	男	共産 新	24,006

【第5区】定数1 （左）／【第3区】定数1 （右）

当	宮下	一郎	54	男	自民㊥元	99,225		当	井出	庸生	37	男	維新㊥前	77,289
	加藤	学	44	男	未来㊥前	30,737			寺島	義幸	61	男	民主㊥前	63,397
	花岡	明久	33	男	民主㊥新	26,079		比当	木内	均	50	男	自民㊥前	56,365
	三沢	好夫	68	男	共産 新	18,723			唐沢	千晶	44	女	共産 新	27,947
	池田	幸代	40	女	社民㊥新	15,135	

【第4区】定数1

当	後藤	茂之	59	男	自民㊥前	63,121
	矢崎	公二	55	男	民主㊥元	51,816
	上田	秀昭	60	男	共産㊥新	22,068

第47回衆議院議員選挙
平成26年（2014年）12月14日実施

【第1区】定数1

当	篠原	孝	66	男	民主㊥前	96,333

【第5区】定数1

当	宮下	一郎	56	男	自民㊥前	91,089
	中嶋	康介	37	男	民主㊥新	46,595
	水野	力夫	34	男	共産 新	28,947

比例区・北陸信越

第41回衆議院議員選挙　定数13
平成8年（1996年）10月20日実施

自由民主党　1,407,828票　当選人数　5人

1	当			白川	勝彦	51	男 前
2	当			萩山	教厳	64	男 前
3	当			橘	康太郎	62	男 前
4	当			村山	達雄	81	男 前
5	当			坂本三十次	73	男 前
6	選当	新1	吉田六左エ門			新
6	選当	福2	牧野	隆守			元
6	選当	新3	稲葉	大和			前
6	選当	長4	小川	元			前
6	選当	石3	瓦	力			前
6	選当	新4	栗原	博久			前
6	選当	新2	桜井	新			前
6	選当	富2	住	博司			前
6	選当	新6	高鳥	修			前
6	選当	新5	田中真紀子			前
6	選当	富1	長勢	甚遠			前
6	選当	長5	宮下	創平			前
6	選当	石2	森	喜朗			前
6	選当	富3	綿貫	民輔			前
6		福3	(92.92)	高木	毅	40	男 新
6		福1	(66.91)	平泉	渉	66	男 前
6		長1	(55.24)	若林	正俊	62	男 前
6		長2	(49.31)	望月	雄内	55	男 新
24				塩野谷	晶	32	女 新
25				奥島	貞雄	59	男 新

新進党　1,180,904票　当選人数　4人

1	当			小沢	辰男	79	男 前
2	当			堀込	征雄	54	男 前
3	当			漆原	良夫	51	男 新
4	当	石2	(76.27)	一川	保夫	54	男 新
4		福3	(61.79)	松田	篤之	58	男 新
6				小島	重喜	57	男 新
7				坂田	英夫	45	男 新
8				佐藤	純	27	男 新
9				倉野	立人	34	男 新
10				若林	国昭	39	男 新

民主党　494,666票　当選人数　2人

1	選当	福3	辻	一彦			前
1	当	石1	(81.47)	桑原	豊	51	男 新
1	当	新4	(49.15)	坂上	富男	69	男 前
1		富1	(35.83)	高木	睦子	53	女 新
1		福1	(24.93)	古川太三郎	63	男 新
1		新2	(18.40)	小林	一三	49	男 新
1		石3	(15.22)	鍵主	政範	46	男 新

日本共産党　387,664票　当選人数　1人

1	当	長4		木島日出夫	50	男 元
2		新1		川俣	幸雄	41	男 新
3				日高	三郎	60	男 新

社会民主党　243,287票　当選人数　1人

1	当	長2	(22.80)	北沢	清功	69	男 前

衆議院・比例区(北陸信越)

| 1 | | 新5 | (16.35) | 片岡 | 正英 | 41 | 男 | 新 |

新党さきがけ 125,694票 当選人数 0人

| 1 | | 長3 | | 井出 | 正一 | 57 | 男 | 前 |

新社会党 57,643票 当選人数 0人

| 1 | | 新2 | | 稲村 | 稔夫 | 68 | 男 | 新 |

第42回衆議院議員選挙　定数11
平成12年(2000年)6月25日実施

自由民主党 1,414,622票 当選人数 4人

1	当			高鳥	修	71	男	前
2	当			萩山	教厳	68	男	前
3	当			橘	康太郎	66	男	前
4	当	長3		岩崎	忠夫	57	男	新
5				真島	一男	67	男	新
6	選	石1		馳	浩			新
7				平泉	渉	70	男	元
8	選当	新1		吉田六左エ門				前
8	選当	新3		稲葉	大和			前
8	選当	新4		栗原	博久			前
8	選当	富1		長勢	甚遠			前
8	選当	富2		宮腰	光寛			前
8	選当	富3		綿貫	民輔			前
8	選当	石2		森	喜朗			前
8	選当	石3		瓦	力			前
8	選当	福1		松宮	勲			新
8	選当	福2		牧野	隆守			前
8	選当	福3		高木	毅			新
8	選当	長1		小坂	憲次			前
8	選当	長2		村井	仁			前
8	選当	長5		宮下	創平			前
8		新6	(95.54)	白川	勝彦	55	男	前
8		長4	(92.82)	小川	元	61	男	前
8		新2	(80.94)	桜井	新	67	男	前

民主党 1,024,328票 当選人数 3人

1	当			堀込	征雄	58	男	前
2	当			桑原	豊	54	男	前
3	選当	新6		筒井	信隆			元
3	選当	長3		羽田	孜			前
3	選当	長4		後藤	茂之			新
3	当	石1	(93.66)	奥田	建	41	男	前
3		長2	(85.96)	下条	みつ	44	男	新
3		新1	(81.39)	関山	信之	66	男	元
3		福3	(81.27)	辻	一彦	75	男	前
3		新4	(79.89)	坂上	富男	73	男	前
3		長1	(64.00)	金久保喜一		43	男	新
3		長5	(46.31)	加藤	隆	50	男	新
3		福2	(36.72)	京藤	啓民	59	男	新
3		富2	(35.62)	高岸	由英	49	男	新
3		富3	(30.94)	野畑	圭造	58	男	新
3		石3	(29.69)	池田健三郎		31	男	新
3		福1	(26.75)	青木	康	52	男	新
3		富1	(25.89)	原田	貢彰	31	男	新

自由党 448,526票 当選人数 1人

1	当	石2		一川	保夫	58	男	前
2		富1		広野ただし		57	男	元
3		新4	(96.28)	菊田真紀子		30	女	新
3		新3	(51.34)	白沢	三郎	59	男	元
5				小島	幸治	45	男	新

社会民主党 418,752票 当選人数 1人

1	当	長2	(47.95)	山口わか子		65	女	新
1		新5	(36.41)	目黒吉之助		66	男	元
1		富3	(30.88)	湊谷	道夫	64	男	新
1		新3	(30.69)	倉持	八郎	57	男	新
1		富1	(30.35)	高木	睦子	56	女	新
1		新1	(26.49)	岩崎	駿介	63	男	新

日本共産党 371,247票 当選人数 1人

1	当	長4		木島日出夫		53	男	前
2		新1		川俣	幸雄	45	男	新
3		長1		中野	早苗	52	女	新
4				有坂	哲夫	59	男	新

公明党 354,554票 当選人数 1人

1	当			漆原	良夫	55	男	前
2				池上喜美子		42	女	新
3				坂室	英仁	39	男	新

政党自由連合 10,987票 当選人数 0人

| 1 | | 石3 | ▼ | 種部 | 秀之 | 33 | 男 | 新 |

第43回衆議院議員選挙　定数11
平成15年(2003年)11月9日実施

自由民主党 1,502,822票 当選人数 5人

1	当			萩山	教厳	71	男	前
2	当			橘	康太郎	69	男	前
3	当	長3		岩崎	忠夫	60	男	前
4	選当	新2		近藤	基彦			前
4	選当	新3		稲葉	大和			前
4	選当	富1		長勢	甚遠			前
4	選当	富2		宮腰	光寛			前
4	選当	石2		森	喜朗			前
4	選当	石3		瓦	力			前
4	選当	福1		松宮	勲			前
4	選当	福2		山本	拓			元
4	選当	福3		高木	毅			前
4	選当	長1		小坂	憲次			前
4	選当	長4		後藤	茂之			前
4	選当	長5		宮下	一郎			新
4	当	石1	(97.20)	馳	浩	42	男	前
4	当	長2	(91.10)	村井	仁	66	男	前
4		新1	(80.56)	吉田六左エ門		63	男	前
4		新4	(74.05)	栗原	博久	56	男	前

衆議院・比例区（北陸信越）

4		新6	(72.00)	高鳥　修一	43	男 新
4		新5	(63.12)	星野　行男	71	男 前
22				小林　一三	67	男 新
23				長谷川道郎	57	男 新

民主党　　　　1,424,537票　　当選人数　5人

1	選当	新1		西村智奈美		新
1	選当	新4		菊田真紀子		新
1	選当	新6		筒井　信隆		前
1	選当	石1		奥田　建		前
1	選当	長2		下条　みつ		新
1	選当	長3		羽田　孜		前
1	当	長1	(94.71)	篠原　孝	55	男 新
1	当	長4	(71.72)	堀込　征雄	61	男 前
1	当	石2	(71.65)	一川　保夫	61	男 前
1	当	福2	(68.96)	若泉　征三	58	男 新
1	当	富1	(67.37)	村井　宗明	30	男 新
1		長5	(64.94)	加藤　隆	54	男 新
1		石3	(64.39)	桑原　豊	58	男 前
1		福3	(58.03)	玉村　和夫	53	男 新
1		新2	(51.76)	坂上　富男	76	男 元
1		富2	(45.01)	西尾　政英	42	男 新
1		福1	(29.28)	本郷　史剛	32	男 新

公明党　　　　390,921票　　当選人数　1人

1	当			漆原　良夫	58	男 前
2				渋沢　秀雄	35	男 新

日本共産党　　278,939票　　当選人数　0人

1				木島日出夫	57	男 前
2		新1	▼	川俣　幸雄	48	男 新
3		福1	▼	金元　幸枝	45	女 新

社会民主党　　267,096票　　当選人数　0人

1		新3	(64.67)	倉持　八郎	60	男 新
1		長4	(37.11)	浜　万亀彦	67	男 新
1		富3	(32.42)	窪田　正人	56	男 新
1		長2	(24.78)	山口わか子	68	女 前
1		富2	▼	辰尾　哲雄	54	男 新

第44回衆議院議員選挙　定数11
平成17年（2005年）9月11日実施

自由民主党　　1,665,553票　　当選人数　5人

1	当			長島　忠美	54	男 新
	2	選当	福1	稲田　朋美		新
3	当			瓦　力	68	男 前
	4	選当	新2	近藤　基彦		前
	4	選当	新3	稲葉　大和		前
	4	選当	富1	長勢　甚遠		前
	4	選当	富2	宮腰　光寛		前
	4	選当	石2	森　喜朗		前
	4	選当	石3	北村　茂男		新
	4	選当	福2	山本　拓		前
	4	選当	福3	高木　毅		前
	4	選当	長1	小坂　憲次		前
	4	選当	長4	後藤　茂之		前
	4	選当	長5	宮下　一郎		前
4	当	新6	(89.57)	高鳥　修一	44	男 新
4	当	新1	(86.26)	吉田六左エ門	65	男 元
4		富3	(83.76)	萩山　教厳	73	男 前
4		新4	(81.82)	栗原　洋志	34	男 新
4		新5	(78.67)	米山　隆一	38	男 新
4		長3	(71.58)	岩崎　忠夫	62	男 前
4		長2	(69.40)	関谷　理記	37	男 新

民主党　　　　1,414,392票　　当選人数　4人

1	選当	新1		西村智奈美		前
1	選当	新4		菊田真紀子		前
1	選当	新6		筒井　信隆		前
1	選当	長2		下条　みつ		前
1	選当	長3		羽田　孜		前
1	当	福1	(99.27)	笹木　竜三	48	男 元
1	当	新2	(89.22)	鷲尾英一郎	28	男 新
1	当	長1	(86.04)	篠原　孝	57	男 前
1	当	富1	(80.00)	村井　宗明	32	男 前
1		石1	(76.96)	奥田　建	46	男 前
1		長4	(75.69)	堀込　征雄	63	男 前
1		石3	(66.65)	桑原　豊	59	男 元
1		石2	(64.64)	一川　保夫	63	男 前
1		福3	(64.41)	玉村　和夫	55	男 新
1		長5	(60.40)	加藤　学	36	男 新
1		福2	(59.74)	若泉　征三	60	男 新
1		富2	(53.71)	西尾　政英	44	男 新
1		富3	(39.75)	向井　英二	59	男 新

公明党　　　　403,203票　　当選人数　1人

1	当			漆原　良夫	60	男 前
2				土山　弘子	62	女 新

国民新党　　　300,140票　　当選人数　1人

1	当			糸川　正晃	30	男 新
	2	選当	富3	綿貫　民輔		前
2		新3	(21.34)	鈴木　泰	45	男 新

日本共産党　　293,045票　　当選人数　0人

1				木島日出夫	59	男 元
2		新1	▼	川俣　幸雄	50	男 新
3		長1		中野　早苗	57	女 新

社会民主党　　272,649票　　当選人数　0人

1		新3	(65.45)	宮崎　増次	54	男 新
1		長2	(24.79)	山口わか子	70	女 元
1		富2	▼	秋原　伸行	64	男 新
1		富3	▼	窪田　正人	58	男 新
5				内田　洵子	64	女 新

第45回衆議院議員選挙　定数11
平成21年（2009年）8月30日実施

民主党　　　　　2,007,770票　　当選人数　6人
					氏名			
	1	選当	新1		西村智奈美			前
	1	選当	新2		鷲尾英一郎			前
	1	選当	新3		黒岩　宇洋			新
	1	選当	新4		菊田真紀子			前
	1	選当	新6		筒井　信隆			前
	1	選当	富1		村井　宗明			前
	1	選当	石1		奥田　建			元
	1	選当	石3		近藤　和也			新
	1	選当	長1		篠原　孝			前
	1	選当	長2		下条　みつ			前
	1	選当	長3		羽田　孜			前
	1	選当	長4		矢崎　公二			新
	1	選当	長5		加藤　学			新
1	当	福2	(98.07)		糸川　正晃	34	男	前
1	当	石2	(96.38)		田中美絵子	33	女	新
1	当	福3	(91.86)		松宮　勲	65	男	元
1	当	福1	(91.32)		笹木　竜三	52	男	前
18					沓掛　哲男	79	男	新
19	当				若泉　征三	64	男	元
20					三浦　茂樹	40	男	新
21					武居　博明	51	男	新

自由民主党　　　　1,333,082票　　当選人数　4人
1	当				長島　忠美	58	男	前
	2	選当	富2		宮腰　光寛			前
	2		富3		橘　慶一郎			新
	2	選当	石2		森　喜朗			前
	2		福1		稲田　朋美			前
	2		福2		山本　拓			前
	2	選当	福3		高木　毅			前
2	当	石3	(97.78)		北村　茂男	63	男	前
2	当	石1	(93.23)		馳　浩	48	男	前
2	当	富1	(90.77)		長勢　甚遠	65	男	前
2		長5	(85.58)		宮下　一郎	51	男	前
2		新5	(83.77)		米山　隆一	41	男	新
2		長3	(76.88)		岩崎　忠夫	66	男	元
2		長1	(76.84)		小坂　憲次	63	男	前
2		新6	(71.79)		高島　修一	48	男	前
2		新2	(70.88)		近藤　基彦	55	男	前
2		長4	(59.39)		後藤　茂之	53	男	前
2		新4	(57.42)		栗原　洋志	38	男	新
2		新1	(53.50)		吉田六左エ門	69	男	前
2		長2	(49.95)		務台　俊介	53	男	新
2		新3	(49.71)		稲葉　大和	65	男	前

公明党　　　　　　333,084票　　当選人数　1人
1	当				漆原　良夫	64	男	前
2					田島　公一	34	男	新

日本共産党　　　　274,816票　　当選人数　0人
1		長1	▼		山口　典久	48	男	新
2					中野　早苗	61	女	新
3		新1	▼		武田　勝利	45	男	新
3		福1	▼		金元　幸枝	51	女	新
3		石1	▼		佐藤　正幸	41	男	新
3		富1	▼		佐伯めぐみ	28	女	新

国民新党　　　　　240,333票　　当選人数　0人
1					綿貫　民輔	82	男	前
2					反り目弘国	65	男	新

社会民主党　　　　225,992票　　当選人数　0人
1		富2	(69.54)		藤井　宗一	61	男	新
1		新2	▼		米山　昇	57	男	新
1		新5	▼		伊部　昌一	57	男	新
1		長5	▼		池田　幸代	37	女	新
1		長2	▼		中川　博司	51	男	新

新党日本　　　　　73,614票　　当選人数　0人
1					小林　峰一	47	男	新

幸福実現党　　　　32,312票　　当選人数　0人
1					一倉　洋一	48	男	新
2					三浦　義弘	48	男	新
3					三上　誠	48	男	新
4					加藤　仁康	45	男	新

第46回衆議院議員選挙　定数11
平成24年（2012年）12月16日実施

自由民主党　　　　1,162,095票　　当選人数　4人
	1	選当	新1		石崎　徹			新
	1	選当	新2		細田　健一			新
	1	選当	新3		斎藤　洋明			新
	1	選当	新4		金子　恵美			新
	1	選当	新5		長島　忠美			前
	1	選当	新6		高島　修一			元
	1	選当	富1		田畑　裕明			新
	1	選当	富2		宮腰　光寛			前
	1	選当	富3		橘　慶一郎			前
	1	選当	石1		馳　浩			前
	1	選当	石2		佐々木　紀			新
	1	選当	石3		北村　茂男			前
	1	選当	福1		稲田　朋美			前
	1	選当	福2		山本　拓			前
	1	選当	福3		高木　毅			前
	1	選当	長2		務台　俊介			新
	1	選当	長4		後藤　茂之			元
	1	選当	長5		宮下　一郎			元
1	当	長3	(89.54)		木内　均	48	男	新
1	当	長1	(89.32)		小松　裕	51	男	新
21	当				永山　文雄	62	男	新
22	当				助田　重義	52	男	新
23					渡辺　智康	52	男	新

衆議院・比例区（北陸信越）

				轟	好人	63	男	新
24				小林	孝治	57	男	新
25								

日本維新の会 707,497票 当選人数 3人

1	当			中田	宏	48	男	元
2	当	長1	(53.54)	宮沢	隆仁	57	男	新
2	当	長2	(53.16)	百瀬	智之	29	男	新
2		新5	(44.37)	米山	隆一	45	男	新
2		福1	(43.54)	鈴木	宏治	39	男	新
2		長3	(42.81)	井出	泰介	44	男	新
2		石1	(41.39)	小間井俊輔		31	男	新
2		新4	(39.96)	栗原	博久	65	男	元
2		福3	(27.04)	塚本	崇	38	男	新
10				堀居	哲郎	33	男	新

民主党 682,159票 当選人数 2人

1	選当	長1		篠原	孝			前
1	選当	長3		寺島	義幸			新
1	当	新2	(85.10)	鷲尾英一郎		35	男	前
1	当	新4	(82.54)	菊田真紀子		43	女	前
1		新3	(82.50)	黒岩	宇洋	46	男	前
1		新1	(80.69)	西村智奈美		45	女	前
1		石3	(70.06)	近藤	和也	39	男	前
1		長4	(69.16)	矢崎	公二	53	男	前
1		長2	(69.04)	下条	みつ	56	男	前
1		新6	(67.45)	筒井	信隆	68	男	前
1		新5	(63.98)	田中真紀子		68	女	前
1		富1	(61.29)	村井	宗明	39	男	前
1		福2	(56.29)	糸川	正晃	37	男	前
1		石1	(47.79)	奥田	建	53	男	前
1		福3	(36.57)	松宮	勲	68	男	前
1		福1	(33.78)	笹木	竜三	56	男	前
1		石2	(30.49)	宮本	啓子	65	女	新
1		長5	(26.28)	花岡	明久	33	男	新
1		富3	(21.50)	朴沢	宏明	37	男	新
20				若泉	征三	67	男	前

公明党 307,138票 当選人数 1人

1	当			漆原	良夫	68	男	前
2				田島	公一	39	男	新

みんなの党 275,399票 当選人数 1人

1	当	長3	(97.00)	井出	庸生	35	男	新
1		福2	(25.05)	武田将一朗		42	男	新

日本共産党 210,219票 当選人数 0人

1				藤野	保史	42	男	新
2				中野	早苗	64	女	新

日本未来の党 178,403票 当選人数 0人

1		長5	(30.97)	加藤	学	44	男	前
1		長4	(30.05)	三浦	茂樹	43	男	新
1		新1	(28.60)	内山	航	31	男	新

社会民主党 128,443票 当選人数 0人

1		富2	(24.83)	東	篤	52	男	新
1		新2	(22.28)	渡辺	英明	62	男	新
1		長5	▼	池田	幸代	40	女	新
1		石2	▼	細野	祐治	59	男	新
1		福1	▼	山崎	隆敏	63	男	新
6				桝口	敏行	59	男	新

幸福実現党 15,767票 当選人数 0人

1				及川	幸久	52	男	新
2				吉田かをる		57	女	新
3				横井	基至	32	男	新

第47回衆議院議員選挙 定数11
平成26年（2014年）12月14日実施

自由民主党 1,122,585票 当選人数 5人

1	当			山本	拓	62	男	前
	2	選当	新1	石崎	徹			前
	2	選当	新2	細田	健一			前
	2	選当	新4	金子	恵美			前
	2	選当	新5	長島	忠美			前
	2	選当	新6	高鳥	修一			前
	2	選当	富1	田畑	裕明			前
	2	選当	富2	宮腰	光寛			前
	2	選当	富3	橘	慶一郎			前
	2	選当	石1	馳	浩			前
	2	選当	石2	佐々木	紀			前
	2	選当	石3	北村	茂男			前
	2	選当	福1	稲田	朋美			前
	2	選当	福2	高木	毅			前
	2	選当	長2	務台	俊介			前
	2	選当	長4	後藤	茂之			前
	2	選当	長5	宮下	一郎			前
2	当	新3	(89.95)	斎藤	洋明	38	男	前
2	当	長1	(76.95)	小松	裕	53	男	前
2	当	長3	(72.92)	木内	均	50	男	前
21	当			助田	重義	54	男	前
22				佐藤	俊	33	男	新
23				田伏加南代		72	女	新
24				中森	福代	65	女	元
25				轟	好人	65	男	新

民主党 690,721票 当選人数 3人

1	選当	新3		黒岩	宇洋			元
1	選当	長1		篠原	孝			前
1	当	新2	(99.85)	鷲尾英一郎		37	男	前
1	当	新4	(96.02)	菊田真紀子		45	女	前
1	当	新1	(91.27)	西村智奈美		47	女	元
1		石3	(90.97)	近藤	和也	41	男	元
1		長2	(83.94)	下条	みつ	58	男	元
1		長4	(82.08)	矢崎	公二	55	男	元
1		長3	(82.02)	寺島	義幸	61	男	前
1		石1	(77.97)	田中美絵子		38	女	元
1		新6	(75.04)	梅谷	守	41	男	新
1		長5	(51.15)	中嶋	康介	37	男	新

1		福2	(50.58)	辻	一憲	49	男	新
14				一川	保夫	72	男	元
15				村田	正示	71	男	新

維新の党　　　　432,249票　　当選人数　1人
　　　　　　1　選当　長3　井出　庸生　前
1	当	富1	(56.00)	吉田	豊史	44	男	新
1		長2	(54.45)	百瀬	智之	31	男	前
1		福1	(40.90)	鈴木	宏治	41	男	新
5				近江屋信広		65	男	元

日本共産党　　　315,071票　　当選人数　1人
| 1 | 当 | | | 藤野 | 保史 | 44 | 男 | 新 |
| 2 | | 長4 | | 上田 | 秀昭 | 60 | 男 | 新 |

公明党　　　　　293,194票　　当選人数　1人
| 1 | 当 | | | 漆原 | 良夫 | 70 | 男 | 前 |
| 2 | | | | 田島 | 公一 | 41 | 男 | 新 |

社会民主党　　　99,242票　　当選人数　0人
1		富2	(28.16)	東	篤	54	男	新
1		新2	▼	渡辺	英明	64	男	新
3				石合	祐太	25	男	新

生活の党　　　　75,981票　　当選人数　0人
| 1 | | 新5 | | 森 | ゆうこ | 58 | 女 | 新 |
| 2 | | | | 河上 | 満栄 | 43 | 女 | 元 |

次世代の党　　　58,361票　　当選人数　0人
| 1 | | 長1 | ▼ | 宮沢 | 隆仁 | 59 | 男 | 前 |

幸福実現党　　　19,619票　　当選人数　0人
1				七海ひろこ		30	女	新
2				吉田かをる		59	女	新
3				横井	基至	34	男	新

選挙区・岐阜県

第24回衆議院議員選挙
昭和24年（1949年）1月23日実施

【第1区】定数5

	田中 啓一	54	男	民自	新	43,762
当	田中 啓一	54	男	民自	新	43,762
当	大野 伴睦	60	男	民自	前	42,254
当	木村 公平	44	男	民自	前	39,309
当	武藤 嘉一	53	男	民自	前	38,883
当	柳原 三郎	36	男	民主	新	36,733
	山本 幸一	40	男	社会	前	29,466
	田中 実司	56	男	民自	元	28,589
	平工 喜一	58	男	無所属	前	18,244
	鵜飼 健吉	44	男	共産	新	17,194
	遠藤 英雄	46	男	民主	新	17,145
	後藤 益夫	40	男	無所属	新	17,141
	辻 兼一	50	男	諸派	新	7,091
	中村 宮雄	37	男	諸派	新	4,587

【第2区】定数4

	平野 三郎	38	男	民自	新	52,503
当	平野 三郎	38	男	民自	新	52,503
当	丹羽 彪吉	65	男	民自	新	51,101
当	岡村利右衛門	50	男	民自	前	43,084
当	加藤 鐐造	51	男	社会	元	39,977
	長谷川俊一	46	男	新自	前	25,904
	安東 義良	53	男	民主	前	24,981
	熊崎 藤三	41	男	社革	新	23,122
	尾関 善一	52	男	共産	新	13,060
	渡辺 藤蔵	62	男	諸派	新	6,476
	上島 秀象	47	男	諸派	新	664

第25回衆議院議員選挙
昭和27年（1952年）10月1日実施

【第1区】定数5

	大野 伴睦	61	男	自由	前	80,006
当	大野 伴睦	61	男	自由	前	80,006
当	山本 幸一	42	男	左社	元	52,162
当	柳原 三郎	38	男	改進	前	40,124
当	大橋 忠一	58	男	無所属	新	39,484
当	木村 公平	47	男	自由	前	35,213
	田中 啓一	56	男	自由	前	26,225
	安田 桑次	55	男	自由	元	24,657
	平野 増吉	74	男	改進	元	22,674
	三田村武夫	53	男	無所属	新	13,063
	長尾 忠一	41	男	右社	新	10,696
	野田 満三	39	男	共産	新	8,268
	平工 喜一	60	男	協同	元	6,535
	矢崎 義一	61	男	無所属	新	6,184
	辻 兼一	51	男	諸派	新	3,288

【第2区】定数4

	牧野 良三	67	男	自由	元	73,117
当	牧野 良三	67	男	自由	元	73,117
当	平野 三郎	40	男	自由	前	57,480
当	楢 兼次郎	39	男	左社	新	38,067
当	安東 義良	55	男	改進	元	33,347
	加藤 鐐造	53	男	右社	前	30,824
	交告 弥三	58	男	自由	新	30,007
	高瀬 清	50	男	左社	新	28,045
	長谷川東蔵	48	男	無所属	元	6,718
	島田 貞男	44	男	共産	新	6,093

第26回衆議院議員選挙
昭和28年（1953年）4月19日実施

【第1区】定数5

	大野 伴睦	62	男	自由吉	前	65,753
当	大野 伴睦	62	男	自由吉	前	65,753
当	山本 幸一	43	男	左社	前	57,045
当	大橋 忠一	59	男	無所属	前	44,303
当	柳原 三郎	38	男	改進	前	43,629
当	野田 卯一	49	男	自由吉	新	42,891
	木村 公平	47	男	自由吉	前	34,842
	安田 桑次	55	男	自由	元	23,720
	三田村武夫	53	男	自由鳩	元	22,974
	野田 正男	39	男	共産	新	5,092
	辻 兼一	52	男	諸派	新	4,901

【第2区】定数4

	平野 三郎	41	男	自由吉	前	50,519
当	平野 三郎	41	男	自由吉	前	50,519
当	楢 兼次郎	39	男	左社	前	47,195
当	岡野利右衛門	52	男	無所属	元	42,108
当	加藤 鐐造	53	男	右社	元	41,458
	牧野 良三	67	男	自由吉	前	39,544
	交告 弥三	59	男	自由吉	新	38,268
	安東 義良	55	男	改進	前	32,263
	島田 貞男	44	男	共産	新	4,873
	筧 国雄	45	男	無所属	新	3,769

第27回衆議院議員選挙
昭和30年（1955年）2月27日実施

【第1区】定数5

	大野 伴睦	64	男	自由	前	64,703
当	大野 伴睦	64	男	自由	前	64,703
当	野田 卯一	51	男	自由	前	59,433
当	山本 幸一	44	男	左社	前	50,390
当	大橋 忠一	61	男	民主	前	48,177
当	三田村武夫	55	男	民主	前	43,776
	柳原 三郎	40	男	民主	前	41,240
	木村 公平	49	男	自由	前	37,145
	大野 幸一	49	男	左社	新	18,906
	山口 正義	51	男	右社	新	13,797
	辻 兼一	54	男	諸派	新	6,774

【第2区】定数4

	牧野 良三	69	男	民主	元	80,883
当	牧野 良三	69	男	民主	元	80,883
当	平野 三郎	42	男	自由	前	56,196

当	交告 弥三	61	男	民主	新	56,049
当	楯 兼次郎	41	男	左社	前	49,936
	加藤 鐐造	55	男	右社	前	40,444
	岡村利右衛門	54	男	自由	前	27,865

第28回衆議院議員選挙
昭和33年（1958年）5月22日実施

【第1区】定数5
当	大野 伴睦	67	男	自民	前	81,734
当	大野 幸一	52	男	社会	新	64,506
当	野田 卯一	54	男	自民	前	63,170
当	山本 幸一	48	男	社会	前	52,739
当	三田村武夫	58	男	自民	前	42,236
	木村 公平	52	男	自民	元	37,906
	柳原 三郎	43	男	自民	元	34,630
	大橋 忠一	64	男	自民	前	28,850
	島田 貞男	49	男	共産	新	5,199

【第2区】定数4
当	平野 三郎	46	男	自民	前	81,001
当	加藤 鐐造	58	男	社会	元	71,881
当	交告 弥三	64	男	自民	前	59,548
当	楯 兼次郎	44	男	社会	前	58,709
	牧野 良三	72	男	自民	前	56,337
	可知 一太	33	男	共産	新	6,098

第29回衆議院議員選挙
昭和35年（1960年）11月20日実施

【第1区】定数5
当	大野 伴睦	70	男	自民	前	95,931
当	野田 卯一	57	男	自民	前	67,513
当	木村 公平	55	男	自民	元	60,698
当	山本 幸一	50	男	社会	前	60,406
当	田口 誠治	54	男	社会	新	51,856
	三田村武夫	61	男	自民	前	44,007
	大野 幸一	55	男	民社	前	30,586
	島田 貞男	52	男	共産	新	6,602

【第2区】定数4
当	前田 義雄	54	男	自民	新	69,236
当	楯 兼次郎	47	男	社会	前	67,591
当	金子 一平	47	男	無所属	新	57,606
当	交告 弥三	66	男	自民	前	54,043
	平野 三郎	48	男	自民	前	52,392
	加藤 鐐造	61	男	民社	前	41,535
	可知 一太	35	男	共産	新	6,081

第30回衆議院議員選挙
昭和38年（1963年）11月21日実施

【第1区】定数5
当	大野 伴睦	73	男	自民	前	107,344
当	野田 卯一	60	男	自民	前	67,115
当	田口 誠治	57	男	社会	前	58,632
当	山本 幸一	53	男	社会	前	56,821
当	三田村武夫	64	男	自民	元	45,542
	木村 公平	58	男	自民	前	38,640
	大野 幸一	58	男	民社	元	28,865
	臼井 俊郎	52	男	自民	新	24,854
	島田 貞男	55	男	共産	新	9,007

【第2区】定数4
当	渡辺 栄一	45	男	自民	新	69,769
当	金子 一平	50	男	自民	前	59,103
当	交告 弥三	69	男	自民	前	54,861
当	楯 兼次郎	50	男	社会	前	53,934
	前田 義雄	57	男	自民	前	49,109
	平野 三郎	51	男	無所属	元	44,509
	加藤 鐐造	64	男	民社	元	31,900
	可知 一太	38	男	共産	新	5,623

《補選》第30回衆議院議員選挙
昭和39年（1964年）12月27日実施
※大野伴睦、三田村武夫の死去による

【第1区】被選挙数2
当	大野 明	36	男	自民	新	110,029
当	高橋 重信	46	男	社会	新	76,033
	武藤 嘉文	38	男	無所属	新	74,204
	木村 公平	59	男	無所属	前	52,129
	真野 昭一	37	男	民社	新	10,458
	島田 貞男	56	男	共産	新	6,696

第31回衆議院議員選挙
昭和42年（1967年）1月29日実施

【第1区】定数5
当	松野 幸泰	58	男	無所属	新	94,185
当	武藤 嘉文	40	男	自民	新	73,733
当	大野 明	38	男	自民	前	62,815
当	野田 卯一	63	男	自民	前	58,966
当	山本 幸一	56	男	社会	前	54,794
	沢田 実	43	男	公明	新	45,781
	田口 誠治	60	男	社会	前	39,699
	高橋 重信	48	男	社会	前	39,369
	木村 公平	61	男	自民	元	20,180
	真野 昭一	39	男	民社	新	15,579
	臼井 俊郎	55	男	無所属	新	11,916
	島田 貞男	58	男	共産	新	7,819
	九野 忠利	36	男	無所属	新	1,841
	宇野 忠康	26	男	無所属	新	1,122

【第2区】定数4
当	渡辺 栄一	43	男	自民	前	98,649
当	金子 一平	53	男	自民	前	66,162
当	古屋 亨	58	男	自民	新	66,034
当	楯 兼次郎	53	男	社会	前	55,992
	西村 慶二	39	男	社会	新	44,381

	加藤	鐐造	67	男	民社	元	32,646
	可知	一太	41	男	共産	新	7,054

第32回衆議院議員選挙
昭和44年(1969年)12月27日実施

【第1区】定数5

当	松野	幸泰	61	男	自民	前	90,169
当	武藤	嘉文	43	男	自民	前	89,097
当	大野	明	41	男	自民	前	86,426
当	山本	幸一	59	男	社会	前	73,028
当	野田	卯一	66	男	自民	前	68,077
	太田	淳夫	35	男	公明	新	65,237
	高橋	重信	51	男	社会	元	48,498
	島田	貞男	61	男	共産	新	13,889
	松野	正利	42	男	諸派	新	1,962

【第2区】定数4

当	渡辺	栄一	51	男	自民	前	102,413
当	金子	一平	56	男	自民	前	73,319
当	古屋	亨	60	男	自民	前	71,689
当	楯	兼次郎	56	男	社会	前	43,716
	西村	慶二	42	男	社会	新	40,307
	塚田	昌平	41	男	公明	新	38,460
	可知	一太	44	男	共産	新	10,877
	阿部	速	36	男	民社	新	10,305
	梅村	和正	51	男	諸派	新	179

第33回衆議院議員選挙
昭和47年(1972年)12月10日実施

【第1区】定数5

当	武藤	嘉文	46	男	自民	前	89,613
当	大野	明	44	男	自民	前	83,752
当	松野	幸泰	64	男	自民	前	82,484
当	山本	幸一	62	男	社会	前	80,572
当	野田	卯一	69	男	自民	前	75,900
	太田	淳夫	38	男	公明	新	67,836
	岩崎	昭弥	45	男	社会	新	58,015
	伊藤勝太郎		41	男	民社	新	29,196
	島田	貞男	64	男	共産	新	25,614
	松野	正利	45	男	諸派	新	2,036

【第2区】定数4

当	渡辺	栄一	54	男	自民	前	121,282
当	金子	一平	59	男	自民	前	85,089
当	楯	兼次郎	59	男	社会	前	72,856
当	古屋	亨	63	男	自民	前	69,776
	高橋	貞夫	46	男	共産	新	26,015
	阿部	速	39	男	無所属	新	8,073

第34回衆議院議員選挙
昭和51年(1976年)12月5日実施

【第1区】定数5

当	伏屋	修治	46	男	公明	新	99,481
当	武藤	嘉文	50	男	自民	現	96,340
当	松野	幸泰	68	男	自民	現	94,435
当	大野	明	48	男	自民	現	90,564
当	野田	卯一	73	男	自民	現	87,303
	山本	幸一	66	男	社会	現	85,385
	簑輪	幸代	34	女	共産	新	70,262

【第2区】定数4

当	渡辺	栄一	58	男	自民	現	114,090
当	楯	兼次郎	63	男	社会	現	79,537
当	金子	一平	63	男	自民	現	76,398
当	古屋	亨	67	男	自民	現	70,812
	加藤	守	40	男	共産	新	37,079

第35回衆議院議員選挙
昭和54年(1979年)10月7日実施

【第1区】定数5

当	山本	幸一	69	男	社会	元	110,204
当	武藤	嘉文	52	男	自民	前	109,430
当	大野	明	50	男	自民	前	92,522
当	伏屋	修治	49	男	公明	前	84,319
当	松野	幸泰	70	男	自民	前	78,725
	簑輪	幸代	37	女	共産	新	77,592
	野田	卯一	76	男	自民	前	74,874
	藤根	清	51	男	無所属	新	1,085

【第2区】定数4

当	渡辺	栄一	60	男	自民	前	104,399
当	金子	一平	66	男	自民	前	95,487
当	古屋	亨	70	男	自民	前	66,846
当	楯	兼次郎	66	男	社会	前	64,829
	村井	勝喜	44	男	民社	新	39,017
	市川	英昭	35	男	共産	新	22,324

第36回衆議院議員選挙
昭和55年(1980年)6月22日実施

【第1区】定数5

当	武藤	嘉文	53	男	自民	前	144,606
当	松野	幸泰	71	男	自民	前	123,551
当	大野	明	51	男	自民	前	102,655
当	簑輪	幸代	38	女	共産	新	98,783
当	山本	幸一	70	男	社会	前	97,495
	伏屋	修治	50	男	公明	前	82,982

【第2区】定数4

当	渡辺	栄一	61	男	自民	前	123,666
当	金子	一平	67	男	自民	前	83,626
当	古屋	亨	71	男	自民	前	71,332
当	楯	兼次郎	67	男	社会	前	66,712

	村井	勝喜	45	男	民社	新	46,586
	市川	英昭	36	男	共産	新	21,130

第37回衆議院議員選挙
昭和58年（1983年）12月18日実施

【第1区】定数5

当	武藤	嘉文	57	男	自民	前	108,785
当	伏屋	修治	53	男	公明	元	95,523
当	松野	幸泰	75	男	自民	前	94,117
当	渡辺	嘉蔵	57	男	社会	新	82,729
当	簑輪	幸代	41	女	共産	前	78,898
	大野	明	55	男	自民	前	77,935
	松田	岩夫	46	男	自民	新	63,113
	関谷	秋夫	52	男	自民	新	37,262

【第2区】定数4

当	渡辺	栄一	65	男	自民	前	103,452
当	山下八洲夫		41	男	社会	新	82,478
当	金子	一平	70	男	自民	前	70,415
当	古屋	亨	74	男	自民	前	62,342
	村井	勝喜	48	男	民社	新	59,239
	永江	正道	34	男	共産	新	17,446

第38回衆議院議員選挙
昭和61年（1986年）7月6日実施

【第1区】定数5

当	大野	明	57	男	自民	元	130,707
当	武藤	嘉文	59	男	自民	前	110,591
当	松田	岩夫	49	男	無所属	新	107,657
当	松野	幸泰	77	男	自民	前	89,632
当	伏屋	修治	56	男	公明	前	87,437
	渡辺	嘉蔵	60	男	社会	前	78,228
	簑輪	幸代	44	女	共産	前	76,481

【第2区】定数4

当	渡辺	栄一	67	男	自民	前	98,616
当	金子	一義	43	男	自民	新	89,772
当	古屋	亨	77	男	自民	前	88,961
当	山下八洲夫		43	男	社会	前	70,658
	村井	勝喜	51	男	民社	新	55,844
	永江	正道	37	男	共産	新	18,153
	山本	鉐	68	男	無所属	新	10,563

第39回衆議院議員選挙
平成2年（1990年）2月18日実施

【第1区】定数5

当	渡辺	嘉蔵	64	男	社会	元	131,427
当	武藤	嘉文	63	男	自民	前	111,443
当	大野	明	61	男	自民	前	101,171
当	松田	岩夫	52	男	自民	前	92,709
当	伏屋	修治	60	男	公明	前	83,269
	簑輪	幸代	47	女	共産	元	79,832
	松野	幸昭	45	男	無所属	新	58,799
	野田	聖子	29	女	無所属	新	58,587
	河瀬	和雄	43	男	無所属	新	1,172

【第2区】定数4

当	金子	一義	47	男	自民	前	91,628
当	渡辺	栄一	71	男	自民	前	89,158
当	古屋	圭司	37	男	自民	新	86,871
当	山下八洲夫		47	男	社会	前	86,472
	竹ノ内信三		56	男	社会	新	79,715
	村井	勝喜	55	男	無所属	新	14,884
	永江	正道	40	男	共産	新	14,146

第40回衆議院議員選挙
平成5年（1993年）7月18日実施

【第1区】定数5

当	松田	岩夫	56	男	新生	前	128,730
当	武藤	嘉文	66	男	自民	前	116,991
当	野田	聖子	32	女	自民	新	95,734
当	渡辺	嘉蔵	67	男	社会	前	89,509
当	河合	正智	49	男	公明	新	86,682
	大野	明	64	男	自民	前	78,992
	棚橋	泰文	30	男	無所属	新	62,367
	木下	律子	46	女	共産	新	36,918
	山田	義秋	31	男	無所属	新	2,906

【第2区】定数4

当	藤井	孝男	50	男	自民	新	97,714
当	金子	一義	50	男	自民	前	92,503
当	山下八洲夫		50	男	社会	前	85,540
当	古屋	圭司	40	男	自民	前	78,019
	高井	和伸	52	男	日本新	新	72,481
	坂下	貞志	35	男	共産	新	18,319

第41回衆議院議員選挙
平成8年（1996年）10月20日実施

【第1区】定数1

当	野田	聖子	36	女	自民㊗	前	70,799
	松田	岩夫	59	男	新進	前	66,892
	渡辺	嘉蔵	70	男	民主㊗	前	33,640
	木下	律子	49	女	共産	新	19,509

【第2区】定数1

当	棚橋	泰文	33	男	自民㊗	新	94,796
	小嶋昭次郎		42	男	新進	新	69,808
	西本	裕二	41	男	共産	新	16,840

【第3区】定数1

当	武藤	嘉文	69	男	自民㊗	前	117,933
	吉岡	徹男	48	男	新進	新	75,038
	倉田	倬治	64	男	共産	新	29,071

【第4区】定数1

当	藤井	孝男	53	男	自民㊗	前	131,976
	高井	和伸	55	男	新進	新	67,082
	白川	光雄	61	男	共産	新	28,115

【第５区】 定数１

当	古屋　圭司	43	男	自民[比]	前	79,133
	安藤　通広	61	男	新進	新	50,496
	山下八洲夫	54	男	無所属	前	34,764
	稲熊　治郎	71	男	共産	新	13,272
	近藤　秀一	41	男	民主[比]	新	8,935

第42回衆議院議員選挙

平成12年(2000年) 6 月25日実施

【第１区】 定数１

当	野田　聖子	39	女	自民[比]	前	100,425
	渡辺　嘉蔵	74	男	民主[比]	元	56,751
	木下　律子	53	女	共産	新	21,523
	戸田　二郎	49	男	社民[比]	新	11,171
	間宮　清介	43	男	自連	新	1,975

【第２区】 定数１

当	棚橋　泰文	37	男	自民[比]	前	120,053
	小嶋昭次郎	46	男	民主[比]	新	75,983
	森桜　房義	43	男	共産	新	13,635

【第３区】 定数１

当	武藤　嘉文	73	男	自民[比]	前	129,842
	園田　康博	33	男	民主[比]	新	89,874
	小川　　理	47	男	共産	新	25,042

【第４区】 定数１

当	金子　一義	57	男	自民[比]	前	157,761
	山田　良司	39	男	民主[比]	新	72,675
	白川　光雄	64	男	共産	新	22,078

【第５区】 定数１

当	古屋　圭司	47	男	自民[比]	前	114,654
	武田　規男	35	男	民主[比]	新	56,658
	加藤　隆雄	51	男	共産[比]	新	27,684

第43回衆議院議員選挙

平成15年(2003年)11月 9 日実施

【第１区】 定数１

当	野田　聖子	43	女	自民[比]	前	92,717
	浅野　　真	34	男	民主[比]	新	71,649
	木下　律子	56	女	共産	新	15,951

【第２区】 定数１

当	棚橋　泰文	40	男	自民[比]	前	118,748
	大石　里奈	26	女	民主[比]	新	60,118
	高木　光弘	44	男	共産	新	13,846

【第３区】 定数１

当	武藤　嘉文	76	男	自民	前	115,221
比当	園田　康博	36	男	民主[比]	新	110,796
	宮川　勝義	61	男	共産	新	15,278

【第４区】 定数１

当	藤井　孝男	60	男	自民[比]	前	156,179
	山田　良司	43	男	民主[比]	新	75,240
	吾郷　武日	58	男	共産	新	13,312

【第５区】 定数１

当	古屋　圭司	51	男	自民[比]	前	110,553
	武田　規男	38	男	民主[比]	新	67,546
	井上　　諭	36	男	共産	新	14,834

第44回衆議院議員選挙

平成17年(2005年) 9 月11日実施

【第１区】 定数１

当	野田　聖子	45	女	無所属	前	96,985
比当	佐藤ゆかり	44	女	自民[比]	新	81,189
	柴橋　正直	26	男	民主[比]	新	38,349
	小川　　理	52	男	共産	新	9,970

【第２区】 定数１

当	棚橋　泰文	42	男	自民[比]	前	130,953
	大石　里奈	28	女	民主[比]	新	66,823
	高木　光弘	46	男	共産	新	14,224

【第３区】 定数１

当	武藤　容治	49	男	自民[比]	新	137,562
比当	園田　康博	38	男	民主[比]	前	120,598
	山田　一枝	65	女	共産	新	21,091

【第４区】 定数１

当	金子　一義	62	男	自民[比]	前	126,921
	藤井　孝男	62	男	無所属	前	98,419
	熊谷　正慶	32	男	民主[比]	新	39,165
	籠山　佐敏	53	男	共産	新	9,412

【第５区】 定数１

当	古屋　圭司	52	男	無所属	前	88,874
	和仁　隆明	30	男	自民[比]	新	55,432
	阿知波吉信	42	男	民主[比]	新	52,976
	井上　　諭	37	男	共産	新	14,143

第45回衆議院議員選挙

平成21年(2009年) 8 月30日実施

【第１区】 定数１

当	柴橋　正直	30	男	民主[比]	新	111,987
比当	野田　聖子	48	女	自民[比]	前	99,500
	鈴木　正典	45	男	共産[比]	新	9,832
	小沢　和恵	25	女	諸派	新	2,508

【第２区】 定数１

当	棚橋　泰文	46	男	自民[比]	前	118,198
比当	橋本　　勉	56	男	民主[比]	新	95,750
	浜石　　昭	49	男	諸派	新	4,150

【第３区】 定数１

当	園田　康博	42	男	民主[比]	前	165,017
	武藤　容治	53	男	自民[比]	前	116,353
	馬渕　保彦	45	男	諸派	新	6,341

【第４区】 定数１

当	金子　一義	66	男	自民[比]	前	141,679
比当	今井　雅人	47	男	民主[比]	新	120,525
	川合　剛弘	47	男	諸派	新	5,666

【第５区】定数１

当	阿知波吉信	46	男	民主[比]	新	114,676
比当	古屋　圭司	56	男	自民[比]	前	100,931

第46回衆議院議員選挙

平成24年(2012年)12月16日実施

【第１区】定数１

当	野田　聖子	52	女	自民[比]	前	90,164
	柴橋　正直	33	男	民主[比]	前	54,254
	笠原多見子	47	女	未来[比]	前	21,294
	鈴木　正典	49	男	共産	新	12,687
	野原　典子	56	女	諸派	新	2,179

【第２区】定数１

当	棚橋　泰文	49	男	自民[比]	前	114,983
	橋本　　勉	59	男	未来[比]	前	31,622
	堀　　　誠	39	男	民主[比]	新	22,790
	高木　光弘	53	男	共産	新	11,855

【第３区】定数１

当	武藤　容治	57	男	自民[比]	元	120,865
	園田　康博	45	男	民主[比]	前	70,107
	木村　周二	55	男	未来[比]	新	30,893
	服部　頼義	54	男	共産	新	15,979

【第４区】定数１

当	金子　一義	69	男	自民[比]	前	121,761
比当	今井　雅人	50	男	維新[比]	前	59,449
	熊崎　陽一	25	男	民主[比]	新	32,403
	日下部俊雄	64	男	共産	新	15,808

【第５区】定数１

当	古屋　圭司	60	男	自民[比]	前	98,718
	阿知波吉信	49	男	民主[比]	前	55,283
	井上　　諭	45	男	共産	新	18,837
	加納有輝彦	52	男	諸派	新	4,789

第47回衆議院議員選挙

平成26年(2014年)12月14日実施

【第１区】定数１

当	野田　聖子	54	女	自民[比]	前	82,434
	吉田　里江	49	女	民主[比]	新	38,402
	大須賀志津香	55	女	共産	新	22,647

【第２区】定数１

当	棚橋　泰文	51	男	自民[比]	前	108,234
	森桜　房義	58	男	共産	新	35,092

【第３区】定数１

当	武藤　容治	59	男	自民[比]	前	107,872
	園田　康博	47	男	民主[比]	元	77,074
	服部　頼義	56	男	共産	新	20,276

【第４区】定数１

当	金子　一義	71	男	自民[比]	前	104,139
比当	今井　雅人	52	男	維新[比]	前	80,042
	伊嵩　明博	63	男	共産	新	18,325

【第５区】定数１

当	古屋　圭司	62	男	自民[比]	前	90,116
	阿知波吉信	51	男	民主[比]	元	53,111
	鷹見　信義	68	男	共産	新	18,215

選挙区・静岡県

第24回衆議院議員選挙

昭和24年(1949年)１月23日実施

【第１区】定数５

当	五島　秀次	41	男	民自	新	58,169
当	神田　　博	46	男	民自	前	50,849
当	西村　直己	44	男	民自	新	47,236
当	砂間　一良	46	男	共産	新	44,330
当	水野彦治郎	55	男	無所属	新	36,065
	佐藤虎次郎	47	男	民自	元	35,271
	加藤　静雄	38	男	社会	前	34,575
	長谷川正孝	50	男	民自	新	25,995
	古川　大航	79	男	無所属	新	23,987
	岡野　繁蔵	55	男	民主	前	20,575
	池谷　信一	50	男	社会	前	12,868
	杉山　公紳	49	男	民自	新	11,106
	青島保太郎	40	男	国協	新	9,802

【第２区】定数５

当	遠藤　三郎	45	男	民自	新	69,129
当	畠山　鶴吉	54	男	民自	新	51,453
当	宮幡　　靖	49	男	民自	前	37,065
当	勝間田清一	42	男	社会	前	29,957
当	小松　勇次	57	男	民主	前	28,304
	山崎　道子	49	女	社会	前	28,088
	加藤　一雄	49	男	民自	新	27,399
	石井　信雄	33	男	共産	新	27,351
	赤池　義男	51	男	無所属	新	12,805
	古郡　利郎	42	男	無所属	新	9,824

【第３区】定数４

当	中村　幸八	45	男	民自	新	57,001
当	竹山祐太郎	48	男	国協	前	43,107
当	金原　舜二	55	男	民自	新	41,085
当	足立　篤郎	39	男	民自	新	34,914
	鈴木里一郎	57	男	民自	前	28,845
	加藤忠七郎	37	男	社会	新	21,639
	坪井　亀蔵	49	男	国協	前	19,089
	岡田シズエ	40	女	無所属	新	16,313
	山崎　光雄	45	男	共産	新	14,558
	川合　彰武	43	男	社会	前	13,519
	岡本　　孝	45	男	民主	新	13,091
	多田　政一	38	男	諸派	新	3,763

第25回衆議院議員選挙
昭和27年(1952年)10月1日実施

【第1区】定数5
当	高見 三郎	48	男	自由	新	66,242
当	戸塚九一郎	61	男	自由	新	56,812
当	下川儀太郎	48	男	左社	新	55,098
当	西村 直己	46	男	自由	前	54,842
当	佐藤虎次郎	50	男	自由	元	48,632
	塩原時三郎	56	男	自由	新	43,473
	神田 博	48	男	自由	前	40,624
	長谷川正孝	50	男	自由	新	23,165
	砂間 一良	49	男	共産	前	16,329
	大村巳代治	51	男	右社	新	12,311
	中村 寛二	47	男	改進	新	6,720
	小田 俊与	45	男	諸派	新	6,609

【第2区】定数5
当	勝間田清一	44	男	左社	前	61,475
当	石橋 湛山	67	男	自由	元	56,323
当	遠藤 三郎	48	男	自由	前	48,320
当	宮幡 靖	52	男	自由	前	39,277
当	山田 弥一	46	男	自由	新	35,943
	久保田 豊	46	男	無所属	新	31,865
	小松 勇次	58	男	改進	前	23,919
	山崎 釼二	49	男	右社	元	18,280
	長谷川 寛	45	男	無所属	新	12,211
	古郡 利郎	44	男	無所属	新	3,996
	椚瀬 恭	49	男	無所属	新	621

【第3区】定数4
当	太田 正孝	65	男	自由	元	64,050
当	長谷川 保	49	男	左社	元	58,990
当	竹山祐太郎	51	男	改進	前	53,898
当	中村 幸八	53	男	自由	前	47,713
	足立 篤郎	42	男	自由	前	46,804
	金原 舜二	58	男	自由	前	30,282
	岡田シズエ	43	女	無所属	新	10,237
	川合 彰武	45	男	右社	元	7,315
	佐藤 清	40	男	共産	新	4,536

第26回衆議院議員選挙
昭和28年(1953年)4月19日実施

【第1区】定数5
当	下川儀太郎	49	男	左社	前	64,596
当	佐藤虎次郎	51	男	自由鳩	前	62,719
当	西村 直己	47	男	自由吉	前	62,045
当	戸塚九一郎	61	男	自由吉	前	59,947
当	塩原時三郎	57	男	自由吉	新	52,822
	高見 三郎	49	男	自由吉	前	49,457
	神田 博	49	男	自由吉	元	47,250
	渋谷 昇次	40	男	右社	元	19,891
	砂間 一良	50	男	共産	元	14,301

【第2区】定数5
当	勝間田清一	45	男	左社	前	59,131
当	久保田 豊	47	男	労農	新	52,348
当	石橋 湛山	68	男	自由鳩	前	50,845
当	遠藤 三郎	48	男	自由吉	前	46,079
当	山田 弥一	46	男	自由吉	前	43,980
	宮幡 靖	52	男	自由吉	前	38,288
	長谷川 寛	46	男	右社	新	19,280
	岸 衛	67	男	改進	元	11,972

【第3区】定数4
当	長谷川 保	49	男	左社	前	61,516
当	足立 篤郎	42	男	自由吉	元	55,467
当	竹山祐太郎	51	男	改進	前	54,133
当	中村 幸八	54	男	自由吉	前	48,896
	太田 正孝	66	男	自由吉	前	48,670
	田畑 政治	54	男	自由吉	新	30,345
	岡田シズエ	44	女	右社	新	16,691
	佐藤 清	40	男	共産	新	4,763

第27回衆議院議員選挙
昭和30年(1955年)2月27日実施

【第1区】定数5
当	高見 三郎	51	男	民主	元	91,645
当	神田 博	51	男	自由	元	67,581
当	戸塚九一郎	63	男	自由	前	60,687
当	下川儀太郎	50	男	左社	前	58,944
当	西村 直己	49	男	自由	前	57,002
	佐藤虎次郎	53	男	民主	前	53,421
	塩原時三郎	58	男	自由	前	28,857
	鈴木 重郎	30	男	無所属	新	14,999
	砂間 一良	52	男	共産	元	13,466
	小田 俊与	48	男	無所属	新	5,901
	中村 兼文	45	男	無所属	新	4,563
	栗林 敏夫	48	男	右社	新	4,111
	小永井圭三	57	男	無所属	新	763

【第2区】定数5
当	石橋 湛山	70	男	民主	前	61,040
当	遠藤 三郎	50	男	民主	前	60,543
当	勝間田清一	46	男	左社	前	55,753
当	久保田 豊	49	男	労農	前	39,127
当	畠山 鶴吉	60	男	自由	元	38,257
	山田 弥一	48	男	自由	前	36,800
	石川右三郎	56	男	民主	新	31,628
	岩崎 昇策	36	男	左社	新	20,660
	阿賀 正美	51	男	右社	新	6,991
	勝田 圭治	46	男	無所属	新	2,601

【第3区】定数4
当	竹山祐太郎	53	男	民主	前	79,448
当	太田 正孝	68	男	自由	元	57,390
当	長谷川 保	51	男	左社	前	53,940
当	足立 篤郎	44	男	自由	前	50,517
	中村 幸八	56	男	自由	前	40,290

	金原　舜二	61	男	民主	元	36,440
	竹本　孫一	48	男	右社	新	17,286
	佐藤　　清	42	男	共産	新	5,530

第28回衆議院議員選挙
昭和33年(1958年) 5月22日実施

【第1区】 定数5

当	西村　直己	52	男	自民	前	105,413
当	佐藤虎次郎	56	男	自民	元	88,350
当	勝沢　芳雄	37	男	社会	新	83,259
当	松岡嘉兵衛	54	男	自民	新	72,585
当	高見　三郎	54	男	自民	前	67,071
	神田　　博	54	男	自民	前	60,782
	砂間　一良	55	男	共産	元	19,326

【第2区】 定数5

当	久保田　豊	52	男	社会	前	66,279
当	遠藤　三郎	54	男	自民	前	65,234
当	石橋　湛山	73	男	自民	前	58,962
当	山田　弥一	52	男	自民	元	57,354
当	勝間田清一	50	男	社会	前	56,271
	畠山　鶴吉	63	男	自民	前	47,835
	石川右三郎	59	男	無所属	新	17,017
	遠藤　重市	48	男	無所属	新	13,825
	石井　信雄	41	男	共産	新	7,745
	小永井圭三	60	男	無所属	新	495

【第3区】 定数4

当	中村　幸八	59	男	自民	元	80,806
当	長谷川　保	54	男	社会	前	68,172
当	竹山祐太郎	57	男	自民	前	60,971
当	足立　篤郎	47	男	自民	前	59,396
	太田　正孝	71	男	自民	前	58,008
	竹本　孫一	51	男	社会	新	35,761
	佐藤　　清	45	男	共産	新	5,982

第29回衆議院議員選挙
昭和35年(1960年)11月20日実施

【第1区】 定数5

当	神田　　博	56	男	自民	元	96,774
当	勝沢　芳雄	39	男	社会	前	75,775
当	西村　直己	55	男	自民	前	74,887
当	高見　三郎	56	男	自民	前	72,200
当	佐藤虎次郎	58	男	自民	前	66,440
	松岡嘉兵衛	57	男	自民	前	64,619
	大石　八治	52	男	自民	新	53,624
	国塩耕一郎	55	男	民社	新	15,591
	中村　義雄	53	男	共産	新	7,005
	田島　瑞夫	44	男	無所属	新	3,783

【第2区】 定数5

当	遠藤　三郎	56	男	自民	前	88,612
当	勝間田清一	52	男	社会	前	73,298
当	石橋　湛山	76	男	自民	前	54,738
当	山田　弥一	54	男	自民	前	53,727
当	久保田　豊	55	男	社会	前	53,007
	岩崎　昇策	42	男	民社	新	35,845
	遠藤　重市	50	男	無所属	新	15,075
	石井　信雄	44	男	共産	新	9,198

【第3区】 定数4

当	竹山祐太郎	59	男	自民	前	75,737
当	足立　篤郎	50	男	自民	前	73,339
当	中村　幸八	61	男	自民	前	71,189
当	長谷川　保	57	男	社会	前	68,616
	竹本　孫一	53	男	民社	新	54,411
	岩崎　　豊	70	男	無所属	新	16,556
	脇　　　洵	36	男	共産	新	4,959
	志賀口　覚	48	男	無所属	新	4,048

第30回衆議院議員選挙
昭和38年(1963年)11月21日実施

【第1区】 定数5

当	西村　直己	58	男	自民	前	96,985
当	大石　八治	55	男	自民	新	83,927
当	高見　三郎	59	男	自民	前	83,286
当	神田　　博	59	男	自民	前	82,617
当	勝沢　芳雄	42	男	社会	前	78,912
	相川　久吉	57	男	社会	新	53,726
	花園　一郎	49	男	無所属	新	45,842
	中村　義雄	56	男	共産	新	11,199
	小田　俊与	56	男	無所属	新	1,483

【第2区】 定数5

当	木部　佳昭	37	男	自民	新	78,248
当	勝間田清一	55	男	社会	前	77,079
当	遠藤　三郎	59	男	自民	前	72,016
当	久保田　豊	58	男	社会	前	57,232
当	山田　弥一	57	男	自民	前	53,374
	石橋　湛山	79	男	自民	前	47,206
	岩崎　昇策	45	男	民社	新	31,615
	石井　信雄	47	男	共産	新	10,340

【第3区】 定数4

当	竹山祐太郎	62	男	自民	前	75,862
当	長谷川　保	60	男	社会	前	74,005
当	中村　幸八	64	男	自民	前	73,902
当	竹本　孫一	56	男	民社	新	71,569
	足立　篤郎	53	男	自民	前	67,602
	太田　正光	39	男	無所属	新	22,729
	脇　　　洵	40	男	共産	新	6,743

第31回衆議院議員選挙
昭和42年(1967年) 1月29日実施

【第1区】 定数5

当	西村　直己	61	男	自民	前	124,054
当	高見　三郎	63	男	自民	前	91,491
当	神田　　博	63	男	自民	前	88,746

	氏名	年齢	性別	党派	新旧	得票数
当	大石 八治	58	男	自民	前	79,208
当	勝沢 芳雄	46	男	社会	前	75,506
	渋谷 昇次	53	男	社会	元	74,231
	花園 一郎	52	男	無所属	新	27,811
	元場鉄太郎	46	男	共産	新	13,604

【第2区】定数5

	氏名	年齢	性別	党派	新旧	得票数
当	遠藤 三郎	62	男	自民	前	78,493
当	斎藤 寿夫	59	男	無所属	新	76,769
当	勝間田清一	58	男	社会	前	68,185
当	木部 佳昭	40	男	自民	前	56,656
当	渡辺 芳男	47	男	社会	新	56,482
	丸山 勇	40	男	公明	新	54,725
	山田 弥一	60	男	自民	前	31,174
	渡辺 朗	41	男	民社	新	26,769
	奥田 吉郎	36	男	無所属	新	15,715
	太田慶太郎	60	男	共産	新	10,413

【第3区】定数4

	氏名	年齢	性別	党派	新旧	得票数
当	足立 篤郎	56	男	自民	元	116,010
当	竹本 孫一	60	男	民社	前	72,547
当	斉藤 正男	48	男	社会	新	68,244
当	塩谷 一夫	47	男	自民	新	54,444
	太田 正光	42	男	自民	新	50,193
	坂井 辰雄	44	男	無所属	新	45,567
	脇 洵	43	男	共産	新	11,104

第32回衆議院議員選挙
昭和44年(1969年)12月27日実施

【第1区】定数5

	氏名	年齢	性別	党派	新旧	得票数
当	西村 直己	64	男	自民	前	112,303
当	大石 八治	61	男	自民	前	103,955
当	神田 博	66	男	自民	前	89,617
当	高見 三郎	65	男	自民	前	81,317
当	勝沢 芳雄	48	男	社会	前	75,688
	藪仲 義彦	33	男	公明	新	73,194
	渋谷 昇次	56	男	社会	元	63,223
	元場鉄太郎	49	男	共産	新	22,880

【第2区】定数5

	氏名	年齢	性別	党派	新旧	得票数
当	斉藤滋与史	51	男	自民	新	87,689
当	遠藤 三郎	65	男	自民	前	79,897
当	丸山 勇	43	男	公明	新	78,247
当	木部 佳昭	43	男	自民	前	73,793
当	勝間田清一	61	男	社会	前	67,572
	渡辺 芳男	50	男	社会	前	60,340
	渡辺 朗	44	男	民社	新	51,836
	荻沢 稔	40	男	共産	新	11,258
	奥田 吉郎	38	男	無所属	新	9,602

【第3区】定数4

	氏名	年齢	性別	党派	新旧	得票数
当	足立 篤郎	59	男	自民	前	87,977
当	斉藤 正男	51	男	社会	前	78,961
当	塩谷 一夫	49	男	自民	前	76,075
当	竹本 孫一	63	男	民社	前	72,547
	太田 正光	45	男	自民	新	59,549

	氏名	年齢	性別	党派	新旧	得票数
	伊地知 弘	36	男	公明	新	57,087
	脇 洵	46	男	共産	新	14,737
	河合平太郎	61	男	無所属	新	5,345

第33回衆議院議員選挙
昭和47年(1972年)12月10日実施

【第1区】定数5

	氏名	年齢	性別	党派	新旧	得票数
当	大石 千八	37	男	自民	新	111,164
当	勝沢 芳雄	51	男	社会	前	93,129
当	西村 直己	67	男	自民	前	92,906
当	栗田 翠	40	女	共産	新	87,412
当	高見 三郎	68	男	自民	前	80,624
	神田 博	68	男	自民	前	80,501
	藪仲 義彦	36	男	公明	新	76,333
	野呂信次郎	63	男	民社	新	27,811
	佐塚 重義	37	男	無所属	新	11,969

【第2区】定数5

	氏名	年齢	性別	党派	新旧	得票数
当	斉藤滋与史	54	男	自民	前	86,971
当	勝間田清一	64	男	社会	前	77,398
当	木部 佳昭	46	男	自民	前	70,520
当	高橋 繁	50	男	公明	新	67,848
当	栗原 祐幸	52	男	自民	新	66,227
	渡辺 芳男	53	男	社会	元	64,235
	小島 静馬	43	男	自民	新	55,728
	渡辺 朗	47	男	民社	新	55,302
	荻沢 稔	43	男	共産	新	19,843
	稲葉 真澄	25	男	無所属	新	2,887

【第3区】定数4

	氏名	年齢	性別	党派	新旧	得票数
当	足立 篤郎	62	男	自民	前	138,274
当	塩谷 一夫	52	男	自民	前	91,162
当	斉藤 正男	54	男	社会	前	84,548
当	竹本 孫一	65	男	民社	前	75,586
	森川 健	43	男	共産	新	36,925

第34回衆議院議員選挙
昭和51年(1976年)12月5日実施

【第1区】定数5

	氏名	年齢	性別	党派	新旧	得票数
当	永原 稔	55	男	新自ク	新	111,030
当	大石 千八	41	男	自民	現	109,730
当	原田昇左右	53	男	自民	新	105,233
当	佐野 嘉吉	66	男	自民	新	103,174
当	藪仲 義彦	40	男	公明	新	94,160
	栗田 翠	44	女	共産	現	79,967
	勝沢 芳雄	55	男	社会	現	63,402
	小長井良浩	42	男	社会	新	47,898
	花園 一郎	62	男	無所属	新	3,514

【第2区】定数5

	氏名	年齢	性別	党派	新旧	得票数
当	渡辺 朗	51	男	民社	新	97,968
当	栗原 祐幸	56	男	自民	現	86,612
当	斉藤滋与史	58	男	自民	現	80,133
当	渡辺 芳男	57	男	社会	元	74,761

当	小島 静馬	47	男	自民	新	72,390	
	高橋 繁	54	男	公明	現	70,569	
	木部 佳昭	50	男	自民	現	69,106	
	勝間田清一	68	男	社会	現	59,368	
	山田 洋	54	男	共産	新	22,339	

【第3区】定数4

当	塩谷 一夫	56	男	自民	現	117,947	
当	竹本 孫一	69	男	民社	現	106,162	
当	足立 篤郎	66	男	自民	現	99,291	
当	斉藤 正男	58	男	社会	現	86,023	
	森川 健	47	男	共産	新	47,338	

第35回衆議院議員選挙
昭和54年(1979年)10月7日実施

【第1区】定数5

当	原田昇左右	56	男	自民	前	113,581
当	大石 千八	43	男	自民	前	110,854
当	栗田 翠	47	女	共産	元	96,973
当	藪仲 義彦	43	男	公明	前	95,451
当	佐野 嘉吉	69	男	自民	前	90,312
	堀田 昭夫	50	男	社会	新	79,287
	永原 稔	58	男	新自ク	前	50,911
	小長井良浩	45	男	無所属	新	31,421

【第2区】定数5

当	斉藤滋与史	61	男	自民	前	100,381
当	勝間田清一	71	男	社会	元	90,268
当	渡辺 朗	54	男	民社	前	78,229
当	高橋 繁	57	男	公明	元	77,787
当	栗原 祐幸	59	男	自民	前	72,490
	木部 佳昭	53	男	自民	元	68,296
	小島 静馬	50	男	自民	前	67,032
	渡辺 芳男	60	男	社会	前	49,339
	鶴谷 鉄男	46	男	共産	新	14,118

【第3区】定数4

当	足立 篤郎	69	男	自民	前	97,262
当	塩谷 一夫	59	男	自民	前	89,777
当	竹本 孫一	72	男	民社	前	79,723
当	斉藤 正男	61	男	社会	前	73,046
	柳沢 伯夫	44	男	無所属	新	53,443
	内田 隆司	41	男	無所属	新	41,319
	森川 健	50	男	共産	新	30,190

第36回衆議院議員選挙
昭和55年(1980年)6月22日実施

【第1区】定数5

当	大石 千八	44	男	自民	前	136,266
当	原田昇左右	56	男	自民	前	130,109
当	佐野 嘉吉	69	男	自民	前	123,016
当	藪仲 義彦	44	男	公明	前	98,661
当	栗田 翠	48	女	共産	前	96,664
	堀田 昭夫	51	男	社会	新	90,625
	小長井良浩	45	男	無所属	新	37,026

【第2区】定数5

当	勝間田清一	72	男	社会	前	103,152
当	斉藤滋与史	61	男	自民	前	95,195
当	栗原 祐幸	60	男	自民	前	93,985
当	木部 佳昭	54	男	自民	元	89,838
当	渡辺 朗	54	男	民社	前	84,218
	高橋 繁	58	男	公明	前	75,829
	小島 静馬	51	男	無所属	元	75,391
	鶴谷 鉄男	46	男	共産	新	18,316

【第3区】定数4

当	塩谷 一夫	60	男	自民	前	98,232
当	足立 篤郎	69	男	自民	前	96,787
当	柳沢 伯夫	44	男	無所属	新	89,458
当	竹本 孫一	73	男	民社	前	89,087
	斉藤 正男	61	男	社会	前	86,577
	内山 隆司	42	男	無所属	新	37,555
	森川 健	51	男	共産	新	26,588

第37回衆議院議員選挙
昭和58年(1983年)12月18日実施

【第1区】定数5

当	松前 仰	48	男	社会	新	106,648
当	戸塚 進也	43	男	無所属	新	103,627
当	原田昇左右	60	男	自民	前	103,128
当	大石 千八	48	男	自民	前	101,507
当	藪仲 義彦	47	男	公明	前	99,188
	佐野 嘉吉	73	男	自民	前	85,725
	栗田 翠	51	女	共産	前	82,644
	小長井良浩	49	男	新自ク	新	21,231

【第2区】定数5

当	斉藤滋与史	65	男	自民	前	117,510
当	勝間田清一	75	男	社会	前	115,414
当	渡辺 朗	58	男	民社	前	107,971
当	栗原 祐幸	63	男	自民	前	93,802
当	木部 佳昭	57	男	自民	前	79,235
	杉山 憲夫	53	男	自民	新	61,363
	鶴谷 鉄男	50	男	共産	新	17,763

【第3区】定数4

当	熊谷 弘	43	男	無所属	新	91,613
当	元信 堯	39	男	社会	新	86,581
当	足立 篤郎	73	男	自民	前	84,255
当	安倍 基雄	52	男	民社	新	80,458
	柳沢 伯夫	48	男	自民	前	78,975
	塩谷 一夫	63	男	自民	前	66,680
	中村 敏隆	36	男	共産	新	17,325

第38回衆議院議員選挙
昭和61年(1986年)7月6日実施

【第1区】定数5

当	大石 千八	50	男	自民	前	135,018

当	原田昇左右	62	男	自民	前	124,453	
当	松前　仰	50	男	社会	前	106,384	
当	藪仲義彦	50	男	公明	前	101,671	
当	戸塚進也	46	男	自民	前	101,079	
	栗田　翠	54	女	共産	元	79,640	
	牧野聖修	41	男	無所属	新	70,989	
	大村　忠	61	男	無所属	新	1,938	

【第2区】定数5

当	杉山憲夫	56	男	自民	新	109,778	
当	栗原祐幸	66	男	自民	前	102,273	
当	斉藤斗志二	41	男	自民	新	98,994	
当	前島秀行	45	男	社会	新	97,616	
当	木部佳昭	60	男	自民	前	95,767	
	渡辺　朗	60	男	民社	前	88,863	
	鶴谷鉄男	52	男	共産	新	17,591	

【第3区】定数4

当	塩谷一夫	66	男	自民	元	128,644	
当	柳沢伯夫	50	男	自民	元	119,915	
当	熊谷　弘	46	男	自民	前	114,067	
当	安倍基雄	55	男	民社	前	80,862	
	元信　堯	41	男	社会	前	79,460	
	中村敏隆	39	男	共産	新	19,910	

第39回衆議院議員選挙
平成2年(1990年)2月18日実施

【第1区】定数5

当	原田昇左右	66	男	自民	前	133,602	
当	松前　仰	54	男	社会	前	131,239	
当	戸塚進也	50	男	自民	前	130,216	
当	大石千八	54	男	自民	前	126,392	
当	藪仲義彦	53	男	公明	前	98,664	
	栗田　翠	57	女	共産	元	86,683	
	牧野聖修	44	男	無所属	新	83,657	
	高尾勇美	43	男	無所属	新	2,292	
	酒井敏雄	78	男	無所属	新	1,412	

【第2区】定数5

当	前島秀行	48	男	社会	前	149,382	
当	斉藤斗志二	45	男	自民	前	125,042	
当	栗原祐幸	69	男	自民	前	100,954	
当	木部佳昭	63	男	自民	前	93,332	
当	杉山憲夫	59	男	自民	前	90,535	
	近藤一視	55	男	民社	新	61,878	
	鶴谷鉄男	56	男	共産	新	22,712	
	斉藤　進	39	男	無所属	新	15,759	

【第3区】定数4

当	元信　堯	45	男	社会	元	133,886	
当	熊谷　弘	49	男	自民	前	121,232	
当	柳沢伯夫	54	男	自民	前	120,455	
当	塩谷　立	40	男	自民	新	103,641	
	安倍基雄	58	男	民社	前	95,293	
	平賀高成	35	男	共産	新	19,824	

第40回衆議院議員選挙
平成5年(1993年)7月18日実施

【第1区】定数5

当	大石千八	57	男	無所属	前	160,555	
当	原田昇左右	70	男	自民	前	106,757	
当	牧野聖修	48	男	日本新	新	106,115	
当	大口善徳	37	男	公明	新	103,056	
当	松前　仰	57	男	社会	前	94,097	
	戸塚進也	53	男	自民	前	85,406	
	栗田　翠	61	女	共産	元	70,444	
	小嶋善吉	46	男	自民	新	53,864	

【第2区】定数5

当	杉山憲夫	63	男	新生	前	129,274	
当	斉藤斗志二	48	男	自民	前	113,318	
当	前島秀行	52	男	社会	前	90,018	
当	木部佳昭	67	男	自民	前	86,225	
当	栗原裕康	44	男	自民	新	81,371	
	近藤一視	58	男	民社	新	58,208	
	斉藤　進	42	男	無所属	新	27,036	
	鶴谷鉄男	59	男	共産	新	24,334	
	色本　進	45	男	無所属	新	5,954	

【第3区】定数4

当	熊谷　弘	53	男	新生	前	154,615	
当	塩谷　立	43	男	自民	前	105,351	
当	安倍基雄	62	男	民社	元	103,228	
当	柳沢伯夫	57	男	自民	前	96,553	
	元信　堯	48	男	社会	前	78,441	
	平賀高成	39	男	共産	新	24,556	

第41回衆議院議員選挙
平成8年(1996年)10月20日実施

【第1区】定数1

当	大口善徳	41	男	新進	前	48,650	
	戸塚進也	56	男	自民㊥元		37,061	
	天野進吾	54	男	無所属	新	35,642	
	牧野聖修	51	男	民主㊥前		28,987	
	上川陽子	43	女	無所属	新	26,828	
	杉山恒雄	62	男	共産	新	18,496	
	松永広次	67	男	無所属	新	15,526	
	木宮岳志	44	男	無所属	新	14,925	

【第2区】定数1

当	原田昇左右	73	男	自民㊥前		127,933	
	浅羽広吉	61	男	共産	新	36,714	
	池田剛久	30	男	自連	新	25,547	
	中村英一	32	男	無所属	新	18,956	

【第3区】定数1

当	柳沢伯夫	61	男	自民㊥前		116,610	
	井脇ノブ子	50	女	新進	新	70,415	
	鈴木　進	62	男	共産	新	23,784	

【第4区】定数1

当	望月義夫	49	男	無所属	新	68,770	

	倉田　雅年	57	男	自民[比]新	40,626
	栗山　満子	62	女	共産　新	19,584

【第５区】定数１

当	斉藤斗志二	51	男	自民[比]前	76,492
比当	前島　秀行	55	男	社民[比]前	32,545
	斉藤　進	46	男	無所属　新	21,710
	下岡　昭一	60	男	共産　新	14,927

【第６区】定数１

当	渡辺　周	34	男	民主[比]新	60,609
	桜田　光雄	51	男	無所属　新	55,840
比当	栗原　裕康	47	男	自民[比]前	55,374
	中田　孝幸	45	男	共産　新	15,626
	近藤　一視	62	男	自連[比]新	4,615

【第７区】定数１

当	木部　佳昭	70	男	自民[比]前	90,317
	小池　政臣	56	男	無所属　新	78,355
	渡辺　浩美	36	男	共産　新	23,925
	菊地　董	54	男	社民[比]新	17,814

【第８区】定数１

当	北脇　保之	44	男	新進　新	98,032
	塩谷　立	46	男	自民[比]前	75,557
比当	平賀　高成	42	男	共産[比]新	24,339

【第９区】定数１

当	熊谷　弘	56	男	新進　前	99,151
	鈴井　慎一	47	男	自民[比]新	70,063
	大石　悦子	47	女	共産　新	21,219

《補選》第41回衆議院議員選挙

平成11年(1999年)４月11日実施

※北脇保之の辞職(浜松市長選立候補)による

【第８区】被選挙数１

当	塩谷　立	49	男	自民　前	98,795
	鈴木　康友	41	男	民主　新	82,318
	中谷　則子	50	女	共産　新	22,510

第42回衆議院議員選挙

平成12年(2000年)６月25日実施

【第１区】定数１

当	上川　陽子	47	女	無所属　新	58,358
比当	牧野　聖修	55	男	民主[比]元	57,786
	大口　善徳	44	男	公明　前	55,976
	戸塚　進也	60	男	自民[比]元	43,734
	島津　幸広	43	男	共産　新	23,674
	浅野　光雪	48	男	自連　新	1,327

【第２区】定数１

当	原田昇左右	76	男	自民[比]前	92,905
比当	津川　祥吾	28	男	民主[比]新	76,334
	大石　秀政	36	男	無所属　前	46,095
	四ツ谷　恵	47	女	共産　新	23,009
	池田　剛久	34	男	自連[比]新	13,816

【第３区】定数１

当	柳沢　伯夫	64	男	自民[比]前	140,242
	鈴木　泰	40	男	民主[比]新	71,541
	高梨　俊弘	46	男	共産　新	21,501

【第４区】定数１

当	望月　義夫	53	男	自民[比]前	78,295
	川井　健男	47	男	民主[比]新	38,313
	西谷　英俊	58	男	共産　新	18,028
	丹羽　幸雄	72	男	自連　新	1,669

【第５区】定数１

当	斉藤斗志二	55	男	自民[比]前	84,743
	和泉　昭子	38	女	民主[比]新	54,010
	菊地　董	58	男	社民[比]前	18,345
	杉田　保雄	53	男	共産　新	12,908

【第６区】定数１

当	渡辺　周	38	男	民主[比]前	115,223
	桜田　光雄	54	男	自民[比]新	85,458
	井口　昌彦	45	男	共産　新	13,428
	大平　薫久	34	男	自連　新	1,864

【第７区】定数１

当	細野　豪志	28	男	民主[比]新	73,044
	木部　佳昭	74	男	自民[比]前	56,825
	栗原　裕康	51	男	無所属　前	51,625
	松本　義広	49	男	無所属　新	39,685
	宮城島　正	52	男	共産　新	18,252
	志良以　栄	63	男	自連　新	1,313

【第８区】定数１

当	鈴木　康友	42	男	民主[比]新	102,938
	塩谷　立	50	男	自民[比]前	95,533
	平賀　高成	46	男	共産[比]前	21,137

【第９区】定数１

当	熊谷　弘	60	男	民主[比]前	96,839
	鈴井　慎一	51	男	自民[比]新	93,304
	大石　悦子	51	女	共産　新	19,826

第43回衆議院議員選挙

平成15年(2003年)11月９日実施

【第１区】定数１

当	牧野　聖修	58	男	民主[比]前	74,745
比当	上川　陽子	50	女	自民[比]前	67,437
	田辺　信宏	42	男	無所属　新	59,937
	河瀬　幸代	52	女	共産　新	15,032
	石塚　聡	45	男	社民[比]新	6,093

【第２区】定数１

当	原田　令嗣	51	男	自民[比]新	129,162
	津川　祥吾	31	男	民主[比]前	107,687
	岡崎　平作	51	男	共産　新	14,096

【第３区】定数１

当	柳沢　伯夫	68	男	自民[比]前	138,508
	鈴木　泰	43	男	民主[比]新	81,364
	早崎　末浩	58	男	共産　新	12,154

【第４区】定数１

当 望月 義夫 56 男 自民[比]前 102,761
田村 謙治 35 男 民主[比]新 76,865
西谷 英俊 61 男 共産 新 13,795

【第５区】定数１

当 細野 豪志 32 男 民主[比]前 137,201
比当 斉藤斗志二 58 男 自民[比]前 129,988
杉田 保雄 56 男 共産 新 10,610

【第６区】定数１

当 渡辺 周 41 男 民主[比]前 136,066
栗原 裕康 54 男 自民[比]元 100,955
平田 純一 41 男 無所属 新 20,675
鈴木 和彦 60 男 共産 新 14,867

【第７区】定数１

当 城内 実 38 男 無所属 新 98,877
熊谷 弘 63 男 保守新 前 58,932
樋口美智子 48 女 民主[比]新 43,779
森島 倫生 54 男 共産 新 9,791

【第８区】定数１

当 塩谷 立 53 男 自民[比]元 104,046
比当 鈴木 康友 46 男 民主[比]前 101,484
平賀 高成 49 男 共産[比]元 14,057

第44回衆議院議員選挙

平成17年（2005年）９月11日実施

【第１区】定数１

当 上川 陽子 52 女 自民[比]前 99,702
田辺 信宏 44 男 無所属 新 69,111
牧野 聖修 60 男 民主[比]前 67,560
池野 元章 45 男 共産 新 16,077

【第２区】定数１

当 原田 令嗣 53 男 自民[比]前 155,019
津川 祥吾 33 男 民主[比]前 118,564

【第３区】定数１

当 柳沢 伯夫 70 男 自民[比]前 153,500
平島 広志 36 男 民主[比]新 79,075
平松 雅人 50 男 共産 新 17,902

【第４区】定数１

当 望月 義夫 58 男 自民[比]前 116,045
比当 田村 謙治 37 男 民主[比]前 97,330

【第５区】定数１

当 細野 豪志 34 男 民主[比]前 148,002
比当 斉藤斗志二 60 男 自民[比]前 141,387
作山 夕貴 33 女 共産 新 13,936

【第６区】定数１

当 渡辺 周 43 男 民主[比]前 154,542
比当 倉田 雅年 66 男 自民[比]前 121,089
鈴木 和彦 62 男 共産 新 18,346

【第７区】定数１

当 片山さつき 46 女 自民[比]新 85,168
城内 実 40 男 無所属 前 84,420
阿部 卓也 38 男 民主[比]新 62,039

【第８区】定数１

当 塩谷 立 55 男 自民[比]前 128,456
鈴木 康友 48 男 民主[比]前 101,801
落合 勝二 61 男 共産 新 11,576

第45回衆議院議員選挙

平成21年（2009年）８月30日実施

【第１区】定数１

当 牧野 聖修 64 男 民主[比]元 120,904
上川 陽子 56 女 自民[比]前 96,096
佐藤 剛 36 男 みんな[比]新 21,285
池野 元章 49 男 共産 新 14,293
中野 雄太 35 男 諸派 新 3,071

【第２区】定数１

当 津川 祥吾 37 男 民主[比]元 165,151
原田 令嗣 57 男 自民[比]前 112,889
浜口 亘弘 41 男 諸派 新 4,952

【第３区】定数１

当 小山 展弘 33 男 民主[比]新 154,035
柳沢 伯夫 74 男 自民 前 109,120
江頭 俊満 46 男 諸派 新 5,313

【第４区】定数１

当 田村 謙治 41 男 民主[比]前 123,719
望月 義夫 62 男 自民[比]前 100,352
神沢 一正 47 男 諸派 新 2,540

【第５区】定数１

当 細野 豪志 38 男 民主[比]前 184,328
斉藤斗志二 64 男 自民[比]前 121,813
堀 慎太郎 34 男 諸派 新 6,069

【第６区】定数１

当 渡辺 周 47 男 民主[比]前 197,688
倉田 雅年 70 男 自民[比]前 93,644
加藤 恵三 54 男 諸派 新 5,831

【第７区】定数１

当 城内 実 44 男 無所属 元 129,376
比当 斉木 武志 35 男 民主[比]新 63,116
片山さつき 50 女 自民[比]前 54,128
竹内 隆文 51 男 諸派 新 1,764

【第８区】定数１

当 斉藤 進 38 男 民主[比]新 123,547
比当 塩谷 立 59 男 自民[比]前 114,677
平賀 高成 55 男 共産[比]元 12,117
小西 高靖 54 男 諸派 新 2,330

第46回衆議院議員選挙

平成24年（2012年）12月16日実施

【第１区】定数１

当 上川 陽子 59 女 自民[比]元 81,278
牧野 聖修 67 男 民主[比]前 53,773
尾崎 剛司 36 男 維新[比]新 41,479
比当 小池 政就 38 男 みんな[比]新 34,457

衆議院・選挙区(愛知県)

| | | 河瀬 幸代 | 61 | 女 | 共産 | 新 | 13,646 |

【第2区】 定数1
当		井林 辰憲	36	男	自民㊡新		108,510
		津川 祥吾	40	男	民主㊡前		77,426
		諸田 洋之	46	男	維新㊡新		47,877
		四ツ谷 恵	60	女	共産 新		13,588

【第3区】 定数1
当		宮沢 宏之	37	男	自民㊡新		94,477
比当		鈴木 望	63	男	維新㊡新		63,931
		小山 展弘	36	男	民主㊡前		62,259
		岡村 哲志	62	男	共産 新		13,870

【第4区】 定数1
当		望月 義夫	65	男	自民㊡前		101,048
		田村 謙治	44	男	民主㊡前		60,989
		小林 正枝	41	女	未来㊡前		16,043
		藤浪 義浩	65	男	共産 新		12,087

【第5区】 定数1
当		細野 豪志	41	男	民主㊡前		156,887
比当		吉川 赳	30	男	自民㊡新		84,800
		大庭 桃子	56	女	共産 新		15,526
		石下 久雄	58	男	無所属 新		8,802

【第6区】 定数1
当		渡辺 周	51	男	民主㊡前		116,084
比当		勝俣 孝明	36	男	自民㊡新		103,967
		日吉 雄太	44	男	未来 新		20,169
		井口 昌彦	58	男	共産 新		14,423

【第7区】 定数1
当		城内 実	47	男	自民㊡前		125,315
		斉木 武志	38	男	民主㊡前		40,452
		河合 純一	37	男	みんな 新		29,966
		落合 勝二	68	男	共産 新		7,413
		野末 修治	57	男	未来㊡新		7,105

【第8区】 定数1
当		塩谷 立	62	男	自民㊡前		97,125
		源馬謙太郎	39	男	維新㊡新		58,928
		斉藤 進	42	男	民主㊡前		38,546
		平賀 高成	58	男	共産 元		13,297
		太田 真平	26	男	未来㊡新		10,812

第47回衆議院議員選挙
平成26年(2014年)12月14日実施

【第1区】 定数1
当		上川 陽子	61	女	自民㊡前		89,544
		小池 政就	40	男	維新㊡前		47,986
		牧野 聖修	69	男	民主㊡元		45,238
		河瀬 幸代	63	女	共産 新		16,682

【第2区】 定数1
当		井林 辰憲	38	男	自民㊡前		129,311
		松尾 勉	30	男	民主㊡新		63,078
		四ツ谷 恵	62	女	共産 新		23,340

【第3区】 定数1
当		宮沢 博行	39	男	自民㊡前		105,347
比当		小山 展弘	38	男	民主㊡元		87,800
		松浦 敏夫	62	男	共産 新		18,298

【第4区】 定数1
当		望月 義夫	67	男	自民㊡前		92,416
		田村 謙治	46	男	民主㊡元		66,771
		杉田 保雄	68	男	共産 新		14,305

【第5区】 定数1
当		細野 豪志	43	男	民主 前		143,012
		吉川 赳	32	男	自民㊡前		84,574
		大庭 桃子	58	女	共産 新		16,638

【第6区】 定数1
当		渡辺 周	53	男	民主㊡前		114,161
比当		勝俣 孝明	38	男	自民㊡前		102,714
		佐藤 龍彦	38	男	共産 新		18,276

【第7区】 定数1
当		城内 実	49	男	自民㊡前		132,698
		松本 泰高	67	男	民主㊡前		37,654
		野沢 正司	65	男	共産 新		16,743

【第8区】 定数1
当		塩谷 立	64	男	自民㊡前		98,485
		源馬謙太郎	41	男	維新㊡新		62,798
		落合 勝二	70	男	共産 新		16,658
		古橋 和大	38	男	無所属 新		15,671

選挙区・愛知県

第24回衆議院議員選挙
昭和24年(1949年) 1月23日実施

【第1区】 定数5
当		田島 ひで	49	女	共産 新		64,598
当		辻 寛一	45	男	民自 前		55,458
当		田嶋 好文	41	男	民自 新		43,353
当		赤松 勇	40	男	社会 前		37,185
当		橋本 金一	60	男	民主 前		27,700
		加藤 勘十	58	男	社会 前		25,086
		福田 子好	49	男	民主 新		24,411
		山内金次郎	55	男	民自 新		18,246
		馬場 いよ	54	女	無所属 新		17,331
		宮崎賢一郎	51	男	民自 新		11,600
		大脇松太郎	52	男	社会 新		9,618
		越原 公明	42	男	国協 新		9,287
		安藤悦太郎	54	男	無所属 新		5,055
		可世木文雄	50	男	新自 新		3,006
		青木 伸夫	50	男	無所属 新		2,225
		下田 金助	57	男	労農 新		1,444
		太田 政市	43	男	無所属 新		1,212
		菅沼 智	47	男	社革 新		1,077

	安井　教一	47	男	無所属　新	623
	清川　秀敏	51	男	諸派　　新	574

【第2区】定数4

当	早稲田柳右エ門	50	男	民主　前	56,867
当	久野　忠治	40	男	民主　新	42,615
当	多武良哲三	45	男	民自　新	39,778
当	川本　末治	52	男	民自　新	32,695
	深津玉一郎	48	男	民自　前	25,403
	加藤　森成	33	男	共産　新	22,664
	荒谷　宗二	60	男	社会　新	16,234
	水野　実郎	52	男	社革　前	13,317
	中峠　国夫	47	男	国協　新	10,135
	中村　卯助	46	男	民主　新	7,683
	岩内　隆平	54	男	労農　新	5,146

【第3区】定数3

当	江崎　真澄	35	男	民自　前	74,637
当	鈴木　幹雄	46	男	民主　新	46,071
当	河野　金昇	40	男	国協　前	44,474
	佐藤観次郎	49	男	社会　前	32,242
	加藤　　進	41	男	共産　新	17,404
	大脇　彦雄	46	男	社革　新	7,613

【第4区】定数4

当	中野　四郎	43	男	諸派　前	59,638
当	三宅　則義	51	男	民自　新	41,453
当	中垣　国男	39	男	民主　新	34,548
当	千賀　康治	58	男	民自　新	33,619
	伊藤　好道	49	男	社会　新	32,153
	酒井　俊雄	52	男	国協　前	29,368
	清水　　純	32	男	社会　新	16,508
	米津　源市	48	男	共産　新	14,060
	細井　三郎	46	男	無所属　新	13,433
	高橋　正男	35	男	民主　新	11,055

【第5区】定数3

当	青木　孝義	53	男	民自　前	48,947
当	福井　　勇	47	男	民自　新	44,456
当	八木　一郎	49	男	民自　新	43,322
	鈴木　　正	34	男	諸派　新	33,560
	林　　大作	45	男	社会　前	28,214
	神道　寛次	54	男	共産　新	20,129

第25回衆議院議員選挙
昭和27年(1952年)10月1日実施

【第1区】定数5

当	赤松　　勇	42	男	左社　前	79,024
当	加藤鐐五郎	69	男	自由　元	50,894
当	辻　　寛一	46	男	自由　前	37,677
当	春日　一幸	42	男	右社　新	31,402
当	田嶋　好文	42	男	自由　前	30,254
	山崎　常吉	61	男	右社　元	25,180
	田島　ひで	51	女	共産　前	23,984
	横井　太郎	53	男	自由　新	19,901
	奥村　鉄三	55	男	改進　新	19,439

	橋本　金一	61	男	改進　前	16,118
	山田　泰吉	51	男	自由　新	11,956
	石黒　幸市	53	男	改進　新	11,553
	福田　子好	51	男	改進　新	6,842
	飯田　久雄	42	男	自由　新	6,652
	青山　雅彦	56	男	無所属　新	3,465
	西脇　和義	25	男	無所属　新	2,505
	下田　金助	58	男	労農　新	1,312
	太田　政市	45	男	協同　新	1,223

【第2区】定数4

当	早稲田柳右エ門	52	男	改進　前	50,564
当	久野　忠治	42	男	自由　前	35,232
当	中峠　国夫	49	男	無所属　新	33,004
当	加藤　清二	40	男	左社　新	27,530
	神戸　　真	59	男	改進　元	24,540
	深津玉一郎	50	男	自由　元	21,990
	伊藤　　佐	49	男	自由　新	17,966
	多武良哲三	47	男	自由　前	17,473
	平井　　章	53	男	自由　新	15,329
	田中　　斉	54	男	右社　元	13,106
	川本　末治	54	男	自由　前	12,687
	水野　実郎	54	男	協同　元	7,333
	塚本　三郎	25	男	無所属　新	5,188
	浅井　美雄	42	男	共産　新	3,856
	大脇松太郎	53	男	右社　新	3,640
	岩田　彦治	49	男	無所属　新	2,864
	山本　法明	53	男	無所属　新	1,840

【第3区】定数3

当	江崎　真澄	36	男	自由　前	67,033
当	佐藤観次郎	51	男	左社　元	56,428
当	河野　金昇	42	男	改進　前	55,628
	鈴木　幹雄	47	男	改進　前	43,959
	大森　諄治	32	男	共産　新	3,150
	今井　金平	67	男	無所属　新	2,893

【第4区】定数4

当	小笠原三九郎	67	男	自由　元	77,651
当	伊藤　好道	50	男	左社　新	58,456
当	小林　　鎰	64	男	自由　元	40,402
当	中野　四郎	45	男	改進　前	35,005
	永田安太郎	57	男	改進　新	29,602
	千賀　康治	60	男	自由　前	27,154
	三宅　則義	53	男	自由　前	18,965
	細井　三郎	48	男	無所属　新	13,406
	加藤　敏夫	44	男	共産　新	4,975
	太田　勝彦	39	男	労農　新	3,520

【第5区】定数3

当	福井　　勇	49	男	自由　前	39,108
当	鈴木　正吾	62	男	改進　元	38,030
当	青木　孝義	55	男	自由　前	38,003
	八木　一郎	51	男	自由　前	37,935
	穂積　七郎	47	男	無所属　元	29,090
	杉浦　武雄	62	男	改進　元	26,929
	林　　大作	47	男	右社　元	18,946

| | 神道 | 寛次 | 55 | 男 | 共産 | 新 | 5,474 |

第26回衆議院議員選挙
昭和28年(1953年) 4月19日実施

【第1区】定数5
当	赤松	勇	43	男	左社	前	58,926
当	加藤鐐五郎		70	男	自由吉	前	45,565
当	田嶋	好文	43	男	自由吉	前	42,853
当	春日	一幸	43	男	右社	前	40,142
当	辻	寛一	47	男	自由吉	前	38,505
	山崎	常吉	62	男	右社	元	34,821
	奥村	鉄三	56	男	改進	新	29,664
	横井	太郎	53	男	自由鳩	新	28,367
	田島	ひで	52	女	共産	元	24,567
	桑田	喜夫	39	男	左社	新	24,539
	尊田	四郎	60	男	無所属	新	2,009
	下田	金助	59	男	無所属	新	1,282
	与呉	鋼二	60	男	無所属	新	925
	藤村	茂八	53	男	無所属	新	589

【第2区】定数4
当	早稲田柳右エ門		53	男	改進	前	41,889
当	加藤	清二	40	男	左社	前	39,520
当	神戸	真	60	男	改進	元	33,190
当	久野	忠治	43	男	自由吉	前	30,703
	間瀬	春一	36	男	自由吉	新	29,192
	伊藤	佐	49	男	自由吉	新	22,896
	田中	斉	55	男	右社	元	17,512
	平井	章	54	男	自由吉	新	12,856
	中峠	国夫	50	男	自由吉	前	11,475
	深津玉一郎		51	男	自由吉	元	9,134
	山田	幸一	31	男	自由鳩	新	8,603
	川本	末治	54	男	自由鳩	元	8,162
	水野	実郎	55	男	右社	元	6,534
	塚本	三郎	25	男	無所属	新	6,097
	浅井	美雄	42	男	共産	新	3,374

【第3区】定数3
当	佐藤観次郎		51	男	左社	前	52,455
当	河野	金昇	43	男	改進	前	50,165
当	鈴木	幹雄	48	男	改進	元	47,842
	江崎	真澄	37	男	自由鳩	前	43,228
	滝	正明	39	男	自由吉	新	25,865
	倉地	武雄	44	男	右社	新	3,052
	大森	諄治	33	男	共産	新	2,801
	前川健太郎		42	男	無所属	新	960

【第4区】定数4
当	小笠原三九郎		68	男	自由吉	前	98,755
当	伊藤	好道	51	男	左社	前	57,323
当	小林	鎧	65	男	自由吉	前	46,357
当	中野	四郎	46	男	改進	前	34,747
	千賀	康治	60	男	自由鳩	元	32,168
	本多	鋼治	59	男	改進	元	26,864
	渡辺義太郎		49	男	右社	新	4,656

| | 加藤 | 敏夫 | 44 | 男 | 共産 | 新 | 4,389 |

【第5区】定数3
当	八木	一郎	51	男	自由吉	元	60,827
当	穂積	七郎	48	男	左社	元	48,346
当	福井	勇	49	男	自由吉	前	41,325
	杉浦	武雄	62	男	改進	元	40,454
	鈴木	正吾	63	男	改進	前	32,316
	神道	寛次	56	男	共産	新	4,116

第27回衆議院議員選挙
昭和30年(1955年) 2月27日実施

【第1区】定数5
当	赤松	勇	45	男	左社	前	53,908
当	横井	太郎	55	男	民主	新	53,325
当	横山	利秋	37	男	左社	新	48,045
当	春日	一幸	44	男	右社	前	43,386
当	加藤鐐五郎		71	男	自由	前	40,784
	辻	寛一	49	男	自由	前	34,859
	奥村	鉄三	58	男	民主	新	32,527
	山崎	常吉	64	男	右社	元	31,013
	田嶋	好文	45	男	自由	前	30,510
	田島	ひで	54	女	共産	元	26,741
	加藤	愛子	41	男	民主	新	22,295
	荒井	茂	52	男	無所属	新	1,872
	西脇	和義	28	男	無所属	新	1,690
	木村	昭一	25	男	無所属	新	1,451
	松井	不朽	61	男	無所属	新	1,441
	下田	金助	61	男	労農	新	1,026
	青山	潔	36	男	無所属	新	1,015
	太田	政市	48	男	無所属	新	662
	藤村	茂八	54	男	諸派	新	373
	与呉	鋼二	62	男	無所属	新	308

【第2区】定数4
当	加藤	清二	42	男	左社	前	50,411
当	久野	忠治	45	男	自由	前	47,961
当	早稲田柳右エ門		55	男	民主	前	46,552
当	丹羽	兵助	43	男	民主	新	46,521
	神戸	真	62	男	民主	前	30,186
	深津玉一郎		53	男	自由	元	26,843
	塚本	三郎	27	男	右社	新	19,316
	川本	末治	56	男	民主	元	11,435
	中峠	国夫	51	男	無所属	元	6,692
	浅井	美雄	44	男	共産	新	5,221

【第3区】定数3
当	江崎	真澄	39	男	自由	元	71,520
当	河野	金昇	45	男	民主	前	53,251
当	佐藤観次郎		53	男	左社	前	47,410
	鈴木	幹雄	50	男	民主	前	42,099
	滝	正明	41	男	自由	新	20,028
	柳沢彦三郎		49	男	右社	新	3,547
	大森	諄治	35	男	共産	新	3,332

【第4区】定数4
	当	伊藤　好道	53	男	左社	前	60,126
	当	小笠原三九郎	69	男	自由	前	54,858
	当	永田安太郎	59	男	民主	新	46,314
	当	中垣　国男	43	男	自由	元	45,146
繰	当	小林　錡	66	男	自由	前	39,184
		中野　四郎	48	男	諸派	前	29,378
		杉浦　彦衛	50	男	民主	新	26,894
		三宅　則義	55	男	民主	元	7,740
		加藤　進	46	男	共産	新	6,592

※永田安太郎（民主）死去のため昭和30年5月19日小林錡（自由）が繰上当選

【第5区】定数3
当	杉浦　武雄	64	男	民主	元	56,262
当	穂積　七郎	50	男	左社	前	52,834
当	八木　一郎	53	男	自由	前	48,471
	鈴木　正吾	64	男	民主	元	42,014
	福井　勇	51	男	自由	前	38,641
	林　進	48	男	共産	新	5,706

第28回衆議院議員選挙
昭和33年（1958年）5月22日実施

【第1区】定数5
当	横山　利秋	40	男	社会	前	103,760
当	春日　一幸	48	男	社会	前	94,601
当	加藤鐐五郎	75	男	自民	前	88,661
当	辻　寛一	52	男	自民	元	83,503
当	赤松　勇	48	男	社会	前	76,544
	田嶋　好文	48	男	自民	元	66,876
	横井　太郎	58	男	自民	前	37,914
	加藤　進	49	男	共産	新	20,890
	与呉　鋼二	65	男	無所属	新	1,820
	藤村　茂八	57	男	諸派	新	1,098

【第2区】定数4
当	久野　忠治	48	男	自民	前	69,725
当	早稲田柳右エ門	58	男	自民	前	69,436
当	丹羽　兵助	46	男	自民	前	62,057
当	塚本　三郎	31	男	社会	新	57,579
	加藤　清二	45	男	社会	前	55,835
	浅井　美雄	47	男	共産	新	5,661

【第3区】定数3
当	江崎　真澄	42	男	自民	前	79,883
当	河野　孝子	44	女	自民	新	65,486
当	佐藤観次郎	56	男	社会	前	50,820
	石川　辰正	42	男	社会	新	31,917
	中西　竹太	53	男	無所属	新	31,135
	加藤　正見	35	男	無所属	新	6,568
	安藤　光明	29	男	共産	新	2,672

【第4区】定数4
当	太田　一夫	47	男	社会	新	65,299
当	小林　錡	70	男	自民	前	59,204
当	中垣　国男	46	男	自民	前	58,272
当	伊藤よし子	52	女	社会	新	54,747
	小笠原三九郎	73	男	自民	前	39,365
	中野　四郎	51	男	無所属	元	38,060
	杉浦　彦衛	53	男	無所属	新	22,431
	神谷　光次	45	男	共産	新	3,653

【第5区】定数3
当	穂積　七郎	54	男	社会	前	57,579
当	八木　一郎	56	男	自民	前	56,912
当	鈴木　正吾	67	男	無所属	元	54,107
	杉浦　武雄	68	男	自民	前	49,928
	福井　勇	55	男	無所属	元	33,982
	和出　徳一	35	男	共産	新	5,616

第29回衆議院議員選挙
昭和35年（1960年）11月20日実施

【第1区】定数5
当	辻　寛一	55	男	自民	元	122,193
当	赤松　勇	50	男	社会	前	109,329
当	横山　利秋	43	男	社会	前	85,403
当	春日　一幸	50	男	民社	前	80,827
当	加藤鐐五郎	77	男	自民	前	68,207
	田嶋　好文	50	男	自民	元	62,794
	加藤　進	51	男	共産	新	25,492
	藤村　茂八	60	男	諸派	新	455
	小川健次郎	73	男	諸派	新	439

【第2区】定数4
当	加藤　清二	48	男	社会	元	87,642
当	丹羽　兵助	49	男	自民	前	64,315
当	久野　忠治	50	男	自民	前	63,800
当	早稲田柳右エ門	60	男	自民	前	61,575
	塚本　三郎	33	男	民社	前	44,626
	水野　晃治	32	男	共産	新	4,655
	中峠　国夫	57	男	無所属	元	4,053

【第3区】定数3
当	江崎　真澄	44	男	自民	前	96,902
当	佐藤観次郎	56	男	社会	前	51,230
当	海部　俊樹	29	男	自民	新	49,767
	加藤　正見	38	男	自民	新	33,853
	朝見　清道	37	男	民社	新	24,447
	安藤　光明	32	男	共産	新	4,117
	柴田　捨吉	49	男	無所属	新	1,069

【第4区】定数4
当	中垣　国男	49	男	自民	前	85,751
当	浦野　幸男	46	男	自民	新	76,989
当	中野　四郎	53	男	自民	元	59,970
当	太田　一夫	50	男	社会	前	51,335
	伊藤よし子	54	女	社会	前	43,104
	森　明	34	男	民社	新	20,745
	神谷　光次	48	男	共産	新	3,767

【第5区】定数3
当	穂積　七郎	56	男	社会	前	53,906
当	上村千一郎	48	男	自民	新	51,908

当	鈴木 正吾	70	男	自民	前	50,108		当	丹羽 久章	52	男	自民	新	80,770
	八木 一郎	59	男	自民	前	47,672		当	横山 利秋	49	男	社会	前	60,694
	福井 勇	57	男	自民	元	44,876			加藤 進	58	男	共産	前	54,838
	和出 徳一	38	男	共産	新	4,530			須原 昭二	39	男	社会	新	54,756
									梅村 忠雄	47	男	無所属	新	27,999
									真鍋 政雄	44	男	無所属	新	20,791
									綾部 昌彦	44	男	無所属	新	1,700
									藤村 茂八	66	男	諸派	新	674

第30回衆議院議員選挙
昭和38年(1963年)11月21日実施

【第1区】定数5
当	春日 一幸	53	男	民社	前	118,505
当	横山 利秋	46	男	社会	前	107,107
当	赤松 勇	53	男	社会	前	100,853
当	辻 寛一	58	男	自民	前	93,274
当	加藤 進	54	男	共産	新	53,525
	横井 太郎	64	男	自民	元	46,539
	丹羽 久章	49	男	自民	新	44,912
	梅村 忠雄	44	男	自民	新	44,368
	中峠 国夫	60	男	無所属	元	9,967
	大谷 忠雄	28	男	無所属	新	9,352
	三輪 久義	43	男	無所属	新	3,378

【第2区】定数4
当	早稲田柳右エ門	63	男	自民	前	72,264
当	加藤 清二	51	男	社会	前	71,940
当	久野 忠治	53	男	自民	前	63,607
当	丹羽 兵助	52	男	自民	前	60,988
	塚本 三郎	36	男	民社	元	49,233
	渡部 実	34	男	共産	新	7,263

【第3区】定数3
当	江崎 真澄	47	男	自民	前	107,761
当	佐藤観次郎	62	男	社会	前	72,224
当	海部 俊樹	32	男	自民	前	57,586
	佐橋 義金	32	男	無所属	新	11,566
	安藤 光明	35	男	共産	新	9,441

【第4区】定数4
当	中垣 国男	52	男	自民	前	80,082
当	浦野 幸男	49	男	自民	前	69,007
当	中野 四郎	56	男	自民	前	66,284
当	伊藤よし子	57	女	社会	元	58,562
	太田 一夫	53	男	社会	前	56,610
	森 明	37	男	民社	新	27,106
	石川十三春	39	男	共産	新	5,117

【第5区】定数3
当	穂積 七郎	59	男	社会	前	68,084
当	福井 勇	60	男	自民	元	67,635
当	上村千一郎	51	男	自民	前	64,994
	鈴木 正吾	73	男	自民	前	48,251
	田中 邦雄	37	男	共産	新	4,317

第31回衆議院議員選挙
昭和42年(1967年)1月29日実施

【第1区】定数3
当	春日 一幸	56	男	民社	前	84,618

【第2区】定数4
当	加藤 清二	54	男	社会	前	96,950
当	久野 忠治	56	男	自民	前	89,567
当	丹羽 兵助	55	男	自民	前	69,299
当	早稲田柳右エ門	66	男	自民	前	68,576
	渡部 実	37	男	共産	新	18,644
	中峠 国夫	63	男	諸派	元	10,782

【第3区】定数3
当	江崎 真澄	51	男	自民	前	102,372
当	海部 俊樹	36	男	自民	前	80,874
当	佐藤観次郎	65	男	社会	前	77,107
	安藤 光明	38	男	共産	新	20,941

【第4区】定数4
当	浦野 幸男	53	男	自民	前	90,753
当	太田 一夫	56	男	社会	元	86,021
当	中垣 国男	55	男	自民	前	71,546
当	中野 四郎	60	男	自民	前	70,425
	伊藤よし子	61	女	社会	前	70,069
	冨永 宣生	29	男	共産	新	8,978

【第5区】定数3
当	上村千一郎	55	男	自民	前	83,417
当	穂積 七郎	63	男	社会	前	58,956
当	福井 勇	63	男	自民	前	57,273
	鈴木 正吾	76	男	自民	元	40,883
	岡田 哲児	43	男	社会	新	21,622
	松井 孝	41	男	共産	新	5,937

【第6区】定数3
当	辻 寛一	61	男	自民	前	83,603
当	塚本 三郎	39	男	民社	元	81,013
当	石田幸四郎	36	男	公明	新	74,891
	草川 昭三	38	男	社会	新	71,388
	赤松 勇	57	男	社会	前	62,085
	中村 宏	47	男	共産	新	26,796

第32回衆議院議員選挙
昭和44年(1969年)12月27日実施

【第1区】定数3
当	丹羽 久章	55	男	自民	前	90,864
当	春日 一幸	59	男	民社	前	90,564
当	横山 利秋	52	男	社会	元	80,468
	木村 四郎	42	男	公明	新	68,834
	加藤 進	60	男	共産	元	47,830
	真鍋 政雄	47	男	無所属	新	14,065
	安藤 耕生	58	男	無所属	新	909

衆議院・選挙区（愛知県）　　　　国政選挙総覧

【第2区】定数4							【第3区】定数3						
当	早稲田柳右エ門	69	男	自民	前	92,084	当	江崎　真澄	57	男	自民	前	104,397
当	久野　忠治	59	男	自民	前	89,116	当	佐藤　観樹	30	男	社会	前	94,413
当	丹羽　兵助	58	男	自民	前	82,762	当	海部　俊樹	41	男	自民	前	87,733
当	加藤　清二	57	男	社会	前	81,180		川上　照彦	36	男	民社	新	62,231
	山本　勇	56	男	公明	新	64,555		花木　善市	48	男	共産	新	33,716
	渡部　実	40	男	共産	新	21,799	【第4区】定数4						
	伊藤　茂夫	59	男	諸派	新	2,056	当	浦野　幸男	58	男	自民	前	102,003
【第3区】定数3							当	渡辺　武三	50	男	民社	前	101,229
当	江崎　真澄	54	男	自民	前	101,397	当	太田　一夫	62	男	社会	元	95,067
当	海部　俊樹	38	男	自民	前	82,695	当	中垣　国男	61	男	自民	前	91,172
当	佐藤　観樹	27	男	社会	新	67,806		中野　四郎	65	男	自民	前	87,565
	安藤　光明	41	男	共産	新	28,132		大久保　正	38	男	共産	新	30,591
【第4区】定数4								長坂　定	45	男	無所属	新	7,561
当	渡辺　武三	47	男	民社	新	102,224	【第5区】定数3						
当	中野　四郎	62	男	自民	前	90,376	当	上村千一郎	60	男	自民	前	77,934
当	中垣　国男	58	男	自民	前	89,721	当	村田敬次郎	48	男	自民	前	65,332
当	浦野　幸男	55	男	自民	前	82,159	当	岡田　哲児	49	男	社会	新	60,909
	太田　一夫	59	男	社会	前	62,855		福井　勇	69	男	自民	前	59,138
	中島　伸枝	33	女	公明	新	48,114		松井　孝	47	男	共産	新	20,261
	冨永　宣生	32	男	共産	新	11,262		安田　仁紀	41	男	民社	新	11,342
【第5区】定数3							【第6区】定数3						
当	上村千一郎	57	男	自民	前	86,321	当	赤松　勇	62	男	社会	前	95,051
当	村田敬次郎	45	男	自民	新	61,637	当	石田幸四郎	42	男	公明	元	93,500
当	福井　勇	66	男	自民	前	49,411	当	塚本　三郎	45	男	民社	前	91,389
	穂積　七郎	66	男	社会	前	49,269		辻　寛一	67	男	自民	前	91,053
	渡会　恍	58	男	民社	新	15,884		中村　宏	53	男	共産	新	70,426
	松井　孝	44	男	共産	新	9,593		近藤政治郎	47	男	諸派	新	914
【第6区】定数3													
当	赤松　勇	59	男	社会	元	102,610							
当	塚本　三郎	42	男	民社	前	89,167							
当	辻　寛一	64	男	自民	前	87,496							
	石田幸四郎	39	男	公明	前	76,269							
	中村　宏	50	男	共産	新	32,088							

第34回衆議院議員選挙

昭和51年（1976年）12月5日実施

【第1区】定数4						
当	春日　一幸	66	男	民社	現	105,017
当	丹羽　久章	62	男	自民	元	85,404
当	横山　利秋	59	男	社会	現	81,751
当	田中美智子	54	女	無所属	現	80,509
	真鍋　政雄	54	男	無所属	新	23,034
	宮田　正之	30	男	無所属	新	20,873

第33回衆議院議員選挙

昭和47年（1972年）12月10日実施

【第1区】定数3						
当	春日　一幸	62	男	民社	前	109,047
当	横山　利秋	55	男	社会	前	95,869
当	田中美智子	50	女	無所属	新	95,106
	丹羽　久章	58	男	自民	前	91,781
	青山　雅彦	77	男	諸派	新	2,057

【第2区】定数4						
当	草川　昭三	48	男	無所属	新	113,529
当	青山　丘	35	男	民社	新	102,751
当	加藤　清二	64	男	社会	現	95,372
当	久野　忠治	66	男	自民	現	84,228
	丹羽　兵助	65	男	自民	現	81,277
	山内　錠平	39	男	自民	新	61,328
	渡部　実	47	男	共産	新	46,237

【第2区】定数4						
当	久野　忠治	62	男	自民	前	101,487
当	加藤　清二	60	男	社会	前	99,731
当	丹羽　兵助	61	男	自民	前	92,523
当	早稲田柳右エ門	72	男	自民	前	74,592
	三治　重信	55	男	民社	新	53,156
	渡部　実	43	男	共産	新	47,516
	平井　済	36	男	無所属	新	9,999
	都築　利夫	41	男	無所属	新	2,394

【第3区】定数3						
当	海部　俊樹	45	男	自民	現	151,151
当	佐藤　観樹	34	男	社会	現	100,427
当	江崎　真澄	61	男	自民	現	97,643
	祖父江儀男	41	男	共産	新	41,782
	伊藤　清	29	男	無所属	新	9,984

【第4区】定数4
- 当 中野　四郎　69　男　自民　元　127,117
- 当 渡辺　武三　54　男　民社　現　117,435
- 当 太田　一夫　66　男　社会　現　103,235
- 当 浦野　幸男　62　男　自民　現　97,004
- 繰当 稲垣　実男　48　男　自民　新　63,379
- 　　大久保　正　42　男　共産　新　27,789
- 　　鈴木新一郎　49　男　無所属　新　21,975
- 　　寺岡　信夫　27　男　無所属　新　4,967

※浦野幸男（自民）死去のため昭和52年1月21日稲垣実男（自民）が繰上当選

【第5区】定数3
- 当 上村千一郎　64　男　自民　現　94,224
- 当 村田敬次郎　52　男　自民　現　91,983
- 当 岡田　哲児　53　男　社会　現　72,868
- 　　三浦　敬三　44　男　共産　新　36,098

【第6区】定数4
- 当 塚本　三郎　49　男　民社　現　105,181
- 当 石田幸四郎　46　男　公明　現　91,487
- 当 安藤　巌　51　男　共産　新　73,309
- 当 水平　豊彦　44　男　無所属　新　69,259
- 　　赤松　勇　66　男　社会　現　68,290
- 　　辻　寛一　71　男　自民　元　64,924
- 　　西　八郎　27　男　諸派　新　2,191

第35回衆議院議員選挙

昭和54年（1979年）10月7日実施

【第1区】定数4
- 当 春日　一幸　69　男　民社　前　87,219
- 当 田中美智子　57　女　無所属　前　75,602
- 当 横山　利秋　61　男　社会　前　71,515
- 当 柴田　弘　46　男　公明　新　71,342
- 　　丹羽　久章　64　男　自民　前　57,761
- 　　今枝　敬雄　55　男　自民　新　56,960

【第2区】定数4
- 当 丹羽　兵助　68　男　自民　元　151,271
- 当 久野　忠治　69　男　自民　前　105,069
- 当 青山　丘　38　男　民社　前　102,698
- 当 草川　昭三　51　男　無所属　前　93,634
- 　　網岡　雄　51　男　社会　新　74,912
- 　　宮崎　雄介　48　男　共産　新　43,361
- 　　都築　利夫　48　男　無所属　新　2,000
- 　　近藤　一実　41　男　無所属　新　1,607

【第3区】定数3
- 当 海部　俊樹　48　男　自民　前　119,049
- 当 江崎　真澄　63　男　自民　前　117,928
- 当 佐藤　観樹　37　男　社会　前　84,244
- 　　前山　茂　47　男　民社　新　63,698
- 　　祖父江儀男　44　男　共産　新　31,112

【第4区】定数4
- 当 浦野　烋興　37　男　自民　新　117,289
- 当 渡辺　武三　56　男　民社　前　114,309
- 当 中野　四郎　72　男　自民　前　112,293
- 当 稲垣　実男　51　男　自民　前　87,831
- 　　野々山一三　56　男　社会　新　71,675
- 　　大久保　正　44　男　共産　新　29,903
- 　　神谷　光男　55　男　無所属　新　3,833

【第5区】定数3
- 当 近藤　豊　44　男　無所属　新　89,142
- 当 上村千一郎　67　男　自民　前　75,899
- 当 村田敬次郎　55　男　自民　前　71,042
- 　　岡田　哲児　56　男　社会　前　54,729
- 　　三浦　敬三　47　男　共産　新　20,441

【第6区】定数4
- 当 塚本　三郎　52　男　民社　前　109,834
- 当 石田幸四郎　49　男　公明　前　81,264
- 当 安藤　巌　54　男　共産　前　78,684
- 当 水平　豊彦　47　男　自民　前　70,032
- 　　横江　金夫　45　男　社会　新　65,643
- 　　内柱　綾子　58　女　無所属　新　3,576
- 　　金丸　義男　28　男　諸派　新　1,980

第36回衆議院議員選挙

昭和55年（1980年）6月22日実施

【第1区】定数4
- 当 春日　一幸　40　男　民社　前　93,040
- 当 今枝　敬雄　55　男　自民　新　91,077
- 当 横山　利秋　62　男　社会　前　77,954
- 当 柴田　弘　47　男　公明　前　73,501
- 　　田中美智子　57　女　無所属　前　72,699
- 　　丹羽　久章　65　男　自民　元　67,427

【第2区】定数4
- 当 丹羽　兵助　69　男　自民　前　152,329
- 当 久野　忠治　70　男　自民　前　122,992
- 当 青山　丘　39　男　民社　前　113,365
- 当 草川　昭三　51　男　無所属　前　97,674
- 　　網岡　雄　52　男　社会　新　92,983
- 　　鵜飼　諦　50　男　共産　新　38,161
- 　　近藤　一実　42　男　無所属　新　3,032

【第3区】定数3
- 当 海部　俊樹　49　男　自民　前　145,322
- 当 江崎　真澄　64　男　自民　前　126,648
- 当 佐藤　観樹　38　男　社会　前　93,208
- 　　前山　茂　48　男　民社　新　68,984
- 　　祖父江儀男　44　男　共産　新　35,162

【第4区】定数4
- 当 渡辺　武三　57　男　民社　前　112,898
- 当 浦野　烋興　38　男　自民　前　112,468
- 当 中野　四郎　73　男　自民　前　111,865
- 当 稲垣　実男　52　男　自民　前　92,960
- 　　内田　康宏　27　男　無所属　新　78,480
- 　　野々山一三　56　男　社会　新　64,455
- 　　大久保　正　45　男　共産　新　27,789

衆議院・選挙区（愛知県）　国政選挙総覧

【第5区】定数3
当	村田敬次郎	56	男	自民	前	91,807
当	上村千一郎	68	男	自民	前	87,547
当	近藤　豊	44	男	無所属	前	85,343
	岡田　哲児	56	男	社会	元	62,210
	三浦　敬三	48	男	共産	新	20,964

【第6区】定数4
当	塚本　三郎	53	男	民社	前	121,618
当	水平　豊彦	48	男	自民	前	112,234
当	石田幸四郎	49	男	公明	前	76,914
当	安藤　巖	55	男	共産	前	75,468
	横江　金夫	46	男	社会	新	74,545
	秋山　秀男	38	男	諸派	新	1,889
	坂井　康夫	29	男	諸派	新	1,371

第37回衆議院議員選挙
昭和58年(1983年)12月18日実施

【第1区】定数4
当	春日　一幸	73	男	民社	前	75,998
当	柴田　弘	50	男	公明	前	74,655
当	田中美智子	61	女	無所属	元	72,782
当	横山　利秋	66	男	社会	前	66,445
	今枝　敬雄	59	男	自民	前	63,825
	田辺　広雄	58	男	自民	新	46,899
	丹羽　久章	69	男	無所属	元	22,604

【第2区】定数4
当	丹羽　兵助	72	男	自民	前	124,030
当	草川　昭三	55	男	無所属	前	114,302
当	網岡　雄	55	男	社会	新	109,617
当	青山　丘	42	男	民社	前	105,011
	久野　忠治	73	男	自民	前	104,466
	鵜飼　諦	53	男	共産	新	34,348

【第3区】定数3
当	海部　俊樹	52	男	自民	前	123,415
当	江崎　真澄	68	男	自民	前	107,918
当	佐藤　観樹	41	男	社会	前	91,540
	森　治男	37	男	民社	新	73,301
	祖父江儀男	48	男	共産	新	29,548

【第4区】定数4
当	伊藤　英成	42	男	民社	新	147,271
当	浦野　烋興	42	男	自民	前	114,802
当	稲垣　実男	55	男	自民	前	89,552
当	中野　四郎	76	男	自民	前	86,814
	八田　広子	37	女	共産	新	45,313
	青山伊津子	39	女	無所属	新	39,351
	小田　幸平	55	男	諸派	新	6,778

【第5区】定数3
当	村田敬次郎	59	男	自民	前	82,095
当	上村千一郎	71	男	自民	前	76,379
当	近藤　豊	48	男	無所属	前	73,500
	岡田　哲児	60	男	社会	元	58,428
	三浦　敬三	51	男	共産	新	18,318

【第6区】定数4
当	塚本　三郎	56	男	民社	前	105,748
当	石田幸四郎	53	男	公明	前	85,237
当	横江　金夫	49	男	社会	新	83,356
当	水平　豊彦	51	男	自民	前	78,983
	安藤　巖	58	男	共産	前	71,133

第38回衆議院議員選挙
昭和61年(1986年)7月6日実施

【第1区】定数4
当	今枝　敬雄	61	男	自民	元	92,175
当	柴田　弘	53	男	公明	前	73,116
当	春日　一幸	76	男	民社	前	72,346
当	田中美智子	63	女	無所属	前	66,649
	横山　利秋	68	男	社会	前	66,564
	田辺　広雄	61	男	無所属	新	59,407
	丹羽　章夫	43	男	無所属	新	7,200
	秋山　秀男	44	男	諸派	新	3,171

【第2区】定数4
当	丹羽　兵助	75	男	自民	前	124,960
当	久野　忠治	76	男	自民	元	113,772
当	青山　丘	45	男	民社	前	108,553
当	草川　昭三	57	男	無所属	前	101,735
	網岡　雄	58	男	社会	前	93,991
	鵜飼　諦	56	男	共産	新	38,355
	森田　裕之	53	男	無所属	新	37,963
	神谷　義尚	41	男	無所属	新	32,737

【第3区】定数3
当	海部　俊樹	55	男	自民	前	133,829
当	江崎　真澄	70	男	自民	前	131,763
当	佐藤　観樹	44	男	社会	前	94,912
	森　治男	40	男	民社	新	83,575
	祖父江儀男	50	男	共産	新	32,335

【第4区】定数4
当	伊藤　英成	44	男	民社	前	155,972
当	浦野　烋興	44	男	自民	前	120,599
当	杉浦　正健	51	男	自民	新	99,774
当	稲垣　実男	58	男	自民	前	96,830
	川島　実	50	男	社会	新	52,512
	八田　広子	40	女	共産	新	45,978
	中原　義正	43	男	無所属	新	16,033
	藤川　千秋	45	男	無所属	新	9,749

【第5区】定数3
当	村田敬次郎	62	男	自民	前	93,618
当	上村千一郎	74	男	自民	前	74,837
当	早川　勝	45	男	社会	新	56,918
	近藤　豊	50	男	無所属	前	52,370
	浅野　勝人	48	男	無所属	新	52,244
	三浦　敬三	54	男	共産	新	19,578
	中島　治彦	45	男	無所属	新	3,032

【第6区】定数4
当	塚本　三郎	59	男	民社	前	103,398

当	片岡 武司	36	男	自民	新	91,540
当	石田幸四郎	55	男	公明	前	74,885
当	安藤 巖	61	男	共産	元	71,619
	横江 金夫	52	男	社会	前	65,755
	細野 純子	38	女	無所属	新	38,927

当	片岡 武司	40	男	自民	前	126,364
当	石田幸四郎	59	男	公明	前	90,263
当	塚本 三郎	62	男	民社	前	80,356
	安藤 巖	65	男	共産	前	71,693
	近藤 浩	29	男	無所属	新	12,571

第39回衆議院議員選挙
平成2年(1990年)2月18日実施

【第1区】定数4

当	佐藤 泰介	46	男	社会	新	115,358
当	今枝 敬雄	65	男	自民	前	84,896
当	田辺 広雄	65	男	自民	新	76,406
当	平田 米男	41	男	公明	新	73,682
	安井 延	51	男	民社	新	58,314
	本谷 純子	57	女	共産	新	50,766
	河村 隆之（河村たかし）	41	男	無所属	新	33,028
	柴田 富一	61	男	無所属	新	1,238

【第2区】定数4

当	網岡 雄	61	男	社会	元	177,361
当	丹羽 兵助	78	男	自民	前	130,060
当	草川 昭三	61	男	無所属	前	117,725
当	久野統一郎	52	男	自民	新	116,948
	青山 丘	48	男	民社	前	107,527
	神谷 義尚	45	男	無所属	新	45,290
	鵜飼 諦	60	男	共産	新	31,990
	前田 雄吉	30	男	無所属	新	8,327
	渡辺 悦子	69	女	無所属	新	2,625

【第3区】定数3

当	海部 俊樹	59	男	自民	前	195,713
当	佐藤 観樹	48	男	社会	前	120,728
当	江崎 真澄	74	男	自民	前	105,980
	森 治男	44	男	民社	新	83,189
	祖父江儀男	54	男	共産	新	24,509
	井桁 克	50	男	無所属	新	10,707

【第4区】定数4

当	川島 実	53	男	社会	新	151,968
当	伊藤 英成	48	男	民社	前	134,793
当	杉浦 正健	55	男	自民	前	125,688
当	浦野 烋興	48	男	自民	前	116,470
	稲垣 実男	61	男	自民	前	112,537
	大村 義則	33	男	共産	新	21,054

【第5区】定数3

当	早川 勝	49	男	社会	前	107,855
当	浅野 勝人	51	男	自民	新	92,950
当	村田敬次郎	66	男	自民	前	79,401
	近藤 豊	54	男	自民	元	75,638
	三浦 敬三	58	男	共産	新	13,885
	吉富 一雄	32	男	進歩	新	7,794
	中島 治彦	49	男	無所属	新	3,453

【第6区】定数4

当	赤松 広隆	41	男	社会	新	135,751

第40回衆議院議員選挙
平成5年(1993年)7月18日実施

【第1区】定数4

当	河村たかし	44	男	日本新	新	89,617
当	青木 宏之	48	男	新生	新	70,333
当	平田 米男	44	男	公明	前	70,149
当	佐藤 泰介	49	男	社会	前	65,586
	今枝 敬雄	68	男	自民	前	59,399
	田辺 広雄	68	男	自民	前	54,745
	長谷川一裕	35	男	共産	新	43,609
	後藤 民夫	45	男	諸派	新	1,129
	渡辺 滝雄	40	男	諸派	新	426
	矢田 良彦	39	男	諸派	新	329
	高橋 洋一	51	男	諸派	新	308
	尾崎 昭広	56	男	諸派	新	252

【第2区】定数4

当	青山 丘	52	男	民社	元	154,306
当	草川 昭三	64	男	無所属	前	151,260
当	網岡 雄	65	男	社会	前	129,989
当	久野統一郎	56	男	自民	前	105,038
	丹羽 孝充	51	男	自民	新	101,875
	佐々木 朗	35	男	共産	新	37,176
	伊藤 健一	55	男	自民	新	15,905
	石渡恵美子	31	女	諸派	新	5,887
	千葉 徹	45	男	諸派	新	2,667
	伊藤 栄次	33	男	諸派	新	2,411

【第3区】定数3

当	海部 俊樹	62	男	自民	前	194,863
当	江崎 鉄磨	49	男	新生	新	113,958
当	佐藤 観樹	51	男	社会	前	83,052
	森 治男	47	男	民社	新	81,204
	岸野 知子	43	女	共産	新	28,586
	井桁 克	53	男	無所属	新	10,598
	石黒 勝	37	男	諸派	新	1,024
	斉藤 潤	43	男	諸派	新	730
	小野里 勉	30	男	諸派	新	564

【第4区】定数4

当	伊藤 英成	51	男	民社	前	178,501
当	浦野 烋興	51	男	自民	前	116,163
当	稲垣 実男	65	男	自民	元	107,521
当	川島 実	57	男	社会	前	98,223
	杉浦 正健	58	男	自民	前	94,121
	大村 義則	37	男	共産	新	31,404
	大島 葉子	61	女	諸派	新	5,206
	影山 照美	28	女	諸派	新	2,565
	大山 俊則	32	男	諸派	新	1,732

衆議院・選挙区（愛知県）

| | 矢田　満男 | 30 | 男 | 諸派 | 新 | 1,432 |

【第5区】定数3
	氏名	年齢	性別	所属	新前元	得票数
当	村田敬次郎	69	男	自民	前	97,729
当	早川　勝	52	男	社会	前	79,059
当	近藤　豊	58	男	無所属	元	69,070
	浅野　勝人	55	男	自民	前	65,305
	高柳大太郎	44	男	共産	新	15,530
	吉富　一雄	36	男	無所属	新	13,548
	伊藤真由美	38	女	諸派	新	2,933
	西見　俊雄	53	男	諸派	新	813
	島田　隆	41	男	諸派	新	795

【第6区】定数4
	氏名	年齢	性別	所属	新前元	得票数
当	赤松　広隆	45	男	社会	前	100,372
当	石田幸四郎	62	男	公明	前	89,761
当	大谷　忠雄	57	男	新生	新	89,269
当	片岡　武司	43	男	自民	前	79,090
	塚本　三郎	66	男	民社	前	65,296
	瀬古由起子	45	女	共産	新	63,306
	渡辺　恵子	39	女	諸派	新	1,601
	中村　敦	34	男	諸派	新	1,418
	伊藤　真	36	男	諸派	新	877

第41回衆議院議員選挙
平成8年（1996年）10月20日実施

【第1区】定数1
	氏名	年齢	性別	所属	新前元	得票数
当	河村たかし	47	男	新進	前	66,876
	今枝　敬雄	72	男	自民⊕元		42,969
	佐藤　泰介	53	男	民主	前	33,503
	岩中美保子	43	女	共産	新	22,209
	伊東マサコ	51	女	諸派	新	616
	山田　浩	51	男	諸派	新	566
	浅野　光雪	45	男	無所属	新	312

【第2区】定数1
	氏名	年齢	性別	所属	新前元	得票数
当	青木　宏之	51	男	新進	前	56,101
	田辺　広雄	71	男	自民⊕元		44,938
比	古川　元久	30	男	民主⊕新		43,804
	石山　淳一	31	男	共産	新	21,337
	藤原美智子	44	女	自連	新	2,670
	石川　和己	61	男	諸派	新	701
	村松　陽一	47	男	無所属	新	418
	山崎　義章	43	男	諸派	新	348

【第3区】定数1
	氏名	年齢	性別	所属	新前元	得票数
当	吉田　幸弘	35	男	新進	新	52,478
	片岡　武司	46	男	自民⊕前		43,884
比当	近藤　昭一	38	男	民主⊕新		38,351
	柳田さえ子	50	女	共産	新	26,225
	中野　庸子	54	女	諸派	新	773
	小川　修	35	男	諸派	新	722
	阿閉　正雄	43	男	無所属	新	246

【第4区】定数1
	氏名	年齢	性別	所属	新前元	得票数
当	三沢　淳	44	男	新進	新	57,361
	塚本　三郎	69	男	自民⊕元		48,209

比当	瀬古由起子	49	女	共産⊕新		30,976
	高木　浩司	43	男	民主⊕新		23,411
	伊東　敬芳	61	男	諸派	新	348
	塩川　哉直	40	男	諸派	新	243

【第5区】定数1
	氏名	年齢	性別	所属	新前元	得票数
当	赤松　広隆	48	男	民主⊕前		48,648
比当	木村　隆秀	41	男	自民⊕新		46,485
	伴野　豊	35	男	新進	新	43,028
	長友　忠弘	37	男	共産	新	17,670
	鈴木　孟	63	男	無所属	新	768
	市川　実	56	男	諸派	新	470
	内山　貴雄	43	男	諸派	新	335

【第6区】定数1
	氏名	年齢	性別	所属	新前元	得票数
当	草川　昭三	68	男	新進	前	90,812
	伊藤　勝人	51	男	自民⊕新		59,631
	網岡　雄	68	男	民主⊕前		49,074
	渡辺ますみ	39	女	共産	新	25,815
	原田　勇	46	男	諸派	新	1,107
	村松　庸子	52	女	諸派	新	966
	笠原　公夫	63	男	無所属	新	776
	増田　真一	73	男	諸派	新	450

【第7区】定数1
	氏名	年齢	性別	所属	新前元	得票数
当	青山　丘	55	男	新進	前	91,439
	丹羽　太一	49	男	自民⊕新		49,727
	伊藤　啓子	40	女	民主⊕新		24,620
	原田　秀俊	48	男	共産	新	23,009
	市川　恒雄	56	男	自連	新	2,045
	大島　葉子	65	女	諸派	新	1,080
	江幡　弘道	34	男	諸派	新	442

【第8区】定数1
	氏名	年齢	性別	所属	新前元	得票数
当	久野統一郎	59	男	自民⊕前		93,053
	森田　裕介	33	男	新進	新	90,099
	梶浦　勇	48	男	共産	新	23,166
	山崎　和子	34	女	諸派	新	2,259
	下田　謙一	42	男	無所属	新	873

【第9区】定数1
	氏名	年齢	性別	所属	新前元	得票数
当	海部　俊樹	65	男	新進	前	111,578
	吉川　博	73	男	自民⊕新		58,059
	佐藤　観樹	54	男	民主⊕前		42,393
	日比　静夫	63	男	共産	新	20,290
	保田　玲子	50	女	諸派	新	921
	大井　忠則	48	男	無所属	新	422
	志良以　栄	59	男	諸派	新	338

【第10区】定数1
	氏名	年齢	性別	所属	新前元	得票数
当	江崎　鉄磨	53	男	新進	前	110,820
	森　治男	50	男	自民⊕新		72,178
	岸野　知子	46	女	共産	新	29,003
	長縄　幸子	48	女	民主⊕新		20,575
	清水　宣弥	26	男	無所属	新	5,103
	高橋　伸輔	54	男	諸派	新	683
	阿閉　豊次	46	男	無所属	新	284

【第11区】定数1
	氏名	年齢	性別	所属	新前元	得票数
当	伊藤　英成	54	男	新進	前	123,404

浦野 烋興	54	男	自民㊗前	85,766
大村 義則	40	男	共産 新	13,260

【第12区】定数1

当	杉浦 正健	62	男	自民㊗元	133,257
	川島 実	60	男	新進 前	79,950
	山田 真澄	36	女	共産 新	28,358

【第13区】定数1

当	島 聡	38	男	新進 新	87,991
比当	大村 秀章	36	男	自民㊗新	80,629
	髙林 誠	53	男	共産 新	19,484

【第14区】定数1

当	浅野 勝人	58	男	自民㊗元	72,661
	吉富 一雄	39	男	新進 新	44,421
	栗谷建一郎	47	男	共産 新	14,646
	藤川 千秋	55	男	民主 新	14,149

【第15区】定数1

当	村田敬次郎	72	男	自民㊗前	74,963
	木俣 佳丈	31	男	新進 新	64,486
	塚田 栄二	41	男	共産 新	22,851
	松本しげ子	51	女	諸派 新	1,796
	松下 正利	51	男	諸派 新	1,398

第42回衆議院議員選挙
平成12年（2000年）6月25日実施

【第1区】定数1

当	河村たかし	51	男	民主㊗前	79,817
	平田 米男	51	男	公明 前	53,841
	宮田 正之	54	男	無所属 新	27,689
	新谷由紀子	56	女	共産 新	24,523
	石川 昭彦	29	男	自由 新	2,036
	伊東マサコ	54	女	自連 新	1,770

【第2区】定数1

当	古川 元久	34	男	民主㊗前	91,888
	谷口 守行	51	男	自民 新	47,269
	青木 宏之	55	男	保守 前	25,576
	大野 宙光	36	男	共産㊗新	24,847
	小野 善孝	31	男	自連 新	1,832
	大江喜美雄	31	男	無所属 新	1,579

【第3区】定数1

当	近藤 昭一	42	男	民主㊗前	95,533
	片岡 武司	50	男	自民㊗元	62,242
	西田 一広	52	男	共産 新	31,875
	奈良 武	58	男	自連 新	3,282

【第4区】定数1

当	牧 義夫	42	男	民主㊗新	57,760
	三沢 淳	47	男	保守 前	54,071
比当	瀬古由起子	52	女	共産㊗前	37,645
	小林 正和	51	男	社民㊗新	10,167
	川島 実	64	男	自連㊗元	4,919

【第5区】定数1

当	赤松 広隆	52	男	民主㊗前	82,943
比当	木村 隆秀	44	男	自民㊗前	64,970
	小玉あさ子	52	女	共産 新	21,516
	伊東 敬芳	64	男	自連 新	2,274

【第6区】定数1

当	前田 雄吉	40	男	民主㊗新	97,714
	草川 昭三	71	男	公明 前	92,321
	辻 一幸	64	男	共産 新	29,491
	伊藤 健一	62	男	無会 新	22,617
	保田 玲子	54	女	自連 新	6,971
	辺見 雅男	35	男	無所属 新	1,630

【第7区】定数1

当	小林 憲司	35	男	民主㊗新	86,651
	鈴木 淳司	42	男	自民㊗新	83,601
比当	大島 令子	48	女	社民㊗新	28,125
	坂林 卓美	38	男	共産 新	23,095
	原田 勇	49	男	自連 新	1,841
	尾崎 昭広	63	男	無所属 新	1,621

【第8区】定数1

当	大木 浩	72	男	自民㊗新	84,641
比当	伴野 豊	39	男	民主㊗新	83,988
	森田 裕介	37	男	無会 新	52,046
	梶浦 勇	52	男	共産 新	18,357
	関口 周司	42	男	自由 新	1,199

【第9区】定数1

当	海部 俊樹	69	男	保守 前	122,175
	目黒 好江	48	女	民主㊗新	73,321
	松崎 省三	53	男	共産 新	24,266
	大宮 勝之	60	男	無所属 新	6,117
	山崎 義章	47	男	自連 新	3,936

【第10区】定数1

当	佐藤 観樹	58	男	民主㊗元	99,970
	江崎 鉄磨	56	男	保守 前	86,416
	鈴木 雅博	45	男	自民㊗新	57,047
	石田 保	62	男	共産 新	27,324
	石川 八郎	67	男	自連 新	2,881

【第11区】定数1

当	伊藤 英成	58	男	民主㊗前	130,473
	山中 燁子	54	女	自民㊗前	79,910
	佐藤 義淳	59	男	共産 新	13,862
	塩沢 勇	64	男	自連 新	2,422

【第12区】定数1

当	杉浦 正健	65	男	自民㊗前	117,475
	中根 康浩	37	男	民主㊗新	81,826
比当	都築 譲	49	男	自由㊗新	33,052
	野村 典子	52	女	共産 新	21,581
	川島 隆	43	男	自連 新	2,517
	福田 晃	48	男	無所属 新	1,422

【第13区】定数1

当	大村 秀章	40	男	自民㊗前	104,731
比当	島 聡	42	男	民主㊗前	104,392
	宮川 金彦	52	男	共産 新	15,880
	志良以 憲	30	男	自連 新	3,164

【第14区】定数1

当	浅野 勝人	62	男	自民㊗前	67,256

	鈴木 克昌	56	男	無所属 新	64,736	【第10区】定数1					
	依田 喜隆	53	男	民主比新	31,655	当	江崎 鉄磨	60	男	保守新 元	107,369
	野上 徳宏	56	男	共産 新	12,211	比当	佐藤 観樹	61	男	民主比前	106,599
	大山 邦夫	35	男	無所属 新	1,016		岸野 知子	53	女	共産 新	21,350
	内山 貴雄	47	男	自連 新	917	【第11区】定数1					
【第15区】定数1						当	古本伸一郎	38	男	民主比新	181,747
当	山本 明彦	53	男	自民比新	96,086		串田 真吾	27	男	共産 新	21,179
	近藤 剛	35	男	民主比新	77,344	【第12区】定数1					
	斎藤 啓	28	男	共産 新	20,700	当	杉浦 正健	69	男	自民比前	135,622
	平山 淳一	63	男	自連 新	2,431	比当	中根 康浩	41	男	民主比新	117,411
							野村 典子	55	女	共産 新	16,191

第43回衆議院議員選挙
平成15年(2003年)11月9日実施

【第13区】定数1					
【第1区】定数1						当	大村 秀章	43	男	自民比前	114,092
当	河村たかし	55	男	民主比前	97,617	比当	島 聡	45	男	民主比前	109,670
	谷田 武彦	59	男	自民比前	64,968		高林 誠	61	男	共産 新	11,765
	木村 恵美	53	女	共産 新	17,510	【第14区】定数1					
【第2区】定数1						当	鈴木 克昌	59	男	民主比新	91,713
当	古川 元久	37	男	民主比前	115,674		浅野 勝人	65	男	自民比前	76,019
	斎藤 幸男	30	男	自民比新	56,472		金子 正美	55	男	共産 新	8,795
	大野 宙光	40	男	共産 新	17,437	【第15区】定数1					
【第3区】定数1						当	山本 明彦	56	男	自民比前	100,443
当	近藤 昭一	45	男	民主比前	105,017	比当	都築 譲	53	男	民主比前	84,573
	吉田 幸弘	42	男	自民比新	72,035		斎藤 啓	32	男	共産 新	14,622
	石川 寿	38	男	共産 新	18,678						

第44回衆議院議員選挙
平成17年(2005年)9月11日実施

【第4区】定数1					
当	牧 義夫	45	男	民主比前	84,919	【第1区】定数1					
比当	近藤 浩	42	男	自民比新	79,749	当	河村たかし	56	男	民主比前	105,449
	瀬古由起子	56	女	共産比前	28,193	比	篠田 陽介	32	男	自民比新	82,486
【第5区】定数1							木村 恵美	55	女	共産 新	15,585
当	赤松 広隆	55	男	民主比前	104,346		小林 正和	56	男	社民比新	7,560
	木村 隆秀	48	男	自民比前	90,668	【第2区】定数1					
	江上 博之	48	男	共産 新	16,255	当	古川 元久	39	男	民主比前	116,884
【第6区】定数1							岡田 裕二	27	男	自民比新	87,804
当	前田 雄吉	43	男	民主比前	97,776		斉藤 愛子	50	女	共産 新	20,077
	丹羽 秀樹	30	男	自民比新	80,700	【第3区】定数1					
	三沢 淳	51	男	保守新 元	22,131	当	近藤 昭一	47	男	民主比前	110,799
	柳沢けさ美	53	女	共産 新	20,524	比	馬渡 龍治	48	男	自民比新	86,426
【第7区】定数1							石川 寿	40	男	共産 新	20,425
当	小林 憲司	39	男	民主比前	102,710		藤本 栄	45	男	無所属 新	8,500
比当	青山 丘	62	男	自民比前	93,882	【第4区】定数1					
	大島 令子	51	女	社民比前	20,172	当	牧 義夫	47	男	民主比前	95,844
	坂林 卓美	41	男	共産 新	16,255	比	藤野真紀子	55	女	自民比新	87,824
【第8区】定数1							瀬古由起子	58	女	共産比元	30,622
当	伴野 豊	42	男	民主比前	127,411		佐々木賢治	56	男	無所属 新	4,791
	大木 浩	76	男	自民 前	92,245	【第5区】定数1					
	神谷 暢	62	男	共産 新	16,216	当	木村 隆秀	50	男	自民比前	117,017
【第9区】定数1						比	赤松 広隆	57	男	民主比前	107,645
当	海部 俊樹	72	男	保守新 前	104,075		河江 明美	40	女	共産 新	17,523
比当	岡本 充功	32	男	民主比新	92,554	【第6区】定数1					
	井桁 亮	34	男	無所属 新	20,565	当	丹羽 秀樹	32	男	自民比新	126,670
	松崎 省三	57	男	共産 新	16,213	比当	前田 雄吉	45	男	民主比前	113,467

	柳沢けさ美	55	女	共産	新	23,576

【第7区】定数1
当	鈴木 淳司	47	男	自民㊗前		134,535
	小林 憲司	41	男	民主㊗前		111,654
	坂林 卓美	43	男	共産	新	22,902

【第8区】定数1
当	伊藤 忠彦	41	男	自民㊗新		123,280
比当	伴野 豊	44	男	民主㊗前		115,200
	森田 裕介	42	男	日本㊗新		15,943
	神谷 暢	64	男	共産	新	14,362

【第9区】定数1
当	海部 俊樹	74	男	自民	前	130,771
比当	岡本 充功	34	男	民主㊗前		110,809
	松崎 省三	59	男	共産	新	17,489
	井桁 亮	36	男	国民	新	15,314

【第10区】定数1
当	江崎 鉄磨	61	男	自民㊗前		140,622
	杉本 和巳	44	男	民主㊗新		104,827
	石田 保	67	男	共産	新	21,350

【第11区】定数1
当	古本伸一郎	40	男	民主㊗前		132,730
比当	土井 真樹	45	男	自民㊗新		105,631
	本村 伸子	32	女	共産	新	15,468

【第12区】定数1
当	杉浦 正健	71	男	自民㊗前		159,256
	中根 康浩	43	男	民主㊗前		128,681
	萩原 昇	54	男	共産	新	14,706

【第13区】定数1
当	大村 秀章	45	男	自民㊗前		139,022
	島 聡	47	男	民主㊗前		109,593
	中村 健	58	男	共産	新	13,311

【第14区】定数1
当	鈴木 克昌	61	男	民主㊗前		97,382
比当	杉田 元司	54	男	自民㊗新		78,561
	栗谷建一郎	56	男	共産	新	10,713

【第15区】定数1
当	山本 明彦	58	男	自民㊗前		122,904
	森本 和義	39	男	民主㊗新		74,932
	斎藤 啓	34	男	共産	新	20,219

第45回衆議院議員選挙
平成21年(2009年) 8月30日実施

【第1区】定数1
当	佐藤 夕子	46	女	民主㊗新		122,348
	篠田 陽介	36	男	自民㊗前		78,691
	木村 恵美	59	女	共産	新	14,485
	平山 良平	61	男	社民㊗新		6,082
	河田 成治	42	男	諸派	新	3,352

【第2区】定数1
当	古川 元久	43	男	民主㊗前		162,237
	宮原美佐子	47	女	自民㊗新		58,225
	斉藤 愛子	53	女	共産	新	18,908

	石田 昭	67	男	諸派	新	4,187

【第3区】定数1
当	近藤 昭一	51	男	民主㊗前		153,735
	馬渡 龍治	52	男	自民㊗前		68,636
	本村 伸子	36	女	共産	新	21,611
	服部 輝成	32	男	諸派	新	3,277

【第4区】定数1
当	牧 義夫	51	男	民主㊗前		129,382
	藤野真紀子	59	女	自民㊗前		64,367
	瀬古由起子	62	女	共産㊗元		28,826
	今井田俊一	54	男	諸派	新	3,086

【第5区】定数1
当	赤松 広隆	61	男	民主㊗前		158,235
	寺西 睦	45	男	自民㊗新		88,964
	吉田 知子	64	女	諸派	新	8,042

【第6区】定数1
当	石田 芳弘	63	男	民主㊗新		167,697
	丹羽 秀樹	36	男	自民㊗前		102,252
	長谷川浩司	46	男	無所属	新	6,736
	福原真由美	49	女	諸派	新	5,970
	稲垣 寛之	36	男	無所属	新	2,243

【第7区】定数1
当	山尾志桜里	35	女	民主㊗新		182,028
	鈴木 淳司	51	男	自民㊗前		108,783
	永田久美子	47	女	諸派	新	7,032

【第8区】定数1
当	伴野 豊	48	男	民主㊗前		172,839
	伊藤 忠彦	45	男	自民㊗前		109,582
	三丁目伸哉	43	男	諸派	新	4,907

【第9区】定数1
当	岡本 充功	38	男	民主㊗前		180,609
	海部 俊樹	78	男	自民	前	100,549
	板谷紀美子	55	女	諸派	新	8,200

【第10区】定数1
当	杉本 和巳	48	男	民主㊗新		172,401
	江崎 鉄磨	65	男	自民㊗前		103,704
	中村 秋則	36	男	諸派	新	7,861

【第11区】定数1
当	古本伸一郎	44	男	民主㊗前		177,350
	土井 真樹	49	男	自民㊗前		91,334
	中根 裕美	35	女	諸派	新	8,326

【第12区】定数1
当	中根 康浩	47	男	民主㊗元		180,972
	杉浦 正健	75	男	自民	前	122,198
	八田ひろ子	63	女	共産㊗新		20,551
	後神 芳基	46	男	諸派	新	3,171

【第13区】定数1
当	大西 健介	38	男	民主㊗新		154,779
比当	大村 秀章	49	男	自民㊗前		128,995
	室田 隆	46	男	諸派	新	3,950

【第14区】定数1
| 当 | 鈴木 克昌 | 65 | 男 | 民主㊗前 | | 117,085 |
| | 杉田 元司 | 58 | 男 | 自民㊗前 | | 70,564 |

| | 鈴木 英文 | 36 | 男 | 諸派 新 | 5,304 |

【第15区】定数1

当	森本 和義	43	男	民主比新	127,059
	山本 明彦	62	男	自民 前	94,803
	斎藤 啓	38	男	共産 新	14,595
	高橋 信広	37	男	諸派 新	3,781

《補選》第45回衆議院議員選挙
平成23年（2011年）4月24日実施
※石田芳弘の辞職（名古屋市長選立候補）による

【第6区】被選挙数1

当	丹羽 秀樹	38	男	自民 元	104,328
	川村 昌代	44	女	諸派 新	39,308
	河江 明美	45	女	共産 新	14,369
	福原 真由美	50	女	諸派 新	7,932
	目片 文夫	70	男	無所属 新	3,842

第46回衆議院議員選挙
平成24年（2012年）12月16日実施

【第1区】定数1

当	熊田 裕通	48	男	自民比新	77,215
	佐藤 夕子	49	女	未来 前	60,293
	吉田 統彦	38	男	民主 前	36,578
	大野 宙光	49	男	共産 新	15,512

【第2区】定数1

当	古川 元久	47	男	民主 前	94,058
比当	東郷 哲也	41	男	自民比新	67,086
	真野 哲	51	男	未来 新	31,974
	黒田 二郎	64	男	共産 新	16,991

【第3区】定数1

当	池田 佳隆	46	男	自民比新	77,700
比当	近藤 昭一	54	男	民主比前	73,927
	磯浦 東	38	男	未来比新	39,861
	石川 寿	47	男	共産 新	20,421

【第4区】定数1

当	工藤 彰三	48	男	自民比新	63,932
	牧 義夫	54	男	未来比前	41,730
	山本 洋一	34	男	維新 新	33,144
	刀祢 勝之	42	男	民主比新	30,731
	西田 敏子	58	女	共産 新	18,351

【第5区】定数1

当	神田 憲次	49	男	自民比新	67,218
比当	赤松 広隆	64	男	民主比前	65,423
	小山 憲一	52	男	維新比新	37,806
	前田 雄吉	52	男	未来比元	23,609
	藤井 博樹	35	男	共産 新	16,206

【第6区】定数1

当	丹羽 秀樹	39	男	自民比前	113,991
	天野 正基	42	男	民主比新	56,644
	水野 智彦	56	男	未来比前	37,200

| | 柳沢けさ美 | 62 | 女 | 共産 新 | 24,203 |

【第7区】定数1

当	鈴木 淳司	54	男	自民比元	110,390
	山尾志桜里	38	女	民主比前	92,398
	正木 裕美	31	女	未来比新	39,141
	郷右近 修	34	男	共産 新	15,732

【第8区】定数1

当	伊藤 忠彦	48	男	自民比元	115,407
	伴野 豊	51	男	民主 前	81,078
	増田 成美	39	女	未来比新	33,693
	長友 忠弘	53	男	共産 新	16,806

【第9区】定数1

当	長坂 康正	55	男	自民比新	93,757
	岡本 充功	41	男	民主 前	62,033
	中野 正康	45	男	維新比新	46,739
	井桁 亮	43	男	未来比新	20,244
	松崎 省三	66	男	共産 新	15,186

【第10区】定数1

当	江崎 鉄磨	69	男	自民比元	96,548
比当	杉本 和巳	52	男	みんな比前	60,563
	松尾 和弥	39	男	民主比新	33,459
	高橋 一	52	男	未来比新	25,671
	板倉 正文	54	男	共産 新	16,751

【第11区】定数1

当	古本伸一郎	47	男	民主比前	126,724
比当	八木 哲也	65	男	自民比新	91,164
	渡辺 裕	32	男	共産 新	14,670
	中根 裕美	38	女	諸派 新	11,807

【第12区】定数1

当	青山 周平	35	男	自民比新	91,816
比当	中根 康浩	50	男	民主比前	82,363
比当	重徳 和彦	41	男	維新比新	69,198
	都築 譲	62	男	未来比元	30,850
	若山 晴史	64	男	共産 新	9,687

【第13区】定数1

当	大見 正	54	男	自民比新	98,670
比当	大西 健介	41	男	民主比前	97,187
	小林 興起	68	男	未来比前	37,405
	宮地 勲	58	男	共産 新	11,514

【第14区】定数1

当	今枝宗一郎	28	男	自民比新	71,881
比当	鈴木 克昌	69	男	未来比前	59,353
	磯谷香代子	47	女	民主比前	20,124
	稲生 俊郎	54	男	共産 新	9,283

【第15区】定数1

当	根本 幸典	47	男	自民比新	73,521
	森本 和義	46	男	民主比前	49,053
	近藤 剛	47	男	維新比新	39,018
	杉田 元司	61	男	無所属 元	21,112
	串田 真吾	36	男	共産 新	10,404
	豊田八千代	63	女	社民比新	7,927

第47回衆議院議員選挙
平成26年(2014年)12月14日実施

【第1区】定数1
当	熊田　裕通	50	男	自民㊗前	73,003
	吉田　統彦	40	男	民主㊗元	49,230
	大野　宙光	51	男	共産㊗新	20,143
	広沢　一郎	50	男	諸派　新	18,343
	身玉山宗三郎	41	男	次世代㊗新	6,422
	平山　良平	66	男	社民　新	5,076

【第2区】定数1
当	古川　元久	49	男	民主㊗前	102,058
	東郷　哲也	43	男	自民㊗前	67,681
	黒田　二郎	66	男	共産　新	23,128

【第3区】定数1
当	近藤　昭一	56	男	民主㊗前	82,422
比当	池田　佳隆	48	男	自民㊗前	72,353
	石川　寿	49	男	共産　新	22,676
	増田　成美	41	女	諸派　新	14,416
	井桁　亮	45	男	次世代　新	6,984

【第4区】定数1
当	工藤　彰三	50	男	自民㊗前	66,213
比当	牧　義夫	56	男	維新㊗元	47,291
	刀祢　勝之	44	男	民主㊗新	36,285
	高橋　祐介	36	男	共産㊗新	21,828

【第5区】定数1
当	赤松　広隆	66	男	民主㊗前	84,226
比当	神田　憲次	51	男	自民㊗前	71,616
	藤井　博樹	37	男	共産　新	23,069
	安田　庄一	47	男	次世代㊗新	10,231

【第6区】定数1
当	丹羽　秀樹	41	男	自民㊗前	106,887
	森本　和義	48	男	民主㊗元	66,037
	柳沢けさ美	64	女	共産　新	32,607

【第7区】定数1
当	山尾志桜里	40	女	民主㊗元	113,474

比当	鈴木　淳司	56	男	自民㊗前	108,151
	郷右近　修	36	男	共産　新	21,872

【第8区】定数1
当	伊藤　忠彦	50	男	自民㊗前	109,723
比当	伴野　豊	53	男	民主㊗元	99,058
	長友　忠弘	55	男	共産　新	21,859

【第9区】定数1
当	長坂　康正	57	男	自民㊗前	98,594
比当	岡本　充功	43	男	民主㊗元	85,967
	渡辺　裕	34	男	共産　新	24,003

【第10区】定数1
当	江崎　鉄磨	71	男	自民㊗前	91,978
	杉本　和巳	54	男	無所属　前	45,702
	小林　弘子	75	女	民主㊗新	43,672
	板倉　正文	56	男	共産　新	25,376

【第11区】定数1
当	古本伸一郎	49	男	民主㊗前	126,498
比当	八木　哲也	67	男	自民㊗前	97,167
	牧田　充生	60	男	共産　新	16,883

【第12区】定数1
当	重徳　和彦	43	男	維新㊗前	131,618
比当	青山　周平	37	男	自民㊗前	118,165
	牧野　次郎	56	男	共産　新	21,637

【第13区】定数1
当	大西　健介	43	男	民主㊗前	116,652
比当	大見　正	56	男	自民㊗前	101,144
	宮地　勲	60	男	共産　新	17,285

【第14区】定数1
当	今枝宗一郎	30	男	自民㊗前	77,513
比当	鈴木　克昌	71	男	民主㊗前	62,103
	袴田　富治	62	男	共産　新	14,872

【第15区】定数1
当	根本　幸典	49	男	自民㊗前	97,152
	関　健一郎	36	男	民主㊗新	64,480
	串田　真吾	38	男	共産　新	23,143

選挙区・三重県

第24回衆議院議員選挙
昭和24年(1949年)1月23日実施

【第1区】定数5
当	川崎　秀二	39	男	民主　前	43,409
当	木村　俊夫	41	男	無所属　新	42,090
当	松本　一郎	50	男	民自　前	40,392
当	山手　満男	37	男	無所属　新	40,040
当	水谷　昇	54	男	民自　前	39,578
	松田　正一	66	男	民自　前	34,023
	田中　久雄	45	男	諸派　新	32,169
	太田　哲二	43	男	共産　新	28,151
	沢田　ひさ	53	女	社会　元	23,386
	小坂　八郎	55	男	民主　新	20,900
	山川　喜蔵	55	男	民主　新	4,575
	草深慶太郎	54	男	国協　新	1,123

【第2区】定数4
当	中村　清	47	男	民自　新	50,502
当	尾崎　行雄	91	男	無所属　前	34,495
当	石原　円吉	37	男	民自　前	27,345
当	足立　梅市	49	男	社会　前	26,637
	生悦住貞太郎	52	男	民主　前	22,148
	西島　好夫	41	男	民主　新	21,399
	田畑いずほ	37	男	民自　新	18,494
	梶田　茂穂	43	男	共産　新	16,324
	森岡　三八	57	男	民主　新	13,480

第25回衆議院議員選挙
昭和27年(1952年)10月1日実施

【第1区】定数5

	氏名	年齢	性別	党派	新旧	得票
当	川崎 秀二	41	男	改進	前	71,230
当	田中 久雄	46	男	改進	元	63,265
当	松本 一郎	52	男	自由	前	58,991
当	水谷 昇	56	男	自由	前	51,346
当	山手 満男	39	男	改進	前	49,253
	木村 俊夫	43	男	自由	前	45,666
	沢田 ひさ	54	女	右社	元	40,255
	太田 哲二	44	男	共産	新	12,475

【第2区】定数4

	氏名	年齢	性別	党派	新旧	得票
当	浜地 文平	59	男	自由	元	35,478
当	長井 源	58	男	改進	元	35,425
当	尾崎 行雄	92	男	無所属	前	34,888
当	生悦住貞太郎	54	男	改進	元	30,782
	橋本 清吉	54	男	無所属	新	30,173
	中村 清	49	男	自由	前	30,019
	田中 幾三郎	55	男	右社	新	27,801
	石原 円吉	74	男	自由	前	25,272
	足立 梅市	51	男	諸派	前	19,934

第26回衆議院議員選挙
昭和28年(1953年)4月19日実施

【第1区】定数5

	氏名	年齢	性別	党派	新旧	得票
当	木村 俊夫	44	男	自由吉	元	63,537
当	川崎 秀二	41	男	改進	前	60,487
当	田中 久雄	47	男	改進	前	54,133
当	山手 満男	40	男	改進	前	49,712
当	中井 徳次郎	45	男	右社	新	44,027
	松本 一郎	53	男	自由吉	前	43,317
	水谷 昇	56	男	自由吉	前	35,355
	加藤 隆通	42	男	左社	新	18,722
	志田 勝	52	男	自由吉	新	16,581
	太田 哲二	45	男	共産	新	9,228

【第2区】定数4

	氏名	年齢	性別	党派	新旧	得票
当	中村 清	49	男	自由吉	元	49,823
当	橋本 清吉	54	男	改進	新	43,186
当	浜地 文平	60	男	自由鳩	前	33,253
当	田中 幾三郎	56	男	右社	新	33,042
	長井 源	58	男	改進	前	32,684
	尾崎 行雄	93	男	無所属	前	27,021
	田村 元	28	男	無所属	新	22,630
	足立 梅市	52	男	諸派	元	16,150
	西村 勝	45	男	左社	新	5,047

第27回衆議院議員選挙
昭和30年(1955年)2月27日実施

【第1区】定数5

	氏名	年齢	性別	党派	新旧	得票
当	川崎 秀二	43	男	民主	前	62,516
当	山手 満男	42	男	民主	前	52,745
当	中井 徳次郎	47	男	右社	前	51,612
当	田中 久雄	49	男	民主	前	46,668
当	木村 俊夫	46	男	自由	前	45,085
	松本 一郎	54	男	自由	元	44,522
	久保田藤麿	48	男	無所属	新	41,730
	水谷 昇	58	男	自由	元	32,517
	水野 栄三郎	48	男	左社	新	27,662
	志田 勝	54	男	無所属	新	6,619

【第2区】定数4

	氏名	年齢	性別	党派	新旧	得票
当	長井 源	60	男	民主	元	47,322
当	田中 幾三郎	58	男	右社	前	40,409
当	田村 元	30	男	自由	新	36,818
当	浜地 文平	62	男	民主	前	36,812
	中村 清	51	男	自由	前	31,404
	寺田 幸夫	50	男	民主	新	27,715
	角屋 堅次郎	37	男	左社	新	20,719
	橋本 清吉	56	男	無所属	前	18,656
	足立 梅市	54	男	無所属	元	12,353
	尾崎 行輝	67	男	無所属	新	5,235

第28回衆議院議員選挙
昭和33年(1958年)5月22日実施

【第1区】定数5

	氏名	年齢	性別	党派	新旧	得票
当	木村 俊夫	49	男	自民	前	78,507
当	小林 正美	46	男	社会	新	61,457
当	山手 満男	45	男	自民	前	57,543
当	中井 徳次郎	50	男	社会	前	51,431
当	川崎 秀二	46	男	自民	前	48,984
	松本 一郎	58	男	無所属	元	38,660
	田中 久雄	52	男	自民	前	37,855
	青木 理	55	男	自民	新	33,739
	久保田藤麿	51	男	無所属	新	31,706
	梶田 茂穂	50	男	共産	新	2,968
	志田 光世	57	男	諸派	新	2,464

【第2区】定数4

	氏名	年齢	性別	党派	新旧	得票
当	田村 元	33	男	自民	前	65,758
当	角屋 堅次郎	41	男	社会	新	42,654
当	浜地 文平	65	男	自民	前	42,270
当	田中 幾三郎	61	男	社会	前	40,440
	長井 源	63	男	自民	前	33,293
	三鬼 陽之助	50	男	無所属	新	29,081
	岩下 かね	45	女	無所属	新	27,094
	大越 稲穂	43	男	無所属	新	6,731
	遠藤 陽之助	47	男	共産	新	2,795
	植本 武夫	29	男	諸派	新	975

第29回衆議院議員選挙
昭和35年(1960年)11月20日実施

【第1区】定数5

	氏名	年齢	性別	党派	新旧	得票
当	木村 俊夫	51	男	自民	前	74,012

当	小林　ちづ	41	女	社会	新	57,132
当	松本　一郎	60	男	自民	元	56,646
当	久保田藤麿	53	男	無所属	新	53,538
当	山手　満男	47	男	自民	前	50,719
	川崎　秀二	49	男	自民	前	50,459
	中井徳次郎	53	男	社会	前	48,932
	田中　久雄	54	男	自民	元	43,693
	早川　周三	50	男	共産	新	3,850

【第2区】定数4

当	田村　　元	36	男	自民	前	87,461
当	角屋堅次郎	43	男	社会	前	64,678
当	浜地　文平	67	男	自民	前	49,929
当	田中幾三郎	63	男	民社	前	40,301
	田畑　厳穂	47	男	自民	新	23,244
	遠藤陽之助	49	男	共産	新	5,013
	植木　武夫	31	男	諸派	新	1,868

第30回衆議院議員選挙
昭和38年(1963年)11月21日実施

【第1区】定数5

当	中井徳次郎	56	男	社会	元	70,072
当	木村　俊夫	54	男	自民	前	68,288
当	川崎　秀二	52	男	自民	元	63,194
当	山本　幸雄	52	男	無所属	新	61,937
当	山手　満男	50	男	自民	前	60,603
	久保田藤麿	56	男	自民	前	53,950
	松本　一郎	63	男	自民	前	50,326
	田中　久雄	57	男	無所属	元	29,854
	早川　周三	53	男	共産	新	7,044

【第2区】定数4

当	田村　　元	39	男	自民	前	75,340
当	野呂　恭一	43	男	自民	新	50,724
当	角屋堅次郎	46	男	社会	前	48,881
当	浜地　文平	70	男	自民	前	42,259
	田中幾三郎	66	男	民社	前	39,337
	岩下　かね	50	女	自民	新	30,318
	遠藤陽之助	52	男	共産	新	5,365
	吉川　次郎	49	男	無所属	新	1,526
	植木　武夫	34	男	諸派	新	550

第31回衆議院議員選挙
昭和42年(1967年)1月29日実施

【第1区】定数5

当	久保田藤麿	59	男	自民	元	82,970
当	山手　満男	54	男	自民	前	80,560
当	木村　俊夫	58	男	自民	前	76,274
当	中井徳次郎	59	男	社会	前	64,201
当	川崎　秀二	55	男	自民	前	60,898
	山本　幸雄	55	男	自民	前	54,040
	福島　重之	51	男	社会	新	50,401
	松原　美省	35	男	共産	新	10,282
	杉本　一夫	58	男	諸派	新	762

【第2区】定数4

当	田村　　元	42	男	自民	前	75,308
当	角屋堅次郎	49	男	社会	前	46,356
当	野呂　恭一	47	男	自民	前	44,623
当	藤波　孝生	34	男	自民	新	42,306
	山口　茂夫	56	男	社会	新	36,474
	岩下　かね	53	女	自民	新	28,454
	長岡栄太郎	52	男	民社	新	26,962
	遠藤陽之助	55	男	共産	新	5,263
	清水　　亘	57	男	諸派	新	993

第32回衆議院議員選挙
昭和44年(1969年)12月27日実施

【第1区】定数5

当	木村　俊夫	60	男	自民	前	96,273
当	山本　幸雄	58	男	自民	元	74,600
当	川崎　秀二	58	男	自民	前	59,744
当	山手　満男	56	男	自民	前	58,206
当	中井徳次郎	62	男	社会	前	51,902
	久保田藤麿	62	男	自民	前	51,353
	田口　一男	44	男	社会	新	42,538
	斎藤　十朗	29	男	無所属	新	33,981
	松原　美省	38	男	共産	新	15,135
	佐藤　文吾	54	男	無所属	新	4,270

【第2区】定数4

当	田村　　元	45	男	自民	前	83,953
当	野呂　恭一	50	男	自民	前	72,638
当	藤波　孝生	37	男	自民	前	58,591
当	角屋堅次郎	52	男	社会	前	51,002
	常松　克安	36	男	公明	新	40,225
	中川　政一	42	男	共産	新	9,410

第33回衆議院議員選挙
昭和47年(1972年)12月10日実施

【第1区】定数5

当	木村　俊夫	63	男	自民	前	90,095
当	山本　幸雄	61	男	自民	前	83,631
当	田中　　覚	62	男	自民	新	81,930
当	田口　一男	47	男	社会	新	77,309
当	坂口　　力	38	男	公明	新	69,863
	川崎　秀二	61	男	自民	新	53,181
	中井　　洽	30	男	無所属	新	48,277
	松原　美省	41	男	共産	新	33,642

【第2区】定数4

当	田村　　元	48	男	自民	前	112,343
当	角屋堅次郎	55	男	社会	前	59,346
当	野呂　恭一	53	男	自民	前	56,322
当	藤波　孝生	40	男	自民	前	50,044
	中川　政一	45	男	共産	新	20,716

第34回衆議院議員選挙
昭和51年(1976年)12月5日実施

【第1区】定数5

当	坂口　　力	42	男	公明	現	87,346
当	川崎　秀二	65	男	自民	元	84,806
当	木村　俊夫	67	男	自民	現	81,516
当	田口　一男	51	男	社会	現	74,967
当	中井　　洽	34	男	民社	新	73,061
	山本　幸雄	65	男	自民	現	71,202
	田中　　覚	66	男	自民	現	70,798
	松原　美省	45	男	共産	新	34,602

【第2区】定数4

当	田村　　元	52	男	自民	現	91,022
当	野呂　恭一	57	男	自民	現	66,722
当	藤波　孝生	44	男	自民	現	61,372
当	角屋堅次郎	59	男	社会	現	59,954
	中川　政一	49	男	共産	新	24,574

第35回衆議院議員選挙
昭和54年(1979年)10月7日実施

【第1区】定数5

当	山本　幸雄	68	男	自民	元	114,044
当	木村　俊夫	70	男	自民	前	101,624
当	田口　一男	54	男	社会	前	88,000
当	中井　　洽	37	男	民社	前	83,316
当	坂口　　力	45	男	公明	前	73,918
	川崎　二郎	31	男	自民	新	61,731
	松原　美省	48	男	共産	新	29,362
	山手　拓郎	45	男	無所属	新	21,327
	板倉　重永	32	男	諸派	新	2,140

【第2区】定数4

当	田村　　元	55	男	自民	前	105,850
当	角屋堅次郎	62	男	社会	前	59,679
当	野呂　恭一	59	男	自民	前	59,378
当	藤波　孝生	46	男	自民	前	56,064
	松田　宣哉	54	男	共産	新	24,426

第36回衆議院議員選挙
昭和55年(1980年)6月22日実施

【第1区】定数5

当	山本　幸雄	69	男	自民	前	111,182
当	木村　俊夫	71	男	自民	前	101,291
当	川崎　二郎	32	男	自民	新	90,240
当	田口　一男	55	男	社会	前	81,219
当	中井　　洽	38	男	民社	前	80,162
	坂口　　力	46	男	公明	前	76,656
	田中　　覚	70	男	無所属	元	30,430
	松原　美省	49	男	共産	新	29,296
	杉本　　薫	33	男	諸派	新	2,321

【第2区】定数4

当	田村　　元	56	男	自民	前	102,876
当	藤波　孝生	47	男	自民	前	70,224
当	野呂　恭一	60	男	自民	前	62,238
当	角屋堅次郎	63	男	社会	前	61,244
	松田　宣哉	54	男	共産	新	22,968

第37回衆議院議員選挙
昭和58年(1983年)12月18日実施

【第1区】定数5

当	伊藤　忠治	49	男	社会	新	108,062
当	坂口　　力	49	男	公明	元	102,311
当	山本　幸雄	72	男	自民	前	94,805
当	中井　　洽	41	男	民社	前	94,052
当	北川　正恭	39	男	自民	新	87,778
	川崎　二郎	36	男	自民	前	85,707
	馬場　久勝	53	男	共産	新	22,610

【第2区】定数4

当	田村　　元	59	男	自民	前	79,584
当	藤波　孝生	51	男	自民	前	61,355
当	角屋堅次郎	66	男	社会	前	57,759
当	野呂　昭彦	37	男	自民	新	55,583
	坂倉　藤吾	53	男	社会	新	48,654
	大東　政司	44	男	共産	新	11,972
	前川　逸男	52	男	諸派	新	1,143

第38回衆議院議員選挙
昭和61年(1986年)7月6日実施

【第1区】定数5

当	川崎　二郎	38	男	自民	元	124,800
当	山本　幸雄	75	男	自民	前	110,525
当	北川　正恭	41	男	自民	前	105,683
当	坂口　　力	52	男	公明	前	97,835
当	伊藤　忠治	52	男	社会	前	90,204
	中井　　洽	44	男	民社	前	84,573
	馬場　久勝	56	男	共産	新	24,290
	板倉　重永	39	男	諸派	新	2,082

【第2区】定数4

当	田村　　元	62	男	自民	前	104,966
当	藤波　孝生	53	男	自民	前	91,515
当	角屋堅次郎	69	男	社会	前	60,669
当	野呂　昭彦	39	男	自民	前	48,338
	大東　政司	47	男	共産	新	16,618

第39回衆議院議員選挙
平成2年(1990年)2月18日実施

【第1区】定数5

当	伊藤　忠治	55	男	社会	前	119,582
当	北川　正恭	45	男	自民	前	110,384
当	川崎　二郎	42	男	自民	前	105,163

当	岡田　克也	36	男	自民	新	97,290
当	中井　　洽	47	男	民社	元	94,649
	坂口　　力	55	男	公明	前	92,466
	萩原　量吉	49	男	共産	新	42,745
	岩名　秀樹	50	男	無所属	新	37,820
	生間　利貞	49	男	無所属	新	2,463

【第２区】定数４

当	田村　　元	65	男	自民	前	81,446
当	藤波　孝生	57	男	無所属	前	74,956
当	野呂　昭彦	43	男	自民	前	67,032
当	石井　　智	51	男	社会	新	57,002
	坂倉　藤吾	60	男	社会	新	51,536
	今井　一久	33	男	共産	新	10,932

第40回衆議院議員選挙

平成５年（1993年）７月18日実施

【第１区】定数５

当	岡田　克也	40	男	新生	前	142,215
当	坂口　　力	59	男	公明	元	121,168
当	川崎　二郎	45	男	自民	前	110,174
当	北川　正恭	48	男	自民	前	103,598
当	中井　　洽	51	男	民社	前	90,779
	伊藤　忠治	59	男	社会	前	88,317
	萩原　量吉	52	男	共産	新	38,735

【第２区】定数３

当	田村　　元	69	男	自民	前	91,200
当	野呂　昭彦	46	男	自民	前	80,806
当	石井　　智	55	男	社会	前	76,791
	藤波　孝生	60	男	無所属	前	68,798
	黒木騎代春	39	男	共産	新	11,241

第41回衆議院議員選挙

平成８年（1996年）10月20日実施

【第１区】定数１

当	中井　　洽	54	男	新進	前	89,802
比当	川崎　二郎	48	男	自民[比]	前	89,359
	藤井　新一	38	男	共産	新	19,483

【第２区】定数１

当	中川　正春	46	男	新進	新	89,620
比当	伊藤　忠治	62	男	民主[比]	元	55,516
	前垣　忠司	35	男	共産	新	16,742

【第３区】定数１

当	岡田　克也	43	男	新進	前	108,690
	金子　一也	29	男	自民[比]	新	58,507
	西尾　種子	60	女	共産	新	20,657

【第４区】定数１

当	田村　憲久	31	男	自民[比]	新	78,383
	野呂　昭彦	50	男	新進	前	75,795
	横岡　　剛	54	男	共産	新	9,974

【第５区】定数１

当	藤波　孝生	63	男	自民[比]	元	115,959
	黒木騎代春	42	男	共産	新	43,344

第42回衆議院議員選挙

平成12年（2000年）６月25日実施

【第１区】定数１

当	川崎　二郎	52	男	自民	前	104,484
比当	中井　　洽	58	男	自由[比]	前	76,673
	駒田　拓一	64	男	共産	新	21,158
	林　　建二	27	男	自連	新	3,097

【第２区】定数１

当	中川　正春	50	男	民主	前	111,410
	衣斐　賢譲	60	男	自民[比]	新	70,488
	前垣　忠司	39	男	共産	新	12,291

【第３区】定数１

当	岡田　克也	46	男	民主	前	117,868
	平田　耕一	51	男	自民[比]	新	82,222
	星野　律子	49	女	共産	新	17,547

【第４区】定数１

当	田村　憲久	35	男	自民[比]	前	97,276
	岸田　賢剛	45	男	民主[比]	新	42,890
	岡野　恵美	48	女	共産	新	14,789

【第５区】定数１

当	藤波　孝生	67	男	無所属	前	85,254
比当	山村　　健	43	男	民主[比]	新	82,222
	黒木騎代春	46	男	共産	新	17,168

第43回衆議院議員選挙

平成15年（2003年）11月９日実施

【第１区】定数１

当	川崎　二郎	55	男	自民	前	101,911
比当	中井　　洽	61	男	民主[比]	前	90,381
	大嶽　隆司	42	男	共産	新	11,157

【第２区】定数１

当	中川　正春	53	男	民主[比]	前	123,449
	井戸　　寿	42	男	自民[比]	新	42,430
	前垣　忠司	42	男	共産	新	12,561

【第３区】定数１

当	岡田　克也	50	男	民主	前	132,109
比当	平田　耕一	55	男	自民[比]	新	67,247
	星野　律子	52	女	共産	新	13,562

【第４区】定数１

当	田村　憲久	38	男	自民[比]	前	94,379
比当	伊藤　忠治	69	男	民主[比]	前	51,168
	岡野　恵美	51	女	共産	新	10,761

【第５区】定数１

当	三ツ矢憲生	52	男	自民[比]	新	111,840
	金子　洋一	41	男	民主[比]	新	71,937
	長坂　正春	52	男	共産	新	8,521
	山中　精一	71	男	無所属	新	1,928

第44回衆議院議員選挙
平成17年(2005年) 9月11日実施

【第1区】定数1
当	川崎 二郎	57	男	自民㊥前		112,023
比当	中井 洽	63	男	民主㊥前		95,560
	岡野 恵美	53	女	共産 新		14,236

【第2区】定数1
当	中川 正春	55	男	民主㊥前		117,134
	小林 正人	38	男	自民㊥新		81,202
	中野 武史	31	男	共産 新		11,901

【第3区】定数1
当	岡田 克也	52	男	民主 前		140,954
比当	平田 耕一	56	男	自民㊥前		81,719
	星野 律子	54	女	共産 新		11,895

【第4区】定数1
当	田村 憲久	40	男	自民㊥前		91,832
比当	森本 哲生	55	男	民主㊥新		78,821

【第5区】定数1
当	三ツ矢憲生	54	男	自民㊥前		117,768
	金子 洋一	43	男	民主㊥新		83,737
	谷中 三好	45	男	共産 新		9,003

第45回衆議院議員選挙
平成21年(2009年) 8月30日実施

【第1区】定数1
当	中井 洽	67	男	民主㊥前		118,413
比当	川崎 二郎	61	男	自民㊥前		98,380
	後谷 一司	48	男	諸派 新		4,340

【第2区】定数1
当	中川 正春	59	男	民主㊥前		138,207
	鈴木 英敬	35	男	自民㊥新		71,626
	中野 武史	35	男	共産㊥新		11,533
	萩 都志子	50	女	諸派 新		2,284

【第3区】定数1
当	岡田 克也	56	男	民主㊥前		173,931
	平田 耕一	60	男	自民㊥前		62,993
	野原 典子	52	女	諸派 新		3,968

【第4区】定数1
当	森本 哲生	59	男	民主㊥前		87,824
比当	田村 憲久	44	男	自民㊥前		84,583
	高良 雄蔵	36	男	諸派 新		2,018

【第5区】定数1
当	三ツ矢憲生	58	男	自民 前		105,188
比当	藤田 大助	32	男	民主㊥新		102,377
	大原 忍	58	男	諸派 新		3,228

第46回衆議院議員選挙
平成24年(2012年) 12月16日実施

【第1区】定数1
当	川崎 二郎	65	男	自民㊥前		88,989

	松田 直久	58	男	維新㊥新		54,970
	橋本 千晶	44	女	民主㊥新		29,041
	岡野 恵美	60	女	共産 新		15,059

【第2区】定数1
当	中川 正春	62	男	民主㊥前		79,908
比当	島田 佳和	42	男	自民㊥新		53,375
	珍道 直人	45	男	維新㊥新		34,644
	中野 武史	38	男	共産 新		13,537
	今村 昭一	65	男	無所属 新		3,756

【第3区】定数1
当	岡田 克也	59	男	民主㊥前		126,679
比当	桜井 宏	56	男	自民㊥新		54,903
	釜井 敏行	30	男	共産 新		16,009

【第4区】定数1
当	田村 憲久	48	男	自民㊥前		86,131
	森本 哲生	63	男	民主㊥前		51,943
	中川 民英	45	男	共産 新		11,636

【第5区】定数1
当	三ツ矢憲生	62	男	自民 前		101,327
	藤田 大助	36	男	民主㊥前		56,489
	内藤 弘一	48	男	共産 新		14,293

第47回衆議院議員選挙
平成26年(2014年) 12月14日実施

【第1区】定数1
当	川崎 二郎	67	男	自民㊥前		88,219
比当	松田 直久	60	男	維新㊥新		56,504
	橋本マサ子	68	女	共産 新		21,785

【第2区】定数1
当	中川 正春	64	男	民主㊥前		91,676
比当	島田 佳和	44	男	自民㊥前		63,187
	中野 武史	40	男	共産 新		18,849

【第3区】定数1
当	岡田 克也	61	男	民主㊥前		120,950
	嶋田 幸司	40	男	自民㊥新		53,659
	釜井 敏行	32	男	共産 新		14,293

【第4区】定数1
当	田村 憲久	50	男	自民㊥前		94,725
	松木 豊年	62	男	共産 新		32,429

【第5区】定数1
当	三ツ矢憲生	64	男	自民 前		86,104
	藤田 大助	38	男	民主㊥元		58,884
	内藤 弘一	50	男	共産 新		13,170

比例区・東海

第41回衆議院議員選挙　定数23
平成8年(1996年)10月20日実施

新進党　2,107,536票　当選人数 8人

1	当		山中 燁子	50	女	新
2	当		鈴木 淑夫	65	男	新
3	当		石田幸四郎	66	男	前
4	当		坂口 力	62	男	前
5	当		安倍 基雄	65	男	前
6	当		平田 米男	48	男	前
7	当		河合 正智	52	男	前
8	当		福岡 宗也	64	男	新
9	繰当		半田 善三	46	男	新
10			安達 裕志	51	男	新
11			高島 民也	50	男	新
12			伊東賢一郎	42	男	新
13			下村 高明	42	男	新
14			中村信一郎	55	男	新
15			中塚 一宏	31	男	新
16			本庄 政之	35	男	新

自由民主党　2,042,948票　当選人数 8人

1	当			金子 一義	53	男	前
2	当			稲垣 実男	68	男	前
3	当			杉山 憲夫	66	男	前
4	当			大石 秀政	32	男	新
5	選当	岐2		棚橋 泰文			新
5	選当	三4		田村 憲久			新
5	選当	愛14		浅野 勝人			元
5	選当	愛12		杉浦 正健			元
5	選当	三5		藤波 孝生			元
5	選当	静7		木部 佳昭			前
5	選当	愛8		久野統一郎			前
5	選当	静5		斉藤斗志二			前
5	選当	岐1		野田 聖子			前
5	選当	静2		原田昇左右			前
5	選当	岐4		藤井 孝男			前
5	選当	岐5		古屋 圭司			前
5	選当	岐3		武藤 嘉文			前
5	選当	愛15		村田敬次郎			前
5	選当	静3		柳沢 伯夫			前
5	当	三1	(99.50)	川崎 二郎	48	男	前
5	当	愛5	(95.55)	木村 隆秀	41	男	新
5	当	愛13	(91.63)	大村 秀章	36	男	新
5	当	静6	(91.36)	栗原 裕康	47	男	前
5		愛4	(84.04)	塚本 三郎	69	男	元
5		愛3	(83.62)	片岡 武司	46	男	前
5		愛2	(80.10)	田辺 広雄	71	男	元
5		静8	(77.07)	塩谷 立	46	男	前
5		静1	(76.17)	戸塚 進也	56	男	元
5		静9	(70.66)	鈴井 慎一	47	男	新
5		愛11	(69.50)	浦野 烋興	54	男	前
5		愛10	(65.13)	森 治男	50	男	新
5		愛1	(64.25)	今枝 敬雄	72	男	元
5		静4	(59.07)	倉田 雅年	57	男	新
5		愛7	(54.38)	丹羽 太一	49	男	新
5		三3	(53.82)	金子 一也	29	男	新
5		愛9	(52.03)	吉川 博	73	男	新
37				伊藤 健一	58	男	新
38		愛6		伊藤 勝人	51	男	新

民主党　955,464票　当選人数 3人

1	選当	愛5		赤松 広隆			前
1	選当	静6		渡辺 周			新
1	当	愛2	(78.08)	古川 元久	30	男	新
1	当	愛3	(73.08)	近藤 昭一	38	男	新
1	当	三2	(61.94)	伊藤 忠治	62	男	元
1		静1	(59.58)	牧野 聖修	51	男	前
1		愛6	(54.03)	網岡 雄	68	男	前
1		愛1	(50.09)	佐藤 泰介	53	男	前
1		岐1	(47.51)	渡辺 嘉蔵	70	男	前
1		愛4	(40.81)	高木 浩司	43	男	新
1		愛9	(37.99)	佐藤 観樹	54	男	新
1		愛7	(26.92)	伊藤 啓子	40	女	新
1		愛14	(19.47)	藤川 千秋	55	男	新
1		愛10	(18.56)	長縄 幸子	48	女	新
1		岐5	(11.29)	近藤 秀一	41	男	新

日本共産党　756,037票　当選人数 3人

1	当		佐々木憲昭	50	男	新
2	当	愛4	瀬古由起子	49	女	新
3	当	静8	平賀 高成	42	男	新
4			山本 博幸	46	男	新

社会民主党　378,414票　当選人数 1人

1	当	静5	(42.54)	前島 秀行	55	男	前
1	繰当	静7	(19.72)	菊地 董	54	男	新
3				五味 靖幸	52	男	新

新社会党　79,449票　当選人数 0人

1			和田 静夫	70	男	元

自由連合　58,965票　当選人数 0人

1		静6	近藤 一視	62	男	新

※前島秀行(社民)死去のため平成12年2月22日
　菊地董が繰上当選

※福岡宗也(新進)死去のため平成12年4月25日
　半田善三が繰上当選

第42回衆議院議員選挙　定数21
平成12年(2000年) 6月25日実施

民主党　　　2,151,270票　当選人数 7人

					氏名	年齢	性別	新旧
1	当				山谷えり子	49	女	新
2	当				伊藤 忠治	66	男	前
3	選当	静6			渡辺 周			前
3	選当	静7			細野 豪志			新
3	選当	静8			鈴木 康友			新
3	選当	静9			熊谷 弘			前
3	選当	愛1			河村たかし			前
3	選当	愛2			古川 元久			前
3	選当	愛3			近藤 昭一			前
3	選当	愛4			牧 義夫			新
3	選当	愛5			赤松 広隆			前
3	選当	愛6			前田 雄吉			新
3	選当	愛7			小林 憲司			新
3	選当	愛10			佐藤 観樹			元
3	選当	愛11			伊藤 英成			前
3	当	愛13	(99.67)		島 聡	42	男	前
3	当	愛8	(99.22)		伴野 豊	39	男	新
3	当	静1	(99.01)		牧野 聖修	55	男	元
3	当	三5	(96.44)		山村 健	43	男	新
3	当	静2	(82.16)		津川 祥吾	28	男	新
3		愛15	(80.49)		近藤 剛	35	男	新
3		愛12	(69.65)		中根 康浩	37	男	新
3		岐3	(69.21)		園田 康博	33	男	新
3		静5	(63.73)		和泉 昭子	38	女	新
3		岐2	(63.29)		小嶋昭次郎	46	男	新
3		愛9	(60.01)		目黒 好江	48	女	新
3		岐1	(56.51)		渡辺 嘉蔵	74	男	元
3		静3	(51.01)		鈴木 泰	40	男	新
3		岐5	(49.41)		武田 規男	35	男	新
3		静4	(48.93)		川井 健男	47	男	新
3		愛14	(47.06)		依田 喜隆	53	男	新
3		岐4	(46.06)		山田 良司	39	男	新
3		三4	(44.09)		岸田 賢剛	45	男	新

自由民主党　　　2,011,334票　当選人数 7人

				氏名	年齢	性別	新旧
1	当			藤井 孝男	57	男	前
2	当			杉山 憲夫	70	男	前
3				吉田 幸弘	38	男	前
4	当			青山 丘	59	男	前
5				谷田 武彦	56	男	新
6	当	愛5		木村 隆秀	44	男	前
7	当			倉田 雅年	60	男	新
8		愛11		山中 燁子	54	女	前
9				稲垣 実男	72	男	前
10	選当	岐1		野田 聖子			前
10	選当	岐2		棚橋 泰文			前
10	選当	岐3		武藤 嘉文			前
10	選当	岐4		金子 一義			前
10	選当	岐5		古屋 圭司			前
10	選当	静2		原田昇左右			前
10	選当	静3		柳沢 伯夫			前
10	選当	静4		望月 義夫			前
10	選当	静5		斉藤斗志二			前
10	選当	愛8		大木 浩			新
10	選当	愛12		杉浦 正健			前
10	選当	愛13		大村 秀章			前
10	選当	愛14		浅野 勝人			前
10	選当	愛15		山本 明彦			新
10	選当	三4		田村 憲久			前
10		愛7	(96.48)	鈴木 淳司	42	男	新
10		静9	(96.34)	鈴井 慎一	51	男	新
10		静8	(92.80)	塩谷 立	50	男	前
10		静7	(77.79)	木部 佳昭	74	男	前
10		静1	(74.94)	戸塚 進也	60	男	元
10		静6	(74.16)	桜田 光雄	54	男	新
10		三3	(69.75)	平田 耕一	51	男	新
10		愛3	(65.15)	片岡 武司	50	男	元
10		三2	(63.26)	衣斐 賢譲	60	男	新
10		愛10	(57.06)	鈴木 雅博	45	男	新
10		愛2	(51.44)	谷口 守行	51	男	新

公明党　　　818,473票　当選人数 2人

			氏名	年齢	性別	新旧
1	当		坂口 力	66	男	前
2	当		河合 正智	56	男	前
3			山本はるみ	47	女	新
4			木下 優	45	男	新
5			新美 昌則	54	男	新
6			森下 栄二	42	男	新

日本共産党　　　699,970票　当選人数 2人

				氏名	年齢	性別	新旧
1	当			佐々木憲昭	54	男	前
2	当	愛4		瀬古由起子	52	女	前
3		静8	▼	平賀 高成	46	男	前
4				吉村 吉夫	56	男	新
5				樹神 光子	43	女	新
6		岐5		加藤 隆雄	51	男	新
7		愛2		大野 宙光	36	男	新

自由党　　　683,153票　当選人数 2人

			氏名	年齢	性別	新旧
1	当	三1	中井 洽	58	男	前
2	当	愛12	都築 譲	49	男	前
3			藤牧 晴毅	49	男	新
4			井脇ノブ子	54	女	新
5			熊谷 洋子	49	女	新

社会民主党　　　519,193票　当選人数 1人

				氏名	年齢	性別	新旧
1	当	愛7	(32.45)	大島 令子	48	女	新
1		静5	(21.64)	菊地 董	58	男	前
1		愛4	▼	小林 正和	51	男	新
1		岐1	▼	戸田 二郎	49	男	新

保守党　　　92,278票　当選人数 0人

		氏名	年齢	性別	新旧
1		安倍 基雄	69	男	前

衆議院・比例区（東海）

政党自由連合		48,772票	当選人数	0人			
1	静2	▼	池田 剛久	34	男	新	
1	愛4	▼	川島 実	64	男	元	

第43回衆議院議員選挙　定数21
平成15年（2003年）11月9日実施

民主党　　　　2,872,501票　当選人数　9人
1　当　愛15　(84.19)　都築　譲　53　男　前
1　当　三4　(54.21)　伊藤　忠治　69　男　前
3　選当　静1　牧野　聖修　前
3　選当　静5　細野　豪志　前
3　選当　静6　渡辺　周　前
3　選当　愛1　河村たかし　前
3　選当　愛2　古川　元久　前
3　選当　愛3　近藤　昭一　前
3　選当　愛4　牧　義夫　前
3　選当　愛5　赤松　広隆　前
3　選当　愛6　前田　雄吉　前
3　選当　愛7　小林　憲司　前
3　選当　愛8　伴野　豊　前
3　選当　愛11　古本伸一郎　新
3　選当　愛14　鈴木　克昌　新
3　選当　三2　中川　正春　前
3　当　愛10　(99.28)　佐藤　観樹　61　男　前
3　当　静8　(97.53)　鈴木　康友　46　男　前
3　当　岐3　(96.15)　園田　康博　36　男　新
3　当　愛13　(96.12)　島　聡　45　男　前
3　当　愛9　(88.93)　岡本　充功　32　男　新
3　当　三1　(88.68)　中井　洽　61　男　前
3　当　愛12　(86.57)　中根　康浩　41　男　前
3繰当　静2　(83.37)　津川　祥吾　31　男　前
3　　　岐1　(77.27)　浅野　真　34　男　新
3繰当　静4　(74.79)　田村　謙治　35　男　新
3　　　三5　(64.32)　金子　洋一　41　男　新
3　　　岐5　(61.09)　武田　規男　38　男　新
3　　　静3　(58.74)　鈴木　泰　43　男　新
3　　　岐2　(50.62)　大石　里奈　26　女　新
3　　　岐4　(48.17)　山田　良司　43　男　新
3　　　静7　(44.27)　樋口美智子　48　女　新

自由民主党　　2,436,791票　当選人数　8人
1　当　　　　金子　一義　60　男　前
2　当　　　　倉田　雅年　64　男　前
3　当　　　　鈴木　淳司　45　男　新
4　当　三3　平田　耕一　55　男　新
5　選当　岐1　野田　聖子　前
5　選当　岐2　棚橋　泰文　前
5　選当　岐4　藤井　孝男　前
5　選当　岐5　古屋　圭司　前
5　選当　静2　原田　令嗣　新
5　選当　静3　柳沢　伯夫　前
5　選当　静4　望月　義夫　前
5　選当　静8　塩谷　立　元
5　選当　愛12　杉浦　正健　前
5　選当　愛13　大村　秀章　前
5　選当　愛15　山本　明彦　前
5　選当　三4　田村　憲久　前
5　選当　三5　三ツ矢憲生　新
5　当　静5　(94.74)　斉藤斗志二　58　男　前
5　当　愛4　(93.91)　近藤　浩　42　男　新
5　当　愛7　(91.40)　青山　丘　62　男　前
5　当　静1　(90.22)　上川　陽子　50　女　前
5繰当　愛5　(86.89)　木村　隆秀　48　男　前
5　　愛14　(82.88)　浅野　勝人　65　男　前
5　　愛6　(82.53)　丹羽　秀樹　30　男　新
5　　静6　(74.19)　栗原　裕康　54　男　元
5　　愛3　(68.59)　吉田　幸弘　42　男　前
5　　愛1　(66.55)　谷田　武彦　59　男　前
5　　愛2　(48.81)　斎藤　幸男　30　男　新
5　　三2　(34.37)　井戸　寿　42　男　新
30　　　　　　　　鈴木　雅博　49　男　新
31　　　　　　　　古井戸康雄　38　男　新
32　　　　　　　　長谷川達也　33　男　新

公明党　　　　1,002,576票　当選人数　3人
1　当　　　　坂口　力　69　男　前
2　当　　　　河合　正智　59　男　前
3　当　　　　大口　善徳　48　男　元
4　　　　　　岡　明彦　41　男　新
5　　　　　　沢田　晃一　33　男　新

日本共産党　　474,414票　当選人数　1人
1　当　　　　佐々木憲昭　57　男　前
2　　愛4　　瀬古由起子　56　女　前
3　　静8　▼　平賀　高成　49　男　元
4　　　　　　加藤　隆雄　55　男　新

社会民主党　　259,831票　当選人数　0人
1　　愛7　▼　大島　令子　51　女　前
1　　静1　▼　石塚　聡　45　男　新

※近藤浩（自民）の公職選挙法違反による逮捕・辞職のため平成15年12月19日木村隆秀が繰上当選

※佐藤観樹（民主）の詐欺容疑での逮捕・辞職のため平成16年3月17日津川祥吾が繰上当選

※都築譲（民主）が公職選挙法違反の拡大連座制の適用を受ける見通しとなったため辞職、比例名簿次点であった浅野真も公職選挙法違反の罪に問われて離党したため、平成16年11月15日田村謙治が繰上当選

第44回衆議院議員選挙　定数21
平成17年（2005年）9月11日実施

自由民主党　　3,066,048票　当選人数　9人
1　選当　静7　片山さつき　新

衆議院・比例区（東海）

					氏名	年齢	性別	新前
1	当	愛4	(91.63)		藤野真紀子	55	女	新
1	当	岐1	(83.71)		佐藤ゆかり	44	女	新
4	当	三3			平田　耕一	56	男	前
5	当	静6			倉田　雅年	66	男	前
	6	選	岐2		棚橋　泰文			前
	6	選	岐3		武藤　容治			新
	6	選	岐4		金子　一義			前
	6	選	静1		上川　陽子			前
	6	選	静2		原田　令嗣			前
	6	選	静3		柳沢　伯夫			前
	6	選	静4		望月　義夫			前
	6	選	静8		塩谷　立			前
	6	選	愛5		木村　隆秀			前
	6	選	愛6		丹羽　秀樹			新
	6	選	愛7		鈴木　淳司			前
	6	選	愛8		伊藤　忠彦			新
	6	選	愛10		江崎　鉄磨			前
	6	選	愛12		杉浦　正健			前
	6	選	愛13		大村　秀章			前
	6	選	愛15		山本　明彦			前
	6	選	三1		川崎　二郎			前
	6	選	三4		田村　憲久			前
	6	選	三5		三ツ矢憲生			前
6	当	静5	(95.53)		斉藤斗志二	60	男	前
6	当	愛14	(80.67)		杉田　元司	54	男	新
6	当	愛11	(79.58)		土井　真樹	45	男	新
6	当	愛1	(78.22)		篠田　陽介	32	男	新
6	当	愛3	(78.00)		馬渡　龍治	48	男	新
6		愛2	(75.12)		岡田　裕二	27	男	新
6		三2	(69.32)		小林　正人	38	男	新
6		岐5	(62.37)		和仁　隆明	30	男	新
33					石田　義男	57	男	新
34					久留宮　保	56	男	新
35					佐橋　靖隆	53	男	新
36					羽津本隆夫	50	男	新

民主党　2,766,443票　当選人数　8人

	1	選	静5		細野　豪志			前
1	選	静6		渡辺　周			前
1	選当	愛1		河村たかし			前
1	選	愛2		古川　元久			前
1	選	愛3		近藤　昭一			前
1	選当	愛4		牧　義夫			前
1	選	愛11		古本伸一郎			前
1	選当	愛14		鈴木　克昌			前
1	選当	三2		中川　正春			前

1	当	愛8	(93.44)		伴野　豊	44	男	前
1	当	愛5	(91.99)		赤松　広隆	57	男	前
1	当	愛6	(89.57)		前田　雄吉	45	男	前
1	当	岐3	(87.66)		園田　康博	38	男	前
1	当	三4	(85.83)		森本　哲生	55	男	新
1	当	三1	(85.30)		中井　洽	63	男	前
1	当	愛9	(84.73)		岡本　充功	34	男	前
1	当	静4	(83.87)		田村　謙治	37	男	前
1		愛7	(82.99)		小林　憲司	41	男	前
1		愛12	(80.80)		中根　康浩	43	男	前
1		静8	(79.24)		鈴木　康友	48	男	前
1		愛13	(78.83)		島　聡	47	男	前
1		静2	(76.48)		津川　祥吾	33	男	前
1		愛10	(74.54)		杉本　和巳	44	男	新
1		静7	(72.84)		阿部　卓也	38	男	新
1		三5	(71.10)		金子　洋一	43	男	新
1		静1	(67.76)		牧野　聖修	60	男	前
1		愛15	(60.96)		森本　和義	39	男	新
1		岐5	(59.60)		阿知波吉信	42	男	新
1		静3	(51.51)		平島　広志	36	男	新
1		岐2	(51.02)		大石　里奈	28	女	新
1		岐1	(39.54)		柴橋　正直	26	男	新
1		岐4	(30.85)		熊谷　正慶	32	男	新

公明党　987,290票　当選人数　3人

1	当				坂口　力	71	男	前
2	当				大口　善徳	50	男	前
3	当				伊藤　渉	35	男	新
4					水野　吉近	41	男	新
5					井筒　伸幸	28	男	新

日本共産党　502,501票　当選人数　1人

1	当				佐々木憲昭	59	男	前
2		愛4			瀬古由起子	58	女	元
3					加藤　隆雄	57	男	新

新党日本　327,768票　当選人数　0人

| 1 | | | | | 青山　丘 | 64 | 男 | 前 |
| 2 | | 愛8 | ▼ | | 森田　裕介 | 42 | 男 | 新 |

社会民主党　300,574票　当選人数　0人

| 1 | | 愛1 | ▼ | | 小林　正和 | 56 | 男 | 新 |
| 2 | | | | | 大島　令子 | 53 | 女 | 元 |

第45回衆議院議員選挙　定数21
平成21年（2009年）8月30日実施

民主党　3,864,328票　当選人数　12人

1	選当	岐1		柴橋　正直			新
1	選当	岐3		園田　康博			前
1	選当	岐5		阿知波吉信			新
1	選当	静1		牧野　聖修			元
1	選当	静2		津川　祥吾			元
1	選当	静3		小山　展弘			新
1	選当	静4		田村　謙治			前
1	選当	静5		細野　豪志			前
1	選当	静6		渡辺　周			前
1	選当	静8		斉藤　進			新
1	選当	愛1		佐藤　夕子			新
1	選当	愛2		古川　元久			前
1	選当	愛3		近藤　昭一			前
1	選当	愛4		牧　義夫			前

衆議院・比例区（東海）

1	選当	愛5		赤松	広隆		前
1	選当	愛6		石田	芳弘		新
1	選当	愛7		山尾志桜里			新
1	選当	愛8		伴野	豊		前
1	選当	愛9		岡本	充功		前
1	選当	愛10		杉本	和巳		新
1	選当	愛11		古本伸一郎			前
1	選当	愛12		中根	康浩		元
1	選当	愛13		大西	健介		新
1	選当	愛14		鈴木	克昌		前
1	選当	愛15		森本	和義		新
1	選当	三1		中井	洽		
1	選当	三2		中川	正春		前
1	選当	三3		岡田	克也		前
1	選当	三4		森本	哲生		前
1	当	三5	(97.32)	藤田	大助	32	男 新
1	当	岐4	(85.06)	今井	雅人	47	男 新
1	当	岐2	(81.00)	橋本	勉	56	男 新
1	当	静7	(48.78)	斉木	武志	35	男 新
34	当			笠原多見子		44	女 新
35	当			金森	正	71	男 新
36	当			山田	良司	48	男 新
37	当			吉田	統彦	34	男 新
38	当			三輪	信昭	66	男 新
39	当			小林	正枝	37	女 新
40	当			大山	昌宏	39	男 新
41	当			磯谷香代子		43	女 新

自由民主党　　2,182,422票　　当選人数 6人

	1	選当	岐2		棚橋	泰文	前
	1	選当	岐4		金子	一義	前
1	当	三4	(96.30)	田村	憲久	44	男 前
1	当	静8	(92.82)	塩谷	立	59	男 前
1	当	岐1	(88.84)	野田	聖子	48	女 前
1	当	岐5	(88.01)	古屋	圭司	56	男 前
1	当	愛13	(83.34)	大村	秀章	49	男 前
1	当	三1	(83.08)	川崎	二郎	61	男 前
1	繰当	静4	(81.11)	望月	義夫	62	男 前
1		静1	(79.48)	上川	陽子	56	女 前
1		愛15	(74.61)	山本	明彦	62	男 前
1		岐3	(70.50)	武藤	容治	53	男 前
1		静2	(68.35)	原田	令嗣	57	男 前
1		静5	(66.08)	斉藤斗志二		64	男 前
1		愛1	(64.31)	篠田	陽介	36	男 前
1		愛8	(63.40)	伊藤	忠彦	45	男 前
1		愛6	(60.97)	丹羽	秀樹	36	男 前
1		愛14	(60.26)	杉田	元司	58	男 前
1		愛10	(60.15)	江崎	鉄磨	65	男 前
1		愛7	(59.76)	鈴木	淳司	51	男 前
1		愛5	(56.22)	寺西	睦	45	男 新
1		三2	(51.82)	鈴木	英敬	35	男 新
1		愛11	(51.49)	土井	真樹	49	男 前
1		愛4	(49.74)	藤野真紀子		59	女 前
1		静6	(47.36)	倉田	雅年	70	男 前
1		愛3	(44.64)	馬渡	龍治	52	男 前
1		静7	(41.83)	片山さつき		50	女 前
1		三3	(36.21)	平田	耕一	60	男 前
1		愛2	(35.88)	宮原美佐子		47	女 新

公明党　　891,158票　　当選人数 2人

1	当			坂口	力	75	男 前
2	当			大口	善徳	53	男 前
3				伊藤	渉	39	男 前
4				水野	吉近	45	男 新
5				国森	光信	39	男 新

日本共産党　　486,974票　　当選人数 1人

1	当			佐々木憲昭		63	男 前
2		愛4		瀬古由起子		62	女 元
3		愛12	▼	八田ひろ子		63	女 新
4		静8	▼	平賀	高成	55	男 元
4		岐1	▼	鈴木	正典	45	男 新
4		三2	▼	中野	武史	35	男 新
7				河江	明美	44	女 新

みんなの党　　404,411票　　当選人数 0人

1		静1	▼	佐藤	剛	36	男 新

社会民主党　　264,957票　　当選人数 0人

1		愛1	▼	平山	良平	61	男 新
2				坂	喜代子	57	女 新

国民新党　　130,212票　　当選人数 0人

1		青山	丘	68	男 元
2		稲村	公望	60	男 新

新党日本　　72,485票　　当選人数 0人

1		桑原	耕司	67	男 新

幸福実現党　　57,222票　　当選人数 0人

1		小林	早賢	50	男 新
2		堀田	利恵	47	女 新
3		安宅	正行	45	男 新
4		山本	純子	40	女 新
5		近藤	海城	50	男 新

※大村秀章(無所属,元自民)の愛知県知事立候補のため平成23年1月24日望月義夫が繰上当選

第46回衆議院議員選挙　定数21
平成24年(2012年)12月16日実施

自由民主党　　1,966,007票　　当選人数 7人

1	選当	岐1		野田	聖子	前
1	選当	岐2		棚橋	泰文	前
1	選当	岐3		武藤	容治	元
1	選当	岐4		金子	一義	前
1	選当	岐5		古屋	圭司	前
1	選当	静1		上川	陽子	元

衆議院・比例区（東海）

						氏名		年齢	性別	新前元
	1	選当	静2		井林	辰憲				新
	1	選当	静3		宮沢	博行				新
	1	選当	静4		望月	義夫				前
	1	選当	静7		城内	実				前
	1	選当	静8		塩谷	立				前
	1	選当	愛1		熊田	裕通				新
	1	選当	愛3		池田	佳隆				新
	1	選当	愛4		工藤	彰三				新
	1	選当	愛5		神田	憲次				新
	1	選当	愛6		丹羽	秀樹				前
	1	選当	愛7		鈴木	淳司				元
	1	選当	愛8		伊藤	忠彦				元
	1	選当	愛9		長坂	康正				新
	1	選当	愛10		江崎	鉄磨				元
	1	選当	愛12		青山	周平				新
	1	選当	愛13		大見	正				新
	1	選当	愛14		今枝宗一郎					新
	1	選当	愛15		根本	幸典				新
	1	選当	三1		川崎	二郎				前
	1	選当	三4		田村	憲久				前
1	当	静6	(89.56)	勝俣	孝明	36	男	新
1	当	愛11	(71.93)	八木	哲也	65	男	新
1	当	愛2	(71.32)	東郷	哲也	41	男	新
1	当	三2	(66.79)	島田	佳和	42	男	新
1	当	静5	(54.05)	吉川	赳	30	男	新
1	当	三3	(43.34)	桜井	宏	56	男	新
33	当			川田	隆	55	男	新
34				佐橋	靖隆	61	男	新
35				山際	功修	57	男	新
36				杉山	真	33	男	新

日本維新の会　1,356,970票　当選人数　4人

1	当			藤井	孝男	69	男	元
2	当	岐4		今井	雅人	50	男	前
3	当	愛12	(75.36)	重徳	和彦	41	男	新
3	当	静3	(67.66)	鈴木	望	63	男	新
3		三1	(61.77)	松田	直久	58	男	新
3		静8	(60.67)	源馬謙太郎		39	男	新
3		愛5	(56.24)	小山	憲一	52	男	新
3		愛15	(53.07)	近藤	剛	47	男	新
3		愛4	(51.84)	山本	洋一	34	男	新
3		静1	(51.03)	尾崎	剛司	36	男	新
3		愛9	(49.85)	中野	正康	45	男	新
3		静2	(44.12)	諸田	洋之	46	男	新
3		三2	(43.35)	珍道	直人	45	男	新
14				近藤	浩	51	男	元

民主党　1,321,402票　当選人数　4人

1	選当	静5		細野	豪志			前
1	選当	静6		渡辺	周			前
1	選当	愛2		古川	元久			前
1	選当	愛11		古本伸一郎				前
1	選当	三2		中川	正春			前
1	選当	三3		岡田	克也			前
1	当	愛13	(98.49)	大西	健介	41	男	前
1	当	愛5	(97.32)	赤松	広隆	64	男	前
1	当	愛3	(95.14)	近藤	昭一	54	男	前
1	当	愛12	(89.70)	中根	康浩	50	男	前
1		愛7	(83.70)	山尾志桜里		38	女	前
1		静2	(71.35)	津川	祥吾	40	男	前
1		愛8	(70.25)	伴野	豊	51	男	前
1		愛15	(66.71)	森本	和義	46	男	前
1		愛9	(66.16)	岡本	充功	41	男	前
1		静1	(66.15)	牧野	聖修	67	男	前
1		静3	(65.89)	小山	展弘	36	男	前
1		静4	(60.35)	田村	謙治	44	男	前
1		三4	(60.30)	森本	哲生	63	男	前
1		岐1	(60.17)	柴橋	正直	33	男	前
1		岐3	(58.00)	園田	康博	45	男	前
1		岐5	(56.00)	阿知波吉信		49	男	前
1		三5	(55.74)	藤田	大助	36	男	前
1		愛6	(49.69)	天野	正基	42	男	新
1		愛4	(48.06)	刀祢	勝之	42	男	新
1		愛1	(47.37)	吉田	統彦	38	男	前
1		静8	(39.68)	斉藤	進	42	男	前
1		愛10	(34.65)	松尾	和弥	39	男	新
1		三1	(32.63)	橋本	千晶	44	女	新
1		静7	(32.28)	斉木	武志	38	男	前
1		愛14	(27.99)	磯谷香代子		47	女	前
1		岐4	(26.61)	熊崎	陽一	25	男	新
1		岐2	(19.82)	堀	誠	39	男	新

公明党　779,577票　当選人数　2人

1	当			大口	善徳	57	男	前
2	当			伊藤	渉	43	男	元
3				岡	明彦	50	男	新
4				国森	光信	43	男	新
5				澄川	寿之	32	男	新

みんなの党　644,087票　当選人数　2人

1	当	愛10	(62.72)	杉本	和巳	52	男	前
1	当	静1	(42.39)	小池	政就	38	男	新
1		静7	(23.91)	河合	純一	37	男	新
4				富岡由紀夫		48	男	新

日本未来の党　511,048票　当選人数　1人

1		愛14	(82.57)	鈴木	克昌	69	男	前
1		愛1	(78.08)	佐藤	夕子	49	女	前
1		愛4	(65.27)	牧	義夫	54	男	前
1		愛3	(51.30)	磯浦	東	38	男	新
1		愛13	(37.90)	小林	興起	68	男	前
1		愛7	(35.45)	正木	裕美	31	女	新
1		愛5	(35.12)	前田	雄吉	52	男	元
1		愛2	(33.99)	真野	哲	51	男	新
1		愛12	(33.59)	都築	譲	62	男	元
1		愛6	(32.63)	水野	智彦	56	男	前
1		愛8	(29.19)	増田	成美	39	女	新
1		岐2	(27.50)	橋本	勉	59	男	前

衆議院・比例区（東海）

1		愛10	(26.58)	高橋　一	52	男	新
1		岐3	(25.55)	木村　周二	55	男	新
1		岐1	(23.61)	笠原多見子	47	女	前
1		愛9	▼	井桁　亮	43	男	新
1		静6	▼	日吉　雄太	44	男	新
1		静4	▼	小林　正枝	41	女	前
1		静8	▼	太田　真平	26	男	新
1		静7	▼	野末　修治	57	男	新
21				三輪　信昭	70	男	前

日本共産党　　　387,461票　　当選人数　1人
1	当			佐々木憲昭	67	男	前
2				河江　明美	47	女	新
3				江上　博之	57	男	新

社会民主党　　　136,316票　　当選人数　0人
| 1 | | 愛15 | ▼ | 豊田八千代 | 63 | 女 | 新 |
| 2 | | | | 平山　良平 | 64 | 男 | 新 |

幸福実現党　　　29,739票　　当選人数　0人
1				江夏　正敏	45	男	新
2				石田　昭	70	男	新
3				堀田　利恵	50	女	新
4				山本　純子	44	女	新
5				小川　恭彦	56	男	新

第47回衆議院議員選挙　定数21
平成26年(2014年)12月14日実施

自由民主党　　　2,147,672票　　当選人数　8人
1	選当	岐1		野田　聖子			前
1	選当	岐2		棚橋　泰文			前
1	選当	岐3		武藤　容治			前
1	選当	岐4		金子　一義			前
1	選当	岐5		古屋　圭司			前
1	選当	静1		上川　陽子			前
1	選当	静2		井林　辰憲			前
1	選当	静3		宮沢　博行			前
1	選当	静4		望月　義夫			前
1	選当	静7		城内　実			前
1	選当	静8		塩谷　立			前
1	選当	愛1		熊田　裕通			前
1	選当	愛4		工藤　彰三			前
1	選当	愛6		丹羽　秀樹			前
1	選当	愛8		伊藤　忠彦			前
1	選当	愛9		長坂　康正			前
1	選当	愛10		江崎　鉄磨			前
1	選当	愛14		今枝宗一郎			前
1	選当	愛15		根本　幸典			前
1	選当	三1		川崎　二郎			前
1	選当	三4		田村　憲久			前
1	当	愛7	(95.30)	鈴木　淳司	56	男	前
1	当	静6	(89.97)	勝俣　孝明	38	男	前
1	当	愛12	(89.77)	青山　周平	37	男	前
1	当	愛3	(87.78)	池田　佳隆	48	男	前
1	当	愛13	(86.70)	大見　正	56	男	前
1	当	愛5	(85.02)	神田　憲次	51	男	前
1	当	愛11	(76.81)	八木　哲也	67	男	前
1	当	三2	(68.92)	島田　佳和	44	男	前
1		愛2	(66.31)	東郷　哲也	43	男	前
1		静5	(59.13)	吉川　赳	32	男	新
1		三3	(44.36)	嶋田　幸司	40	男	新
33				浅田　恵理	33	女	新
34				川田　隆	57	男	新
35				竹内　公子	64	女	新
36				桜井　宏	58	男	前
37				佐橋　靖隆	63	男	新
38				速水　桂二	53	男	新

民主党　　　1,491,764票　　当選人数　5人
1	当			中根　康浩	52	男	前
2	選当	静6		渡辺　周			前
2	選当	愛2		古川　元久			前
2	選当	愛3		近藤　昭一			前
2	選当	愛5		赤松　広隆			前
2	選当	愛7		山尾志桜里			元
2	選当	愛11		古本伸一郎			前
2	選当	愛13		大西　健介			前
2	選当	三2		中川　正春			前
2	選当	三3		岡田　克也			前
2	当	愛8	(90.28)	伴野　豊	53	男	元
2	当	愛9	(87.19)	岡本　充功	43	男	元
2	当	静3	(83.34)	小山　展弘	38	男	元
2	当	愛14	(80.11)	鈴木　克昌	71	男	前
2		静4	(72.25)	田村　謙治	46	男	元
2		岐3	(71.44)	園田　康博	47	男	元
2		三5	(68.38)	藤田　大助	38	男	元
2		愛1	(67.43)	吉田　統彦	40	男	元
2		愛15	(66.37)	関　健一郎	36	男	新
2		愛6	(61.78)	森本　和義	48	男	元
2		岐5	(58.93)	阿知波吉信	51	男	元
2		愛4	(54.80)	刀祢　勝之	44	男	新
2		静1	(50.52)	牧野　聖修	69	男	元
2		静2	(48.78)	松尾　勉	30	男	新
2		愛10	(47.48)	小林　弘子	75	女	新
2		岐1	(46.58)	吉田　里江	49	女	新
2		静7	(28.37)	松本　泰高	67	男	新
28				金森　正	77	男	元
29				野沢　和彦	52	男	新

維新の党　　　964,240票　　当選人数　3人
1	選当	愛12		重徳　和彦			前
1	当	岐4	(76.86)	今井　雅人	52	男	前
1	当	愛4	(71.42)	牧　義夫	56	男	元
1	当	三1	(64.04)	松田　直久	60	男	新
1		静8	(63.76)	源馬謙太郎	41	男	新
1		静1	(53.58)	小池　政就	40	男	前
7				佐藤　暁	53	男	新

衆議院・比例区(東海)　　　　　　　国政選挙総覧

公明党　　　　　　804,089票　　　当選人数　3人
　1　当　　　　　　　大口　善徳　59　男　前
　2　当　　　　　　　伊藤　　渉　45　男　前
　3　当　　　　　　　中川　康洋　46　男　新
　4　　　　　　　　　五十嵐雅之　31　男　新
　5　　　　　　　　　柳瀬　進一　47　男　新

日本共産党　　　　618,695票　　　当選人数　2人
　1　当　　　　　　　本村　伸子　42　女　新
　2　当　　　　　　　島津　幸広　58　男　新
　3　　　愛1　　　　大野　宙光　51　男　新
　4　　　愛4　　　　高橋　祐介　36　男　新

次世代の党　　　　147,080票　　　当選人数　0人
　1　　　　　　　　　藤井　孝男　71　男　前
　2　　　愛5　▼　　安田　庄一　47　男　新
　2　　　愛1　▼　　身玉山宗三郎　41　男　新
　4　　　　　　　　　深尾　浩紹　51　男　新
　5　　　　　　　　　今井　良博　64　男　新

社会民主党　　　　128,131票　　　当選人数　0人
　1　　　　　　　　　山　登志浩　34　男　新

生活の党　　　　　106,346票　　　当選人数　0人
　1　　　　　　　　　渡辺　義彦　58　男　元

幸福実現党　　　　41,429票　　　当選人数　0人
　1　　　　　　　　　伊田　信光　62　男　新
　2　　　　　　　　　中根　裕美　40　女　新
　3　　　　　　　　　江頭　俊満　51　男　新
　4　　　　　　　　　野原　典子　58　女　新
　5　　　　　　　　　山本　純子　46　女　新

選挙区・滋賀県

第24回衆議院議員選挙
昭和24年（1949年）1月23日実施

【全県区】 定数5

当	森　幸太郎	61	男	民自	前	87,524
当	江崎　一治	43	男	共産	新	33,801
当	今井　　耕	54	男	国協	前	33,063
当	河原伊三郎	50	男	民自	新	30,622
当	堤　ツルヨ	37	女	社会	新	29,164
	竹内善之助	54	男	民自	新	28,070
	寺村銓太郎	58	男	無所属	新	21,175
	長野重右衛門	52	男	民主	前	19,117
	矢尾喜三郎	49	男	社会	前	18,984
	吉田善五郎	57	男	民自	新	16,998
	伊東　武郎	50	男	民自	新	16,875
	花月　純誠	53	男	社会	前	9,752
	奥野　忠安	46	男	無所属	新	5,389
	滝川　流次	48	男	労農	新	5,165

第25回衆議院議員選挙
昭和27年（1952年）10月1日実施

【全県区】 定数5

当	堤　康次郎	63	男	改進	元	60,384
当	堤　ツルヨ	39	女	右社	前	53,288
当	森　幸太郎	63	男	自由	前	48,406
当	矢尾喜三郎	50	男	右社	元	40,934
当	佐治　誠吉	45	男	自由	新	40,263
	今井　　耕	56	男	改進	前	33,009
	成田　　篤	47	男	自由	新	29,795
	寺村銓太郎	60	男	無所属	新	28,886
	河原伊三郎	52	男	自由	前	20,942
	草野一郎平	46	男	無所属	新	18,506
	木戸　好和	48	男	左社	新	15,562
	江崎　一治	44	男	共産	前	9,604

第26回衆議院議員選挙
昭和28年（1953年）4月19日実施

【全県区】 定数5

当	堤　ツルヨ	40	女	右社	前	62,350
当	矢尾喜三郎	51	男	右社	前	60,289
当	今井　　耕	57	男	改進	元	54,515
当	森　幸太郎	63	男	自由鳩	前	45,545
当	堤　康次郎	64	男	改進	前	44,072
	小林　　郁	64	男	自由吉	新	43,039
	奥村和三郎	58	男	自由吉	新	40,996
	田岸長太郎	55	男	左社	新	20,462
	江崎　一治	45	男	共産	元	8,921

第27回衆議院議員選挙
昭和30年（1955年）2月27日実施

【全県区】 定数5

当	堤　康次郎	65	男	諸派	前	64,146
当	矢尾喜三郎	53	男	右社	前	55,578
当	今井　　耕	58	男	民主	前	47,578
当	草野一郎平	49	男	民主	新	45,811
当	小林　　郁	66	男	自由	新	44,934
	堤　ツルヨ	42	女	右社	前	39,723
	西村　関一	54	男	左社	新	38,585
	別所喜一郎	64	男	民主	元	32,358
	佐治　誠吉	48	男	無所属	元	11,933

第28回衆議院議員選挙
昭和33年（1958年）5月22日実施

【全県区】 定数5

当	堤　康次郎	69	男	自民	前	59,749
当	矢尾喜三郎	56	男	社会	前	55,063
当	今井　　耕	62	男	自民	前	54,354
当	西村　関一	57	男	社会	新	52,299
当	堤　ツルヨ	45	女	社会	元	50,222
	宇野　宗佑	35	男	自民	新	48,319
	草野一郎平	52	男	自民	前	46,648
	奥村　悦造	50	男	自民	新	24,527
	仲川半次郎	37	男	共産	新	7,387
	今堀文一郎	41	男	無所属	新	4,144

第29回衆議院議員選挙
昭和35年（1960年）11月20日実施

【全県区】 定数5

当	西村　関一	66	男	社会	前	59,474
当	宇野　宗佑	38	男	無所属	新	57,185
当	草野一郎平	54	男	自民	元	54,406
当	矢尾喜三郎	59	男	社会	前	50,121
当	堤　康次郎	71	男	自民	前	47,678
	今井　　耕	64	男	自民	前	40,856
	堤　ツルヨ	47	女	民社	前	40,645
	服部　岩吉	75	男	無所属	元	40,274
	仲川半次郎	39	男	共産	新	6,127
	今堀文一郎	43	男	無所属	新	3,101

第30回衆議院議員選挙
昭和38年（1963年）11月21日実施

【全県区】 定数5

当	堤　康次郎	74	男	自民	前	78,328
当	宇野　宗佑	41	男	自民	前	71,585

衆議院・選挙区（滋賀県）　国政選挙総覧

当	矢尾喜三郎	62	男	社会	前	63,007	
当	草野一郎平	57	男	自民	前	61,740	
当	西村　関一	63	男	社会	前	56,729	
	大塚　泰順	47	男	民社	新	34,717	
	仲川半次郎	42	男	共産	新	10,495	
	江畑寅次郎	48	男	無所属	新	9,782	
	山田　忠男	36	男	無所属	新	7,225	
	今堀文一郎	46	男	無所属	新	3,941	

第31回衆議院議員選挙
昭和42年（1967年）1月29日実施

【全県区】定数 5

当	宇野　宗佑	44	男	自民	前	71,620
当	山下　元利	45	男	自民	新	71,235
当	草野一郎平	61	男	自民	前	61,107
当	後藤　俊男	55	男	社会	新	50,946
当	矢尾喜三郎	65	男	社会	前	43,017
	西村　関一	66	男	社会	前	40,831
	大塚　泰順	50	男	民社	新	40,374
	仲川半次郎	46	男	共産	新	17,923
	嶋田　助雄	50	男	無所属	新	1,202

第32回衆議院議員選挙
昭和44年（1969年）12月27日実施

【全県区】定数 5

当	山下　元利	48	男	自民	前	73,579
当	宇野　宗佑	47	男	自民	前	70,786
当	草野一郎平	63	男	自民	前	64,883
当	西田　八郎	47	男	民社	新	58,277
当	後藤　俊男	57	男	社会	前	49,590
	矢尾喜三郎	68	男	社会	前	47,910
	田畑太三郎	51	男	無所属	新	24,739
	仲川半次郎	48	男	共産	新	24,415

第33回衆議院議員選挙
昭和47年（1972年）12月10日実施

【全県区】定数 5

当	山下　元利	51	男	自民	前	90,933
当	宇野　宗佑	50	男	自民	前	66,914
当	上田　茂行	25	男	自民	新	56,702
当	瀬崎　博義	45	男	共産	新	55,772
当	草野一郎平	66	男	自民	前	55,102
	西田　八郎	50	男	民社	前	53,454
	後藤　俊男	60	男	社会	前	47,957
	高橋　勉	40	男	社会	新	45,703
	藤居　静子	61	女	無所属	新	5,532
	平井　国造	59	男	無所属	新	1,747

第34回衆議院議員選挙
昭和51年（1976年）12月5日実施

【全県区】定数 5

当	宇野　宗佑	54	男	自民	現	87,876
当	野口　幸一	47	男	社会	新	83,086
当	山下　元利	55	男	自民	現	80,646
当	西田　八郎	54	男	民社	元	77,653
当	瀬崎　博義	49	男	共産	現	63,631
	上田　茂行	29	男	自民	現	57,897
	桐畑　好春	33	男	新自ク	新	48,814
	市居　一良	34	男	公明	新	36,901
	高橋　勉	44	男	諸派	新	5,544

第35回衆議院議員選挙
昭和54年（1979年）10月7日実施

【全県区】定数 5

当	山下　元利	58	男	自民	前	134,084
当	宇野　宗佑	57	男	自民	前	97,351
当	野口　幸一	50	男	社会	前	73,159
当	西田　八郎	57	男	民社	前	72,465
当	瀬崎　博義	52	男	共産	前	70,701
	桐畑　好春	36	男	無所属	新	24,233
	黒田　春海	37	男	無所属	新	15,954
	瀬津　一男	54	男	無所属	新	11,102

第36回衆議院議員選挙
昭和55年（1980年）6月22日実施

【全県区】定数 5

当	山下　元利	59	男	自民	前	123,879
当	宇野　宗佑	57	男	自民	前	121,141
当	野口　幸一	50	男	社会	前	83,715
当	西田　八郎	58	男	民社	前	76,456
当	瀬崎　博義	53	男	共産	前	71,320
	桐畑　好春	37	男	自民	新	57,061
	瀬津　一男	55	男	社民連	新	20,740

第37回衆議院議員選挙
昭和58年（1983年）12月18日実施

【全県区】定数 5

当	宇野　宗佑	61	男	自民	前	108,783
当	山下　元利	62	男	自民	前	89,066
当	野口　幸一	54	男	社会	前	87,885
当	瀬崎　博義	56	男	共産	前	85,678
当	西田　八郎	61	男	民社	前	82,594
	川島　信也	47	男	自民	新	68,057

第38回衆議院議員選挙
昭和61年(1986年) 7月6日実施

【全県区】定数5
当	武村	正義	51	男	自民 新	125,220
当	山下	元利	65	男	自民 前	102,474
当	宇野	宗佑	63	男	自民 前	90,071
当	野口	幸一	56	男	社会 前	82,711
当	川端	達夫	41	男	民社 新	80,432
	瀬崎	博義	59	男	共産 前	77,142
	川島	信也	50	男	自民 新	61,707

第39回衆議院議員選挙
平成2年(1990年) 2月18日実施

【全県区】定数5
当	宇野	宗佑	67	男	自民 前	129,526
当	山元	勉	57	男	社会 新	117,168
当	武村	正義	55	男	自民 前	96,230
当	川端	達夫	45	男	民社 前	92,031
当	山下	元利	68	男	自民 前	91,032
	瀬崎	博義	62	男	共産 元	83,434
	川島	信也	53	男	無所属 新	51,491
	勝	信貴	33	男	諸派 新	1,096

第40回衆議院議員選挙
平成5年(1993年) 7月18日実施

【全県区】定数5
当	武村	正義	58	男	さき 前	214,579
当	川端	達夫	48	男	民社 前	93,023
当	山下	元利	72	男	自民 前	90,125
当	宇野	宗佑	70	男	自民 前	74,679
当	山元	勉	60	男	社会 前	73,614
	森	茂樹	54	男	共産 新	59,256
	伊藤	正明	44	男	自民 新	33,343
	辻	孝太郎	48	男	無所属 新	13,457

第41回衆議院議員選挙
平成8年(1996年)10月20日実施

【第1区】定数1
当	川端	達夫	51	男	新進 前	55,967
比当	目片	信	54	男	自民比 新	53,476
比当	山元	勉	64	男	民主比 前	28,231
	井上	敏一	43	男	共産 新	23,590

【第2区】定数1
当	武村	正義	62	男	さき 前	107,053
	小西	哲	47	男	自民比 新	79,136
	松村	昴	50	男	新進 新	35,192
	菊池	完	60	男	共産 新	27,595

【第3区】定数1
当	岩永	峯一	55	男	無所属 新	70,997

	笠原	吉孝	56	男	さき比 新	45,414
	栢木	寛照	50	男	自民比 新	45,191
	石黒	良治	37	男	共産 新	23,456

第42回衆議院議員選挙
平成12年(2000年) 6月25日実施

【第1区】定数1
当	川端	達夫	55	男	民主比 前	78,834
	目片	信	58	男	自民比 前	67,001
	吉原	稔	59	男	共産 新	29,753
	栗岡	尋孝	45	男	自連 新	2,627

【第2区】定数1
当	小西	哲	50	男	自民比 新	125,625
	武村	正義	65	男	無所属 前	115,322
	檜山	秋彦	57	男	共産 新	33,660

【第3区】定数1
当	岩永	峯一	58	男	自民比 前	93,044
	奥村	展三	55	男	無所属 新	89,358
	林	俊郎	55	男	共産 新	29,914

《補選》第42回衆議院議員選挙
平成13年(2001年)10月28日実施
※小西哲の死去による

【第2区】被選挙数1
当	小西	理	43	男	自民 新	99,572
	田島	一成	39	男	民主 新	76,154
	成宮恵津子	56	女	共産 新	15,765

第43回衆議院議員選挙
平成15年(2003年)11月9日実施

【第1区】定数1
当	川端	達夫	58	男	民主比 前	87,857
	上野賢一郎	38	男	自民比 新	64,002
	川内	卓	47	男	共産比 新	20,340

【第2区】定数1
当	田島	一成	41	男	民主比 新	69,620
比当	小西	理	45	男	自民比 前	65,033
	川島	隆二	32	男	無所属 新	11,814
	酒井	紳一	45	男	共産 新	8,741

【第3区】定数1
当	三日月大造	32	男	民主比 新	64,225
比当	宇野	治	56	男	自民比 新	57,732
	石堂	晋子	27	女	共産 新	9,648
	西村	明夫	55	男	無所属 新	2,133

【第4区】定数1
当	岩永	峯一	62	男	自民比 前	83,149
比当	奥村	展三	59	男	民主比 新	78,954
	坪田五久男	44	男	共産 新	15,400

第44回衆議院議員選挙

平成17年(2005年)9月11日実施

【第1区】定数1

当	上野賢一郎	40	男	自民[比]	新	94,671
比当	川端　達夫	60	男	民主[比]	前	89,503
	川内　　卓	49	男	共産[比]	新	21,111

【第2区】定数1

当	田島　一成	43	男	民主[比]	前	67,481
比当	藤井　勇治	55	男	自民[比]	新	54,067
	小西　　理	47	男	無所属	前	43,416
	丸岡　和世	54	女	共産	新	10,413

【第3区】定数1

当	三日月大造	34	男	民主[比]	前	74,272
比当	宇野　　治	58	男	自民[比]	前	74,006
	稲森　善稔	59	男	共産	新	10,325

【第4区】定数1

当	岩永　峯一	64	男	自民[比]	前	98,748
比当	奥村　展三	61	男	民主[比]	前	80,216
	坪田五久男	46	男	共産	新	17,801

第45回衆議院議員選挙

平成21年(2009年)8月30日実施

【第1区】定数1

当	川端　達夫	64	男	民主[比]	前	112,590
	上野賢一郎	44	男	自民[比]	前	82,262
	川内　　卓	53	男	共産[比]	新	19,920
	対中　章哲	58	男	諸派	新	2,037

【第2区】定数1

当	田島　一成	47	男	民主[比]	前	109,885
	藤井　勇治	59	男	自民[比]	前	66,959
	池田　信隆	49	男	諸派	新	3,205

【第3区】定数1

当	三日月大造	38	男	民主[比]	前	103,445
	宇野　　治	61	男	自民[比]	前	54,894
	木村真佐美	54	女	共産	新	9,957
	森川　貢次	47	男	諸派	新	1,725

【第4区】定数1

当	奥村　展三	65	男	民主[比]	前	113,801
	武藤　貴也	30	男	自民[比]	新	61,311
	坪田五久男	50	男	共産	新	19,420
	曽我　周作	30	男	諸派	新	4,971

第46回衆議院議員選挙

平成24年(2012年)12月16日実施

【第1区】定数1

当	大岡　敏孝	40	男	自民[比]	新	67,259
	川端　達夫	67	男	民主[比]	前	60,921
	奥村　利樹	49	男	維新[比]	新	43,003
	節木三千代	54	女	共産[比]	新	19,643
	西田　幸光	55	男	無所属	新	2,048

【第2区】定数1

当	上野賢一郎	47	男	自民[比]	元	67,182
	田島　一成	50	男	民主[比]	前	48,924
	世一　良幸	52	男	みんな[比]	新	26,978
	中川　睦子	54	女	共産	新	12,084

【第3区】定数1

当	武村　展英	40	男	自民[比]	新	57,828
比当	三日月大造	41	男	民主[比]	前	53,257
	久保田　暁	44	男	維新[比]	新	32,281
	西川　　仁	65	男	共産	新	9,828

【第4区】定数1

当	武藤　貴也	33	男	自民[比]	新	57,049
比当	岩永　裕貴	39	男	維新[比]	新	47,715
	奥村　展三	68	男	民主[比]	前	44,231
	西沢　耕一	34	男	共産	新	12,674
	小西　　理	54	男	無所属	元	12,308

第47回衆議院議員選挙

平成26年(2014年)12月14日実施

【第1区】定数1

当	大岡　敏孝	42	男	自民[比]	前	78,567
比当	川端　達夫	69	男	民主[比]	前	69,543
	佐藤　耕平	32	男	共産	新	21,790

【第2区】定数1

当	上野賢一郎	49	男	自民[比]	前	65,102
比当	田島　一成	52	男	民主[比]	元	54,095
	中川　睦子	56	女	共産	新	14,163

【第3区】定数1

当	武村　展英	42	男	自民[比]	前	70,789
	小川　泰江	51	女	民主[比]	新	46,593
	西川　　仁	67	男	共産	新	14,113

【第4区】定数1

当	武藤　貴也	35	男	自民[比]	前	60,460
	岩永　裕貴	41	男	維新[比]	前	40,993
	徳永　久志	51	男	民主[比]	新	40,902
	西沢　耕一	36	男	共産	新	13,687

選挙区・京都府

第24回衆議院議員選挙
昭和24年(1949年)1月23日実施

【第1区】定数5

当	高木吉之助	52	男	民自	新	51,033
当	谷口善太郎	50	男	共産	新	50,194
当	田中伊三次	43	男	民主	元	34,635
当	小川　半次	40	男	民主	前	26,416
当	水谷長三郎	52	男	社会	前	25,386
	土屋　光子	35	女	民主	新	19,807
	辻井民之助	56	男	社会	前	16,285
	竹内　克巳	59	男	社会	前	12,342
	山田武之介	49	男	民自	新	9,514
	革島廉三郎	64	男	無所属	新	9,454
	藤田　敬治	48	男	民自	新	9,148
	山脇　一男	41	男	社会	新	6,102
	川橋豊治郎	67	男	新自	前	4,048
	梅林　　明	47	男	無所属	新	3,302
	市井　栄作	52	男	無所属	新	1,862
	青木　義照	40	男	無所属	新	692

【第2区】定数5

当	芦田　　均	62	男	民主	前	59,879
当	大石ヨシエ	52	女	社革	前	43,232
当	前尾繁三郎	44	男	民自	新	40,745
当	中野　武雄	48	男	民自	前	39,797
当	河田　賢治	49	男	共産	新	33,910
	井家上　専	41	男	社会	新	29,830
	太田　典礼	49	男	労農	前	22,517
	奥村　竹三	53	男	民自	前	19,624
	大槻　信治	61	男	民主	新	17,299
	深田　太市	52	男	民自	新	15,927
	石川　惇三	55	男	民主	前	13,424
	中田　清市	47	男	民主	新	12,087
	小林　末夫	48	男	無所属	新	8,068
	安村　隆一	44	男	諸派	新	4,224
	松岡　与一	43	男	無所属	新	4,198
	宮崎　　修	34	男	諸派	新	3,730

第25回衆議院議員選挙
昭和27年(1952年)10月1日実施

【第1区】定数5

当	水谷長三郎	54	男	右社	前	65,637
	田中伊三次	46	男	自由	前	51,198
	小川　半次	43	男	改進	前	36,883
当	加賀田　進	41	男	左社	新	31,028
当	高木吉之助	55	男	自由	前	26,551
	谷口善太郎	52	男	共産	前	26,392
	中村三之丞	57	男	改進	元	26,084
	中川源一郎	60	男	無所属	新	21,692
	土屋　光子	38	女	無所属	新	16,101
	今尾　　登	52	男	自由	元	15,954
	坪田　光蔵	58	男	自由	新	12,247
	石川　惇三	57	男	無所属	新	2,263
	荒牧　　隆	25	男	無所属	新	2,126
	嶋崎　栄治	30	男	無所属	新	1,140

【第2区】定数5

当	芦田　　均	64	男	改進	前	75,225
当	柳田　秀一	47	男	左社	新	53,202
当	前尾繁三郎	46	男	自由	前	52,425
当	大石ヨシエ	55	女	協同	前	50,780
当	中野　武雄	51	男	自由	前	41,919
	田中　　好	65	男	自由	元	40,173
	川崎末五郎	60	男	改進	元	32,573
	井家上　専	44	男	右社	新	28,640
	菊岡八百三	47	男	無所属	新	16,514
	井上　武夫	47	男	共産	新	10,554
	市井　栄作	55	男	無所属	新	6,002

第26回衆議院議員選挙
昭和28年(1953年)4月19日実施

【第1区】定数5

当	水谷長三郎	55	男	右社	前	50,431
当	田中伊三次	47	男	自由吉	前	46,867
当	中川源一郎	61	男	自由吉	新	41,059
当	加賀田　進	42	男	左社	前	37,984
当	中村三之丞	58	男	改進	元	32,961
	小川　半次	43	男	改進	前	28,383
	岡本　俵一	40	男	共産	新	22,896
	今尾　　登	52	男	自由鳩	元	16,467
	佐川　一雄	43	男	右社	新	14,956

【第2区】定数5

当	田中　　好	66	男	自由	元	56,784
当	芦田　　均	65	男	改進	前	55,957
当	前尾繁三郎	47	男	自由吉	前	55,296
当	柳田　秀一	47	男	左社	前	54,095
当	大石ヨシエ	56	女	右社	前	50,018
	岡本　隆一	46	男	左社	新	35,041
	川崎末五郎	61	男	改進	元	33,088
	中野　武雄	52	男	自由鳩	前	31,492
	荻野　　武	44	男	右社	新	16,504

第27回衆議院議員選挙
昭和30年(1955年)2月27日実施

【第1区】定数5

当	水谷長三郎	57	男	右社	前	60,860
当	小川　半次	45	男	民主	元	50,261
当	加賀田　進	43	男	左社	前	46,813

247

当	中村三之丞	60	男	民主	前	40,607
当	田中伊三次	49	男	自由	前	35,313
	谷口善太郎	55	男	共産	元	33,440
	神先 幹子	40	女	民主	新	32,752
	中川源一郎	62	男	自由	前	30,449
	国島泰次郎	51	男	右社	新	9,906
	鴨田 徳一	33	男	諸派	新	5,841
	梅林 明	52	男	無所属	新	3,183

【第2区】定数5

当	芦田 均	67	男	民主	前	69,849
当	前尾繁三郎	49	男	自由	前	60,250
当	岡本 隆一	48	男	左社	新	57,570
当	川崎末五郎	63	男	民主	元	54,828
当	柳田 秀一	49	男	左社	前	49,409
	大石ヨシエ	57	女	右社	元	45,379
	田中 好	68	男	民主	元	42,997
	岡本 倚一	42	男	共産	新	11,952
	上田美代松	57	男	無所属	新	8,252
	市井 栄作	57	男	無所属	新	6,156

第28回衆議院議員選挙
昭和33年(1958年)5月22日実施

【第1区】定数5

当	田中伊三次	52	男	自民	前	61,334
当	水谷長三郎	60	男	社会	前	56,348
当	小川 半次	48	男	自民	前	52,758
当	中村三之丞	63	男	自民	前	45,040
当	加賀田 進	47	男	社会	前	41,683
	谷口善太郎	58	男	共産	元	36,349
	坪野 米男	37	男	社会	新	35,456
	神先 幹子	43	女	自民	新	31,772
	表 権七	47	男	無所属	新	9,224
	市井 栄作	60	男	無所属	新	3,817
	大野 熊雄	69	男	無所属	新	2,266
	嶋崎 栄治	35	男	無所属	新	1,056

【第2区】定数5

当	前尾繁三郎	52	男	自民	前	83,114
当	柳田 秀一	52	男	社会	前	63,851
当	芦田 均	70	男	自民	前	59,099
当	岡本 隆一	51	男	社会	前	58,632
当	川崎末五郎	66	男	自民	前	48,393
	蒲田 熊次	53	男	社会	新	38,395
	中野 武雄	57	男	自民	元	27,181
	大石ヨシエ	61	女	無所属	元	24,501
	田畑 苞	47	男	共産	新	9,485
	藤田 敬治	57	男	無所属	新	6,464

第29回衆議院議員選挙
昭和35年(1960年)11月20日実施

【第1区】定数5

当	坪野 米男	40	男	社会	新	60,716
当	田中伊三次	54	男	自民	前	60,516
当	小川 半次	51	男	自民	前	58,396
当	水谷長三郎	62	男	民社	前	55,232
当	谷口善太郎	61	男	共産	元	48,328
繰当	中村三之丞	66	男	自民	前	39,773
	加賀田 進	49	男	社会	前	39,260
	嶋崎 栄治	38	男	無所属	新	1,970

※水谷長三郎(民社)死去のため昭和35年12月17日中村三之丞(自民)が繰上当選

【第2区】定数5

当	前尾繁三郎	54	男	自民	前	77,453
当	柳田 秀一	55	男	社会	前	66,014
当	岡本 隆一	53	男	社会	前	64,938
当	谷垣 専一	48	男	自民	新	58,677
当	玉置 一徳	48	男	民社	新	56,910
	川崎末五郎	68	男	自民	前	40,524
	田畑 苞	50	男	共産	新	22,021
	中野 武雄	59	男	自民	元	19,409
	小西 英雄	48	男	自民	元	14,016
	菊岡八百三	55	男	無所属	新	3,657

第30回衆議院議員選挙
昭和38年(1963年)11月21日実施

【第1区】定数5

当	谷口善太郎	64	男	共産	前	64,060
当	田中伊三次	57	男	自民	前	61,115
当	永末 英一	45	男	民社	新	58,079
当	小川 半次	54	男	自民	前	57,532
当	加賀田 進	52	男	社会	元	54,183
	坪野 米男	43	男	社会	前	48,141
	中村三之丞	66	男	自民	前	40,335
	石川 惇三	69	男	諸派	新	2,361

【第2区】定数5

当	前尾繁三郎	57	男	自民	前	112,327
当	玉置 一徳	51	男	民社	前	68,793
当	岡本 隆一	56	男	社会	前	68,474
当	柳田 秀一	58	男	社会	前	67,514
当	谷垣 専一	51	男	自民	前	62,084
	田畑シゲシ	53	男	共産	新	45,364

第31回衆議院議員選挙
昭和42年(1967年)1月29日実施

【第1区】定数5

当	田中伊三次	61	男	自民	前	75,182
当	谷口善太郎	67	男	共産	前	67,822
当	小川 半次	57	男	自民	前	65,757
当	樋上 新一	59	男	公明	新	56,604
当	永末 英一	49	男	民社	前	55,941
	坪野 米男	46	男	社会	元	55,865
	加賀田 進	55	男	社会	前	38,462
	中村 年男	35	男	無所属	新	16,850

【第2区】定数5
		前尾繁三郎	61	男	自民	前	100,091
当		谷垣　専一	55	男	自民	前	80,300
当		柳田　秀一	61	男	社会	前	74,845
当		玉置　一徳	54	男	民社	前	72,439
当		岡本　隆一	60	男	社会	前	65,511
		田畑シゲシ	56	男	共産	新	63,438
		中野　武雄	65	男	無所属	元	24,813

第32回衆議院議員選挙

昭和44年（1969年）12月27日実施

【第1区】定数5

当	谷口善太郎	70	男	共産	前	86,859
当	永末　英一	51	男	民社	前	69,122
当	小川　半次	60	男	自民	前	66,420
当	樋上　新一	62	男	公明	前	64,735
当	田中伊三次	63	男	自民	前	60,780
	坪野　米男	49	男	社会	元	58,979
	中道　清司	67	男	無所属	新	947
	鈴木　広	50	男	無所属	新	601
	井上　秀信	60	男	諸派	新	355

【第2区】定数5

当	寺前　巌	43	男	共産	新	111,650
当	前尾繁三郎	64	男	自民	前	100,689
当	柳田　秀一	64	男	社会	前	89,855
当	西中　清	37	男	公明	新	89,367
当	谷垣　専一	57	男	自民	前	87,748
	玉置　一徳	57	男	民社	前	83,267

第33回衆議院議員選挙

昭和47年（1972年）12月10日実施

【第1区】定数5

当	谷口善太郎	73	男	共産	前	68,184
当	永末　英一	54	男	民社	元	66,078
当	梅田　勝	45	男	共産	新	62,414
当	竹村　幸雄	42	男	社会	新	61,917
当	田中伊三次	66	男	自民	前	60,529
	樋上　新一	65	男	公明	前	57,960
	小川　半次	63	男	自民	前	57,348
	鈴木　広	53	男	無所属	新	768

【第2区】定数5

当	山田　芳治	48	男	社会	新	144,628
当	寺前　巌	46	男	共産	前	136,646
当	谷垣　専一	60	男	自民	前	107,124
当	前尾繁三郎	67	男	自民	前	98,845
当	玉置　一徳	60	男	民社	元	84,737
	西中　清	40	男	公明	前	80,679

第34回衆議院議員選挙

昭和51年（1976年）12月5日実施

【第1区】定数5

当	田中伊三次	70	男	自民	現	73,605
当	加地　和	40	男	新自ク	新	72,564
当	竹内　勝彦	38	男	公明	新	65,776
当	藤原　広子	50	女	共産	新	53,750
当	永末　英一	58	男	民社	現	50,396
	竹村　幸雄	46	男	社会	現	47,065
	梅田　勝	49	男	共産	現	46,142
	尾崎　末広	56	男	無所属	新	313
	野一色利衛	67	男	諸派	新	154

【第2区】定数5

当	寺前　巌	50	男	共産	現	136,103
当	西中　清	44	男	公明	元	126,331
当	前尾繁三郎	70	男	自民	現	119,984
当	山田　芳治	52	男	社会	現	118,684
当	玉置　一徳	64	男	民社	現	108,223
	谷垣　専一	64	男	自民	現	100,785
	増田　真一	53	男	諸派	新	2,195

《補選》第34回衆議院議員選挙

昭和54年（1979年）1月14日実施

※山田芳治の退職（知事選立候補）、玉置一徳の死去による

【第2区】被選挙数2

当	谷垣　専一	66	男	自民	前	170,756
当	玉置　一弥	34	男	民社	新	133,232
	有田　光雄	48	男	共産	新	123,362
	山田　芳治	54	男	社会	前	83,545
	東出　忠泰	40	男	社民連	新	7,272
	伊瀬　満	53	男	諸派	新	794

第35回衆議院議員選挙

昭和54年（1979年）10月7日実施

【第1区】定数5

当	竹内　勝彦	41	男	公明	前	55,949
当	梅田　勝	52	男	共産	元	51,299
当	永末　英一	61	男	民社	前	48,433
当	藤原　広子	53	女	共産	前	48,248
当	田中伊三次	73	男	自民	前	45,962
	奥田　幹生	51	男	自民	新	43,086
	竹村　幸雄	49	男	社会	元	38,937
	加地　和	43	男	新自ク	前	27,503
	三上　隆	48	男	無所属	新	5,866
	中野　和夫	41	男	無所属	新	887

【第2区】定数5

当	寺前　巌	53	男	共産	前	136,730
当	玉置　一弥	35	男	民社	前	121,344
当	谷垣　専一	67	男	自民	前	112,719

衆議院・選挙区（京都府）

当	西中　　清	47	男	公明	前	106,917
当	山田　芳治	55	男	社会	元	103,179
	前尾繁三郎	73	男	自民	前	103,005
	河本　　巧	27	男	諸派	新	3,633

第36回衆議院議員選挙
昭和55年(1980年) 6月22日実施

【第1区】定数5

当	奥田　幹生	52	男	自民	新	70,914
当	田中伊三次	74	男	無所属	前	65,296
当	永末　英一	62	男	民社	前	56,261
当	藤原　広子	54	女	共産	前	51,387
当	竹内　勝彦	42	男	公明	前	51,358
	梅田　　勝	52	男	共産	前	50,763
	竹村　幸雄	50	男	社会	元	38,619
	国枝克一郎	45	男	無所属	新	18,110
	兼城　明男	32	男	諸派	新	1,206

【第2区】定数5

当	前尾繁三郎	74	男	自民	元	182,922
当	谷垣　専一	68	男	自民	前	119,631
当	玉置　一弥	35	男	民社	前	113,649
当	寺前　　巌	54	男	共産	前	104,122
当	西中　　清	48	男	公明	前	94,105
	山田　芳治	55	男	社会	前	94,053
	有田　光雄	50	男	共産	新	49,431

《補選》第36回衆議院議員選挙
昭和58年(1983年) 8月7日実施
※前尾繁三郎、谷垣専一の死去による

【第2区】被選挙数2

当	谷垣　禎一	38	男	自民	新	125,209
当	野中　広務	57	男	自民	新	121,890
	有田　光雄	53	男	共産	新	115,093
	山中　末治	58	男	社会	新	73,226
	林　　長禎	46	男	無所属	新	32,766
	高田　　巖 (高田 がん)	53	男	無所属	新	1,417
	心　　　久 (須田喜久夫)	55	男	無所属	新	724

第37回衆議院議員選挙
昭和58年(1983年)12月18日実施

【第1区】定数5

当	伊吹　文明	45	男	自民	新	58,059
当	竹内　勝彦	45	男	公明	前	56,293
当	永末　英一	65	男	民社	前	54,913
当	梅田　　勝	56	男	共産	元	47,135
当	奥田　幹生	55	男	自民	前	46,994
	藤原　広子	57	女	共産	前	44,662
	杉山　正三	47	男	社会	新	38,302

【第2区】定数5

当	野中　広務	58	男	自民	前	136,357
当	谷垣　禎一	38	男	自民	前	125,446
当	西中　　清	51	男	公明	前	108,665
当	玉置　一弥	39	男	民社	前	104,515
当	山中　末治	58	男	社会	新	98,516
	寺前　　巌	57	男	共産	前	92,666
	有田　光雄	53	男	共産	新	58,023

第38回衆議院議員選挙
昭和61年(1986年) 7月6日実施

【第1区】定数5

当	奥田　幹生	58	男	自民	前	58,861
当	伊吹　文明	48	男	自民	前	51,514
当	竹内　勝彦	48	男	公明	前	51,315
当	藤原　広子	60	女	共産	元	49,739
当	永末　英一	68	男	民社	前	46,160
	梅田　　勝	58	男	共産	前	46,099
	竹村　幸雄	56	男	社会	元	32,263
	加地　　和	49	男	新自ク	元	25,911

【第2区】定数5

当	寺前　　巌	60	男	共産	元	155,817
当	野中　広務	60	男	自民	前	143,809
当	谷垣　禎一	41	男	自民	前	137,705
当	西中　　清	54	男	公明	前	115,516
当	玉置　一弥	41	男	民社	前	100,620
	山中　末治	61	男	社会	前	100,333
	由良　　隆	38	男	諸派	新	4,026

第39回衆議院議員選挙
平成2年(1990年) 2月18日実施

【第1区】定数5

当	奥田　幹生	61	男	自民	前	67,175
当	永末　英一	72	男	民社	前	65,348
当	竹村　幸雄	59	男	社会	元	63,535
当	伊吹　文明	52	男	自民	前	56,450
当	竹内　勝彦	52	男	公明	前	53,020
	梅田　　勝	62	男	共産	元	48,719
	藤原　広子	63	女	共産	前	42,049
	大湾　宗則	48	男	無所属	新	18,828

【第2区】定数5

当	山中　末治	65	男	社会	元	200,752
当	野中　広務	64	男	自民	前	156,085
当	谷垣　禎一	44	男	自民	前	153,786
当	寺前　　巌	63	男	共産	前	150,426
当	西中　　清	57	男	公明	前	110,799
	玉置　一弥	45	男	民社	前	104,713
	岡田　昌治	51	男	無所属	新	2,646

第40回衆議院議員選挙
平成5年(1993年)7月18日実施

【第1区】定数5
当	穀田	恵二	46	男	共産 新	77,708
当	前原	誠司	31	男	日本新 新	65,182
当	伊吹	文明	55	男	自民 前	48,893
当	竹内	譲	35	男	公明 新	48,597
当	奥田	幹生	65	男	自民 前	48,036
	菱田	健次	42	男	新生 新	45,587
	竹村	幸雄	63	男	社会 前	33,780
	畑中	清博	56	男	民社 新	12,776
	松本	英男	29	男	無所属 新	1,641
	斉藤	昏義	46	男	無所属 新	383

【第2区】定数5
当	寺前	巌	67	男	共産 前	155,958
当	野中	広務	67	男	自民 前	129,402
当	山名	靖英	49	男	公明 新	118,882
当	谷垣	禎一	48	男	自民 前	118,019
当	豊田潤多郎	43	男	新生 新	115,142	
	玉置	一弥	49	男	民社 元	111,206
	田淵五十生	50	男	社会 新	86,079	
	小野	順一	44	男	無所属 新	6,696

第41回衆議院議員選挙
平成8年(1996年)10月20日実施

【第1区】定数1
当	伊吹	文明	58	男	自民 比前	63,094
比当	穀田	恵二	49	男	共産 比前	60,441
	竹内	譲	38	男	新進 前	47,103
	福山	哲郎	34	男	民主 比新	29,275
	蜷川	澄村	45	男	自連 新	1,877

【第2区】定数1
当	奥田	幹生	68	男	自民 比前	43,060
	井上	哲士	38	男	共産 新	42,211
比当	前原	誠司	34	男	民主 比新	31,257
	菱田	健次	45	男	新進 新	30,713

【第3区】定数1
当	寺前	巌	70	男	共産 比前	58,479
比当	奥山	茂彦	54	男	自民 比新	57,241
	山名	靖英	52	男	新進 前	52,884

【第4区】定数1
当	野中	広務	71	男	自民 比前	100,703
	加味根史朗	41	男	共産 新	60,918	
	豊田潤多郎	47	男	新進 前	44,637	

【第5区】定数1
当	谷垣	禎一	51	男	自民 比前	91,146
	三上	隆	66	男	新進 新	36,689
	佐渡	一郎	63	男	共産 新	32,691

【第6区】定数1
当	玉置	一弥	52	男	新進 元	73,583
	山井	和則	34	男	民主 比新	54,905

	清水鴻一郎	50	男	自民 比新	53,253	
	浜田	良之	40	男	共産 新	39,051
	園田	裕子	37	女	新社会 比新	6,691

第42回衆議院議員選挙
平成12年(2000年)6月25日実施

【第1区】定数1
当	伊吹	文明	62	男	自民 比前	86,490
比当	穀田	恵二	53	男	共産 比前	68,493
	菱田	健次	49	男	民主 比新	50,256

【第2区】定数1
当	前原	誠司	38	男	民主 比前	52,077
	山本	直彦	58	男	自民 比新	48,057
	井上	哲士	42	男	共産 新	41,541
	谷口	徹	28	男	自由 比新	11,296
	戸板まさ恵	35	女	自連 新	2,691	

【第3区】定数1
当	奥山	茂彦	57	男	自民 比前	66,576
	泉	健太	25	男	民主 比新	57,536
	本庄	孝夫	51	男	共産 新	44,816
	大湾	宗則	59	男	社民 比新	13,482

【第4区】定数1
当	野中	広務	74	男	自民 比前	121,439
	加味根史朗	45	男	共産 新	54,646	
	佐川	公也	55	男	民主 比新	34,522
	豊田潤多郎	50	男	自由 比元	18,452	

【第5区】定数1
当	谷垣	禎一	55	男	自民 比前	109,508
	吉田早由美	49	女	共産 新	34,952	
	矢野	正彦	54	男	民主 比新	27,897

【第6区】定数1
当	菱田	嘉明	56	男	自民 比新	96,082
比当	玉置	一弥	55	男	民主 比前	88,392
	浜田	良之	44	男	共産 新	46,787
	松村	勗	53	男	自由 比新	15,136
	四井	猛士	58	男	自連 新	5,056

第43回衆議院議員選挙
平成15年(2003年)11月9日実施

【第1区】定数1
当	伊吹	文明	65	男	自民 比前	83,644
比当	玉置	一弥	59	男	民主 比前	63,487
比当	穀田	恵二	56	男	共産 比前	50,762

【第2区】定数1
当	前原	誠司	41	男	民主 比前	73,934
	山本	直彦	61	男	自民 比新	47,962
	原	俊史	36	男	共産 新	26,768

【第3区】定数1
当	泉	健太	29	男	民主 比新	84,052
	奥山	茂彦	61	男	自民 比前	64,726
	石村	和子	53	女	共産 新	30,861

衆議院・選挙区（京都府）

【第4区】定数1
当	田中 英夫	59	男	自民㊗新	108,209
	北神 圭朗	36	男	民主㊗新	72,665
	成宮真理子	34	女	共産 新	36,980

【第5区】定数1
当	谷垣 禎一	58	男	自民㊗前	103,486
	小林 哲也	33	男	民主㊗新	36,702
	吉田早由美	52	女	共産㊗新	24,389

【第6区】定数1
当	山井 和則	41	男	民主㊗前	117,467
	菱田 嘉明	60	男	自民㊗前	100,541
	矢口 雅章	36	男	共産 新	32,499

第44回衆議院議員選挙
平成17年（2005年）9月11日実施

【第1区】定数1
当	伊吹 文明	67	男	自民㊗前	112,848
	玉置 一弥	61	男	民主㊗前	68,563
比当	穀田 恵二	58	男	共産㊗前	55,097

【第2区】定数1
当	前原 誠司	43	男	民主㊗前	73,795
比当	山本 朋広	30	男	自民㊗新	69,330
	原 俊史	38	男	共産 新	29,348

【第3区】定数1
当	泉 健太	31	男	民主㊗前	92,249
比当	清水鴻一郎	59	男	自民㊗新	91,429
	石村 和子	55	女	共産 新	32,251

【第4区】定数1
当	中川 泰宏	53	男	自民㊗新	75,192
	田中 英夫	61	男	無所属 前	75,036
比当	北神 圭朗	38	男	民主㊗新	73,550
	成宮真理子	35	女	共産 新	35,705

【第5区】定数1
当	谷垣 禎一	60	男	自民㊗前	107,792
	小林 哲也	35	男	民主㊗新	49,895
	吉田早由美	54	女	共産 新	25,467

【第6区】定数1
当	山井 和則	43	男	民主㊗前	133,708
比当	井沢 京子	42	女	自民㊗新	122,969
	矢口 雅章	38	男	共産 新	37,181

第45回衆議院議員選挙
平成21年（2009年）8月30日実施

【第1区】定数1
当	平 智之	50	男	民主㊗新	105,818
比当	伊吹 文明	71	男	自民㊗前	81,913
比当	穀田 恵二	62	男	共産㊗前	54,605
	種村由美子	53	女	諸派 新	3,576

【第2区】定数1
当	前原 誠司	47	男	民主㊗前	101,151
	山本 朋広	34	男	自民㊗前	42,771
	原 俊史	42	男	共産㊗新	25,856
	藤田 高景	60	男	社民㊗新	5,028
	軽部 芳輝	41	男	諸派 新	1,045

【第3区】定数1
当	泉 健太	35	男	民主㊗前	121,834
	清水鴻一郎	63	男	自民㊗前	68,043
	石村 和子	59	女	共産 新	30,583
	岸本 浩一	33	男	諸派 新	2,744

【第4区】定数1
当	北神 圭朗	42	男	民主㊗前	109,865
	田中 英夫	65	男	無所属 元	89,257
	中川 泰宏	57	男	自民㊗前	35,314
	吉田 幸一	35	男	共産 新	30,410
	出野 博志	60	男	諸派 新	1,541

【第5区】定数1
当	谷垣 禎一	64	男	自民㊗前	87,998
比当	小原 舞	35	女	民主㊗新	80,966
	吉田早由美	58	女	共産 新	17,941
	詫間 啓司	30	男	諸派 新	2,225

【第6区】定数1
当	山井 和則	47	男	民主㊗前	176,022
	井沢 京子	46	女	自民㊗前	91,944
	浜田 良之	53	男	共産 新	32,322
	北川 智子	46	女	諸派 新	6,437

第46回衆議院議員選挙
平成24年（2012年）12月16日実施

【第1区】定数1
当	伊吹 文明	74	男	自民 前	69,287
	田坂 幾太	60	男	維新㊗新	47,273
比当	穀田 恵二	65	男	共産㊗前	41,349
	平 智之	53	男	みんな㊗前	24,591
	祐野 恵	33	女	民主㊗新	24,129
	田部 雄治	36	男	諸派 新	1,932

【第2区】定数1
当	前原 誠司	50	男	民主㊗前	72,170
	上中 康司	50	男	自民㊗新	42,017
	原 俊史	45	男	共産 新	24,633
	佐藤 大	33	男	社民㊗新	7,416

【第3区】定数1
当	宮崎 謙介	31	男	自民㊗新	58,951
比当	泉 健太	38	男	民主㊗前	58,735
	山内 成介	47	男	維新㊗新	41,996
	石村 和子	62	女	共産 新	26,674

【第4区】定数1
当	田中 英之	42	男	自民㊗新	73,162
	北神 圭朗	45	男	民主㊗前	48,934
	畑本久仁枝	58	女	維新㊗新	36,587
	吉田 幸一	38	男	共産 新	25,276
	石田 哲雄	62	男	みんな㊗新	13,283
	中川 泰宏	61	男	無所属 元	12,505
	豊田潤多郎	63	男	未来㊗前	9,271

			和田	美奈	30	女	諸派	新	1,745

【第5区】定数1
当	谷垣	禎一	67	男	自民 ㊗	前	87,879
	小原	舞	38	女	民主 ㊗	前	39,009
	吉田早由美		62	女	共産		新	19,225
	沼田	憲男	65	男	未来 ㊗	新	9,434

【第6区】定数1
当	山井	和則	50	男	民主 ㊗	前	89,672
比当	安藤	裕	47	男	自民 ㊗	新	80,990
	清水鴻一郎		66	男	維新 ㊗	元	69,691
	上条	亮一	26	男	共産		新	26,938

第47回衆議院議員選挙
平成26年（2014年）12月14日実施

【第1区】定数1
当	伊吹	文明	76	男	自民	前	73,684
比当	穀田	恵二	67	男	共産 ㊗	前	53,379
	田坂	幾太	62	男	維新 ㊗	新	36,353
	平	智之	55	男	無所属	元	17,307
	蜷川	澄村	63	男	無所属	新	960

【第2区】定数1
当	前原	誠司	52	男	民主 ㊗	前	66,227
	上中	康司	52	男	自民 ㊗	新	37,180
	原	俊史	47	男	共産		新	27,888

【第3区】定数1
当	宮崎	謙介	33	男	自民 ㊗	新	59,437
比当	泉	健太	40	男	民主 ㊗	前	54,900

			石村	和子	64	女	共産 ㊗	新	26,655
			清水鴻一郎		68	男	維新 ㊗	前	24,840

【第4区】定数1
当	田中	英之	44	男	自民 ㊗	前	75,744
	北神	圭朗	47	男	民主 ㊗	元	58,692
	吉田	幸一	40	男	共産	新	32,895
	畑本久仁枝		60	女	維新 ㊗	新	26,175

【第5区】定数1
当	谷垣	禎一	69	男	自民 ㊗	前	76,733
	小原	舞	40	女	民主 ㊗	元	39,178
	山内	健	46	男	共産	新	19,558

【第6区】定数1
当	山井	和則	52	男	民主 ㊗	前	102,030
比当	安藤	裕	49	男	自民 ㊗	前	94,736
	上条	亮一	28	男	共産	新	33,690

《補選》第47回衆議院議員選挙
平成28年（2016年）4月24日実施
※宮崎謙介の辞職による

【第3区】被選挙数1
当	泉	健太	41	男	民進	前	65,051
	森	夏枝	34	女	諸派	新	20,710
	小野由紀子		37	女	諸派	新	6,449
	田淵	正文	57	男	無所属	新	4,599
	大八木光子		31	女	諸派	新	2,247
	郡	昭浩	55	男	無所属	新	370

選挙区・大阪府

第24回衆議院議員選挙
昭和24年（1949年）1月23日実施

【第1区】定数4
当	志賀	義雄	49	男	共産	元	80,933
当	岡野	清豪	60	男	民自	新	56,188
当	有田	二郎	46	男	民自	前	54,388
当	大矢	省三	57	男	社会	前	33,118
	一松	定吉	75	男	民主	前	29,302
	中山	福蔵	63	男	民自	元	19,774
	粟村	栄一	56	男	民主	新	15,765
	桝谷	寅吉	72	男	民自	元	10,255
	山中	トミ	60	女	無所属	新	8,825
	古田	覚成	41	男	無所属	新	3,884
	安蔵	勉	37	男	労農	新	2,286
	伊藤	忠輝	49	男	民自	新	2,268
	越前	長松	40	男	社革	新	1,590
	藤井源右衛門		30	男	無所属	新	1,546

【第2区】定数4
当	川上	貫一	63	男	共産	新	65,435
当	押谷	富三	57	男	民自	新	39,741

当	前田	種男	48	男	社会	前	36,036
当	中山	マサ	59	女	民自	前	32,488
	細川八十八		48	男	民主	前	23,803
	西尾	末広	59	男	無所属	前	20,908
	三木キヨ子		31	女	民自	元	18,361
	難波	四郎	59	男	民自	新	11,857
	中垣	静男	40	男	民自	新	9,692
	福崎	末松	52	男	無所属	新	4,938
	小林	巌	41	男	無所属	新	4,683
	酒井	朋三	47	男	民自	新	4,055
	岡田	喜雄	41	男	無所属	新	3,695
	昆田	達夫	39	男	国協	新	3,114
	森脇	光義	43	男	民主	新	2,588
	尾ノ寺司行		47	男	無所属	新	926
	磯野	正一	51	男	無所属	新	803

【第3区】定数4
当	横田甚太郎		43	男	共産	新	44,747
当	幣原喜重郎		76	男	民自	前	42,406
当	浅香	忠雄	42	男	民自	新	41,806
当	井上	良二	52	男	社会	前	35,493
	松原喜之次		55	男	社会	前	19,287

	藤戸	翼	55	男	民自	新	17,309		当	前田	種男	49	男	右社	前	35,902
	田所	久一	49	男	民主	新	13,642			川上	貫一	64	男	共産	元	34,873
	池上	円平	43	男	民自	新	11,417			落合	九一	62	男	改進	新	32,674
	奥村	茂	28	男	労農	新	6,805			井岡	大治	38	男	左社	新	32,475
	織田佐代治		49	男	無所属	新	4,822			田所	久一	51	男	改進	新	7,752
	木村	広治	49	男	無所属	新	4,010			吉村	良雄	27	男	無所属	新	945
	谷村	霊真	53	男	無所属	新	3,877			別城	遺一	58	男	無所属	新	904
	上田	捨次	46	男	諸派	新	3,228			高島	準	67	男	無所属	新	312

【第4区】定数4　　　　　　　　　　　　　　　　【第3区】定数4

当	松永	仏骨	52	男	民自	元	66,872		当	井上	良二	54	男	右社	前	47,601
当	加藤	充	41	男	共産	新	43,010		当	浅香	忠雄	44	男	自由	前	47,408
当	田中	万逸	68	男	民自	前	31,609		当	松原喜之次		57	男	左社	元	42,367
当	久保田鶴松		50	男	社会	前	24,434		当	大川	光三	53	男	改進	元	35,219
	喜多楢治郎		51	男	民主	前	23,061			原田	憲	33	男	自由	元	26,622
	鈴木愛之助		52	男	民自	新	22,977			藤戸	翼	57	男	自由	新	24,998
	叶	凸	42	男	社革	前	13,919			中塚	種夫	55	男	改進	新	24,610
	滝川	末一	59	男	社会	新	9,915			横田甚太郎		45	男	共産	前	17,785
	玉島	照波	57	女	無所属	新	4,823			木村	広治	51	男	自由	新	10,266
	小池十太郎		54	男	新自	新	4,443			北之坊孝治		25	男	無所属	新	5,283

【第5区】定数3　　　　　　　　　　　　　　　　【第4区】定数4

当	小西	寅松	48	男	民自	前	66,707		当	杉山元治郎		66	男	右社	元	52,526
当	平島	良一	59	男	民自	前	45,226		当	大倉	三郎	54	男	自由	元	42,618
当	西村	栄一	46	男	社会	前	40,405		当	田中	万逸	70	男	自由	前	41,696
	坂井	豊一	40	男	共産	新	36,227		当	久保田鶴松		51	男	左社	前	39,909
	神藤	官蔵	53	男	民自	新	24,140			松永	仏骨	54	男	自由	前	31,162
	桜井	義邦	40	男	民自	新	11,363			中野善兵衛		43	男	改進	新	30,117
	藤村	武平	47	男	民自	新	6,732			曽和	義弌	64	男	自由	元	18,988
	義間	武熊	45	男	民主	新	5,588			加藤	充	43	男	共産	前	13,597
	日高	妙子	53	女	無所属	新	4,591			魚崎嘉三郎		52	男	無所属	新	3,901
	大場	筆雄	45	男	無所属	新	3,760

【第5区】定数3

	永吉	誓順	49	男	無所属	新	3,620		当	小西	寅松	50	男	自由	前	81,094
	当間	元恒	43	男	労農	新	1,726		当	西村	栄一	48	男	右社	前	75,581
									当	松田竹千代		64	男	自由	元	72,730
										平島	良一	61	男	自由	前	37,215
										沢野	秀男	32	男	共産	新	8,957

第25回衆議院議員選挙
昭和27年（1952年）10月1日実施

第26回衆議院議員選挙
昭和28年（1953年）4月19日実施

【第1区】定数4

当	有田	二郎	48	男	自由	前	75,701
当	大矢	省三	59	男	右社	前	55,384
当	岡野	清豪	62	男	自由	前	49,337
当	菅野和太郎		57	男	改進	元	42,374
	野原	覚	42	男	左社	新	34,058
	田万	清臣	60	男	右社	元	30,046
	古田	覚成	43	男	無所属	新	18,654
	渡辺三知夫		41	男	共産	新	16,328
	田中	藤作	53	男	自由	元	13,625
	伊藤	忠輝	51	男	自由	新	7,100
	石田	正一	38	男	無所属	新	5,300
	池田	助二	24	男	無所属	新	1,297

【第1区】定数4

当	有田	二郎	48	男	自由吉	前	63,281
当	岡野	清豪	63	男	自由吉	前	48,101
当	野原	覚	43	男	左社	新	47,931
当	大矢	省三	60	男	右社	前	42,815
	菅野和太郎		57	男	改進	前	33,306
	田万	清臣	60	男	右社	元	31,340
	田中	藤作	55	男	自由鳩	元	19,545
	古田	覚成	44	男	無所属	新	17,875
	比嘉	正子	47	女	無所属	新	15,651
	東	二三郎	49	男	改進	新	8,078
	富岡ナツエ		46	女	無所属	新	5,476
	石田	正一	39	男	無所属	新	4,863

【第2区】定数4

当	中山	マサ	61	女	自由	前	69,642
当	西尾	末広	61	男	右社	元	66,299
当	押谷	富三	59	男	自由	前	39,694

【第2区】定数4
当	中山	マサ	62	女	自由吉	前	59,735
当	西尾	末広	62	男	右社	前	51,053
当	押谷	富三	60	男	自由吉	前	45,168
当	川上	貫一	65	男	共産	元	44,273
	井岡	大治	38	男	左社	新	38,863
	前田	種男	50	男	右社	前	36,265
	亀井譲太郎	59	男	改進	新	16,303
	難波	四郎	61	男	自由鳩	新	11,795

【第3区】定数4
当	浅香	忠雄	45	男	自由吉	前	50,772
当	井上	良二	54	男	右社	前	50,693
当	松原喜之次	58	男	左社	前	48,036
当	原田	憲	34	男	自由	元	46,650
	大川	光三	54	男	改進	前	41,171
	横田甚太郎	46	男	共産	元	17,546
	小司	専一	42	男	無所属	新	6,524

【第4区】定数4
当	杉山元治郎	67	男	右社	前	53,320
当	田中	万逸	70	男	自由吉	前	50,057
当	久保田鶴松	52	男	左社	前	49,568
当	松永	仏骨	55	男	自由吉	元	38,639
	鈴木愛之助	65	男	自由鳩	新	26,311
	大重	ハナ	55	女	改進	新	15,950
	加藤	充	43	男	共産	元	14,779

【第5区】定数3
当	西村	栄一	49	男	右社	前	72,693
当	小西	寅松	50	男	自由吉	前	71,771
当	松田竹千代	65	男	自由鳩	前	59,625
	平島	良一	61	男	自由吉	元	57,833
	岩郷	義雄	41	男	共産	新	8,902

第27回衆議院議員選挙
昭和30年(1955年)2月27日実施

【第1区】定数4
当	菅野和太郎	59	男	民主	元	85,006
当	野原	覚	45	男	左社	前	58,197
当	志賀	義雄	54	男	共産	元	50,056
当	大矢	省三	61	男	右社	前	49,052
	田中	藤作	56	男	民主	元	45,662
	岡野	清豪	65	男	自由	前	39,788
	有田	二郎	50	男	自由	前	33,581
	田万	清臣	62	男	右社	元	31,482
	古田	覚成	45	男	無所属	新	15,878
	後藤田賀子	49	女	無所属	新	8,330
	石田	正一	41	男	無所属	新	4,703
	伊藤	忠輝	53	男	無所属	新	1,322
	中田	政行	57	男	無所属	新	1,094
	藤本	昭	37	男	無所属	新	632

【第2区】定数4
当	井岡	大治	40	男	左社	新	60,102
当	川上	貫一	67	男	共産	前	51,544
当	中山	マサ	64	女	自由	前	50,294
当	西尾	末広	63	男	右社	前	46,875
	前田	種男	52	男	右社	元	41,889
	福川	政則	41	男	民主	新	40,306
	溝淵	春次	51	男	民主	新	34,134
	押谷	富三	62	男	自由	前	33,545
	大川	竜夫	50	男	諸派	新	9,263
	別城	遺一	40	男	民主	新	6,822
	長谷川徳俊	51	男	無所属	新	1,994
	浅野	信義	49	男	無所属	新	1,921

【第3区】定数4
当	高碕達之助	69	男	民主	新	71,939
当	松原喜之次	59	男	左社	前	54,942
当	井上	良二	56	男	右社	前	48,164
当	浅香	忠雄	47	男	自由	前	46,044
	原田	憲	35	男	自由	前	32,982
	横田甚太郎	47	男	共産	元	18,659
	杉田	実	51	男	無所属	新	13,338
	木村	広治	53	男	無所属	新	8,733
	水川	清一	54	男	無所属	新	8,464

【第4区】定数4
当	大倉	三郎	57	男	民主	元	57,315
当	久保田鶴松	54	男	左社	前	55,989
当	杉山元治郎	69	男	右社	前	37,929
当	古川	丈吉	50	男	無所属	新	35,576
	塩川	正三	61	男	自由	新	29,450
	田中	万逸	72	男	自由	前	28,711
	加藤	充	45	男	共産	元	17,435
	滝川	末一	63	男	右社	新	10,143
	松永	仏骨	56	男	自由	前	6,497
	松岡	賛城	53	男	無所属	新	5,326

【第5区】定数3
当	松田竹千代	67	男	民主	前	78,739
当	小西	寅松	52	男	自由	前	72,527
当	西村	栄一	50	男	右社	前	69,743
	平島	良一	63	男	自由	元	53,150
	肥田	次郎	48	男	左社	新	37,463

第28回衆議院議員選挙
昭和33年(1958年)5月22日実施

【第1区】定数4
当	山村庄之助	69	男	自民	新	79,098
当	大矢	省三	65	男	社会	前	68,299
当	菅野和太郎	62	男	自民	前	67,884
当	志賀	義雄	57	男	共産	前	58,824
	野原	覚	48	男	社会	前	56,792
	田万	清臣	65	男	社会	元	45,768
	有田	二郎	53	男	自民	元	44,861
	田中	藤作	60	男	自民	元	40,756
	石田	正一	44	男	無所属	新	5,372
	朝倉	肇	45	男	無所属	新	1,535

衆議院・選挙区（大阪府）　　　国政選挙総覧

					別城 遺一	66 男 諸派 新	1,593
【第2区】定数4					河道 和	49 男 無所属 新	1,147
当	西尾 末広	67	男 社会 前	74,688	高瀬 夢園	59 男 諸派 新	633
当	中山 マサ	67	女 自民 前	74,204	【第3区】定数4		
当	押谷 富三	65	男 自民 元	67,641	当 松原喜之次	65 男 社会 元	68,824
当	井岡 大治	43	男 社会 前	67,231	当 高碕達之助	75 男 自民 前	63,439
	川上 貫一	70	男 共産 前	63,465	当 阪上安太郎	48 男 社会 前	62,299
	福川 政則	44	男 自民 新	48,181	当 原田 憲	41 男 自民 前	55,507
	種田 鉄馬	50	男 社会 新	19,408	浅香 忠雄	52 男 自民 前	53,630
	別城 遺一	63	男 諸派 新	4,488	井上 良二	62 男 民社 元	47,075
【第3区】定数4					横田甚太郎	53 男 共産 元	15,130
当	高碕達之助	73	男 自民 前	67,595	村田 光造	68 男 無所属 新	742
当	浅香 忠雄	50	男 自民 前	60,285	【第4区】定数4		
当	阪上安太郎	46	男 社会 新	58,234	当 大倉 三郎	62 男 自民 前	52,833
当	原田 憲	39	男 自民 元	47,839	当 古川 丈吉	56 男 自民 前	52,027
	松原喜之次	63	男 社会 前	43,775	当 久保田鶴松	60 男 社会 前	48,004
	井上 良二	59	男 社会 前	40,050	当 杉山元治郎	74 男 社会 前	44,268
	横田甚太郎	51	男 共産 元	18,469	栗山 礼行	53 男 民社 新	40,993
【第4区】定数4					加藤 充	51 男 共産 元	25,050
当	古川 丈吉	53	男 自民 前	61,599	【第5区】定数3		
当	久保田鶴松	57	男 社会 前	58,257	当 肥田 次郎	54 男 社会 新	70,754
当	大倉 三郎	60	男 自民 前	56,992	当 西村 栄一	56 男 民社 前	67,155
当	杉山元治郎	72	男 社会 前	52,760	当 岸本 義広	63 男 自民 新	65,475
	加藤 充	48	男 共産 元	30,872	松田竹千代	72 男 自民 前	62,277
【第5区】定数3					大塚 正	57 男 自民 新	60,317
当	小西 寅松	55	男 自民 前	102,640	戸松 喜蔵	51 男 共産 新	12,659
当	西村 栄一	54	男 社会 前	87,253			
当	松田竹千代	70	男 自民 前	73,332			
	肥田 次郎	51	男 社会 新	38,194			
	戸松 喜蔵	49	男 共産 新	10,798	**第30回衆議院議員選挙**		
	寺田 武雄	53	男 諸派 新	8,262	昭和38年(1963年)11月21日実施		

第29回衆議院議員選挙
昭和35年(1960年)11月20日実施

【第1区】定数4					
					【第1区】定数4
					当 和爾俊二郎 61 男 自民 新 153,928
					当 志賀 義雄 62 男 共産 前 102,957
					当 野原 覚 53 男 社会 前 99,917
当 菅野和太郎	65	男 自民 前	103,767		当 菅野和太郎 68 男 自民 前 87,614
当 野原 覚	50	男 社会 元	102,499		寒川 喜一 52 男 民社 新 73,150
当 大矢 省三	67	男 民社 前	90,343		西風 勲 36 男 社会 新 35,252
当 志賀 義雄	59	男 共産 前	84,170		森下 正則 44 男 無所属 新 3,136
有田 二郎	56	男 自民 元	74,267		石田 正一 49 男 無所属 新 3,027
粟村 ハツ	52	女 自民 新	35,058		中野 高明 34 男 無所属 新 2,004
高野 保	72	男 無所属 新	4,316		藤井吉三郎 65 男 無所属 新 1,142
石田 正一	46	男 無所属 新	3,968		神野 七郎 53 男 諸派 新 1,061
中野 高明	31	男 無所属 新	1,445		泉 薫 34 男 無所属 新 880
井川 光好	53	男 無所属 新	1,097		朝倉 三洲 50 男 無所属 新 801
朝倉 肇	47	男 無所属 新	666		井川 智隆 56 男 無所属 新 757
【第2区】定数4					高瀬 夢園 62 男 諸派 新 572
当 西尾 末広	69	男 民社 前	109,791		【第2区】定数4
当 中山 マサ	69	女 自民 前	93,777		当 西尾 末広 72 男 民社 前 138,619
当 井岡 大治	46	男 社会 前	89,442		当 川上 貫一 75 男 共産 前 104,588
当 川上 貫一	72	男 共産 元	76,317		当 井岡 大治 49 男 社会 前 92,322
押谷 富三	67	男 自民 前	57,759		当 押谷 富三 70 男 自民 元 78,137
福川 政則	47	男 自民 新	43,077		中山 マサ 72 女 自民 前 78,096
					別城 遺一 69 男 無所属 新 3,125

	河道　　和	52	男	無所属	新	1,355

（左段続き）

	河道　　和	52	男	無所属	新	1,355
	山陰　探月	47	男	諸派	新	500

【第3区】定数4

当	高碕達之助	78	男	自民	前	90,917
当	阪上安太郎	51	男	社会	前	82,214
当	原田　　憲	44	男	自民	前	82,101
当	松原喜之次	68	男	社会	前	78,910
	岡沢　完治	40	男	民社	新	77,450
	横田甚太郎	56	男	共産	元	32,632
	福岡　徳雄	32	男	無所属	新	891
	藤森　徳衛	44	男	諸派	新	517

【第4区】定数4

当	久保田鶴松	63	男	社会	前	63,052
当	栗山　礼行	56	男	民社	新	58,884
当	古川　丈吉	59	男	自民	前	57,202
当	大倉　三郎	65	男	自民	前	54,442
	杉山元治郎	77	男	社会	前	45,294
	加藤　　充	54	男	共産	元	31,900
	竹崎　親成	35	女	諸派	新	295

【第5区】定数3

当	松田竹千代	75	男	自民	元	121,466
当	西村　栄一	79	男	民社	前	102,218
当	肥田　次郎	57	男	社会	前	76,646
	岸本　義広	66	男	自民	前	41,994
	戸松　喜蔵	54	男	共産	新	20,189
	藤田　中道	54	男	諸派	新	443
	竹崎　佳幸	62	男	諸派	新	259

第31回衆議院議員選挙

昭和42年（1967年）1月29日実施

【第1区】定数3

当	菅野和太郎	71	男	自民	前	86,349
当	沖本　泰幸	46	男	公明	新	76,939
当	西風　　勲	40	男	社会	新	70,653
	寒川　喜一	55	男	民社	新	66,246
	岡本　博之	58	男	共産	新	29,715
	森下　正則	47	男	無所属	新	1,478
	藤井吉三郎	69	男	無所属	新	1,158
	井川　智隆	59	男	無所属	新	776

【第2区】定数5

当	西尾　末広	75	男	民社	前	121,671
当	浅井　美幸	39	男	公明	新	109,770
当	川上　貫一	79	男	共産	前	78,556
当	井岡　大治	52	男	社会	前	70,800
当	中山　マサ	76	女	自民	元	62,534
	押谷　富三	73	男	自民	前	60,110
	前田治一郎	55	男	無所属	新	48,614
	平垣美代司	49	男	社会	新	22,107
	菅根　一紀	26	男	無所属	新	5,386
	河道　　和	55	男	無所属	新	684

【第3区】定数4

当	岡沢　完治	43	男	民社	新	137,091

（右段）

当	原田　　憲	47	男	自民	前	118,824
当	阪上安太郎	55	男	社会	前	110,585
当	近江巳記夫	31	男	公明	新	109,853
	坂口　正義	43	男	社会	新	92,743
	小西甚右衛門	46	男	自民	新	75,705
	横田甚太郎	59	男	共産	元	56,331
	堀田　耕三	44	男	無所属	新	8,569
	福岡　徳雄	35	男	無所属	新	711

【第4区】定数4

当	矢野　絢也	34	男	公明	新	75,775
当	塩川正十郎	45	男	自民	新	74,625
当	古川　丈吉	62	男	自民	前	70,981
当	久保田鶴松	66	男	社会	前	66,097
	栗山　礼行	59	男	民社	前	63,715
	木下　正治	51	男	社会	新	60,316
	加藤　　充	57	男	共産	元	35,817

【第5区】定数4

当	木野　晴夫	47	男	自民	新	104,003
当	西村　栄一	62	男	民社	前	101,448
当	正木　良明	41	男	公明	新	83,498
当	松田竹千代	78	男	自民	前	80,979
	肥田　次郎	60	男	社会	前	78,374
	戸松　喜蔵	58	男	共産	新	28,910
	漆原　高一	54	男	無所属	新	1,208

【第6区】定数3

当	和爾俊二郎	64	男	自民	前	96,078
当	北側　義一	39	男	公明	新	66,832
当	吉田　泰造	42	男	民社	新	60,366
	野原　　覚	56	男	社会	前	59,690
	志賀　義雄	66	男	諸派	前	38,503
	神崎　敏雄	54	男	共産	新	30,844
	石田　正一	53	男	無所属	新	1,836
	中野　高明	37	男	無所属	新	891
	安田　桂造	51	男	無所属	新	677

第32回衆議院議員選挙

昭和44年（1969年）12月27日実施

【第1区】定数3

当	沖本　泰幸	49	男	公明	前	76,947
当	菅野和太郎	74	男	自民	前	72,147
当	寒川　喜一	58	男	民社	新	57,009
	西風　　勲	43	男	社会	前	55,110
	正森　成二	42	男	共産	新	32,253
	藤井吉三郎	71	男	無所属	新	1,454

【第2区】定数5

当	浅井　美幸	42	男	公明	前	112,438
当	西尾　末広	78	男	民社	前	91,675
当	東中　光雄	45	男	共産	新	90,852
当	中山　正暉	37	男	自民	新	57,744
当	井岡　大治	55	男	社会	前	56,790
	前田治一郎	58	男	無所属	新	54,091
	押谷　富三	76	男	自民	元	44,592

衆議院・選挙区（大阪府）　　　　　　国政選挙総覧

	四宮　和子	37	女	諸派	新	1,414	当	阪上安太郎	60	男	社会	前	191,967
	岩田喜一郎	58	男	無所属	新	945	当	原田　憲	53	男	自民	前	191,938
	砂辺　功	44	男	無所属	新	765	当	近江巳記夫	37	男	公明	前	186,930

【第3区】定数4　　　　　　　　　　　　　　　中野　寛成　32　男　民社　新　106,552
当　原田　憲　50　男　自民　前　190,407　　　北川　石松　53　男　無所属　新　58,797
当　近江巳記夫　34　男　公明　前　160,670　　　安部　友康　40　男　無所属　新　8,152
当　岡沢　完治　46　男　民社　前　146,187　【第4区】定数4
当　阪上安太郎　57　男　社会　前　144,718　当　三谷　秀治　57　男　共産　新　116,523
　　村上　弘　48　男　共産　新　121,424　当　矢野　絢也　40　男　公明　前　104,441
【第4区】定数4　　　　　　　　　　　　　　　当　塩川正十郎　51　男　自民　前　103,731
当　矢野　絢也　37　男　公明　前　94,078　当　久保田鶴松　72　男　社会　元　94,873
当　古川　丈吉　65　男　自民　前　71,643　　　古川　丈吉　68　男　自民　前　75,350
当　栗山　礼行　62　男　民社　元　69,680　　　栗山　礼行　65　男　民社　前　68,776
当　塩川正十郎　48　男　自民　前　65,413　【第5区】定数4
　　久保田鶴松　69　男　社会　前　60,939　当　荒木　宏　44　男　共産　新　103,086
　　加藤　充　60　男　共産　元　57,798　当　和田　貞夫　47　男　社会　新　97,407
　　木下　正治　54　男　社会　新　51,086　当　正木　良明　47　男　公明　前　95,925
【第5区】定数4　　　　　　　　　　　　　　　当　木野　晴夫　53　男　自民　前　92,808
当　西村　栄一　65　男　民社　前　103,800　　　西村　章三　38　男　民社　新　76,709
当　正木　良明　44　男　公明　前　100,642　　　松田竹千代　84　男　自民　前　63,161
当　松田竹千代　81　男　自民　前　87,880　　　北口　洋人　32　男　無所属　新　32,642
当　木野　晴夫　50　男　自民　前　78,209　　　石田　正一　58　男　無所属　新　1,803
　　肥田　次郎　63　男　社会　元　73,217　【第6区】定数3
　　戸松　喜蔵　61　男　共産　新　45,816　当　神崎　敏雄　60　男　共産　新　81,775
　　石田　正一　55　男　無所属　新　2,489　当　左藤　恵　48　男　自民　前　72,667
【第6区】定数3　　　　　　　　　　　　　　　当　北側　義一　45　男　公明　前　69,856
当　左藤　恵　45　男　自民　新　80,836　　　山本　敬一　54　男　社会　新　46,511
当　北側　義一　42　男　公明　前　79,234　　　吉田　泰造　47　男　民社　前　46,024
当　吉田　泰造　44　男　民社　前　63,013　　　中馬　弘毅　36　男　無所属　新　29,729
　　神崎　敏雄　57　男　共産　新　55,118　　　吉川　寛　32　男　諸派　新　613
　　椿　繁夫　59　男　社会　新　51,953　　　桝井　恒義　64　男　無所属　新　329

第33回衆議院議員選挙
昭和47年(1972年)12月10日実施

第34回衆議院議員選挙
昭和51年(1976年)12月5日実施

【第1区】定数3　　　　　　　　　　　　　　　【第1区】定数3
当　沖本　泰幸　52　男　公明　前　70,920　当　沖本　泰幸　56　男　公明　現　76,926
当　正森　成二　45　男　共産　新　67,263　当　湯川　宏　58　男　自民　新　76,681
当　菅野和太郎　77　男　自民　前　63,668　当　正森　成二　49　男　共産　現　67,851
　　西風　勲　46　男　社会　元　60,770　　　西風　勲　50　男　社会　元　53,802
　　寒川　喜一　61　男　民社　前　44,897　　　寒川　喜一　65　男　民社　元　36,328
　　柴田　隆司　36　男　無所属　新　933　　　魚谷　俊永　31　男　諸派　新　1,526
【第2区】定数5　　　　　　　　　　　　　　　【第2区】定数5
当　東中　光雄　48　男　共産　前　113,320　当　浅井　美幸　49　男　公明　現　112,278
当　浅井　美幸　45　男　公明　前　106,654　当　東中　光雄　52　男　共産　現　101,683
当　前田治一郎　61　男　自民　新　82,534　当　中山　正暉　44　男　自民　現　81,634
当　中山　正暉　40　男　自民　前　74,441　当　中村　正雄　62　男　民社　新　81,135
当　井岡　大治　58　男　社会　前　74,214　当　前田治一郎　65　男　自民　現　68,200
　　中村　正雄　58　男　民社　新　64,104　　　井岡　大治　62　男　社会　現　67,819
　　四宮　和子　40　女　諸派　新　1,852　　　四宮　和子　44　女　諸派　新　2,308
　　岡久　直弘　54　男　諸派　新　491　　　梶野　東吾　31　男　諸派　新　1,113
【第3区】定数4　　　　　　　　　　　　　　　　　別城　遣一　82　男　無所属　新　820
当　村上　弘　51　男　共産　新　220,970　　　坂東　頼之　71　男　無所属　新　616

【第3区】定数4
当　井上　一成　44　男　社会　新　158,362
当　原田　憲　57　男　自民　現　130,618
当　近江巳記夫　41　男　公明　現　123,918
当　中野　寛成　36　男　民社　新　122,047
　　村上　弘　55　男　共産　現　114,662
【第4区】定数4
当　矢野　絢也　44　男　公明　現　127,696
当　三谷　秀治　61　男　共産　現　108,596
当　塩川正十郎　55　男　自民　現　108,386
当　上田　卓三　38　男　社会　新　106,802
　　古川　丈吉　72　男　自民　元　103,253
　　水本　務　42　男　民社　新　58,361
【第5区】定数4
当　木野　晴夫　57　男　自民　現　136,176
当　西村　章三　42　男　民社　新　133,590
当　正木　良明　51　男　公明　現　125,672
当　荒木　宏　48　男　共産　現　109,352
　　和田　貞夫　51　男　社会　現　103,891
　　信貴　久治　45　男　無所属　新　30,951
　　石田　正一　62　男　無所属　新　3,796
【第6区】定数3
当　中馬　弘毅　40　男　新自ク　新　89,197
当　左藤　恵　52　男　自民　現　76,099
当　北側　義一　49　男　公明　現　75,813
　　神崎　敏雄　64　男　共産　現　62,050
　　山本　敬一　58　男　社会　新　38,778
【第7区】定数3
当　北川　石松　57　男　自民　新　127,991
当　春田　重昭　36　男　公明　新　114,800
当　馬場猪太郎　53　男　社会　新　107,358
　　四ツ谷光子　49　女　共産　新　103,134

第35回衆議院議員選挙
昭和54年(1979年)10月7日実施
【第1区】定数3
当　沖本　泰幸　58　男　公明　前　77,636
当　正森　成二　52　男　共産　前　76,635
当　湯川　宏　61　男　自民　前　58,833
　　大矢　卓史　50　男　民社　新　35,881
　　島尾　茂　66　男　社会　新　26,863
　　安田　基隆　59　男　無所属　新　8,618
　　萩原　猛　38　男　諸派　新　1,530
【第2区】定数5
当　浅井　美幸　52　男　公明　前　112,586
当　東中　光雄　55　男　共産　前　104,575
当　井岡　大治　65　男　社会　元　74,937
当　中山　正暉　47　男　自民　前　72,181
当　中村　正雄　65　男　民社　前　70,626
　　前田治一郎　68　男　自民　新　56,585
【第3区】定数4
当　村上　弘　58　男　共産　元　144,227

当　近江巳記夫　44　男　公明　前　132,684
当　井上　一成　47　男　社会　前　126,045
当　中野　寛成　38　男　民社　前　119,718
　　原田　憲　60　男　自民　前　116,663
　　藤田　康男　29　男　諸派　新　4,459
【第4区】定数4
当　矢野　絢也　47　男　公明　前　121,344
当　三谷　秀治　64　男　共産　前　117,131
当　塩川正十郎　57　男　自民　前　106,753
当　上田　卓三　41　男　社会　前　105,166
　　古川　丈吉　75　男　自民　元　89,245
　　水本　務　45　男　民社　新　54,930
【第5区】定数4
当　正木　良明　54　男　公明　前　136,399
当　藤田　スミ　46　女　共産　新　132,150
当　木野　晴夫　60　男　自民　前　122,565
当　西村　章三　45　男　民社　前　111,445
　　和田　貞夫　54　男　社会　元　99,983
　　杏抜　猛　47　男　新自ク　新　33,079
【第6区】定数3
当　北側　義一　52　男　公明　前　81,011
当　神崎　敏雄　66　男　共産　元　79,742
当　左藤　恵　55　男　自民　前　66,170
　　中馬　弘毅　43　男　新自ク　前　59,345
　　森　寿子　47　女　社会　新　24,040
【第7区】定数3
当　春田　重昭　39　男　公明　前　113,388
当　四ツ谷光子　52　女　共産　新　103,862
当　北川　石松　60　男　自民　前　88,151
　　馬場猪太郎　56　男　社会　前　83,223
　　森井　勝　42　男　新自ク　新　46,424

第36回衆議院議員選挙
昭和55年(1980年)6月22日実施
【第1区】定数3
当　湯川　宏　62　男　自民　前　90,846
当　正森　成二　53　男　共産　前　76,580
当　沖本　泰幸　59　男　公明　前　73,326
　　大矢　卓史　50　男　民社　新　43,694
　　山本　敬一　61　男　社会　新　30,410
　　西川　英二　32　男　諸派　新　2,360
【第2区】定数5
当　中山　正暉　48　男　自民　前　131,087
当　浅井　美幸　52　男　公明　前　109,150
当　東中　光雄　55　男　共産　前　107,271
当　井岡　大治　66　男　社会　前　72,900
当　中村　正雄　66　男　民社　前　72,469
　　前田　正　33　男　自民　新　50,661
【第3区】定数4
当　原田　憲　61　男　自民　元　203,098
当　井上　一成　48　男　社会　前　147,003
当　中野　寛成　39　男　民社　前　132,296

当	村上　　弘	58	男	共産	前	128,458
	近江巳記夫	44	男	公明	前	118,539
	藤田　康男	30	男	諸派	新	4,420

【第4区】定数4
当	塩川正十郎	58	男	自民	前	204,016
当	矢野　絢也	48	男	公明	前	135,378
当	三谷　秀治	64	男	共産	前	118,064
当	上田　卓三	42	男	社会	前	112,950
	中田　昌秀	49	男	無所属	新	49,241

【第5区】定数4
当	木野　晴夫	60	男	自民	前	176,649
当	西村　章三	46	男	民社	前	142,196
当	藤田　スミ	47	女	共産	前	134,646
当	正木　良明	55	男	公明	前	132,246
	和田　貞夫	55	男	社会	元	110,495
	三輪　邦興	30	男	諸派	新	2,085

【第6区】定数3
当	左藤　　恵	56	男	自民	前	98,235
当	中馬　弘毅	43	男	新自ク	元	75,772
当	北側　義一	53	男	公明	前	73,757
	神崎　敏雄	67	男	共産	前	68,992
	森　　寿子	47	女	社会	新	24,955

【第7区】定数3
当	北川　石松	61	男	自民	前	156,999
当	四ツ谷光子	53	女	共産	前	113,895
当	春田　重昭	39	男	公明	前	112,974
	馬場猪太郎	56	男	社会	元	107,791

第37回衆議院議員選挙
昭和58年（1983年）12月18日実施

【第1区】定数3
当	小谷　輝二	57	男	公明	新	84,423
当	正森　成二	56	男	共産	前	71,032
当	湯川　　宏	65	男	自民	前	66,758
	大矢　卓史	54	男	民社	新	53,988

【第2区】定数5
当	浅井　美幸	56	男	公明	前	109,960
当	東中　光雄	59	男	共産	前	88,414
当	中山　正暉	51	男	自民	前	86,097
当	中村　正雄	69	男	民社	前	66,993
当	左近　正男	47	男	社会	新	65,372
	前田　　正	37	男	自民	新	60,453

【第3区】定数4
当	近江巳記夫	48	男	公明	元	160,469
当	中野　寛成	43	男	民社	前	144,482
当	原田　　憲	64	男	自民	前	142,863
当	井上　一成	51	男	社会	前	139,422
	村上　　弘	62	男	共産	前	124,722

【第4区】定数4
当	塩川正十郎	62	男	自民	前	164,560
当	矢野　絢也	51	男	公明	前	134,169
当	経塚　幸夫	59	男	共産	新	105,585
当	上田　卓三	45	男	社会	前	101,884
	中田　昌秀	52	男	民社	新	73,303

【第5区】定数4
当	正木　良明	58	男	公明	前	143,532
当	藤田　スミ	50	女	共産	前	122,200
当	西村　章三	50	男	民社	前	109,497
当	和田　貞夫	58	男	社会	元	100,734
	木野　雅夫	36	男	自民	新	59,039
	池尻　久和	45	男	自民	新	58,527
	原田　　孝	60	男	自民	新	49,062
	山中　章嘉	43	男	自民	新	29,490

【第6区】定数3
当	矢追　秀彦	50	男	公明	新	77,907
当	中馬　弘毅	47	男	新自ク	前	73,641
当	左藤　　恵	59	男	自民	前	71,104
	神崎　敏雄	71	男	共産	元	69,057

【第7区】定数3
当	中村　正男	52	男	社会	新	142,102
当	春田　重昭	43	男	公明	前	123,208
当	北川　石松	64	男	自民	前	109,420
	四ツ谷光子	56	女	共産	前	97,839

第38回衆議院議員選挙
昭和61年（1986年）7月6日実施

【第1区】定数3
当	小谷　輝二	59	男	公明	前	81,743
当	正森　成二	59	男	共産	前	77,751
当	湯川　　宏	68	男	自民	前	73,989
繰当	大矢　卓史	56	男	民社	新	43,407
	柳本　卓治	41	男	無所属	新	37,974
	西川　英二	38	男	諸派	新	6,182

※湯川宏（自民）死去のため昭和61年10月8日大矢卓史（民社）が繰上当選

【第2区】定数5
当	中山　正暉	54	男	自民	前	135,312
当	浅井　美幸	58	男	公明	前	121,827
当	東中　光雄	61	男	共産	前	105,300
当	左近　正男	49	男	社会	前	70,952
当	中村　正雄	72	男	民社	前	61,220
	前田　　正	39	男	無所属	新	52,126

【第3区】定数5
当	原田　　憲	67	男	自民	前	173,947
当	井上　一成	54	男	社会	前	145,068
当	近江巳記夫	50	男	公明	前	137,575
当	村上　　弘	64	男	共産	元	122,051
当	中野　寛成	45	男	民社	前	104,006
	阿部　令子	33	女	無所属	新	75,749

【第4区】定数4
当	塩川正十郎	64	男	自民	前	203,387
当	上田　卓三	48	男	社会	前	144,265
当	矢野　絢也	54	男	公明	前	140,553
当	経塚　幸夫	61	男	共産	前	111,400

	中田　昌秀	55	男	民社	新	66,427

【第5区】定数4

当	中山　太郎	61	男	自民	新	153,550
当	正木　良明	61	男	公明	前	149,484
当	藤田　スミ	53	女	共産	前	137,274
当	西村　章三	52	男	民社	前	119,476
	和田　貞夫	61	男	社会	前	107,522
	木野　雅夫	39	男	自民	新	82,337

【第6区】定数3

当	左藤　恵	62	男	自民	前	102,200
当	矢追　秀彦	52	男	公明	前	79,672
当	石井　郁子	45	女	共産	新	76,197
	中馬　弘毅	49	男	新自ク	前	69,603

【第7区】定数3

当	中村　正男	54	男	社会	前	147,638
当	北川　石松	67	男	自民	前	143,191
当	春田　重昭	45	男	公明	前	129,815
	四ツ谷光子	59	女	共産	元	113,250

第39回衆議院議員選挙
平成2年(1990年)2月18日実施

【第1区】定数3

当	小谷　輝二	63	男	公明	前	74,090
当	柳本　卓治	45	男	自民	前	66,838
当	正森　成二	63	男	共産	前	66,642
	大矢　卓史	60	男	無所属	前	63,646
	東　武	54	男	無所属	新	50,029
	西川　英二	42	男	諸派	新	4,918

【第2区】定数5

当	左近　正男	53	男	社会	前	121,979
当	中山　正暉	57	男	自民	前	109,721
当	浅井　美幸	62	男	公明	前	105,982
当	東中　光雄	65	男	共産	前	87,522
当	前田　正	43	男	自民	新	64,228
	寺西　武	63	男	民社	新	60,543
	江頭　暢明	44	男	無所属	新	1,792

【第3区】定数5

当	井上　一成	58	男	社会	前	223,030
当	原田　憲	71	男	自民	前	157,669
当	近江巳記夫	54	男	公明	前	125,187
当	菅野　悦子	47	女	共産	新	120,292
当	中野　寛成	49	男	民社	前	102,565
	阿部　令子	37	女	自民	新	79,102
	大部　順一	32	男	無所属	新	22,705
	兵頭　浩一	36	男	諸派	新	650

【第4区】定数4

当	塩川正十郎	68	男	自民	前	223,219
当	上田　卓三	51	男	社会	元	160,746
当	吉井　英勝	47	男	共産	新	134,186
当	矢野　絢也	57	男	公明	前	118,378
	中田　昌秀	58	男	無所属	新	58,848

【第5区】定数4

当	中山　太郎	65	男	自民	前	205,732
当	和田　貞夫	65	男	社会	元	174,066
当	北側　一雄	36	男	公明	新	146,800
当	藤田　スミ	56	女	共産	前	118,513
	西村　章三	56	男	民社	前	98,477
	木野　雅夫	42	男	無所属	新	25,937
	遠藤　正一	34	男	進歩	新	11,058

【第6区】定数3

当	左藤　恵	65	男	自民	前	82,226
当	矢追　秀彦	56	男	公明	前	73,579
当	中馬　弘毅	53	男	無所属	元	62,718
	石井　郁子	49	女	共産	前	58,891
	網本　浩幸	47	男	無所属	新	54,116

【第7区】定数3

当	中村　正男	58	男	社会	前	164,277
当	北川　石松	71	男	自民	前	151,524
当	春田　重昭	49	男	公明	前	119,690
	四ツ谷光子	62	女	共産	元	98,861
	樽床　伸二	30	男	無所属	新	35,145

第40回衆議院議員選挙
平成5年(1993年)7月18日実施

【第1区】定数3

当	田端　正広	53	男	公明	新	81,265
当	正森　成二	66	男	共産	前	77,082
当	大矢　卓史	64	男	無所属	元	76,450
	柳本　卓治	48	男	自民	前	75,850
	阿部　伝	44	男	諸派	新	2,117

【第2区】定数5

当	谷口　隆義	44	男	公明	新	114,851
当	中山　正暉	61	男	自民	前	93,444
当	吉田　治	31	男	無所属	新	91,369
当	東中　光雄	68	男	共産	前	87,245
当	左近　正男	56	男	社会	前	76,242
	前田　正	46	男	自民	前	66,491
	高橋　敏之	47	男	諸派	新	2,749

【第3区】定数5

当	藤村　修	43	男	日本新	新	161,337
当	近江巳記夫	57	男	公明	前	133,781
当	中野　寛成	52	男	民社	前	130,296
当	井上　一成	61	男	社会	前	121,441
当	原田　憲	74	男	自民	前	117,850
	菅野　悦子	50	女	共産	前	104,094
	阿部　令子	40	女	無所属	新	44,360

【第4区】定数4

当	塩川正十郎	71	男	自民	前	144,228
当	久保　哲司	46	男	公明	新	134,194
当	山本　孝史	44	男	日本新	新	125,965
当	吉井　英勝	50	男	共産	前	112,967
	上田　卓三	55	男	社会	前	112,232
	西野　陽	53	男	自民	新	94,507

衆議院・選挙区（大阪府）

【第5区】定数5
	中山　太郎	68	男	自民	前	166,484
当	北側　一雄	40	男	公明	前	141,647
当	藤田　スミ	60	女	共産	前	118,008
当	西村　真悟	45	男	民社	新	106,203
当	和田　貞夫	68	男	社会	前	97,096
	長谷川俊英	52	男	無所属	新	84,699
	岡下　昌浩	55	男	自民	新	30,729

※ 当 is on all 5 top rows.

【第6区】定数3
当	左藤　恵	69	男	新生	前	87,479
当	佐藤　茂樹	34	男	公明	新	73,890
当	中馬　弘毅	56	男	自民	前	70,020
	石井　郁子	52	女	共産	元	66,494
	三木　詔一	50	男	日本新	新	27,935
	増山　佳延	33	男	無所属	新	4,050
	高橋いく子	42	女	諸派	新	946

【第7区】定数3
当	福島　豊	35	男	公明	新	131,714
当	中村　正男	61	男	社会	前	111,491
当	樽床　伸二	33	男	日本新	新	104,165
	北川　石松	74	男	自民	前	88,927
	長野　邦子	49	女	共産	新	76,753
	中司　宏	37	男	自民	新	51,611
	井手　柾夫	52	男	諸派	新	3,667

第41回衆議院議員選挙
平成8年（1996年）10月20日実施

【第1区】定数1
当	中馬　弘毅	60	男	自民㊗前	73,443
	池坊　雅史	35	男	新進	新	62,423
	小畑　勉	54	男	共産	新	39,494

【第2区】定数1
当	左藤　恵	72	男	新進	前	92,292
比当	石井　郁子	56	女	共産㊗元	58,109
	渕上桃太郎	43	男	自民㊗新	34,858

【第3区】定数1
当	田端　正広	56	男	新進	前	76,938
比当	柳本　卓治	51	男	自民㊗元	71,012
	宮崎　守正	62	男	共産	新	44,591
	中村　泰士	57	男	自連㊗新	23,088

【第4区】定数1
当	前田　正	49	男	新進	元	76,297
比当	中山　正暉	64	男	自民㊗前	66,127
	山中　智子	34	女	共産	新	47,904
	加藤　成一	56	男	無所属	新	5,439

【第5区】定数1
当	谷口　隆義	47	男	新進	前	74,925
比当	東中　光雄	72	男	共産㊗前	55,846
	中山　泰秀	26	男	自民㊗新	43,143
	稲見　哲男	48	男	民主㊗新	32,299

【第6区】定数1
当	福島　豊	38	男	新進	前	85,173
	小西恵一郎	41	男	自民㊗新	48,985
	柳河瀬　精	64	男	共産	新	39,440
	藤川　基之	42	男	民主㊗新	28,413
	原田　政治	49	男	自連㊗新	3,167

【第7区】定数1
当	藤村　修	46	男	新進	前	53,968
	有沢　志郎	47	男	自民㊗新	40,572
	藤井　幸子	48	女	共産	新	39,503
	中務　正裕	31	男	民主㊗新	36,439

【第8区】定数1
当	中野　寛成	55	男	新進	前	74,723
比当	井上　一成	64	男	民主㊗前	34,563
	浅野　弘樹	69	男	共産	新	29,622
	大村　瑤子	59	女	自民㊗新	25,881
	嶋貫　健	29	男	自連㊗新	4,450

【第9区】定数1
当	西田　猛	41	男	新進	新	72,267
	原田　憲	77	男	自民㊗前	59,817
	小林ひとみ	48	女	共産	新	43,316
	大谷　信盛	33	男	民主㊗新	34,177
	柏本　景司	44	男	新社会㊗新	6,647

【第10区】定数1
当	石垣　一夫	65	男	新進	新	53,623
	林　省之介	53	男	自民㊗新	45,655
比当	肥田美代子	55	女	民主㊗新	33,802
	長尾　勝則	36	男	共産	新	29,022
	小沢　福子	48	女	無所属	新	6,368
	小野田　隆	47	男	自連㊗新	2,484

【第11区】定数1
当	平野　博文	47	男	無所属	新	97,294
	小川　真澄	52	男	自民㊗新	64,535
	吉瀬　孝子	64	女	共産	新	38,403

【第12区】定数1
当	樽床　伸二	37	男	新進	前	81,284
	北川　石松	77	男	自民㊗元	57,598
	西森　洋一	48	男	共産	新	33,263
	福西　亮	66	男	自連㊗新	6,400

【第13区】定数1
当	西野　陽	56	男	新進	新	90,784
	塩川正十郎	75	男	自民	前	83,254
	靖川　清	58	男	共産	新	33,399
	相田　勲	36	男	民主㊗新	12,123

【第14区】定数1
当	中村　鋭一	66	男	新進	新	85,033
比当	谷畑　孝	49	男	自民㊗新	79,347
	佐藤　啓二	44	男	共産	新	46,410
	小室　樹	52	男	自連㊗新	12,459

【第15区】定数1
当	竹本　直一	55	男	自民㊗新	81,602
	北川　修二	47	男	新進	新	77,876
	有川　功	52	男	共産	新	46,805

【第16区】定数1
| 当 | 北側　一雄 | 43 | 男 | 新進 | 前 | 61,084 |

	真砂　泰三	60	男	自民[比]新	41,787
	岸上倭文樹	51	男	共産　新	33,153
	西野　方庸	41	男	民主[比]新	23,489

【第17区】定数１

当	西村　真悟	48	男	新進　前	72,359
比当	藤田　スミ	63	女	共産[比]前	51,454
	岡下　昌浩	58	男	自民[比]新	40,337
	奥田クスミ	49	女	自連[比]新	5,329

【第18区】定数１

当	中山　太郎	72	男	自民[比]前	88,147
	大西　靖人	39	男	新進　新	78,822
	古久保暢男	63	男	共産　新	38,932
	松本　達也	43	男	自連　新	4,892

【第19区】定数１

当	松浪健四郎	50	男	新進　新	73,018
	池尻　久和	58	男	自民[比]新	53,906
	原田　千鶴	59	女	共産　新	20,297
	山本　昭太	37	男	自連[比]新	3,676

第42回衆議院議員選挙

平成12年（2000年）６月25日実施

【第１区】定数１

当	中馬　弘毅	63	男	自民[比]前	87,068
	小西　俊博	56	男	民主[比]新	41,431
	小畑　　勉	58	男	共産　新	38,543
	羽柴誠三秀吉	50	男	無所属　新	6,347

【第２区】定数１

当	左藤　　章	48	男	自民[比]新	90,470
比当	石井　郁子	59	女	共産[比]前	56,152
	稲場　政和	48	男	民主[比]新	38,177
	福田　　貢	44	男	自連[比]新	5,586

【第３区】定数１

当	田端　正広	60	男	公明　前	90,605
	小林美恵子	41	女	共産　新	74,055
	長谷川慶子	42	女	自連　新	31,898

【第４区】定数１

当	中山　正暉	68	男	自民[比]前	63,290
	吉田　　治	38	男	民主[比]前	54,038
	長谷川良雄	50	男	共産　新	36,804
	前田　　正	53	男	改革　前	34,476
	村上　史好	48	男	自由[比]新	17,450

【第５区】定数１

当	谷口　隆義	51	男	公明　前	79,018
	稲見　哲男	51	男	民主[比]新	66,679
	東中　光雄	75	男	共産　前	55,225
	井上　琢磨	26	男	自連　新	11,021

【第６区】定数１

当	福島　　豊	42	男	公明　前	96,432
	柳河瀬　精	68	男	共産　前	66,268
	池田　浩幸	44	男	自連　新	31,354

【第７区】定数１

当	藤村　　修	50	男	民主[比]前	63,455
	井上　一成	68	男	保守　前	52,210
	藤井　幸子	52	女	共産　新	41,727
	有沢　志郎	50	男	無所属　新	28,712

【第８区】定数１

当	中野　寛成	59	男	民主[比]前	83,566
	上瀬　　剛	30	男	自民[比]新	54,859
	姫井　敬治	65	男	共産　新	29,649
	菊地　雅之	40	男	自連　新	4,573

【第９区】定数１

当	大谷　信盛	37	男	民主[比]新	82,563
	西田　　猛	44	男	保守　前	65,469
	藤木　邦顕	42	男	共産[比]新	38,262
	木本　保平	56	男	無所属　新	23,071
	松下　陽一	63	男	無所属　新	8,619
	和田　　敏	48	男	自連　新	8,039

【第10区】定数１

当	辻元　清美	40	女	社民[比]前	55,839
	石垣　一夫	68	男	公明　前	55,108
比当	肥田美代子	59	女	民主[比]前	52,598
	大嶺　　学	34	男	共産　新	21,957
	高谷　　仁	42	男	無所属　新	2,489

【第11区】定数１

当	平野　博文	51	男	民主[比]前	120,895
	坪井　一宇	60	男	自民[比]新	59,803
	山下　京子	46	女	共産　新	37,255

【第12区】定数１

当	樽床　伸二	40	男	民主[比]前	72,393
	北川　知克	48	男	自民[比]新	68,773
	西森　洋一	51	男	共産　新	29,623
	真鍋　晃篤	29	男	自由[比]新	16,178

【第13区】定数１

当	塩川正十郎	78	男	自民[比]元	109,614
比当	吉井　英勝	57	男	共産[比]前	55,096
	岡本準一郎	28	男	民主[比]新	35,759
	佐藤　芳男	57	男	自連　新	5,115

【第14区】定数１

当	谷畑　　孝	53	男	自民[比]前	105,624
	山本　孝史	50	男	民主[比]前	67,598
	野沢　倫昭	52	男	共産　新	45,471
	小鶴　有生	51	女	自連　新	7,606

【第15区】定数１

当	竹本　直一	59	男	自民[比]前	100,028
	相田　　勲	40	男	民主[比]新	60,539
	柿沼　康隆	65	男	共産　新	44,898
	山口　昌司	46	男	自連[比]新	8,599

【第16区】定数１

当	北側　一雄	47	男	公明　前	64,150
	真砂　泰三	64	男	無所属　新	51,055
	菅野　泰介	59	男	共産　新	48,815

【第17区】定数１

当	岡下　信子	60	女	自民[比]新	41,781
	真鍋　　穣	48	男	共産　新	36,834
	尾立　源幸	36	男	民主[比]新	33,392

比当	西村　真悟	51	男	自由㋫前	28,345		村上　史好	51	男	民主㋫新	75,098
	平田多加秋	50	男	無所属　新	28,184		太田　乙美	52	女	共産　新	28,789
	中北龍太郎	53	男	社民㋫新	9,190	【第7区】定数1					

【第18区】定数1
当	中山　太郎	75	男	自民㋫前	103,402
	喜多　　誠	27	男	民主㋫新	64,259
	古久保暢男	66	男	共産　新	42,750
	沖津しのぶ	30	女	自連　新	7,402

当	藤村　修	54	男	民主㋫前	72,643
	井上　一成	71	男	自民㋫元	55,234
	藤井　幸子	55	女	共産　新	28,710
	有沢　志郎	54	男	無会　新	19,949
	阪本　義信	50	男	無所属　新	8,701

【第19区】定数1
当	松浪健四郎	53	男	保守　前	81,641
	石田　敏高	35	男	民主㋫新	46,911
	西山　　孝	51	男	共産　新	23,322
	山口　康雄	50	男	無所属　新	1,845

【第8区】定数1
当	中野　寛成	62	男	民主㋫前	81,319
	大塚　高司	39	男	自民㋫新	63,324
	斉宮　澄江	46	女	共産　新	22,748

《補選》第42回衆議院議員選挙
平成14年(2002年)10月27日実施
※辻元清美の辞職による

【第9区】定数1
当	大谷　信盛	40	男	民主㋫前	97,572
比当	西田　　猛	48	男	自民㋫元	93,662
	藤木　邦顕	45	男	共産　新	21,491
	永田　義和	31	男	無所属　新	10,678
	中北龍太郎	56	男	社民㋫新	9,705

【第10区】被選挙数1
当	松浪　健太	31	男	自民　新	43,252
	吉田　康人	38	男	無所属　新	36,328
	菅野　悦子	59	女	共産　元	23,795
	江村　利雄	78	男	民主　新	15,876
	北岡　隆浩	32	男	諸派　新	2,722
	水谷　洋一	49	男	無所属　新	2,453
	高谷　　仁	45	男	無所属　新	1,516
	西村　聡文	44	男	無所属　新	404

【第10区】定数1
当	肥田美代子	62	女	民主㋫前	83,077
	松浪　健太	32	男	自民㋫前	68,646
	菅野　悦子	60	女	共産　元	22,976
	榛原外之守	66	男	無所属　新	1,600

【第11区】定数1
当	平野　博文	54	男	民主㋫前	116,834
	小川　真澄	59	男	無所属　新	47,835
	山下　京子	49	女	共産　新	27,557
	吉武　信昭	50	男	無所属　新	8,599

第43回衆議院議員選挙
平成15年(2003年)11月9日実施

【第12区】定数1
当	樽床　伸二	44	男	民主㋫前	82,190
比当	北川　知克	52	男	自民㋫前	81,270
	西森　洋一	55	男	無所属　新	21,023

【第1区】定数1
当	中馬　弘毅	67	男	自民㋫前	87,936
	熊田　篤嗣	32	男	民主㋫新	64,320
	清家　　裕	56	男	共産　新	24,220

【第13区】定数1
当	西野あきら	63	男	自民㋫前	97,311
	岡本準一郎	32	男	民主㋫新	65,164
比当	吉井　英勝	60	男	共産㋫前	33,446

【第2区】定数1
当	左藤　　章	52	男	自民㋫前	96,470
	岩波　　薫	41	男	民主㋫新	56,652
比当	石井　郁子	63	女	共産㋫前	36,706

【第14区】定数1
当	谷畑　　孝	56	男	自民㋫前	111,543
	長尾　　敬	40	男	民主㋫新	78,654
	野沢　倫昭	55	男	共産　新	31,256

【第3区】定数1
当	田端　正広	63	男	公明　前	97,552
比当	辻　　　恵	55	男	民主㋫新	79,539
	安達　義孝	48	男	共産　新	33,451

【第15区】定数1
当	竹本　直一	62	男	自民㋫前	107,323
	梅川喜久雄	58	男	民主㋫新	79,830
	中野　好博	60	男	共産　新	28,874

【第4区】定数1
当	吉田　　治	41	男	民主㋫元	92,470
比当	中山　泰秀	33	男	自民㋫新	87,187
	長谷川良雄	53	男	共産　新	26,776

【第16区】定数1
当	北側　一雄	50	男	公明　前	74,718
比当	樽井　良和	36	男	民主㋫新	63,867
	菅野　泰介	62	男	共産　新	23,434

【第5区】定数1
当	谷口　隆義	54	男	公明　前	92,350
比当	稲見　哲男	55	男	民主㋫新	85,334
	山下　芳生	43	男	共産㋫新	37,694

【第17区】定数1
当	西村　真悟	55	男	民主㋫前	69,861
	岡下　信子	64	女	自民㋫前	52,258
	真鍋　　穣	52	男	共産　新	26,236
	平田多加秋	54	男	無所属　新	24,937

【第6区】定数1
当	福島　　豊	45	男	公明　前	101,292

【第18区】定数1

当	中山　太郎	79	男	自民	前	108,996
比当	中川　治	52	男	民主[比]	新	89,930
	大塚　康樹	36	男	共産	新	28,417

【第19区】定数1

当	長安　豊	35	男	民主[比]	新	75,369
	松浪健四郎	57	男	保守新	前	42,284
	安田　吉広	56	男	無所属	新	27,043
	和気　豊	62	男	共産	新	14,962

第44回衆議院議員選挙

平成17年（2005年）9月11日実施

【第1区】定数1

当	中馬　弘毅	68	男	自民[比]	前	116,956
	熊田　篤嗣	34	男	民主[比]	新	72,512
	丸岡　博司	54	男	共産	新	25,156

【第2区】定数1

当	川条　志嘉	35	女	自民[比]	新	73,953
	左藤　章	54	男	無所属	前	71,423
	萩原　仁	38	男	民主[比]	新	52,945
	吉永　朋之	60	男	共産	新	27,300

【第3区】定数1

当	田端　正広	65	男	公明	前	119,226
	辻　恵	57	男	民主[比]	前	85,177
	安達　義孝	50	男	共産	新	37,040

【第4区】定数1

当	中山　泰秀	34	男	自民[比]	前	132,072
	吉田　治	43	男	民主[比]	前	91,756
	長谷川良雄	55	男	共産	新	28,931

【第5区】定数1

当	谷口　隆義	56	男	公明	前	118,574
	稲見　哲男	57	男	民主[比]	前	87,002
	山下　芳生	45	男	共産[比]	新	43,189

【第6区】定数1

当	福島　豊	47	男	公明	前	127,157
	村上　史好	53	男	民主[比]	新	84,562
	井口　淳治	41	男	共産	新	29,543

【第7区】定数1

当	渡嘉敷奈緒美	43	女	自民[比]	新	98,151
比当	藤村　修	55	男	民主[比]	前	84,373
	有木　茂	58	男	共産	新	27,573
	山口　克也	41	男	無所属	新	16,256

【第8区】定数1

当	大塚　高司	41	男	自民[比]	新	103,120
	中野　寛成	64	男	民主[比]	前	82,290
	斉宮　澄江	48	女	共産	新	22,448

【第9区】定数1

当	西田　猛	50	男	自民[比]	前	142,243
	大谷　信盛	42	男	民主[比]	前	111,809
	榎並　憲治	53	男	共産	新	27,347

【第10区】定数1

当	松浪　健太	34	男	自民[比]	元	83,607
比当	辻元　清美	45	女	社民[比]	元	68,614
	肥田美代子	64	女	民主[比]	前	52,703
	浅沼　和仁	44	男	共産	新	12,703

【第11区】定数1

当	平野　博文	56	男	民主[比]	前	121,328
比当	井脇ノブ子	59	女	自民[比]	新	98,613
	山下　京子	51	女	共産	新	32,230

【第12区】定数1

当	北川　知克	53	男	自民[比]	前	108,903
	樽床　伸二	46	男	民主[比]	前	87,091
	太田久美子	50	女	共産	新	23,595

【第13区】定数1

当	西野あきら	65	男	自民[比]	前	141,141
	富家　孝	58	男	民主[比]	新	60,791
比当	吉井　英勝	62	男	共産[比]	前	41,017

【第14区】定数1

当	谷畑　孝	58	男	自民[比]	前	151,852
	長尾　敬	42	男	民主[比]	新	89,142
	野沢　倫昭	57	男	共産	新	35,560

【第15区】定数1

当	竹本　直一	64	男	自民[比]	前	144,663
	堺井　裕貴	37	女	民主[比]	新	82,844
	中野　好博	62	男	共産	新	31,810

【第16区】定数1

当	北側　一雄	52	男	公明	前	99,919
	樽井　良和	38	男	民主[比]	前	70,048
	稲月　直江	31	女	共産	新	24,212

【第17区】定数1

当	岡下　信子	66	女	自民[比]	元	90,765
比当	西村　真悟	57	男	民主[比]	前	89,276
	真鍋　穣	53	男	共産	新	29,732

【第18区】定数1

当	中山　太郎	81	男	自民	前	139,616
	中川　治	54	男	民主[比]	前	93,402
	大塚　康樹	37	男	共産	新	30,912

【第19区】定数1

当	長安　豊	37	男	民主[比]	前	91,918
比当	松浪健四郎	58	男	自民[比]	元	82,437
	和気　豊	64	男	共産	新	15,855

《補選》第44回衆議院議員選挙

平成18年（2006年）10月22日実施

※西田猛の死去による

【第9区】被選挙数1

当	原田　憲治	58	男	自民	新	111,226
	大谷　信盛	43	男	民主	元	92,424
	藤木　邦顕	48	男	共産	新	17,774

衆議院・選挙区（大阪府）　　　国政選挙総覧

第45回衆議院議員選挙
平成21年（2009年）8月30日実施

【第1区】定数1
	当	熊田　篤嗣	38	男	民主㊤新	117,313
		中馬　弘毅	72	男	自民㊤前	78,335
		辻　日出子	66	女	共産　新	20,438
		堺井　裕貴	41	女	無所属新	11,374
		林　富美子	42	女	諸派　新	3,555

【第2区】定数1
	当	萩原　仁	41	男	民主㊤新	91,952
		左藤　章	58	男	無所属元	72,888
		川条　志嘉	39	女	自民㊤前	35,417
		吉永　朋之	64	男	共産　新	23,629
		深田　敏子	38	女	諸派　新	5,285

【第3区】定数1
	当	中島　正純	40	男	民主㊤新	109,518
		田端　正広	69	男	公明　前	97,121
		千葉　孝子	63	女	共産　新	32,432
		森　悦宏	42	男	諸派　新	6,078

【第4区】定数1
	当	吉田　治	47	男	民主㊤元	135,411
		中山　泰秀	38	男	自民㊤前	98,576
		長谷川良雄	59	男	共産　新	28,432
		春山　美一	40	男	諸派　新	4,111

【第5区】定数1
	当	稲見　哲男	61	男	民主㊤元	121,210
		谷口　隆義	60	男	公明　前	97,604
		姫野　浄	73	男	共産　新	35,405
		柳　武	37	男	諸派　新	5,113

【第6区】定数1
	当	村上　史好	57	男	民主㊤新	109,143
		福島　豊	51	男	公明　前	107,336
		矢野　博之	70	男	共産　新	26,490
		上杉　智子	44	女	諸派　新	9,087

【第7区】定数1
	当	藤村　修	59	男	民主㊤前	124,982
		渡嘉敷奈緒美	47	女	自民㊤前	79,289
		駒井　正男	42	男	共産㊤新	29,030
		水沼　義隆	35	男	諸派　新	3,063

【第8区】定数1
	当	中野　寛成	68	男	民主㊤元	114,851
		大塚　高司	44	男	自民㊤前	77,405
		久門　松寿	65	男	共産　新	19,498
		高橋　伸典	46	男	諸派　新	3,714

【第9区】定数1
	当	大谷　信盛	46	男	民主㊤元	150,452
		原田　憲治	61	男	自民㊤前	97,902
		村上　弘充	63	男	共産　新	24,281
		吉野　宏一	42	男	みんな新	16,736
		藤木　利恵	35	女	諸派　新	5,634

【第10区】定数1
	当	辻元　清美	49	女	社民㊤前	109,693
比当	松浪　健太	38	男	自民㊤前	85,106
	浅沼　和仁	48	男	共産　新	18,425
	筒井　宏志	54	男	諸派　新	3,863

【第11区】定数1
	当	平野　博文	60	男	民主㊤前	156,002
		井脇ノブ子	63	女	自民㊤前	70,309
		山下　京子	55	女	共産　新	30,680
		山内　晃	37	男	諸派　新	5,041

【第12区】定数1
	当	樽床　伸二	50	男	民主㊤元	119,048
		北川　知克	57	男	自民㊤前	80,847
		重田　初江	58	女	共産　新	19,053
		宮崎　麻美	49	女	諸派　新	4,894

【第13区】定数1
	当	西野あきら	69	男	自民㊤前	107,807
		白石　純子	46	女	国民㊤新	90,453
比当	吉井　英勝	66	男	共産㊤前	45,716
	生田　智千	29	男	諸派　新	4,116

【第14区】定数1
	当	長尾　敬	46	男	民主㊤新	136,798
比当	谷畑　孝	62	男	自民㊤前	104,859
	野沢　倫昭	61	男	共産　新	27,855
	三宅　博	59	男	無所属新	10,167
	北口　義明	59	男	諸派　新	3,143

【第15区】定数1
	当	大谷　啓	38	男	民主㊤新	123,651
比当	竹本　直一	68	男	自民㊤前	107,896
	中野　好博	66	男	共産　新	26,134
	村上　俊樹	52	男	諸派　新	6,654

【第16区】定数1
	当	森山　浩行	38	男	民主㊤新	100,548
		北側　一雄	56	男	公明　前	84,883
		岸上倭文樹	64	男	共産　新	19,379
		中川　義衛	49	男	諸派　新	4,459

【第17区】定数1
	当	辻　恵	61	男	民主㊤元	92,666
		岡下　信子	70	女	自民㊤前	65,054
		西村　真悟	61	男	改革　前	36,650
		坂本　譲次	62	男	共産　新	20,560

【第18区】定数1
	当	中川　治	58	男	民主㊤元	132,399
		中山　太郎	85	男	自民　前	104,699
		大塚　康樹	41	男	共産　新	27,440
		西川　豊	45	男	諸派　新	7,915

【第19区】定数1
	当	長安　豊	40	男	民主㊤前	110,313
		松浪健四郎	62	男	自民㊤前	70,879
		和気　豊	68	男	共産　新	14,735
		豊田　隆久	36	男	諸派　新	2,487

第46回衆議院議員選挙
平成24年(2012年)12月16日実施

【第1区】定数1
当	井上 英孝	41	男	維新㊗新	80,230
	大西 宏幸	45	男	自民㊗新	55,039
	熊田 篤嗣	41	男	未来㊗前	22,368
	中馬 弘毅	76	男	無所属 元	20,167
	吉川 玲子	51	女	共産 新	17,281
	吉羽 美華	32	女	民主㊗新	15,878

【第2区】定数1
当	左藤 章	61	男	自民㊗元	80,817
比当	西根 由佳	37	女	維新㊗新	69,200
	山本 陽子	58	女	共産 新	24,193
	萩原 仁	45	男	未来 前	16,647
	川条 志嘉	42	女	無所属 元	11,359

【第3区】定数1
当	佐藤 茂樹	53	男	公明 前	101,910
	渡部 結	31	女	共産 新	49,015
	藤原 一威	29	男	民主㊗新	40,687

【第4区】定数1
当	村上 政俊	29	男	維新㊗新	95,452
比当	中山 泰秀	42	男	自民㊗元	89,894
	吉田 治	50	男	民主㊗前	30,563
	清水 忠史	44	男	共産㊗新	25,694
	井上 幸洋	63	男	社民㊗新	5,438

【第5区】定数1
当	国重 徹	38	男	公明 新	111,028
	瀬戸 一正	63	男	共産 新	48,958
	尾辻かな子	38	女	民主㊗新	46,378

【第6区】定数1
当	伊佐 進一	38	男	公明 新	116,855
比当	村上 史好	60	男	未来㊗前	44,565
	北原 洋子	54	女	共産 新	34,783

【第7区】定数1
当	渡嘉敷奈緒美	50	女	自民㊗元	70,361
比当	上西小百合	29	女	維新㊗新	62,856
	藤村 修	63	男	民主㊗前	45,531
	石川 多枝	45	女	共産 新	21,569
	渡辺 義彦	56	男	未来㊗前	10,989

【第8区】定数1
当	木下 智彦	43	男	維新㊗新	76,451
比当	大塚 高司	48	男	自民㊗元	71,091
	松岡 広隆	30	男	民主㊗前	25,432
	五十川和洋	53	男	共産 新	18,505

【第9区】定数1
当	足立 康史	47	男	維新㊗新	104,015
比当	原田 憲治	64	男	自民㊗元	89,671
	大谷 信盛	50	男	民主㊗前	46,550
	末武 和美	66	男	共産 新	20,891

【第10区】定数1
当	松浪 健太	41	男	維新㊗前	71,117
比当	辻元 清美	52	女	民主㊗前	65,411
	大隈 和英	43	男	自民㊗新	45,261
	浅沼 和仁	51	男	共産 新	14,706

【第11区】定数1
当	伊東 信久	48	男	維新㊗新	93,763
	平野 博文	63	男	民主㊗前	67,756
	井脇ノブ子	66	女	自民㊗元	51,110
	三和 智之	37	男	共産 新	19,823

【第12区】定数1
当	北川 知克	61	男	自民㊗元	76,972
	石井 竜馬	43	男	みんな㊗新	49,750
	樽床 伸二	53	男	民主㊗前	49,153
	吉井 芳子	50	女	共産 新	17,006

【第13区】定数1
当	西野 弘一	43	男	維新㊗新	109,756
	神谷 宗幣	35	男	自民㊗新	58,465
	寺山 初代	57	女	共産 新	25,538
	樋口 俊一	61	男	民主㊗前	16,389
	皿田 幸市	64	男	無所属 新	3,131

【第14区】定数1
当	谷畑 孝	65	男	維新㊗前	108,989
	長尾 敬	50	男	自民 前	61,503
	野沢 倫昭	64	男	共産 新	32,290
	鳥居 豊橘	48	男	民主㊗新	21,584

【第15区】定数1
当	浦野 靖人	39	男	維新㊗新	91,830
比当	竹本 直一	72	男	自民㊗前	88,500
	大谷 啓	42	男	未来㊗前	21,616
	為 仁史	64	男	共産 新	21,106

【第16区】定数1
当	北側 一雄	59	男	公明 元	86,464
	森山 浩行	41	男	民主㊗前	42,328
	岡井 勤	61	男	共産 新	23,652
	中村 勝	61	男	諸派 新	17,711

【第17区】定数1
当	馬場 伸幸	47	男	維新㊗新	81,663
	岡下 信子	73	女	自民 元	52,634
	西 哲史	35	男	民主㊗新	19,895
	吉岡 孝嘉	54	男	共産 新	16,144
	辻 恵	64	男	未来㊗前	11,544
	奥田クスミ	65	女	無所属 新	2,778

【第18区】定数1
当	遠藤 敬	44	男	維新㊗新	100,312
	神谷 昇	63	男	自民㊗新	83,388
	中川 治	61	男	未来㊗前	24,467
	矢野 忠重	62	男	共産 新	21,500

【第19区】定数1
当	丸山 穂高	28	男	維新㊗新	65,158
	谷川 とむ	36	男	自民㊗新	50,242
	長安 豊	44	男	民主㊗前	42,554
	田上聡太郎	34	男	共産 新	9,606
	豊田 隆久	40	男	諸派 新	1,957

衆議院・選挙区（兵庫県）

第47回衆議院議員選挙
平成26年（2014年）12月14日実施

【第1区】定数1
当	井上 英孝	43	男	維新⽐	前	75,016
比当	大西 宏幸	47	男	自民⽐	新	71,648
	柴山 昇	61	男	共産	新	30,463

【第2区】定数1
当	左藤 章	63	男	自民⽐	前	78,326
	椎木 保	48	男	維新⽐	前	56,025
	山本 陽子	60	女	共産	新	34,184

【第3区】定数1
当	佐藤 茂樹	55	男	公明	前	84,943
	渡部 結	33	女	共産	新	63,529

【第4区】定数1
当	中山 泰秀	44	男	自民⽐	前	82,538
比当	吉村 洋文	39	男	維新⽐	新	74,101
比当	清水 忠史	46	男	共産⽐	新	31,478
	吉田 治	52	男	無所属	元	24,213

【第5区】定数1
当	国重 徹	40	男	公明	前	92,681
	石井 美鈴	50	女	共産	新	68,430

【第6区】定数1
当	伊佐 進一	40	男	公明	前	94,308
	渡司 考一	62	男	共産	新	42,265
	村上 史好	62	男	生活	前	30,792

【第7区】定数1
当	渡嘉敷 奈緒美	52	女	自民⽐	前	81,109
比当	上西 小百合	31	女	維新⽐	前	67,719
	村口 久美子	42	女	共産	新	38,928

【第8区】定数1
当	大塚 高司	50	男	自民⽐	前	67,055
比当	木下 智彦	45	男	維新⽐	前	62,522
	山端 光子	56	女	共産	新	19,897
	服部 良一	64	男	社民⽐	元	11,286
	上田 孝之	56	男	次世代	新	4,465

【第9区】定数1
当	原田 憲治	66	男	自民⽐	前	95,667
比当	足立 康史	49	男	維新⽐	前	91,400
	垣田 千恵子	71	女	共産	新	31,165
	辻 恵	66	男	無所属	元	13,264

【第10区】定数1
当	辻元 清美	54	女	民主⽐	前	61,725
比当	大隈 和英	45	男	自民⽐	新	53,160

【第11区】定数1
比当	松浪 健太	43	男	維新⽐	前	50,516
	浅沼 和仁	53	男	共産	新	14,318

【第11区】定数1
当	佐藤 ゆかり	53	女	自民⽐	元	73,931
比当	平野 博文	65	男	民主⽐	元	61,216
比当	伊東 信久	50	男	維新⽐	前	58,321
	三和 智之	39	男	共産	新	20,449

【第12区】定数1
当	北川 知克	63	男	自民⽐	前	68,817
	樽床 伸二	55	男	民主⽐	元	43,265
	堅田 壮一郎	28	男	維新⽐	新	41,649
	吉井 芳子	52	女	共産	新	18,257

【第13区】定数1
当	宗清 皇一	44	男	自民⽐	新	91,931
	西野 弘一	45	男	次世代	前	61,136
	荒谷 恵美子	63	女	共産	新	33,384

【第14区】定数1
当	谷畑 孝	67	男	維新⽐	前	78,332
比当	長尾 敬	52	男	自民⽐	元	76,555
	野沢 倫昭	66	男	共産	新	35,194
	三宅 博	64	男	次世代⽐	前	12,030

【第15区】定数1
当	竹本 直一	74	男	自民	前	86,297
比当	浦野 靖人	41	男	維新⽐	前	74,483
	為 仁史	65	男	共産	新	30,840

【第16区】定数1
当	北側 一雄	61	男	公明	前	66,673
	森山 浩行	43	男	民主⽐	元	38,331
	西村 真悟	66	男	次世代⽐	前	26,567
	益 修一	36	男	共産	新	22,809

【第17区】定数1
当	馬場 伸幸	49	男	維新⽐	前	70,196
比当	岡下 昌平	39	男	自民⽐	新	63,219
	吉岡 孝嘉	56	男	共産	新	27,151

【第18区】定数1
当	遠藤 敬	46	男	維新⽐	前	88,638
比当	神谷 昇	65	男	自民⽐	新	82,460
	矢野 忠重	64	男	共産	新	29,275

【第19区】定数1
当	丸山 穂高	30	男	維新⽐	前	56,119
比当	谷川 とむ	38	男	自民⽐	新	51,223
	長安 豊	46	男	民主	元	33,010
	北村 みき	48	女	共産⽐	新	11,740

選挙区・兵庫県

第24回衆議院議員選挙
昭和24年（1949年）1月23日実施

【第1区】定数3
当	首藤 新八	58	男	民自	新	57,003
当	松沢 兼人	52	男	社会	前	33,850
当	立花 敏男	42	男	共産	新	27,332
	佃 良一	56	男	民主	前	25,759
	永江 一夫	48	男	無所属	前	24,614
	辻 鈔吉	53	男	国協	新	7,979

	池田涼一郎	58	男	無所属	新	5,684
	中西　勝治	43	男	諸派	新	4,847
	樫本　定雄	54	男	諸派	新	1,542
	塩野　信一	48	男	諸派	新	1,474
	舟橋　静一	64	男	諸派	新	1,280
	佐野　茂	56	男	無所属	新	815
	大岡　乙松	52	男	無所属	新	663

【第2区】定数5

	原　健三郎	43	男	民自	前	64,855
当	原　健三郎	43	男	民自	前	64,855
当	井之口政雄	55	男	共産	新	48,996
当	塩田賀四郎	46	男	民自	新	47,329
当	吉田吉太郎	50	男	民自	新	36,676
当	米窪　満亮	62	男	社会	前	29,273
	後藤　悦治	46	男	民主	前	27,981
	山下　栄二	49	男	社会	前	27,052
	中村　俊夫	52	男	民主	前	22,247
	今津　菊松	53	男	社会	新	16,799
	須佐美八蔵	43	男	労農	新	6,337
	鍵谷　実	56	男	国協	新	5,920

【第3区】定数3

当	岡田　五郎	49	男	民自	新	56,739
当	川西　清	32	男	民自	元	40,342
当	吉田　省三	49	男	民自	新	35,089
	田中源三郎	55	男	民主	前	31,658
	河合　義一	68	男	社会	前	30,560
	岸本　茂雄	46	男	共産	新	20,960

【第4区】定数4

当	河本　敏夫	39	男	民主	新	49,926
当	大上　司	36	男	民自	前	38,105
当	木下　栄	68	男	国協	新	30,918
当	堀川　恭平	56	男	民主	前	28,099
	下坂　正英	49	男	共産	新	26,267
	山名　義芳	55	男	民自	前	22,933
	八木佐太治	59	男	民自	元	19,803
	萩原　紀	39	男	社会	新	15,889
	松井　清市	54	男	民主	新	15,102
	田中　高	32	男	無所属	新	12,611
	衣笠　沢治	46	男	無所属	新	4,830
	砂子　忠治	69	男	無所属	新	2,737

【第5区】定数3

当	有田　喜一	49	男	民主	新	46,946
当	斎藤　隆夫	80	男	民自	前	45,160
当	佐々木盛雄	42	男	民自	前	32,096
	小島　徹三	51	男	民主	前	29,892
	斎藤　秀雄	43	男	共産	新	18,760
	住野　丙馬	44	男	無所属	新	10,122

第25回衆議院議員選挙

昭和27年(1952年)10月1日実施

【第1区】定数3

当	河上丈太郎	63	男	右社	元	81,001
当	中井　一夫	62	男	自由	元	78,650
当	首藤　新八	59	男	自由	前	52,579
	松沢　兼人	54	男	右社	前	52,036
	浜野徹太郎	67	男	改進	元	17,756
	立花　敏男	44	男	共産	前	11,685
	松井　岩男	46	男	左社	新	4,449

【第2区】定数5

当	山下　栄二	50	男	右社	元	44,411
当	原　健三郎	45	男	自由	前	42,444
当	富田　健治	54	男	自由	新	41,064
当	永田　亮一	40	男	無所属	新	40,228
当	山口丈太郎	43	男	左社	新	38,496
	塩田賀四郎	48	男	自由	前	33,170
	前田房之助	68	男	自由	元	32,898
	吉田吉太郎	51	男	自由	前	30,086
	後藤　悦治	48	男	改進	元	26,880
	井之口政雄	57	男	共産	前	16,251
	今津　菊松	55	男	右社	新	14,581
	猿丸吉左エ門	49	男	自由	新	12,973
	小林房之助	61	男	改進	元	7,466

【第3区】定数3

当	小林　絹治	64	男	自由	元	42,421
当	岡田　五郎	51	男	自由	前	38,254
当	吉田　賢一	57	男	右社	元	37,975
	八木　幸吉	57	男	改進	元	35,809
	川西　清	34	男	自由	前	27,877
	田中源三郎	57	男	改進	元	27,316
	田中　武夫	39	男	左社	新	21,178
	黒田　巌	45	男	自由	元	9,794
	西村　茂男	39	男	諸派	新	8,481
	田上　開治	47	男	共産	新	4,937

【第4区】定数4

当	清瀬　一郎	68	男	改進	元	58,175
当	河本　敏夫	41	男	改進	前	47,882
当	小畑虎之助	58	男	改進	元	42,089
当	大上　司	37	男	自由	前	37,766
	大西　正道	39	男	右社	新	34,778
	堀川　恭平	58	男	自由	前	31,290
	井上惣次郎	59	男	自由	新	28,664
	桑田　虎夫	47	男	自由	新	12,340
	伊豆　公夫	45	男	共産	新	4,723
	苫木　正男	42	男	左社	新	3,308

【第5区】定数3

当	有田　喜一	51	男	改進	前	42,691
当	小島　徹三	52	男	改進	元	40,072
当	甲斐中文治郎	54	男	自由	新	38,056
	佐々木盛雄	44	男	自由	前	34,287
	田淵　寿雄	50	男	右社	新	33,418
	佐々井一晃	69	男	無所属	元	10,540
	中島　祐吉	37	男	共産	新	4,322

第26回衆議院議員選挙
昭和28年(1953年)4月19日実施

【第1区】定数3
当	河上丈太郎	64	男	右社	前	88,885
当	中井 一夫	63	男	自由吉	前	73,037
当	首藤 新八	60	男	自由鳩	前	40,670
	五島 虎雄	39	男	左社	新	40,095
	浜野徹太郎	67	男	改進	元	24,462

【第2区】定数5
当	山口丈太郎	43	男	左社	前	43,232
当	永田 亮一	41	男	自由	前	42,394
当	山下 栄二	51	男	右社	前	41,597
当	原 健三郎	46	男	自由	前	38,728
当	富田 健治	55	男	自由	前	35,335
	吉田吉太郎	52	男	自由吉	元	34,509
	塩田賀四郎	48	男	自由吉	元	30,660
	前田房之助	68	男	無所属	元	26,659
	奥 五一	44	男	右社	新	22,388
	後藤 悦治	48	男	改進	元	21,099
	井之口政雄	57	男	共産	元	13,909
	和田甚九郎	57	男	自由鳩	新	10,431
	中村 俊夫	54	男	改進	元	6,698

【第3区】定数3
当	吉田 賢一	58	男	右社	前	57,800
当	岡田 五郎	51	男	自由吉	前	57,600
当	小林 絹治	65	男	自由吉	前	50,776
	田中 武夫	40	男	左社	新	39,314
	川西 清	34	男	自由鳩	元	29,500

【第4区】定数4
当	堀川 恭平	58	男	自由吉	元	58,355
当	大上 司	38	男	自由吉	前	47,623
当	大西 正道	40	男	右社	新	45,631
当	河本 敏夫	41	男	改進	前	45,486
	清瀬 一郎	68	男	改進	前	45,219
	小畑虎之助	59	男	改進	前	42,822
	梶川 静雄	38	男	左社	元	4,183
	篠塚 一雄	36	男	共産	新	2,376

【第5区】定数3
当	佐々木盛雄	44	男	自由吉	元	46,660
当	有田 喜一	51	男	改進	前	39,975
当	小島 徹三	53	男	改進	前	38,109
	甲斐中文治郎	55	男	自由吉	前	27,809
	西浦 昌一	51	男	右社	新	26,529
	松岡 富治	53	男	無所属	新	15,275
	田崎 末松	40	男	無所属	新	4,356
	中島 祐吉	38	男	共産	新	3,505

第27回衆議院議員選挙
昭和30年(1955年)2月27日実施

【第1区】定数3
当	河上丈太郎	66	男	右社	前	83,645
当	首藤 新八	62	男	民主	前	69,180
当	五島 虎雄	40	男	左社	新	56,264
	中井 一夫	65	男	自由	前	53,835
	永江 一夫	53	男	右社	元	35,591
	吉川 覚	49	男	無所属	新	13,278

【第2区】定数5
当	山口丈太郎	45	男	左社	前	49,495
	山下 栄二	53	男	右社	前	48,711
	永田 亮一	43	男	民主	前	45,504
当	原 健三郎	48	男	自由	前	40,561
当	前田房之助	70	男	民主	元	40,031
	塩田賀四郎	50	男	民主	元	33,064
	富田 健治	57	男	自由	元	31,115
	吉田吉太郎	54	男	民主	元	29,513
	山ノ口栄蔵	56	男	右社	新	19,077
	後藤 悦治	50	男	無所属	元	17,314
	堀 昌雄	38	男	諸派	新	16,862
	田中松次郎	56	男	共産	新	10,714
	寺本和一郎	45	男	無所属	新	5,617
	古川 元	40	男	無所属	新	4,314
	北 光次	52	男	無所属	新	501

【第3区】定数3
当	渡海元三郎	39	男	民主	新	51,332
当	吉田 賢一	60	男	右社	前	46,211
当	田中 武夫	42	男	左社	新	40,580
	小林 絹治	67	男	民主	前	39,952
	岡田 五郎	53	男	自由	前	22,778
	安平 房治	50	男	無所属	新	19,776
	黒田 巌	48	男	自由	元	18,210

【第4区】定数4
当	清瀬 一郎	70	男	民主	元	79,295
当	大西 正道	42	男	右社	前	60,761
当	河本 敏夫	43	男	民主	前	59,119
当	小畑虎之助	60	男	民主	元	34,149
繰当	堀川 恭平	60	男	自由	前	29,510
	大上 司	40	男	自由	前	28,717
	大和虎之助	44	男	共産	新	3,578

※小畑虎之助(民主)死去のため昭和30年2月27日堀川恭平(自由)が繰上当選

【第5区】定数3
当	佐々木良作	40	男	右社	新	48,532
当	有田 喜一	43	男	民主	前	42,161
当	小島 徹三	55	男	民主	新	40,823
	佐々木盛雄	46	男	自由	前	36,669
	山田 六郎	49	男	自由	新	30,695
	高品増之助	55	男	左社	新	4,521

第28回衆議院議員選挙
昭和33年(1958年)5月22日実施

【第1区】定数3
当	中井 一夫	68	男	自民	元	77,563
当	河上丈太郎	69	男	社会	前	66,345

当	五島 虎雄	44	男	社会	前	62,717
	砂田 重民	41	男	自民	新	54,144
	永江 一夫	56	男	社会	元	50,752
	首藤 新八	65	男	自民	前	47,598
	立花 敏男	49	男	共産	元	10,602
	吉川 覚	52	男	諸派	新	4,373

【第2区】定数5

当	原 健三郎	51	男	自民	前	70,063
当	富田 健治	60	男	自民	元	64,383
当	堀 昌雄	41	男	社会	新	56,876
当	山下 栄二	56	男	社会	前	47,618
当	永田 亮一	46	男	自民	前	47,565
	山口丈太郎	49	男	社会	前	45,225
	前田房之助	73	男	自民	前	41,374
	吉田吉太郎	57	男	自民	元	35,964
	塩田賀四郎	53	男	諸派	元	20,308
	須佐美八蔵	51	男	共産	新	11,148
	吉井 中山	57	男	無所属	新	1,328

【第3区】定数3

当	小林 絹治	70	男	自民	元	78,092
当	渡海元三郎	44	男	自民	前	62,066
当	田中 武夫	45	男	社会	前	59,822
	吉田 賢一	63	男	社会	前	51,381
	藤原 正治	48	男	諸派	新	6,366
	増田喜代治	55	男	共産	新	3,766

【第4区】定数4

当	河本 敏夫	46	男	自民	前	72,280
当	清瀬 一郎	73	男	自民	前	64,420
当	大西 正道	45	男	社会	前	57,729
当	堀川 恭平	63	男	自民	前	47,879
	大上 司	43	男	無所属	元	40,231
	萩原おさむ	47	男	社会	新	25,329
	沼田 洋一	29	男	共産	新	6,763

【第5区】定数3

当	佐々木良作	43	男	社会	前	54,471
当	小島 徹三	58	男	自民	前	52,583
当	佐々木盛雄	49	男	無所属	元	48,158
	有田 喜一	57	男	自民	前	47,803
	宮脇 貞美	39	男	共産	新	3,456

第29回衆議院議員選挙
昭和35年(1960年)11月20日実施

【第1区】定数3

当	河上丈太郎	71	男	社会	前	78,122
当	五島 虎雄	46	男	社会	前	70,130
当	首藤 新八	68	男	自民	元	62,520
	砂田 重民	43	男	自民	新	59,997
	中井 一夫	71	男	自民	前	51,819
	永江 一夫	58	男	民社	元	45,523
	立花 敏男	52	男	共産	元	13,449

【第2区】定数5

当	原 健三郎	53	男	自民	前	80,386
	山口丈太郎	51	男	社会	元	69,840
当	富田 健治	63	男	自民	前	66,980
当	永田 亮一	49	男	自民	前	63,795
当	堀 昌雄	43	男	社会	前	56,370
	山下 栄二	59	男	民社	前	48,925
	池田 徳誠	44	男	自民	新	38,365
	須佐美八蔵	53	男	共産	新	11,233
	吉井 中山	59	男	無所属	新	1,028

【第3区】定数3

当	田中 武夫	47	男	社会	前	57,777
当	岡田 修一	53	男	自民	新	56,637
当	渡海元三郎	45	男	自民	前	56,189
	吉田 賢一	66	男	民社	元	53,091
	小林 絹治	72	男	自民	前	29,967
	増田喜代治	57	男	共産	新	3,117
	藤本 守	36	男	諸派	新	1,400

【第4区】定数4

当	三木 喜夫	51	男	社会	新	78,857
当	清瀬 一郎	76	男	無所属	前	65,092
当	河本 敏夫	49	男	自民	前	55,170
当	大上 司	46	男	自民	元	39,108
	堀川 恭平	66	男	自民	前	38,282
	福井 武雄	52	男	民社	新	23,568
	沼田 洋一	32	男	共産	新	6,118

【第5区】定数3

当	有田 喜一	59	男	自民	元	60,034
当	小島 徹三	61	男	自民	前	48,282
当	佐々木良作	45	男	民社	前	41,532
	佐々木盛雄	52	男	自民	前	39,445
	田崎 末松	47	男	社会	新	16,364
	宮脇 貞美	42	男	共産	新	1,855

第30回衆議院議員選挙
昭和38年(1963年)11月21日実施

【第1区】定数3

当	河上丈太郎	74	男	社会	前	100,942
当	砂田 重民	46	男	自民	新	99,258
当	五島 虎雄	49	男	社会	前	78,404
	中井 一夫	74	男	自民	元	51,275
	永江 一夫	61	男	民社	元	46,745
	立花 敏男	55	男	共産	元	21,810
	吉川 覚	57	男	無所属	新	3,470

【第2区】定数5

当	原 健三郎	56	男	自民	前	107,842
当	堀 昌雄	46	男	社会	前	78,603
当	山下 栄二	62	男	民社	元	75,280
当	永田 亮一	52	男	自民	前	70,503
当	山口丈太郎	54	男	社会	前	67,063
	富田 健治	66	男	自民	前	62,542
	須佐美八蔵	56	男	共産	新	21,528
	吉井 中山	62	男	無所属	新	1,233

衆議院・選挙区（兵庫県）

【第3区】定数3
当	渡海元三郎	48	男	自民	前	79,000
当	吉田　賢一	69	男	民社	元	67,503
当	田中　武夫	50	男	社会	前	63,394
	岡田　修一	56	男	自民	前	61,199
	足立　定雄	37	男	共産	新	4,991

【第4区】定数4
当	三木　喜夫	54	男	社会	前	70,857
当	河本　敏夫	52	男	自民	前	60,977
当	清瀬　一郎	79	男	無所属	前	58,353
当	堀川　恭平	69	男	自民	元	57,418
	大上　　司	49	男	無所属	前	39,482
	松浦　清一	60	男	民社	新	30,667
	沼田　洋一	35	男	共産	新	10,921
	鎌田　敏郎	57	男	無所属	新	1,289

【第5区】定数3
当	佐々木良作	48	男	民社	前	48,462
当	有田　喜一	62	男	自民	前	46,069
当	小島　徹三	64	男	自民	前	40,054
	佐々木盛雄	55	男	自民	元	32,223
	大西　　正	45	男	社会	新	30,616
	宮脇　貞美	45	男	共産	新	2,141

第31回衆議院議員選挙
昭和42年（1967年）1月29日実施

【第1区】定数4
当	河上　民雄	41	男	社会	新	100,511
当	渡部　一郎	35	男	公明	新	96,906
当	砂田　重民	49	男	自民	前	83,304
当	永江　一夫	64	男	民社	元	60,841
	五島　虎雄	52	男	社会	前	57,584
	石井　　一	32	男	自民	新	52,792
	立花　敏男	58	男	共産	元	33,223
	栗坂　　諭	50	男	無所属	新	8,220
	藤田　義郎	44	男	無所属	新	7,418
	吉川　　覚	60	男	無所属	新	3,010

【第2区】定数5
当	原　健三郎	59	男	自民	前	122,822
当	岡本　富夫	45	男	公明	新	95,655
当	堀　　昌雄	50	男	社会	前	90,706
当	永田　亮一	55	男	自民	前	80,087
当	山下　栄二	65	男	民社	前	78,877
	山口丈太郎	57	男	社会	前	74,187
	中沢　栄二	43	男	自民	新	60,647
	須佐美八蔵	60	男	共産	新	31,852
	吉井　亀吉	65	男	無所属	新	1,447

【第3区】定数3
当	渡海元三郎	51	男	自民	前	92,589
当	田中　武夫	54	男	社会	前	69,504
当	吉田　賢一	72	男	民社	前	63,251
	川西　　清	48	男	無所属	元	28,524
	足立　定雄	40	男	共産	新	9,579

【第4区】定数4
当	三木　喜夫	57	男	社会	前	62,037
当	河本　敏夫	55	男	自民	前	61,173
当	清瀬　一郎	83	男	自民	前	53,117
当	堀川　恭平	72	男	自民	前	41,766
	町田　　充	49	男	無所属	新	39,818
	松浦　清一	64	男	民社	新	38,394
	大上　　司	52	男	無所属	元	31,620
	沼田　洋一	38	男	共産	新	11,718

【第5区】定数3
当	有田　喜一	65	男	自民	前	54,174
当	佐々木良作	52	男	民社	前	52,186
当	伊賀　定盛	45	男	社会	新	42,523
	小島　徹三	67	男	自民	前	39,732
	中家　貞雄	32	男	共産	新	2,918

第32回衆議院議員選挙
昭和44年（1969年）12月27日実施

【第1区】定数4
当	渡部　一郎	38	男	公明	前	103,478
当	砂田　重民	52	男	自民	前	77,033
当	石井　　一	35	男	自民	新	69,221
当	浦井　　洋	42	男	共産	新	68,619
	五島　虎雄	55	男	社会	元	57,241
	永江　一夫	67	男	民社	前	54,121
	河上　民雄	44	男	社会	前	49,609
	栗坂　　諭	53	男	無所属	新	6,545

【第2区】定数5
当	原　健三郎	62	男	自民	前	120,632
当	岡本　富夫	48	男	公明	前	112,394
当	永田　亮一	58	男	自民	前	77,800
当	堀　　昌雄	53	男	社会	前	73,139
当	土井たか子	41	女	社会	新	69,395
	山下　栄二	68	男	民社	前	67,997
	中島　祐吉	55	男	共産	新	53,836
	中沢　栄二	46	男	無所属	新	34,740
	小池　祐三	44	男	自民	新	32,788
	小池勇二郎	47	男	無所属	新	7,074
	藤原　高雄	31	男	無所属	新	3,167
	吉井　亀吉	68	男	無所属	新	820

【第3区】定数3
当	渡海元三郎	54	男	自民	前	105,595
当	田中　武夫	57	男	社会	前	62,374
当	吉田　賢一	75	男	民社	前	54,719
	前田　　清	34	男	共産	新	26,033

【第4区】定数4
当	河本　敏夫	58	男	自民	前	80,017
当	新井　彬之	35	男	公明	新	56,227
当	松本　十郎	51	男	自民	新	51,795
当	三木　喜夫	60	男	社会	前	43,459
	町田　　充	52	男	無所属	新	36,260
	前田　和克	39	男	社会	新	32,585

	戸井田三郎	51	男	自民	新	32,087
	岸田 順三	37	男	民社	新	29,632
	宗行 源治	56	男	無所属	新	14,879
	沼田 洋一	41	男	共産	新	11,939
	松本 昌士	32	男	無所属	新	725

【第5区】定数3
当	小島 徹三	70	男	自民	元	56,861
当	有田 喜一	68	男	自民	前	52,146
当	佐々木良作	54	男	民社	前	51,866
	伊賀 定盛	48	男	社会	前	33,027
	中家 貞雄	35	男	共産	新	4,002

第33回衆議院議員選挙
昭和47年(1972年)12月10日実施

【第1区】定数4
当	浦井 洋	45	男	共産	前	106,080
当	河上 民雄	47	男	社会	元	105,589
当	渡部 一郎	41	男	公明	前	96,707
当	石井 一	38	男	自民	前	95,043
	砂田 重民	55	男	自民	前	88,833
	永江 一仁	36	男	民社	新	37,627
	栗坂 諭	56	男	無所属	新	4,781

【第2区】定数5
当	原 健三郎	65	男	自民	前	134,109
当	岡本 富夫	51	男	公明	前	108,194
当	木下 元二	43	男	共産	新	100,114
当	土井たか子	44	女	社会	前	99,341
当	堀 昌雄	56	男	社会	前	91,168
	永田 亮一	61	男	自民	前	88,791
	西尾東三郎	35	男	民社	新	45,264
	吉井 亀吉	71	男	無所属	新	1,640

【第3区】定数3
当	渡海元三郎	57	男	自民	前	83,385
当	田中 武夫	60	男	社会	前	62,066
当	小林 正巳	43	男	自民	新	51,266
	吉田 賢一	78	男	民社	前	41,451
	石井 三郎	54	男	無所属	新	32,520
	前田 清	37	男	共産	新	31,345
	宮内 明	29	男	無所属	新	800
	長谷川 昇	43	男	無所属	新	563

【第4区】定数4
当	河本 敏夫	61	男	自民	前	76,871
当	松本 十郎	54	男	自民	前	66,268
当	戸井田三郎	54	男	自民	新	64,525
当	新井 彬之	38	男	公明	前	59,285
	三木 喜夫	63	男	社会	前	58,499
	町田 充	55	男	民社	新	49,379
	福島 市郎	49	男	共産	新	20,899
	鎌田 敏郎	66	男	無所属	新	482

【第5区】定数3
当	佐々木良作	57	男	民社	前	61,683
当	有田 喜一	71	男	自民	前	45,851
当	小島 徹三	73	男	自民	前	45,466
	伊賀 定盛	51	男	社会	元	43,322
	中家 貞雄	38	男	共産	新	6,062

第34回衆議院議員選挙
昭和51年(1976年)12月5日実施

【第1区】定数5
当	砂田 重民	59	男	自民	元	107,612
当	渡部 一郎	45	男	公明	現	106,948
当	河上 民雄	51	男	社会	現	100,624
当	浦井 洋	49	男	共産	現	90,503
当	石井 一	42	男	自民	現	75,400
	永江 一仁	40	男	民社	新	69,546
	栗坂 諭	60	男	無所属	新	8,410
	高橋 秀夫	35	男	無所属	新	1,060

【第2区】定数5
当	永田 亮一	65	男	自民	元	134,708
当	刀弥館正也	48	男	新自ク	新	131,754
当	岡本 富夫	55	男	公明	現	123,034
当	土井たか子	48	女	社会	現	106,725
当	原 健三郎	69	男	自民	現	93,925
	堀 昌雄	59	男	社会	現	87,848
	木下 元二	47	男	共産	現	86,298
	川上 照彦	40	男	無所属	新	14,465
	清水 貞夫	46	男	無所属	新	4,300

【第3区】定数3
当	小林 正巳	47	男	新自ク	現	96,531
当	飯田 忠雄	64	男	公明	新	79,114
当	渡海元三郎	61	男	自民	現	75,593
	田中 武夫	63	男	社会	現	69,098
	塩田 晋	50	男	民社	新	49,097
	前田 清	41	男	共産	新	33,944
	山本 武男	55	男	無所属	新	908

【第4区】定数4
当	河本 敏夫	65	男	自民	現	90,389
当	新井 彬之	42	男	公明	現	65,405
当	戸井田三郎	58	男	自民	現	60,425
当	後藤 茂	51	男	社会	新	56,867
	松本 十郎	58	男	自民	現	55,930
	萩原幽香子	65	女	民社	新	45,104
	福島 市郎	53	男	共産	新	32,094
	前田 知克	46	男	無所属	新	29,595

【第5区】定数3
当	佐々木良作	61	男	民社	現	48,646
当	谷 洋一	50	男	自民	新	46,777
当	伊賀 定盛	55	男	社会	元	45,609
	有田 喜一	75	男	自民	現	44,506
	前田 貞夫	38	男	無所属	新	20,620
	渡辺 皓二	40	男	無所属	新	1,422

第35回衆議院議員選挙
昭和54年(1979年)10月7日実施

【第1区】定数5
当	渡部　一郎	48	男	公明	前	97,944
当	浦井　　洋	51	男	共産	前	93,011
当	永江　一仁	43	男	民社	新	85,892
当	石井　　一	45	男	自民	前	84,714
	河上　民雄	54	男	社会	前	78,938
	砂田　重民	62	男	自民	前	75,656

【第2区】定数5
当	原　健三郎	72	男	自民	前	123,116
当	岡本　富夫	57	男	公明	前	117,921
当	堀　　昌雄	62	男	社会	元	104,983
当	土井たか子	50	女	社会	前	93,954
	木下　元二	49	男	共産	元	93,751
	永田　亮一	68	男	自民	前	92,532
	相馬　達雄	49	男	民社	新	50,202
	高田　信也	52	男	新自ク	新	38,603
	浅利　俊明	30	男	諸派	新	2,478
	黒田　明茂	51	男	無所属	新	815
	吉田富久雄	32	男	無所属	新	676

【第3区】定数3
当	渡海元三郎	64	男	自民	前	91,538
当	飯田　忠雄	67	男	公明	新	79,235
当	塩田　　晋	53	男	民社	新	72,175
	永井　孝信	49	男	社会	新	66,350
	小林　正巳	50	男	新自ク	前	62,172
	前田　　清	44	男	共産	新	27,707

【第4区】定数4
当	河本　敏夫	68	男	自民	前	105,802
当	松本　十郎	61	男	自民	元	103,654
当	後藤　　茂	54	男	社会	前	68,924
当	新井　彬之	45	男	公明	前	66,954
	戸井田三郎	61	男	自民	前	65,009
	福島　市郎	56	男	共産	新	23,893

【第5区】定数3
当	佐々木良作	64	男	民社	前	69,639
当	谷　　洋一	52	男	自民	前	37,873
当	伊賀　定盛	58	男	社会	前	36,022
	西山敬次郎	56	男	自民	新	28,448
	藤原　三郎	53	男	自民	新	20,453
	前田　貞夫	41	男	無所属	新	10,497
	今井　晶三	48	男	新自ク	新	7,209

第36回衆議院議員選挙
昭和55年(1980年)6月22日実施

【第1区】定数5
当	砂田　重民	63	男	自民	元	137,722
当	石井　　一	45	男	自民	前	105,766
当	河上　民雄	54	男	社会	前	95,911
当	渡部　一郎	48	男	公明	前	91,526
当	浦井　　洋	52	男	共産	前	91,238
	永江　一仁	44	男	民社	前	86,528

【第2区】定数5
当	永田　亮一	68	男	自民	元	168,433
当	原　健三郎	73	男	自民	前	135,416
当	土井たか子	51	女	社会	前	113,338
当	岡本　富夫	58	男	公明	前	111,339
当	堀　　昌雄	63	男	社会	前	106,510
	木下　元二	50	男	共産	前	93,092
	相馬　達雄	49	男	民社	新	72,067
	浅利　俊明	31	男	諸派	新	3,568
	中村朝太郎	57	男	無所属	新	1,870

【第3区】定数3
当	渡海元三郎	65	男	自民	前	101,434
当	塩田　　晋	54	男	民社	前	81,070
	永井　孝信	50	男	社会	新	74,381
	小林　正巳	51	男	新自ク	元	73,329
	飯田　忠雄	68	男	公明	前	68,874
	前田　　清	44	男	共産	新	30,276

【第4区】定数4
当	河本　敏夫	69	男	自民	前	116,474
当	戸井田三郎	62	男	自民	元	95,905
当	松本　十郎	62	男	自民	前	85,918
当	後藤　　茂	54	男	社会	前	68,456
	新井　彬之	45	男	公明	前	64,942
	福島　市郎	56	男	共産	新	22,661

【第5区】定数3
当	佐々木良作	65	男	民社	前	60,149
当	谷　　洋一	53	男	自民	前	45,678
当	伊賀　定盛	59	男	社会	前	37,622
	西山敬次郎	57	男	自民	新	36,928
	藤原　三郎	54	男	無所属	新	18,556
	前田　貞夫	42	男	無所属	新	11,090

第37回衆議院議員選挙
昭和58年(1983年)12月18日実施

【第1区】定数5
当	渡部　一郎	52	男	公明	前	103,506
当	永江　一仁	47	男	民社	元	101,102
当	河上　民雄	58	男	社会	前	96,642
当	砂田　重民	66	男	自民	前	89,887
当	浦井　　洋	56	男	共産	前	87,529
	石井　　一	49	男	自民	前	82,999
	奥崎　謙三	63	男	無所属	新	902

【第2区】定数5
当	岡本　富夫	62	男	公明	前	116,770
当	原　健三郎	76	男	自民	前	109,909
当	土井たか子	55	女	社会	前	101,219
当	堀　　昌雄	67	男	社会	前	98,897
	藤木　洋子	50	女	共産	新	81,778
	永田　亮一	72	男	自民	前	68,377
	相馬　達雄	53	男	民社	新	65,007

	鴻池　祥肇	43	男	無所属	新	59,413
	正司泰一郎	48	男	無所属	新	50,265
	宮本　一三	52	男	無所属	新	34,194

【第3区】定数3
当	永井　孝信	53	男	社会	前	86,029
当	塩田　　晋	57	男	民社	前	81,360
当	駒谷　　明	53	男	公明	新	79,435
	渡海元三郎	68	男	自民	前	77,056
	小林　正巳	54	男	無所属	元	64,037
	前田　　清	48	男	共産	新	25,568

【第4区】定数4
当	河本　敏夫	72	男	自民	前	102,085
当	後藤　　茂	58	男	社会	前	77,643
当	新井　彬之	49	男	公明	元	77,285
当	戸井田三郎	65	男	自民	前	73,385
	松本　十郎	65	男	自民	前	71,127
	友久　裕美	44	女	共産	新	26,923

【第5区】定数3
当	佐々木良作	68	男	民社	前	53,358
当	西山敬次郎	61	男	自民	新	47,066
当	谷　　洋一	57	男	自民	前	46,606
	伊賀　定盛	62	男	社会	前	40,084
	前田　貞夫	45	男	無所属	新	13,248

第38回衆議院議員選挙
昭和61年(1986年) 7月6日実施

【第1区】定数5
当	石井　　一	51	男	自民	元	130,974
当	渡部　一郎	54	男	公明	前	107,321
当	浦井　　洋	58	男	共産	前	97,710
当	河上　民雄	60	男	社会	前	97,588
当	砂田　重民	69	男	自民	前	95,561
	永江　一仁	50	男	民社	前	80,210

【第2区】定数5
当	原　健三郎	79	男	自民	前	145,311
当	冬柴　鉄三	50	男	公明	新	126,882
当	土井たか子	57	女	社会	前	121,594
当	鴻池　祥肇	45	男	自民	新	111,013
当	堀　　昌雄	69	男	社会	前	95,050
	藤木　洋子	53	女	共産	前	93,339
	宮本　一三	54	男	無所属	新	66,423
	辻　　泰弘	30	男	民社	新	47,886

【第3区】定数3
当	井上　喜一	54	男	自民	新	112,508
当	渡海紀三朗	38	男	自民	新	88,735
当	永井　孝信	56	男	社会	前	85,088
	駒谷　　明	56	男	公明	前	78,154
	塩田　　晋	60	男	民社	前	74,954
	石井　　晋	45	男	共産	新	27,845

【第4区】定数4
当	松本　十郎	68	男	自民	元	101,673
当	河本　敏夫	75	男	自民	前	95,593

当	戸井田三郎	68	男	自民	前	81,953
当	新井　彬之	51	男	公明	前	76,734
	後藤　　茂	61	男	社会	前	72,704
	友久　裕美	47	女	共産	新	29,693

【第5区】定数2
当	谷　　洋一	59	男	自民	前	65,181
当	佐々木良作	71	男	民社	前	55,125
	西山敬次郎	63	男	自民	前	51,689
	吉岡　賢治	48	男	社会	新	31,624
	前田　　均	34	男	共産	新	6,379
	岡本憲太郎	72	男	無所属	新	620

第39回衆議院議員選挙
平成2年(1990年) 2月18日実施

【第1区】定数5
当	土肥　隆一	51	男	社会	新	121,436
当	石井　　一	55	男	自民	前	115,052
当	砂田　重民	72	男	自民	前	101,726
当	渡部　一郎	58	男	公明	前	101,219
当	岡崎　宏美	38	女	無所属	新	93,065
	浦井　　洋	62	男	共産	前	88,095
	永江　一仁	53	男	民社	元	58,599
	佐藤絢一郎	56	男	無所属	新	28,882
	高橋　秀夫	48	男	無所属	新	896

【第2区】定数5
当	土井たか子	61	女	社会	前	225,540
当	鴻池　祥肇	49	男	自民	前	135,461
当	冬柴　鉄三	53	男	公明	前	115,473
当	堀　　昌雄	73	男	無所属	前	109,578
当	原　健三郎	83	男	自民	前	96,384
	藤木　洋子	56	女	共産	元	85,589
	宮本　一三	58	男	無所属	新	79,378
	辻　　泰弘	34	男	民社	新	43,689
	泉原　保二	48	男	無所属	新	13,190
	伊藤　恵子	42	女	諸派	新	5,054

【第3区】定数3
当	永井　孝信	59	男	社会	前	137,689
当	井上　喜一	57	男	自民	前	119,406
当	渡海紀三朗	42	男	自民	前	97,248
	塩田　　晋	63	男	民社	元	94,025
	石井　　晋	49	男	共産	新	23,337

【第4区】定数4
当	後藤　　茂	64	男	社会	元	109,767
当	松本　十郎	71	男	自民	前	92,399
当	河本　敏夫	78	男	自民	前	88,460
当	戸井田三郎	71	男	自民	前	84,529
	赤松　正雄	44	男	公明	新	82,046
	友久　裕美	50	女	共産	新	23,301

【第5区】定数2
当	吉岡　賢治	51	男	無所属	新	72,147
当	谷　　洋一	63	男	自民	前	66,461
	荻野　明巳	56	男	自民	新	35,141

衆議院・選挙区(兵庫県)　　　国政選挙総覧

	梶原 康弘	33	男	無所属	新	18,035
	前田　均	37	男	共産	新	8,832

第40回衆議院議員選挙
平成5年(1993年)7月18日実施

【第1区】定数5
当	赤羽 一嘉	35	男	公明	新	110,791
当	石井　一	58	男	新生	前	101,392
当	土肥 隆一	54	男	社会	前	82,876
当	岡崎 宏美	42	女	無所属	前	80,340
当	高見 裕一	37	男	日本新	新	76,908
	砂田 圭佑	59	男	自民	新	70,910
	増田　絋	54	男	共産	新	68,418
	末松 信介	37	男	無所属	新	49,258
	大村 昌弘	51	男	自民	新	38,898
	後藤 宜久	33	男	諸派	新	8,690
	高木 幸雄	45	男	無所属	新	1,444

【第2区】定数5
当	土井たか子	64	女	社会	前	220,972
当	小池百合子	41	女	日本新	新	136,000
当	宮本 一三	61	男	新生	新	132,460
当	冬柴 鉄三	57	男	公明	前	119,327
	原 健三郎	86	男	自民	前	111,444
	鴻池 祥肇	52	男	自民	前	97,747
	藤木 洋子	60	女	共産	元	84,430

【第3区】定数3
当	井上 喜一	61	男	新生	前	132,158
当	渡海紀三朗	45	男	さき	新	113,726
当	永井 孝信	63	男	社会	前	80,731
	塩田　晋	67	男	民社	元	80,700
	石井　晋	52	男	共産	新	25,454
	森本 茂樹	28	男	無所属	新	3,675
	藤原 通裕	58	男	無所属	新	3,113

【第4区】定数4
当	赤松 正雄	47	男	公明	新	82,164
当	戸井田三郎	75	男	自民	前	73,298
当	河本 敏夫	82	男	自民	前	70,743
当	後藤　茂	68	男	社会	前	64,937
	松本 十郎	75	男	自民	前	62,248
	五島　壮	50	男	新生	新	54,579
	若宮　清	47	男	日本新	新	29,623
	嶋田 正義	58	男	共産	新	21,381

【第5区】定数2
当	谷 洋一	66	男	自民	前	71,960
当	吉岡 賢治	55	男	無所属	前	64,593
	荻野 明巳	59	男	自民	新	44,997
	前田　均	41	男	共産	新	10,397

第41回衆議院議員選挙
平成8年(1996年)10月20日実施

【第1区】定数1
当	石井　一	62	男	新進	前	52,064
比当	砂田 圭佑	62	男	自民㊗新		50,181
	松田 隆彦	37	男	共産	新	32,744
	上野 恵司	48	男	新社会	新	14,508
	宮後 恵喜	50	男	自連㊗新		5,567

【第2区】定数1
当	赤羽 一嘉	38	男	新進	前	63,676
	奥谷　通	45	男	自民㊗新		54,570
	井村 弘子	50	女	共産	新	34,699
	高見 裕一	40	男	さき㊗前		30,537
	清水和一郎	58	男	諸派	新	2,744

【第3区】定数1
当	土肥 隆一	57	男	民改連㊗前		57,368
	加藤 英一	46	男	自民㊗新		40,556
	岡崎 宏美	45	女	新社会㊗前		33,487
	福田 道代	50	女	共産	新	27,844
	谷口 秀二	45	男	諸派	新	5,686

【第4区】定数1
当	井上 喜一	64	男	新進	前	110,873
	小西 俊一	48	男	自民	新	65,224
	金田 峰生	31	男	共産㊗新		24,649
	吉村 誠司	31	男	民主㊗新		23,361

【第5区】定数1
当	谷 洋一	69	男	自民㊗前		108,180
	吉岡 賢治	58	男	民改連	前	91,989
	前田　均	44	男	共産	新	25,881

【第6区】定数1
当	小池百合子	44	女	新進	前	89,672
比当	阪上 善秀	49	男	自民㊗新		81,398
	佐伯　勉	50	男	共産	新	32,210
	間脇 八蔵	32	男	民主㊗新		26,594
	鈴木 邦重	58	男	自連㊗新		4,376

【第7区】定数1
当	土井たか子	67	女	社民㊗前		102,684
	今西 永児	50	男	新進	新	71,288
	肥塚 博志	31	男	自民㊗新		25,437
	礒見 恵子	39	女	共産	新	21,002

【第8区】定数1
当	冬柴 鉄三	60	男	新進	前	70,849
	室井 邦彦	49	男	自民㊗新		55,844
比当	藤木 洋子	63	女	共産㊗元		41,166
	畑中 五雄	50	男	民主㊗新		23,231
	小西純一郎	43	男	新社会	新	8,247
	武田 正昭	48	男	無所属	新	6,058
	鈴木　剛	44	男	自連	新	1,312

【第9区】定数1
当	宮本 一三	65	男	新進㊗前		75,274
比当	原 健三郎	89	男	自民㊗前		67,329
	若宮　清	50	男	民主㊗新		28,515

	石井　晋	56	男	共産	新	24,865

【第10区】定数1

当	塩田　晋	70	男	新進	元	77,919
	渡海紀三朗	48	男	さき[比]	前	74,615
	大椙　鉄夫	48	男	共産	新	16,836
	中西　裕三	56	男	新社会	新	11,432

【第11区】定数1

当	戸井田　徹	44	男	自民	新	64,896
	五島　壮	53	男	新進	新	61,185
	後藤　茂	71	男	民主[比]	前	28,303
	松本　剛明	37	男	無所属	新	27,371
	南光　勝美	57	男	共産	新	15,970

【第12区】定数1

当	河本　三郎	46	男	自民[比]	新	94,936
	山口　壮	42	男	新進	新	80,408
	太田　清幸	41	男	共産	新	19,492

第42回衆議院議員選挙

平成12年(2000年)6月25日実施

【第1区】定数1

当	石井　一	65	男	民主[比]	前	62,431
比当	砂田　圭佑	66	男	自民[比]	前	62,166
	藤末　衛	41	男	共産[比]	新	46,303
	徳田　恭三	29	男	自連	新	7,806

【第2区】定数1

当	赤羽　一嘉	42	男	公明	前	79,750
	平松　順子	50	女	共産	新	66,820
	桜井　良生	44	男	自連[比]	新	37,762

【第3区】定数1

当	土肥　隆一	61	男	民主[比]	前	66,547
	井川　弘光	58	男	自民[比]	新	50,036
	岡崎　宏美	49	女	諸派	元	34,809
	松本　勝雄	55	男	共産	新	21,307
	田川　豊秋	36	男	自連[比]	新	9,471

【第4区】定数1

当	井上　喜一	68	男	保守	前	143,441
	瀬尾　和志	41	男	共産	新	51,488
	魚井　健一	51	男	自連	新	26,103

【第5区】定数1

当	谷　洋一	73	男	自民[比]	前	105,230
	吉岡　賢治	62	男	民主[比]	元	88,402
	梶原　康弘	43	男	自由[比]	新	29,540
	西本　嘉宏	52	男	共産	新	18,348
	斎藤　義明	51	男	自連[比]	新	7,270

【第6区】定数1

当	小池百合子	47	女	保守	前	84,647
	市村浩一郎	35	男	民主[比]	新	73,931
比当	中川　智子	52	女	社民[比]	前	55,788
	前田えり子	50	女	共産	新	30,887
	朝倉多恵子	56	女	自連	新	5,141

【第7区】定数1

当	土井たか子	71	女	社民[比]	前	144,168
	野田　数	26	男	保守	新	47,303
	川内　一男	52	男	共産	新	26,209
	牧野　祥子	41	女	自連	新	11,831

【第8区】定数1

当	冬柴　鉄三	63	男	公明	前	75,380
	室井　邦彦	53	男	無所属	新	50,246
比当	藤木　洋子	67	女	共産[比]	前	42,902
比当	北川れん子	46	女	社民[比]	新	35,740
	松尾　正夫	52	男	自連[比]	新	10,040

【第9区】定数1

当	宮本　一三	68	男	自民[比]	前	70,119
	西村　康稔	37	男	無所属	新	64,630
	藤本　欣三	58	男	民主[比]	新	50,677
	市川　幸美	62	女	共産	新	22,946
	芦村　秀一	30	男	自連	新	2,502

【第10区】定数1

当	渡海紀三朗	52	男	自民[比]	元	93,554
	辻　泰弘	44	男	民主[比]	新	56,316
比当	塩田　晋	74	男	自由[比]	前	27,721
	大椙　鉄夫	52	男	共産	新	17,508
	中島　順子	48	女	自連	新	5,146

【第11区】定数1

当	松本　剛明	41	男	民主[比]	新	101,566
	戸井田　徹	48	男	自民[比]	前	87,624
	小池　和也	54	男	共産	新	18,056
	服部　千秋	40	男	自連[比]	新	7,119

【第12区】定数1

当	山口　壮	45	男	無所属	新	104,060
	河本　三郎	49	男	自民[比]	前	98,629
	太田　清幸	45	男	共産	新	13,088
	山口　歩	27	男	自連	新	3,262

第43回衆議院議員選挙

平成15年(2003年)11月9日実施

【第1区】定数1

当	砂田　圭佑	69	男	自民[比]	前	71,587
比当	石井　一	69	男	民主[比]	前	70,792
	原　和美	53	女	無所属	新	21,423
	北岡　浩	61	男	共産	新	21,083

【第2区】定数1

当	赤羽　一嘉	45	男	公明	前	83,379
比当	泉　房穂	40	男	民主[比]	新	80,061
	平松　順子	54	女	共産[比]	新	29,510

【第3区】定数1

当	土肥　隆一	64	男	民主[比]	前	88,767
	井川　弘光	62	男	自民[比]	新	61,263
	森田多希子	48	女	共産	新	23,690

【第4区】定数1

当	井上　喜一	71	男	保守新	前	127,330
	高橋　昭一	39	男	民主[比]	新	81,909
	山本　純二	37	男	共産	新	20,649

衆議院・選挙区（兵庫県）

【第5区】	定数1					
当	谷 公一	51	男	自民㊥新	112,437	
比当	梶原 康弘	47	男	民主㊥新	108,851	
	西中 孝男	54	男	共産 新	15,124	
【第6区】	定数1					
当	市村浩一郎	39	男	民主㊥新	109,320	
	阪上 善秀	56	男	自民 前	96,410	
	中川 智子	56	女	社民 前	32,078	
	大塚 寿夫	64	男	共産 新	18,351	
【第7区】	定数1					
当	大前 繁雄	61	男	自民㊥新	111,216	
比当	土井たか子	74	女	社民㊥前	96,404	
	礒見 恵子	46	女	共産 新	28,526	
【第8区】	定数1					
当	冬柴 鉄三	67	男	公明 前	94,406	
比当	室井 邦彦	56	男	民主㊥新	79,492	
	庄本 悦子	49	女	共産㊥新	22,328	
	北川れん子	49	女	社民 前	17,850	
【第9区】	定数1					
当	西村 康稔	41	男	無所属 新	86,631	
	宮本 一三	72	男	自民 前	65,374	
	畠中 光成	31	男	民主㊥新	47,406	
	筧 直樹	55	男	共産 新	12,694	
【第10区】	定数1					
当	渡海紀三朗	55	男	自民 前	97,196	
	岡田 康裕	28	男	民主㊥新	77,009	
	星原 幸代	61	女	共産 新	15,112	
【第11区】	定数1					
当	松本 剛明	44	男	民主 前	112,898	
	戸井田 徹	51	男	自民㊥元	89,159	
	竹内 典昭	28	男	共産 新	12,494	
【第12区】	定数1					
当	河本 三郎	53	男	自民㊥元	108,479	
	山口 壯	49	男	無会 前	103,848	
	太田 清幸	48	男	共産 新	8,468	

第44回衆議院議員選挙
平成17年（2005年）9月11日実施

【第1区】	定数1				
当	盛山 正仁	51	男	自民㊥新	95,746
	石井 一	71	男	民主 前	65,386
	原 和美	55	女	無所属 新	21,844
	味口 俊之	35	男	共産 新	21,402
	砂田 圭佑	71	男	無所属 前	16,074
	岩元 伸市	71	男	無所属 新	2,392
【第2区】	定数1				
当	赤羽 一嘉	47	男	公明 前	106,056
	泉 房穂	42	男	民主 前	83,380
	平松 順子	55	女	共産㊥新	31,155
【第3区】	定数1				
当	関 芳弘	40	男	自民㊥新	92,556
比当	土肥 隆一	66	男	民主㊥前	87,182

	今井 正子	53	女	共産 新	24,655
【第4区】	定数1				
当	井上 喜一	73	男	自民 前	150,580
	高橋 昭一	41	男	民主㊥新	97,074
	永井 修	64	男	共産 新	21,202
【第5区】	定数1				
当	谷 公一	53	男	自民㊥前	118,063
	梶原 康弘	48	男	民主㊥前	87,977
	日村 豊彦	52	男	無所属 新	36,842
	平山 和志	51	男	共産 新	17,717
【第6区】	定数1				
当	木挽 司	46	男	自民㊥新	112,265
比当	市村浩一郎	41	男	民主㊥前	102,055
	阪上 善秀	58	男	無所属 元	47,534
	中川 智子	57	女	社民㊥元	28,875
	大塚 寿夫	66	男	共産 新	17,696
【第7区】	定数1				
当	大前 繁雄	63	男	自民㊥前	145,851
	石井登志郎	34	男	民主㊥新	96,003
	坂本 洋子	43	女	社民㊥新	26,145
	礒見 恵子	48	女	共産 新	22,304
【第8区】	定数1				
当	冬柴 鉄三	69	男	公明 前	109,957
	室井 邦彦	58	男	民主㊥前	83,288
	庄本 悦子	51	女	共産 新	29,986
	植田 至紀	39	男	社民㊥元	14,019
【第9区】	定数1				
当	西村 康稔	42	男	自民㊥前	136,605
	畠中 光成	33	男	民主㊥新	61,617
	宮本 一三	74	男	日本㊥元	21,647
	大椙 鉄夫	57	男	共産 新	14,539
【第10区】	定数1				
当	渡海紀三朗	57	男	自民㊥前	112,870
	岡田 康裕	30	男	民主㊥新	90,640
	星原 幸代	63	女	共産 新	16,235
【第11区】	定数1				
当	戸井田 徹	53	男	自民㊥元	113,401
比当	松本 剛明	46	男	民主㊥前	110,966
	竹内 典昭	30	男	共産 新	14,441
【第12区】	定数1				
当	河本 三郎	55	男	自民㊥前	115,731
比当	山口 壯	50	男	民主㊥元	106,566
	太田 清幸	50	男	共産 新	8,480

第45回衆議院議員選挙
平成21年（2009年）8月30日実施

【第1区】	定数1				
当	井戸 正枝	43	女	民主㊥新	111,183
	盛山 正仁	55	男	自民 前	73,767
	味口 俊之	39	男	共産 新	20,760
	原 和美	59	女	無所属 新	19,995
	槇山 健二	52	男	諸派 新	2,868

【第２区】定数１

当	向山　好一	52	男	民主[比]	新	111,208
	赤羽　一嘉	51	男	公明	前	88,502
	井村　弘子	63	女	共産	新	23,041
	竹内　知弘	45	男	諸派	新	4,485

【第３区】定数１

当	土肥　隆一	70	男	民主[比]	前	102,350
	関　芳弘	44	男	自民[比]	前	67,833
	金田　峰生	44	男	共産[比]	新	18,703
	黒江　兼司	53	男	無所属	新	11,011
	山本　正晴	53	男	無所属	新	2,866
	森本　潔	52	男	諸派	新	2,039

【第４区】定数１

当	高橋　昭一	45	男	民主[比]	新	142,684
	井上　喜一	77	男	自民	前	103,336
	石原　修三	58	男	無所属	新	20,924
	佐藤　塁	32	男	諸派	新	5,299
	外山　高史	61	男	無所属	新	4,427

【第５区】定数１

当	梶原　康弘	52	男	民主[比]	元	142,631
比当	谷　公一	57	男	自民[比]	前	109,497
	丸岡　真澄	51	女	諸派	新	7,406

【第６区】定数１

当	市村浩一郎	45	男	民主[比]	前	172,889
	木挽　司	50	男	自民[比]	前	104,014
	北野　紀子	46	女	共産	新	28,098
	上野　仁宏	38	男	諸派	新	6,096

【第７区】定数１

当	石井登志郎	38	男	民主[比]	新	176,017
	大前　繁雄	67	男	自民[比]	前	90,661
	平野　貞雄	53	男	共産	新	26,745
	小田　和代	49	女	諸派	新	6,759

【第８区】定数１

当	田中　康夫	53	男	日本[比]	新	106,225
	冬柴　鉄三	73	男	公明	前	103,918
	庄本　悦子	55	女	共産	新	20,327
	市来　伴子	32	女	社民[比]	新	18,770
	角出　智一	43	男	諸派	新	2,532

【第９区】定数１

当	西村　康稔	46	男	自民[比]	前	137,190
	宮本　一三	77	男	国民[比]	元	76,991
	高木　義彰	40	男	諸派	新	12,033

【第10区】定数１

当	岡田　康裕	34	男	民主[比]	新	132,231
	渡海紀三朗	61	男	自民[比]	前	92,032
	小村　直弘	45	男	諸派	新	3,788

【第11区】定数１

当	松本　剛明	50	男	民主[比]	前	146,058
	戸井田　徹	57	男	自民[比]	前	86,203
	帽田　智子	40	女	諸派	新	6,013

【第12区】定数１

当	山口　壮	54	男	民主[比]	前	123,325
	河本　三郎	58	男	自民[比]	前	94,032
	山田徳太郎	32	男	諸派	新	3,148

第46回衆議院議員選挙

平成24年（2012年）12月16日実施

【第１区】定数１

当	盛山　正仁	59	男	自民[比]	元	76,401
比当	井坂　信彦	38	男	みんな[比]	新	73,587
	井戸　正枝	47	女	民主[比]	前	37,584
	筒井哲二朗	41	男	共産	新	18,059

【第２区】定数１

当	赤羽　一嘉	54	男	公明	元	87,969
	向山　好一	55	男	民主[比]	前	43,900
	五島　大亮	35	男	無所属	新	30,658
	貫名ユウナ	61	女	共産	新	23,367

【第３区】定数１

当	関　芳弘	47	男	自民[比]	元	67,920
比当	新原　秀人	50	男	維新[比]	新	55,835
	横畑　和幸	41	男	民主[比]	新	26,875
	三橋　真記	35	女	未来[比]	新	15,030
	大椙　鉄夫	64	男	共産	新	13,811

【第４区】定数１

当	藤井比早之	41	男	自民[比]	新	104,202
	清水　貴之	38	男	維新[比]	新	78,565
	高橋　昭一	48	男	民主[比]	前	43,386
	松本　勝雄	68	男	共産	新	15,769

【第５区】定数１

当	谷　公一	60	男	自民[比]	前	104,403
比当	三木　圭恵	46	女	維新[比]	新	51,341
	梶原　康弘	56	男	民主[比]	前	50,732
	平山　和志	59	男	共産	新	15,534

【第６区】定数１

当	大串　正樹	46	男	自民[比]	新	99,988
比当	杉田　水脈	45	女	維新[比]	新	79,187
	市村浩一郎	48	男	民主[比]	前	58,270
	松崎　克彦	57	男	未来[比]	新	21,739
	吉見　秋彦	38	男	共産	新	18,221

【第７区】定数１

当	山田　賢司	46	男	自民[比]	新	105,092
比当	畠中　光成	40	男	みんな[比]	新	80,480
	石井登志郎	41	男	民主[比]	前	59,385
	浜本　信義	59	男	共産	新	22,377

【第８区】定数１

当	中野　洋昌	34	男	公明	新	97,526
	田中　康夫	56	男	日本	前	62,697
	室井　秀子	57	女	民主[比]	前	26,246
	庄本　悦子	58	女	共産	新	22,645

【第９区】定数１

当	西村　康稔	50	男	自民[比]	前	120,590
	谷　俊二	45	男	維新[比]	新	45,097
	浜本　宏	60	男	民主[比]	前	21,016
	新町美千代	65	女	共産	新	16,393

【第10区】定数1
当 渡海紀三朗 64 男 自民㊡元 87,902
　 岡田　康裕 37 男 民主㊡前 54,852
　 岡田　久雄 30 男 維新㊡新 43,948
　 井沢　孝典 62 男 共産　新 12,106
【第11区】定数1
当 松本　剛明 53 男 民主㊡前 80,760
　 頭師　暢秀 42 男 自民㊡新 64,509
　 堅田壮一郎 26 男 維新㊡新 46,462
　 白髪みどり 37 女 共産　新 12,304
【第12区】定数1
当 山口　　壯 58 男 民主㊡前 81,528
　 岡崎　　晃 48 男 自民㊡新 56,317
　 宮崎　健治 46 男 維新㊡新 37,424
　 竹内　典昭 37 男 共産　新 9,232

第47回衆議院議員選挙
平成26年（2014年）12月14日実施

【第1区】定数1
当 井坂　信彦 40 男 維新㊡前 84,822
比当 盛山　正仁 61 男 自民㊡前 72,791
　 筒井哲二朗 43 男 共産　新 25,875
【第2区】定数1
当 赤羽　一嘉 56 男 公明　前 78,131
　 向山　好一 57 男 民主㊡元 48,796
　 平松　順子 65 女 共産　新 31,575
【第3区】定数1
当 関　　芳弘 49 男 自民㊡前 63,022
　 新原　秀人 52 男 維新㊡前 33,062
　 横畑　和幸 43 男 民主　新 24,402
　 和田有一朗 50 男 次世代　新 19,343
　 冨士谷香恵子 62 女 共産　新 17,690
【第4区】定数1
当 藤井比早之 43 男 自民㊡前 111,544
　 永井　寿也 41 男 維新㊡新 62,506

　 林　　政人 61 男 共産　新 29,990
【第5区】定数1
当 谷　　公一 62 男 自民㊡前 110,439
　 三木　圭恵 48 女 維新㊡前 60,337
　 西中　孝男 65 男 共産　新 23,189
【第6区】定数1
当 大串　正樹 48 男 自民㊡前 116,328
　 辻　　泰弘 58 男 民主㊡新 61,902
　 吉岡　健次 45 男 共産　新 34,647
　 杉田　水脈 47 女 次世代㊡前 24,877
【第7区】定数1
当 山田　賢司 48 男 自民㊡前 89,813
　 畠中　光成 42 男 維新㊡前 63,856
　 石井登志郎 43 男 民主㊡元 39,357
　 大前　春代 30 女 無所属　新 28,161
　 浜本　鶴男 70 男 共産　新 21,996
【第8区】定数1
当 中野　洋昌 36 男 公明　前 94,687
　 庄本　悦子 60 女 共産　新 60,849
【第9区】定数1
当 西村　康稔 52 男 自民㊡前 126,491
　 新町美千代 67 女 共産　新 42,694
【第10区】定数1
当 渡海紀三朗 66 男 自民㊡前 89,792
　 松井　雅博 35 男 維新㊡新 51,316
　 井沢　孝典 64 男 共産　新 24,162
【第11区】定数1
当 松本　剛明 55 男 民主㊡前 90,182
　 頭師　暢秀 44 男 自民㊡前 74,562
　 苦瓜　一成 61 男 共産　新 17,020
【第12区】定数1
当 山口　　壯 60 男 無所属　前 77,654
　 戸井田真太郎 36 男 無所属　新 42,664
　 村上　賀厚 55 男 維新㊡新 27,835
　 堀　　譲 64 男 共産　新 14,871

選挙区・奈良県

第24回衆議院議員選挙
昭和24年（1949年）1月23日実施

【全県区】定数5
当 前田　正男 37 男 民自　前 41,100
当 井上信貴男 42 男 無所属　新 30,850
当 竹村奈良一 44 男 共産　新 29,837
当 東井三代次 50 男 民主　前 24,630
当 藤井　平治 64 男 民自　新 21,350
　 伊瀬幸太郎 56 男 社会　前 20,263
　 中村元治郎 59 男 無所属　前 19,288
　 宮島　善治 43 男 民自　新 19,211
　 高椋　正次 55 男 民自　新 17,929

　 奥田　信義 57 男 民主　新 17,733
　 倉林　信義 39 男 民主　新 13,741
　 北浦圭太郎 63 男 民主　前 12,534
　 小野ヒサ子 45 女 無所属　新 11,250
　 重松　利生 42 男 無所属　新 10,844
　 八木　一男 39 男 社会　新 10,783
　 元林　義治 53 男 無所属　新 10,158
　 小川　斉司 55 男 民主　新 6,102
　 砂川　正亮 62 男 無所属　新 5,244
　 山田寅治郎 48 男 民自　新 3,814
　 中尾　順三 28 男 無所属　新 3,503
　 小川　錦一 57 男 無所属　新 629
　 村田　光造 58 男 無所属　新 545

第25回衆議院議員選挙
昭和27年(1952年)10月1日実施

【全県区】定数5

		氏名	年齢	性別	党派	新前元	得票数
当		前田　正男	39	男	自由	前	47,872
当		八木　一男	41	男	左社	新	42,129
当		仲川房次郎	54	男	自由	元	38,698
当		岡本　茂	54	男	自由	新	34,216
当		秋山　利恭	51	男	無所属	新	28,821
		中島　賢蔵	47	男	自由	新	26,594
		伊瀬幸太郎	57	男	右社	元	26,413
		植村　武一	53	男	改進	元	24,856
		井上信貴男	44	男	自由	前	23,646
		名倉　仙蔵	46	男	自由	新	23,219
		竹村奈良一	46	男	共産	前	12,841
		服部　教一	80	男	無所属	元	11,552
		加納　正義	41	男	改進	新	8,680
		小川　斉司	51	男	改進	新	4,518
		村田　光造	60	男	無所属	新	530

第26回衆議院議員選挙
昭和28年(1953年)4月19日実施

【全県区】定数5

		氏名	年齢	性別	党派	新前元	得票数
当		八木　一男	41	男	左社	前	53,549
当		仲川房次郎	57	男	自由吉	前	48,260
当		前田　正男	39	男	自由吉	前	45,567
当		伊瀬幸太郎	58	男	右社	元	43,952
当		秋山　利恭	51	男	自由吉	前	40,189
		植村　武一	54	男	改進	元	37,515
		岡本　茂	54	男	自由吉	前	35,639
		服部　教一	80	男	無所属	元	13,238
		青木　康次	39	男	共産	新	7,406
		森本　正一	44	男	無所属	新	4,387
		村田　光造	60	男	無所属	新	830

第27回衆議院議員選挙
昭和30年(1955年)2月27日実施

【全県区】定数5

		氏名	年齢	性別	党派	新前元	得票数
当		植村　武一	56	男	民主	元	49,243
当		八木　一男	43	男	左社	前	47,857
当		仲川房次郎	59	男	自由	前	43,445
当		前田　正男	41	男	自由	前	41,651
当		伊瀬幸太郎	60	男	右社	前	38,220
		岡本　茂	56	男	自由	元	32,692
		秋山　利恭	53	男	自由	前	30,661
		駒井　康人	46	男	民主	新	24,332
		今西　丈司	43	男	民主	新	11,824
		服部　教一	82	男	無所属	元	10,171
		戸毛　亮蔵	53	男	無所属	新	8,700
		青木　康次	41	男	共産	新	8,486
		大門　好夫	52	男	無所属	新	906

| | | 木村文之助 | 51 | 男 | 無所属 | 新 | 290 |

第28回衆議院議員選挙
昭和33年(1958年)5月22日実施

【全県区】定数5

		氏名	年齢	性別	党派	新前元	得票数
当		八木　一男	46	男	社会	前	47,504
当		前田　正男	44	男	自民	前	45,158
当		秋山　利恭	56	男	無所属	元	37,515
当		服部　安司	42	男	自民	新	37,419
当		岡本　茂	59	男	無所属	元	37,294
		井上信貴男	50	男	自民	元	34,691
		伊瀬幸太郎	63	男	社会	前	32,336
		植村　武一	59	男	自民	前	31,783
		中島　賢蔵	53	男	自民	新	31,053
		森　義視	40	男	社会	新	21,324
		住中　英男	34	男	無所属	新	15,408
		速水　泰妙	45	男	共産	新	4,103

第29回衆議院議員選挙
昭和35年(1960年)11月20日実施

【全県区】定数5

		氏名	年齢	性別	党派	新前元	得票数
当		服部　安司	45	男	自民	前	56,174
当		八木　一男	49	男	社会	前	52,556
当		岡本　茂	62	男	自民	前	52,328
当		前田　正男	47	男	自民	前	51,972
当		秋山　利恭	59	男	自民	前	45,950
		井上信貴男	52	男	自民	元	44,949
		森　義視	43	男	社会	新	31,707
		小野ヒサ子	55	女	民社	新	23,124
		伊瀬幸太郎	65	男	無所属	元	11,289
		速水　泰妙	48	男	共産	新	3,974

第30回衆議院議員選挙
昭和38年(1963年)11月21日実施

【全県区】定数5

		氏名	年齢	性別	党派	新前元	得票数
当		服部　安司	48	男	自民	元	61,632
当		奥野　誠亮	50	男	自民	新	58,017
当		八木　一男	52	男	社会	前	48,189
当		前田　正男	50	男	自民	前	46,344
当		森　義視	46	男	社会	新	45,383
		岡本　茂	65	男	自民	前	45,257
		野尻　弘孝	42	男	自民	新	41,019
		吉田　之久	36	男	民社	新	40,897
		速水　泰妙	51	男	共産	新	5,660
		中畑　喜一	58	男	無所属	新	2,261

第31回衆議院議員選挙
昭和42年(1967年) 1月29日実施

【全県区】 定数5

当	森	義視	49	男	社会	前	63,559
当	吉田	之久	40	男	民社	新	61,526
当	奥野	誠亮	53	男	自民	前	60,175
当	八木	一男	55	男	社会	前	57,104
当	岡本	茂	68	男	自民	元	55,737
	前田	正男	53	男	自民	前	51,048
	服部	安司	51	男	自民	前	50,243
	小針	実	39	男	共産	新	8,766
	大門	好夫	64	男	無所属	新	1,016

第32回衆議院議員選挙
昭和44年(1969年)12月27日実施

【全県区】 定数5

当	奥野	誠亮	56	男	自民	前	77,369
当	服部	安司	54	男	自民	元	70,528
当	前田	正男	56	男	自民	元	69,078
当	林	孝矩	31	男	公明	新	54,442
当	吉田	之久	43	男	民社	前	49,867
	八木	一男	58	男	社会	前	48,638
	森	義視	52	男	社会	前	40,846
	岡本	茂	71	男	自民	前	34,714
	小針	実	42	男	共産	新	15,518

第33回衆議院議員選挙
昭和47年(1972年)12月10日実施

【全県区】 定数5

当	八木	一男	61	男	社会	元	103,010
当	奥野	誠亮	59	男	自民	前	87,754
当	前田	正男	59	男	自民	前	86,265
当	服部	安司	57	男	自民	前	73,766
当	林	孝矩	34	男	公明	前	63,806
	吉田	之久	46	男	民社	前	63,566
	小針	実	45	男	共産	新	37,569
	吉村	繁一	65	男	無所属	新	815

第34回衆議院議員選挙
昭和51年(1976年)12月 5日実施

【全県区】 定数5

当	奥野	誠亮	63	男	自民	現	100,550
当	吉田	之久	50	男	民社	元	97,309
当	川本	敏美	53	男	社会	新	81,546
当	林	孝矩	38	男	公明	現	77,912
当	服部	安司	61	男	自民	現	75,265
	前田	正男	63	男	自民	現	69,186
	辻	第一	50	男	共産	新	60,351

第35回衆議院議員選挙
昭和54年(1979年)10月 7日実施

【全県区】 定数5

当	奥野	誠亮	66	男	自民	前	115,285
当	服部	安司	64	男	自民	前	104,119
当	辻	第一	53	男	共産	新	92,150
当	吉田	之久	52	男	民社	前	89,858
当	林	孝矩	41	男	公明	前	85,318
	川本	敏美	56	男	社会	前	65,186

第36回衆議院議員選挙
昭和55年(1980年) 6月22日実施

【全県区】 定数5

当	奥野	誠亮	66	男	自民	前	128,654
当	前田	正男	66	男	自民	元	116,530
当	辻	第一	54	男	共産	前	91,265
当	川本	敏美	57	男	社会	元	89,152
当	吉田	之久	53	男	民社	前	85,303
	林	孝矩	42	男	公明	前	77,188

第37回衆議院議員選挙
昭和58年(1983年)12月18日実施

【全県区】 定数5

当	森本	晃司	41	男	公明	新	95,923
当	吉田	之久	57	男	民社	前	86,423
当	奥野	誠亮	70	男	自民	前	85,927
当	鍵田忠三郎		61	男	無所属	新	83,523
当	辻	第一	57	男	共産	前	80,307
	服部	安司	68	男	自民	元	77,213
	川本	敏美	60	男	社会	前	76,378
	前田	武志	46	男	自民	新	58,228

第38回衆議院議員選挙
昭和61年(1986年) 7月 6日実施

【全県区】 定数5

当	奥野	誠亮	72	男	自民	前	126,605
当	前田	武志	48	男	自民	新	115,848
当	森本	晃司	44	男	公明	前	97,905
当	辻	第一	60	男	共産	前	89,269
当	吉田	之久	59	男	民社	前	78,583
	川本	敏美	63	男	社会	元	78,176
	鍵田忠三郎		63	男	自民	前	73,529

第39回衆議院議員選挙
平成 2年(1990年) 2月18日実施

【全県区】 定数5

当	松原	脩雄	44	男	社会	新	131,504
当	前田	武志	52	男	自民	前	120,327

当	奥野 誠亮	76	男	自民	前	110,245
当	森本 晃司	47	男	公明	前	86,323
当	辻 第一	64	男	共産	前	80,501
	吉田 之久	63	男	民社	前	77,346
	鍵田忠三郎	67	男	自民	元	66,232
	田野瀬良太郎	46	男	無所属	新	47,849
	服部三男雄	45	男	無所属	新	32,136
	向井 弘	54	男	無所属	新	2,502

第40回衆議院議員選挙
平成5年(1993年)7月18日実施

【全県区】定数5

当	高市 早苗	32	女	無所属	新	131,345
当	前田 武志	55	男	新生	前	115,893
当	奥野 誠亮	80	男	自民	前	113,254
当	森本 晃司	51	男	公明	前	97,267
当	田野瀬良太郎	49	男	自民	新	90,886
	辻 第一	67	男	共産	前	82,673
	松原 脩雄	48	男	社会	前	78,801
	岡井 康弘	35	男	日本新	新	32,380

第41回衆議院議員選挙
平成8年(1996年)10月20日実施

【第1区】定数1

当	高市 早苗	35	女	新進	前	60,507
	森岡 正宏	53	男	自民	比新	50,249
比当	辻 第一	70	男	共産	比元	33,802
比当	家西 悟	36	男	民主	新	18,994

【第2区】定数1

当	滝 実	58	男	自民	比新	65,679
	鎌田 博貴	36	男	新進	新	45,837
	宇賀神せつ子	57	女	共産	新	24,476
	田中 惟允	53	男	民主	新	17,513
	岡井 康弘	38	男	自連	比新	5,641

【第3区】定数1

当	奥野 誠亮	83	男	自民	前	72,682
	森本 晃司	54	男	新進	前	64,671
	鎌野 祥二	29	男	共産	新	18,465
	和田 作郎	47	男	民主	比新	16,647

【第4区】定数1

当	前田 武志	58	男	新進	前	80,397
比当	田野瀬良太郎	52	男	自民	比前	79,759
	樋口兼三郎	55	男	共産	新	12,058
	村田 光	31	男	民主	新	8,111

第42回衆議院議員選挙
平成12年(2000年)6月25日実施

【第1区】定数1

当	森岡 正宏	57	男	自民	比新	73,851
	馬淵 澄夫	39	男	民主	比新	54,684

	佐藤 真理	50	男	共産	比新	32,337
	向井 弘	64	男	自連	新	6,401

【第2区】定数1

当	滝 実	61	男	自民	比前	71,146
比当	中村 哲治	28	男	民主	比新	63,707
	伊藤 正明	58	男	共産	新	26,546
	岡井 康弘	42	男	自連	新	6,418

【第3区】定数1

当	奥野 誠亮	86	男	自民	比前	68,695
	福岡ともみ	44	女	民主	比新	50,003
比当	植田 至紀	34	男	社民	比新	23,466
	正木 敦	28	男	共産	新	21,201

【第4区】定数1

当	田野瀬良太郎	56	男	自民	比前	93,108
	前田 武志	62	男	民主	比前	80,674
	田村 幹夫	47	男	共産	新	11,969

第43回衆議院議員選挙
平成15年(2003年)11月9日実施

【第1区】定数1

当	馬淵 澄夫	43	男	民主	比新	79,529
	高市 早苗	42	女	自民	比前	65,538
	佐藤 真理	53	男	共産	比新	20,010

【第2区】定数1

当	中村 哲治	32	男	民主	比前	83,168
比当	滝 実	65	男	自民	比前	73,646
	宮本 次郎	28	男	共産	新	15,044

【第3区】定数1

当	奥野 信亮	59	男	自民	比新	81,345
	福岡ともみ	47	女	民主	比新	58,222
	植田 至紀	37	男	社民	比前	16,939
	正木 敦	32	男	共産	新	14,219

【第4区】定数1

当	田野瀬良太郎	60	男	自民	比前	112,714
	山本 直子	50	女	民主	比新	49,077
	一瀬 則保	36	男	共産	新	10,614

第44回衆議院議員選挙
平成17年(2005年)9月11日実施

【第1区】定数1

当	馬淵 澄夫	45	男	民主	比前	73,062
比当	鍵田忠兵衛	48	男	自民	比新	66,215
	森岡 正宏	62	男	無所属	前	41,914
	細野 歩	48	男	共産	新	15,071

【第2区】定数1

当	高市 早苗	44	女	自民	比元	92,096
	中村 哲治	34	男	民主	比前	72,074
比当	滝 実	66	男	日本	比前	29,995
	中野 明美	57	女	共産	比新	12,657

【第3区】定数1

| 当 | 奥野 信亮 | 61 | 男 | 自民 | 比前 | 104,572 |

衆議院・選挙区（和歌山県）

	吉川　政重	41	男	民主㊣新	75,034
	正木　　敦	34	男	共産　新	18,096

【第4区】定数1

当	田野瀬良太郎	61	男	自民㊣前	107,014
	森下　　豊	47	男	民主㊣新	76,031
	青木　光治	46	男	共産　新	9,624

第45回衆議院議員選挙
平成21年（2009年）8月30日実施

【第1区】定数1

当	馬淵　澄夫	49	男	民主㊣前	120,812
	森岡　正宏	66	男	自民㊣元	61,464
	井上　良子	45	女	共産　新	14,732
	栗岡真由美	49	女	諸派　新	2,137

【第2区】定数1

当	滝　　実	70	男	民主㊣前	98,728
比当	高市　早苗	48	女	自民　前	94,879
	西　ふみ子	74	女	共産㊣新	15,626
	田中　孝子	54	女	諸派　新	2,971

【第3区】定数1

当	吉川　政重	45	男	民主㊣新	111,949
	奥野　信亮	65	男	自民㊣前	75,600
	豆田　至功	56	男	共産㊣新	14,525
	尾崎　貴教	27	男	諸派　新	2,514

【第4区】定数1

当	田野瀬良太郎	65	男	自民㊣前	95,638
比当	大西　孝典	53	男	民主㊣新	93,803
	赤松　明宏	52	男	諸派　新	3,170

第46回衆議院議員選挙
平成24年（2012年）12月16日実施

【第1区】定数1

当	馬淵　澄夫	52	男	民主㊣前	68,712
比当	小林　茂樹	48	男	自民㊣新	61,043
	大野　祐司	52	男	維新㊣新	38,791
	伊藤恵美子	66	女	共産　新	12,954

【第2区】定数1

当	高市　早苗	51	女	自民㊣前	86,747
	並河　　健	33	男	維新㊣新	45,014
	百武　　威	37	男	民主㊣新	22,321
	中村　哲治	41	男	未来㊣元	19,200
	中野　明美	64	女	共産㊣新	12,444

【第3区】定数1

当	奥野　信亮	68	男	自民㊣元	76,073
	西峰　正佳	45	男	維新㊣新	49,928
	吉川　政重	49	男	民主㊣前	35,974
	豆田　至功	59	男	共産　新	14,466

【第4区】定数1

当	田野瀬太道	38	男	自民㊣新	82,125
	松浪　武久	45	男	維新㊣新	35,969
	大西　孝典	56	男	民主㊣前	35,636
	山崎　タヨ	62	女	共産　新	8,723

第47回衆議院議員選挙
平成26年（2014年）12月14日実施

【第1区】定数1

当	馬淵　澄夫	54	男	民主㊣前	79,265
	小林　茂樹	50	男	自民㊣前	67,473
	谷川　和広	36	男	共産㊣新	16,996

【第2区】定数1

当	高市　早苗	53	女	自民㊣前	96,218
	中村　哲治	43	男	生活㊣元	38,781
	和泉　信丈	31	男	共産　新	21,937

【第3区】定数1

当	奥野　信亮	70	男	自民㊣前	79,334
	栗原絵里子	46	女	維新㊣新	46,556
	正木　　敦	43	男	共産　新	24,828

【第4区】定数1

当	田野瀬太道	40	男	自民㊣前	86,442
	大西　孝典	58	男	民主㊣元	42,050
	山崎　タヨ	64	女	共産　新	12,643

選挙区・和歌山県

第24回衆議院議員選挙
昭和24年（1949年）1月23日実施

【第1区】定数3

当	山口喜久一郎	53	男	民自　前	54,837
当	今村長太郎	50	男	民自　前	38,105
当	田中織之進	39	男	社会　前	31,031
	松山　　望	37	男	民主　新	25,041
	山田六左衛門	49	男	共産　新	14,982
	高幣　常市	46	男	無所属新	9,177

【第2区】定数3

当	世耕　弘一	57	男	新自　前	30,612
当	早川　　崇	34	男	社革　前	28,639
当	田淵　光一	50	男	民自　新	23,402
	町田　義友	45	男	民自　新	22,510
	菅原　清六	46	男	民主　新	22,428
	鈴木貞一郎	51	男	社会　新	20,469
	山上　為男	45	男	共産　新	15,587
	玉井　義一	51	男	民自　新	11,460

第25回衆議院議員選挙
昭和27年(1952年)10月1日実施

【第1区】定数3

当	山口喜久一郎	55	男	自由	前	50,290
当	田中織之進	41	男	左社	前	39,745
当	坊　秀男	48	男	無所属	新	30,502
	藪谷　虎芳	50	男	無所属	新	28,104
	今村長太郎	52	男	自由	前	21,818
	和田伝五郎	50	男	右社	新	20,807
	松山常次郎	68	男	自由	元	17,121
	中谷　武世	54	男	改進	元	16,601
	坂本　正	26	男	共産	新	3,469
	高橋　雅夫	42	男	無所属	新	2,883

【第2区】定数3

当	早川　崇	36	男	改進	前	34,158
当	楠山義太郎	55	男	改進	新	30,297
当	辻原　弘市	29	男	左社	新	27,410
	世耕　弘一	59	男	諸派	前	27,327
	町田　義友	46	男	自由	新	25,433
	田淵　光一	52	男	自由	前	23,719
	寺本　正男	39	男	無所属	新	10,167
	雑賀伊一郎	58	男	自由	新	9,110
	角　猪之助	57	男	再建	元	4,607
	山上　為男	47	男	共産	新	4,455
	玉井　義一	53	男	自由	新	3,778

第26回衆議院議員選挙
昭和28年(1953年)4月19日実施

【第1区】定数3

当	山口喜久一郎	55	男	自由吉	前	45,863
当	田中織之進	42	男	左社	前	44,678
当	坊　秀男	48	男	自由吉	前	31,306
	今村長太郎	52	男	自由鳩	元	26,205
	和田伝五郎	51	男	右社	新	26,190
	中谷　武世	54	男	改進	元	18,166
	松山常次郎	69	男	無所属	元	16,477
	坂本　正	27	男	共産	新	3,660

【第2区】定数3

当	世耕　弘一	59	男	自由鳩	元	39,136
当	田淵　光一	53	男	自由吉	元	36,707
当	辻原　弘市	30	男	左社	前	33,371
	早川　崇	36	男	改進	前	32,055
	楠山義太郎	55	男	改進	前	24,856
	町田　義友	47	男	自由吉	新	21,591
	岩本　杉一	43	男	無所属	新	8,782
	山上　為男	48	男	共産	新	3,778

第27回衆議院議員選挙
昭和30年(1955年)2月27日実施

【第1区】定数3

当	山口喜久一郎	57	男	自由	前	50,002
当	田中織之進	44	男	左社	前	48,865
当	坊　秀男	50	男	民主	前	46,382
	今村長太郎	54	男	民主	元	42,237
	的場鹿五郎	45	男	右社	新	29,940
	中谷　武世	56	男	民主	元	17,517

【第2区】定数3

当	早川　崇	38	男	民主	元	50,592
当	辻原　弘市	32	男	左社	前	42,678
当	世耕　弘一	61	男	民主	前	33,804
	楠山義太郎	59	男	民主	前	33,460
	田淵　光一	55	男	自由	前	28,032
	町田　義友	49	男	無所属	新	18,517

第28回衆議院議員選挙
昭和33年(1958年)5月22日実施

【第1区】定数3

当	坊　秀男	54	男	自民	前	66,674
当	田中織之進	47	男	社会	前	66,469
当	山口喜久一郎	61	男	自民	前	56,587
	今村長太郎	58	男	諸派	元	41,256
	中谷　武世	59	男	無所属	元	18,563
	藤沢弘太郎	34	男	共産	新	4,462

【第2区】定数3

当	早川　崇	41	男	自民	前	67,093
当	辻原　弘市	35	男	社会	前	52,169
当	世耕　弘一	65	男	自民	前	42,106
	田淵　光一	58	男	自民	元	40,835
	山田　幹雄	30	男	共産	新	5,699
	花岡　英三	46	男	無所属	新	2,368

第29回衆議院議員選挙
昭和35年(1960年)11月20日実施

【第1区】定数3

当	坊　秀男	56	男	自民	前	65,689
当	田中織之進	49	男	社会	前	64,350
当	山口喜久一郎	63	男	自民	前	63,214
	藤沢弘太郎	36	男	共産	新	10,824

【第2区】定数3

当	正示啓次郎	49	男	自民	新	63,572
当	早川　崇	44	男	自民	前	53,379
当	辻原　弘市	37	男	社会	前	43,629
	世耕　弘一	67	男	自民	前	42,526
	田淵　光一	60	男	無所属	元	11,208
	田上　久信	34	男	共産	新	6,341

第30回衆議院議員選挙
昭和38年（1963年）11月21日実施

【第1区】 定数3
当	田中織之進	52	男	社会	前	67,305
当	坊　秀男	59	男	自民	前	66,088
当	山口喜久一郎	66	男	自民	前	58,676
	今村長太郎	63	男	自民	元	30,985
	藤沢弘太郎	39	男	共産	新	11,046
	高幣　常市	59	男	無所属	新	3,213

【第2区】 定数3
当	早川　崇	47	男	自民	前	63,116
当	辻原弘市	40	男	社会	前	53,953
当	正示啓次郎	52	男	自民	前	52,066
	世耕弘一	70	男	自民	元	50,009
	田上久信	37	男	共産	新	7,117

第31回衆議院議員選挙
昭和42年（1967年）1月29日実施

【第1区】 定数3
当	中谷鉄也	40	男	無所属	新	73,029
当	坊　秀男	62	男	自民	前	70,085
当	山口喜久一郎	69	男	自民	前	43,755
	樋口　徹	39	男	社会	新	32,943
	田中織之進	55	男	無所属	前	18,835
	岩橋治彦	39	男	無所属	新	14,770
	藤沢弘太郎	42	男	共産	新	13,156

【第2区】 定数3
当	正示啓次郎	55	男	自民	前	65,077
当	早川　崇	50	男	自民	前	55,927
当	世耕政隆	44	男	自民	新	53,061
	辻原弘市	43	男	社会	前	45,719
	田上久信	40	男	共産	新	9,036

第32回衆議院議員選挙
昭和44年（1969年）12月27日実施

【第1区】 定数3
当	坂井弘一	40	男	公明	新	62,725
当	坊　秀男	65	男	自民	前	58,405
当	中谷鉄也	43	男	社会	前	51,901
	山口喜久一郎	72	男	自民	前	46,391
	平越孝一	64	男	無所属	新	39,010
	樋口　徹	42	男	無所属	新	38,121
	茂野　嵩	51	男	共産	新	17,098
	かどま竜一	41	男	無所属	新	182

【第2区】 定数3
当	早川　崇	53	男	自民	前	60,130
当	辻原弘市	46	男	社会	元	57,205
当	正示啓次郎	58	男	自民	前	53,520
	世耕政隆	46	男	自民	前	50,102
	真砂房夫	43	男	共産	新	8,173

第33回衆議院議員選挙
昭和47年（1972年）12月10日実施

【第1区】 定数3
当	坊　秀男	68	男	自民	前	70,715
当	坂井弘一	43	男	公明	前	55,354
当	野間友一	40	男	共産	新	52,399
	海堀洋平	52	男	自民	新	49,472
	貴志八郎	42	男	社会	新	46,622
	金谷武彦	57	男	自民	新	27,267
	中西啓介	31	男	無所属	新	21,052

【第2区】 定数3
当	早川　崇	56	男	自民	前	69,792
当	正示啓次郎	61	男	自民	前	58,592
当	辻原弘市	49	男	社会	前	52,816
	井上　敦	36	男	共産	新	25,652

第34回衆議院議員選挙
昭和51年（1976年）12月5日実施

【第1区】 定数3
当	中西啓介	35	男	自民	新	90,150
当	坊　秀男	72	男	自民	現	80,143
当	坂井弘一	47	男	公明	現	76,197
	野間友一	44	男	共産	現	75,358
	的場鹿五郎	67	男	社会	新	33,264

【第2区】 定数3
当	早川　崇	60	男	自民	現	75,882
当	正示啓次郎	65	男	自民	現	54,730
当	大島　弘	55	男	社会	新	52,727
	井上　敦	40	男	共産	新	39,438

第35回衆議院議員選挙
昭和54年（1979年）10月7日実施

【第1区】 定数3
当	野間友一	47	男	共産	元	86,991
当	坂井弘一	50	男	公明	前	83,420
当	坊　秀男	75	男	自民	前	81,612
	中西啓介	38	男	自民	前	72,638
	田上　武	43	男	社会	新	12,641
	橋本晃和	38	男	無所属	新	8,323

【第2区】 定数3
当	正示啓次郎	68	男	自民	前	57,156
当	早川　崇	63	男	自民	前	55,367
当	井上　敦	43	男	共産	新	39,054
	大島　弘	58	男	社会	前	36,929
	村上有司	39	男	無所属	新	36,065

第36回衆議院議員選挙
昭和55年(1980年)6月22日実施

【第1区】定数3
当	中西　啓介	39	男	自民	元	126,228
当	野間　友一	47	男	共産	前	71,369
当	坂井　弘一	51	男	公明	前	66,490
	岡本　　宏	37	男	自民	新	56,518

【第2区】定数3
当	正示啓次郎	69	男	自民	前	68,116
当	早川　　崇	63	男	自民	前	63,752
当	大島　　弘	58	男	社会	元	47,994
	井上　　敦	44	男	共産	前	47,255

第37回衆議院議員選挙
昭和58年(1983年)12月18日実施

【第1区】定数3
当	中西　啓介	42	男	自民	前	138,677
当	野間　友一	51	男	共産	前	74,270
当	坂井　弘一	54	男	公明	前	71,590
	宇治田栄蔵	33	男	自民	新	55,147
	西本　弘暉	49	男	社会	新	14,120
	橋本　晃和	42	男	無所属	新	12,585

【第2区】定数3
当	玉置　和郎	60	男	自民	新	58,684
当	二階　俊博	44	男	自民	新	53,611
当	東　　　力	42	男	無所属	新	47,713
	正示啓次郎	72	男	自民	前	36,927
	井上　　敦	47	男	共産	元	32,241
	竹中　　伸	45	男	社会	新	27,574

第38回衆議院議員選挙
昭和61年(1986年)7月6日実施

【第1区】定数3
当	中西　啓介	45	男	自民	前	119,331
当	坂井　弘一	57	男	公明	前	77,398
当	野間　友一	53	男	共産	前	75,786
	玉置　裕康	54	男	自民	新	55,032

【第2区】定数3
当	玉置　和郎	63	男	自民	前	77,053
当	二階　俊博	47	男	自民	前	58,722
当	東　　　力	44	男	自民	前	57,313
	野田　　実	49	男	無所属	新	50,371
	井上　　敦	50	男	共産	元	33,172

第39回衆議院議員選挙
平成2年(1990年)2月18日実施

【第1区】定数3
当	中西　啓介	49	男	自民	前	109,964
当	坂井　弘一	60	男	公明	前	71,652
当	貴志　八郎	59	男	社会	新	68,976
	野間　友一	57	男	共産	新	64,699
	玉置　裕康	58	男	自民	新	48,117

【第2区】定数3
当	野田　　実	52	男	自民	新	60,262
当	東　　　力	48	男	自民	前	60,120
当	二階　俊博	51	男	自民	前	57,663
	玉置　公良	35	男	社会	新	49,836
	竹内　征司	52	男	無所属	新	38,062
	井上　　敦	53	男	共産	元	17,181

第40回衆議院議員選挙
平成5年(1993年)7月18日実施

【第1区】定数3
当	中西　啓介	52	男	新生	前	92,270
当	岸本　光造	52	男	自民	新	71,841
当	西　　博義	44	男	公明	新	67,947
	奥村　明春	43	男	共産	新	44,894
	貴志　八郎	63	男	社会	前	41,825
	浦口　高典	38	男	日本新	新	30,363

【第2区】定数2
当	二階　俊博	54	男	新生	前	104,600
当	野田　　実	56	男	自民	前	82,735
	東　　　力	51	男	自民	前	68,094
	正垣泰比古	41	男	共産	新	15,806

第41回衆議院議員選挙
平成8年(1996年)10月20日実施

【第1区】定数1
当	中西　啓介	55	男	新進	元	66,428
	旅田　卓宗	51	男	無所属	新	58,119
	東　　　力	54	男	自民㈥元	34,851
	奥村　明春	46	男	共産㈥新	25,016
	田畑真佐子	64	女	無所属	新	872

【第2区】定数1
当	岸本　光造	55	男	自民㈥前	74,734
	鶴保　庸介	29	男	新進	新	48,048
	吉田　小雪	52	女	共産	新	19,637

【第3区】定数1
当	二階　俊博	57	男	新進	前	115,681
比当	野田　　実	59	男	自民㈥前	101,074
	原　矢寸久	44	男	共産	新	18,155

第42回衆議院議員選挙
平成12年(2000年)6月25日実施

【第1区】定数1
当	谷本　龍哉	33	男	無所属	新	83,830
	中西　啓介	59	男	保守	前	65,468
	原　矢寸久	48	男	共産㈥新	33,899

【第2区】定数1
当	岸本　光造	59	男	自民㊗前	83,419	
	木村　文則	42	男	民主㊗新	38,156	
	吉田　小雪	56	女	共産　新	19,209	
	小松　由紀	57	女	自連　新	1,870	

【第3区】定数1
当	二階　俊博	61	男	保守　前	138,527	
	東　　力	58	男	無所属　元	55,546	
	林　　勤	48	男	共産　新	25,516	

《補選》第42回衆議院議員選挙
平成14年(2002年)4月28日実施
※岸本光造の死去による

【第2区】被選挙数1
当	石田　真敏	50	男	自民　新	71,631	
	岸本　健	31	男	無所属　新	60,398	
	奥村　規子	50	女	共産　新	13,094	

第43回衆議院議員選挙
平成15年(2003年)11月9日実施

【第1区】定数1
当	谷本　龍哉	37	男	自民㊗前	101,602	
	下角　力	50	男	共産㊗新	45,851	

【第2区】定数1
当	石田　真敏	51	男	自民㊗前	77,102	
比当	岸本　健	33	男	民主㊗新	63,145	
	古倉　伸二	62	男	共産　新	11,020	

【第3区】定数1
当	二階　俊博	64	男	保守新　前	148,274	
	上田　稔	56	男	共産　新	40,930	

第44回衆議院議員選挙
平成17年(2005年)9月11日実施

【第1区】定数1
当	谷本　龍哉	38	男	自民㊗前	100,868	
	岸本　周平	49	男	民主㊗新	78,621	
	下角　力	52	男	共産㊗新	18,418	

【第2区】定数1
当	石田　真敏	53	男	自民㊗前	88,915	
	岸本　健	35	男	民主㊗前	62,499	
	下村　雅洋	50	男	共産㊗新	13,027	

【第3区】定数1
当	二階　俊博	66	男	自民㊗前	145,735	
	真鍋　晃篤	34	男	民主㊗新	53,532	
	上田　稔	58	男	共産　新	20,140	

第45回衆議院議員選挙
平成21年(2009年)8月30日実施

【第1区】定数1
当	岸本　周平	53	男	民主㊗新	120,309	
	谷本　龍哉	42	男	自民㊗前	72,109	
	国重　秀明	48	男	共産㊗新	12,529	
	斉藤　昌宏	57	男	諸派　新	1,956	

【第2区】定数1
当	阪口　直人	46	男	民主㊗新	90,134	
比当	石田　真敏	57	男	自民㊗前	71,343	
	久保美也子	48	女	諸派　新	3,089	

【第3区】定数1
当	二階　俊博	70	男	自民㊗前	117,237	
比当	玉置　公良	54	男	民主㊗新	102,342	
	湊　侑子	26	女	諸派　新	5,634	

第46回衆議院議員選挙
平成24年(2012年)12月16日実施

【第1区】定数1
当	岸本　周平	56	男	民主㊗前	60,577	
比当	門　博文	47	男	自民㊗新	60,277	
	林　潤	40	男	維新㊗元	39,395	
	国重　秀明	52	男	共産　新	13,094	

【第2区】定数1
当	石田　真敏	60	男	自民㊗前	72,957	
比当	阪口　直人	49	男	維新㊗前	36,110	
	坂口　親宏	52	男	民主㊗新	17,567	
	吉田　雅哉	37	男	共産　新	11,942	

【第3区】定数1
当	二階　俊博	73	男	自民　前	112,916	
	山下　大輔	45	男	維新㊗新	52,358	
	原　矢寸久	61	男	共産㊗新	21,570	

第47回衆議院議員選挙
平成26年(2014年)12月14日実施

【第1区】定数1
当	岸本　周平	58	男	民主㊗前	67,740	
比当	門　博文	49	男	自民㊗前	59,937	
	国重　秀明	54	男	共産　新	14,027	

【第2区】定数1
当	石田　真敏	62	男	自民㊗前	71,167	
	阪口　直人	51	男	維新㊗前	39,799	
	富岡　清彦	65	男	共産　新	15,415	

【第3区】定数1
当	二階　俊博	75	男	自民　前	108,257	
	原　矢寸久	63	男	共産㊗新	33,260	

比例区・近畿

第41回衆議院議員選挙　定数33
平成8年(1996年)10月20日実施

新進党　2,567,452票　当選人数 10人

			氏名	年齢	性別	前/新
1	当		池坊 保子	54	女	新
2	当		近江巳記夫	61	男	前
3	当		久保 哲司	49	男	前
4	当		赤松 正雄	50	男	前
5	当		西 博義	48	男	前
6	当		山本 孝史	47	男	前
7	当		佐藤 茂樹	37	男	前
8	当		吉田 治	34	男	前
9	当		鍵田 節哉	59	男	新
10	当		旭道山和泰	32	男	新
11	選当	兵9	宮本 一三			前
12			左近 正男	59	男	前
13			梶原 康弘	40	男	新
14			左藤 章	45	男	新
15			尾崎 幸弘	29	男	新
16			富家 孝	49	男	新
17			矢島 聡	35	男	新
18			込山 剛	37	男	新
19			小辻 昌平	32	男	新
20			本多 佳苗	35	女	新
21			畑 昭三	68	男	新
22			吉田 稔	63	男	新
23			塩谷 公夫	57	男	新
24			兼松 信之	44	男	新

自由民主党　2,497,411票　当選人数 10人

				氏名	年齢	性別	前/新
1	選当	兵12		河本 三郎			新
1	選当	奈2		滝 実			新
1	選当	大15		竹本 直一			新
1	選当	京1		伊吹 文明			前
1	選当	京2		奥田 幹生			前
1	選当	和2		岸本 光造			前
1	選当	京5		谷垣 禎一			前
1	選当	兵5		谷 洋一			前
1	選当	大1		中馬 弘毅			前
1	選当	大18		中山 太郎			前
1	選当	京4		野中 広務			前
1	当	奈4	(99.20)	田野瀬良太郎	52	男	前
1	当	京3	(97.88)	奥山 茂彦	54	男	新
1	当	兵1	(96.38)	砂田 圭佑	62	男	新
1	当	滋1	(95.54)	目片 信	54	男	新
1	当	大14	(93.31)	谷畑 孝	49	男	新
1	当	大3	(92.29)	柳本 卓治	51	男	元
1	当	兵6	(90.77)	阪上 善秀	49	男	新
1	当	兵9	(89.44)	原 健三郎	89	男	前
1	当	和3	(87.37)	野田 実	59	男	前
1	当	大4	(86.67)	中山 正暉	64	男	前
1	繰当	兵2	(85.69)	奥谷 通	45	男	新
1		大10	(85.14)	林 省之介	53	男	新
1		奈1	(83.04)	森岡 正宏	53	男	新
1		大9	(82.77)	原田 憲	77	男	前
1		兵8	(78.82)	室井 邦彦	49	男	新
1		大7	(75.17)	有沢 志郎	47	男	新
1		滋2	(73.92)	小西 哲	47	男	新
1		大19	(73.82)	池尻 久和	58	男	新
1		京6	(72.37)	清水鴻一郎	50	男	新
1		大12	(70.86)	北川 石松	77	男	元
1		兵3	(70.69)	加藤 英一	46	男	新
1		大16	(68.40)	真砂 泰三	60	男	新
1		大11	(66.32)	小川 真澄	52	男	新
1		滋3	(63.65)	栢木 寛照	50	男	新
1		大5	(57.58)	中山 泰秀	26	男	新
1		大6	(57.51)	小西恵一郎	41	男	新
1		大17	(55.74)	岡下 昌浩	58	男	新
1		和1	(52.46)	東 力	54	男	元
1		大2	(37.76)	渕上桃太郎	43	男	新
1		大8	(34.63)	大村 瑶子	59	女	新
1		兵7	(24.77)	肥塚 博志	31	男	新
44				杉本 博昭	36	男	新
45				山岡 保治	28	男	新
死去				戸井田三郎	78	男	前

日本共産党　1,539,172票　当選人数 6人

				氏名	年齢	性別	前/新
1	選当	京3		寺前 巌			前
2	当	大5	(74.53)	東中 光雄	72	男	前
3	当	京1	(95.79)	穀田 恵二	49	男	前
4	当	大2	(62.96)	石井 郁子	56	女	元
5	当	大17	(71.10)	藤田 スミ	63	女	前
6	当	奈1	(55.86)	辻 第一	70	男	元
7	当	兵8	(58.10)	藤木 洋子	63	女	元
8				菅野 悦子	53	女	元
9		和1	(37.65)	奥村 明春	46	男	新
10				桐山ヒサ子	57	女	新
11				佐藤 真理	46	男	新
12		兵4	(22.23)	金田 峰生	31	男	新
13				沢田 季江	30	女	新

民主党　1,223,192票　当選人数 5人

				氏名	年齢	性別	前/新
1	当	奈1	(31.39)	家西 悟	36	男	新
2	当	大10	(63.03)	肥田美代子	55	女	新
3	当	大8	(46.25)	井上 一成	64	男	前
4	当	京2	(72.58)	前原 誠司	34	男	前
4	当	滋1	(50.44)	山元 勉	64	男	前
4		兵11	(43.61)	後藤 茂	71	男	前
7				藤本 欣三	54	男	新
8				福間 嶺子	50	女	新
9		京6	(74.61)	山井 和則	34	男	新

衆議院・比例区（近畿）

9	大7	(67.51)	中務 正裕	31	男	新
9	大9	(47.29)	大谷 信盛	33	男	新
9	京1	(46.39)	福山 哲郎	34	男	新
9	大5	(43.10)	稲見 哲男	48	男	新
9	大16	(38.45)	西野 方庸	41	男	新
9	兵9	(37.88)	若宮 清	50	男	新
9	大6	(33.35)	藤川 基之	42	男	新
9	兵8	(32.78)	畑中 五雄	50	男	新
9	兵6	(29.65)	間脇 八蔵	32	男	新
9	奈2	(26.66)	田中 惟允	53	男	新
9	奈3	(22.90)	和田 作郎	47	男	新
9	兵4	(21.07)	吉村 誠司	31	男	新
9	大13	(13.35)	相田 勲	36	男	新
9	奈4	(10.08)	村田 光	31	男	新

社会民主党　　542,047票　当選人数　2人

1	当		辻元 清美	36	女 新
2	当		中川 智子	49	女 新
	3 選当 兵7	土井たか子	前		

新党さきがけ　　234,849票　当選人数　0人

1	兵10	(95.75)	渡海紀三朗	48	男	前
1	兵2	(47.95)	高見 裕一	40	男	前
3	滋3	(63.96)	笠原 吉孝	56	男	新
4			伊藤 忠彦	32	男	新

新社会党　　122,989票　当選人数　0人

1	兵3	(58.37)	岡崎 宏美	45	女	前
1	兵1	(27.86)	上野 恵司	48	男	新
1	大9	(9.19)	柏本 景司	44	男	新
1	京6	(9.09)	園田 裕子	37	女	新

自由連合　　58,320票　当選人数　0人

1	大3	(30.00)	中村 泰士	57	男	新
1	大14	(14.65)	小室 樹	52	男	新
1	兵1	(10.69)	宮後 恵喜	50	男	新
1	奈2	(8.58)	岡井 康弘	38	男	新
1	大12	(7.87)	福西 亮	66	男	新
1	大17	(7.36)	奥田クスミ	49	女	新
1	大8	(5.95)	嶋貫 健	29	男	新
1	大19	(5.03)	山本 昭太	37	男	新
1	兵6	(4.88)	鈴木 邦重	58	男	新
1	大10	(4.63)	小野田 隆	47	男	新
1	大6	(3.71)	原田 政治	49	男	新

民主改革連合　　18,844票　当選人数　0人

　1 選当 兵3 土肥 隆一 前

※野田実（自民）が公職選挙法違反の拡大連座制の適用を受け当選無効となったため平成10年11月25日奥谷通が繰上当選

第42回衆議院議員選挙　定数30
平成12年（2000年）6月25日実施

自由民主党　　2,185,236票　当選人数　7人

1	当			高市 早苗	39	女	前
2	当			柳本 卓治	55	男	前
3	当			阪上 善秀	52	男	前
4	当			西野 陽	60	男	前
5	当			奥谷 通	48	男	前
6	当			林 省之介	56	男	新
	7 選当 滋2	小西 哲	新				
	7 選当 滋3	岩永 峯一	前				
	7 選当 京1	伊吹 文明	前				
	7 選当 京3	奥山 茂彦	前				
	7 選当 京4	野中 広務	前				
	7 選当 京5	谷垣 禎一	前				
	7 選当 京6	菱田 嘉明	新				
	7 選当 大1	中馬 弘毅	前				
	7 選当 大2	左藤 章	新				
	7 選当 大4	中山 正暉	前				
	7 選当 大13	塩川正十郎	元				
	7 選当 大14	谷畑 孝	前				
	7 選当 大15	竹本 直一	前				
	7 選当 大17	岡下 信子	新				
	7 選当 大18	中山 太郎	前				
	7 選当 兵5	谷 洋一	前				
	7 選当 兵9	宮本 一三	前				
	7 選当 兵10	渡海紀三朗	元				
	7 選当 奈1	森岡 正宏	新				
	7 選当 奈2	滝 実	前				
	7 選当 奈3	奥野 誠亮	前				
	7 選当 奈4	田野瀬良太郎	前				
	7 選当 和2	岸本 光造	前				
7 当	兵1	(99.57)	砂田 圭佑	66	男	前	
7 繰当	大12	(94.99)	北川 知克	48	男	新	
7	兵12	(94.78)	河本 三郎	49	男	前	
7	京2	(92.28)	山本 直彦	58	男	新	
7	兵11	(86.27)	戸井田 徹	48	男	前	
7	滋1	(84.98)	目片 信	58	男	前	
7	兵3	(75.18)	井川 弘光	58	男	新	
7	大8	(65.64)	上瀬 剛	30	男	新	
7	大11	(49.46)	坪井 一宇	60	男	新	
39			中山 泰秀	29	男	新	
40			小西恵一郎	45	男	新	
41			泉原 保二	58	男	新	

民主党　　2,154,312票　当選人数　7人

1	当		山井 和則	38	男	新
2	当		山元 勉	67	男	前
3	当		鍵田 節哉	63	男	前
4	当		家西 悟	40	男	前
	5 選当 滋1	川端 達夫	前			
	5 選当 京2	前原 誠司	前			

衆議院・比例区(近畿)

				氏名	年齢	性別	新前元
5	選当	大7		藤村 修			前
5	選当	大8		中野 寛成			前
5	選当	大9		大谷 信盛			新
5	選当	大11		平野 博文			前
5	選当	大12		樽床 伸二			前
5	選当	兵1		石井 一			前
5	選当	兵3		土肥 隆一			前
5	選当	兵11		松本 剛明			新
5	当	大10	(94.19)	肥田美代子	59	女	前
5	当	京6	(91.99)	玉置 一弥	55	男	前
5	当	奈2	(89.54)	中村 哲治	28	男	新
5		兵6	(87.34)	市村浩一郎	35	男	新
5		奈4	(86.64)	前田 武志	62	男	新
5		京3	(86.42)	泉 健太	25	男	新
5		大4	(85.38)	吉田 治	38	男	前
5		大5	(84.38)	稲見 哲男	51	男	新
5		兵5	(84.00)	吉岡 賢治	62	男	元
5		大17	(79.92)	尾立 源幸	36	男	新
5		奈1	(74.04)	馬淵 澄夫	39	男	新
5		奈3	(72.78)	福岡ともみ	44	女	新
5		兵9	(72.27)	藤本 欣三	58	男	新
5		大14	(63.99)	山本 孝史	50	男	前
5		大18	(62.14)	喜多 誠	27	男	新
5		大15	(60.52)	相田 勲	40	男	新
5		兵10	(60.19)	辻 泰弘	44	男	新
5		京1	(58.10)	菱田 健次	49	男	新
5		大19	(57.46)	石田 敏高	35	男	新
5		大1	(47.58)	小西 俊博	56	男	新
5		和2	(45.74)	木村 文則	42	男	新
5		大2	(42.19)	稲場 政和	48	男	新
5		大13	(32.62)	岡本準一郎	28	男	新
5		京4	(28.42)	佐川 公也	55	男	新
5		京5	(25.47)	矢野 正彦	54	男	新
40				永江 一仁	64	男	元

公明党 1,483,220票 当選人数 5人

1	当		池坊 保子	58	女	前
2	当		西 博義	51	男	前
3	当		山名 靖英	56	男	元
4	当		久保 哲司	53	男	前
5	当		赤松 正雄	54	男	前
6	繰当		佐藤 茂樹	41	男	前
7			北川 清子	57	女	新
8			増本知栄子	56	女	新
9			南条 博彦	43	男	新
10			高橋 彰夫	55	男	新
11			浜西 正利	57	男	新

日本共産党 1,458,970票 当選人数 5人

1	当	京1	穀田 恵二	53	男	前
2	当	大2	石井 郁子	59	女	前
3	当	大13	吉井 英勝	57	男	前
4	当	兵8	藤木 洋子	67	女	前
5	当		大幡 基夫	48	男	新

6		兵1		藤末 衛	41	男	新
7		奈1		佐藤 真理	50	男	新
8				菅野 悦子	57	女	元
9				沢田 季江	34	女	新
10				川内 卓	44	男	新
11		和1		原 矢寸久	48	男	新
12		大9		藤木 邦顕	42	男	新
13				駒井 正男	33	男	新

自由党 878,910票 当選人数 3人

1	当	大17	(67.84)	西村 真悟	51	男	前
1	当	兵10	(29.63)	塩田 晋	74	男	前
1		京4	▼	豊田潤多郎	50	男	元
4	当			中塚 一宏	35	男	新
5		兵5	(28.07)	梶原 康弘	43	男	新
5		大4	▼	村上 史好	48	男	新
5		大12	▼	真鍋 晃篤	29	男	新
5		京2	▼	谷口 徹	28	男	新
5		京6	▼	松村 勗	53	男	新

社会民主党 843,060票 当選人数 3人

1	選当	兵7		土井たか子			前
1	選当	大10		辻元 清美			前
1	当	兵6	(65.90)	中川 智子	52	女	前
1	当	兵8	(47.41)	北川れん子	46	女	新
1	当	奈3	(34.15)	植田 至紀	34	男	新
1		大17	▼	中北龍太郎	53	男	新
1		京3	▼	大湾 宗則	59	男	新
8				西田 輝雄	65	男	新

保守党 125,824票 当選人数 0人

| 1 | | | | 中村 鋭一 | 70 | 男 | 前 |

政党自由連合 99,791票 当選人数 0人

1		兵2	(47.35)	桜井 良生	44	男	新
1		兵3	▼	田川 豊秋	36	男	新
1		兵8	▼	松尾 正夫	52	男	新
1		大15	▼	山口 昌司	46	男	新
1		兵11	▼	服部 千秋	40	男	新
1		兵5	▼	斎藤 義明	51	男	新
1		大2	▼	福田 貢	44	男	新

※久保哲司(公明)死去のため平成15年6月23日佐藤茂樹が繰上当選

※奥谷通(自民)死去のため平成15年7月16日北川知克が繰上当選

第43回衆議院議員選挙 定数29
平成15年(2003年)11月9日実施

民主党 3,425,342票 当選人数 11人

1	当	京1		玉置 一弥	59	男	前
2	選当	滋1		川端 達夫			前
2	選当	滋2		田島 一成			新
2	選当	滋3		三日月大造			新
2	選当	京2		前原 誠司			前

衆議院・比例区（近畿）

2	選当	京3	泉 健太	新			4	選当	兵1	砂田 圭佑	前			
2	選当	京6	山井 和則	前			4	選当	兵5	谷 公一	新			
2	選当	大4	吉田 治	元			4	選当	兵7	大前 繁雄	新			
2	選当	大7	藤村 修	前			4	選当	兵12	河本 三郎	元			
2	選当	大8	中野 寛成	前			4	選当	奈3	奥野 信亮	新			
2	選当	大9	大谷 信盛	前			4	選当	奈4	田野瀬良太郎	前			
2	選当	大10	肥田美代子	前			4	選当	和1	谷本 龍哉	前			
2	選当	大11	平野 博文	前			4	選当	和2	石田 真敏	前			
2	選当	大12	樽床 伸二	前			4	当	大12	(98.88)	北川 知克	52	男	前
2	選当	大17	西村 真悟	前			4	当	大9	(95.99)	西田 猛	48	男	元
2	選当	大19	長安 豊	新			4	当	大4	(94.28)	中山 泰秀	33	男	新
2	選当	兵3	土肥 隆一	前			4	当	滋2	(93.41)	小西 理	45	男	前
2	選当	兵6	市村浩一郎	新			4	当	滋3	(89.89)	宇野 治	56	男	新
2	選当	兵11	松本 剛明	前			4	当	奈2	(88.55)	滝 実	65	男	前
2	選当	奈1	馬淵 澄夫	新			4		兵6	(88.19)	阪上 善秀	56	男	前
2	選当	奈2	中村 哲治	前			4		京6	(85.59)	菱田 嘉明	60	男	前
2	当	兵1	(98.88)	石井 一	69	男 前	4		大10	(82.62)	松浪 健太	32	男	前
2	当	兵5	(96.81)	梶原 康弘	47	男 新	4		奈1	(82.40)	高市 早苗	42	女	前
2	当	兵2	(96.02)	泉 房穂	40	男 新	4		兵11	(78.97)	戸井田 徹	51	男	元
2	当	滋4	(94.95)	奥村 展三	59	男 新	4		大8	(77.87)	大塚 高司	39	男	新
2	当	大5	(92.40)	稲見 哲男	55	男 新	4		京3	(77.00)	奥山 茂彦	61	男	前
2	当	大16	(85.47)	樽井 良和	36	男 新	4		大7	(76.03)	井上 一成	71	男	元
2	当	兵8	(84.20)	室井 邦彦	56	男 新	4		兵9	(75.46)	宮本 一三	72	男	前
2	当	大18	(82.50)	中川 治	52	男 新	4		大17	(74.80)	岡下 信子	64	女	前
2	当	和2	(81.89)	岸本 健	33	男 新	4		滋1	(72.84)	上野賢一郎	38	男	新
2	当	大3	(81.53)	辻 恵	55	男 新	4		兵3	(69.01)	井川 弘光	62	男	新
2		兵10	(79.23)	岡田 康裕	28	男 新	4		京2	(64.87)	山本 直彦	61	男	新
2		大15	(74.38)	梅川喜久雄	58	男 新	40				林 省之介	60	男	前
2		大6	(74.14)	村上 史好	51	男 新	41				泉原 保二	62	男	新
2		大1	(73.14)	熊田 篤嗣	32	男 新	42				岸野 雅方	55	男	新
2		奈3	(71.57)	福岡ともみ	47	女 新	43				小安 英峯	67	男	新
2		大14	(70.51)	長尾 敬	40	男 新								

公明党　　1,604,469票　　当選人数　5人

2		京4	(67.15)	北神 圭朗	36	男 新
2		大13	(66.96)	岡本準一郎	32	男 新
2		兵4	(64.32)	高橋 昭一	39	男 新
2		大2	(58.72)	岩波 薫	41	男 新
2		兵9	(54.72)	畠中 光成	31	男 新
2		奈4	(43.54)	山本 直子	50	女 新
2		京5	(35.46)	小林 哲也	33	男 新

1	当	池坊 保子	61	女 前
2	当	赤松 正雄	57	男 前
3	当	西 博義	55	男 前
4	当	佐藤 茂樹	44	男 前
5	当	山名 靖英	59	男 前
6		小林多喜子	48	女 新
7		山下 博一	55	男 新

自由民主党　　2,833,181票　　当選人数　9人

1	当		柳本 卓治	58	男 前
2	当		森岡 正宏	60	男 前
3	当		小池百合子	51	女 前
4	選当	滋4	岩永 峯一		前
4	選当	京1	伊吹 文明		前
4	選当	京4	田中 英夫		新
4	選当	京5	谷垣 禎一		前
4	選当	大1	中馬 弘毅		前
4	選当	大2	左藤 章		前
4	選当	大13	西野あきら		前
4	選当	大14	谷畑 孝		前
4	選当	大15	竹本 直一		前

日本共産党　　992,142票　　当選人数　3人

1	当	大2		石井 郁子	63	女 前
2	当	京1		穀田 恵二	56	男 前
3	当	大13		吉井 英勝	60	男 前
4		大5		山下 芳生	43	男 新
5		兵2		平松 順子	54	女 新
6		奈1		佐藤 真理	53	男 新
7		滋1		川内 卓	47	男 新
8		和1		下角 力	50	男 新
9		京5		吉田早由美	52	女 新
10		兵8		庄本 悦子	49	女 新

衆議院・比例区(近畿)

社会民主党　　　375,228票　　当選人数 1人
1	当	兵7	(86.68)	土井たか子	74	女	前
1		兵6	(29.34)	中川　智子	56	女	前
1		奈3	▼	植田　至紀	37	男	前
1		兵8	▼	北川れん子	49	女	前
1		大9	▼	中北龍太郎	56	男	新
6				土川　秀孝	42	男	新

第44回衆議院議員選挙 定数29
平成17年(2005年)9月11日実施

自由民主党　　　4,003,209票　　当選人数 11人
1	当			近藤三津枝	52	女	新
		2	選当	奈2	高市　早苗		元
2	当	大11	(81.27)	井脇ノブ子	59	女	新
4	当			柳本　卓治	60	男	前
		5	選当	滋1	上野賢一郎		新
		6	選	滋4	岩永　峯一		前
		6	選	京1	伊吹　文明		前
		6	選	京4	中川　泰宏		新
		6	選	京5	谷垣　禎一		前
		6	選	大1	中馬　弘毅		前
		6	選当	大2	川条　志嘉		新
		6	選当	大4	中山　泰秀		前
		6	選当	大7	渡嘉敷奈緒美		新
		6	選当	大8	大塚　高司		新
		6	選当	大9	西田　猛		前
		6	選当	大10	松浪　健太		元
		6	選当	大12	北川　知克		前
		6	選当	大13	西野あきら		前
		6	選	大14	谷畑　孝		前
		6	選当	大15	竹本　直一		前
		6	選当	大17	岡下　信子		元
		6	選	兵1	盛山　正仁		新
		6	選	兵3	関　芳弘		新
		6	選当	兵5	谷　公一		前
		6	選	兵6	木挽　司		新
		6	選	兵7	大前　繁雄		前
		6	選	兵9	西村　康稔		前
		6	選当	兵10	渡海紀三朗		前
		6	選当	兵11	戸井田　徹		元
		6	選	兵12	河本　三郎		前
		6	選当	奈3	奥野　信亮		新
		6	選当	奈4	田野瀬良太郎		前
		6	選	和1	谷本　龍哉		前
		6	選	和2	石田　真敏		前
		6	選	和3	二階　俊博		前
6	当	滋3	(99.64)	宇野　治	58	男	前
6	当	京3	(99.11)	清水鴻一郎	59	男	新
6	当	京2	(93.94)	山本　朋広	30	男	新
6	当	京6	(91.96)	井沢　京子	42	女	新
6	当	奈1	(90.62)	鍵田忠兵衛	48	男	新
6	当	大19	(89.68)	松浪健四郎	58	男	元
6	当	滋2	(80.12)	藤井　勇治	55	男	新
6	当			矢野　隆司	45	男	新
6	繰当			泉原　保二	63	男	新
6				岡本　宏	62	男	新
6				吉本　政雄	68	男	新

民主党　　　3,157,556票　　当選人数 9人
1	選当	滋2	田島　一成		前
1	選当	滋3	三日月大造		前
1	選当	京2	前原　誠司		前
1	選当	京3	泉　健太		前
1	選当	京6	山井　和則		前
1	選当	大11	平野　博文		前
1	選当	大19	長安　豊		前
1	選当	奈1	馬淵　澄夫		前
1	当	大17	(98.35)	西村　真悟	57	男	前
1	当	兵11	(97.85)	松本　剛明	46	男	前
1	当	京4	(97.81)	北神　圭朗	38	男	新
1	当	滋1	(94.54)	川端　達夫	60	男	前
1	当	兵3	(94.19)	土肥　隆一	66	男	前
1	当	兵12	(92.08)	山口　壮	50	男	元
1	当	兵6	(90.90)	市村浩一郎	41	男	前
1	当	大7	(85.96)	藤村　修	55	男	前
1	当	滋4	(81.23)	奥村　展三	61	男	前
1		兵10	(80.30)	岡田　康裕	30	男	新
1		大12	(79.97)	樽床　伸二	46	男	前
1		大8	(79.80)	中野　寛成	64	男	前
1		兵2	(78.61)	泉　房穂	42	男	新
1		大9	(78.60)	大谷　信盛	42	男	前
1		奈2	(78.25)	中村　哲治	34	男	前
1		和1	(77.94)	岸本　周平	49	男	新
1		兵8	(75.74)	室井　邦彦	58	男	新
1		兵5	(74.51)	梶原　康弘	48	男	前
1		大5	(73.37)	稲見　哲男	57	男	前
1		奈3	(71.75)	吉川　政重	41	男	新
1		大2	(71.59)	萩原　仁	38	男	新
1		大3	(71.44)	辻　恵	57	男	前
1		奈4	(71.04)	森下　豊	47	男	新
1		和2	(70.29)	岸本　健	35	男	前
1		大16	(70.10)	樽井　良和	38	男	前
1		大4	(69.47)	吉田　治	43	男	前
1		兵1	(68.29)	石井　一	71	男	前
1		大18	(66.89)	中川　治	54	男	新
1		大6	(66.50)	村上　史好	53	男	新
1		兵7	(65.82)	石井登志郎	34	男	新
1		兵4	(64.46)	高橋　昭一	41	男	新
1		大10	(63.03)	肥田美代子	64	女	前
1		大1	(61.99)	熊田　篤嗣	34	男	新
1		京1	(60.75)	玉置　一弥	61	男	前
1		大14	(58.70)	長尾　敬	42	男	新
1		大15	(57.26)	堺井　裕貴	37	女	新
1		京5	(46.28)	小林　哲也	35	男	新
1		兵9	(45.10)	畠中　光成	33	男	新

衆議院・比例区（近畿）

				氏名	年齢	性別	新旧
1		大13	(43.07)	富家　孝	58	男	新
1		和3	(36.73)	真鍋　晃篤	34	男	新

公明党　1,626,678票　当選人数 4人

		氏名	年齢	性別	新旧
1	当	池坊　保子	63	女	前
2	当	赤松　正雄	59	男	前
3	当	佐藤　茂樹	46	男	前
4	当	西　博義	56	男	前
5		竹内　譲	47	男	元
6		高橋　彰夫	61	男	新
7		南条　博彦	48	男	新

日本共産党　1,051,949票　当選人数 3人

			氏名	年齢	性別	新旧
1	当		石井　郁子	64	女	前
2	当	京1	穀田　恵二	58	男	前
3	当	大13	吉井　英勝	62	男	前
4		大5	山下　芳生	45	男	新
5		兵2	平松　順子	55	女	新
6		滋1	川内　卓	49	男	新
7		奈2 ▼	中野　明美	57	女	新
8		和1 ▼	下角　力	52	男	新

社会民主党　619,883票　当選人数 1人

				氏名	年齢	性別	新旧
1	当	大10	(82.06)	辻元　清美	45	女	元
1		兵6 ▼		中川　智子	57	女	元
1		兵7 ▼		坂本　洋子	43	女	新
1		兵8 ▼		植田　至紀	39	男	元
5				土井たか子	76	女	前

新党日本　420,908票　当選人数 1人

			氏名	年齢	性別	新旧
1	当	奈2	滝　実	66	男	前
2		兵9 ▼	宮本　一三	74	男	元

※鍵田忠兵衛（自民）の奈良市長選立候補のため
平成21年5月21日泉原保二が繰上当選

第45回衆議院議員選挙　定数29
平成21年（2009年）8月30日実施

民主党　4,733,415票　当選人数 11人

			氏名	新旧
1	選当	滋1	川端　達夫	前
1	選当	滋2	田島　一成	前
1	選当	滋3	三日月大造	前
1	選当	滋4	奥村　展三	前
1	選当	京1	平　智之	新
1	選当	京2	前原　誠司	前
1	選当	京3	泉　健太	前
1	選当	京4	北神　圭朗	前
1	選当	京6	山井　和則	前
1	選当	大1	熊田　篤嗣	新
1	選当	大2	萩原　仁	新
1	選当	大3	中島　正純	新
1	選当	大4	吉田　治	元
1	選当	大5	稲見　哲男	元
1	選当	大6	村上　史好	新
1	選当	大7	藤村　修	前
1	選当	大8	中野　寛成	元
1	選当	大9	大谷　信盛	元
1	選当	大11	平野　博文	前
1	選当	大12	樽床　伸二	元
1	選当	大14	長尾　敬	新
1	選当	大15	大谷　啓	新
1	選当	大16	森山　浩行	新
1	選当	大17	辻　恵	元
1	選当	大18	中川　治	元
1	選当	大19	長安　豊	前
1	選当	兵1	井戸　正枝	新
1	選当	兵2	向山　好一	新
1	選当	兵3	土肥　隆一	前
1	選当	兵4	高橋　昭一	新
1	選当	兵5	梶原　康弘	元
1	選当	兵6	市村浩一郎	前
1	選当	兵7	石井登志郎	新
1	選当	兵10	岡田　康裕	新
1	選当	兵11	松本　剛明	前
1	選当	兵12	山口　壮	前
1	選当	奈1	馬淵　澄夫	前
1	選当	奈2	滝　実	前
1	選当	奈3	吉川　政重	新
1	選当	和1	岸本　周平	新
1	選当	和2	阪口　直人	新

				氏名	年齢	性別	新旧
1	当	奈4	(98.08)	大西　孝典	53	男	新
1	当	京5	(92.00)	小原　舞	35	女	新
1	当	和3	(87.29)	玉置　公良	54	男	新
45	当			室井　秀子	53	女	新
46	当			熊谷　貞俊	64	男	新
47	当			浜本　宏	57	男	新
48	当			渡辺　義彦	53	男	新
49	当			河上　満栄	38	女	新
50	当			松岡　広隆	27	男	新
51	当			豊田潤多郎	60	男	元
52	当			樋口　俊一	57	男	新

自由民主党　2,592,451票　当選人数 9人

				氏名	年齢	性別	新旧
1	当			近藤三津枝	56	女	前
2	当			柳本　卓治	64	男	前
3	選当	京5		谷垣　禎一			前
3	選当	大13		西野あきら			前
3	選当	兵9		西村　康稔			前
3	選当	奈4		田野瀬良太郎			前
3	選当	和3		二階　俊博			前
3	当	奈2	(96.10)	高市　早苗	48	女	前
3	当	大15	(87.25)	竹本　直一	68	男	前
3	当	和2	(79.15)	石田　真敏	57	男	前
3	当	大10	(77.58)	松浪　健太	38	男	前
3	当	京1	(77.40)	伊吹　文明	71	男	前
3	当	兵5	(76.76)	谷　公一	57	男	前
3	当	大14	(76.65)	谷畑　孝	62	男	前
3		兵12	(76.24)	河本　三郎	58	男	前

衆議院・比例区（近畿）

3	滋1	(73.06)	上野賢一郎	44	男	前
3	大4	(72.79)	中山　泰秀	38	男	前
3	大17	(70.20)	岡下　信子	70	女	前
3	兵10	(69.59)	渡海紀三朗	61	男	前
3	大12	(67.91)	北川　知克	57	男	前
3	奈3	(67.53)	奥野　信亮	65	男	前
3	大8	(67.39)	大塚　高司	44	男	前
3	大1	(66.77)	中馬　弘毅	72	男	前
3	兵1	(66.34)	盛山　正仁	55	男	前
3	兵3	(66.27)	関　　芳弘	44	男	前
3	大9	(65.07)	原田　憲治	61	男	前
3	大19	(64.25)	松浪健四郎	62	男	前
3	大7	(63.44)	渡嘉敷奈緒美	47	女	前
3	滋2	(60.93)	藤井　勇治	59	男	前
3	兵6	(60.16)	木挽　　司	50	男	前
3	和1	(59.93)	谷本　龍哉	42	男	前
3	兵11	(59.01)	戸井田　徹	57	男	前
3	京3	(55.84)	清水鴻一郎	63	男	前
3	滋4	(53.87)	武藤　貴也	30	男	新
3	滋3	(53.06)	宇野　　治	61	男	前
3	京6	(52.23)	井沢　京子	46	女	前
3	兵7	(51.50)	大前　繁雄	67	男	前
3	奈1	(50.87)	森岡　正宏	66	男	元
3	大11	(45.06)	井脇ノブ子	63	女	前
3	京2	(42.28)	山本　朋広	34	男	前
3	大2	(38.51)	川条　志嘉	39	女	前
3	京4	(32.14)	中川　泰宏	57	男	前
43			泉原　保二	67	男	前
44			矢野　隆司	49	男	前
45			稲垣　克彦	61	男	新

公明党　　　　　1,449,170票　　当選人数　5人
1	当		池坊　保子	67	女	前
2	当		西　　博義	60	男	前
3	当		佐藤　茂樹	50	男	前
4	当		竹内　　譲	51	男	元
5	当		赤松　正雄	63	男	前
6			崎山　光友	59	男	新
7			佐伯　民江	60	女	新

日本共産党　　　1,067,443票　　当選人数　3人
1	当	京1		穀田　恵二	62	男	前
2	当	大13		吉井　英勝	66	男	前
3	当			宮本　岳志	49	男	新
4				瀬戸　恵子	47	女	新
5		京2	(25.56)	原　　俊史	42	男	新
5		大7	(23.22)	駒井　正男	42	男	新
5		兵3	▼	金田　峰生	44	男	新
5		滋1	▼	川内　　卓	53	男	新
5		奈2	▼	豆田　至功	56	男	新
5		和1	▼	国重　秀明	48	男	新

みんなの党　　　465,591票　　当選人数　0人
| 1 | | 大9 | ▼ | 吉野　宏一 | 42 | 男 | 新 |

社会民主党　　　411,092票　　当選人数　1人
	1	選当	大10		辻元　清美		前
1			兵8	▼	市来　伴子	32	女	新
1			京2	▼	藤田　高景	60	男	新
4		当			服部　良一	59	男	新

国民新党　　　　169,380票　　当選人数　0人
1		大13	(83.90)	白石　純子	46	女	新
1		兵9	(56.11)	宮本　一三	77	男	元

新党日本　　　　133,708票　　当選人数　0人
	1	選当	兵8	田中　康夫		新
2				今本　博健	71	男	新

幸福実現党　　　80,529票　　当選人数　0人
1		大川　隆法	53	男	新
2		林　　雅敏	53	男	新
3		西川　栄司	41	男	新
4		中村　恭代	51	女	新
5		久保　方洋	48	男	新
6		野口　典良	56	男	新
7		福島いづみ	53	女	新

改革クラブ　　　58,141票　　当選人数　0人
| 1 | | 大17 | 西村　真悟 | 61 | 男 | 前 |

第46回衆議院議員選挙　定数29
平成24年（2012年）12月16日実施

日本維新の会　　2,999,020票　　当選人数　10人
1	当			東国原英夫	55	男	新
2	当			西村　真悟	64	男	元
	3	選当	大1	井上　英孝		新
	3	選当	大10	松浪　健太		前
	3	選当	大13	西野　弘一		新
	3	選当	大14	谷畑　　孝		前
	3	選当	大15	浦野　靖人		新
	3	選当	大17	馬場　伸幸		新
3	当	和2	(49.49)	阪口　直人	49	男	前
3	当	兵5	(49.17)	三木　圭恵	46	女	新
11				三宅　　博	62	男	新
12	選当	大4	村上　政俊		新
12	選当	大8	木下　智彦		新
12	選当	大9	足立　康史		新
12	選当	大11	伊東　信久		新
12	選当	大18	遠藤　　敬		新
12	選当	大19	丸山　穂高		新
12	当	大7	(89.33)	上西小百合	29	女	新
12		大2	(85.62)	西根　由佳	37	女	新
12	当	滋4	(83.63)	岩永　裕貴	39	男	新
12		兵3	(82.20)	新原　秀人	50	男	新
12		兵6	(79.19)	杉田　水脈	45	女	新
12繰当	京6	(77.17)	清水鴻一郎	66	男	元
12		兵4	(75.39)	清水　貴之	38	男	新
12		京3	(71.23)	山内　成介	47	男	新

衆議院・比例区(近畿)

12	京1	(68.22)	田坂 幾太	60	男	新
12	奈3	(65.63)	西峰 正佳	45	男	新
12	和1	(65.03)	林 潤	40	男	元
12	滋1	(63.93)	奥村 利樹	49	男	新
12	兵11	(57.53)	堅田壮一郎	26	男	新
12	奈1	(56.45)	大野 祐司	52	男	新
12	滋3	(55.82)	久保田 暁	44	男	新
12	奈2	(51.89)	並河 健	33	男	新
12	京4	(50.00)	畑本久仁枝	58	女	新
12	兵10	(49.99)	岡田 久雄	30	男	新
12	和3	(46.36)	山下 大輔	45	男	新
12	兵12	(45.90)	宮崎 健治	46	男	新
12	奈4	(43.79)	松浪 武久	45	男	新
12	兵9	(37.39)	谷 俊二	45	男	新
40			喜多 義典	46	男	新

自由民主党　　2,326,005票　　当選人数　7人

1	選当	滋1		大岡 敏孝			新
1	選当	滋2		上野賢一郎			元
1	選当	滋3		武村 展英			新
1	選当	滋4		武藤 貴也			新
1	選当	京3		宮崎 謙介			新
1	選当	京4		田中 英之			新
1	選当	京5		谷垣 禎一			前
1	選当	大2		左藤 章			元
1	選当	大7		渡嘉敷奈緒美			元
1	選当	大12		北川 知克			元
1	選当	兵1		盛山 正仁			元
1	選当	兵3		関 芳弘			元
1	選当	兵4		藤井比早之			新
1	選当	兵5		谷 公一			前
1	選当	兵6		大串 正樹			新
1	選当	兵7		山田 賢司			新
1	選当	兵9		西村 康稔			前
1	選当	兵10		渡海紀三朗			元
1	選当	奈2		高市 早苗			前
1	選当	奈3		奥野 信亮			元
1	選当	奈4		田野瀬太道			新
1	選当	和2		石田 真敏			前
1	当	和1	(99.50)	門 博文	47	男	新
1	当	大15	(96.37)	竹本 直一	72	男	前
1	当	大4	(94.17)	中山 泰秀	42	男	元
1	当	大8	(92.98)	大塚 高司	48	男	元
1	当	京6	(90.31)	安藤 裕	47	男	新
1	当	奈1	(88.83)	小林 茂樹	48	男	新
1	当	大9	(86.20)	原田 憲治	64	男	元
1		大18	(83.12)	神谷 昇	63	男	新
1		兵11	(79.87)	頭師 暢秀	42	男	新
1		大19	(77.10)	谷川 とむ	36	男	新
1		兵12	(69.07)	岡崎 晃	48	男	新
1		大1	(68.60)	大西 宏幸	45	男	新
1		大10	(63.64)	大隈 和英	43	男	新
1		京2	(58.21)	上中 康司	50	男	新
1		大11	(54.50)	井脇ノブ子	66	女	元
1		大13	(53.26)	神谷 宗幣	35	男	新
39				西村日出男	66	男	新

公明党　　1,234,345票　　当選人数　4人

1	当			竹内 譲	54	男	前
2	当			浮島 智子	49	女	新
3	当			樋口 尚也	41	男	新
4	当			浜村 進	37	男	新
5				田丸 義高	53	男	新
6				高橋 雅也	56	男	新
7				田中 博之	54	男	新

民主党　　1,173,051票　　当選人数　3人

1	選当	京2		前原 誠司			前
1	選当	京6		山井 和則			前
1	選当	兵11		松本 剛明			前
1	選当	兵12		山口 壯			前
1	選当	奈1		馬淵 澄夫			前
1	選当	和1		岸本 周平			前
1	当	京3	(99.63)	泉 健太	38	男	前
1	当	滋3	(92.09)	三日月大造	41	男	前
1	当	大10	(91.97)	辻元 清美	52	女	前
1	繰当	滋1	(90.57)	川端 達夫	67	男	前
1		滋4	(77.53)	奥村 展三	68	男	前
1		滋2	(72.82)	田島 一成	50	男	前
1		大11	(72.26)	平野 博文	63	男	前
1		京4	(66.88)	北神 圭朗	45	男	前
1		大19	(65.30)	長安 豊	44	男	前
1		大7	(64.71)	藤村 修	63	男	前
1		大12	(63.85)	樽床 伸二	53	男	前
1		兵10	(62.40)	岡田 康裕	37	男	前
1		兵6	(58.27)	市村浩一郎	48	男	前
1		兵7	(56.50)	石井登志郎	41	男	前
1		兵2	(49.90)	向山 好一	55	男	前
1		兵1	(49.19)	井戸 正枝	47	女	前
1		大16	(48.95)	森山 浩行	41	男	前
1		兵5	(48.59)	梶原 康弘	56	男	前
1		奈3	(47.28)	吉川 政重	49	男	前
1		大9	(44.75)	大谷 信盛	50	男	前
1		京5	(44.38)	小原 舞	38	女	前
1		奈4	(43.39)	大西 孝典	56	男	前
1		大5	(41.77)	尾辻かな子	38	女	新
1		兵4	(41.63)	高橋 昭一	48	男	前
1		大3	(39.92)	藤原 一威	29	男	新
1		兵3	(39.56)	横畑 和幸	41	男	新
1		京1	(34.82)	祐野 恵	33	女	新
1		大8	(33.26)	松岡 広隆	30	男	前
1		大4	(32.01)	吉田 治	50	男	前
1		兵8	(26.91)	室井 秀子	57	女	前
1		奈2	(25.73)	百武 威	37	男	新
1		大17	(24.36)	西 哲史	35	男	新
1		和2	(24.07)	坂口 親宏	52	男	新
1		兵9	(17.42)	浜本 宏	60	男	前

第47回衆議院議員選挙　定数29
平成26年(2014年)12月14日実施

自由民主党　2,442,006票　当選人数　9人

				氏名		年齢	性別	新/前/元
1	選当	滋1		大岡	敏孝			前
1	選当	滋2		上野賢一郎				前
1	選当	滋3		武村	展英			前
1	選当	滋4		武藤	貴也			前
1	選当	京3		宮崎	謙介			前
1	選当	京4		田中	英之			前
1	選当	京5		谷垣	禎一			前
1	選当	大2		左藤	章			前
1	選当	大4		中山	泰秀			前
1	選当	大7		渡嘉敷奈緒美				前
1	選当	大8		大塚	高司			前
1	選当	大9		原田	憲治			前
1	選当	大11		佐藤ゆかり				元
1	選当	大12		北川	知克			前
1	選当	大13		宗清	皇一			新
1	選当	兵3		関	芳弘			前
1	選当	兵4		藤井比早之				前
1	選当	兵5		谷	公一			前
1	選当	兵6		大串	正樹			前
1	選当	兵7		山田	賢司			前
1	選当	兵9		西村	康稔			前
1	選当	兵10		渡海紀三朗				前
1	選当	奈2		高市	早苗			前
1	選当	奈3		奥野	信亮			前
1	選当	奈4		田野瀬太道				前
1	選当	和2		石田	真敏			前
1	当	大14	(97.73)	長尾	敬	52	男	元
1	当	大1	(95.51)	大西	宏幸	47	男	新
1	当	大18	(93.03)	神谷	昇	65	男	新
1	当	京6	(92.85)	安藤	裕	49	男	前
1	当	大19	(91.27)	谷川	とむ	38	男	新
1	当	大17	(90.06)	岡下	昌平	39	男	新
1	当	和1	(88.48)	門	博文	49	男	前
1	当	大10	(86.12)	大隈	和英	45	男	新
1	当	兵1	(85.81)	盛山	正仁	61	男	前
1		奈1	(85.12)	小林	茂樹	50	男	前
1		兵11	(82.67)	頭師	暢秀	44	男	新
1		京2	(56.14)	上中	康司	52	男	新
39				近藤三津枝		61	女	元
40				坂本	剛二	70	男	前
41				米田	建三	67	男	元
42				清水	克実	65	男	新
43				湯峯	理之	54	男	新
44				伊東賢一郎		61	男	新
45				高栖留美子		43	女	新
46				真鍋	麻未	30	女	新

維新の党　2,202,932票　当選人数　8人

1	当			小沢	鋭仁	60	男	前
1		大14	▼	鳥居	豊橘	48	男	新
1		大1	▼	吉羽	美華	32	女	新
1		大13	▼	樋口	俊一	61	男	前

日本共産党　732,976票　当選人数　2人

1	当	京1		穀田	恵二	65	男	前
2	当			宮本	岳志	52	男	前
3		大4		清水	忠史	44	男	新
4				堀内	照文	40	男	新
5		滋1	(29.20)	節木三千代		54	女	新
5		和3	(19.10)	原	矢寸久	61	男	新
5		奈2	▼	中野	明美	64	女	新

みんなの党　635,381票　当選人数　2人

1	当	兵1	(96.31)	井坂	信彦	38	男	新
1	当	兵7	(76.58)	畠中	光成	40	男	新
1		大12	(64.63)	石井	竜馬	43	男	新
1		滋2	(40.15)	世一	良幸	52	男	新
1		京1	(35.49)	平	智之	53	男	前
1		京4	▼	石田	哲雄	62	男	新

日本未来の党　481,603票　当選人数　1人

1	当	大6	(38.13)	村上	史好	60	男	前
1		大1	(27.87)	熊田	篤嗣	41	男	前
1		大18	(24.39)	中川	治	61	男	前
1		奈2	(22.13)	中村	哲治	41	男	元
1		大15	▼	大谷	啓	42	男	
1		兵3	▼	三橋	真記	35	女	新
1		兵6	▼	松崎	克彦	57	男	新
1		大2	▼	萩原	仁	45	男	
1		大7	▼	渡辺	義彦	56	男	
1		大17	▼	辻	恵	64	男	
1		京4	▼	豊田潤多郎		63	男	前
1		京5	▼	沼田	憲男	65	男	新
13				熊谷	貞俊	67	男	前
14				福田衣里子		32	女	前

社会民主党　133,064票　当選人数　0人

1		京2	▼	佐藤	大	33	男	新
1		大4	▼	井上	幸洋	63	男	新
3				服部	良一	62	男	前

幸福実現党　33,509票　当選人数　0人

1			立木	秀学	41	男	新
2			湊	侑子	29	女	新
3			山下	順正	54	男	新
4			深田	敏子	41	女	新
5			北川	智子	49	女	新
6			中川	義衛	52	男	新

※東国原英夫(維新)の離党・議員辞職のため平成25年12月26日清水鴻一郎が繰上当選

※三日月大造(民主)の滋賀県知事選立候補のため平成26年5月15日川端達夫が繰上当選

衆議院・比例区（近畿）

	2	選当	大1		井上 英孝		前
	2	選当	大14		谷畑 孝		前
	2	選当	大17		馬場 伸幸		前
	2	選当	大18		遠藤 敬		前
	2	選当	大19		丸山 穂高		前
	2	選当	兵1		井坂 信彦		前
2	当	大9	(95.53)	足立 康史	49	男	前
2	当	大8	(93.23)	木下 智彦	45	男	前
2	当	大4	(89.77)	吉村 洋文	39	男	新
2	当	大15	(86.31)	浦野 靖人	41	男	前
2	当	大7	(83.49)	上西小百合	31	女	前
2	当	大10	(81.84)	松浪 健太	43	男	前
2	当	大11	(78.88)	伊東 信久	50	男	前
2	繰当	大2	(71.52)	椎木 保	48	男	前
2		兵7	(71.09)	畠中 光成	42	男	前
2		滋4	(67.80)	岩永 裕貴	41	男	前
2		大12	(60.52)	堅田壮一郎	28	男	新
2		奈3	(58.68)	栗原絵里子	46	女	新
2		兵10	(57.14)	松井 雅博	35	男	新
2		兵4	(56.03)	永井 寿也	41	男	新
2		和2	(55.92)	阪口 直人	51	男	新
2		兵5	(54.63)	三木 圭恵	48	女	新
2		兵3	(52.46)	新原 秀人	52	男	新
2		京1	(49.33)	田坂 幾太	62	男	新
2		京3	(41.79)	清水鴻一郎	68	男	前
2		兵12	(35.84)	村上 賀厚	55	男	新
2		京4	(34.55)	畑本久仁枝	60	女	新

公明党　1,236,217票　当選人数　4人

1	当		竹内 譲	56	男 前
2	当		浮島 智子	51	女 前
3	当		樋口 尚也	43	男 前
4	当		浜村 進	39	男 前
5			田丸 義高	55	男 新
6			高橋 雅也	58	男 新
7			田中 博之	56	男 新

日本共産党　1,084,154票　当選人数　4人

1	当	京1		穀田 恵二	67	男 前
2	当			宮本 岳志	54	男 前
3	当	大4		清水 忠史	46	男 新
4	当			堀内 照文	42	男 新
5		京3	(44.84)	石村 和子	64	女 新
5		和3	(30.72)	原 矢寸久	63	男 新
5		奈1	(21.44)	谷川 和広	36	男 新
8				坪田五久男	55	男 新

民主党　1,047,361票　当選人数　4人

1	選当	京2	前原 誠司		前
1	選当	京6	山井 和則		前
1	選当	大10	辻元 清美		前
1	選当	兵11	松本 剛明		前
1	選当	奈1	馬淵 澄夫		前
1	選当	和1	岸本 周平		前

1	当	京3	(92.36)	泉 健太	40	男 前
1	当	滋1	(88.51)	川端 達夫	69	男 前
1	当	滋2	(83.09)	田島 一成	52	男 元
1	当	大11	(82.80)	平野 博文	65	男 元
1	繰当	京4	(77.48)	北神 圭朗	47	男 元
1		滋4	(67.65)	徳永 久志	51	男 新
1		滋3	(65.81)	小川 泰江	51	女 新
1		大12	(62.86)	樽床 伸二	55	男 元
1		兵2	(62.45)	向山 好一	57	男 元
1		大19	(58.82)	長安 豊	46	男 元
1		大16	(57.49)	森山 浩行	43	男 元
1		兵6	(53.21)	辻 泰弘	58	男 新
1		京5	(51.05)	小原 舞	40	女 元
1		奈4	(48.64)	大西 孝典	58	男 元
1		兵7	(43.82)	石井登志郎	43	男 元
1		兵3	(38.71)	横畑 和幸	43	男 新
23				梶原 康弘	58	男 元
24				佐々木幹夫	65	男 新
25				羽室 武	72	男 新
26				中藤 弘彦	50	男 新

次世代の党　175,279票　当選人数　0人

1		大13	(66.50)	西野 弘一	45	男 前
1		大16	(39.84)	西村 真悟	66	男 前
1		兵6	(21.38)	杉田 水脈	47	女 前
1		大14	▼	三宅 博	64	男 前
5		兵3	(30.69)	和田有一朗	50	男 新
5		大8	▼	上田 孝之	56	男 新

社会民主党　124,494票　当選人数　0人

1		大8	▼	服部 良一	64	男 元
2				藤田 高景	66	男 新

生活の党　97,398票　当選人数　0人

1		大6	村上 史好	62	男 前
2		奈2	中村 哲治	43	男 元
3			豊田潤多郎	65	男 元

幸福実現党　35,830票　当選人数　0人

1		及川 幸久	54	男 新
2		数森 圭吾	35	男 新
3		湊 侑子	31	女 新
4		植松 満雄	56	男 新
5		荒川 雅司	39	男 新
6		田中 孝子	59	女 新

※吉村洋文（維新）の大阪市長選立候補のため平成27年10月9日椎木保が繰上当選

※泉健太（民主）の衆院京都3区補選立候補のため平成28年4月21日北神圭朗が繰上当選

選挙区・鳥取県

第24回衆議院議員選挙
昭和24年(1949年)1月23日実施

【全県区】定数4

	氏名	年齢	性別	党派	新旧	得票数
当	米原　　昶	41	男	共産	新	43,654
当	稲田　直道	61	男	民自	前	39,805
当	門脇勝太郎	52	男	民自	新	39,244
当	足鹿　　覚	46	男	社会	新	35,779
	堀江　実蔵	47	男	労農	前	28,792
	手島　雄二	48	男	民自	新	26,501
	庄司　彦男	54	男	社会	前	18,094
	梶川　静雄	36	男	社会	前	17,300
	後藤　礼子	37	女	諸派	新	3,563
	内田　幸人	57	男	民主	新	1,977
	池上　五郎	36	男	社革	新	1,745

第25回衆議院議員選挙
昭和27年(1952年)10月1日実施

【全県区】定数4

	氏名	年齢	性別	党派	新旧	得票数
当	足鹿　　覚	47	男	左社	前	43,369
当	徳安　実蔵	52	男	自由	新	43,278
当	中田　政美	51	男	自由	新	41,223
当	古井　喜実	49	男	改進	新	39,817
	三好　英之	67	男	再建	元	32,468
	赤沢　正道	45	男	無所属	元	29,544
	門脇勝太郎	53	男	自由	前	28,446
	稲田　直道	63	男	自由	前	12,552
	手島　雄二	50	男	自由	新	11,398
	米原　　昶	43	男	共産	前	7,920
	幡新　守也	27	男	無所属	新	3,741

第26回衆議院議員選挙
昭和28年(1953年)4月19日実施

【全県区】定数4

	氏名	年齢	性別	党派	新旧	得票数
当	足鹿　　覚	48	男	左社	前	48,276
当	赤沢　正道	45	男	改進	元	45,227
当	徳安　実蔵	53	男	自由吉	前	42,604
当	古井　喜実	50	男	改進	前	42,517
	中田　政美	52	男	自由吉	前	41,399
	門脇勝太郎	54	男	自由吉	元	30,316
	盛本　勘治	38	男	左社	新	19,864
	米原　　昶	44	男	共産	元	6,664
	幡新　守也	28	男	無所属	新	5,597

第27回衆議院議員選挙
昭和30年(1955年)2月27日実施

【全県区】定数4

	氏名	年齢	性別	党派	新旧	得票数
当	古井　喜実	52	男	民主	前	62,538
当	足鹿　　覚	50	男	左社	前	59,564
当	赤沢　正道	47	男	民主	前	54,128
当	徳安　実蔵	55	男	自由	前	49,545
	中西　利理	48	男	右社	新	33,481
	幡新　守也	30	男	無所属	新	14,483
	米原　　昶	45	男	共産	元	12,197

第28回衆議院議員選挙
昭和33年(1958年)5月22日実施

【全県区】定数4

	氏名	年齢	性別	党派	新旧	得票数
当	徳安　実蔵	58	男	自民	前	56,529
当	赤沢　正道	50	男	自民	前	56,452
当	古井　喜実	55	男	自民	前	54,132
当	足鹿　　覚	53	男	社会	前	45,999
	中西　利理	51	男	社会	新	41,216
	門脇勝太郎	59	男	無所属	元	18,832
	幡新　守也	33	男	無所属	新	9,132
	稲田　直道	68	男	無所属	元	5,936
	河毛　市治	51	男	共産	新	4,634
	梅林　　明	55	男	無所属	新	3,113

第29回衆議院議員選挙
昭和35年(1960年)11月20日実施

【全県区】定数4

	氏名	年齢	性別	党派	新旧	得票数
当	足鹿　　覚	55	男	社会	前	75,927
当	古井　喜実	57	男	自民	前	66,989
当	徳安　実蔵	60	男	自民	前	61,551
当	赤沢　正道	53	男	自民	前	55,699
	中西　利理	54	男	民社	新	23,564
	河毛　市治	53	男	共産	新	6,928

第30回衆議院議員選挙
昭和38年(1963年)11月21日実施

【全県区】定数4

	氏名	年齢	性別	党派	新旧	得票数
当	徳安　実蔵	63	男	自民	前	60,804
当	古井　喜実	60	男	自民	前	60,277
当	赤沢　正道	56	男	自民	前	57,897
当	足鹿　　覚	58	男	社会	前	57,380
	武部　　文	43	男	社会	新	50,937
	石尾　　実	39	男	共産	新	6,737

衆議院・選挙区（鳥取県）

第31回衆議院議員選挙
昭和42年（1967年）1月29日実施

【全県区】 定数4

当	武部	文	46	男	社会 新	64,002
当	古井	喜実	64	男	自民 前	59,180
当	徳安	実蔵	66	男	自民 前	56,422
当	赤沢	正道	59	男	自民 前	54,385
	足鹿	覚	62	男	社会 前	54,262
	竹内	利友	42	男	共産 新	6,424

第32回衆議院議員選挙
昭和44年（1969年）12月27日実施

【全県区】 定数4

当	赤沢	正道	62	男	自民 前	65,582
当	徳安	実蔵	69	男	自民 前	64,638
当	古井	喜実	66	男	自民 前	45,635
当	武部	文	49	男	社会 前	43,798
	川上	智正	38	男	公明 新	41,285
	中田	吉雄	63	男	社会 新	32,295
	秋久	勲	58	男	無所属 新	19,351
	石尾	実	45	男	共産 新	7,296

第33回衆議院議員選挙
昭和47年（1972年）12月10日実施

【全県区】 定数4

当	徳安	実蔵	72	男	自民 前	61,431
当	赤沢	正道	65	男	自民 前	55,584
当	島田	安夫	52	男	無所属 新	54,373
当	野坂	浩賢	48	男	社会 新	53,192
	武部	文	52	男	社会 前	49,106
	古井	喜実	69	男	自民 前	47,511
	田中	大蔵	45	男	共産 新	15,153

第34回衆議院議員選挙
昭和51年（1976年）12月5日実施

【全県区】 定数4

当	古井	喜実	73	男	自民 元	59,328
当	相沢	英之	57	男	自民 新	58,128
当	武部	文	56	男	社会 元	53,990
当	野坂	浩賢	52	男	社会 現	49,594
	徳安	実蔵	76	男	自民 現	46,571
	島田	安夫	56	男	自民 現	42,089
	山崎	建治	38	男	公明 新	40,898
	田中	大蔵	49	男	共産 新	11,980
	古賀	信三	39	男	無所属 新	4,290

第35回衆議院議員選挙
昭和54年（1979年）10月7日実施

【全県区】 定数4

当	相沢	英之	60	男	自民 前	64,080
当	古井	喜実	76	男	自民 前	60,753
当	野坂	浩賢	55	男	社会 前	60,705
当	武部	文	59	男	社会 前	57,575
	徳安	実蔵	79	男	自民 元	53,978
	島田	安夫	59	男	自民 元	47,759
	伊谷	周一	50	男	共産 新	12,830
	田中	幸弘	32	男	無所属 新	1,539

第36回衆議院議員選挙
昭和55年（1980年）6月22日実施

【全県区】 定数4

当	相沢	英之	60	男	自民 前	71,217
当	野坂	浩賢	55	男	社会 前	63,847
当	武部	文	59	男	社会 前	63,735
当	古井	喜実	77	男	自民 前	63,701
	島田	安夫	60	男	自民 元	59,164
	常田	享詳	36	男	無所属 新	23,495
	伊谷	周一	51	男	共産 新	12,683

第37回衆議院議員選挙
昭和58年（1983年）12月18日実施

【全県区】 定数4

当	島田	安夫	63	男	自民 元	80,046
当	武部	文	63	男	社会 前	67,603
当	平林	鴻三	53	男	自民 新	67,054
当	相沢	英之	64	男	自民 前	66,121
	野坂	浩賢	59	男	社会 前	61,752
	保田	睦美	46	男	共産 新	8,935
	打田	重徳	55	男	無所属 新	2,081

第38回衆議院議員選挙
昭和61年（1986年）7月6日実施

【全県区】 定数4

当	平林	鴻三	55	男	自民 前	71,015
当	相沢	英之	67	男	自民 前	69,933
当	野坂	浩賢	61	男	社会 元	66,067
当	石破	茂	29	男	自民 新	56,534
	熊谷	信孝	44	男	公明 新	51,632
	武部	文	65	男	社会 前	46,917
	島田	充	36	男	無所属 新	11,307
	保田	睦美	48	男	共産 新	8,097

第39回衆議院議員選挙
平成2年(1990年)2月18日実施

【全県区】定数4
当	石破	茂	33	男	自民	前	82,169
当	野坂	浩賢	65	男	社会	前	75,439
当	武部	文	69	男	社会	元	75,112
当	相沢	英之	70	男	自民	前	71,354
	平林	鴻三	59	男	自民	前	66,345
	岩永	尚之	33	男	共産	新	8,332
	中西	豊明	73	男	無所属	新	1,829
	打田	重徳	61	男	無所属	新	900

第40回衆議院議員選挙
平成5年(1993年)7月18日実施

【全県区】定数4
当	石破	茂	36	男	無所属	前	137,025
当	平林	鴻三	62	男	自民	元	69,508
当	野坂	浩賢	68	男	社会	前	59,497
当	相沢	英之	74	男	自民	前	48,793
	佐々木康子	55	女	共産	新	24,579	

第41回衆議院議員選挙
平成8年(1996年)10月20日実施

【第1区】定数1
当	石破	茂	39	男	無所属	前	94,147
	知久馬二三子	59	女	社民比	新	28,496	
	岩永	尚之	39	男	共産	新	14,845
	山田	篤	57	男	新社会比	新	13,221

【第2区】定数1
当	相沢	英之	77	男	自民比	前	69,256
	山内	功	42	男	新進	新	64,199
	長尾	達也	65	男	共産	新	15,665

第42回衆議院議員選挙
平成12年(2000年)6月25日実施

【第1区】定数1
当	石破	茂	43	男	自民比	前	91,163
	田村耕太郎	36	男	無所属	新	62,811	
	知久馬二三子	63	女	社民比	前	22,425	
	岩永	尚之	43	男	共産	新	9,406

【第2区】定数1
当	相沢	英之	80	男	自民比	前	80,843
比当	山内	功	45	男	民主比	新	67,939
	水津	岩男	50	男	共産	新	12,153

第43回衆議院議員選挙
平成15年(2003年)11月9日実施

【第1区】定数1
当	石破	茂	46	男	自民比	前	114,283
	田中	清一	50	男	社民比	新	31,236
	水津	岩男	53	男	共産	新	14,092

【第2区】定数1
当	川上	義博	53	男	無所属	新	52,466
比当	山内	功	49	男	民主比	前	50,989
	相沢	英之	84	男	自民	前	45,900
	大谷	輝子	67	女	共産	新	9,266

第44回衆議院議員選挙
平成17年(2005年)9月11日実施

【第1区】定数1
当	石破	茂	48	男	自民比	前	106,805
	早川	周作	28	男	民主比	新	48,092
	田中	清一	52	男	社民比	新	14,271
	塚田	成幸	41	男	共産	新	11,105

【第2区】定数1
当	赤沢	亮正	44	男	自民比	新	64,132
	川上	義博	54	男	無所属	前	58,909
	山内	功	50	男	民主比	前	41,533
	鷲見	節夫	60	男	共産	新	6,711

第45回衆議院議員選挙
平成21年(2009年)8月30日実施

【第1区】定数1
当	石破	茂	52	男	自民比	前	118,121
	奥田	保明	49	男	民主比	新	63,383
	岩永	尚之	52	男	共産比	新	7,336
	細川	幸宏	40	男	諸派	新	1,757

【第2区】定数1
当	赤沢	亮正	48	男	自民比	前	84,659
比当	湯原	俊二	46	男	民主比	新	84,033
	甲谷	英生	33	男	諸派	新	2,082

第46回衆議院議員選挙
平成24年(2012年)12月16日実施

【第1区】定数1
当	石破	茂	55	男	自民	前	124,746
比当	塚田	成幸	48	男	共産	新	17,550
	井上	洋	63	男	無所属	新	5,325

【第2区】定数1
当	赤沢	亮正	51	男	自民比	前	87,395
	湯原	俊二	50	男	民主比	前	45,728
	福住	英行	37	男	共産	新	10,584

第47回衆議院議員選挙
平成26年(2014年)12月14日実施

【第1区】定数1
| | 当 | 石破 茂 | 57 | 男 | 自民㊗前 | 93,105 |

【第2区】定数1
		塚田 成幸	50	男	共産 新	22,888
	当	赤沢 亮正	53	男	自民㊗前	76,579
		湯原 俊二	52	男	民主㊗元	49,297
		福住 英行	39	男	共産 新	10,270

選挙区・島根県

第24回衆議院議員選挙
昭和24年(1949年)1月23日実施

【全県区】定数5
当	木村小左衛門	62	男	民主 前	74,213
当	大橋 武夫	46	男	民自 新	59,486
当	山本 利寿	54	男	民主 新	50,722
当	中崎 敏	50	男	社会 前	48,383
当	木村 栄	40	男	共産 前	47,724
	三島雄太郎	44	男	無所属 新	45,071
	生越 三郎	53	男	民自 前	39,085
	松本 淳造	56	男	社会 前	30,712
	白川 伝徳	54	男	国協 新	16,490
	樋口 喜徳	45	男	社会 新	14,232

第25回衆議院議員選挙
昭和27年(1952年)10月1日実施

【全県区】定数5
当	大橋 武夫	47	男	自由 前	95,892
当	桜内 義雄	40	男	改進 元	75,335
当	日高 忠男	56	男	自由 新	57,661
当	中崎 敏	51	男	右社 前	53,553
当	中村 英男	48	男	諸派 新	52,258
	山本 利寿	55	男	改進 前	46,566
	高橋円三郎	57	男	自由 元	45,363
	金森 熙隆	33	男	共産 新	15,200

第26回衆議院議員選挙
昭和28年(1953年)4月19日実施

【全県区】定数5
当	高橋円三郎	58	男	自由吉 元	88,420
当	桜内 義雄	40	男	改進 前	65,426
当	中村 英男	48	男	無所属 前	61,858
当	大橋 武夫	48	男	自由吉 前	60,660
当	山崎 敏	52	男	右社 前	57,594
	山本 利寿	56	男	改進 元	49,438
	日高 忠男	57	男	自由吉 前	49,130
	寺戸 朋兄	25	男	無所属 新	4,281

第27回衆議院議員選挙
昭和30年(1955年)2月27日実施

【全県区】定数5
当	桜内 義雄	42	男	民主 前	79,170
当	山本 利寿	58	男	民主 元	77,899
当	大橋 武夫	50	男	自由 前	75,039
当	中村 英男	50	男	左社 前	62,579
当	中崎 敏	54	男	右社 前	59,321
	高橋円三郎	60	男	自由 前	54,284
	田尻 愛義	58	男	無所属 新	29,022
	金森 熙隆	36	男	共産 新	14,821

第28回衆議院議員選挙
昭和33年(1958年)5月22日実施

【全県区】定数5
当	竹下 登	34	男	自民 新	95,611
当	大橋 武夫	53	男	自民 前	79,791
当	中崎 敏	57	男	社会 前	71,680
当	桜内 義雄	46	男	自民 前	69,009
当	中村 英男	54	男	社会 前	67,851
	山本 利寿	61	男	自民 前	55,979
	木村 栄	47	男	共産 元	14,083

第29回衆議院議員選挙
昭和35年(1960年)11月20日実施

【全県区】定数5
当	大橋 武夫	55	男	自民 前	89,878
当	桜内 義雄	48	男	自民 前	79,932
当	竹下 登	36	男	自民 前	78,286
当	中村 英男	56	男	社会 前	77,888
当	細田 吉蔵	48	男	自民 新	72,732
	中崎 敏	59	男	民社 前	54,483
	加藤 一郎	54	男	共産 新	9,862
	堀井 玄一	49	男	諸派 新	408

第30回衆議院議員選挙
昭和38年(1963年)11月21日実施

【全県区】定数5
当	大橋 武夫	58	男	自民 前	81,080
当	竹下 登	39	男	自民 前	77,745

当	卜部	政巳	41	男	社会	新	75,031
当	桜内	義雄	51	男	自民	前	71,229
当	細田	吉蔵	51	男	自民	前	67,503
	中村	英男	59	男	社会	前	66,875
	金森	煕隆	45	男	共産	新	12,450

第31回衆議院議員選挙
昭和42年(1967年)1月29日実施

【全県区】定数5

当	桜内	義雄	54	男	自民	前	81,891
当	竹下	登	42	男	自民	前	78,307
当	細田	吉蔵	54	男	自民	前	77,845
当	神門至馬夫		44	男	社会	新	71,816
当	大橋	武夫	62	男	自民	前	68,008
	卜部	政巳	45	男	社会	前	63,959
	和田	一雄	36	男	共産	新	9,546

第32回衆議院議員選挙
昭和44年(1969年)12月27日実施

【全県区】定数5

当	大橋	武夫	65	男	自民	前	87,865
当	竹下	登	45	男	自民	前	79,525
当	卜部	政巳	47	男	社会	元	71,614
当	桜内	義雄	57	男	自民	前	71,075
当	細田	吉蔵	57	男	自民	前	64,649
	神門至馬夫		47	男	社会	前	60,367
	和田	一雄	39	男	共産	新	11,495

第33回衆議院議員選挙
昭和47年(1972年)12月10日実施

【全県区】定数5

当	竹下	登	48	男	自民	前	105,977
当	神門至馬夫		50	男	社会	元	82,109
当	細田	吉蔵	60	男	自民	前	73,021
当	桜内	義雄	60	男	自民	前	67,860
当	大橋	武夫	68	男	自民	前	61,413
	卜部	政巳	50	男	社会	前	60,480
	飯塚	行男	44	男	共産	新	17,652

第34回衆議院議員選挙
昭和51年(1976年)12月5日実施

【全県区】定数5

当	竹下	登	52	男	自民	現	87,919
当	桜内	義雄	64	男	自民	現	68,395
当	吉原	米治	48	男	社会	新	61,411
当	細田	吉蔵	64	男	自民	現	60,519
当	梅野	泰二	50	男	社会	新	58,692
	大橋	武夫	72	男	自民	現	49,580
	中林	佳子	31	女	共産	新	47,350

	永瀬	茂	36	男	公明	新	31,493
	和田	好清	39	男	新自ク	新	17,129
	池田	鉄陽	38	男	無所属	新	3,622

第35回衆議院議員選挙
昭和54年(1979年)10月7日実施

【全県区】定数5

当	竹下	登	55	男	自民	前	103,586
当	桜内	義雄	67	男	自民	前	78,531
当	中林	佳子	33	女	共産	新	67,154
当	細田	吉蔵	67	男	自民	前	58,828
当	吉原	米治	51	男	社会	前	56,121
	梅野	泰二	53	男	社会	前	55,382
	島田	暉山	61	男	民社	新	51,122
	和田	好清	42	男	新自ク	新	9,527

第36回衆議院議員選挙
昭和55年(1980年)6月22日実施

【全県区】定数5

当	竹下	登	56	男	自民	前	112,565
当	細田	吉蔵	68	男	自民	前	107,890
当	桜内	義雄	68	男	自民	前	82,670
当	梅野	泰二	54	男	社会	元	67,573
当	吉原	米治	52	男	社会	前	60,168
	中林	佳子	34	女	共産	前	59,546
	安藤	三蔵	43	男	諸派	新	648

第37回衆議院議員選挙
昭和58年(1983年)12月18日実施

【全県区】定数5

当	竹下	登	59	男	自民	前	117,529
当	桜内	義雄	71	男	自民	前	86,620
当	中林	佳子	38	女	共産	元	70,156
当	吉原	米治	55	男	社会	前	68,525
当	細田	吉蔵	71	男	自民	前	64,227
	梅野	泰二	57	男	社会	前	64,026

第38回衆議院議員選挙
昭和61年(1986年)7月6日実施

【全県区】定数5

当	竹下	登	62	男	自民	前	139,903
当	桜内	義雄	74	男	自民	前	80,384
当	細田	吉蔵	74	男	自民	前	75,629
当	石橋	大吉	54	男	社会	新	53,707
当	吉原	米治	58	男	社会	前	52,686
	中林	佳子	40	女	共産	前	50,363
	亀井	久興	46	男	無所属	新	48,146

第39回衆議院議員選挙
平成2年(1990年)2月18日実施

【全県区】定数5
当	竹下 登	65	男	自民	前	108,169
当	桜内 義雄	77	男	自民	前	79,890
当	細田 博之	45	男	自民	新	77,099
当	亀井 久興	50	男	無所属	新	75,252
当	石橋 大吉	58	男	社会	前	61,604
	吉原 米治	62	男	社会	前	60,072
	中林 佳子	44	女	共産	元	42,583

第40回衆議院議員選挙
平成5年(1993年)7月18日実施

【全県区】定数5
当	竹下 登	69	男	無所属	前	105,296
当	細田 博之	49	男	自民	前	72,277
当	石橋 大吉	61	男	社会	前	69,037
当	桜内 義雄	81	男	自民	前	63,905
当	錦織 淳	47	男	さき	新	57,962
	亀井 久興	53	男	自民	前	55,584
	中林 佳子	47	女	共産	元	42,744
	阪本 清	40	男	無所属	新	16,188
	南 悦雄	49	男	無所属	新	1,255

第41回衆議院議員選挙
平成8年(1996年)10月20日実施

【第1区】定数1
当	細田 博之	52	男	自民㊎	前	73,907
比当	石橋 大吉	64	男	民主㊎	前	46,481
	中林 佳子	50	女	共産㊎	元	21,416

【第2区】定数1
当	竹下 登	72	男	自民㊎	前	86,462
	錦織 淳	51	男	さき	前	62,790
	佐々木洋子	45	女	共産	新	9,822

【第3区】定数1
当	亀井 久興	56	男	自民㊎	元	82,526
	大橋 弘昌	30	男	新進	新	30,313
	出島千鶴子	52	女	社民㊎	新	19,399
	平田 守	46	男	共産	新	9,641

第42回衆議院議員選挙
平成12年(2000年)6月25日実施

【第1区】定数1
当	細田 博之	56	男	自民㊎	前	74,163
	石橋 大吉	68	男	民主㊎	前	37,323
	岩本 久人	57	男	無会	新	25,671
	吉川 晴雄	48	男	共産	新	8,584

【第2区】定数1
当	竹下 亘	53	男	自民㊎	新	112,774
	錦織 淳	54	男	民主㊎	元	51,026
	佐々木洋子	49	女	共産	新	6,857

【第3区】定数1
当	亀井 久興	60	男	自民㊎	前	93,371
	出島千鶴子	56	女	社民㊎	新	37,120
	平田 守	50	男	共産	新	10,720

第43回衆議院議員選挙
平成15年(2003年)11月9日実施

【第1区】定数1
当	細田 博之	59	男	自民㊎	前	117,897
	浜口 和久	35	男	民主	新	61,071
	上代 善雄	49	男	共産	新	14,237

【第2区】定数1
当	竹下 亘	57	男	自民㊎	前	145,555
	石田 良三	71	男	民主	新	50,951
	出島千鶴子	59	女	社民㊎	新	20,965
	向瀬 慎一	32	男	共産	新	10,774

第44回衆議院議員選挙
平成17年(2005年)9月11日実施

【第1区】定数1
当	細田 博之	61	男	自民㊎	前	125,401
	浜口 和久	36	男	民主	新	59,334
	上代 善雄	51	男	共産	新	12,786
	加納 克己	61	男	社民㊎	新	9,675

【第2区】定数1
当	竹下 亘	58	男	自民㊎	前	127,118
比当	亀井 久興	65	男	国民㊎	前	72,098
	小室 寿明	44	男	民主㊎	新	34,999
	向瀬 慎一	34	男	共産	新	10,704

第45回衆議院議員選挙
平成21年(2009年)8月30日実施

【第1区】定数1
当	細田 博之	65	男	自民㊎	前	122,595
比当	小室 寿明	48	男	民主㊎	新	80,789
	石飛 育久	31	男	共産㊎	新	8,923
	池田健一郎	29	男	諸派	新	2,060

【第2区】定数1
当	竹下 亘	62	男	自民㊎	前	135,296
	亀井 久興	69	男	国民㊎	前	108,192
	相浦 慎治	41	男	諸派	新	2,925

第46回衆議院議員選挙
平成24年(2012年)12月16日実施

【第1区】定数1
当	細田 博之	68	男	自民㊎	前	112,605
	小室 寿明	52	男	民主㊎	前	47,343

| | 吉儀 | 敬子 | 61 | 女 | 共産 | 新 | 14,173 |

【第2区】定数1
当	竹下	亘	66	男	自民㊗前		135,270
	石田	祥吾	32	男	民主㊗新		48,046
	向瀬	慎一	41	男	共産	新	16,442

第47回衆議院議員選挙
平成26年(2014年)12月14日実施

【第1区】定数1
当	細田	博之	70	男	自民㊗前		100,376
	和田章一郎		67	男	民主㊗新		38,346
	上代	善雄	60	男	共産	新	17,479

【第2区】定数1
当	竹下	亘	68	男	自民㊗前		123,584
	山本	誉	57	男	社民㊗新		34,558
	向瀬	慎一	43	男	共産	新	20,479

選挙区・岡山県

第24回衆議院議員選挙
昭和24年(1949年)1月23日実施

【第1区】定数5
当	若林	義孝	50	男	民自	元	47,902
当	苅田	浅野	45	女	共産	新	43,208
当	大村	清一	58	男	民自	前	41,505
当	逢沢	寛	62	男	民主	元	36,082
当	黒田	寿男	51	男	労農	前	35,432
	小枝	一雄	49	男	国協	前	31,073
	安井	源吾	56	男	民自	新	26,390
	榊原	亨	51	男	新自	前	21,023
	江田	三郎	43	男	社会	新	18,438
	西山富佐太		61	男	民主	前	16,230
	景山	哲夫	47	男	無所属	新	4,541
	宇野	正志	49	男	無所属	新	3,886
	小林	金一	45	男	無所属	新	2,000

【第2区】定数5
当	犬養	健	54	男	民主	元	78,638
当	近藤	鶴代	49	女	民自	前	45,911
当	橋本	龍伍	44	男	民自	新	41,370
当	星島	二郎	63	男	民自	前	37,264
当	中原	健次	54	男	労農	前	31,541
	加藤	武徳	35	男	無所属	新	29,475
	豊田	秀男	41	男	共産	新	26,193
	多賀	安郎	45	男	国協	前	20,797
	重井	鹿治	47	男	社会	前	14,039
	中西	郷市	48	男	無所属	新	8,286
	板野	五郎	33	男	無所属	新	3,683
	秋山	信一	49	男	諸派	新	2,876

第25回衆議院議員選挙
昭和27年(1952年)10月1日実施

【第1区】定数5
当	岡田	忠彦	74	男	自由	元	55,922
当	黒田	寿男	53	男	労農	前	45,930
当	逢沢	寛	64	男	自由	前	45,826
当	大村	清一	60	男	自由	前	45,146
当	和田	博雄	49	男	左社	新	37,155
	小枝	一雄	50	男	自由	元	37,100
	亀山	孝一	52	男	改進	新	33,708
	武藤	三徳	39	男	無所属	新	21,359
	久山	知之	63	男	自由	元	19,560
	若林	義孝	52	男	自由	前	18,481
	苅田アサノ		47	女	共産	前	12,285
	石田	正志	47	男	右社	新	5,773
	近藤	昌一	55	男	協同	新	654

【第2区】定数5
当	橋本	龍伍	46	男	自由	前	70,611
当	星島	二郎	64	男	自由	前	67,423
当	犬養	健	56	男	自由	前	57,486
当	近藤	鶴代	50	女	自由	前	55,435
当	山崎	始男	48	男	無所属	新	39,665
	中原	健次	56	男	労農	前	36,868
	多賀	安郎	47	男	右社	元	23,419
	板野	勝次	49	男	共産	新	8,997
	重井	鹿治	50	男	諸派	元	7,826
	藤井	虎衛	40	男	協同	新	2,145

第26回衆議院議員選挙
昭和28年(1953年)4月19日実施

【第1区】定数5
当	小枝	一雄	52	男	自由吉	元	60,183
当	和田	博雄	50	男	左社	前	49,379
当	黒田	寿男	53	男	労農	前	43,791
当	逢沢	寛	64	男	自由吉	前	43,095
当	大村	清一	60	男	自由吉	前	41,826
	岡田	忠彦	75	男	自由吉	前	38,874
	亀山	孝一	52	男	改進	新	38,864
	久山	知之	63	男	自由鳩	元	17,421
	若林	義孝	52	男	自由鳩	元	16,770
	苅田アサノ		47	女	共産	元	13,125
	石戸	薫	32	男	無所属	新	476

衆議院・選挙区（岡山県）

【第2区】 定数5
当	中原	健次	56	男	労農	元	73,011
当	山崎	始男	49	男	左社	前	57,349
当	橋本	龍伍	46	男	自由	前	57,291
当	犬養	健	56	男	自由	前	57,144
当	星島	二郎	65	男	自由	前	52,669
	近藤	鶴代	51	女	自由	前	51,039

第27回衆議院議員選挙
昭和30年（1955年）2月27日実施

【第1区】 定数5
当	亀山	孝一	54	男	民主	新	76,195
当	大村	清一	62	男	民主	前	58,602
当	和田	博雄	51	男	左社	前	58,386
当	逢沢	寛	66	男	自由	前	51,455
	小枝	一雄	53	男	民主	前	50,774
	黒田	寿男	55	男	労農	前	47,048
	岡田	包義	54	男	自由	新	28,104
	苅田アサノ	49	女	共産	元	15,154

【第2区】 定数5
当	星島	二郎	67	男	民主	前	75,769
当	橋本	龍伍	48	男	自由	前	56,424
当	犬養	健	58	男	自由	前	55,839
当	中原	健次	58	男	労農	前	48,040
当	山崎	始男	50	男	左社	前	47,943
	近藤	鶴代	53	女	自由	元	46,035
	多賀	安郎	49	男	右社	元	39,484
	若林	義孝	54	男	無所属	元	4,394

第28回衆議院議員選挙
昭和33年（1958年）5月22日実施

【第1区】 定数5
当	黒田	寿男	59	男	社会	元	95,623
当	亀山	孝一	57	男	自民	前	66,485
当	小枝	一雄	56	男	自民	前	57,351
当	逢沢	寛	69	男	自民	前	57,115
当	和田	博雄	55	男	社会	前	55,832
	大村	清一	66	男	自民	前	53,877
	豊田	秀男	49	男	共産	新	7,535
	藤井	二郎	48	男	無所属	新	3,027
	石戸	薫	38	男	諸派	新	838

【第2区】 定数5
当	橋本	龍伍	51	男	自民	前	73,383
当	星島	二郎	70	男	自民	前	58,461
当	山崎	始男	54	男	社会	前	56,938
当	中原	健次	62	男	社会	前	55,466
当	犬養	健	61	男	自民	前	54,738
	藤井	勝志	43	男	自民	新	46,564
	藤原	節夫	51	男	自民	新	39,794
	板野	勝次	55	男	共産	新	10,105

第29回衆議院議員選挙
昭和35年（1960年）11月20日実施

【第1区】 定数5
当	黒田	寿男	61	男	社会	前	67,358
当	大村	清一	68	男	自民	元	57,500
当	和田	博雄	57	男	社会	前	57,473
当	逢沢	寛	72	男	自民	前	56,376
当	小枝	一雄	59	男	自民	前	55,603
	亀山	孝一	60	男	自民	前	55,458
	生末	敏夫	35	男	民社	新	22,287
	武藤	三徳	47	男	無所属	新	14,677
	豊田	秀男	51	男	共産	新	7,887
	藤本	一歩	32	男	諸派	新	4,668
	石井	九郎	51	男	無所属	新	1,309

【第2区】 定数5
当	藤原	節夫	54	男	自民	新	63,428
当	橋本	龍伍	54	男	自民	前	60,414
当	山崎	始男	56	男	社会	前	60,348
当	藤井	勝志	45	男	自民	新	57,457
当	星島	二郎	73	男	自民	前	53,446
	中原	健次	64	男	社会	前	47,160
	秋岡	博	49	男	民社	新	32,093
	板野	勝次	57	男	共産	新	8,960

第30回衆議院議員選挙
昭和38年（1963年）11月21日実施

【第1区】 定数5
当	亀山	孝一	63	男	自民	元	75,105
当	黒田	寿男	64	男	社会	前	65,028
当	小枝	一雄	62	男	自民	前	57,442
当	逢沢	寛	75	男	自民	前	55,401
当	和田	博雄	60	男	社会	前	50,942
	大村	襄治	44	男	自民	新	43,836
	生末	敏夫	38	男	民社	新	34,365
	由良	巌	37	男	自民	新	17,334
	豊田	秀男	54	男	共産	新	9,298

【第2区】 定数5
当	江田	三郎	56	男	社会	新	86,626
当	橋本龍太郎	26	男	自民	新	74,564
当	山崎	始男	59	男	社会	前	56,246
当	藤井	勝志	48	男	自民	前	55,387
当	星島	二郎	76	男	自民	前	48,816
	藤原	節夫	57	男	無所属	前	46,342
	近藤	信夫	44	男	無所属	新	17,528
	板野	勝次	60	男	共産	新	9,405

第31回衆議院議員選挙
昭和42年（1967年）1月29日実施

【第1区】 定数5
当	亀山	孝一	66	男	自民	前	67,586

当	大村 襄治	47	男	自民	新	64,297
当	柴田 健治	50	男	社会	新	62,128
当	山田 太郎	48	男	公明	新	61,027
当	黒田 寿男	67	男	社会	前	59,317
	逢沢 寛	78	男	自民	前	53,683
	小枝 一雄	65	男	自民	前	53,679
	由良 巌	40	男	無所属	新	11,605
	豊田 秀男	57	男	共産	新	8,868

【第2区】定数5
当	江田 三郎	59	男	社会	前	77,061
当	加藤 六月	40	男	自民	新	75,832
当	藤井 勝志	51	男	自民	前	73,113
当	橋本龍太郎	29	男	自民	前	63,838
当	山崎 始男	62	男	社会	前	60,665
	近藤 信夫	47	男	自民	新	23,205
	板野 勝次	63	男	共産	新	14,314
	山本 守	46	男	無所属	新	9,631

第32回衆議院議員選挙
昭和44年(1969年)12月27日実施

【第1区】定数5
当	山田 太郎	51	男	公明	前	82,231
当	亀山 孝一	69	男	自民	前	73,991
当	大村 襄治	50	男	自民	前	72,419
当	黒田 寿男	70	男	社会	前	59,726
当	笠岡 喬	44	男	自民	新	54,984
	柴田 健治	53	男	社会	前	52,813
	豊田 秀男	60	男	共産	新	14,072
	杉本 一夫	61	男	無所属	新	1,416
	岡崎 寛之	59	男	無所属	新	586

【第2区】定数5
当	橋本龍太郎	32	男	自民	前	77,489
当	加藤 六月	43	男	自民	前	67,192
当	藤井 勝志	54	男	自民	前	65,356
当	貝沼 次郎	36	男	公明	新	57,113
当	江田 三郎	62	男	社会	前	54,743
	山崎 始男	65	男	社会	前	51,217
	丹正 巌	51	男	民社	新	34,999
	藤原 節夫	63	男	無所属	元	18,890
	板野 勝次	66	男	共産	新	11,427

第33回衆議院議員選挙
昭和47年(1972年)12月10日実施

【第1区】定数5
当	大村 襄治	53	男	自民	前	82,006
当	笠岡 喬	47	男	自民	前	66,415
当	柴田 健治	56	男	社会	元	65,305
当	山田 太郎	54	男	公明	前	65,005
当	亀山 孝一	72	男	自民	前	54,736
	黒田 寿男	73	男	社会	前	54,511
	岡 暎	60	男	共産	新	33,216
	田淵 久	61	男	民社	新	19,238

【第2区】定数5
当	加藤 六月	46	男	自民	前	94,942
当	江田 三郎	65	男	社会	前	72,414
当	橋本龍太郎	35	男	自民	前	65,489
当	藤井 勝志	57	男	自民	前	64,314
当	山崎 始男	68	男	社会	元	57,025
	貝沼 次郎	39	男	公明	前	55,829
	丹正 巌	54	男	民社	新	35,639
	佐武 弘	44	男	共産	新	16,663

第34回衆議院議員選挙
昭和51年(1976年)12月5日実施

【第1区】定数5
当	逢沢 英雄	50	男	自民	新	87,047
当	山田 太郎	58	男	公明	現	76,346
当	矢山 有作	52	男	社会	新	58,587
当	柴田 健治	60	男	社会	現	58,210
当	大村 襄治	57	男	自民	現	51,816
	則武 真一	45	男	共産	新	47,509
	小枝 英勲	47	男	新自ク	新	35,278
	笠岡 喬	51	男	自民	現	32,757
	平沼 赳夫	37	男	無所属	新	17,080

【第2区】定数5
当	加藤 六月	50	男	自民	現	80,590
当	貝沼 次郎	43	男	公明	元	76,201
当	藤井 勝志	61	男	自民	現	73,195
当	水田 稔	51	男	社会	新	68,204
当	橋本龍太郎	39	男	自民	現	61,157
	江田 三郎	69	男	社会	現	56,216
	林 保夫	48	男	民社	新	52,626
	佐武 弘	48	男	共産	新	24,197

第35回衆議院議員選挙
昭和54年(1979年)10月7日実施

【第1区】定数5
当	山田 太郎	61	男	公明	前	76,533
当	大村 襄治	60	男	自民	前	76,017
当	逢沢 英雄	53	男	自民	前	68,292
当	柴田 健治	62	男	社会	前	64,208
当	則武 真一	48	男	共産	新	62,990
	矢山 有作	55	男	社会	前	57,714
	平沼 赳夫	40	男	自民	新	45,584
	小枝 英勲	50	男	無所属	新	11,992
	笠岡 喬	54	男	無所属	元	9,417
	佐々木道博	28	男	諸派	新	2,283

【第2区】定数5
当	橋本龍太郎	42	男	自民	前	104,395
当	加藤 六月	53	男	自民	前	77,977
当	貝沼 次郎	46	男	公明	前	73,501
当	藤井 勝志	64	男	自民	前	72,105

当	林	保夫	51	男	民社	新	64,152
	水田	稔	54	男	社会	前	56,942
	江田	光子	63	女	社民連	新	34,432
	藤原	英男	32	男	社会	新	22,166
	織田	亨	52	男	共産	新	13,872

第36回衆議院議員選挙
昭和55年（1980年）6月22日実施

【第1区】定数5

当	平沼	赳夫	40	男	自民	新	86,850
当	逢沢	英雄	54	男	自民	前	75,677
当	矢山	有作	56	男	社会	元	74,854
当	大村	襄治	61	男	自民	前	70,118
当	山田	太郎	62	男	公明	前	68,483
	則武	真一	49	男	共産	前	60,914
	柴田	健治	63	男	社会	前	59,929
	佐々木	道博	29	男	諸派	新	1,994
	中野	治	37	男	諸派	新	659

【第2区】定数5

当	橋本龍太郎		42	男	自民	前	109,964
当	藤井	勝志	66	男	自民	前	83,634
当	水田	稔	55	男	社会	元	82,911
当	加藤	六月	54	男	自民	前	79,336
当	林	保夫	52	男	民社	前	75,767
	貝沼	次郎	47	男	公明	前	68,951
	三好	一光	50	男	共産	新	17,666
	中原	義正	37	男	無所属	新	7,056

第37回衆議院議員選挙
昭和58年（1983年）12月18日実施

【第1区】定数5

当	江田	五月	42	男	社民連	新	87,110
当	日笠	勝之	38	男	公明	新	80,596
当	大村	襄治	64	男	自民	前	72,395
当	矢山	有作	59	男	社会	前	68,947
当	平沼	赳夫	44	男	自民	前	63,898
	逢沢	英雄	57	男	自民	前	59,842
	則武	真一	52	男	共産	元	52,979

【第2区】定数5

当	加藤	六月	57	男	自民	前	101,164
当	橋本龍太郎		46	男	自民	前	85,647
当	貝沼	次郎	50	男	公明	元	81,812
当	水田	稔	58	男	社会	前	81,236
当	藤井	勝志	68	男	自民	前	75,267
	林	保夫	55	男	民社	前	71,519
	田中	政利	29	男	共産	新	15,206
	赤松	円豊	56	男	無所属	新	7,082
	赤沢	律男	53	男	無所属	新	879

第38回衆議院議員選挙
昭和61年（1986年）7月6日実施

【第1区】定数5

当	江田	五月	45	男	社民連	前	87,815
当	逢沢	一郎	32	男	自民	新	84,814
当	大村	襄治	67	男	自民	前	80,509
当	平沼	赳夫	46	男	自民	前	72,673
当	日笠	勝之	41	男	公明	前	71,489
	矢山	有作	62	男	社会	前	66,458
	則武	真一	55	男	共産	元	47,106

【第2区】定数5

当	加藤	六月	60	男	自民	前	142,609
当	橋本龍太郎		48	男	自民	前	132,067
当	林	保夫	58	男	民社	元	68,943
当	水田	稔	61	男	社会	前	68,232
当	貝沼	次郎	53	男	公明	前	65,659
	田中	政利	32	男	共産	新	26,252

第39回衆議院議員選挙
平成2年（1990年）2月18日実施

【第1区】定数5

当	江田	五月	48	男	社民連	前	93,852
当	谷村	啓介	58	男	社会	新	89,240
当	逢沢	一郎	35	男	自民	前	87,999
当	平沼	赳夫	50	男	自民	前	85,648
当	日笠	勝之	44	男	公明	前	69,936
	大村	襄治	70	男	自民	前	66,888
	武田	英夫	42	男	共産	新	30,831
	笠岡	喬	64	男	無所属	元	5,714

【第2区】定数5

当	橋本龍太郎		52	男	自民	前	177,693
当	水田	稔	65	男	社会	前	86,863
当	加藤	六月	63	男	自民	前	78,232
当	村田	吉隆	45	男	無所属	新	64,224
当	貝沼	次郎	56	男	公明	前	63,058
	林	保夫	61	男	民社	前	61,466
	田中	政利	36	男	共産	新	24,348

第40回衆議院議員選挙
平成5年（1993年）7月18日実施

【第1区】定数5

当	江田	五月	52	男	社民連	前	121,400
当	逢沢	一郎	39	男	自民	前	86,532
当	平沼	赳夫	53	男	自民	前	75,521
当	日笠	勝之	48	男	公明	前	71,222
当	熊代	昭彦	53	男	自民	新	67,451
	谷村	啓介	61	男	社会	前	55,970
	松田	準一	43	男	共産	新	26,567
	日本	太郎	52	男	無所属	新	1,697

【第２区】定数５

当	橋本龍太郎	55	男	自民	前	150,714
当	石田　美栄	55	女	無所属	新	93,135
当	加藤　六月	67	男	自民	前	77,282
当	貝沼　次郎	60	男	公明	前	68,425
当	村田　吉隆	48	男	自民	前	62,468
	水田　稔	68	男	社会	前	57,511
	田中　政利	39	男	共産	新	21,550

第41回衆議院議員選挙

平成８年(1996年)10月20日実施

【第１区】定数１

当	逢沢　一郎	42	男	自民[比]	前	116,639
	日笠　勝之	51	男	新進	前	54,651
	森脇　久紀	33	男	共産	新	19,743

【第２区】定数１

当	熊代　昭彦	56	男	自民[比]	前	88,569
比当	中桐　伸五	53	男	民主[比]	新	51,551
	尾崎　宏子	40	女	共産	新	21,431

【第３区】定数１

当	平沼　赳夫	57	男	自民[比]	前	130,101
	西岡　憲康	55	男	新進	新	53,653
	長畑　龍介	56	男	共産	新	15,425

【第４区】定数１

当	橋本龍太郎	59	男	自民	前	152,595
比当	加藤　六月	70	男	新進[比]	前	56,646
	垣内　雄一	32	男	共産	新	15,173

【第５区】定数１

当	村田　吉隆	52	男	自民[比]	前	125,188
	木口　京子	29	女	民主[比]	新	42,555
	斉藤　玲子	43	女	共産	新	12,344
	福田　哲也	60	男	新社会	新	7,296

第42回衆議院議員選挙

平成12年(2000年)６月25日実施

【第１区】定数１

当	逢沢　一郎	46	男	自民[比]	前	105,253
	河田　英正	53	男	民主[比]	新	59,634
	垣内　雄一	35	男	共産	新	18,743

【第２区】定数１

当	熊代　昭彦	60	男	自民[比]	前	85,514
	中桐　伸五	57	男	民主[比]	前	50,187
	尾崎　宏子	43	女	共産	新	20,500
	松本　安正	70	男	社民[比]	新	10,477

【第３区】定数１

当	平沼　赳夫	60	男	自民[比]	前	126,003
	樽井　良和	32	男	民主[比]	新	54,994
	美見　芳明	43	男	共産	新	15,658

【第４区】定数１

当	橋本龍太郎	62	男	自民	前	128,888
	熊谷　裕人	38	男	民主[比]	新	46,484
	赤坂てる子	46	女	共産	新	21,091

【第５区】定数１

当	村田　吉隆	55	男	自民[比]	前	116,206
	秦　知子 (はたともこ)	33	女	民主[比]	新	57,368
	国末　吉夫	51	男	共産	新	12,745

第43回衆議院議員選挙

平成15年(2003年)11月９日実施

【第１区】定数１

当	逢沢　一郎	49	男	自民[比]	前	102,318
	菅　源太郎	31	男	民主[比]	新	63,463
	植本　完治	44	男	共産	新	11,951

【第２区】定数１

当	熊代　昭彦	63	男	自民[比]	前	78,643
比当	津村　啓介	32	男	民主[比]	新	69,190
	尾崎　宏子	47	女	共産	新	14,357

【第３区】定数１

当	平沼　赳夫	64	男	自民[比]	前	125,949
	中村　徹夫	48	男	民主[比]	新	48,010
	美見　芳明	46	男	共産	新	13,276

【第４区】定数１

当	橋本龍太郎	66	男	自民	前	104,653
	柚木　道義	31	男	民主[比]	新	66,199
	東　毅	27	男	共産	新	14,367

【第５区】定数１

当	村田　吉隆	59	男	自民[比]	前	104,052
	秦　知子 (はたともこ)	37	女	民主[比]	新	69,908
	木阪　清	52	男	共産	新	8,482

第44回衆議院議員選挙

平成17年(2005年)９月11日実施

【第１区】定数１

当	逢沢　一郎	51	男	自民[比]	前	127,294
	菅　源太郎	32	男	民主[比]	新	61,357
	植本　完治	46	男	共産	新	12,068
	福島　捷美	67	男	社民[比]	新	8,560

【第２区】定数１

当	津村　啓介	33	男	民主[比]	前	88,277
比当	萩原　誠司	49	男	自民[比]	新	86,035
	尾崎　宏子	48	女	共産	新	13,999

【第３区】定数１

当	平沼　赳夫	66	男	無所属	前	99,931
比当	阿部　俊子	46	女	自民[比]	新	59,303
	中村　徹夫	50	男	民主[比]	新	36,356
	中嶋　義晴	64	男	共産	新	8,466

【第４区】定数１

当	柚木　道義	33	男	民主[比]	新	102,370
比当	橋本　岳	31	男	自民[比]	新	96,356
	東　毅	29	男	共産	新	17,094

衆議院・選挙区（広島県）

【第5区】定数1					
当	村田　吉隆	61	男	自民㊗前	114,981
	花咲　宏基	39	男	民主㊗新	67,569
	堀　　良道	57	男	共産　新	10,517

第45回衆議院議員選挙
平成21年(2009年) 8月30日実施

【第1区】定数1
当　逢沢　一郎　55　男　自民㊗前　110,345
比当　高井　崇志　39　男　民主㊗新　106,269
　　東　　毅　33　男　共産㊗新　9,877
　　安原　園枝　47　女　諸派　新　2,003

【第2区】定数1
当　津村　啓介　37　男　民主㊗前　102,525
　　萩原　誠司　53　男　自民㊗前　64,349
　　熊代　昭彦　69　男　無所属　元　19,577
　　赤松　和隆　42　男　国民　新　6,026
　　戸板　道広　49　男　諸派　新　1,384

【第3区】定数1
当　平沼　赳夫　70　男　無所属　前　95,871
　　西村　啓聡　33　男　民主㊗新　54,595
比当　阿部　俊子　50　女　自民㊗前　52,626
　　池田恭一郎　39　男　諸派　新　2,611

【第4区】定数1
当　柚木　道義　37　男　民主㊗前　134,319
　　橋本　　岳　35　男　自民㊗前　97,284
　　小岩井実由香　46　女　諸派　新　3,929

【第5区】定数1
当　加藤　勝信　53　男　自民㊗前　105,172
比当　花咲　宏基　43　男　民主㊗新　89,895
　　佐藤　雅章　58　男　諸派　新　3,038

第46回衆議院議員選挙
平成24年(2012年) 12月16日実施

【第1区】定数1
当　逢沢　一郎　58　男　自民㊗前　100,960
　　高井　崇志　43　男　民主㊗新　41,258
　　赤木　正幸　37　男　みんな㊗新　24,370
　　垣内　雄一　48　男　共産　新　10,291
　　安原　園枝　50　女　諸派　新　2,480

【第2区】定数1
当　山下　貴司　47　男　自民㊗新　82,061
比当　津村　啓介　41　男　民主㊗前　57,573
　　井上　素子　65　女　共産　新　15,789

【第3区】定数1
当　平沼　赳夫　73　男　維新㊗前　73,752
比当　阿部　俊子　53　女　自民㊗前　53,986
　　西村　啓聡　37　男　民主㊗新　29,095
　　古松　国昭　67　男　共産　新　7,904

【第4区】定数1
当　橋本　　岳　38　男　自民㊗元　91,155
比当　柚木　道義　40　男　民主㊗前　64,293
　　赤沢　幹温　51　男　維新㊗新　29,798
　　須増　伸子　46　女　共産　新　11,125

【第5区】定数1
当　加藤　勝信　57　男　自民㊗前　101,117
　　花咲　宏基　46　男　民主㊗新　39,989
　　古松　健治　41　男　共産　新　10,593

第47回衆議院議員選挙
平成26年(2014年) 12月14日実施

【第1区】定数1
当　逢沢　一郎　60　男　自民㊗前　90,059
比当　高井　崇志　45　男　維新㊗元　56,135
　　向谷　千鳥　56　女　共産　新　15,105

【第2区】定数1
当　山下　貴司　49　男　自民㊗前　71,436
比当　津村　啓介　43　男　民主㊗前　56,951
　　井上　素子　67　女　共産　新　15,652

【第3区】定数1
当　平沼　赳夫　75　男　次世代㊗前　73,852
比当　阿部　俊子　55　女　自民㊗前　57,647
　　古松　国昭　69　男　共産　新　18,654

【第4区】定数1
当　橋本　　岳　40　男　自民㊗前　91,189
比当　柚木　道義　42　男　民主㊗前　75,338
　　垣内　雄一　50　男　共産　新　13,629

【第5区】定数1
当　加藤　勝信　59　男　自民㊗前　105,969
　　美見　芳明　57　男　共産　新　27,693

選挙区・広島県

第24回衆議院議員選挙
昭和24年(1949年) 1月23日実施

【第1区】定数3
当　山本　久雄　64　男　民自　新　68,530
当　松本　滝蔵　49　男　国協　前　57,192
当　佐竹　新市　50　男　社会　前　35,479
　　丸山　芳一　41　男　共産　新　33,455
　　平野　　馨　47　男　民主　新　25,760
　　川成　五師　52　男　諸派　新　22,175

【第2区】定数4
当　池田　勇人　51　男　民自　新　61,072
当　宮原幸三郎　60　男　民自　新　57,194
当　中川　俊思　47　男　民自　新　45,523

当	前田栄之助	59	男	社会	前	28,976
	原田香留夫	30	男	共産	新	25,766
	武田 キヨ	54	女	民主	前	22,864
	肥田 理吉	60	男	諸派	新	13,914
	西岡 三郎	54	男	民自	新	9,375
	瀬尾 政知	45	男	無所属	新	2,794

【第3区】定数5

当	宇田 恒	46	男	民自	新	41,850
当	船越 弘	43	男	民自	新	39,996
当	平川 篤雄	39	男	国協	前	33,020
当	高橋 等	47	男	民自	新	31,476
当	森戸 辰男	62	男	社会	前	31,431
	松島 弥	51	男	民自	新	29,916
	高橋 禎一	51	男	民主	前	28,862
	野村 秀雄	51	男	共産	新	27,957
	高津 正道	57	男	社会	前	20,765
	原 侑	53	男	民自	前	17,457
	井上 勝	45	男	民主	新	10,464
	田淵 実夫	41	男	社会	前	8,896

第25回衆議院議員選挙
昭和27年(1952年)10月1日実施

【第1区】定数3

当	松本 滝蔵	51	男	改進	前	59,625
当	灘尾 弘吉	52	男	自由	新	48,767
当	砂原 格	50	男	自由	新	41,763
	岸田 正記	56	男	自由	元	40,342
	渡辺 忠雄	54	男	自由	元	28,995
	佐竹 新市	51	男	右社	前	26,843
	大原 亨	37	男	左社	新	26,789
	岡野 竜一	59	男	自由	元	19,641
	天道 正人	47	男	共産	新	4,590

【第2区】定数4

当	池田 勇人	52	男	自由	前	90,091
当	永野 護	62	男	自由	元	45,705
当	前田栄之助	60	男	右社	前	38,448
当	谷川 昇	56	男	自由	前	32,457
	宮原幸三郎	62	男	自由	前	28,736
	中川 俊思	49	男	自由	前	27,499
	田中 貢	60	男	自由	元	16,328
	肥田 琢司	63	男	自由	元	15,730
	原田香留夫	32	男	共産	新	6,107

【第3区】定数5

当	重政 誠之	55	男	自由	新	39,623
当	永山 忠則	54	男	自由	元	36,492
当	宇田 恒	48	男	自由	前	32,080
当	平川 篤雄	41	男	改進	前	30,310
当	高橋 禎一	53	男	改進	前	30,019
	高津 正道	59	男	左社	元	29,374
	岡本 忠雄	52	男	自由	新	28,807
	高橋 等	49	男	自由	前	28,027
	船越 弘	45	男	自由	前	27,780

	宮沢 裕	68	男	自由	元	23,264
	副島 勝	53	男	右社	新	20,116
	松島 弥	53	男	自由	新	15,934
	大宮伍三郎	54	男	無所属	元	14,103
	作田高太郎	65	男	改進	元	13,581
	卜部 清人	39	男	共産	新	4,958
	原 侑	55	男	自由	元	4,736

第26回衆議院議員選挙
昭和28年(1953年)4月19日実施

【第1区】定数3

当	岸田 正記	57	男	自由吉	元	70,988
当	佐竹 新市	52	男	右社	元	63,949
当	灘尾 弘吉	53	男	自由吉	前	51,082
	松本 滝蔵	52	男	改進	前	49,443
	渡辺 忠雄	54	男	自由吉	元	31,207
	任都栗一興	55	男	無所属	新	8,403

【第2区】定数4

当	池田 勇人	53	男	自由吉	前	68,387
当	中川 俊思	50	男	自由鳩	元	55,667
当	宮原幸三郎	63	男	自由吉	元	50,901
当	前田栄之助	61	男	右社	前	36,956
	谷川 昇	56	男	自由吉	前	36,020
	細田伊太郎	56	男	左社	新	21,468
	原田香留夫	33	男	共産	新	4,505

【第3区】定数5

当	高津 正道	59	男	左社	元	53,953
当	高橋 等	50	男	自由吉	元	44,573
当	船越 弘	45	男	自由吉	元	43,428
当	岡本 忠雄	53	男	自由	新	40,725
当	高橋 禎一	53	男	改進	前	37,283
	永山 忠則	55	男	自由吉	前	35,615
	宇田 恒	48	男	自由吉	前	30,252
	重政 誠之	55	男	自由鳩	前	27,704
	平川 篤雄	42	男	改進	前	27,020
	副島 勝	54	男	右社	新	14,843
	木曽 初行	33	男	無所属	新	9,561
	北岡 巌	47	男	自由鳩	新	1,773

第27回衆議院議員選挙
昭和30年(1955年)2月27日実施

【第1区】定数3

当	松本 滝蔵	53	男	民主	元	75,181
当	灘尾 弘吉	55	男	自由	前	61,140
当	佐竹 新市	54	男	右社	前	43,892
	大原 亨	39	男	左社	新	41,596
	砂原 格	52	男	民主	元	38,708
	岸田 正記	59	男	自由	前	33,238

【第2区】定数4

当	池田 勇人	55	男	自由	前	62,191
当	中川 俊思	52	男	民主	前	52,213

衆議院・選挙区（広島県）

当	松本　俊一	57	男	民主	新	49,745
※	谷川　　昇	58	男	自由	元	42,730
当	前田栄之助	63	男	右社	前	34,357
	細田伊太郎	57	男	左社	新	22,101
	宮原幸三郎	65	男	自由	前	21,069

※谷川昇が死去して当選人となることができなくなったため、谷川を除く上位4人が当選人となった

【第3区】定数5

当	高津　正道	61	男	左社	前	48,856
当	永山　忠則	57	男	自由	元	48,042
当	高橋　禎一	56	男	民主	前	45,500
当	高橋　　等	51	男	自由	前	43,331
当	重政　誠之	57	男	民主	元	38,380
	岡本　忠雄	55	男	民主	前	38,091
	内海　　清	53	男	右社	新	36,084
	船越　　弘	47	男	自由	前	29,669
	平川　篤雄	44	男	民主	元	29,413
	正門真佐行	38	男	左社	新	17,222
	卜部　清人	41	男	共産	新	4,137

第28回衆議院議員選挙
昭和33年（1958年）5月22日実施

【第1区】定数3

当	灘尾　弘吉	58	男	自民	前	79,625
当	大原　　亨	42	男	社会	新	61,341
当	砂原　　格	56	男	自民	元	55,281
	松本　滝蔵	57	男	自民	前	51,546
	佐竹　新市	57	男	社会	前	44,672
	岸田　正記	62	男	無所属	元	31,500
	松江　　澄	39	男	共産	新	6,170

【第2区】定数4

当	池田　勇人	58	男	自民	前	83,913
当	松本　俊一	60	男	自民	前	50,437
当	谷川　和穂	27	男	無所属	新	44,635
当	中川　俊思	55	男	自民	前	43,869
	前田栄之助	66	男	社会	前	37,678
	細田伊太郎	61	男	社会	新	32,956

【第3区】定数5

当	永山　忠則	60	男	自民	前	75,530
当	内海　　清	56	男	社会	新	70,242
当	高橋　　等	55	男	自民	前	68,996
当	重政　誠之	61	男	自民	前	60,671
当	高橋　禎一	58	男	自民	前	51,252
	高津　正道	65	男	社会	前	41,677
	正門真佐行	41	男	社会	新	24,649
	卜部　清人	45	男	共産	新	5,429

第29回衆議院議員選挙
昭和35年（1960年）11月20日実施

【第1区】定数3

当	灘尾　弘吉	60	男	自民	前	82,534
当	大原　　亨	45	男	社会	前	76,812
当	砂原　　格	58	男	自民	前	66,670
	荒木　　武	44	男	民社	新	45,038
	芳川　　宏	35	男	無所属	新	33,942
	渡辺　忠雄	62	男	無所属	元	23,977
	徳毛　宜策	41	男	共産	新	6,948

【第2区】定数4

当	池田　勇人	60	男	自民	前	83,817
当	中川　俊思	57	男	自民	前	54,565
当	松本　俊一	63	男	自民	前	48,408
当	前田栄之助	69	男	社会	元	44,268
	谷川　和穂	30	男	自民	前	41,226
	香河　直祐	44	男	民社	新	13,826
	細田伊太郎	63	男	無所属	新	5,727
	原田香留夫	40	男	共産	新	5,697

【第3区】定数5

当	永山　忠則	63	男	自民	前	70,015
当	高津　正道	67	男	社会	元	67,000
当	高橋　　等	57	男	自民	前	64,463
当	重政　誠之	63	男	自民	前	56,113
当	内海　　清	59	男	民社	前	54,567
	高橋　禎一	61	男	自民	前	46,983
	佐藤　守良	38	男	無所属	新	31,648
	林　　　護	37	男	共産	新	6,438

第30回衆議院議員選挙
昭和38年（1963年）11月21日実施

【第1区】定数3

当	灘尾　弘吉	63	男	自民	前	97,915
当	砂原　　格	61	男	自民	前	91,241
当	大原　　亨	48	男	社会	前	90,864
	芳川　　宏	38	男	無所属	新	55,326
	徳毛　宜策	44	男	共産	新	10,061

【第2区】定数4

当	池田　勇人	63	男	自民	前	74,507
当	谷川　和穂	33	男	自民	元	69,912
当	前田栄之助	72	男	社会	前	58,092
当	中川　俊思	60	男	自民	前	50,602
	松本　俊一	66	男	自民	前	44,919
	原田香留夫	43	男	共産	新	9,267

【第3区】定数5

当	永山　忠則	66	男	自民	前	67,979
当	高橋　禎一	64	男	自民	元	56,577
当	重政　誠之	66	男	自民	前	55,924
当	内海　　清	62	男	民社	前	51,877
当	高橋　　等	60	男	自民	前	50,385
	高津　正道	70	男	社会	前	44,141

	佐藤	守良	41	男	無所属	新	42,809
	福岡	義登	40	男	社会	新	27,436
	林	護	40	男	共産	新	7,261

第31回衆議院議員選挙
昭和42年(1967年)1月29日実施

【第1区】定数3

当	灘尾	弘吉	67	男	自民	前	129,290
当	大原	亨	51	男	社会	前	109,363
当	砂原	格	64	男	自民	前	97,682
	徳毛	宜策	47	男	共産	新	18,960
	藤川	美也	44	男	無所属	新	9,840

【第2区】定数4

当	増岡	博之	43	男	自民	新	61,235
当	浜田	光人	54	男	社会	新	55,752
当	谷川	和穂	36	男	自民	前	51,901
当	中川	俊思	64	男	自民	前	50,995
	松本	俊一	69	男	自民	元	49,616
	加藤	陽三	57	男	無所属	新	43,568
	原田香留夫		46	男	共産	新	9,588

【第3区】定数5

当	宮沢	喜一	47	男	自民	新	71,337
当	永山	忠則	69	男	自民	前	67,515
当	福岡	義登	43	男	社会	新	56,791
当	重政	誠之	69	男	自民	前	53,557
当	内海	清	65	男	民社	前	47,010
	塩出	啓典	34	男	公明	新	46,101
	高橋	禎一	67	男	自民	前	45,635
	佐藤	守良	44	男	無所属	新	43,049
	林	護	43	男	共産	新	6,578

第32回衆議院議員選挙
昭和44年(1969年)12月27日実施

【第1区】定数3

当	灘尾	弘吉	70	男	自民	前	119,355
当	砂原	格	67	男	自民	前	100,808
当	大原	亨	54	男	社会	前	80,481
	村上	経行	51	男	共産	新	31,229

【第2区】定数4

当	谷川	和穂	39	男	自民	前	64,518
当	加藤	陽三	59	男	自民	新	62,366
当	増岡	博之	46	男	自民	前	58,245
当	中川	俊思	66	男	自民	前	57,145
	浜田	光人	57	男	社会	前	50,035
	竹下	一馬	41	男	公明	新	42,272
	原田香留夫		49	男	共産	新	11,598

【第3区】定数5

当	古川	雅司	34	男	公明	新	63,984
当	宮沢	喜一	50	男	自民	前	62,940
当	永山	忠則	72	男	自民	前	61,988
当	内海	清	68	男	民社	前	60,883
当	佐藤	守良	47	男	無所属	新	56,483
	重政	誠之	72	男	自民	前	51,461
	福岡	義登	46	男	社会	前	50,763
	高橋	禎一	70	男	自民	元	40,634
	世良	弘造	42	男	共産	新	7,662

第33回衆議院議員選挙
昭和47年(1972年)12月10日実施

【第1区】定数3

当	萩原	幸雄	49	男	自民	新	116,588
当	灘尾	弘吉	72	男	自民	前	98,969
当	大原	亨	57	男	社会	前	98,372
	村上	経行	54	男	共産	新	74,392
	亀沢	正治	43	男	無所属	新	5,861

【第2区】定数4

当	増岡	博之	49	男	自民	前	79,035
当	森井	忠良	43	男	社会	新	63,080
当	加藤	陽三	62	男	自民	前	55,553
当	谷川	和穂	42	男	自民	前	50,389
	中川	俊思	69	男	自民	前	46,063
	浜田	光人	60	男	無所属	元	32,684
	高村	是懿	34	男	共産	新	19,737
	岡田	憲三	35	男	無所属	新	15,109

【第3区】定数5

当	宮沢	喜一	53	男	自民	前	88,811
当	佐藤	守良	50	男	自民	前	71,207
当	福岡	義登	49	男	社会	元	70,802
当	永山	忠則	75	男	自民	前	67,777
当	内海	清	71	男	民社	前	59,961
	古川	雅司	36	男	公明	前	54,975
	宇田	哲郎	42	男	無所属	新	39,674
	宮地	茂	58	男	無所属	新	19,178
	世良	弘造	45	男	共産	新	17,507

第34回衆議院議員選挙
昭和51年(1976年)12月5日実施

【第1区】定数3

当	灘尾	弘吉	76	男	自民	現	134,704
当	大原	亨	61	男	社会	元	130,793
当	萩原	幸雄	53	男	自民	現	97,922
	村上	経行	58	男	共産	新	85,789

【第2区】定数4

当	中川	秀直	32	男	新自ク	新	68,212
当	池田	行彦	39	男	自民	新	63,873
当	森井	忠良	47	男	社会	現	58,905
当	増岡	博之	53	男	自民	現	57,371
	谷川	和穂	46	男	自民	現	48,140
	加藤	陽三	66	男	自民	現	47,745
	勝谷	勝	51	男	公明	新	42,401
	高村	是懿	38	男	共産	新	19,135

衆議院・選挙区（広島県）

【第3区】定数5
当	宮沢　喜一	57	男	自民	現	95,543
当	古川　雅司	40	男	公明	元	81,597
当	内海　　清	75	男	民社	現	64,915
当	佐藤　守良	54	男	自民	現	60,849
当	福岡　義登	53	男	社会	現	59,669
	宇田　哲郎	46	男	自民	新	59,004
	青山　春雄	51	男	新自ク	新	37,340
	小森　龍邦	44	男	社会	新	36,148
	中島　　博	38	男	共産	新	16,881
	横山　恵子	40	女	無所属	新	7,433

第35回衆議院議員選挙
昭和54年(1979年)10月7日実施

【第1区】定数3
当	灘尾　弘吉	79	男	自民	前	124,485
当	大原　　亨	64	男	社会	前	96,763
当	岸田　文武	53	男	自民	新	91,380
	村上　経行	61	男	共産	新	77,871

【第2区】定数4
当	谷川　和穂	49	男	自民	元	69,068
当	増岡　博之	56	男	自民	前	63,926
当	森井　忠良	50	男	社会	前	59,019
当	池田　行彦	42	男	自民	前	57,906
	中川　秀直	35	男	新自ク	前	53,489
	保野健治郎	46	男	民社	新	50,947
	高村　是懿	41	男	共産	新	15,026

【第3区】定数5
当	宮沢　喜一	60	男	自民	前	90,972
当	古川　雅司	43	男	公明	前	69,110
当	佐藤　守良	57	男	自民	前	68,805
当	岡田　正勝	56	男	民社	新	65,793
当	亀井　静香	42	男	自民	新	59,350
	福岡　義登	56	男	社会	前	54,528
	立石　定夫	51	男	自民	新	54,372
	小森　龍邦	47	男	社会	新	36,350
	横山　　茂	51	男	共産	新	11,627

第36回衆議院議員選挙
昭和55年(1980年)6月22日実施

【第1区】定数3
当	灘尾　弘吉	80	男	自民	前	147,023
当	岸田　文武	53	男	自民	前	127,125
当	大原　　亨	64	男	社会	前	109,707
	中田　　選	34	男	公明	新	83,187
	村上　経行	62	男	共産	新	58,530

【第2区】定数4
当	中川　秀直	36	男	無所属	元	81,253
当	池田　行彦	43	男	自民	前	79,417
当	谷川　和穂	49	男	自民	前	72,302
当	森井　忠良	50	男	社会	前	69,875

	増岡　博之	57	男	自民	前	68,016
	高村　是懿	42	男	共産	新	16,091

【第3区】定数5
当	宮沢　喜一	60	男	自民	前	104,168
当	亀井　静香	43	男	自民	前	86,562
当	福岡　義登	57	男	社会	元	82,014
当	佐藤　守良	58	男	自民	前	81,115
当	岡田　正勝	57	男	民社	前	77,438
	古川　雅司	44	男	公明	前	64,454
	横山　　茂	52	男	共産	新	12,972

第37回衆議院議員選挙
昭和58年(1983年)12月18日実施

【第1区】定数3
当	福岡　康夫	52	男	公明	新	122,513
当	大原　　亨	68	男	社会	前	118,870
当	岸田　文武	57	男	自民	前	109,223
	粟屋　敏信	57	男	自民	新	105,107
	高村　是懿	45	男	共産	新	42,896
	桧田　　仁	41	男	無所属	新	16,371

【第2区】定数4
当	増岡　博之	60	男	自民	元	88,536
当	森井　忠良	54	男	社会	前	79,269
当	池田　行彦	46	男	自民	前	70,839
当	中川　秀直	39	男	自民	前	63,847
	谷川　和穂	53	男	自民	前	62,124
	村上　昭二	36	男	共産	新	11,108

【第3区】定数5
当	宮沢　喜一	64	男	自民	前	91,719
当	佐藤　守良	61	男	自民	前	89,823
当	岡田　正勝	61	男	民社	前	80,503
当	古川　雅司	48	男	公明	元	76,049
当	亀井　静香	47	男	自民	前	73,862
	小森　龍邦	51	男	社会	新	67,056
	村井　明美	35	女	共産	新	21,572
	岡田　昌治	45	男	諸派	新	646
	橘高　　明	51	男	諸派	新	269

第38回衆議院議員選挙
昭和61年(1986年)7月6日実施

【第1区】定数3
当	粟屋　敏信	59	男	自民	新	168,201
当	岸田　文武	59	男	自民	前	129,949
当	大原　　亨	70	男	社会	前	117,801
	福岡　康夫	54	男	公明	前	115,261
	高村　是懿	48	男	共産	新	35,060

【第2区】定数4
当	谷川　和穂	55	男	自民	元	93,578
当	増岡　博之	63	男	自民	前	75,188
当	中川　秀直	42	男	自民	前	72,114
当	池田　行彦	49	男	自民	前	71,130

	森井	忠良	56	男 社会 前	69,160
	藤谷	恵三	31	男 共産 新	11,462

【第3区】定数5
当	亀井	静香	49	男 自民 前	116,514
当	宮沢	喜一	66	男 自民 前	106,660
当	佐藤	守良	64	男 自民 前	75,944
当	古川	雅司	50	男 公明 前	68,372
当	岡田	正勝	63	男 民社 前	66,487
	小森	龍邦	53	男 社会 新	63,657
	村井	明美	38	女 共産 新	19,798

第39回衆議院議員選挙
平成2年(1990年)2月18日実施

【第1区】定数3
当	秋葉	忠利	47	男 社会 新	171,648
当	岸田	文武	63	男 自民 前	154,494
当	粟屋	敏信	63	男 自民 前	127,635
	塩出	啓典	57	男 公明 新	121,901
	林田	敬子	42	女 共産 新	38,840

【第2区】定数4
当	森井	忠良	60	男 社会 元	103,897
当	谷川	和穂	59	男 自民 前	80,965
当	増岡	博之	67	男 自民 前	70,511
当	池田	行彦	52	男 自民 前	68,550
	中川	秀直	46	男 自民 前	66,035
	角谷	進	43	男 共産 新	11,396

【第3区】定数5
当	亀井	静香	53	男 自民 前	97,433
当	宮沢	喜一	70	男 自民 前	92,982
当	小森	龍邦	57	男 社会 新	82,614
当	柳田	稔	35	男 民社 新	79,718
当	佐藤	守良	67	男 自民 前	73,505
	古川	雅司	54	男 公明 前	69,646
	村井	明美	42	女 共産 新	28,318

第40回衆議院議員選挙
平成5年(1993年)7月18日実施

【第1区】定数4
当	岸田	文雄	35	男 自民 新	127,721
当	斉藤	鉄夫	41	男 公明 新	106,763
当	秋葉	忠利	50	男 社会 前	101,047
当	粟屋	敏信	66	男 新生 前	92,937
	中原	好治	30	男 日本新 新	82,041
	河井	克行	30	男 自民 新	59,817
	林田	敬子	46	女 共産 新	34,223
	新本	均	43	男 無所属	3,795

【第2区】定数4
当	中川	秀直	49	男 自民 元	102,269
当	森井	忠良	63	男 社会 前	73,832
当	池田	行彦	56	男 自民 前	73,711
当	谷川	和穂	62	男 自民 前	64,920

	増岡	博之	70	男 自民 前	60,340
	角谷	進	46	男 共産 新	13,781

【第3区】定数5
当	宮沢	喜一	73	男 自民 前	123,885
当	亀井	静香	56	男 自民 前	91,064
当	柳田	稔	38	男 民社 前	73,433
当	小森	龍邦	60	男 社会 前	67,813
当	佐藤	守良	71	男 新生 前	67,294
	宇田	伸	36	男 無所属 新	56,462
	清水松太郎		60	男 共産 新	15,847
	高木亜紀良		57	男 諸派 新	478

第41回衆議院議員選挙
平成8年(1996年)10月20日実施

【第1区】定数1
当	岸田	文雄	39	男 自民 ㊙前	64,709
	中原	好治	33	男 新進 新	42,108
	松坂	知恒	37	男 社民 ㊙新	12,301
	平野	光徳	44	男 共産 新	11,128
	堀間	禎子	51	女 民主 ㊙新	9,746
	信井	裕子	30	女 新社会 新	5,930
	新本	均	46	男 無所属 新	939

【第2区】定数1
当	粟屋	敏信	70	男 新進 前	67,876
比当	檜田	仁	54	男 自民 ㊙新	60,968
比当	秋葉	忠利	53	男 社民 ㊙前	48,142
	牧野	輝子	52	女 共産 新	14,688
	瓶	正敏	49	男 新社会 新	3,862

【第3区】定数1
当	河井	克行	33	男 自民 ㊙新	65,928
	増原	義剛	51	男 新進 新	57,516
	辻駒	啓三	40	男 新社会 新	18,714
	片山	春子	66	女 社民 ㊙新	16,476
	田中	富範	36	男 共産 新	13,506

【第4区】定数1
当	中川	秀直	52	男 自民 ㊙前	97,056
	秋光	民恵	50	女 新社会 ㊙新	27,875
	西岡	潤	58	男 共産 新	14,365

【第5区】定数1
当	池田	行彦	59	男 自民 ㊙前	105,602
	森井	忠良	67	男 民主 ㊙前	45,849
	八山	雪光	65	男 新社会 新	14,851
	堀越	和行	54	男 共産 新	10,468

【第6区】定数1
当	亀井	静香	59	男 自民 前	122,071
	佐藤	公治	37	男 新進 新	88,391
	小森	龍邦	64	男 新社会 前	29,092
	橋本	奉文	52	男 共産 新	10,373

【第7区】定数1
当	宮沢	喜一	77	男 自民 ㊙前	95,045
	柳田	稔	41	男 新進 前	69,603
	高橋	晋作	63	男 新社会 ㊙新	21,240

清水松太郎　63　男　共産　新　14,915

第42回衆議院議員選挙
平成12年(2000年) 6月25日実施

【第1区】定数1
当　岸田　文雄　42　男　自民㊎前　85,482
　　西尾　政英　39　男　民主㊎新　49,765
　　二階堂洋史　50　男　共産　新　19,778
【第2区】定数1
当　粟屋　敏信　73　男　無会　前　92,316
　　桧田　仁　58　男　自民㊎前　80,198
　　藤本　聡志　45　男　共産　新　37,550
【第3区】定数1
当　増原　義剛　55　男　無所属　新　82,012
　　河井　克行　37　男　自民㊎前　65,805
比当　金子　哲夫　51　男　社民㊎新　36,478
　　大植　和子　46　女　共産　新　14,896
【第4区】定数1
当　中川　秀直　56　男　自民㊎前　102,900
　　松井　秀明　49　男　社民㊎新　40,526
　　小島　敏栄　52　女　共産　新　17,390
【第5区】定数1
当　池田　行彦　63　男　自民㊎前　107,954
　　佐々木修一　45　男　民主　新　59,332
　　角谷　進　53　男　共産　新　12,806
　　森　悟　51　男　無所属　新　3,769
【第6区】定数1
当　亀井　静香　63　男　自民㊎前　138,790
比当　佐藤　公治　40　男　自由㊎新　81,181
　　村上　好彦　62　男　共産　新　19,640
【第7区】定数1
当　宮沢　洋一　50　男　自民㊎前　112,145
比当　山田　敏雅　50　男　民主㊎新　68,500
　　森川美紀恵　50　女　共産　新　20,765

第43回衆議院議員選挙
平成15年(2003年)11月9日実施

【第1区】定数1
当　岸田　文雄　46　男　自民㊎前　84,292
　　柿沼　正明　38　男　民主㊎新　56,072
　　次石　曜子　47　女　共産　新　11,463
【第2区】定数1
当　松本　大輔　32　男　民主　新　81,382
　　平口　洋　55　男　無会　新　61,472
　　桧田　仁　61　男　自民㊎元　48,557
　　沖　茂　51　男　無所属　新　16,052
　　大越　和郎　63　男　共産　新　9,726
【第3区】定数1
当　増原　義剛　58　男　自民㊎前　106,972
　　金子　哲夫　55　男　社民㊎前　53,382
　　大西　理　37　男　共産　新　17,318

【第4区】定数1
当　中川　秀直　59　男　自民㊎前　86,275
　　空本　誠喜　39　男　民主㊎新　49,784
　　松井　秀明　52　男　社民㊎新　9,681
　　中石　仁　40　男　共産　新　6,636
　　堀間　禎子　58　女　無所属　新　5,225
【第5区】定数1
当　池田　行彦　66　男　自民㊎前　74,264
　　佐々木修一　48　男　民主㊎新　48,300
　　三谷　光男　44　男　無所属　新　36,170
　　山本　敏明　53　男　無所属　新　13,531
　　松本　進　50　男　共産　新　6,896
【第6区】定数1
当　亀井　静香　67　男　自民　前　117,659
比当　佐藤　公治　44　男　民主㊎前　100,677
　　寺田　明充　52　男　共産　新　10,846
【第7区】定数1
当　宮沢　洋一　53　男　自民㊎前　90,487
比当　和田　隆志　40　男　民主㊎新　73,252
　　山田　敏雅　54　男　無所属　元　23,185
　　森川美紀恵　53　女　共産　新　11,100

《補選》第43回衆議院議員選挙
平成16年(2004年) 4月25日実施
※池田行彦の死去による

【第5区】被選挙数1
当　寺田　稔　46　男　自民　新　78,769
　　三谷　光男　44　男　民主　新　71,287
　　松本　進　51　男　共産　新　5,888

第44回衆議院議員選挙
平成17年(2005年) 9月11日実施

【第1区】定数1
当　岸田　文雄　48　男　自民㊎前　107,239
　　菅川　洋　36　男　民主㊎新　58,946
　　長妻　亮　28　男　共産　新　10,698
　　上村　好輝　45　男　社民　新　10,313
【第2区】定数1
当　平口　洋　57　男　自民㊎新　129,462
比当　松本　大輔　34　男　民主㊎前　112,435
　　高見　篤己　53　男　共産　新　13,047
【第3区】定数1
当　河井　克行　42　男　自民㊎前　94,017
　　橋本　博明　35　男　民主㊎新　59,576
　　石橋　良三　57　男　無所属　新　31,792
　　金子　哲夫　57　男　社民㊎元　26,269
　　大西　理　39　男　共産　新　9,892
　　二見　順子　62　女　無所属　新　1,824
【第4区】定数1
当　中川　秀直　61　男　自民㊎前　110,046
　　空本　誠喜　41　男　民主㊎新　67,921

	中石　仁	42	男	共産	新	10,270
【第５区】定数１						
当	寺田　稔	47	男	自民[比]	前	97,383
比当	三谷　光男	46	男	民主[比]	新	91,121
	角谷　進	58	男	共産	新	7,765
【第６区】定数１						
当	亀井　静香	68	男	国民	前	110,979
	堀江　貴文	32	男	無所属	新	84,433
	佐藤　公治	46	男	民主[比]	前	68,365
	伊藤　洋二	27	男	無所属	新	3,433
【第７区】定数１						
当	宮沢　洋一	55	男	自民[比]	前	122,465
	和田　隆志	42	男	民主[比]	前	104,009
	森川美紀恵	55	女	共産	新	14,444

第45回衆議院議員選挙

平成21年(2009年) 8 月30日実施

【第１区】定数１						
当	岸田　文雄	52	男	自民[比]	前	95,475
比当	菅川　洋	40	男	民主[比]	新	87,557
	藤本　聡志	54	男	共産[比]	新	8,945
	上村　好輝	49	男	社民[比]	新	5,438
	中村　文則	57	男	無所属	新	2,889
	山本　浩徳	47	男	諸派	新	1,393
【第２区】定数１						
当	松本　大輔	38	男	民主[比]	前	149,227
	平口　洋	61	男	自民[比]	前	110,238
	宮内　香織	45	女	諸派	新	5,458
【第３区】定数１						
当	橋本　博明	39	男	民主[比]	新	133,994
	増原　義剛	64	男	自民[比]	前	96,065
	日高　順子	46	女	諸派	新	5,825
【第４区】定数１						
当	空本　誠喜	45	男	民主[比]	新	102,435
比当	中川　秀直	65	男	自民[比]	前	97,296
	沖　ゆり	54	女	諸派	新	4,003
【第５区】定数１						
当	三谷　光男	50	男	民主[比]	前	99,770
	寺田　稔	51	男	自民[比]	前	93,594
	塚本　能照	50	男	諸派	新	2,738
【第６区】定数１						
当	亀井　静香	72	男	国民[比]	前	137,287
	小島　敏文	58	男	自民[比]	新	69,808
	花岡多美世	52	女	共産	新	17,383
	胡本　協子	58	女	諸派	新	3,689
【第７区】定数１						
当	和田　隆志	46	男	民主[比]	前	133,871
	宮沢　洋一	59	男	自民[比]	前	111,321
	植松　満雄	50	男	諸派	新	3,879

第46回衆議院議員選挙

平成24年(2012年)12月16日実施

【第１区】定数１						
当	岸田　文雄	55	男	自民[比]	前	103,689
	野中　幸市	49	男	民主[比]	新	25,429
	菅川　洋	44	男	未来[比]	前	21,698
	大西　理	46	男	共産	新	12,444
【第２区】定数１						
当	平口　洋	64	男	自民[比]	元	109,823
	松本　大輔	41	男	民主[比]	前	61,373
	辻　康裕	43	男	維新[比]	新	36,979
	中森　辰一	60	男	共産	新	12,619
【第３区】定数１						
当	河井　克行	49	男	自民[比]	前	87,993
	橋本　博明	42	男	民主[比]	前	51,666
比当	中丸　啓	49	男	維新[比]	新	36,993
	藤井　敏子	59	女	共産	新	13,875
【第４区】定数１						
当	中川　俊直	42	男	自民[比]	新	91,611
	空本　誠喜	48	男	民主[比]	前	53,340
	中石　仁	50	男	共産	新	13,576
【第５区】定数１						
当	寺田　稔	54	男	自民[比]	元	99,842
	三谷　光男	53	男	民主[比]	前	49,356
	尾崎　光	60	男	共産	新	9,126
【第６区】定数１						
当	亀井　静香	76	男	未来[比]	前	91,078
比当	小島　敏文	62	男	自民[比]	新	78,747
	花岡多美世	55	女	共産	新	16,046
【第７区】定数１						
当	小林　史明	29	男	自民[比]	新	93,491
	和田　隆志	49	男	民主[比]	前	52,543
比当	坂元　大輔	30	男	維新[比]	新	38,919
	神原　卓志	56	男	共産	新	11,777

第47回衆議院議員選挙

平成26年(2014年)12月14日実施

【第１区】定数１						
当	岸田　文雄	57	男	自民[比]	前	96,236
	白坂　理香	48	女	維新[比]	新	25,452
	大西　理	48	男	共産	新	18,737
	伊藤　真二	47	男	次世代[比]	新	5,986
【第２区】定数１						
当	平口　洋	66	男	自民[比]	前	102,719
	松本　大輔	43	男	民主[比]	元	77,234
	藤本　聡志	60	男	共産	新	16,794
【第３区】定数１						
当	河井　克行	51	男	自民[比]	前	85,311
	橋本　博明	44	男	民主[比]	元	66,549
	清水　貞子	67	女	共産	新	16,514

【第4区】定数1
当	中川	俊直	44	男	自民㊎前	89,748
	中丸	啓	51	男	次世代㊎前	26,977
	中石	仁	52	男	共産　新	21,500

【第5区】定数1
当	寺田	稔	56	男	自民㊎前	95,526
	尾崎	光	62	男	共産　新	27,406

【第6区】定数1
当	亀井	静香	78	男	無所属　前	89,756

比当	小島	敏文	64	男	自民㊎前	65,494
	寺田	明充	63	男	共産　新	16,839

【第7区】定数1
当	小林	史明	31	男	自民㊎前	101,809
	村田	享子	31	女	民主㊎新	40,000
	坂元	大輔	32	男	次世代㊎前	18,186
	小浜	一輝	58	男	共産　新	14,811

選挙区・山口県

第24回衆議院議員選挙
昭和24年(1949年)1月23日実施

【第1区】定数4
当	吉武	恵市	47	男	民自　新	56,918
当	周東	英雄	52	男	民自　前	53,973
当	今澄	勇	37	男	社会　前	40,660
当	坂本	実	46	男	民自　前	39,887
	山本	利平	47	男	共産　新	35,866
	庄	忠人	51	男	民自　前	32,860
	三好	勝見	44	男	民自　新	32,032
	河村	梅次	50	男	労農　新	8,540
	桜井	光堂	35	男	無所属　新	4,117

【第2区】定数5
当	佐藤	栄作	49	男	民自　新	52,850
当	青柳	一郎	50	男	民自　新	43,918
当	田中	堯平	45	男	共産　新	41,951
当	受田	新吉	40	男	社会　前	36,815
当	高橋	定一	53	男	民自　新	30,929
	中島	勝一	58	男	民自　前	30,626
	重富	卓	50	男	民自　前	20,939
	重国	良雄	39	男	社革　新	15,718
	守田	道輔	56	男	社会　前	13,408
	門脇	壮介	64	男	民主　新	12,877
	田村	定一	48	男	労農　元	11,558
	疋田	敏男	48	男	国協　元	8,130
	木本	稔	44	男	無所属　新	7,069

第25回衆議院議員選挙
昭和27年(1952年)10月1日実施

【第1区】定数4
当	吉武	恵市	49	男	自由　前	60,847
当	西川	貞一	50	男	自由　元	58,250
当	周東	英雄	54	男	自由　前	53,743
当	今澄	勇	39	男	右社　前	49,502
	細迫	兼光	55	男	左社　元	48,394
	坂本	実	48	男	自由　前	41,732
	西田	文次	61	男	改進　新	19,867
	花田	虎男	41	男	無所属　新	6,763

	宮下	為友	48	男	協同　新	6,513

【第2区】定数5
当	久原房之助	83	男	無所属　元	68,268
当	佐藤	栄作	51	男	自由　前	60,875
当	受田	新吉	42	男	右社　前	59,497
当	青柳	一郎	52	男	自由　前	42,539
当	西村	茂生	67	男	自由　元	31,707
	高村	坂彦	49	男	改進　新	24,436
	藤本	直大	35	男	左社　新	23,405
	中島	勝一	59	男	自由　元	18,072
	田中	堯平	47	男	共産　前	12,645

第26回衆議院議員選挙
昭和28年(1953年)4月19日実施

【第1区】定数4
当	田中	竜夫	42	男	無所属　新	90,830
当	細迫	兼光	56	男	左社　元	74,604
当	吉武	恵市	50	男	自由吉　前	65,565
当	今澄	勇	39	男	右社　前	57,402
	周東	英雄	55	男	自由吉　前	49,902

【第2区】定数5
当	佐藤	栄作	51	男	自由吉　前	68,386
当	受田	新吉	42	男	右社　前	61,818
当	岸	信介	56	男	自由　元	39,263
当	青柳	一郎	52	男	自由　前	36,667
当	石村	英雄	49	男	左社　新	35,524
	高村	坂彦	50	男	改進　新	31,712
	西村	茂生	68	男	自由吉　前	27,561
	久原房之助	83	男	無所属　前	23,972
	栗栖	赳夫	57	男	自由鳩　新	8,891

第27回衆議院議員選挙
昭和30年(1955年)2月27日実施

【第1区】定数4
当	周東	英雄	57	男	自由　元	90,896
当	田中	竜夫	44	男	民主　前	81,711
当	今泉	勇	41	男	右社　前	70,763
当	細迫	兼光	58	男	左社　前	58,985

	吉武	恵市	52	男	自由	前	42,286
	二木	シズ	42	女	無所属	新	5,072

【第2区】定数5

	佐藤	栄作	53	男	自由	前	63,229
当	佐藤	栄作	53	男	自由	前	63,229
当	岸	信介	58	男	民主	前	60,611
当	高村	坂彦	52	男	民主	新	56,339
当	受田	新吉	44	男	右社	前	55,050
当	石村	英雄	51	男	左社	前	41,371
	青柳	一郎	54	男	自由	前	34,351
	林	覚	44	男	無所属	新	18,900
	河村	契善	54	男	無所属	新	1,809

第28回衆議院議員選挙
昭和33年(1958年)5月22日実施

【第1区】定数4

当	田中	竜夫	47	男	自民	前	102,882
当	安倍晋太郎		34	男	自民	新	70,814
当	周東	英雄	60	男	自民	前	70,239
当	今澄	勇	44	男	社会	前	64,406
	細迫	兼光	61	男	社会	前	63,817
	山本	利平	54	男	共産	新	7,436

【第2区】定数5

当	岸	信介	61	男	自民	前	95,904
当	佐藤	栄作	57	男	自民	前	72,545
当	受田	新吉	48	男	社会	前	57,043
当	橋本	正之	45	男	自民	新	53,883
当	石村	英雄	54	男	社会	前	46,091
	高村	坂彦	55	男	自民	前	34,181
	田中	堯平	53	男	共産	元	8,945

第29回衆議院議員選挙
昭和35年(1960年)11月20日実施

【第1区】定数4

当	細迫	兼光	63	男	社会	元	86,191
当	田中	竜夫	50	男	自民	前	78,179
当	周東	英雄	62	男	自民	前	69,756
当	安倍晋太郎		36	男	自民	前	68,218
	今澄	勇	47	男	民社	前	54,660
	原田	長司	52	男	共産	新	3,494
	二木	シズ	47	女	無所属	新	1,466

【第2区】定数5

当	佐藤	栄作	59	男	自民	前	74,830
当	小沢	太郎	54	男	自民	新	63,365
当	岸	信介	63	男	自民	前	61,397
当	石村	英雄	57	男	社会	前	55,191
当	受田	新吉	50	男	民社	前	45,724
	高村	坂彦	57	男	自民	元	44,956
	田中	堯平	55	男	共産	元	6,334
	石丸	敦彦	36	男	無所属	新	1,181

第30回衆議院議員選挙
昭和38年(1963年)11月21日実施

【第1区】定数4

当	細迫	兼光	66	男	社会	前	79,740
当	田中	竜夫	53	男	自民	前	79,294
当	周東	英雄	65	男	自民	前	71,811
当	今澄	勇	50	男	民社	元	65,420
	安倍晋太郎		39	男	自民	前	58,021
	村上	信	42	男	共産	新	9,211

【第2区】定数5

当	佐藤	栄作	62	男	自民	前	94,785
当	受田	新吉	53	男	民社	前	66,398
当	大村	邦夫	46	男	社会	新	51,982
当	山田	耻目	41	男	社会	新	50,702
当	岸	信介	67	男	自民	前	49,877
	小沢	太郎	57	男	自民	前	43,841
	青木	清保	35	男	共産	新	6,956

第31回衆議院議員選挙
昭和42年(1967年)1月29日実施

【第1区】定数4

当	安倍晋太郎		42	男	自民	元	98,771
当	田中	龍夫	56	男	自民	前	70,659
当	周東	英雄	69	男	自民	前	65,864
当	枝村	要作	45	男	社会	新	65,419
	今澄	勇	53	男	民社	前	64,234
	村上	信	45	男	共産	新	10,470

【第2区】定数5

当	佐藤	栄作	65	男	自民	前	88,859
当	小沢	太郎	60	男	自民	元	76,309
当	岸	信介	70	男	自民	前	75,505
当	受田	新吉	56	男	民社	前	51,830
当	山田	耻目	45	男	社会	前	48,415
	大村	邦夫	49	男	社会	前	45,680
	青木	清保	39	男	共産	新	7,579
	斎藤	章	60	男	無所属	新	1,117

第32回衆議院議員選挙
昭和44年(1969年)12月27日実施

【第1区】定数4

当	安倍晋太郎		45	男	自民	前	87,671
当	田中	龍夫	59	男	自民	前	82,303
当	林	義郎	42	男	自民	新	71,447
当	今澄	勇	56	男	民社	元	62,255
	枝村	要作	47	男	社会	前	48,082
	於保	睦	37	男	共産	新	12,171

【第2区】定数5

当	佐藤	栄作	68	男	自民	前	96,979
当	岸	信介	73	男	自民	前	65,469
当	小沢	太郎	63	男	自民	前	64,872

当	宮井 泰良	32	男	公明	新	54,193
当	受田 新吉	59	男	民社	前	51,529
	山田 耻目	47	男	社会	前	43,494
	大村 邦夫	52	男	社会	元	35,613
	青木 清保	41	男	共産	新	7,903

第33回衆議院議員選挙
昭和47年(1972年)12月10日実施

【第1区】 定数4

当	安倍晋太郎	48	男	自民	前	91,855
当	林 義郎	45	男	自民	前	75,004
当	田中 竜夫	62	男	自民	前	72,868
当	枝村 要作	50	男	社会	元	61,225
	今澄 勇	59	男	民社	前	55,836
	於保 睦	40	男	共産	新	21,436
	永井 純隆	44	男	無所属	新	1,544
	定近 シズ	59	女	無所属	新	355

【第2区】 定数5

当	山田 耻目	50	男	社会	元	71,359
当	佐藤 栄作	71	男	自民	前	66,282
当	岸 信介	76	男	自民	前	64,394
当	受田 新吉	62	男	民社	前	60,504
当	小沢 太郎	66	男	自民	前	59,370
	宮井 泰良	35	男	公明	前	54,395
	高村 武人	52	男	無所属	新	38,676
	舛冨 圭一	50	男	共産	新	14,989
	玉木 襄	38	男	無所属	新	4,686

第34回衆議院議員選挙
昭和51年(1976年)12月5日実施

【第1区】 定数4

当	安倍晋太郎	52	男	自民	現	98,376
当	林 義郎	49	男	自民	現	76,806
当	田中 龍夫	66	男	自民	現	75,886
当	枝村 要作	54	男	社会	現	72,233
	山本 寿夫 (伊藤 潔)	50	男	共産	新	32,280
	中川 正美	60	男	無所属	新	8,463

【第2区】 定数5

当	宮井 泰良	39	男	公明	元	70,463
当	岸 信介	80	男	自民	現	64,715
当	山田 耻目	54	男	社会	現	61,735
当	受田 新吉	66	男	民社	現	60,646
当	高村 坂彦	73	男	自民	元	57,335
	小沢 太郎	70	男	自民	現	52,521
	重宗 昌幸	46	男	自民	新	36,866
	玉木 襄	42	男	新自ク	新	23,045
	舛冨 圭一	54	男	共産	新	20,181
	末谷 康男	38	男	無所属	新	320

第35回衆議院議員選挙
昭和54年(1979年)10月7日実施

【第1区】 定数4

当	安倍晋太郎	55	男	自民	前	111,953
当	林 義郎	52	男	自民	前	87,578
当	田中 竜夫	69	男	自民	前	77,050
当	枝村 要作	57	男	社会	前	63,406
	山本 寿夫 (伊藤 潔)	53	男	共産	新	31,911
	定近 シズ	66	女	無所属	新	3,203

【第2区】 定数5

当	佐藤 信二	47	男	自民	新	85,619
当	吹田 愰	52	男	自民	新	80,472
当	山田 耻目	57	男	社会	前	73,577
当	吉井 光照	48	男	公明	新	69,565
当	部谷 孝之	57	男	民社	新	61,221
	高村 坂彦	76	男	自民	前	50,642
	舛冨 圭一	57	男	共産	新	21,485
	玉木 襄	45	男	新自ク	新	9,204

第36回衆議院議員選挙
昭和55年(1980年)6月22日実施

【第1区】 定数4

当	安倍晋太郎	56	男	自民	前	127,947
当	林 義郎	53	男	自民	前	86,948
当	田中 龍夫	69	男	自民	前	84,631
当	枝村 要作	58	男	社会	前	71,408
	浅野 謙二	47	男	共産	新	30,512

【第2区】 定数5

当	佐藤 信二	48	男	自民	前	85,186
当	吹田 愰	53	男	自民	前	83,416
当	高村 正彦	38	男	自民	新	68,357
当	山田 耻目	58	男	社会	前	67,245
	部谷 孝之	57	男	民社	前	66,009
	吉井 光照	49	男	公明	前	61,744
	高橋 由雄	50	男	共産	新	21,622

第37回衆議院議員選挙
昭和58年(1983年)12月18日実施

【第1区】 定数4

当	安倍晋太郎	59	男	自民	前	108,448
当	林 義郎	56	男	自民	前	71,472
当	田中 龍夫	73	男	自民	前	67,211
当	浜西 鉄雄	57	男	社会	新	62,269
	安広 欣記	47	男	民社	新	37,376
	山本 寿夫 (伊藤 潔)	57	男	共産	新	35,582

【第2区】 定数5

当	小沢 克介	39	男	社会	新	87,708
当	吉井 光照	52	男	公明	元	78,182

衆議院・選挙区（山口県）

当	吹田　　愰	56	男	自民	前	73,981
当	佐藤　信二	51	男	自民	前	71,610
当	高村　正彦	41	男	自民	前	70,409
	部谷　孝之	61	男	民社	前	60,999
	高橋　由雄	54	男	共産	新	15,735

第38回衆議院議員選挙
昭和61年（1986年）7月6日実施

【第1区】定数4

当	安倍晋太郎	62	男	自民	前	139,123
当	林　　義郎	59	男	自民	前	81,312
当	田中　竜夫	75	男	自民	前	70,093
当	浜西　鉄雄	60	男	社会	前	54,951
	安広　欣記	50	男	民社	新	30,411
	山本　丈夫	42	男	共産	新	25,279

【第2区】定数5

当	吹田　　愰	59	男	自民	前	94,363
当	佐藤　信二	54	男	自民	前	81,939
当	高村　正彦	44	男	自民	前	80,316
当	吉井　光照	55	男	公明	前	67,911
当	小沢　克介	42	男	社会	前	67,275
	部谷　孝之	63	男	民社	元	61,135
	加藤　　碩	46	男	共産	新	17,308

第39回衆議院議員選挙
平成2年（1990年）2月18日実施

【第1区】定数4

当	安倍晋太郎	65	男	自民	前	102,204
当	小川　　信	57	男	社会	新	95,824
当	林　　義郎	62	男	自民	前	87,473
当	河村　建夫	47	男	自民	新	77,506
	田川　章次	47	男	共産	新	35,895
	守田　茂子	67	女	無所属	新	12,876

【第2区】定数5

当	小沢　克介	45	男	社会	前	100,462
当	高村　正彦	47	男	自民	前	88,676
当	吹田　　愰	63	男	自民	前	85,117
当	佐藤　信二	58	男	自民	前	81,023
当	吉井　光照	59	男	公明	前	66,023
	安広　欣記	53	男	民社	新	48,376
	加藤　　碩	49	男	共産	新	18,486

第40回衆議院議員選挙
平成5年（1993年）7月18日実施

【第1区】定数4

当	安倍　晋三	38	男	自民	新	97,647
当	林　　義郎	66	男	自民	前	65,709
当	河村　建夫	50	男	自民	前	65,467
当	古賀　敬章	40	男	新生	新	51,055
	江島　　潔	36	男	日本新	新	48,119

	小川　　信	60	男	社会	前	43,076
	田川　章次	51	男	共産	新	28,508
	佐々木信夫	54	男	諸派	新	3,995

【第2区】定数5

当	松岡満寿男	58	男	無所属	新	90,473
当	吹田　　愰	66	男	無所属	前	89,808
当	佐藤　信二	61	男	自民	前	75,735
当	高村　正彦	51	男	自民	前	75,382
当	桝屋　敬悟	42	男	公明	新	67,286
	小沢　克介	49	男	社会	前	61,441
	林　　洋武	57	男	共産	新	18,865

第41回衆議院議員選挙
平成8年（1996年）10月20日実施

【第1区】定数1

当	高村　正彦	54	男	自民㊁	前	125,924
	林　　洋武	60	男	共産㊁	新	39,268
	三好　一平	49	男	無所属	新	8,325

【第2区】定数1

当	佐藤　信二	64	男	自民㊁	前	81,108
	松岡満寿男	62	男	新進	前	78,944
	山田　健一	50	男	民主㊁	新	33,428
	山中　良二	37	男	共産	新	13,710
	吉川　肇造	55	男	新社会㊁	新	2,854

【第3区】定数1

当	河村　建夫	53	男	自民㊁	前	108,995
	天満屋是清	60	男	共産	新	29,337
	佐々木信夫	58	男	無所属	新	12,834
	伊藤　悦雄	47	男	無所属	新	5,599

【第4区】定数1

当	安倍　晋三	42	男	自民㊁	前	93,459
	古賀　敬章	43	男	新進	前	59,676
	池之上　博	42	男	共産	新	18,853

第42回衆議院議員選挙
平成12年（2000年）6月25日実施

【第1区】定数1

当	高村　正彦	58	男	自民㊁	前	143,490
	山崎　桃生	26	男	民主㊁	新	51,496
	魚永　智行	42	男	共産	新	24,167

【第2区】定数1

当	平岡　秀夫	46	男	民主㊁	新	104,372
	佐藤　信二	68	男	自民㊁	前	97,355
	山中　良二	41	男	共産	新	18,064

【第3区】定数1

当	河村　建夫	57	男	自民㊁	前	120,527
	菖蒲順一郎	42	男	共産	新	38,507
	佐々木信夫	61	男	自連	新	18,022

【第4区】定数1

当	安倍　晋三	45	男	自民㊁	前	121,835
	池之上　博	46	男	共産	新	48,068

第43回衆議院議員選挙

平成15年(2003年)11月9日実施

【第1区】定数1						
当	高村　正彦	61	男	自民[比]	前	137,830
	大泉　博子	53	女	民主[比]	新	66,672
	魚永　智行	45	男	共産	新	12,071
【第2区】定数1						
当	平岡　秀夫	49	男	民主[比]	前	109,647
比当	佐藤　信二	71	男	自民[比]	元	91,087
	山中　良二	44	男	共産	新	11,721
【第3区】定数1						
当	河村　建夫	61	男	自民[比]	前	111,658
	岩本　晋	60	男	民主[比]	新	50,975
	田中　照久	31	男	共産	新	13,909
【第4区】定数1						
当	安倍　晋三	49	男	自民	前	140,347
	小島潤一郎	32	男	社民[比]	新	21,202
	池之上　博	49	男	共産	新	14,438

第44回衆議院議員選挙

平成17年(2005年)9月11日実施

【第1区】定数1						
当	高村　正彦	63	男	自民[比]	前	148,912
	北角　嘉幸	42	男	民主[比]	新	64,309
	三村真千代	59	女	共産	新	20,059
【第2区】定数1						
当	福田　良彦	35	男	自民[比]	新	104,322
比当	平岡　秀夫	51	男	民主[比]	前	103,734
	山中　良二	46	男	共産	新	13,499
【第3区】定数1						
当	河村　建夫	62	男	自民[比]	前	118,412
	三浦　昇	35	男	民主[比]	新	55,815
	五島　博	49	男	共産	新	16,124
【第4区】定数1						
当	安倍　晋三	50	男	自民[比]	前	137,701
	加藤　隆	56	男	民主[比]	新	36,847
	木佐木大助	50	男	共産	新	12,499

《補選》第44回衆議院議員選挙

平成20年(2008年)4月27日実施

※福田良彦の辞職(岩国市長選立候補)による

【第2区】被選挙数1						
当	平岡　秀夫	54	男	民主	前	116,348
	山本繁太郎	59	男	自民	新	94,404

第45回衆議院議員選挙

平成21年(2009年)8月30日実施

【第1区】定数1						
当	高村　正彦	67	男	自民[比]	前	142,103
比当	高邑　勉	35	男	民主[比]	新	94,253
	吉田　貞好	56	男	共産[比]	新	10,114
	村田　純一	45	男	諸派	新	2,889
【第2区】定数1						
当	平岡　秀夫	55	男	民主[比]	前	117,571
	山本繁太郎	60	男	自民[比]	新	105,940
	河井美和子	47	女	諸派	新	4,118
【第3区】定数1						
当	河村　建夫	66	男	自民[比]	前	115,757
	三浦　昇	39	男	民主[比]	新	73,760
	津田　修一	46	男	諸派	新	3,159
【第4区】定数1						
当	安倍　晋三	54	男	自民[比]	前	121,365
	戸倉多香子	50	女	民主[比]	新	58,795
	木佐木大助	54	男	共産	新	8,725

第46回衆議院議員選挙

平成24年(2012年)12月16日実施

【第1区】定数1						
当	高村　正彦	70	男	自民[比]	前	133,776
	飯田　哲也	53	男	未来[比]	新	35,622
	冨村　郷司	29	男	民主[比]	新	23,813
	魚永　智行	54	男	共産	新	9,753
【第2区】定数1						
当	岸　信夫	53	男	自民[比]	新	105,760
	平岡　秀夫	58	男	民主[比]	前	53,493
	灰岡　香奈	29	女	維新[比]	新	23,861
	赤松　義生	58	男	共産	新	7,894
【第3区】定数1						
当	河村　建夫	70	男	自民[比]	前	107,833
	中屋　大介	34	男	民主[比]	前	28,663
	五十嵐仁美	51	女	共産	新	15,709
【第4区】定数1						
当	安倍　晋三	58	男	自民	前	118,696
	財満慎太郎	45	男	民主[比]	新	19,336
	桧垣　徳雄	48	男	共産	新	13,815

第47回衆議院議員選挙

平成26年(2014年)12月14日実施

【第1区】定数1						
当	高村　正彦	72	男	自民[比]	前	120,084
	高邑　勉	40	男	維新[比]	元	39,375
	藤井　直子	62	女	共産	新	16,890
【第2区】定数1						
当	岸　信夫	55	男	自民[比]	前	96,799
	平岡　秀夫	60	男	民主[比]	元	57,814

		赤松	義生	60	男	共産	新	11,115

【第3区】定数1

		河村	建夫	72	男	自民㊤前	93,248
当							
		三浦	昇	44	男	民主㊤元	29,329
		藤井	岳志	28	男	共産 新	13,818

【第4区】定数1

当	安倍	晋三	60	男	自民	前	100,829
	吉田	貞好	61	男	共産	新	17,358
	渡辺	利絵	51	女	無所属	新	14,018

比例区・中国

第41回衆議院議員選挙　定数13
平成8年（1996年）10月20日実施

自由民主党　1,578,140票　当選人数　6人

順位	当否	区		氏名	年齢	性別	前新
1	当			能勢 和子	57	女	新
2	当			桜内 義雄	84	男	前
3	当			林 義郎	69	男	前
4	当			谷川 和穂	66	男	前
5	当			平林 鴻三	65	男	前
6	選当	広3		河井 克行			新
6	選当	島3		亀井 久興			元
6	選当	岡1		逢沢 一郎			前
6	選当	鳥2		相沢 英之			前
6	選当	山4		安倍 晋三			前
6	選当	広5		池田 行彦			前
6	選当	山3		河村 建夫			前
6	選当	広1		岸田 文雄			前
6	選当	岡2		熊代 昭彦			前
6	選当	山1		高村 正彦			前
6	選当	山2		佐藤 信二			前
6	選当	島2		竹下 登			前
6	選当	広4		中川 秀直			前
6	選当	岡3		平沼 赳夫			前
6	選当	島1		細田 博之			前
6	選当	広7		宮沢 喜一			前
6	選当	岡5		村田 吉隆			前
6	当	広2		桧田 仁	54	男	新
24				平野 耕平	37	男	新
25				松尾 洋治	54	男	新
26				芳賀 耕輔	65	男	新
27				鈴木 匡信	55	男	新

新進党　883,319票　当選人数　3人

1	当		斉藤 鉄夫	44	男	前
2	当		桝屋 敬悟	45	男	前
3	当	岡4	加藤 六月	70	男	前
4			貝沼 次郎	63	男	前
5			森脇 みのる	46	男	新
6			渡辺 卓也	32	男	新

民主党　464,197票　当選人数　2人

1	当	島1	(62.89)	石橋 大吉	64	男	前
1	当	岡2	(58.20)	中桐 伸五	53	男	前
1		広5	(43.41)	森井 忠良	67	男	前
1		山2	(41.21)	山田 健一	50	男	新
1		岡5	(33.99)	木口 京子	29	女	新
1		広1	(15.06)	堀間 禎子	51	女	新

日本共産党　356,108票　当選人数　1人

1	当			正森 成二	69	男	前
2	繰当	島1		中林 佳子	50	女	元
3		山1		林 洋武	60	男	新

社会民主党　234,642票　当選人数　1人

1	当	広2	(70.92)	秋葉 忠利	53	男	前
1	繰当	鳥1	(30.26)	知久馬二三子	59	女	新
1		広3	(24.99)	片山 春子	66	女	新
1		島3	(23.50)	出島千鶴子	52	女	新
1		広1	(19.00)	松坂 知恒	37	男	新

新社会党　125,824票　当選人数　0人

1		広6		小森 龍邦	64	男	前
2		広4	(28.72)	秋光 民恵	50	女	新
2		広3	(28.38)	辻駒 啓三	40	男	新
2		広7	(22.34)	高橋 晋作	63	男	新
2		鳥1	(14.04)	山田 篤	57	男	新
2		広1	(9.16)	信井 裕子	30	女	新
2		山2	(3.51)	吉川 肇造	55	男	新

新党さきがけ　43,772票　当選人数　0人

1	当		藤田 正也	37	男	新

※正森成二（共産）の体調不良による辞職のため平成9年11月6日中林佳子が繰上当選

※秋葉忠利（社民）の広島市長選立候補のため平成11年1月21日知久馬二三子が繰上当選

第42回衆議院議員選挙　定数11
平成12年（2000年）6月25日実施

自由民主党　1,364,938票　当選人数　4人

1	当		宮沢 喜一	80	男	前
2	当		林 義郎	73	男	前
3	当		平林 鴻三	69	男	前
4	当		谷川 和穂	69	男	前
5			能勢 和子	60	女	前
6			吹田 愰	73	男	元
7			加藤 勝信	44	男	新
8	選当	鳥1	石破 茂			前
8	選当	鳥2	相沢 英之			前
8	選当	島1	細田 博之			前
8	選当	島2	竹下 亘			新

		8	選当	島3	亀井	久興	前
		8	選当	岡1	逢沢	一郎	前
		8	選当	岡2	熊代	昭彦	前
		8	選当	岡3	平沼	赳夫	前
		8	選当	岡5	村田	吉隆	前
		8	選当	広1	岸田	文雄	前
		8	選当	広4	中川	秀直	前
		8	選当	広5	池田	行彦	前
		8	選当	広6	亀井	静香	前
		8	選当	広7	宮沢	洋一	新
		8	選当	山1	高村	正彦	前
		8	選当	山3	河村	建夫	前
		8	選当	山4	安倍	晋三	前

8		山2	(93.27)	佐藤	信二	68	男	前
8		広2	(86.87)	桧田	仁	58	男	前
8		広3	(80.23)	河井	克行	37	男	前
28				伊原	裕和	28	男	新

民主党　　　　　　831,747票　　　当選人数　2人

	1	選当	山2		平岡	秀夫	新	
1	当	鳥2	(84.03)	山内	功	45	男	新
1	当	広7	(61.08)	山田	敏雅	50	男	新
1繰当		岡2	(58.68)	中桐	伸五	57	男	前
1		広1	(58.21)	西尾	政英	39	男	新
1		岡1	(56.65)	河田	英正	53	男	新
1		広5	(54.96)	佐々木修一		45	男	新
1		島1	(50.32)	石橋	大吉	68	男	前
1		岡5	(49.36)	秦	知子	33	女	新
				(はたともこ)				
1		島2	(45.24)	錦織	淳	54	男	元
1		岡3	(43.64)	樽井	良和	32	男	新
1		岡4	(36.06)	熊谷	裕人	38	男	新
1		山1	(35.88)	山崎	桃生	26	男	新

公明党　　　　　　587,603票　　　当選人数　2人

1	当		斉藤	鉄夫	48	男	前
2	当		桝屋	敬悟	49	男	前
3			岡村能里子		50	女	新
4			横塚	広一	50	男	新

社会民主党　　　　353,973票　　　当選人数　1人

1	当	広3	(44.47)	金子	哲夫	51	男	新
1		島3	(39.75)	出島千鶴子		56	女	新
1		広4	(39.38)	松井	秀明	49	男	新
1		鳥1	(24.59)	知久馬二三子		63	女	前
1		岡2	▼	松本	安正	70	男	新

日本共産党　　　　341,851票　　　当選人数　1人

1	当		中林	佳子	54	女	前
2			原	哲朗	48	男	新
3			森脇	久紀	37	男	新

自由党　　　　　　340,358票　　　当選人数　1人

1	当	広6	佐藤	公治	40	男	新
2			早川健一郎		41	男	新

政党自由連合　　　15,164票　　　当選人数　0人

1		清水	洋三	59	男	新

※山田敏雅(民主)の福山市長選立候補のため平成15年8月6日中桐伸五が繰上当選

第43回衆議院議員選挙　定数11
平成15年(2003年)11月9日実施

自由民主党　　　　1,388,768票　　　当選人数　5人

1	当			亀井	久興	64	男	前
2	当			河井	克行	40	男	元
3	当			加藤	勝信	47	男	新
4	当			能勢	和子	64	女	元
	5	選当	鳥1	石破	茂			前
	5	選当	島1	細田	博之			前
	5	選当	島2	竹下	亘			前
	5	選当	岡1	逢沢	一郎			前
	5	選当	岡2	熊代	昭彦			前
	5	選当	岡3	平沼	赳夫			前
	5	選当	岡5	村田	吉隆			前
	5	選当	広1	岸田	文雄			前
	5	選当	広3	増原	義剛			前
	5	選当	広4	中川	秀直			前
	5	選当	広5	池田	行彦			前
	5	選当	広7	宮沢	洋一			前
	5	選当	山1	高村	正彦			前
	5	選当	山3	河村	建夫			前

5		山2	(83.07)	佐藤	信二	71	男	元
5		広2	(59.66)	桧田	仁	61	男	元
21				平林	鴻三	72	男	前
22				松尾	洋治	61	男	新
23				鈴木	匡信	62	男	新
24				長尾	広志	48	男	新
25				合田	正	65	男	新
26				宇田川隆久		36	男	新

民主党　　　　　　1,254,880票　　　当選人数　4人

	1	選当	広2	松本	大輔			新
	1	選当	山2	平岡	秀夫			前
1	当	鳥2	(97.18)	山内	功	49	男	前
1	当	岡2	(87.97)	津村	啓介	32	男	新
1	当	広6	(85.56)	佐藤	公治	44	男	前
1	当	広7	(80.95)	和田	隆志	40	男	新
1		岡5	(67.18)	秦	知子	37	女	新
				(はたともこ)				
1		広1	(66.52)	柿沼	正明	38	男	新
1		広5	(65.03)	佐々木修一		48	男	新
1		岡4	(63.25)	柚木	道義	31	男	新
1		岡1	(62.02)	菅	源太郎	31	男	新
1		広4	(57.70)	空本	誠喜	39	男	新
1		島1	(51.80)	浜口	和久	35	男	新
1		山1	(48.37)	大泉	博子	53	女	新
1		山3	(45.65)	岩本	晋	60	男	新

		岡3	(38.11)	中村	徹夫	48	男	新
1		島2	(35.00)	石田	良三	71	男	新

公明党　　　　657,311票　　当選人数　2人
1	当			斉藤	鉄夫	51	男	前
2	当			桝屋	敬悟	52	男	前
3				笹井	茂智	40	男	新
4				森下	定幸	55	男	新

日本共産党　　　234,359票　　当選人数　0人
1				中林	佳子	57	女	前
2				久米	慶典	47	男	新
3				藤本	聡志	49	男	新

社会民主党　　　176,942票　　当選人数　0人
1		広3	(49.90)	金子	哲夫	55	男	前
1		鳥1	(27.33)	田中	清一	50	男	新
1		山4	(15.10)	小島潤一郎		32	男	新
1		島2	▼	出島千鶴子		59	女	新
1		広4	▼	松井	秀明	52	男	新

第44回衆議院議員選挙　定数11
平成17年（2005年）9月11日実施

自由民主党　　　1,537,080票　　当選人数　5人
1	当	岡3		阿部	俊子	46	女	新
2	当			加藤	勝信	49	男	前
3	当			増原	義剛	60	男	前
	4	選当	鳥1	石破	茂			前
	4	選当	鳥2	赤沢	亮正			新
	4	選当	島1	細田	博之			前
	4	選当	島2	竹下	亘			前
	4	選当	岡1	逢沢	一郎			前
	4	選当	岡5	村田	吉隆			前
	4	選当	広1	岸田	文雄			前
	4	選当	広2	平口	洋			新
	4	選当	広3	河井	克行			前
	4	選当	広4	中川	秀直			前
	4	選当	広5	寺田	稔			新
	4	選当	広7	宮沢	洋一			前
	4	選当	山1	高村	正彦			前
	4	選当	山2	福田	良彦			新
	4	選当	山3	河村	建夫			前
	4	選当	山4	安倍	晋三			前
4	当	岡2	(97.46)	萩原	誠司	49	男	新
4	当	岡4	(94.12)	橋本	岳	31	男	新
22				桧田	仁	63	男	元
23				網谷	徹己	45	男	新
24				松尾	洋治	63	男	新
25				鈴木	匡信	64	男	新
26				長尾	広志	50	男	新
27				合田	正	67	男	新

民主党　　　1,196,971票　　当選人数　3人
	1	選当	岡2	津村	啓介			前
	1	選当	岡4	柚木	道義			新
1	当	山2	(99.43)	平岡	秀夫	51	男	前
1	当	広5	(93.56)	三谷	光男	46	男	新
1	当	広2	(86.84)	松本	大輔	34	男	前
1	繰当	広7	(84.92)	和田	隆志	42	男	前
1		鳥2	(64.76)	山内	功	50	男	前
1		広3	(63.36)	橋本	博明	35	男	新
1		広4	(61.72)	空本	誠喜	41	男	新
1		広6	(61.60)	佐藤	公治	46	男	前
1		岡5	(58.76)	花咲	宏基	39	男	新
1		広1	(54.96)	菅川	洋	36	男	新
1		岡1	(48.20)	菅	源太郎	32	男	新
1		島1	(47.31)	浜口	和久	36	男	新
1		山3	(47.13)	三浦	昇	35	男	新
1		鳥1	(45.02)	早川	周作	28	男	新
1		山1	(43.18)	北角	嘉幸	42	男	新
1		岡3	(36.38)	中村	徹夫	50	男	新
1		島2	(27.53)	小室	寿明	44	男	新
1		山4	(26.75)	加藤	隆	56	男	新

公明党　　　　658,702票　　当選人数　2人
1	当			斉藤	鉄夫	53	男	前
2	当			桝屋	敬悟	54	男	前
3				笹井	茂智	41	男	新
4				森下	定幸	56	男	新

国民新党　　　330,546票　　当選人数　1人
1	当	島2		亀井	久興	65	男	前
2				徳永	光昭	71	男	新
3				小林	正義	70	男	新

日本共産党　　　247,073票　　当選人数　0人
1				中林	佳子	59	女	元
2				藤本	聡志	50	男	新

社会民主党　　　215,636票　　当選人数　0人
1		広3	(27.94)	金子	哲夫	57	男	元
1		鳥1	▼	田中	清一	52	男	新
1		島1	▼	加納	克己	61	男	新
1		岡1	▼	福島	捷美	67	男	新

※平岡秀夫（民主）の衆院山口2区補選立候補のため平成20年4月23日和田隆志が繰上当選

第45回衆議院議員選挙　定数11
平成21年（2009年）8月30日実施

民主党　　　1,704,242票　　当選人数　6人
	1	選当	岡2	津村	啓介			前
	1	選当	岡4	柚木	道義			前
	1	選当	広2	松本	大輔			前
	1	選当	広3	橋本	博明			新
	1	選当	広4	空本	誠喜			新
	1	選当	広5	三谷	光男			前
	1	選当	広7	和田	隆志			前
	1	選当	山2	平岡	秀夫			前

1	当	鳥2	(99.26)	湯原 俊二	46	男	新	
1	当	岡1	(96.30)	高井 崇志	39	男	新	
1	当	広1	(91.70)	菅川 洋	40	男	新	
1	当	岡5	(85.47)	花咲 宏基	43	男	新	
1	当	山1	(66.32)	高邑 勉	35	男	新	
1	当	島1	(65.89)	小室 寿明	48	男	新	
1 繰当		山3	(63.71)	三浦 昇	39	男	新	
1		岡3	(56.94)	西村 啓聡	33	男	新	
1		鳥1	(53.65)	奥田 保明	49	男	新	
1		山4	(48.44)	戸倉多香子	50	女	新	
19				滝本 実	41	男	新	

自由民主党　　1,388,451票　当選人数　4人

1	当	岡3		阿部 俊子	50	女	前
2	当			村田 吉隆	65	男	前
3	当			河井 克行	46	男	前
4	選当	鳥1		石破 茂			前
4	選当	鳥2		赤沢 亮正			前
4	選当	島1		細田 博之			前
4	選当	島2		竹下 亘			前
4	選当	岡1		逢沢 一郎			前
4	選当	岡5		加藤 勝信			前
4	選当	広1		岸田 文雄			前
4	選当	山1		高村 正彦			前
4	選当	山3		河村 建夫			前
4	選当	山4		安倍 晋三			前
4	当	広4	(94.98)	中川 秀直	65	男	前
4		広5	(93.80)	寺田 稔	51	男	前
4		山2	(90.10)	山本繁太郎	60	男	新
4		広7	(83.15)	宮沢 洋一	59	男	前
4		広2	(73.87)	平口 洋	61	男	前
4		岡4	(72.42)	橋本 岳	35	男	前
4		広3	(71.69)	増原 義剛	64	男	前
4		岡2	(62.76)	萩原 誠司	53	男	前
4		広6	(50.84)	小島 敏文	58	男	新
23				桧田 仁	67	男	元
24				宇田川隆久	42	男	新
25				吉田 竜之	39	男	新

公明党　　555,552票　当選人数　1人

1	当		斉藤 鉄夫	57	男	前
2			桝屋 敬悟	58	男	前
3			笹井 茂智	45	男	新

日本共産党　　244,761票　当選人数　0人

1			中林 佳子	63	女	元
2	広1	▼	藤本 聡志	54	男	新
2	岡1	▼	東 毅	33	男	新
2	島1	▼	石飛 育久	31	男	新
2	山1	▼	吉田 貞好	56	男	新
2	鳥1	▼	岩永 尚之	52	男	新
7			石村 智子	33	女	新

国民新党　　208,208票　当選人数　0人

1	選当	広6		亀井 静香			前
1		島2	(79.96)	亀井 久興	69	男	前
1		岡2	▼	赤松 和隆	42	男	新
4				山田 隆	65	男	新

社会民主党　　156,291票　当選人数　0人

1		広1	▼	上村 好輝	49	男	新

幸福実現党　　32,319票　当選人数　0人

1		西原 忠弘	54	男	新
2		丹羽 孝行	60	男	新
3		三浦 俊男	50	男	新

※高邑勉(無所属,元民主)の山口県知事選立候補のため平成24年7月13日三浦昇が繰上当選

第46回衆議院議員選挙　定数11
平成24年(2012年)12月16日実施

自由民主党　　1,210,400票　当選人数　5人

1	選当	鳥2		赤沢 亮正			前
1	選当	島1		細田 博之			前
1	選当	島2		竹下 亘			前
1	選当	岡1		逢沢 一郎			前
1	選当	岡2		山下 貴司			新
1	選当	岡4		橋本 岳			元
1	選当	岡5		加藤 勝信			前
1	選当	広1		岸田 文雄			前
1	選当	広2		平口 洋			元
1	選当	広3		河井 克行			前
1	選当	広4		中川 俊直			新
1	選当	広5		寺田 稔			元
1	選当	広7		小林 史明			新
1	選当	山1		高村 正彦			前
1	選当	山2		岸 信夫			新
1	選当	山3		河村 建夫			前
1	当	広6	(86.46)	小島 敏文	62	男	新
1	当	岡3	(73.19)	阿部 俊子	53	女	前
19	当			吉野 正芳	64	男	前
20	当			上杉 光弘	70	男	新
21	当			池田 道孝	65	男	新
22				木村 光寿	39	男	新
23				井木 敏晴	47	男	新
24				日野原修治	54	男	新
25				秋田 博紀	50	男	新
26				佐伯 充範	39	男	新

日本維新の会　　622,226票　当選人数　2人

1	選当	岡3		平沼 赳夫			前
1	当	広3	(42.04)	中丸 啓	49	男	新
1	当	広7	(41.62)	坂元 大輔	30	男	新
1		広2	(33.67)	辻 康裕	43	男	新
1		岡4	(32.68)	赤沢 幹温	51	男	新
1		山2	(22.56)	灰岡 香奈	29	女	新
7				藤井 厳喜	60	男	新
8				谷本 彰良	45	男	新

民主党			570,764票		当選人数	2人			
1	当	岡4	(70.53)	柚木	道義	40	男	前
1	当	岡2	(70.15)	津村	啓介	41	男	前
1		広3	(58.71)	橋本	博明	42	男	前
1		広4	(58.22)	空本	誠喜	48	男	前
1		広7	(56.20)	和田	隆志	49	男	前
1		広2	(55.88)	松本	大輔	41	男	前
1		鳥2	(52.32)	湯原	俊二	50	男	前
1		山2	(50.57)	平岡	秀夫	58	男	前
1		広5	(49.43)	三谷	光男	53	男	前
1		島1	(42.04)	小室	寿明	52	男	前
1		岡1	(40.86)	高井	崇志	43	男	前
1		岡5	(39.54)	花咲	宏基	46	男	前
1		岡3	(39.44)	西村	啓聡	37	男	新
1		島2	(35.51)	石田	祥吾	32	男	新
1		山3	(26.58)	中屋	大介	34	男	新
1		広1	(24.52)	野中	幸市	49	男	新
1		山1	(17.80)	冨村	郷司	29	男	新
1		山4	(16.29)	財満慎太郎		45	男	新
19				三浦	昇	42	男	前

公明党			493,800票		当選人数	2人
1	当			斉藤	鉄夫	60	男	前
2	当			桝屋	敬悟	61	男	元
3				角屋	忍	37	男	新
4				吉野	泰文	45	男	新

みんなの党			209,627票		当選人数	0人
1		岡1		赤木	正幸	37	男	新
2				筒井	信雄	47	男	新

日本共産党		174,648票		当選人数	0人
1			石村	智子	37	女	新
2			大平	喜信	34	男	新

日本未来の党		141,360票		当選人数	0人
	1	選当	広6	亀井	静香	前
1	山1	(26.62)	飯田	哲也	53	男	新
1	広1	(20.92)	菅川	洋	44	男	前

社会民主党		68,653票		当選人数	0人
1			金子	哲夫	64	男	元

幸福実現党		14,383票		当選人数	0人
1			黒川	白雲	46	男	新
2			戸坂富久子		51	女	新
3			福光	秀明	64	男	新

第47回衆議院議員選挙 定数11
平成26年(2014年)12月14日実施

自由民主党			1,183,903票		当選人数	5人
	1	選当	鳥1	石破	茂	前
	1	選当	鳥2	赤沢	亮正	前
	1	選当	島1	細田	博之	前
	1	選当	島2	竹下	亘	前
	1	選当	岡1	逢沢	一郎	前
	1	選当	岡2	山下	貴司	前
	1	選当	岡4	橋本	岳	前
	1	選当	岡5	加藤	勝信	前
	1	選当	広1	岸田	文雄	前
	1	選当	広2	平口	洋	前
	1	選当	広3	河井	克行	前
	1	選当	広4	中川	俊直	前
	1	選当	広5	寺田	稔	前
	1	選当	広7	小林	史明	前
	1	選当	山1	高村	正彦	前
	1	選当	山2	岸	信夫	前
	1	選当	山3	河村	建夫	前
1	当	岡3	(78.05)	阿部	俊子	55	女	前
1	当	広6	(72.96)	小島	敏文	64	男	前
20	当			新谷	正義	39	男	前
21	当			池田	道孝	67	男	前
22	当			古田	圭一	57	男	新
23				木村	光寿	41	男	新
24				秋田	博紀	52	男	新
25				古賀	直子	45	女	新
26				笹尾	憲司	65	男	新

民主党			529,819票		当選人数	2人
1	当	岡4	(82.61)	柚木	道義	42	男	前
1	当	岡2	(79.72)	津村	啓介	43	男	前
1		広3	(78.00)	橋本	博明	44	男	元
1		広2	(75.18)	松本	大輔	43	男	元
1		鳥2	(64.37)	湯原	俊二	52	男	元
1		山2	(59.72)	平岡	秀夫	60	男	元
1		広7	(39.28)	村田	享子	31	女	新
1		島1	(38.20)	和田章一郎		67	男	新
1		山3	(31.45)	三浦	昇	44	男	元
10				炭村	信義	67	男	新

公明党		516,892票		当選人数	2人
1	当		斉藤	鉄夫	62	男	前
2	当		桝屋	敬悟	63	男	前
3			日下	正喜	49	男	新

維新の党			394,306票		当選人数	1人
1	当	岡1	(62.33)	高井	崇志	45	男	元
1		山1	(32.78)	高邑	勉	40	男	元
1		広1	(26.44)	白坂	理香	48	女	新

日本共産党		285,224票		当選人数	1人
1	当		大平	喜信	36	男	新
2			矢引	亮介	44	男	新

次世代の党		109,016票		当選人数	0人
	1	選当	岡3	平沼	赳夫	前
1		広4	(30.05)	中丸	啓	51	男	前
1		広7	(17.86)	坂元	大輔	32	男	前
1		広1	▼	伊藤	真二	47	男	新

衆議院・比例区（中国）　　　　　　国政選挙総覧

社会民主党　　　　65,349票　　　当選人数　0人
　　1　　島2　　　　山本　　誉　57　男　新

幸福実現党　　　　18,015票　　　当選人数　0人
　　1　　　　　　　国領　豊太　33　男　新
　　2　　　　　　　河井美和子　52　女　新
　　3　　　　　　　佐伯　知子　35　女　新

選挙区・徳島県

第24回衆議院議員選挙
昭和24年(1949年)1月23日実施

【全県区】定数5

当	三木	武夫	42	男	国協	前	57,331
当	真鍋	勝	68	男	民自	元	41,073
当	生田	和平	72	男	民自	元	32,957
当	柏原	義則	49	男	民自	前	28,410
当	岡田	勢一	57	男	国協	前	25,905
	秋田	大助	43	男	民主	前	24,459
	天羽	文吉	41	男	無所属	新	22,875
	成瀬喜五郎		48	男	社会	前	22,359
	大栗	清実	47	男	共産	新	18,041
	塩崎	新	37	男	労農	新	7,790

第25回衆議院議員選挙
昭和27年(1952年)10月1日実施

【全県区】定数5

当	三木	武夫	45	男	改進	前	71,713
当	生田	和平	75	男	自由	前	41,203
当	阿部	五郎	48	男	左社	新	40,924
当	秋田	大助	46	男	改進	元	35,212
当	岡田	勢一	60	男	改進	前	31,979
	小笠	公韶	47	男	自由	新	31,622
	柏原	義則	52	男	自由	前	27,080
	真鍋	勝	70	男	自由	前	21,571
	北岡	巌	46	男	無所属	新	15,514
	紅露	昭	64	男	改進	元	10,406
	田村	秀吉	57	男	無所属	元	8,960
	串	春栄	50	女	無所属	新	8,872
	大栗	清実	50	男	共産	新	6,217

第26回衆議院議員選挙
昭和28年(1953年)4月19日実施

【全県区】定数5

当	三木	武夫	46	男	改進	前	54,571
当	阿部	五郎	49	男	左社	前	45,311
当	小笠	公韶	48	男	自由吉	新	43,330
当	岡田	勢一	60	男	改進	前	43,271
当	生田	宏一	47	男	自由吉	新	40,856
	秋田	大助	47	男	改進	前	39,327
	武市	恭信	36	男	自由吉	新	31,495
	田村	秀吉	57	男	自由鳩	元	15,257
	成瀬喜五郎		52	男	右社	元	7,119
	伊藤	敏行	50	男	無所属	新	3,093
	宮内	藤吉	62	男	自由鳩	新	1,446

第27回衆議院議員選挙
昭和30年(1955年)2月27日実施

【全県区】定数5

当	三木	武夫	47	男	民主	前	67,849
当	秋田	大助	49	男	民主	元	64,045
当	阿部	五郎	50	男	左社	前	49,114
当	小笠	公韶	50	男	民主	前	35,574
当	生田	宏一	49	男	自由	前	34,200
	岡田	勢一	62	男	民主	前	30,605
	真鍋	勝	73	男	自由	元	21,009
	広瀬	勝邦	37	男	右社	新	19,585
	田村	秀吉	59	男	自由	元	13,750

第28回衆議院議員選挙
昭和33年(1958年)5月22日実施

【全県区】定数5

当	三木	武夫	51	男	自民	前	92,456
当	秋田	大助	52	男	自民	前	55,414
当	広瀬	勝邦	40	男	社会	新	52,325
当	生田	宏一	52	男	自民	前	50,860
当	阿部	五郎	54	男	社会	前	49,964
	小笠	公韶	53	男	自民	前	46,071
	青山	照明	34	男	共産	新	4,379

第29回衆議院議員選挙
昭和35年(1960年)11月20日実施

【全県区】定数5

当	三木	武夫	53	男	自民	前	64,774
当	秋田	大助	54	男	自民	前	63,431
当	小笠	公韶	55	男	自民	元	60,677
当	阿部	五郎	56	男	社会	前	52,740
当	生田	宏一	55	男	自民	前	45,757
	武市	恭信	43	男	自民	新	45,438
	広瀬	勝邦	43	男	民社	前	33,599
	青山	照明	37	男	共産	新	5,248
	田所	国彦	27	男	無所属	新	4,265
	吉川	覚	54	男	諸派	新	2,462

第30回衆議院議員選挙
昭和38年(1963年)11月21日実施

【全県区】定数5

当	三木	武夫	56	男	自民	前	75,945
当	武市	恭信	46	男	自民	新	55,228
当	森下	元晴	41	男	無所属	新	52,698
当	秋田	大助	57	男	自民	前	46,589
当	小笠	公韶	58	男	自民	前	42,009

	生田	宏一	58	男	自民	前	40,802
	小倉	半平	49	男	社会	新	40,704
	広瀬	勝邦	46	男	民社	元	33,676
	青山	照明	40	男	共産	新	5,839
	峠	康夫	42	男	無所属	新	725

第31回衆議院議員選挙
昭和42年(1967年)1月29日実施

【全県区】 定数5

当	三木	武夫	59	男	自民	前	77,043
当	井上	普方	41	男	社会	新	60,543
当	秋田	大助	60	男	自民	前	51,001
当	広沢	直樹	36	男	公明	新	49,595
当	小笠	公韶	62	男	自民	前	43,548
	森下	元晴	44	男	自民	前	40,725
	生田	宏一	61	男	自民	元	39,428
	広瀬	勝邦	49	男	民社	元	28,626
	小倉	半平	52	男	諸派	新	8,948
	杉田	治郎	41	男	共産	新	8,442

第32回衆議院議員選挙
昭和44年(1969年)12月27日実施

【全県区】 定数5

当	三木	武夫	62	男	自民	前	68,303
当	森下	元晴	47	男	自民	元	66,883
当	広沢	直樹	38	男	公明	前	56,165
当	秋田	大助	63	男	自民	前	50,933
当	井上	普方	44	男	社会	前	48,927
	小笠	公韶	65	男	自民	前	40,163
	坂東	一男	46	男	民社	新	36,610
	生田	宏一	64	男	無所属	元	19,015
	中村	博彦	26	男	無所属	新	10,491
	松本	満雄	43	男	共産	新	8,410

第33回衆議院議員選挙
昭和47年(1972年)12月10日実施

【全県区】 定数5

当	三木	武夫	65	男	自民	前	88,500
当	秋田	大助	66	男	自民	前	63,852
当	森下	元晴	50	男	自民	前	62,709
当	井上	普方	47	男	社会	前	56,669
当	広沢	直樹	41	男	公明	前	55,912
	坂東	一男	49	男	民社	新	54,611
	阿部	文明	48	男	共産	新	26,245
	中村	博彦	29	男	無所属	新	12,163
	山本	満	51	男	無所属	新	2,326
	鎌田	親彦	41	男	無所属	新	1,407

第34回衆議院議員選挙
昭和51年(1976年)12月5日実施

【全県区】 定数5

当	三木	武夫	69	男	自民	現	102,519
当	後藤田	正晴	62	男	自民	新	68,990
当	森下	元晴	54	男	自民	現	61,464
当	広沢	直樹	45	男	公明	現	58,623
当	井上	普方	51	男	社会	現	54,136
	秋田	大助	70	男	自民	現	53,965
	坂東	一男	53	男	民社	新	38,786
	阿部	文明	52	男	共産	新	29,798

第35回衆議院議員選挙
昭和54年(1979年)10月7日実施

【全県区】 定数5

当	秋田	大助	73	男	自民	元	87,719
当	井上	普方	54	男	社会	前	74,187
当	三木	武夫	72	男	自民	前	72,566
当	森下	元晴	57	男	自民	前	71,935
当	後藤田	正晴	65	男	自民	前	66,948
	広沢	直樹	48	男	公明	前	58,230
	阿部	文明	55	男	共産	新	20,208
	杉川	昇	42	男	諸派	新	821

第36回衆議院議員選挙
昭和55年(1980年)6月22日実施

【全県区】 定数5

当	三木	武夫	73	男	自民	前	90,544
当	後藤田	正晴	65	男	自民	前	85,710
当	秋田	大助	74	男	自民	前	70,090
当	森下	元晴	58	男	自民	前	67,409
当	井上	普方	55	男	社会	前	67,127
	遠藤	和良	37	男	公明	新	54,425
	福井	隆夫	41	男	共産	新	13,588
	杉川	昇	43	男	諸派	新	791

第37回衆議院議員選挙
昭和58年(1983年)12月18日実施

【全県区】 定数5

当	後藤田	正晴	69	男	自民	前	81,975
当	遠藤	和良	40	男	公明	新	70,032
当	三木	武夫	76	男	自民	前	63,891
当	森下	元晴	61	男	自民	前	56,855
当	井上	普方	58	男	社会	前	54,262
	前田	定一	52	男	社会	新	48,339
	秋田	大助	77	男	自民	前	47,666
	神野	美昭	47	男	共産	新	13,315
	清水	良次	45	男	民社	新	11,900
	秋山	二郎	29	男	無所属	新	1,405

第38回衆議院議員選挙

昭和61年（1986年）7月6日実施

【全県区】定数5

当	後藤田正晴	71	男	自民	前	109,468
当	三木　武夫	79	男	自民	前	73,834
当	遠藤　和良	43	男	公明	前	60,321
当	森下　元晴	64	男	自民	前	60,212
当	井上　普方	61	男	社会	前	59,448
	岸　　　正	52	男	無所属	新	31,494
	神野　美昭	50	男	共産	新	19,605
	清水　良次	48	男	民社	新	12,041

第39回衆議院議員選挙

平成2年（1990年）2月18日実施

【全県区】定数5

当	後藤田正晴	75	男	自民	前	96,463
当	仙谷　由人	44	男	社会	新	86,632
当	山口　俊一	39	男	自民	新	58,722
当	遠藤　和良	46	男	公明	前	51,283
当	井上　普方	65	男	社会	前	49,072
	岸　　　正	56	男	無所属	新	48,591
	久次米圭一郎	55	男	自民	新	32,963
	中村　博彦	47	男	無所属	新	30,419
	神野　美昭	54	男	共産	新	17,395

第40回衆議院議員選挙

平成5年（1993年）7月18日実施

【全県区】定数5

当	後藤田正晴	78	男	自民	前	98,961
当	山口　俊一	43	男	自民	前	60,052
当	遠藤　和良	50	男	公明	前	56,884
当	岩浅　嘉仁	38	男	新生	新	54,582
当	七条　　明	41	男	自民	新	48,456
	仙谷　由人	47	男	社会	前	46,211
	井上　普方	68	男	社会	前	45,522
	上村　秀明	34	男	共産	新	19,193
	岸　　　正	60	男	無所属	新	13,107

第41回衆議院議員選挙

平成8年（1996年）10月20日実施

【第1区】定数1

当	仙谷　由人	50	男	民主[比]	元	47,057
	三木　俊治	64	男	自民[比]	新	41,133
	太田　宏美	53	女	新進	新	23,684
	上村　秀明	37	男	共産	新	11,092
	金丸　昌弘	30	男	無所属	新	1,739

【第2区】定数1

当	山口　俊一	46	男	自民[比]	前	86,663
	栫　　浩一	34	男	共産	新	16,576
	河村　洋二	48	男	新社会	新	15,469

【第3区】定数1

当	岩浅　嘉仁	41	男	新進	前	64,762
	三木　申三	68	男	自民[比]	新	61,113
	久米　誠司	54	男	共産	新	10,138

第42回衆議院議員選挙

平成12年（2000年）6月25日実施

【第1区】定数1

当	仙谷　由人	54	男	民主[比]	前	60,945
	岡本　芳郎	56	男	自民[比]	新	41,628
	上村　秀明	41	男	共産	新	14,164
	太田　宏美	56	女	無所属	新	12,068

【第2区】定数1

当	山口　俊一	50	男	自民[比]	前	76,746
	高井　美穂	28	女	民主[比]	新	59,693
	藤田　　均	39	男	共産	新	9,094

【第3区】定数1

当	後藤田正純	30	男	自民[比]	新	77,301
	岩浅　嘉仁	45	男	自由	前	55,422
	久保　孝之	36	男	共産	新	11,520

第43回衆議院議員選挙

平成15年（2003年）11月9日実施

【第1区】定数1

当	仙谷　由人	57	男	民主[比]	前	60,917
比当	七条　　明	52	男	自民[比]	前	44,892
	山本千代子	54	女	共産	新	9,164

【第2区】定数1

当	山口　俊一	53	男	自民[比]	前	72,116
比当	高井　美穂	31	女	民主[比]	新	62,494
	藤田　　均	43	男	共産	新	5,689

【第3区】定数1

当	後藤田正純	34	男	自民[比]	前	85,671
	仁木　博文	37	男	民主[比]	新	49,411
	久保　孝之	40	男	共産	新	7,687

第44回衆議院議員選挙

平成17年（2005年）9月11日実施

【第1区】定数1

当	仙谷　由人	59	男	民主	前	68,026
比当	岡本　芳郎	61	男	自民[比]	前	54,843
	上村　秀明	46	男	共産	新	9,769

【第2区】定数1

当	山口　俊一	55	男	無所属	前	62,582
	高井　美穂	33	女	民主[比]	前	47,199
比当	七条　　明	54	男	自民[比]	前	43,695
	山本千代子	56	女	共産	新	4,767

【第3区】定数1

当	後藤田正純	36	男	自民[比]	前	88,581

	仁木	博文	39	男	民主㊗新	60,063
	青木	利男	61	男	共産 新	6,017

第45回衆議院議員選挙
平成21年(2009年) 8月30日実施

【第1区】定数1
当	仙谷	由人	63	男	民主㊗前	76,764
	岡本	芳郎	65	男	自民㊗前	39,780
	岡	佑樹	32	男	無所属 新	10,275
	古田	元則	61	男	共産㊗新	8,313
	近藤	彰	27	男	諸派 新	1,395

【第2区】定数1
当	高井	美穂	37	女	民主㊗前	85,290
比当	山口	俊一	59	男	自民㊗前	68,430
	梅本	芳郎	47	男	諸派 新	2,134

【第3区】定数1
当	後藤田正純	40	男	自民㊗前	81,581
比当	仁木 博文	43	男	民主㊗新	80,359
	小松 由佳	27	女	諸派 新	1,938

第46回衆議院議員選挙
平成24年(2012年)12月16日実施

【第1区】定数1
当	福山	守	59	男	自民㊗新	59,231

	仙谷	由人	66	男	民主㊗前	39,402
	古田	元則	64	男	共産 新	12,724

【第2区】定数1
当	山口	俊一	62	男	自民㊗前	68,526
	高井	美穂	41	女	民主㊗前	44,959
	手塚	弘司	51	男	共産 新	9,449

【第3区】定数1
当	後藤田正純	43	男	自民㊗前	70,197
	仁木 博文	46	男	民主㊗前	50,803
	谷内 智和	32	男	共産 新	6,191
	小松 由佳	30	女	諸派 新	3,395

第47回衆議院議員選挙
平成26年(2014年)12月14日実施

【第1区】定数1
当	後藤田正純	45	男	自民㊗前	92,166
	仁木 博文	48	男	民主㊗元	69,188
	古田 元則	66	男	共産 新	15,776

【第2区】定数1
当	山口	俊一	64	男	自民㊗前	85,979
	久保	孝之	51	男	共産 新	29,996

選挙区・香川県

第24回衆議院議員選挙
昭和24年(1949年) 1月23日実施

【第1区】定数3
当	玉置	実	43	男	民自 新	45,781
当	大西	禎夫	52	男	民主 新	41,990
当	成田	知巳	38	男	社会 前	24,452
	織田	正信	29	男	諸派 前	18,874
	中地	新吾	34	男	民自 新	18,427
	宮井	進一	50	男	共産 新	16,483
	溝渕松太郎	64	男	社会 前	12,128
	天野富太郎	56	男	民自 新	11,129

【第2区】定数3
当	福田	繁芳	45	男	民主 前	34,831
当	島田	末信	47	男	民主 新	33,295
当	田万	広文	44	男	社会 元	32,409
	豊沢	豊雄	43	男	国協 前	26,144
	小西	正雄	40	男	共産 新	23,156
	松浦	薫	46	男	民自 元	22,273
	佐野	増彦	47	男	民自 新	17,879
	塩田	定一	46	男	民自 新	9,537
	松下	忠由	33	男	無所属 新	5,122
	佐伯	信隆	41	男	無所属 新	3,160

第25回衆議院議員選挙
昭和27年(1952年)10月1日実施

【第1区】定数3
当	三木	武吉	68	男	自由 元	61,370
当	成田	知巳	40	男	左社 前	35,225
当	大西	禎夫	53	男	自由 前	32,906
	玉置	実	45	男	自由 前	30,321
	藤本	捨助	57	男	改進 元	23,362
	福家	俊一	40	男	再建 元	22,160
	織田	正信	30	男	協同 元	8,383
	宮井	清香	46	女	共産 新	2,275
	松村	幸之	34	男	無所属 新	1,415

【第2区】定数3
当	加藤常太郎	47	男	自由 新	47,356
当	大平	正芳	42	男	自由 新	43,093
当	田万	広文	46	男	右社 前	36,137
	松浦	伊平	62	男	自由 元	30,494
	福田	繁芳	47	男	改進 前	26,310
	島田	末信	49	男	自由 前	21,483
	真部	友一	47	男	無所属 新	17,148
	佐野	増彦	48	男	自由 新	4,802
	中野	実	42	男	共産 新	3,385

第26回衆議院議員選挙
昭和28年(1953年)4月19日実施

【第1区】定数3
当	三木 武吉	68	男	自由鳩	前	52,797
当	成田 知巳	40	男	左社	前	43,483
当	大西 禎夫	54	男	自由吉	前	41,976
	藤本 捨助	58	男	改進	元	40,321
	福家 俊一	41	男	自由吉	元	27,182

【第2区】定数3
当	加藤 常太郎	47	男	自由鳩	前	43,956
当	福田 繁芳	48	男	改進	元	41,643
当	大平 正芳	43	男	自由吉	前	39,464
	松浦 伊平	63	男	自由吉	元	38,321
	田万 広文	46	男	右社	前	31,196
	佐々栄三郎	41	男	左社	新	18,476
	小西 正雄	42	男	共産	新	4,219
	津山 一男	43	男	無所属	新	2,234
	中村 正治	44	男	左社	新	1,871

第27回衆議院議員選挙
昭和30年(1955年)2月27日実施

【第1区】定数3
当	藤本 捨助	60	男	民主	元	46,232
当	成田 知巳	42	男	左社	前	45,105
当	三木 武吉	70	男	民主	前	43,632
	大西 禎夫	56	男	自由	前	36,955
	福家 俊一	42	男	民主	元	34,813
	平野市太郎	62	男	労農	元	6,067

【第2区】定数3
当	加藤 常太郎	49	男	民主	前	50,949
当	田万 広文	48	男	右社	元	49,418
当	大平 正芳	44	男	自由	前	48,851
	福田 繁芳	49	男	民主	前	36,222
	真部 友一	49	男	民主	新	28,266
	小西 正雄	44	男	共産	新	5,038

第28回衆議院議員選挙
昭和33年(1958年)5月22日実施

【第1区】定数3
当	成田 知巳	45	男	社会	前	59,637
当	福家 俊一	46	男	自民	元	57,436
当	藤本 捨助	63	男	自民	前	45,516
	木村 武千代	48	男	自民	新	38,473
	国方 好市	42	男	社会	新	15,383
	天野 富太	64	男	自民	新	6,894
	石田 千年	33	男	共産	新	1,940

【第2区】定数3
当	大平 正芳	48	男	自民	前	56,817
当	加藤 常太郎	53	男	自民	前	52,013
当	田万 広文	51	男	社会	前	44,187
	山地 寿	54	男	自民	新	40,996
	福田 繁芳	53	男	無所属	元	40,489

第29回衆議院議員選挙
昭和35年(1960年)11月20日実施

【第1区】定数3
当	成田 知巳	48	男	社会	前	58,207
当	藤本 捨助	65	男	自民	前	51,945
当	福家 俊一	48	男	自民	前	46,273
	木村 武千代	50	男	自民	新	43,497
	玉置 猛夫	46	男	無所属	新	12,950
	国方 好市	44	男	民社	新	12,485
	石田 千年	35	男	共産	新	2,845

【第2区】定数3
当	大平 正芳	50	男	自民	前	64,077
当	加藤 常太郎	55	男	自民	前	42,331
当	福田 繁芳	55	男	無所属	元	41,804
	佐々栄三郎	49	男	社会	新	35,292
	真部 友一	55	男	自民	新	31,915
	田万 広文	54	男	民社	前	16,121
	小西 正雄	50	男	共産	新	2,900
	仲子 武一	69	男	諸派	新	213

第30回衆議院議員選挙
昭和38年(1963年)11月21日実施

【第1区】定数3
当	成田 知巳	51	男	社会	前	57,511
当	木村 武千代	53	男	自民	新	51,494
当	藤本 孝雄	32	男	自民	新	40,485
	福家 俊一	51	男	自民	前	40,368
	岡内 専一	44	男	社会	新	21,464
	玉置 猛夫	49	男	無所属	新	18,099
	石田 千年	38	男	共産	新	4,171

【第2区】定数3
当	加藤 常太郎	58	男	自民	前	67,267
当	大平 正芳	53	男	自民	前	64,066
当	福田 繁芳	58	男	無所属	元	49,748
	佐々栄三郎	52	男	社会	新	45,991
	久保 文彦	37	男	共産	新	2,440
	仲子 武一	72	男	無所属	新	197

第31回衆議院議員選挙
昭和42年(1967年)1月29日実施

【第1区】定数3
当	成田 知巳	54	男	社会	前	64,194
当	福家 俊一	54	男	自民	元	62,647
当	藤本 孝雄	36	男	自民	前	56,494
	木村 武千代	56	男	自民	前	41,660
	玉置 猛夫	52	男	無所属	新	8,349
	石田 千年	41	男	共産	新	6,398

【第2区】定数3
　当　大平　正芳　56　男　自民　前　75,076
　当　加藤常太郎　61　男　自民　前　50,391
　当　佐々栄三郎　55　男　社会　新　49,529
　　　福田　繁芳　61　男　自民　前　47,567
　　　久保　文彦　40　男　共産　新　2,853

第32回衆議院議員選挙
昭和44年(1969年)12月27日実施

【第1区】定数3
　当　成田　知巳　57　男　社会　前　62,101
　当　藤本　孝雄　38　男　自民　前　58,406
　当　木村武千代　59　男　無所属　元　57,876
　　　福家　俊一　57　男　自民　前　51,538
　　　石田　千年　44　男　共産　新　8,837
【第2区】定数3
　当　大平　正芳　59　男　自民　前　72,343
　当　福田　繁芳　64　男　自民　元　57,008
　当　加藤常太郎　64　男　自民　前　52,730
　　　佐々栄三郎　58　男　社会　前　46,434
　　　久保　文彦　43　男　共産　新　4,122

第33回衆議院議員選挙
昭和47年(1972年)12月10日実施

【第1区】定数3
　当　成田　知巳　60　男　社会　前　66,612
　当　木村武千代　62　男　自民　前　62,564
　当　藤本　孝雄　41　男　自民　前　59,351
　　　福家　俊一　60　男　自民　元　57,765
　　　石田　千年　47　男　共産　新　19,167
【第2区】定数3
　当　大平　正芳　62　男　自民　前　89,942
　当　加藤常太郎　67　男　自民　前　57,463
　当　久保　　等　56　男　社会　新　48,297
　　　福田　繁芳　67　男　自民　前　41,521
　　　久保　文彦　46　男　共産　新　8,689

第34回衆議院議員選挙
昭和51年(1976年)12月5日実施

【第1区】定数3
　当　木村武千代　66　男　自民　現　62,761
　当　成田　知巳　64　男　社会　現　59,642
　当　藤本　孝雄　45　男　自民　現　58,625
　　　福家　俊一　64　男　自民　元　58,371
　　　大須賀規祐　37　男　公明　新　27,412
　　　石田　千年　51　男　共産　新　21,394
【第2区】定数3
　当　大平　正芳　66　男　自民　現　98,412
　当　加藤常太郎　71　男　自民　現　56,050
　当　久保　　等　60　男　社会　現　55,778

　　　久保　文彦　50　男　共産　新　16,927

第35回衆議院議員選挙
昭和54年(1979年)10月7日実施

【第1区】定数3
　当　前川　　旦　49　男　社会　新　78,146
　当　福家　俊一　67　男　自民　元　72,225
　当　木村武千代　69　男　自民　前　56,637
　　　藤本　孝雄　48　男　自民　前　56,103
　　　石田　千年　54　男　共産　新　15,677
【第2区】定数3
　当　大平　正芳　69　男　自民　前　126,890
　当　加藤常太郎　74　男　自民　前　52,636
　当　久保　　等　63　男　社会　前　48,369
　　　久保　文彦　53　男　共産　新　12,484
　　　谷川　尚敬　34　男　無所属　新　3,345

第36回衆議院議員選挙
昭和55年(1980年)6月22日実施

【第1区】定数3
　当　藤本　孝雄　49　男　自民　元　78,442
　当　前川　　旦　50　男　社会　前　72,047
　当　木村武千代　70　男　自民　前　70,727
　　　福家　俊一　68　男　自民　前　53,971
　　　石田　千年　55　男　共産　新　13,223
　　　松本　謙之　33　男　諸派　新　300
【第2区】定数3
　当　森田　　一　46　男　自民　新　151,546
　当　久保　　等　63　男　社会　前　44,027
　当　加藤常太郎　75　男　自民　前　35,435
　　　久保　文彦　53　男　共産　新　9,829
　　　谷川　尚敬　35　男　無所属　新　3,016

第37回衆議院議員選挙
昭和58年(1983年)12月18日実施

【第1区】定数3
　当　福家　俊一　71　男　自民　元　67,064
　当　前川　　旦　53　男　社会　前　65,002
　当　藤本　孝雄　52　男　自民　前　54,470
　　　木村武千代　73　男　自民　前　51,143
　　　真鍋　光広　44　男　無所属　新　18,901
　　　松原　昭夫　27　男　共産　新　8,744
【第2区】定数3
　当　森田　　一　49　男　自民　前　81,078
　当　月原　重明　48　男　自民　新　54,082
　当　加藤常太郎　78　男　自民　前　53,734
　　　久保　　等　67　男　社会　前　53,425
　　　野角　満昭　40　男　共産　新　6,033
　　　谷川　尚敬　39　男　無所属　新　906

第38回衆議院議員選挙
昭和61年(1986年) 7月6日実施

【第1区】定数3
当	藤本　孝雄	55	男	自民	前	62,227
当	三野　優美	55	男	社会	新	60,976
当	木村　義雄	38	男	自民	新	53,762
	福家　俊一	74	男	自民	前	52,741
	真鍋　光広	46	男	無所属	新	46,414
	松原　昭夫	30	男	共産	新	9,424
	木村　吉夫	38	男	無所属	新	821

【第2区】定数3
当	森田　一	52	男	自民	前	78,583
当	大野　功統	50	男	自民	新	65,788
当	月原　重明	51	男	自民	前	65,394
	藤井　賢	57	男	社会	新	50,932
	野角　満昭	42	男	共産	新	5,304

第39回衆議院議員選挙
平成2年(1990年) 2月18日実施

【第1区】定数3
当	真鍋　光広	50	男	自民	新	83,089
当	三野　優美	59	男	社会	前	80,740
当	木村　義雄	41	男	自民	前	66,544
	藤本　孝雄	59	男	自民	前	59,673
	松原　昭夫	33	男	共産	新	12,479

【第2区】定数3
当	森田　一	55	男	自民	前	74,761
当	加藤　繁秋	42	男	社会	新	68,612
当	大野　功統	54	男	自民	前	61,189
	月原　重明	54	男	自民	前	60,454
	岡下　昌浩	51	男	無所属	新	12,347
	土岐　一郎	37	男	共産	新	4,237

第40回衆議院議員選挙
平成5年(1993年) 7月18日実施

【第1区】定数3
当	藤本　孝雄	62	男	自民	元	77,085
当	木村　義雄	45	男	自民	前	65,932
当	三野　優美	62	男	社会	前	62,654
	真鍋　光広	53	男	自民	前	52,075
	松原　昭夫	37	男	共産	新	14,757

【第2区】定数3
当	月原　重明	58	男	新生	元	74,801
当	森田　一	59	男	自民	前	69,059
当	大野　功統	57	男	自民	前	62,338
	加藤　繁秋	46	男	社会	前	46,886
	土岐　一郎	40	男	共産	新	6,418

第41回衆議院議員選挙
平成8年(1996年)10月20日実施

【第1区】定数1
当	藤本　孝雄	65	男	自民㊙	前	62,612
	平井　卓也	38	男	新進	新	55,578
	真鍋　光広	56	男	民主㊙	元	31,501
	加藤　繁秋	49	男	社民㊙	元	12,964
	河村　整	37	男	共産	新	9,737

【第2区】定数1
当	木村　義雄	48	男	自民㊙	前	98,531
	松村　久	56	男	共産	新	26,658

【第3区】定数1
当	大野　功統	61	男	自民㊙	前	79,870
	月原　重明	61	男	新進	前	62,468
	奥田　研二	51	男	社民㊙	新	13,026
	中谷　浩一	35	男	共産	新	7,917

第42回衆議院議員選挙
平成12年(2000年) 6月25日実施

【第1区】定数1
当	平井　卓也	42	男	無所属	新	85,578
	藤本　孝雄	69	男	自民㊙	前	62,065
	加藤　繁秋	53	男	社民㊙	元	27,733
	松原　昭夫	44	男	共産	新	12,667

【第2区】定数1
当	木村　義雄	52	男	自民㊙	前	84,030
	真鍋　光広	60	男	民主㊙	元	53,015
	松村　久	59	男	共産	新	11,532
	猪塚　武	32	男	無所属	新	8,265

【第3区】定数1
当	大野　功統	64	男	自民㊙	前	90,690
	奥田　研二	55	男	社民㊙	新	37,759
	白川　容子	34	女	共産㊙	新	22,887

第43回衆議院議員選挙
平成15年(2003年)11月9日実施

【第1区】定数1
当	平井　卓也	45	男	自民㊙	前	79,298
	小川　淳也	32	男	民主㊙	新	62,939
	加藤　繁秋	56	男	社民㊙	元	12,280
	石川　明克	47	男	共産	新	5,764
	大西　賢治	45	男	無所属	新	910

【第2区】定数1
当	木村　義雄	55	男	自民㊙	前	85,370
	真鍋　光広	63	男	民主㊙	元	57,676
	河村　整	44	男	共産	新	8,430

【第3区】定数1
当	大野　功統	68	男	自民㊙	前	84,803
	奥田　研二	58	男	社民㊙	新	23,087
	山元　徹	53	男	民主㊙	新	22,091

	近石美智子	55	女	共産	新	8,898		妹尾真由美	49	女	諸派	新	1,886

第44回衆議院議員選挙
平成17年(2005年) 9月11日実施

【第1区】定数1
当	平井　卓也	47	男	自民㊗前	103,592
比当	小川　淳也	34	男	民主㊗新	91,461
	松原　昭夫	49	男	共産　新	8,432

【第2区】定数1
当	木村　義雄	57	男	自民㊗前	100,794
	玉木雄一郎	36	男	民主㊗新	70,177
	河村　　整	46	男	共産　新	9,382

【第3区】定数1
当	大野　功統	69	男	自民㊗前	107,726
	奥田　研二	60	男	社民　新	39,177
	近石美智子	57	女	共産　新	14,086

第45回衆議院議員選挙
平成21年(2009年) 8月30日実施

【第1区】定数1
当	小川　淳也	38	男	民主㊗前	109,618
比当	平井　卓也	51	男	自民㊗前	91,403
	河村　　整	50	男	共産　新	6,378
	白石久美子	47	女	諸派　新	2,416

【第2区】定数1
当	玉木雄一郎	40	男	民主㊗新	109,863
	木村　義雄	61	男	自民㊗前	79,463
	土居美佐子	50	女	諸派　新	2,848

【第3区】定数1
当	大野　功統	73	男	自民　前	73,379
	米田　晴彦	50	男	社民㊗新	53,822
	真鍋　　健	46	男	無所属新	32,963
	近石美智子	61	女	共産㊗新	7,325

第46回衆議院議員選挙
平成24年(2012年)12月16日実施

【第1区】定数1
当	平井　卓也	54	男	自民㊗前	84,080
比当	小川　淳也	41	男	民主㊗前	63,114
	今西　永児	66	男	維新㊗新	20,143
	河村　　整	53	男	共産　新	8,260

【第2区】定数1
当	玉木雄一郎	43	男	民主㊗前	79,153
比当	瀬戸　隆一	47	男	自民㊗新	72,030
	佐伯　　守	52	男	共産　新	7,010

【第3区】定数1
当	大野敬太郎	44	男	自民㊗新	85,463
	米田　晴彦	54	男	社民㊗新	42,907
	藤田　　均	52	男	共産　新	7,888

第47回衆議院議員選挙
平成26年(2014年)12月14日実施

【第1区】定数1
当	平井　卓也	56	男	自民㊗前	74,115
比当	小川　淳也	43	男	民主㊗前	65,810
	河村　　整	55	男	共産　新	9,823

【第2区】定数1
当	玉木雄一郎	45	男	民主㊗前	78,797
比当	瀬戸　隆一	49	男	自民㊗前	57,318
	佐伯　　守	54	男	共産　新	5,050

【第3区】定数1
当	大野敬太郎	46	男	自民㊗前	76,281
	高田　良徳	54	男	社民㊗新	25,899
	土岐　一郎	62	男	共産　新	9,688

選挙区・愛媛県

第24回衆議院議員選挙
昭和24年(1949年) 1月23日実施

【第1区】定数3
当	川端　佳夫	33	男	民自　新	32,534
当	関谷　勝利	46	男	民自　元	26,237
当	大西　　弘	42	男	民自　新	25,225
	岡井藤志郎	55	男	民自　前	19,864
	米田　吉盛	52	男	民主　前	17,010
	郷野　基秀	49	男	民自　新	14,871
	安平　鹿一	48	男	社会　前	14,833
	中村　時雄	35	男	諸派　新	10,790
	門屋　　功	40	男	共産　新	8,494
	西原佐喜市	44	男	労農　新	2,568

【第2区】定数3
当	村瀬　宣親	48	男	民主　前	30,919
当	小西　英雄	39	男	民自　新	29,006
当	越智　　茂	44	男	民自　新	27,387
	馬越　　晃	48	男	民主　前	26,691
	宮崎　忠義	39	男	社会　新	24,776
	林田　哲雄	51	男	社会　元	17,184
	赤松　明勅	38	男	社革　前	17,100
	松本新八郎	37	男	共産　新	15,165
	三島　安精	32	男	無所属新	9,852
	石井　　紀	35	男	無所属新	8,676

【第3区】定数3
当	高橋　英吉	52	男	民自　前	37,802
当	薬師神岩太郎	61	男	民自　元	35,410

当	中村　純一	49	男	民自	新	30,859
	明礼輝三郎	55	男	民自	前	25,445
	井谷　正吉	54	男	社会	前	23,860
	渡辺　百三	53	男	民自	新	19,357
	布　利秋	61	男	民主	元	13,379
	清水　省三	48	男	共産	新	9,434
	中川千代治	45	男	民主	新	7,684
	梶原　計国	45	男	国協	新	3,110

第25回衆議院議員選挙
昭和27年(1952年)10月1日実施

【第1区】定数3
当	関谷　勝利	47	男	自由	前	36,608
当	武知　勇記	58	男	再建	元	34,748
当	菅　太郎	48	男	改進	新	27,255
	中村　時雄	37	男	右社	新	21,364
	郷野　基秀	51	男	自由	新	18,773
	大西　弘	44	男	自由	前	17,955
	川端　佳夫	34	男	自由	前	17,086
	田辺　勝正	60	男	左社	新	16,762
	門屋　功	41	男	共産	新	2,949

【第2区】定数3
当	安平　鹿一	50	男	左社	元	50,934
当	砂田　重政	68	男	自由	元	47,266
当	越智　茂	46	男	自由	前	44,218
	村瀬　宣親	50	男	改進	前	31,648
	小西　英雄	40	男	自由	前	29,751
	宮崎　忠義	41	男	右社	新	25,799
	宇都宮周策	45	男	共産	新	4,561

【第3区】定数3
当	今松　治郎	54	男	自由	新	47,009
当	高橋　英吉	54	男	自由	前	35,477
当	明礼輝三郎	57	男	自由	元	34,807
	井谷　正吉	56	男	左社	元	34,194
	薬師神岩太郎	63	男	自由	前	29,193
	中村　純一	50	男	自由	前	24,365
	毛利　松平	39	男	改進	新	16,168
	清水　省三	49	男	共産	新	2,845
	清水　栄	35	男	協同	新	2,509

第26回衆議院議員選挙
昭和28年(1953年)4月19日実施

【第1区】定数3
当	中村　時雄	37	男	右社	新	64,307
当	関谷　勝利	48	男	自由吉	前	38,174
当	武知　勇記	58	男	自由吉	前	31,811
	菅　太郎	48	男	改進	前	30,162
	岡井藤志郎	57	男	自由鳩	新	15,260

【第2区】定数3
当	安平　鹿一	51	男	左社	前	58,575
当	越智　茂	46	男	自由吉	前	53,103
当	村瀬　宣親	51	男	改進	元	47,643
	砂田　重政	68	男	自由吉	前	40,893
	小西　英雄	41	男	自由吉	元	24,861
	門屋　功	42	男	共産	新	3,226

【第3区】定数3
当	井谷　正吉	56	男	左社	元	52,921
当	山本　友一	48	男	自由吉	新	45,925
当	高橋　英吉	55	男	自由吉	前	40,396
	今松　治郎	54	男	自由吉	前	38,394
	明礼輝三郎	58	男	自由吉	前	34,941
	毛利　松平	39	男	改進	新	12,010

第27回衆議院議員選挙
昭和30年(1955年)2月27日実施

【第1区】定数3
当	中村　時雄	39	男	右社	前	53,898
当	菅　太郎	50	男	民主	元	51,995
当	関谷　勝利	50	男	自由	前	46,314
	武知　勇記	60	男	民主	前	38,547
	宇都宮周策	47	男	共産	新	2,621

【第2区】定数3
当	砂田　重政	70	男	民主	元	75,833
当	安平　鹿一	53	男	左社	前	54,732
当	越智　茂	48	男	自由	前	50,217
	村瀬　宣親	53	男	民主	前	40,046
	林田　哲雄	55	男	無所属	元	7,503
	清水　省三	52	男	共産	新	3,063

【第3区】定数3
当	今松　治郎	56	男	民主	元	56,084
当	山本　友一	49	男	自由	前	40,518
当	井谷　正吉	58	男	左社	前	38,254
	毛利　松平	41	男	民主	新	35,565
	高橋　英吉	57	男	民主	前	31,322
	山田庄太郎	61	男	無所属	新	27,071

《補選》第27回衆議院議員選挙
昭和33年(1958年)2月9日実施
※越智茂、砂田重政の死去による

【第2区】被選挙数2
当	羽藤　栄市	54	男	社会	新	73,519
当	井原　岸高	54	男	自民	新	66,971
	村瀬　宣親	56	男	自民	元	57,018
	八木　徹雄	42	男	自民	新	45,094
	元岡　稔	35	男	共産	新	2,151
	肥後　亨	31	男	諸派	新	399

第28回衆議院議員選挙
昭和33年(1958年)5月22日実施

【第1区】定数3
| 当 | 武知　勇記 | 63 | 男 | 自民 | 元 | 62,309 |

衆議院・選挙区（愛媛県）

当	関谷　勝利	53	男	自民	前	55,269	
当	中村　時雄	42	男	社会	前	49,961	
	菅　　太郎	53	男	自民	前	32,596	
	石丸　義篤	42	男	社会	新	22,461	
	井上定次郎	39	男	共産	新	2,125	

【第2区】定数3

当	村瀬　宣親	56	男	自民	元	62,706
当	井原　岸高	55	男	自民	前	58,328
当	八木　徹雄	42	男	自民	新	51,457
	羽藤　栄市	54	男	社会	前	49,651
	安平　鹿一	56	男	社会	前	44,642
	元岡　　稔	36	男	共産	新	1,696

【第3区】定数3

当	高橋　英吉	60	男	自民	元	53,896
当	毛利　松平	44	男	自民	新	53,298
当	今松　治郎	59	男	自民	前	49,916
	山本　友一	53	男	自民	前	49,612
	井谷　正吉	62	男	社会	前	37,330
	阿部　喜元	34	男	無所属	新	7,043
	岩井　元祐	47	男	共産	新	1,031
	清水　　栄	41	男	諸派	新	143

第29回衆議院議員選挙
昭和35年（1960年）11月20日実施

【第1区】定数3

当	菅　　太郎	56	男	自民	元	61,649
当	関谷　勝利	56	男	自民	前	56,711
当	湯山　　勇	48	男	社会	新	52,004
	中村　時雄	45	男	民社	前	42,073
	井上定次郎	41	男	共産	新	4,235
	日野　博行	38	男	無所属	新	971

【第2区】定数3

当	安平　鹿一	58	男	社会	元	63,577
当	八木　徹雄	44	男	自民	前	57,271
当	井原　岸高	57	男	自民	前	53,225
	村瀬　宣親	58	男	自民	前	48,345
	羽藤　栄市	57	男	民社	元	42,974
	元岡　　稔	38	男	共産	新	3,267

【第3区】定数3

当	毛利　松平	47	男	自民	前	64,840
当	今松　治郎	62	男	自民	前	56,610
当	高橋　英吉	62	男	自民	前	49,060
	井谷　正吉	64	男	社会	元	48,991
	阿部　喜元	36	男	無所属	新	11,211
	島田　　学	32	男	共産	新	2,247

第30回衆議院議員選挙
昭和38年（1963年）11月21日実施

【第1区】定数3

当	関谷　勝利	59	男	自民	前	67,595
当	中村　時雄	48	男	民社	元	57,597
当	湯山　　勇	51	男	社会	前	49,910
	菅　　太郎	59	男	自民	前	47,100
	井上定次郎	44	男	共産	新	5,364

【第2区】定数3

当	藤田　高敏	40	男	社会	新	64,232
当	八木　徹雄	47	男	自民	前	63,815
当	井原　岸高	60	男	自民	前	56,894
	村瀬　宣親	61	男	自民	元	53,612
	曽我部正雄	41	男	社会	新	22,191
	元岡　　稔	41	男	共産	新	5,548
	津島　宗康	65	男	無所属	新	555

【第3区】定数3

当	毛利　松平	50	男	自民	前	50,558
当	今松　治郎	65	男	自民	前	49,862
当	井谷　正吉	67	男	社会	元	49,727
	高橋　英吉	65	男	自民	前	45,597
	阿部　喜元	39	男	無所属	新	30,684
	島田　　学	35	男	共産	新	3,054

第31回衆議院議員選挙
昭和42年（1967年）1月29日実施

【第1区】定数3

当	菅　　太郎	62	男	自民	元	77,114
当	関谷　勝利	62	男	自民	前	57,017
当	中村　時雄	51	男	民社	前	50,141
	石丸　義篤	51	男	社会	新	45,583
	井上定次郎	47	男	共産	新	8,299

【第2区】定数3

当	村上信二郎	48	男	自民	新	74,899
当	八木　徹雄	50	男	自民	前	67,663
当	井原　岸高	63	男	自民	前	63,753
	藤田　高敏	43	男	社会	前	60,005
	秋川　保親	33	男	共産	新	7,872

【第3区】定数3

当	阿部　喜元	43	男	無所属	新	53,099
当	毛利　松平	53	男	自民	前	52,414
当	高橋　英吉	69	男	自民	元	40,534
	今松　治郎	68	男	自民	前	39,918
	井谷　正吉	70	男	社会	前	36,937
	島田　　学	38	男	共産	新	3,370

第32回衆議院議員選挙
昭和44年（1969年）12月27日実施

【第1区】定数3

当	菅　　太郎	65	男	自民	前	54,233
当	塩崎　　潤	52	男	自民	新	45,606
当	関谷　勝利	65	男	無所属	前	43,522
	鈴木　邦明	34	男	公明	新	41,984
	中村　時雄	54	男	民社	前	41,945
	石丸　義篤	54	男	社会	新	33,776
	井上定次郎	50	男	共産	新	9,140

| | 間庭　信一 | 60 | 男 | 諸派 | 新 | 319 |

高田　巌　42　男　諸派　新　534
（高田　がん）

【第2区】定数3

当	藤田　高敏	46	男	社会	元	78,080
当	村上信二郎	51	男	自民	前	77,601
当	八木　徹雄	53	男	自民	前	64,032
	井原　岸高	66	男	自民	前	56,029
	秋川　保親	36	男	共産	新	7,255
	井川　光好	62	男	無所属	新	595

【第3区】定数3

当	毛利　松平	56	男	自民	前	62,519
当	高橋　英吉	71	男	自民	前	51,051
当	田中　恒利	44	男	社会	新	43,365
	阿部　喜元	46	男	自民	前	41,913
	宮田　吉金	37	男	共産	新	4,930
	高田　がん	39	男	無所属	新	2,166

《補選》第32回衆議院議員選挙
昭和47年（1972年）10月8日実施
※八木徹雄、村上信二郎の死去による

【第2区】被選挙数2

当	越智　伊平	51	男	自民	新	86,816
当	井原　岸高	69	男	自民	元	82,054
	村上　豊司	36	男	無所属	新	36,737
	秋川　保親	38	男	共産	新	26,731

第33回衆議院議員選挙
昭和47年（1972年）12月10日実施

【第1区】定数3

当	湯山　勇	60	男	社会	元	60,848
当	関谷　勝利	68	男	自民	前	53,672
当	塩崎　潤	55	男	自民	前	52,745
	菅　太郎	68	男	自民	前	49,492
	中村　時雄	57	男	民社	元	46,271
	井上定次郎	53	男	共産	新	11,218
	渡辺悌次郎	30	男	無所属	新	2,191
	日野　喜助	85	男	無所属	新	249

【第2区】定数3

当	越智　伊平	52	男	自民	前	70,661
当	井原　岸高	69	男	自民	前	67,842
当	藤田　高敏	49	男	社会	前	63,986
	森　清	47	男	無所属	新	41,329
	池田　伸	39	男	自民	新	35,214
	秋川　保親	39	男	共産	新	12,630
	井川　智隆	65	男	無所属	新	466

【第3区】定数3

当	今井　勇	53	男	無所属	新	50,064
当	毛利　松平	59	男	自民	前	47,177
当	阿部　喜元	48	男	自民	元	47,097
	高橋　英吉	74	男	自民	前	41,312
	田中　恒利	47	男	社会	前	39,595
	宮田　吉金	40	男	共産	新	3,385

第34回衆議院議員選挙
昭和51年（1976年）12月5日実施

【第1区】定数3

当	塩崎　潤	59	男	自民	現	75,886
当	湯山　勇	64	男	社会	現	69,202
当	関谷　勝嗣	38	男	自民	新	62,445
	福山　忠仁	43	男	公明	新	39,317
	菅　浩三	39	男	自民	新	36,725
	井上定次郎	57	男	共産	新	15,751

【第2区】定数3

当	越智　伊平	55	男	自民	現	74,764
当	森　清	51	男	自民	新	74,100
当	藤田　高敏	53	男	社会	現	68,454
	井原　岸高	73	男	自民	現	58,650
	福家誠二郎	49	男	公明	新	26,780
	木山　隆行	44	男	共産	新	13,566

【第3区】定数3

当	毛利　松平	63	男	自民	現	59,105
当	西田　司	48	男	無所属	新	50,299
当	今井　勇	57	男	自民	現	43,672
	田中　恒利	51	男	社会	元	42,797
	阿部　喜元	52	男	自民	現	39,882
	高橋　道雄	45	男	共産	新	3,246

第35回衆議院議員選挙
昭和54年（1979年）10月7日実施

【第1区】定数3

当	塩崎　潤	62	男	自民	前	81,213
当	湯山　勇	67	男	社会	前	69,853
当	関谷　勝嗣	41	男	自民	前	69,776
	山崎　尚明	31	男	共産	新	15,208

【第2区】定数3

当	越智　伊平	58	男	自民	前	76,579
当	井原　岸高	76	男	自民	元	73,869
当	藤田　高敏	56	男	社会	前	68,328
	森　清	54	男	自民	前	68,317
	木山　隆行	47	男	共産	新	12,306
	井川　智隆	72	男	無所属	新	828

【第3区】定数3

当	今井　勇	60	男	自民	前	60,140
当	西田　司	51	男	自民	前	59,387
当	毛利　松平	66	男	自民	前	55,878
	田中　恒利	54	男	社会	元	52,623
	高橋　道雄	47	男	共産	新	3,256

第36回衆議院議員選挙
昭和55年(1980年)6月22日実施

【第1区】定数3
当	塩崎　潤	63	男	自民	前	96,548
当	湯山　勇	68	男	社会	前	86,709
当	関谷　勝嗣	42	男	自民	前	80,892
	山崎　尚明	32	男	共産	新	16,386

【第2区】定数3
当	藤田　高敏	56	男	社会	前	84,009
当	森　清	55	男	自民	元	80,449
当	越智　伊平	59	男	自民	前	73,065
	井原　岸高	77	男	自民	前	64,012
	木山　隆行	48	男	共産	新	10,743
	井川　智隆	73	男	無所属	新	775

【第3区】定数3
当	田中　恒利	55	男	社会	元	62,520
当	毛利　松平	66	男	自民	前	56,960
当	今井　勇	60	男	自民	前	53,545
	西田　司	52	男	自民	前	48,605
	稲垣　豊彦	32	男	共産	新	2,949

第37回衆議院議員選挙
昭和58年(1983年)12月18日実施

【第1区】定数3
当	塩崎　潤	66	男	自民	前	88,207
当	関谷　勝嗣	45	男	自民	前	71,955
当	湯山　勇	71	男	社会	前	70,247
	山崎　尚明	35	男	共産	新	16,674

【第2区】定数3
当	越智　伊平	63	男	自民	前	78,695
当	藤田　高敏	60	男	社会	前	65,174
当	森　清	58	男	自民	前	59,174
	村上誠一郎	31	男	無所属	新	51,423
	井原　岸高	80	男	自民	元	42,354
	大河内一郎	40	男	共産	新	8,614

【第3区】定数3
当	西田　司	55	男	自民	元	71,464
当	今井　勇	64	男	自民	前	59,530
当	田中　恒利	58	男	社会	前	54,454
	阿部　喜元	59	男	無所属	元	19,851
	稲垣　豊彦	36	男	共産	新	4,752

第38回衆議院議員選挙
昭和61年(1986年)7月6日実施

【第1区】定数3
当	関谷　勝嗣	48	男	自民	前	74,026
当	塩崎　潤	69	男	自民	前	59,711
当	井上　和久	45	男	公明	新	50,649
	佐伯　嘉三	61	男	社会	新	40,285
	宮崎　貞	41	男	無所属	新	20,686
	渡部　浩三	36	男	無所属	新	19,210
	山崎　尚明	38	男	共産	新	9,032

【第2区】定数3
当	越智　伊平	65	男	自民	前	79,795
当	村上誠一郎	34	男	自民	新	79,171
当	森　清	61	男	自民	前	77,963
	藤田　高敏	62	男	社会	前	70,259
	大河内一郎	42	男	共産	新	8,599

【第3区】定数3
当	西田　司	58	男	自民	前	91,909
当	今井　勇	66	男	自民	前	88,657
当	田中　恒利	61	男	社会	前	52,700
	稲垣　豊彦	38	男	共産	新	7,625

第39回衆議院議員選挙
平成2年(1990年)2月18日実施

【第1区】定数3
当	塩崎　潤	72	男	自民	前	67,636
当	関谷　勝嗣	51	男	自民	前	66,425
当	宇都宮真由美	40	女	社会	新	65,260
	井上　和久	48	男	公明	前	46,088
	中村　時広	30	男	無所属	新	38,537
	宮崎　貞	44	男	無所属	新	13,805
	山崎　尚明	42	男	共産	新	6,470

【第2区】定数3
当	藤田　高敏	66	男	社会	元	97,641
当	越智　伊平	69	男	自民	前	83,920
当	村上誠一郎	37	男	自民	前	64,084
	小野　晋也	34	男	自民	新	61,644
	大河内一郎	46	男	共産	新	8,710

【第3区】定数3
当	西田　司	61	男	自民	前	75,180
当	田中　恒利	64	男	社会	前	71,561
当	今井　勇	70	男	自民	前	69,299
	高橋　英吾	49	男	無所属	新	49,729
	稲垣　豊彦	42	男	共産	新	4,152
	新宅　隆志	48	男	無所属	新	3,860

第40回衆議院議員選挙
平成5年(1993年)7月18日実施

【第1区】定数3
当	関谷　勝嗣	55	男	自民	前	79,461
当	塩崎　恭久	42	男	自民	新	62,480
当	中村　時広	33	男	日本新	新	59,456
	宇都宮真由美	43	女	社会	前	51,793
	山崎　尚明	45	男	共産	新	10,913

【第2区】定数3
当	越智　伊平	72	男	自民	前	79,878
当	村上誠一郎	41	男	自民	前	72,924
当	小野　晋也	38	男	自民	新	68,893
	藤田　高敏	69	男	社会	前	66,789

| | 平本 | 哲郎 | 49 | 男 | 共産 | 新 | 9,979 |

【第3区】定数3
当	山本	公一	45	男	自民	新	78,363
当	西田	司	65	男	自民	前	68,710
当	田中	恒利	68	男	社会	前	52,780
	高橋	英吾	52	男	自民	新	51,113
	稲垣	豊彦	45	男	共産	新	6,333

第41回衆議院議員選挙
平成8年(1996年)10月20日実施

【第1区】定数1
当	関谷	勝嗣	58	男	自民㊗前	90,305
	中村	時広	36	男	新進 前	85,794
	佐々木	泉	46	男	共産 新	17,437
	中島	清延	52	男	新社会 新	5,652

【第2区】定数1
当	村上誠一郎	44	男	自民㊗前	118,966
	梅崎	雪男	59	男	社民㊗新	27,060
	谷田	慶子	59	女	共産 新	23,143

【第3区】定数1
当	小野	晋也	41	男	自民㊗前	80,415
	藤田	高敏	73	男	社民㊗元	38,484
	日野	啓佑	60	男	新進 新	22,038
	平本	哲郎	53	男	共産 新	11,982

【第4区】定数1
当	山本	公一	49	男	自民㊗前	113,587
	高橋	英吾	56	男	新進 新	61,244
	石本	憲一	49	男	共産 新	11,314

第42回衆議院議員選挙
平成12年(2000年)6月25日実施

【第1区】定数1
当	塩崎	恭久	49	男	自民㊗元	108,655
	宇都宮真由美	50	女	民主㊗元	52,046
	林	紀子	38	女	共産 新	17,429
	永和	淑子	54	女	社民㊗新	16,512
	太田	博之	40	男	自連㊗新	5,485

【第2区】定数1
当	村上誠一郎	48	男	自民㊗前	113,616
	梅崎	雪男	63	男	社民㊗新	42,673
	秋山	勝美	57	男	共産 新	20,952

【第3区】定数1
当	小野	晋也	45	男	自民㊗前	82,345
	藤原	敏隆	49	男	民主㊗新	35,309
	藤田	高景	51	男	社民㊗新	22,601
	平本	哲郎	56	男	共産 新	13,607

【第4区】定数1
| 当 | 山本 | 公一 | 52 | 男 | 自民㊗前 | 142,982 |
| | 徳内 | 厚美 | 56 | 女 | 共産 新 | 28,044 |

第43回衆議院議員選挙
平成15年(2003年)11月9日実施

【第1区】定数1
当	塩崎	恭久	53	男	自民㊗前	113,516
	玉井	彰	50	男	民主㊗新	43,903
	林	紀子	41	女	共産 新	14,222
	永和	淑子	58	女	社民㊗新	11,653
	岡	靖	64	男	無所属 新	4,007

【第2区】定数1
当	村上誠一郎	51	男	自民㊗前	99,208
	斉藤	政光	34	男	民主㊗新	43,553
	梅崎	雪男	66	男	社民㊗新	15,150
	田中	克彦	36	男	共産 新	12,206

【第3区】定数1
当	小野	晋也	48	男	自民㊗前	74,160
	高橋	剛	61	男	民主㊗新	41,030
	藤田	高景	55	男	社民㊗新	11,757
	一色	一正	53	男	共産 新	10,931
	藤原	敏隆	52	男	無所属 新	8,238

【第4区】定数1
当	山本	公一	56	男	自民㊗前	117,252
	浜口	金也	49	男	民主㊗新	37,564
	徳内	厚美	60	女	共産 新	9,818

第44回衆議院議員選挙
平成17年(2005年)9月11日実施

【第1区】定数1
当	塩崎	恭久	54	男	自民㊗前	138,068
	玉井	彰	52	男	民主㊗新	59,985
	野口	仁	58	男	社民㊗新	14,380
	田中	克彦	38	男	共産 新	12,788
	岡	靖	66	男	無所属 新	3,277

【第2区】定数1
当	村上誠一郎	53	男	自民㊗前	115,297
	斉藤	政光	36	男	民主㊗新	64,874
	越智	啓治	33	男	共産 新	14,553

【第3区】定数1
当	小野	晋也	50	男	自民㊗前	92,245
	高橋	剛	63	男	民主㊗新	60,937
	一色	一正	55	男	共産 新	16,224

【第4区】定数1
当	山本	公一	58	男	自民㊗前	115,501
	浜口	金也	51	男	民主㊗新	52,824
	山本	弘志	49	男	共産 新	14,654

第45回衆議院議員選挙
平成21年(2009年)8月30日実施

【第1区】定数1
| 当 | 塩崎 | 恭久 | 58 | 男 | 自民㊗前 | 130,330 |
| 比当 | 永江 | 孝子 | 49 | 女 | 民主㊗新 | 127,562 |

	田中 克彦	42	男	共産㊗新	8,035	【第3区】定数1					
	谷村耕次郎	46	男	諸派 新	1,666	当	白石 徹	56	男	自民㊗新	71,033
	郡 昭浩	48	男	無所属 新	578		白石 洋一	49	男	民主㊗前	42,725
【第2区】定数1							森 夏枝	31	女	維新㊗新	29,695
当	村上誠一郎	57	男	自民㊗前	94,843		植木 正勝	60	男	共産 新	7,147
	岡平 知子	51	女	社民㊗新	85,299	【第4区】定数1					
	楠橋 康弘	40	男	無所属 新	12,002	当	山本 公一	65	男	自民㊗前	65,744
	森田 浩二	49	男	諸派 新	5,485	比当	桜内 文城	47	男	維新㊗新	51,435
【第3区】定数1							高橋 英行	40	男	民主㊗新	30,322
当	白石 洋一	46	男	民主㊗新	103,431		西井 直人	55	男	共産 新	4,899
	白石 徹	53	男	自民㊗新	79,924						
	宮脇 繁	47	男	諸派 新	2,856	### 第47回衆議院議員選挙					
【第4区】定数1						平成26年（2014年）12月14日実施					
当	山本 公一	61	男	自民㊗前	73,085	【第1区】定数1					
比当	高橋 英行	37	男	民主㊗新	65,578	当	塩崎 恭久	64	男	自民㊗前	99,900
	桜内 文城	43	男	無所属 新	44,777		永江 孝子	54	女	民主㊗元	74,508
	露口 礼子	55	女	諸派 新	1,365		田中 克彦	47	男	共産 新	11,975
						【第2区】定数1					
### 第46回衆議院議員選挙						当	村上誠一郎	62	男	自民㊗前	57,168
平成24年（2012年）12月16日実施							西岡 新	41	男	無所属 前	30,277
【第1区】定数1						比当	横山 博幸	64	男	維新㊗新	22,677
当	塩崎 恭久	62	男	自民㊗前	115,798		植木 正勝	62	男	共産 新	8,912
	永江 孝子	52	女	民主㊗前	49,382	【第3区】定数1					
	池本 俊英	54	男	維新㊗新	48,171	当	白石 徹	58	男	自民㊗前	64,929
	田中 克彦	45	男	共産 新	9,902		白石 洋一	51	男	民主㊗元	52,602
	郡 昭浩	51	男	無所属 新	875		一色 一正	64	男	共産 新	8,176
【第2区】定数1						【第4区】定数1					
当	村上誠一郎	60	男	自民㊗前	77,078	当	山本 公一	67	男	自民㊗前	66,954
比当	西岡 新	39	男	維新㊗新	48,762		桜内 文城	49	男	次世代㊗前	47,637
	友近 聡朗	37	男	未来㊗新	28,805		森 夏枝	33	女	維新㊗新	20,222
	竹中由美子	57	女	共産 新	10,205		西井 直人	57	男	共産 新	7,285

選挙区・高知県

第24回衆議院議員選挙
昭和24年（1949年）1月23日実施

【全県区】定数5

当	吉田 茂	72	男	民自 前	81,289
当	林 譲治	60	男	民自 前	49,424
当	長野 長広	58	男	民主 前	33,787
当	大西 正男	40	男	民主 新	33,056
当	佐竹 晴記	54	男	社革 前	22,854
	浜田 幸雄	52	男	無所属 新	22,833
	岡本 正光	40	男	共産 新	21,578
	氏原 一郎	50	男	社会 元	20,660
	浜田 満居	42	男	無所属 新	19,205
	西山 茂幹	51	男	無所属 新	14,417
	原上権次郎	39	男	諸派 新	13,463
	西原 貞	46	男	労農 新	12,766
	黒岩 勝	27	男	諸派 新	10,252

第25回衆議院議員選挙
昭和27年（1952年）10月1日実施

【全県区】定数5

当	吉田 茂	73	男	自由 前	87,169
当	林 譲治	63	男	自由 前	65,371
当	宇田 耕一	47	男	改進 元	46,286
当	浜田 幸雄	54	男	自由 新	41,169
当	長野 長広	60	男	自由 前	35,983
	依光 好秋	58	男	再建 元	24,899
	佐竹 晴記	56	男	協同 前	22,392
	入交 好保	49	男	左社 新	22,027
	山原健二郎	32	男	無所属 新	18,276
	西森 久記	52	男	無所属 新	11,378
	大石 大	74	男	諸派 元	9,592

第26回衆議院議員選挙
昭和28年(1953年) 4月19日実施

【全県区】定数 5

当	吉田	茂	74	男	自由吉	前	88,620
当	林	譲治	64	男	自由吉	前	63,916
当	佐竹	晴記	56	男	右社	元	61,022
当	長野	長広	61	男	自由吉	前	54,022
当	浜田	幸雄	54	男	自由吉	前	50,469
	宇田	耕一	48	男	改進	前	39,029
	森田	正喜	44	男	共産	新	8,573
	小永井圭三		54	男	諸派	新	4,322

第27回衆議院議員選挙
昭和30年(1955年) 2月27日実施

【全県区】定数 5

当	吉田	茂	76	男	自由	前	52,962
当	宇田	耕一	50	男	民主	元	50,408
当	佐竹	晴記	58	男	右社	前	46,486
当	森本	靖	35	男	左社	新	42,234
当	林	譲治	65	男	自由	前	38,897
	上田	直吉	57	男	諸派	新	36,245
	浜田	幸雄	56	男	自由	前	35,823
	長野	長広	62	男	自由	前	32,766
	大西	正男	44	男	無所属	元	22,486
	依光	好秋	60	男	民主	元	16,739
	原上権次郎		43	男	無所属	新	1,500

第28回衆議院議員選挙
昭和33年(1958年) 5月22日実施

【全県区】定数 5

当	林	譲治	69	男	自民	前	70,728
当	浜田	幸雄	59	男	自民	元	53,821
当	森本	靖	38	男	社会	前	53,725
当	吉田	茂	79	男	自民	前	52,286
当	浜田	正信	54	男	自民	新	46,129
	高橋	武行	52	男	社会	新	45,147
	依光	好秋	63	男	無所属	元	35,961
	佐竹	晴記	61	男	社会	前	34,662
	川村和嘉治		57	男	無所属	新	17,040
	長野	長広	66	男	無所属	元	13,923
	森田	正喜	50	男	共産	新	4,486

第29回衆議院議員選挙
昭和35年(1960年)11月20日実施

【全県区】定数 5

当	仮谷	忠男	47	男	自民	新	69,604
当	吉田	茂	82	男	自民	前	68,506
当	浜田	正信	57	男	自民	前	63,605
当	浜田	幸雄	62	男	自民	前	57,995
当	森本	靖	41	男	社会	前	57,891
	佐竹	晴記	64	男	民社	元	49,620
	国沢	秀雄	34	男	社会	新	35,366
	森田	正喜	52	男	共産	新	9,572

第30回衆議院議員選挙
昭和38年(1963年)11月21日実施

【全県区】定数 5

当	仮谷	忠男	50	男	自民	前	64,873
当	浜田	幸雄	65	男	自民	前	63,205
当	森本	靖	44	男	社会	前	63,125
当	田村	良平	46	男	自民	新	60,458
当	大西	正男	53	男	自民	元	56,664
	国沢	秀雄	37	男	社会	新	40,764
	宮本	正心	50	男	共産	新	38,482
	西川	美水	51	男	民社	新	15,133

第31回衆議院議員選挙
昭和42年(1967年) 1月29日実施

【全県区】定数 5

当	仮谷	忠男	53	男	自民	前	62,493
当	井上	泉	51	男	社会	新	61,190
当	中野	明	41	男	公明	新	59,039
当	森本	靖	47	男	社会	前	57,544
当	田村	良平	49	男	自民	前	54,871
	浜田	幸雄	68	男	自民	前	54,283
	大西	正男	56	男	自民	前	53,553
	宮本	正心	53	男	共産	新	38,465

第32回衆議院議員選挙
昭和44年(1969年)12月27日実施

【全県区】定数 5

当	中野	明	43	男	公明	前	62,494
当	大西	正男	59	男	自民	元	61,629
当	仮谷	忠男	56	男	自民	前	61,075
当	田村	良平	52	男	自民	前	57,498
当	山原健二郎		49	男	共産	新	56,131
	浜田	幸雄	71	男	自民	元	52,913
	井上	泉	53	男	社会	前	47,290
	森本	靖	50	男	社会	前	44,805
	山崎	義雄	43	男	民社	新	8,259

第33回衆議院議員選挙
昭和47年(1972年)12月10日実施

【全県区】定数 5

当	山原健二郎		52	男	共産	前	87,257
当	井上	泉	56	男	社会	元	83,585
当	田村	良平	55	男	自民	前	80,990
当	仮谷	忠男	59	男	自民	前	76,938

当	大西　正男	62	男	自民	前	70,999
	中野　明	46	男	公明	前	66,508
	谷脇　旭	51	男	無所属	新	609

第34回衆議院議員選挙

昭和51年(1976年)12月5日実施

【全県区】定数5

当	平石磨作太郎	55	男	公明	新	91,057
当	谷川　寛三	56	男	自民	新	77,288
当	山原健二郎	56	男	共産	現	72,515
当	大西　正男	66	男	自民	現	69,477
当	井上　泉	60	男	社会	現	68,058
	田村　良平	59	男	自民	現	62,890
	佃　秀男	50	男	新自ク	新	25,968

第35回衆議院議員選挙

昭和54年(1979年)10月7日実施

【全県区】定数5

当	井上　泉	63	男	社会	前	83,753
当	平石磨作太郎	57	男	公明	前	74,434
当	大西　正男	68	男	自民	前	72,985
当	田村　良平	61	男	自民	元	72,698
当	山原健二郎	59	男	共産	前	71,292
	谷川　寛三	59	男	自民	前	66,045
	佃　秀男	53	男	新自ク	新	13,216

第36回衆議院議員選挙

昭和55年(1980年)6月22日実施

【全県区】定数5

当	大西　正男	69	男	自民	前	126,599
当	田村　良平	62	男	自民	前	82,185
当	井上　泉	64	男	社会	前	68,883
当	山原健二郎	59	男	共産	前	66,784
当	平石磨作太郎	58	男	公明	前	62,399
	佃　秀男	54	男	無所属	新	20,460

第37回衆議院議員選挙

昭和58年(1983年)12月18日実施

【全県区】定数5

当	平石磨作太郎	62	男	公明	前	81,463
当	山原健二郎	63	男	共産	前	72,310
当	井上　泉	67	男	社会	前	69,060
当	大西　正男	73	男	自民	前	65,901
当	山岡　謙蔵	57	男	自民	新	61,372
	田村　良平	66	男	自民	前	59,137
	伴　正一	59	男	自民	新	25,157
	佃　秀男	57	男	無所属	新	10,330

第38回衆議院議員選挙

昭和61年(1986年)7月6日実施

【全県区】定数5

当	田村　良平	68	男	自民	元	79,537
当	平石磨作太郎	64	男	公明	前	77,342
当	山原健二郎	65	男	共産	前	71,008
当	井上　泉	70	男	社会	前	70,872
当	大西　正男	75	男	自民	前	69,808
	山岡　謙蔵	59	男	自民	前	66,135

第39回衆議院議員選挙

平成2年(1990年)2月18日実施

【全県区】定数5

当	五島　正規	50	男	社会	新	79,314
当	中谷　元	32	男	自民	新	66,573
当	山本　有二	37	男	自民	新	64,499
当	石田　祝稔	38	男	公明	新	56,581
当	山原健二郎	69	男	共産	前	56,088
	山岡　謙蔵	63	男	自民	元	51,551
	栗生　茂也	65	男	無所属	新	38,856
	林　迶	65	男	無所属	新	35,352
	田村　公平	42	男	無所属	新	19,947
	所谷　尚武	50	男	無所属	新	8,266
	伴　正一	66	男	無所属	新	7,748

第40回衆議院議員選挙

平成5年(1993年)7月18日実施

【全県区】定数5

当	中谷　元	35	男	自民	前	75,771
当	山原健二郎	72	男	共産	前	63,173
当	石田　祝稔	41	男	公明	前	61,683
当	五島　正規	54	男	社会	前	59,940
当	山本　有二	41	男	自民	前	57,660
	田村　公平	46	男	自民	新	49,701
	永国　淳哉	53	男	日本新	新	35,423
	中内　秀彦	46	男	自民	新	25,498
	近森　毅	49	男	無所属	新	13,719

第41回衆議院議員選挙

平成8年(1996年)10月20日実施

【第1区】定数1

当	山原健二郎	76	男	共産[比]	前	33,523
比当	五島　正規	57	男	民主[比]	前	31,391
	石田　祝稔	45	男	新進	前	30,281
	谷相　勝二	53	男	無所属	新	21,480
	横田　達雄	75	男	無所属	新	678

【第2区】定数1

当	中谷　元	39	男	自民[比]	前	72,772
	谷崎　治之	37	男	共産	新	26,018

	浜田　嘉彦	52	男	新社会[比]新	16,820
【第３区】定数１					
当	山本　有二	44	男	自民[比]前	72,961
	広田　　勝	54	男	無所属　新	37,484
比当	春名　直章	37	男	共産[比]新	19,549

第42回衆議院議員選挙

平成12年(2000年)６月25日実施

【第１区】定数１					
当	福井　　照	46	男	自民[比]新	40,765
比当	五島　正規	61	男	民主[比]前	33,883
	石田　祝稔	48	男	公明[比]元	32,687
	浦田　宣昭	58	男	共産　新	24,241
【第２区】定数１					
当	中谷　　元	42	男	自民[比]前	67,312
	中村　久美	40	女	民主[比]新	35,079
	谷崎　治之	41	男	共産　新	22,774
【第３区】定数１					
当	山本　有二	48	男	自民[比]前	76,726
	西村伸一郎	56	男	社民[比]新	29,147
	大西　正祐	57	男	共産　新	19,265

第43回衆議院議員選挙

平成15年(2003年)11月９日実施

【第１区】定数１					
当	福井　　照	49	男	自民[比]前	43,232
比当	五島　正規	64	男	民主[比]前	36,333
	梶原　守光	66	男	共産　新	20,302
	田井　　肇	69	男	社民[比]新	4,531
【第２区】定数１					
当	中谷　　元	46	男	自民[比]前	72,504
	田村久美子	44	女	民主[比]新	31,377
	谷崎　治之	44	男	共産　新	18,927
【第３区】定数１					
当	山本　有二	51	男	自民[比]前	84,287
	川添　義明	66	男	民主[比]新	33,208
	本多　公二	56	男	共産　新	16,981

第44回衆議院議員選挙

平成17年(2005年)９月11日実施

【第１区】定数１					
当	福井　　照	51	男	自民[比]前	53,754
比当	五島　正規	66	男	民主[比]前	49,704
	春名　直章	46	男	共産[比]元	22,369
【第２区】定数１					
当	中谷　　元	47	男	自民[比]前	70,010
	田村久美子	46	女	民主[比]新	44,890
	谷崎　治之	46	男	共産　新	22,014
【第３区】定数１					
当	山本　有二	53	男	自民[比]前	74,072
	中山　知意	27	女	民主[比]新	53,718
	本多　公二	57	男	共産　新	20,090

第45回衆議院議員選挙

平成21年(2009年)８月30日実施

【第１区】定数１					
当	福井　　照	55	男	自民[比]前	44,068
	橋本大二郎	62	男	無所属　新	39,326
	田村久美子	50	女	民主[比]新	38,117
	春名　直章	50	男	共産　元	13,072
	桃田　妙子	49	女	諸派　新	890
【第２区】定数１					
当	中谷　　元	51	男	自民[比]前	75,554
	楠本　清世	36	女	民主[比]新	49,842
	山中　正博	59	男	共産　新	14,225
	伊東　理砂	41	女	諸派　新	1,822
【第３区】定数１					
当	山本　有二	57	男	自民[比]前	74,489
	中山　知意	31	女	民主[比]新	64,777
	村上　信夫	45	男	共産　新	10,376
	北村　健行	32	男	諸派　新	1,079

第46回衆議院議員選挙

平成24年(2012年)12月16日実施

【第１区】定数１					
当	福井　　照	59	男	自民[比]前	44,027
	大石　　宗	32	男	民主[比]新	25,944
	春名　直章	53	男	共産[比]元	18,562
	藤村　慎也	35	男	維新[比]新	16,331
【第２区】定数１					
当	中谷　　元	55	男	自民[比]前	76,662
	岡田　芳秀	54	男	共産　新	27,513
【第３区】定数１					
当	山本　有二	60	男	自民[比]前	80,547
	橋元　陽一	62	男	共産　新	32,427

第47回衆議院議員選挙

平成26年(2014年)12月14日実施

【第１区】定数１					
当	中谷　　元	57	男	自民[比]前	78,279
	大石　　宗	34	男	民主[比]新	38,237
	春名　直章	55	男	共産[比]元	30,694
	藤島　利久	52	男	無所属　新	3,505
【第２区】定数１					
当	山本　有二	62	男	自民[比]前	83,764
	武内　則男	56	男	民主[比]新	42,562
	谷崎　治之	55	男	共産　新	29,913

比例区・四国

第41回衆議院議員選挙　定数7
平成8年(1996年)10月20日実施

自由民主党　783,589票　当選人数　3人
					氏名		年齢	性別	新旧
1	当				越智	伊平	75	男	前
2	当				西田	司	68	男	前
3	当				森田	一	62	男	前
4	繰当				七条	明	45	男	前
5					三石	文隆	42	男	新
		6	選当	香3	大野	功統			前
		6	選当	愛3	小野	晋也			前
		6	選当	香2	木村	義雄			前
		6	選当	愛1	関谷	勝嗣			前
		6	選当	高2	中谷	元			前
		6	選当	香1	藤本	孝雄			前
		6	選当	愛2	村上誠一郎				前
		6	選当	徳2	山口	俊一			前
		6	選当	愛4	山本	公一			前
		6	選当	高3	山本	有二			前
6		徳3	(94.36)		三木	申三	68	男	新
6		徳1	(87.41)		三木	俊治	64	男	新

新進党　455,269票　当選人数　2人
1	当				遠藤	和良	53	男	前
2	当				西村	章三	62	男	元
3					水田	武夫	62	男	新

民主党　245,323票　当選人数　1人
		1	選当	徳1	仙谷	由人			元
1	当	高1	(93.64)		五島	正規	57	男	前
1		香1	(50.31)		真鍋	光広	56	男	元
4					浅見裕一郎		38	男	新
5					宇都宮由美		46	女	元

日本共産党　227,014票　当選人数　1人
		1	選当	高1	山原健二郎				前
2	当	高3			春名	直章	37	男	新
3					松原	昭夫	40	男	新

社会民主党　132,868票　当選人数　0人
1		愛3	(47.85)	藤田	高敏	73	男	元
1		愛2	(22.74)	梅崎	雪男	59	男	新
1		香1	(20.70)	加藤	繁秋	49	男	元
1		香3	(16.30)	奥田	研二	51	男	新

新社会党　39,067票　当選人数　0人
1		高2		浜田	嘉彦	52	男	新

※越智伊平(自民)死去のため平成12年4月7日七条明が繰上当選

第42回衆議院議員選挙　定数6
平成12年(2000年)6月25日実施

自由民主党　700,719票　当選人数　3人
1	当				西田	司	72	男	前
2	当				森田	一	66	男	前
3	当				七条	明	48	男	前
		4	選当	徳2	山口	俊一			前
		4	選当	徳3	後藤田正純				新
		4	選当	香2	木村	義雄			前
		4	選当	香3	大野	功統			前
		4	選当	愛1	塩崎	恭久			元
		4	選当	愛2	村上誠一郎				前
		4	選当	愛3	小野	晋也			前
		4	選当	愛4	山本	公一			前
		4	選当	高1	福井	照			新
		4	選当	高2	中谷	元			前
		4	選当	高3	山本	有二			前
4		香1	(72.52)		藤本	孝雄	69	男	前
4		徳1	(68.30)		岡本	芳郎	56	男	新
17					黒岩	直良	54	男	新

民主党　402,457票　当選人数　1人
		1	選当	徳1	仙谷	由人			前
1		高1	(83.11)		五島	正規	61	男	前
1		徳2	(77.77)		高井	美穂	28	女	新
1		香2	(63.09)		真鍋	光広	60	男	元
1		高2	(52.11)		中村	久美	40	女	新
1		愛1	(47.90)		宇都宮由美		50	女	元
1		愛3	(42.87)		藤原	敏隆	49	男	新

公明党　266,791票　当選人数　1人
1	当			遠藤	知良	57	男	前
2		高1		石田	祝稔	48	男	元
3				猿渡	孝次	50	男	新

日本共産党　213,729票　当選人数　1人
1	当			春名	直章	41	男	前
2		香3		白川	容子	34	女	新
3				梼	浩一	38	男	新

社会民主党　196,277票　当選人数　0人
1		香3	(41.63)	奥田	研二	55	男	新
1		高3	(37.98)	西村伸一郎		56	男	新
1		愛2	(37.55)	梅崎	雪男	63	男	新
1		香1	(32.40)	加藤	繁秋	53	男	元
1		愛3	(27.44)	藤田	高景	51	男	新
1		愛1	▼	永和	淑子	54	女	新

自由党　162,700票　当選人数　0人
1			土居	一豊	64	男	新
2			及川	敏章	43	男	新

衆議院・比例区（四国）

				政党自由連合		5,316票	当選人数 0人
1		愛1	▼	太田	博之	40	男 新

第43回衆議院議員選挙　定数6
平成15年(2003年)11月9日実施

自由民主党　　　　708,051票　　当選人数 3人
1	当			森田	一	69	男 前
2	当			岡本	芳郎	60	男 新
3	選当	徳2		山口	俊一		前
3	選当	徳3		後藤田正純			前
3	選当	香1		平井	卓也		前
3	選当	香2		木村	義雄		前
3	選当	香3		大野	功統		前
3	選当	愛1		塩崎	恭久		前
3	選当	愛2		村上誠一郎			前
3	選当	愛3		小野	晋也		前
3	選当	愛4		山本	公一		前
3	選当	高1		福井	照		前
3	選当	高2		中谷	元		前
3	選当	高3		山本	有二		前
3	当	徳1	(73.69)	七条	明	52	男 前
16				藤本	孝雄	72	男 元
17				川田	雅敏	56	男 新

民主党　　　　587,828票　　当選人数 2人
1	選当	徳1		仙谷	由人		前
1	当	徳2	(86.65)	高井	美穂	31	女 新
1	当	高1	(84.04)	五島	正規	64	男 前
1		香1	(79.37)	小川	淳也	32	男 新
1		香2	(67.56)	真鍋	光広	63	男 元
1		徳3	(57.67)	仁木	博文	37	男 新
1		愛3	(55.32)	高橋	剛	61	男 新
1		愛2	(43.90)	斉藤	政光	34	男 新
1		高2	(43.27)	田村久美子		44	女 新
1		高3	(39.39)	川添	義明	66	男 新
1		愛1	(38.67)	玉井	彰	50	男 新
1		愛4	(32.03)	浜口	金也	49	男 新
1		香3	(26.04)	山元	徹	53	男 新

公明党　　　　309,160票　　当選人数 1人
1	当			石田	祝稔	52	男 元
2				林田	祐輔	42	男 新
3				門田	剛	45	男 新

日本共産党　　　148,953票　　当選人数 0人
1				春名	直章	44	男 前
2				梼	浩一	41	男 新

社会民主党　　　98,243票　　当選人数 0人
1		香3	(27.22)	奥田	研二	58	男 新
1		愛3	▼	藤田	高景	55	男 新
1		香1	▼	加藤	繁秋	56	男 元
1		愛2	▼	梅崎	雪男	66	男 新
1		高1	▼	田井	肇	69	男 新
1		愛1	▼	永和	淑子	58	女 新

第44回衆議院議員選挙　定数6
平成17年(2005年)9月11日実施

自由民主党　　　821,746票　　当選人数 3人
1	当	徳2		七条	明	54	男 前
2	選当	徳3		後藤田正純			前
2	選当	香1		平井	卓也		前
2	選当	香2		木村	義雄		前
2	選当	香3		大野	功統		前
2	選当	愛1		塩崎	恭久		前
2	選当	愛2		村上誠一郎			前
2	選当	愛3		小野	晋也		前
2	選当	愛4		山本	公一		前
2	選当	高1		福井	照		前
2	選当	高2		中谷	元		前
2	選当	高3		山本	有二		前
2	当	徳1	(80.62)	岡本	芳郎	61	男 前
14	当			西本	勝子	55	女 新
15				関谷	水	33	男 新
16				大石	康樹	64	男 新
17				笹沼	正治	50	男 新

民主党　　　　711,927票　　当選人数 2人
1		高1	(92.46)	五島	正規	66	男 前
1	当	香1	(88.28)	小川	淳也	34	男 新
1	繰当	徳2	(75.41)	高井	美穂	33	女 前
1		高3	(72.52)	中山	知意	27	女 新
1		香2	(69.62)	玉木雄一郎		36	男 新
1		徳3	(67.80)	仁木	博文	39	男 新
1		愛3	(66.05)	高橋	剛	33	男 新
1		高2	(64.11)	田村久美子		46	女 新
1		愛2	(56.26)	斉藤	政光	36	男 新
1		愛4	(45.73)	浜口	金也	51	男 新
1		愛1	(43.44)	玉井	彰	52	男 新

公明党　　　　317,575票　　当選人数 1人
1	当			石田	祝稔	54	男 前
2				門田	剛	47	男 新

日本共産党　　　175,994票　　当選人数 0人
1		高1		春名	直章	46	男 元
2				林	紀子	43	女 新

社会民主党　　　119,089票　　当選人数 0人
1		香3	(36.36)	奥田	研二	60	男 新
1		愛1	▼	野口	仁	58	男 新

※五島正規(民主)が政策秘書の公職選挙法違反の責任を取って辞職したため平成17年12月21日高井美穂が繰上当選

第45回衆議院議員選挙　定数6
平成21年（2009年）8月30日実施

民主党　973,038票　当選人数　3人
	1	選当	徳1		仙谷　由人		前
	1	選当	徳2		高井　美穂		前
	1	選当	香1		小川　淳也		前
	1	選当	香2		玉木雄一郎		新
	1	選当	愛3		白石　洋一		新
1	当	徳3	(98.50)	仁木　博文	43	男	新
1	当	愛1	(97.87)	永江　孝子	49	女	新
1	当	愛4	(89.72)	高橋　英行	37	男	新
1		高3	(86.96)	中山　知意	31	女	新
1		高1	(86.49)	田村久美子	50	女	新
1		高2	(65.96)	楠本　清世	36	女	新
12				宇野　憲司	67	男	新
13				吉田　益子	50	女	新

自由民主党　719,594票　当選人数　2人
	1	選当	徳3		後藤田正純		前
	1	選当	愛1		塩崎　恭久		前
	1	選当	愛2		村上誠一郎		前
	1	選当	愛4		山本　公一		前
	1	選当	高1		福井　照		前
	1	選当	高2		中谷　元		前
	1	選当	高3		山本　有二		前
1	当	香1	(83.38)	平井　卓也	51	男	前
1	当	徳2	(80.23)	山口　俊一	59	男	前
1		愛3	(77.27)	白石　徹	53	男	新
1		香2	(72.32)	木村　義雄	61	男	前
1		徳1	(51.82)	岡本　芳郎	65	男	前
13				七条　明	58	男	前
14				西本　勝子	59	女	前
15				笹沼　正治	54	男	新
16				水口　俊幸	61	男	新

公明党　293,204票　当選人数　1人
1	当		石田　祝稔	57	男	前
2			落合　英寿	42	男	新

日本共産党　150,171票　当選人数　0人
1				笹岡　優	57	男	新
2	徳1	▼		古田　元則	61	男	新
2	香3	▼		近石美智子	61	女	新
2	愛1	▼		田中　克彦	42	男	新

社会民主党　94,558票　当選人数　0人
1	愛2	(89.93)		岡平　知子	51	女	新
1	香3	(73.34)		米田　晴彦	50	男	新

幸福実現党　19,507票　当選人数　0人
1		竹尾あけみ	55	女	新
2		串畑　啓子	45	女	新
3		東条　幸紀	51	男	新
4		岡　周平	64	男	新

第46回衆議院議員選挙　定数6
平成24年（2012年）12月16日実施

自由民主党　567,193票　当選人数　2人
	1	選当	徳1		福山　守		新
	1	選当	徳2		山口　俊一		前
	1	選当	徳3		後藤田正純		前
	1	選当	香1		平井　卓也		前
	1	選当	香3		大野敬太郎		新
	1	選当	愛1		塩崎　恭久		前
	1	選当	愛2		村上誠一郎		前
	1	選当	愛3		白石　徹		新
	1	選当	愛4		山本　公一		前
	1	選当	高1		福井　照		前
	1	選当	高2		中谷　元		前
	1	選当	高3		山本　有二		前
1	当	香2	(91.00)	瀬戸　隆一	47	男	新
14	当			泉原　保二	71	男	元
15				永井　一郎	57	男	新
16				高橋　央	45	男	新
17				松崎　敏則	61	男	新
18				篠崎　令子	50	女	新

日本維新の会　394,393票　当選人数　2人
1	当	愛4	(78.23)	桜内　文城	47	男	新
1	当	愛2	(63.26)	西岡　新	39	男	新
1		愛3	(41.80)	森　夏枝	31	女	新
1		愛1	(41.59)	池本　俊英	54	男	新
5		高1	(37.09)	藤村　慎也	35	男	新
5		香1	(23.95)	今西　永児	66	男	新
7				大内　淳司	38	男	新

民主党　296,914票　当選人数　1人
	1	選当	香2		玉木雄一郎		前
1	当	香1	(75.06)	小川　淳也	41	男	前
1		徳3	(72.37)	仁木　博文	46	男	前
1		徳1	(66.52)	仙谷　由人	66	男	前
1		徳2	(65.60)	高井　美穂	41	女	前
1		愛3	(60.14)	白石　洋一	49	男	前
1		高1	(58.92)	大石　宗	32	男	新
1		愛4	(46.12)	高橋　英行	40	男	前
1		愛1	(42.64)	永江　孝子	52	女	前

公明党　276,907票　当選人数　1人
1	当		石田　祝稔	61	男	前
2			築山　伸一	46	男	新

日本共産党　106,976票　当選人数　0人
1			笹岡　優	60	男	新
2	高1		春名　直章	53	男	元

みんなの党　93,090票　当選人数　0人
1		中山　照章	30	男	新

日本未来の党　63,830票　当選人数　0人
1	愛2		友近　聡朗	37	男	新

	2		鷲野	陽子	49	女	新

社会民主党　　　42,762票　　当選人数　0人
  1　　香3　　　米田　晴彦　54　男　新

幸福実現党　　　8,171票　　当選人数　0人
  1　　　　　　饗庭　直道　45　男　新
  2　　　　　　竹尾あけみ　58　女　新

社会民主党　　　33,257票　　当選人数　0人
  1　　香3　　　高田　良徳　54　男　新

幸福実現党　　　10,762票　　当選人数　0人
  1　　　　　　小松　由佳　32　女　新
  2　　　　　　森田　浩二　55　男　新

第47回衆議院議員選挙　定数6
平成26年(2014年)12月14日実施

自由民主党　　　547,185票　　当選人数　3人
  1　当　　　　　　福井　照　61　男　前
  2　当　　　　　　福山　守　61　男　前
      3　選当　徳1　後藤田正純　前
      3　選当　徳2　山口　俊一　前
      3　選当　香1　平井　卓也　前
      3　選当　香3　大野敬太郎　前
      3　選当　愛1　塩崎　恭久　前
      3　選当　愛2　村上誠一郎　前
      3　選当　愛3　白石　徹　前
      3　選当　愛4　山本　公一　前
      3　選当　高1　中谷　元　前
      3　選当　高2　山本　有二　前
  3　当　香2　(72.74)　瀬戸　隆一　49　男　前
 14　　　　　　永井　一郎　59　男　新
 15　　　　　　泉　栄恵　43　女　新
 16　　　　　　湯浅　満　60　男　新

民主党　　　326,803票　　当選人数　1人
     1　選当　香2　玉木雄一郎　前
  1　当　香1　(88.79)　小川　淳也　43　男　前
  1　　　愛3　(81.01)　白石　洋一　51　男　元
  1　　　徳1　(75.06)　仁木　博文　48　男　元
  1　　　愛1　(74.58)　永江　孝子　54　女　元
  1　　　高2　(50.81)　武内　則男　56　男　新
  1　　　高1　(48.84)　大石　宗　34　男　新
  8　　　　　　都築　旦　68　男　新

公明党　　　247,776票　　当選人数　1人
  1　当　　　　　　石田　祝稔　63　男　前
  2　　　　　　中野　英雄　57　男　新

維新の党　　　200,882票　　当選人数　1人
  1　当　愛2　(39.66)　横山　博幸　64　男　新
  1　　　愛4　(30.20)　森　夏枝　33　女　新
  3　　　　　　喜多　義典　48　男　新

日本共産党　　　158,848票　　当選人数　0人
  1　　　　　　浜川百合子　35　女　新
  2　高1　　　春名　直章　55　男　元

次世代の党　　　44,515票　　当選人数　0人
  1　愛4　　　桜内　文城　49　男　前
  2　　　　　椙山　三也　55　男　新

選挙区・福岡県

第24回衆議院議員選挙
昭和24年（1949年）1月23日実施

【第1区】 定数5

当	中村	寅太	48	男	諸派	前	59,293
当	守島	伍郎	59	男	民自	新	46,889
当	池見	茂隆	51	男	民自	新	40,685
※	田中	松月	50	男	社会	前	36,956
当	福田	昌子	38	女	社会	前	30,929
当	中島	茂喜	41	男	民主	前	29,843
	星野	力	44	男	共産	新	26,175
	大神	善吉	54	男	社革	前	17,655
	福井	直一	36	男	民主	新	9,674
	藤野	重次郎	55	男	無所属	新	9,257
	明石	元長	44	男	民主	新	6,260
	星野	政雄	40	男	無所属	新	4,562
	原	宗雄	41	男	無所属	新	3,195
	丸山	繁次	50	男	無所属	新	2,376

※田中松月は公職追放される

【第2区】 定数5

当	麻生太賀吉	39	男	民自	新	49,849
当	田代	文久	50	男	共産	新	46,527
当	渕上房太郎	57	男	民自	前	43,302
当	青野	武一	51	男	社会	新	38,266
当	松本	七郎	39	男	社会	前	36,806
	伊藤卯四郎	56	男	社会	前	35,108
	岡部	得三	41	男	民主	前	34,181
	西田	隆男	49	男	民主	前	30,135
	原	増己	54	男	諸派	新	19,974
	小倉	三次	38	男	労農	新	14,255
	石黒	周一	41	男	諸派	新	4,819
	内山	烈次	74	男	無所属	新	916

【第3区】 定数5

当	竜野喜一郎	48	男	民自	新	43,141
当	甲木	保	48	男	民自	新	33,905
当	高橋	権六	60	男	無所属	新	33,621
当	荒木万寿夫	49	男	民主	新	33,608
当	寺崎	覚	57	男	諸派	前	29,385
	楢橋	渡	48	男	民主	元	28,418
	林	功	43	男	共産	新	28,355
	古賀喜太郎	60	男	民自	前	27,957
	豊福	保次	47	男	諸派	新	23,907
	堤	八郎	46	男	民自	新	20,415
	田中	稔男	48	男	社会	前	19,311
	塚本嘉次郎	60	男	民自	新	8,193
	坂井	春夫	37	男	国協	新	5,030
	上山	豊治	43	男	労農	新	4,509
	政次	広	44	男	社会	新	2,516
	隈	尚雄	47	男	労農	新	1,900

【第4区】 定数4

当	平井	義一	37	男	民自	前	34,845
当	衛藤	速	56	男	社革	前	32,783
当	長尾	達生	58	男	民自	前	31,614
当	江田斗米吉	59	男	民自	新	28,747
	池田	禎治	40	男	社会	新	27,163
	石崎	千松	53	男	民主	元	26,386
	木田	虎彦	43	男	諸派	新	23,424
	友枝	宗達	43	男	社会	新	22,247
	成重	光真	52	男	諸派	前	18,317
	水上	敏英	44	男	共産	新	17,792
	松本	七五	56	男	無所属	新	7,617
	末松	経正	36	男	無所属	新	2,671

第25回衆議院議員選挙
昭和27年（1952年）10月1日実施

【第1区】 定数5

当	福田	昌子	40	女	左社	前	62,564
当	緒方	竹虎	64	男	自由	新	54,820
当	中島	茂喜	43	男	改進	前	46,254
当	熊谷	憲一	56	男	自由	新	38,805
当	中村	寅太	50	男	諸派	前	38,321
	長	正路	42	男	右社	新	33,272
	守島	伍郎	61	男	自由	前	31,564
	江口	繁	52	男	改進	元	17,287
	有富	治人	47	男	無所属	新	15,971
	前田	幸作	57	男	無所属	元	12,925
	大神	善吉	56	男	協同	元	11,618
	高倉金一郎	42	男	共産	新	9,057

【第2区】 定数5

当	麻生太賀吉	40	男	自由	前	64,707
当	多賀谷真稔	32	男	左社	新	62,891
当	松本	七郎	40	男	右社	前	50,094
当	伊藤卯四郎	58	男	右社	元	48,436
当	青野	武一	53	男	左社	前	44,532
	岡部	得三	43	男	改進	元	40,661
	浅原	健三	55	男	無所属	元	39,672
	渕上房太郎	59	男	自由	前	36,779
	三原	朝雄	43	男	改進	新	31,943
	野村	勇	41	男	共産	新	10,056
	戸松	武男	27	男	諸派	新	3,263

【第3区】 定数5

当	楢橋	渡	50	男	改進	元	54,922
当	田中	稔男	50	男	左社	元	46,877
当	荒木万寿夫	51	男	改進	前	43,196
当	石井光次郎	63	男	自由	元	42,233
当	山崎	巖	58	男	自由	新	41,875
	稲富	稜人	49	男	右社	元	39,929
	竜野喜一郎	49	男	自由	前	26,895

	甲木	保	49	男	自由	前	22,904
	豊福	保次	49	男	諸派	新	21,628
	堤	八郎	47	男	無所属	新	13,075
	高橋	権六	61	男	自由	前	12,444
	佐藤	守男	37	男	無所属	新	7,086
	足立	忠澄	43	男	共産	新	4,790
	宮崎	小市	55	男	無所属	新	4,460

【第4区】 定数4

	平井	義一	39	男	自由	前	39,541
当	田原	春次	52	男	右社	元	34,199
当	池田	禎治	42	男	右社	新	31,811
当	木下	重範	46	男	無所属	新	31,500
	林	信雄	53	男	自由	元	30,421
	滝井	義高	37	男	左社	新	29,354
	成重	光真	53	男	協同	元	19,136
	林田惣七郎		57	男	改進	新	18,450
	岡	正美	50	男	無所属	新	17,246
	永野	若松	54	男	無所属	新	16,310
	江田斗米吉		61	男	自由	前	14,526
	有馬	英治	44	男	再建	元	13,124
	奥村喜和男		52	男	無所属	新	12,765
	石崎	千松	55	男	無所属	元	7,092
	矢野	斎士	36	男	無所属	新	3,383

第26回衆議院議員選挙

昭和28年（1953年）4月19日実施

【第1区】 定数5

当	緒方	竹虎	65	男	自由吉	前	69,758
当	中島	茂喜	44	男	改進	前	48,524
当	福田	昌子	40	女	左社	前	46,049
当	熊谷	憲一	57	男	自由吉	前	42,549
当	長	正路	43	男	右社	新	42,337
	中村	寅太	50	男	改進	前	38,198
	河野	正	39	男	左社	新	31,983
	守島	伍郎	61	男	無所属	元	27,423
	江口	繁	53	男	無所属	元	9,864
	高倉金一郎		43	男	共産	新	7,144
	斎藤	久雄	50	男	無所属	新	2,786

【第2区】 定数5

当	麻生太賀吉		41	男	自由吉	前	60,821
当	青野	武一	53	男	左社	前	59,789
当	多賀谷真稔		33	男	左社	前	59,695
当	岡部	得三	43	男	改進	元	57,750
当	伊藤卯四郎		58	男	右社	前	51,559
	松本	七郎	41	男	右社	前	50,406
	淵上房太郎		59	男	自由鳩	元	44,687
	三原	朝雄	43	男	無所属	新	30,058
	木下	文雄	33	男	共産	新	9,119

【第3区】 定数5

当	稲富	稜人	50	男	右社	元	71,756
当	荒木万寿夫		51	男	改進	前	56,839
当	石井光次郎		63	男	自由吉	前	56,472

当	田中	稔男	51	男	左社	前	56,290
当	山崎	巌	58	男	自由吉	前	55,611
	楢橋	渡	51	男	改進	前	46,093
	佐藤	守男	37	男	無所属	新	11,775
	高橋	権六	62	男	無所属	元	7,671
	足立	忠澄	46	男	共産	新	4,952

【第4区】 定数4

当	林	信雄	53	男	自由吉	元	55,078
当	池田	禎治	43	男	右社	前	48,124
当	平井	義一	40	男	自由吉	前	45,967
当	滝井	義高	38	男	左社	新	42,951
	田原	春次	52	男	右社	前	37,656
	久野	保	52	男	自由吉	新	35,460
	木下	重範	47	男	無所属	前	25,049
	有馬	英治	45	男	自由鳩	元	11,780
	高曲	敏三	40	男	共産	新	4,327
	小林	足水	62	男	自由鳩	新	3,893

第27回衆議院議員選挙

昭和30年（1955年）2月27日実施

【第1区】 定数5

当	緒方	竹虎	67	男	自由	前	68,191
当	河野	正	41	男	左社	新	50,857
当	福田	昌子	42	女	左社	前	44,716
当	中村	寅太	52	男	民主	元	44,655
当	熊谷	憲一	59	男	自由	前	40,877
	団	伊能	62	男	民主	新	40,824
	中島	茂喜	46	男	諸派	前	34,866
	長	正路	45	男	右社	前	33,111
	守島	伍郎	63	男	無所属	元	15,957
	高倉金一郎		44	男	共産	新	8,037
	田中	釣一	46	男	無所属	新	5,493
	楠田	洋	34	男	無所属	新	5,321

【第2区】 定数5

当	淵上房太郎		61	男	民主	元	93,402
当	多賀谷真稔		35	男	左社	前	74,790
当	松本	七郎	43	男	右社	元	74,445
当	青野	武一	55	男	左社	前	58,929
当	伊藤卯四郎		60	男	右社	前	56,582
	岡部	得三	45	男	自由	前	54,131
	田代	文久	54	男	共産	元	19,817

【第3区】 定数5

当	楢橋	渡	52	男	民主	元	65,751
当	田中	稔男	52	男	左社	前	56,712
当	石井光次郎		65	男	自由	前	54,089
当	稲富	稜人	52	男	右社	前	51,495
当	山崎	巌	60	男	自由	前	50,045
	荒木万寿夫		53	男	民主	前	48,823
	沖	蔵	61	男	無所属	元	26,705
	佐藤	守男	39	男	諸派	新	15,067
	足立	忠澄	48	男	共産	新	5,385
	坂井	春夫	41	男	無所属	新	2,737

衆議院・選挙区（福岡県）

【第4区】定数4
当	田原　春次	54	男	右社	元	66,189
当	有馬　英治	46	男	民主	元	60,967
当	滝井　義高	40	男	左社	前	56,193
当	池田　禎治	45	男	右社	前	50,673
	平井　義一	41	男	自由	前	49,109
	香月　　保	57	男	自由	新	33,330

《補選》第27回衆議院議員選挙
昭和31年（1956年）11月22日実施
※緒方竹虎、熊谷憲一の死去による

【第1区】被選挙数2
当	簡牛　凡夫	62	男	自民	元	82,720
当	中島　茂喜	47	男	自民	元	80,619
	長　　正路	46	男	社会	元	64,882
	中野　泰雄	34	男	無所属	新	42,152
	星野　　力	49	男	共産	新	7,514

第28回衆議院議員選挙
昭和33年（1958年）5月22日実施

【第1区】定数5
当	簡牛　凡夫	64	男	自民	前	75,433
当	進藤　一馬	54	男	自民	新	63,764
当	中島　茂喜	49	男	自民	前	58,538
当	中村　寅太	55	男	自民	前	55,961
当	河野　　正	44	男	社会	前	49,332
	福田　昌子	45	女	社会	前	46,905
	長　　正路	48	男	社会	元	41,931
	中野　泰雄	35	男	無所属	新	29,771
	高倉金一郎	48	男	共産	新	8,103

【第2区】定数5
当	多賀谷真稔	38	男	社会	前	85,469
当	渡辺　本治	57	男	自民	新	75,820
当	伊藤卯四郎	63	男	社会	前	72,352
当	松本　七郎	46	男	社会	前	68,538
当	岡部　得三	48	男	自民	元	61,826
	淵上房太郎	64	男	自民	前	50,697
	青野　武一	58	男	社会	前	46,179
	田代　文久	57	男	共産	元	19,085

【第3区】定数5
当	荒木万寿夫	56	男	自民	元	78,117
当	山崎　　巌	63	男	自民	前	75,342
当	石井光次郎	68	男	自民	前	71,587
当	田中　稔男	56	男	社会	前	51,499
当	楢橋　　渡	56	男	自民	前	48,451
	稲富　稜人	55	男	社会	前	46,844
	稗田憲太郎	59	男	社会	新	32,278
	佐藤　守男	42	男	無所属	新	10,544
	大淵　正気	45	男	共産	新	3,781

【第4区】定数4
当	平井　義一	45	男	自民	元	61,176
当	池田　禎治	48	男	社会	前	60,793
当	蔵内　修治	40	男	自民	新	56,808
当	滝井　義高	43	男	社会	前	48,606
	田原　春次	57	男	社会	前	47,468
	有馬　英治	50	男	自民	前	41,162
	木下　重範	52	男	自民	元	36,583
	高曲　敏三	45	男	共産	新	8,107

第29回衆議院議員選挙
昭和35年（1960年）11月20日実施

【第1区】定数5
当	簡牛　凡夫	66	男	自民	前	63,992
当	河野　　正	46	男	社会	前	61,289
当	楢崎弥之助	40	男	社会	新	58,224
当	中島　茂喜	51	男	自民	前	57,264
当	中村　寅太	58	男	自民	前	57,162
	進藤　一馬	56	男	自民	前	52,898
	長　　正路	50	男	民社	元	33,016
	斎藤　　幸	44	男	共産	新	17,985
	福田　昌子	48	女	無所属	元	14,796

【第2区】定数5
当	多賀谷真稔	40	男	社会	前	73,289
当	松本　七郎	49	男	社会	前	70,101
当	渡辺　本治	59	男	自民	前	64,418
当	猪方　孝男	48	男	社会	新	58,252
当	伊藤卯四郎	66	男	民社	前	55,544
	岡部　得三	51	男	自民	前	49,179
	淵上房太郎	67	男	自民	元	39,335
	田代　文久	59	男	共産	元	36,256

【第3区】定数5
当	山崎　　巌	66	男	自民	前	68,240
当	荒木万寿夫	59	男	自民	前	67,205
当	楢橋　　渡	58	男	自民	前	67,021
当	石井光次郎	71	男	自民	前	58,893
当	稲富　稜人	58	男	民社	元	55,210
	田中　稔男	58	男	社会	前	51,332
	稗田憲太郎	62	男	社会	新	34,807
	大淵　正気	47	男	共産	新	7,681

【第4区】定数4
当	滝井　義高	45	男	社会	前	61,555
当	有馬　英治	52	男	自民	元	52,276
当	田原　春次	60	男	社会	元	51,620
当	蔵内　修治	42	男	自民	前	48,472
	平井　義一	47	男	自民	前	44,959
	池田　禎治	50	男	民社	前	42,072
	田中　六助	37	男	自民	新	29,591
	高曲　敏三	47	男	共産	新	12,402

第30回衆議院議員選挙
昭和38年(1963年)11月21日実施

【第1区】定数5
当	楢崎弥之助	43	男	社会	前	73,139
当	進藤　一馬	59	男	自民	元	71,541
当	河野　　正	49	男	社会	前	62,075
当	中島　茂喜	54	男	自民	前	54,999
当	中村　寅太	61	男	自民	前	51,358
	簡牛　凡夫	69	男	自民	前	51,200
	福井　順一	54	男	無所属	元	50,059
	斎藤　　幸	47	男	共産	新	20,342
	橋詰又一郎	55	男	民社	新	13,495

【第2区】定数5
当	三原　朝雄	54	男	自民	新	69,993
当	伊藤卯四郎	69	男	民社	前	68,541
当	松本　七郎	51	男	社会	前	66,971
当	多賀谷真稔	43	男	社会	前	66,042
当	野見山清造	58	男	自民	新	62,483
	田代　文久	62	男	共産	元	49,334
	緒方　孝男	51	男	社会	前	48,897
	西山権太郎	63	男	無所属	新	1,633
	松岡　林造	62	男	無所属	新	1,242

【第3区】定数5
当	荒木万寿夫	62	男	自民	前	63,686
当	山崎　　巌	69	男	自民	前	57,022
当	石井光次郎	74	男	自民	前	51,713
当	細谷　治嘉	51	男	社会	新	49,464
当	稲富　稜人	61	男	民社	前	46,175
	楢橋　　渡	61	男	無所属	前	45,844
	田中　稔男	61	男	社会	元	45,151
	鬼丸　勝之	50	男	無所属	新	37,635
	松倉　三郎	39	男	共産	新	6,895
	佐藤　守男	48	男	無所属	新	5,963

【第4区】定数4
当	蔵内　修治	45	男	自民	前	53,530
当	滝井　義高	48	男	社会	前	51,952
当	田中　六助	40	男	自民	新	51,304
当	田原　春次	63	男	社会	前	51,091
	池田　禎治	53	男	民社	元	47,668
	平井　義一	50	男	自民	元	44,328
	有馬　英治	55	男	自民	前	34,736
	高曲　敏三	50	男	共産	新	17,511

第31回衆議院議員選挙
昭和42年(1967年)1月29日実施

【第1区】定数5
当	楢崎弥之助	46	男	社会	前	87,935
当	田中　昭二	40	男	公明	新	85,473
当	進藤　一馬	63	男	自民	前	84,038
当	中村　寅太	64	男	自民	前	83,635
当	河野　　正	53	男	社会	前	79,783
	中島　茂喜	57	男	自民	前	64,439
	福井　順一	58	男	自民	元	60,870
	斎藤　　幸	50	男	共産	新	26,033

【第2区】定数5
当	大橋　敏雄	41	男	公明	新	72,141
当	三原　朝雄	57	男	自民	前	70,381
当	多賀谷真稔	47	男	社会	前	67,332
当	松本　七郎	55	男	社会	前	64,839
当	田代　文久	66	男	共産	元	59,219
	伊藤卯四郎	72	男	民社	前	55,762
	野見山清造	61	男	自民	前	50,139
	緒方　孝男	54	男	社会	元	35,183
	森　　武雄	61	男	無所属	新	28,623

【第3区】定数5
当	稲富　稜人	64	男	民社	前	63,872
当	石井光次郎	77	男	自民	前	63,203
当	細谷　治嘉	54	男	社会	前	61,172
当	荒木万寿夫	65	男	自民	前	59,603
当	山崎　　巌	72	男	自民	前	56,549
	田中　稔男	64	男	社会	元	49,068
	楢橋　　渡	64	男	無所属	元	48,840
	松倉　三郎	42	男	共産	新	9,096

【第4区】定数4
当	田中　六助	44	男	自民	前	69,217
当	田原　春次	66	男	社会	前	62,455
当	蔵内　修治	48	男	自民	前	59,824
当	池田　禎治	57	男	民社	元	58,002
	滝井　義高	51	男	社会	前	50,729
	有馬　英治	58	男	自民	元	42,231
	高曲　敏三	53	男	共産	新	31,514
	安藤　俊彦	35	男	無所属	新	4,546

第32回衆議院議員選挙
昭和44年(1969年)12月27日実施

【第1区】定数5
当	田中　昭二	42	男	公明	前	107,016
当	進藤　一馬	65	男	自民	前	80,693
当	中島　茂喜	60	男	自民	元	70,902
当	中村　寅太	67	男	自民	前	69,376
当	楢崎弥之助	49	男	社会	前	68,286
	河野　　正	55	男	社会	前	65,338
	山崎　　拓	33	男	無所属	新	46,929
	斎藤　　幸	53	男	共産	新	41,351
	福井　順一	60	男	無所属	元	21,786
	原田　文枝	57	女	民社	新	21,214
	多田　外海	61	男	無所属	新	517

【第2区】定数5
当	大橋　敏雄	44	男	公明	前	80,310
当	三原　朝雄	60	男	自民	前	79,288
当	伊藤卯四郎	75	男	民社	元	74,157
当	松本　七郎	58	男	社会	前	69,713
当	田代　文久	69	男	共産	前	68,621

	多賀谷真稔	49	男	社会	前	64,056
	有馬　英二	61	男	自民	元	38,419
	松尾　義勝	26	男	無所属	新	8,340

【第3区】定数5
当	山崎平八郎	58	男	自民	新	67,895
当	鬼木　勝利	65	男	公明	新	63,329
当	荒木万寿夫	68	男	自民	前	61,372
当	細谷　治嘉	57	男	社会	前	57,319
当	石井光次郎	80	男	自民	前	56,731
	楢橋　　渡	67	男	無所属	元	52,459
	稲富　稜人	67	男	民社	前	48,634
	田中　稔男	67	男	社会	元	23,120
	松倉　三郎	45	男	共産	新	12,493

【第4区】定数4
当	田中　六助	46	男	自民	前	71,435
当	蔵内　修治	51	男	自民	前	70,888
当	桑名　義治	39	男	公明	新	63,954
当	池田　禎治	59	男	民社	前	55,424
	滝井　義高	54	男	社会	元	50,110
	吉田　法晴	61	男	社会	新	46,546
	高曲　敏三	56	男	共産	新	42,249
	宇佐美正一	54	男	諸派	新	654

第33回衆議院議員選挙
昭和47年(1972年)12月10日実施

【第1区】定数5
当	楢崎弥之助	52	男	社会	前	103,966
当	田中　昭二	45	男	公明	前	93,944
当	中村　寅太	70	男	自民	前	82,499
当	山崎　　拓	36	男	無所属	新	80,929
当	諫山　　博	51	男	共産	新	74,013
	河野　　正	58	男	社会	元	71,468
	森田　欽二	55	男	自民	新	69,203
	辻　　英雄	53	男	自民	新	55,679
	中島　茂喜	63	男	自民	前	48,235
	内藤　武宣	34	男	無所属	新	15,626

【第2区】定数5
当	多賀谷真稔	52	男	社会	元	105,578
当	三原　朝雄	63	男	自民	前	84,736
当	田代　文久	72	男	共産	前	73,308
当	大橋　敏雄	47	男	公明	前	67,900
当	宮田　早苗	53	男	民社	新	64,473
	松本　七郎	61	男	社会	前	60,212
	森　　武雄	67	男	自民	新	52,999

【第3区】定数5
当	稲富　稜人	70	男	民社	元	80,045
当	細谷　治嘉	60	男	社会	前	78,662
当	楢橋　　渡	70	男	無所属	元	73,413
当	山崎平八郎	60	男	自民	前	62,794
当	荒木万寿夫	71	男	自民	前	61,505
	鬼木　勝利	68	男	公明	前	59,587
	松倉　三郎	48	男	共産	新	20,159

	高原佐久馬	46	男	無所属	新	15,249

【第4区】定数4
当	田中　六助	49	男	自民	前	74,174
当	吉田　法晴	64	男	社会	新	68,951
当	池田　禎治	62	男	民社	前	60,877
当	三浦　　久	41	男	共産	新	60,380
	桑名　義治	42	男	公明	前	57,550
	蔵内　修治	54	男	自民	前	56,448
	荒木　昭三	40	男	自民	新	37,847
	尾形　智矩	36	男	無所属	新	15,894
	平井　義一	59	男	無所属	元	8,885

《補選》第33回衆議院議員選挙
昭和48年(1973年)12月23日実施
※荒木万寿夫、楢橋渡の死去による

【第3区】被選挙数2
当	鬼木　勝利	69	男	公明	前	95,333
当	楢橋　　進	39	男	自民	新	80,862
	待鳥　　恵	47	男	社会	新	68,611
	古賀　　治	58	男	自民	新	54,904
	松倉　三郎	49	男	共産	新	32,734
	江上辰之助	55	男	無所属	新	31,692
	高原佐久馬	47	男	無所属	新	15,231
	原田　敏明	35	男	無所属	新	6,356

第34回衆議院議員選挙
昭和51年(1976年)12月5日実施

【第1区】定数5
当	田中　昭二	49	男	公明	現	106,384
当	辻　　英雄	57	男	自民	新	104,050
	楢崎弥之助	56	男	社会	現	101,993
当	山崎　　拓	39	男	自民	現	94,298
当	森田　欽二	58	男	自民	新	90,642
	諫山　　博	55	男	共産	現	86,970
	河野　　正	62	男	社会	元	86,968
	井原　忠良	45	男	無所属	新	68,317
	有田　　誠	45	男	民社	新	39,294
	福田　敏南	56	男	無所属	新	10,024
	篠崎為八郎	32	男	無所属	新	6,346

【第2区】定数5
当	宮田　早苗	57	男	民社	現	98,224
当	大橋　敏雄	51	男	公明	現	87,219
当	松本　七郎	65	男	社会	元	83,941
当	三原　朝雄	67	男	自民	現	82,785
当	多賀谷真稔	56	男	社会	現	76,597
	田代　文久	76	男	共産	現	70,795
	松藤　　淳	50	男	自民	新	30,590
	上村　正敏	28	男	諸派	新	1,946

【第3区】定数5
当	山崎平八郎	64	男	自民	現	87,141
当	細谷　治嘉	64	男	社会	現	77,353

	権藤 恒夫	46	男	公明	新	75,769
当	権藤 恒夫	46	男	公明	新	75,769
当	楢橋 進	42	男	自民	現	74,845
当	稲富 稜人	74	男	民社	現	74,791
	松石 秀介	48	男	共産	新	36,893

【第4区】定数4

当	蔵内 修治	58	男	自民	元	80,541
当	中西 績介	50	男	社会	新	79,488
当	鍛冶 清	48	男	公明	新	76,439
当	田中 六助	53	男	自民	現	69,525
	三浦 久	45	男	共産	現	68,293
	池田 禎治	66	男	民社	現	65,615
	尾形 智矩	40	男	無所属	新	20,419

第35回衆議院議員選挙
昭和54年(1979年)10月7日実施

【第1区】定数5

当	楢崎弥之助	59	男	社民連	前	149,572
当	田中 昭二	52	男	公明	前	125,145
当	山崎 拓	42	男	自民	前	120,975
当	辻 英雄	60	男	自民	前	109,765
当	河野 正	65	男	社会	元	94,594
	諫山 博	57	男	共産	元	87,844
	太田 誠一	33	男	自民	新	83,379
	井原 忠良	47	男	無所属	新	49,908
	小林 喜幸	32	男	無所属	新	3,175
	篠崎為八郎	35	男	無所属	新	2,169
	上村 和男	30	男	諸派	新	1,214

【第2区】定数5

当	三原 朝雄	70	男	自民	前	109,634
当	多賀谷真稔	59	男	社会	前	93,258
当	大橋 敏雄	53	男	公明	前	73,190
当	麻生 太郎	39	男	自民	新	71,041
当	宮田 早苗	60	男	民社	前	66,707
	小沢 和秋	48	男	共産	新	63,528
	松本 七郎	67	男	社会	前	56,378
	日高 康	43	男	無所属	新	16,949
	藤井 純二	32	男	諸派	新	940

【第3区】定数5

当	細谷 治嘉	67	男	社会	前	79,780
当	稲富 稜人	76	男	民社	前	73,922
当	山崎平八郎	67	男	自民	前	68,883
当	権藤 恒夫	49	男	公明	前	66,553
当	楢橋 進	45	男	自民	前	57,083
	古賀 誠	39	男	自民	新	52,535
	松石 秀介	51	男	共産	新	23,711
	高原佐久馬	53	男	無所属	新	10,599

【第4区】定数4

当	田中 六助	56	男	自民	前	111,799
当	中西 績介	53	男	社会	前	82,686
当	鍛冶 清	51	男	公明	前	82,537
当	三浦 久	48	男	共産	元	80,570
	蔵内 修治	61	男	自民	前	79,767
	荒木 昭三	47	男	無所属	新	7,954

第36回衆議院議員選挙
昭和55年(1980年)6月22日実施

【第1区】定数5

当	山崎 拓	43	男	自民	前	144,513
当	楢崎弥之助	60	男	社民連	前	144,455
当	太田 誠一	34	男	自民	新	136,824
当	田中 昭二	53	男	公明	前	120,703
当	辻 英雄	60	男	自民	前	115,966
	河野 正	66	男	社会	前	114,521
	諫山 博	58	男	共産	元	88,468
	大倉 英生	30	男	諸派	新	2,519

【第2区】定数5

当	三原 朝雄	70	男	自民	前	92,123
当	麻生 太郎	39	男	自民	前	85,826
当	宮田 早苗	61	男	民社	前	82,482
当	大橋 敏雄	54	男	公明	前	75,741
当	小沢 和秋	48	男	共産	新	74,706
	多賀谷真稔	60	男	社会	前	74,165
	松本 七郎	68	男	社会	元	68,352
	藤井 純二	33	男	諸派	新	1,380

【第3区】定数5

当	古賀 誠	39	男	自民	新	85,822
当	楢橋 進	46	男	自民	前	75,699
当	細谷 治嘉	67	男	社会	前	73,848
当	稲富 稜人	77	男	民社	前	71,909
当	山崎平八郎	68	男	自民	前	67,597
	権藤 恒夫	50	男	公明	前	64,019
	松石 秀介	51	男	共産	新	22,992
	上村 和男	31	男	諸派	新	2,333

【第4区】定数4

当	田中 六助	57	男	自民	前	164,746
当	中西 績介	54	男	社会	前	96,953
当	鍛冶 清	52	男	公明	前	76,366
当	三浦 久	49	男	共産	前	74,435
	春永 学	77	男	無所属	新	20,532

第37回衆議院議員選挙
昭和58年(1983年)12月18日実施

【第1区】定数5

当	神崎 武法	40	男	公明	新	146,295
当	河野 正	69	男	社会	元	145,011
当	山崎 拓	47	男	自民	前	142,419
当	太田 誠一	38	男	自民	前	136,532
当	辻 英雄	64	男	自民	前	118,039
	楢崎弥之助	63	男	社民連	前	114,502
	津野 嘉代	46	女	共産	新	60,050

【第2区】定数5

当	多賀谷真稔	63	男	社会	元	119,899
当	大橋 敏雄	58	男	公明	前	96,159

衆議院・選挙区（福岡県）　　　　　国政選挙総覧

当	三原　朝雄	74	男	自民	前	91,329	
当	宮田　早苗	64	男	民社	前	86,749	
当	小沢　和秋	52	男	共産	前	78,090	
	麻生　太郎	43	男	自民	前	75,412	

【第3区】定数5
当	細谷　治嘉	71	男	社会	前	76,766
当	権藤　恒夫	53	男	公明	元	76,328
当	古賀　誠	43	男	自民	前	72,091
当	山崎平八郎	72	男	自民	前	60,293
当	稲富　稜人	81	男	民社	前	59,518
	古賀　正浩	49	男	自民	新	53,034
	楢橋　進	49	男	自民	新	45,781
	久後　勝幸	39	男	共産	新	13,003
	島津　尚純	38	男	無所属	新	12,728

【第4区】定数4
当	田中　六助	60	男	自民	前	101,883
当	中西　績介	57	男	社会	前	87,619
当	自見庄三郎	38	男	自民	新	85,242
当	三浦　久	52	男	共産	前	79,154
	鍛治　清	55	男	公明	前	78,621

第38回衆議院議員選挙
昭和61年（1986年）7月6日実施

【第1区】定数5
当	山崎　拓	49	男	自民	前	188,279
当	楢崎弥之助	66	男	社民連	元	179,066
当	太田　誠一	40	男	自民	前	141,730
当	神崎　武法	42	男	公明	前	135,536
当	河野　正	72	男	社会	前	108,952
	吉村剛太郎	47	男	自民	新	79,748
	津野　嘉代	48	女	共産	新	58,563
	薦野　健	45	男	自民	新	47,370

【第2区】定数5
当	麻生　太郎	45	男	自民	元	134,179
当	多賀谷真稔	66	男	社会	前	97,965
当	北橋　健治	33	男	民社	新	93,981
当	三原　朝彦	39	男	自民	新	83,204
当	大橋　敏雄	60	男	公明	前	82,561
	小沢　和秋	54	男	共産	前	75,373

【第3区】定数5
当	古賀　正浩	51	男	自民	新	96,950
当	古賀　誠	45	男	自民	前	92,807
当	細谷　治嘉	73	男	社会	前	77,065
当	権藤　恒夫	56	男	公明	前	72,426
当	山崎平八郎	74	男	自民	前	67,107
	島津　尚純	41	男	民社	新	34,922
	久後　勝幸	41	男	共産	新	16,642
	楢橋　進	52	男	無所属	元	16,344
	川口　穣	39	男	無所属	新	3,983
	大倉　英生	36	男	諸派	新	1,077

【第4区】定数4
当	自見庄三郎	40	男	自民	前	100,591

当	鍛治　清	58	男	公明	元	89,171
当	尾形　智矩	49	男	自民	新	88,326
当	中西　績介	60	男	社会	前	82,381
	三浦　久	55	男	共産	前	73,412
	村田　直治	42	男	民社	新	29,496

第39回衆議院議員選挙
平成2年（1990年）2月18日実施

【第1区】定数5
当	楢崎弥之助	69	男	社民連	前	179,568
当	松本　龍	38	男	社会	新	176,945
当	山崎　拓	53	男	自民	前	160,388
当	太田　誠一	44	男	自民	前	154,034
当	神崎　武法	46	男	公明	前	147,112
	吉村剛太郎	51	男	自民	新	113,707
	本庄　庸	52	男	共産	新	50,131
	前田　宏三	41	男	無所属	新	33,287
	篠田栄太郎	52	男	無所属	新	18,758

【第2区】定数5
当	岩田　順介	52	男	社会	新	123,468
当	麻生　太郎	49	男	自民	前	99,876
当	三原　朝彦	42	男	自民	前	90,643
当	小沢　和秋	58	男	共産	元	85,586
当	東　順治	43	男	公明	新	81,578
	北橋　健治	36	男	民社	前	80,861

【第3区】定数5
当	細谷　治通	50	男	社会	新	91,463
当	古賀　誠	49	男	自民	前	86,601
当	古賀　正浩	55	男	自民	前	72,629
当	権藤　恒夫	59	男	公明	前	66,163
当	古賀　一成	42	男	自民	新	56,978
	島津　尚純	45	男	民社	新	46,653
	中村　晃生	42	男	無所属	新	35,218
	高石　邦男	59	男	無所属	新	30,371
	笠原　忠雄	64	男	共産	新	17,639
	上村　和男	41	男	諸派	新	1,784

【第4区】定数4
当	中西　績介	64	男	社会	前	103,857
当	自見庄三郎	44	男	自民	前	83,183
当	三浦　久	59	男	共産	元	76,603
当	鍛治　清	62	男	公明	前	74,493
	山本　幸三	41	男	自民	新	72,998
	尾形　智矩	53	男	自民	前	34,672
	田中　憲明	55	男	民社	新	28,186
	西本　菊雄	46	男	無所属	新	3,199

第40回衆議院議員選挙
平成5年（1993年）7月18日実施

【第1区】定数6
当	山崎広太郎	51	男	日本新	新	231,720
当	山崎　拓	56	男	自民	前	160,585

当	神崎　武法	50	男	公明	前	141,751
当	太田　誠一	47	男	自民	前	132,130
当	松本　　龍	42	男	社会	前	120,668
当	楢崎弥之助	73	男	社民連	前	107,302
	本庄　　庸	56	男	共産	新	62,428
	山口　　実	44	男	無所属	新	10,044

【第２区】定数５

当	麻生　太郎	52	男	自民	前	101,080
当	三原　朝彦	46	男	さき	前	100,201
当	北橋　健治	40	男	民社	元	97,123
当	東　　順治	46	男	公明	前	82,821
当	岩田　順介	55	男	社会	前	78,731
	小沢　和秋	61	男	共産	前	64,652

【第３区】定数５

当	古賀　正浩	58	男	新生	前	94,366
当	古賀　　誠	52	男	自民	前	90,980
当	権藤　恒夫	63	男	公明	前	68,502
当	細谷　治通	54	男	社会	前	64,972
当	古賀　一成	45	男	自民	前	59,263
	島津　尚純	48	男	民社	新	53,228
	中村　晃生	46	男	無所属	新	20,263
	笠原　忠雄	67	男	共産	新	16,355

【第４区】定数４

当	山本　幸三	44	男	新生	新	98,362
当	自見庄三郎	47	男	自民	前	85,652
当	弘友　和夫	48	男	公明	新	70,998
当	中西　績介	67	男	社会	前	69,399
	三浦　　久	62	男	共産	前	53,435
	植田　義明	48	男	日本新	新	44,776
	武田　良太	25	男	自民	新	14,172

第41回衆議院議員選挙

平成８年（1996年）10月20日実施

【第１区】定数１

当	松本　　龍	45	男	民主[比]	前	74,537
	西田　藤二	45	男	自民[比]	新	56,748
	大賀サワ子	52	女	共産	新	21,839
	山口　　実	47	男	諸派	新	6,629

【第２区】定数１

当	山崎　　拓	59	男	自民	前	98,095
	山崎広太郎	55	男	新進	前	73,066
	長尾　正昭	54	男	共産	新	19,151
	中願寺純則	36	男	無所属	新	6,242
	岡地　　緑	37	女	自連	新	2,663

【第３区】定数１

当	太田　誠一	50	男	自民	前	88,953
	楢崎　欣弥	53	男	新進	新	66,788
	高田　裕治	32	男	共産	新	21,421
	矢野　　匡	31	男	自連	新	4,560

【第４区】定数１

当	渡辺　具能	55	男	自民[比]	新	86,765
	東　　順治	50	男	新進[比]	前	62,051
	吉田　照雄	75	男	共産	新	19,211
	畑江　　隆	47	男	自連	新	3,984

【第５区】定数１

当	原田　義昭	52	男	自民[比]	元	85,399
	楠田　幹人	55	男	新進	新	66,353
	佐藤　耕造	60	男	自連[比]	新	25,810
	木原　民也	70	男	共産	新	19,895

【第６区】定数１

当	古賀　正浩	62	男	新進	前	106,262
	根城　　堅	55	男	自民[比]	新	71,742
	丸林　秀彦	54	男	共産	新	20,368

【第７区】定数１

当	古賀　　誠	56	男	自民	前	90,432
	塩塚　公一	46	男	新進	新	69,305
	細谷　治通	57	男	民主[比]	前	38,885
	笠原　忠雄	70	男	共産	新	15,452

【第８区】定数１

当	麻生　太郎	56	男	自民[比]	前	114,408
比当	岩田　順介	59	男	民主[比]	前	80,974
	本田　文吉	65	男	共産	新	31,206

【第９区】定数１

当	北橋　健治	43	男	新進	前	91,757
	三原　朝彦	49	男	さき[比]	前	76,974
	小沢　和秋	65	男	共産[比]	元	46,656

【第10区】定数１

当	自見庄三郎	50	男	自民[比]	前	95,967
	弘友　和夫	52	男	新進	前	81,678
	木下　紀男	49	男	共産	新	36,118
	中島　英孝	46	男	自連	新	4,826

【第11区】定数１

当	山本　幸三	48	男	新進	前	66,798
比当	中西　績介	70	男	社民[比]	前	51,569
	武田　良太	28	男	自民[比]	新	42,152
	猪本　忠夫	67	男	共産	新	12,741

第42回衆議院議員選挙

平成12年（2000年）６月25日実施

【第１区】定数１

当	松本　　龍	49	男	民主[比]	前	82,241
	西田　藤二	48	男	自民[比]	新	68,483
	大賀さわ子	56	女	共産	新	19,690
	石田　美香	34	女	自連	新	7,101

【第２区】定数１

当	山崎　　拓	63	男	自民[比]	前	93,234
	岩本　　司	35	男	民主[比]	新	79,544
	清水とし子	50	女	共産	新	24,762
	城野美代子	48	女	自連	新	10,178

【第３区】定数１

当	太田　誠一	54	男	自民[比]	前	104,346
	藤田　一枝	50	女	民主[比]	新	80,730
	熊谷　敦子	48	女	共産	新	18,691
	窪川　数枝	64	女	自連	新	4,493

【第4区】定数1

当	渡辺　具能	59	男	自民[比]前	87,327
比当	楢崎　欣弥	56	男	民主[比]新	78,128
	松尾　寅彦	58	男	共産　新	18,802

【第5区】定数1

当	原田　義昭	55	男	自民[比]前	93,343
	松本　惟子	63	女	民主[比]前	58,392
	佐藤　耕造	64	男	自連[比]新	47,002
	森山　晧子	55	女	共産　新	20,608

【第6区】定数1

当	古賀　正浩	65	男	自民[比]前	105,423
比当	古賀　一成	52	男	民主[比]前	90,861
	丸林　秀彦	58	男	共産　新	15,931
	原　　武夫	62	男	自連　新	5,770

【第7区】定数1

当	古賀　　誠	59	男	自民[比]前	124,024
	細谷　治通	61	男	民主[比]元	69,388
	山田真一郎	51	男	共産[比]新	17,419
	山元　良夫	57	男	自連　新	2,520

【第8区】定数1

当	麻生　太郎	59	男	自民[比]前	120,178
	岩田　順介	62	男	民主[比]前	65,280
	坂元　雅子	58	女	共産　新	26,266
	大塚　和弘	62	男	社民[比]新	25,021
	山元美恵子	53	女	自連　新	4,029

【第9区】定数1

当	北橋　健治	47	男	民主[比]前	102,016
	三原　朝彦	53	男	自民[比]元	81,809
比当	小沢　和秋	68	男	共産[比]元	44,462
	渡辺　信幸	36	男	自連[比]新	5,977

【第10区】定数1

当	自見庄三郎	54	男	自民[比]前	88,446
	島津　尚純	55	男	民主[比]前	47,792
	仁比　聡平	36	男	共産[比]新	37,881
	森本　由美	34	女	社民[比]新	35,856
	落合　恵子	38	女	自連　新	7,046

【第11区】定数1

当	山本　幸三	51	男	無所属　前	68,440
	武田　良太	32	男	自民[比]新	65,838
比当	中西　績介	74	男	社民[比]前	41,152
	柳武フク代	62	女	共産　新	11,608
	伊藤　弘毅	56	男	自連　新	1,698

《補選》第42回衆議院議員選挙

平成14年(2002年)10月27日実施

※古賀正浩の死去による

【第6区】被選挙数1

当	荒巻　隆三	30	男	自民　新	84,740
	古賀　一成	55	男	民主　前	61,080
	延　　嘉隆	29	男	無所属　新	24,123
	丸林　秀彦	60	男	共産　新	7,820

第43回衆議院議員選挙

平成15年(2003年)11月9日実施

【第1区】定数1

当	松本　　龍	52	男	民主[比]前	92,969
	富永　泰輔	28	男	自民[比]新	53,611
	大島　久代	47	女	共産　新	15,940
	藤本　　豊	52	男	無所属　新	4,179
	伊藤　育子	67	女	無所属　新	3,711

【第2区】定数1

当	古賀潤一郎	45	男	民主[比]新	104,620
	山崎　　拓	66	男	自民[比]前	94,565
	行徳　収司	62	男	共産　新	15,626

【第3区】定数1

当	藤田　一枝	54	女	民主[比]新	101,742
	太田　誠一	58	男	自民[比]前	95,839
	中園　辰信	51	男	共産　新	14,257

【第4区】定数1

当	渡辺　具能	62	男	自民[比]前	95,469
比当	楢崎　欣弥	60	男	民主[比]前	79,712
	新留　清隆	48	男	共産　新	12,713

【第5区】定数1

当	原田　義昭	59	男	自民[比]前	105,071
比当	楠田　大蔵	28	男	民主[比]新	81,166
	松崎百合子	48	女	社民[比]新	18,419
	河内　直子	50	女	共産　新	12,756

【第6区】定数1

当	古賀　一成	56	男	民主[比]元	108,678
	荒巻　隆三	31	男	自民[比]前	103,616
	中西　和也	61	男	共産　新	9,785

【第7区】定数1

当	古賀　　誠	63	男	自民[比]前	119,837
	馬場恵美子	52	女	社民[比]新	49,262
	大森　秀久	52	男	共産　新	19,461

【第8区】定数1

当	麻生　太郎	63	男	自民[比]前	132,646
	大島九州男	42	男	民主[比]新	75,879
	渡辺　和幸	44	男	共産　新	21,272

【第9区】定数1

当	北橋　健治	50	男	民主[比]前	102,581
比当	三原　朝彦	56	男	自民[比]元	99,091
	井上　真吾	27	男	共産　新	25,354

【第10区】定数1

当	自見庄三郎	58	男	自民[比]前	91,974
比当	城井　　崇	30	男	民主[比]新	79,735
	仁比　聡平	40	男	共産[比]新	31,779

【第11区】定数1

当	武田　良太	35	男	無所属　新	78,882
	山本　幸三	55	男	自民[比]前	62,628
	手嶋　秀昭	61	男	社民[比]新	35,591
	村上　勝二	52	男	共産　新	8,790

《補選》第43回衆議院議員選挙
平成17年（2005年）4月24日実施
※古賀潤一郎の辞職による

【第2区】被選挙数 1
当	山崎　　拓	68	男	自民	元	96,174
	平田　正源	37	男	民主	新	78,311
	山田　博敏	43	男	共産	新	9,868
	西村健志郎	45	男	無所属	新	3,292
	浜武　振一	39	男	無所属	新	2,857
	藤本　　豊	54	男	無所属	新	1,004

第44回衆議院議員選挙
平成17年（2005年）9月11日実施

【第1区】定数 1
当	松本　　龍	54	男	民主	比前	99,939
比当	遠藤　宣彦	42	男	自民	比新	92,891
	橋本　英一	57	男	共産	新	18,611

【第2区】定数 1
当	山崎　　拓	68	男	自民	比前	136,702
	平田　正源	37	男	民主	比新	96,963
	山田　博敏	43	男	共産	新	12,852
	西村健志郎	46	男	社民	比新	11,771
	藤本　　豊	54	男	無所属	新	2,821

【第3区】定数 1
当	太田　誠一	59	男	自民	比元	139,428
	藤田　一枝	56	女	民主	比前	104,734
	中園　辰信	53	男	共産	新	13,723

【第4区】定数 1
当	渡辺　具能	64	男	自民	比前	114,613
	楢崎　欣弥	62	男	民主	比前	85,658
	新留　清隆	50	男	共産	新	15,542

【第5区】定数 1
当	原田　義昭	60	男	自民	比前	139,178
	楠田　大蔵	30	男	民主	比前	104,550
	河内　直子	52	女	共産	新	17,560

【第6区】定数 1
当	鳩山　邦夫	56	男	自民	比前	131,946
比当	古賀　一成	58	男	民主	比前	109,826
	中西　和也	63	男	共産	新	11,623

【第7区】定数 1
当	古賀　　誠	65	男	自民	比前	112,420
	中屋　大介	27	男	民主	比新	75,524
	大森　秀久	54	男	共産	新	19,847

【第8区】定数 1
当	麻生　太郎	64	男	自民	比前	145,229
	大島九州男	44	男	民主	比新	87,856
	渡辺　和幸	45	男	共産	新	22,176

【第9区】定数 1
当	三原　朝彦	58	男	自民	比前	121,465
比当	北橋　健治	52	男	民主	比前	106,738
	真島　省三	42	男	共産	新	26,791

【第10区】定数 1
当	西川　京子	59	女	自民	比前	97,748
	自見庄三郎	59	男	無所属	前	65,129
	城井　　崇	32	男	民主	比前	60,662
	田村　貴昭	44	男	共産	新	21,140
	小島潤一郎	34	男	社民	比新	10,191

【第11区】定数 1
当	武田　良太	37	男	無所属	前	78,757
比当	山本　幸三	57	男	自民	比元	78,308
	稲富　修二	35	男	民主	比新	32,231
	村上　勝二	53	男	共産	新	10,075

第45回衆議院議員選挙
平成21年（2009年）8月30日実施

【第1区】定数 1
当	松本　　龍	58	男	民主	比前	123,441
	遠藤　宣彦	46	男	自民	比前	88,648
	内田　　裕	53	男	共産	新	18,046
	宮崎　道秀	51	男	諸派	新	3,753

【第2区】定数 1
当	稲富　修二	39	男	民主	比新	156,431
	山崎　　拓	72	男	自民	比前	103,270
	小林　解子	29	女	共産	比新	16,818
	佐竹　秀夫	55	男	諸派	新	3,043

【第3区】定数 1
当	藤田　一枝	60	女	民主	比元	142,489
	太田　誠一	63	男	自民	比前	108,236
	川原　康裕	27	男	共産	新	14,551
	吉冨　安彦	49	男	諸派	新	4,364

【第4区】定数 1
当	古賀　敬章	56	男	民主	比元	119,500
	渡辺　具能	68	男	自民	比前	106,124
	鈴木　幸治	28	男	諸派	新	5,437

【第5区】定数 1
当	楠田　大蔵	34	男	民主	比前	148,502
	原田　義昭	64	男	自民	比前	125,767
	鵄　　卓徳	49	男	諸派	新	5,139

【第6区】定数 1
当	鳩山　邦夫	60	男	自民	比前	138,327
比当	古賀　一成	62	男	民主	比前	119,481
	佐藤　　浩	46	男	諸派	新	4,429

【第7区】定数 1
当	古賀　　誠	69	男	自民	前	128,137
比当	野田　国義	51	男	民主	比新	104,728

【第8区】定数 1
当	麻生　太郎	68	男	自民	前	165,327
比当	山本　剛正	37	男	民主	比新	96,327
	大塚　祐子	46	女	諸派	新	4,095

【第9区】定数 1
当	緒方林太郎	36	男	民主	比新	122,815
	三原　朝彦	62	男	自民	比前	109,807
	青木　信恭	67	男	共産	新	22,382

	八野　知子	38	女	諸派	新	2,815

【第10区】定数１

当	城井　　崇	36	男	民主[比]	元	123,312
	西川　京子	63	女	自民[比]	前	106,365
	篠田　　清	61	男	共産[比]	新	22,980
	川上　憲信	49	男	諸派	新	3,907

【第11区】定数１

当	武田　良太	41	男	自民[比]	前	106,334
	山口はるな	33	女	社民[比]	新	61,192
	山下登美子	55	女	共産	新	14,475
	小迫日出典	41	男	諸派	新	3,142

第46回衆議院議員選挙

平成24年（2012年）12月16日実施

【第１区】定数１

当	井上　貴博	50	男	自民[比]	新	96,706
	竹内今日生	38	男	みんな[比]	新	45,014
	松本　　龍	61	男	民主[比]	前	36,632
	比江嶋俊和	65	男	共産	新	15,992
	犬丸　勝子	57	女	無所属	新	5,762

【第２区】定数１

当	鬼木　　誠	40	男	自民[比]	新	105,493
	稲富　修二	42	男	民主[比]	前	68,359
	頭山晋太郎	35	男	維新[比]	新	42,731
	倉元　達朗	45	男	共産	新	14,115
	小谷　　学	39	男	未来[比]	新	11,442

【第３区】定数１

当	古賀　　篤	40	男	自民[比]	新	118,299
	藤田　一枝	63	女	民主[比]	前	57,472
	寺島　浩幸	51	男	みんな[比]	新	42,126
	川原　康裕	31	男	共産	新	13,093

【第４区】定数１

当	宮内　秀樹	50	男	自民[比]	新	86,039
比当	河野　正美	51	男	維新[比]	新	42,319
	岸本　善成	38	男	民主[比]	新	31,432
	古賀　敬章	59	男	未来[比]	前	17,237
	新留　清隆	57	男	共産	新	11,946
	吉冨　和枝	53	女	諸派	新	3,543

【第５区】定数１

当	原田　義昭	68	男	自民[比]	元	113,155
	楠田　大蔵	37	男	民主[比]	前	56,940
	吉田　俊之	56	男	維新[比]	新	46,416
	浜武　振一	47	男	未来[比]	新	11,213
	田中　陽二	56	男	共産	新	11,068

【第６区】定数１

当	鳩山　邦夫	64	男	無所属	前	87,705
	古賀　一成	65	男	民主[比]	前	47,643
	内野　雅晴	36	男	維新[比]	新	32,321
	江口　善明	38	男	無所属	新	32,305
	金子　睦美	51	女	共産	新	11,003

【第７区】定数１

当	藤丸　　敏	52	男	自民[比]	新	96,172
	野田　国義	54	男	民主[比]	前	53,647
	古賀　輝生	49	男	みんな[比]	新	19,775
	江口　　学	38	男	共産	新	9,845

【第８区】定数１

当	麻生　太郎	72	男	自民[比]	前	146,712
	山本　剛正	40	男	民主[比]	前	46,213
	新井　高雄	63	男	共産	新	21,678

【第９区】定数１

当	三原　朝彦	65	男	自民[比]	元	97,419
	緒方林太郎	39	男	民主[比]	前	62,186
	荒木　　学	47	男	維新[比]	新	30,093
	真島　省三	49	男	共産[比]	新	22,109

【第10区】定数１

当	山本　幸三	64	男	自民	前	87,460
	城井　　崇	39	男	民主[比]	前	55,040
比当	佐藤　正夫	57	男	みんな[比]	新	45,698
	高瀬菜穂子	52	女	共産	新	22,214

【第11区】定数１

当	武田　良太	44	男	自民[比]	前	86,443
	堀　　大助	33	男	維新[比]	新	38,091
	谷瀬　綾子	36	女	社民[比]	新	18,715
	山下登美子	59	女	共産	新	11,469

第47回衆議院議員選挙

平成26年（2014年）12月14日実施

【第１区】定数１

当	井上　貴博	52	男	無所属	前	59,712
	山本　剛正	42	男	民主[比]	元	42,960
	新開　裕司	46	男	無所属	前	31,087
	比江嶋俊和	67	男	共産	新	18,906
	金出　公子	67	女	無所属	新	6,764
	明石健太郎	42	男	諸派	新	4,883

【第２区】定数１

当	鬼木　　誠	42	男	自民[比]	前	102,241
	稲富　修二	44	男	民主[比]	元	83,535
	倉元　達朗	47	男	共産	新	17,200
	中村　宣久	52	男	無所属	新	3,682

【第３区】定数１

当	古賀　　篤	42	男	自民[比]	前	114,093
	藤田　一枝	65	女	民主[比]	元	65,395
	川原　康裕	33	男	共産	新	19,164

【第４区】定数１

当	宮内　秀樹	52	男	自民[比]	前	91,222
比当	河野　正美	53	男	維新[比]	前	54,663
	新留　清隆	59	男	共産	新	23,285

【第５区】定数１

当	原田　義昭	70	男	自民[比]	前	113,736
	楠田　大蔵	39	男	民主[比]	元	73,805
	田中　陽二	58	男	共産	新	21,251

【第６区】定数１

当	鳩山　邦夫	66	男	自民[比]	前	116,413
	金子　睦美	53	女	共産	新	45,357

【第7区】定数1
当	藤丸　敏	54	男	自民㊗前		95,796
	江口　学	40	男	共産　新		40,003

【第8区】定数1
当	麻生　太郎	74	男	自民　前		126,684
	河野　祥子	34	女	共産　新		50,947

【第9区】定数1
当	三原　朝彦	67	男	自民㊗前		87,892
比当	緒方林太郎	41	男	民主㊗元		71,871
比当	真島　省三	51	男	共産㊗新		26,443

【第10区】定数1
当	山本　幸三	66	男	自民㊗前		81,567
	城井　崇	41	男	民主㊗元		58,599
	高瀬菜穂子	54	女	共産　新		25,941
	佐藤　正夫	59	男	無所属　前		18,400

【第11区】定数1
当	武田　良太	46	男	自民㊗前		85,488
	藤中　寛之	40	男	社民㊗新		24,138
	山下登美子	61	女	共産　新		20,694

《補選》第47回衆議院議員選挙
平成28年（2016年）10月23日実施
※鳩山邦夫の死去による

【第6区】被選挙数1
当	鳩山　二郎	37	男	無所属　新		106,531
	新井富美子	49	女	民進　新		40,020
	蔵内　謙	35	男	無所属　新		22,253
	西原　忠弘	61	男	諸派　新		2,359

選挙区・佐賀県

第24回衆議院議員選挙
昭和24年（1949年）1月23日実施

【全県区】定数5
当	永井　英修	57	男	民自　新		54,053
当	保利　茂	49	男	民主　元		48,686
当	中村　又一	60	男	民主　前		44,684
当	三池　信	49	男	民自　新		43,060
当	北川　定務	49	男	民自　新		41,140
	波多　然	45	男	共産　新		27,766
	森　直次	50	男	民自　前		23,814
	加藤　義一	52	男	労農　新		15,536
	梁井　淳二	53	男	民自　前		14,950
	宮地　秀雄	43	男	民主　新		14,401
	角田藤三郎	53	男	社会　前		14,394
	大島　多蔵	47	男	国協　前		12,736
	水口　仙松	44	男	無所属　新		12,149
	美間坂剛太	55	男	民自　新		11,314
	本城　広信	42	男	社会　新		8,995
	福田　種男	47	男	無所属　新		1,793

第25回衆議院議員選挙
昭和27年（1952年）10月1日実施

【全県区】定数5
当	保利　茂	50	男	自由　前		62,737
当	愛野時一郎	52	男	無所属　元		53,969
当	井手　以誠	42	男	左社　新		48,609
当	三池　信	51	男	自由　前		37,612
当	舘林三喜男	48	男	無所属　新		35,181
繰当	江藤　夏雄	49	男	自由　元		29,259
	中野　敏雄	53	男	自由　新		22,379
	中村　又一	61	男	改進　前		22,353
	北川　定務	52	男	自由　前		21,957
	永井　英修	58	男	自由　前		21,677
	大坪　保雄	53	男	自由　新		20,920
	藤生安太郎	57	男	無所属　元		19,771
	海口　守三	51	男	右社　新		15,537
	池田　秀雄	72	男	改進　元		10,273
	富永　進	30	男	共産　新		5,333
	美間坂剛太	56	男	無所属　新		4,355
	本城　広信	44	男	協同　新		2,845

※愛野時一郎（改進）死去のため昭和28年1月5日
江藤夏雄（自由）が繰上当選

第26回衆議院議員選挙
昭和28年（1953年）4月19日実施

【全県区】定数5
当	井手　以誠	43	男	左社　前		64,095
当	保利　茂	51	男	自由吉　前		55,589
当	三池　信	52	男	自由吉　前		52,799
当	舘林三喜男	49	男	改進　前		42,734
当	江藤　夏雄	49	男	自由吉　前		38,958
	大坪　保雄	54	男	自由吉　新		35,784
	真崎　勝次	69	男	無所属　元		35,356
	中村　又一	62	男	改進　元		34,302
	藤生安太郎	57	男	自由鳩　元		25,806
	北川　定務	53	男	自由鳩　元		18,706
	海口　守三	52	男	右社　新		15,140
	井上二二夫	27	男	共産　新		4,672
	加藤　義一	54	男	労農　新		2,231

第27回衆議院議員選挙
昭和30年（1955年）2月27日実施

【全県区】定数5
当	保利　茂	53	男	自由　前		56,165

衆議院・選挙区（佐賀県）

当	八木　　昇	33	男	左社	新	54,214
当	井手　以誠	45	男	左社	前	48,357
当	真崎　勝次	70	男	民主	元	46,989
当	大坪　保雄	55	男	自由	新	42,941
	舘林三喜男	51	男	民主	前	40,741
	三池　　信	54	男	自由	前	39,776
	江藤　夏雄	51	男	自由	前	31,615
	藤生安太郎	59	男	民主	元	30,091
	中村　又一	64	男	民主	元	25,677
	向　　義法	48	男	右社	新	9,924
	加藤　義一	56	男	労農	新	1,476

第28回衆議院議員選挙
昭和33年（1958年）5月22日実施

【全県区】定数 5

当	三池　　信	57	男	自民	元	76,627
当	保利　　茂	56	男	自民	前	62,497
当	井手　以誠	48	男	社会	前	60,484
当	八木　　昇	36	男	社会	前	57,898
当	大坪　保雄	59	男	自民	前	52,055
	舘林三喜男	54	男	自民	元	51,494
	光石　士郎	53	男	自民	新	42,178
	真崎　勝次	73	男	自民	前	36,038
	波多　　然	53	男	共産	新	7,157

第29回衆議院議員選挙
昭和35年（1960年）11月20日実施

【全県区】定数 5

当	古賀　　了	56	男	諸派	新	75,978
当	保利　　茂	58	男	自民	前	62,224
当	三池　　信	59	男	自民	前	59,751
当	井手　以誠	50	男	社会	前	53,957
当	舘林三喜男	56	男	自民	元	52,994
	大坪　保雄	61	男	自民	前	52,205
	八木　　昇	38	男	社会	前	49,962
	松岡　平市	59	男	自民	元	24,782
	波多　　然	55	男	共産	新	7,792
	古屋　義貴	55	男	民社	新	4,307

第30回衆議院議員選挙
昭和38年（1963年）11月21日実施

【全県区】定数 5

当	井手　以誠	53	男	社会	前	66,674
当	大坪　保雄	64	男	自民	元	64,688
当	三池　　信	62	男	自民	前	60,806
当	八木　　昇	41	男	社会	元	59,646
当	舘林三喜男	59	男	自民	前	57,893
	保利　　茂	61	男	自民	前	53,123
	古賀　　了	59	男	無所属	前	38,893
	山下　英雄	35	男	民社	新	17,088

	江口子午三	54	男	共産	新	4,602

第31回衆議院議員選挙
昭和42年（1967年）1月29日実施

【全県区】定数 5

当	保利　　茂	65	男	自民	元	103,863
当	三池　　信	66	男	自民	前	78,733
当	八木　　昇	45	男	社会	前	64,846
当	大坪　保雄	67	男	自民	前	61,586
当	井手　以誠	57	男	社会	前	60,221
	舘林三喜男	63	男	自民	前	58,602
	三宅　秀夫	37	男	共産	新	5,629

第32回衆議院議員選挙
昭和44年（1969年）12月27日実施

【全県区】定数 5

当	保利　　茂	68	男	自民	前	116,173
当	三池　　信	68	男	自民	前	65,963
当	大坪　保雄	70	男	自民	前	59,690
当	山下　徳夫	50	男	自民	新	55,242
当	八木　　昇	48	男	社会	前	50,116
	高橋　義男	56	男	社会	新	37,542
	中村吉次郎	61	男	民社	新	16,712
	三宅　秀夫	40	男	共産	新	7,585
	岩永　武夫	58	男	無所属	新	5,890

第33回衆議院議員選挙
昭和47年（1972年）12月10日実施

【全県区】定数 5

当	保利　　茂	70	男	自民	前	97,704
当	八木　　昇	50	男	社会	前	82,475
当	愛野興一郎	44	男	自民	新	72,436
当	三池　　信	71	男	自民	前	63,914
当	山下　徳夫	53	男	自民	前	63,903
	大坪　保雄	73	男	自民	前	59,091
	池田　康彦	42	男	共産	新	14,091

第34回衆議院議員選挙
昭和51年（1976年）12月5日実施

【全県区】定数 5

当	保利　　茂	74	男	自民	現	90,208
当	山下　徳夫	57	男	自民	現	75,397
当	三池　　信	75	男	自民	現	67,708
当	大坪健一郎	51	男	無所属	新	65,091
当	愛野興一郎	48	男	自民	現	52,595
	八木　　昇	54	男	社会	現	51,934
	踊　　哲郎	43	男	社会	新	39,807
	中野　鉄造	49	男	公明	新	30,679
	三宅　秀夫	48	男	共産	新	13,058

西山権太郎　76　男　無所属　新　　1,267

第35回衆議院議員選挙
昭和54年(1979年)10月7日実施
【全県区】定数5
当　保利　耕輔　　45　男　自民　新　105,990
当　八木　　昇　　57　男　社会　元　 87,750
当　愛野興一郎　51　男　自民　前　 85,929
当　山下　徳夫　　60　男　自民　前　 68,221
当　大坪健一郎　54　男　自民　前　 67,225
　　三池　　信　　78　男　自民　前　 65,001
　　平林　正勝　　32　男　共産　新　 7,978
　　中村　都茂　　30　男　無所属　新　7,385
　　山瀬　　徹　　30　男　諸派　新　 1,481

第36回衆議院議員選挙
昭和55年(1980年)6月22日実施
【全県区】定数5
当　保利　耕輔　　45　男　自民　前　 98,151
当　三池　　信　　79　男　自民　元　 90,022
当　八木　　昇　　58　男　社会　前　 80,608
当　愛野興一郎　52　男　自民　前　 78,078
当　山下　徳夫　　60　男　自民　前　 76,702
　　大坪健一郎　54　男　自民　前　 67,598
　　武藤　明美　　32　女　共産　新　 14,535
　　山瀬　　徹　　31　男　諸派　新　 1,515

第37回衆議院議員選挙
昭和58年(1983年)12月18日実施
【全県区】定数5
当　八木　　昇　　62　男　社会　前　 95,126
当　保利　耕輔　　49　男　自民　前　 84,913
当　愛野興一郎　55　男　自民　前　 80,040
当　山下　徳夫　　64　男　自民　前　 75,561
当　三池　　信　　82　男　自民　前　 60,938
　　平林　正勝　　36　男　共産　新　 26,297

第38回衆議院議員選挙
昭和61年(1986年)7月6日実施
【全県区】定数5
当　大坪健一郎　60　男　無所属　元　96,815
当　保利　耕輔　　51　男　自民　前　 91,114
当　山下　徳夫　　66　男　自民　前　 91,018
当　愛野興一郎　58　男　自民　前　 83,264
当　緒方　克陽　　48　男　社会　新　 76,791
　　坂井　隆憲　　38　男　自民　新　 53,351
　　平林　正勝　　39　男　共産　新　 14,172

第39回衆議院議員選挙
平成2年(1990年)2月18日実施
【全県区】定数5
当　緒方　克陽　　52　男　社会　前　102,114
当　山下　徳夫　　70　男　自民　前　 84,738
当　保利　耕輔　　55　男　自民　前　 81,415
当　坂井　隆憲　　42　男　無所属　新　81,040
当　愛野興一郎　61　男　自民　前　 79,242
　　大坪健一郎　64　男　自民　前　 66,851
　　松尾　義幸　　42　男　共産　新　 16,287

第40回衆議院議員選挙
平成5年(1993年)7月18日実施
【全県区】定数5
当　山下　徳夫　　73　男　自民　前　 92,612
当　保利　耕輔　　58　男　自民　前　 86,368
当　愛野興一郎　65　男　新生　前　 83,627
当　緒方　克陽　　55　男　社会　前　 62,137
当　坂井　隆憲　　45　男　自民　前　 55,242
　　原口　一博　　34　男　無所属　新　54,693
　　横尾　俊彦　　37　男　日本新　新　51,266
　　松尾　義幸　　45　男　共産　新　 11,807
　　山口　節生　　43　男　無所属　新　 2,420

第41回衆議院議員選挙
平成8年(1996年)10月20日実施
【第1区】定数1
当　原口　一博　　37　男　新進　新　 62,515
比当　坂井　隆憲　　48　男　自民㊗前　60,286
　　緒方　克陽　　58　男　社民㊗前　27,514
　　上村　泰稔　　31　男　共産　新　 7,670
　　木村　　隆　　41　男　自連　新　 2,493
【第2区】定数1
当　今村　雅弘　　49　男　自民㊗新　75,072
　　横尾　俊彦　　40　男　新進　新　 49,337
　　平川　明宏　　43　男　共産　新　 8,420
　　永田　秀行　　32　男　自連　新　 1,643
【第3区】定数1
当　保利　耕輔　　62　男　自民　前　 91,871
　　天本　俊正　　54　男　新進　新　 22,409
　　田中　太朗　　27　男　自連㊗新　11,248
　　山崎　康弘　　52　男　共産　新　 9,622

第42回衆議院議員選挙
平成12年(2000年)6月25日実施
【第1区】定数1
当　坂井　隆憲　　52　男　自民㊗前　70,155
比当　原口　一博　　40　男　民主㊗前　62,932
　　緒方　克陽　　62　男　社民㊗元　30,018

	上村　泰稔	35	男	共産	新	7,173
	永井　　孝	50	男	自連	新	1,612

【第２区】定数１

当	今村　雅弘	53	男	自民[比]	前	87,240
	樋口　博康	40	男	民主[比]	新	27,929
	柴田　久寛	57	男	社民[比]	新	15,890
	山田　和明	56	男	共産	新	6,968
	深川　康裕	43	男	自連[比]	新	2,764

【第３区】定数１

当	保利　耕輔	65	男	自民[比]	前	106,757
	藤沢　裕美	31	女	民主[比]	新	26,909
	木場　満義	47	男	共産	新	8,246
	中村　清人	37	男	自連	新	2,464

第43回衆議院議員選挙

平成15年(2003年)11月９日実施

【第１区】定数１

当	原口　一博	44	男	民主[比]	前	70,271
	福岡　資麿	30	男	自民[比]	新	66,446
	柴田　久寛	61	男	社民[比]	新	8,315
	上村　泰稔	38	男	共産	新	4,977

【第２区】定数１

当	今村　雅弘	56	男	自民[比]	前	107,522
	諸田　　稔	58	男	共産	新	22,898

【第３区】定数１

当	保利　耕輔	69	男	自民[比]	前	102,859
	藤沢　裕美	34	女	民主[比]	新	36,653
	宮崎　正人	56	男	共産	新	8,079

第44回衆議院議員選挙

平成17年(2005年)９月11日実施

【第１区】定数１

当	福岡　資麿	32	男	自民[比]	新	84,643
比当	原口　一博	46	男	民主[比]	前	75,449
	武藤　明美	57	女	共産	新	8,029

【第２区】定数１

当	今村　雅弘	58	男	無所属	前	66,995
比当	大串　博志	40	男	民主[比]	新	51,299
	土開　千昭	33	男	自民[比]	新	35,039
	石丸　泰男	64	男	共産	新	5,900

【第３区】定数１

当	保利　耕輔	70	男	無所属	前	87,485
比当	広津　素子	52	女	自民[比]	新	48,992
	柳瀬　映二	51	男	社民[比]	新	17,433
	船津　賢次	59	男	共産	新	7,966

第45回衆議院議員選挙

平成21年(2009年)８月30日実施

【第１区】定数１

当	原口　一博	50	男	民主[比]	前	96,618
	福岡　資麿	36	男	自民[比]	前	75,475
	木場　　健	35	男	諸派	新	1,568

【第２区】定数１

当	大串　博志	44	男	民主[比]	前	86,098
比当	今村　雅弘	62	男	自民[比]	前	79,243
	牧原　正朗	36	男	諸派	新	2,119

【第３区】定数１

当	保利　耕輔	74	男	自民	前	93,681
	柳瀬　映二	55	男	社民[比]	新	30,346
	広津　素子	56	女	みんな[比]	前	24,529
	瀬戸　雄也	30	男	共産[比]	新	10,142
	橋山　穂波	48	女	諸派	新	2,233

第46回衆議院議員選挙

平成24年(2012年)12月16日実施

【第１区】定数１

当	岩田　和親	39	男	自民[比]	新	70,547
比当	原口　一博	53	男	民主[比]	前	63,007
	大森　　斉	57	男	共産	新	9,857

【第２区】定数１

当	今村　雅弘	65	男	自民[比]	前	70,767
比当	大串　博志	47	男	民主[比]	前	63,208
	上村　泰稔	47	男	共産	新	5,618

【第３区】定数１

当	保利　耕輔	78	男	自民	前	96,544
	山口　勝弘	57	男	共産	新	26,823

第47回衆議院議員選挙

平成26年(2014年)12月14日実施

【第１区】定数１

当	原口　一博	55	男	民主[比]	前	85,903
比当	岩田　和親	41	男	自民[比]	前	83,421
	古賀　　誠	29	男	共産	新	11,483

【第２区】定数１

当	古川　　康	56	男	自民[比]	新	114,074
比当	大串　博志	49	男	民主[比]	前	82,383
	御厨さとみ	33	女	共産	新	8,812

選挙区・長崎県

第24回衆議院議員選挙
昭和24年(1949年) 1月23日実施

【第1区】定数5

当	本多　市郎	55	男	民自	前	30,606
当	坪内　八郎	38	男	民自	前	29,523
当	田口長治郎	57	男	民自	新	26,228
当	岡西　明貞	36	男	民自	前	22,373
当	若松　虎雄	60	男	民自	前	18,927
	久保　猛夫	50	男	新自	前	17,617
	中田　博二	41	男	無所属	新	15,409
	島崎　辰美	44	男	民自	新	15,206
	森　　登守	46	男	社会	新	13,924
	小柳富太郎	46	男	民主	元	13,805
	森　　徳久	55	男	諸派	新	13,198
	塚元　周三	42	男	共産	新	11,156
	太田　理一	55	男	民主	元	11,139
	津田　又吉	50	男	社会	新	10,147
	木内　豊昭	56	男	国協	新	5,389
	松尾　豊喜	55	男	無所属	新	3,640
	犬塚　卯作	63	男	諸派	新	1,969

【第2区】定数4

当	北村徳太郎	64	男	民主	前	32,092
当	西村　久之	56	男	民自	前	29,965
当	大瀬　久市	38	男	無所属	新	28,099
当	岡延右衛門	51	男	民自	新	26,726
	綱島　正興	59	男	民自	前	22,785
	辻　　文雄	57	男	社会	新	22,410
	宮島　　豊	42	男	共産	新	16,832
	藤原繁太郎	53	男	社会	前	15,612
	松本　寅一	48	男	無所属	新	13,648
	紀内　芳夫	50	男	民主	新	12,177
	米倉喜太郎	62	男	民自	新	5,641
	長谷　邦夫	48	男	諸派	新	4,936
	岩田　隼人	44	男	民自	新	3,125
	吉田　義憲	40	男	無所属	新	2,716

第25回衆議院議員選挙
昭和27年(1952年)10月1日実施

【第1区】定数5

当	木原津与志	42	男	左社	新	61,528
当	馬場　元治	49	男	自由	元	55,005
当	本多　市郎	56	男	自由	前	47,390
当	雪沢千代治	63	男	自由	新	45,269
当	田口長治郎	59	男	自由	前	30,340
	今村　　等	60	男	右社	元	28,802
	中嶋　太郎	64	男	改進	新	26,787
	岡西　明貞	38	男	自由	前	23,313
	坪内　八郎	39	男	自由	前	18,036

	矢野　寿俊	30	男	共産	新	3,781

【第2区】定数4

当	北村徳太郎	66	男	改進	前	50,715
当	白浜　仁吉	44	男	改進	新	47,346
当	綱島　正興	62	男	自由	元	47,193
当	辻　　文雄	59	男	右社	新	42,820
	西村　久之	58	男	自由	前	36,430
	青木　雪男	37	男	右社	新	31,366
	岡延右衛門	53	男	自由	前	25,251
	山谷　賢治	54	男	無所属	新	11,313
	宮島　　豊	45	男	共産	新	7,476

第26回衆議院議員選挙
昭和28年(1953年) 4月19日実施

【第1区】定数5

当	木原津与志	43	男	左社	前	56,460
当	本多　市郎	57	男	自由吉	前	46,012
当	馬場　元治	50	男	自由吉	前	43,070
当	田口長治郎	59	男	自由吉	前	40,969
当	中嶋　太郎	64	男	改進	新	35,018
	今村　　等	61	男	右社	元	33,275
	雪沢千代治	63	男	自由吉	前	33,221
	岡西　明貞	39	男	自由鳩	元	18,020
	坪内　八郎	40	男	自由鳩	元	11,461
	犬塚　幸晴	42	男	無所属	新	7,300
	高野菊之助	44	男	自由鳩	新	5,934
	池田　清徳	35	男	共産	新	3,396
	奥田喜久郎	49	男	無所属	新	2,216

【第2区】定数4

当	西村　久之	59	男	自由吉	元	47,395
当	辻　　文雄	59	男	右社	前	46,826
当	綱島　正興	63	男	自由	前	46,696
当	白浜　仁吉	44	男	改進	前	46,619
	北村徳太郎	66	男	改進	前	39,406
	牧山　耕蔵	71	男	自由鳩	元	36,434
	小川藤吉郎	40	男	左社	新	30,451
	宮島　　豊	46	男	共産	新	6,044

第27回衆議院議員選挙
昭和30年(1955年) 2月27日実施

【第1区】定数5

当	木原津与志	45	男	左社	前	50,502
当	今村　　等	62	男	右社	元	47,763
当	馬場　元治	52	男	自由	前	46,585
当	中嶋　太郎	66	男	民主	前	43,422
当	田口長治郎	61	男	自由	前	39,895
	本多　市郎	59	男	自由	前	39,639
	雪沢千代治	65	男	自由	元	36,753

	岡西 明貞	41	男	民主	元	27,862
	青木 勇	48	男	民主	新	9,116
	田中 正義	55	男	無所属	新	3,651
	矢野 寿俊	33	男	共産	新	3,593

【第2区】定数4
当	北村 徳太郎	68	男	民主	元	87,785
当	石橋 政嗣	30	男	左社	新	50,800
当	白浜 仁吉	46	男	民主	前	47,673
当	綱島 正興	64	男	自由	前	42,964
	辻 文雄	61	男	右社	前	37,646
	川副 隆	65	男	自由	元	23,791
	西村 久之	61	男	自由	前	16,925
	長谷 邦夫	53	男	無所属	新	998

第28回衆議院議員選挙
昭和33年（1958年）5月22日実施

【第1区】定数5
当	馬場 元治	55	男	自民	前	67,642
当	田口長治郎	64	男	自民	前	63,085
当	倉成 正	39	男	自民	新	52,760
	木原津与志	48	男	社会	前	45,604
当	今村 等	66	男	社会	前	32,491
	丸亀 秀雄	53	男	自民	新	29,651
	岡西 明貞	44	男	無所属	元	23,124
	中嶋 太郎	69	男	自民	前	19,995
	松岡 一男	39	男	無所属	新	12,518
	佐野 豊	45	男	社会	新	12,107
	坪内 八郎	45	男	無所属	元	6,349
	田中 正義	58	男	諸派	新	3,500
	森 正雄	45	男	共産	新	2,867

【第2区】定数4
当	金子 岩三	51	男	無所属	新	73,759
当	綱島 正興	68	男	自民	前	57,211
当	北村 徳太郎	72	男	自民	前	56,964
当	石橋 政嗣	33	男	社会	前	55,043
	白浜 仁吉	49	男	自民	前	49,499
	辻 文雄	64	男	社会	元	31,955
	宮島 豊	51	男	共産	新	4,860
	北村 徳太郎	45	男	無所属	新	355

第29回衆議院議員選挙
昭和35年（1960年）11月20日実施

【第1区】定数5
当	馬場 元治	57	男	自民	前	65,561
当	倉成 正	42	男	自民	前	62,939
当	田口長治郎	67	男	自民	前	58,344
当	中村 重光	50	男	社会	新	48,309
当	木原津与志	51	男	社会	前	48,239
	今村 等	68	男	民社	前	30,337
	岡西 明貞	47	男	自民	元	24,987
	松岡 一男	41	男	自民	新	21,728

	福岡醇次郎	56	男	共産	新	3,941

【第2区】定数4
当	石橋 政嗣	36	男	社会	前	71,706
当	白浜 仁吉	52	男	自民	元	71,022
当	金子 岩三	53	男	自民	前	70,145
当	綱島 正興	70	男	自民	前	45,616
	北村 徳太郎	74	男	自民	前	42,836
	嘉村 由道	38	男	民社	新	26,649
	宮島 豊	53	男	共産	新	5,673

第30回衆議院議員選挙
昭和38年（1963年）11月21日実施

【第1区】定数5
当	倉成 正	45	男	自民	前	70,856
当	田口長治郎	70	男	自民	前	59,594
当	馬場 元治	60	男	自民	前	57,562
当	西岡 武夫	27	男	無所属	新	50,673
当	中村 重光	53	男	社会	前	50,239
	木原津与志	54	男	社会	前	49,914
	今村 等	71	男	民社	元	22,828
	坪内 八郎	50	男	無所属	元	5,479
	福岡醇次郎	59	男	共産	新	4,779
	田中 正義	63	男	無所属	新	1,975

【第2区】定数4
当	金子 岩三	56	男	自民	前	64,382
当	白浜 仁吉	55	男	自民	前	58,510
当	石橋 政嗣	39	男	社会	前	53,814
当	綱島 正興	73	男	自民	前	48,595
	宮本 広喜	43	男	民社	新	40,183
	江口 泰助	49	男	社会	新	37,934
	宮島 豊	56	男	共産	新	5,827

第31回衆議院議員選挙
昭和42年（1967年）1月29日実施

【第1区】定数5
当	西岡 武夫	30	男	自民	前	64,429
当	馬場 元治	64	男	自民	前	60,772
当	倉成 正	48	男	自民	前	60,329
当	中村 重光	56	男	社会	前	57,446
当	木原津与志	57	男	社会	元	52,482
	田口長治郎	73	男	自民	前	50,733
	今村 等	74	男	民社	元	34,828
	福岡醇次郎	62	男	共産	新	6,768
	寺田九一郎	68	男	無所属	新	950

【第2区】定数4
当	白浜 仁吉	58	男	自民	前	72,980
当	金子 岩三	59	男	自民	前	67,509
当	石橋 政嗣	42	男	社会	前	59,259
当	綱島 正興	76	男	自民	前	45,965
	江口 泰助	53	男	社会	新	35,352
	藤田 和郎	40	男	無所属	新	8,691

| | 宮島 | 豊 | 59 | 男 | 共産 | 新 | 7,730 |

第32回衆議院議員選挙
昭和44年(1969年)12月27日実施

【第1区】定数5
	倉成	正	51	男	自民	前	68,645
当	倉成	正	51	男	自民	前	68,645
当	松尾	信人	64	男	公明	新	55,190
当	西岡	武夫	33	男	自民	前	54,569
当	小宮	武喜	53	男	民社	新	49,518
当	中村	重光	59	男	社会	前	49,517
	一瀬	秀人	59	男	自民	新	42,744
	阿部	国人	50	男	社会	新	33,000
	小川雄一郎		47	男	自民	新	28,239
	馬場	隆之	40	男	無所属	新	25,220
	吉田	次雄	42	男	共産	新	9,141
	森	弥代一	56	男	諸派	新	576

【第2区】定数4
当	中村	弘海	44	男	自民	新	62,733
当	白浜	仁吉	61	男	自民	前	62,290
当	石橋	政嗣	45	男	社会	前	57,156
当	金子	岩三	62	男	自民	前	54,648
	宮本	広喜	49	男	民社	新	37,710
	松田	九郎	47	男	無所属	新	29,014
	町田	勇	49	男	共産	新	5,426
	川淵	栄	56	男	諸派	新	516

第33回衆議院議員選挙
昭和47年(1972年)12月10日実施

【第1区】定数5
当	中村	重光	62	男	社会	前	85,073
当	倉成	正	54	男	自民	前	81,689
当	西岡	武夫	36	男	自民	前	77,594
当	小宮	武喜	56	男	民社	前	62,342
当	松尾	信人	67	男	公明	前	50,641
	馬場	隆之	43	男	自民	新	46,998
	吉田	次雄	45	男	共産	新	19,184
	松岡	一男	53	男	無所属	新	7,722

【第2区】定数4
当	石橋	政嗣	48	男	社会	前	82,680
当	金子	岩三	65	男	自民	前	73,814
当	中村	弘海	47	男	自民	前	61,767
当	白浜	仁吉	64	男	自民	前	58,061
	宮内	雪夫	39	男	自民	新	27,210
	町田	勇	52	男	共産	新	9,033

第34回衆議院議員選挙
昭和51年(1976年)12月5日実施

【第1区】定数5
当	西岡	武夫	40	男	新自ク	現	98,242
当	小宮	武喜	60	男	民社	現	72,225
当	倉成	正	58	男	自民	現	65,647
当	中村	重光	66	男	社会	現	65,070
当	谷口	是巨	54	男	公明	新	59,730
	岩永	敬邦	54	男	自民	新	54,542
	山口	健次	54	男	社会	新	46,471
	内田	保信	48	男	共産	新	22,286

【第2区】定数4
当	石橋	政嗣	52	男	社会	現	86,472
当	中村	弘海	51	男	自民	現	78,121
当	金子	岩三	69	男	自民	現	70,235
当	白浜	仁吉	68	男	自民	現	56,899
	清家	宏	33	男	共産	新	14,738

第35回衆議院議員選挙
昭和54年(1979年)10月7日実施

【第1区】定数5
当	倉成	正	61	男	自民	前	88,135
当	中村	重光	69	男	社会	前	76,215
当	西岡	武夫	43	男	無所属	前	75,063
当	谷口	是巨	57	男	公明	前	59,581
当	小渕	正義	54	男	民社	新	56,679
	岩永	敬邦	56	男	自民	新	33,322
	久間	章生	38	男	自民	新	32,119
	山田	正彦	37	男	自民	新	31,747
	吉田	次雄	51	男	共産	新	17,578
	中村	健司	30	男	諸派	新	2,709

【第2区】定数4
当	金子	岩三	72	男	自民	前	65,378
当	白浜	仁吉	71	男	自民	前	64,876
当	石橋	政嗣	55	男	社会	前	59,279
当	中村	弘海	54	男	自民	前	57,572
	松田	九郎	57	男	自民	新	48,266
	宮内	雪夫	46	男	無所属	新	41,037
	清家	宏	36	男	共産	新	7,081

第36回衆議院議員選挙
昭和55年(1980年)6月22日実施

【第1区】定数5
当	倉成	正	61	男	自民	前	91,157
当	中村	重光	69	男	社会	前	79,779
当	西岡	武夫	44	男	無所属	前	79,383
当	小渕	正義	55	男	民社	前	75,002
当	久間	章生	39	男	自民	新	70,123
	谷口	是巨	58	男	公明	前	61,800
	吉田	次雄	52	男	共産	新	16,518
	中村	健司	31	男	諸派	新	2,763

【第2区】定数4
当	石橋	政嗣	55	男	社会	前	69,629
当	中村	弘海	55	男	自民	前	67,072
当	白浜	仁吉	71	男	自民	前	56,409
当	金子	岩三	73	男	自民	前	56,349

	松田	九郎	57	男	自民	新	50,567
	国竹	七郎	54	男	民社	新	39,848
	清家	宏	37	男	共産	新	5,812
	中西	五郎	32	男	諸派	新	780

第37回衆議院議員選挙
昭和58年（1983年）12月18日実施

【第1区】定数5

当	中村	重光	73	男	社会	前	91,589
当	宮崎	角治	55	男	公明	新	90,842
当	小渕	正義	59	男	民社	前	86,208
当	倉成	正	65	男	自民	前	76,753
当	久間	章生	43	男	自民	前	75,803
	西岡	武夫	47	男	自民	前	56,799
	深町	孝郎	41	男	共産	新	16,279

【第2区】定数4

当	石橋	政嗣	59	男	社会	前	79,433
当	金子原二郎		39	男	自民	新	72,252
当	白浜	仁吉	75	男	自民	前	61,652
当	松田	九郎	61	男	自民	新	59,295
	中村	弘海	58	男	自民	前	57,001
	清家	宏	40	男	共産	新	7,245
	小林	建	64	男	諸派	新	860

第38回衆議院議員選挙
昭和61年（1986年）7月6日実施

【第1区】定数5

当	西岡	武夫	50	男	自民	元	122,412
当	倉成	正	67	男	自民	前	84,356
当	田口	健二	55	男	社会	新	77,712
当	小渕	正義	61	男	民社	前	76,370
当	久間	章生	45	男	自民	前	71,737
	宮崎	角治	57	男	公明	前	65,068
	五島	久嗣	50	男	共産	新	13,638
	中根	寛	27	男	諸派	新	4,244

【第2区】定数4

当	金子原二郎		42	男	自民	前	62,102
当	石橋	政嗣	61	男	社会	前	60,625
当	松田	九郎	63	男	自民	前	50,367
当	虎島	和夫	58	男	自民	新	49,880
	光武	顕	55	男	無所属	新	48,276
	山田	正彦	44	男	無所属	新	39,634
	北村	誠吾	39	男	無所属	新	22,147
	近藤	恵一	33	男	無所属	新	13,829
	清家	宏	43	男	共産	新	5,821

第39回衆議院議員選挙
平成2年（1990年）2月18日実施

【第1区】定数5

当	田口	健二	59	男	社会	前	111,905
当	西岡	武夫	54	男	自民	前	94,362
当	高木	義明	44	男	民社	新	83,730
当	久間	章生	49	男	自民	前	83,549
当	倉成	正	71	男	自民	前	63,678
	初村謙一郎		36	男	自民	新	50,798
	西村貴恵子		42	女	共産	新	27,195

【第2区】定数4

当	速見	魁	61	男	社会	新	66,969
当	金子原二郎		45	男	自民	前	63,539
当	光武	顕	58	男	無所属	新	61,948
当	虎島	和夫	62	男	自民	前	52,751
	松田	九郎	67	男	自民	前	50,842
	山田	正彦	47	男	無所属	新	48,022
	田口	一信	41	男	無所属	新	12,791
	中尾	武憲	46	男	共産	新	4,361

第40回衆議院議員選挙
平成5年（1993年）7月18日実施

【第1区】定数5

当	西岡	武夫	57	男	自民	前	85,750
当	初村謙一郎		39	男	日本新	新	81,852
当	久間	章生	52	男	自民	前	78,654
当	田口	健二	62	男	社会	前	77,844
当	高木	義明	47	男	民社	前	70,319
	田浦	直	56	男	新生	新	54,713
	西村貴恵子		46	女	共産	新	25,650

【第2区】定数4

当	山田	正彦	51	男	新生	新	73,002
当	金子原二郎		49	男	自民	前	66,264
当	虎島	和夫	65	男	自民	前	55,907
当	山崎	泉	50	男	社会	新	53,919
	松田	九郎	70	男	自民	元	53,881
	光武	顕	62	男	自民	前	46,740
	中尾	武憲	50	男	共産	新	5,136

第41回衆議院議員選挙
平成8年（1996年）10月20日実施

【第1区】定数1

当	西岡	武夫	60	男	新進	前	84,464
	宮島	大典	33	男	自民㊗	新	71,499
	田口	健二	66	男	民主㊗	前	31,371
	寺田	善則	41	男	共産	新	18,317

【第2区】定数1

当	久間	章生	55	男	自民㊗	前	104,538
	初村謙一郎		42	男	新進	前	84,375
	清水	秀記	45	男	共産	新	14,468

【第3区】定数1

当	虎島	和夫	68	男	自民㊗	前	79,735
	山田	正彦	54	男	新進	前	65,084
	佐々田勇二		61	男	共産	新	7,883

【第4区】定数1
	当	金子原二郎	52	男	自民㊣前	95,117
		松田 九郎	74	男	新進 元	56,403
		山崎 泉	54	男	民主㊣前	29,424
		中尾 武憲	53	男	共産 新	7,092
		藤浪 敬司	52	男	自連㊣新	825

《補選》第41回衆議院議員選挙
平成10年(1998年) 2月22日実施
※金子原二郎の辞職(知事選立候補)による

【第4区】被選挙数1
	当	宮島 大典	34	男	自民 新	86,181
		松田 九郎	75	男	自由 元	67,614
		吉村 庄二	58	男	社民 新	37,697
		清水 秀記	47	男	共産 新	6,282

《補選》第41回衆議院議員選挙
平成10年(1998年) 3月15日実施
※西岡武夫の辞職(知事選立候補)による

【第1区】被選挙数1
	当	倉成 正和	46	男	自民 新	68,443
		山崎 泉	55	男	民主 元	52,438
		寺田 善則	42	男	共産 新	13,860

第42回衆議院議員選挙
平成12年(2000年) 6月25日実施

【第1区】定数1
	当	高木 義明	54	男	民主㊣前	76,798
		倉成 正和	48	男	自民㊣前	65,183
		西岡 武夫	64	男	自由 元	63,248
		寺田 善則	45	男	共産 新	16,714
		菊村 柳子	50	女	自連 新	5,158

【第2区】定数1
	当	久間 章生	59	男	自民㊣前	154,517
		江頭 学	61	男	共産 新	33,572
		駒井 正樹	52	男	自連 新	15,648

【第3区】定数1
	当	虎島 和夫	72	男	自民㊣前	76,794
比当		山田 正彦	58	男	自由㊣元	41,995
		犬塚 直史	45	男	民主 新	28,589
		久野 正義	61	男	共産 新	5,759
		沖野 寛	46	男	自連 新	1,079

【第4区】定数1
	当	北村 誠吾	53	男	無所属 新	66,515
		宮島 大典	37	男	自民㊣前	62,595
比当		今川 正美	52	男	社民㊣新	39,808
		山下 千秋	52	男	共産 新	9,757
		赤木 一生	44	男	自連㊣新	8,312

第43回衆議院議員選挙
平成15年(2003年)11月9日実施

【第1区】定数1
	当	高木 義明	57	男	民主㊣前	106,331
		倉成 正和	52	男	自民㊣元	90,857
		原口 敏彦	41	男	共産 新	12,797

【第2区】定数1
	当	久間 章生	62	男	自民㊣前	126,705
		熊江 雅子	65	女	社民㊣新	50,772
		石丸 完治	54	男	共産 新	16,565

【第3区】定数1
	当	谷川 弥一	62	男	自民㊣新	77,528
比当		山田 正彦	61	男	民主㊣前	71,099
		寺田 敏之	49	男	共産 新	5,374

【第4区】定数1
	当	北村 誠吾	56	男	自民㊣前	100,767
		今川 正美	56	男	社民㊣前	53,557
		中尾 武憲	60	男	共産 新	9,284

第44回衆議院議員選挙
平成17年(2005年) 9月11日実施

【第1区】定数1
	当	高木 義明	59	男	民主㊣前	110,518
比当		冨岡 勉	57	男	自民㊣新	101,981
		原口 敏彦	43	男	共産 新	16,341

【第2区】定数1
	当	久間 章生	64	男	自民㊣前	123,234
		大久保潔重	39	男	民主㊣新	88,472
		渕瀬 栄子	49	女	共産 新	13,088

【第3区】定数1
| | 当 | 谷川 弥一 | 64 | 男 | 自民㊣前 | 83,992 |
| 比当 | | 山田 正彦 | 63 | 男 | 民主㊣前 | 74,384 |

【第4区】定数1
	当	北村 誠吾	58	男	自民㊣前	97,174
		宮島 大典	42	男	民主㊣元	67,088
		今川 正美	58	男	社民㊣元	27,240

第45回衆議院議員選挙
平成21年(2009年) 8月30日実施

【第1区】定数1
	当	高木 義明	63	男	民主㊣前	129,044
		冨岡 勉	61	男	自民㊣前	87,297
		渕瀬 栄子	53	女	共産㊣新	14,321
		江田 耕一	51	男	諸派 新	2,527

【第2区】定数1
	当	福田衣里子	28	女	民主㊣新	120,672
		久間 章生	68	男	自民㊣前	106,206
		相浦喜代子	45	女	無所属 新	5,703
		山崎 寿郎	29	男	無所属 新	5,070
		柴田 愛	35	女	諸派 新	1,947

衆議院・選挙区（熊本県）　　　　　国政選挙総覧

【第3区】定数1
当	山田　正彦	67	男	民主㊙前	79,223
比当	谷川　弥一	68	男	自民㊙前	77,316
	山田　聖人	43	男	諸派　新	3,263

【第4区】定数1
当	宮島　大典	46	男	民主㊙元	97,912
比当	北村　誠吾	62	男	自民㊙前	93,428
	山田　孝一	58	男	諸派　新	3,354

第46回衆議院議員選挙
平成24年（2012年）12月16日実施

【第1区】定数1
当	冨岡　勉	64	男	自民㊙元	92,624
比当	高木　義明	66	男	民主㊙前	82,088
	牧山　隆	55	男	共産　新	17,534

【第2区】定数1
当	加藤　寛治	66	男	自民㊙新	93,448
	奥村慎太郎	58	男	無所属 新	51,002
	川越　孝洋	69	男	民主㊙前	36,602
	矢崎　勝己	63	男	共産　新	9,240
	森　文義	63	男	無所属 新	3,625

【第3区】定数1
当	谷川　弥一	71	男	自民㊙前	69,903
	山田　正彦	70	男	未来㊙前	52,536
	石丸　完治	63	男	共産　新	8,301

【第4区】定数1
当	北村　誠吾	65	男	自民㊙前	81,771
	宮島　大典	49	男	民主㊙前	53,918
	末次　精一	50	男	未来㊙新	17,269
	石川　悟	60	男	共産　新	6,500

第47回衆議院議員選挙
平成26年（2014年）12月14日実施

【第1区】定数1
当	冨岡　勉	66	男	自民㊙前	76,247
比当	高木　義明	68	男	民主㊙前	74,218
	中西　敦信	34	男	共産　新	16,867

【第2区】定数1
当	加藤　寛治	68	男	自民㊙前	86,359
	大久保潔重	48	男	民主㊙新	65,924
	矢崎　勝己	65	男	共産　新	11,228

【第3区】定数1
当	谷川　弥一	73	男	自民　前	82,354
	石丸　完治	65	男	共産　新	31,650

【第4区】定数1
当	北村　誠吾	67	男	自民㊙前	61,533
	宮島　大典	51	男	民主㊙元	42,690
	末次　精一	52	男	生活㊙新	9,303
	石川　悟	62	男	共産　新	6,319
	森　拓也	45	男	無所属 新	2,268

選挙区・熊本県

第24回衆議院議員選挙
昭和24年（1949年）1月23日実施

【第1区】定数5
当	松野　頼三	33	男	民自　前	67,268
当	坂口　主税	51	男	民主　前	34,692
	藤田　義光	39	男	民主　新	31,458
当	坂本　泰良	46	男	社会　新	30,883
当	寺本　斎	49	男	新自　前	29,837
	古閑　総一	49	男	民自　新	26,160
	西里　竜夫	43	男	共産　新	23,817
	打出　信行	55	男	民主　前	22,667
	鮎川　国彦	42	男	民自　新	15,399
	山下　ツ子	51	女	無所属 元	12,727
	宮村　又八	62	男	社革　前	12,194
	櫛山　弘	35	男	無所属 新	7,780
	新開　唯雄	38	男	社会　新	4,198
	藤木　巳喜	48	男	無所属 新	3,415
	寺崎　祐義	43	男	諸派　新	1,728

【第2区】定数5
当	坂田　道太	34	男	民自　前	50,481
当	園田　直	37	男	民主　前	43,904
当	福永　一臣	43	男	民自　前	39,212
	原田　雪松	62	男	民自　新	33,468
当	吉田　安	60	男	民主　前	33,421
	細川　隆元	50	男	社会　前	31,725
	原　利一	56	男	民自　新	31,162
	清崎　正義	37	男	諸派　新	27,471
	三善　信一	38	男	民主　新	24,800
	福田　虎亀	66	男	民主　元	17,123
	斎藤　幸	34	男	共産　新	12,281
	黒木　武義	50	男	無所属 新	2,239
	宮川　義雄	57	男	無所属 新	989

第25回衆議院議員選挙
昭和27年（1952年）10月1日実施

【第1区】定数5
当	大麻　唯男	63	男	改進　元	54,371
当	松野　頼三	35	男	自由　前	53,258
当	松前　重義	50	男	無所属 新	39,414
当	石坂　繁	59	男	改進　元	34,739
当	坂本　泰良	48	男	左社　前	34,187
	大久保武雄	48	男	無所属 新	33,060
	藤田　義光	40	男	改進　前	30,987
	大塚勇一郎	40	男	無所属 新	29,856

	寺本	斎	51	男	自由	前	25,638
	橋本 二郎		48	男	改進	元	16,785
	坂口 主税		53	男	改進	前	16,544
	森 徹夫		55	男	自由	新	10,066
	井上 栄次		40	男	共産	新	4,949
	湯川 康平		38	男	無所属	新	3,456

【第2区】定数5

当	上塚	司	62	男	自由	元	49,808
当	園田	直	38	男	改進	前	47,205
当	坂田 道太		36	男	自由	前	40,936
当	福永 一臣		45	男	自由	前	39,611
当	川村 継義		43	男	諸派	新	38,481
	吉田	安	62	男	改進	前	36,021
	原田 雪松		64	男	自由	前	31,858
	田方	進	50	男	自由	新	28,156
	永田 正義		41	男	改進	新	21,135
	明瀬英之助		59	男	改進	新	19,778
	三善 信房		70	男	無所属	元	13,217
	小早川憲雄		51	男	無所属	新	12,021
	清崎 正義		39	男	協同	新	4,458
	中田	哲	48	男	共産	新	4,137

第26回衆議院議員選挙
昭和28年(1953年) 4月19日実施

【第1区】定数5

当	松野 頼三		36	男	自由吉	前	54,880
当	藤田 義光		41	男	改進	元	50,617
当	大麻 唯男		64	男	改進	前	44,494
当	大久保武雄		49	男	無所属	新	44,100
当	松前 重義		51	男	右社	前	43,347
	石坂	繁	60	男	改進	前	43,081
	坂本 泰良		48	男	左社	前	42,372
	寺本	斎	51	男	自由吉	元	34,737
	湯川 康平		39	男	自由鳩	新	4,437
	井上 栄次		41	男	共産	新	4,197

【第2区】定数5

当	吉田	安	63	男	改進	元	53,877
当	園田	直	39	男	改進	前	53,098
当	吉田 重延		44	男	自由吉	新	51,866
当	上塚	司	62	男	自由吉	前	45,368
当	坂田 道太		36	男	自由吉	前	44,828
	川村 継義		44	男	無所属	前	44,485
	福永 一臣		45	男	自由吉	前	44,068
	永田 正義		42	男	無所属	新	26,063
	田代 安喜		39	男	共産	新	2,586

第27回衆議院議員選挙
昭和30年(1955年) 2月27日実施

【第1区】定数5

当	石坂	繁	62	男	民主	元	59,347
当	松前 重義		53	男	右社	前	57,908
当	大麻 唯男		65	男	民主	前	57,635
当	松野 頼三		37	男	自由	前	51,574
当	坂本 泰良		50	男	左社	元	46,986
	藤田 義光		43	男	民主	前	40,524
	大久保武雄		51	男	自由	前	40,325
	寺本	斎	53	男	自由	元	19,639

【第2区】定数5

当	園田	直	41	男	民主	前	50,214
当	川村 継義		46	男	左社	元	48,032
当	福永 一臣		47	男	自由	元	41,894
当	吉田 重延		45	男	自由	前	41,039
当	坂田 道太		38	男	自由	前	40,674
	吉田	安	64	男	民主	前	37,667
	吉永 治市		41	男	無所属	新	30,660
	上塚	司	64	男	自由	前	24,819
	津汲 泰宏		55	男	無所属	新	23,226
	荒木 豊雄		42	男	民主	新	22,944
	永田 正義		43	男	右社	新	20,315

第28回衆議院議員選挙
昭和33年(1958年) 5月22日実施

【第1区】定数5

当	松野 頼三		41	男	自民	前	88,361
当	大久保武雄		54	男	自民	元	59,963
当	坂本 泰良		53	男	社会	前	53,741
当	松前 重義		56	男	社会	前	52,798
当	石坂	繁	65	男	自民	前	52,319
	藤田 義光		46	男	自民	元	47,862
	大麻 勇次		71	男	無所属	新	23,583
	寺本	斎	56	男	自民	元	23,166
	櫛山	弘	42	男	無所属	新	16,419
	西里 竜夫		51	男	共産	新	4,314
	湯川 康平		44	男	無所属	新	3,488

【第2区】定数5

当	坂田 道太		41	男	自民	前	69,138
当	福永 一臣		51	男	自民	前	60,889
当	川村 継義		49	男	社会	前	60,613
当	園田	直	44	男	自民	前	57,696
当	吉田 重延		49	男	自民	前	57,069
	新木 正義		52	男	自民	新	51,426
	吉永 治市		44	男	無所属	新	49,418
	富家	一	51	男	社会	新	9,266
	田代 安喜		44	男	共産	新	3,302

第29回衆議院議員選挙
昭和35年(1960年)11月20日実施

【第1区】定数5

当	松野 頼三		43	男	自民	前	78,816
当	藤田 義光		48	男	自民	元	69,069
当	大久保武雄		56	男	自民	前	61,928
当	松前 重義		59	男	社会	前	60,127

衆議院・選挙区（熊本県）

当	坂本　泰良	56	男	社会	前	52,110	
	石坂　　繁	67	男	自民	前	44,556	
	林田　竜喜	56	男	民社	新	13,740	
	西里　竜夫	53	男	共産	新	4,526	

【第2区】定数5

当	園田　　直	46	男	自民	前	70,574
当	坂田　道太	44	男	自民	前	67,081
当	川村　継義	52	男	社会	前	64,991
当	福永　一臣	53	男	自民	前	64,135
当	吉田　重延	51	男	自民	前	57,177
	新木　正義	55	男	自民	新	46,780
	林　　静夫	62	男	民社	新	6,102
	田代　安喜	46	男	共産	新	3,337
	藤井　紀子	27	女	無所属	新	600

第30回衆議院議員選挙
昭和38年（1963年）11月21日実施

【第1区】定数5

当	松野　頼三	46	男	自民	前	84,667
当	大久保武雄	59	男	自民	前	71,916
当	野田　武夫	68	男	自民	前	66,972
当	坂本　泰良	59	男	社会	前	65,428
当	藤田　義光	51	男	自民	前	59,942
	松前　重義	62	男	社会	前	51,799
	西里　竜夫	56	男	共産	新	5,250

【第2区】定数5

当	園田　　直	49	男	自民	前	74,875
当	坂田　道太	47	男	自民	前	73,190
当	川村　継義	55	男	社会	前	66,956
当	福永　一臣	56	男	自民	前	63,874
当	吉田　重延	54	男	自民	前	51,928
	吉永　治市	50	男	無所属	新	48,293
	田代　安喜	49	男	共産	新	4,342

第31回衆議院議員選挙
昭和42年（1967年）1月29日実施

【第1区】定数5

当	松前　重義	65	男	社会	元	100,969
当	松野　頼三	49	男	自民	前	82,785
当	大久保武雄	63	男	自民	前	70,668
当	藤田　義光	55	男	自民	前	55,972
当	野田　武夫	71	男	自民	前	52,143
	坂本　泰良	62	男	社会	前	52,036
	西里　竜夫	59	男	共産	新	5,975
	西林　　勝	56	男	無所属	新	576

【第2区】定数5

当	園田　　直	53	男	自民	前	83,808
当	坂田　道太	50	男	自民	前	75,359
当	福永　一臣	59	男	自民	前	70,599
当	吉田　重延	57	男	自民	前	48,982
当	川村　継義	58	男	社会	前	48,091

	吉田　　茂	42	男	社会	新	38,001
	福永　　毅	46	男	共産	新	4,157

第32回衆議院議員選挙
昭和44年（1969年）12月27日実施

【第1区】定数5

当	松野　頼三	52	男	自民	前	80,888
当	大久保武雄	66	男	自民	前	64,231
当	藤田　義光	58	男	自民	前	63,425
当	野田　武夫	74	男	自民	前	61,513
当	瀬野栄次郎	48	男	公明	新	60,716
	坂本　泰良	65	男	社会	元	38,728
	藤崎　久男	48	男	社会	新	38,728
	細川　護熙	31	男	無所属	新	38,632
	中山　高光	40	男	共産	新	7,332
	河合　泰典	39	男	無所属	新	1,098

【第2区】定数5

当	園田　　直	56	男	自民	前	101,925
当	坂田　道太	53	男	自民	前	83,827
当	福永　一臣	62	男	自民	前	65,984
当	川村　継義	61	男	社会	前	54,830
当	吉田　重延	60	男	自民	前	42,382
	豊原健次郎	41	男	共産	新	7,998

第33回衆議院議員選挙
昭和47年（1972年）12月10日実施

【第1区】定数5

当	坂本　恭一	36	男	社会	新	84,551
当	松野　頼三	55	男	自民	前	81,704
当	瀬野栄次郎	51	男	公明	前	68,079
当	大久保武雄	69	男	自民	前	67,545
当	野田　　毅	31	男	自民	新	64,942
	藤田　義光	61	男	自民	前	62,358
	浦田　　勝	47	男	自民	新	36,955
	西里　竜夫	65	男	共産	新	18,367

【第2区】定数5

当	馬場　　昇	47	男	社会	新	60,564
当	坂田　道太	56	男	自民	前	60,173
当	園田　　直	59	男	自民	前	56,701
当	吉永　治市	59	男	無所属	新	49,905
当	福永　一臣	65	男	自民	前	47,201
	福島　譲二	45	男	自民	新	43,811
	水田　伸三	40	男	無所属	新	28,083
	河端　　修	49	男	無所属	新	22,517
	西村　恭輔	40	男	無所属	新	22,012
	中井　俊作	26	男	無所属	新	9,465
	山田　　至	46	男	無所属	新	8,080
	江口　和伸	36	男	共産	新	5,972

第34回衆議院議員選挙
昭和51年(1976年)12月5日実施

【第1区】定数5

当	藤田	義光	65	男	自民	元	95,450
当	松野	頼三	59	男	自民	現	94,173
当	野田	毅	35	男	自民	現	88,784
当	坂本	恭一	40	男	社会	現	82,326
当	瀬野栄次郎		55	男	公明	現	79,932
	大久保武雄		73	男	自民	現	70,528
	中島	絹子	45	女	共産	新	28,302

【第2区】定数5

当	福島	譲二	49	男	無所属	新	73,846
当	坂田	道太	60	男	自民	現	70,772
当	馬場	昇	51	男	社会	現	70,005
当	園田	直	62	男	自民	現	65,550
当	福永	一臣	69	男	無所属	現	51,258
	吉永	治市	63	男	無所属	現	49,884
	西村	恭輔	44	男	無所属	新	36,705
	江口	和伸	39	男	共産	新	9,538

第35回衆議院議員選挙
昭和54年(1979年)10月7日実施

【第1区】定数5

当	北口	博	48	男	無所属	新	96,458
当	森中	守義	59	男	社会	新	80,787
当	野田	毅	38	男	自民	前	79,691
当	瀬野栄次郎		57	男	公明	前	70,252
当	藤田	義光	67	男	自民	前	68,238
	松野	頼三	62	男	無所属	元	67,082
	坂本	恭一	43	男	社会	前	56,571
	中島	絹子	48	女	共産	新	16,239
	中川	周三	30	男	諸派	新	2,338
	高田	巌	49	男	無所属	新	1,092
	(高田	がん)					

【第2区】定数5

当	園田	直	65	男	自民	前	86,986
当	東家	嘉幸	52	男	無所属	新	63,626
当	坂田	道太	63	男	自民	前	63,285
当	馬場	昇	53	男	社会	前	62,257
当	福島	譲二	52	男	自民	前	57,669
	吉永	治市	65	男	自民	元	55,334
	福永	浩介	40	男	自民	新	37,143
	江口	和伸	42	男	共産	新	7,276

第36回衆議院議員選挙
昭和55年(1980年)6月22日実施

【第1区】定数5

当	野田	毅	38	男	自民	前	100,145
当	森中	守義	60	男	社会	前	97,485
当	藤田	義光	68	男	自民	前	90,686
当	北口	博	49	男	自民	前	87,024
当	松野	頼三	63	男	無所属	元	83,988
	瀬野栄次郎		58	男	公明	前	81,326
	中島	絹子	49	女	共産	新	18,099
	中川	周三	31	男	諸派	新	2,767

【第2区】定数5

当	園田	直	66	男	自民	前	90,440
当	坂田	道太	63	男	自民	前	76,571
当	福島	譲二	53	男	自民	前	70,899
当	馬場	昇	54	男	社会	前	70,029
当	東家	嘉幸	52	男	自民	前	56,299
	福永	浩介	40	男	自民	新	47,206
	江口	和伸	43	男	共産	新	7,476

第37回衆議院議員選挙
昭和58年(1983年)12月18日実施

【第1区】定数5

当	沼川	洋一	52	男	公明	新	98,405
当	野田	毅	42	男	自民	前	87,804
当	松野	頼三	66	男	自民	前	82,787
当	北口	博	53	男	自民	前	77,345
当	森中	守義	64	男	社会	前	77,163
	藤田	義光	72	男	自民	前	62,805
	高宗	昭敏	52	男	社会	新	53,857
	加藤	修	37	男	共産	新	13,792

【第2区】定数5

当	馬場	昇	58	男	社会	前	77,791
当	園田	直	70	男	自民	前	71,595
当	福島	譲二	56	男	自民	前	66,996
当	坂田	道太	67	男	自民	前	66,080
当	東家	嘉幸	56	男	自民	前	63,793
	福永	浩介	44	男	自民	新	52,063
	江副	水城	45	男	無所属	新	8,881
	久保山啓介		40	男	共産	新	6,698

第38回衆議院議員選挙
昭和61年(1986年)7月6日実施

【第1区】定数5

当	野田	毅	44	男	自民	前	90,029
当	魚住	汎英	46	男	無所属	新	86,344
当	北口	博	55	男	自民	前	85,443
当	沼川	洋一	54	男	公明	前	78,795
当	松野	頼三	69	男	自民	前	77,469
	魚返	正臣	49	男	社会	新	64,565
	藤田みどり		30	女	無所属	新	49,433
	高宗	昭敏	54	男	社会	新	36,464
	加藤	修	39	男	共産	新	12,325
	中川	周三	37	男	諸派	新	2,081

【第2区】定数5

当	園田	博之	44	男	無所属	新	73,252
当	坂田	道太	69	男	自民	前	64,038

当	福島　譲二	59	男	自民	前	59,594
当	東家　嘉幸	58	男	自民	前	58,750
当	馬場　　昇	60	男	社会	前	57,032
	井上　龍生	59	男	無所属	新	41,433
	福永　浩介	46	男	無所属	新	31,664
	園田天光光	67	女	無所属	元	27,594
	江副　水城	47	男	無所属	新	12,375
	久保山啓介	43	男	共産	新	4,801

第39回衆議院議員選挙

平成２年（1990年）２月18日実施

【第１区】定数５

当	田中　昭一	56	男	社会	新	121,834
当	倉田　栄喜	40	男	公明	新	95,570
当	野田　　毅	48	男	自民	前	86,931
当	魚住　汎英	50	男	自民	前	82,119
当	松岡　利勝	44	男	無所属	新	80,873
	北口　　博	59	男	自民	前	80,505
	松野　頼三	73	男	自民	前	78,538
	加藤　　修	43	男	共産	新	17,560

【第２区】定数５

当	馬場　　昇	64	男	社会	前	75,835
当	東家　嘉幸	62	男	自民	前	75,182
当	福島　譲二	62	男	自民	前	72,726
当	園田　博之	48	男	自民	前	66,456
当	渡瀬　憲明	64	男	自民	新	64,228
	谷口　龍生	63	男	自民	新	57,501
	江副　水城	51	男	無所属	新	14,732
	川村　充夫	39	男	無所属	新	11,958
	矢上　雅義	29	男	無所属	新	8,578
	小田　憲郎	43	男	共産	新	6,424

第40回衆議院議員選挙

平成５年（1993年）７月18日実施

【第１区】定数５

当	細川　護熙	55	男	日本新	新	213,125
当	野田　　毅	51	男	自民	前	93,824
当	松岡　利勝	48	男	自民	前	82,620
当	田中　昭一	59	男	社会	前	74,652
当	倉田　栄喜	43	男	公明	前	71,415
	魚住　汎英	53	男	新生	前	69,304
	野田　将晴	47	男	無所属	新	21,831
	下城　正臣	52	男	共産	新	11,295

【第２区】定数４

当	矢上　雅義	32	男	日本新	新	110,711
当	園田　博之	51	男	さき	前	95,464
当	東家　嘉幸	65	男	自民	前	79,387
当	渡瀬　憲明	67	男	自民	前	68,218
	馬場　　昇	67	男	社会	前	55,517
	荒木　隆夫	50	男	無所属	新	11,249
	小田　憲郎	46	男	共産	新	5,257

第41回衆議院議員選挙

平成８年（1996年）10月20日実施

【第１区】定数１

当	細川　護熙	58	男	新進	前	85,682
	岩下　栄一	50	男	自民[比]	新	49,106
	田中　昭一	63	男	民主[比]	前	27,024
	野田　将晴	51	男	無所属	新	15,034
	川上紗智子	38	女	共産	新	14,569
	園田　浩幹	54	男	自連	新	1,601

【第２区】定数１

当	野田　　毅	55	男	新進	前	97,242
	林田　　彪	52	男	自民[比]	新	79,249
	立石　武博	62	男	共産	新	8,983
	栗原　　隆	35	男	新社会[比]	新	8,393

【第３区】定数１

当	松岡　利勝	51	男	自民[比]	前	80,725
	魚住　汎英	56	男	新進	元	79,460
	園田　原三	55	男	社民[比]	新	12,458
	安達　安人	40	男	共産	新	6,481

【第４区】定数１

当	園田　博之	54	男	さき[比]	前	117,441
	安田　公寛	47	男	新進	新	73,231
	山本　伸裕	33	男	共産	新	8,511

【第５区】定数１

当	矢上　雅義	36	男	新進	前	84,275
	渡瀬　憲明	71	男	自民[比]	前	76,730
	橋田　芳昭	41	男	共産	新	7,381
	藤田　重幸	47	男	自連[比]	新	1,944

《補選》第41回衆議院議員選挙

平成10年（1998年）６月14日実施

※細川護熙の辞職による

【第１区】被選挙数１

当	岩下　栄一	51	男	自民	新	67,620
	松野　頼久	37	男	民主	新	57,606
	川上紗智子	40	女	共産	新	23,240
	丸山　澄雄	63	男	社民	新	11,225

第42回衆議院議員選挙

平成12年（2000年）６月25日実施

【第１区】定数１

当	松野　頼久	39	男	民主[比]	新	92,161
	岩下　栄一	53	男	自民[比]	前	86,817
	川上紗智子	42	女	共産[比]	新	21,026

【第２区】定数１

当	野田　　毅	58	男	保守	前	106,129
	松野　信夫	49	男	民主[比]	新	50,604
	山本　伸裕	36	男	共産	新	11,644
	高野香代子	48	女	自連	新	7,375

【第3区】定数1
当 松岡 利勝 55 男 自民㊗前 109,127
　 浜口 和久 31 男 民主㊗新 51,763
　 益田 健宏 55 男 共産　新 7,139
　 清水 正法 56 男 自連　新 3,635
【第4区】定数1
当 園田 博之 58 男 自民㊗前 149,156
　 若城 史 34 男 自連　新 21,028
　 福田 慧一 56 男 共産　新 18,188
【第5区】定数1
当 金子 恭之 39 男 無所属 新 62,812
　 矢上 雅義 39 男 自民㊗前 58,874
　 小西 達也 48 男 社民㊗新 21,739
　 荒木 隆夫 57 男 無所属 新 15,492
　 野田 将晴 54 男 自連㊗新 12,044
　 吉永二千六百年 59 男 自由㊗新 7,153
　 橋田 芳昭 44 男 共産　新 5,302

第43回衆議院議員選挙
平成15年(2003年)11月9日実施

【第1区】定数1
当 松野 頼久 43 男 民主㊗前 111,205
　 岩下 栄一 57 男 自民㊗元 80,111
　 西川 悦子 49 女 共産　新 13,769
【第2区】定数1
当 林田 彪 59 男 自民㊗前 95,233
比当 松野 信夫 52 男 民主㊗新 75,517
　 前田 正治 49 男 共産　新 9,829
【第3区】定数1
当 坂本 哲志 53 男 無所属 新 79,500
比当 松岡 利勝 58 男 自民㊗前 76,469
　 池崎 一郎 51 男 民主㊗新 26,317
　 福山 紘史 63 男 共産　新 4,571
【第4区】定数1
当 園田 博之 61 男 自民㊗前 137,428
　 森川 生朗 65 男 社民㊗新 36,977
　 井芹しま子 52 女 共産　新 12,262
【第5区】定数1
当 金子 恭之 42 男 自民㊗前 95,321
　 後藤 英友 37 男 民主㊗新 57,901
　 川上紗智子 45 女 共産　新 11,580

第44回衆議院議員選挙
平成17年(2005年)9月11日実施

【第1区】定数1
当 松野 頼久 44 男 民主㊗前 112,500
比当 木原 稔 36 男 自民㊗新 110,072
　 那須 円 30 男 共産　新 12,110
【第2区】定数1
当 野田 毅 63 男 自民㊗前 112,549
　 松野 信夫 54 男 民主㊗前 79,793
　 上野 哲夫 51 男 共産　新 9,432
【第3区】定数1
当 松岡 利勝 60 男 自民　前 86,688
　 坂本 哲志 54 男 無所属 前 78,796
　 中川浩一郎 44 男 民主㊗新 32,808
【第4区】定数1
当 園田 博之 63 男 自民㊗前 136,380
　 松本 基督 49 男 民主㊗新 63,169
【第5区】定数1
当 金子 恭之 44 男 自民㊗前 105,690
　 後藤 英友 38 男 民主㊗新 65,914

《補選》第44回衆議院議員選挙
平成19年(2007年)7月29日実施
※松岡利勝の死去による

【第3区】被選挙数1
当 坂本 哲志 56 男 無所属 元 77,358
　 荒木 義行 49 男 無所属 新 64,063
　 後藤 英友 40 男 民主　新 39,493
　 松岡 徹 62 男 共産　新 5,368

第45回衆議院議員選挙
平成21年(2009年)8月30日実施

【第1区】定数1
当 松野 頼久 48 男 民主㊗前 137,048
　 木原 稔 40 男 自民㊗前 97,585
　 上野 哲夫 55 男 共産㊗新 9,729
　 守田 隆志 59 男 諸派　新 2,907
【第2区】定数1
当 福嶋健一郎 43 男 民主㊗新 104,876
　 林田 彪 65 男 自民　前 99,933
　 馬郡 賢一 45 男 諸派　新 3,354
【第3区】定数1
当 坂本 哲志 58 男 自民㊗前 81,506
比当 後藤 英友 42 男 民主㊗新 74,885
　 三浦 一水 55 男 無所属 新 42,579
　 松井 栄治 43 男 諸派　新 1,650
【第4区】定数1
当 園田 博之 67 男 自民㊗前 123,900
　 松永 真一 50 男 国民㊗新 78,811
　 河野 一郎 49 男 諸派　新 6,668
【第5区】定数1
当 金子 恭之 48 男 自民㊗前 98,632
比当 中島 隆利 66 男 社民㊗新 76,126
　 南 政宏 39 男 諸派　新 2,723
　 長友 清冨 59 男 諸派　新 1,520

第46回衆議院議員選挙
平成24年(2012年)12月16日実施

【第1区】定数1
当	木原　　稔	43	男	自民㊗元	94,368
比当	松野　頼久	52	男	維新㊗前	66,195
	池崎　一郎	60	男	民主㊗新	28,229
	山部　洋史	46	男	共産　新	12,012
	倉田千代喜	62	男	無所属新	2,472

【第2区】定数1
当	野田　　毅	71	男	自民㊗前	88,744
	本田　顕子	41	女	みんな㊗新	33,283
	浜田　大造	42	男	民主㊗新	25,891
	福嶋健一郎	46	男	未来㊗前	11,520
	松山　邦夫	59	男	共産　新	6,358

【第3区】定数1
当	坂本　哲志	62	男	自民㊗前	95,651
	本田　浩一	45	男	維新㊗新	38,548
	森本　康仁	34	男	民主㊗新	20,497
	東　奈津子	43	女	共産　新	8,197

【第4区】定数1
当	園田　博之	70	男	維新㊗前	102,975
	矢上　雅義	52	男	無所属元	36,652
	蓑田　庸子	61	女	共産　新	16,585

【第5区】定数1
当	金子　恭之	51	男	自民㊗前	90,553

	中島　隆利	69	男	社民㊗前	42,118
	橋田　芳昭	57	男	共産　新	7,691

第47回衆議院議員選挙
平成26年(2014年)12月14日実施

【第1区】定数1
当	木原　　稔	45	男	自民㊗前	87,111
比当	松野　頼久	54	男	維新㊗前	73,274
	高本　征尚	29	男	共産　新	14,947

【第2区】定数1
当	野田　　毅	73	男	自民　前	92,873
	広瀬　由美	58	女	共産　新	36,769

【第3区】定数1
当	坂本　哲志	64	男	自民㊗前	100,824
	芋生よしや	59	女	共産　新	29,981

【第4区】定数1
当	園田　博之	72	男	次世代㊗前	101,581
	井芹　栄次	58	男	共産　新	32,223

【第5区】定数1
当	金子　恭之	53	男	自民㊗前	87,874
	今泉　克己	64	男	社民㊗新	26,245
	橋田　芳昭	59	男	共産　新	12,307

選挙区・大分県

第24回衆議院議員選挙
昭和24年(1949年)1月23日実施

【第1区】定数4
当	村上　　勇	48	男	民自　前	59,590
当	小玉　治行	50	男	民自　新	47,602
当	金光　義邦	41	男	民主　前	28,247
当	羽田野次郎	46	男	無所属新	22,346
	野上　健次	42	男	社会　前	22,304
	山上　アヤ	60	女	無所属新	22,053
	首藤　克人	45	男	共産　新	21,171
	佐藤　守義	49	男	国協　新	19,151
	高倉　　正	47	男	無所属新	18,979
	梅林　時雄	44	男	民主　前	12,087
	宮瀬　睦夫	49	男	社革　新	5,624

【第2区】定数3
当	福田　喜東	45	男	民自　新	40,963
当	西村　英一	52	男	民自　新	33,976
当	永田　　節	50	男	民自　新	32,725
	前田　啓太	42	男	共産　新	18,593
	松原　一彦	69	男	国協　前	18,244
	安田　幹太	50	男	民主　前	14,586
	竹光　秀正	37	男	無所属新	12,395

	宇都宮則綱	61	男	民主　前	11,404
	大石　松雄	41	男	社会　新	10,190
	井上　覚司	40	男	民主　新	8,553
	大塚　将憲	51	男	無所属新	3,052

第25回衆議院議員選挙
昭和27年(1952年)10月1日実施

【第1区】定数4
当	広瀬　正雄	46	男	無所属新	73,149
当	村上　　勇	50	男	自由　前	58,932
当	木下　　郁	58	男	右社　元	52,933
当	後藤　義隆	51	男	改進　新	47,830
	金光　庸夫	75	男	自由　元	44,953
	小玉　治行	52	男	自由　前	25,604
	栗田　久男	44	男	協同　新	11,915
	石川　章三	40	男	無所属新	5,348

【第2区】定数3
当	重光　　葵	65	男	改進　新	66,249
当	西村　英一	55	男	自由　前	27,198
当	小松　　幹	38	男	無所属新	25,780
	福田　喜東	47	男	自由　前	25,583
	永田　　節	49	男	自由　前	24,278

	野依	秀市	67	男	自由	元	21,380
	八並	達雄	50	男	無所属	元	16,112
	平野	学	54	男	右社	新	13,304
	都留	忠久	31	男	共産	新	3,494

第26回衆議院議員選挙
昭和28年(1953年)4月19日実施

【第1区】定数4

当	金光	庸夫	76	男	自由吉	元	66,373
当	広瀬	正雄	46	男	改進	前	61,800
当	村上	勇	51	男	自由吉	前	54,645
当	木下	郁	59	男	右社	前	54,164
	後藤	義隆	52	男	改進	前	46,399
	箕浦	多一	61	男	無所属	新	21,896
	小玉	治行	52	男	自由鳩	元	14,347
	石川	章三	40	男	無所属	新	4,605

【第2区】定数3

当	重光	葵	65	男	改進	前	44,876
当	福田	喜東	47	男	自由吉	元	41,833
	西村	英一	55	男	自由吉	前	39,751
	小松	幹	38	男	左社	前	30,294
	野依	秀市	67	男	無所属	元	23,282
	八並	達雄	51	男	改進	元	20,386
	永田	節	50	男	自由鳩	元	20,153
	都留	忠久	32	男	共産	新	2,717

第27回衆議院議員選挙
昭和30年(1955年)2月27日実施

【第1区】定数4

当	広瀬	正雄	48	男	民主	前	77,146
当	木下	哲	43	男	右社	新	77,003
当	一万田尚登		61	男	民主	新	75,306
当	村上	勇	52	男	自由	前	58,325
	金光	庸夫	77	男	自由	前	39,546
	野上	健次	46	男	無所属	元	5,945

【第2区】定数3

当	野依	秀市	69	男	民主	元	65,412
当	重光	葵	67	男	民主	前	52,719
当	小松	幹	40	男	左社	元	40,251
	福田	喜東	49	男	自由	前	36,152
	西村	英一	57	男	自由	前	34,578

第28回衆議院議員選挙
昭和33年(1958年)5月22日実施

【第1区】定数4

当	村上	勇	56	男	自民	前	79,748
当	木下	哲	46	男	社会	前	76,499
当	一万田尚登		64	男	自民	前	73,669
当	広瀬	正雄	51	男	自民	前	61,422
	渡辺	美恵	40	女	社会	新	39,748

	小玉	治行	57	男	自民	元	26,210
	石川	章三	45	男	共産	新	3,595

【第2区】定数3

当	西村	英一	60	男	自民	元	51,877
当	綾部健太郎		67	男	自民	元	47,219
当	小松	幹	43	男	社会	前	35,650
	清末	清文	50	男	社会	新	24,208
	野依	秀市	72	男	自民	前	24,108
	福田	喜東	52	男	無所属	元	17,358
	一松	政二	64	男	無所属	新	12,658
	中野	峯夫	61	男	無所属	新	9,574
	東	陽一	35	男	無所属	新	6,294
	原口	善一	54	男	無所属	新	3,299
	橋本	正徳	47	男	共産	新	2,371

第29回衆議院議員選挙
昭和35年(1960年)11月20日実施

【第1区】定数4

当	村上	勇	58	男	自民	前	82,330
	広瀬	正雄	54	男	自民	前	77,317
当	二宮	武夫	48	男	諸派	新	76,516
当	一万田尚登		67	男	自民	前	58,225
	木下	哲	49	男	民社	前	57,174
	堀	仁	43	男	共産	新	4,495

【第2区】定数3

当	西村	英一	63	男	自民	前	49,619
当	織部健太郎		70	男	自民	前	46,518
当	小松	幹	46	男	諸派	前	43,048
	野依	秀市	75	男	無所属	元	42,330
	清末	清文	52	男	民社	新	30,654
	東	陽一	38	男	諸派	新	10,134
	都留	忠久	39	男	共産	新	2,950

第30回衆議院議員選挙
昭和38年(1963年)11月21日実施

【第1区】定数4

当	村上	勇	61	男	自民	前	86,440
当	二宮	武夫	51	男	社会	前	77,560
当	広瀬	正雄	57	男	自民	前	70,147
当	一万田尚登		70	男	自民	前	65,860
	矢嶋	三義	52	男	民社	新	38,721
	塩月	政子	34	女	無所属	新	9,742
	堀	仁	46	男	共産	新	5,827

【第2区】定数3

当	綾部健太郎		73	男	自民	前	51,373
当	西村	英一	66	男	自民	前	47,695
当	小松	幹	49	男	社会	前	46,287
	佐藤	文生	44	男	自民	新	44,630
	野依	秀市	78	男	無所属	元	35,532
	都留	忠久	42	男	共産	新	3,270

第31回衆議院議員選挙
昭和42年(1967年)1月29日実施

【第1区】定数4
当	村上　　勇	64	男	自民	前	70,735
当	工藤　良平	40	男	社会	新	68,760
当	広瀬　正雄	60	男	自民	前	63,816
当	一万田尚登	73	男	自民	前	56,177
	二宮　武夫	55	男	社会	前	53,100
	羽田野忠文	50	男	無所属	新	49,426
	堀　　　仁	49	男	共産	新	6,625
	木下　常雄	51	男	無所属	新	1,107

【第2区】定数3
当	佐藤　文生	47	男	自民	新	60,293
当	小松　　幹	52	男	社会	前	59,919
当	西村　英一	69	男	自民	前	51,815
	綾部健太郎	76	男	自民	前	49,547
	都留　忠久	46	男	共産	新	5,055

第32回衆議院議員選挙
昭和44年(1969年)12月27日実施

【第1区】定数4
当	村上　　勇	67	男	自民	前	72,408
当	広瀬　正雄	63	男	自民	前	67,679
当	羽田野忠文	52	男	自民	新	60,753
当	合沢　　栄	46	男	無所属	新	58,965
	工藤　良平	43	男	社会	前	55,650
	二宮　武夫	58	男	社会	元	55,163
	堀　　　仁	52	男	共産	新	9,000

【第2区】定数3
当	西村　英一	72	男	自民	前	70,759
当	佐藤　文生	50	男	自民	前	52,671
当	阿部みきお	50	男	社会	新	49,609
	本庄　幸人	45	男	無所属	新	21,534
	芹川　幸宏	40	男	民社	新	10,505
	都留　忠久	48	男	共産	新	6,459
	横山　有延	38	男	無所属	新	5,365

第33回衆議院議員選挙
昭和47年(1972年)12月10日実施

【第1区】定数4
当	村山　富市	48	男	社会	新	93,256
当	村上　　勇	70	男	自民	前	77,849
当	広瀬　正雄	66	男	自民	前	76,360
当	羽田野忠文	55	男	自民	前	75,751
	合沢　　栄	49	男	民社	前	70,283
	堀　　　仁	55	男	共産	新	14,413
	井脇ノブ子	26	女	無所属	新	8,288

【第2区】定数3
当	西村　英一	75	男	自民	前	70,826
当	佐藤　文生	53	男	自民	前	55,570
当	阿部未喜男	53	男	社会	前	49,972
	岡部　実夫	51	男	無所属	新	29,565
	本庄　幸人	48	男	無所属	新	18,115
	都留　忠久	51	男	共産	新	9,388

第34回衆議院議員選挙
昭和51年(1976年)12月5日実施

【第1区】定数4
当	村山　富市	52	男	社会	現	102,307
当	村上　　勇	74	男	自民	現	81,265
当	広瀬　正雄	70	男	自民	現	69,641
当	羽田野忠文	59	男	自民	現	69,005
	安部　万年	37	男	無所属	新	39,718
	宮本　憲一	44	男	公明	新	32,804
	吉田　孝美	45	男	社会	新	32,056

【第2区】定数3
当	阿部未喜男	57	男	社会	現	67,951
当	西村　英一	79	男	自民	現	58,860
当	佐藤　文生	57	男	自民	現	57,012
	岡部　実夫	55	男	無所属	新	43,903
	都留　忠久	55	男	共産	新	8,617

第35回衆議院議員選挙
昭和54年(1979年)10月7日実施

【第1区】定数4
当	村山　富市	55	男	社会	前	86,736
当	本郷　公威	52	男	社会	新	77,483
当	畑　英次郎	51	男	自民	新	72,845
当	木下敬之助	35	男	民社	新	71,554
	村上　　勇	77	男	自民	前	66,772
	波多野忠文	62	男	自民	前	63,656
	浜田　紘一	40	男	共産	新	13,240

【第2区】定数3
当	西村　英一	82	男	自民	前	63,676
当	田原　　隆	54	男	無所属	新	49,974
当	佐藤　文生	60	男	自民	前	49,415
	阿部未喜男	59	男	社会	前	44,544
	岡部　実夫	57	男	無所属	新	24,891
	秋吉　良雄	53	男	無所属	新	22,272
	平野　文活	30	男	共産	新	5,895

第36回衆議院議員選挙
昭和55年(1980年)6月22日実施

【第1区】定数4
当	村上　　勇	78	男	自民	元	104,522
当	羽田野忠文	63	男	自民	元	86,255
当	畑　英次郎	51	男	自民	前	72,093
当	木下敬之助	36	男	民社	前	70,206
	村山　富市	56	男	社会	前	69,466
	本郷　公威	53	男	社会	前	65,081

| | 浜田　紘一 | 41 | 男 | 共産 | 新 | 11,450 |

【第2区】定数3
当	佐藤　文生	60	男	自民	前	67,162
当	阿部未喜男	60	男	社会	元	67,057
当	田原　　隆	54	男	自民	前	61,621
	西村　英一	82	男	自民	前	61,410
	平野　文活	31	男	共産	新	5,006
	丁田　英子	43	女	無所属	新	1,124

第37回衆議院議員選挙
昭和58年(1983年)12月18日実施

【第1区】定数4
当	村山　富市	59	男	社会	元	121,919
当	畑　英次郎	55	男	自民	前	91,629
当	木下敬之助	39	男	民社	前	88,137
当	衛藤征士郎	42	男	無所属	新	86,471
	羽田野忠文	66	男	自民	前	73,116
	住吉　栄三	62	男	共産	新	9,066

【第2区】定数3
当	阿部未喜男	64	男	社会	前	73,303
当	田原　　隆	58	男	自民	前	70,932
当	佐藤　文生	64	男	自民	前	59,375
	平野　文活	35	男	共産	新	13,670

第38回衆議院議員選挙
昭和61年(1986年)7月6日実施

【第1区】定数4
当	村山　富市	62	男	社会	前	107,988
当	畑　英次郎	57	男	自民	前	103,639
当	木下敬之助	42	男	民社	前	91,085
当	衛藤征士郎	45	男	自民	前	88,509
	衛藤　晟一	38	男	自民	新	78,166
	住吉　栄三	65	男	共産	新	10,201

【第2区】定数3
当	田原　　隆	60	男	自民	前	84,940
当	佐藤　文生	66	男	自民	前	75,166
当	阿部未喜男	66	男	社会	前	72,287
	平野　文活	37	男	共産	新	14,008

第39回衆議院議員選挙
平成2年(1990年)2月18日実施

【第1区】定数4
当	村山　富市	65	男	社会	前	108,343
当	衛藤　晟一	42	男	自民	新	96,775
当	衛藤征士郎	48	男	自民	前	94,494
当	畑　英次郎	61	男	自民	前	89,668
	木下敬之助	46	男	民社	前	83,007
	三重野　昇	51	男	共産	新	15,339

【第2区】定数3
当	阿部未喜男	70	男	社会	前	75,425
当	田原　　隆	64	男	自民	前	71,314
当	岩屋　　毅	32	男	無所属	新	59,373
	佐藤　文生	70	男	自民	前	51,691
	重松　明男	42	男	共産	新	6,458

第40回衆議院議員選挙
平成5年(1993年)7月18日実施

【第1区】定数4
当	村山　富市	69	男	社会	前	106,260
当	畑　英次郎	64	男	新生	前	104,255
当	衛藤征士郎	52	男	自民	前	87,294
当	衛藤　晟一	45	男	自民	前	83,399
	佐藤　佑一	51	男	日本新	新	52,600
	三重野　昇	54	男	共産	新	12,498

【第2区】定数2
当	横光　克彦	49	男	無所属	新	88,338
当	田原　　隆	67	男	自民	前	79,691
	岩屋　　毅	35	男	さき	前	79,522
	平野　文活	44	男	共産	新	5,542
	今富　光博	37	男	無所属	新	3,205

第41回衆議院議員選挙
平成8年(1996年)10月20日実施

【第1区】定数1
当	村山　富市	72	男	社民㊂前	106,258
比当	衛藤　晟一	49	男	自民㊂前	57,301
	三重野　昇	57	男	共産	新	10,666
	友沢　康博	57	男	自連㊂新	2,813
	亀山　教明	33	男	無所属	新	1,574

【第2区】定数1
当	衛藤征士郎	55	男	自民㊂前	100,809
	神河　照美	42	女	自連㊂新	20,889
	土井　正美	56	男	共産	新	14,197

【第3区】定数1
当	畑　英次郎	68	男	新進	前	77,936
	牧野　哲朗	49	男	自民㊂新	63,440
	日野　洋子	62	女	共産	新	10,375
	梅木　恒明	62	男	自連㊂新	1,998

【第4区】定数1
当	横光　克彦	52	男	社民㊂前	86,068
	岩屋　　毅	39	男	新進	元	77,621
	三ケ田三十四	55	男	共産	新	4,757

第42回衆議院議員選挙
平成12年(2000年)6月25日実施

【第1区】定数1
当	釘宮　　磐	52	男	民主㊂新	96,223
	衛藤　晟一	52	男	自民㊂前	94,094
	土井　正美	60	男	共産	新	12,073
	亀山　教明	37	男	無所属	新	2,252

衆議院・選挙区（大分県）

【第2区】定数1
当	衛藤征士郎	59	男	自民 比 前	92,242
比当	重野 安正	58	男	社民 比 新	69,532
	仏坂 健二	53	男	共産 新	5,034
	石川 朱美	47	女	自連 新	2,003

【第3区】定数1
当	岩屋 毅	42	男	自民 比 元	95,046
	中村 太郎	60	男	民主 比 新	50,024
	小川 勉	53	男	共産 新	10,057
	梅木 恒明	66	男	自連 新	2,470

【第4区】定数1
当	横光 克彦	56	男	社民 比 前	84,165
	佐藤 錬	48	男	自民 比 新	78,468
	三ケ田三十四	58	男	共産 新	5,195
	尾崎 秀幸	64	男	自連 新	1,144

第43回衆議院議員選挙
平成15年（2003年）11月9日実施

【第1区】定数1
当	吉良 州司	45	男	無所属 新	105,628
比当	衛藤 晟一	56	男	自民 比 元	101,789
	堤 栄三	46	男	共産 新	8,646
	染矢 誠治	39	男	無所属 新	1,254

【第2区】定数1
当	衛藤征士郎	62	男	自民 比 前	123,434
	重野 安正	61	男	社民 比 前	85,666
	小野 勝	61	男	共産 新	10,590

【第3区】定数1
当	岩屋 毅	46	男	自民 比 前	123,798
比当	横光 克彦	60	男	社民 比 前	111,180
	小川 勉	57	男	共産 新	6,521

第44回衆議院議員選挙
平成17年（2005年）9月11日実施

【第1区】定数1
当	吉良 州司	47	男	民主 比 前	94,594
	衛藤 晟一	57	男	無所属 前	90,667
比当	佐藤 錬	54	男	自民 比 前	46,205
	河野 広子	53	女	共産 新	9,396

【第2区】定数1
当	衛藤征士郎	64	男	自民 比 前	116,837
比当	重野 安正	63	男	社民 比 元	95,017
	山下 魁	28	男	共産 新	14,957

【第3区】定数1
当	岩屋 毅	48	男	自民 比 前	127,656
比当	横光 克彦	61	男	民主 比 前	112,833

第45回衆議院議員選挙
平成21年（2009年）8月30日実施

【第1区】定数1
当	吉良 州司	51	男	民主 比 前	141,665
	穴見 陽一	40	男	自民 比 新	80,855
	山下 魁	32	男	共産 比 新	14,821
	高畑タヨ子	56	女	諸派 新	2,983

【第2区】定数1
当	重野 安正	67	男	社民 比 前	112,090
比当	衛藤征士郎	68	男	自民 比 前	107,124
	永岡 悦子	57	女	諸派 新	4,574

【第3区】定数1
当	横光 克彦	65	男	民主 比 前	121,031
比当	岩屋 毅	52	男	自民 比 前	112,602
	利光 哲也	56	男	諸派 新	3,489

第46回衆議院議員選挙
平成24年（2012年）12月16日実施

【第1区】定数1
当	穴見 陽一	43	男	自民 比 新	84,848
	吉良 州司	54	男	民主 比 前	74,590
	桑原 宏史	42	男	維新 新	34,367
	山本 茂	61	男	共産 新	9,316
	小手川裕市	45	男	未来 新	8,586
	染矢 誠治	48	男	無所属 新	1,149

【第2区】定数1
当	衛藤征士郎	71	男	自民 比 前	94,666
比当	吉川 元	46	男	社民 比 新	46,786
	竹内 紀彦	43	男	維新 新	31,779
	山下 魁	35	男	共産 新	11,008

【第3区】定数1
当	岩屋 毅	55	男	自民 比 前	100,606
	横光 克彦	69	男	民主 比 前	62,949
	神 雅敏	36	男	みんな 比 新	28,013
	大塚 光義	57	男	共産 新	8,301

第47回衆議院議員選挙
平成26年（2014年）12月14日実施

【第1区】定数1
当	吉良 州司	56	男	民主 比 元	94,893
比当	穴見 陽一	45	男	自民 比 前	88,507
	山本 茂	63	男	共産 新	13,113

【第2区】定数1
当	衛藤征士郎	73	男	自民 前	86,363
比当	吉川 元	48	男	社民 比 前	59,775
	山下 魁	37	男	共産 新	17,907

【第3区】定数1
当	岩屋 毅	57	男	自民 比 前	106,257
	浦野 英樹	45	男	民主 比 新	48,389
	大塚 光義	59	男	共産 新	17,657

選挙区・宮崎県

第24回衆議院議員選挙
昭和24年(1949年) 1月23日実施

【第1区】定数3

	氏名	年齢	性別	党派	新旧	得票数
当	川野 芳満	53	男	民自	前	40,023
当	佐野 重遠	63	男	民自	元	29,065
当	淵 通義	40	男	民自	新	28,484
	押川 定秋	60	男	民主	前	24,518
	片島 港	40	男	社会	前	19,106
	中井平一郎	51	男	無所属	新	17,230
	北田 正	38	男	民自	新	16,823
	沢 重徳	30	男	共産	新	11,033
	吉永 輝文	54	男	無所属	新	8,247
	一水 伝	41	男	民主	新	7,341
	日高 魁	38	男	無所属	新	6,683
	中野初太郎	57	男	無所属	新	2,707

【第2区】定数3

	氏名	年齢	性別	党派	新旧	得票数
当	小山 長規	45	男	民自	新	30,523
当	田中不破三	49	男	民主	新	26,898
当	瀬戸山三男	46	男	民自	新	26,462
	田崎 藤雄	52	男	無所属	新	23,397
	石神 啓吾	43	男	社会	前	16,662
	緒方 繁	49	男	民自	新	13,619
	川越 博	39	男	国協	前	12,443
	森山 武彦	52	男	労農	前	9,284
	図師 尋次	74	男	国協	新	7,523
	村浦 行男	30	男	共産	新	6,629
	東 友重	43	男	無所属	新	3,364

第25回衆議院議員選挙
昭和27年(1952年)10月1日実施

【第1区】定数3

	氏名	年齢	性別	党派	新旧	得票数
当	相川 勝六	60	男	自由	新	59,629
当	川野 芳満	53	男	自由	前	35,633
当	甲斐 政治	50	男	右社	元	32,490
	片島 港	42	男	左社	元	30,770
	佐藤 重遠	64	男	自由	前	24,856
	淵 通義	41	男	自由	前	24,254
	有馬 美利	63	男	改進	新	23,738
	河野 孔明	46	男	無所属	新	10,316
	黒木 勇吉	56	男	改進	新	8,504
	沢 重徳	31	男	共産	新	2,775

【第2区】定数3

	氏名	年齢	性別	党派	新旧	得票数
当	伊東 岩男	64	男	改進	元	41,076
当	小山 長規	47	男	自由	前	34,595
当	持永 義夫	59	男	自由	新	34,291
	瀬戸山三男	48	男	自由	前	24,961
	児玉 末男	30	男	左社	新	19,769
	田中不破三	50	男	自由	前	18,953
	志戸本慶次郎	35	男	改進	新	15,900
	増満 繁雄	51	男	改進	新	8,345
	坂田 実	27	男	共産	新	1,217

第26回衆議院議員選挙
昭和28年(1953年) 4月19日実施

【第1区】定数3

	氏名	年齢	性別	党派	新旧	得票数
当	甲斐 政治	51	男	右社	前	47,932
当	片島 港	42	男	左社	元	47,910
当	相川 勝六	62	男	自由吉	前	44,086
	淵 通義	41	男	自由吉	元	43,041
	川野 芳満	54	男	自由吉	前	41,320
	黒木 勇吉	56	男	改進	新	15,214
	沢 重徳	32	男	共産	新	3,279

【第2区】定数3

	氏名	年齢	性別	党派	新旧	得票数
当	伊東 岩男	64	男	改進	前	47,488
当	持永 義夫	59	男	自由吉	前	31,385
当	瀬戸山三男	49	男	自由吉	元	30,833
	小山 長規	47	男	自由吉	前	30,490
	児玉 末男	31	男	左社	新	28,448
	志戸本慶次郎	36	男	改進	新	19,335
	川越 博	42	男	改進	元	6,786
	税田 幸雄	43	男	共産	新	1,035

第27回衆議院議員選挙
昭和30年(1955年) 2月27日実施

【第1区】定数3

	氏名	年齢	性別	党派	新旧	得票数
当	片島 港	44	男	左社	前	49,016
当	川野 芳満	56	男	自由	元	39,044
当	相川 勝六	63	男	自由	前	38,639
	甲斐 政治	52	男	民主	前	28,514
	淵 通義	44	男	無所属	元	21,391
	興梠 貢	44	男	右社	新	18,964
	吉野 房見	55	男	民主	新	18,109
	河野 孔明	49	男	諸派	新	13,690
	佐藤 重遠	67	男	自由	元	12,093
	黒木 勇吉	58	男	民主	新	10,195
	浦 宏	29	男	無所属	新	4,722
	沢 重徳	34	男	共産	新	2,891

【第2区】定数3

	氏名	年齢	性別	党派	新旧	得票数
当	伊東 岩男	66	男	民主	前	35,197
当	小山 長規	49	男	自由	元	34,418
当	瀬戸山三男	51	男	自由	前	31,123
	持永 義夫	61	男	自由	前	30,704
	志戸本慶次郎	38	男	民主	新	21,184
	児玉 末男	33	男	左社	新	21,087
	古園 保	46	男	諸派	新	20,234
	川越 博	43	男	民主	元	8,576

第28回衆議院議員選挙
昭和33年(1958年) 5月22日実施

【第1区】 定数3
当	相川	勝六	66	男	自民	前	61,776
当	川野	芳満	59	男	自民	前	56,108
当	片島	港	48	男	社会	前	48,328
	田尻	貴	52	男	社会	新	30,034
	甲斐	政治	56	男	自民	元	28,461
	藤井	満義	51	男	無所属	新	20,684
	淵	通義	47	男	無所属	元	10,863
	河野	孔明	52	男	諸派	新	9,077
	三輪	貞治	44	男	諸派	新	5,325
	黒木	勇吉	61	男	無所属	新	4,964
	沢	重徳	37	男	共産	新	3,124

【第2区】 定数3
当	瀬戸山三男	54	男	自民	前	54,058
当	児玉	末男	36	男	社会	新	49,947
当	小山	長規	52	男	自民	前	49,839
	伊東	岩男	69	男	自民	前	35,534
	田中	長茂	66	男	無所属	新	27,507

第29回衆議院議員選挙
昭和35年(1960年)11月20日実施

【第1区】 定数3
当	相川	勝六	68	男	自民	前	60,866
当	片島	港	50	男	社会	前	60,769
当	川野	芳満	62	男	自民	前	60,363
	田尻	貴	54	男	社会	新	34,141
	岩倉	守	58	男	自民	新	28,550
	永井純一郎	52	男	民社	新	26,219
	淵	通義	50	男	無所属	元	7,893
	沢	重徳	40	男	共産	新	3,346

【第2区】 定数3
当	瀬戸山三男	56	男	自民	前	56,695
当	小山	長規	55	男	自民	前	53,134
当	児玉	末男	38	男	社会	前	51,989
	田中不破三	58	男	自民	元	27,971
	田中	長茂	69	男	無所属	新	14,570
	阿部	繁義	50	男	民社	新	3,508
	畑中	誓弥	31	男	共産	新	2,884

第30回衆議院議員選挙
昭和38年(1963年)11月21日実施

【第1区】 定数3
当	相川	勝六	71	男	自民	前	77,435
当	片島	港	53	男	社会	前	72,410
当	川野	芳満	65	男	自民	前	68,425
	三輪	貞治	50	男	民社	新	35,970
	児玉	武夫	36	男	共産	新	4,998

【第2区】 定数3
当	瀬戸山三男	59	男	自民	前	68,173
当	小山	長規	58	男	自民	前	62,107
当	児玉	末男	41	男	社会	前	48,774
	河野	孔明	58	男	無所属	新	7,575
	来住	新平	33	男	共産	新	3,963

第31回衆議院議員選挙
昭和42年(1967年) 1月29日実施

【第1区】 定数3
当	折小野良一	47	男	民社	新	75,336
当	相川	勝六	75	男	自民	前	66,962
当	川野	芳満	68	男	自民	前	66,909
	片島	港	56	男	社会	前	62,828
	塩月	修一	29	男	無所属	新	6,846
	沢	重徳	46	男	共産	新	6,462
	一水	伝	57	男	無所属	新	5,583

【第2区】 定数3
当	瀬戸山三男	63	男	自民	前	80,766
当	小山	長規	61	男	自民	前	66,291
当	児玉	末男	45	男	社会	前	46,886
	来住	新平	36	男	共産	新	7,001

第32回衆議院議員選挙
昭和44年(1969年)12月27日実施

【第1区】 定数3
当	江藤	隆美	44	男	無所属	新	76,257
当	松浦	利尚	44	男	社会	新	62,349
当	相川	勝六	78	男	自民	前	53,561
	折小野良一	50	男	民社	前	51,077
	川野	芳満	71	男	自民	前	50,137
	沢	重徳	49	男	共産	新	8,294
	中川	左近	57	男	無所属	新	658

【第2区】 定数3
当	瀬戸山三男	65	男	自民	前	50,913
当	小山	長規	64	男	自民	前	50,035
当	坂元	親男	58	男	自民	新	48,447
	児玉	末男	48	男	社会	前	44,417
	曽木	卓	54	男	民社	新	7,039
	来住	新平	39	男	共産	新	5,576

第33回衆議院議員選挙
昭和47年(1972年)12月10日実施

【第1区】 定数3
当	松浦	利尚	47	男	社会	前	78,864
当	江藤	隆美	47	男	自民	前	73,434
当	折小野良一	53	男	民社	元	66,464
	黒木	利克	59	男	自民	新	64,749
	大原	一三	48	男	無所属	新	50,444
	児玉	武夫	45	男	共産	新	14,061

【第2区】定数3
当 小山 長規 67 男 自民 前 62,021
当 児玉 末男 51 男 社会 元 54,337
当 瀬戸山三男 68 男 自民 前 49,944
　 坂元 親男 61 男 自民 前 48,007
　 来住 新平 42 男 共産 新 7,406
　 河野 孔明 67 男 無所属 新 679

第34回衆議院議員選挙
昭和51年(1976年)12月5日実施

【第1区】定数3
当 米沢 隆 36 男 民社 新 73,385
当 大原 一三 52 男 無所属 新 72,286
当 江藤 隆美 51 男 自民 現 70,611
　 松浦 利尚 51 男 社会 現 68,853
　 黒木 利克 63 男 自民 新 63,289
　 堀 典一 47 男 公明 新 32,340
　 児玉 武夫 49 男 共産 新 11,390

【第2区】定数3
当 堀之内久男 52 男 無所属 新 65,019
当 瀬戸山三男 72 男 自民 現 61,677
当 児玉 末男 55 男 社会 現 54,865
　 小山 長規 71 男 自民 現 54,107
　 浜田 浩二 37 男 共産 新 7,250

第35回衆議院議員選挙
昭和54年(1979年)10月7日実施

【第1区】定数3
当 松浦 利尚 54 男 社会 元 86,916
当 米沢 隆 39 男 民社 前 81,797
当 江藤 隆美 54 男 自民 前 72,070
　 大原 一三 55 男 無所属 前 64,239
　 上杉 光弘 37 男 自民 新 55,168
　 浜田 浩二 39 男 共産 新 8,087
　 河野 孔明 74 男 無所属 新 1,624
　 保坂 武文 38 男 諸派 新 486
　 首藤 行雄 58 男 無所属 新 200

【第2区】定数3
当 小山 長規 74 男 自民 元 72,387
当 堀之内久男 54 男 自民 前 58,367
当 児玉 末男 57 男 社会 前 54,334
　 瀬戸山三男 75 男 自民 前 48,234
　 佐藤 誠 40 男 共産 新 4,727

第36回衆議院議員選挙
昭和55年(1980年)6月22日実施

【第1区】定数3
当 大原 一三 55 男 自民 元 116,850
当 米沢 隆 40 男 民社 前 96,429
当 江藤 隆美 55 男 自民 前 91,404

　 松浦 利尚 54 男 社会 前 83,909
　 浜田 浩二 40 男 共産 新 9,162
　 保坂 武文 39 男 諸派 新 784

【第2区】定数3
当 堀之内久男 55 男 自民 前 68,419
当 小山 長規 75 男 自民 前 62,877
当 瀬戸山三男 76 男 自民 元 57,099
　 児玉 末男 58 男 社会 前 52,508
　 佐藤 誠 41 男 共産 新 5,028

第37回衆議院議員選挙
昭和58年(1983年)12月18日実施

【第1区】定数3
当 松浦 利尚 58 男 社会 元 96,133
当 江藤 隆美 58 男 自民 前 84,419
当 米沢 隆 43 男 民社 前 83,345
　 大原 一三 59 男 自民 前 75,405
　 上杉 光弘 41 男 自民 新 51,983
　 浜田 浩二 44 男 共産 新 8,479

【第2区】定数3
当 児玉 末男 62 男 社会 元 55,184
当 小山 長規 78 男 自民 前 49,138
当 堀之内久男 59 男 自民 前 49,031
　 中山 成彬 40 男 無所属 新 48,480
　 瀬戸山三男 79 男 自民 前 47,235
　 中野 健 43 男 共産 新 4,708

第38回衆議院議員選挙
昭和61年(1986年)7月6日実施

【第1区】定数3
当 江藤 隆美 61 男 自民 前 124,557
当 米沢 隆 46 男 民社 前 104,577
当 大原 一三 62 男 自民 元 97,280
　 松浦 利尚 60 男 社会 前 89,820
　 浜田 浩二 46 男 共産 新 8,527
　 出先 隆司 41 男 無所属 新 382

【第2区】定数3
当 堀之内久男 61 男 自民 前 66,350
当 中山 成彬 43 男 自民 新 64,866
当 持永 和見 59 男 自民 新 50,618
　 児玉 末男 64 男 社会 前 40,991
　 瀬戸山三男 82 男 無所属 元 32,553
　 中野 健 46 男 共産 新 3,971
　 蕪 幸男 37 男 無所属 新 3,208
　 佐沢 利和 58 男 無所属 新 1,710

第39回衆議院議員選挙
平成2年(1990年)2月18日実施

【第1区】定数3
当 大原 一三 65 男 自民 前 108,942

当	松浦　利尚	64	男	社会	新	105,221
当	米沢　　隆	50	男	民社	前	104,676
	江藤　隆美	64	男	自民	前	101,661
	浜田　浩二	50	男	共産	新	7,721
	首藤　行雄	68	男	無所属	新	565

【第2区】定数3

当	北川　昌典	58	男	社会	新	71,745
当	中山　成彬	46	男	自民	前	64,921
当	持永　和見	62	男	自民	前	61,547
	堀之内久男	65	男	自民	前	60,486
	中野　　健	49	男	共産	新	4,044

第40回衆議院議員選挙
平成5年(1993年)7月18日実施

【第1区】定数3

当	江藤　隆美	68	男	自民	元	144,699
当	米沢　　隆	53	男	民社	前	102,575
当	大原　一三	69	男	自民	前	77,726
	前田　裕司	44	男	社会	新	69,941
	長友　ちか	37	女	共産	新	10,040
	井本　英雄	46	男	無所属	新	7,471

【第2区】定数2

当	堀之内久男	68	男	無所属	元	73,000
当	持永　和見	66	男	自民	前	72,795
	中山　成彬	50	男	自民	前	65,310
	北川　昌典	61	男	社会	前	38,864
	中野　　健	53	男	共産	新	4,301

第41回衆議院議員選挙
平成8年(1996年)10月20日実施

【第1区】定数1

当	中山　成彬	53	男	自民	元	78,145
	米沢　　隆	56	男	新進	前	75,152
	松浦　利尚	71	男	社民㊎元	23,730
	長友　ちか	40	女	共産	新	12,025
	椎葉　憲一	51	男	自連㊎新	913

【第2区】定数1

当	江藤　隆美	71	男	自民	前	106,858
	谷川　敏通	50	男	新進	新	73,553
	野田　章夫	36	男	共産	新	10,813
	青郷　卓治	38	男	自連	新	1,370

【第3区】定数1

当	持永　和見	69	男	自民㊎前	89,671
	古川　禎久	31	男	新進	新	62,211
	中野　　健	56	男	共産	新	16,962

第42回衆議院議員選挙
平成12年(2000年)6月25日実施

【第1区】定数1

当	中山　成彬	57	男	自民	前	91,472

	米沢　　隆	60	男	民主㊎元	75,761
	外山　良治	51	男	社民㊎新	24,791
	川越　宏樹	52	男	無所属	新	13,108
	野田　章夫	40	男	共産	新	7,974

【第2区】定数1

当	江藤　隆美	75	男	自民㊎前	131,725
	長浜恵美子	58	女	民主㊎新	47,833
	塩月　　盈	67	男	共産	新	12,829
	小幡　　豊	44	男	自連㊎新	5,533

【第3区】定数1

当	持永　和見	72	男	自民㊎前	103,729
	古川　禎久	34	男	無所属	新	79,081
	温水　武男	64	男	共産	新	13,006
	加　　英昭	64	男	自連	新	2,717

第43回衆議院議員選挙
平成15年(2003年)11月9日実施

【第1区】定数1

当	中山　成彬	60	男	自民㊎前	99,969
比当	米沢　　隆	63	男	民主㊎前	71,616
	小城　正克	49	男	無所属	新	9,196
	野田　章夫	43	男	共産	新	8,865

【第2区】定数1

当	江藤　　拓	43	男	無所属	新	88,540
	黒木　健司	50	男	無所属	新	79,119
	土井　裕子	51	女	民主㊎新	29,585
	内山　定雄	63	男	共産	新	5,708

【第3区】定数1

当	古川　禎久	38	男	無所属	新	118,607
	持永　哲志	43	男	無所属	新	58,353
	井福　美年	54	男	共産	新	10,801

第44回衆議院議員選挙
平成17年(2005年)9月11日実施

【第1区】定数1

当	中山　成彬	62	男	自民㊎前	121,355
	米沢　　隆	65	男	民主㊎前	56,890
	鳥飼　謙二	57	男	社民㊎新	26,297
	前屋敷恵美	55	女	共産	新	8,735

【第2区】定数1

当	江藤　　拓	45	男	無所属	前	101,809
	上杉　光弘	63	男	自民㊎新	61,979
	黒木　健司	52	男	民主㊎新	51,764

【第3区】定数1

当	古川　禎久	40	男	無所属	前	102,816
	持永　哲志	45	男	自民㊎新	82,204
	外山　　斎	29	男	民主㊎新	22,352

衆議院・選挙区（鹿児島県）

第45回衆議院議員選挙
平成21年（2009年）8月30日実施

【第1区】定数1
当	川村秀三郎	60	男	無所属	新	109,411
	中山　成彬	66	男	無所属	前	55,114
	上杉　光弘	67	男	無所属	新	47,116
	馬場　洋光	40	男	共産⑭	新	11,143
	鶴丸　千夏	44	女	諸派	新	3,726

【第2区】定数1
当	江藤　　拓	49	男	自民⑭	前	120,567
比当	道休誠一郎	56	男	民主⑭	新	81,997
	大原　守人	57	男	無所属	新	7,609
	嶋崎　義和	54	男	諸派	新	1,770

【第3区】定数1
当	古川　禎久	44	男	自民⑭	前	131,908
	松村　秀利	52	男	社民⑭	新	58,343
	松原　慎治	49	男	諸派	新	5,460

第46回衆議院議員選挙
平成24年（2012年）12月16日実施

【第1区】定数1
当	武井　俊輔	37	男	自民⑭	新	78,392
	川村秀三郎	63	男	民主⑭	前	42,748
比当	中山　成彬	69	男	維新⑭	元	37,198

	外山　　斎	36	男	未来⑭	新	15,300
	松村　秀利	56	男	社民⑭	新	8,414
	松本　　隆	51	男	共産	新	7,475

【第2区】定数1
当	江藤　　拓	52	男	自民⑭	前	113,432
	道休誠一郎	59	男	民主⑭	前	41,070
	吉田　貴行	57	男	共産	新	11,545

【第3区】定数1
当	古川　禎久	47	男	自民⑭	前	119,174
	来住　一人	67	男	共産	新	26,533

第47回衆議院議員選挙
平成26年（2014年）12月14日実施

【第1区】定数1
当	武井　俊輔	39	男	自民⑭	前	89,171
	外山　　斎	38	男	維新⑭	新	39,394
	村尾　英俊	51	男	民主⑭	新	23,127
	松本　　隆	53	男	共産	新	12,871

【第2区】定数1
当	江藤　　拓	54	男	自民⑭	前	111,850
	吉田　貴行	59	男	共産	新	30,841

【第3区】定数1
当	古川　禎久	49	男	自民⑭	前	108,051
	来住　一人	69	男	共産	新	29,599

選挙区・鹿児島県

第24回衆議院議員選挙
昭和24年（1949年）1月23日実施

【第1区】定数4
当	上林山栄吉	47	男	民自	前	39,946
当	床次　徳二	46	男	民主	新	39,338
当	井上　知治	64	男	民自	前	33,501
当	満尾　君亮	49	男	民自	新	26,960
	原　　捨思	59	男	民主	元	25,371
	村尾　薩男	48	男	社会	前	20,364
	牧　　秀司	38	男	民自	新	19,193
	中村　嘉寿	70	男	民自	前	18,828
	神野　伝蔵	52	男	民自	新	13,497
	宇田　国栄	47	男	国協	元	11,977
	佐々木昌治	27	男	共産	新	8,019
	宇留島千早	49	男	民主	新	4,893

【第2区】定数3
当	石原　　登	37	男	民自	前	28,484
当	中馬　辰猪	34	男	民自	新	28,061
当	尾崎　末吉	56	男	民自	前	27,985
	冨吉　栄二	51	男	社会	前	27,231
	佐多　忠隆	46	男	社会	新	19,904
	二宮　周平	33	男	民自	新	14,977

	原　　　国	49	男	国協	元	14,594
	黒岩　東四	35	男	無所属	新	10,926
	吉井　　晃	49	男	民主	新	10,594
	浜田　徳海	51	男	民主	新	10,557
	緒方　鉄次	45	男	民主	新	7,561
	浜田　文哉	33	男	無所属	新	7,183
	小林　　宏	27	男	共産	新	5,405
	緒方　明男	37	男	労農	新	3,263
	久枝　　彰	47	男	国協	新	1,616

【第3区】定数3
当	前田　　郁	61	男	民自	前	34,383
当	二階堂　進	41	男	民自	元	33,872
当	岩川　与助	64	男	民自	元	32,850
	的場金右衛門	58	男	民自	前	21,757
	佐藤　通吉	47	男	民自	前	19,038
	赤路　友蔵	46	男	社会	新	14,804
	田原　瑞穂	33	男	共産	新	3,456
	藤　　宮彦	45	男	社革	新	1,463

第25回衆議院議員選挙
昭和27年(1952年)10月1日実施

【第1区】定数4
当	池田	清	67	男	自由	新	48,752
当	迫水	久常	50	男	自由	新	41,227
当	床次	徳二	48	男	改進	前	32,719
当	赤路	友蔵	47	男	左社	新	32,681
	原	捨思	61	男	改進	元	31,322
	上林山栄吉	48	男	自由	前	28,342
	平瀬	実武	50	男	無所属	新	17,937
	宇田	国栄	49	男	改進	元	15,956
	高城	憲夫	52	男	再建	元	15,684
	神野	伝蔵	54	男	自由	新	13,408
	満尾	君亮	51	男	自由	前	10,675
	岩切	重雄	64	男	自由	元	10,537
	津崎	尚武	70	男	再建	元	3,325
	宇留島千早	51	男	無所属	新	1,363

【第2区】定数3
当	中馬	辰猪	36	男	自由	前	40,642
当	尾崎	末吉	58	男	自由	前	40,246
当	冨吉	栄二	53	男	右社	元	39,064
	池田	清志	52	男	改進	新	33,768
	石原	登	38	男	自由	新	29,373
	寺田	市正	76	男	自由	元	23,965
	浜田	尚友	43	男	再建	元	21,661
	原	国	51	男	改進	元	14,293
	隈元	孝道	50	男	改進	新	3,526
	仮屋	政香	32	男	共産	新	3,214

【第3区】定数3
当	永田	良吉	66	男	自由	元	43,108
当	東郷	実	70	男	自由	元	34,918
当	岩川	与助	66	男	自由	前	32,571
	前田	郁	63	男	自由	前	24,625
	二階堂	進	42	男	自由	前	19,477
	佐藤	通吉	49	男	無所属	元	17,040
	池田	正義	49	男	改進	新	10,176
	小浜	繁	44	男	改進	新	7,176
	廻	実	25	男	共産	新	3,394

第26回衆議院議員選挙
昭和28年(1953年)4月19日実施

【第1区】定数4
当	赤路	友蔵	48	男	左社	前	48,802
当	池田	清	64	男	自由吉	前	46,981
当	迫水	久常	50	男	自由吉	前	40,928
当	床次	徳二	49	男	改進	前	37,893
	原	捨思	61	男	改進	元	36,645
	上林山栄吉	49	男	自由鳩	元	35,080
	宇田	国栄	50	男	改進	元	33,237
	山之内	梓	58	男	自由吉	新	20,350
	高橋まさし	25	男	共産	新	2,433

【第2区】定数3
当	冨吉	栄二	53	男	右社	前	43,617
当	池田	清志	52	男	改進	新	41,390
当	尾崎	末吉	59	男	自由吉	前	39,588
	中馬	辰猪	37	男	自由吉	前	39,075
	寺田	市正	76	男	自由吉	元	31,335
	石原	登	39	男	自由鳩	元	31,045
	浜田	尚友	43	男	自由鳩	元	18,856
	緒方	明男	40	男	労農	新	5,169
	仮屋	政香	32	男	共産	新	2,525

【第3区】定数3
当	永田	良吉	66	男	自由吉	前	36,460
当	山中	貞則	31	男	自由吉	新	34,078
当	岩川	与助	67	男	自由吉	前	26,057
	二階堂	進	43	男	自由吉	元	25,491
	佐藤	通吉	39	男	自由鳩	元	19,751
	前田	郁	64	男	自由鳩	元	19,663
	有馬	輝武	32	男	左社	新	16,285
	池田	正義	50	男	改進	新	7,861
	小浜	繁	45	男	改進	新	4,933
	最上	宏	69	男	自由鳩	元	4,628
	市木	清逸	49	男	右社	新	2,106
	廻	実	25	男	共産	新	1,929

《補選》第26回衆議院議員選挙
昭和29年(1954年)2月15日実施
※奄美群島復帰に伴う選挙

【奄美群島区】被選挙数1
	宗前	清	56	男	自由	元	18,741
	泉	芳朗	48	男	右社	新	15,763
	保岡	武久	51	男	自由	新	14,565
	金井	正夫	62	男	無所属	元	12,341
	伊東	隆治	55	男	改進	新	11,593
	西田	当元	47	男	無所属	新	8,675
	山元亀次郎	59	男	無所属	元	6,126
	中村安太郎	44	男	諸派	新	2,758

※法定得票数を得た候補者が出なかったため再選挙

《再選挙》第26回衆議院議員選挙
昭和29年(1954年)4月30日実施
※法定得票に達した候補者がいなかったことによる

【奄美群島区】被選挙数1
当	保岡	武久	51	男	自由	新	24,956
	伊東	隆治	55	男	改進	新	20,706
	宗前	清	56	男	自由	元	20,176
	泉	芳朗	49	男	右社	新	17,874
	中村安太郎	44	男	諸派	新	6,080

第27回衆議院議員選挙

昭和30年(1955年)2月27日実施

【第1区】定数4

当	床次　徳二	50	男	民主	前	57,733
当	赤路　友蔵	50	男	左社	前	48,458
当	原　　捨思	63	男	民主	元	47,333
当	上林山栄吉	51	男	民主	元	45,329
	迫水　久常	52	男	自由	前	42,718
	池田　　清	69	男	自由	前	37,363
	宇田　国栄	51	男	民主	元	32,862
	長野　清一	54	男	自由	新	4,548
	高橋まさし	27	男	共産	新	3,174

【第2区】定数3

当	小牧　次生	43	男	右社	新	58,113
当	池田　清志	54	男	民主	前	53,144
当	中馬　辰猪	39	男	自由	元	41,751
	尾崎　末吉	60	男	自由	前	35,530
	石原　　登	40	男	民主	元	32,881
	寺田　市正	78	男	自由	元	18,733
	岡元　義人	44	男	民主	新	14,228

【第3区】定数3

当	有馬　輝武	34	男	左社	新	31,977
当	山中　貞則	33	男	自由	前	30,383
当	二階堂　進	45	男	自由	元	24,748
	前田　　郁	65	男	民主	元	24,372
	岩川　与助	69	男	自由	前	23,536
	永田　良吉	68	男	自由	前	22,777
	佐藤　通吉	51	男	民主	元	20,471
	田平　藤一	43	男	民主	新	17,508
	風早　義碓	52	男	民主	新	6,540

【奄美群島区】定数1

当	伊東　隆治	56	男	民主	新	37,872
	保岡　武久	52	男	自由	前	24,134
	金井　正夫	62	男	民主	元	17,231
	中村安太郎	45	男	共産	新	9,015

第28回衆議院議員選挙

昭和33年(1958年)5月22日実施

【第1区】定数4

当	床次　徳二	54	男	自民	前	51,970
当	上林山栄吉	54	男	自民	前	51,636
当	宇田　国栄	55	男	自民	元	45,350
当	赤路　友蔵	53	男	社会	前	43,715
	米山　恒治	53	男	自民	新	41,864
	原　　捨思	66	男	自民	前	35,395
	川崎　寛治	36	男	社会	新	31,765
	牧　　秀司	46	男	無所属	新	19,574
	永吉　　勇	52	男	共産	新	1,837

【第2区】定数3

当	中馬　辰猪	41	男	自民	前	58,173
当	小牧　次生	46	男	社会	前	53,084
当	池田　清志	57	男	自民	前	48,815
	尾崎　末吉	64	男	自民	元	43,315
	石原　　登	44	男	自民	元	39,901
	仮屋　政香	37	男	共産	新	7,157

【第3区】定数3

当	二階堂　進	48	男	自民	前	52,589
当	山中　貞則	36	男	自民	前	52,035
当	前田　　郁	69	男	自民	元	40,999
	有馬　輝武	37	男	社会	前	37,622
	田平　藤一	47	男	無所属	新	14,326
	宮司　正憲	49	男	無所属	新	4,452
	西　太一郎	34	男	共産	新	2,177

【奄美群島区】定数1

当	保岡　武久	55	男	無所属	元	35,222
	伊東　隆治	59	男	自民	前	30,795
	泉　　芳朗	53	男	社会	新	24,232

第29回衆議院議員選挙

昭和35年(1960年)11月20日実施

【第1区】定数4

当	宇田　国栄	57	男	自民	前	49,752
当	米山　恒治	55	男	自民	新	48,716
当	上林山栄吉	57	男	自民	前	47,362
当	床次　徳二	56	男	自民	前	45,457
	川崎　寛治	38	男	社会	新	39,129
	赤路　友蔵	55	男	社会	前	37,532
	中村　道治	41	男	自民	新	24,547
	門口与志雄	42	男	民社	新	19,857
	東福　淳一	25	男	無所属	新	5,777
	仮屋　政香	40	男	共産	新	3,209

【第2区】定数3

当	中馬　辰猪	44	男	自民	前	52,115
当	村山　喜一	39	男	社会	新	48,896
当	池田　清志	60	男	自民	前	48,508
	尾崎　末吉	66	男	自民	元	43,796
	石原　　登	47	男	無所属	元	35,780
	小牧　次生	49	男	民社	前	15,152
	坂口　　章	37	男	共産	新	1,210
	浦野　　保	54	男	無所属	新	742

【第3区】定数3

当	山中　貞則	39	男	自民	前	53,088
当	二階堂　進	51	男	自民	前	47,777
当	有馬　輝武	40	男	社会	元	44,977
	前田　　郁	71	男	自民	前	44,875
	野村　善蔵	58	男	民社	新	7,218
	久米　正治	38	男	共産	新	1,285

【奄美群島区】定数1

当	保岡　武久	57	男	自民	前	41,638
	伊東　隆治	62	男	自民	元	36,398

衆議院・選挙区（鹿児島県）

	川上	嘉	51	男	社会	新	7,303
	久留 義三		43	男	共産	新	3,759

第30回衆議院議員選挙
昭和38年(1963年)11月21日実施

【第1区】定数4
当	床次 徳二	59	男	自民	前	65,247
当	上林山栄吉	60	男	自民	前	61,145
当	川崎 寛治	41	男	社会	新	52,384
当	赤路 友蔵	58	男	社会	元	49,640
	米山 恒治	58	男	自民	前	44,638
	宇田 国栄	60	男	自民	前	42,812
	東福 淳一	28	男	無所属	新	3,064
	牧之内 淳	36	男	共産	新	2,641

【第2区】定数3
当	村山 喜一	42	男	社会	前	50,957
当	池田 清志	63	男	自民	前	49,019
当	中馬 辰猪	47	男	自民	前	47,911
	石原 登	50	男	無所属	元	46,772
	尾崎 末吉	69	男	自民	元	41,110
	徳丸 千年	44	男	共産	新	1,400
	黒岩 東四	48	男	無所属	新	1,315

【第3区】定数3
当	山中 貞則	42	男	自民	前	59,284
当	二階堂 進	54	男	自民	前	56,054
当	有馬 輝武	43	男	社会	前	43,033
	橋口 隆	50	男	自民	新	41,158
	久米 正治	40	男	共産	新	1,835

【奄美群島区】定数1
当	伊東 隆治	65	男	無所属	元	38,142
	保岡 武久	40	男	自民	前	35,683
	土岐 直通	47	男	社会	新	7,581
	白畑 三蔵	38	男	共産	新	3,223

第31回衆議院議員選挙
昭和42年(1967年)1月29日実施

【第1区】定数4
当	上林山栄吉	63	男	自民	前	68,599
当	床次 徳二	62	男	自民	前	55,822
当	川崎 寛治	44	男	社会	前	53,651
当	赤路 友蔵	62	男	社会	前	50,910
	宇田 国栄	63	男	自民	元	44,716
	川上 為治	59	男	自民	新	42,013
	川野 克哉	42	男	無所属	新	11,120
	中村 道治	47	男	無所属	新	9,879
	東福 淳一	31	男	無所属	新	6,506
	牧之内あつし	40	男	共産	新	4,097

【第2区】定数3
当	中馬 辰猪	50	男	自民	前	78,132
当	村山 喜一	45	男	社会	前	50,648
当	池田 清志	66	男	自民	前	44,079
	中尾 宏	42	男	無所属	新	37,618
	石原 登	53	男	無所属	元	27,341
	徳丸 千年	48	男	共産	新	1,956

【第3区】定数3
当	山中 貞則	45	男	自民	前	58,241
当	橋口 隆	53	男	自民	新	53,041
当	二階堂 進	57	男	自民	前	51,563
	有馬 輝武	46	男	社会	前	42,216
	真戸原 勲	42	男	共産	新	2,080

【奄美群島区】定数1
当	伊東 隆治	68	男	自民	前	36,133
	保岡 武久	64	男	無所属	元	26,883
	豊 永光	50	男	無所属	新	18,611
	橋口 護	40	男	共産	新	3,789

《補選》第31回衆議院議員選挙
昭和43年(1968年)5月12日実施
※伊東隆治の死去による

【奄美群島区】被選挙数1
当	保岡 武久	65	男	無所属	元	29,404
	豊 永光	51	男	無所属	新	26,593
	笠井 純一	62	男	自民	新	24,167
	橋口 護	42	男	共産	新	2,974

第32回衆議院議員選挙
昭和44年(1969年)12月27日実施

【第1区】定数4
当	床次 徳二	65	男	自民	前	70,319
当	上林山栄吉	66	男	自民	前	63,397
当	宇田 国栄	66	男	自民	元	61,776
当	川崎 寛治	47	男	社会	前	52,668
	赤路 友蔵	65	男	社会	前	38,882
	宮崎 茂一	52	男	無所属	新	28,482
	遠藤たかし	43	男	民社	新	10,407
	牧之内 淳	42	男	共産	新	5,243
	東福 淳一	34	男	無所属	新	4,955

【第2区】定数3
当	中馬 辰猪	53	男	自民	前	54,635
当	池田 清志	69	男	自民	前	46,617
当	有馬 元治	49	男	無所属	新	46,362
	村山 喜一	48	男	社会	前	42,299
	中尾 宏	45	男	無所属	新	31,728
	冨吉 遼	40	男	民社	新	10,644
	中間浩一郎	32	男	共産	新	2,113

【第3区】定数3
当	山中 貞則	48	男	自民	前	59,880
当	二階堂 進	60	男	自民	前	57,733
当	橋口 隆	56	男	自民	前	48,674
	有馬 輝武	49	男	社会	元	23,461
	真戸原 勲	45	男	共産	新	3,201

【奄美群島区】定数1
- 当 豊　　永光　53　男　無所属　新　33,108
- 　 保岡　武久　67　男　自民　　前　30,405
- 　 伊東佑起子　41　女　無所属　新　15,926
- 　 橋口　　護　43　男　共産　　新　3,181

第33回衆議院議員選挙
昭和47年(1972年)12月10日実施

【第1区】定数4
- 当 宮崎　茂一　55　男　無所属　新　76,278
- 当 川崎　寛治　50　男　社会　　前　61,434
- 当 床次　徳二　68　男　自民　　前　54,803
- 当 宇田　国栄　69　男　自民　　前　46,836
- 　 山崎武三郎　40　男　自民　　新　46,352
- 　 新盛　辰雄　46　男　社会　　新　42,947
- 　 和泉　照雄　51　男　公明　　新　42,278
- 　 中間浩一郎　35　男　共産　　新　11,370

【第2区】定数3
- 当 村山　喜一　51　男　社会　　元　53,301
- 当 中尾　　宏　48　男　無所属　新　43,630
- 当 中馬　辰猪　56　男　自民　　前　42,377
- 　 有馬　元治　52　男　自民　　前　41,946
- 　 池田　清志　72　男　自民　　前　31,389
- 　 山田　正幸　43　男　無所属　新　24,024
- 　 青木　邦雄　30　男　共産　　新　3,433
- 　 久保　博俊　42　男　無所属　新　1,644
- 　 黒岩　東五　55　男　無所属　新　1,281

【第3区】定数3
- 当 二階堂　進　63　男　自民　　前　61,085
- 当 山中　貞則　51　男　自民　　前　49,911
- 当 橋口　　隆　59　男　自民　　前　47,971
- 　 上西　和郎　41　男　社会　　新　38,773
- 　 真戸原　勲　48　男　共産　　新　3,511

【奄美群島区】定数1
- 当 保岡　興治　33　男　無所属　新　38,305
- 　 豊　　永光　56　男　自民　　前　30,086
- 　 米倉　文吉　40　男　社会　　新　11,996
- 　 橋口　　護　46　男　共産　　新　2,906

第34回衆議院議員選挙
昭和51年(1976年)12月5日実施

【第1区】定数4
- 当 宮崎　茂一　59　男　自民　　現　58,933
- 当 新盛　辰雄　50　男　社会　　新　58,711
- 当 川崎　寛治　54　男　社会　　現　55,856
- 当 山崎武三郎　44　男　自民　　新　55,152
- 　 長野　祐也　37　男　自民　　新　54,634
- 　 和泉　照雄　55　男　公明　　新　49,231
- 　 宇田　国栄　73　男　自民　　現　39,841
- 　 楠田　　実　52　男　無所属　新　18,757
- 　 中間浩一郎　39　男　共産　　新　13,972

　 中村　道治　57　男　無所属　新　7,316

【第2区】定数3
- 当 中馬　辰猪　60　男　自民　　現　64,957
- 当 村山　喜一　55　男　社会　　現　57,857
- 当 有馬　元治　56　男　自民　　元　48,930
- 　 中尾　　宏　52　男　自民　　現　48,477
- 　 山田　正幸　47　男　無所属　新　13,785
- 　 鳴川　洋一　42　男　無所属　新　7,306
- 　 青木　邦雄　34　男　共産　　新　4,698
- 　 吉松　伸晃　35　男　無所属　新　4,477

【第3区】定数3
- 当 二階堂　進　67　男　自民　　現　59,444
- 当 山中　貞則　55　男　自民　　現　56,502
- 当 橋口　　隆　63　男　自民　　現　45,695
- 　 上西　和郎　45　男　社会　　新　43,245
- 　 真戸原　勲　52　男　共産　　新　3,753

【奄美群島区】定数1
- 当 保岡　興治　37　男　自民　　現　48,430
- 　 豊　　永光　60　男　無所属　元　31,580
- 　 崎田　実芳　48　男　共産　　新　5,695

第35回衆議院議員選挙
昭和54年(1979年)10月7日実施

【第1区】定数4
- 当 宮崎　茂一　62　男　自民　　前　87,241
- 当 川崎　寛治　57　男　社会　　前　75,580
- 当 山崎武三郎　47　男　自民　　前　74,808
- 当 新盛　辰雄　52　男　社会　　前　72,649
- 　 長野　祐也　40　男　自民　　新　63,786
- 　 亀田徳一郎　41　男　共産　　新　14,783
- 　 福島　信夫　58　男　無所属　新　6,165

【第2区】定数3
- 当 小里　貞利　49　男　自民　　新　76,592
- 当 村山　喜一　58　男　社会　　前　61,901
- 当 有馬　元治　59　男　自民　　前　59,963
- 　 中馬　辰猪　63　男　自民　　前　56,087
- 　 鳴川　洋一　45　男　無所属　新　6,587
- 　 青木　邦雄　36　男　共産　　新　3,786

【第3区】定数3
- 当 橋口　　隆　66　男　自民　　前　62,468
- 当 山中　貞則　58　男　自民　　前　52,313
- 当 二階堂　進　69　男　自民　　前　48,837
- 　 上西　和郎　47　男　社会　　新　44,972
- 　 真戸原　勲　54　男　共産　　新　2,975

【奄美郡島区】定数1
- 当 保岡　興治　40　男　自民　　前　65,651
- 　 島長　国積　32　男　共産　　新　12,165

第36回衆議院議員選挙
昭和55年(1980年)6月22日実施

【第1区】定数4
当	長野	祐也	40	男	自民	新	95,095
当	山崎武三郎		47	男	自民	前	85,432
当	宮崎	茂一	63	男	自民	前	77,081
当	新盛	辰雄	53	男	社会	前	69,200
	川崎	寛治	58	男	社会	前	68,480
	祝迫	加津子	37	女	共産	新	17,605
	宇都	幸雄	33	男	新自ク	新	4,634

【第2区】定数3
当	小里	貞利	49	男	自民	前	93,734
当	有馬	元治	60	男	自民	前	82,098
当	村山	喜一	58	男	社会	前	67,369
	青木	邦雄	37	男	共産	新	7,282

【第3区】定数3
当	二階堂	進	70	男	自民	前	64,428
当	山中	貞則	58	男	自民	前	58,352
当	橋口	隆	66	男	自民	前	45,323
	上西	和郎	48	男	社会	新	44,388
	宮地	利雄	30	男	共産	新	2,282

【奄美群島区】定数1
当	保岡	興治	41	男	自民	前	64,789
	島長	国積	33	男	共産	新	14,940

第37回衆議院議員選挙
昭和58年(1983年)12月18日実施

【第1区】定数4
当	川崎	寛治	61	男	社会	元	100,732
当	山崎武三郎		51	男	自民	前	83,092
当	宮崎	茂一	66	男	自民	前	79,390
当	長野	祐也	44	男	自民	前	70,421
	新盛	辰雄	57	男	社会	前	66,962
	丸野	武人	45	男	共産	新	10,167

【第2区】定数3
当	小里	貞利	53	男	自民	前	87,221
当	村山	喜一	62	男	社会	前	77,168
当	有馬	元治	63	男	自民	前	64,615
	青木	邦雄	41	男	共産	新	8,816

【第3区】定数3
当	二階堂	進	74	男	自民	前	62,158
当	山中	貞則	62	男	自民	前	58,474
当	上西	和郎	52	男	社会	新	50,362
	橋口	隆	70	男	自民	前	44,632
	命苦	孝英	48	男	無所属	新	1,913
	杉野	武彦	58	男	共産	新	1,626

【奄美群島区】定数1
当	保岡	興治	44	男	自民	前	49,643
	徳田	虎雄	45	男	無所属	新	48,538
	島長	国積	36	男	共産	新	1,448

第38回衆議院議員選挙
昭和61年(1986年)7月6日実施

【第1区】定数4
当	長野	祐也	47	男	自民	前	82,569
当	宮崎	茂一	69	男	自民	前	73,920
当	川崎	寛治	64	男	社会	前	66,197
当	新盛	辰雄	59	男	社会	元	65,535
	山崎武三郎		53	男	自民	前	63,650
	尾辻	秀久	45	男	無所属	新	32,600
	宮路	和明	45	男	無所属	新	22,670
	平田	辰一郎	45	男	無所属	新	13,895
	丸野	武人	48	男	共産	新	9,362

【第2区】定数3
当	小里	貞利	55	男	自民	前	101,317
当	村山	喜一	64	男	社会	前	73,156
当	有馬	元治	66	男	自民	前	65,560
	村山	智	38	男	共産	新	8,802

【第3区】定数2
当	山中	貞則	64	男	自民	前	87,672
当	二階堂	進	76	男	自民	前	76,898
	上西	和郎	54	男	社会	前	50,304
	柴立	俊明	37	男	共産	新	2,006

【奄美群島区】定数1
当	保岡	興治	47	男	自民	前	50,965
	徳田	虎雄	48	男	無所属	新	47,424
	島長	国積	39	男	共産	新	1,235

第39回衆議院議員選挙
平成2年(1990年)2月18日実施

【第1区】定数4
当	新盛	辰雄	63	男	社会	前	83,374
当	川崎	寛治	67	男	社会	前	78,857
当	宮路	和明	49	男	自民	新	73,414
当	宮崎	茂一	73	男	自民	前	70,465
	長野	祐也	50	男	自民	前	68,767
	岩元	力	45	男	無所属	新	36,106
	山崎武三郎		57	男	無所属	元	27,948
	丸野	武人	52	男	共産	新	10,779

【第2区】定数3
当	村山	喜一	68	男	社会	前	82,443
当	小里	貞利	59	男	自民	前	74,518
当	平田	辰一郎	49	男	自民	新	60,136
	有馬	元治	70	男	自民	前	45,689
	村山	智	42	男	共産	新	7,225

【第3区】定数2
当	二階堂	進	80	男	自民	前	86,751
当	有川	清次	60	男	社会	新	62,488
	山中	貞則	68	男	自民	前	62,460
	柴立	俊明	40	男	共産	新	2,719

【奄美群島区】定数1
当	徳田	虎雄	52	男	無所属	新	49,591

保岡 興治	50	男	自民	前	47,446
島長 国積	42	男	共産	新	1,428

第40回衆議院議員選挙
平成5年(1993年)7月18日実施

【第1区】定数4
当	保岡 興治	54	男	自民	元	101,105
当	宮路 和明	52	男	自民	前	80,172
当	徳田 虎雄	55	男	無所属	前	77,491
当	宮崎 茂一	76	男	自民	前	58,065
	川崎 寛治	71	男	社会	前	52,443
	長野 祐也	54	男	新生	元	43,124
	新盛 辰雄	66	男	社会	前	42,802
	川内 博史	31	男	日本新	新	37,983
	祝迫加津子	50	女	共産	新	15,462

【第2区】定数3
当	小里 貞利	62	男	自民	前	81,642
当	松下 忠洋	54	男	自民	新	68,120
当	浜田 健一	42	男	社会	新	60,175
	平田辰一郎	52	男	自民	前	46,596
	村山 智	45	男	共産	新	6,833

【第3区】定数2
当	山中 貞則	72	男	自民	元	89,515
当	二階堂 進	83	男	自民	前	53,457
	有川 清次	63	男	社会	前	39,725
	加藤 憲一	43	男	日本新	新	16,713
	柴立 俊明	44	男	共産	新	2,598
	岩元 力	49	男	無所属	新	2,167

第41回衆議院議員選挙
平成8年(1996年)10月20日実施

【第1区】定数1
当	保岡 興治	57	男	自民㊤	前	70,659
比当	川内 博史	34	男	民主㊤	新	57,761
	久保田 薫	48	男	共産	新	18,365

【第2区】定数1
当	園田 修光	39	男	自民㊤	新	87,471
	徳田 虎雄	58	男	自連㊤	前	84,448
	桂田 成基	48	男	共産	新	10,618

【第3区】定数1
当	松下 忠洋	57	男	自民	前	107,385
	平田辰一郎	56	男	新進	元	41,659
	村山 智	48	男	共産	新	14,151

【第4区】定数1
当	小里 貞利	66	男	自民	前	98,933
比当	浜田 健一	46	男	社民㊤	前	47,995
	川浪 隆幸	60	男	共産	新	9,256

【第5区】定数1
当	山中 貞則	75	男	自民	前	106,373
	橋口 良一	47	男	自連㊤	新	58,347
	福原 秋一	49	男	共産	新	8,800

第42回衆議院議員選挙
平成12年(2000年)6月25日実施

【第1区】定数1
当	保岡 興治	61	男	自民㊤	前	87,729
比当	川内 博史	38	男	民主㊤	前	78,684
	祝迫 光治	57	男	共産	新	17,023

【第2区】定数1
当	徳田 虎雄	62	男	自連㊤	元	102,233
	園田 修光	43	男	自民㊤	前	91,162
	山口 陽規	47	男	共産	新	9,744

【第3区】定数1
当	宮路 和明	59	男	自民㊤	前	127,315
	大園 勝司	42	男	民主	新	33,590
	村山 智	53	男	共産	新	15,651

【第4区】定数1
当	小里 貞利	69	男	自民	前	113,144
	浜田 健一	49	男	社民㊤	前	59,184
	川浪 隆幸	64	男	共産	新	7,377

【第5区】定数1
当	山中 貞則	78	男	自民	前	110,962
	橋口 良一	50	男	自連㊤	新	37,779
	梶原 弘徳	52	男	民主㊤	新	17,769
	平野 繁展	62	男	自由㊤	新	9,449
	福原 秋一	52	男	共産	新	7,029

第43回衆議院議員選挙
平成15年(2003年)11月9日実施

【第1区】定数1
当	保岡 興治	64	男	自民㊤	前	95,841
比当	川内 博史	42	男	民主㊤	前	79,243
	山口 陽規	50	男	共産	新	9,359

【第2区】定数1
当	徳田 虎雄	65	男	自連	前	97,423
	園田 修光	46	男	自民㊤	元	90,952
	堀 拓生	26	男	共産	新	9,903

【第3区】定数1
当	宮路 和明	62	男	自民㊤	前	113,743
	大園 勝司	45	男	民主㊤	新	45,308
	村山 智	56	男	共産	新	11,042

【第4区】定数1
当	小里 貞利	73	男	自民	前	104,843
	浜田 健一	53	男	社民㊤	元	59,075
	川浪 隆幸	67	男	共産	新	6,476

【第5区】定数1
当	山中 貞則	82	男	自民	前	100,851
	米 正剛	49	男	無所属	新	51,885
	茅野 博	60	男	共産	新	11,008

《補選》第43回衆議院議員選挙

平成16年(2004年)4月25日実施

※山中貞則の死去による

【第5区】被選挙数1

当	森山　裕	59	男	自民	新	115,820
	堅山　勲	55	男	民主	新	16,029
	茅野　博	60	男	共産	新	8,038

第44回衆議院議員選挙

平成17年(2005年)9月11日実施

【第1区】定数1

当	保岡　興治	66	男	自民[比]	前	112,437
比当	川内　博史	43	男	民主[比]	前	88,284
	桂田美智子	52	女	共産	新	9,525

【第2区】定数1

当	徳田　毅	34	男	無所属	新	87,737
	園田　修光	48	男	自民[比]	元	71,858
	打越　明司	47	男	無所属	新	44,853

【第3区】定数1

当	宮路　和明	64	男	自民	前	92,291
	松下　忠洋	66	男	無所属	前	68,808
	野間　健	46	男	民主[比]	新	31,429

【第4区】定数1

当	小里　泰弘	46	男	自民[比]	新	110,258
	浜田　健一	55	男	民主[比]	元	69,921
	米重　均	52	男	共産	新	6,635

【第5区】定数1

当	森山　裕	60	男	無所属	前	110,457
	米　正剛	51	男	自民[比]	新	55,808
	柴立　俊明	56	男	共産	新	10,242

第45回衆議院議員選挙

平成21年(2009年)8月30日実施

【第1区】定数1

当	川内　博史	47	男	民主[比]	前	117,383
	保岡　興治	70	男	自民[比]	前	94,226
	山口　広延	34	男	共産[比]	新	6,422
	山下　純一	54	男	無所属	新	1,429
	川田　純一	42	男	諸派	新	1,079

【第2区】定数1

当	徳田　毅	38	男	自民[比]	前	114,102
比当	打越　明司	51	男	民主[比]	新	88,562
	神村みふ子	64	女	諸派	新	2,169

【第3区】定数1

当	松下　忠洋	70	男	国民[比]	元	107,285
	宮路　和明	68	男	自民[比]	前	78,876
	寺迫　好美	57	男	諸派	新	3,630

【第4区】定数1

当	小里　泰弘	50	男	自民[比]	前	97,054
比当	皆吉　稲生	59	男	民主[比]	新	94,343
	樋口　信博	48	男	諸派	新	2,251

【第5区】定数1

当	森山　裕	64	男	自民[比]	前	109,426
比当	網屋　信介	51	男	民主[比]	新	67,403
	高田　浩明	36	男	諸派	新	2,369

《補選》第45回衆議院議員選挙

平成24年(2012年)10月28日実施

※松下忠洋の死去による

【第3区】被選挙数1

当	宮路　和明	71	男	自民	元	70,694
	野間　健	54	男	国民	新	65,025
	大倉野由美子	62	女	共産	新	5,973
	松沢　力	30	男	諸派	新	2,886

第46回衆議院議員選挙

平成24年(2012年)12月16日実施

【第1区】定数1

当	保岡　興治	73	男	自民	元	76,652
	川内　博史	51	男	民主[比]	前	42,792
比当	山之内　毅	30	男	維新[比]	新	36,188
	渡辺信一郎	55	男	未来[比]	新	6,926
	山口　広延	37	男	共産	新	5,951

【第2区】定数1

当	徳田　毅	41	男	自民[比]	前	109,744
	打越　明司	54	男	民主[比]	前	45,707
	三島　照	70	男	共産	新	9,177

【第3区】定数1

当	野間　健	54	男	国民	新	70,320
比当	宮路　和明	72	男	自民[比]	前	64,169
	福留　大士	36	男	維新[比]	新	15,681
	大倉野由美子	62	女	共産	新	4,098
	松沢　力	30	男	諸派	新	1,210

【第4区】定数1

当	小里　泰弘	54	男	自民[比]	前	100,415
	皆吉　稲生	62	男	民主[比]	前	39,834
	永田　義人	63	男	共産	新	9,925

【第5区】定数1

当	森山　裕	67	男	自民[比]	前	107,933
	野口　寛	67	男	共産	新	21,886

《補選》第46回衆議院議員選挙

平成26年(2014年)4月27日実施

※徳田毅の辞職による

【第2区】被選挙数1

当	金子万寿夫	67	男	自民	新	66,360
	打越　明司	56	男	無所属	元	46,021
	有川　美子	42	女	諸派	新	5,858
	三島　照	72	男	共産	新	5,507
	松沢　力	32	男	諸派	新	1,283

	硯　利昭	46	男	無所属	新	1,152

第47回衆議院議員選挙

平成26年（2014年）12月14日実施

【第１区】定数１

当	保岡　興治	75	男	自民	前	67,376
	川内　博史	53	男	民主[比]	元	47,315
	山之内　毅	32	男	維新[比]	前	30,133
	山口　広延	39	男	共産	新	8,024

【第２区】定数１

当	金子万寿夫	67	男	自民[比]	前	91,670
	祝迫　光治	71	男	共産	新	31,823

【第３区】定数１

当	野間　健	56	男	無所属	前	79,003
比当	宮路　拓馬	35	男	自民[比]	新	56,741
	山口　陽規	61	男	共産	新	8,821

【第４区】定数１

当	小里　泰弘	56	男	自民[比]	前	93,501
	野呂　正和	63	男	社民[比]	新	28,281
	永田　義人	65	男	共産	新	12,464

【第５区】定数１

当	森山　裕	69	男	自民[比]	前	94,977
	野口　寛	69	男	共産	新	25,168

選挙区・沖縄県

《補選》第32回衆議院議員選挙

昭和45年（1970年）11月15日実施

※沖縄復帰に伴う衆議院議員選挙

【全県区】被選挙数５

当	西銘　順治	49	男	自民	新	92,596
当	瀬長亀次郎	63	男	諸派	新	76,978
当	上原　康助	38	男	社会	新	73,331
当	国場　幸昌	58	男	自民	新	65,104
当	安里積千代	67	男	諸派	新	53,998
	友利　栄吉	48	男	公明	新	44,870
	山川　泰邦	62	男	自民	新	34,641

第33回衆議院議員選挙

昭和47年（1972年）12月10日実施

【全県区】定数５

当	西銘　順治	51	男	自民	前	74,073
当	上原　康助	40	男	社会	前	68,999
当	国場　幸昌	60	男	自民	前	65,961
当	瀬長亀次郎	65	男	諸派	前	64,433
当	安里積千代	69	男	諸派	前	57,203
	玉城　栄一	38	男	公明	新	44,520
	桑江　朝幸	54	男	自民	新	38,255
	山川　泰邦	64	男	無所属	新	22,716

第34回衆議院議員選挙

昭和51年（1976年）12月５日実施

【全県区】定数５

当	瀬長亀次郎	73	男	共産	現	93,309
当	玉城　栄一	42	男	公明	新	90,735
当	上原　康助	44	男	社会	現	77,685
当	西銘　順治	55	男	自民	現	70,365
当	国場　幸昌	64	男	自民	現	69,322
	桑江　朝幸	58	男	自民	新	54,904
	安里積千代	73	男	民社	元	35,278

第35回衆議院議員選挙

昭和54年（1979年）10月７日実施

【全県区】定数５

当	上原　康助	47	男	社会	前	96,126
当	瀬長亀次郎	72	男	共産	前	90,757
当	国場　幸昌	67	男	自民	前	90,559
当	大城　真順	52	男	自民	新	82,400
当	玉城　栄一	45	男	公明	前	70,216
	小渡　三郎	53	男	自民	新	60,201
	安里積千代	76	男	民社	元	33,555
	翁長　助裕	43	男	新自ク	新	13,613
	外間　清隆	29	男	諸派	新	5,732

第36回衆議院議員選挙

昭和55年（1980年）６月22日実施

【全県区】定数５

当	上原　康助	47	男	社会	前	96,132
当	玉城　栄一	46	男	公明	前	93,956
当	小渡　三郎	54	男	自民	新	88,580
当	国場　幸昌	67	男	自民	前	88,457
当	瀬長亀次郎	73	男	共産	前	87,511
	大城　真順	52	男	自民	前	75,214
	外間　清隆	30	男	諸派	新	7,179

第37回衆議院議員選挙

昭和58年（1983年）12月18日実施

【全県区】定数５

当	瀬長亀次郎	76	男	共産	前	118,421
当	国場　幸昌	71	男	自民	前	107,525
当	上原　康助	51	男	社会	前	95,460
当	仲村　正治	52	男	自民	新	90,577
当	玉城　栄一	49	男	公明	前	83,800
	小渡　三郎	58	男	自民	前	78,641

第38回衆議院議員選挙

昭和61年(1986年)7月6日実施

【全県区】定数5

当	小渡　三郎	60	男	自民	元	108,995
当	上原　康助	53	男	社会	前	99,873
当	宮里　松正	58	男	自民	新	99,104
当	玉城　栄一	52	男	公明	前	95,837
当	瀬長亀次郎	79	男	共産	前	91,685
	仲村　正治	54	男	自民	前	91,583
	伊差川　昇	36	男	無所属	新	2,444

第39回衆議院議員選挙

平成2年(1990年)2月18日実施

【全県区】定数5

当	古堅　実吉	60	男	共産	新	131,992
当	仲村　正治	58	男	自民	元	125,446
当	宮里　松正	62	男	自民	前	112,798
当	上原　康助	57	男	社会	前	99,378
当	玉城　栄一	56	男	公明	前	89,744
	西銘順志郎	40	男	自民	新	82,894

第40回衆議院議員選挙

平成5年(1993年)7月18日実施

【全県区】定数5

当	西銘　順治	71	男	自民	元	111,196
当	仲村　正治	61	男	新生	前	107,432
当	上原　康助	60	男	社会	前	100,420
当	古堅　実吉	64	男	共産	前	86,188
当	宮里　松正	65	男	自民	前	83,955
	白保　台一	50	男	公明	新	83,243
	島尻　　昇	35	男	日本新	新	34,945

第41回衆議院議員選挙

平成8年(1996年)10月20日実施

【第1区】定数1

当	白保　台一	54	男	新進	新	52,975
比当	古堅　実吉	67	男	共産[比]	前	47,379
比当	下地　幹郎	35	男	自民[比]	新	44,488
	西銘順志郎	46	男	自連[比]	新	23,238
	島尻　　昇	38	男	さき[比]	新	7,233

【第2区】定数1

当	仲村　正治	65	男	新進	前	66,421
	仲本　安一	61	男	諸派	新	51,689
	金城　　浩	48	男	自連[比]	新	18,696
	金城　邦男	46	男	自民[比]	新	18,142
	安里仁一郎	38	男	さき[比]	新	5,801

【第3区】定数1

当	上原　康助	64	男	社民[比]	前	80,534
比当	嘉数　知賢	55	男	自民[比]	新	45,591
	高江洲義政	54	男	自連[比]	新	24,699
	古堅　宗嘉	44	男	共産	新	20,532

第42回衆議院議員選挙

平成12年(2000年)6月25日実施

【第1区】定数1

当	白保　台一	57	男	公明	前	86,255
比当	赤嶺　政賢	52	男	共産[比]	新	50,709
	前田　清貴	47	男	自連[比]	新	27,168

【第2区】定数1

当	仲村　正治	68	男	自民[比]	前	88,544
	島尻　　昇	42	男	民主[比]	新	30,970
	金城　　浩	52	男	自連[比]	新	30,946
	仲西　常雄	56	男	共産	新	29,039

【第3区】定数1

当	東門美津子	57	女	社民[比]	新	68,378
	西田健次郎	56	男	無会	新	52,089
比当	嘉数　知賢	59	男	自民[比]	前	48,622
	上原　康助	67	男	民主[比]	前	32,917
	古堅　宗嘉	48	男	共産	新	10,431

第43回衆議院議員選挙

平成15年(2003年)11月9日実施

【第1区】定数1

当	白保　台一	61	男	公明	前	58,330
	下地　幹郎	42	男	無所属	前	52,374
	島尻　　昇	45	男	民主[比]	新	27,209
比当	赤嶺　政賢	55	男	共産[比]	前	19,528

【第2区】定数1

当	照屋　寛徳	58	男	社民[比]	新	74,123
	上原　吉二	50	男	自民[比]	新	47,759
	前宮　徳男	52	男	共産	新	6,560
	金城　邦男	53	男	無所属	新	5,297

【第3区】定数1

当	嘉数　知賢	62	男	自民[比]	前	62,975
比当	東門美津子	60	女	社民[比]	前	58,931
	国場幸之助	30	男	無所属	新	35,149
	猪原　　健	27	男	共産	新	6,581

【第4区】定数1

当	西銘恒三郎	49	男	自民[比]	新	67,752
	宮国　忠広	41	男	民主[比]	新	38,550
	宮里　武志	47	男	共産	新	18,074

第44回衆議院議員選挙

平成17年(2005年)9月11日実施

【第1区】定数1

当	下地　幹郎	44	男	無所属	元	72,384
	白保　台一	63	男	公明	前	67,540
比当	赤嶺　政賢	57	男	共産[比]	前	23,123
	上原　秀之	32	男	無所属	新	2,307

【第2区】定数1
	当	照屋　寛徳	60	男	社民比前	71,861
	比当	安次富　修	49	男	自民比新	60,540
		島尻　昇	47	男	無所属　新	14,617
		西平　守伸	55	男	共産　新	6,875

【第3区】定数1
	当	嘉数　知賢	64	男	自民比前	72,407
		東門美津子	62	女	社民比前	51,074
		玉城デニー	45	男	民主比新	40,819
		猪原　健	29	男	共産　新	6,043

【第4区】定数1
	当	西銘恒三郎	51	男	自民比前	68,419
		宮国　忠広	43	男	民主比新	41,532
		真栄里　保	49	男	共産　新	15,068
		金城　浩	57	男	国民比新	14,491

第45回衆議院議員選挙
平成21年（2009年）8月30日実施

【第1区】定数1
	当	下地　幹郎	48	男	国民比前	77,152
		国場幸之助	36	男	自民比新	63,017
		外間　久子	71	女	共産　新	23,715
		平良　成輝	40	男	諸派　新	1,958

【第2区】定数1
	当	照屋　寛徳	64	男	社民比前	101,820
		安次富　修	53	男	自民比前	60,773
		富川　昇	65	男	諸派　新	4,044

【第3区】定数1
	当	玉城デニー	49	男	民主比新	89,266
		嘉数　知賢	68	男	自民比前	43,513
		新川　秀清	72	男	社民比新	24,911
		小渡　亨	57	男	無所属　新	23,920
		金城　竜郎	45	男	諸派　新	1,613

【第4区】定数1
	当	瑞慶覧長敏	50	男	民主比新	89,680
		西銘恒三郎	55	男	自民比前	71,653
		富川　満也	34	男	諸派　新	2,598

第46回衆議院議員選挙
平成24年（2012年）12月16日実施

【第1区】定数1
	当	国場幸之助	39	男	自民比新	65,233
		下地　幹郎	51	男	国民　前	46,865
	比当	赤嶺　政賢	64	男	共産比前	27,856
		安田　邦弘	67	男	維新比新	11,514

【第2区】定数1
	当	照屋　寛徳	67	男	社民比前	73,498
	比当	宮崎　政久	47	男	自民比新	55,373
		金城　利憲	58	男	維新比新	19,551
		永井　獏	68	男	無所属　新	1,556

【第3区】定数1
	当	比嘉奈津美	54	女	自民比新	68,523
	比当	玉城デニー	53	男	未来比前	56,711
		大城　俊男	45	男	維新比新	12,503
		宮里　昇	65	男	共産　新	10,269
		崎浜　宏信	56	男	民主比新	7,404
		金城　竜郎	48	男	諸派　新	1,874

【第4区】定数1
	当	西銘恒三郎	58	男	自民比元	72,912
		瑞慶覧長敏	54	男	無所属　前	33,791
		魚森豪太郎	34	男	維新比新	12,918
		真栄里　保	56	男	共産　新	11,825
		大城　信彦	45	男	民主比新	8,193

第47回衆議院議員選挙
平成26年（2014年）12月14日実施

【第1区】定数1
	当	赤嶺　政賢	66	男	共産比前	57,935
	比当	国場幸之助	41	男	自民比前	53,241
	比当	下地　幹郎	53	男	維新比元	34,328

【第2区】定数1
| | 当 | 照屋　寛徳 | 69 | 男 | 社民比前 | 85,781 |
| | 比当 | 宮崎　政久 | 49 | 男 | 自民比前 | 52,156 |

【第3区】定数1
| | 当 | 玉城デニー | 55 | 男 | 生活比前 | 89,110 |
| | 比当 | 比嘉奈津美 | 56 | 女 | 自民比前 | 59,491 |

【第4区】定数1
| | 当 | 仲里　利信 | 77 | 男 | 無所属　新 | 71,227 |
| | 比当 | 西銘恒三郎 | 60 | 男 | 自民比前 | 65,838 |

比例区・九州

第41回衆議院議員選挙　定数23
平成8年(1996年)10月20日実施

自由民主党　　2,342,094票　　当選人数　9人

				氏名			
1	当	大1		衛藤　晟一	49	男	前
2	当			城之内久男	71	男	前
3	当			山下　徳夫	77	男	前
4	当			東家　嘉幸	69	男	前
5	当			大原　一三	72	男	前
6	当			宮路　和明	55	男	前
7	当	沖1	(83.97)	下地　幹郎	35	男	新
7	当	沖3	(56.61)	嘉数　知賢	55	男	新
9	選当	佐2		今村　雅弘			新
9	選当	鹿2		園田　修光			新
9	選当	福4		渡辺　具能			新
9	選当	福5		原田　義昭			元
9	選当	福8		麻生　太郎			前
9	選当	大2		衛藤征士郎			前
9	選当	長4		金子原二郎			前
9	選当	長2		久間　章生			前
9	選当	福10		自見庄三郎			前
9	選当	長3		虎島　和夫			前
9	選当	熊3		松岡　利勝			前
9	選当	宮3		持永　和見			前
9	選当	鹿1		保岡　興治			前
9	当	佐1	(96.43)	坂井　隆憲	48	男	前
9		熊5	(91.04)	渡瀬　憲明	71	男	前
9		長1	(84.65)	宮島　大典	33	男	新
9	繰当	熊2	(81.49)	林田　彪	52	男	新
9		大3	(81.40)	牧野　哲朗	49	男	新
9		福1	(76.13)	西田　藤二	45	男	新
9		福6	(67.51)	根城　堅	55	男	新
9		福11	(63.10)	武田　良太	28	男	新
9		熊1	(57.31)	岩下　栄一	50	男	新
9		沖2	(27.31)	金城　邦男	46	男	新
32				田原　隆	71	男	前
33				佐藤　文生	77	男	元
34				翁長　助裕	60	男	新
35				大家　敏志	29	男	新

新進党　　1,856,406票　　当選人数　7人

				氏名			
1	当			愛野興一郎	68	男	前
2	当			神崎　武法	53	男	前
3	当			高木　義明	50	男	前
4	当			古賀　一成	49	男	前
5	当			権藤　恒夫	66	男	前
6	当			倉田　栄喜	46	男	前
7	当			島津　尚純	51	男	新
8	繰当	福4		東　順治	50	男	前
9				長野　俊郎	48	男	新
10				柴田　潤一	61	男	新
11				加藤　雅之	32	男	新
12				西山　聡	30	男	新
13				友行　信	27	男	新

民主党　　707,011票　　当選人数　3人

				氏名			
1	当			松本　惟子	60	女	新
	2 選当	福1		松本　龍			前
2	当	鹿1	(81.74)	川内　博史	34	男	新
2	当	福8	(70.77)	岩田　順介	59	男	前
2		福7	(42.99)	細谷　治通	57	男	前
2		長1	(37.14)	田口　健二	66	男	前
2		熊1	(31.53)	田中　昭一	63	男	前
2		長4	(30.93)	山崎　泉	54	男	前

社会民主党　　667,244票　　当選人数　2人

				氏名			
	1 選当	大1		村山　富市			前
	1 選当	大4		横光　克彦			前
	1 選当	沖3		上原　康助			前
1	当	福11	(77.20)	中西　績介	70	男	前
1	当	鹿4	(48.51)	浜田　健一	46	男	前
1		佐1	(44.01)	緒方　克陽	58	男	前
1		宮1	(30.36)	松浦　利尚	71	男	元
1		熊3	(15.43)	園田　原三	55	男	新

日本共産党　　634,728票　　当選人数　2人

				氏名			
1	当			吉井　英勝	53	男	前
2	当	沖1		古堅　実吉	67	男	前
3		福9		小沢　和秋	65	男	元
4				西村貴恵子	49	女	新

自由連合　　154,071票　　当選人数　0人

				氏名			
1		鹿2	(96.54)	徳田　虎雄	58	男	前
1		鹿5	(54.85)	橋口　良一	47	男	新
1		沖1	(43.86)	西銘順志郎	46	男	新
1		沖3	(30.66)	高江洲義政	54	男	新
1		福5	(30.22)	佐藤　耕造	60	男	新
1		沖2	(28.14)	金城　浩	48	男	新
1		大2	(20.72)	神河　照美	42	女	新
1		佐3	(12.24)	田中　太朗	27	男	新
1		大1	(2.64)	友沢　康博	57	男	新
1		大3	(2.56)	梅木　恒明	62	男	新
1		熊5	(2.30)	藤田　重幸	47	男	新
1		宮1	(1.16)	椎葉　憲一	51	男	新
1		長4	(0.86)	藤浪　敬司	52	男	新

新党さきがけ　　113,428票　　当選人数　0人

				氏名			
1		沖1		島尻　昇	38	男	新
	2 選当	熊4		園田　博之			前
2		福9	(83.88)	三原　朝彦	49	男	前
2		沖2	(8.73)	安里仁一郎	38	男	新

新社会党		100,523票	当選人数	0人
1	熊2	栗原 隆	35	男 新

※愛野興一郎(民政,元新進)死去のため平成10年3月31日東順治(平和)が繰上当選

※東家嘉幸(自民)が体調不良により辞職したが、比例名簿次点であった渡瀬憲明がすでに死去し、さらに宮島大典も衆院長崎4区に当選していたため、平成11年7月6日林田彪が繰上当選

第42回衆議院議員選挙　定数21
平成12年(2000年)6月25日実施

自由民主党			2,217,127票	当選人数	7人
1	当		下地 幹郎	38	男 前
2	当		松下 忠洋	61	男 前
3	当		林田 彪	56	男 前
4	当		西川 京子	54	女 新
5	当		堀之内久男	75	男 前
6	当		大原 一三	75	男 前
7	当	沖3	嘉数 知賢	59	男 前
8	選当	福2	山崎 拓		前
8	選当	福3	太田 誠一		前
8	選当	福4	渡辺 具能		前
8	選当	福5	原田 義昭		前
8	選当	福6	古賀 正浩		前
8	選当	福7	古賀 誠		前
8	選当	福8	麻生 太郎		前
8	選当	福10	自見庄三郎		前
8	選当	佐1	坂井 隆憲		前
8	選当	佐2	今村 雅弘		前
8	選当	佐3	保利 耕輔		前
8	選当	長2	久間 章生		前
8	選当	長3	虎島 和夫		前
8	選当	熊3	松岡 利勝		前
8	選当	熊4	園田 博之		前
8	選当	大2	衛藤征士郎		前
8	選当	大3	岩屋 毅		元
8	選当	宮2	江藤 隆美		前
8	選当	宮3	持永 和見		前
8	選当	鹿1	保岡 興治		前
8	選当	鹿3	宮路 和明		前
8	選当	鹿4	小里 貞利		前
8	選当	沖2	仲村 正治		前
8	大1	(97.78)	衛藤 晟一	52	男 前
8	福11	(96.19)	武田 良太	32	男 新
8	熊1	(94.20)	岩下 栄一	53	男 前
8	長4	(94.10)	宮島 大典	37	男 前
8	熊5	(93.73)	矢上 雅義	39	男 前
8	大4	(93.23)	佐藤 錬	48	男 新
8	鹿2	(89.17)	園田 修光	43	男 前
8	長1	(84.87)	倉成 正和	48	男 前
8	福1	(83.27)	西田 藤二	48	男 新
8	福9	(80.19)	三原 朝彦	53	男 元
41			上木 嘉郎	54	男 新

民主党			1,434,888票	当選人数	4人
1	選当	福1	松本 龍		前
1	選当	福9	北橋 健治		前
1	選当	長1	高木 義明		前
1	選当	熊1	松野 頼久		新
1	選当	大1	釘宮 磐		新
1	当	佐1	(89.70)	原口 一博	40 男 前
1	当	鹿1	(89.68)	川内 博史	38 男 前
1	当	福4	(89.46)	楢崎 欣弥	56 男 新
1	当	福6	(86.18)	古賀 一成	52 男 前
1		福2	(85.31)	岩本 司	35 男 新
1	繰当	宮1	(82.82)	米沢 隆	60 男 元
1		福3	(77.36)	藤田 一枝	50 女 新
1		福5	(62.55)	松本 惟子	63 女 前
1		福7	(55.94)	細谷 治通	61 男 元
1		福8	(54.31)	岩田 順介	62 男 前
1		福10	(54.03)	島津 尚純	55 男 前
1		大3	(52.63)	中村 太郎	60 男 新
1		沖3	(48.13)	上原 康助	67 男 前
1		熊2	(47.68)	松野 信夫	49 男 新
1		熊3	(47.43)	浜口 和久	31 男 新
1		長3	(37.22)	犬塚 直史	45 男 新
1		宮2	(36.31)	長浜恵美子	58 女 新
1		沖2	(34.97)	島尻 昇	42 男 新
1		佐2	(32.01)	樋口 博康	40 男 新
1		鹿3	(26.38)	大園 勝司	42 男 新
1		佐3	(25.20)	藤沢 裕美	31 女 新
1		鹿5	▼	梶原 弘徳	52 男 新

公明党		1,018,478票	当選人数	3人
1	当	神崎 武法	56	男 前
2	当	東 順治	53	男 前
3	当	江田 康幸	44	男 新
4		小宮佐和子	63	女 新
5		高橋 雅成	42	男 新
6		大塚 勝利	35	男 新

社会民主党			933,821票	当選人数	3人
1	選当	大4	横光 克彦		前
1	選当	沖3	東門美津子		新
1	当	大2	(75.37)	重野 安正	58 男 新
1	当	福11	(60.12)	中西 績介	74 男 前
1	当	長4	(59.84)	今川 正美	52 男 新
1		鹿4	(52.30)	浜田 健一	49 男 前
1		佐1	(42.78)	緒方 克陽	62 男 元
1		福10	(40.53)	森本 由美	34 女 新
1		熊5	(34.60)	小西 達也	48 男 新
1		宮1	(27.10)	外山 良治	51 男 新
1		福8	(20.81)	大塚 和弘	62 男 新
1		佐2	(18.21)	柴田 久寛	57 男 新

衆議院・比例区(九州)　　　　国政選挙総覧

自由党			655,110票		当選人数　2人
1	当		藤島 正之	57	男 新
2	当	長3	山田 正彦	58	男 元
3		熊5 ▼	吉永二千六百年	59	男 新
3		鹿5 ▼	平野 繁展	62	男 新

日本共産党			579,020票		当選人数　2人
1	当	福9	小沢 和秋	68	男 元
2	当	沖1	赤嶺 政賢	52	男 新
3		福10	仁比 聡平	36	男 新
4		福7 ▼	山田真一郎	51	男 新
5		熊1	川上紗智子	42	女 新
6			藤井 正人	50	男 新

政党自由連合			226,131票		当選人数　0人
	1 選当 鹿2	徳田 虎雄		元	
1	福5 (50.35)	佐藤 耕造	64	男 新	
1	沖2 (34.94)	金城 浩	52	男 新	
1	鹿5 (34.04)	橋口 良一	50	男 新	
1	沖1 (31.49)	前田 清貴	47	男 新	
1	熊5 ▼	野田 将晴	54	男 新	
1	長4 ▼	赤木 一生	44	男 新	
1	福9 ▼	渡辺 信幸	36	男 新	
1	宮2 ▼	木幡 豊	44	男 新	
1	熊3 ▼	清水 正法	56	男 新	
1	佐2 ▼	深川 康裕	43	男 新	

※古賀一成(民主)が衆院福岡6区補選立候補のため辞職、比例名簿に従い岩本司が当選人と決定したがすでに参議院議員に当選していたため辞退し、平成14年10月31日米沢隆が繰上当選

第43回衆議院議員選挙　定数21
平成15年(2003年)11月9日実施

自由民主党			2,535,278票		当選人数　8人
1	当		野田 毅	62	男 前
2	当		松下 忠洋	64	男 前
3	当		仲村 正治	72	男 前
4	当		西川 京子	58	女 前
5	当		佐藤 錬	52	男 新
6	選当 福4	渡辺 具能		前	
6	選当 福5	原田 義昭		前	
6	選当 福7	古賀 誠		前	
6	選当 福8	麻生 太郎		前	
6	選当 福10	自見庄三郎		前	
6	選当 佐2	今村 雅弘		前	
6	選当 佐3	保利 耕輔		前	
6	選当 長2	久間 章生		前	
6	選当 長3	谷川 弥一		新	
6	選当 長4	北村 誠吾		前	
6	選当 熊2	林田 彪		前	
6	選当 熊4	園田 博之		前	
6	選当 熊5	金子 恭之		前	
6	選当 大2	衛藤征士郎		前	
6	選当 大3	岩屋 毅		前	
6	選当 宮1	中山 成彬		前	
6	選当 鹿1	保岡 興治		前	
6	選当 鹿3	宮路 和明		前	
6	選当 沖3	嘉数 知賢		前	
6	選当 沖4	西銘恒三郎		新	
6	当 福9 (96.59)	三原 朝彦	56	男 元	
6	当 大1 (96.36)	衛藤 晟一	56	男 元	
6	当 熊3 (96.18)	松岡 利勝	58	男 前	
6	福6 (95.34)	荒巻 隆三	31	男 前	
6	佐1 (94.55)	福岡 資麿	30	男 新	
6	福3 (94.19)	太田 誠一	58	男 前	
6	鹿2 (93.35)	園田 修光	46	男 元	
6	福2 (90.38)	山崎 拓	66	男 前	
6	長1 (85.44)	倉成 正和	52	男 元	
6	福11 (79.39)	山本 幸三	55	男 前	
6	熊1 (72.03)	岩下 栄一	57	男 元	
6	沖2 (64.43)	上原 吉二	50	男 新	
6	福1 (57.66)	富永 泰輔	28	男 新	
39		宮島 大典	40	男 元	

民主党			2,182,400票		当選人数　7人
1	選当 福1	松本 龍		前	
1	選当 福2	古賀潤一郎		新	
1	選当 福3	藤田 一枝		新	
1	選当 福6	古賀 一成		元	
1	選当 福9	北橋 健治		前	
1	選当 佐1	原口 一博		前	
1	選当 長1	高木 義明		前	
1	選当 熊	松野 頼久		前	
1	当 長3 (91.70)	山田 正彦	61	男 前	
1	当 福10 (86.69)	城井 崇	30	男 新	
1	当 福4 (83.49)	楢崎 欣弥	60	男 前	
1	当 鹿1 (82.68)	川内 博史	42	男 前	
1	当 熊2 (79.29)	松野 信夫	52	男 新	
1	当 福5 (77.24)	楠田 大蔵	28	男 新	
1	当 宮1 (71.63)	米沢 隆	63	男 前	
1	熊5 (60.74)	後藤 英友	37	男 新	
1	福8 (57.20)	大島九州男	42	男 新	
1	沖4 (56.89)	宮国 忠広	41	男 新	
1	沖1 (46.64)	島尻 昇	45	男 新	
1	鹿3 (39.83)	大園 勝司	45	男 新	
1	佐3 (35.63)	藤沢 裕美	34	女 新	
1	宮2 (33.41)	土井 裕子	51	女 新	
1	熊3 (33.10)	池崎 一郎	51	男 新	
24		相良 勝彦	58	男 新	
25		浜田 理士	45	男 新	

公明党			1,176,391票		当選人数　3人
1	当		神崎 武法	60	男 前
2	当		東 順治	57	男 前
3	当		江田 康幸	47	男 前
4			大塚 勝利	38	男 新

		5		長浜	昌三	40	男	新		6	当	熊1	(97.84)	木原 稔 36 男 新

社会民主党　　　　613,875票　当選人数　2人
　　　　　1　選当　沖2　照屋　寛徳　新
1　当　沖3　(93.57)　東門美津子　60　女　前
1　当　大3　(89.80)　横光　克彦　60　男　前
1　　　大2　(69.40)　重野　安正　61　男　前
1　　　鹿4　(56.34)　浜田　健一　53　男　元
1　　　長4　(53.14)　今川　正美　56　男　前
1　　　福11　(45.11)　手嶋　秀昭　61　男　新
1　　　福7　(41.10)　馬場恵美子　52　女　新
1　　　長2　(40.07)　熊江　雅子　65　女　新
1　　　熊4　(26.90)　森川　生朗　65　男　新
1　　　福5　　▼　　松崎百合子　48　女　新
1　　　佐1　　▼　　柴田　久寛　61　男　新

日本共産党　　　　434,099票　当選人数　1人
1　当　沖1　　　　赤嶺　政賢　55　男　前
2　　　福10　　　 仁比　聡平　40　男　新
3　　　　　　　　西村貴恵子　56　女　新
4　　　　　　　　祝迫かつ子　60　女　新

第44回衆議院議員選挙　定数21
平成17年(2005年)9月11日実施

自由民主党　　　　2,883,048票　当選人数　9人
　　　　　1　選当　福10　西川　京子　前
1　当　佐3　(56.00)　広津　素子　52　女　新
3　当　　　　　　　仲村　正治　74　男　前
4　当　大1　　　　佐藤　錬　54　男　前
5　当　　　　　　　林田　彪　61　男　前
　　　　　6　選当　福2　山崎　拓　前
　　　　　6　選当　福3　太田　誠一　元
　　　　　6　選当　福4　渡辺　具能　前
　　　　　6　選当　福5　原田　義昭　前
　　　　　6　選当　福6　鳩山　邦夫　前
　　　　　6　選当　福7　古賀　誠　前
　　　　　6　選当　福8　麻生　太郎　前
　　　　　6　選当　福9　三原　朝彦　前
　　　　　6　選当　佐1　福岡　資麿　新
　　　　　6　選当　長2　久間　章生　前
　　　　　6　選当　長3　谷川　弥一　前
　　　　　6　選当　長4　北村　誠吾　前
　　　　　6　選当　熊2　野田　毅　前
　　　　　6　選当　熊4　園田　博之　前
　　　　　6　選当　熊5　金子　恭之　前
　　　　　6　選当　大2　衛藤征士郎　前
　　　　　6　選当　大3　岩屋　毅　前
　　　　　6　選当　宮1　中山　成彬　前
　　　　　6　選当　鹿1　保岡　興治　前
　　　　　6　選当　鹿4　小里　泰弘　新
　　　　　6　選当　沖3　嘉数　知賢　前
　　　　　6　選当　沖4　西銘恒三郎　前
6　当　福11　(99.42)　山本　幸三　57　男　元

6　当　熊1　(97.84)　木原　稔　36　男　新
6　当　福1　(92.94)　遠藤　宣彦　42　男　新
6　当　長1　(92.27)　冨岡　勉　57　男　新
6　当　沖2　(84.24)　安次富　修　49　男　新
6　　　鹿2　(81.90)　園田　修光　48　男　元
6　　　宮3　(79.95)　持永　哲志　45　男　新
6　　　宮2　(60.87)　上杉　光弘　63　男　新
6　　　佐2　(52.30)　土開　千昭　33　男　新
6　　　鹿5　(50.52)　米　正剛　51　男　新
38　　　　　　　　宮原　信孝　47　男　新
39　　　　　　　　鈴木慎一郎　57　男　新

民主党　　　　　　2,287,753票　当選人数　7人
　　　　　1　選当　福1　松本　龍　前
　　　　　1　選当　長1　高木　義明　前
　　　　　1　選当　熊1　松野　頼久　前
　　　　　1　選当　大1　吉良　州司　前
1　当　佐1　(89.13)　原口　一博　46　男　前
1　当　長3　(88.56)　山田　正彦　63　男　前
1　当　大3　(88.38)　横光　克彦　61　男　前
1　当　福9　(87.87)　北橋　健治　52　男　前
1　当　福6　(83.23)　古賀　一成　58　男　前
1　当　鹿1　(78.51)　川内　博史　43　男　前
1　当　佐2　(76.57)　大串　博志　40　男　新
1 繰当　福5　(75.11)　楠田　大蔵　30　男　前
1　　　福3　(75.11)　藤田　一枝　56　女　前
1　　　福4　(74.73)　楢崎　欣弥　62　男　前
1　　　長2　(71.79)　大久保潔重　39　男　新
1　　　福2　(70.93)　平田　正源　37　男　新
1　　　熊2　(70.89)　松野　信夫　54　男　新
1　　　長4　(69.03)　宮島　大典　42　男　元
1　　　福7　(67.18)　中屋　大介　27　男　新
1　　　鹿4　(63.41)　浜田　健一　55　男　元
1　　　熊5　(62.36)　後藤　英友　38　男　新
1　　　福10　(62.05)　城井　崇　32　男　前
1　　　沖4　(60.70)　宮国　忠広　43　男　新
1　　　福8　(60.49)　大島九州男　44　男　新
1　　　沖3　(56.37)　玉城デニー　45　男　新
1　　　宮2　(50.84)　黒木　健司　52　男　新
1　　　宮1　(46.87)　米沢　隆　65　男　前
1　　　熊4　(46.31)　松本　基督　49　男　新
1　　　福11　(40.92)　稲富　修二　35　男　新
1　　　熊3　(37.84)　中川浩一郎　44　男　新
1　　　鹿3　(34.05)　野間　健　46　男　新
1　　　宮3　(21.73)　外山　斎　29　男　新

公明党　　　　　　1,240,007票　当選人数　3人
1　当　　　　　　　神崎　武法　62　男　前
2　当　　　　　　　東　順治　58　男　前
3　当　　　　　　　江田　康幸　49　男　前
4　　　　　　　　　大塚　勝利　40　男　新
5　　　　　　　　　鎌田　敬　52　男　新

衆議院・比例区(九州)　　　　　国政選挙総覧

社会民主党			607,008票		当選人数	1人
	1	選当	沖2		照屋　寛徳	前
1	当	大2	(81.32)	重野　安正	63	男 元
1		沖3	(70.53)	東門美津子	62	女 前
1		長4	(28.03)	今川　正美	58	男 元
1		宮1	(21.66)	鳥飼　謙二	57	男 新
1		佐3	(19.92)	柳瀬　映二	51	男 新
1		福10	▼	小島潤一郎	34	男 新
1		福2	▼	西村健志郎	46	男 新

日本共産党			451,158票		当選人数	1人
1	当	沖1		赤嶺　政賢	57	男 前
2		福10		田村　貴昭	44	男 新
3				西村貴恵子	58	女 新

国民新党			307,454票		当選人数	0人
1		沖4		金城　浩	57	男 新
2				石橋　広盛	33	男 新

※北橋健治(民主)の北九州市長選立候補のため
平成18年12月28日楠田大蔵が繰上当選

第45回衆議院議員選挙　定数21
平成21年(2009年)8月30日実施

民主党			3,073,035票		当選人数	9人
	1	選当	福1	松本　龍		前
	1	選当	福2	稲富　修二		新
	1	選当	福3	藤田　一枝		元
	1	選当	福4	古賀　敬章		元
	1	選当	福5	楠田　大蔵		前
	1	選当	福9	緒方林太郎		新
	1	選当	福10	城井　崇		元
	1	選当	佐1	原口　一博		前
	1	選当	佐2	大串　博志		前
	1	選当	長1	高木　義明		前
	1	選当	長2	福田衣里子		新
	1	選当	長3	山田　正彦		前
	1	選当	長4	宮島　大典		元
	1	選当	熊1	松野　頼久		前
	1	選当	熊2	福嶋健一郎		新
	1	選当	大1	吉良　州司		前
	1	選当	大3	横光　克彦		前
	1	選当	鹿1	川内　博史		前
	1	選当	沖3	玉城デニー		新
	1	選当	沖4	瑞慶覧長敏		新
1	当	鹿4	(97.20)	皆吉　稲生	59	男 新
1	当	熊3	(91.87)	後藤　英友	42	男 新
1	当	福6	(86.37)	古賀　一成	62	男 前
1	当	福7	(81.73)	野田　国義	51	男 新
1	当	鹿2	(77.61)	打越　明司	51	男 新
1	当	宮2	(68.00)	道休誠一郎	56	男 新
1	当	鹿5	(61.59)	網屋　信介	51	男 新
1	当	福8	(58.26)	山本　剛正	37	男 新
29	当			川越　孝洋	66	男 新

30繰当				中屋　大介	31	男 新

自由民主党			2,352,372票		当選人数	7人
1	当			野田　毅	67	男 前
2	当			山本　幸三	61	男 前
	3	選当	福6	鳩山　邦夫		前
	3	選当	福11	武田　良太		前
	3	選当	熊3	坂本　哲志		前
	3	選当	熊4	園田　博之		前
	3	選当	熊5	金子　恭之		前
	3	選当	宮2	江藤　拓		前
	3	選当	宮3	古川　禎久		前
	3	選当	鹿2	徳田　毅		前
	3	選当	鹿4	小里　泰弘		前
	3	選当	鹿5	森山　裕		前
3	当	長3	(97.59)	谷川　弥一	68	男 前
3	当	大2	(95.56)	衛藤征士郎	68	男 前
3	当	長4	(95.42)	北村　誠吾	62	男 前
3	当	大3	(93.03)	岩屋　毅	52	男 前
3	当	佐2	(92.03)	今村　雅弘	62	男 前
3		福9	(89.40)	三原　朝彦	62	男 前
3		福4	(88.80)	渡辺　具能	68	男 前
3		長2	(88.01)	久間　章生	68	男 前
3		福10	(86.25)	西川　京子	63	女 前
3		福5	(84.69)	原田　義昭	64	男 前
3		沖1	(81.67)	国場幸之助	36	男 新
3		鹿1	(80.27)	保岡　興治	70	男 前
3		沖4	(79.89)	西銘恒三郎	55	男 前
3		佐1	(78.11)	福岡　資麿	36	男 前
3		福3	(75.96)	太田　誠一	63	男 前
3		鹿3	(73.52)	宮路　和明	68	男 前
3		福1	(71.81)	遠藤　宣彦	46	男 前
3		熊1	(71.20)	木原　稔	40	男 前
3		長1	(67.64)	冨岡　勉	61	男 前
3		福2	(66.01)	山崎　拓	72	男 前
3		沖2	(59.68)	安次富　修	53	男 前
3		大1	(57.07)	穴見　陽一	40	男 新
3		沖3	(48.74)	嘉数　知賢	68	男 前

公明党			1,225,505票		当選人数	3人
1	当			神崎　武法	66	男 前
2	当			東　順治	62	男 前
3	当			江田　康幸	53	男 前
4	繰当			遠山　清彦	40	男 新
5				浜地　雅一	39	男 新
6				金子　秀一	33	男 新

社会民主党			480,257票		当選人数	1人
	1	選当	大2	重野　安正		前
	1	選当	沖2	照屋　寛徳		前
1		熊5	(77.18)	中島　隆利	66	男 新
1		福11	(57.54)	山口はるな	33	女 新
1		宮3	(44.23)	松村　秀利	52	男 新
1		佐3	(32.39)	柳瀬　映二	55	男 新

衆議院・比例区（九州）

1		沖3	(27.90)	新川	秀清	72	男 新

日本共産党　　425,276票　　当選人数　1人
1	当			赤嶺	政賢	61	男 前
2				田村	貴昭	48	男 新
3		福10	▼	篠田	清	61	男 新
3		福1	▼	内田	裕	53	男 新
3		長1	▼	渕瀬	栄子	53	女 新
3		佐3	▼	瀬戸	雄也	30	男 新
3		福2	▼	小林	解子	29	女 新
3		大1	▼	山下	魁	32	男 新
3		宮1	▼	馬場	洋光	40	男 新
3		熊1	▼	上野	哲夫	55	男 新
3		鹿1	▼	山口	広延	34	男 新

みんなの党　　271,466票　　当選人数　0人
1		佐3		広津	素子	56	女 前

国民新党　　183,242票　　当選人数　0人
	1	選当	鹿3	松下	忠洋	元	
	1	選当	沖1	下地	幹郎	前	
1		熊4	(63.60)	松永	真一	50	男 新
4				松隈	一博	58	男 新

幸福実現党　　54,231票　　当選人数　0人
1		坂口	頼邦	56	男 新
2		松本	徳太郎	55	男 新
3		辻	雄文	42	男 新
4		諫山	征和	37	男 新
5		徳留	博臣	61	男 新

※神崎武法（公明）の体調不良による辞職のため平成22年4月8日遠山清彦が繰上当選
※後藤英友（民主）が出納責任者の公職選挙法違反の責任を取って辞職したため平成22年9月3日中屋大介が繰上当選

第46回衆議院議員選挙　定数21
平成24年（2012年）12月16日実施

自由民主党　　1,995,521票　　当選人数　7人
1	選当	福1	井上	貴博	新	
1	選当	福2	鬼木	誠	新	
1	選当	福3	古賀	篤	新	
1	選当	福4	宮内	秀樹	新	
1	選当	福5	原田	義昭	元	
1	選当	福7	藤丸	敏	新	
1	選当	福8	麻生	太郎	前	
1	選当	福9	三原	朝彦	元	
1	選当	福11	武田	良太	前	
1	選当	佐1	岩田	和親	新	
1	選当	佐2	今村	雅弘	前	
1	選当	長1	冨岡	勉	元	
1	選当	長2	加藤	寛治	新	
1	選当	長3	谷川	弥一	前	
1	選当	長4	北村	誠吾	前	
1	選当	熊1	木原	稔	元	
1	選当	熊2	野田	毅	前	
1	選当	熊3	坂本	哲志	前	
1	選当	熊5	金子	恭之	前	
1	選当	大1	穴見	陽一	新	
1	選当	大2	衛藤	征士郎	前	
1	選当	大3	岩屋	毅	前	
1	選当	宮1	武井	俊輔	新	
1	選当	宮2	江藤	拓	前	
1	選当	宮3	古川	禎久	前	
1	選当	鹿2	徳田	毅	前	
1	選当	鹿4	小里	泰弘	前	
1	選当	鹿5	森山	裕	前	
1	選当	沖1	国場	幸之助	新	
1	選当	沖3	比嘉	奈津美	新	
1	選当	沖4	西銘	恒三郎	元	
1	当	鹿3	(91.25)	宮路	和明	72	男 前
1	当	沖2	(75.33)	宮崎	政久	47	男 新
34				西川	京子	67	女 元
35				林田	彪	68	男 元
36				新開	裕司	44	男 新
37				末吉	光徳	66	男 新
38	当			湯川	一行	63	男 新
39				西村	忠則	63	男 新
40				泉	幸親	60	男 新
41				川嶋	潔典	30	男 新

日本維新の会　　1,211,996票　　当選人数　4人
1	当	熊1		松野	頼久	52	男 前
	2	選当	熊4	園田	博之	前	
2	当	福4	(49.18)	河野	正美	51	男 新
2		宮1	(47.45)	中山	成彬	69	男 元
2	当	鹿1	(47.21)	山之内	毅	31	男 新
2		福11	(44.06)	堀	大助	33	男 新
2		福5	(41.01)	吉田	俊之	56	男 新
2		福2	(40.50)	頭山	晋太郎	35	男 新
2		大1	(40.50)	桑原	宏史	42	男 新
2		熊3	(40.30)	本田	浩一	45	男 新
2		福6	(36.85)	内野	雅晴	36	男 新
2		大2	(33.56)	竹内	紀彦	43	男 新
2		福9	(30.89)	荒木	学	47	男 新
2		沖2	(26.60)	金城	利憲	58	男 新
2		鹿3	(22.29)	福留	大士	36	男 新
2		沖3	▼	大城	俊男	45	男 新
2		沖4	▼	魚森	豪太郎	34	男 新
2		沖1	▼	安田	邦弘	67	男 新
19				黒仁田	周昌	54	男 新

公明党　　1,043,528票　　当選人数　3人
1	当		江田	康幸	56	男 前
2	当		遠山	清彦	43	男 前
3	当		浜地	雅一	42	男 新
4			新福	愛子	53	女 新
5			金子	秀一	36	男 新

401

衆議院・比例区（九州）　　　国政選挙総覧

6			中山　英一	36	男	新	

民主党　　　993,317票　　当選人数　3人

1	当	佐2	(89.31)	大串　博志	47	男	前
1	当	佐1	(89.31)	原口　一博	53	男	前
1	当	長1	(88.62)	髙木　義明	66	男	前
1		大1	(87.91)	吉良　州司	54	男	前
1		長4	(65.93)	宮島　大典	49	男	前
1		福2	(64.79)	稲富　修二	42	男	前
1		福9	(63.83)	緒方林太郎	39	男	前
1		福10	(62.93)	城井　崇	39	男	前
1		大3	(62.56)	横光　克彦	69	男	前
1		鹿1	(55.82)	川内　博史	51	男	前
1		福7	(55.78)	野田　国義	54	男	前
1		宮1	(54.53)	川村秀三郎	63	男	前
1		福6	(54.32)	古賀　一成	65	男	前
1		福5	(50.32)	楠田　大蔵	37	男	前
1		福3	(48.58)	藤田　一枝	63	女	前
1		鹿2	(41.64)	打越　明司	54	男	前
1		鹿4	(39.66)	皆吉　稲生	62	男	前
1		長2	(39.16)	川越　孝洋	69	男	前
1		福1	(37.87)	松本　龍	61	男	前
1		福4	(36.53)	岸本　善成	38	男	新
1		宮2	(36.20)	道休誠一郎	59	男	前
1		福8	(31.49)	山本　剛正	40	男	前
1		熊1	(29.91)	池崎　一郎	60	男	新
1		熊2	(29.17)	浜田　大造	42	男	新
1		熊3	(21.42)	森本　康仁	34	男	新
1		沖4	▼	大城　信彦	45	男	新
1		沖3	▼	崎浜　宏信	56	男	新

みんなの党　　　424,892票　　当選人数　1人

1	当	福10	(52.25)	佐藤　正夫	57	男	新
1		福1	(46.54)	竹内今日生	38	男	新
1		熊2	(37.50)	本田　顕子	41	女	新
1		福3	(35.60)	寺島　浩幸	51	男	新
1		大3	(27.84)	神　雅敏	36	男	新
1		福7	(20.56)	古賀　輝生	49	男	新

日本共産党　　　337,573票　　当選人数　1人

1	当	沖1		赤嶺　政賢	64	男	前
2				田村　貴昭	51	男	新
3		福9		真島　省三	49	男	新
4				寺内　大介	46	男	新

社会民主党　　　300,708票　　当選人数　1人

1	選当	沖2		照屋　寛徳			前
1	当	大2	(49.42)	吉川　元	46	男	新
1		熊5	(46.51)	中島　隆利	69	男	新
1		福11	(21.65)	谷瀬　綾子	36	女	新
1		宮1	▼	松村　秀利	56	男	新

日本未来の党　　　260,994票　　当選人数　1人

1		沖3	(82.76)	玉城デニー	53	男	前
1		長3	(75.15)	山田　正彦	70	男	前

1		福4	▼	古賀　敬章	59	男	前
1		宮1	▼	外山　斎	36	男	新
1		熊2	▼	福嶋健一郎	46	男	前
6		長4	(21.11)	末次　精一	50	男	新
6		福2		小谷　学	39	男	新
6		大1	▼	小手川裕市	45	男	新
6		福5	▼	浜武　振一	47	男	新
6		鹿1	▼	渡辺信一郎	55	男	新

国民新党　　　70,847票　　当選人数　0人

1			中島　正純	43	男	前

幸福実現党　　　31,848票　　当選人数　0人

1		矢内　筆勝	51	男	新
2		板花　孝子	53	女	新
3		木下　真	34	男	新
4		松本徳太郎	58	男	新
5		高田　典義	52	男	新

第47回衆議院議員選挙　定数21
平成26年（2014年）12月14日実施

自由民主党　　　2,001,264票　　当選人数　8人

1	選当	福2	鬼木　誠			前
1	選当	福3	古賀　篤			前
1	選当	福4	宮内　秀樹			前
1	選当	福5	原田　義昭			前
1	選当	福6	鳩山　邦夫			前
1	選当	福7	藤丸　敏			前
1	選当	福9	三原　朝彦			前
1	選当	福10	山本　幸三			前
1	選当	福11	武田　良太			前
1	選当	佐2	古川　康			前
1	選当	長1	冨岡　勉			前
1	選当	長2	加藤　寛治			前
1	選当	長4	北村　誠吾			前
1	選当	熊1	木原　稔			前
1	選当	熊3	坂本　哲志			前
1	選当	熊5	金子　恭之			前
1	選当	大3	岩屋　毅			前
1	選当	宮1	武井　俊輔			前
1	選当	宮2	江藤　拓			前
1	選当	宮3	古川　禎久			前
1	選当	鹿2	金子万寿夫			前
1	選当	鹿4	小里　泰弘			前
1	選当	鹿5	森山　裕			前
1	当	佐1	(97.11)	岩田　和親	41	男	前
1	当	大1	(93.27)	穴見　陽一	45	男	前
1	当	沖4	(92.43)	西銘恒三郎	60	男	前
1	当	沖1	(91.89)	国場幸之助	41	男	前
1	当	鹿3	(71.82)	宮路　拓馬	35	男	新
1	当	沖3	(66.76)	比嘉奈津美	56	女	前
1	当	沖2	(60.80)	宮崎　政久	49	男	前
31	当			今村　雅弘	67	男	前

衆議院・比例区（九州）

32			西川	京子	69	女	前
33			林田	彪	70	男	前
34			上杉	光弘	72	男	前
35			安里	政晃	46	男	新
36			湯川	一行	65	男	前
37			末吉	光徳	68	男	前
38			泉	幸親	62	男	新

公明党　　　　　1,033,424票　　当選人数　4人

1	当		江田	康幸	58	男	前
2	当		遠山	清彦	45	男	前
3	当		浜地	雅一	44	男	前
4	当		吉田	宣弘	47	男	新
5			窪田	哲也	49	男	新
6			中山	英一	38	男	新

民主党　　　　　944,093票　　当選人数　3人

1	当	佐2	大串	博志	49	男	前
	2 選当	佐1	原口	一博			前
	2 選当	大1	吉良	州司			元
2	当	長1 (97.33)	高木	義明	68	男	前
2	当	福9 (81.77)	緒方林太郎		41	男	元
2		福2 (81.70)	稲富	修二	44	男	元
2		長2 (76.33)	大久保潔重		48	男	新
2		福1 (71.94)	山本	剛正	42	男	元
2		福10 (71.84)	城井	崇	41	男	元
2		鹿1 (70.22)	川内	博史	53	男	元
2		長4 (69.37)	宮島	大典	51	男	元
2		福5 (64.89)	楠田	大蔵	39	男	元
2		福3 (57.31)	藤田	一枝	65	女	元
2		大3 (45.53)	浦野	英樹	45	男	新
2		宮1 (25.93)	村尾	英俊	51	男	新
16			安藤	幽明	67	男	新

維新の党　　　　756,029票　　当選人数　3人

1	当	熊1 (84.11)	松野	頼久	54	男	前
1	当	福4 (59.92)	河野	正美	53	男	前
1	当	沖1 (59.25)	下地	幹郎	53	男	元
1		鹿1 (44.72)	山之内	毅	32	男	前
1		宮1 (44.17)	外山	斎	38	男	新
6			鈴木	望	65	男	前

日本共産党　　　532,454票　　当選人数　2人

	1 選当	沖1	赤嶺	政賢			前
2	当		田村	貴昭	53	男	新
3	当	福9	真島	省三	51	男	新
4			伊勢田良子		40	女	新
5			伊礼	一美	67	男	新

社会民主党　　　306,935票　　当選人数　1人

	1 選当	沖2	照屋	寛徳			前
1	当	大2 (69.21)	吉川	元	48	男	前
1		鹿4 (30.24)	野呂	正和	63	男	新
1		熊5 (29.86)	今泉	克己	64	男	新
1		福11 (28.23)	藤中	寛之	40	男	新

次世代の党　　　113,965票　　当選人数　0人

1			中山	成彬	71	男	前
	2 選当	熊4	園田	博之			前
3			頭山晋太郎		37	男	新

生活の党　　　　104,895票　　当選人数　0人

	1 選当	沖3	玉城デニー				前
1		長4	▼	末次	精一	52	男	新
3			太田	真平	28	男	新

幸福実現党　　　37,299票　　当選人数　0人

1			江夏	正敏	47	男	新
2			吉冨	和枝	55	女	新
3			河野	一郎	55	男	新
4			下地	玲子	56	女	新
5			木下	順子	55	女	新

参議院議員通常選挙

選挙区・北海道

第1回参議院議員選挙
昭和22年(1947年)4月20日実施

【北海道選挙区】定数8

当	板谷 順助	71	男	自由		77,004
当	堀 末治	62	男	無所属		74,587
当	千葉 信	44	男	社会		74,511
当	加賀 操	40	男	無所属		71,831
当3	若木 勝蔵	51	男	無所属		68,391
当3	木下 源吾	57	男	社会		58,367
当3	町村 敬貴	66	男	無所属		54,954
当3	小林米三郎	62	男	無所属		52,117
	安藤 孝俊	54	男	社会		43,019
	中島 武市	52	男	自由		42,112
	幡野 直次	57	男	国協		38,141
	半田 芳男	60	男	自由		34,035
	岡林 歓喜	51	男	無所属		32,697
	池崎喜太郎	48	男	民主		24,030
	林 甚之助	64	男	自由		20,275
	三浦 義覚	47	男	自由		19,544
	木田 茂晴	54	男	共産		17,472
	本間 国雄	41	男	無所属		12,380
	宮川 寅雄	40	男	共産		10,643

※「当3」は任期3年の意味

第2回参議院議員選挙
昭和25年(1950年)6月4日実施

【北海道選挙区】定数4（補欠1）

当	木下 源吾	58	男	社会	前	181,554
当	東 隆	48	男	農協	新	175,728
当	若木 勝蔵	53	男	社会	前	172,563
当	松浦 定義	45	男	農協	新	141,102
当3	有馬 英二	66	男	諸派	新	137,518
	岩田 留吉	45	男	自由	新	100,707
	小林米三郎	63	男	自由	前	97,606
	松川嘉太郎	59	男	自由	新	66,199
	塚田 庄平	31	男	労農	新	63,473
	杉之原舜一	52	男	共産	新	60,268
	中保 恭一	52	男	自由	新	56,462
	清水 源作	65	男	無所属	新	39,832
	杉本 健	39	男	緑風	新	24,911
	長谷 長次	46	男	無所属	新	21,131
	高橋 吉男	50	男	諸派	新	7,200

※「当3」は任期3年の意味

第3回参議院議員選挙
昭和28年(1953年)4月24日実施

【北海道選挙区】定数4

当	千葉 信	48	男	左社	現	284,143
当	北 勝太郎	63	男	無所属	新	229,023
当	堀 末治	66	男	自由吉	現	219,543
当	有馬 英二	69	男	改進	現	189,626
	岩田 留吉	48	男	自由吉	新	174,157
	塚田 庄平	34	男	労農	新	141,523
	岩沢 誠	50	男	無所属	新	41,424
	村上 由	51	男	共産	新	辞退

第4回参議院議員選挙
昭和31年(1956年)7月8日実施

【北海道選挙区】定数4

当	苫米地英俊	71	男	自民	新	264,831
当	大矢 正	31	男	社会	新	252,012
当	東 隆	54	男	社会	前	248,311
当	西田 信一	53	男	自民	新	203,339
	木下 源吾	64	男	社会	前	187,603
	米田 勲	42	男	社会	新	177,730
	手代木隆吉	72	男	緑風	新	59,309
	村上 由	55	男	共産	新	34,630
	藤本 国夫	39	男	諸派	新	29,130
	前谷 宏	31	男	無所属	新	18,829

第5回参議院議員選挙
昭和34年(1959年)6月2日実施

【北海道選挙区】定数4

当	米田 勲	45	男	社会	新	315,068
当	堀 末治	72	男	自民	前	271,630
当	井川 伊平	64	男	自民	新	269,120
当	千葉 信	54	男	社会	前	240,187
	宮北三七郎	46	男	社会	新	133,230
	藤本 国夫	42	男	無所属	新	32,403
	村上 由	58	男	共産	新	30,216
	西田 正一	57	男	無所属	新	27,413
	前谷 宏	34	男	無所属	新	15,307
	佐々木俊郎	55	男	無所属	新	8,426

第6回参議院議員選挙
昭和37年(1962年)7月1日実施

【北海道選挙区】定数4

当	大矢 正	37	男	社会	現	390,354
当	小林 篤一	71	男	無所属	新	382,318
当	吉田忠三郎	44	男	社会	新	338,091

当	西田	信一	59	男	自民	現	302,613
	岩田	留吉	57	男	自民	新	270,766
	村上	由	61	男	共産	新	60,835
	前谷	宏	37	男	無所属	新	24,734

第7回参議院議員選挙
昭和40年(1965年)7月4日実施

【北海道選挙区】定数4

当	川村	清一	54	男	社会	新	423,325
当	井川	伊平	72	男	自民	前	401,863
当	高橋雄之助	58	男	自民	新	337,047
当	竹田	現照	41	男	社会	新	328,643
	村上	由	64	男	共産	新	116,519
	前谷	宏	42	男	無所属	新	47,795
	藤本	国夫	48	男	諸派	新	28,572

第8回参議院議員選挙
昭和43年(1968年)7月7日実施

【北海道選挙区】定数4

当	大矢	正	43	男	社会	現	441,986
当	河口	陽一	62	男	自民	新	421,781
当	西田	信一	65	男	自民	現	418,428
当	吉田忠三郎	50	男	社会	現	369,077
	望月	武義	52	男	民社	新	125,816
	五十嵐久弥	60	男	共産	新	125,791
	藤本	国夫	51	男	諸派	新	41,262
	前谷	宏	43	男	無所属	新	39,702

第9回参議院議員選挙
昭和46年(1971年)6月27日実施

【北海道選挙区】定数4

当	高橋雄之助	64	男	自民	現	394,931
当	川村	清一	60	男	社会	現	378,619
当	竹田	現照	47	男	社会	現	345,769
当	岩本	政一	67	男	自民	新	300,055
	井川	伊平	76	男	自民	現	256,694
	五十嵐久弥	63	男	共産	新	223,271
	藤本	国夫	54	男	無所属	新	60,359

第10回参議院議員選挙
昭和49年(1974年)7月7日実施

【北海道選挙区】定数4

当	小笠原貞子	54	女	共産	現	416,950
当	吉田忠三郎	56	男	社会	現	412,746
当	対馬	孝且	49	男	社会	新	404,136
当	相沢	武彦	40	男	公明	新	375,278
	河口	陽一	68	男	自民	現	366,788
	西田	信一	71	男	自民	現	360,438
	高橋	辰夫	45	男	無所属	新	313,521

第11回参議院議員選挙
昭和52年(1977年)7月10日実施

【北海道選挙区】定数4

当	北	修二	52	男	自民	新	544,725
当	中村	啓一	53	男	自民	新	492,365
当	丸谷	金保	58	男	社会	新	424,686
当	川村	清一	66	男	社会	前	346,111
	鯉登	義夫	54	男	公明	新	324,520
	坂東	義教	49	男	新自ク	新	314,726
	児玉	健次	44	男	共産	新	229,416
	浅沼	宏充	34	男	無所属	新	4,663
	東	正博	40	男	無所属	新	3,627

第12回参議院議員選挙
昭和55年(1980年)6月22日実施

【北海道選挙区】定数4

当	高木	正明	51	男	自民	新	588,100
当	岩本	政光	51	男	自民	新	550,531
当	対馬	孝且	55	男	社会	現	431,770
当	小笠原貞子	60	女	共産	現	431,006
	坂下	たかし	57	男	社会	新	408,241
	相沢	武彦	46	男	公明	現	405,964
	坂木	拓	30	男	諸派	新	19,157

第13回参議院議員選挙
昭和58年(1983年)6月26日実施

【北海道選挙区】定数4

当	北	修二	58	男	自民	現	612,390
当	菅野	久光	55	男	社会	新	396,159
当	丸谷	金保	64	男	社会	現	383,704
当	工藤万砂美	58	男	自民	新	367,392
	児玉	健次	50	男	共産	新	244,370
	吉田	行儀	48	男	民社	新	156,582
	前谷	宏	58	男	無所属	新	31,918

第14回参議院議員選挙
昭和61年(1986年)7月6日実施

【北海道選挙区】定数4

当	対馬	孝且	61	男	社会	現	640,834
当	岩本	政光	57	男	自民	現	583,457
当	高木	正明	57	男	自民	現	575,105
当	小笠原貞子	66	女	共産	現	495,254
	土田	弘	57	男	無所属	新	462,999
	野上ふさ子	37	女	諸派	新	33,504
	合田	純二	36	男	諸派	新	24,539
	戸辺	利平	56	男	無所属	新	22,277

第15回参議院議員選挙
平成元年(1989年) 7月23日実施

【北海道選挙区】定数4

当	竹村	泰子	55	女	無所属	新	727,015
当	菅野	久光	61	男	社会	前	709,064
当	北	修二	64	男	自民	前	496,336
当	高崎	裕子	40	女	共産	新	453,103
	工藤	万砂美	64	男	自民	前	416,408
	山下	恵美子	30	女	諸派	新	23,633
	苫	和三	42	男	無所属	新	17,818
	前谷	宏	64	男	無所属	新	15,685
	八嶋	英俊	51	男	諸派	新	6,383

第16回参議院議員選挙
平成4年(1992年) 7月26日実施

【北海道選挙区】定数4

当	風間	昶	45	男	公明	新	500,717
当	中尾	則幸	45	男	無所属	新	424,818
当	峰崎	直樹	47	男	社会	新	420,994
当	高木	正明	63	男	自民	前	389,317
	岩本	政光	63	男	自民	前	381,089
	猪狩	康代	46	女	共産	新	334,840
	前谷	宏	67	男	無所属	新	15,166
	森	信之	36	男	諸派	新	13,301

第17回参議院議員選挙
平成7年(1995年) 7月23日実施

【北海道選挙区】定数2

当	菅野	久光	67	男	社会	前	563,029
当	小川	勝也	32	男	新進	新	511,139
	木本	由孝	51	男	自民	新	488,807
	高崎	裕子	46	女	共産	前	392,714
	吉野	悦子	52	女	諸派	新	40,106
	前谷	宏	70	男	無所属	新	21,716

第18回参議院議員選挙
平成10年(1998年) 7月12日実施

【北海道選挙区】定数2

当	峰崎	直樹	53	男	民主	現	804,611
当	中川	義雄	60	男	自民	新	723,786
	紙	智子	43	女	共産	新	605,119
	小野	健太郎	37	男	自由	新	161,505
	萱野	志朗	40	男	社民	新	146,159
	水由	正美	66	男	新社会	新	34,374
	沢田	健一	34	男	諸派	新	33,390
	松川	涼子	58	女	諸派	新	32,557
	村田	秀夫	51	男	無所属	新	28,480
	千代	信人	34	男	諸派	新	7,249

第19回参議院議員選挙
平成13年(2001年) 7月29日実施

【北海道選挙区】定数2

当	伊達	忠一	62	男	自民	新	985,274
当	小川	勝也	38	男	民主	前	683,704
	宮内	聡	38	男	共産	新	284,575
	西川	将人	32	男	自由	新	196,348
	杉山	佳子	64	女	社民	新	165,670
	松村	多美子	56	女	諸派	新	87,597
	横山	充洋	51	男	無所属	新	36,119
	熊谷	明史	48	男	自連	新	33,500
	斎藤	宣行	61	男	諸派	新	25,261
	千代	信人	37	男	諸派	新	11,469

第20回参議院議員選挙
平成16年(2004年) 7月11日実施

【北海道選挙区】定数2

当	中川	義雄	66	男	自民	現	741,831
当	峰崎	直樹	59	男	民主	現	618,277
	西川	将人	35	男	民主	新	552,993
	鈴木	宗男	56	男	無所属	新	485,382
	岡	千陽	41	女	共産	新	254,338
	山内	恵子	64	女	社民	新	106,631
	千代	信人	40	男	諸派	新	19,020

第21回参議院議員選挙
平成19年(2007年) 7月29日実施

【北海道選挙区】定数2

当	小川	勝也	44	男	民主	前	1,018,597
当	伊達	忠一	68	男	自民	前	757,463
	多原	香里	34	女	無所属	新	621,497
	畠山	和也	35	男	共産	新	206,463
	羽柴	秀吉	57	男	無所属	新	103,282
	浅野	隆雄	51	男	社民	新	79,474
	荒川	昌之	48	男	無所属	新	22,154
	千代	信人	43	男	諸派	新	18,234

第22回参議院議員選挙
平成22年(2010年) 7月11日実施

【北海道選挙区】定数2

当	長谷川	岳	39	男	自民	新	948,267
当	徳永	エリ	48	女	民主	新	708,523
	藤川	雅司	53	男	民主	新	567,167
	中川	賢一	43	男	みんな	新	320,992
	畠山	和也	38	男	共産	新	200,231
	大林	誠	37	男	幸福	新	22,166

第23回参議院議員選挙
平成25年（2013年）7月21日実施

【北海道選挙区】定数2
当	伊達	忠一	74	男	自民 現	903,693
当	小川	勝也	50	男	民主 現	583,995
	浅野	貴博	35	男	大地 新	352,434
	森	英士	35	男	共産 新	272,102
	安住	太伸	43	男	みんな 新	261,802
	森山	佳則	46	男	諸派 新	23,194

第24回参議院議員選挙
平成28年（2016年）7月10日実施

【北海道選挙区】定数3
当	長谷川	岳	45	男	自民 現	648,269
当	徳永	エリ	54	女	民進 現	559,996
当	鉢呂	吉雄	68	男	民進 新	491,129
	柿木	克弘	48	男	自民 新	482,688
	森	英士	38	男	共産 新	239,564
	佐藤	和夫	69	男	こころ 新	34,092
	中村	治	63	男	諸派 新	29,072
	飯田	佳宏	43	男	無所属 新	26,686
	森山	佳則	49	男	諸派 新	21,006
	水越	寛陽	36	男	無所属 新	12,944

選挙区・青森県

第1回参議院議員選挙
昭和22年（1947年）4月20日実施

【青森県選挙区】定数2
当	佐藤	尚武	66	男	無所属	135,436
当3	平野善治郎		46	男	民主	72,301
	唐牛	敏世	69	男	自由	48,434
	秋田	雨雀	65	男	社会	32,778

※「当3」は任期3年の意味

第2回参議院議員選挙
昭和25年（1950年）6月4日実施

【青森県選挙区】定数1
当	工藤	鉄男	74	男	自由 新	151,492
	平野善治郎		48	男	諸派 前	76,077
	近藤	喜一	47	男	自由 新	60,665
	小田桐政次郎		41	男	社会 新	33,343
	工藤嘉右衛門		36	男	共産 新	24,131

《補選》第2回参議院議員選挙
昭和28年（1953年）7月30日実施
※工藤鉄男の死去による

【青森県選挙区】被選挙数1
当	笹森	順造	67	男	改進 新	204,289
	大沢喜代一 （大沢 久明）		51	男	共産 新	33,446

第3回参議院議員選挙
昭和28年（1953年）4月24日実施

【青森県選挙区】定数1
当	佐藤	尚武	70	男	緑風 現	294,422
	大久保弥三郎		45	男	無所属 新	59,657
	大沢喜代一 （大沢久明）		51	男	共産 新	29,631

第4回参議院議員選挙
昭和31年（1956年）7月8日実施

【青森県選挙区】定数1
当	笹森	順造	70	男	自民 前	208,097
	盛田三喜雄		47	男	社会 新	137,483
	荒川	謙治	55	男	緑風 新	37,126

第5回参議院議員選挙
昭和34年（1959年）6月2日実施

【青森県選挙区】定数1
当	佐藤	尚武	76	男	緑風 前	141,656
	森田重次郎		68	男	自民 新	137,977
	盛田三喜雄		50	男	社会 新	85,863
	中村	勝巳	34	男	共産 新	10,921

第6回参議院議員選挙
昭和37年（1962年）7月1日実施

【青森県選挙区】定数1
当	笹森	順造	76	男	自民 現	250,629
	盛田三喜雄		53	男	社会 新	156,352
	中村	勝巳	37	男	共産 新	23,989

第7回参議院議員選挙
昭和40年（1965年）7月4日実施

【青森県選挙区】定数1
当	津島	文治	67	男	自民 新	183,439
	山崎	竜男	43	男	無所属 新	136,652
	轟	泰諄	58	男	社会 新	93,857

	秋元岩五郎	62	男	民社	新	42,919
	中村　勝巳	40	男	共産	新	21,513

第8回参議院議員選挙
昭和43年（1968年）7月7日実施

【青森県選挙区】定数1

当	山崎　竜男	46	男	無所属	新	150,740
	笹森　順造	82	男	自民	現	138,009
	盛田三喜雄	59	男	社会	新	127,698
	楠美　省吾	62	男	無所属	新	91,535
	中村　勝巳	43	男	共産	新	27,027

第9回参議院議員選挙
昭和46年（1971年）6月27日実施

【青森県選挙区】定数1

当	津島　文治	73	男	自民	現	260,633
	千葉　民蔵	58	男	社会	新	135,729
	木村昭四郎	44	男	共産	新	51,521
	宇野　栄二	54	男	民社	新	28,747

《補選》第9回参議院議員選挙
昭和48年（1973年）6月17日実施
※津島文治の死去による

【青森県選挙区】被選挙数1

当	寺下　岩蔵	67	男	自民	新	180,602
	木立　芳照	40	男	社会	新	119,263
	木村昭四郎	46	男	共産	新	63,282
	森田　哲郎	53	男	無所属	新	55,554
	古川忠次郎	64	男	無所属	新	29,079

第10回参議院議員選挙
昭和49年（1974年）7月7日実施

【青森県選挙区】定数1

当	山崎　竜男	52	男	自民	現	305,966
	渡辺　三夫	55	男	社会	新	145,811
	木村昭四郎	47	男	共産	新	84,685
	照井　善朝	42	男	公明	新	63,123

第11回参議院議員選挙
昭和52年（1977年）7月10日実施

【青森県選挙区】定数1

当	寺下　岩蔵	71	男	自民	前	276,551
	木村　守男	39	男	新自ク	新	195,340
	関　晴正	53	男	社会	新	117,262
	木村昭四郎	50	男	共産	新	45,741
	間山　稔	48	男	社市連	新	13,776

《補選》第11回参議院議員選挙
昭和55年（1980年）6月1日実施
※寺下岩蔵の死去による

【青森県選挙区】被選挙数1

当	松尾　官平	53	男	自民	新	239,087
	佐川礼三郎	51	男	諸派	新	129,457
	富士　克郎	38	男	共産	新	43,325

第12回参議院議員選挙
昭和55年（1980年）6月22日実施

【青森県選挙区】定数1

当	山崎　竜男	58	男	自民	現	456,202
	山内　弘	51	男	社会	新	207,121
	堀　幸光	32	男	共産	新	63,380

第13回参議院議員選挙
昭和58年（1983年）6月26日実施

【青森県選挙区】定数1

当	松尾　官平	56	男	自民	現	217,639
	奈良岡末造	69	男	無所属	新	166,091
	花田　一	63	男	無所属	新	92,459
	工藤　清司	68	男	無所属	新	72,940
	富士　克郎	41	男	共産	新	28,028

第14回参議院議員選挙
昭和61年（1986年）7月6日実施

【青森県選挙区】定数1

当	山崎　竜男	64	男	無所属	現	309,178
	脇川　利勝	62	男	自民	新	272,713
	佐川礼三郎	57	男	社会	新	155,723
	堀　幸光	38	男	共産	新	46,609

《補選》第14回参議院議員選挙
平成3年（1991年）2月24日実施
※山崎竜男の退職（知事選立候補）による

【青森県選挙区】被選挙数1

当	松尾　官平	64	男	諸派	新	240,129
	久保　晴一	39	男	諸派	新	197,598
	高橋千鶴子	31	女	共産	新	42,454

第15回参議院議員選挙
平成元年（1989年）7月23日実施

【青森県選挙区】定数1

当	三上　隆雄	55	男	無所属	新	353,892
	松尾　官平	62	男	無所属	前	177,516
	高橋長次郎	65	男	自民	新	98,080
	堀　幸光	41	男	共産	新	28,985

参議院・選挙区(青森県)　　　国政選挙総覧

　　　高田　亮子　33　女　諸派　新　　19,490

第16回参議院議員選挙
平成4年(1992年)7月26日実施

【青森県選挙区】定数1
当　松尾　官平　65　男　自民　前　　263,540
　　草創　文男　65　男　無所属　新　151,488
　　高橋千鶴子　32　女　共産　新　　66,557

第17回参議院議員選挙
平成7年(1995年)7月23日実施

【青森県選挙区】定数1
当　山崎　　力　48　男　新進　新　　176,259
　　鳴海　広道　54　男　自民　新　　173,393
　　三上　隆雄　61　男　無所属　前　102,770
　　高橋千鶴子　35　女　共産　新　　40,026
　　滝沢　　求　36　男　無所属　新　32,532

第18回参議院議員選挙
平成10年(1998年)7月12日実施

【青森県選挙区】定数1
当　田名部匡省　63　男　無所属　新　340,515
　　金入　明義　53　男　自民　新　　262,631
　　高橋千鶴子　38　女　共産　新　　67,992
　　鳴海　清彦　41　男　無所属　新　51,845
　　斉藤　恵子　37　女　諸派　新　　6,512

第19回参議院議員選挙
平成13年(2001年)7月29日実施

【青森県選挙区】定数1
当　山崎　　力　54　男　自民　前　　314,899
　　佐々木秀茂　55　男　無所属　新　110,814
　　森内　　勇　63　男　無所属　新　110,011
　　高柳　博明　31　男　共産　新　　35,272
　　村田　恭子　48　女　自連　新　　15,368

第20回参議院議員選挙
平成16年(2004年)7月11日実施

【青森県選挙区】定数1
当　田名部匡省　69　男　民主　現　297,116
　　奈良　秀則　46　男　自民　新　　252,604
　　高柳　博明　34　男　共産　新　　38,936
　　井上　　浩　51　男　社民　新　　36,832

第21回参議院議員選挙
平成19年(2007年)7月29日実施

【青森県選挙区】定数1
当　平山　幸司　37　男　民主　新　　305,642
　　山崎　　力　60　男　自民　前　　248,782
　　渡辺　英彦　66　男　社民　新　　37,370
　　高柳　博明　37　男　共産　新　　32,014

第22回参議院議員選挙
平成22年(2010年)7月11日実施

【青森県選挙区】定数1
当　山崎　　力　63　男　自民　元　　287,385
　　波多野里奈　37　女　民主　新　　222,875
　　升田世喜男　53　男　日本　新　　49,102
　　吉俣　　洋　36　男　共産　新　　31,040
　　山田　清彦　53　男　社民　新　　23,803

第23回参議院議員選挙
平成25年(2013年)7月21日実施

【青森県選挙区】定数1
当　滝沢　　求　54　男　自民　新　　261,575
　　平山　幸司　43　男　生活　現　　76,432
　　波多野里奈　40　女　みんな　新　63,528
　　工藤　　信　59　男　無所属　新　53,062
　　吉俣　　洋　39　男　共産　新　　48,290
　　石田　昭弘　54　男　諸派　新　　6,659

第24回参議院議員選挙
平成28年(2016年)7月10日実施

【青森県選挙区】定数1
当　田名部匡代　47　女　民進　新　　302,867
　　山崎　　力　69　男　自民　現　　294,815
　　三国　佑貴　31　男　諸派　新　　18,071

選挙区・岩手県

第1回参議院議員選挙
昭和22年(1947年) 4月20日実施

【岩手県選挙区】定数2
当	出淵　勝次	70	男	無所属		144,364
当3	千田　　正	49	男	無所属		103,984
	川村　松助	58	男	無所属		91,906
	三浦宗太郎	39	男	無所属		26,774

※「当3」は任期3年の意味

《補選》第1回参議院議員選挙
昭和22年(1947年)10月7日実施
※出淵勝次の死去による

【岩手県選挙区】被選挙数1
当	川村　松助	自由		228,726
	小林　美代	無所属		50,242
	三羽　嘉彦	共産		13,911

第2回参議院議員選挙
昭和25年(1950年) 6月4日実施

【岩手県選挙区】定数1
当	千田　　正	51	男	無所属	前	262,090
	下飯坂　元	55	男	自由	新	142,927
	鈴木　東民	55	男	共産	新	32,202

第3回参議院議員選挙
昭和28年(1953年) 4月24日実施

【岩手県選挙区】定数1
当	川村　松助	62	男	自由吉	現	209,282
	伊藤佐十郎	48	男	無所属	新	151,417
	八重樫利康	58	男	無所属	新	94,226
	斎藤　竜雄	47	男	共産	新	辞退

第4回参議院議員選挙
昭和31年(1956年) 7月8日実施

【岩手県選挙区】定数1
当	千田　　正	57	男	無所属	前	239,378
	大矢半次郎	64	男	自民	前	217,086
	佐久間　博	46	男	共産	新	16,826

第5回参議院議員選挙
昭和34年(1959年) 6月2日実施

【岩手県選挙区】定数1
当	谷村　貞治	63	男	自民	新	184,384
	鶴見　祐輔	74	男	無所属	前	148,959
	渡辺　長福	41	男	社会	新	102,664
	藤原　隆三	42	男	共産	新	7,611
	伊藤幸太郎	59	男	無所属	新	4,593

第6回参議院議員選挙
昭和37年(1962年) 7月1日実施

【岩手県選挙区】定数1
当	渡辺　勘吉	52	男	社会	新	205,763
	及川　逸平	50	男	自民	新	193,073
	千田　　正	63	男	無所属	現	141,114
	宮脇　嘉一	45	男	共産	新	12,645
	伊藤幸太郎	62	男	無所属	新	5,319

第7回参議院議員選挙
昭和40年(1965年) 7月4日実施

【岩手県選挙区】定数1
当	谷村　貞治	69	男	自民	前	289,105
	山本弥之助	58	男	社会	新	283,849
	宮脇　嘉一	48	男	共産	新	19,023

《補選》第7回参議院議員選挙
昭和43年(1968年) 6月9日実施
※谷村貞治の死去による

【岩手県選挙区】被選挙数1
当	岩動　道行	54	男	自民	新	236,320
	千葉　七郎	62	男	社会	新	215,630
	昆　　　貞	70	男	無所属	新	41,558
	宮脇　嘉一	51	男	共産	新	19,685
	伊藤幸太郎	68	男	無所属	新	6,398

第8回参議院議員選挙
昭和43年(1968年) 7月7日実施

【岩手県選挙区】定数1
当	増田　　盛	55	男	自民	新	310,574
	渡辺　勘吉	58	男	社会	現	258,179
	宮脇　嘉一	51	男	共産	新	29,251

第9回参議院議員選挙
昭和46年(1971年) 6月27日実施

【岩手県選挙区】定数1
当	岩動　道行	57	男	自民	現	277,335
	小川　仁一	53	男	社会	新	210,531
	柏　　朔司	40	男	共産	新	46,993

第10回参議院議員選挙
昭和49年(1974年) 7月7日実施

【岩手県選挙区】定数1

当	増田	盛	61	男	自民	現	320,961
	小川	仁一	56	男	社会	新	289,517
	宮脇	善雄	34	男	共産	新	62,895

第11回参議院議員選挙
昭和52年(1977年) 7月10日実施

【岩手県選挙区】定数1

当	岩動	道行	63	男	自民	前	347,491
	鈴木	力	63	男	社会	前	274,186
	宮脇	善雄	37	男	共産	新	51,157

第12回参議院議員選挙
昭和55年(1980年) 6月22日実施

【岩手県選挙区】定数1

当	増田	盛	67	男	自民	現	370,230
	高橋	盛吉	56	男	無所属	新	282,579
	宮脇	善雄	40	男	共産	新	61,405

第13回参議院議員選挙
昭和58年(1983年) 6月26日実施

【岩手県選挙区】定数1

当	岩動	道行	69	男	自民	現	320,938
	小原	武郎	51	男	社会	新	196,446
	斉藤	信	32	男	共産	新	58,063

《補選》第13回参議院議員選挙
昭和62年(1987年) 3月8日実施
※岩動道行の死去による

【岩手県選挙区】被選挙数1

当	小川	仁一	69	男	社会	新	421,532
	岩動	麗	60	女	自民	新	197,863
	牛山	靖夫	44	男	共産	新	31,949
	心	久	59	男	無所属	新	8,065
	(須田喜久夫)						

第14回参議院議員選挙
昭和61年(1986年) 7月6日実施

【岩手県選挙区】定数1

当	高橋	清孝	65	男	自民	新	288,697
	増田	盛	73	男	無所属	現	222,205
	菊池	雄光	58	男	社会	新	195,562
	牛山	靖夫	43	男	共産	新	49,066

第15回参議院議員選挙
平成元年(1989年) 7月23日実施

【岩手県選挙区】定数1

当	小川	仁一	71	男	社会	前	442,857
	村田	柴太	63	男	自民	新	250,866
	柏	朔司	58	男	共産	新	43,757

第16回参議院議員選挙
平成4年(1992年) 7月26日実施

【岩手県選挙区】定数1

当	椎名	素夫	61	男	自民	新	369,377
	熊谷	隆司	41	男	連合	新	200,848
	佐久間敏子		41	女	共産	新	52,636

第17回参議院議員選挙
平成7年(1995年) 7月23日実施

【岩手県選挙区】定数1

当	高橋	令則	60	男	新進	新	338,205
	清水	康之	56	男	無所属	新	226,505
	菅原	則勝	37	男	共産	新	42,762

第18回参議院議員選挙
平成10年(1998年) 7月12日実施

【岩手県選挙区】定数1

当	椎名	素夫	67	男	無所属	現	271,715
	中村	力	36	男	無所属	新	244,120
	阿部	静子	65	女	社民	新	96,984
	菅原	則勝	40	男	共産	新	67,082
	山田	文子	42	女	諸派	新	26,312

第19回参議院議員選挙
平成13年(2001年) 7月29日実施

【岩手県選挙区】定数1

当	平野	達男	47	男	自由	新	305,008
	玉沢徳一郎		63	男	自民	新	299,076
	矢吹	一枝	60	女	社民	新	64,038
	菅原	則勝	43	男	共産	新	44,385
	石渡	リキ	60	女	自連	新	15,691

第20回参議院議員選挙
平成16年(2004年) 7月11日実施

【岩手県選挙区】定数1

当	主浜	了	54	男	民主	新	339,796
	高橋	洋介	62	男	無所属	新	277,396
	竹花	邦彦	52	男	社民	新	47,153
	若山	明夫	52	男	共産	新	36,649

第21回参議院議員選挙
平成19年（2007年）7月29日実施

【岩手県選挙区】定数1
当	平野　達男	53	男	民主	前	437,814
	千田勝一郎	36	男	自民	新	176,096
	伊沢　昌弘	60	男	社民	新	47,425
	若山　明夫	55	男	共産	新	38,089

第22回参議院議員選挙
平成22年（2010年）7月11日実施

【岩手県選挙区】定数1
当	主浜　　了	60	男	民主	現	351,545
	高橋　雪史	40	男	自民	新	197,137
	伊沢　昌弘	63	男	社民	新	54,989
	瀬川　貞清	60	男	共産	新	44,771

第23回参議院議員選挙
平成25年（2013年）7月21日実施

【岩手県選挙区】定数1
当	平野　達男	59	男	無所属	現	243,368
	田中　真一	46	男	自民	新	161,499
	関根　敏伸	57	男	生活	新	91,048
	吉田　晴美	41	女	民主	新	62,047
	菊池　幸夫	54	男	共産	新	46,529
	高橋　敬子	51	女	諸派	新	8,322

第24回参議院議員選挙
平成28年（2016年）7月10日実施

【岩手県選挙区】定数1
当	木戸口英司	52	男	無所属	新	328,555
	田中　真一	49	男	自民	新	252,767
	石川　幹子	51	女	諸派	新	34,593

選挙区・宮城県

第1回参議院議員選挙
昭和22年（1947年）4月20日実施

【宮城県選挙区】定数2
当	斎　　武雄	53	男	社会	122,668
当3	高橋　　啓	53	男	民主	103,984
	東海林忠七	55	男	自由	91,604
	平渡　　信	69	男	自由	91,564

※「当3」は任期3年の意味

第2回参議院議員選挙
昭和25年（1950年）6月4日実施

【宮城県選挙区】定数1
当	高橋進太郎	47	男	自由	新	295,887
	高橋　　啓	55	男	諸派	前	121,478
	米倉辰治郎	45	男	社会	新	101,593
	西条　寛六	43	男	共産	新	29,116

第3回参議院議員選挙
昭和28年（1953年）4月24日実施

【宮城県選挙区】定数1
当	吉野　信次	64	男	自由吉	新	194,909
	高橋富士男	46	男	左社	新	140,547
	高橋清治郎	59	男	改進	新	112,137
	清野　学道	45	男	無所属	新	55,174

第4回参議院議員選挙
昭和31年（1956年）7月8日実施

【宮城県選挙区】定数1
当	高橋進太郎	53	男	自民	前	336,366
	高橋富士男	49	男	社会	新	244,215

第5回参議院議員選挙
昭和34年（1959年）6月2日実施

【宮城県選挙区】定数1
当	村松　久義	60	男	自民	新	342,720
	赤井　善三	48	男	社会	新	182,064
	阿部　　伝	39	男	共産	新	13,835

第6回参議院議員選挙
昭和37年（1962年）7月1日実施

【宮城県選挙区】定数1
当	高橋進太郎	59	男	自民	現	414,867
	戸田　菊雄	38	男	社会	新	222,791
	阿部　　伝	42	男	共産	新	24,760

《補選》第6回参議院議員選挙
昭和40年（1965年）4月11日実施
※高橋進太郎の退職（知事選立候補）による

【宮城県選挙区】被選挙数1
当	高橋文五郎	71	男	自民	新	256,658
	戸田　菊雄	41	男	社会	新	143,145
	引地金治郎	57	男	民社	新	33,367

| | 阿部 | 伝 | 45 | 男 | 共産 | 新 | 16,140 |

第7回参議院議員選挙
昭和40年(1965年)7月4日実施
【宮城県選挙区】定数1

当	戸田	菊雄	41	男	社会	新	253,652
	古内	広雄	57	男	自民	新	233,050
	村松	久義	66	男	無所属	前	154,058
	阿部	伝	45	男	共産	新	25,445

第8回参議院議員選挙
昭和43年(1968年)7月7日実施
【宮城県選挙区】定数1

当	高橋文五郎		74	男	自民	現	405,652
	芳賀	勝郎	48	男	社会	新	263,884
	阿部	伝	48	男	共産	新	62,400

第9回参議院議員選挙
昭和46年(1971年)6月27日実施
【宮城県選挙区】定数1

当	戸田	菊雄	47	男	社会	現	322,058
	佐藤民三郎		55	男	自民	新	291,184
	阿部	伝	51	男	共産	新	58,812
	千葉	佳男	41	男	無所属	新	46,212

第10回参議院議員選挙
昭和49年(1974年)7月7日実施
【宮城県選挙区】定数1

当	遠藤	要	58	男	自民	新	415,064
	高橋	治	45	男	社会	新	268,113
	本田	勝利	36	男	共産	新	128,843
	武田	一夫	39	男	公明	新	96,169
	丹野	富男	57	男	無所属	新	9,631

第11回参議院議員選挙
昭和52年(1977年)7月10日実施
【宮城県選挙区】定数1

当	大石	武一	68	男	自民	新	512,905
	戸田	菊雄	53	男	社会	前	447,368

第12回参議院議員選挙
昭和55年(1980年)6月22日実施
【宮城県選挙区】定数1

当	遠藤	要	64	男	自民	現	561,975
	高橋	治	51	男	社会	新	344,387
	雫石	五郎	45	男	共産	新	108,793

第13回参議院議員選挙
昭和58年(1983年)6月26日実施
【宮城県選挙区】定数1

当	星	長治	63	男	自民	新	374,554
	太田	幸作	50	男	社会	新	270,393
	沖	直子	67	女	共産	新	127,430

第14回参議院議員選挙
昭和61年(1986年)7月6日実施
【宮城県選挙区】定数1

当	遠藤	要	70	男	自民	現	530,547
	三浦	秀夫	51	男	社会	新	264,143
	遠藤いく子		37	女	共産	新	174,133
	鈴木	精紀	40	男	無所属	新	65,723

第15回参議院議員選挙
平成元年(1989年)7月23日実施
【宮城県選挙区】定数1

当	栗村	和夫	65	男	社会	新	460,369
	星	長治	69	男	自民	前	232,253
	中野	正志	41	男	無所属	新	137,827
	藤原	範典	42	男	民社	新	53,555
	正木	満之	43	男	共産	新	51,778
	平野	徳雄	35	男	諸派	新	10,784
	千葉	佳男	59	男	諸派	新	9,000

《補選》第15回参議院議員選挙
平成4年(1992年)3月8日実施
※栗村和夫の死去による
【宮城県選挙区】被選挙数1

当	萩野	浩基	51	男	連合	新	396,532
	小野寺信雄		66	男	自民	新	393,615
	辻畑	尚史	34	男	共産	新	67,378

第16回参議院議員選挙
平成4年(1992年)7月26日実施
【宮城県選挙区】定数1

当	遠藤	要	76	男	自民	前	380,249
	瀬戸	勝枝	45	女	連合	新	294,599
	辻畑	尚史	34	男	共産	新	67,341
	橋本	尭夫	48	男	無所属	新	41,990

第17回参議院議員選挙
平成7年(1995年)7月23日実施
【宮城県選挙区】定数2

当	市川	一朗	58	男	無所属	新	238,416
当	亀谷	博昭	55	男	自民	新	206,987

	萩野　浩基	55	男	民改連	前	176,879
	中島　康博	41	男	共産	新	51,448
	石郷岡百合子	55	女	諸派	新	23,792

《補選》第17回参議院議員選挙
平成9年(1997年)11月16日実施
※市川一朗の辞職(知事選立候補)による

【宮城県選挙区】被選挙数1

当	岡崎トミ子	53	女	民主	新	283,255
	土井喜美夫	54	男	諸派	新	112,098
	遠藤いく子	48	女	共産	新	101,106
	佐藤　芳博	49	男	社民	新	49,902

第18回参議院議員選挙
平成10年(1998年)7月12日実施

【宮城県選挙区】定数2

当	桜井　充	42	男	民主	新	245,273
当	市川　一朗	61	男	無所属	元	218,478
	遠藤　要	82	男	自民	現	132,070
	鎌田さゆり	33	女	無所属	新	106,070
	佐藤　道子	56	女	共産	新	100,214
	佐藤　芳博	50	男	社民	新	66,810
	中沢　幸男	58	男	無所属	新	32,477
	早坂きくみ	42	女	諸派	新	21,330
	石川　朱美	45	女	諸派	新	20,413

第19回参議院議員選挙
平成13年(2001年)7月29日実施

【宮城県選挙区】定数2

当	岡崎トミ子	57	女	民主	前	320,417
当	愛知　治郎	32	男	無所属	新	272,874
	亀谷　博昭	61	男	自民	前	257,562
	吉田　正敏	44	男	社民	新	60,693
	小野　敏郎	52	男	共産	新	59,033
	佐藤　清春	55	男	自連	新	23,208

第20回参議院議員選挙
平成16年(2004年)7月11日実施

【宮城県選挙区】定数2

当	市川　一朗	67	男	自民	現	379,342

当	桜井　充	48	男	民主	現	372,817
	遠藤いく子	55	女	共産	新	96,862
	菅原　敏秋	56	男	無所属	新	84,578
	沖田　捷夫	59	男	社民	新	53,191

第21回参議院議員選挙
平成19年(2007年)7月29日実施

【宮城県選挙区】定数2

当	岡崎トミ子	63	女	民主	前	549,183
当	愛知　治郎	38	男	自民	前	359,099
	加藤　幹夫	43	男	共産	新	71,689
	岸田　清実	52	男	社民	新	61,349

第22回参議院議員選挙
平成22年(2010年)7月11日実施

【宮城県選挙区】定数2

当	熊谷　大	35	男	自民	新	265,343
当	桜井　充	54	男	民主	現	241,460
	伊藤　弘実	36	女	民主	新	162,771
	市川　一朗	73	男	無所属	現	109,137
	菊地　文博	50	男	みんな	新	106,563
	菅野　哲雄	61	男	社民	新	51,463
	加藤　幹夫	46	男	共産	新	44,973
	村上　善昭	37	男	幸福	新	7,319

第23回参議院議員選挙
平成25年(2013年)7月21日実施

【宮城県選挙区】定数2

当	愛知　治郎	44	男	自民	現	421,634
当	和田　政宗	38	男	みんな	現	220,207
	岡崎トミ子	69	女	民主	新	215,105
	岩渕　彩子	30	女	共産	新	76,515
	皀　智子	41	女	諸派	新	9,662

第24回参議院議員選挙
平成28年(2016年)7月10日実施

【宮城県選挙区】定数1

当	桜井　充	60	男	民進	現	510,450
	熊谷　大	41	男	自民	現	469,268
	油井　哲史	36	男	諸派	新	19,129

選挙区・秋田県

第1回参議院議員選挙
昭和22年(1947年)4月20日実施

【秋田県選挙区】定数2

当	鈴木　安孝	71	男	自由		80,589
当3	石川　準吉	50	男	無所属		70,768
	山本修太郎	66	男	諸派		70,499
	小野忠太郎	35	男	社会		49,604
	奥田　信吾	51	男	社会		47,811
	泉谷　順治	42	男	共産		13,475

参議院・選挙区（秋田県）　　　　国政選挙総覧

※「当3」は任期3年の意味

第2回参議院議員選挙
昭和25年（1950年）6月4日実施

【秋田県選挙区】定数1
当	長谷山行毅	42	男	自由	新	156,739
	細野三千雄	53	男	社会	新	146,727
	石川　準吉	51	男	諸派	前	103,106
	鈴木　義雄	45	男	共産	新	31,966

第3回参議院議員選挙
昭和28年（1953年）4月24日実施

【秋田県選挙区】定数1
当	鈴木　　一	39	男	無所属	新	250,386
	人見　誠治	55	男	無所属	新	187,524

《補選》第3回参議院議員選挙
昭和33年（1958年）6月22日実施
※鈴木一の退職（衆院選立候補）による

【秋田県選挙区】被選挙数1
当	松野　孝一	53	男	自民	新	183,651
	内藤　良平	42	男	社会	新	169,064
	鈴木　義雄	53	男	共産	新	24,942

第4回参議院議員選挙
昭和31年（1956年）7月8日実施

【秋田県選挙区】定数1
当	鈴木　　寿	49	男	社会	新	248,910
	長谷山行毅	48	男	自民	前	178,019
	長崎惣之助	60	男	無所属	新	76,648

第5回参議院議員選挙
昭和34年（1959年）6月2日実施

【秋田県選挙区】定数1
当	松野　孝一	54	男	自民	前	232,721
	内藤　良平	43	男	社会	新	218,183

第6回参議院議員選挙
昭和37年（1962年）7月1日実施

【秋田県選挙区】定数1
当	鈴木　　寿	55	男	社会	現	271,659
	長谷山行毅	54	男	自民	元	260,200
	鈴木　義雄	57	男	共産	新	28,509

第7回参議院議員選挙
昭和40年（1965年）7月4日実施

【秋田県選挙区】定数1
当	松野　孝一	60	男	自民	前	268,586
	内藤　良平	49	男	社会	新	253,770
	鈴木　　清	58	男	共産	新	36,247

《補選》第7回参議院議員選挙
昭和42年（1967年）9月15日実施
※松野孝一の死去による

【秋田県選挙区】被選挙数1
当	沢田　政治	45	男	社会	新	190,574
	谷藤　征得	62	男	自民	新	188,824
	佐藤　広一	47	男	民社	新	46,042
	小川　俊三	47	男	共産	新	33,178

第8回参議院議員選挙
昭和43年（1968年）7月7日実施

【秋田県選挙区】定数1
当	山崎　五郎	54	男	自民	新	274,745
	長谷川欣之輔	45	男	社会	新	217,137
	小川　俊三	48	男	共産	新	46,743
	田島　正止	49	男	諸派	新	7,240
	沢畑　英貫	71	男	無所属	新	6,733

第9回参議院議員選挙
昭和46年（1971年）6月27日実施

【秋田県選挙区】定数1
当	沢田　政治	49	男	社会	現	250,995
	土肥大四郎	61	男	自民	新	230,654
	小林　泰夫	39	男	共産	新	60,966

第10回参議院議員選挙
昭和49年（1974年）7月7日実施

【秋田県選挙区】定数1
当	山崎　五郎	60	男	自民	現	292,439
	穂積　惇	52	男	社会	新	235,342
	小林　泰夫	42	男	共産	新	111,986

《補選》第10回参議院議員選挙
昭和51年（1976年）5月23日実施
※山崎五郎の死去による

【秋田県選挙区】被選挙数1
当	佐々木満	50	男	自民	新	287,187
	穂積　惇	54	男	社会	新	210,262
	小林　泰夫	44	男	共産	新	82,612

第11回参議院議員選挙
昭和52年（1977年）7月10日実施

【秋田県選挙区】定数1
当	野呂田芳成	47	男	自民	新	321,586
	沢田　政治	55	男	社会	前	285,978
	伊藤　昭二	32	男	共産	新	57,738

第12回参議院議員選挙
昭和55年（1980年）6月22日実施

【秋田県選挙区】定数1
当	佐々木　満	54	男	自民	現	342,176
	沢田　政治	62	男	社会	元	273,506
	伊藤　昭二	35	男	共産	新	65,376

第13回参議院議員選挙
昭和58年（1983年）6月26日実施

【秋田県選挙区】定数1
当	出口　広光	57	男	自民	新	282,420
	石川錬治郎	44	男	社会	新	247,594
	児玉　金友	45	男	共産	新	46,374

第14回参議院議員選挙
昭和61年（1986年）7月6日実施

【秋田県選挙区】定数1
当	佐々木　満	60	男	自民	現	357,693
	石川錬治郎	47	男	社会	新	295,818
	児玉　金友	48	男	共産	新	60,298

第15回参議院議員選挙
平成元年（1989年）7月23日実施

【秋田県選挙区】定数1
当	細谷　昭雄	62	男	社会	新	415,222
	出口　広光	63	男	自民	前	223,562
	児玉　金友	51	男	共産	新	46,012

第16回参議院議員選挙
平成4年（1992年）7月26日実施

【秋田県選挙区】定数1
当	佐々木　満	66	男	自民	前	329,703
	畠山　樹之	48	男	連合	新	185,858
	奥井　淳二	39	男	共産	新	51,134

第17回参議院議員選挙
平成7年（1995年）7月23日実施

【秋田県選挙区】定数1
当	金田　勝年	45	男	自民	新	203,274
	細谷　昭雄	69	男	社会	元	180,615
	鈴木　洋一	49	男	新進	新	115,673
	小林　泰夫	63	男	共産	新	32,584
	五十嵐光雄	45	男	諸派	新	962

第18回参議院議員選挙
平成10年（1998年）7月12日実施

【秋田県選挙区】定数1
当	斉藤　滋宣	45	男	自民	新	237,640
	中島　達郎	57	男	民主	新	161,392
	荻原　和子	57	女	共産	新	84,794
	工藤　守	47	男	社民	新	80,885
	平元　駿作	51	男	新社会	新	18,830
	橋元　春男	65	男	諸派	新	11,404

第19回参議院議員選挙
平成13年（2001年）7月29日実施

【秋田県選挙区】定数1
当	金田　勝年	51	男	自民	前	310,280
	高松　和夫	59	男	民主	新	102,694
	佐々木長秀	52	男	社民	新	83,622
	鈴木　俊夫	50	男	共産	新	45,850
	斉藤さちこ	33	女	自連	新	29,845

第20回参議院議員選挙
平成16年（2004年）7月11日実施

【秋田県選挙区】定数1
当	鈴木　陽悦	55	男	無所属	新	310,657
	斉藤　滋宣	51	男	自民	現	265,419
	今川　和信	39	男	共産	新	43,324

第21回参議院議員選挙
平成19年（2007年）7月29日実施

【秋田県選挙区】定数1
当	松浦　大悟	37	男	無所属	新	319,631
	金田　勝年	57	男	自民	前	276,694
	鈴木　知	30	男	共産	新	38,394

第22回参議院議員選挙
平成22年（2010年）7月11日実施

【秋田県選挙区】定数1
当	石井　浩郎	46	男	自民	新	328,771
	鈴木　陽悦	61	男	民主	現	226,217
	藤田　和久	61	男	共産	新	36,320

第23回参議院議員選挙
平成25年(2013年) 7月21日実施

【秋田県選挙区】 定数1
当	中泉	松司	34	男	自民	新	260,846
	松浦	大悟	43	男	民主	現	194,497
	佐竹	良夫	62	男	共産	新	36,371
	西野	晃	36	男	諸派	新	6,736

第24回参議院議員選挙
平成28年(2016年) 7月10日実施

【秋田県選挙区】 定数1
当	石井	浩郎	52	男	自民	現	290,052
	松浦	大悟	46	男	民進	元	236,521
	西野	晃	39	男	諸派	新	11,131

選挙区・山形県

第1回参議院議員選挙
昭和22年(1947年) 4月20日実施

【山形県選挙区】 定数2
当	小杉	繁安	64	男	無所属	143,473
当3	尾形六郎兵衛		47	男	無所属	125,891
	小林	亦治	41	男	社会	123,699
	和田	与平	37	男	共産	18,450

※「当3」は任期3年の意味

第2回参議院議員選挙
昭和25年(1950年) 6月4日実施

【山形県選挙区】 定数1
当	小林	亦治	43	男	社会	新	238,536
	尾形六郎兵衛		49	男	自由	前	221,358
	安達	良助	41	男	無所属	前	81,158
	松寿忠三郎		45	男	共産	新	15,295

第3回参議院議員選挙
昭和28年(1953年) 4月24日実施

【山形県選挙区】 定数1
当	海野	三朗	63	男	左社	新	262,576
	三井泉太郎		50	男	自由吉	新	222,396
	横山	義雄	41	男	無所属	新	73,196

第4回参議院議員選挙
昭和31年(1956年) 7月8日実施

【山形県選挙区】 定数1
当	松沢	靖介	57	男	社会	新	283,906
	水野金一郎		52	男	自民	新	275,267
	長岡太刀雄		50	男	共産	新	17,895

《補選》第4回参議院議員選挙
昭和34年(1959年) 7月24日実施
※松沢靖介の死去による

【山形県選挙区】 被選挙数1
当	白井	勇	61	男	自民	前	255,699
	真壁	仁	52	男	社会	新	208,493
	小田	俊与	52	男	諸派	新	5,985
	道山	虎夫	54	男	無所属	新	3,734
	肥後	亨	33	男	諸派	新	1,928

第5回参議院議員選挙
昭和34年(1959年) 6月2日実施

【山形県選挙区】 定数1
当	村山	道雄	57	男	自民	新	342,952
	海野	三朗	69	男	社会	前	186,156
	竹内	丑松	56	男	共産	新	15,005

第6回参議院議員選挙
昭和37年(1962年) 7月1日実施

【山形県選挙区】 定数1
当	白井	勇	64	男	自民	現	323,715
	華山	親義	61	男	社会	新	277,886
	阿部	五郎	51	男	共産	新	24,230

第7回参議院議員選挙
昭和40年(1965年) 7月4日実施

【山形県選挙区】 定数1
当	伊藤	五郎	63	男	自民	新	316,126
	金沢	忠雄	45	男	社会	新	267,834
	阿部	五郎	54	男	共産	新	31,453

第8回参議院議員選挙
昭和43年(1968年) 7月7日実施

【山形県選挙区】 定数1
当	白井	勇	70	男	自民	現	324,506
	大場	宗蔵	46	男	社会	新	249,799
	阿部	五郎	57	男	共産	新	42,019

第9回参議院議員選挙
昭和46年(1971年) 6月27日実施

【山形県選挙区】定数1
当	伊藤	五郎	69	男	自民	現	273,950
	佐藤	誼	44	男	社会	新	235,125
	阿部	五郎	60	男	共産	新	61,363

第10回参議院議員選挙
昭和49年(1974年) 7月7日実施

【山形県選挙区】定数1
当	安孫子藤吉	70	男	自民	新	378,120
	佐藤	誼	47	男	社会	新	224,364
	島津	昭	47	男	共産	新	53,090
	三井	啓光	41	男	公明	新	45,858

第11回参議院議員選挙
昭和52年(1977年) 7月10日実施

【山形県選挙区】定数1
当	降矢	敬義	56	男	自民	新	333,525
	佐藤	誼	50	男	社会	新	320,993
	若林	喬二	49	男	共産	新	33,578

第12回参議院議員選挙
昭和55年(1980年) 6月22日実施

【山形県選挙区】定数1
当	安孫子藤吉	76	男	自民	現	431,832
	佐藤昌一郎	52	男	無所属	新	240,832
	若林	喬二	52	男	共産	新	44,851

第13回参議院議員選挙
昭和58年(1983年) 6月26日実施

【山形県選挙区】定数1
当	降矢	敬義	62	男	自民	現	322,511
	五十嵐恒男	54	男	社会	新	214,874
	若林	喬二	55	男	共産	新	48,029

第14回参議院議員選挙
昭和61年(1986年) 7月6日実施

【山形県選挙区】定数1
当	鈴木	貞敏	60	男	自民	新	428,990
	遠藤	文雄	62	男	社会	新	218,564
	太田	俊男	32	男	共産	新	69,505

第15回参議院議員選挙
平成元年(1989年) 7月23日実施

【山形県選挙区】定数1
当	星川	保松	58	男	連合	新	346,134
	降矢	敬義	68	男	自民	前	293,194
	太田	俊男	35	男	共産	新	41,560
	小野	喜公	48	男	諸派	新	12,356

第16回参議院議員選挙
平成4年(1992年) 7月26日実施

【山形県選挙区】定数1
当	鈴木	貞敏	66	男	自民	前	323,722
	斉藤	昌助	53	男	連合	新	204,873
	井上	龍男	52	男	共産	新	40,074

第17回参議院議員選挙
平成7年(1995年) 7月23日実施

【山形県選挙区】定数1
当	阿部	正俊	52	男	無所属	新	237,580
	板垣	義次	60	男	無所属	新	155,130
	星川	保松	64	男	社会	前	135,890
	青木	勝	48	男	共産	新	28,387

第18回参議院議員選挙
平成10年(1998年) 7月12日実施

【山形県選挙区】定数1
当	岸	宏一	58	男	自民	新	299,098
	村木	敏子	54	女	民主	新	107,607
	田辺	省二	64	男	社民	新	97,865
	青木	勝	51	男	共産	新	61,404
	後藤	栄子	60	女	諸派	新	40,212

第19回参議院議員選挙
平成13年(2001年) 7月29日実施

【山形県選挙区】定数1
当	阿部	正俊	58	男	自民	前	311,946
	木村	莞爾	59	男	無所属	新	218,815
	太田	俊男	47	男	共産	新	38,490
	門間	文行	49	男	自連	新	21,942
	千葉	常義	68	男	諸派	新	14,803

第20回参議院議員選挙
平成16年(2004年) 7月11日実施

【山形県選挙区】定数1
当	岸	宏一	64	男	自民	現	279,349
	舟山	康江	38	女	民主	新	243,672
	木村	正弘	38	男	社民	新	42,435

| | 佐藤 雅之 | 31 | 男 | 共産 | 新 | 32,041 |

第21回参議院議員選挙
平成19年(2007年) 7月29日実施

【山形県選挙区】定数1

当	舟山 康江	41	女	民主	新	371,071
	篠原みえ子	59	女	自民	新	238,515
	佐藤 雅之	34	男	共産	新	38,008

第22回参議院議員選挙
平成22年(2010年) 7月11日実施

【山形県選挙区】定数1

当	岸 宏一	70	男	自民	現	263,987
	梅津 庸成	43	男	民主	新	222,942
	川野 裕章	51	男	みんな	新	88,238
	太田 俊男	56	男	共産	新	30,348

第23回参議院議員選挙
平成25年(2013年) 7月21日実施

【山形県選挙区】定数1

当	大沼 瑞穂	34	女	自民	新	272,779
	舟山 康江	47	女	みどり	現	252,040
	太田 俊男	59	男	共産	新	33,718
	城取 良太	36	男	諸派	新	7,193

第24回参議院議員選挙
平成28年(2016年) 7月10日実施

【山形県選挙区】定数1

当	舟山 康江	50	女	無所属	元	344,356
	月野 薫	61	男	自民	新	223,583
	城取 良太	39	男	諸派	新	15,223

選挙区・福島県

第1回参議院議員選挙
昭和22年(1947年) 4月20日実施

【福島県選挙区】定数4

当	松平 恒雄	71	男	無所属		256,686
当	油井賢太郎	42	男	諸派		74,976
当3	橋本万右衛門	56	男	民主		60,695
当3	田中 利勝	51	男	社会		53,748
	榊原 巌	50	男	社会		41,924
	大森 達夫	49	男	無所属		30,474
	佐藤 泰三	41	男	共産		17,520

※「当3」は任期3年の意味

《補選》第1回参議院議員選挙
昭和24年(1949年)12月24日実施
※松平恒雄の死去による

【福島県選挙区】被選挙数1

当	石原幹市郎		諸派		304,945
	榊原 巌		社会		87,293
	中野 寅吉		諸派		76,893
	山内 二郎		諸派		34,833
	服部 実		共産		34,196
	高瀬 真一		無所属		18,920

第2回参議院議員選挙
昭和25年(1950年) 6月4日実施

【福島県選挙区】定数2

当	橋本万右衛門	57	男	自由	前	237,925
当	木村 守江	50	男	自由	新	205,616
	田中 利勝	53	男	社会	前	204,488
	服部 実	55	男	共産	新	37,141
	加藤周四郎	39	男	労農	新	26,153

《補選》第2回参議院議員選挙
昭和26年(1951年) 2月12日実施
※橋本万右衛門の死去による

【福島県選挙区】被選挙数1

当	松平 勇雄		自由	386,322
	田中 利勝		社会	270,923
	山下 春江		民主	115,292
	折笠 藤雄		共産	8,645

第3回参議院議員選挙
昭和28年(1953年) 4月24日実施

【福島県選挙区】定数2

当	石原幹市郎	50	男	自由吉	現	252,723
当	田畑 金光	39	男	右社	新	127,704
	榊原 千代	54	女	左社	新	113,630
	大和田弥一	50	男	自由吉	新	109,464
	平山 久衛	59	男	改進	新	41,795
	油井賢太郎	47	男	自由鳩	現	41,439
	高瀬 真一	58	男	無所属	新	39,335
	小野 左恭	51	男	無所属	新	30,012

第4回参議院議員選挙
昭和31年(1956年) 7月8日実施

【福島県選挙区】定数2
当	大河原一次	52	男	社会	新	282,087
当	松平 勇雄	49	男	自民	前	281,579
	木村 守江	56	男	自民	前	235,296

第5回参議院議員選挙
昭和34年(1959年) 6月2日実施

【福島県選挙区】定数2
当	石原幹市郎	56	男	自民	前	287,649
当	田畑 金光	45	男	社会	前	259,668
	田原 徳	54	男	自民	新	153,409
	竹内 七郎	52	男	共産	新	21,775

第6回参議院議員選挙
昭和37年(1962年) 7月1日実施

【福島県選挙区】定数2
当	松平 勇雄	55	男	自民	現	256,399
当	大河原一次	58	男	社会	現	241,750
	鈴木 広澄	55	男	自民	新	178,501
	小松信太郎	59	男	民社	新	160,946
	佐久間 勇	35	男	共産	新	23,582
	中河西仁兵衛	58	男	無所属	新	7,716

第7回参議院議員選挙
昭和40年(1965年) 7月4日実施

【福島県選挙区】定数2
当	石原幹市郎	62	男	自民	前	337,025
当	村田 秀三	44	男	社会	新	318,494
	白幡 友敬	51	男	自民	新	102,806
	籔内喜一郎	59	男	民社	新	69,513
	佐久間 勇	38	男	共産	新	27,571

第8回参議院議員選挙
昭和43年(1968年) 7月7日実施

【福島県選挙区】定数2
当	鈴木 省吾	56	男	自民	新	319,464
当	松平 勇雄	61	男	自民	現	267,297
	和田 敬久	44	男	社会	新	235,810
	井筒 光男	47	男	民社	新	67,812
	佐久間 勇	41	男	共産	新	35,083

第9回参議院議員選挙
昭和46年(1971年) 6月27日実施

【福島県選挙区】定数2
当	村田 秀三	50	男	社会	現	331,129
当	棚辺 四郎	58	男	自民	新	263,352
	石原幹市郎	68	男	自民	現	260,648
	紺頼 章	34	男	共産	新	56,201

第10回参議院議員選挙
昭和49年(1974年) 7月7日実施

【福島県選挙区】定数2
当	野口 忠夫	63	男	社会	新	357,115
当	鈴木 省吾	62	男	自民	現	291,767
	松平 勇雄	67	男	自民	現	269,867
	下田 京子	34	女	共産	新	160,138

第11回参議院議員選挙
昭和52年(1977年) 7月10日実施

【福島県選挙区】定数2
当	村田 秀三	56	男	社会	前	298,651
当	鈴木 正一	58	男	自民	新	225,520
	石原健太郎	39	男	新自ク	新	218,288
	棚辺 四郎	64	男	自民	前	203,158
	三富 要	48	男	共産	新	56,323

第12回参議院議員選挙
昭和55年(1980年) 6月22日実施

【福島県選挙区】定数2
当	八百板 正	75	男	社会	新	356,111
当	鈴木 省吾	68	男	自民	現	345,431
	佐藤栄佐久	40	男	自民	新	323,057
	最上 清治	30	男	共産	新	66,182
	遠藤 正弘	34	男	無所属	新	10,675

第13回参議院議員選挙
昭和58年(1983年) 6月26日実施

【福島県選挙区】定数2
当	佐藤栄佐久	44	男	自民	新	376,952
当	村田 秀三	62	男	社会	現	293,921
	鈴木 正一	64	男	自民	現	247,500
	最上 清治	33	男	共産	新	62,575

《補選》第13回参議院議員選挙
昭和60年(1985年) 2月17日実施
※村田秀三の死去による

【福島県選挙区】被選挙数1
当	添田増太郎	56	男	自民	新	397,740
	宍戸 利夫	53	男	社会	新	293,404
	阿部裕美子	38	女	共産	新	98,269

《補選》第13回参議院議員選挙
昭和63年(1988年)9月4日実施
※佐藤栄佐久の辞職(知事選立候補)による
【福島県選挙区】被選挙数1
	石原 健太郎	51	男	自民	新	702,940
当	石原 健太郎	51	男	自民	新	702,940
	志賀 一夫	63	男	社会	新	312,203
	阿部裕美子	42	女	共産	新	186,503

第14回参議院議員選挙
昭和61年(1986年)7月6日実施
【福島県選挙区】定数2
	鈴木 省吾	74	男	自民	現	555,089
当	鈴木 省吾	74	男	自民	現	555,089
当	八百板 正	81	男	社会	現	325,386
	阿部裕美子	39	女	共産	新	135,242
	土田 充	54	男	民社	新	100,803

第15回参議院議員選挙
平成元年(1989年)7月23日実施
【福島県選挙区】定数2
当	会田 長栄	60	男	社会	新	456,562
当	石原 健太郎	51	男	自民	前	392,211
	添田 増太郎	60	男	自民	前	158,678
	吉田 吉光	42	男	共産	新	68,694

《補選》第15回参議院議員選挙
平成5年(1993年)7月18日実施
※石原健太郎の辞職(衆院選立候補)による
【福島県選挙区】被選挙数1
当	太田 豊秋	58	男	自民	新	629,369
	飯村 微光	67	男	社会	新	317,143
	佐藤 克朗	38	男	共産	新	151,153

第16回参議院議員選挙
平成4年(1992年)7月26日実施
【福島県選挙区】定数2
当	鈴木 省吾	80	男	自民	前	265,650
当	佐藤 静雄	60	男	自民	新	262,817
	渋谷 家寿一	55	男	連合	新	245,309
	渡辺 新二	39	男	無所属	新	66,619
	佐藤 克朗	37	男	共産	新	58,411

第17回参議院議員選挙
平成7年(1995年)7月23日実施
【福島県選挙区】定数2
当	太田 豊秋	60	男	自民	前	284,238
当	和田 洋子	53	女	新進	新	263,878
	会田 長栄	66	男	社会	前	196,502
	佐藤 克朗	40	男	共産	新	49,670
	谷田 栄子	47	女	諸派	新	18,651

第18回参議院議員選挙
平成10年(1998年)7月12日実施
【福島県選挙区】定数2
当	佐藤 雄平	50	男	無所属	新	338,671
当	岩城 光英	48	男	自民	新	258,448
	佐藤 静雄	66	男	自民	現	245,079
	佐藤 秀樹	31	男	共産	新	109,843
	芳賀 一太	51	男	無所属	新	32,817
	下藤 芳久	65	男	新社会	新	20,820
	鈴木 尚之	51	男	諸派	新	20,267
	板垣富美男	48	男	諸派	新	12,169

第19回参議院議員選挙
平成13年(2001年)7月29日実施
【福島県選挙区】定数2
当	太田 豊秋	66	男	自民	前	393,230
当	和田 洋子	59	女	民主	前	220,704
	神田 香織	46	女	無所属	新	113,284
	三保 恵一	52	男	無所属	新	95,122
	川田 昌成	57	男	自由	新	70,499
	新美 正代	55	女	共産	新	59,748
	鈴木 隆夫	60	男	自連	新	17,555
	熊谷 義弘	35	男	諸派	新	3,733

第20回参議院議員選挙
平成16年(2004年)7月11日実施
【福島県選挙区】定数2
当	佐藤 雄平	56	男	民主	現	445,560
当	岩城 光英	54	男	自民	現	406,793
	阿部裕美子	57	女	共産	新	128,300

《補選》第20回参議院議員選挙
平成19年(2007年)4月22日実施
※佐藤雄平の辞職(知事選立候補)による
【福島県選挙区】被選挙数1
当	増子 輝彦	59	男	民主	新	541,236
	山口 勇	69	男	自民	新	303,782
	宮本 しづえ	54	女	共産	新	85,994

第21回参議院議員選挙
平成19年(2007年)7月29日実施
【福島県選挙区】定数2
当	金子 恵美	42	女	民主	新	503,423
当	森 雅子	42	女	自民	新	372,857
	宮本 しづえ	55	女	共産	新	78,237

小川 右善	57	男	社民	新	54,466

第22回参議院議員選挙
平成22年(2010年) 7月11日実施

【福島県選挙区】定数2

当	増子 輝彦	62	男	民主	現	340,947
当	岩城 光英	60	男	自民	現	338,265
	岡部 光規	41	男	民主	新	155,262
	菅本 和雅	42	男	みんな	新	93,758
	岩渕 友	33	女	共産	新	64,209

第23回参議院議員選挙
平成25年(2013年) 7月21日実施

【福島県選挙区】定数1

当	森 雅子	48	女	自民	現	484,089

金子 恵美	48	女	民主	現	240,842
岩渕 友	36	女	共産	新	77,401
遠藤 陽子	63	女	社民	新	35,801
酒井 秀光	45	男	諸派	新	9,860
杉内 一成	80	男	諸派	新	7,425

第24回参議院議員選挙
平成28年(2016年) 7月10日実施

【福島県選挙区】定数1

当	増子 輝彦	68	男	民進	現	462,852
	岩城 光英	66	男	自民	現	432,982
	矢内 筆勝	54	男	諸派	新	20,653

選挙区・茨城県

第1回参議院議員選挙
昭和22年(1947年) 4月20日実施

【茨城県選挙区】定数4

当	結城 安次	64	男	無所属		103,310
当	柴田 政次	66	男	自由		92,713
当3	大畠農夫雄	49	男	社会		64,081
当3	池田 恒雄	38	男	無所属		43,578
	大貫 義隆	43	男	無所属		40,135
	辻 正義	44	男	無所属		39,591
	宮本 三木	42	男	社会		28,283
	沼田 秀郷	43	男	共産		24,436
	繁住 菊雄	54	男	無所属		15,974
	桑島 寿雄	68	男	自由		15,683

※「当3」は任期3年の意味

《補選》第1回参議院議員選挙
昭和25年(1950年)11月3日実施
※柴田政次の死去による

【茨城県選挙区】被選挙数1

当	宮田 重文		自由	382,512
	宮代 徹		社会	196,486

第2回参議院議員選挙
昭和25年(1950年) 6月4日実施

【茨城県選挙区】定数2

当	郡 祐一	48	男	自由	新	181,069
当	菊田 七平	52	男	諸派	新	121,715
	秋元 正	53	男	自由	新	107,807
	大畠農夫雄	51	男	社会	前	96,410

池田 恒雄	41	男	労農	前	45,945
菊池 重作	52	男	共産	新	45,041

第3回参議院議員選挙
昭和28年(1953年) 4月24日実施

【茨城県選挙区】定数2

当	宮田 重文	55	男	自由吉	現	112,603
当	武藤 常介	63	男	改進	新	110,652
	志村 国作	60	男	無所属	新	106,668
	結城 安次	68	男	緑風	現	92,866
	狭間 茂	60	男	自由吉	新	87,598
	池田 恒雄	44	男	労農	元	76,418
	大畠農夫雄	54	男	右社	元	52,435
	矢吹 省吾	41	男	無所属	新	24,691

第4回参議院議員選挙
昭和31年(1956年) 7月8日実施

【茨城県選挙区】定数2

当	森 元治郎	49	男	社会	新	179,409
当	郡 祐一	54	男	自民	前	155,658
	徳川 宗敬	59	男	緑風	元	151,842
	志村 国作	64	男	自民	新	124,995

第5回参議院議員選挙
昭和34年(1959年) 6月2日実施

【茨城県選挙区】定数2

当	大森 創造	41	男	社会	新	167,836
当	武藤 常介	69	男	自民	前	165,842
	徳川 宗敬	62	男	緑風	元	139,172

宮田	重文	61	男	自民	前	91,717
後藤	武男	65	男	無所属	新	69,961
石上	長寿	57	男	共産	新	19,353

《補選》第5回参議院議員選挙

昭和38年(1963年)9月18日実施
※武藤常介の死去による

【茨城県選挙区】被選挙数1

当	鈴木	一司	66	男	自民	新	214,653
	川村	衛	61	男	無所属	新	160,613
	高儀	満威	39	男	社会	新	109,882
	大塚	正	36	男	共産	新	18,015
	藤木	平次	39	男	諸派	新	1,108

第6回参議院議員選挙

昭和37年(1962年)7月1日実施

【茨城県選挙区】定数2

当	郡	祐一	60	男	自民	現	309,212
当	森	元治郎	55	男	社会	現	241,253
	三村	勇	49	男	自民	新	152,240
	石上	長寿	60	男	共産	新	24,723
	深作清次郎		51	男	無所属	新	5,644

第7回参議院議員選挙

昭和40年(1965年)7月4日実施

【茨城県選挙区】定数1

当	中村喜四郎		54	男	自民	新	288,839
	大森	創造	47	男	社会	前	238,675
	鈴木	一司	68	男	自民	前	200,356
	沼田	秀郷	59	男	共産	新	22,311

第8回参議院議員選挙

昭和43年(1968年)7月7日実施

【茨城県選挙区】定数2

当	郡	祐一	66	男	自民	現	404,669
当	森	元治郎	61	男	社会	現	239,602
	宍戸	寛	58	男	民社	新	63,769
	大塚	正	41	男	共産	新	55,350

第9回参議院議員選挙

昭和46年(1971年)6月27日実施

【茨城県選挙区】定数2

当	中村喜四郎		60	男	自民	現	283,765
当	竹内	藤男	53	男	自民	新	238,579
	矢田部	理	39	男	社会	新	223,343
	大塚	正	44	男	共産	新	49,416

《補選》第9回参議院議員選挙

昭和47年(1972年)2月6日実施
※中村喜四郎の死去による

【茨城県選挙区】被選挙数1

当	中村	登美	55	女	諸派	新	293,584
	矢田部	理	39	男	社会	新	221,104
	山口	武平	50	男	自民	新	125,570
	石井	健二	44	男	共産	新	18,308

《補選》第9回参議院議員選挙

昭和50年(1975年)4月27日実施
※竹内藤男の辞職(知事選立候補)による

【茨城県選挙区】被選挙数1

当	郡	祐一	73	男	自民	元	567,927
	高杉	廸忠	49	男	社会	新	235,769
	富沢	久雄	46	男	共産	新	69,874

第10回参議院議員選挙

昭和49年(1974年)7月7日実施

【茨城県選挙区】定数2

当	矢田部	理	42	男	社会	新	339,009
当	岩上	妙子	56	女	諸派	新	294,205
	郡	祐一	72	男	自民	現	274,641
	二見	伸明	39	男	公明	新	131,746
	海野	幹雄	42	男	共産	新	62,609

《補選》第10回参議院議員選挙

昭和53年(1978年)2月5日実施
※岩上妙子の辞職による

【茨城県選挙区】被選挙数1

当	岩上	二郎	64	男	自民	新	339,973
	石川	達男	54	男	新自ク	新	127,110
	海野	幹雄	46	男	共産	新	48,786
	高田	巌	47	男	無所属	新	5,610
(高田	がん)						

第11回参議院議員選挙

昭和52年(1977年)7月10日実施

【茨城県選挙区】定数2

当	郡	祐一	75	男	自民	前	336,265
当	高杉	廸忠	51	男	社会	新	295,587
	三村	勲	53	男	自民	新	264,204
	海野	幹雄	45	男	共産	新	59,951
	石川	次郎	36	男	無所属	新	38,423

第12回参議院議員選挙
昭和55年(1980年) 6月22日実施
【茨城県選挙区】定数2
当	岩上	二郎	66	男	自民	現	497,628
当	矢田部	理	48	男	社会	現	353,113
	曽根田	郁夫	55	男	自民	新	307,575
	山田	節夫	32	男	共産	新	70,123

第13回参議院議員選挙
昭和58年(1983年) 6月26日実施
【茨城県選挙区】定数2
当	曽根田	郁夫	58	男	自民	新	303,556
当	高杉	廸忠	57	男	社会	現	273,868
	郡	祐一	81	男	自民	現	258,102
	山田	節夫	35	男	共産	新	67,216

第14回参議院議員選挙
昭和61年(1986年) 7月6日実施
【茨城県選挙区】定数2
当	岩上	二郎	72	男	自民	現	439,197
当	矢田部	理	54	男	社会	現	400,512
	狩野	明男	51	男	自民	新	397,486
	山田	節夫	38	男	共産	新	71,836

《補選》第14回参議院議員選挙
平成元年(1989年)10月1日実施
※岩上二郎の死去による
【茨城県選挙区】被選挙数1
当	野村	五男	47	男	自民	新	467,643
	細金	志づ江	63	女	社会	新	394,123
	山田	節夫	41	男	共産	新	52,642

第15回参議院議員選挙
平成元年(1989年) 7月23日実施
【茨城県選挙区】定数2
当	種田	誠	43	男	社会	新	538,162
当	狩野	明男	54	男	自民	新	334,770
	曽根田	郁夫	64	男	自民	前	256,226
	山田	節夫	41	男	共産	新	74,109

《補選》第15回参議院議員選挙
平成4年(1992年) 4月12日実施
※狩野明男の死去による
【茨城県選挙区】被選挙数1
当	狩野	安	57	女	自民	新	357,265
	奈良	達雄	59	男	共産	新	104,358

第16回参議院議員選挙
平成4年(1992年) 7月26日実施
【茨城県選挙区】定数2
当	野村	五男	50	男	自民	前	378,201
当	矢田部	理	60	男	社会	前	279,768
	奈良	達雄	60	男	共産	新	71,470

第17回参議院議員選挙
平成7年(1995年) 7月23日実施
【茨城県選挙区】定数2
当	狩野	安	60	女	自民	前	304,497
当	小林	元	62	男	新進	新	232,396
	種田	誠	49	男	社会	前	189,426
	田谷	武夫	43	男	共産	新	48,228
	吉岡	万理子	41	女	諸派	新	23,194
	郡司	納	49	男	無所属	新	6,256

第18回参議院議員選挙
平成10年(1998年) 7月12日実施
【茨城県選挙区】定数2
当	郡司	彰	48	男	民主	新	310,002
当	久野	恒一	61	男	自民	新	256,948
	野村	五男	56	男	自民	現	212,912
	小島	修	36	男	共産	新	112,568
	武藤	博光	36	男	自由	新	77,762
	吉岡	万理子	44	女	諸派	新	62,220
	杉森	弘之	46	男	新社会	新	37,452
	郡司	孝夫	52	男	諸派	新	29,677
	片庭	正雄	49	男	諸派	新	11,170

《補選》第18回参議院議員選挙
平成15年(2003年) 4月27日実施
※久野恒一の死去による
【茨城県選挙区】被選挙数1
当	岡田	広	56	男	自民	新	717,140
	小島	修	40	男	共産	新	172,455

第19回参議院議員選挙
平成13年(2001年) 7月29日実施
【茨城県選挙区】定数2
当	狩野	安	66	女	自民	前	543,320
当	小林	元	68	男	民主	前	256,908
	加藤	真砂子	52	女	自由	新	114,994
	小松	豊正	53	男	共産	新	67,342
	吉岡	万理子	47	女	諸派	新	62,822
	武藤	博光	39	男	自連	新	31,181
	杉森	弘之	49	男	諸派	新	26,308

第20回参議院議員選挙
平成16年(2004年) 7月11日実施

【茨城県選挙区】定数2

当	岡田　　広	57	男	自民	現	583,471
当	郡司　　彰	54	男	民主	現	477,948
	田谷　武夫	52	男	共産	新	94,837

第21回参議院議員選挙
平成19年(2007年) 7月29日実施

【茨城県選挙区】定数2

当	藤田　幸久	57	男	民主	新	540,174
当	長谷川大紋	64	男	自民	新	427,297
	石津　政雄	60	男	無所属	新	114,358
	田谷　武夫	55	男	共産	新	86,288
	工藤　敏隆	46	男	国民	新	52,621
	武藤　博光	45	男	諸派	新	23,845

第22回参議院議員選挙
平成22年(2010年) 7月11日実施

【茨城県選挙区】定数2

当	岡田　　広	63	男	自民	現	499,566
当	郡司　　彰	60	男	民主	現	307,022
	長塚　智広	31	男	民主	新	204,753

	大川　成典	46	男	みんな	新	151,375
	吉田　里江	44	女	日本	新	65,913
	稲葉　修敏	48	男	共産	新	50,136
	中村　幸樹	46	男	幸福	新	11,664

第23回参議院議員選挙
平成25年(2013年) 7月21日実施

【茨城県選挙区】定数2

当	上月　良祐	50	男	自民	新	560,642
当	藤田　幸久	63	男	民主	現	204,021
	石原　順子	52	女	みんな	新	153,403
	石井　　章	56	男	維新	新	127,823
	小林　恭子	62	女	共産	新	97,197
	中村　幸樹	49	男	諸派	新	14,586

第24回参議院議員選挙
平成28年(2016年) 7月10日実施

【茨城県選挙区】定数2

当	岡田　　広	69	男	自民	現	609,636
当	郡司　　彰	66	男	民進	現	306,050
	小林　恭子	65	女	共産	新	113,833
	武藤　優子	51	女	維新	新	86,866
	石原　順子	55	女	無所属	新	78,655
	中村　幸樹	52	男	諸派	新	16,282

選挙区・栃木県

第1回参議院議員選挙
昭和22年(1947年) 4月20日実施

【栃木県選挙区】定数4

当	大島　定吉	62	男	民主		83,970
当	岩崎正三郎	47	男	社会		81,616
当3	殿岡　利助	65	男	民主		77,221
当3	植竹　春彦	50	男	無所属		64,619
	岡田喜久治	59	男	民主		58,149
	富山　　叶	57	男	自由		30,902
	雨谷　義俊	51	男	社会		25,019
	加藤　要作	44	男	自由		20,902

※「当3」は任期3年の意味

《補選》第1回参議院議員選挙
昭和22年(1947年) 8月15日実施
※殿岡利助の辞職による

【栃木県選挙区】被選挙数1

当	岡田喜久治		民主	126,805
	雨谷　義俊		社会	37,676
	新里　宝三		自由	21,592
	宮下　重寿		共産	10,825

第2回参議院議員選挙
昭和25年(1950年) 6月4日実施

【栃木県選挙区】定数2

当	相馬　助治	39	男	社会	新	149,702
当	植竹　春彦	52	男	自由	前	108,460
	高際　徳治	58	男	自由	新	70,653
	国井　淳一	47	男	諸派	前	57,470
	石渡　悦郎	47	男	無所属	新	41,828
	大橋　キミ	45	女	無所属	新	38,692
	浜野　　清	36	男	共産	新	30,621

第3回参議院議員選挙
昭和28年(1953年) 4月24日実施

【栃木県選挙区】定数2

当	戸叶　　武	50	男	右社	新	132,554
当	佐藤清一郎	60	男	自由吉	新	111,320
	船田　享二	55	男	無所属	新	98,604
	大島　定吉	65	男	自由吉	現	85,584
	岩崎正三郎	52	男	無所属	現	65,496
	岡田喜久治	63	男	改進	元	34,109
	篠崎松太郎	45	男	無所属	新	3,046

第4回参議院議員選挙
昭和31年(1956年)7月8日実施

【栃木県選挙区】定数2

	相馬 助治	45	男	社会	前	205,299
当						
当	植竹 春彦	58	男	自民	前	174,231
	湯沢三千男	68	男	自民	新	143,045

第5回参議院議員選挙
昭和34年(1959年)6月2日実施

【栃木県選挙区】定数2

	戸叶 武	56	男	社会	前	189,010
当						
当	湯沢三千男	71	男	自民	新	187,830
	佐藤清一郎	66	男	自民	前	117,737
	中島 彪三	49	男	共産	新	7,055

《補選》第5回参議院議員選挙
昭和38年(1963年)4月6日実施
※湯沢三千男の死去による

【栃木県選挙区】被選挙数1

当	坪山 徳弥	72	男	自民	新	252,047
	萩原 武	51	男	社会	新	142,630

第6回参議院議員選挙
昭和37年(1962年)7月1日実施

【栃木県選挙区】定数2

当	植竹 春彦	64	男	自民	現	265,503
当	稲葉 誠一	44	男	社会	新	176,983
	相馬 助治	51	男	民社	現	124,494
	兵藤 忠一	38	男	共産	新	9,506

第7回参議院議員選挙
昭和40年(1965年)7月4日実施

【栃木県選挙区】定数2

当	船田 譲	42	男	自民	新	169,018
当	田村 賢作	61	男	自民	新	135,318
	戸叶 武	62	男	社会	前	119,552
	萩原 武	53	男	社会	新	107,384
	相馬 助治	54	男	民社	元	73,806
	兵藤 忠一	41	男	共産	新	9,170

第8回参議院議員選挙
昭和43年(1968年)7月7日実施

【栃木県選挙区】定数2

当	植竹 春彦	70	男	自民	現	198,763
当	矢野 登	64	男	自民	新	173,096
	戸叶 武	65	男	無所属	元	155,013
	稲葉 誠一	50	男	社会	現	139,831
	兵藤 忠一	44	男	共産	新	14,541

第9回参議院議員選挙
昭和46年(1971年)6月27日実施

【栃木県選挙区】定数2

当	戸叶 武	68	男	社会	元	271,410
当	船田 譲	48	男	自民	現	179,179
	田村 賢作	66	男	自民	現	168,218
	兵藤 忠一	47	男	共産	新	25,188

《補選》第9回参議院議員選挙
昭和49年(1974年)12月8日実施
※船田譲の辞職(知事選立候補)による

【栃木県選挙区】被選挙数1

当	矢野 登	71	男	自民	元	387,295
	三ツ屋政夫	51	男	社会	新	177,947
	大阿久照代	32	女	共産	新	37,965
	高田 巌 (高田 がん)	44	男	諸派	新	9,457

第10回参議院議員選挙
昭和49年(1974年)7月7日実施

【栃木県選挙区】定数2

当	大塚 喬	57	男	社会	新	213,362
当	大島 友治	57	男	無所属	新	182,363
	矢野 登	70	男	自民	現	165,642
	大野陽一郎	57	男	無所属	新	125,736
	水谷 弘	31	男	公明	新	66,895
	栃本 健	39	男	民社	新	55,255
	兵藤 忠一	50	男	共産	新	37,387

第11回参議院議員選挙
昭和52年(1977年)7月10日実施

【栃木県選挙区】定数2

当	岩崎 純三	53	男	自民	新	211,387
当	戸叶 武	74	男	社会	前	186,666
	矢野 登	73	男	自民	前	177,329
	栃本 健	42	男	民社	新	129,752
	植竹 繁雄	46	男	無所属	新	82,592
	岩崎 幸弘	40	男	共産	新	31,156

《補選》第11回参議院議員選挙
昭和58年(1983年)2月13日実施
※戸叶武の死去による

【栃木県選挙区】被選挙数1

当	上野 雄文	55	男	社会	新	194,151
	河上 幸一	49	男	自民	新	147,004
	蓮実 進	50	男	無所属	新	120,350

| | 小菅 | 昭三 | 56 | 男 | 共産 | 新 | 14,647 |

第12回参議院議員選挙
昭和55年(1980年) 6月22日実施

【栃木県選挙区】定数2

当	森山	真弓	52	女	自民	新	288,104
当	大島	友治	63	男	自民	現	250,769
	大塚	喬	63	男	社会	現	209,448
	佐藤	信	60	男	民社	新	82,118
	江口	義時	59	男	共産	新	27,235

第13回参議院議員選挙
昭和58年(1983年) 6月26日実施

【栃木県選挙区】定数2

当	上野	雄文	55	男	社会	現	226,629
当	岩崎	純三	59	男	自民	現	196,654
	蓮実	進	50	男	自民	新	187,284
	水本	務	48	男	民社	新	59,705
	小菅	昭三	56	男	共産	新	22,567

第14回参議院議員選挙
昭和61年(1986年) 7月6日実施

【栃木県選挙区】定数2

当	森山	真弓	58	女	自民	現	321,777
当	大島	友治	69	男	自民	現	293,511
	吉田	晴保	61	男	社会	新	254,671
	亀田	和東	42	男	共産	新	31,747

第15回参議院議員選挙
平成元年(1989年) 7月23日実施

【栃木県選挙区】定数2

当	上野	雄文	61	男	社会	前	368,846
当	岩崎	純三	65	男	自民	前	247,780
	西川	公也	46	男	自民	新	176,531
	亀田	和東	45	男	共産	新	34,838
	坂本	敵義	53	男	無所属	新	9,767

第16回参議院議員選挙
平成4年(1992年) 7月26日実施

【栃木県選挙区】定数2

当	森山	真弓	64	女	自民	前	278,191
当	矢野	哲朗	45	男	自民	新	231,182
	国井	正幸	44	男	連合	新	212,034
	野村	節子	39	女	共産	新	27,287
	坂本	敵義	56	男	無所属	新	7,874

《補選》第16回参議院議員選挙
平成8年(1996年)10月20日実施
※森山真弓の辞職(衆院選立候補)による

【栃木県選挙区】被選挙数1

当	上吉原	一天	53	男	自民	新	394,438
	小倉	康延	45	男	新進	新	261,586
	野村	節子	43	女	共産	新	137,279

第17回参議院議員選挙
平成7年(1995年) 7月23日実施

【栃木県選挙区】定数2

当	岩崎	純三	71	男	自民	前	247,006
当	国井	正幸	47	男	民改連	新	194,350
	野村	節子	42	女	共産	新	46,900
	芦沢喜美恵		51	女	諸派	新	26,487

第18回参議院議員選挙
平成10年(1998年) 7月12日実施

【栃木県選挙区】定数2

当	簗瀬	進	48	男	民主	新	333,834
当	矢野	哲朗	51	男	自民	現	208,105
	上吉原	一天	55	男	自民	現	160,308
	野村	節子	45	女	共産	新	69,813
	高橋	巌雄	59	男	社民	新	34,364
	稲葉	卓夫	48	男	無所属	新	16,297
	山田	市郎	55	男	諸派	新	13,959
	梅木	恒明	64	男	諸派	新	4,942

第19回参議院議員選挙
平成13年(2001年) 7月29日実施

【栃木県選挙区】定数2

当	国井	正幸	53	男	自民	前	316,104
当	谷	博之	58	男	民主	新	229,206
	増渕	賢一	55	男	無所属	新	199,247
	野村	節子	48	女	共産	新	45,133
	四本まゆみ		39	女	自連	新	17,803
	浅井	盛夫	57	男	諸派	新	10,874

第20回参議院議員選挙
平成16年(2004年) 7月11日実施

【栃木県選挙区】定数2

当	簗瀬	進	54	男	民主	現	388,356
当	矢野	哲朗	57	男	自民	現	332,513
	野村	節子	51	女	共産	新	69,044

第21回参議院議員選挙
平成19年(2007年) 7月29日実施

【栃木県選挙区】定数1

当	谷　博之	64	男	民主	前	484,900
	国井　正幸	59	男	自民	前	372,930
	小池　一徳	46	男	共産	新	42,335

第22回参議院議員選挙
平成22年(2010年) 7月11日実施

【栃木県選挙区】定数1

当	上野　通子	52	女	自民	新	324,790
	簗瀬　進	60	男	民主	現	319,898
	荒木　大樹	39	男	みんな	新	224,529
	小池　一徳	49	男	共産	新	28,617

第23回参議院議員選挙
平成25年(2013年) 7月21日実施

【栃木県選挙区】定数1

当	高橋　克法	55	男	自民	新	376,553
	沖　智美	32	女	みんな	新	201,895
	谷　博之	70	男	民主	現	158,577
	小池　一徳	52	男	共産	新	41,351
	杉浦　満春	45	男	諸派	新	4,371

第24回参議院議員選挙
平成28年(2016年) 7月10日実施

【栃木県選挙区】定数1

当	上野　通子	58	女	自民	現	484,300
	田野辺隆男	56	男	無所属	新	314,401
	三觜　明美	54	女	諸派	新	23,262

選挙区・群馬県

第1回参議院議員選挙
昭和22年(1947年) 4月20日実施

【群馬県選挙区】定数4

当	竹腰　徳蔵	57	男	民主		109,032
当	梅津　錦一	50	男	社会		93,033
当3	木桧三四郎	80	男	民主		71,688
当3	鈴木　順一	39	男	民主		69,337
	憶野　清雄	48	男	民主		66,573
	栗田　四郎	56	男	民主		22,783
	茂木　清吾	65	男	無所属		22,067
	松平銃之助	53	男	無所属		16,722
	除村吉太郎	51	男	共産		16,293
	林　与重	54	男	自由		15,198
	池生竹太郎	43	男	無所属		6,459
	荒木　時次	39	男	無所属		2,884

※「当3」は任期3年の意味

《補選》第1回参議院議員選挙
昭和22年(1947年) 8月15日実施
※竹腰徳蔵の公職追放による

【群馬県選挙区】被選挙数1

当	境野　清雄			民主		177,792
	野間　清三			社会		104,244
	除村吉太郎			共産		17,662

第2回参議院議員選挙
昭和25年(1950年) 6月4日実施

【群馬県選挙区】定数2

当	飯島連次郎	44	男	無所属	新	143,180
当	鈴木　強平	52	男	諸派	新	102,525
	茜ケ久保重光	44	男	社会	新	97,487
	最上　英子	48	女	諸派	新	96,874
	松浦真太郎	47	男	自由	新	57,684
	木桧三四郎	81	男	諸派	前	54,942
	鈴木　順一	41	男	諸派	前	48,220
	遠藤　可満	49	男	共産	新	39,965
	栗原悦太郎	48	男	労農	新	9,725

第3回参議院議員選挙
昭和28年(1953年) 4月24日実施

【群馬県選挙区】定数2

当	伊能　芳雄	55	男	自由吉	新	165,371
当	最上　英子	50	女	改進	新	135,649
	梅津　錦一	54	男	左社	現	98,284
	白田　一郎	52	男	無所属	新	95,597
	小島　軍造	51	男	無所属	新	60,059
	境野　清雄	53	男	無所属	現	42,045
	浦野　匡彦	42	男	緑風	新	40,375
	本庄　晶	35	男	共産	新	10,766

第4回参議院議員選挙
昭和31年(1956年) 7月8日実施

【群馬県選挙区】定数2

当	木暮武太夫	63	男	自民	新	316,867
当	伊藤　顕道	55	男	社会	新	190,794
	飯島連次郎	50	男	緑風	前	111,983
	本庄　晶	38	男	共産	新	22,648

第5回参議院議員選挙
昭和34年(1959年)6月2日実施

【群馬県選挙区】定数2

当	大和 与一	50	男	社会	前	152,182
当	最上 英子	56	女	自民	前	143,871
	伊能 芳雄	61	男	自民	前	137,973
	斎藤 順衛	59	男	無所属	新	129,431
	武藤 運十郎	57	男	諸派	新	62,447
	本庄 晶	41	男	共産	新	13,643

第6回参議院議員選挙
昭和37年(1962年)7月1日実施

【群馬県選挙区】定数2

当	木暮 武太夫	69	男	自民	現	319,019
当	伊藤 顕道	62	男	社会	現	188,920
	鈴木 強平	64	男	自民	元	95,464
	平山 林吉	48	男	民社	新	31,601
	本庄 晶	44	男	共産	新	25,096

《補選》第6回参議院議員選挙
昭和42年(1967年)8月20日実施
※木暮武太夫の死去による

【群馬県選挙区】被選挙数1

当	佐田 一郎	65	男	自民	新	291,042
	茜ケ久保重光	61	男	社会	新	193,756
	宮沢 忠夫	44	男	共産	新	26,481
	高田 巌 (高田 がん)	37	男	諸派	新	5,908

第7回参議院議員選挙
昭和40年(1965年)7月4日実施

【群馬県選挙区】定数2

当	大和 与一	56	男	社会	前	195,901
当	近藤 英一郎	52	男	自民	新	189,517
	武田 金処	57	男	無所属	新	143,366
	最上 英子	62	女	自民	前	121,819
	宮沢 忠夫	42	男	共産	新	23,107
	平山 林吉	51	男	無所属	新	16,738

第8回参議院議員選挙
昭和43年(1968年)7月7日実施

【群馬県選挙区】定数2

当	佐田 一郎	66	男	自民	現	306,309
当	丸茂 重貞	52	男	自民	現	253,450
	茜ケ久保重光	62	男	社会	新	242,230
	宮沢 忠夫	45	男	共産	新	30,037

第9回参議院議員選挙
昭和46年(1971年)6月27日実施

【群馬県選挙区】定数2

当	茜ケ久保重光	65	男	社会	新	261,083
当	高橋 邦雄	60	男	自民	新	203,113
	近藤 英一郎	58	男	自民	現	194,304
	佐藤 正二	58	男	共産	新	61,753
	福島 崇行	35	男	無所属	新	45,359

第10回参議院議員選挙
昭和49年(1974年)7月7日実施

【群馬県選挙区】定数2

当	栗原 俊夫	65	男	社会	新	299,386
当	最上 進	32	男	自民	新	252,333
	佐田 一郎	72	男	自民	現	240,354
	佐藤 正二	61	男	共産	新	79,105
	庭山 昌	34	男	公明	新	72,967

第11回参議院議員選挙
昭和52年(1977年)7月10日実施

【群馬県選挙区】定数2

当	山本 富雄	48	男	自民	新	482,753
当	茜ケ久保重光	71	男	社会	前	288,019
	佐藤 正二	64	男	共産	新	108,398

第12回参議院議員選挙
昭和55年(1980年)6月22日実施

【群馬県選挙区】定数2

当	福田 宏一	66	男	自民	新	456,665
当	山田 譲	55	男	社会	新	249,943
	最上 進	38	男	自民	現	241,171
	吉村 金之助	45	男	共産	新	47,829

第13回参議院議員選挙
昭和58年(1983年)6月26日実施

【群馬県選挙区】定数2

当	山本 富雄	54	男	自民	現	301,765
当	最上 進	41	男	自民	元	269,477
	角田 義一	46	男	社会	新	259,896
	吉村 金之助	48	男	共産	新	40,707

第14回参議院議員選挙
昭和61年(1986年)7月6日実施

【群馬県選挙区】定数2

当	中曽根 弘文	40	男	自民	新	364,103
当	福田 宏一	72	男	自民	現	354,964
	角田 義一	49	男	社会	新	302,159

| 吉村金之助 | 51 | 男 | 共産 | 新 | 37,065 |

第15回参議院議員選挙
平成元年(1989年) 7月23日実施

【群馬県選挙区】定数2
当	角田 義一	52	男	社会	新	442,897
当	山本 富雄	60	男	自民	前	240,152
	最上 進	48	男	自民	前	130,281
	駒井 実	48	男	無所属	新	124,582
	小野寺慶吾	56	男	共産	新	40,747
	上村 勝男	44	男	無所属	新	3,797
	梅沢 道喜	43	男	諸派	新	3,047

第16回参議院議員選挙
平成4年(1992年) 7月26日実施

【群馬県選挙区】定数2
当	中曽根弘文	46	男	自民	前	281,834
当	上野 公成	53	男	自民	新	275,793
	アカネ淑郎	50	男	連合	新	208,089
	小野寺慶吾	59	男	共産	新	46,266

第17回参議院議員選挙
平成7年(1995年) 7月23日実施

【群馬県選挙区】定数2
当	山本 一太	37	男	自民	新	348,439
当	角田 義一	58	男	社会	前	214,713
	阿部 一郎	41	男	新進	新	183,323
	有馬 良一	45	男	共産	新	41,236

第18回参議院議員選挙
平成10年(1998年) 7月12日実施

【群馬県選挙区】定数2
当	中曽根弘文	52	男	自民	現	303,032
当	上野 公成	58	男	自民	現	228,588
	山崎 晴世	55	女	無所属	新	173,672
	有馬 良一	48	男	共産	新	136,957
	木谷ユリカ	34	女	諸派	新	56,595

第19回参議院議員選挙
平成13年(2001年) 7月29日実施

【群馬県選挙区】定数2
当	山本 一太	43	男	自民	前	362,947
当	角田 義一	64	男	民主	前	250,203
	吉川真由美	36	女	自民	新	222,191
	小笠原真明	52	男	共産	新	45,647
	土屋 春世	60	女	自連	新	18,467

第20回参議院議員選挙
平成16年(2004年) 7月11日実施

【群馬県選挙区】定数2
当	富岡由紀夫	40	男	民主	新	314,996
当	中曽根弘文	58	男	自民	現	276,229
	上野 公成	64	男	自民	現	268,043
	小笠原真明	55	男	共産	新	53,215

第21回参議院議員選挙
平成19年(2007年) 7月29日実施

【群馬県選挙区】定数1
当	山本 一太	49	男	自民	前	530,114
	福田 晃治	42	男	国民	新	230,663
	酒井 宏明	41	男	共産	新	94,713

第22回参議院議員選挙
平成22年(2010年) 7月11日実施

【群馬県選挙区】定数1
当	中曽根弘文	64	男	自民	現	558,659
	富岡由紀夫	46	男	民主	現	287,934
	店橋世津子	48	女	共産	新	75,792

第23回参議院議員選挙
平成25年(2013年) 7月21日実施

【群馬県選挙区】定数1
当	山本 一太	55	男	自民	現	580,144
	加賀谷富士子	35	女	民主	新	123,725
	店橋世津子	51	女	共産	新	91,905
	安永 陽	65	男	諸派	新	11,200

第24回参議院議員選挙
平成28年(2016年) 7月10日実施

【群馬県選挙区】定数1
当	中曽根弘文	70	男	自民	現	527,371
	堀越 啓仁	36	男	民進	新	248,615
	安永 陽	68	男	諸派	新	23,550

選挙区・埼玉県

第1回参議院議員選挙
昭和22年(1947年) 4月20日実施

【埼玉県選挙区】定数4
当	小林	英三	56	男	自由	172,232
当	平沼弥太郎	56	男	自由	147,784
当3	天田	勝正	41	男	社会	139,946
当3	石川	一衞	61	男	民主	97,564
	佐藤ゑい子	48	女	無所属	41,149
	杉原	圭三	47	男	共産	27,186

※「当3」は任期3年の意味

第2回参議院議員選挙
昭和25年(1950年) 6月4日実施

【埼玉県選挙区】定数2
当	松永	義雄	58	男	社会	新	250,646
当	上原	正吉	52	男	自由	新	224,385
	松崎	朝治	46	男	自由	新	186,515
	小川八千代	34	女	諸派	新	52,317
	牛窪	宗吉	43	男	共産	新	48,691

《補選》第2回参議院議員選挙
昭和30年(1955年) 6月5日実施
※松永義雄の死去による

【埼玉県選挙区】被選挙数1
当	遠藤	柳作	69	男	無所属	新	136,105
	原	虎一	57	男	右社	元	133,823
	武正総一郎	43	男	無所属	新	67,355

第3回参議院議員選挙
昭和28年(1953年) 4月24日実施

【埼玉県選挙区】定数2
当	小林	英三	60	男	自由吉	現	256,818
当	天田	勝正	47	男	右社	元	256,571
	伊藤長三郎	47	男	自由吉	新	196,828
	古末	憲一	45	男	共産	新	20,191

第4回参議院議員選挙
昭和31年(1956年) 7月8日実施

【埼玉県選挙区】定数2
当	大沢	雄一	53	男	自民	新	317,181
当	上原	正吉	58	男	自民	前	221,602
	吉野	佐次	51	男	社会	新	213,888
	木村豊太郎	42	男	共産	新	19,858

《補選》第4回参議院議員選挙
昭和35年(1960年)11月20日実施
※大沢雄一の辞職(衆院選立候補)による

【埼玉県選挙区】被選挙数1
当	大泉	寛三	66	男	自民	新	544,684
	瀬谷	英行	41	男	社会	新	358,437

第5回参議院議員選挙
昭和34年(1959年) 6月2日実施

【埼玉県選挙区】定数2
当	小林	英三	66	男	自民	前	263,753
当	天田	勝正	53	男	社会	前	245,944
	高橋庄次郎	46	男	自民	新	182,522
	木村豊太郎	45	男	共産	新	26,292

第6回参議院議員選挙
昭和37年(1962年) 7月1日実施

【埼玉県選挙区】定数2
当	上原	正吉	64	男	自民	現	371,953
当	瀬谷	英行	43	男	社会	新	250,789
	大泉	寛三	67	男	自民	現	218,686
	北岡	巌	56	男	民社	新	51,139
	古末	憲一	54	男	共産	新	29,369
	更科	要治	58	男	無所属	新	6,960

第7回参議院議員選挙
昭和40年(1965年) 7月4日実施

【埼玉県選挙区】定数2
当	森	勝治	49	男	社会	新	331,709
当	土屋	義彦	39	男	自民	新	298,592
	小林	英三	72	男	自民	前	292,254
	瀬川	源助	64	男	民社	新	59,407
	渡辺	貢	37	男	共産	新	47,472

第8回参議院議員選挙
昭和43年(1968年) 7月7日実施

【埼玉県選挙区】定数2
当	上原	正吉	70	男	自民	現	670,945
当	瀬谷	英行	49	男	社会	現	402,774
	渡辺	貢	40	男	共産	新	120,581

第 9 回参議院議員選挙
昭和46年（1971年）6月27日実施

【埼玉県選挙区】定数 2

当	土屋	義彦	45	男	自民 現	553,308
当	森	勝治	55	男	社会 現	488,462
	飯塚	博之	41	男	共産 新	206,095

第10回参議院議員選挙
昭和49年（1974年）7月7日実施

【埼玉県選挙区】定数 2

当	瀬谷	英行	55	男	社会 現	566,655
当	上原	正吉	76	男	自民 現	549,776
	飯塚	博之	44	男	共産 新	326,542
	大成	正雄	52	男	自民 新	309,983
	和田	清志	39	男	公明 新	274,167
	高木	要治	70	男	無所属 新	22,028

第11回参議院議員選挙
昭和52年（1977年）7月10日実施

【埼玉県選挙区】定数 2

当	土屋	義彦	51	男	自民 前	659,169
当	森田	重郎	55	男	新自ク 新	417,571
	清水	徳松	54	男	社会 新	377,863
	吉川	春子	36	女	共産 新	334,328
	西田	英郎	38	男	社市連 新	187,138
	大島	知	49	女	革自連 新	45,690

第12回参議院議員選挙
昭和55年（1980年）6月22日実施

【埼玉県選挙区】定数 2

当	名尾	良孝	63	男	自民 新	827,661
当	瀬谷	英行	61	男	社会 現	604,635
	土岐	雄三	73	男	無所属 新	425,769
	矢島	恒夫	48	男	共産 新	340,356
	牧	雅人	32	男	諸派 新	27,184

第13回参議院議員選挙
昭和58年（1983年）6月26日実施

【埼玉県選挙区】定数 2

当	土屋	義彦	57	男	自民 現	605,516
当	森田	重郎	61	男	自ク連 現	563,811
	只松	祐治	62	男	社会 新	375,471
	藤野	泰弘	41	男	共産 新	214,657
	鈴木	厚利	45	男	諸派 新	47,572
	石川	八郎	50	男	諸派 新	18,233

第14回参議院議員選挙
昭和61年（1986年）7月6日実施

【埼玉県選挙区】定数 2

当	瀬谷	英行	67	男	社会 現	698,600
当	名尾	良孝	69	男	自民 現	563,504
	清水	堅次郎	64	男	自民 新	546,807
	藤野	泰弘	44	男	共産 新	299,426
	二宮	咲子	59	女	諸派 新	81,408
	石井	正弘	51	男	諸派 新	63,248
	渡辺	宜信	38	男	諸派 新	46,877
	宮部	寛	38	男	諸派 新	33,897
	相原	徳寿	43	男	諸派 新	21,624

《補選》第14回参議院議員選挙
平成 3 年（1991年）6月16日実施
※名尾良孝の死去による

【埼玉県選挙区】被選挙数 1

当	関根	則之	61	男	自民 新	532,175
	阿部	幸代	42	女	共産 新	267,289
	志良以	栄	54	男	諸派 新	14,947

第15回参議院議員選挙
平成元年（1989年）7月23日実施

【埼玉県選挙区】定数 2

当	深田	肇	57	男	社会 新	970,229
当	土屋	義彦	63	男	無所属 前	627,275
	福島	茂夫	71	男	無所属 元	298,829
	藤野	泰弘	47	男	共産 新	248,002
	佐分利	一昭	55	男	民社 新	223,233
	品川	喜代子	32	女	諸派 新	42,858
	田中	裕子	31	女	諸派 新	42,748
	石井	正弘	55	男	諸派 新	19,632
	下田	文朗	53	男	諸派 新	13,900
	鈴木	孟	56	男	諸派 新	10,637
	友野	昭男	45	男	諸派 新	2,794
	武士	和弘	42	男	諸派 新	2,292

第16回参議院議員選挙
平成 4 年（1992年）7月26日実施

【埼玉県選挙区】定数 3

当	関根	則之	62	男	自民 前	496,162
当	瀬谷	英行	73	男	社会 前	420,722
当	佐藤	泰三	68	男	自民 新	369,523
	阿部	幸代	43	女	共産 新	296,741
	石井	正弘	58	男	諸派 新	26,894
	柿沢日出夫		40	男	諸派 新	20,789
	星野	敏子	30	女	諸派 新	13,674
	吉田	則義	33	男	諸派 新	12,468
	大沢	孝志	59	男	諸派 新	8,887

岩渕	久美	33	女 諸派 新	8,747

第17回参議院議員選挙
平成7年(1995年) 7月23日実施

【埼玉県選挙区】定数3

当	高野	博師	48	男	新進 新	715,527
当	佐藤	泰三	71	男	自民 前	401,053
当	阿部	幸代	46	女	共産 新	302,184
	深田	肇	63	男	社会 前	257,681
	島田	洋七	45	男	無所属 新	109,059
	天川由記子		36	女	さき 新	94,680
	奥貫東至子		50	女	諸派 新	18,484
	床田	和隆	38	男	諸派 新	13,303
	石井	正弘	61	男	諸派 新	10,028
	桜井	宏之	32	男	諸派 新	7,077

第18回参議院議員選挙
平成10年(1998年) 7月12日実施

【埼玉県選挙区】定数3

当	浜田卓二郎		56	男	無所属 新	637,041
当	富樫	練三	55	男	共産 新	561,528
当	藤井	俊男	55	男	民主 新	535,660
	関根	則之	68	男	自民 現	402,849
	栗原	稔	56	男	自民 新	338,066
	日森	文尋	49	男	社民 新	151,363
	八名見江子		39	女	諸派 新	89,480
	細川	正	53	男	新社会 新	44,924
	山田	一繁	40	男	諸派 新	31,606
	山口	節生	48	男	無所属 新	20,397
	今沢	雅一	48	男	諸派 新	6,422

《補選》第18回参議院議員選挙
平成15年(2003年)10月26日実施
※浜田卓二郎の退職(知事選立候補)による

【埼玉県選挙区】被選挙数1

当	関口	昌一	50	男	自民 新	648,319
	島田智哉子		41	女	民主 新	635,332
	阿部	幸代	55	女	共産 前	232,850

第19回参議院議員選挙
平成13年(2001年) 7月29日実施

【埼玉県選挙区】定数3

当	佐藤	泰三	77	男	自民 前	704,496
当	高野	博師	54	男	公明 前	562,370
当	山根	隆治	53	男	民主 新	419,181
	阿部	幸代	53	女	共産 前	376,501
	小宮山泰子		36	女	自由 新	345,810
	早川	忠孝	55	男	無所属 新	126,000
	天辰	武夫	56	男	社民 新	108,237

	林	寛子	41	女	自連 新	66,676
	小川	卓也	56	男	無所属 新	24,853
	加藤	盛雄	60	男	無所属 新	19,568
	山口	節生	51	男	無所属 新	14,072
	村田	文一	49	男	諸派 新	12,144
	今沢	雅一	52	男	諸派 新	5,170

第20回参議院議員選挙
平成16年(2004年) 7月11日実施

【埼玉県選挙区】定数3

当	島田智哉子		41	女	民主 新	824,127
当	関口	昌一	51	男	自民 現	718,689
当	西田	実仁	41	男	公明 新	539,417
	弓削	勇人	30	男	民主 新	372,175
	阿部	幸代	55	女	共産 元	345,168
	日森	文尋	55	男	社民 新	99,731

第21回参議院議員選挙
平成19年(2007年) 7月29日実施

【埼玉県選挙区】定数3

当	行田	邦子	41	女	民主 新	745,517
当	古川	俊治	44	男	自民 新	684,270
当	山根	隆治	59	男	民主 前	665,063
	高野	博師	60	男	公明 前	623,723
	綾部	澄子	48	女	共産 新	277,440
	松沢	悦子	59	女	社民 新	104,403
	沢田	哲夫	43	男	国民 新	72,756

第22回参議院議員選挙
平成22年(2010年) 7月11日実施

【埼玉県選挙区】定数3

当	関口	昌一	57	男	自民 現	655,028
当	西田	実仁	47	男	公明 現	594,678
当	大野	元裕	46	男	民主 新	557,398
	島田智哉子		47	女	民主 現	544,381
	小林	司	39	男	みんな 新	416,663
	伊藤	岳	50	男	共産 新	207,957
	中川	幸司	30	男	改革 新	84,897
	日森	文尋	61	男	社民 新	72,185
	長谷川幸世		30	男	無所属 新	37,731
	院田	浩利	43	男	幸福 新	9,536

第23回参議院議員選挙
平成25年(2013年) 7月21日実施

【埼玉県選挙区】定数3

当	古川	俊治	50	男	自民 現	1,000,725
当	矢倉	克夫	38	男	公明 新	599,755
当	行田	邦子	47	女	みんな 現	485,559
	山根	隆治	65	男	民主 現	389,625

	伊藤	岳	53	男	共産	新	353,594
	川上	康正	48	男	社民	新	65,749
	谷井	美穂	50	女	諸派	新	22,345
	宮永	照彦	56	男	諸派	新	21,358

第24回参議院議員選挙
平成28年（2016年）7月10日実施

【埼玉県選挙区】定数3

	関口	昌一	63	男	自民	現	898,827

当	大野	元裕	52	男	民進	現	676,828
当	西田	実仁	53	男	公明	現	642,597
	伊藤	岳	56	男	共産	新	486,778
	沢田	良	36	男	維新	新	228,472
	佐々木知子		47	女	こころ	新	118,030
	小島	一郎	45	男	諸派	新	27,283

選挙区・千葉県

第1回参議院議員選挙
昭和22年（1947年）4月20日実施

【千葉県選挙区】定数4

当	小野	哲	48	男	無所属		144,967
当	山崎	恒	47	男	無所属		85,134
当3	玉屋	喜章	69	男	自由		53,840
当3	浅井	一郎	65	男	民主		51,722
	安田	直一	76	男	無所属		44,154
	佐山	直	52	男	社会		42,971
	山本源次郎		52	男	社会		27,868
	伊橋甲子男		49	男	自由		23,420
	金親	清	41	男	共産		14,382
	佐藤	公彦	41	男	民主		3,626

※「当3」は任期3年の意味

第2回参議院議員選挙
昭和25年（1950年）6月4日実施

【千葉県選挙区】定数2

当	土屋	俊三	67	男	自由	新	152,408
当	加納	金助	66	男	自由	新	149,621
	片岡	文重	44	男	社会	新	118,141
	石井	壹郎	48	男	無所属	新	113,418
	近藤	光正	52	男	諸派	新	46,599
	鈴木	隆	68	男	緑風	新	42,340
	斎藤	貞次	45	男	無所属	新	33,740

《補選》第2回参議院議員選挙
昭和25年（1950年）12月13日実施
※土屋俊三の死去による

【千葉県選挙区】被選挙数1

当	片岡	文重			社会		364,415
	林	英一郎			自由		356,110

《補選》第2回参議院議員選挙
昭和29年（1954年）1月20日実施
※加納金助の死去による

【千葉県選挙区】被選挙数1

当	伊能繁次郎		52	男	自由	新	192,377
	加藤	閲男	53	男	社会	新	132,471
	加納	久朗	67	男	無所属	新	125,865
	小松	七郎	47	男	共産	新	24,108

第3回参議院議員選挙
昭和28年（1953年）4月24日実施

【千葉県選挙区】定数2

当	川口為之助		71	男	自由吉	新	267,051
当	加瀬	完	43	男	無所属	新	161,814
	太田	健吉	54	男	自由鳩	新	104,255
	高橋	統間	66	男	改進	新	76,681
	小松	七郎	46	男	共産	新	辞退

第4回参議院議員選挙
昭和31年（1956年）7月8日実施

【千葉県選挙区】定数2

当	片岡	文重	50	男	社会	前	208,189
当	伊能繁次郎		55	男	自民	前	204,450
	能勢	剛	59	男	自民	新	186,535
	小松	七郎	50	男	共産	新	33,706

《補選》第4回参議院議員選挙
昭和35年（1960年）12月1日実施
※伊能繁次郎の辞職（衆院選立候補）による

【千葉県選挙区】被選挙数1

当	木島	義夫	72	男	自民	新	285,092
	羽仁	説子	57	女	無所属	新	197,421
	小松	七郎	54	男	共産	新	27,465
	肥後	亨	34	男	無所属	新	6,964

第5回参議院議員選挙
昭和34年(1959年)6月2日実施

【千葉県選挙区】定数2

当	小沢久太郎	58	男	自民	前	253,646
当	加瀬　完	49	男	社会	前	233,682
	戸川　真五	55	男	自民	新	172,772
	小松　七郎	53	男	共産	新	33,203

第6回参議院議員選挙
昭和37年(1962年)7月1日実施

【千葉県選挙区】定数2

当	木島　義夫	73	男	自民	現	191,546
当	柳岡　秋夫	39	男	社会	新	166,980
	戸川　真五	58	男	無所属	新	137,546
	鈴木　績	52	男	無所属	新	113,252
	片岡　文重	56	男	民社	現	107,644
	八代　重信	49	男	無所属	新	95,903
	小松　七郎	56	男	共産	新	33,212

第7回参議院議員選挙
昭和40年(1965年)7月4日実施

【千葉県選挙区】定数2

当	小沢久太郎	64	男	自民	前	382,608
当	加瀬　完	55	男	社会	前	264,057
	吉川　成夫	33	男	民社	新	128,671
	小松　七郎	59	男	共産	新	60,617
	白井　長治	63	男	無所属	新	49,572

《補選》第7回参議院議員選挙
昭和42年(1967年)11月5日実施
※小沢久太郎の死去による

【千葉県選挙区】被選挙数1

当	菅野　儀作	60	男	自民	新	290,988
	加瀬　包男	51	男	社会	新	112,715
	小松　七郎	61	男	共産	新	59,507
	長谷　長次	64	男	無所属	新	20,440

第8回参議院議員選挙
昭和43年(1968年)7月7日実施

【千葉県選挙区】定数2

当	木島　義夫	79	男	自民	現	273,989
当	渡辺一太郎	59	男	自民	新	271,191
	柳岡　秋夫	45	男	社会	現	248,018
	吉川　兼光	65	男	民社	新	183,153
	小松　七郎	62	男	共産	新	96,561
	藤原豊次郎	69	男	無所属	新	24,270
	小田　俊与	61	男	無所属	新	12,028

第9回参議院議員選挙
昭和46年(1971年)6月27日実施

【千葉県選挙区】定数2

当	加瀬　完	61	男	社会	現	362,660
当	菅野　儀作	64	男	自民	現	277,624
	石渡　秀男	44	男	自民	新	196,513
	吉川　成夫	39	男	民社	新	145,532
	佐藤　二郎	46	男	共産	新	108,877
	長谷　長次	67	男	無所属	新	20,474

第10回参議院議員選挙
昭和49年(1974年)7月7日実施

【千葉県選挙区】定数2

当	赤桐　操	54	男	社会	新	462,738
当	高橋　誉冨	60	男	自民	新	419,471
	鶴岡　洋	41	男	公明	新	364,325
	渡辺一太郎	65	男	自民	現	360,975
	佐藤　二郎	49	男	共産	新	194,177
	長谷　長次	70	男	無所属	新	21,259

第11回参議院議員選挙
昭和52年(1977年)7月10日実施

【千葉県選挙区】定数2

当	菅野　儀作	70	男	自民	前	733,391
当	加瀬　完	67	男	社会	前	528,709
	佐藤　二郎	52	男	共産	新	181,678
	林　英一	42	男	無所属	新	169,098
	東　淑子	49	女	革自連	新	64,470

《補選》第11回参議院議員選挙
昭和56年(1981年)3月8日実施
※菅野儀作の死去による

【千葉県選挙区】被選挙数1

当	白井　荘一	78	男	自民	新	361,450
	糸久八重子	48	女	社会	新	277,388
	小島　孝之	33	男	民社	新	150,670
	前田堅一郎	56	男	共産	新	82,755
	高田　巌 (高田　がん)	50	男	無所属	新	13,116

第12回参議院議員選挙
昭和55年(1980年)6月22日実施

【千葉県選挙区】定数2

当	井上　裕	52	男	自民	新	1,025,592
当	赤桐　操	60	男	社会	現	613,762
	前田堅一郎	55	男	共産	新	207,597
	上田不二夫	47	男	無所属	新	130,457
	西　八郎	31	男	諸派	新	31,129

第13回参議院議員選挙
昭和58年（1983年）6月26日実施

【千葉県選挙区】定数2

当	糸久八重子	51	女	社会	新	470,497
当	倉田 寛之	45	男	自民	新	420,683
	石野 清治	56	男	自民	新	360,735
	小島 孝之	35	男	民社	新	195,525
	大原昭三郎	56	男	共産	新	133,882

第14回参議院議員選挙
昭和61年（1986年）7月6日実施

【千葉県選挙区】定数2

当	井上 裕	58	男	自民	現	1,067,890
当	赤桐 操	66	男	社会	現	616,764
	大原昭三郎	59	男	共産	新	227,960
	高木 政広	38	男	諸派	新	64,080
	野坂 倫生	51	男	諸派	新	32,115
	堀 昭二郎	58	男	諸派	新	22,534
	高橋 洋一	44	男	諸派	新	21,098
	矢田 良彦	32	男	諸派	新	17,503

第15回参議院議員選挙
平成元年（1989年）7月23日実施

【千葉県選挙区】定数2

当	糸久八重子	57	女	社会	前	872,261
当	倉田 寛之	51	男	自民	前	710,411
	石井 正二	44	男	無所属	新	350,784
	菅原 道生	38	男	諸派	新	63,423
	小田桐朋子	33	女	諸派	新	30,523
	上田不二夫	56	男	無所属	新	22,999
	板垣 英憲	42	男	太陽	新	11,226
	宇畑智由美	41	女	諸派	新	10,995
	小野寺良雄	60	男	諸派	新	7,106
	竹内 辰郎	61	男	諸派	新	6,093
	桜井 大造	37	男	諸派	新	3,317
	渡辺 イネ	65	女	諸派	新	2,338
	姫野 龍	37	男	諸派	新	1,854
	菊地 津守	45	男	諸派	新	1,049

第16回参議院議員選挙
平成4年（1992年）7月26日実施

【千葉県選挙区】定数2

当	井上 裕	64	男	自民	前	809,120
当	赤桐 操	72	男	社会	前	448,838
	吉田 秀樹	39	男	共産	新	194,850
	人見 康之	35	男	諸派	新	40,589
	大塚 雪雄	41	男	諸派	新	34,128
	道岡 宏有	44	男	諸派	新	15,761
	田所 健治	38	男	諸派	新	10,483

第17回参議院議員選挙
平成7年（1995年）7月23日実施

【千葉県選挙区】定数2

当	岩瀬 良三	61	男	新進	新	534,268
当	倉田 寛之	57	男	自民	前	503,532
	小岩井 清	60	男	社会	新	256,474
	中嶋 誠	46	男	共産	新	155,825
	西舘 好子	54	女	さき	新	108,536
	前野智加子	50	女	諸派	新	32,097
	立崎 誠一	60	男	諸派	新	20,684
	岩沢 茂行	43	男	諸派	新	5,592

第18回参議院議員選挙
平成10年（1998年）7月12日実施

【千葉県選挙区】定数2

当	広中和歌子	64	女	無所属	現	751,843
当	井上 裕	70	男	自民	現	730,643
	中嶋 誠	49	男	共産	新	493,744
	町山 恵子	36	女	諸派	新	117,169
	永田 悦子	70	女	新社会	新	106,268
	村田 恒有	52	男	諸派	新	78,812
	吉永 邦秀	51	男	諸派	新	47,982

《補選》第18回参議院議員選挙
平成14年（2002年）10月27日実施
※井上裕の辞職による

【千葉県選挙区】被選挙数1

当	椎名 一保	50	男	自民	新	509,688
	若井 康彦	56	男	諸派	新	422,185
	浅野 史子	32	女	共産	新	197,699

第19回参議院議員選挙
平成13年（2001年）7月29日実施

【千葉県選挙区】定数2

当	倉田 寛之	63	男	自民	前	1,003,931
当	今泉 昭	67	男	民主	前	374,197
	岡島 一正	43	男	自由	新	364,248
	星野 智子	31	女	無所属	新	231,382
	中嶋 誠	52	男	共産	新	205,869
	中上由美子	37	女	自連	新	75,231
	長南 博邦	53	男	諸派	新	34,932

第20回参議院議員選挙
平成16年（2004年）7月11日実施

【千葉県選挙区】定数2

当	広中和歌子	70	女	民主	現	1,187,663
当	椎名 一保	52	男	自民	現	944,231
	浅野 史子	33	女	共産	新	288,072

第21回参議院議員選挙
平成19年(2007年) 7月29日実施

【千葉県選挙区】定数3
当	長浜　博行	48	男	民主	新	666,241
当	石井　準一	49	男	自民	新	541,701
当	加賀谷　健	63	男	民主	新	477,402
	白須賀貴樹	32	男	自民	新	387,395
	浅野　史子	36	女	共産	新	214,991
	本間　進	52	男	無所属	新	130,364
	青木　和美	57	女	社民	新	124,113
	岩渕美智子	51	女	国民	新	99,316

第22回参議院議員選挙
平成22年(2010年) 7月11日実施

【千葉県選挙区】定数3
当	小西　洋之	38	男	民主	新	535,632
当	猪口　邦子	58	女	自民	新	513,772
当	水野　賢一	43	男	みんな	新	476,259
	道　あゆみ	44	女	民主	新	463,648
	椎名　一保	58	男	自民	現	395,746
	斉藤　和子	35	女	共産	新	163,803
	古閑比佐志	47	男	改革	新	66,384
	清水　哲	45	男	諸派	新	29,926
	牧野　正彦	54	男	幸福	新	12,669

第23回参議院議員選挙
平成25年(2013年) 7月21日実施

【千葉県選挙区】定数3
当	石井　準一	55	男	自民	現	680,706
当	豊田　俊郎	60	男	自民	新	418,806
当	長浜　博行	54	男	民主	現	388,529
	寺田　昌弘	45	男	みんな	新	285,007
	寺尾　賢	37	男	共産	新	232,477
	花崎　広毅	36	男	維新	新	186,259
	太田　和美	33	女	生活	新	148,240
	渡辺　裕一	58	男	諸派	新	39,147
	松島　弘典	56	男	諸派	新	9,227

第24回参議院議員選挙
平成28年(2016年) 7月10日実施

【千葉県選挙区】定数3
当	猪口　邦子	64	女	自民	現	760,093
当	元栄太一郎	40	男	自民	新	577,392
当	小西　洋之	44	男	民進	現	472,219
	浅野　史子	45	女	共産	新	351,561
	水野　賢一	49	男	民進	現	314,670
	高橋　正夫	85	男	無所属	新	57,329
	香取　成知	65	男	こころ	新	50,098
	古川　裕三	34	男	諸派	新	23,777

選挙区・東京都

第1回参議院議員選挙
昭和22年(1947年) 4月20日実施

【東京都選挙区】定数8
当	桜内　辰郎	62	男	民主	138,705
当	吉川末次郎	56	男	社会	111,862
当	島　清	40	男	社会	101,128
当	黒川　武雄	55	男	自由	89,413
当3	帆足　計	43	男	無所属	83,493
当3	深川タマエ	39	女	無所属	79,396
当3	西川　昌夫	42	男	自由	78,757
当3	遠山　丙市	52	男	自由	75,637
	重盛　寿治	47	男	社会	57,611
	麻生　重一	44	男	社会	46,680
	今野　武雄	41	男	共産	39,302
	西沢　隆二	45	男	共産	38,757
	久保　久治	57	男	自由	38,396
	山根　健男	52	男	自由	34,503
	石黒　栄一	56	男	自由	32,789
	長井金太郎	44	男	自由	30,223
	井上幸右エ門	52	男	無所属	28,368
	米村嘉一郎	53	男	無所属	16,106
	川上由己雄	57	男	無所属	15,582
	菊池　慣	62	男	民主	15,047
	栗田　久男	40	男	無所属	9,407
	武智　徳本	60	男	無所属	6,608
	梶原　豊	33	男	無所属	5,726
	鳥羽　照司	47	男	無所属	4,477
	高柳　泰樹	61	男	無所属	4,264

※「当3」は任期3年の意味

第2回参議院議員選挙
昭和25年(1950年) 6月4日実施

【東京都選挙区】定数4
当	安井　謙	39	男	自由	新	281,256
当	重盛　寿治	49	男	社会	新	199,113
当	堀　真琴	52	男	労農	前	193,902
当	深川タマエ	46	女	諸派	前	161,341
	帆足　計	44	男	緑風	前	154,976
	大木　操	58	男	自由	新	153,705
	渡辺　鉄蔵	64	男	自由	新	138,123
	阿賀　正美	47	男	社会	新	95,384
	八並　達雄	48	男	諸派	新	88,587
	遠山　丙市	53	男	自由	前	88,092
	小川　光	56	男	諸派	新	21,175

	紺野	俊雄	42	男	無所属	新	17,503
	寺田	武雄	45	男	緑風	新	13,125
	安田	武雄	42	男	諸派	新	12,992
	森	富太	66	男	諸派	新	7,898
	島崎	専蔵	37	男	諸派	新	7,792
	鎌田	文雄	50	男	無所属	新	3,811

第3回参議院議員選挙
昭和28年(1953年)4月24日実施

【東京都選挙区】定数4

当	黒川	武雄	60	男	自由吉	現	294,181
当	市川	房枝	59	女	無所属	新	191,539
当	岡田	宗司	50	男	左社	現	185,863
当	石井	桂	54	男	自由吉	新	178,595
	島	清	44	男	右社	現	167,525
	大木	操	61	男	自由鳩	新	135,497
	吉川末次郎		60	男	右社	現	115,067
	浅野	均一	51	男	改進	新	113,428
	堀江	邑一	56	男	共産	新	79,832
	石井あや子		50	女	労農	新	59,501
	水越	玄郷	47	男	緑風	新	57,410
	浦口	静子	42	女	諸派	新	50,468
	清水	亘	43	男	諸派	新	16,147
	柴田	義彦	54	男	無所属	新	10,221

第4回参議院議員選挙
昭和31年(1956年)7月8日実施

【東京都選挙区】定数4

当	安井	謙	45	男	自民	前	473,549
当	野坂	参三	64	男	共産	新	272,531
当	島	清	47	男	社会	元	255,992
当	重盛	寿治	55	男	社会	前	240,123
	柏原	ヤス	39	女	無所属	新	203,623
	藤田	たき	57	女	無所属	新	198,323
	深川タマエ		52	女	自民	前	165,224
	岡田	信次	57	男	自民	前	120,753
	堀	真琴	58	男	労農	前	87,303
	赤尾	敏	57	男	諸派	新	30,915
	津久井龍雄		55	男	無所属	新	16,292
	品川	司	45	男	無所属	新	11,716
	清水	亘	47	男	諸派	新	8,274
	畑	敏秋	44	男	諸派	新	6,923
	佐々木	励	44	男	無所属	新	4,031
	道山	虎夫	51	男	諸派	新	2,050
	肥後	亨	30	男	諸派	新	0

第5回参議院議員選挙
昭和34年(1959年)6月2日実施

【東京都選挙区】定数4

当	柏原	ヤス	42	女	無所属	新	471,472
当	市川	房枝	65	女	無所属	前	292,927
当	鮎川金次郎		30	男	自民	新	256,602
当	黒川	武雄	66	男	自民	前	254,502
	岡田	宗司	56	男	社会	前	219,326
	麻生	良方	35	男	社会	新	213,993
	岡本丑太郎		52	男	社会	新	211,112
	石井	桂	60	男	自民	前	186,425
	浦口	静子	48	女	自民	新	111,002
	袴田	里見	54	男	共産	新	84,193
	渡辺	鉄蔵	73	男	緑風	新	73,152
	赤尾	敏	60	男	諸派	新	36,094
	平林	太一	62	男	無所属	元	14,369
	小田つる子		37	女	諸派	新	14,320
	品川	司	48	男	無所属	新	12,118
	竹本	信一	66	男	無所属	新	5,985
	高木	青年	37	男	諸派	新	3,343
	佐々木	励	47	男	無所属	新	2,666
	肥後	亨	33	男	諸派	新	2,558
	野々上武敏		49	男	諸派	新	1,400
	田尻	容基	58	男	無所属	新	1,165
	道山	虎夫	54	男	無所属	新	1,049
	地釜	勉	34	男	諸派	新	717

第6回参議院議員選挙
昭和37年(1962年)7月1日実施

【東京都選挙区】定数4（補欠1）

当	安井	謙	51	男	自民	現	794,618
当	和泉	覚	51	男	無所属	新	529,575
当	石井	桂	63	男	自民	元	506,469
当	岡田	宗司	59	男	社会	元	474,963
当3	野坂	参三	70	男	共産	現	415,598
	重盛	寿治	61	男	社会	現	625,968
	渡辺	年	59	男	民社	新	225,279
	佐藤サカエ		70	女	無所属	新	63,246
	風間	日光	34	男	無所属	新	20,664
	山中	一	42	男	無所属	新	16,977
	古賀	一	67	男	諸派	新	16,725
	石橋	勉	37	男	無所属	新	14,982
	品川	司	51	男	無所属	新	14,251
	片山	栄	62	男	無所属	新	11,863
	浅沼美知雄		46	男	無所属	新	10,964
	貴島	桃隆	60	男	無所属	新	8,045
	岩田	英一	56	男	無所属	新	6,579
	石橋	義敬	65	男	無所属	新	5,755
	鎌田	文雄	62	男	無所属	新	5,149
	内藤	知周	47	男	諸派	新	5,111
	高橋	秀郎	56	男	諸派	新	4,702
	大木	明雄	41	男	諸派	新	4,143
	小山	寿男	35	男	無所属	新	3,011
	細淵	平重	54	男	無所属	新	815

※「当3」は任期3年の意味

第7回参議院議員選挙
昭和40年(1965年)7月4日実施

【東京都選挙区】定数4

	氏名	年齢	性別	党派	新旧	得票数
当	野坂 参三	73	男	共産	前	619,893
当	北条 浩	41	男	公明	新	608,235
当	木村禧八郎	64	男	社会	前	556,189
当	市川 房枝	72	女	無所属	前	496,795
	江藤 彦武	55	男	自民	新	457,281
	小林あきら	61	男	自民	新	385,123
	和田 耕作	58	男	民社	新	372,486
	伊藤 英治	39	男	社会	新	158,804
	品川 司	54	男	無所属	新	36,090
	神山 茂夫	60	男	諸派	新	35,012
	森 悦子	56	女	諸派	新	22,294
	浅沼美知雄	49	男	無所属	新	16,014
	平林 太一	68	男	無所属	元	15,273
	高田 がん	35	男	諸派	新	7,127
	杉田 一夫	56	男	諸派	新	7,052
	上野アキラ	31	男	諸派	新	6,949
	竹田 正一	62	男	諸派	新	6,396
	南 俊夫	53	男	諸派	新	5,677
	石川まさひろ	37	男	無所属	新	5,541
	中村 吟造	69	男	無所属	新	5,437
	小林 哲也	30	男	諸派	新	5,331
	田島 将光	73	男	無所属	新	5,012
	高橋 秀郎	59	男	無所属	新	4,391
	大木 明雄	44	男	諸派	新	4,101
	鎌田 文雄	66	男	無所属	新	3,255
	長島 功一	35	男	無所属	新	2,848
	鈴木 健正	40	男	無所属	新	2,725
	桜井 康葦	44	男	無所属	新	2,348
	赤石三五郎	61	男	無所属	新	2,063
	神野 七郎	55	男	諸派	新	1,821
	野々上武敏	55	男	諸派	新	1,589
	茂木 耕三	72	男	諸派	新	1,543
	阿部 忠夫	31	男	無所属	新	1,344
	神長 保男	39	男	無所属	新	1,338
	島名 正雄	33	男	無所属	新	1,111
	柴田 富陽	70	男	無所属	新	1,089
	福山 卓美	36	男	無所属	新	1,028
	曽田 治雄	34	男	無所属	新	753
	河東田啓彰	67	男	諸派	新	557

第8回参議院議員選挙
昭和43年(1968年)7月7日実施

【東京都選挙区】定数4

	氏名	年齢	性別	党派	新旧	得票数
当	阿部 憲一	58	男	公明	新	831,893
当	安井 謙	57	男	自民	現	821,204
当	松下 正寿	67	男	民社	新	702,603
当	占部 秀男	58	男	社会	現	682,817
	米原いたる	59	男	共産	新	639,187
	石井 桂	69	男	自民	現	556,025
	春野 鶴子	53	女	無所属	新	228,245
	岡田 宗司	65	男	無所属	現	154,787
	赤尾 敏	69	男	諸派	新	32,017
	品川 司	57	男	無所属	新	23,561
	石川 八郎	35	男	無所属	新	13,374
	浅沼美知雄	52	男	無所属	新	12,716
	渡辺 清行	60	男	諸派	新	10,172
	清水 亘	59	男	諸派	新	5,592
	長谷 長次	64	男	無所属	新	5,350
	久保 義一	50	男	無所属	新	4,700
	大木 明雄	47	男	諸派	新	4,653
	赤石 貞治	39	男	無所属	新	3,272
	高橋 秀郎	62	男	諸派	新	3,109
	南 俊夫	56	男	諸派	新	2,542
	鎌田 文雄	69	男	無所属	新	2,427
	深作清次郎	57	男	無所属	新	1,484
	岩崎 筆吉	39	男	無所属	新	1,400
	細淵 平重	61	男	無所属	新	735

第9回参議院議員選挙
昭和46年(1971年)6月27日実施

【東京都選挙区】定数4

	氏名	年齢	性別	党派	新旧	得票数
当	原 文兵衛	58	男	自民	新	881,104
当	黒柳 明	40	男	公明	現	773,405
当	木島 則夫	46	男	民社	新	714,535
当	野坂 参三	79	男	共産	現	713,903
	木村禧八郎	70	男	社会	現	640,893
	市川 房枝	78	女	無所属	現	558,728
	江藤 彦武	61	男	無所属	新	56,772
	赤尾 敏	72	男	諸派	新	23,410
	山口 隆	37	男	無所属	新	18,446
	平林 太一	74	男	無所属	元	9,795
	武内寿美子	52	女	無所属	新	7,392
	清水 亘	62	男	諸派	新	5,984
	石倉 正春	33	男	無所属	新	5,068
	鎌田 文雄	71	男	無所属	新	2,899
	赤石 貞治	42	男	無所属	新	2,688
	深作清次郎	60	男	諸派	新	1,247

第10回参議院議員選挙
昭和49年(1974年)7月7日実施

【東京都選挙区】定数4

	氏名	年齢	性別	党派	新旧	得票数
当	安井 謙	63	男	自民	現	1,268,412
当	上田 哲	46	男	社会	現	1,111,780
当	阿部 憲一	64	男	公明	現	842,761
当	上田耕一郎	47	男	共産	新	819,895
	野坂 昭如	43	男	無所属	新	527,214
	栗原 玲児	40	男	民社	新	447,352
	紀平 悌子	46	女	無所属	新	288,901
	赤尾 敏	75	男	諸派	新	25,381

	佐藤 三郎	34	男	無所属	新	12,915
	石川 八郎	41	男	無所属	新	10,295
	五味 武	48	男	無所属	新	8,999
	武内寿美子	55	女	無所属	新	7,178
	有田 正憲	62	男	諸派	新	3,712
	宮島 鎮治	64	男	無所属	新	2,568
	深作清次郎	63	男	無所属	新	2,506
	福山 建定	59	男	無所属	新	2,438
	大木 明雄	53	男	諸派	新	2,090
	赤石 貞治	45	男	諸派	新	1,995
	田尻 容基	73	男	無所属	新	1,609
	水藤 忠七	67	男	無所属	新	1,358

第11回参議院議員選挙
昭和52年(1977年) 7月10日実施

【東京都選挙区】定数4

当	原 文兵衛	64	男	自民	前	1,245,118
当	黒柳 明	46	男	公明	前	841,159
当	木島 則夫	52	男	民社	前	632,045
当	柿沢 弘治	43	男	新自ク	新	580,134
	榊 利夫	48	男	共産	新	562,100
	今 正一	48	男	社会	新	524,935
	俵 萠子	46	女	革自連	新	326,565
	菅 直人	30	男	社市連	新	199,192
	久保 義一	59	男	諸派	新	22,910
	品川 司	66	男	無所属	新	15,984
	谷口 和美	30	女	諸派	新	15,093
	黒沢 史郎	33	男	諸派	新	13,558
	東郷 健	45	男	無所属	新	7,329
	田畑 一郎	33	男	無所属	新	6,548
	梶野 東吾	32	男	諸派	新	5,533
	高土新太郎	32	男	無所属	新	5,315
	深作清次郎	66	男	無所属	新	4,149
	赤石 貞治	48	男	無所属	新	3,137

第12回参議院議員選挙
昭和55年(1980年) 6月22日実施

【東京都選挙区】定数4

当	安井 謙	69	男	無所属	現	1,315,583
当	三木 忠雄	45	男	公明	現	874,017
当	上田耕一郎	53	男	共産	現	815,754
当	宇都宮徳馬	73	男	無所属	新	813,583
	栗栖 弘臣	60	男	民社	新	696,901
	加藤 清政	63	男	社会	新	681,811
	品川 司	69	男	諸派	新	37,802
	赤尾 敏	81	男	諸派	新	37,474
	赤石 貞治	51	男	諸派	新	19,423
	南 俊夫	68	男	諸派	新	9,723
	深作清次郎	69	男	諸派	新	6,823

第13回参議院議員選挙
昭和58年(1983年) 6月26日実施

【東京都選挙区】定数4

当	野末 陳平	51	男	諸派	現	963,146
当	原 文兵衛	70	男	自民	現	938,454
当	黒柳 明	52	男	公明	現	817,387
当	内藤 功	52	男	共産	元	551,364
	木島 則夫	58	男	民社	現	502,817
	佐々木秀典	48	男	社会	新	396,562
	原田 興	60	男	諸派	新	19,069
	赤尾 敏	84	男	諸派	新	11,752
	品川 司	72	男	無所属	新	10,573
	長谷川幸夫	46	男	諸派	新	5,688
	斉藤智恵子	36	女	諸派	新	5,406
	佐藤まつ子	44	女	諸派	新	5,346
	小林 寿夫	59	男	諸派	新	5,242
	河西 善治	36	男	諸派	新	5,062
	池田 允	63	男	無所属	新	4,911
	小川 力	33	男	諸派	新	4,168
	坂口 宏	45	男	諸派	新	4,160
	福田 撫子	39	女	諸派	新	4,152
	阿部 雅二	32	男	諸派	新	2,287
	古木 力	44	男	諸派	新	2,006
	玉井 明	33	男	諸派	新	1,948
	斉藤美枝子	36	女	諸派	新	1,942
	小比賀英孝	63	男	無所属	新	1,873
	岸本 清子	43	女	諸派	新	1,763
	小野まさよ	73	女	諸派	新	1,692
	兼松 耕作	59	男	諸派	新	1,632
	深作清次郎	72	男	諸派	新	1,236
	南 俊夫	71	男	諸派	新	1,172
	遠藤 洋一	34	男	諸派	新	1,040
	本宮 章雄	42	男	諸派	新	1,037
	板坂 剛	35	男	諸派	新	985
	堀川 良男	44	男	諸派	新	938
	大木 明雄	62	男	諸派	新	846
	山岸 英一	55	男	諸派	新	744

第14回参議院議員選挙
昭和61年(1986年) 7月6日実施

【東京都選挙区】定数4

当	三木 忠雄	51	男	公明	現	851,217
当	小野 清子	50	女	自民	新	850,441
当	田辺 哲夫	57	男	自民	新	742,766
当	上田耕一郎	59	男	共産	現	702,232
	中山 千夏	37	女	無所属	現	584,167
	山口 都	52	女	社会	新	449,142
	秦 豊	61	男	民社	現	351,529
	海江田万里	37	男	税金	新	327,444
	赤尾 敏	87	男	諸派	新	25,307
	品川 司	75	男	諸派	新	15,994

参議院・選挙区（東京都）

下元	孝子	32	女	諸派	新	14,792
友部	正夫	51	男	諸派	新	11,937
伊藤	宏司	59	男	諸派	新	8,781
岡	万年	71	男	諸派	新	8,340
酒井	是清	49	男	諸派	新	7,788
町田	勝	41	男	諸派	新	7,335
有川	博子	35	女	諸派	新	6,855
福田	撫子	42	女	諸派	新	6,374
熊谷四郎生		61	男	諸派	新	6,139
石川	八郎	53	男	無所属	新	6,031
沢田正五郎		64	男	諸派	新	5,902
波多野	猛	30	男	諸派	新	5,872
森脇十九男		42	男	諸派	新	5,202
田村	光彦	39	男	諸派	新	4,901
栗原	佳子	49	女	諸派	新	4,813
鈴木	京子	48	女	諸派	新	4,462
新井	泉	37	男	無所属	新	4,179
石田	絢子	39	女	諸派	新	4,158
矢部	宏之	46	男	諸派	新	4,101
松沢	一雄	41	男	無所属	新	3,588
渡辺	完一	45	男	諸派	新	3,347
山口	陽一	37	男	諸派	新	3,040
山口	俊明	44	男	諸派	新	2,992
鈴木	孟	53	男	諸派	新	2,918
兼松	耕作	62	男	諸派	新	2,673
浜田	峻司	39	男	諸派	新	2,337
児島	誠吾	38	男	諸派	新	2,305
橋本	克己	31	男	諸派	新	2,119
深作清次郎		75	男	諸派	新	1,633
鈴木	勝己	41	男	諸派	新	1,627
松田	菊寿	32	男	無所属	新	1,508
渡辺	明生	44	男	諸派	新	1,502
荒井	賢一	41	男	諸派	新	1,467
横山	勝雄	55	男	諸派	新	1,302
高橋	京	50	女	諸派	新	1,258
桑野	健次	57	男	諸派	新	1,154
姫野	龍	34	男	諸派	新	1,084
城下	勇	41	男	諸派	新	895
小笠原重夫		49	男	諸派	新	846
阿蘇	義夫	60	男	諸派	新	833

第15回参議院議員選挙
平成元年（1989年）7月23日実施

【東京都選挙区】定数4

当	田	英夫	66	男	無所属	前	1,164,511
当	原	文兵衛	76	男	自民	前	1,143,878
当	野末	陳平	57	男	税金	前	889,633
当	黒柳	明	58	男	公明	前	776,878
	内藤	功	58	男	共産	前	676,401
	江戸	妙子	30	女	民社	新	192,935
	美藤	智	31	男	諸派	新	103,623
	木村	結	37	女	諸派	新	34,773

野呂	恵子	34	女	諸派	新	17,385
赤尾	敏	90	男	諸派	新	15,180
東	三元	36	男	諸派	新	13,060
宮部	寛	41	男	諸派	新	10,254
品川	司	78	男	諸派	新	9,624
安田	花子	58	女	諸派	新	8,981
鈴木	広	70	男	無所属	新	8,696
山中	節子	54	女	諸派	新	7,533
浅野	麻美	31	女	諸派	新	6,906
渡辺	武子	46	女	諸派	新	4,372
福田	撫子	46	女	諸派	新	4,043
杉本	尚司	35	男	無所属	新	3,865
本田	稔	53	男	諸派	新	3,637
矢部	宏之	49	男	諸派	新	3,355
平田	博	52	男	諸派	新	2,993
大山千恵子		32	女	諸派	新	2,694
宮内	陽肇	88	男	無所属	新	2,683
小林	寿夫	65	男	諸派	新	2,523
三井	理峯	78	女	無所属	新	2,109
桑野	健次	60	男	諸派	新	2,104
山口	俊明	47	男	諸派	新	2,024
杉浦	正康	41	男	諸派	新	2,014
矢羽	一美	32	男	諸派	新	1,588
根岸	良一	34	男	諸派	新	1,221
大道寺ちはる		31	女	諸派	新	1,074
根上	隆	39	男	諸派	新	957
中田	信晁	30	男	諸派	新	936
赤石	貞治	60	男	諸派	新	864
金井	良雄	39	男	諸派	新	786
木村	佳勝	39	男	諸派	新	613
今野	好喜	42	男	諸派	新	598
繁治	正信	41	男	諸派	新	517
戸張	龍雄	44	男	諸派	新	516
越野	太作	81	男	諸派	新	317
広瀬	富男	38	男	諸派	新	293

第16回参議院議員選挙
平成4年（1992年）7月26日実施

【東京都選挙区】定数4

当	浜四津敏子		47	女	公明	新	902,242
当	上田耕一郎		65	男	共産	前	756,647
当	森田	健作	42	男	無所属	新	716,793
当	小野	清子	56	女	自民	前	671,457
	小倉	基	60	男	自民	新	597,711
	内田	雅敏	47	男	諸派	新	314,291
	東	三元	39	男	諸派	新	27,569
	伊藤	尚子	32	女	諸派	新	17,349
	阿久津順一		39	男	諸派	新	15,670
	品川	司	81	男	諸派	新	15,286
	関口	周司	34	男	諸派	新	14,876
	新井	信介	34	男	無所属	新	6,922
	田中	哲朗	44	男	無所属	新	6,000

鈴木　　広	73	男	無所属	新	5,863	山家　義樹	44	男	諸派	新	18,620
竹内　辰郎	64	男	諸派	新	5,321	尾形　　憲	71	男	諸派	新	17,810
多賀　文雄	47	男	諸派	新	4,768	鈴木　弘子	37	女	諸派	新	14,588
佐々木幹雄	39	男	諸派	新	4,206	福岡　悦子	43	女	諸派	新	5,864
舘野　良吉	62	男	諸派	新	3,990	鈴木　　広	76	男	無所属	新	4,823
福井　　実	43	男	諸派	新	3,801	高橋　成亘	31	男	諸派	新	4,712
保田　玲子	46	女	諸派	新	3,793	関口　周司	37	男	諸派	新	4,572
篠田ふみお	40	男	諸派	新	3,145	新藤　洋一	31	男	諸派	新	4,424
伊東マサコ	46	女	諸派	新	3,042	橋本　幸男	46	男	諸派	新	3,734
中村　　敦	33	男	諸派	新	2,942	石津一二美	54	女	諸派	新	3,401
竹田　朋松	64	男	無所属	新	2,702	山田　祥晴	64	男	無所属	新	3,195
大島　葉子	60	女	諸派	新	2,504	小島　典子	48	女	諸派	新	2,937
太田　　宏	37	男	諸派	新	2,477	水谷　保夫	52	男	諸派	新	2,930
石渡恵美子	30	女	諸派	新	2,245	山喜多時世志	72	男	諸派	新	2,776
大山千恵子	35	女	諸派	新	2,059	小山　信一	44	男	無所属	新	2,723
田高　　実	43	男	諸派	新	2,010	山口　節生	45	男	無所属	新	2,571
今井　　滋	51	男	諸派	新	2,008	渡部敬吉郎	44	男	諸派	新	2,403
桑野　健次	63	男	諸派	新	1,987	細川　雅生	41	男	無所属	新	2,380
兼松　耕作	68	男	諸派	新	1,977	新村　正照	73	男	諸派	新	2,199
伊東　敬芳	56	男	諸派	新	1,637	矢島　浩美	33	女	諸派	新	1,954
石川　和己	57	男	諸派	新	1,637	松本しげ子	50	女	諸派	新	1,950
三井　理峯	81	女	無所属	新	1,615	西山　　剛	33	男	諸派	新	1,845
一瀬　貴男	32	男	諸派	新	1,584	飯浜　俊司	46	男	諸派	新	1,783
鈴木比佐志	37	男	諸派	新	1,574	宮沢　仙吉	35	男	諸派	新	1,752
円城寺　隆	36	男	諸派	新	1,564	矢田　満男	32	男	諸派	新	1,646
太治　一博	42	男	諸派	新	1,461	福井　　実	46	男	諸派	新	1,626
牧野　克敏	41	男	諸派	新	1,423	石黒　　勝	39	男	諸派	新	1,580
岡元　貞子	39	女	諸派	新	1,420	吉田　敏也	39	男	諸派	新	1,446
飯島　洋一	42	男	諸派	新	1,336	奈良　　武	53	男	諸派	新	1,260
捧　　政義	42	男	諸派	新	1,242	中野　庸子	53	女	諸派	新	1,190
段　八重子	39	女	諸派	新	1,219	天宮　　清	50	男	諸派	新	1,170
田中　文明	36	男	諸派	新	1,187	大野　健次	51	男	諸派	新	1,169
島本　義夫	37	男	諸派	新	1,109	大島　　章	54	男	諸派	新	1,070
木下　洋一	32	男	諸派	新	1,108	浜田　健一	36	男	諸派	新	1,034
藤波　典雄	40	男	諸派	新	1,025	野中　賢山	58	男	諸派	新	982
佐藤　尊夫	34	男	諸派	新	780	小野　文彦	32	男	諸派	新	962
下園　静夫	48	男	諸派	新	735	保田　玲子	49	女	諸派	新	878
野苅家芳男	53	男	諸派	新	706	佐藤　泰二	37	男	諸派	新	807
藤田　立身	37	男	諸派	新	543	森　　雅彦	36	男	諸派	新	782
						山崎　義章	42	男	諸派	新	770

第17回参議院議員選挙
平成7年(1995年) 7月23日実施

【東京都選挙区】定数4

当	魚住裕一郎	42	男	新進	新	1,059,582
当	保坂　三蔵	56	男	自民	新	607,470
当	緒方　靖夫	47	男	共産	新	475,647
当	田　　英夫	72	男	平和	前	435,773
	中村　敦夫	55	男	さき	新	404,409
	見城美枝子	49	女	無所属	新	395,690
	鈴木喜久子	59	女	無所属	新	193,161
	ドクター・中松 (中松　義郎)	67	男	無所属	新	101,547

影山　裕二	33	男	諸派	新	749
乾　　由香	34	女	諸派	新	725
鎌田　　博	46	男	諸派	新	721
東　　哲朗	36	男	諸派	新	684
吉沢　　保	45	男	諸派	新	674
森光　宏明	55	男	諸派	新	655
高橋　広吉	64	男	諸派	新	647
新田　勝弥	31	男	諸派	新	642
坪井　秀夫	70	男	諸派	新	609
大塚　幸栄	41	女	諸派	新	565
倉茂　　博	31	男	諸派	新	544
野沢　吉之	52	男	諸派	新	503
岡田慎一郎	46	男	諸派	新	501

	竹原　秀明	53	男	諸派	新	498
	斎藤寿々夢	52	男	諸派	新	487
	浅野　光雪	44	男	諸派	新	478
	笹井　昌一	31	男	諸派	新	478
	榎木　三男	44	男	諸派	新	437
	福永　恵治	36	男	諸派	新	430
	柳沢　詔雄	49	男	諸派	新	407
	早川　襄治	78	男	諸派	新	383
	阪本　明浩	32	男	諸派	新	371
	半場　きよ	52	女	諸派	新	285
	岡島　一成	35	男	諸派	新	251

第18回参議院議員選挙
平成10年（1998年）7月12日実施

【東京都選挙区】定数4

当	小川　敏夫	50	男	民主	新	1,026,797
当	浜四津敏子	53	女	公明	現	971,185
当	井上　美代	62	女	共産	新	896,890
当	中村　敦夫	58	男	無所属	新	719,203
	小野　清子	62	女	自民	現	623,483
	塚原　宏司	40	男	自民	新	451,016
	上田　哲	70	男	無所属	元	227,790
	岩崎　駿介	61	男	社民	新	204,479
	鈴木　弘子	40	女	諸派	新	43,325
	高　信太郎	53	男	諸派	新	41,182
	猪木　快守	59	男	諸派	新	37,649
	富山　栄子	49	女	新社会	新	35,860
	中村　功	62	男	諸派	新	34,118
	沢田正五郎	76	男	諸派	新	5,991
	斉藤　俊郎	54	男	無所属	新	5,478
	畑中　武	44	男	諸派	新	5,445
	須賀　裕邦	33	男	無所属	新	4,714
	松村　久義	49	男	諸派	新	4,108
	高沢　美香	59	女	諸派	新	3,286
	斎藤寿々夢	55	男	無所属	新	3,220
	小関　誠	47	男	諸派	新	3,056
	志鎌るり子	37	女	諸派	新	1,965
	赤石　貞治	69	男	諸派	新	1,682

第19回参議院議員選挙
平成13年（2001年）7月29日実施

【東京都選挙区】定数4

当	保坂　三蔵	62	男	自民	前	1,407,437
当	山口那津男	49	男	公明	新	881,314
当	鈴木　寛	37	男	民主	新	759,110
当	緒方　靖夫	53	男	共産	前	630,196
	遠藤　宣彦	38	男	自由	新	361,965
	畑　恵	39	女	無所属	前	210,573
	上田　哲	73	男	無所属	元	209,806
	黒岩　秩子	61	女	無所属	前	167,566
	広田　貞治	60	男	社民	新	159,226

	小林　至	33	男	自連	新	105,720
	五十嵐華子	34	女	諸派	新	89,037
	新垣　重雄	53	男	無所属	新	28,232
	中川　暢三	45	男	無所属	新	14,286
	橋本　尚稔	54	男	諸派	新	10,601
	斉藤　俊郎	57	男	無所属	新	7,608

第20回参議院議員選挙
平成16年（2004年）7月11日実施

【東京都選挙区】定数4

当	中川　雅治	57	男	自民	新	1,014,293
当	小川　敏夫	56	男	民主	現	991,477
当	蓮　舫	36	女	民主	新	924,643
当	沢　雄二	56	男	公明	新	827,091
	青島　幸男	71	男	無所属	元	596,272
	今村順一郎	45	男	共産	新	453,287
	増元　照明	48	男	無所属	新	381,771
	中川　直人	47	男	社民	新	176,289
	上田　哲	76	男	無所属	元	165,551
	松村　久義	55	男	諸派	新	10,479
	又吉　光雄	60	男	諸派	新	8,382

第21回参議院議員選挙
平成19年（2007年）7月29日実施

【東京都選挙区】定数5

当	大河原雅子	54	女	民主	新	1,087,743
当	山口那津男	55	男	公明	前	794,936
当	鈴木　寛	43	男	民主	前	780,662
当	丸川　珠代	36	女	自民	新	691,367
当	川田　龍平	31	男	無所属	新	683,629
	保坂　三蔵	68	男	自民	前	651,484
	田村　智子	42	女	共産	新	554,104
	杉浦ひとみ	51	女	社民	新	209,053
	中村慶一郎	73	男	国民	新	151,715
	ドクター・中松 （中松　義郎）	79	男	無所属	新	92,512
	黒川　紀章	73	男	諸派	新	70,275
	東条由布子	68	女	無所属	新	59,607
	鈴木　信行	41	男	諸派	新	21,548
	須田喜久夫	79	男	無所属	新	18,448
	神田　敏晶	45	男	無所属	新	11,222
	新井　徹夫	67	男	無所属	新	8,409
	沢田　哲夫	76	男	無所属	新	7,682
	マック赤坂	58	男	諸派	新	6,408
	又吉　光雄	63	男	諸派	新	5,289
	和合　秀典	65	男	諸派	新	3,420

第22回参議院議員選挙
平成22年(2010年) 7月11日実施

【東京都選挙区】定数5

当	蓮　　舫	42	女	民主	現	1,710,734
当	竹谷とし子	40	女	公明	新	806,862
当	中川　雅治	63	男	自民	現	711,171
当	小川　敏夫	62	男	民主	現	696,672
当	松田　公太	41	男	みんな	新	656,029
	小池　　晃	50	男	共産	現	552,187
	東海由紀子	42	女	自民	新	299,343
	山田　　宏	52	男	諸派	新	200,692
	小倉　麻子	31	女	日本	新	120,023
	森原　秀樹	37	男	社民	新	95,685
	海治広太郎	49	男	改革	新	79,828
	江木　佐織	57	女	国民	新	53,948
	石原　結実	61	男	無所属	新	45,405
	田中　博子	58	女	無所属	新	16,340
	矢内　筆勝	48	男	幸福	新	10,496
	小川　昇志	44	男	無所属	新	8,677
	マック赤坂	61	男	諸派	新	7,599
	松本　　実	63	男	無所属	新	5,889
	沢田　哲夫	79	男	無所属	新	5,636
	又吉　光雄	66	男	諸派	新	4,900
	佐野　秀光	39	男	諸派	新	3,662
	姫治けんじ	58	男	諸派	新	2,280
	和合　秀典	68	男	諸派	新	1,893
	阪　　彰敏	61	男	諸派	新	1,816

第23回参議院議員選挙
平成25年(2013年) 7月21日実施

【東京都選挙区】定数5

当	丸川　珠代	42	女	自民	現	1,064,660
当	山口那津男	61	男	公明	現	797,811
当	吉良　佳子	30	女	共産	新	703,901
当	山本　太郎	38	男	無所属	新	666,684
当	武見　敬三	61	男	自民	現	612,388
	鈴木　　寛	49	男	民主	現	552,714
	小倉　　淳	55	男	維新	新	413,637
	桐島ローランド	45	男	みんな	新	320,287
	大河原雅子	60	女	無所属	現	236,953
	鈴木　信行	47	男	諸派	新	77,465
	丸子　安子	45	女	みどり	新	70,571
	中松　義郎	85	男	無所属	新	48,362
	釈　　量子	43	女	諸派	新	20,137
	犬丸　勝子	58	女	無所属	新	12,683
	マック赤坂	64	男	諸派	新	12,228
	森　　純	65	男	無所属	新	6,432
	松本　　実	66	男	無所属	新	6,123
	中村　高志	53	男	無所属	新	6,033
	又吉　光雄	69	男	諸派	新	5,633
	西野　貞吉	77	男	無所属	新	3,103

第24回参議院議員選挙
平成28年(2016年) 7月10日実施

【東京都選挙区】定数6

当	蓮　　舫	48	女	民進	現	1,123,145
当	中川　雅治	69	男	自民	現	884,823
当	竹谷とし子	46	女	公明	現	770,535
当	山添　　拓	31	男	共産	新	665,835
当	朝日健太郎	40	男	自民	新	644,799
当	小川　敏夫	68	男	民進	現	508,131
	田中　康夫	60	男	維新	元	469,314
	横粂　勝仁	34	男	無所属	新	310,133
	三宅　洋平	37	男	無所属	新	257,036
	鈴木麻理子	31	女	こころ	新	102,402
	増山　麗奈	39	女	社民	新	93,677
	小林　興起	72	男	諸派	新	82,357
	佐藤　　香	48	女	無所属	新	67,535
	高樹　沙耶	52	女	改革	新	60,431
	鈴木　信行	50	男	諸派	新	42,858
	浜田　和幸	63	男	無所属	現	28,408
	ト　　クマ	49	男	諸派	新	20,412
	鈴木　達夫	75	男	無所属	新	16,187
	柳沢　秀敏	67	男	無所属	新	12,091
	佐藤　　均	45	男	諸派	新	7,853
	横堀　喜久	80	男	無所属	新	7,329
	又吉　光雄	72	男	諸派	新	6,114
	川上　晃司	31	男	無所属	新	5,812
	犬丸　勝子	61	女	無所属	新	5,388
	大槻　文彦	49	男	諸派	新	5,377
	岩坂　行雄	69	男	無所属	新	5,184
	原田　君明	39	男	無所属	新	5,017
	深江　　孝	54	男	諸派	新	4,497
	ひめじけんじ	64	男	諸派	新	3,854
	鮫島　良司	61	男	諸派	新	3,714
	藤代　洋行	42	男	諸派	新	3,296

選挙区・神奈川県

第1回参議院議員選挙
昭和22年(1947年)4月20日実施

【神奈川県選挙区】定数4

当	三木	治朗	63	男	社会		174,914
当	小串	清一	72	男	自由		106,689
当3	鈴木	憲一	50	男	国協		102,075
当3	大隅	憲二	55	男	自由		56,445
	西村	定雄	49	男	民主		49,237
	岡崎	一夫	49	男	共産		29,824
	沼田	安蔵	53	男	民主		24,483
	松山	隆茂	34	男	無所属		21,925
	三部	豊	40	男	諸派		3,395

※「当3」は任期3年の意味

第2回参議院議員選挙
昭和25年(1950年)6月4日実施

【神奈川県選挙区】定数2

当	曽祢	益	46	男	社会	新	252,305
当	石村	幸作	59	男	自由	新	163,284
	石渡	清作	59	男	自由	新	134,346
	西村	定雄	51	男	諸派	新	96,756
	岡崎	一夫	51	男	共産	新	88,369
	小暮藤三郎	70	男	無所属	新	53,258	
	松尾	彪五	57	男	無所属	新	16,778
	森	昇三郎	57	男	無所属	新	辞退

第3回参議院議員選挙
昭和28年(1953年)4月24日実施

【神奈川県選挙区】定数2

当	三木	治朗	67	男	右社	現	172,093
当	河野	謙三	51	男	無所属	新	164,324
	永井	要造	64	男	自由吉	新	150,212
	吉田	セイ	43	女	改進	新	137,302
	相沢	重明	43	男	左社	新	115,604
	岡崎	一夫	54	男	共産	新	40,561

第4回参議院議員選挙
昭和31年(1956年)7月8日実施

【神奈川県選挙区】定数2

当	曽祢	益	52	男	社会	前	241,085
当	相沢	重明	46	男	社会	新	190,673
	永山	時雄	44	男	自民	新	176,810
	石村	幸作	65	男	自民	前	175,352
	中西	功	45	男	共産	元	45,945

第5回参議院議員選挙
昭和34年(1959年)6月2日実施

【神奈川県選挙区】定数2

当	河野	謙三	57	男	自民	前	364,120
当	田上	松衛	59	男	社会	新	342,542
	加藤喜太郎	43	男	無所属	新	111,902	
	堀内	万吉	54	男	無所属	新	58,490
	松島松太郎	43	男	共産	新	54,416	
	伊藤義志蔵	56	男	諸派	新	4,721	

第6回参議院議員選挙
昭和37年(1962年)7月1日実施

【神奈川県選挙区】定数2

当	曽祢	益	58	男	民社	現	442,468
当	相沢	重明	52	男	社会	現	437,708
	松岡	正二	50	男	自民	新	401,842
	松島松太郎	46	男	共産	新	68,031	

《補選》第6回参議院議員選挙
昭和42年(1967年)2月12日実施
※曽祢益の辞職(衆院選立候補)による

【神奈川県選挙区】被選挙数1

当	佐藤	一郎	53	男	自民	新	318,002
	片岡	勝治	42	男	社会	新	304,392
	中路	雅弘	40	男	共産	新	58,313
	山岸	梅茂	53	男	無所属	新	14,686

第7回参議院議員選挙
昭和40年(1965年)7月4日実施

【神奈川県選挙区】定数2

当	岡	三郎	51	男	社会	新	522,094
当	河野	謙三	64	男	自民	新	519,027
	金子	駿介	44	男	民社	新	257,352
	佐々木修二	59	男	共産	新	94,506	
	石井	貞夫	47	男	無所属	新	92,316
	深作清次郎	54	男	諸派	新	10,298	
	野嶋	佐一	69	男	無所属	新	9,142

第8回参議院議員選挙
昭和43年(1968年)7月7日実施

【神奈川県選挙区】定数2

当	佐藤	一郎	55	男	自民	現	721,102
当	竹田	四郎	50	男	社会	新	666,039
	佐藤	一馬	65	男	民社	新	329,627
	中路	雅弘	41	男	共産	新	184,210

第9回参議院議員選挙
昭和46年(1971年)6月27日実施

【神奈川県選挙区】定数 2

当	河野 謙三	70	男	自民	現	795,799
当	片岡 勝治	46	男	社会	新	695,402
	中路 雅弘	44	男	共産	新	370,941

第10回参議院議員選挙
昭和49年(1974年)7月7日実施

【神奈川県選挙区】定数 2

当	竹田 四郎	56	男	社会	現	814,098
当	秦野 章	62	男	自民	新	736,016
	草野 威	45	男	公明	新	508,762
	陶山圭之輔	39	男	無所属	新	417,549
	高橋 高望	43	男	民社	新	336,241
	中岡 要	62	男	無所属	新	17,025
	福田喜代徳	41	男	無所属	新	11,137

第11回参議院議員選挙
昭和52年(1977年)7月10日実施

【神奈川県選挙区】定数 2

当	河野 謙三	76	男	無所属	前	1,086,512
当	片岡 勝治	52	男	社会	前	593,009
	広長敬太郎	58	男	無所属	新	518,272
	小泉 初恵	35	女	共産	新	344,239
	山本 正治	31	男	諸派	新	40,917
	中岡 要	65	男	無所属	新	25,886
	栗木 伸一	38	男	諸派	新	20,813

第12回参議院議員選挙
昭和55年(1980年)6月22日実施

【神奈川県選挙区】定数 2

当	秦野 章	68	男	自民	現	902,170
当	竹田 四郎	62	男	社会	現	692,100
	広長敬太郎	61	男	民社	新	664,167
	小泉 初恵	38	女	共産	新	462,753
	大西 裕	57	男	新自ク	新	349,989
	野村 宏	57	男	諸派	新	28,765
	原 洋	33	男	諸派	新	23,670
	中岡 要	68	男	無所属	新	20,262
	吉川 朝臣	46	男	諸派	新	6,628

第13回参議院議員選挙
昭和58年(1983年)6月26日実施

【神奈川県選挙区】定数 2

当	服部 信吾	40	男	公明	新	688,049
当	杉元 恒雄	62	男	自民	新	529,445
	河野 剛雄	48	男	無所属	新	508,767
	片岡 勝治	58	男	社会	現	477,919
	小泉 初恵	41	女	共産	新	301,459
	大野 富江	44	女	諸派	新	26,422
	佐藤みちよ	51	女	諸派	新	11,488
	高橋 貞美	48	男	諸派	新	7,655
	牧野 守一	60	男	無所属	新	7,241
	松永 攻	39	男	諸派	新	6,337
	白根登志夫	34	男	諸派	新	4,140
	箕浦 一雄	50	男	無所属	新	3,940
	伊藤実知子	38	女	諸派	新	3,908
	加藤 南枝	47	男	諸派	新	3,179
	清野文五郎	70	男	諸派	新	1,877

《補選》第13回参議院議員選挙
昭和62年(1987年)11月1日実施
※服部信吾の死去による

【神奈川県選挙区】被選挙数 1

当	佐藤謙一郎	40	男	自民	新	483,582
	諸星 充司	57	男	社会	新	365,517
	斎藤 淑子	47	女	共産	新	190,989
	重松九州男	75	男	諸派	新	10,563

第14回参議院議員選挙
昭和61年(1986年)7月6日実施

【神奈川県選挙区】定数 2

当	斎藤 文夫	57	男	自民	新	806,519
当	千葉 景子	38	女	社会	新	777,298
	魚谷 増男	59	男	民社	新	568,382
	河野 剛雄	51	男	無所属	新	514,155
	岡村 共栄	43	男	共産	新	325,733
	笹岡 祥二	39	男	諸派	新	14,392
	満永 茂樹	35	男	諸派	新	13,078
	出井 正男	32	男	諸派	新	12,351
	伊良原周二	42	男	諸派	新	12,239
	平石 正則	43	男	諸派	新	10,639
	山崎 久栄	46	女	諸派	新	9,889
	重松 喜代	69	男	諸派	新	7,915
	加藤 作雄	41	男	諸派	新	5,965
	大庭 貢	41	男	諸派	新	4,064

第15回参議院議員選挙
平成元年(1989年)7月23日実施

【神奈川県選挙区】定数 2

当	小林 正	56	男	社会	新	1,175,262
当	石渡 清元	48	男	自民	新	673,544
	円山 雅也	62	男	諸派	元	604,505
	大石 尚子	52	女	民社	新	388,808
	大森 猛	42	男	共産	新	240,359
	八木 大介 (木本平八郎)	62	男	無所属	前	79,957

	荒木	秀子	31	女	諸派	新	34,597
	安部	喜久	36	男	諸派	新	24,711
	松原	瑞彦	63	男	諸派	新	8,691
	笹岡	祥二	42	男	諸派	新	7,858
	浜本	欽弥	42	男	諸派	新	3,372
	佐藤寅之助		51	男	諸派	新	2,543
	昆野	弘志	33	男	諸派	新	1,856

第16回参議院議員選挙
平成4年(1992年)7月26日実施

【神奈川県選挙区】定数2

当	斎藤	文夫	64	男	自民	前	753,852
当	千葉	景子	44	女	社会	前	693,301
	大石	尚子	55	女	民社	新	370,820
	円山	雅也	65	男	諸派	元	348,264
	大森	猛	47	男	共産	新	218,175
	新谷	正夫	61	男	無所属	新	25,423
	岡	遙	46	男	諸派	新	18,331
	福田	勝美	64	男	諸派	新	8,473
	堀内	秀昭	30	男	諸派	新	8,073
	白根	秀夫	50	男	諸派	新	7,579
	山崎	義章	39	男	諸派	新	5,874
	岡本	徳夫	61	男	諸派	新	5,043
	大胡	幸平	30	男	諸派	新	3,058

第17回参議院議員選挙
平成7年(1995年)7月23日実施

【神奈川県選挙区】定数3

当	西川	玲子	47	女	新進	新	718,030
当	石渡	清元	54	男	自民	前	466,457
当	斎藤	勁	50	男	社会	新	371,889
	ツルネン・マルテイ		55	男	無所属	新	339,484
	石川	好	48	男	さき	新	259,327
	畑野	君枝	38	女	共産	新	256,015
	小林	正	62	男	無所属	前	56,491
	宮崎まり子		46	女	諸派	新	25,901
	松崎悠紀子		50	女	諸派	新	20,425
	梅津	慎吾	31	男	諸派	新	10,367
	小田々	豊	40	男	諸派	新	8,559
	芦名	裕子	37	女	諸派	新	5,749
	柳沢	知	30	男	諸派	新	4,351
	金井	正之	63	男	諸派	新	1,559

第18回参議院議員選挙
平成10年(1998年)7月12日実施

【神奈川県選挙区】定数3

当	浅尾慶一郎		34	男	民主	新	640,463
当	畑野	君枝	41	女	共産	新	527,799
当	千葉	景子	50	女	民主	現	510,371
	ツルネン・マルテイ		58	男	無所属	新	502,712

	斎藤	文夫	70	男	自民	現	463,193
	阿部	知子	50	女	社民	新	298,244
	牧島	功	53	男	自民	新	286,604
	樋高	剛	32	男	自由	新	241,189
	坂内	義子	60	女	新社会	新	27,335
	佐藤	克男	48	男	諸派	新	19,567
	杉内	一成	65	男	諸派	新	14,842
	はやしたかし		61	男	諸派	新	12,350
	高野	レオ	48	男	諸派	新	10,272
	橋本	尚稔	51	男	諸派	新	8,686
	余	志遠	54	男	諸派	新	2,149

第19回参議院議員選挙
平成13年(2001年)7月29日実施

【神奈川県選挙区】定数3

当	小林	温	37	男	自民	新	1,294,860
当	松	あきら	53	女	公明	前	660,839
当	斎藤	勁	56	男	民主	前	595,812
	上田	恵子	33	女	社民	新	308,554
	太田	正孝	55	男	自由	新	307,005
	宗田	裕之	42	男	共産	新	299,301
	蔵田恵利子		50	女	諸派	新	81,810
	三輪	博久	45	男	自連	新	56,202
	川村	嵐子	76	女	無所属	新	27,844
	坂内	義子	63	女	諸派	新	15,725
	三輪	武司	63	男	諸派	新	14,715

《補選》第19回参議院議員選挙
平成17年(2005年)10月23日実施
※斎藤勁の退職(衆院選立候補)による

【神奈川県選挙区】被選挙数1

当	川口	順子	64	女	自民	新	1,150,868
	牧山	弘恵	41	女	民主	新	765,589
	畑野	君枝	48	女	共産	前	375,507

第20回参議院議員選挙
平成16年(2004年)7月11日実施

【神奈川県選挙区】定数3

当	小泉	昭男	58	男	自民	新	1,217,100
当	浅尾慶一郎		43	男	民主	現	856,504
当	千葉	景子	56	女	民主	現	843,759
	畑野	君枝	47	女	共産	現	397,660
	上田	恵子	36	女	社民	新	254,943
	真鍋	一	82	男	無所属	新	71,170
	川久保	勲	63	男	諸派	新	22,275

松田	学	52	男	日本 新	93,437
山本	誠一	38	男	無所属 新	47,776
加藤	文康	47	男	幸福 新	13,459

《補選》第20回参議院議員選挙
平成21年(2009年)10月25日実施
※浅尾慶一郎の辞職(衆院選立候補)による

【神奈川県選挙区】被選挙数1

当	金子	洋一	47	男	民主 新	1,010,175
	角田	宏子	42	女	自民 新	792,634
	岡田	政彦	43	男	共産 新	230,143
	加藤	文康	47	男	幸福 新	24,793

第21回参議院議員選挙
平成19年(2007年)7月29日実施

【神奈川県選挙区】定数3

当	牧山	弘恵	42	女	民主 新	1,010,866
当	小林	温	43	男	自民 前	895,752
当	水戸	将史	45	男	民主 新	781,533
繰当	松	あきら	59	女	公明 前	691,842
	畑野	君枝	50	女	共産 元	385,619
	和田	茂	52	男	社民 新	128,757
	斉藤	さちこ	39	女	国民 新	61,219
	溝口	敏盛	60	男	諸派 新	21,645

※小林温(自民)が出納責任者の公職選挙法違反で辞職したため平成19年9月7日松あきら(公明)が繰上当選

第22回参議院議員選挙
平成22年(2010年)7月11日実施

【神奈川県選挙区】定数3

当	小泉	昭男	64	男	自民 現	982,220
当	中西	健治	46	男	みんな 新	788,729
当	金子	洋一	48	男	民主 現	745,143
	千葉	景子	62	女	民主 現	696,739
	畑野	君枝	53	女	共産 元	304,059
	木村	栄子	62	女	社民 新	113,712
	甲斐	敬浩	46	男	改革 新	113,453

第23回参議院議員選挙
平成25年(2013年)7月21日実施

【神奈川県選挙区】定数4

当	島村	大	52	男	自民 新	1,130,652
当	松沢	成文	55	男	みんな 新	740,207
当	佐々木	さやか	32	女	公明 新	629,662
当	牧山	弘恵	48	女	民主 現	461,006
	畑野	君枝	56	女	共産 元	444,955
	水戸	将史	50	男	維新 現	242,462
	露木	順一	57	男	みどり 新	119,633
	木村	栄子	65	女	社民 新	76,792
	溝口	敏盛	66	男	諸派 新	41,359
	森下	正勝	69	男	無所属 新	30,403
	及川	幸久	53	男	諸派 新	10,006

第24回参議院議員選挙
平成28年(2016年)7月10日実施

【神奈川県選挙区】定数4

当	三原	じゅん子	51	女	自民 現	1,004,877
当	三浦	信祐	41	男	公明 新	629,582
当	真山	勇一	72	男	民進 元	582,127
当	中西	健治	52	男	無所属 現	524,070
	浅賀	由香	36	女	共産 新	487,729
	金子	洋一	54	男	民進 現	448,954
	丹羽	大	39	男	維新 新	218,853
	森	英夫	44	男	社民 新	76,424
	清水	太一	34	男	こころ 新	50,256
	佐藤	政則	48	男	無所属 新	32,113
	片野	英司	45	男	諸派 新	25,714
	壹岐	愛子	30	女	諸派 新	21,611

選挙区・新潟県

第1回参議院議員選挙
昭和22年(1947年)4月20日実施

【新潟県選挙区】定数4

当		田村	文吉	62	男	無所属	165,076
当		下条	恭兵	48	男	社会	90,890
当3		北村	一男	51	男	自由	89,935
当3		藤田	芳雄	50	男	無所属	79,104
		榊原	政春	37	男	無所属	73,423
		佐藤	基	50	男	自由	51,924
		徳永	正報	47	男	社会	44,592
		野村	ミス	52	女	国協	36,392
		大沢	三郎	41	男	共産	22,925

※「当3」は任期3年の意味

第2回参議院議員選挙
昭和25年(1950年)6月4日実施

【新潟県選挙区】定数2

当	北村	一男	52	男	自由 前	241,190
当	清沢	俊英	59	男	社会 新	224,745
	久保田	才次郎	46	男	諸派 新	180,983
	藤田	芳雄	51	男	無所属 前	116,660
	関	ツ子	51	女	無所属 新	60,697

	吉田	兼治	46	男	共産	新	52,248
	早川	惣市	39	男	無所属	新	7,163

《補選》第2回参議院議員選挙
昭和30年(1955年)5月15日実施
※北村一男の退職(知事選立候補)による

【新潟県選挙区】被選挙数1

当	小柳	牧衞	70	男	民主	新	230,093
	武内	五郎	53	男	左社	新	218,137
	野坂	相如	56	男	無所属	新	180,110

第3回参議院議員選挙
昭和28年(1953年)4月24日実施

【新潟県選挙区】定数2

当	田村	文吉	66	男	緑風	現	281,293
当	西川	弥平治	54	男	自由吉	新	177,719
	稲村	隆一	55	男	左社	新	168,990
	下条	恭兵	52	男	右社	現	154,429
	小柳	牧衞	68	男	改進	新	111,366

第4回参議院議員選挙
昭和31年(1956年)7月8日実施

【新潟県選挙区】定数2

当	清沢	俊英	65	男	社会	前	320,855
当	小柳	牧衞	71	男	自民	前	309,302
	岡村	淑一	52	男	無所属	新	146,989
	樋口	幸吉	46	男	共産	新	26,834
	斎藤	義雄	48	男	無所属	新	10,570

第5回参議院議員選挙
昭和34年(1959年)6月2日実施

【新潟県選挙区】定数2

当	佐藤	芳男	62	男	自民	新	348,729
当	武内	五郎	57	男	社会	新	325,107
	高月	辰佳	55	男	無所属	新	115,103
	佐藤	佐藤治	58	男	共産	新	40,183

第6回参議院議員選挙
昭和37年(1962年)7月1日実施

【新潟県選挙区】定数2

当	小柳	牧衞	77	男	自民	現	464,520
当	杉山	善太郎	59	男	社会	新	399,984
	吉田	兼治	58	男	共産	新	63,809

第7回参議院議員選挙
昭和40年(1965年)7月4日実施

【新潟県選挙区】定数2

当	佐藤	芳男	68	男	自民	前	481,862
当	武内	五郎	63	男	社会	前	407,147
	寺島	泰治	58	男	共産	新	66,146

《補選》第7回参議院議員選挙
昭和42年(1967年)11月5日実施
※佐藤芳男の死去による

【新潟県選挙区】被選挙数1

当	佐藤	隆	39	男	自民	新	452,503
	松井	誠	54	男	社会	新	405,210
	寺島	泰治	60	男	共産	新	34,526

第8回参議院議員選挙
昭和43年(1968年)7月7日実施

【新潟県選挙区】定数2

当	松井	誠	55	男	社会	新	417,834
当	塚田十一郎		64	男	無所属	新	372,528
	広瀬	真一	55	男	自民	新	335,653
	寺島	泰治	61	男	共産	新	42,561

《補選》第8回参議院議員選挙
昭和47年(1972年)12月17日実施
※松井誠の死去による

【新潟県選挙区】被選挙数1

当	君	健男	60	男	自民	新	507,180
	志苫	裕	45	男	社会	新	325,620
	浦沢	与三郎	53	男	共産	新	61,793
	佐藤	助次郎	64	男	無所属	新	14,358

第9回参議院議員選挙
昭和46年(1971年)6月27日実施

【新潟県選挙区】定数2

当	佐藤	隆	43	男	自民	現	455,694
当	杉山	善太郎	68	男	社会	元	402,397
	伊藤	千穂	46	男	共産	新	91,239

《補選》第9回参議院議員選挙
昭和51年(1976年)12月12日実施
※佐藤隆の辞職(衆院選立候補)による

【新潟県選挙区】被選挙数1

当	塚田十一郎		72	男	自民	元	508,001
	吉田	正雄	53	男	社会	新	339,083
	伊藤	千穂	51	男	共産	新	56,013

第10回参議院議員選挙
昭和49年(1974年)7月7日実施

【新潟県選挙区】定数2

当	亘	四郎	74	男	自民	新	470,867
当	志苫	裕	46	男	社会	新	414,223
	塚田	十一郎	70	男	自民	現	292,944
	伊藤	千穂	49	男	共産	新	68,988
	古川	久	36	男	公明	新	64,505

《補選》第10回参議院議員選挙
昭和52年(1977年)5月22日実施
※亘四郎の死去による

【新潟県選挙区】被選挙数1

当	長谷川	信	58	男	自民	新	380,592
	吉田	正雄	54	男	社会	新	259,513
	丸山	久明	38	男	共産	新	55,621
	高田	がん	46	男	無所属	新	15,553

第11回参議院議員選挙
昭和52年(1977年)7月10日実施

【新潟県選挙区】定数2

当	塚田	十一郎	73	男	自民	前	590,976
当	吉田	正雄	54	男	社会	新	416,989
	丸山	久明	38	男	共産	新	102,497

第12回参議院議員選挙
昭和55年(1980年)6月22日実施

【新潟県選挙区】定数2

当	長谷川	信	61	男	自民	現	685,576
当	志苫	裕	52	男	社会	現	453,643
	丸山	久明	41	男	共産	新	110,402

第13回参議院議員選挙
昭和58年(1983年)6月26日実施

【新潟県選挙区】定数2

当	吉川	芳男	51	男	自民	新	350,956
当	稲村	稔夫	54	男	社会	新	313,068
	長谷川	吉雄	66	男	自民	新	253,214
	高沢	健吉	45	男	民社	新	82,768
	丸山	久明	44	男	共産	新	72,184

第14回参議院議員選挙
昭和61年(1986年)7月6日実施

【新潟県選挙区】定数2

当	長谷川	信	67	男	自民	現	715,800
当	志苫	裕	58	男	社会	現	442,224
	村田	一男	42	男	共産	新	76,330
	長田	彫潮	36	男	諸派	新	17,676

《補選》第14回参議院議員選挙
平成元年(1989年)6月25日実施
※志苫裕の退職(知事選立候補)による

【新潟県選挙区】被選挙数1

当	大渕	絹子	44	女	社会	新	560,275
	君	英夫	48	男	自民	新	482,391
	村田	一男	45	男	共産	新	47,174

《補選》第14回参議院議員選挙
平成2年(1990年)12月9日実施
※長谷川信の死去による

【新潟県選挙区】被選挙数1

当	真島	一男	58	男	自民	新	501,721
	桜井	久雄	60	男	社会	新	343,534
	村田	一男	46	男	共産	新	54,933

第15回参議院議員選挙
平成元年(1989年)7月23日実施

【新潟県選挙区】定数2

当	稲村	稔夫	60	男	社会	前	599,169
当	吉川	芳男	57	男	自民	前	443,600
	村田	一男	45	男	共産	新	67,592
	水野	孝吉	43	男	諸派	新	11,150

第16回参議院議員選挙
平成4年(1992年)7月26日実施

【新潟県選挙区】定数2

当	真島	一男	59	男	自民	前	496,251
当	大渕	絹子	47	女	社会	前	376,580
	村田	一男	48	男	共産	新	72,541
	北村	寿孝	44	男	諸派	新	44,017

第17回参議院議員選挙
平成7年(1995年)7月23日実施

【新潟県選挙区】定数2

当	吉川	芳男	63	男	自民	前	314,454
当	長谷川	道郎	49	男	新進	新	260,263
	目黒	吉之助	61	男	社会	新	251,244
	五十嵐	完二	42	男	共産	新	55,932
	高見	優	47	男	諸派	新	34,279
	泉水	都子	53	女	諸派	新	2,192

第18回参議院議員選挙
平成10年(1998年) 7月12日実施

【新潟県選挙区】定数2
当	田中	直紀	58	男	無所属	新	313,226
当	大渕	絹子	53	女	社民	現	282,034
	真島	一男	65	男	自民	現	258,102
	星野	行男	66	男	無所属	新	238,316
	五十嵐完二	45	男	共産	新	105,111
	本田	佐敏	64	男	自由	新	48,768
	目黒	一秋	35	男	諸派	新	30,083

第19回参議院議員選挙
平成13年(2001年) 7月29日実施

【新潟県選挙区】定数2
当	真島	一男	68	男	自民	元	418,939
当	森	裕子	45	女	自由	新	175,107
	内田	洵子	59	女	社民	新	166,442
	関山	信之	67	男	民主	新	166,389
	長谷川道郎	55	男	無所属	前	161,999
	桑原加代子	54	女	共産	新	73,221
	篠崎	伸明	47	男	自連	新	9,875

《補選》第19回参議院議員選挙
平成14年(2002年) 4月28日実施
※真島一男の死去による

【新潟県選挙区】被選挙数1
当	黒岩	宇洋	35	男	無所属	新	541,881
	塚田	一郎	38	男	自民	新	342,207
	桑原加代子	54	女	共産	新	132,672

第20回参議院議員選挙
平成16年(2004年) 7月11日実施

【新潟県選挙区】定数2
当	近藤	正道	57	男	無所属	新	428,117
当	田中	直紀	64	男	自民	現	367,059
	塚田	一郎	40	男	自民	新	319,968
	桑原加代子	57	女	共産	新	111,201

第21回参議院議員選挙
平成19年(2007年) 7月29日実施

【新潟県選挙区】定数2
当	塚田	一郎	43	男	自民	新	403,497
当	森	ゆうこ	51	女	民主	前	355,901
	黒岩	宇洋	40	男	民主	前	344,424
	山本亜希子	31	女	社民	新	91,016
	武田	勝利	43	男	共産	新	54,537
	楠原	光政	64	男	無所属	新	7,806

第22回参議院議員選挙
平成22年(2010年) 7月11日実施

【新潟県選挙区】定数2
当	田中	直紀	70	男	民主	現	439,289
当	中原	八一	51	男	自民	新	412,217
	近藤	正道	63	男	無所属	現	200,182
	武田	勝利	46	男	共産	新	73,579
	安中	聡	32	男	無所属	新	24,300
	笠巻	健也	39	男	幸福	新	10,987

第23回参議院議員選挙
平成25年(2013年) 7月21日実施

【新潟県選挙区】定数2
当	塚田	一郎	49	男	自民	現	456,542
当	風間	直樹	46	男	民主	現	204,834
	森	ゆうこ	57	女	生活	現	165,308
	米山	隆一	45	男	維新	新	107,591
	西沢	博	33	男	共産	新	60,317
	渡辺	英明	63	男	社民	新	46,101
	安久美与子	78	女	無所属	新	15,612
	生越	寛明	48	男	諸派	新	5,188

第24回参議院議員選挙
平成28年(2016年) 7月10日実施

【新潟県選挙区】定数1
当	森	ゆうこ	60	女	無所属	元	560,429
	中原	八一	57	男	自民	現	558,150
	横井	基至	35	男	諸派	新	24,639

選挙区・富山県

第1回参議院議員選挙
昭和22年(1947年) 4月20日実施

【富山県選挙区】定数2
当	石坂	豊一	74	男	自由	157,430
当3	小川	久義	48	男	国協	99,222
	海老名一雄	62	男	社会	84,168

※「当3」は任期3年の意味

第2回参議院議員選挙
昭和25年(1950年) 6月4日実施

【富山県選挙区】定数1
当	尾山	三郎	61	男	無所属	新	223,380

	宮本巳之吉	43	男	社会	新	105,243
	平岡　初枝	58	女	緑風	新	84,436
	村上　虎雄	48	男	共産	新	18,054
	小川　久義	50	男	諸派	新	辞退

《補選》第2回参議院議員選挙

昭和26年(1951年)11月16日実施
※尾山三郎の死去による

【富山県選挙区】被選挙数1

当	館　　哲二			無所属		245,372
	巴陵　宣正			共産		18,691

第3回参議院議員選挙

昭和28年(1953年)4月24日実施

【富山県選挙区】定数1

当	石坂　豊一	78	男	自由吉	現	139,839
	森丘　正唯	73	男	改進	新	120,417
	増山直太郎	46	男	左社	新	101,989
	寺崎新一郎	32	男	無所属	新	24,092

第4回参議院議員選挙

昭和31年(1956年)7月8日実施

【富山県選挙区】定数1

当	館　　哲二	66	男	自民	前	225,143
	増山直太郎	49	男	社会	新	142,144
	岩倉　政治	53	男	共産	新	25,376

第5回参議院議員選挙

昭和34年(1959年)6月2日実施

【富山県選挙区】定数1

当	桜井　志郎	52	男	自民	新	188,446
	杉原　一雄	49	男	社会	新	149,309
	丹羽　寒月	48	男	無所属	新	45,515

第6回参議院議員選挙

昭和37年(1962年)7月1日実施

【富山県選挙区】定数1

当	館　　哲二	72	男	自民	現	225,480
	杉原　一雄	52	男	社会	新	193,930
	内山　弘正	47	男	共産	新	19,287

第7回参議院議員選挙

昭和40年(1965年)7月4日実施

【富山県選挙区】定数1

当	桜井　志郎	58	男	自民	前	221,881
	杉原　一雄	55	男	社会	新	215,069
	岩倉　政治	62	男	共産	新	18,759

第8回参議院議員選挙

昭和43年(1968年)7月7日実施

【富山県選挙区】定数1

当	杉原　一雄	58	男	社会	新	256,803
	柚木　栄吉	48	男	自民	新	231,377
	佐竹　周一	42	男	共産	新	15,860
	寺崎新一郎	48	男	無所属	新	14,051

第9回参議院議員選挙

昭和46年(1971年)6月27日実施

【富山県選挙区】定数1

当	橘　　直治	62	男	自民	新	261,136
	長谷　秀一	45	男	社会	新	153,302
	佐竹　周一	45	男	共産	新	30,588
	寺崎新一郎	51	男	無所属	新	17,072
	菅野　信雄	47	男	無所属	新	4,289

第10回参議院議員選挙

昭和49年(1974年)7月7日実施

【富山県選挙区】定数1

当	吉田　　実	64	男	自民	新	334,762
	杉原　一雄	64	男	社会	現	231,976
	佐竹　周一	48	男	共産	新	35,735

第11回参議院議員選挙

昭和52年(1977年)7月10日実施

【富山県選挙区】定数1

当	高平　公友	62	男	自民	新	292,480
	杉原　一雄	67	男	社会	元	221,284
	森沢恵美子	33	女	共産	新	63,162

第12回参議院議員選挙

昭和55年(1980年)6月22日実施

【富山県選挙区】定数1

当	吉田　　実	70	男	自民	現	427,354
	竹田　安正	64	男	社会	新	153,799
	反保　直樹	30	男	共産	新	47,560

《補選》第12回参議院議員選挙

昭和57年(1982年)12月26日実施
※吉田実の死去による

【富山県選挙区】被選挙数1

当	沖　　外夫	57	男	自民	新	283,001
	吉田　　力	35	男	無所属	新	118,643
	安田　修三	55	男	社会	新	111,023
	反保　直樹	33	男	共産	新	14,483

第13回参議院議員選挙
昭和58年(1983年) 6月26日実施

【富山県選挙区】定数 1
当	髙平	公友	68	男	自民	現	253,642
	長谷川俊政		53	男	社会	新	159,600
	反保	直樹	33	男	共産	新	39,073

第14回参議院議員選挙
昭和61年(1986年) 7月6日実施

【富山県選挙区】定数 1
当	永田	良雄	55	男	自民	新	394,516
	横山	真人	43	男	社会	新	205,253
	反保	直樹	36	男	共産	新	42,750

第15回参議院議員選挙
平成元年(1989年) 7月23日実施

【富山県選挙区】定数 1
当	鹿熊	安正	62	男	自民	新	303,477
	横山	真人	46	男	社会	新	265,885
	反保	直樹	39	男	共産	新	24,363

第16回参議院議員選挙
平成4年(1992年) 7月26日実施

【富山県選挙区】定数 1
当	永田	良雄	61	男	自民	前	298,827
	永井	博	51	男	連合	新	143,248
	泉野	和之	35	男	共産	新	21,660

第17回参議院議員選挙
平成7年(1995年) 7月23日実施

【富山県選挙区】定数 1
当	鹿熊	安正	68	男	自民	前	215,758
	田尻	繁	43	男	社会	新	87,584
	北浦	義久	34	男	新進	新	78,026
	泉野	和之	38	男	共産	新	21,132
	堺	勇芳	51	男	諸派	新	904

第18回参議院議員選挙
平成10年(1998年) 7月12日実施

【富山県選挙区】定数 1
当	永田	良雄	67	男	自民	現	245,558
繰当	谷林	正昭	51	男	民主	新	108,390
	田尻	繁	46	男	社民	新	88,795
	泉野	和之	41	男	共産	新	56,791
	中田	久義	63	男	諸派	新	14,972

※永田良雄(自民)死亡のため平成10年9月1日谷林正昭(民主)が繰上当選

第19回参議院議員選挙
平成13年(2001年) 7月29日実施

【富山県選挙区】定数 1
当	野上浩太郎		34	男	自民	新	337,002
	草嶋	安治	51	男	無所属	新	124,340
	坂本	洋史	31	男	共産	新	36,425
	窪川	数枝	65	女	自連	新	14,598

第20回参議院議員選挙
平成16年(2004年) 7月11日実施

【富山県選挙区】定数 1
当	河合	常則	67	男	自民	新	236,318
	谷林	正昭	57	男	民主	現	190,013
	小川	晃	64	男	社民	新	57,486
	上田	俊彦	51	男	共産	新	26,458

第21回参議院議員選挙
平成19年(2007年) 7月29日実施

【富山県選挙区】定数 1
当	森田	高	40	男	無所属	新	291,714
	野上浩太郎		40	男	自民	前	265,882
	泉野	和之	50	男	共産	新	24,240

第22回参議院議員選挙
平成22年(2010年) 7月11日実施

【富山県選挙区】定数 1
当	野上浩太郎		43	男	自民	元	322,739
	相本	芳彦	54	男	民主	新	223,691
	高橋	渡	47	男	共産	新	27,500

第23回参議院議員選挙
平成25年(2013年) 7月21日実施

【富山県選挙区】定数 1
当	堂故	茂	60	男	自民	新	328,638
	高橋	渡	50	男	共産	新	51,569
	西江	嘉晃	58	男	無所属	新	27,509
	吉田かをる		58	女	諸派	新	18,797

第24回参議院議員選挙
平成28年(2016年) 7月10日実施

【富山県選挙区】定数 1
当	野上浩太郎		49	男	自民	現	339,055
	道用	悦子	50	女	無所属	新	134,212
	吉田かをる		61	女	諸派	新	16,410

選挙区・石川県

第1回参議院議員選挙
昭和22年(1947年)4月20日実施
【石川県選挙区】定数2
当	林屋亀次郎	62	男	民主	115,048
当3	中川 幸平	58	男	自由	79,263
	竹山 重勝	36	男	社会	67,849
	永井 泰蔵	39	男	共産	20,458

※「当3」は任期3年の意味

第2回参議院議員選挙
昭和25年(1950年)6月4日実施
【石川県選挙区】定数1
当	中川 幸平	57	男	自由	前	132,025
	竹山 重勝	38	男	諸派	新	130,616
	山崎 広	45	男	社会	新	86,892
	永井 泰蔵	41	男	共産	新	15,609

第3回参議院議員選挙
昭和28年(1953年)4月24日実施
【石川県選挙区】定数1
当	井村 徳二	53	男	改進	新	210,442
	林屋亀次郎	66	男	無所属	現	194,279
	二木 秀雄	44	男	無所属	新	12,447

《補選》第3回参議院議員選挙
昭和33年(1958年)12月7日実施
※井村徳二の死去による
【石川県選挙区】被選挙数1
当	柴野和喜夫	56	男	無所属	新	136,052
	神戸世志夫	45	男	社会	新	114,587

第4回参議院議員選挙
昭和31年(1956年)7月8日実施
【石川県選挙区】定数1
当	林屋亀次郎	70	男	自民	元	268,824
	塩田 親雄	61	男	社会	新	95,135
	梨木作次郎	48	男	共産	新	28,381

第5回参議院議員選挙
昭和34年(1959年)6月2日実施
【石川県選挙区】定数1
当	鳥畠徳次郎	66	男	無所属	新	148,701
	柴野和喜夫	56	男	自民	前	103,852
	神戸世志夫	45	男	社会	新	93,879
	藤野 公平	46	男	無所属	新	83,160

第6回参議院議員選挙
昭和37年(1962年)7月1日実施
【石川県選挙区】定数1
当	林屋亀次郎	76	男	自民	現	222,535
	川島 重男	47	男	社会	新	104,150
	曽我 嘉三	35	男	民社	新	45,637
	鶴森 広	49	男	無所属	新	27,301

第7回参議院議員選挙
昭和40年(1965年)7月4日実施
【石川県選挙区】定数1
当	任田 新治	56	男	自民	新	175,397
	池田 健	30	男	社会	新	145,685
	武谷甚太郎	72	男	無所属	新	56,650
	永井 泰蔵	56	男	共産	新	22,690

《補選》第7回参議院議員選挙
昭和46年(1971年)2月7日実施
※任田新治の死去による
【石川県選挙区】被選挙数1
当	嶋崎 均	47	男	自民	新	242,434
	森 昭	42	男	共産	新	58,713
	松上 二郎	71	男	無所属	新	19,130

第8回参議院議員選挙
昭和43年(1968年)7月7日実施
【石川県選挙区】定数1
当	安田 隆明	51	男	無所属	新	232,220
	林屋亀次郎	82	男	自民	現	167,460
	池田 健	33	男	社会	新	106,879
	竹村かずみ	42	男	共産	新	12,550

第9回参議院議員選挙
昭和46年(1971年)6月27日実施
【石川県選挙区】定数1
当	嶋崎 均	48	男	自民	現	239,269
	福村 洸	56	男	社会	新	103,034
	森 昭	43	男	共産	新	57,907

第10回参議院議員選挙
昭和49年(1974年) 7月7日実施

【石川県選挙区】定数1

当	安田	隆明	57	男	自民	現	300,002
	奥村	喜則	55	男	社会	新	145,079
	伊藤喜美子		52	女	共産	新	75,325

第11回参議院議員選挙
昭和52年(1977年) 7月10日実施

【石川県選挙区】定数1

当	嶋崎	均	54	男	自民	前	288,973
	池田	健	42	男	社会	新	158,305
	森	昭	49	男	共産	新	33,574
	家田	徹	35	男	社市連	新	14,478

第12回参議院議員選挙
昭和55年(1980年) 6月22日実施

【石川県選挙区】定数1

当	安田	隆明	63	男	自民	現	355,987
	古坊	満吉	31	男	社会	新	155,080
	川上	賢二	39	男	共産	新	38,020

第13回参議院議員選挙
昭和58年(1983年) 6月26日実施

【石川県選挙区】定数1

当	嶋崎	均	60	男	自民	現	269,547
	米田	正一	58	男	社会	新	106,901
	川上	賢二	42	男	共産	新	35,760

第14回参議院議員選挙
昭和61年(1986年) 7月6日実施

【石川県選挙区】定数1

当	沓掛	哲男	56	男	自民	新	295,377
	粟森	喬	47	男	社会	新	200,587
	川上	賢二	46	男	共産	新	44,144

第15回参議院議員選挙
平成元年(1989年) 7月23日実施

【石川県選挙区】定数1

当	粟森	喬	50	男	連合	新	276,095
	嶋崎	均	66	男	自民	前	274,924
	尾西	洋子	45	女	共産	新	26,911
	米村	照夫	50	男	無所属	新	14,165

第16回参議院議員選挙
平成4年(1992年) 7月26日実施

【石川県選挙区】定数1

当	沓掛	哲男	62	男	自民	前	261,348
	宮本	一二	44	男	連合	新	162,714
	尾西	洋子	48	女	共産	新	36,504

第17回参議院議員選挙
平成7年(1995年) 7月23日実施

【石川県選挙区】定数1

当	馳	浩	34	男	無所属	新	234,283
	粟森	喬	56	男	民改連	前	205,949
	尾西	洋子	51	女	共産	新	34,478

《補選》第17回参議院議員選挙
平成12年(2000年) 6月25日実施
※馳浩の辞職(衆院選立候補)による

【石川県選挙区】被選挙数1

当	沓掛	哲男	70	男	自民	前	369,915
	橋本	和雄	49	男	無所属	新	167,338
	尾西	洋子	56	女	共産	新	71,887

第18回参議院議員選挙
平成10年(1998年) 7月12日実施

【石川県選挙区】定数1

当	岩本	荘太	58	男	無所属	新	254,132
	沓掛	哲男	68	男	自民	現	239,067
	尾西	洋子	54	女	共産	新	53,258
	種部	秀之	32	男	諸派	新	17,247

第19回参議院議員選挙
平成13年(2001年) 7月29日実施

【石川県選挙区】定数1

当	沓掛	哲男	71	男	自民	前	307,664
	森岡智恵子		53	女	無所属	新	179,832
	尾西	洋子	57	女	共産	新	36,367
	種部	秀之	35	男	自連	新	15,838

第20回参議院議員選挙
平成16年(2004年) 7月11日実施

【石川県選挙区】定数1

当	岡田	直樹	42	男	自民	新	289,697
	加藤	隆	54	男	民主	新	188,804
	佐藤	正幸	36	男	共産	新	37,800

第21回参議院議員選挙
平成19年(2007年) 7月29日実施

【石川県選挙区】定数1
当	一川	保夫	65	男	民主 新	272,366
	矢田	富郎	57	男	自民 新	268,185
	近松美喜子		53	女	共産 新	28,604
	浜崎	茂	39	男	無所属 新	11,477

第22回参議院議員選挙
平成22年(2010年) 7月11日実施

【石川県選挙区】定数1
当	岡田	直樹	48	男	自民 現	304,511
	西原	啓	51	男	民主 新	211,373
	近松美喜子		56	女	共産 新	32,780

第23回参議院議員選挙
平成25年(2013年) 7月21日実施

【石川県選挙区】定数1
当	山田	修路	59	男	自民 新	321,286
	一川	保夫	71	男	民主 現	113,817
	亀田	良典	64	男	共産 新	40,295
	浜崎	茂	45	男	無所属 新	10,114
	宮元	智	53	男	諸派 新	9,935

第24回参議院議員選挙
平成28年(2016年) 7月10日実施

【石川県選挙区】定数1
当	岡田	直樹	54	男	自民 現	328,013
	柴田	未来	45	女	無所属 新	191,371
	宮元	智	56	男	諸派 新	11,992

選挙区・福井県

第1回参議院議員選挙
昭和22年(1947年) 4月20日実施

【福井県選挙区】定数2
当	池田七郎兵衛		66	男	無所属	120,993
当3	松下松治郎		52	男	社会	74,469
	庄司与一郎		72	男	無所属	42,068
	玉川	安平	40	男	共産	12,076

※「当3」は任期3年の意味

第2回参議院議員選挙
昭和25年(1950年) 6月4日実施

【福井県選挙区】定数1
当	堂森	芳夫	46	男	社会 新	133,679
	長谷川政友		39	男	自由 新	97,035
	加藤吉太夫		55	男	諸派 新	81,228
	牧野	藤宗	33	男	共産 新	5,752
	宝鏡	晃	47	男	自由 新	辞退

《補選》第2回参議院議員選挙
昭和30年(1955年) 3月10日実施
※堂森芳夫の辞職(衆院選立候補)による

【福井県選挙区】被選挙数1
当	小幡	治和	50	男	無所属 新	191,186
	宝鏡	晃	52	男	民主 新	84,385

第3回参議院議員選挙
昭和28年(1953年) 4月24日実施

【福井県選挙区】定数1
当	酒井	利雄	61	男	自由吉 新	125,920
	久保	文蔵	54	男	無所属 新	77,159
	山内	譲	48	男	右社 新	70,523
	岸	新蔵	48	男	左社 新	19,783

第4回参議院議員選挙
昭和31年(1956年) 7月8日実施

【福井県選挙区】定数1
当	小幡	治和	51	男	自民 前	150,985
	斎木	重一	61	男	社会 新	106,269
	宝鏡	晃	53	男	無所属 新	62,422
	落合	栄一	49	男	共産 新	5,448

第5回参議院議員選挙
昭和34年(1959年) 6月2日実施

【福井県選挙区】定数1
当	高橋	衛	56	男	自民 前	179,163
	斎木	重一	64	男	社会 新	127,781

第6回参議院議員選挙
昭和37年(1962年) 7月1日実施

【福井県選挙区】定数1
当	熊谷太三郎		55	男	自民 新	205,961
	小幡	治和	57	男	無所属 現	84,964
	田畑政一郎		38	男	社会 新	81,165

吉田 一夫	37	男	共産	新	6,246

第7回参議院議員選挙
昭和40年(1965年)7月4日実施

【福井県選挙区】定数1

当	高橋 衛	62	男	自民	前	146,354
	小幡 治和	60	男	無所属	元	130,254
	辻 一彦	40	男	社会	新	92,528
	吉田 一夫	40	男	共産	新	9,274

第8回参議院議員選挙
昭和43年(1968年)7月7日実施

【福井県選挙区】定数1

当	熊谷太三郎	61	男	自民	現	230,363
	辻 一彦	43	男	社会	新	134,321
	吉田 一夫	43	男	共産	新	17,640

第9回参議院議員選挙
昭和46年(1971年)6月27日実施

【福井県選挙区】定数1

当	辻 一彦	46	男	社会	新	160,844
	高橋 衛	68	男	自民	現	158,635
	坂口 章	47	男	共産	新	21,755

第10回参議院議員選挙
昭和49年(1974年)7月7日実施

【福井県選挙区】定数1

当	熊谷太三郎	67	男	自民	現	251,238
	堀川 功	51	男	社会	新	128,093
	浅田 豊	48	男	共産	新	35,970

第11回参議院議員選挙
昭和52年(1977年)7月10日実施

【福井県選挙区】定数1

当	山内 一郎	64	男	自民	前	220,399
	辻 一彦	52	男	社会	前	207,332
	浅田 豊	51	男	共産	新	13,580

第12回参議院議員選挙
昭和55年(1980年)6月22日実施

【福井県選挙区】定数1

当	熊谷太三郎	73	男	自民	現	258,633
	辻 一彦	55	男	社会	元	195,741
	吉田 一夫	55	男	共産	新	15,005

第13回参議院議員選挙
昭和58年(1983年)6月26日実施

【福井県選挙区】定数1

当	山内 一郎	70	男	自民	現	188,838
	小林 優	51	男	社会	新	73,823
	神谷 正保	51	男	民社	新	59,711
	南 秀一	33	男	共産	新	20,458

第14回参議院議員選挙
昭和61年(1986年)7月6日実施

【福井県選挙区】定数1

当	熊谷太三郎	79	男	自民	現	302,454
	神谷 正保	54	男	民社	新	95,814
	吉田 一夫	61	男	共産	新	52,277

第15回参議院議員選挙
平成元年(1989年)7月23日実施

【福井県選挙区】定数1

当	古川太三郎	56	男	連合	新	215,953
	山内 一郎	76	男	自民	前	205,668
	元山章一郎	53	男	共産	新	18,771

第16回参議院議員選挙
平成4年(1992年)7月26日実施

【福井県選挙区】定数1

当	山崎 正昭	50	男	自民	新	216,105
	龍田 清成	49	男	連合	新	129,146
	宇野 邦弘	40	男	共産	新	18,128

第17回参議院議員選挙
平成7年(1995年)7月23日実施

【福井県選挙区】定数1

当	松村 龍二	57	男	自民	新	182,078
	古川太三郎	62	男	民改連	前	122,522
	佐藤 正雄	36	男	共産	新	22,091

第18回参議院議員選挙
平成10年(1998年)7月12日実施

【福井県選挙区】定数1

当	山崎 正昭	56	男	自民	現	205,569
	京藤 啓民	58	男	民主	新	112,472
	宇野 邦弘	46	男	共産	新	41,426
	村田 恭子	45	女	諸派	新	33,930

第19回参議院議員選挙
平成13年(2001年) 7月29日実施

【福井県選挙区】定数1

当	松村	龍二	63	男	自民	前	239,560
	小沢	喜久子	53	女	民主	新	103,373
	宇野	邦弘	49	男	共産	新	27,480
	山口	透	61	男	自連	新	10,052

第20回参議院議員選挙
平成16年(2004年) 7月11日実施

【福井県選挙区】定数1

当	山崎	正昭	62	男	自民	現	218,885
	五十川	真季子	40	女	民主	新	147,419
	宇野	邦弘	52	男	共産	新	24,250

第21回参議院議員選挙
平成19年(2007年) 7月29日実施

【福井県選挙区】定数1

当	松村	龍二	69	男	自民	前	193,617
	若泉	征三	61	男	民主	新	190,644
	山田	和雄	40	男	共産	新	23,110

第22回参議院議員選挙
平成22年(2010年) 7月11日実施

【福井県選挙区】定数1

当	山崎	正昭	68	男	自民	現	212,605
	井ノ部	航太	36	男	民主	新	175,382
	山田	和雄	42	男	共産	新	27,017

第23回参議院議員選挙
平成25年(2013年) 7月21日実施

【福井県選挙区】定数1

当	滝波	宏文	41	男	自民	新	237,732
	藤野	利和	61	男	民主	新	56,409
	山田	和雄	46	男	共産	新	35,600
	白川	康之	56	男	諸派	新	7,020

第24回参議院議員選挙
平成28年(2016年) 7月10日実施

【福井県選挙区】定数1

当	山崎	正昭	74	男	自民	現	217,304
	横山	龍寛	51	男	無所属	新	131,278
	白川	康之	59	男	諸派	新	12,856

選挙区・山梨県

第1回参議院議員選挙
昭和22年(1947年) 4月20日実施

【山梨県選挙区】定数2

当	小宮山	常吉	66	男	無所属		103,246
当3	平野	成子	49	女	社会		90,366
	古屋	貞雄	59	男	諸派		59,314
	阿部	淑子	45	女	共産		13,254

※「当3」は任期3年の意味

第2回参議院議員選挙
昭和25年(1950年) 6月4日実施

【山梨県選挙区】定数1

当	平林	太一	53	男	無所属	新	86,199
	丸山	三郎	50	男	社会	新	70,598
	中村	邦保	57	男	諸派	新	62,846
	柳本	光三	52	男	自由	新	55,382
	雪江	雪	43	男	共産	新	34,942

第3回参議院議員選挙
昭和28年(1953年) 4月24日実施

【山梨県選挙区】定数1

当	広瀬	久忠	64	男	無所属	新	176,452
	鈴木	俊彦	40	男	無所属	新	110,430
	堀内	義之輔	50	男	右社	新	14,905
	篠原	貞雄	50	男	共産	新	辞退

第4回参議院議員選挙
昭和31年(1956年) 7月8日実施

【山梨県選挙区】定数1

当	吉江	勝保	56	男	自民	新	145,427
	安田	敏雄	46	男	社会	新	136,219
	田中	哲雄	51	男	無所属	新	23,193
	武井	治郎	54	男	無所属	新	5,492

第5回参議院議員選挙
昭和34年(1959年) 6月2日実施

【山梨県選挙区】定数1

当	安田	敏雄	49	男	社会	新	157,984
	広瀬	久忠	70	男	自民	前	156,197

第6回参議院議員選挙
昭和37年(1962年) 7月1日実施

【山梨県選挙区】定数1

当	吉江	勝保	62	男	自民	現	182,953

神沢	浄	46	男	社会	新	138,275
平林	太一	65	男	無所属	元	12,475
足達	八郎	41	男	共産	新	6,884

第7回参議院議員選挙
昭和40年（1965年）7月4日実施

【山梨県選挙区】定数1
当	広瀬	久忠	76	男	自民	元	187,842
	安田	敏雄	55	男	社会	前	154,160
	足達	八郎	44	男	共産	新	12,090

第8回参議院議員選挙
昭和43年（1968年）7月7日実施

【山梨県選挙区】定数1
当	吉江	勝保	68	男	自民	現	186,810
	神沢	浄	52	男	社会	新	155,714
	三森	信	53	男	共産	新	21,363

《補選》第8回参議院議員選挙
昭和45年（1970年）11月1日実施
※吉江勝保の死去による

【山梨県選挙区】被選挙数1
当	星野	重次	75	男	自民	新	136,960
	神沢	浄	55	男	社会	新	127,750
	三森	信	56	男	共産	新	22,188

第9回参議院議員選挙
昭和46年（1971年）6月27日実施

【山梨県選挙区】定数1
当	神沢	浄	55	男	社会	新	170,051
	大沢	融	58	男	自民	新	130,496
	三森	信	56	男	共産	新	19,889
	成沢	勇記	34	男	無所属	新	16,456

第10回参議院議員選挙
昭和49年（1974年）7月7日実施

【山梨県選挙区】定数1
当	中村	太郎	56	男	自民	新	177,108
	鈴木	強	60	男	社会	現	173,286
	中沢	こうめい	65	男	公明	新	32,872
	桜井	真作	34	男	共産	新	25,646
	遠藤	欣之助	38	男	民社	新	12,222

第11回参議院議員選挙
昭和52年（1977年）7月10日実施

【山梨県選挙区】定数1
| 当 | 降矢 | 敬雄 | 55 | 男 | 自民 | 新 | 212,990 |

| | 神沢 | 浄 | 61 | 男 | 社会 | 前 | 194,247 |
| | 桜井 | 真作 | 37 | 男 | 共産 | 新 | 23,084 |

第12回参議院議員選挙
昭和55年（1980年）6月22日実施

【山梨県選挙区】定数1
当	中村	太郎	62	男	自民	現	255,068
	原	忠三	63	男	社会	新	170,364
	桜井	真作	40	男	共産	新	31,392

第13回参議院議員選挙
昭和58年（1983年）6月26日実施

【山梨県選挙区】定数1
当	志村	哲良	57	男	自民	新	217,722
	神沢	浄	67	男	社会	元	153,038
	桜井	真作	43	男	共産	新	19,616

第14回参議院議員選挙
昭和61年（1986年）7月6日実施

【山梨県選挙区】定数1
| 当 | 中村 | 太郎 | 68 | 男 | 自民 | 現 | 338,016 |
| | 桜井 | 真作 | 46 | 男 | 共産 | 新 | 122,858 |

第15回参議院議員選挙
平成元年（1989年）7月23日実施

【山梨県選挙区】定数1
当	磯村	修	58	男	連合	新	231,084
	志村	哲良	63	男	自民	前	208,057
	福田	剛司	44	男	共産	新	24,199

第16回参議院議員選挙
平成4年（1992年）7月26日実施

【山梨県選挙区】定数1
当	志村	哲良	66	男	自民	元	256,770
	望月	幸明	68	男	連合	新	175,853
	福田	剛司	47	男	共産	新	20,080
	大河原	満	56	男	無所属	新	1,955

第17回参議院議員選挙
平成7年（1995年）7月23日実施

【山梨県選挙区】定数1
当	中島	真人	60	男	自民	新	129,386
	赤池	誠章	34	男	新進	新	101,317
	磯村	修	64	男	民改連	前	86,850
	福田	剛司	50	男	共産	新	23,376

第18回参議院議員選挙
平成10年（1998年）7月12日実施

【山梨県選挙区】定数1

当	興石	東	62	男	無所属	新	183,721
	保坂	司	61	男	自民	新	169,633
	遠藤	昭子	46	女	共産	新	45,946
	蒲田	裕子	56	女	自由	新	19,122
	深沢満寿子		54	女	諸派	新	6,205

第19回参議院議員選挙
平成13年（2001年）7月29日実施

【山梨県選挙区】定数1

当	中島	真人	66	男	自民	前	203,664
	樋口	雄一	41	男	民主	新	140,316
	遠藤	昭子	49	女	共産	新	33,344
	庄司	寛	46	男	自由	新	31,807
	加藤千穂子		62	女	自連	新	9,632

第20回参議院議員選挙
平成16年（2004年）7月11日実施

【山梨県選挙区】定数1

当	興石	東	68	男	民主	現	231,631
	大柴	堅志	54	男	無所属	新	155,949
	花田	仁	43	男	共産	新	32,845

第21回参議院議員選挙
平成19年（2007年）7月29日実施

【山梨県選挙区】定数1

当	米長	晴信	41	男	民主	新	242,586
	入倉	要	42	男	自民	新	162,746
	花田	仁	46	男	共産	新	32,994

第22回参議院議員選挙
平成22年（2010年）7月11日実施

【山梨県選挙区】定数1

当	興石	東	74	男	民主	現	187,010
	宮川	典子	31	女	自民	新	183,265
	花田	仁	49	男	共産	新	32,274
	根本	直幸	44	男	無所属	新	19,390
	木川	貴志	36	男	無所属	新	12,721

第23回参議院議員選挙
平成25年（2013年）7月21日実施

【山梨県選挙区】定数1

当	森屋	宏	56	男	自民	新	142,529
	坂口	岳洋	42	男	無所属	新	75,686
	青木	茂樹	44	男	無所属	新	61,834
	米長	晴信	47	男	みんな	現	58,750
	遠藤	昭子	61	女	共産	新	36,082
	林	祥三	65	男	無所属	新	3,969
	田辺丈太郎		32	男	諸派	新	3,220

第24回参議院議員選挙
平成28年（2016年）7月10日実施

【山梨県選挙区】定数1

当	宮沢	由佳	53	女	民進	新	173,713
	高野	剛	68	男	自民	新	152,437
	米長	晴信	50	男	無所属	元	67,459
	西脇	愛	31	女	諸派	新	10,183

選挙区・長野県

第1回参議院議員選挙
昭和22年（1947年）4月20日実施

【長野県選挙区】定数4

当	羽生	三七	44	男	社会	163,829
当	木内	四郎	52	男	民主	152,319
当3	米倉	龍也	63	男	国協	148,220
当3	木下	盛雄	44	男	自由	115,198
	岩田	健治	51	男	共産	41,826
	丸山象二郎		68	男	社会	22,700

※「当3」は任期3年の意味

《補選》第1回参議院議員選挙
昭和23年（1948年）2月5日実施
※木下盛雄の死去による

【長野県選挙区】被選挙数1

当	池田宇右衛門		自由	184,677
	宮下	学		社会	140,091
	高倉	テル		共産	99,724
	堀	文雄		民主	57,835
	滝沢	佳太		無所属	13,969

第2回参議院議員選挙
昭和25年(1950年)6月4日実施

【長野県選挙区】定数2
当	棚橋 小虎	61	男	社会	新	205,305
当	池田宇右衛門	56	男	自由	前	142,579
	木下 陽康	60	男	諸派	新	124,669
	中島 裃裴重	49	男	諸派	新	85,262
	渡辺 栄蔵	62	男	自由	新	76,762
	伊藤 富雄	58	男	共産	新	74,784
	藤岡 啓	50	男	自由	新	49,728
	古村幸一郎	36	男	諸派	新	29,063
	丸山 海二	59	男	諸派	新	12,791
	大槻 庸資	48	男	自由	新	辞退
	金子 信雄	52	男	無所属	新	辞退

第3回参議院議員選挙
昭和28年(1953年)4月24日実施

【長野県選挙区】定数2
当	羽生 三七	49	男	左社	現	231,380
当	木内 四郎	56	男	自由吉	現	189,819
	小山邦太郎	63	男	改進	新	187,331
	黒田新一郎	56	男	右社	新	103,624
	小林 次郎	61	男	無所属	新	80,753
	菊池 謙一	40	男	共産	新	27,865

第4回参議院議員選挙
昭和31年(1956年)7月8日実施

【長野県選挙区】定数2
当	棚橋 小虎	67	男	社会	前	340,871
当	小山邦太郎	66	男	自民	前	307,765
	池田宇右衛門	62	男	自民	前	147,762
	田中 策三	54	男	共産	新	42,851

第5回参議院議員選挙
昭和34年(1959年)6月2日実施

【長野県選挙区】定数2
当	羽生 三七	55	男	社会	前	278,867
当	木内 四郎	62	男	自民	前	221,571
	植原悦二郎	82	男	自民	新	161,837
	高倉 テル	68	男	共産	新	65,517
	上倉 藤一	51	男	無所属	新	38,417
	古村幸一郎	45	男	緑風	新	20,034
	駒津恒治郎	34	男	無所属	新	12,704

第6回参議院議員選挙
昭和37年(1962年)7月1日実施

【長野県選挙区】定数2
当	林 虎雄	59	男	社会	新	433,356
当	小山邦太郎	72	男	自民	現	312,073
	松原 久三	43	男	社会	新	174,446
	菊池 謙一	49	男	共産	新	38,684

第7回参議院議員選挙
昭和40年(1965年)7月4日実施

【長野県選挙区】定数2
当	羽生 三七	61	男	社会	前	424,791
当	木内 四郎	69	男	自民	前	378,473
	菊池 謙一	52	男	共産	新	94,629

第8回参議院議員選挙
昭和43年(1968年)7月7日実施

【長野県選挙区】定数2
当	林 虎雄	65	男	社会	現	500,061
当	小山邦太郎	78	男	自民	現	347,072
	菊池 謙一	55	男	共産	新	141,677

第9回参議院議員選挙
昭和46年(1971年)6月27日実施

【長野県選挙区】定数2
当	羽生 三七	67	男	社会	現	367,045
当	木内 四郎	74	男	自民	現	354,559
	菊池 謙一	58	男	共産	新	133,404
	山口 富永	47	男	無所属	新	23,358

第10回参議院議員選挙
昭和49年(1974年)7月7日実施

【長野県選挙区】定数2
当	小山 一平	59	男	社会	新	394,701
当	夏目 忠雄	65	男	自民	新	280,163
	下条進一郎	54	男	自民	新	192,854
	菊池 謙一	61	男	共産	新	188,388
	柳沢 春吉	40	男	公明	新	91,904

第11回参議院議員選挙
昭和52年(1977年)7月10日実施

【長野県選挙区】定数2
当	村沢 牧	52	男	社会	新	421,545
当	下条進一郎	57	男	自民	新	320,640
	木内 四郎	81	男	自民	前	200,842
	木島日出夫	30	男	共産	新	142,495

第12回参議院議員選挙
昭和55年(1980年)6月22日実施

【長野県選挙区】定数2
当	夏目 忠雄	71	男	自民	現	497,386

当	小山　一平	65	男	社会	現	444,372
	木島日出夫	33	男	共産	新	181,572

第13回参議院議員選挙
昭和58年(1983年)6月26日実施

【長野県選挙区】定数2

当	下条進一郎	63	男	自民	現	363,835
当	村沢　牧	58	男	社会	現	295,185
	今村　忠雄	50	男	民社	新	151,164
	木島日出夫	36	男	共産	新	127,547

第14回参議院議員選挙
昭和61年(1986年)7月6日実施

【長野県選挙区】定数2

当	小山　一平	71	男	社会	現	351,937
当	向山　一人	72	男	自民	新	337,711
	北沢　俊美	48	男	自民	新	312,944
	三井　隆典	39	男	共産	新	96,369
	高木　邦雄	60	男	民社	新	93,882
	山本勝三郎	48	男	無所属	新	7,394

第15回参議院議員選挙
平成元年(1989年)7月23日実施

【長野県選挙区】定数2

当	村沢　牧	64	男	社会	前	494,332
当	下条進一郎	69	男	自民	前	327,294
	高木　邦雄	63	男	民社	新	148,550
	小平　敦子	53	女	共産	新	146,718

第16回参議院議員選挙
平成4年(1992年)7月26日実施

【長野県選挙区】定数2

当	北沢　俊美	54	男	自民	新	379,633
当	今井　澄	52	男	社会	新	309,505
	神津　武士	65	男	無所属	新	140,214
	小平　敦子	56	女	共産	新	108,053

第17回参議院議員選挙
平成7年(1995年)7月23日実施

【長野県選挙区】定数2

当	小山　峰男	60	男	新進	新	425,003
当	村沢　牧	70	男	社会	前	193,954
	下条進一郎	75	男	自民	前	189,376
	古畑　昌夫	56	男	共産	新	70,476
	岩田　薫	42	男	諸派	新	18,605

《補選》第17回参議院議員選挙
平成11年(1999年)10月17日実施
※村沢牧の死去による

【長野県選挙区】被選挙数1

当	羽田雄一郎	32	男	民主	新	358,949
	深沢賢一郎	61	男	自民	新	244,679
	山口　典久	38	男	共産	新	143,909
	布目裕喜雄	42	男	社民	新	105,472

第18回参議院議員選挙
平成10年(1998年)7月12日実施

【長野県選挙区】定数2

当	北沢　俊美	60	男	民主	現	418,504
当	若林　正俊	64	男	自民	新	252,439
	山口　典久	37	男	共産	新	196,939
	布目裕喜雄	40	男	社民	新	112,656
	下条進一郎	78	男	無所属	元	73,339
	草間　重男	48	男	無所属	新	12,974
	田中　豊	61	男	諸派	新	12,779
	奥原計三郎	58	男	無所属	新	3,607

第19回参議院議員選挙
平成13年(2001年)7月29日実施

【長野県選挙区】定数2

当	吉田　博美	52	男	自民	新	346,831
当	羽田雄一郎	34	男	民主	前	293,669
	小山　峰男	66	男	民主	前	176,945
	山口　典久	40	男	共産	新	117,398
	佐藤　節子	60	女	社民	新	95,522
	渡辺　信幸	37	男	自連	新	25,264

第20回参議院議員選挙
平成16年(2004年)7月11日実施

【長野県選挙区】定数2

当	北沢　俊美	66	男	民主	現	432,287
当	若林　正俊	70	男	自民	現	287,712
	山口　典久	43	男	共産	新	121,549
	山口わか子	69	女	社民	新	109,647
	堀　六平	58	男	無所属	新	104,976

第21回参議院議員選挙
平成19年(2007年)7月29日実施

【長野県選挙区】定数2

当	羽田雄一郎	40	男	民主	前	538,690
当	吉田　博美	58	男	自民	前	301,635
	中野　早苗	59	女	共産	新	194,407
	中川　博司	49	男	社民	新	89,579

第22回参議院議員選挙
平成22年(2010年) 7月11日実施

【長野県選挙区】定数2
当	若林	健太	46	男	自民	新	293,539
当	北沢	俊美	72	男	民主	現	290,027
	高島	陽子	42	女	民主	新	217,655
	井出	庸生	32	男	みんな	新	183,949
	中野	早苗	62	女	共産	新	116,496
	臼田	寛明	44	男	幸福	新	8,959

当	羽田雄一郎		45	男	民主	現	294,588
	唐沢	千晶	43	女	共産	新	154,630
	角	恵子	33	女	みんな	新	106,915
	神津ゆかり		46	女	無所属	新	51,621
	味岡	淳二	54	男	諸派	新	7,537

第23回参議院議員選挙
平成25年(2013年) 7月21日実施

【長野県選挙区】定数2
当	吉田	博美	64	男	自民	現	365,115

第24回参議院議員選挙
平成28年(2016年) 7月10日実施

【長野県選挙区】定数1
当	杉尾	秀哉	58	男	民進	新	574,052
	若林	健太	52	男	自民	現	499,974
	及川	幸久	56	男	諸派	新	20,350

選挙区・岐阜県

第1回参議院議員選挙
昭和22年(1947年) 4月20日実施

【岐阜県選挙区】定数2
当	伊藤	修	52	男	社会		無投票
当3	渡辺	甚吉	42	男	無所属		無投票

※「当3」は任期3年の意味

第2回参議院議員選挙
昭和25年(1950年) 6月4日実施

【岐阜県選挙区】定数1
当	古池	信三	47	男	自由	新	262,759
	吉川	文助	57	男	社会	新	231,152
	島田	貞男	41	男	共産	新	35,845

第3回参議院議員選挙
昭和28年(1953年) 4月24日実施

【岐阜県選挙区】定数1
当	田中	啓一	57	男	自由吉	新	184,243
	高瀬	清	51	男	右社	新	124,417
	伊藤	修	56	男	左社	現	80,958
	井上コズエ		51	女	改進	新	71,998
	丹羽	義一	49	男	無所属	新	40,616

第4回参議院議員選挙
昭和31年(1956年) 7月8日実施

【岐阜県選挙区】定数1
当	古池	信三	53	男	自民	前	295,388
	小出	良吉	45	男	社会	新	209,853
	島田	貞男	47	男	共産	新	28,048

第5回参議院議員選挙
昭和34年(1959年) 6月2日実施

【岐阜県選挙区】定数1
当	田中	啓一	63	男	自民	前	309,513
	高瀬	清	57	男	社会	新	207,724
	細野	義幸	34	男	共産	新	18,008

第6回参議院議員選挙
昭和37年(1962年) 7月1日実施

【岐阜県選挙区】定数1
当	古池	信三	59	男	自民	現	373,945
	中村	波男	50	男	社会	新	295,479
	細野	義幸	37	男	共産	新	20,658

第7回参議院議員選挙
昭和40年(1965年) 7月4日実施

【岐阜県選挙区】定数1
当	中村	波男	53	男	社会	新	291,726
	前田	義雄	59	男	自民	新	280,744
	木村	公平	59	男	無所属	新	156,908
	細野	義幸	40	男	共産	新	18,689

第8回参議院議員選挙
昭和43年(1968年) 7月7日実施

【岐阜県選挙区】定数1
当	古池	信三	65	男	自民	現	436,439
	田口	誠治	62	男	社会	新	306,971
	細野	義幸	43	男	共産	新	42,538

第9回参議院議員選挙
昭和46年（1971年）6月27日実施

【岐阜県選挙区】定数1

当	中村	波男	59	男	社会	現	359,936
	浅野	賢澄	55	男	自民	新	349,536
	髙橋	貞夫	44	男	共産	新	48,129

第10回参議院議員選挙
昭和49年（1974年）7月7日実施

【岐阜県選挙区】定数1

当	藤井	丙午	68	男	自民	元	481,777
	岩崎	昭弥	47	男	社会	新	221,190
	簑輪	幸代	32	女	共産	新	124,162
	伏屋	修治	44	男	公明	新	84,581
	山田	行彦	48	男	無所属	新	11,427
	井口	春作	33	男	無所属	新	7,016

第11回参議院議員選挙
昭和52年（1977年）7月10日実施

【岐阜県選挙区】定数1

当	浅野	拡	50	男	自民	新	492,193
	渡辺	嘉蔵	51	男	社会	新	334,162
	青山佐々夫	52	男	共産	新	58,131

《補選》第11回参議院議員選挙
昭和56年（1981年）6月28日実施
※浅野拡の死去による

【岐阜県選挙区】被選挙数1

当	杉山	令肇	58	男	自民	新	351,394
	高橋	寛	33	男	社会	新	141,414
	杉原	恭三	46	男	共産	新	53,979

第12回参議院議員選挙
昭和55年（1980年）6月22日実施

【岐阜県選挙区】定数1

当	藤井	丙午	74	男	自民	現	594,511
	八木	初枝	64	女	無所属	新	230,318
	上田	晋三	51	男	民社	新	136,907
	杉原	恭三	45	男	共産	新	74,409

《補選》第12回参議院議員選挙
昭和56年（1981年）2月1日実施
※藤井丙午の死去による

【岐阜県選挙区】被選挙数1

当	藤井	孝男	37	男	自民	新	414,753
	中村	波男	69	男	社会	新	299,336
	市川	英昭	37	男	共産	新	35,672

第13回参議院議員選挙
昭和58年（1983年）6月26日実施

【岐阜県選挙区】定数1

当	杉山	令肇	60	男	自民	現	425,645
	高橋	寛	35	男	社会	新	173,679
	村井	勝喜	48	男	民社	新	110,972
	杉原	恭三	48	男	共産	新	72,766

第14回参議院議員選挙
昭和61年（1986年）7月6日実施

【岐阜県選挙区】定数1

当	藤井	孝男	43	男	自民	現	654,042
	毛利	勇	51	男	社会	新	286,737
	松岡	清	36	男	共産	新	120,382

第15回参議院議員選挙
平成元年（1989年）7月23日実施

【岐阜県選挙区】定数1

当	高井	和伸	48	男	連合	新	454,154
	杉山	令肇	66	男	自民	前	419,558
	松岡	清	39	男	共産	新	77,328
	児玉	浄司	41	男	無所属	新	28,049
	河瀬	和雄	42	男	無所属	新	23,660

第16回参議院議員選挙
平成4年（1992年）7月26日実施

【岐阜県選挙区】定数1

当	藤井	孝男	49	男	自民	前	489,640
	不破	照子	52	女	社会	新	255,140
	山本	博幸	42	男	共産	新	59,367
	今園	春男	49	男	無所属	新	18,491

《補選》第16回参議院議員選挙
平成5年（1993年）7月18日実施
※藤井孝男、高井和伸の辞職（ともに衆院選立候補）による

【岐阜県選挙区】被選挙数2

当	笠原	潤一	61	男	自民	新	568,744
当	岩崎	昭弥	66	男	社会	新	385,931
	山本	博幸	43	男	共産	新	144,720

第17回参議院議員選挙
平成7年（1995年）7月23日実施

【岐阜県選挙区】定数2

当	大野	明	66	男	自民	新	340,567
当	平田	健二	51	男	新進	新	262,236
	岩崎	昭弥	68	男	社会	前	187,373

| | 山本 | 博幸 | 45 | 男 | 共産 | 新 | 57,133 |

| | 加藤 | 隆雄 | 55 | 男 | 共産 | 新 | 112,882 |

《補選》第17回参議院議員選挙
平成8年(1996年)3月24日実施
※大野明の死去による

【岐阜県選挙区】被選挙数1

当	大野	つや子	62	女	諸派	新	398,801
	吉岡	徹男	48	男	新進	新	227,757
	山本	博幸	46	男	共産	新	162,597

第18回参議院議員選挙
平成10年(1998年)7月12日実施

【岐阜県選挙区】定数2

当	松田	岩夫	61	男	無所属	新	255,416
当	山下	八洲夫	55	男	民主	新	234,218
	渡辺	猛之	30	男	無所属	新	200,689
	笠原	潤一	66	男	自民	現	190,668
	山本	博幸	48	男	共産	新	119,584
	園田	康博	31	男	諸派	新	23,035

第19回参議院議員選挙
平成13年(2001年)7月29日実施

【岐阜県選挙区】定数2

当	大野	つや子	67	女	自民	前	518,219
当	平田	健二	57	男	民主	前	284,863
	加藤	隆雄	52	男	共産	新	97,138
	樋口	光子	56	女	自連	新	35,475

第20回参議院議員選挙
平成16年(2004年)7月11日実施

【岐阜県選挙区】定数2

当	松田	岩夫	67	男	自民	現	428,988
当	山下	八洲夫	61	男	民主	現	422,235

第21回参議院議員選挙
平成19年(2007年)7月29日実施

【岐阜県選挙区】定数2

当	藤井	孝男	64	男	無所属	元	466,008
当	平田	健二	63	男	民主	前	445,489
	加藤	隆雄	58	男	共産	新	99,301

第22回参議院議員選挙
平成22年(2010年)7月11日実施

【岐阜県選挙区】定数2

当	渡辺	猛之	42	男	自民	新	425,594
当	小見山	幸治	47	男	民主	新	229,225
	山下	八洲夫	67	男	民主	現	221,343
	鈴木	正典	46	男	共産	新	73,031
	加納	有輝彦	49	男	幸福	新	18,138

第23回参議院議員選挙
平成25年(2013年)7月21日実施

【岐阜県選挙区】定数1

当	大野	泰正	54	男	自民	新	500,580
	吉田	里江	47	女	民主	新	218,074
	鈴木	正典	49	男	共産	新	115,503
	加納	有輝彦	52	男	諸派	新	17,893

第24回参議院議員選挙
平成28年(2016年)7月10日実施

【岐阜県選挙区】定数1

当	渡辺	猛之	48	男	自民	現	531,412
	小見山	幸治	53	男	民進	現	389,681
	加納	有輝彦	55	男	諸派	新	31,651

選挙区・静岡県

第1回参議院議員選挙
昭和22年(1947年)4月20日実施

【静岡県選挙区】定数4

当	森田	豊寿	53	男	自由	158,575
当	川上	嘉市	63	男	無所属	141,554
当3	河井	弥八	71	男	無所属	132,768
当3	平岡	市三	50	男	自由	125,945
	内田	真良	48	男	社会	86,132
	長島	銀蔵	47	男	無所属	69,988
	木部	達二	33	男	共産	32,328
	増井	慶太郎	65	男	国協	26,392

※「当3」は任期3年の意味

第2回参議院議員選挙
昭和25年(1950年)6月4日実施

【静岡県選挙区】定数2

当	平岡	市三	51	男	自由	前	319,335
当	河井	弥八	72	男	緑風	前	305,034
	芹沢	彪衛	47	男	社会	新	195,245
	中村	寛二	45	男	諸派	新	60,266
	高村	昌司	42	男	無所属	新	47,237
	杉山	光男	36	男	共産	新	辞退

《補選》第2回参議院議員選挙
昭和27年(1952年) 5月6日実施
※平岡市三の死去による
【静岡県選挙区】被選挙数 1

	氏名	年齢	性別	所属	新現	得票数
当	石黒 忠篤	67	男	緑風	新	370,340
	小林 武治	52	男	自由	新	317,005
	橋本富喜良	51	男	社会	新	128,556
	小田 俊与	44	男	諸派	新	23,798

第3回参議院議員選挙
昭和28年(1953年) 4月24日実施
【静岡県選挙区】定数 2

当	小林 武治	53	男	無所属	新	441,601
当	森田 豊寿	58	男	自由吉	現	220,197
	作道 良吉	43	男	左社	新	124,936
	貴志 徹	61	男	右社	新	44,097
	榊原 悠二	45	男	共産	新	18,689

第4回参議院議員選挙
昭和31年(1956年) 7月8日実施
【静岡県選挙区】定数 2

当	松永 忠二	47	男	社会	新	348,144
当	鈴木 万平	52	男	自民	新	328,743
	河井 弥八	78	男	緑風	前	293,583

第5回参議院議員選挙
昭和34年(1959年) 6月2日実施
【静岡県選挙区】定数 2

当	太田 正孝	72	男	自民	新	378,589
当	小林 武治	59	男	自民	前	320,554
	神成 昇造	43	男	社会	新	281,735
	中村 義雄	52	男	共産	新	24,594
	山田 周平	53	男	諸派	新	13,280

第6回参議院議員選挙
昭和37年(1962年) 7月1日実施
【静岡県選挙区】定数 2

当	鈴木 万平	58	男	自民	現	400,695
当	栗原 祐幸	42	男	自民	新	393,399
	松永 忠二	53	男	社会	現	355,994
	常葉 雅文	31	男	民社	新	62,768
	中村 義雄	55	男	共産	新	36,042

第7回参議院議員選挙
昭和40年(1965年) 7月4日実施
【静岡県選挙区】定数 2

当	小林 武治	65	男	自民	前	638,136
当	松永 忠二	56	男	社会	元	461,653
	中村 義雄	58	男	共産	新	89,429

第8回参議院議員選挙
昭和43年(1968年) 7月7日実施
【静岡県選挙区】定数 2

当	山本敬三郎	54	男	自民	新	466,826
当	栗原 祐幸	48	男	自民	現	442,462
	青木 勉治	44	男	社会	新	415,352
	中村 義雄	61	男	共産	新	90,495
	小杉 伴六	38	男	無所属	新	13,338

《補選》第8回参議院議員選挙
昭和47年(1972年)12月10日実施
※栗原祐幸の辞職(衆院選立候補)による
【静岡県選挙区】被選挙数 1

当	斎藤 寿夫	64	男	自民	新	821,761
	青木 薪次	46	男	社会	新	495,968
	山田 洋	50	男	共産	新	189,994
	小田 俊与	65	男	無所属	新	75,326

第9回参議院議員選挙
昭和46年(1971年) 6月27日実施
【静岡県選挙区】定数 2

当	川野辺 静	63	女	自民	新	438,016
当	松永 忠二	62	男	社会	現	403,569
	小林 武治	71	男	自民	現	397,560
	栗田 翠	39	女	共産	新	144,845
	小田 俊与	64	男	諸派	新	16,975

第10回参議院議員選挙
昭和49年(1974年) 7月7日実施
【静岡県選挙区】定数 2

当	戸塚 進也	34	男	自民	新	507,298
当	青木 薪次	48	男	社会	新	441,053
	斎藤 寿夫	66	男	自民	現	330,719
	広岡 征男	30	男	公明	新	161,468
	山田 洋	52	男	共産	新	136,046
	野呂信次郎	64	男	民社	新	115,699
	小田 俊与	67	男	無所属	新	18,783

第11回参議院議員選挙
昭和52年(1977年) 7月10日実施
【静岡県選挙区】定数 2

当	熊谷 弘	37	男	自民	新	531,020
当	勝又 武一	53	男	社会	新	426,687
	川野辺 静	69	女	自民	前	410,331
	青木 方邦	47	男	無所属	新	191,691

	山田 洋	55	男 共産 新	103,399
	吉田 静乃	35	女 諸派 新	11,911

第12回参議院議員選挙
昭和55年(1980年)6月22日実施

【静岡県選挙区】定数2

当	戸塚 進也	40 男 自民 現	667,194
当	青木 薪次	54 男 社会 現	571,059
	藤田 栄	50 男 自民 新	411,844
	山田 洋	58 男 共産 新	157,293
	椎名 広志	37 男 諸派 新	12,551

《補選》第12回参議院議員選挙
昭和58年(1983年)12月18日実施
※戸塚進也の退職(衆院選立候補)による

【静岡県選挙区】被選挙数1

当	藤田 栄	53 男 自民 新	1,099,675
	山田 洋	61 男 共産 新	595,424

第13回参議院議員選挙
昭和58年(1983年)6月26日実施

【静岡県選挙区】定数2

当	竹山 裕	49 男 自民 新	421,038
当	小島 静馬	54 男 自民 新	387,279
	菊田 昭	53 男 社会 新	370,662
	阿部 基雄	52 男 民社 新	168,070
	山田 洋	61 男 共産 新	114,223

第14回参議院議員選挙
昭和61年(1986年)7月6日実施

【静岡県選挙区】定数2

当	青木 薪次	60 男 社会 現	618,669
当	木宮 和彦	59 男 自民 新	520,751
	藤田 栄	56 男 自民 現	490,817
	山田 洋	64 男 共産 現	174,194

第15回参議院議員選挙
平成元年(1989年)7月23日実施

【静岡県選挙区】定数2

当	桜井 規順	54 男 無所属 新	563,540
当	竹山 裕	55 男 自民 前	443,008
	小島 静馬	60 男 自民 前	377,724
	杉山 恒雄	55 男 共産 新	126,838
	色本 幸代	42 女 諸派 新	83,205
	井柳 学	50 男 諸派 新	66,371
	酒井 敏雄	78 男 無所属 新	21,487
	杉山 洋	47 男 諸派 新	20,833
	大塚 周平	63 男 無所属 新	18,651

第16回参議院議員選挙
平成4年(1992年)7月26日実施

【静岡県選挙区】定数2

当	木宮 和彦	65 男 自民 前	603,766
当	青木 薪次	66 男 社会 前	433,381
	大西 健一	39 男 共産 新	109,533
	中尾 正利	54 男 無所属 新	40,185
	高橋 洋一	50 男 諸派 新	30,189

第17回参議院議員選挙
平成7年(1995年)7月23日実施

【静岡県選挙区】定数2

当	鈴木 正孝	55 男 新進 新	414,484
当	竹山 裕	61 男 自民 前	383,740
	桜井 規順	60 男 社会 前	251,089
	島津 幸広	38 男 共産 新	80,076
	有馬 良健	38 男 無所属 新	62,758
	土居 和子	47 女 諸派 新	49,855

第18回参議院議員選挙
平成10年(1998年)7月12日実施

【静岡県選挙区】定数2

当	海野 徹	49 男 無所属 新	527,277
当	山下 善彦	52 男 自民 新	338,863
	木宮 和彦	71 男 自民 現	279,124
	島津 幸広	41 男 共産 新	243,785
	井脇ノブ子	52 女 自由 新	132,328
	原 直子	34 女 諸派 新	97,236

第19回参議院議員選挙
平成13年(2001年)7月29日実施

【静岡県選挙区】定数2

当	竹山 裕	67 男 自民 前	552,894
当	榛葉賀津也	34 男 民主 新	478,508
	鈴木 正孝	61 男 自民 前	385,440
	島津 幸広	44 男 共産 新	143,889
	鈴木 弘子	43 女 諸派 新	96,482
	原 直子	37 女 自連 新	84,325

第20回参議院議員選挙
平成16年(2004年)7月11日実施

【静岡県選挙区】定数2

当	坂本由紀子	55 女 自民 新	501,618
当	藤本 祐司	47 男 民主 新	369,573
	海野 徹	55 男 民主 現	361,938
	山下 善彦	58 男 自民 現	343,368
	島津 幸広	47 男 共産 新	132,972

《補選》第20回参議院議員選挙
平成21年（2009年）10月25日実施
※坂本由紀子の辞職（知事選立候補）による

【静岡県選挙区】被選挙数 1

当	土田 博和	59	男	民主	新	567,374
	岩井 茂樹	41	男	自民	新	404,763
	平賀 高成	55	男	共産	新	97,631
	矢内 筆勝	48	男	幸福	新	12,106

第21回参議院議員選挙
平成19年（2007年）7月29日実施

【静岡県選挙区】定数 2

当	榛葉賀津也	40	男	民主	前	823,184
当	牧野 京夫	48	男	自民	新	549,375
	木部 一	42	男	無所属	新	150,306
	平賀 高成	53	男	共産	新	137,627
	土田 博和	57	男	無所属	新	86,354

第22回参議院議員選挙
平成22年（2010年）7月11日実施

【静岡県選挙区】定数 2

当	岩井 茂樹	42	男	自民	新	554,459
当	藤本 祐司	53	男	民主	現	485,507
	河合 純一	35	男	みんな	新	359,983
	中本奈緒子	31	女	民主	新	206,870
	渡辺 浩美	49	男	共産	新	94,416
	中野 雄太	36	男	幸福	新	17,633

第23回参議院議員選挙
平成25年（2013年）7月21日実施

【静岡県選挙区】定数 2

当	牧野 京夫	54	男	自民	現	634,789
当	榛葉賀津也	46	男	民主	現	458,095
	鈴木唯記子	38	女	みんな	新	187,055
	望月 飛竜	43	男	維新	新	119,109
	森 大介	44	男	共産	新	115,411
	中野 雄太	39	男	諸派	新	13,692

第24回参議院議員選挙
平成28年（2016年）7月10日実施

【静岡県選挙区】定数 2

当	岩井 茂樹	48	男	自民	現	747,410
当	平山佐知子	45	女	民進	新	691,687
	鈴木 千佳	45	女	共産	新	172,382
	大嶽創太郎	33	男	無所属	新	54,412
	江頭 俊満	53	男	諸派	新	23,021

選挙区・愛知県

第1回参議院議員選挙
昭和22年（1947年）4月20日実施

【愛知県選挙区】定数 6

当	竹中 七郎	53	男	無所属		102,023
当	山田 佐一	62	男	自由		92,543
当	山内 卓郎	50	男	無所属		88,558
当3	佐伯卯四郎	57	男	無所属		87,872
当3	草葉 隆円	53	男	自由		87,356
当3	栗山 良夫	39	男	無所属		83,742
	原 広吉	52	男	社会		73,547
	飯田きぬを	42	女	社会		73,488
	安藤 梅吉	58	男	民主		70,268
	渡辺玉三郎	64	男	民主		62,456
	宮地 太市	65	男	自由		52,860
	服部 英明	68	男	民主		51,569
	稲垣 真我	61	男	無所属		36,013
	宮沢 要	45	男	国協		14,698
	可世木文雄	48	男	民主		13,008
	小尾悦太郎	71	男	無所属		9,561
	市原 永三	46	男	自由		8,781

※「当3」は任期3年の意味

第2回参議院議員選挙
昭和25年（1950年）6月4日実施

【愛知県選挙区】定数 3

当	成瀬 幡治	39	男	社会	新	359,241
当	山本 米治	48	男	自由	新	298,644
当	草葉 隆円	54	男	自由	前	189,037
	山内庫三郎	60	男	諸派	新	168,771
	天野 末治	49	男	共産	新	103,085
	鈴村 猛男	41	男	諸派	新	73,687
	西岡 勇	47	男	緑風	新	41,317

第3回参議院議員選挙
昭和28年（1953年）4月24日実施

【愛知県選挙区】定数 3

当	青柳 秀夫	55	男	自由吉	新	424,842
当	近藤 信一	45	男	左社	新	195,360
当	長谷部広子	54	女	無所属	新	157,564
	鬼丸 義斎	66	男	改進	現	144,762
	竹中 七郎	57	男	自由吉	現	138,298
	西岡 勇	50	男	無所属	新	37,360

471

第4回参議院議員選挙
昭和31年(1956年)7月8日実施

【愛知県選挙区】定数3

当	成瀬 幡治	45	男	社会	前	375,200
当	草葉 隆円	61	男	自民	前	267,983
当	山本 米治	54	男	自民	前	253,613
	神戸 真	63	男	自民	新	209,988
	加藤 進	47	男	共産	新	62,364
	藤村 茂八	55	男	諸派	新	9,032

第5回参議院議員選挙
昭和34年(1959年)6月2日実施

【愛知県選挙区】定数3

当	青柳 秀夫	61	男	自民	前	352,679
当	杉浦 武雄	70	男	自民	新	277,334
当	近藤 信一	51	男	社会	前	238,544
	内藤 駿次	41	男	社会	新	182,813
	中峠 国夫	56	男	無所属	新	53,438
	島田 小市	52	男	共産	新	28,029
	田村 理一	56	男	無所属	新	23,231
	真野 恵澂	41	男	無所属	新	20,137
	西脇 和義	32	男	無所属	新	17,825
	藤村 茂八	58	男	諸派	新	5,870

《補選》第5回参議院議員選挙
昭和38年(1963年)10月28日実施
※杉浦武雄の死去による

【愛知県選挙区】被選挙数1

当	八木 一郎	62	男	自民	新	471,999
	飯島 幹雄	53	男	社会	新	307,017
	青山 雅彦	67	男	無所属	新	28,418
	高橋 円大	52	男	諸派	新	6,282

第6回参議院議員選挙
昭和37年(1962年)7月1日実施

【愛知県選挙区】定数3

当	成瀬 幡治	51	男	社会	現	459,640
当	草葉 隆円	67	男	自民	現	292,294
当	柴田 栄	61	男	自民	現	244,940
	内藤 駿次	44	男	民社	新	230,520
	山本 米治	60	男	自民	現	229,473
	中村 宏	43	男	共産	新	71,505
	川本 末治	64	男	無所属	新	34,798
	須賀 茂夫	68	男	無所属	新	6,568

《補選》第6回参議院議員選挙
昭和41年(1966年)11月5日実施
※草葉隆円の死去による

【愛知県選挙区】被選挙数1

当	横井 太郎	67	男	自民	新	380,158
	小山 良治	43	男	社会	新	336,847
	加藤 正見	43	男	民社	新	140,456
	浅井 美雄	56	男	共産	新	56,065
	桜本タマ子	35	女	無所属	新	51,032
	西脇 正治	65	男	無所属	新	39,849
	榊原 守	38	男	無所属	新	23,208
	高田 がん	36	男	諸派	新	10,033

第7回参議院議員選挙
昭和40年(1965年)7月4日実施

【愛知県選挙区】定数3

当	近藤 信一	58	男	社会	元	428,842
当	八木 一郎	63	男	自民	前	428,547
当	青柳 秀夫	67	男	自民	前	329,003
	石田 幸四郎	34	男	公明	新	312,768
	佐橋 義金	34	男	民社	新	154,574
	中村 宏	46	男	共産	新	91,957
	近藤 政治郎	40	男	無所属	新	10,753
	柴田 実	36	男	諸派	新	8,228

第8回参議院議員選挙
昭和43年(1968年)7月7日実施

【愛知県選挙区】定数3

当	成瀬 幡治	57	男	社会	現	457,700
当	渋谷 邦彦	44	男	公明	現	401,309
当	柴田 栄	67	男	自民	現	377,282
	横井 太郎	69	男	自民	現	351,802
	金子 正輝	43	男	民社	新	336,911
	浅井 美雄	58	男	共産	新	137,505

第9回参議院議員選挙
昭和46年(1971年)6月27日実施

【愛知県選挙区】定数3

当	八木 一郎	69	男	自民	現	387,082
当	橋本 繁蔵	63	男	自民	新	335,750
当	須原 昭二	43	男	社会	新	332,573
	川上 照彦	35	男	民社	新	326,106
	浅井 美雄	61	男	共産	新	246,667
	近藤 信一	64	男	無所属	現	105,777
	安藤 信雄	59	男	無所属	新	16,548
	藤村 茂八	70	男	無所属	新	10,747

《補選》第9回参議院議員選挙
昭和50年(1975年) 4月27日実施
※須原昭二の死去による

【愛知県選挙区】 被選挙数1
当	福井 勇	71	男	自民	新	721,706
	渋谷 邦彦	50	男	公明	元	544,940
	井上 計	55	男	民社	新	385,667
	小山 良治	51	男	社会	新	356,973
	浅井 美雄	64	男	共産	新	226,689
	藤村 茂八	74	男	諸派	新	6,410

第10回参議院議員選挙
昭和49年(1974年) 7月7日実施

【愛知県選挙区】 定数3
当	藤川 一秋	59	男	自民	新	705,130
当	三治 重信	57	男	民社	新	564,305
当	森下 昭司	47	男	社会	新	459,266
	渋谷 邦彦	50	男	公明	現	452,895
	浅井 美雄	64	男	共産	新	336,316
	摺建 寿隆	31	男	無所属	新	15,654
	永井 義春	49	男	無所属	新	15,583

第11回参議院議員選挙
昭和52年(1977年) 7月10日実施

【愛知県選挙区】 定数3
当	八木 一郎	75	男	自民	前	470,105
当	井上 計	57	男	民社	新	454,307
当	馬場 富	52	男	公明	新	416,628
	小山 良治	53	男	社会	新	365,546
	日比野暁美	59	男	自民	新	311,471
	小坂 英一	43	男	新自ク	新	285,641
	宮崎 雄介	46	男	共産	新	220,592
	川島 利枝	41	女	社市連	新	44,006
	谷 進	35	男	諸派	新	10,081

第12回参議院議員選挙
昭和55年(1980年) 6月22日実施

【愛知県選挙区】 定数3
当	大木 浩	52	男	自民	新	885,602
当	三治 重信	63	男	民社	現	617,593
当	高木健太郎	70	男	無所属	新	617,145
	森下 昭司	53	男	社会	現	490,377
	西田 一広	32	男	共産	新	282,149
	谷 進	38	男	諸派	新	26,633

第13回参議院議員選挙
昭和58年(1983年) 6月26日実施

【愛知県選挙区】 定数3
当	吉川 博	60	男	自民	新	501,800
当	井上 計	63	男	民社	現	472,541
当	馬場 富	58	男	公明	現	442,507
	森下 昭司	56	男	社会	元	365,465
	丹羽 久章	68	男	自民	新	268,051
	西田 一広	35	男	共産	新	218,588
	安藤 耕生	71	男	諸派	新	22,418

第14回参議院議員選挙
昭和61年(1986年) 7月6日実施

【愛知県選挙区】 定数3
当	大木 浩	59	男	自民	現	833,975
当	高木健太郎	76	男	無所属	現	629,493
当	三治 重信	69	男	民社	現	621,530
	前畑 幸子	48	女	社会	新	526,324
	西田 一広	38	男	共産	新	276,601
	横井 邦彦	34	男	諸派	新	40,410

《補選》第14回参議院議員選挙
平成2年(1990年)11月4日実施
※高木健太郎の死去による

【愛知県選挙区】 被選挙数1
当	大島 慶久	50	男	自民	新	833,371
	後藤みち子	62	女	社会	新	793,030
	瀬古由起子	43	女	共産	新	210,785

第15回参議院議員選挙
平成元年(1989年) 7月23日実施

【愛知県選挙区】 定数3
当	前畑 幸子	51	女	社会	新	982,991
当	吉川 博	66	男	自民	前	702,160
当	井上 計	69	男	民社	前	486,646
	平田 米男	40	男	公明	新	482,534
	瀬古由起子	41	女	共産	新	212,496
	荒田 孝子	30	女	諸派	新	33,934
	川出庄一郎	64	男	無所属	新	16,930

第16回参議院議員選挙
平成4年(1992年) 7月26日実施

【愛知県選挙区】 定数3
当	大木 浩	65	男	自民	前	590,618
当	荒木 清寛	36	男	公明	新	507,295
当	新間 正次	57	男	民社	新	487,159
	横江 金夫	58	男	社会	新	357,592
	瀬古由起子	44	女	共産	新	205,881

杉本　皓子	42	女	諸派	新	29,543
杉田　浩子	30	女	諸派	新	9,693
後藤　民夫	44	男	無所属	新	5,868
鈴木　孟	59	男	諸派	新	5,305
小林　長吉	65	男	諸派	新	4,596
曽我　邦雄	52	男	無所属	新	3,747
橋本　健一	45	男	諸派	新	3,678
佐々木牧夫	53	男	諸派	新	3,600
小松美保子	42	女	諸派	新	3,518
遠藤　滋	43	男	諸派	新	3,443
森下　郷子	33	女	諸派	新	3,280
平井　匡介	63	男	諸派	新	3,108
杉田　優子	48	女	諸派	新	2,885
松永　陽三	31	男	諸派	新	2,884
藤田二三夫	52	男	諸派	新	2,743
笹岡　祥二	45	男	諸派	新	2,721
坂井　修司	43	男	諸派	新	2,589
市森いづみ	32	女	諸派	新	2,582
吉本　洋美	32	女	諸派	新	2,320
星野　吉男	31	男	諸派	新	2,180
渡辺　恵子	38	女	諸派	新	1,484
高橋　広吉	61	男	諸派	新	1,415
高橋　正雄	43	男	諸派	新	1,399
大河原裕志	31	男	諸派	新	1,376
田高富貴子	43	女	諸派	新	1,030
宮川　和男	44	男	諸派	新	985
泉　正広	42	男	諸派	新	966
段　光憲	51	男	諸派	新	809
相良　輝彦	56	男	諸派	新	614

《再選挙》第16回参議院議員選挙
平成6年(1994年)9月11日実施
※新間正次の当選無効(公選法違反)による

【愛知県選挙区】被選挙数 1

当	都築　譲	43	男	諸派	新	931,936
	水野　時郎	48	男	諸派	新	544,637
	末広真樹子	49	女	無所属	新	473,703
	大村　義則	38	男	共産	新	114,693
	牧野　剛	48	男	無所属	新	88,883
	志良以　栄	57	男	諸派	新	8,244
	千葉　徹	46	男	諸派	新	5,809

第17回参議院議員選挙
平成7年(1995年)7月23日実施

【愛知県選挙区】定数 3

当	山本　保	47	男	新進	新	696,049
当	鈴木　政二	47	男	自民	新	374,540
当	末広真樹子	50	女	無所属	新	361,462
	前畑　幸子	57	女	無所属	前	246,169
	大村　義則	39	男	共産	新	142,699
	丸山　悦子	45	女	平和	新	36,077

川口　捷子	50	女	諸派	新	10,224
東　美智子	39	女	諸派	新	6,256
山田　浩	50	男	諸派	新	5,702
杉本　伸江	34	女	諸派	新	5,241
平山　祥枝	34	女	諸派	新	5,102
久保田悦夫	46	男	諸派	新	4,126
杉田　浩子	33	女	諸派	新	3,844
大村　真一	35	男	諸派	新	2,945
吉田　一男	52	男	諸派	新	2,927
小野みどり	34	女	諸派	新	2,925
吉田　文夫	46	男	諸派	新	2,796
佐藤　武	54	男	諸派	新	2,724
益田　隆時	31	男	諸派	新	2,629
大山　俊則	34	男	諸派	新	2,523
小林　剛	32	男	諸派	新	2,076
高橋　将	47	男	諸派	新	1,891
矢田　良彦	41	男	諸派	新	1,840
森山　春夫	64	男	諸派	新	1,580
大島　葉子	63	女	諸派	新	1,515
原田　進	30	男	諸派	新	1,498
太田　東孝	31	男	諸派	新	1,377
米田　信三	65	男	諸派	新	1,359
石川　和己	60	男	諸派	新	1,224
杉山扶美子	48	女	諸派	新	1,204
笹岡　祥二	48	男	諸派	新	1,066
赤石　貞治	66	男	諸派	新	1,048
遠野　沙夜	31	男	諸派	新	1,039
伊東　敬芳	59	男	諸派	新	1,018
高橋　一男	63	男	諸派	新	910
栗原　安之	33	男	諸派	新	900
安西　正直	43	男	諸派	新	899
千葉　茂	54	男	諸派	新	846
藤川　保	32	男	諸派	新	805
石村　泰造	30	男	諸派	新	797
小野里　博	39	男	諸派	新	792
神田　保博	35	男	諸派	新	748
山沢　有一	55	男	諸派	新	713
森永　武夫	58	男	諸派	新	685
渡辺　恵子	41	女	諸派	新	679
尾崎　昭広	58	男	諸派	新	454
山岸　正博	45	男	諸派	新	437
栗浜　和宏	30	男	諸派	新	421
塩川　哉直	38	男	諸派	新	409

第18回参議院議員選挙
平成10年(1998年)7月12日実施

【愛知県選挙区】定数 3

当	木俣　佳丈	33	男	民主	新	500,483
当	佐藤　泰介	54	男	民主	新	457,236
当	八田　広子	52	女	共産	新	453,298
	大木　浩	71	男	自民	現	443,904
	浦野　烋興	56	男	自民	新	411,357

	都築	譲	47	男	無所属	現	218,403
	杉本	皓子	48	女	社民	新	158,998
	石川	八郎	65	男	諸派	新	91,467
	五十嵐知江子		45	女	諸派	新	45,018
	渡辺	信幸	34	男	諸派	新	31,899
	山下	幹雄	40	男	諸派	新	22,784
	山崎	義章	45	男	無所属	新	10,042
	伊東	敬芳	62	男	無所属	新	9,103
	志良以	栄	61	男	諸派	新	5,745
	林田	好文	49	男	諸派	新	5,076
	増田	真一	74	男	諸派	新	3,385

第19回参議院議員選挙
平成13年（2001年）7月29日実施

【愛知県選挙区】定数 3

当	鈴木	政二	53	男	自民	前	973,298
当	大塚	耕平	41	男	民主	新	660,096
当	山本	保	53	男	公明	前	499,987
	斉藤	愛子	45	女	共産	新	277,549
	宮田	正之	55	男	自由	新	131,886
	佐護	宗哲	35	男	社民	新	81,297
	関口	房朗	65	男	無所属	新	41,465
	長田	清子	46	女	自連	新	28,869
	石川	八郎	68	男	諸派	新	18,584
	鈴木	孟	68	男	無所属	新	16,764
	保田	玲子	55	女	無所属	新	14,885
	佐々木賢治		52	男	無所属	新	12,313
	石川	昭彦	30	男	無所属	新	8,186
	山崎	義章	48	男	無所属	新	7,735
	岡安	靖男	56	男	諸派	新	7,413
	伊東	敬芳	65	男	諸派	新	6,901
	志良以	栄	64	男	諸派	新	6,831
	奈良	武	59	男	無所属	新	3,967
	林田	好文	52	男	諸派	新	3,905
	相徳	昌平	61	男	無所属	新	2,572
	浅野	光雪	50	男	諸派	新	2,430
	赤石	貞治	72	男	諸派	新	2,133

第20回参議院議員選挙
平成16年（2004年）7月11日実施

【愛知県選挙区】定数 3

当	浅野	勝人	66	男	自民	新	824,941
当	佐藤	泰介	60	男	民主	現	742,882
当	木俣	佳丈	39	男	民主	現	672,450
	八田ひろ子		58	女	共産	現	417,587
	古井戸康雄		39	男	無所属	新	177,349
	佐々木賢治		55	男	無所属	新	71,099
	林田	好文	55	男	諸派	新	19,156

第21回参議院議員選挙
平成19年（2007年）7月29日実施

【愛知県選挙区】定数 3

当	大塚	耕平	47	男	民主	前	880,856
当	鈴木	政二	59	男	自民	前	734,153
当	谷岡	郁子	53	女	民主	新	720,777
	山本	保	59	男	公明	前	587,268
	八田ひろ子		61	女	共産	元	293,607
	平山	良平	59	男	社民	新	69,853
	兵藤	高志	45	男	無所属	新	22,273
	柘植	雅二	52	男	諸派	新	13,301
	荒川厚太郎		62	男	諸派	新	12,435

第22回参議院議員選挙
平成22年（2010年）7月11日実施

【愛知県選挙区】定数 3

当	藤川	政人	50	男	自民	新	918,187
当	斎藤	嘉隆	47	男	民主	新	750,723
当	安井美沙子		44	女	民主	新	676,681
	薬師寺道代		46	女	みんな	新	529,130
	本村	伸子	37	女	共産	新	193,710
	青山	光子	62	女	社民	新	102,989
	中根	裕美	36	女	幸福	新	37,338

第23回参議院議員選挙
平成25年（2013年）7月21日実施

【愛知県選挙区】定数 3

当	酒井	庸行	61	男	自民	新	1,056,145
当	大塚	耕平	53	男	民主	現	741,598
当	薬師寺道代		49	女	みんな	新	347,411
	本村	伸子	40	女	共産	新	271,278
	近藤	浩	52	男	維新	新	263,918
	宇田	幸生	40	男	諸派	新	152,038
	平山	誠	61	男	みどり	現	62,985
	伊藤	善規	64	男	社民	新	47,104
	中根	裕美	39	女	諸派	新	30,199
	身玉山宗三郎		40	男	諸派	新	11,277

第24回参議院議員選挙
平成28年（2016年）7月10日実施

【愛知県選挙区】定数 4

当	藤川	政人	56	男	自民	現	961,096
当	斎藤	嘉隆	53	男	民進	現	575,119
当	里見	隆治	48	男	公明	新	531,488
当	伊藤	孝恵	41	女	民進	新	519,510
	須山	初美	37	女	共産	新	302,489
	奥田	香代	51	女	諸派	新	218,171
	平山	良平	68	男	社民	新	64,781
	井桁	亮	46	男	こころ	新	59,651
	中根	裕美	42	女	諸派	新	47,088

選挙区・三重県

第1回参議院議員選挙
昭和22年(1947年)4月20日実施

【三重県選挙区】定数2
当	九鬼紋十郎	46	男	無所属		139,394
当3	阿竹斎次郎	56	男	諸派		105,708
	近藤　寿	34	男	社会		70,090
	志田　勝	48	男	自由		67,625
	永谷　一三	35	男	無所属		51,550
	柳川　敬二	43	男	共産		18,907

※「当3」は任期3年の意味

第2回参議院議員選挙
昭和25年(1950年)6月4日実施

【三重県選挙区】定数1
当	前田　穣	62	男	無所属	新	274,995
	阿竹斎次郎	58	男	緑風	前	146,456
	伊藤　満	39	男	無所属	新	134,154

《補選》第2回参議院議員選挙
昭和30年(1955年)8月7日実施
※前田穣の死去による

【三重県選挙区】被選挙数1
当	斎藤　昇	52	男	無所属	新	218,750
	西村　勝	47	男	左社	新	133,921

第3回参議院議員選挙
昭和28年(1953年)4月24日実施

【三重県選挙区】定数1
当	井野　碩哉	61	男	緑風	新	280,679
	沢田　ひさ	55	女	右社	新	150,501
	上田　音市	56	男	左社	新	98,384

第4回参議院議員選挙
昭和31年(1956年)7月8日実施

【三重県選挙区】定数1
当	斎藤　昇	53	男	自民	前	282,238
	菊川　孝夫	46	男	社会	前	263,411

第5回参議院議員選挙
昭和34年(1959年)6月2日実施

【三重県選挙区】定数1
当	井野　碩哉	67	男	自民	前	301,733
	菊川　孝夫	49	男	社会	元	231,112

第6回参議院議員選挙
昭和37年(1962年)7月1日実施

【三重県選挙区】定数1
当	斎藤　昇	59	男	自民	現	402,824
	高木　一	35	男	社会	新	194,585
	松原　和夫	36	男	共産	新	27,416

第7回参議院議員選挙
昭和40年(1965年)7月4日実施

【三重県選挙区】定数1
当	井野　碩哉	73	男	自民	前	364,349
	渡辺　藤次	47	男	社会	新	221,785
	尾崎　駿雄	44	男	共産	新	37,514

第8回参議院議員選挙
昭和43年(1968年)7月7日実施

【三重県選挙区】定数1
当	斎藤　昇	65	男	自民	現	421,325
	福島　重之	52	男	社会	新	205,241
	中川　政一	41	男	共産	新	60,270

《補選》第8回参議院議員選挙
昭和47年(1972年)10月22日実施
※斎藤昇の死去による

【三重県選挙区】被選挙数1
当	斎藤　十朗	32	男	自民	新	326,569
	静永　俊雄	49	男	社会	新	117,268
	中川　政一	45	男	共産	新	54,246

第9回参議院議員選挙
昭和46年(1971年)6月27日実施

【三重県選挙区】定数1
当	久保田藤麿	64	男	自民	新	336,918
	田中佐武郎	70	男	社会	新	183,934
	中川　政一	44	男	共産	新	107,830

第10回参議院議員選挙
昭和49年(1974年)7月7日実施

【三重県選挙区】定数1
当	斎藤　十朗	34	男	自民	現	384,553
	坂倉　藤吾	44	男	社会	新	207,703
	永田　博	44	男	公明	新	99,019
	位田　幹生	47	男	共産	新	77,025

第11回参議院議員選挙
昭和52年(1977年)7月10日実施

【三重県選挙区】定数1
当	坂倉	藤吾	47	男	社会	新	284,483
	久保田藤麿	70	男	自民	前	282,342
	田中	覚	67	男	新自ク	新	202,602
	松原	和夫	51	男	共産	新	49,316

第12回参議院議員選挙
昭和55年(1980年)6月22日実施

【三重県選挙区】定数1
当	斎藤	十朗	40	男	自民	現	521,402
	高木	一	53	男	社会	新	264,392
	松原	和夫	54	男	共産	新	102,597

第13回参議院議員選挙
昭和58年(1983年)6月26日実施

【三重県選挙区】定数1
当	水谷	力	57	男	自民	新	358,535
	坂倉	藤吾	53	男	社会	現	297,193
	松原	和夫	57	男	共産	新	60,360

第14回参議院議員選挙
昭和61年(1986年)7月6日実施

【三重県選挙区】定数1
当	斎藤	十朗	46	男	自民	現	527,493
	高木	一	59	男	社会	新	293,124
	松原	和夫	60	男	共産	新	92,352

第15回参議院議員選挙
平成元年(1989年)7月23日実施

【三重県選挙区】定数1
当	井上	哲夫	51	男	連合	新	452,239
	水谷	力	63	男	自民	前	343,078
	神坂美代子	57	女	共産	新	64,681

第16回参議院議員選挙
平成4年(1992年)7月26日実施

【三重県選挙区】定数1
当	斎藤	十朗	52	男	自民	前	373,960
	北岡	勝征	48	男	連合	新	272,804
	堀	義和	57	男	共産	新	54,113

第17回参議院議員選挙
平成7年(1995年)7月23日実施

【三重県選挙区】定数1
当	平田	耕一	46	男	無所属	新	303,453
	井上	哲夫	57	男	民改連	前	290,445
	堀	義和	60	男	共産	新	53,014

《補選》第17回参議院議員選挙
平成12年(2000年)6月25日実施
※平田耕一の辞職(衆院選立候補)による

【三重県選挙区】被選挙数1
当	高橋	千秋	43	男	無所属	新	429,240
	橋爪	貴子	55	女	自民	新	399,800
	谷中	三好	40	男	共産	新	112,875

第18回参議院議員選挙
平成10年(1998年)7月12日実施

【三重県選挙区】定数1
当	斎藤	十朗	58	男	無所属	現	389,400
	高橋	千秋	41	男	無所属	新	289,953
	今井	一久	41	男	共産	新	131,948
	坂本	哲康	39	男	諸派	新	39,445

第19回参議院議員選挙
平成13年(2001年)7月29日実施

【三重県選挙区】定数1
当	高橋	千秋	44	男	無所属	前	397,105
	藤岡	和美	55	男	自民	新	372,065
	谷中	三好	41	男	共産	新	59,586
	石谷	徹	37	男	自連	新	26,125

第20回参議院議員選挙
平成16年(2004年)7月11日実施

【三重県選挙区】定数1
当	芝	博一	54	男	民主	新	470,940
	津田	健児	34	男	自民	新	370,748
	中野	武史	30	男	共産	新	61,566

第21回参議院議員選挙
平成19年(2007年)7月29日実施

【三重県選挙区】定数1
当	高橋	千秋	50	男	民主	前	527,935
	小野崎耕平	37	男	自民	新	293,208
	中野	武史	33	男	共産	新	68,058

第22回参議院議員選挙
平成22年(2010年) 7月11日実施

【三重県選挙区】定数1
当	芝　博一	60	男	民主	現	360,697
	小野崎耕平	40	男	自民	新	293,502
	矢原由佳子	35	女	みんな	新	178,346
	中野　武史	36	男	共産	新	54,806

第23回参議院議員選挙
平成25年(2013年) 7月21日実施

【三重県選挙区】定数1
当	吉川 有美	39	女	自民	新	373,035
	高橋 千秋	56	男	民主	現	317,261
	深尾 浩紹	50	男	維新	新	70,779
	中川 民英	45	男	共産	新	59,231
	大津伸太郎	48	男	無所属	新	14,858
	小川 俊介	41	男	諸派	新	8,233

第24回参議院議員選挙
平成28年(2016年) 7月10日実施

【三重県選挙区】定数1
当	芝　博一	66	男	民進	現	440,776
	山本佐知子	48	女	自民	新	420,929
	野原 典子	59	女	諸派	新	24,871

選挙区・滋賀県

第1回参議院議員選挙
昭和22年(1947年) 4月20日実施

【滋賀県選挙区】定数2
当	村上 義一	63	男	無所属		126,785
当3	猪飼 清六	70	男	無所属		68,802
	北村久七郎	49	男	民主		59,690
	三浦 義秋	58	男	社会		53,184

※「当3」は任期3年の意味

《補選》第1回参議院議員選挙
昭和22年(1947年) 8月11日実施
※猪飼清六の辞職による

【滋賀県選挙区】被選挙数1
当	西川甚五郎	自由		158,546
	北村久七郎	民主		65,585

第2回参議院議員選挙
昭和25年(1950年) 6月4日実施

【滋賀県選挙区】定数1
当	西川甚五郎	47	男	自由	前	188,779
	矢尾喜三郎	48	男	社会	新	144,447
	小林喜一郎	33	男	共産	新	27,871

第3回参議院議員選挙
昭和28年(1953年) 4月24日実施

【滋賀県選挙区】定数1
当	村上 義一	67	男	緑風	現	211,562
	間宮重一郎	45	男	右社	新	60,682
	木戸 好和	49	男	左社	新	56,301

第4回参議院議員選挙
昭和31年(1956年) 7月8日実施

【滋賀県選挙区】定数1
当	西川甚五郎	53	男	自民	前	199,195
	間宮重一郎	48	男	社会	新	115,544
	仲川半次郎	35	男	共産	新	16,043

第5回参議院議員選挙
昭和34年(1959年) 6月2日実施

【滋賀県選挙区】定数1
当	村上 義一	73	男	緑風	前	178,098
	大北 正史	53	男	社会	新	107,019
	古武家昇平	33	男	共産	新	10,316

第6回参議院議員選挙
昭和37年(1962年) 7月1日実施

【滋賀県選挙区】定数1
当	西川甚五郎	59	男	自民	現	211,831
	山極 秋男	47	男	社会	新	87,886
	藤関 義範	37	男	民社	新	39,428
	古武家昇平	36	男	共産	新	14,920

《補選》第6回参議院議員選挙
昭和42年(1967年) 6月25日実施
※西川甚五郎の死去による

【滋賀県選挙区】被選挙数1
当	西村 関一	67	男	社会	新	115,344
	野崎 貫一	69	男	自民	新	102,753
	江畑寅次郎	52	男	無所属	新	20,550
	古武家昇平	41	男	共産	新	13,395

第7回参議院議員選挙
昭和40年(1965年)7月4日実施

【滋賀県選挙区】定数1
当	奥村 悦造	57	男	自民	新	198,400
	法岡 多聞	45	男	社会	新	113,855
	仲川半次郎	44	男	共産	新	39,126

第8回参議院議員選挙
昭和43年(1968年)7月7日実施

【滋賀県選挙区】定数1
当	西村 関一	68	男	社会	現	175,007
	諏訪 三郎	59	男	自民	新	120,140
	河本嘉久蔵	51	男	無所属	新	95,890
	福本 正一	42	男	共産	新	16,010

第9回参議院議員選挙
昭和46年(1971年)6月27日実施

【滋賀県選挙区】定数1
当	河本嘉久蔵	54	男	自民	新	189,036
	矢尾喜三郎	69	男	社会	新	180,157
	瀬崎 博義	44	男	共産	新	32,543

第10回参議院議員選挙
昭和49年(1974年)7月7日実施

【滋賀県選挙区】定数1
当	望月 邦夫	56	男	自民	新	201,099
	後藤 俊男	62	男	社会	新	143,522
	和所 英二	35	男	共産	新	62,994
	西川 紀久	33	男	民社	新	41,927
	市居 一良	32	男	公明	新	34,873
	岡田 逸司	59	男	無所属	新	3,428

第11回参議院議員選挙
昭和52年(1977年)7月10日実施

【滋賀県選挙区】定数1
当	河本嘉久蔵	60	男	自民	前	276,245
	上田美喜子	42	女	社会	新	169,566
	和所 英二	38	男	共産	新	47,062
	北野 利夫	48	男	社市連	新	15,689

第12回参議院議員選挙
昭和55年(1980年)6月22日実施

【滋賀県選挙区】定数1
当	山田耕三郎	63	男	無所属	新	237,346
	望月 邦夫	62	男	自民	元	228,559
	桐山ヒサ子	41	女	共産	新	71,240

第13回参議院議員選挙
昭和58年(1983年)6月26日実施

【滋賀県選挙区】定数1
当	河本嘉久蔵	66	男	自民	現	247,916
	山元 勉	50	男	社会	新	99,156
	星 伸雄	44	男	民社	新	74,357
	林 俊郎	38	男	共産	新	56,479

第14回参議院議員選挙
昭和61年(1986年)7月6日実施

【滋賀県選挙区】定数1
当	山田耕三郎	69	男	無所属	現	330,991
	上田 茂行	39	男	自民	新	187,138
	林 俊郎	41	男	共産	新	83,753

第15回参議院議員選挙
平成元年(1989年)7月23日実施

【滋賀県選挙区】定数1
当	中村 鋭一	59	男	連合	元	289,120
	河本嘉久蔵	72	男	自民	前	269,042
	林 俊郎	44	男	共産	新	62,703

第16回参議院議員選挙
平成4年(1992年)7月26日実施

【滋賀県選挙区】定数1
当	河本 英典	44	男	自民	新	270,426
	松井 佐彦	52	男	連合	新	217,823
	川内 卓	36	男	共産	新	49,518

第17回参議院議員選挙
平成7年(1995年)7月23日実施

【滋賀県選挙区】定数1
当	奥村 展三	50	男	さき	新	192,401
	高田 三郎	70	男	無所属	新	189,602
	川内 卓	39	男	共産	新	61,741

《補選》第17回参議院議員選挙
平成12年(2000年)10月22日実施
※奥村展三の辞職(衆院選立候補)による

【滋賀県選挙区】被選挙数1
当	山下 英利	47	男	自民	新	205,365
	法雲 俊邑	52	男	民主	新	156,191
	川内 卓	44	男	共産	新	63,099

第18回参議院議員選挙
平成10年(1998年) 7月12日実施

【滋賀県選挙区】 定数1
当	河本 英典	50	男	自民	現	286,369
	大久保 貴	34	男	無所属	新	174,789
	林 俊郎	53	男	共産	新	129,664
	加藤 成一	57	男	諸派	新	29,755

第19回参議院議員選挙
平成13年(2001年) 7月29日実施

【滋賀県選挙区】 定数1
当	山下 英利	48	男	自民	前	322,322
	法雲 俊邑	53	男	民主	新	163,840
	川内 卓	45	男	共産	新	66,295
	北田 緑	30	女	自連	新	33,916

第20回参議院議員選挙
平成16年(2004年) 7月11日実施

【滋賀県選挙区】 定数1
当	林 久美子	31	女	民主	新	290,660
	上野賢一郎	38	男	自民	新	251,196
	林 俊郎	59	男	共産	新	63,391

第21回参議院議員選挙
平成19年(2007年) 7月29日実施

【滋賀県選挙区】 定数1
当	徳永 久志	44	男	民主	新	325,365
	山下 英利	54	男	自民	前	263,067
	坪田五久男	48	男	共産	新	59,275

第22回参議院議員選挙
平成22年(2010年) 7月11日実施

【滋賀県選挙区】 定数1
当	林 久美子	37	女	民主	現	317,756
	武村 展英	38	男	自民	新	210,958
	川内 卓	54	男	共産	新	64,962
	小西 理	51	男	無所属	新	59,702

第23回参議院議員選挙
平成25年(2013年) 7月21日実施

【滋賀県選挙区】 定数1
当	二之湯武史	36	男	自民	新	305,872
	徳永 久志	50	男	民主	現	167,399
	坪田五久男	54	男	共産	新	86,587
	荒川 雅司	38	男	諸派	新	12,731

第24回参議院議員選挙
平成28年(2016年) 7月10日実施

【滋賀県選挙区】 定数1
当	小鑓 隆史	49	男	自民	新	332,248
	林 久美子	43	女	民進	現	291,290
	荒川 雅司	41	男	諸派	新	12,705

選挙区・京都府

第1回参議院議員選挙
昭和22年(1947年) 4月20日実施

【京都府選挙区】 定数4
当	波田野林一	62	男	無所属	137,013
当	蟹江 邦彦	42	男	社会	85,732
当3	大野木秀次郎	53	男	自由	55,463
当3	奥主 一郎	54	男	自由	52,853
	高木吉之助	51	男	民主	40,192
	中川源一郎	56	男	自由	35,872
	西野邦三郎	59	男	社会	32,428
	原 清	50	男	無所属	29,112
	能勢 克郎	54	男	共産	23,776

※「当3」は任期3年の意味

第2回参議院議員選挙
昭和25年(1950年) 6月4日実施

【京都府選挙区】 定数2
当	大野木秀次郎	54	男	自由	前	229,685
当	大山 郁夫	69	男	無所属	新	201,538
	馬谷憲太郎	42	男	社会	新	129,382
	木村 惇	58	男	無所属	新	124,229

《補選》第2回参議院議員選挙
昭和31年(1956年) 1月15日実施
※大山郁夫の死去による

【京都府選挙区】 被選挙数1
当	小西 英雄	44	男	自民	新	135,398
	藤田藤太郎	45	男	社会	新	132,013
	竹中恒三郎	46	男	共産	新	37,171
	嶋崎 栄治	33	男	無所属	新	15,500

第3回参議院議員選挙
昭和28年(1953年)4月24日実施
【京都府選挙区】定数2

当	井上	清一	47	男	自由	新	234,204
当	竹中	勝男	54	男	左社	新	142,698
	奥	主一郎	58	男	改進	元	84,407
	蟹江	邦彦	47	男	右社	現	69,435

第4回参議院議員選挙
昭和31年(1956年)7月8日実施
【京都府選挙区】定数2

当	藤田藤太郎	45	男	社会	新	214,652
当	大野木秀次郎	60	男	自民	前	208,952
	中野	武雄	55	男	無所属	新	66,786
	山田	幸次	45	男	共産	新	49,780
	嶋崎	栄治	34	男	無所属	新	15,178
	木村	チヨ	66	女	無所属	新	死亡

第5回参議院議員選挙
昭和34年(1959年)6月2日実施
【京都府選挙区】定数2

当	井上	清一	53	男	自民	前	265,046
当	永末	英一	41	男	社会	新	127,128
	榎本貴志雄	43	男	社会	新	108,818
	河田	賢治	59	男	共産	新	50,256
	嶋崎	栄治	37	男	無所属	新	12,917
	美馬与三次	44	男	無所属	新	9,529

《補選》第5回参議院議員選挙
昭和38年(1963年)12月10日実施
※永末英一の辞職(衆院選立候補)による
【京都府選挙区】被選挙数1

当	植木	光教	36	男	自民	新	165,742
	榎本貴志雄	48	男	社会	新	110,704
	河田	賢治	63	男	共産	新	79,138
	佐野	博明	34	男	諸派	新	1,320

第6回参議院議員選挙
昭和37年(1962年)7月1日実施
【京都府選挙区】定数2

当	大野木秀次郎	66	男	自民	現	266,556
当	藤田藤太郎	51	男	社会	現	191,529
	浜田	正	49	男	民社	新	118,077
	河田	賢治	62	男	共産	新	91,581
	太田	典礼	61	男	無所属	新	22,700
	嶋崎	栄治	40	男	無所属	新	11,473

《補選》第6回参議院議員選挙
昭和41年(1966年)4月27日実施
※大野木秀次郎の死去による
【京都府選挙区】被選挙数1

当	林田悠紀夫	50	男	自民	新	219,675
	小倉治一郎	41	男	社会	新	133,570
	河田	賢治	66	男	共産	新	110,698
	高田	巌(高田 がん)	35	男	諸派	新	7,083
	嶋崎	栄治	43	男	無所属	新	6,987

第7回参議院議員選挙
昭和40年(1965年)7月4日実施
【京都府選挙区】定数2

当	植木	光教	38	男	自民	前	252,482
当	大橋	和孝	55	男	社会	新	203,977
	河田	賢治	65	男	共産	新	149,706
	堀江	秀典	45	男	民社	新	131,286

第8回参議院議員選挙
昭和43年(1968年)7月7日実施
【京都府選挙区】定数2

当	林田悠紀夫	52	男	自民	現	296,325
当	河田	賢治	68	男	共産	新	248,103
	藤田藤太郎	57	男	社会	現	240,634
	近衛	秀麿	69	男	民社	新	109,491
	浅田菊次郎	70	男	無所属	新	6,034

第9回参議院議員選挙
昭和46年(1971年)6月27日実施
【京都府選挙区】定数2

当	植木	光教	44	男	自民	現	306,103
当	大橋	和孝	61	男	社会	現	295,632
	神谷信之助	47	男	共産	新	235,000
	浅田菊次郎	73	男	無所属	新	9,404

《補選》第9回参議院議員選挙
昭和49年(1974年)4月21日実施
※大橋和孝の退職(知事選立候補)による
【京都府選挙区】被選挙数1

当	小川	半次	64	男	自民	新	290,514
	藤原	広子	47	女	共産	新	261,690
	竹内	勝彦	36	男	公明	新	147,535
	竹村	昭	46	男	社会	新	82,322

第10回参議院議員選挙
昭和49年(1974年)7月7日実施

【京都府選挙区】定数2
当	林田悠紀夫	58	男	自民	現	375,574
当	河田 賢治	74	男	共産	現	295,607
	竹村 昭	46	男	社会	新	187,212
	竹内 勝彦	36	男	公明	新	144,794
	増田 真一	50	男	諸派	新	5,333

《補選》第10回参議院議員選挙
昭和53年(1978年)4月23日実施
※林田悠紀夫の退職(知事選立候補)による

【京都府選挙区】被選挙数1
当	上田 稔	63	男	自民	元	346,453
	梅田 勝	50	男	共産	新	238,409
	榊田 博	52	男	諸派	新	112,185

第11回参議院議員選挙
昭和52年(1977年)7月10日実施

【京都府選挙区】定数2
当	植木 光教	50	男	自民	前	316,502
当	佐藤 昭夫	49	男	共産	新	231,733
	木村賀代子	42	女	社会	新	184,684
	床尾 芬	37	男	民社	新	152,766
	三上 隆	46	男	社市連	新	81,993
	谷 克己	40	男	無所属	新	22,686
	吉村 紫山	78	男	諸派	新	9,713

第12回参議院議員選挙
昭和55年(1980年)6月22日実施

【京都府選挙区】定数2
当	上田 稔	66	男	自民	現	513,389
当	神谷信之助	56	男	共産	現	297,745
	杉山 正三	44	男	社会	新	251,772

第13回参議院議員選挙
昭和58年(1983年)6月26日実施

【京都府選挙区】定数2
当	植木 光教	56	男	自民	現	408,441
当	佐藤 昭夫	55	男	共産	現	248,149
	竹村 幸雄	53	男	社会	新	224,964

第14回参議院議員選挙
昭和61年(1986年)7月6日実施

【京都府選挙区】定数2
当	林田悠紀夫	70	男	自民	元	544,647
当	神谷信之助	62	男	共産	現	271,508
	斎藤 穐敬	56	男	社会	新	125,937
	畑 昭三	58	男	民社	新	114,720

第15回参議院議員選挙
平成元年(1989年)7月23日実施

【京都府選挙区】定数2
当	笹野 貞子	56	女	連合	新	508,073
当	西田 吉宏	54	男	自民	新	341,187
	佐藤 昭夫	61	男	共産	前	279,805
	松井千佳子	31	女	諸派	新	19,254
	斉藤 昏義	42	男	無所属	新	12,286

第16回参議院議員選挙
平成4年(1992年)7月26日実施

【京都府選挙区】定数2
当	林田悠紀夫	76	男	自民	前	422,436
当	西山登紀子	48	女	共産	新	264,006
	城守 昌二	64	男	連合	新	209,117
	高井マサ代	45	女	無所属	新	22,357

第17回参議院議員選挙
平成7年(1995年)7月23日実施

【京都府選挙区】定数2
当	西田 吉宏	60	男	自民	前	257,866
当	笹野 貞子	62	女	民改連	前	252,868
	加味根史朗	40	男	共産	新	216,891
	奥村 猛	47	男	諸派	新	29,841
	大湾 宗則	54	男	諸派	新	17,154

第18回参議院議員選挙
平成10年(1998年)7月12日実施

【京都府選挙区】定数2
当	福山 哲郎	36	男	無所属	新	396,192
当	西山登紀子	54	女	共産	現	378,142
	山本 直彦	56	男	自民	新	310,407
	四井 猛士	57	男	諸派	新	31,778

第19回参議院議員選挙
平成13年(2001年)7月29日実施

【京都府選挙区】定数2
当	西田 吉宏	67	男	自民	前	422,433
当	松井 孝治	41	男	民主	新	257,757
	河上 洋子	44	女	共産	新	242,610
	笹野 貞子	68	女	無所属	前	138,318
	遠藤 香織	36	女	自連	新	36,008

第20回参議院議員選挙
平成16年(2004年) 7月11日実施

【京都府選挙区】定数2
当	福山	哲郎	42	男	民主	現	484,297
当	二之湯	智	59	男	自民	新	358,512
	西山登紀子	60	女	共産	現	263,548

第21回参議院議員選挙
平成19年(2007年) 7月29日実施

【京都府選挙区】定数2
当	松井	孝治	47	男	民主	前	501,979
当	西田	昌司	48	男	自民	新	362,274
	成宮真理子	37	女	共産	新	275,285
	大城戸豊一	57	男	諸派	新	12,799

第22回参議院議員選挙
平成22年(2010年) 7月11日実施

【京都府選挙区】定数2
当	福山	哲郎	48	男	民主	現	374,550
当	二之湯	智	65	男	自民	現	308,296
	成宮真理子	40	女	共産	新	181,691
	中川	卓也	50	男	みんな	新	120,262
	河上	満栄	39	女	民主	新	94,761
	北上	智子	47	女	幸福	新	11,962

第23回参議院議員選挙
平成25年(2013年) 7月21日実施

【京都府選挙区】定数2
当	西田	昌司	54	男	自民	現	390,577
当	倉林	明子	52	女	共産	新	219,273
	北神	圭朗	46	男	民主	新	201,297
	山内	成介	47	男	維新	新	164,825
	木下	陽子	33	女	みんな	新	71,983
	曽我	周作	34	男	諸派	新	6,119
	新藤	伸夫	64	男	諸派	新	2,906

第24回参議院議員選挙
平成28年(2016年) 7月10日実施

【京都府選挙区】定数2
当	二之湯	智	71	男	自民	現	422,416
当	福山	哲郎	54	男	民進	現	389,707
	大河原寿貴	39	男	共産	新	211,663
	大八木光子	32	女	諸派	新	32,973

選挙区・大阪府

第1回参議院議員選挙
昭和22年(1947年) 4月20日実施

【大阪府選挙区】定数6
当	岩木	哲夫	47	男	民主		276,889
当	森下	政一	53	男	社会		150,458
当	中井	光次	56	男	民主		109,676
当3	左藤	義詮	49	男	自由		101,277
当3	大屋	晋三	54	男	自由		62,496
当3	村尾	重雄	51	男	社会		61,244
	亀田	得治	36	男	社会		53,732
	三谷	秀治	33	男	共産		42,474
	中井	駿二	42	男	無所属		26,076
	桜井	義邦	38	男	諸派		24,131
	武内	安治	39	男	無所属		11,961
	荒木	久一	52	男	無所属		9,138
	岡村芳治郎	66	男	無所属		6,237
	星川	明道	53	男	無所属		5,048

※「当3」は任期3年の意味

《補選》第1回参議院議員選挙
昭和26年(1951年) 5月16日実施
※中井光次、森下政一の辞職(ともに大阪市長選立候補)による

【大阪府選挙区】被選挙数2
当	中山	福蔵			諸派	279,537
当	溝淵	春次			自由	201,899
	山口	昌一			社会	179,455
	川上	貫一			共産	149,803
	佐野	茂			無所属	8,157
	小田	俊与			諸派	6,127

第2回参議院議員選挙
昭和25年(1950年) 6月4日実施

【大阪府選挙区】定数3
当	大屋	晋三	55	男	自由	前	330,102
当	村尾	重雄	48	男	社会	前	295,143
当	左藤	義詮	51	男	自由	前	286,301
	三谷	秀治	34	男	共産	新	182,209
	中田	守雄	57	男	諸派	新	103,395

	古田　覚成	41	男	無所属	新	68,766
	山田庄太郎	41	男	諸派	新	24,850
	星川　明道	54	男	無所属	新	5,006

第3回参議院議員選挙
昭和28年(1953年)4月24日実施

【大阪府選挙区】定数3

当	森下　政一	58	男	右社	元	272,918
当	中山　福蔵	65	男	緑風	現	257,703
当	亀田　得治	40	男	左社	新	182,038
	小林　大巌	58	男	自由吉	新	137,426
	溝淵　春次	49	男	自由吉	現	122,713
	岩木　哲夫	51	男	改進	現	84,620
	山田庄太郎	44	男	無所属	新	32,573
	別城　遺一	58	男	自由鳩	新	23,138
	佐野　茂	58	男	無所属	新	16,026

《補選》第3回参議院議員選挙
昭和32年(1957年)4月23日実施
※森下政一の死去による

【大阪府選挙区】被選挙数1

当	大川　光三	57	男	自民	新	277,903
	村尾　重雄	55	男	社会	元	276,064
	中尾　辰義	40	男	無所属	新	170,497
	古田　覚成	48	男	無所属	新	56,173
	山田六左衛門	56	男	共産	新	49,624
	別城　遺一	62	男	無所属	新	7,962
	小田としよ	50	男	諸派	新	7,574
	河内金次郎	48	男	無所属	新	5,052

第4回参議院議員選挙
昭和31年(1956年)7月8日実施

【大阪府選挙区】定数3

当	左藤　義詮	57	男	自民	前	332,281
当	椿　繁夫	46	男	社会	元	252,041
当	白木義一郎	36	男	無所属	新	218,915
	村尾　重雄	54	男	社会	前	178,522
	溝淵　春次	52	男	自民	元	154,693
	山田六左衛門	55	男	共産	新	85,690
	古田　覚成	47	男	無所属	新	81,664
	別城　遺一	61	男	無所属	新	13,536

《補選》第4回参議院議員選挙
昭和34年(1959年)4月30日実施
※左藤義詮の退職(知事選立候補)による

【大阪府選挙区】被選挙数1

当	大川　光三	60	男	自民	前	654,094
	松原喜之次	64	男	社会	新	452,503
	山田六左衛門	58	男	共産	新	118,227

第5回参議院議員選挙
昭和34年(1959年)6月2日実施

【大阪府選挙区】定数3

当	赤間　文三	60	男	自民	新	671,381
当	村尾　重雄	57	男	社会	元	228,085
当	亀田　得治	46	男	社会	前	203,716
	中山　福蔵	71	男	自民	前	145,041
	山田六左衛門	58	男	共産	新	94,186
	別城　遺一	64	男	無所属	新	13,140
	高幣　常市	55	男	無所属	新	6,217

第6回参議院議員選挙
昭和37年(1962年)7月1日実施

【大阪府選挙区】定数3

当	椿　繁夫	52	男	社会	現	455,510
当	白木義一郎	42	男	無所属	現	428,604
当	中山　福蔵	75	男	自民	元	350,899
	大川　光三	63	男	自民	現	317,468
	西川　繁一	53	男	民社	新	261,827
	東中　光雄	37	男	共産	新	140,658
	別城　遺一	68	男	無所属	新	17,700
	西林　勝	51	男	無所属	新	15,465
	中野　高明	32	男	無所属	新	14,194
	森下　正則	43	男	無所属	新	12,617
	藤井吉三郎	64	男	無所属	新	5,073

第7回参議院議員選挙
昭和40年(1965年)7月4日実施

【大阪府選挙区】定数3

当	赤間　文三	66	男	自民	前	694,364
当	田代富士男	34	男	公明	新	491,047
当	亀田　得治	52	男	社会	前	428,743
	村尾　重雄	63	男	民社	前	418,963
	東中　光雄	40	男	共産	新	220,140
	中野　高明	35	男	無所属	新	12,168
	西林　勝	54	男	無所属	新	11,817
	森下　正則	46	男	無所属	新	11,438
	山陰　探月	49	男	諸派	新	9,154
	藤井吉三郎	67	男	無所属	新	7,331

第8回参議院議員選挙
昭和43年(1968年)7月7日実施

【大阪府選挙区】定数3

当	中山　太郎	43	男	自民	新	678,152
当	白木義一郎	48	男	公明	現	674,819
当	村尾　重雄	66	男	民社	元	567,117
	椿　繁夫	58	男	社会	現	528,864
	東中　光雄	43	男	共産	新	358,278
	泉　薫	39	男	無所属	新	16,615

藤井吉三郎	70	男	無所属	新	16,420

第9回参議院議員選挙
昭和46年(1971年)6月27日実施

【大阪府選挙区】定数3

当	赤間　文三	71	男	自民	現	654,212
当	田代富士男	40	男	公明	現	618,450
当	佐々木静子	44	女	社会	新	573,887
	三谷　秀治	55	男	共産	新	485,351
	坂本　長作	61	男	民社	新	383,126
	藤井吉三郎	73	男	無所属	新	15,378
	菊地　宏志	35	男	無所属	新	7,680
	西林　　勝	60	男	諸派	新	6,799

《補選》第9回参議院議員選挙
昭和48年(1973年)6月17日実施
※赤間文三の死去による

【大阪府選挙区】被選挙数1

当	沓脱タケ子	50	女	共産	新	700,230
	森下　　泰	51	男	自民	新	686,307
	亀田　得治	60	男	社会	元	411,205
	岩見　豊明	45	男	民社	新	191,478
	西井　　勝	35	男	無所属	新	9,913
	高田　　巖	43	男	諸派	新	6,393
	（高田　がん）					
	柴田　隆司	37	男	無所属	新	5,452

第10回参議院議員選挙
昭和49年(1974年)7月7日実施

【大阪府選挙区】定数3

当	中山　太郎	49	男	自民	現	841,390
当	白木義一郎	54	男	公明	現	772,003
当	橋本　　敦	45	男	共産	新	763,457
	上田　卓三	36	男	社会	新	698,481
	岩見　豊明	46	男	民社	新	410,824
	坂東　頼之	69	男	無所属	新	14,245

第11回参議院議員選挙
昭和52年(1977年)7月10日実施

【大阪府選挙区】定数3

当	森下　　泰	55	男	自民	前	796,843
当	田代富士男	46	男	公明	前	745,548
当	沓脱タケ子	55	女	共産	前	655,077
	中村　鋭一	47	男	新自ク	新	548,662
	岩見　豊明	49	男	民社	新	307,834
	牧内　正哉	39	男	社会	新	279,553
	山口　武和	39	男	社市連	新	54,233
	平川カズ子	42	女	諸派	新	18,324
	山本　　晃	34	男	諸派	新	7,364

上野　富男	57	男	無所属	新	6,185
魚谷　俊永	32	男	諸派	新	4,799
坂東　頼之	72	男	無所属	新	3,344

第12回参議院議員選挙
昭和55年(1980年)6月22日実施

【大阪府選挙区】定数3

当	中山　太郎	55	男	自民	現	999,111
当	中村　鋭一	50	男	無所属	新	943,189
当	白木義一郎	60	男	公明	現	717,574
	橋本　　敦	51	男	共産	現	639,713
	牧内　正哉	42	男	社会	新	373,881
	山本　　晃	37	男	諸派	新	14,873
	上川路　昭	31	男	無所属	新	10,732
	宮野　健治	74	男	無所属	新	10,245

第13回参議院議員選挙
昭和58年(1983年)6月26日実施

【大阪府選挙区】定数3

当	横山ノック	51	男	無所属	現	867,308
当	田代富士男	52	男	公明	現	799,106
当	森下　　泰	61	男	自民	現	672,409
	沓脱タケ子	60	女	共産	現	636,622
	牧内　正哉	45	男	社会	新	268,210
	大野　次男	52	男	諸派	新	4,818
	長谷川美代	43	女	諸派	新	3,850
	森山　春夫	52	男	諸派	新	3,552
	斉藤　　貢	36	男	諸派	新	3,411
	中村タヌコ	43	男	諸派	新	2,356
	佐々木けい子	30	女	諸派	新	2,177
	田中　栄作	57	男	諸派	新	2,160
	本宮　武子	41	女	諸派	新	2,050
	布施ともえ	56	女	諸派	新	1,726
	重松　喜代	66	女	諸派	新	1,647
	石井　栄一	37	男	諸派	新	1,623
	小谷　　哲	32	男	諸派	新	1,607
	富田　友康	31	男	諸派	新	1,429
	笠巻　孝志	30	男	諸派	新	1,004
	大和田梅花	65	女	諸派	新	572

《補選》第13回参議院議員選挙
昭和62年(1987年)12月27日実施
※森下泰の死去による

【大阪府選挙区】被選挙数1

当	坪井　一宇	48	男	自民	新	492,784
	吉井　英勝	45	男	共産	新	396,537
	谷畑　　孝	40	男	社会	新	372,950

《補選》第13回参議院議員選挙
昭和63年(1988年)2月28日実施
※田代富士男の辞職による

【大阪府選挙区】被選挙数1
当	吉井 英勝	45	男	共産	新	455,064
	東 武	52	男	自民	新	425,740
	谷畑 孝	41	男	社会	新	378,067
	小林 義昌	44	男	諸派	新	22,133

第14回参議院議員選挙
昭和61年(1986年)7月6日実施

【大阪府選挙区】定数3
当	西川きよし	40	男	無所属	新	1,022,120
当	峯山 昭範	50	男	公明	現	734,907
当	沓脱タケ子	64	女	共産	元	697,901
	京極 俊明	54	男	自民	新	600,854
	中村 鋭一	56	男	無所属	現	549,508
	荒木 伝	53	男	社会	新	274,420
	小林 義昌	43	男	諸派	新	8,282
	鯉江 繁	49	男	諸派	新	5,485
	森山 春夫	55	男	諸派	新	3,619
	塙 妙子	58	女	諸派	新	3,220
	長谷川喜久江	34	女	諸派	新	2,794
	中村タヌコ	46	女	諸派	新	2,492
	植松 義隆	39	男	諸派	新	2,481
	前田 米実	40	男	諸派	新	2,403
	高橋いく子	35	女	諸派	新	1,643
	平井 匡介	56	男	諸派	新	1,497
	戸谷 聖	39	男	諸派	新	1,490
	鈴木 進	39	男	諸派	新	1,169
	加藤 登	35	男	諸派	新	1,031
	高橋栄一郎	48	男	諸派	新	809
	赤石真一郎	43	男	諸派	新	793

第15回参議院議員選挙
平成元年(1989年)7月23日実施

【大阪府選挙区】定数3
当	谷畑 孝	42	男	社会	新	904,819
当	横山ノック	57	男	無所属	前	804,626
当	白浜 一良	42	男	公明	新	775,935
	坪井 一宇	50	男	自民	前	701,588
	吉井 英勝	46	男	共産	前	602,777
	西川 美紀	38	女	諸派	新	42,712
	小林 義昌	46	男	諸派	新	20,104
	渡辺 千鶴	30	女	諸派	新	12,576
	泉 がほう	60	男	無所属	新	3,904
	森山 春夫	58	男	諸派	新	3,751
	人見 康之	32	男	諸派	新	2,399
	村上 家彦	68	男	諸派	新	1,761
	矢田 良彦	35	男	諸派	新	1,636
	高橋 洋一	47	男	諸派	新	1,541
	赤石真一郎	46	男	諸派	新	1,003

第16回参議院議員選挙
平成4年(1992年)7月26日実施

【大阪府選挙区】定数3
当	西川きよし	46	男	無所属	前	975,593
当	山下 栄一	44	男	公明	新	753,205
当	坪井 一宇	53	男	自民	元	558,143
	依田貴久子	54	女	共産	新	482,317
	西村 真悟	44	男	連合	新	364,430
	西村 重蔵	63	男	無所属	新	15,380
	小島 典子	45	女	諸派	新	3,599
	山崎国太郎	55	男	諸派	新	3,169
	平田 博	55	男	諸派	新	3,031
	鈴木 勝治	53	男	諸派	新	2,508
	中村 徳一	63	男	諸派	新	2,494
	森山 春夫	61	男	諸派	新	2,131
	伊藤 昌孝	60	男	諸派	新	2,089
	三浦 洋子	32	女	諸派	新	1,992
	高橋 誠子	32	女	諸派	新	1,754
	伊藤 睦子	45	女	諸派	新	1,354
	深沢 郁三	53	男	諸派	新	1,345
	吉本 昌弘	34	男	諸派	新	1,303
	塩沢 勇	56	男	諸派	新	1,238
	小林由可里	32	女	諸派	新	1,209
	三浦 真一	41	男	諸派	新	960
	大原 伸二	43	男	諸派	新	867
	矢田 良彦	38	男	諸派	新	857
	植松 義隆	45	男	諸派	新	839
	伊草喜久江	32	女	諸派	新	672
	阿部 伝	43	男	諸派	新	637
	段 末畩	78	男	諸派	新	523
	高橋 将	44	男	諸派	新	492
	野苅家代次	51	男	諸派	新	472
	岩淵 庄司	38	男	諸派	新	420
	渡辺 滝雄	39	男	諸派	新	259
	塩原 孝光	44	男	諸派	新	220

第17回参議院議員選挙
平成7年(1995年)7月23日実施

【大阪府選挙区】定数3
当	白浜 一良	48	男	新進	前	1,015,919
当	山下 芳生	35	男	共産	新	497,549
当	谷川 秀善	61	男	自民	新	470,339
	福間 嶺子	48	女	無所属	新	204,506
	薩摩夘三郎	62	男	無所属	新	31,631
	篠原芙早子	51	女	諸派	新	28,133
	中野マリ子	52	女	諸派	新	21,612
	加藤 成一	54	男	無所属	新	11,379
	伊藤 好男	47	男	諸派	新	11,218

中村	敦	36	男	諸派	新	9,142
松崎	泰夫	52	男	諸派	新	8,716
津田	尚美	33	女	諸派	新	8,421
福田	英二	42	男	諸派	新	7,575
位田	周子	54	女	無所属	新	7,292
岡安	靖男	50	男	諸派	新	6,571
山口	南行	46	男	無所属	新	5,390
春名	明義	61	男	諸派	新	5,269
谷	徹	54	男	諸派	新	3,853
後藤	薫	47	男	諸派	新	3,501
人見	康之	38	男	諸派	新	3,298
菅野	征紀	51	男	諸派	新	3,296
土谷	幸子	43	女	諸派	新	2,957
高橋	敏之	49	男	諸派	新	2,838
市川	実	54	男	諸派	新	2,818
高橋いく子		44	女	諸派	新	2,806
安西	明美	43	女	諸派	新	2,569
野中	和雄	48	男	諸派	新	2,416
庭野	正敏	35	男	諸派	新	2,290
松下	正利	49	男	諸派	新	2,258
高橋	緑	42	女	諸派	新	2,205
佐々木	誠	37	男	諸派	新	2,174
小林	正民	49	男	諸派	新	2,136
久保	高夫	38	男	諸派	新	2,003
清水	浩樹	30	男	諸派	新	1,576
長沼	哲夫	33	男	諸派	新	1,570
鈴木	一郎	35	男	諸派	新	1,524
杉山	通雅	54	男	諸派	新	1,510
守谷	克俊	39	男	諸派	新	1,472
武藤	隆司	33	男	諸派	新	1,387
下田	謙一	41	男	諸派	新	1,359
加藤	康子	54	女	諸派	新	1,224
岩崎	政明	44	男	諸派	新	1,147
宇野木	洋	44	男	諸派	新	1,086
室田智恵子		61	女	諸派	新	1,084
前田	文彦	36	男	諸派	新	1,078
阿部	伝	46	男	諸派	新	1,006
小野里	勉	32	男	諸派	新	994
大森	茂	40	男	諸派	新	949
内山	貴雄	42	男	諸派	新	907
田靡	新八	62	男	諸派	新	679
相良	輝彦	59	男	諸派	新	449
阿閉	正雄	42	男	諸派	新	318

第18回参議院議員選挙
平成10年(1998年) 7月12日実施

【大阪府選挙区】定数3

当	西川きよし		52	男	無所属	現	1,057,393
当	山下	栄一	50	男	公明	現	872,294
当	宮本	岳志	38	男	共産	新	725,385
	坪井	一宇	58	男	自民	現	573,610
	中務	正裕	33	男	民主	新	542,581
	長崎由美子		42	女	社民	新	116,552
	土居	和子	50	女	諸派	新	29,521
	森本	耕治	46	男	諸派	新	28,340
	前田	純一	48	男	新社会	新	20,326
	大木	節子	47	女	諸派	新	12,560
	中野	俊夫	50	男	無所属	新	7,598
	山口	康雄	49	男	無所属	新	7,337
	中谷	隆一	30	男	諸派	新	5,720

第19回参議院議員選挙
平成13年(2001年) 7月29日実施

【大阪府選挙区】定数3

当	谷川	秀善	67	男	自民	前	982,887
当	白浜	一良	54	男	公明	前	864,154
当	山本	孝史	52	男	民主	新	602,312
	山下	芳生	41	男	共産	前	594,063
	渡辺	義彦	44	男	自由	新	195,508
	北岡	隆浩	30	男	諸派	新	116,216
	土居	和子	53	女	諸派	新	101,449
	大川	智彦	58	男	自連	新	33,379
	柏本	景司	49	男	諸派	新	26,007
	森本	享佐	48	男	無所属	新	24,715
	中谷	隆一	33	男	諸派	新	11,780

第20回参議院議員選挙
平成16年(2004年) 7月11日実施

【大阪府選挙区】定数3

当	尾立	源幸	40	男	民主	新	910,597
当	山下	栄一	56	男	公明	現	795,256
当	北川イッセイ		61	男	自民	新	735,164
	辻元	清美	44	女	無所属	新	718,125
	宮本	岳志	44	男	共産	現	442,755
	増田	義雄	59	男	無所属	新	34,819
	大城戸豊一		53	男	諸派	新	13,916

第21回参議院議員選挙
平成19年(2007年) 7月29日実施

【大阪府選挙区】定数3

当	梅村	聡	32	男	民主	新	1,281,502
当	白浜	一良	60	男	公明	前	836,903
当	谷川	秀善	73	男	自民	前	732,175
	宮本	岳志	47	男	共産	元	585,620
	白石	純子	44	女	国民	新	161,909
	服部	良一	57	男	社民	新	141,867
	上田	剛史	42	男	無所属	新	54,587
	林	省之介	63	男	無所属	新	50,878
	大谷	義夫	60	男	無所属	新	18,986

第22回参議院議員選挙
平成22年(2010年)7月11日実施

【大阪府選挙区】定数3

当	石川 博崇	36	男	公明	新	864,278
当	北川イッセイ	67	男	自民	現	706,986
当	尾立 源幸	46	男	民主	現	698,933
	岡部 まり	50	女	民主	新	617,932
	川平 泰三	53	男	みんな	新	389,445
	清水 忠史	42	男	共産	新	366,105
	山分ネルソン祥興	36	男	改革	新	106,038
	大川 朗子	52	女	社民	新	87,858
	浜野夕希子	34	女	諸派	新	51,527
	深田 敏子	39	女	幸福	新	21,027

第23回参議院議員選挙
平成25年(2013年)7月21日実施

【大阪府選挙区】定数4

当	東 徹	46	男	維新	新	1,056,815
当	柳本 卓治	68	男	自民	新	817,943
当	杉 久武	37	男	公明	新	697,219
当	辰巳孝太郎	36	男	共産	新	468,904
	梅村 聡	38	男	民主	現	337,378
	安座間 肇	35	男	みんな	新	157,969
	吉羽 美華	32	女	大地	新	56,573
	藤島 利久	51	男	無所属	新	20,928
	中村 勝	62	男	諸派	新	20,155
	長嶺 忠	52	男	無所属	新	17,671
	森 悦宏	46	男	諸派	新	14,178

第24回参議院議員選挙
平成28年(2016年)7月10日実施

【大阪府選挙区】定数4

当	松川 るい	45	女	自民	新	761,424
当	浅田 均	65	男	維新	新	727,495
当	石川 博崇	42	男	公明	現	679,378
当	高木佳保里	43	女	維新	新	669,719
	渡部 結	35	女	共産	新	454,502
	尾立 源幸	52	男	民進	現	347,753
	古川 秀雄	38	男	こころ	新	37,913
	佐野 明美	45	女	諸派	新	36,646
	数森 圭吾	36	男	諸派	新	16,532

選挙区・兵庫県

第1回参議院議員選挙
昭和22年(1947年)4月20日実施

【兵庫県選挙区】定数6

当	原口忠次郎	59	男	社会		199,013
当	八木 幸吉	53	男	無所属		119,240
当	藤森 真治	57	男	諸派		102,250
当3	赤木 正雄	61	男	諸派		97,985
当3	田口政五郎	54	男	民主		88,648
当3	小畑 哲夫	52	男	民主		78,116
	植村嘉三郎	65	男	諸派		67,380
	堀内 長栄	61	男	社会		48,299
	森 克己	43	男	無所属		43,034
	寺西喜一郎	54	男	諸派		32,505
	井藤与志雄	47	男	共産		28,032
	橋本 善行	39	男	無所属		6,202

※「当3」は任期3年の意味

《補選》第1回参議院議員選挙
昭和24年(1949年)6月3日実施
※八木幸吉の公職追放による

【兵庫県選挙区】被選挙数1

当	横尾 龍	諸派	369,630
	藤原忠一郎	無所属	147,672
	松浦 清一	社会	131,631
	赤羽 寿	共産	87,664
	中西 勝治	民主	35,949
	高品増之助	諸派	24,106
	大岡 乙松	無所属	10,771
	橋本 善行	無所属	7,512

《補選》第1回参議院議員選挙
昭和25年(1950年)1月12日実施
※原口忠次郎の辞職(神戸市長選当選)による

【兵庫県選挙区】被選挙数1

当	岡崎 真一	諸派	496,195
	松浦 清一	社会	156,003
	藤原忠一郎	無所属	122,772
	篠塚 一雄	共産	51,795
	中西 勝治	諸派	27,273

第2回参議院議員選挙
昭和25年(1950年)6月4日実施

【兵庫県選挙区】定数3

当	松浦 清一	47	男	社会	新	333,243
当	山県 勝見	48	男	自由	新	272,232
当	赤木 正雄	63	男	緑風	前	203,189
	芦田 克巳	48	男	無所属	新	192,800
	小畑 哲夫	53	男	諸派	前	134,937
	田中松次郎	51	男	共産	新	76,464

第3回参議院議員選挙
昭和28年(1953年)4月24日実施

【兵庫県選挙区】定数3

当	岡崎	真一	45	男	自由吉	現	359,616
当	松沢	兼人	55	男	右社	新	302,714
当	河合	義一	71	男	左社	新	160,465
	井上	寅蔵	55	男	自由吉	新	147,186
	須鎗	友市	55	男	改進	新	94,302
	田淵	嵓	58	男	自由鳩	新	41,066
	芦田	克巳	50	男	緑風	新	辞退

第4回参議院議員選挙
昭和31年(1956年)7月8日実施

【兵庫県選挙区】定数3

当	成田	一郎	61	男	自民	新	364,598
当	松浦	清一	53	男	社会	前	258,691
当	中野	文門	55	男	自民	新	234,541
	佐野	芳雄	52	男	社会	新	197,772
	田中松次郎		57	男	共産	新	56,160

《補選》第4回参議院議員選挙
昭和34年(1959年)8月20日実施
※成田一郎の死去による

【兵庫県選挙区】被選挙数1

当	岸田	幸雄	66	男	自民	新	406,496
	佐々木武千代		44	男	社会	新	185,730
	小田	俊与	52	男	諸派	新	16,309
	肥後	亨	33	男	諸派	新	4,242

第5回参議院議員選挙
昭和34年(1959年)6月2日実施

【兵庫県選挙区】定数3

当	岡崎	真一	52	男	自民	前	332,063
当	青田源太郎		57	男	自民	新	292,954
当	松沢	兼人	61	男	社会	前	209,019
	佐野	芳雄	55	男	社会	新	206,778
	田中松次郎		60	男	共産	新	43,176
	中西	勝治	52	男	無所属	新	20,408
	上田	藤一	54	男	無所属	新	18,225

第6回参議院議員選挙
昭和37年(1962年)7月1日実施

【兵庫県選挙区】定数3

当	佐野	芳雄	58	男	社会	新	413,029
当	岸田	幸雄	69	男	自民	現	387,632
当	中野	文門	61	男	自民	現	305,970
	松浦	清一	59	男	民社	現	231,392
	多田	留治	54	男	共産	新	58,796

第7回参議院議員選挙
昭和40年(1965年)7月4日実施

【兵庫県選挙区】定数3

当	松沢	兼人	67	男	社会	前	400,815
当	中沢いと子		49	女	民社	新	302,484
当	青田源太郎		63	男	自民	前	295,184
	渡部	城克	33	男	公明	新	278,361
	(渡部 一郎)						
	川西	清	46	男	自民	新	246,711
	中島	祐吉	50	男	共産	新	84,874

第8回参議院議員選挙
昭和43年(1968年)7月7日実施

【兵庫県選挙区】定数3

当	浅井	亨	65	男	公明	現	415,119
当	佐野	芳雄	64	男	社会	現	363,666
当	萩原幽香子		57	女	民社	新	351,921
	岸田	幸雄	75	男	自民	現	339,381
	中西	一郎	53	男	自民	新	316,281
	中島	祐吉	53	男	共産	新	132,708

《補選》第8回参議院議員選挙
昭和47年(1972年)11月5日実施
※佐野芳雄の死去による

【兵庫県選挙区】被選挙数1

当	中西	一郎	57	男	自民	新	523,269
	矢原	秀男	42	男	公明	新	300,594
	松尾	唯男	45	男	社会	新	283,204
	安武	洋子	44	女	共産	新	195,990

第9回参議院議員選挙
昭和46年(1971年)6月27日実施

【兵庫県選挙区】定数3

当	金井	元彦	67	男	自民	新	519,349
当	小谷	守	55	男	社会	新	335,328
当	中沢伊登子		55	女	民社	現	315,062
	中西	一郎	56	男	自民	新	288,190
	木下	元二	41	男	共産	新	216,752

第10回参議院議員選挙
昭和49年(1974年)7月7日実施

【兵庫県選挙区】定数3

当	中西	一郎	59	男	自民	現	614,114
当	矢原	秀男	44	男	公明	新	440,920
当	安武	洋子	45	女	共産	新	417,974
	尾崎	治	58	男	社会	新	401,953
	萩原幽香子		63	女	民社	現	369,572
	上田侃太郎		75	男	無所属	新	30,525

第11回参議院議員選挙
昭和52年(1977年)7月10日実施

【兵庫県選挙区】定数3

当	金井	元彦	73	男	自民	前	611,766
当	渡部	通子	45	女	公明	新	432,809
当	小谷	守	61	男	社会	前	381,011
	中沢伊登子		61	女	民社	前	330,287
	藤木	洋子	44	女	共産	新	262,226
	奥村	昭和	48	男	新自ク	新	189,011
	斉藤	陽彦	41	男	革自連	新	18,756
	兼松	耕作	53	男	無所属	新	4,308

第12回参議院議員選挙
昭和55年(1980年)6月22日実施

【兵庫県選挙区】定数3

当	中西	一郎	65	男	自民	現	789,865
当	本岡	昭次	49	男	社会	新	420,556
当	安武	洋子	51	女	共産	現	404,702
	矢原	秀男	50	男	公明	現	394,128
	抜山	映子	46	女	民社	新	385,674
	山田	俊夫	33	男	諸派	新	19,589
	岡久	直弘	62	男	諸派	新	6,326

第13回参議院議員選挙
昭和58年(1983年)6月26日実施

【兵庫県選挙区】定数3

当	矢原	秀男	53	男	公明	元	456,233
当	抜山	映子	49	女	民社	新	383,524
当	石井	一二	46	男	自民	新	373,339
	奥	茂吉	56	男	社会	新	313,795
	大野栄美夫		56	男	自民	新	257,555
	古賀	哲夫	57	男	共産	新	215,592

第14回参議院議員選挙
昭和61年(1986年)7月6日実施

【兵庫県選挙区】定数3

当	中西	一郎	71	男	自民	現	776,416
当	本岡	昭次	55	男	社会	現	502,591
当	片上	公人	47	男	公明	新	485,588
	安武	洋子	57	女	共産	現	430,547
	柄谷	道一	61	男	民社	現	263,494
	里見	申一	30	男	諸派	新	24,887

第15回参議院議員選挙
平成元年(1989年)7月23日実施

【兵庫県選挙区】定数3

当	旭堂小南陵		39	男	社会	新	741,411
当	石井	一二	53	男	自民	前	599,311
当	矢原	秀男	59	男	公明	前	452,874
	抜山	映子	55	女	民社	前	345,809
	安武ひろ子		60	女	共産	元	330,529
	甲賀	喜夫	81	男	諸派	新	10,937
	下村	鉄人	58	男	無所属	新	7,386
	岡久	直弘	71	男	無所属	新	6,560

第16回参議院議員選挙
平成4年(1992年)7月26日実施

【兵庫県選挙区】定数3

当	河本	三郎	41	男	自民	新	437,185
当	本岡	昭次	61	男	社会	前	436,639
当	片上	公人	53	男	公明	前	433,236
	伊藤	国衛	51	男	自民	新	229,108
	大沢	辰美	51	女	共産	新	207,957
	永江	一仁	56	男	民社	新	182,000
	溝田	弘利	61	男	無所属	新	78,413
	下村	鉄人	61	男	無所属	新	7,280
	高橋	秀夫	50	男	無所属	新	6,721
	庭野	正敏	32	男	諸派	新	6,628

《補選》第16回参議院議員選挙
平成8年(1996年)11月17日実施
※河本三郎の退職(衆院選立候補)による

【兵庫県選挙区】被選挙数1

当	芦尾	長司	62	男	諸派	新	399,136
	大沢	辰美	56	女	共産	新	371,559
	志水	源司	58	男	無所属	新	95,253

第17回参議院議員選挙
平成7年(1995年)7月23日実施

【兵庫県選挙区】定数2

当	石井	一二	59	男	新進	前	563,827
当	鴻池	祥肇	54	男	自民	新	379,665
	永江	一仁	59	男	民改連	新	247,513
	大沢	辰美	54	女	共産	新	226,178
	旭堂小南陵		45	男	平和	前	107,527
	向山	操	56	女	諸派	新	21,320
	清水和一郎		57	男	諸派	新	13,977

第18回参議院議員選挙
平成10年(1998年)7月12日実施

【兵庫県選挙区】定数2

当	本岡	昭次	67	男	民主	現	902,338
当	大沢	辰美	57	女	共産	新	582,244
	芦尾	長司	64	男	自民	現	531,053
	中西	裕三	57	男	新社会	新	116,349
	田川	豊秋	34	男	諸派	新	58,730
	平岡由美子		42	女	無所属	新	52,518

	木村	隆	43	男 諸派 新	38,825
	志水	源司	60	男 無所属 新	31,907

第19回参議院議員選挙
平成13年(2001年) 7月29日実施

【兵庫県選挙区】定数2

当	鴻池	祥肇	60	男 自民 前	882,584
当	辻	泰弘	45	男 民主 新	530,934
	平松	順子	51	女 共産 新	320,824
	室井	邦彦	54	男 自由 新	209,092
	高田	愛子	48	女 諸派 新	136,782
	上野	恵司	53	男 諸派 新	69,258
	田川	豊秋	37	男 自連 新	51,688
	藤木	祥平	53	男 無所属 新	42,114

第20回参議院議員選挙
平成16年(2004年) 7月11日実施

【兵庫県選挙区】定数2

当	水岡	俊一	48	男 民主 新	910,114
当	末松	信介	48	男 自民 新	791,286
	大沢	辰美	63	女 共産 現	330,834
	原	和美	54	女 無所属 新	172,390
	宮本	一三	72	男 無所属 新	111,583
	片上	公人	65	男 無所属 元	44,345

第21回参議院議員選挙
平成19年(2007年) 7月29日実施

【兵庫県選挙区】定数2

当	辻	泰弘	51	男 民主 前	1,086,682
当	鴻池	祥肇	66	男 自民 前	860,568
	堀内	照文	34	男 共産 新	267,772
	原	和美	57	女 諸派 新	185,773
	西田	幸光	49	男 無所属 新	64,528

第22回参議院議員選挙
平成22年(2010年) 7月11日実施

【兵庫県選挙区】定数2

当	末松	信介	54	男 自民 現	694,459
当	水岡	俊一	54	男 民主 現	515,541
	井坂	信彦	36	男 みんな 新	414,910
	三橋	真記	32	女 民主 新	409,190
	堀内	照文	37	男 共産 新	199,052
	吉田	愛弥	36	女 改革 新	107,028
	高木	義彰	40	男 幸福 新	20,651

第23回参議院議員選挙
平成25年(2013年) 7月21日実施

【兵庫県選挙区】定数2

当	鴻池	祥肇	72	男 自民 現	868,069
当	清水	貴之	39	男 維新 新	598,630
	辻	泰弘	57	男 民主 現	343,551
	金田	峰生	47	男 共産 新	220,577
	下村英里子		30	女 みんな 新	174,132
	松本なみほ		39	女 諸派 新	58,032
	湊	侑子	30	女 諸派 新	34,827

第24回参議院議員選挙
平成28年(2016年) 7月10日実施

【兵庫県選挙区】定数3

当	末松	信介	60	男 自民 現	641,910
当	伊藤	孝江	48	女 公明 新	542,090
当	片山	大介	49	男 維新 新	531,165
	水岡	俊一	60	男 民進 現	420,068
	金田	峰生	50	男 共産 新	228,811
	湊	侑子	33	女 諸派 新	49,913
	下家淳の介		44	男 こころ 新	23,954

選挙区・奈良県

第1回参議院議員選挙
昭和22年(1947年) 4月20日実施

【奈良県選挙区】定数2

当	駒井	藤平	63	男 国協	98,677
当3	服部	教一	76	男 無所属	71,005
	辻内	近三	59	男 無所属	59,566
	本田	伊八	50	男 社会	49,425
	竹野竹三郎		55	男 無所属	14,084

※「当3」は任期3年の意味

《補選》第1回参議院議員選挙
昭和23年(1948年) 6月18日実施
※服部教一の公職追放による

【奈良県選挙区】被選挙数1

当	藤枝	昭信	社会	101,690
	森川	重一	諸派	81,219
	元林	義治	無所属	31,705
	大西元次郎		社会	10,195
	小川	斉司	民主	8,287
	村田	光造	無所属	3,090

491

第2回参議院議員選挙
昭和25年(1950年) 6月4日実施
【奈良県選挙区】定数1

当	新谷寅三郎	47	男	緑風	前	163,579
	米田　富	49	男	社会	新	98,165
	青木　康次	37	男	共産	新	29,467

第3回参議院議員選挙
昭和28年(1953年) 4月24日実施
【奈良県選挙区】定数1

当	木村篤太郎	67	男	無所属	新	177,638
	向井　長年	42	男	無所属	新	116,376

第4回参議院議員選挙
昭和31年(1956年) 7月8日実施
【奈良県選挙区】定数1

当	新谷寅三郎	53	男	自民	前	161,522
	日下　博	47	男	社会	新	102,835

第5回参議院議員選挙
昭和34年(1959年) 6月2日実施
【奈良県選挙区】定数1

当	木村篤太郎	73	男	自民	前	171,395
	日下　博	50	男	社会	新	91,745

第6回参議院議員選挙
昭和37年(1962年) 7月1日実施
【奈良県選挙区】定数1

当	新谷寅三郎	59	男	自民	現	192,756
	板鼻　耕治	31	男	社会	新	84,569
	出合　一市	44	男	共産	新	17,620

第7回参議院議員選挙
昭和40年(1965年) 7月4日実施
【奈良県選挙区】定数1

当	大森　久司	63	男	自民	新	184,509
	板鼻　耕治	34	男	社会	新	107,066
	石垣　憲弥	49	男	共産	新	23,559

第8回参議院議員選挙
昭和43年(1968年) 7月7日実施
【奈良県選挙区】定数1

当	新谷寅三郎	65	男	自民	現	215,211
	阪本　寿治	49	男	社会	新	118,471
	小針　実	40	男	共産	新	35,858

第9回参議院議員選挙
昭和46年(1971年) 6月27日実施
【奈良県選挙区】定数1

当	大森　久司	69	男	自民	現	175,401
	藤枝　昭英	61	男	無所属	新	90,727
	笹田　治人	36	男	社会	新	62,957
	小針　実	43	男	共産	新	44,173
	かどま竜一	43	男	無所属	新	3,682

《補選》第9回参議院議員選挙
昭和51年(1976年) 9月26日実施
※大森久司の死去による
【奈良県選挙区】被選挙数1

当	堀内　俊夫	58	男	自民	新	191,041
	笹田　治人	41	男	社会	新	99,006
	岩田　良孝	44	男	共産	新	45,990

第10回参議院議員選挙
昭和49年(1974年) 7月7日実施
【奈良県選挙区】定数1

当	新谷寅三郎	71	男	自民	現	259,995
	笹田　治人	39	男	社会	新	109,327
	和田　修	37	男	公明	新	69,040
	岩田　良孝	42	男	共産	新	57,935

第11回参議院議員選挙
昭和52年(1977年) 7月10日実施
【奈良県選挙区】定数1

当	堀内　俊夫	59	男	自民	前	251,029
	笹田　治人	42	男	社会	新	152,326
	西川　仁郎	50	男	共産	新	60,244

第12回参議院議員選挙
昭和55年(1980年) 6月22日実施
【奈良県選挙区】定数1

当	新谷寅三郎	77	男	自民	現	289,668
	笹田　治人	45	男	社会	新	140,764
	北野加那子	38	女	共産	新	106,582

《補選》第12回参議院議員選挙
昭和60年(1985年) 2月3日実施
※新谷寅三郎の死去による
【奈良県選挙区】被選挙数1

当	服部　安司	69	男	自民	新	216,579
	川本　敏美	62	男	社会	新	100,195
	北野加那子	42	女	共産	新	59,116

第13回参議院議員選挙
昭和58年(1983年) 6月26日実施

【奈良県選挙区】定数1

当	堀内	俊夫	65	男	自民	現	200,107
	市原	みちえ	37	女	社会	新	97,209
	北野	加那子	41	女	共産	新	84,085
	徳田	憲郎	52	男	民社	新	70,809

第14回参議院議員選挙
昭和61年(1986年) 7月6日実施

【奈良県選挙区】定数1

当	服部	安司	70	男	自民	現	326,183
	西阪	善治	68	男	社会	新	145,691
	今井	光子	31	女	共産	新	126,694

第15回参議院議員選挙
平成元年(1989年) 7月23日実施

【奈良県選挙区】定数1

当	新坂	一雄	50	男	連合	新	274,695
	榎	信晴	49	男	自民	新	215,626
	小林	照代	49	女	共産	新	81,008
	向井	弘	53	男	無所属	新	36,501

《補選》第15回参議院議員選挙
平成4年(1992年) 2月9日実施
※新坂一雄の死去による

【奈良県選挙区】被選挙数1

当	吉田	之久	65	男	連合	新	244,930
	榎	信晴	52	男	自民	新	178,002
	今井	光子	36	女	共産	新	55,927

第16回参議院議員選挙
平成4年(1992年) 7月26日実施

【奈良県選挙区】定数1

当	服部三男雄		47	男	自民	新	212,537
	高市	早苗	31	女	無所属	新	159,274
	田原	恵子	43	女	連合	新	90,303
	今井	光子	37	女	共産	新	66,157

第17回参議院議員選挙
平成7年(1995年) 7月23日実施

【奈良県選挙区】定数1

当	吉田	之久	68	男	新進	前	214,093
	堀井	良殷	59	男	無所属	新	189,644
	山村	幸穂	40	女	共産	新	64,278

第18回参議院議員選挙
平成10年(1998年) 7月12日実施

【奈良県選挙区】定数1

当	服部三男雄		53	男	自民	現	245,029
	浜上	和康	50	男	無所属	新	202,928
	山村	幸穂	43	女	共産	新	148,400
	向井	弘	62	男	諸派	新	43,107

第19回参議院議員選挙
平成13年(2001年) 7月29日実施

【奈良県選挙区】定数1

当	荒井	正吾	56	男	自民	新	282,305
	前田	武志	63	男	民主	新	251,905
	鎌野	祥二	33	男	共産	新	52,735
	杉田	幸子	43	女	社民	新	42,341
	岡井	康弘	43	男	自連	新	14,085

第20回参議院議員選挙
平成16年(2004年) 7月11日実施

【奈良県選挙区】定数1

当	前川	清成	41	男	民主	新	311,990
	服部三男雄		59	男	自民	現	261,968
	豆田	至功	51	男	共産	新	64,015

第21回参議院議員選挙
平成19年(2007年) 7月29日実施

【奈良県選挙区】定数1

当	中村	哲治	36	男	民主	新	359,584
	松井	正剛	54	男	自民	新	252,768
	中村	篤子	49	女	共産	新	72,666

第22回参議院議員選挙
平成22年(2010年) 7月11日実施

【奈良県選挙区】定数1

当	前川	清成	47	男	民主	現	308,490
	山田	衆三	34	男	自民	新	255,135
	太田	敦	38	男	共産	新	84,920

第23回参議院議員選挙
平成25年(2013年) 7月21日実施

【奈良県選挙区】定数1

当	堀井	巌	47	男	自民	新	354,658
	大西	孝典	57	男	民主	新	139,680
	谷川	和広	34	男	共産	新	91,704
	田中	孝子	58	女	諸派	新	18,907

第24回参議院議員選挙
平成28年(2016年) 7月10日実施

【奈良県選挙区】定数1
当　佐藤　　啓　37　男　自民　新　292,440

	前川　清成	53	男	民進	現	216,361
	吉野　忠男	57	男	維新	新	119,994
	田中　孝子	60	女	諸派	新	13,293

選挙区・和歌山県

第1回参議院議員選挙
昭和22年(1947年) 4月20日実施

【和歌山県選挙区】定数2
当　徳川　頼貞　56　男　無所属　　121,382
当3 玉置吉之丞　62　男　無所属　　 75,383
　　北山　敬一　32　男　社会　　　 42,587
　　越野　鍈吉　50　男　無所属　　 36,061
　　山東誠三郎　60　男　社会　　　 13,837
　　高山与四郎　41　男　共産　　　　5,551
※「当3」は任期3年の意味

第2回参議院議員選挙
昭和25年(1950年) 6月4日実施

【和歌山県選挙区】定数1
当　永井純一郎　42　男　無所属　新　180,890
　　玉置吉之丞　62　男　緑風　　前　142,765
　　岩橋東太郎　46　男　無所属　新　 29,489
　　茂野　　嵩　31　男　共産　　新　 19,395

第3回参議院議員選挙
昭和28年(1953年) 4月24日実施

【和歌山県選挙区】定数1
当　徳川　頼貞　60　男　自由吉　現　184,793
　　坂口　三郎　45　男　左社　　新　101,864
　　土山　清市　55　男　無所属　新　 17,888

《補選》第3回参議院議員選挙
昭和29年(1954年) 6月3日実施
※徳川頼貞の死去による

【和歌山県選挙区】被選挙数1
当　野村吉三郎　76　男　無所属　新　254,123
　　鈴木嘉八郎　41　男　無所属　新　128,851

第4回参議院議員選挙
昭和31年(1956年) 7月8日実施

【和歌山県選挙区】定数1
当　前田佳都男　45　男　自民　新　226,787
　　永井純一郎　48　男　社会　前　148,342

第5回参議院議員選挙
昭和34年(1959年) 6月2日実施

【和歌山県選挙区】定数1
当　野村吉三郎　81　男　自民　前　247,303
　　藤井　誠一　50　男　社会　新　 81,706
　　宮沢　　潔　39　男　共産　新　 11,003

《補選》第5回参議院議員選挙
昭和39年(1964年) 6月21日実施
※野村吉三郎の死去による

【和歌山県選挙区】被選挙数1
当　和田　鶴一　52　男　自民　新　163,920
　　山下　正子　49　女　社会　新　127,430
　　藤沢弘太郎　40　男　共産　新　 13,342

第6回参議院議員選挙
昭和37年(1962年) 7月1日実施

【和歌山県選挙区】定数1
当　前田佳都男　51　男　自民　現　239,277
　　山下　正子　47　女　社会　新　149,898
　　宮沢　　潔　42　男　共産　新　 14,570

第7回参議院議員選挙
昭和40年(1965年) 7月4日実施

【和歌山県選挙区】定数1
当　和田　鶴一　53　男　自民　前　245,225
　　塩地　英二　49　男　社会　新　114,733
　　岡野　茂郎　41　男　共産　新　 28,578

第8回参議院議員選挙
昭和43年(1968年) 7月7日実施

【和歌山県選挙区】定数1
当　前田佳都男　57　男　自民　現　258,276
　　村上　六三　51　男　社会　新　155,315
　　岡野　茂郎　44　男　共産　新　 39,695

第 9 回参議院議員選挙
昭和46年（1971年）6月27日実施
【和歌山県選挙区】定数 1

	氏名	年齢	性別	所属	新旧	得票数
当	世耕　政隆	48	男	自民	新	265,869
	近藤　隆昭	43	男	社会	新	81,179
	藤沢弘太郎	47	男	共産	新	60,909

第10回参議院議員選挙
昭和49年（1974年）7月7日実施
【和歌山県選挙区】定数 1

	氏名	年齢	性別	所属	新旧	得票数
当	前田佳都男	63	男	自民	現	280,816
	新田　和弘	31	男	公明	新	117,707
	藤沢弘太郎	50	男	共産	新	104,320

《補選》第10回参議院議員選挙
昭和53年（1978年）2月19日実施
※前田佳都男の死去による
【和歌山県選挙区】被選挙数 1

	氏名	年齢	性別	所属	新旧	得票数
当	前田　勲男	35	男	自民	新	212,598
	山崎　政彦	34	男	社会	新	64,217
	井上　敦	41	男	共産	新	57,355

第11回参議院議員選挙
昭和52年（1977年）7月10日実施
【和歌山県選挙区】定数 1

	氏名	年齢	性別	所属	新旧	得票数
当	世耕　政隆	54	男	自民	前	287,600
	山崎　政彦	33	男	社会	新	93,801
	藤沢弘太郎	53	男	共産	新	87,166

第12回参議院議員選挙
昭和55年（1980年）6月22日実施
【和歌山県選挙区】定数 1

	氏名	年齢	性別	所属	新旧	得票数
当	前田　勲男	37	男	自民	現	305,281
	黒木　清	40	男	共産	新	88,425
	寺本　正男	67	男	社会	新	80,018

第13回参議院議員選挙
昭和58年（1983年）6月26日実施
【和歌山県選挙区】定数 1

	氏名	年齢	性別	所属	新旧	得票数
当	世耕　政隆	60	男	自民	現	253,796
	辻田　暁子	45	女	社会	新	104,340
	橋爪　利次	54	男	共産	新	62,170

第14回参議院議員選挙
昭和61年（1986年）7月6日実施
【和歌山県選挙区】定数 1

	氏名	年齢	性別	所属	新旧	得票数
当	前田　勲男	43	男	自民	現	345,827
	橋爪　利次	57	男	共産	新	89,445
	笹田　治人	51	男	社会	新	79,749

第15回参議院議員選挙
平成元年（1989年）7月23日実施
【和歌山県選挙区】定数 1

	氏名	年齢	性別	所属	新旧	得票数
当	世耕　政隆	66	男	自民	前	244,156
	東山　昭久	40	男	社会	新	208,840
	土屋伊都子	50	女	共産	新	77,120

第16回参議院議員選挙
平成4年（1992年）7月26日実施
【和歌山県選挙区】定数 1

	氏名	年齢	性別	所属	新旧	得票数
当	前田　勲男	49	男	自民	前	253,060
	東山　昭久	43	男	社会	新	92,754
	前　久	36	男	共産	新	52,532

第17回参議院議員選挙
平成7年（1995年）7月23日実施
【和歌山県選挙区】定数 1

	氏名	年齢	性別	所属	新旧	得票数
当	世耕　政隆	72	男	自民	前	180,440
	井脇ノブ子	49	女	新進	新	140,570
	前　久	39	男	共産	新	48,132
	浦口　高典	40	男	無所属	新	33,550

《補選》第17回参議院議員選挙
平成10年（1998年）11月8日実施
※世耕政隆の死去による
【和歌山県選挙区】被選挙数 1

	氏名	年齢	性別	所属	新旧	得票数
当	世耕　弘成	36	男	自民	新	197,388
	浜田　真輔	37	男	諸派	新	123,297
	原　矢寸久	47	男	共産	新	73,092

第18回参議院議員選挙
平成10年（1998年）7月12日実施
【和歌山県選挙区】定数 1

	氏名	年齢	性別	所属	新旧	得票数
当	鶴保　庸介	31	男	自由	新	221,592
	前田　勲男	55	男	自民	現	196,936
	原　矢寸久	46	男	共産	新	88,778
	貴志　元則	49	男	諸派	新	11,723

第19回参議院議員選挙
平成13年(2001年)7月29日実施

【和歌山県選挙区】定数1

当	世耕	弘成	38	男	自民	前	319,080
	木村	文則	43	男	民主	新	69,186
	原	矢寸久	49	男	共産	新	64,453
	西岡	豊子	47	女	自連	新	18,466

第20回参議院議員選挙
平成16年(2004年)7月11日実施

【和歌山県選挙区】定数1

当	鶴保	庸介	37	男	自民	現	255,478
	川条	志嘉	34	女	民主	新	166,525
	国重	秀明	43	男	共産	新	47,017
	関	佳哉	60	男	諸派	新	5,619

第21回参議院議員選挙
平成19年(2007年)7月29日実施

【和歌山県選挙区】定数1

当	世耕	弘成	44	男	自民	前	256,577
	阪口	直人	44	男	民主	新	187,545
	国重	秀明	46	男	共産	新	46,706

第22回参議院議員選挙
平成22年(2010年)7月11日実施

【和歌山県選挙区】定数1

当	鶴保	庸介	43	男	自民	現	273,960
	島	久美子	54	女	民主	新	157,717
	吉田	雅哉	34	男	共産	新	50,708

第23回参議院議員選挙
平成25年(2013年)7月21日実施

【和歌山県選挙区】定数1

当	世耕	弘成	50	男	自民	現	337,477
	原	矢寸久	61	男	共産	新	83,172
	久保美也子	52	女	諸派	新	16,187

第24回参議院議員選挙
平成28年(2016年)7月10日実施

【和歌山県選挙区】定数1

当	鶴保	庸介	49	男	自民	現	306,361
	由良	登信	64	男	無所属	新	115,397
	西本	篤	46	男	諸派	新	21,064

選挙区・鳥取県

第1回参議院議員選挙
昭和22年(1947年)4月20日実施

【鳥取県選挙区】定数2

当	門田	定蔵	62	男	諸派	83,742
当3	田中	信義	59	男	諸派	76,912
	山本鉄太郎	48	男	自由	41,304

※「当3」は任期3年の意味

第2回参議院議員選挙
昭和25年(1950年)6月4日実施

【鳥取県選挙区】定数1

当	中田	吉雄	43	男	社会	新	131,376
	徳安	実蔵	50	男	自由	新	95,731
	福本	和夫	55	男	共産	新	26,508

第3回参議院議員選挙
昭和28年(1953年)4月24日実施

【鳥取県選挙区】定数1

当	三好	英之	67	男	無所属	新	120,643
	門田	定蔵	66	男	左社	現	66,053
	豊田	収	70	男	無所属	新	38,388
	山本	義章	56	男	緑風	新	31,834

《補選》第3回参議院議員選挙
昭和31年(1956年)4月4日実施
※三好英之の死去による

【鳥取県選挙区】被選挙数1

当	中田	吉雄	49	男	社会	前	127,509
	坂口平兵衛	50	男	自民	新	118,247
	裏坂	憲一	36	男	共産	新	6,178

第4回参議院議員選挙
昭和31年(1956年)7月8日実施

【鳥取県選挙区】定数1

当	仲原	善一	50	男	自民	新	148,501
	河崎	巌	34	男	社会	新	100,302
	安田	勝栄	48	男	共産	新	辞退

第5回参議院議員選挙
昭和34年(1959年)6月2日実施

【鳥取県選挙区】定数1

当	中田	吉雄	52	男	社会	前	117,991

	宮崎	正雄	51	男	自民	新	117,952
	米原	昶	50	男	共産	新	15,175
	小田	スエ	43	女	諸派	新	4,984

第6回参議院議員選挙
昭和37年(1962年)7月1日実施

【鳥取県選挙区】定数1

当	仲原	善一	56	男	自民	現	147,978
	武部	文	41	男	社会	新	118,258
	石尾	実	37	男	共産	新	7,516

第7回参議院議員選挙
昭和40年(1965年)7月4日実施

【鳥取県選挙区】定数1

当	宮崎	正雄	58	男	自民	新	137,780
	広田	幸一	49	男	社会	新	127,456
	裏坂	憲一	46	男	共産	新	9,086

第8回参議院議員選挙
昭和43年(1968年)7月7日実施

【鳥取県選挙区】定数1

当	足鹿	覚	63	男	社会	新	154,933
	仲原	善一	62	男	自民	現	136,470
	米村	健	61	男	共産	新	8,680

第9回参議院議員選挙
昭和46年(1971年)6月27日実施

【鳥取県選挙区】定数1

当	宮崎	正雄	64	男	自民	現	141,455
	野坂	浩賢	46	男	社会	新	122,372
	裏坂	憲一	52	男	共産	新	16,372
	和田	実治	55	男	民社	新	6,535

第10回参議院議員選挙
昭和49年(1974年)7月7日実施

【鳥取県選挙区】定数1

当	石破	二朗	65	男	自民	新	192,120
	北尾	才智	48	男	社会	新	126,999
	裏坂	憲一	55	男	共産	新	15,575

第11回参議院議員選挙
昭和52年(1977年)7月10日実施

【鳥取県選挙区】定数1

当	広田	幸一	61	男	社会	新	159,866
	土屋	栄一	68	男	自民	新	154,625
	川西	基次	54	男	共産	新	19,995

第12回参議院議員選挙
昭和55年(1980年)6月22日実施

【鳥取県選挙区】定数1

当	石破	二朗	71	男	自民	現	209,025
	新見	修	66	男	社会	新	107,996
	保田	睦美	42	男	共産	新	18,176

《補選》第12回参議院議員選挙
昭和56年(1981年)11月1日実施
※石破二朗の死去による

【鳥取県選挙区】被選挙数1

当	小林	国司	73	男	自民	元	166,839
	新見	修	67	男	社会	新	113,480
	保田	睦美	43	男	共産	新	14,551

第13回参議院議員選挙
昭和58年(1983年)6月26日実施

【鳥取県選挙区】定数1

当	西村	尚治	72	男	自民	現	160,242
	広田	幸一	67	男	社会	現	152,043
	牛尾	甫	58	男	共産	新	13,656

第14回参議院議員選挙
昭和61年(1986年)7月6日実施

【鳥取県選挙区】定数1

当	坂野	重信	68	男	自民	現	190,141
	吉田	達男	51	男	社会	新	145,126
	宅野	亮介	61	男	共産	新	18,281

第15回参議院議員選挙
平成元年(1989年)7月23日実施

【鳥取県選挙区】定数1

当	吉田	達男	54	男	無所属	新	180,123
	西村	尚治	78	男	自民	前	154,766
	宅野	亮介	64	男	共産	新	14,764

第16回参議院議員選挙
平成4年(1992年)7月26日実施

【鳥取県選挙区】定数1

当	坂野	重信	75	男	自民	前	180,007
	加茂	篤代	63	女	無所属	新	88,938
	佐々木康子		54	女	共産	新	18,278
	中西	豊明	75	男	無所属	新	11,250

第17回参議院議員選挙
平成7年(1995年)7月23日実施

【鳥取県選挙区】定数1
当	常田	享詳	51	男	無所属	新	106,246
	吉田	達男	60	男	無所属	前	97,548
	小野	ヤスシ	55	男	無所属	新	97,331
	小村	勝洋	40	男	共産	新	11,653

第18回参議院議員選挙
平成10年(1998年)7月12日実施

【鳥取県選挙区】定数1
当	坂野	重信	80	男	自民	現	128,085
	田村	耕太郎	34	男	無所属	新	101,403
	松永	忠君	59	男	社民	新	45,920
	市谷	知子	30	女	共産	新	40,965
	沖野	寛	44	男	諸派	新	4,919

《補選》第18回参議院議員選挙
平成14年(2002年)10月27日実施
※坂野重信の死去による

【鳥取県選挙区】被選挙数1
当	田村	耕太郎	39	男	無所属	新	90,274
	藤井	省三	61	男	無所属	新	86,562
	勝部	日出男	53	男	諸派	新	73,383
	市谷	知子	34	女	共産	新	22,187

第19回参議院議員選挙
平成13年(2001年)7月29日実施

【鳥取県選挙区】定数1
当	常田	享詳	57	男	自民	前	174,574
	佐藤	誠	53	男	民主	新	69,078
	市谷	知子	33	女	共産	新	33,826
	山本	悟己	46	男	社民	新	21,642
	山口	昌司	47	男	自連	新	9,812

第20回参議院議員選挙
平成16年(2004年)7月11日実施

【鳥取県選挙区】定数1
当	田村	耕太郎	40	男	自民	現	151,737

	土屋	正秀	37	男	民主	新	114,597
	市谷	知子	36	女	共産	新	38,688

第21回参議院議員選挙
平成19年(2007年)7月29日実施

【鳥取県選挙区】定数1
当	川上	義博	56	男	民主	新	168,380
	常田	享詳	63	男	自民	前	135,233
	市谷	尚三	69	男	共産	新	23,380

第22回参議院議員選挙
平成22年(2010年)7月11日実施

【鳥取県選挙区】定数1
当	浜田	和幸	57	男	自民	新	158,445
	坂野	真理	32	女	民主	新	132,720
	岩永	尚之	53	男	共産	新	20,613

第23回参議院議員選挙
平成25年(2013年)7月21日実施

【鳥取県選挙区】定数1
当	舞立	昇治	37	男	自民	新	160,783
	川上	義博	62	男	民主	現	82,717
	岩永	尚之	56	男	共産	新	19,600
	吉岡	由里子	46	女	諸派	新	6,782
	井上	洋	64	男	無所属	新	6,158

第24回参議院議員選挙
平成28年(2016年)7月10日実施

【鳥取県・島根県選挙区】定数1
当	青木	一彦	55	男	自民	現	387,787
	福島	浩彦	59	男	無所属	新	214,917
	国領	豊太	34	男	諸派	新	15,791

※第24回参議院議員選挙より鳥取県選挙区は島根県選挙区と合区し「鳥取県・島根県選挙区」となった

選挙区・島根県

第1回参議院議員選挙
昭和22年(1947年)4月20日実施

【島根県選挙区】定数2
当	伊達	源一郎	74	男	無所属		114,262
当3	宇都宮	登	50	男	無所属		80,177
	桶口	義徳	43	男	社会		74,031
	高倉	徹一	52	男	民主		31,870
	原	武弘	34	男	共産		26,888

※「当3」は任期3年の意味

第2回参議院議員選挙
昭和25年(1950年)6月4日実施

【島根県選挙区】定数1
当	桜内 義雄	38	男	諸派	新	140,981
	小滝 彬	45	男	自由	新	140,592
	竹内 懋	48	男	社会	新	108,447
	加藤 一郎	44	男	共産	新	25,263
	宇都宮 登	52	男	緑風	前	20,588

第3回参議院議員選挙
昭和28年(1953年)4月24日実施

【島根県選挙区】定数1
当	大達 茂雄	61	男	自由吉	新	208,757
	佐野 広	48	男	無所属	新	200,782

《補選》第3回参議院議員選挙
昭和30年(1955年)11月11日実施
※大達茂雄の死去による

【島根県選挙区】被選挙数1
当	佐野 広	51	男	無所属	新	252,443
	加藤 一郎	49	男	共産	新	41,552
	国沢 徳五郎	65	男	無所属	新	34,651

第4回参議院議員選挙
昭和31年(1956年)7月8日実施

【島根県選挙区】定数1
当	小滝 彬	51	男	自民	前	232,223
	山崎 豊定	57	男	社会	新	134,915
	加藤 一郎	50	男	共産	新	31,325

《補選》第4回参議院議員選挙
昭和33年(1958年)7月6日実施
※小滝彬の死去による

【島根県選挙区】被選挙数1
当	山本 利寿	61	男	自民	新	243,212
	神門 至馬夫	36	男	社会	新	143,152

第5回参議院議員選挙
昭和34年(1959年)6月2日実施

【島根県選挙区】定数1
当	佐野 広	54	男	自民	前	293,336
	加藤 一郎	53	男	共産	新	72,834

第6回参議院議員選挙
昭和37年(1962年)7月1日実施

【島根県選挙区】定数1
当	山本 利寿	65	男	無所属	現	171,936
	室崎 勝造	65	男	自民	新	149,344
	山崎 亮	41	男	社会	新	105,305
	金森 ひろたか	43	男	共産	新	17,380

第7回参議院議員選挙
昭和40年(1965年)7月4日実施

【島根県選挙区】定数1
当	中村 英男	61	男	社会	新	204,462
	佐野 広	60	男	自民	前	196,013
	上野 孝	38	男	共産	新	14,893
	国沢 徳五郎	75	男	無所属	新	4,565

第8回参議院議員選挙
昭和43年(1968年)7月7日実施

【島根県選挙区】定数1
当	山本 利寿	71	男	自民	現	223,297
	卜部 政巳	46	男	社会	新	191,221
	上野 孝	41	男	共産	新	20,299

第9回参議院議員選挙
昭和46年(1971年)6月27日実施

【島根県選挙区】定数1
当	中村 英男	67	男	社会	元	164,747
	佐野 広	66	男	自民	元	155,928
	亀井 久興	31	男	無所属	新	73,707
	上野 孝	44	男	共産	新	19,517

第10回参議院議員選挙
昭和49年(1974年)7月7日実施

【島根県選挙区】定数1
当	亀井 久興	34	男	自民	新	203,433
	栂野 泰二	48	男	社会	新	202,489
	飯塚 行男	46	男	共産	新	26,343
	林 勝義	34	男	無所属	新	26,085
	西坂 徳家	40	男	無所属	新	5,014

第11回参議院議員選挙
昭和52年(1977年)7月10日実施

【島根県選挙区】定数1
当	成相 善十	61	男	自民	新	219,108
	中村 英男	73	男	社会	前	161,410
	中林 佳子	31	女	共産	新	84,729

第12回参議院議員選挙
昭和55年(1980年)6月22日実施

【島根県選挙区】定数1

当	亀井	久興	40	男	自民	現	272,383
	石橋	大吉	48	男	社会	新	166,665
	勝部	庸一	49	男	共産	新	33,181

第13回参議院議員選挙
昭和58年(1983年)6月26日実施

【島根県選挙区】定数1

当	成相	善十	67	男	自民	現	212,006
	石橋	大吉	51	男	社会	新	190,802
	渡部	節雄	51	男	共産	新	24,700

第14回参議院議員選挙
昭和61年(1986年)7月6日実施

【島根県選挙区】定数1

当	青木	幹雄	52	男	自民	新	289,294
	福田	純二	35	男	無所属	新	130,678
	渡部	節雄	54	男	共産	新	50,214

第15回参議院議員選挙
平成元年(1989年)7月23日実施

【島根県選挙区】定数1

当	岩本	久人	46	男	無所属	新	199,195
	細田	重雄	51	男	自民	新	169,500
	成相	善十	73	男	無所属	前	88,220
	上代	善雄	35	男	共産	新	20,143

第16回参議院議員選挙
平成4年(1992年)7月26日実施

【島根県選挙区】定数1

当	青木	幹雄	58	男	自民	前	245,754
	帯刀	妙子	50	女	連合	新	153,084
	上代	善雄	38	男	共産	新	26,959

第17回参議院議員選挙
平成7年(1995年)7月23日実施

【島根県選挙区】定数1

当	景山俊太郎		51	男	自民	新	176,946
	岩本	久人	52	男	無所属	前	145,189
	高島	望	35	男	新進	新	47,118
	上代	善雄	41	男	共産	新	24,729

第18回参議院議員選挙
平成10年(1998年)7月12日実施

【島根県選挙区】定数1

当	青木	幹雄	64	男	自民	現	212,498
	田村	節美	59	女	民主	新	118,718
	佐々木洋子		47	女	共産	新	55,474
	加納	克己	54	男	社民	新	27,591
	山口	昌司	44	男	諸派	新	11,808

第19回参議院議員選挙
平成13年(2001年)7月29日実施

【島根県選挙区】定数1

当	景山俊太郎		57	男	自民	前	273,059
	浜口	和久	32	男	民主	新	75,034
	後藤	勝彦	33	男	共産	新	36,582
	中島	順子	50	女	自連	新	16,075

第20回参議院議員選挙
平成16年(2004年)7月11日実施

【島根県選挙区】定数1

当	青木	幹雄	70	男	自民	現	254,704
	神門	至	43	男	民主	新	124,403
	後藤	勝彦	36	男	共産	新	30,878

第21回参議院議員選挙
平成19年(2007年)7月29日実施

【島根県選挙区】定数1

当	亀井亜紀子		42	女	国民	新	217,707
	景山俊太郎		63	男	自民	前	186,622
	後藤	勝彦	39	男	共産	新	23,704

第22回参議院議員選挙
平成22年(2010年)7月11日実施

【島根県選挙区】定数1

当	青木	一彦	49	男	自民	新	222,448
	岩田	浩岳	34	男	民主	新	151,351
	桜内	朋雄	41	男	みんな	新	28,183
	石飛	育久	32	男	共産	新	18,512

第23回参議院議員選挙
平成25年(2013年)7月21日実施

【島根県選挙区】定数1

当	島田	三郎	57	男	自民	新	202,181
	亀井亜紀子		48	女	みどり	現	115,043
	向瀬	慎一	42	男	共産	新	26,255
	池田	節子	57	女	諸派	新	6,054

※第24回参議院議員選挙より島根県選挙区は鳥取県選挙区と合区し「鳥取県・島根県選挙区」となった(選挙区・鳥取県を参照)

選挙区・岡山県

第1回参議院議員選挙
昭和22年(1947年)4月20日実施

【岡山県選挙区】定数4
当	島村	軍次	53	男	無所属	142,609
当	黒田	英雄	69	男	自由	101,334
当3	太田	敏兒	58	男	社会	60,475
当3	板野	勝次	45	男	共産	45,709
	小脇	芳一	54	男	社会	44,992
	森末	繁雄	49	男	民主	39,472
	西	他石	47	男	無所属	20,891

※「当3」は任期3年の意味

第2回参議院議員選挙
昭和25年(1950年)6月4日実施

【岡山県選挙区】定数2
当	江田	三郎	42	男	社会	新	193,409
当	加藤	武徳	34	男	自由	新	174,235
	河相	達夫	60	男	緑風	新	90,441
	荒田	英一	55	男	自由	新	78,768
	豊田	秀男	41	男	共産	新	50,046
	太田	敏兒	60	男	労農	前	50,040
	小林	金一	44	男	緑風	新	33,712
	浦田関太郎	50	男	無所属	新	辞退

第3回参議院議員選挙
昭和28年(1953年)4月24日実施

【岡山県選挙区】定数2
当	秋山	長造	36	男	左社	新	166,293
当	島村	軍次	57	男	緑風	現	117,369
	岡田	包義	52	男	自由吉	新	103,829
	犬養	正男	40	男	無所属	新	80,627
	河相	達夫	63	男	自由鳩	新	77,856
	小脇	芳一	58	男	無所属	新	43,103
	藤井	二郎	43	男	無所属	新	32,188

第4回参議院議員選挙
昭和31年(1956年)7月8日実施

【岡山県選挙区】定数2
当	江田	三郎	48	男	社会	前	207,375
当	近藤	鶴代	54	女	自民	新	202,525
	加藤	武徳	40	男	自民	前	149,863
	犬養	正男	43	男	無所属	新	42,035
	野崎	清二	59	男	労農	新	33,111

| |板野|勝次|53|男|共産|新|18,955|

第5回参議院議員選挙
昭和34年(1959年)6月2日実施

【岡山県選挙区】定数2
当	秋山	長造	42	男	社会	前	207,784
当	加藤	武徳	43	男	自民	元	197,372
	伊藤	大孝	44	男	自民	新	114,171
	榊原	亨	59	男	自民	前	82,941
	島村	軍次	64	男	緑風	前	55,159

《補選》第5回参議院議員選挙
昭和39年(1964年)12月9日実施
※秋山長造、加藤武徳の退職(ともに知事選立候補)による

【岡山県選挙区】被選挙数2
当	秋山	長造	47	男	社会	前	245,672
当	木村	睦男	51	男	無所属	新	154,513
	伊藤	大孝	50	男	自民	新	131,359
	林	郁男	32	男	共産	新	13,582

第6回参議院議員選挙
昭和37年(1962年)7月1日実施

【岡山県選挙区】定数2
当	矢山	有作	38	男	社会	新	262,309
当	近藤	鶴代	60	女	自民	現	236,048
	稲垣平太郎	74	男	自民	元	163,993
	平尾	利雄	52	男	民社	新	34,315
	宇野	博文	48	男	共産	新	17,798

第7回参議院議員選挙
昭和40年(1965年)7月4日実施

【岡山県選挙区】定数2
当	秋山	長造	48	男	社会	前	314,823
当	木村	睦男	51	男	自民	前	228,116
	笠岡	喬	39	男	自民	新	129,562
	板野	勝次	62	男	共産	元	28,216

第8回参議院議員選挙
昭和43年(1968年)7月7日実施

【岡山県選挙区】定数2
当	小枝	一雄	66	男	自民	新	255,008

当	矢山	有作	44	男	社会	現	254,508
	逢沢	英雄	42	男	自民	新	246,608
	板野	勝次	65	男	共産	元	44,836

第9回参議院議員選挙
昭和46年（1971年）6月27日実施

【岡山県選挙区】定数2

当	秋山	長造	54	男	社会	現	334,984
当	木村	睦男	57	男	自民	現	275,578
	木島	一直	48	男	共産	新	57,493
	岡田	定見	30	男	諸派	新	20,324

第10回参議院議員選挙
昭和49年（1974年）7月7日実施

【岡山県選挙区】定数2

当	加藤	武徳	58	男	自民	元	266,490
当	寺田	熊雄	61	男	社会	新	255,183
	逢沢	英雄	48	男	自民	新	226,703
	山崎	輝男	43	男	公明	新	159,123
	木島	一直	51	男	共産	新	60,700

第11回参議院議員選挙
昭和52年（1977年）7月10日実施

【岡山県選挙区】定数2

当	木村	睦男	63	男	自民	前	387,816
当	秋山	長造	60	男	社会	前	359,356
	木島	一直	54	男	共産	新	95,282

第12回参議院議員選挙
昭和55年（1980年）6月22日実施

【岡山県選挙区】定数2

当	加藤	武徳	64	男	自民	現	503,851
当	寺田	熊雄	67	男	社会	現	347,162
	織田	亨	53	男	共産	新	96,680
	岡田	定見	39	男	諸派	新	18,505

第13回参議院議員選挙
昭和58年（1983年）6月26日実施

【岡山県選挙区】定数2

当	木村	睦男	69	男	自民	現	321,642
当	秋山	長造	66	男	社会	現	311,010
	武田	英夫	36	男	共産	新	71,876
	岡田	定見	42	男	諸派	新	11,156

第14回参議院議員選挙
昭和61年（1986年）7月6日実施

【岡山県選挙区】定数2

当	加藤	武徳	70	男	自民	現	456,255
当	一井	淳治	50	男	無所属	新	228,121
	高原	勝哉	42	男	無所属	新	180,395
	武田	英夫	39	男	共産	新	94,141
	岡田	定見	45	男	諸派	新	10,602

第15回参議院議員選挙
平成元年（1989年）7月23日実施

【岡山県選挙区】定数2

当	片山	虎之助	53	男	自民	新	288,730
当	森	暢子	57	女	社会	新	282,399
	高原	勝哉	45	男	連合	新	226,273
	西岡	憲康	48	男	無所属	新	76,015
	河重	寛子	51	女	共産	新	59,021
	岡田	定見	48	男	無所属	新	5,274

第16回参議院議員選挙
平成4年（1992年）7月26日実施

【岡山県選挙区】定数2

当	加藤	紀文	43	男	自民	新	327,271
当	一井	淳治	56	男	社会	前	217,719
	河重	寛子	54	女	共産	新	80,395
	岡田	定見	51	男	諸派	新	11,566
	吉崎	耕二	39	男	諸派	新	7,858

第17回参議院議員選挙
平成7年（1995年）7月23日実施

【岡山県選挙区】定数2

当	片山	虎之助	59	男	自民	前	250,464
当	石田	美栄	57	女	新進	新	232,211
	森	暢子	63	女	社会	前	156,285
	河重	寛子	57	女	共産	新	54,688
	岡田	定見	54	男	諸派	新	3,928

第18回参議院議員選挙
平成10年（1998年）7月12日実施

【岡山県選挙区】定数2

当	江田	五月	57	男	民主	元	363,697
当	加藤	紀文	49	男	自民	現	277,285
	一井	淳治	62	男	民主	現	115,751
	加藤	勝信	42	男	無所属	新	73,508
	垣内	雄一	33	男	共産	新	69,881
	小曳	光男	45	男	社民	新	20,142
	中村	京次	56	男	諸派	新	3,556
	中島	剛	55	男	諸派	新	2,357

第19回参議院議員選挙
平成13年(2001年) 7月29日実施

【岡山県選挙区】定数1

当	片山虎之助	65	男	自民	前	501,383
	石田 美栄	63	女	民主	前	236,612
	森脇 久紀	38	男	共産	新	67,705
	浅輪 桂子	54	女	自連	新	16,853

第20回参議院議員選挙
平成16年(2004年) 7月11日実施

【岡山県選挙区】定数1

当	江田 五月	63	男	民主	現	498,515
	加藤 紀文	55	男	自民	現	349,219
	植本 完治	45	男	共産	新	47,898

第21回参議院議員選挙
平成19年(2007年) 7月29日実施

【岡山県選挙区】定数1

当	姫井由美子	48	女	民主	新	451,185
	片山虎之助	71	男	自民	前	403,783
	植本 完治	48	男	共産	新	42,929
	林 福治	69	男	無所属	新	9,433
	北川 誠	43	男	諸派	新	5,753

第22回参議院議員選挙
平成22年(2010年) 7月11日実施

【岡山県選挙区】定数1

当	江田 五月	69	男	民主	現	474,280
	山田 美香	42	女	自民	新	325,143
	垣内 雄一	45	男	共産	新	65,298

第23回参議院議員選挙
平成25年(2013年) 7月21日実施

【岡山県選挙区】定数1

当	石井 正弘	67	男	自民	新	490,727
	高井 崇志	43	男	無所属	新	180,864
	垣内 京美	46	女	共産	新	65,455
	安原 園枝	51	女	諸派	新	12,517

第24回参議院議員選挙
平成28年(2016年) 7月10日実施

【岡山県選挙区】定数1

当	小野田紀美	33	女	自民	新	437,347
	黒石健太郎	32	男	民進	新	329,501
	田部 雄治	40	男	諸派	新	20,378

選挙区・広島県

第1回参議院議員選挙
昭和22年(1947年) 4月20日実施

【広島県選挙区】定数4

当	佐々木鹿蔵	59	男	無所属		217,498
当	山下 義信	54	男	無所属		149,129
当3	山田 節男	50	男	社会		136,600
当3	岩本 月洲	47	男	無所属		41,621
	友安 唯夫	50	男	無所属		32,809
	佐藤 俊一	57	男	社会		31,301
	住吉 繁一	57	男	無所属		24,708
	関森 薫	48	男	無所属		14,404

※「当3」は任期3年の意味

《補選》第1回参議院議員選挙
昭和25年(1950年)12月20日実施
※佐々木鹿蔵の死去による

【広島県選挙区】被選挙数1

当	楠瀬 常猪		自由	400,444
	高津 正道		社会	362,993

第2回参議院議員選挙
昭和25年(1950年) 6月4日実施

【広島県選挙区】定数2

当	山田 節男	51	男	社会	前	254,594
当	仁田 竹一	56	男	自由	新	214,719
	森田 大三	41	男	自由	新	134,332
	岩本 月洲	48	男	自由	前	87,077
	迫 千代子	46	女	緑風	新	82,406
	高橋 武夫	53	男	共産	新	47,639
	沖野 忠一	44	男	無所属	新	9,335
	川本 泉	54	男	諸派	新	辞退

第3回参議院議員選挙
昭和28年(1953年) 4月24日実施

【広島県選挙区】定数2

当	山下 義信	59	男	右社	現	227,132
当	宮沢 喜一	33	男	自由吉	新	189,326
	三好 重夫	55	男	自由吉	新	157,366
	迫 千代子	49	女	無所属	新	114,859
	楠瀬 常猪	54	男	自由鳩	現	99,289

第4回参議院議員選挙
昭和31年(1956年)7月8日実施

【広島県選挙区】定数2

当	永野	護	65	男	自民 新	331,102
当	山田	節男	57	男	社会 前	251,264
	迫	千代子	52	女	無所属 新	145,275
	松江	澄	37	男	共産 新	26,397

第5回参議院議員選挙
昭和34年(1959年)6月2日実施

【広島県選挙区】定数2

当	宮沢	喜一	39	男	自民 前	309,153
当	藤田	進	46	男	社会 前	244,744
	伊藤	実雄	53	男	無所属 新	160,858
	筒井	密義	52	男	無所属 新	65,279
	内藤	知周	44	男	共産 新	23,924

第6回参議院議員選挙
昭和37年(1962年)7月1日実施

【広島県選挙区】定数2

当	岩沢	忠恭	70	男	自民 現	296,733
当	松本	賢一	58	男	社会 新	284,231
	山田	節男	63	男	民社 現	175,253
	迫	千代子	58	女	同志 新	128,834
	村上	経行	44	男	共産 新	28,931

《補選》第6回参議院議員選挙
昭和41年(1966年)1月30日実施
※岩沢忠恭の死去による

【広島県選挙区】被選挙数1

当	中津井	真	62	男	自民 新	266,782
	福岡	義登	42	男	社会 新	199,337
	徳義	三男	46	男	無所属 新	162,314
	村上	経行	47	男	共産 新	44,080

第7回参議院議員選挙
昭和40年(1965年)7月4日実施

【広島県選挙区】定数2

当	藤田	正明	43	男	自民 新	460,079
当	藤田	進	52	男	社会 前	396,256
	村上	経行	47	男	共産 新	66,490

第8回参議院議員選挙
昭和43年(1968年)7月7日実施

【広島県選挙区】定数2

当	中津井	真	65	男	自民 現	481,755
当	松本	賢一	64	男	社会 現	431,876
	上田	博則	41	男	共産 新	85,901

第9回参議院議員選挙
昭和46年(1971年)6月27日実施

【広島県選挙区】定数2

当	藤田	正明	49	男	自民 現	449,324
当	藤田	進	58	男	社会 現	335,398
	世良	弘造	43	男	共産 新	94,902
	徳義	三男	52	男	無所属 新	86,216

第10回参議院議員選挙
昭和49年(1974年)7月7日実施

【広島県選挙区】定数2

当	永野	厳雄	56	男	自民 新	451,131
当	浜本	万三	53	男	社会 新	352,299
	中津井	真	71	男	自民 現	242,074
	勝谷	勝弘	48	男	公明 新	134,540
	高村	是懿	36	男	共産 新	120,175

第11回参議院議員選挙
昭和52年(1977年)7月10日実施

【広島県選挙区】定数2

当	藤田	正明	55	男	自民 前	516,981
当	藤田	進	64	男	社会 前	330,676
	小西	博行	40	男	民社 新	311,395
	森脇	勝義	42	男	共産 新	98,321

第12回参議院議員選挙
昭和55年(1980年)6月22日実施

【広島県選挙区】定数2

当	永野	厳雄	62	男	自民 現	620,115
当	小西	博行	43	男	民社 新	333,879
	浜本	万三	59	男	社会 現	312,050
	森脇	勝義	45	男	共産 新	99,699

《補選》第12回参議院議員選挙
昭和56年(1981年)11月29日実施
※永野厳雄の死去による

【広島県選挙区】被選挙数1

当	宮沢	弘	60	男	自民 新	611,452
	浜本	万三	61	男	社会 元	215,675
	森脇	勝義	46	男	共産 新	53,998

第13回参議院議員選挙
昭和58年(1983年)6月26日実施

【広島県選挙区】定数2

当	藤田	正明	61	男	自民 現	506,437

当	浜本	万三	62	男	社会	元	381,339
	森脇	勝義	48	男	共産	新	113,247

第14回参議院議員選挙
昭和61年（1986年）7月6日実施

【広島県選挙区】定数2

当	宮沢	弘	64	男	自民	現	762,524
当	小西	博行	49	男	民社	現	324,935
	藤崎	徳雄	54	男	社会	新	237,538
	森脇	勝義	51	男	共産	新	112,039

第15回参議院議員選挙
平成元年（1989年）7月23日実施

【広島県選挙区】定数2

当	浜本	万三	68	男	社会	前	509,486
当	藤田	雄山	40	男	自民	新	473,259
	佐々木秀隆		61	男	民社	新	226,997
	森脇	勝義	54	男	共産	新	103,360

《補選》第15回参議院議員選挙
平成5年（1993年）12月5日実施
※藤田雄山の退職（知事選立候補）による

【広島県選挙区】被選挙数1

当	溝手	顕正	51	男	自民	新	305,413
	山本	誠	56	男	社会	新	176,851
	村上	昭二	46	男	共産	新	45,936

第16回参議院議員選挙
平成4年（1992年）7月26日実施

【広島県選挙区】定数2

当	宮沢	弘	70	男	自民	前	472,847
当	栗原	君子	46	女	諸派	新	250,377
	小西	博行	55	男	連合	前	241,557
	村上	昭二	44	男	共産	新	60,574

第17回参議院議員選挙
平成7年（1995年）7月23日実施

【広島県選挙区】定数2

当	溝手	顕正	52	男	自民	前	310,801
当	菅川	健二	56	男	新進	新	286,638
	山本	誠	58	男	社会	新	223,272
	二階堂洋史		45	男	共産	新	53,761
	木本	好美	60	女	諸派	新	25,735

第18回参議院議員選挙
平成10年（1998年）7月12日実施

【広島県選挙区】定数2

当	亀井	郁夫	64	男	自民	新	344,377
当	柳田	稔	43	男	無所属	新	287,923
	奥原	信也	55	男	自民	新	278,927
	石田	明	70	男	社民	新	120,455
	二階堂洋史		48	男	共産	新	115,647
	栗原	君子	52	女	新社会	現	98,795
	平沢	智子	37	女	諸派	新	29,711

第19回参議院議員選挙
平成13年（2001年）7月29日実施

【広島県選挙区】定数2

当	柏村	武昭	57	男	無所属	新	466,661
当	溝手	顕正	58	男	自民	前	408,857
	菅川	健二	62	男	民主	前	218,235
	栗原	君子	55	女	諸派	元	82,984
	藤本	聡志	46	男	共産	新	78,576
	山田	英美	41	女	自連	新	26,137

第20回参議院議員選挙
平成16年（2004年）7月11日実施

【広島県選挙区】定数2

当	柳田	稔	49	男	民主	現	509,875
当	亀井	郁夫	70	男	自民	現	493,817
	岡本	三夫	71	男	無所属	新	108,288
	藤本	聡志	49	男	共産	新	84,407

第21回参議院議員選挙
平成19年（2007年）7月29日実施

【広島県選挙区】定数2

当	佐藤	公治	48	男	民主	新	570,823
当	溝手	顕正	64	男	自民	前	389,881
	河野美代子		60	女	無所属	新	199,222
	藤本	聡志	52	男	共産	新	63,488
	吉長	ゆい	48	女	無所属	新	54,473
	福本	潤一	58	男	無所属	前	21,956

第22回参議院議員選挙
平成22年（2010年）7月11日実施

【広島県選挙区】定数2

当	宮沢	洋一	60	男	自民	新	547,845
当	柳田	稔	55	男	民主	現	295,276
	中川	圭	52	女	民主	新	261,210
	大西	理	44	男	共産	新	81,889
	植松	満雄	51	男	幸福	新	17,496

第23回参議院議員選挙
平成25年（2013年）7月21日実施

【広島県選挙区】定数2

当	溝手	顕正	70	男	自民	現	521,794
当	森本	真治	40	男	民主	新	194,358
	灰岡	香奈	30	女	維新	新	173,266
	佐藤	公治	53	男	生活	現	137,327
	皆川	恵史	69	男	共産	新	86,145
	日高	順子	50	女	諸派	新	14,621

第24回参議院議員選挙
平成28年（2016年）7月10日実施

【広島県選挙区】定数2

当	宮沢	洋一	66	男	自民	現	568,252
当	柳田	稔	61	男	民進	現	264,358
	灰岡	香奈	33	女	維新	新	157,858
	高見	篤己	64	男	共産	新	88,499
	中丸	啓	52	男	こころ	新	28,211
	佐伯	知子	36	女	諸派	新	18,218
	玉田	憲勲	58	男	無所属	新	16,691

選挙区・山口県

第1回参議院議員選挙
昭和22年（1947年）4月20日実施

【山口県選挙区】定数2

当	栗栖	赳夫	53	男	自由	154,693
当3	姫井	伊介	67	男	無所属	120,836
	藤本	直大	31	男	社会	103,605
	相沢	秀一	43	男	共産	33,005

※「当3」は任期3年の意味

第2回参議院議員選挙
昭和25年（1950年）6月4日実施

【山口県選挙区】定数1

当	中川	以良	50	男	自由	前	221,201
	姫井	伊介	69	男	社会	前	185,108
	一柳	芳男	43	男	農協	新	95,953
	山本	利平	46	男	共産	新	64,144
	新納	新吉	67	男	諸派	新	17,094

第3回参議院議員選挙
昭和28年（1953年）4月24日実施

【山口県選挙区】定数1

当	安部キミ子		46	女	無所属	新	242,044
	佐々木義彦		65	男	自由吉	新	174,101
	仲子	隆	60	男	無所属	元	89,445
	滝口	吉春	53	男	改進	新	61,112

第4回参議院議員選挙
昭和31年（1956年）7月8日実施

【山口県選挙区】定数1

当	木下	友敬	60	男	社会	新	279,653
	安倍	源基	62	男	自民	新	273,475
	原田	長司	47	男	共産	新	24,057

第5回参議院議員選挙
昭和34年（1959年）6月2日実施

【山口県選挙区】定数1

当	吉武	恵市	56	男	自民	新	319,959
	安部キミ子		51	女	社会	前	219,629
	田辺	孝三	47	男	無所属	新	38,721
	原田	長司	50	男	共産	新	17,050

第6回参議院議員選挙
昭和37年（1962年）7月1日実施

【山口県選挙区】定数1

当	二木	謙吾	65	男	自民	新	347,523
	大村	邦夫	45	男	社会	新	191,462
	参谷	新一	39	男	民社	新	71,953
	山田	喜一	51	男	共産	新	24,590
	斎藤	章	55	男	無所属	新	11,149

第7回参議院議員選挙
昭和40年（1965年）7月4日実施

【山口県選挙区】定数1

当	吉武	恵市	62	男	自民	前	363,488
	末宗	照彦	44	男	社会	新	145,857
	重国	良雄	54	男	民社	新	71,934
	舛冨	圭一	42	男	共産	新	21,518
	片山	栄	65	男	無所属	新	13,281
	三原	藤助	54	男	無所属	新	6,916

第8回参議院議員選挙
昭和43年（1968年）7月7日実施

【山口県選挙区】定数1

当	二木	謙吾	71	男	自民	現	458,976
	相山	敦男	35	男	社会	新	156,912
	舛冨	圭一	45	男	共産	新	50,763

第9回参議院議員選挙
昭和46年(1971年)6月27日実施

【山口県選挙区】定数1
当	吉武 恵市	68	男	自民	現	380,181
	松村 章	54	男	社会	新	173,075
	舛冨 圭一	48	男	共産	新	65,405

第10回参議院議員選挙
昭和49年(1974年)7月7日実施

【山口県選挙区】定数1
当	二木 謙吾	77	男	自民	現	379,933
	原田 孝三	55	男	社会	新	225,416
	村木 継明	37	男	公明	新	95,117
	伊藤 潔（山本 寿夫）	48	男	共産	新	73,499

第11回参議院議員選挙
昭和52年(1977年)7月10日実施

【山口県選挙区】定数1
当	小沢 太郎	71	男	自民	新	441,709
	原田 孝三	58	男	社会	新	240,930
	伊藤 潔（山本 寿夫）	51	男	共産	新	70,973

第12回参議院議員選挙
昭和55年(1980年)6月22日実施

【山口県選挙区】定数1
当	江島 淳	52	男	自民	新	471,300
	浜西 鉄雄	54	男	社会	新	211,577
	伊藤 潔（山本 寿夫）	54	男	共産	新	116,059

第13回参議院議員選挙
昭和58年(1983年)6月26日実施

【山口県選挙区】定数1
当	松岡満寿男	48	男	自民	新	318,852
	児玉 寛次	49	男	社会	新	128,503
	安広 欣記	47	男	民社	新	113,358
	加藤 碩	43	男	共産	新	66,478

第14回参議院議員選挙
昭和61年(1986年)7月6日実施

【山口県選挙区】定数1
当	江島 淳	58	男	自民	現	429,670
	山本 進	60	男	社会	新	201,658
	上村 輝雄	62	男	民社	新	108,281
	山本 晴彦	40	男	共産	新	81,329

《補選》第14回参議院議員選挙
昭和62年(1987年)7月12日実施
※江島淳の死去による

【山口県選挙区】被選挙数1
当	二木 秀夫	57	男	自民	新	304,000
	田川 章次	45	男	共産	新	107,765

第15回参議院議員選挙
平成元年(1989年)7月23日実施

【山口県選挙区】定数1
当	山田 健一	42	男	社会	新	428,921
	松岡満寿男	54	男	自民	前	320,410
	山本 晴彦	43	男	共産	新	49,598

第16回参議院議員選挙
平成4年(1992年)7月26日実施

【山口県選挙区】定数1
当	二木 秀夫	62	男	自民	前	443,233
	桝村 実	60	男	社会	新	168,372
	林 洋武	56	男	共産	新	62,074
	佐々木信夫	53	男	諸派	新	45,412

第17回参議院議員選挙
平成7年(1995年)7月23日実施

【山口県選挙区】定数1
当	林 芳正	34	男	自民	新	287,099
	山田 健一	48	男	無所属	前	269,957
	木村 一彦	52	男	共産	新	50,235
	佐々木信夫	56	男	諸派	新	16,469

第18回参議院議員選挙
平成10年(1998年)7月12日実施

【山口県選挙区】定数1
当	松岡満寿男	63	男	無所属	元	340,214
	合志 栄一	48	男	自民	新	251,646
	藤本 博一	49	男	共産	新	110,298
	佐々木信夫	59	男	諸派	新	23,443
	平田誠一郎	48	男	諸派	新	18,587

第19回参議院議員選挙
平成13年(2001年)7月29日実施

【山口県選挙区】定数1
当	林 芳正	40	男	自民	前	428,122
	岩本 晋	58	男	民主	新	178,071
	魚永 智行	43	男	共産	新	65,008
	佐々木信夫	62	男	自連	新	15,507
	中島 剛	58	男	諸派	新	10,693

第20回参議院議員選挙
平成16年(2004年) 7月11日実施

【山口県選挙区】定数1
当	岸	信夫	45	男	自民	新	365,462
	大泉	博子	54	女	民主	新	311,851
	吉田	貞好	51	男	共産	新	44,970
	平松	重雄	70	男	無所属	新	13,419
	平田誠一郎	54	男	諸派	新	8,557

第21回参議院議員選挙
平成19年(2007年) 7月29日実施

【山口県選挙区】定数1
当	林	芳正	46	男	自民	前	419,947
	戸倉多香子	48	女	民主	新	267,670
	吉田	貞好	54	男	共産	新	52,587

第22回参議院議員選挙
平成22年(2010年) 7月11日実施

【山口県選挙区】定数1
当	岸	信夫	51	男	自民	現	421,055
	原田大二郎	66	男	民主	新	256,562
	木佐木大助	55	男	共産	新	51,221

《補選》第22回参議院議員選挙
平成25年(2013年) 4月28日実施
※岸信夫の辞職(衆院選立候補)による

【山口県選挙区】被選挙数1
当	江島	潔	56	男	自民	新	287,604
	平岡	秀夫	59	男	無所属	新	129,784
	藤井	直子	60	女	共産	新	25,944
	河井美和子	50	女	幸福	新	10,096

第23回参議院議員選挙
平成25年(2013年) 7月21日実施

【山口県選挙区】定数1
当	林	芳正	52	男	自民	現	455,546
	藤井	直子	61	女	共産	新	95,480
	河井美和子	50	女	諸派	新	22,986

第24回参議院議員選挙
平成28年(2016年) 7月10日実施

【山口県選挙区】定数1
当	江島	潔	59	男	自民	現	394,907
	纐纈	厚	65	男	無所属	新	183,817
	河井美和子	53	女	諸派	新	37,865

選挙区・徳島県

第1回参議院議員選挙
昭和22年(1947年) 4月20日実施

【徳島県選挙区】定数2
当	赤沢	与仁	43	男	諸派		81,559
当3	岸野	牧夫	66	男	無所属		67,416
	蔭山	茂人	50	男	社会		62,881

※「当3」は任期3年の意味

《補選》第1回参議院議員選挙
昭和22年(1947年) 8月15日実施
※岸野牧夫の辞職による

【徳島県選挙区】被選挙数1
当	紅露	みつ		民主	57,515
	乾	精末		自由	56,810
	近藤	一		無所属	11,089

第2回参議院議員選挙
昭和25年(1950年) 6月4日実施

【徳島県選挙区】定数1
当	紅露	みつ	57	女	諸派	前	92,908
	宮田	義信	51	男	自由	新	81,196
	乾	精末	67	男	緑風	新	60,688
	成瀬喜五郎	49	男	社会	新	55,663
	小島	悦吉	38	男	共産	新	18,133
	近藤	一	58	男	無所属	新	3,453

第3回参議院議員選挙
昭和28年(1953年) 4月24日実施

【徳島県選挙区】定数1
当	三木与吉郎	50	男	無所属	新	172,108
	佐藤	魁	47	男	右社	新	64,805
	松永	信行	42	男	共産	新	10,083

第4回参議院議員選挙
昭和31年(1956年) 7月8日実施

【徳島県選挙区】定数1
当	紅露	みつ	63	女	自民	前	119,742
	浜田新太郎	49	男	社会	新	89,521
	橋本	忠春	45	男	無所属	新	37,458
	松永	信行	45	男	共産	新	5,300

第5回参議院議員選挙
昭和34年(1959年) 6月2日実施

【徳島県選挙区】定数1
当	三木与吉郎	56	男	自民	前	175,917
	浜田新太郎	52	男	社会	新	109,530

第6回参議院議員選挙
昭和37年(1962年) 7月1日実施

【徳島県選挙区】定数1
当	紅露 みつ	69	女	自民	現	121,772
	山口 一雄	45	男	無所属	新	112,771
	浜田新太郎	55	男	社会	新	89,135
	武知 寿	40	男	共産	新	8,181

第7回参議院議員選挙
昭和40年(1965年) 7月4日実施

【徳島県選挙区】定数1
当	三木与吉郎	62	男	自民	前	166,918
	井上 普方	40	男	社会	新	112,181
	秋田 忠昭	35	男	民社	新	41,319
	武知 寿	43	男	共産	新	11,013

第8回参議院議員選挙
昭和43年(1968年) 7月7日実施

【徳島県選挙区】定数1
当	久次米健太郎	59	男	自民	新	205,765
	小島 悦吉	56	男	社会	新	105,429
	松本 満雄	42	男	共産	新	25,050

第9回参議院議員選挙
昭和46年(1971年) 6月27日実施

【徳島県選挙区】定数1
当	小笠 公韶	66	男	無所属	新	157,894
	伊東 董	50	男	自民	新	94,342
	槙 茂	45	男	社会	新	61,810
	杉田 治郎	45	男	共産	新	21,766

第10回参議院議員選挙
昭和49年(1974年) 7月7日実施

【徳島県選挙区】定数1
当	久次米健太郎	65	男	無所属	現	196,210
	後藤田正晴	59	男	自民	新	153,388
	小島 悦吉	62	男	社会	新	39,181
	加藤 隆史	32	男	公明	新	26,960
	福井 隆夫	35	男	共産	新	19,382

第11回参議院議員選挙
昭和52年(1977年) 7月10日実施

【徳島県選挙区】定数1
当	亀長 友義	56	男	自民	新	198,552
	前田 定一	46	男	社会	新	116,617
	梯 和夫	38	男	共産	新	31,934

第12回参議院議員選挙
昭和55年(1980年) 6月22日実施

【徳島県選挙区】定数1
当	内藤 健	48	男	自民	新	203,686
	前田 定一	49	男	無所属	新	192,963
	竹原 昭夫	52	男	共産	新	22,657

第13回参議院議員選挙
昭和58年(1983年) 6月26日実施

【徳島県選挙区】定数1
当	亀長 友義	62	男	自民	現	161,915
	佐藤 祐次	51	男	社会	新	63,152
	清水 良次	45	男	民社	新	36,877
	竹原 昭夫	55	男	共産	新	25,362

第14回参議院議員選挙
昭和61年(1986年) 7月6日実施

【徳島県選挙区】定数1
当	松浦 孝治	48	男	自民	新	224,668
	佐藤 祐次	54	男	社会	新	113,914
	梯 和夫	47	男	共産	新	43,283

第15回参議院議員選挙
平成元年(1989年) 7月23日実施

【徳島県選挙区】定数1
当	乾 晴美	54	女	連合	新	215,805
	亀長 友義	68	男	自民	前	155,486
	梯 和夫	50	男	共産	新	25,712

第16回参議院議員選挙
平成4年(1992年) 7月26日実施

【徳島県選挙区】定数1
当	松浦 孝治	54	男	自民	前	163,569
	加藤 高明	52	男	連合	新	94,562
	上村 秀明	33	男	共産	新	31,121

第17回参議院議員選挙
平成7年(1995年)7月23日実施

【徳島県選挙区】定数1

当	北岡	秀二	39	男	自民	新	140,692
	太田	宏美	51	女	新進	新	72,346
	乾	晴美	60	女	民改連	前	63,425
	松田	文雄	54	男	共産	新	22,098

第18回参議院議員選挙
平成10年(1998年)7月12日実施

【徳島県選挙区】定数1

当	高橋紀世子	57	女	無所属	新	164,544
	松浦	孝治	60	男	自民	現	132,408
	藤田	均	38	男	共産	新	42,520
	矢野	和友	67	男	新社会	新	16,125
	奈良	武	56	男	諸派	新	4,693

第19回参議院議員選挙
平成13年(2001年)7月29日実施

【徳島県選挙区】定数1

当	北岡	秀二	45	男	自民	前	198,387
	木村	清志	46	男	民主	新	116,278
	藤田	均	41	男	共産	新	26,159
	高開千代子	47	女	諸派	新	19,759
	前川	貢一	51	男	自連	新	4,781

第20回参議院議員選挙
平成16年(2004年)7月11日実施

【徳島県選挙区】定数1

当	小池	正勝	52	男	自民	新	166,032
	東条	恭子	50	女	民主	新	153,057
	久保	孝之	40	男	共産	新	33,718

第21回参議院議員選挙
平成19年(2007年)7月29日実施

【徳島県選挙区】定数1

当	中谷	智司	38	男	民主	新	206,457
	北岡	秀二	51	男	自民	前	150,306
	花岡	淳	41	男	共産	新	25,727

第22回参議院議員選挙
平成22年(2010年)7月11日実施

【徳島県選挙区】定数1

当	中西	祐介	31	男	自民	新	142,763
	吉田	益子	50	女	民主	新	136,934
	小池	正勝	58	男	改革	現	67,803
	古田	元則	62	男	共産	新	17,889
	竹尾あけみ	56	女	幸福	新	3,785
	豊川	卓	79	男	無所属	新	3,462

第23回参議院議員選挙
平成25年(2013年)7月21日実施

【徳島県選挙区】定数1

当	三木	亨	46	男	自民	新	179,127
	中谷	智司	44	男	民主	現	90,498
	上村	恭子	55	女	共産	新	29,733
	小松	由佳	31	女	諸派	新	12,037

第24回参議院議員選挙
平成28年(2016年)7月10日実施

【徳島県・高知県選挙区】定数1

当	中西	祐介	36	男	自民	現	305,688
	大西	聡	53	男	無所属	新	242,781
	福山	正敏	45	男	諸派	新	16,988

※第24回参議院議員選挙より徳島県選挙区は高知県選挙区と合区し「徳島県・高知県選挙区」となった

選挙区・香川県

第1回参議院議員選挙
昭和22年(1947年)4月20日実施

【香川県選挙区】定数2

当	三好	始	32	男	国協	116,931
当3	加藤常太郎	43	男	自由	95,171
	大西	禎夫	50	男	無所属	60,377
	石川	忠義	48	男	社会	33,274

※「当3」は任期3年の意味

第2回参議院議員選挙
昭和25年(1950年)6月4日実施

【香川県選挙区】定数1

当	森崎	隆	46	男	社会	新	204,595
	加藤常太郎	45	男	自由	前	195,447
	平井	太郎	44	男	自由	新	辞退

第3回参議院議員選挙
昭和28年(1953年) 4月24日実施

【香川県選挙区】定数1

当	白川 一雄	54	男	無所属	新	142,333
	大西 利雄	42	男	無所属	新	69,522
	三好 始	37	男	改進	現	66,543
	岡 保一	53	男	無所属	新	54,115
	星加 要	43	男	右社	新	30,503

《補選》第3回参議院議員選挙
昭和32年(1957年) 6月28日実施
※白川一雄の死去による

【香川県選挙区】被選挙数1

当	増原 恵吉	54	男	自民	新	162,205
	森崎 隆	53	男	社会	前	158,563
	肥後 亨	31	男	諸派	新	1,583

第4回参議院議員選挙
昭和31年(1956年) 7月8日実施

【香川県選挙区】定数1

当	平井 太郎	50	男	自民	前	211,738
	森崎 隆	50	男	社会	前	163,103

第5回参議院議員選挙
昭和34年(1959年) 6月2日実施

【香川県選挙区】定数1

当	津島 寿一	71	男	自民	前	206,805
	前川とみえ	54	女	社会	新	163,682

第6回参議院議員選挙
昭和37年(1962年) 7月1日実施

【香川県選挙区】定数1

当	平井 太郎	56	男	自民	現	242,921
	前川トミヱ	58	女	社会	新	158,759
	石田 千年	37	男	共産	新	11,654

第7回参議院議員選挙
昭和40年(1965年) 7月4日実施

【香川県選挙区】定数1

当	前川 旦	35	男	社会	新	183,535
	久保田英一	58	男	自民	新	174,302
	石田 千年	40	男	共産	新	18,224

第8回参議院議員選挙
昭和43年(1968年) 7月7日実施

【香川県選挙区】定数1

当	平井 太郎	62	男	自民	現	260,202
	古川洋次郎	34	男	社会	新	135,249
	下川 行夫	46	男	共産	新	20,948
	能祖 由多	46	男	無所属	新	2,681
	森川 輝造	80	男	無所属	新	2,032

《補選》第8回参議院議員選挙
昭和49年(1974年) 1月27日実施
※平井太郎の死去による

【香川県選挙区】被選挙数1

当	平井 卓志	42	男	自民	新	209,522
	谷上 典之	45	男	社会	新	118,490
	石田 千年	48	男	共産	新	62,257
	高田 巌 (高田 がん)	43	男	諸派	新	2,368

第9回参議院議員選挙
昭和46年(1971年) 6月27日実施

【香川県選挙区】定数1

当	前川 旦	41	男	社会	現	190,019
	大庭 哲夫	67	男	自民	新	167,201
	山内 元春	49	男	共産	新	16,241

第10回参議院議員選挙
昭和49年(1974年) 7月7日実施

【香川県選挙区】定数1

当	平井 卓志	42	男	自民	現	234,363
	谷上 典之	45	男	社会	新	156,020
	石田 千年	49	男	共産	新	71,744

第11回参議院議員選挙
昭和52年(1977年) 7月10日実施

【香川県選挙区】定数1

当	真鍋 賢二	42	男	自民	新	257,542
	前川 旦	47	男	社会	前	228,999
	久保 文彦	50	男	共産	新	17,724

第12回参議院議員選挙
昭和55年(1980年) 6月22日実施

【香川県選挙区】定数1

当	平井 卓志	48	男	自民	現	278,668
	猪崎 武典	33	男	無所属	新	127,510
	平井佐代子	46	女	無所属	新	73,573
	樫 昭二	30	男	共産	新	27,141

第13回参議院議員選挙
昭和58年(1983年)6月26日実施

【香川県選挙区】定数1

当	真鍋 賢二	47	男	自民	現	236,116
	喜岡 淳	30	男	社会	新	123,529
	田村 守男	33	男	共産	新	26,837

第14回参議院議員選挙
昭和61年(1986年)7月6日実施

【香川県選挙区】定数1

当	平井 卓志	54	男	自民	現	326,446
	喜岡 淳	33	男	社会	新	155,522
	田村 守男	36	男	共産	新	26,511

第15回参議院議員選挙
平成元年(1989年)7月23日実施

【香川県選挙区】定数1

当	喜岡 淳	36	男	社会	新	257,595
	真鍋 賢二	54	男	自民	前	217,170
	藤目千代子	40	女	共産	新	25,605

第16回参議院議員選挙
平成4年(1992年)7月26日実施

【香川県選挙区】定数1

当	平井 卓志	60	男	自民	前	247,574
	渡辺 智子	38	女	社会	新	130,597
	山本 繁	59	男	共産	新	20,994

第17回参議院議員選挙
平成7年(1995年)7月23日実施

【香川県選挙区】定数1

当	真鍋 賢二	60	男	自民	元	163,817
	喜岡 淳	42	男	社会	前	105,478
	稲辺富実代	33	女	新進	新	76,982
	山本 繁	62	男	共産	新	17,395

第18回参議院議員選挙
平成10年(1998年)7月12日実施

【香川県選挙区】定数1

当	山内 俊夫	51	男	自民	新	178,987
	加藤 繁秋	51	男	社民	新	115,541
	白川 容子	32	女	共産	新	92,205
	前田 清貴	45	男	諸派	新	24,440

第19回参議院議員選挙
平成13年(2001年)7月29日実施

【香川県選挙区】定数1

当	真鍋 賢二	66	男	自民	前	263,814
	名倉美登里	58	女	無所属	新	80,183
	白川 容子	35	女	共産	新	60,468
	田中 見依	33	女	自連	新	20,648

第20回参議院議員選挙
平成16年(2004年)7月11日実施

【香川県選挙区】定数1

当	山内 俊夫	57	男	自民	現	204,392
	植松恵美子	36	女	民主	新	197,370
	近石美智子	56	女	共産	新	36,534

第21回参議院議員選挙
平成19年(2007年)7月29日実施

【香川県選挙区】定数1

当	植松恵美子	39	女	民主	新	257,548
	真鍋 賢二	72	男	自民	前	194,804
	近石美智子	59	女	共産	新	27,896

第22回参議院議員選挙
平成22年(2010年)7月11日実施

【香川県選挙区】定数1

当	磯崎 仁彦	52	男	自民	新	236,134
	岡内須美子	57	女	無所属	新	189,639
	藤田 均	50	男	共産	新	34,037

第23回参議院議員選挙
平成25年(2013年)7月21日実施

【香川県選挙区】定数1

当	三宅 伸吾	51	男	自民	新	233,270
	植松恵美子	45	女	無所属	現	142,407
	田辺 健一	32	男	共産	新	34,602
	中西 利恵	50	女	諸派	新	5,932

第24回参議院議員選挙
平成28年(2016年)7月10日実施

【香川県選挙区】定数1

当	磯崎 仁彦	58	男	自民	現	259,854
	田辺 健一	35	男	共産	新	104,239
	中西 利恵	53	女	諸派	新	17,563
	田中 俊秀	65	男	無所属	新	17,268

選挙区・愛媛県

第1回参議院議員選挙
昭和22年(1947年)4月20日実施

【愛媛県選挙区】定数2
当		久松　定武	49	男	諸派	204,780
当3		中平常太郎	69	男	社会	101,155
		梶原　計国	43	男	諸派	41,116
		山口　乾治	49	男	無所属	37,580
		松本新八郎	34	男	共産	24,008
		高岡　福重	41	男	諸派	16,152

※「当3」は任期3年の意味

《補選》第1回参議院議員選挙
昭和26年(1951年)4月21日実施
※久松定武の辞職(知事選立候補)による

【愛媛県選挙区】被選挙数1
当	玉柳　実	無所属	無投票

第2回参議院議員選挙
昭和25年(1950年)6月4日実施

【愛媛県選挙区】定数1
当	三橋八次郎	51	男	社会	新	265,425
	明礼輝三郎	55	男	自由	新	201,596
	宇都宮周策	42	男	共産	新	36,922

第3回参議院議員選挙
昭和28年(1953年)4月24日実施

【愛媛県選挙区】定数1
当	湯山　勇	41	男	諸派	新	256,059
	堀本　宜実	53	男	自由吉	新	240,558

第4回参議院議員選挙
昭和31年(1956年)7月8日実施

【愛媛県選挙区】定数1
当	堀本　宜実	56	男	自民	新	278,526
	三橋八次郎	57	男	社会	前	245,901
	井上定次郎	37	男	共産	新	19,039

第5回参議院議員選挙
昭和34年(1959年)6月2日実施

【愛媛県選挙区】定数1
当	増原　恵吉	56	男	自民	前	299,808
	湯山　勇	47	男	社会	前	269,350
	飯塚　孫士	65	男	諸派	新	4,406

第6回参議院議員選挙
昭和37年(1962年)7月1日実施

【愛媛県選挙区】定数1
当	堀本　宜実	62	男	自民	現	314,230
	三橋八次郎	63	男	社会	元	270,211
	井上定次郎	43	男	共産	新	26,983

第7回参議院議員選挙
昭和40年(1965年)7月4日実施

【愛媛県選挙区】定数1
当	増原　恵吉	62	男	自民	前	330,399
	渡辺　道子	52	女	社会	新	268,109
	井上定次郎	46	男	共産	新	33,219

第8回参議院議員選挙
昭和43年(1968年)7月7日実施

【愛媛県選挙区】定数1
当	堀本　宜実	68	男	自民	現	352,886
	上甲　武	44	男	社会	新	211,103
	井上定次郎	49	男	共産	新	62,126
	高田　がん	38	男	無所属	新	24,378

第9回参議院議員選挙
昭和46年(1971年)6月27日実施

【愛媛県選挙区】定数1
当	増原　恵吉	68	男	自民	現	305,877
	上甲　武	47	男	社会	新	198,274
	井上定次郎	52	男	共産	新	75,014
	二宮　孝晴	61	男	無所属	新	17,502

第10回参議院議員選挙
昭和49年(1974年)7月7日実施

【愛媛県選挙区】定数1
当	青井　政美	66	男	自民	新	346,458
	上甲　武	50	男	社会	新	241,232
	福山　忠仁	40	男	公明	新	88,690
	元岡　稔	52	男	共産	新	56,846
	伊賀　秀則	70	男	無所属	新	5,454

第11回参議院議員選挙
昭和52年(1977年)7月10日実施

【愛媛県選挙区】定数1
当	桧垣徳太郎	60	男	自民	前	386,754
	佐伯　嘉三	52	男	社会	新	248,263

参議院・選挙区（愛媛県） 国政選挙総覧

| | 元岡 | 稔 | 55 | 男 | 共産 | 新 | 63,970 |

第12回参議院議員選挙
昭和55年（1980年）6月22日実施

【愛媛県選挙区】定数1
当	仲川	幸男	63	男	自民	新	441,774
	佐伯	嘉三	55	男	社会	新	259,987
	元岡	稔	58	男	共産	新	80,920

第13回参議院議員選挙
昭和58年（1983年）6月26日実施

【愛媛県選挙区】定数1
当	桧垣徳太郎		66	男	自民	現	391,779
	神内	久綱	55	男	社会	新	152,004
	木山	隆行	51	男	共産	新	63,917

第14回参議院議員選挙
昭和61年（1986年）7月6日実施

【愛媛県選挙区】定数1
当	仲川	幸男	69	男	自民	現	466,901
	神内	久綱	58	男	社会	新	221,626
	木山	隆行	54	男	共産	新	84,935

第15回参議院議員選挙
平成元年（1989年）7月23日実施

【愛媛県選挙区】定数1
当	池田	治	57	男	連合	新	389,158
	桧垣徳太郎		72	男	自民	前	308,182
	佐々木	泉	38	男	共産	新	50,783
	武藤	孝志	51	男	諸派	新	5,949

第16回参議院議員選挙
平成4年（1992年）7月26日実施

【愛媛県選挙区】定数1
当	野間	赳	58	男	自民	新	385,178
	菅原	辰二	64	男	無所属	新	163,477
	佐々木	泉	41	男	共産	新	52,430

第17回参議院議員選挙
平成7年（1995年）7月23日実施

【愛媛県選挙区】定数1
当	塩崎	恭久	44	男	自民	新	350,945
	池田	治	63	男	民改連	前	164,641
	中川	悦良	68	男	共産	新	53,457

《補選》第17回参議院議員選挙
平成12年（2000年）6月25日実施
※塩崎恭久の辞職（衆院選立候補）による

【愛媛県選挙区】被選挙数1
当	関谷	勝嗣	62	男	自民	新	414,596
	成見	憲治	62	男	民主	新	181,252
	谷田	慶子	63	女	共産	新	103,994

第18回参議院議員選挙
平成10年（1998年）7月12日実施

【愛媛県選挙区】定数1
当	野間	赳	64	男	自民	現	306,762
	林	睦美	36	女	無所属	新	192,456
	谷田	慶子	61	女	共産	新	93,325
	日野	啓佑	61	男	自由	新	48,752
	宇都宮	惇	75	男	諸派	新	13,196

第19回参議院議員選挙
平成13年（2001年）7月29日実施

【愛媛県選挙区】定数1
当	関谷	勝嗣	63	男	自民	前	413,083
	島川	崇	31	男	無所属	新	174,673
	山本	久夫	53	男	共産	新	56,663
	小栗	好子	51	女	自連	新	32,304

第20回参議院議員選挙
平成16年（2004年）7月11日実施

【愛媛県選挙区】定数1
当	山本	順三	49	男	自民	新	322,152
	斉藤	政光	35	男	民主	新	273,784
	坂根	正洋	31	男	共産	新	56,193

第21回参議院議員選挙
平成19年（2007年）7月29日実施

【愛媛県選挙区】定数1
当	友近	聡朗	32	男	無所属	新	378,813
	関谷	勝嗣	69	男	自民	前	318,304
	田中	克彦	40	男	共産	新	40,954

第22回参議院議員選挙
平成22年（2010年）7月11日実施

【愛媛県選挙区】定数1
当	山本	順三	55	男	自民	現	351,624
	岡平	知子	52	女	民主	新	252,301
	田中	克彦	43	男	共産	新	51,312
	郡	昭浩	49	男	無所属	新	12,349

第23回参議院議員選挙
平成25年(2013年) 7月21日実施

【愛媛県選挙区】定数1
当	井原	巧	49	男	自民	新	373,047
	藤岡佳代子		47	女	みんな	新	102,913
	植木	正勝	60	男	共産	新	61,385
	森田	浩二	53	男	諸派	新	14,147
	郡	昭浩	52	男	無所属	新	8,612

第24回参議院議員選挙
平成28年(2016年) 7月10日実施

【愛媛県選挙区】定数1
当	山本	順三	61	男	自民	現	326,990
	永江	孝子	56	女	無所属	新	318,561
	森田	浩二	56	男	諸派	新	14,013

選挙区・高知県

第1回参議院議員選挙
昭和22年(1947年) 4月20日実施

【高知県選挙区】定数2
当	西山	亀七	66	男	自由		74,058
当3	入交	太蔵	52	男	民主		53,706
	山崎	正辰	55	男	国協		50,465
	原上権二郎		37	男	無所属		38,236
	松村	春繁	43	男	社会		29,168
	滝平	卓	49	男	無所属		15,634
	福島	菊次	50	男	無所属		9,777

※「当3」は任期3年の意味

第2回参議院議員選挙
昭和25年(1950年) 6月4日実施

【高知県選挙区】定数1
当	入交	太蔵	53	男	自由	前	128,956
	田村	幸彦	36	男	無所属	新	112,571
	原上	蔓子	35	女	諸派	新	57,470
	中沢	浪治	64	男	無所属	新	50,282
	浜田	満	41	男	無所属	新	辞退

第3回参議院議員選挙
昭和28年(1953年) 4月24日実施

【高知県選挙区】定数1
当	寺尾	豊	55	男	自由吉	現	196,580
	大西	正男	42	男	改進	新	133,775

第4回参議院議員選挙
昭和31年(1956年) 7月8日実施

【高知県選挙区】定数1
当	坂本	昭	42	男	社会	新	179,062
	入交	太蔵	59	男	自民	前	151,293

第5回参議院議員選挙
昭和34年(1959年) 6月2日実施

【高知県選挙区】定数1
当	寺尾	豊	61	男	自民	前	231,637
	細木	志雄	50	男	社会	新	139,016

第6回参議院議員選挙
昭和37年(1962年) 7月1日実施

【高知県選挙区】定数1
当	塩見	俊二	55	男	自民	現	218,933
	坂本	昭	48	男	社会	現	160,248
	林田	芳徳	35	男	共産	新	17,129

第7回参議院議員選挙
昭和40年(1965年) 7月4日実施

【高知県選挙区】定数1
当	寺尾	豊	67	男	自民	前	227,309
	井上	泉	49	男	社会	新	116,088
	林田	芳徳	38	男	共産	新	34,296

第8回参議院議員選挙
昭和43年(1968年) 7月7日実施

【高知県選挙区】定数1
当	塩見	俊二	61	男	自民	現	224,266
	大坪	憲三	43	男	社会	新	118,199
	林田	芳徳	41	男	共産	新	42,262

第9回参議院議員選挙
昭和46年(1971年) 6月27日実施

【高知県選挙区】定数1
当	浜田	幸雄	72	男	自民	新	128,591
	森本	靖	51	男	社会	新	118,182
	林	迶	47	男	無所属	新	94,994
	林田	芳徳	44	男	共産	新	47,547

《補選》第9回参議院議員選挙
昭和49年(1974年) 5月12日実施
※浜田幸雄の死去による
【高知県選挙区】被選挙数 1

当	林	迶	49	男	自民 新	193,278
	藤原	周	40	男	社会 新	138,228
	平石磨作太郎		52	男	公明 新	66,637
	高田	巌	43	男	諸派 新	3,537
	(高田	がん)				

第10回参議院議員選挙
昭和49年(1974年) 7月7日実施
【高知県選挙区】定数 1

当	塩見	俊二	67	男	自民 現	210,771
	土田	嘉平	42	男	共産 新	140,321
	平石磨作太郎		52	男	公明 新	73,190

第11回参議院議員選挙
昭和52年(1977年) 7月10日実施
【高知県選挙区】定数 1

当	林	迶	53	男	自民 前	218,220
	江渕	征香	37	男	社会 新	112,132
	梶原	守光	39	男	共産 新	67,082

第12回参議院議員選挙
昭和55年(1980年) 6月22日実施
【高知県選挙区】定数 1

当	谷川	寛三	59	男	自民 新	219,292
	伴	正一	56	男	無所属 新	127,911
	和田	忠明	41	男	共産 新	56,150

第13回参議院議員選挙
昭和58年(1983年) 6月26日実施
【高知県選挙区】定数 1

当	林	迶	59	男	自民 現	193,682
	栗生	茂也	58	男	社会 新	112,388
	和田	忠明	44	男	共産 新	52,538

第14回参議院議員選挙
昭和61年(1986年) 7月6日実施
【高知県選挙区】定数 1

当	谷川	寛三	66	男	自民 現	200,045
	栗生	茂也	61	男	社会 新	132,167
	上岡	辰夫	38	男	共産 新	65,691

第15回参議院議員選挙
平成元年(1989年) 7月23日実施
【高知県選挙区】定数 1

当	西岡	瑠璃子	55	女	社会 新	185,613
	林	迶	65	男	自民 前	173,191
	北岡	照子	58	女	共産 新	66,353

第16回参議院議員選挙
平成4年(1992年) 7月26日実施
【高知県選挙区】定数 1

当	平野	貞夫	56	男	無所属 新	153,255
	浜田	嘉彦	48	男	無所属 新	90,056
	北岡	照子	61	女	共産 新	59,633
	所谷	尚武	52	男	無所属 新	30,842

第17回参議院議員選挙
平成7年(1995年) 7月23日実施
【高知県選挙区】定数 1

当	田村	公平	48	男	無所属 新	91,574
	広田	勝	53	男	自民 新	84,555
	川田	拓助	55	男	民改連 新	48,733
	西岡	瑠璃子	61	女	無所属 前	40,643
	大西	正祐	42	男	共産 新	32,344
	森田	勇造	55	男	無所属 新	14,742

第18回参議院議員選挙
平成10年(1998年) 7月12日実施
【高知県選挙区】定数 1

当	森下	博之	56	男	自民 新	144,813
	西岡	瑠璃子	63	女	無所属 元	112,943
	西村	伸一郎	54	男	無所属 新	55,611
	菅原	美香	36	女	自由 新	29,231
	中前	拓治	30	男	諸派 新	6,253

第19回参議院議員選挙
平成13年(2001年) 7月29日実施
【高知県選挙区】定数 1

当	田村	公平	54	男	自民 前	148,834
	広田	一	32	男	無所属 新	112,673
	中村	久美	41	女	民主 新	61,747
	中根	佐知	45	女	共産 新	45,148
	前田	清貴	48	男	自連 新	3,270

第20回参議院議員選挙
平成16年(2004年) 7月11日実施
【高知県選挙区】定数 1

当	広田	一	35	男	無所属 新	159,178

森下 博之	62	男	自民	現	130,544
中根 佐知	48	女	共産	新	52,169
松岡由美子	56	女	無所属	新	23,441

第21回参議院議員選挙
平成19年(2007年) 7月29日実施

【高知県選挙区】定数1

当	武内 則男	48	男	民主	新	166,220
	田村 公平	60	男	自民	前	154,104
	村上 信夫	43	男	共産	新	51,629

第22回参議院議員選挙
平成22年(2010年) 7月11日実施

【高知県選挙区】定数1

当	広田 一	41	男	民主	現	137,306

高野光二郎	35	男	自民	新	123,898
田村 公平	63	男	無所属	元	56,977
春名 直章	51	男	共産	新	38,998
藤島 利久	48	男	無所属	新	8,899

第23回参議院議員選挙
平成25年(2013年) 7月21日実施

【高知県選挙区】定数1

当	高野光二郎	38	男	自民	新	159,709
	浜川百合子	33	女	共産	新	72,939
	武内 則男	54	男	民主	現	65,236
	橋詰 毅	50	男	諸派	新	4,268

※第24回参議院議員選挙より高知県選挙区は徳島県選挙区と合区し「徳島県・高知県選挙区」となった(選挙区・徳島県を参照)

選挙区・福岡県

第1回参議院議員選挙
昭和22年(1947年) 4月20日実施

【福岡県選挙区】定数6

当	野田 俊作	60	男	無所属		290,770
当	波多野 鼎	52	男	社会		181,756
当	橋上 保	59	男	民主		100,159
当3	浜田 寅蔵	42	男	社会		72,860
当3	島田 千寿	50	男	社会		72,652
当3	団 伊能	56	男	自由		57,360
	吉村光次郎	47	男	無所属		40,117
	川原フサヨ	40	女	無所属		37,130
	星野 力	42	男	共産		34,178
	松本 七五	54	男	無所属		33,924
	高口 清	45	男	無所属		18,163
	栗山 弥六	41	男	無所属		5,906

※「当3」は任期3年の意味

《補選》第1回参議院議員選挙
昭和25年(1950年) 1月17日実施
※橋上保の死去による

【福岡県選挙区】被選挙数1

当	吉田 法晴	社会		363,209
	石橋 健蔵	諸派		253,200
	宮城 孝治	諸派		238,309
	高倉金一郎	共産		74,626
	松本 七五	無所属		60,271

第2回参議院議員選挙
昭和25年(1950年) 6月4日実施

【福岡県選挙区】定数3

当	小松 正雄	51	男	社会	新	341,172
当	団 伊能	58	男	自由	前	277,794
当	西田 隆男	48	男	諸派	新	158,075
	田中 釣一	42	男	諸派	新	157,246
	金政大四郎	34	男	労農	新	82,411
	高倉金一郎	40	男	共産	新	80,486
	岡村 護	41	男	緑風	新	25,262

《補選》第2回参議院議員選挙
昭和30年(1955年) 3月17日実施
※団伊能の辞職(衆院選立候補)による

【福岡県選挙区】被選挙数1

当	山本 経勝	50	男	左社	新	413,160
	宮城 孝治	56	男	無所属	新	343,453

第3回参議院議員選挙
昭和28年(1953年) 4月24日実施

【福岡県選挙区】定数3

当	吉田 法晴	45	男	左社	現	453,523
当	劔木 亨弘	51	男	自由吉	新	399,037
当	野田 俊作	64	男	緑風	現	266,957
	身吉秋太郎	67	男	無所属	新	27,304
	森原 春一	43	男	共産	新	27,111
	村上 義夫	37	男	無所属	新	辞退

第4回参議院議員選挙
昭和31年(1956年)7月8日実施
【福岡県選挙区】定数3
当	山本　経勝	51	男	社会	前	306,398
当	安部　清美	55	男	社会	新	300,538
当	西田　隆男	54	男	自民	前	258,787
	山崎小五郎	50	男	自民	新	234,566
	藤田　国雄	65	男	無所属	新	49,845
	林　　功	48	男	共産	新	42,582

《補選》第4回参議院議員選挙
昭和33年(1958年)8月24日実施
※山本経勝の死去による
【福岡県選挙区】被選挙数1
当	小柳　勇	46	男	社会	新	559,416
	小林　喜利	46	男	自民	新	480,733

第5回参議院議員選挙
昭和34年(1959年)6月2日実施
【福岡県選挙区】定数3
当	吉田　法晴	51	男	社会	前	414,384
当	野田　俊作	71	男	自民	前	350,490
当	劔木　亨弘	57	男	自民	前	306,490
	橋詰又一郎	51	男	社会	新	165,281
	八島　勝麿	33	男	共産	新	31,073

《補選》第5回参議院議員選挙
昭和38年(1963年)4月9日実施
※吉田法晴の退職(北九州市長選立候補)による
【福岡県選挙区】被選挙数1
当	小宮市太郎	54	男	社会	新	496,706
	安部　正	40	男	無所属	新	87,744
	栗山　清志	42	男	諸派	新	79,317

第6回参議院議員選挙
昭和37年(1962年)7月1日実施
【福岡県選挙区】定数3
当	亀井　光	53	男	自民	新	386,810
当	小柳　勇	50	男	社会	現	293,806
当	森部　隆輔	71	男	自民	新	285,669
	高口　等	45	男	社会	新	247,806
	土井　秀信	52	男	民社	新	157,626
	八島　勝麿	36	男	共産	新	74,620

《補選》第6回参議院議員選挙
昭和42年(1967年)4月30日実施
※亀井光の辞職(知事選立候補)による
【福岡県選挙区】被選挙数1
当	鬼丸　勝之	53	男	自民	新	463,815
	篠原　文治	40	男	社会	新	240,650
	諫山　博	45	男	共産	新	75,157

第7回参議院議員選挙
昭和40年(1965年)7月4日実施
【福岡県選挙区】定数3
当	劔木　亨弘	63	男	自民	前	349,600
当	柳田桃太郎	58	男	自民	新	268,824
当	小野　明	45	男	社会	新	263,062
	大橋　敏雄	39	男	公明	新	220,564
	小宮市太郎	56	男	社会	前	199,222
	八島　勝麿	39	男	共産	新	104,078
	山田喜三郎	48	男	民社	新	75,382

第8回参議院議員選挙
昭和43年(1968年)7月7日実施
【福岡県選挙区】定数3
当	小柳　勇	56	男	社会	現	421,469
当	鬼丸　勝之	54	男	自民	現	373,465
当	米田　正文	63	男	自民	現	335,275
	鬼木　勝利	63	男	公明	現	309,388
	諫山　博	46	男	共産	新	154,097
	原田　文枝	56	女	民社	新	151,017

第9回参議院議員選挙
昭和46年(1971年)6月27日実施
【福岡県選挙区】定数3
当	小野　明	51	男	社会	現	415,518
当	劔木　亨弘	69	男	自民	現	410,791
当	柳田桃太郎	64	男	自民	現	305,312
	諫山　博	49	男	共産	新	231,059
	加藤　英一	51	男	無所属	新	29,665

第10回参議院議員選挙
昭和49年(1974年)7月7日実施
【福岡県選挙区】定数3
当	小柳　勇	62	男	社会	現	537,328
当	有田　一寿	58	男	自民	新	473,147
当	桑名　義治	44	男	公明	新	425,997
	鬼丸　勝之	60	男	自民	現	385,027
	高倉金一郎	64	男	共産	新	271,459

第11回参議院議員選挙
昭和52年(1977年)7月10日実施

【福岡県選挙区】定数3

	氏名	年齢	性別	党派	新前	得票数
当	遠藤 政夫	54	男	自民	新	468,764
当	原田 立	51	男	公明	前	446,055
当	小野 明	57	男	社会	前	441,222
	柳田桃太郎	70	男	自民	前	404,973
	小泉 幸雄	43	男	共産	新	187,483
	千代丸健二	44	男	革自連	新	20,079
	加藤 英一	57	男	無所属	新	13,117
	藤井 純二	30	男	諸派	新	10,786

第12回参議院議員選挙
昭和55年(1980年)6月22日実施

【福岡県選挙区】定数3

	氏名	年齢	性別	党派	新前	得票数
当	蔵内 修治	62	男	自民	新	601,678
当	小柳 勇	68	男	社会	現	574,363
当	桑名 義治	50	男	公明	現	425,696
	本村 和喜	44	男	自民	新	354,658
	有馬 和子	50	女	共産	新	274,919
	真崎 洋	36	男	諸派	新	14,506

第13回参議院議員選挙
昭和58年(1983年)6月26日実施

【福岡県選挙区】定数3

	氏名	年齢	性別	党派	新前	得票数
当	遠藤 政夫	60	男	自民	現	466,559
当	原田 立	56	男	公明	現	412,712
当	小野 明	63	男	社会	現	395,046
	本村 和喜	47	男	自民	新	347,846
	有馬 和子	53	女	共産	新	194,060

第14回参議院議員選挙
昭和61年(1986年)7月6日実施

【福岡県選挙区】定数3

	氏名	年齢	性別	党派	新前	得票数
当	福田 幸弘	61	男	自民	新	591,554
当	渡辺 四郎	56	男	社会	新	502,735
当	本村 和喜	50	男	自民	新	485,397
	桑名 義治	56	男	公明	現	477,325
	有馬 和子	56	女	共産	新	290,757
	城戸 康孝	37	男	諸派	新	23,451
	和智 正行	48	男	無所属	新	13,879

《補選》第14回参議院議員選挙
平成元年(1989年)2月12日実施
※福田幸弘の死去による

【福岡県選挙区】被選挙数1

	氏名	年齢	性別	党派	新前	得票数
当	渕上 貞雄	51	男	社会	新	751,036
	合馬 敬	51	男	自民	新	564,301
	藤野 達善	59	男	共産	新	170,778
	前田 宏三	40	男	諸派	新	160,294

《補選》第14回参議院議員選挙
平成3年(1991年)9月29日実施
※本村和喜の死去による

【福岡県選挙区】被選挙数1

	氏名	年齢	性別	党派	新前	得票数
当	重富吉之助	58	男	自民	新	556,176
	牧野 苳子	57	女	社会	新	365,026
	本庄 庸	54	男	共産	新	97,877

第15回参議院議員選挙
平成元年(1989年)7月23日実施

【福岡県選挙区】定数3

	氏名	年齢	性別	党派	新前	得票数
当	小野 明	69	男	社会	前	712,125
当	木庭健太郎	37	男	公明	新	412,726
当	合馬 敬	51	男	自民	新	387,693
	遠藤 政夫	66	男	自民	前	257,870
	前田 宏三	40	男	サラ新	新	256,678
	藤野 達善	60	男	共産	新	168,686
	和田江美子	30	女	諸派	新	27,539

《補選》第15回参議院議員選挙
平成2年(1990年)6月10日実施
※小野明の死去による

【福岡県選挙区】被選挙数1

	氏名	年齢	性別	党派	新前	得票数
当	三重野栄子	64	女	社会	新	869,036
	住吉 徳彦	43	男	自民	新	748,317

第16回参議院議員選挙
平成4年(1992年)7月26日実施

【福岡県選挙区】定数3

	氏名	年齢	性別	党派	新前	得票数
当	横尾 和伸	42	男	公明	新	453,365
当	渡辺 四郎	62	男	社会	前	403,726
当	吉村剛太郎	53	男	自民	新	377,084
	重富吉之助	59	男	自民	前	329,567
	柳井 誠	36	男	共産	新	119,251
	遠藤 政夫	69	男	無所属	元	90,301
	芦名 裕子	34	女	諸派	新	18,270

第17回参議院議員選挙
平成7年(1995年)7月23日実施

【福岡県選挙区】定数2

	氏名	年齢	性別	党派	新前	得票数
当	木庭健太郎	43	男	新進	前	544,656
当	三重野栄子	69	女	社会	前	314,336
	重富吉之助	62	男	無所属	元	311,299
	合馬 敬	57	男	自民	前	293,029
	安広 和雄	56	男	共産	新	100,586

| | 藤田 幸代 | 39 | 女 | 諸派 | 新 | 21,895 |

第18回参議院議員選挙
平成10年（1998年）7月12日実施

【福岡県選挙区】定数2

当	弘友 和夫	53	男	無所属	新	628,438
当	吉村剛太郎	59	男	自民	現	575,439
	藤田 一枝	48	女	無所属	新	414,421
	津野 豊臣	54	男	共産	新	297,861
	亀元由紀美	30	女	諸派	新	60,349
	中村 吉男	44	男	諸派	新	45,852
	種部 静子	43	女	諸派	新	38,115
	斉藤 陽彦	62	男	無所属	新	14,979

第19回参議院議員選挙
平成13年（2001年）7月29日実施

【福岡県選挙区】定数2

当	松山 政司	42	男	自民	新	601,082
当	岩本 司	37	男	民主	新	328,198
	古川 忠	52	男	無所属	新	319,367
	三重野栄子	75	女	社民	前	249,403
	古賀潤一郎	43	男	自由	新	202,510
	津野 豊臣	57	男	共産	新	154,177
	亀元由紀美	33	女	諸派	新	76,174
	城野美代子	49	女	自連	新	30,673

第20回参議院議員選挙
平成16年（2004年）7月11日実施

【福岡県選挙区】定数2

当	大久保 勉	43	男	民主	新	840,783
当	吉村剛太郎	65	男	自民	現	636,406
	古川 忠	55	男	無所属	新	259,285
	津野 豊臣	60	男	共産	新	181,407
	江頭 邦弘	63	男	無所属	新	98,119
	藤本 豊	53	男	無所属	新	37,787
	石原 倫理	47	男	諸派	新	18,758

第21回参議院議員選挙
平成19年（2007年）7月29日実施

【福岡県選挙区】定数2

当	岩本 司	43	男	民主	前	1,003,170
当	松山 政司	48	男	自民	前	791,152
	田中美由紀	33	女	共産	新	185,713
	金岩 秀郎	44	男	社民	新	113,293
	馬場 能久	57	男	諸派	新	35,942
	秀南 高行	32	男	諸派	新	15,244

第22回参議院議員選挙
平成22年（2010年）7月11日実施

【福岡県選挙区】定数2

当	大家 敏志	42	男	自民	新	774,618
当	大久保 勉	49	男	民主	現	673,749
	佐藤 正夫	55	男	みんな	新	287,349
	堤 かなめ	49	女	無所属	新	176,149
	篠田 清	62	男	共産	新	145,093
	吉村剛太郎	71	男	国民	現	113,607
	吉冨 和枝	51	女	幸福	新	25,693

第23回参議院議員選挙
平成25年（2013年）7月21日実施

【福岡県選挙区】定数2

当	松山 政司	54	男	自民	現	958,042
当	野田 国義	55	男	民主	新	348,250
	吉田 俊之	57	男	維新	新	222,180
	真島 省三	50	男	共産	新	207,101
	古賀 輝生	49	男	みんな	新	176,396
	吉冨 和枝	54	女	諸派	新	34,090

第24回参議院議員選挙
平成28年（2016年）7月10日実施

【福岡県選挙区】定数3

当	古賀 之士	57	男	民進	新	670,392
当	大家 敏志	48	男	自民	現	640,473
当	高瀬 弘美	34	女	公明	新	467,752
	柴田 雅子	32	女	共産	新	195,629
	森上 晋平	32	男	維新	新	93,683
	竹内 信昭	63	男	社民	新	55,017
	石井 英俊	39	男	こころ	新	30,909
	船戸タキ子	58	女	無所属	新	16,047
	吉冨 和枝	57	女	諸派	新	15,743

選挙区・佐賀県

第1回参議院議員選挙
昭和22年(1947年)4月20日実施
【佐賀県選挙区】定数2
当	深川栄左衛門	52	男	民主		156,636
当3	今泉　政喜	62	男	自由		89,061
	山中　長作	60	男	社会		83,189

※「当3」は任期3年の意味

第2回参議院議員選挙
昭和25年(1950年)6月4日実施
【佐賀県選挙区】定数1
当	杉原　荒太	50	男	自由	新	143,909
	坂口　　重	41	男	社会	新	106,126
	井手　以誠	40	男	無所属	新	82,684
	江口子午三	41	男	共産	新	18,393

第3回参議院議員選挙
昭和28年(1953年)4月24日実施
【佐賀県選挙区】定数1
当	松岡　平市	51	男	自由吉	新	142,173
	八木　　昇	31	男	左社	新	135,890
	武富　敏彦	68	男	改進	新	94,034

第4回参議院議員選挙
昭和31年(1956年)7月8日実施
【佐賀県選挙区】定数1
当	杉原　荒太	56	男	無所属	前	144,870
	光石　士郎	51	男	自民	新	126,728
	堀部　靖雄	56	男	社会	新	104,548
	波多　　然	51	男	共産	新	10,995

第5回参議院議員選挙
昭和34年(1959年)6月2日実施
【佐賀県選挙区】定数1
当	鍋島　直紹	47	男	自民	新	323,168
	井手　太郎	39	男	共産	新	39,962

第6回参議院議員選挙
昭和37年(1962年)7月1日実施
【佐賀県選挙区】定数1
当	杉原　荒太	63	男	自民	現	136,812
	八木　　昇	40	男	社会	新	134,062
	廉隅　伝次	55	男	無所属	新	89,896
	井手　太郎	42	男	共産	新	9,310

第7回参議院議員選挙
昭和40年(1965年)7月4日実施
【佐賀県選挙区】定数1
当	鍋島　直紹	53	男	自民	前	246,263
	宮崎　　茂	49	男	社会	新	107,493
	江口子午三	56	男	共産	新	10,214

第8回参議院議員選挙
昭和43年(1968年)7月7日実施
【佐賀県選挙区】定数1
当	杉原　荒太	68	男	自民	現	133,069
	牛丸　義留	52	男	無所属	新	125,709
	野口　昌敏	40	男	社会	新	90,592
	廉隅　伝次	61	男	無所属	新	23,905
	橋本　八男	58	男	民社	新	20,851
	江口子午三	59	男	共産	新	11,652

第9回参議院議員選挙
昭和46年(1971年)6月27日実施
【佐賀県選挙区】定数1
当	鍋島　直紹	59	男	自民	現	252,181
	野口　昌敏	43	男	社会	新	85,277
	佐藤　隆治	45	男	共産	新	18,322

第10回参議院議員選挙
昭和49年(1974年)7月7日実施
【佐賀県選挙区】定数1
当	福岡日出麿	64	男	自民	新	245,155
	踊　　哲郎	41	男	社会	新	119,717
	中野　鉄造	47	男	公明	新	43,930
	佐藤　隆治	48	男	共産	新	24,475

第11回参議院議員選挙
昭和52年(1977年)7月10日実施
【佐賀県選挙区】定数1
当	鍋島　直紹	65	男	自民	前	276,403
	八木　　昇	55	男	社会	新	146,802
	三宅　秀夫	48	男	共産	新	19,138

《補選》第11回参議院議員選挙
昭和57年(1982年)1月10日実施
※鍋島直紹の死去による
【佐賀県選挙区】被選挙数1
当	大坪健一郎	56	男	自民	新	246,324

緒方 克陽	43	男	社会	新	86,192
平林 正勝	34	男	共産	新	15,025
山瀬 徹	33	男	諸派	新	9,134

第12回参議院議員選挙
昭和55年（1980年）6月22日実施

【佐賀県選挙区】定数1

当	福岡日出麿	70	男	自民	現	311,557
	沼田 幸彦	47	男	社会	新	140,497
	平林 正勝	33	男	共産	新	35,022

第13回参議院議員選挙
昭和58年（1983年）6月26日実施

【佐賀県選挙区】定数1

当	大坪健一郎	57	男	自民	現	240,812
	緒方 克陽	45	男	社会	新	95,439
	関家 敏正	48	男	共産	新	24,123

《補選》第13回参議院議員選挙
昭和61年（1986年）8月10日実施
※大坪健一郎の辞職（衆院選立候補）による

【佐賀県選挙区】被選挙数1

当	三池 信	85	男	自民	新	130,575
	占野 秀男	42	男	社会	新	98,504
	関家 敏正	51	男	共産	新	13,864

第14回参議院議員選挙
昭和61年（1986年）7月6日実施

【佐賀県選挙区】定数1

当	大塚清次郎	64	男	自民	新	307,532
	占野 秀男	42	男	社会	新	143,533
	関家 敏正	51	男	共産	新	34,204

《補選》第14回参議院議員選挙
昭和63年（1988年）4月10日実施
※三池信の死去による

【佐賀県選挙区】被選挙数1

当	陣内 孝雄	54	男	自民	新	185,629
	田中喜久子	35	女	社会	新	119,323
	平林 正勝	40	男	共産	新	27,657

第15回参議院議員選挙
平成元年（1989年）7月23日実施

【佐賀県選挙区】定数1

当	陣内 孝雄	55	男	自民	前	210,731
	柴田 久寛	46	男	社会	新	188,054
	平林 正勝	42	男	共産	新	21,633

野中 久三	44	男	無所属	新	20,931

第16回参議院議員選挙
平成4年（1992年）7月26日実施

【佐賀県選挙区】定数1

当	大塚清次郎	70	男	自民	前	211,675
	柳川 耕平	48	男	無所属	新	131,758
	武田 昭彦	37	男	共産	新	20,821

《補選》第16回参議院議員選挙
平成7年（1995年）11月19日実施
※大塚清次郎の死去による

【佐賀県選挙区】被選挙数1

当	岩永 浩美	53	男	自民	新	184,031
	天本 俊正	53	男	新進	新	125,447
	柴田 久寛	53	男	社会	新	36,762
	松尾 義幸	47	男	共産	新	22,058

第17回参議院議員選挙
平成7年（1995年）7月23日実施

【佐賀県選挙区】定数1

当	陣内 孝雄	61	男	自民	前	197,350
	松尾 義幸	47	男	共産	新	60,191

第18回参議院議員選挙
平成10年（1998年）7月12日実施

【佐賀県選挙区】定数1

当	岩永 浩美	56	男	自民	現	188,995
	甲本 洋子	51	女	無所属	新	137,597
	田中 秀子	54	女	共産	新	46,914
	深川 康裕	41	男	諸派	新	24,304

第19回参議院議員選挙
平成13年（2001年）7月29日実施

【佐賀県選挙区】定数1

当	陣内 孝雄	67	男	自民	前	253,837
	藤野 靖裕	42	男	民主	新	90,749
	上村 泰稔	36	男	共産	新	28,607
	深川 康裕	44	男	自連	新	17,551

第20回参議院議員選挙
平成16年（2004年）7月11日実施

【佐賀県選挙区】定数1

当	岩永 浩美	62	男	自民	現	197,100
	川崎 稔	43	男	民主	新	177,139
	武藤 明美	56	女	共産	新	39,101

第21回参議院議員選挙
平成19年（2007年）7月29日実施

【佐賀県選挙区】定数1

当	川崎	稔	46	男	民主 新	210,452
	川上	義幸	52	男	自民 新	189,212
	中尾	純子	54	女	共産 新	25,028

第22回参議院議員選挙
平成22年（2010年）7月11日実施

【佐賀県選挙区】定数1

当	福岡	資麿	37	男	自民 新	256,673
	甲木美知子		39	女	民主 新	143,540
	山口	勝弘	54	男	共産 新	23,974

第23回参議院議員選挙
平成25年（2013年）7月21日実施

【佐賀県選挙区】定数1

当	山下	雄平	33	男	自民 新	223,810
	青木	一功	37	男	民主 新	83,447
	上村	泰稔	48	男	共産 新	30,920
	中島	徹	39	男	諸派 新	8,067

第24回参議院議員選挙
平成28年（2016年）7月10日実施

【佐賀県選挙区】定数1

当	福岡	資麿	43	男	自民 現	251,601
	中村	哲治	44	男	民進 元	119,908
	中島	徹	42	男	諸派 新	12,152

選挙区・長崎県

第1回参議院議員選挙
昭和22年（1947年）4月20日実施

【長崎県選挙区】定数2

当	藤野	繁雄	63	男	無所属	126,859
当3	清水	武夫	48	男	社会	118,921
	月川蘇七郎		62	男	民主	58,180
	横瀬	清	62	男	自由	55,986

※「当3」は任期3年の意味

《補選》第1回参議院議員選挙
昭和23年（1948年）1月11日実施
※清水武夫の死去による

【長崎県選挙区】被選挙数1

当	門屋	盛一		民主	133,314
	福田	萬作		自由	104,593
	辻	文雄		社会	51,891
	塚本	周三		共産	13,944

第2回参議院議員選挙
昭和25年（1950年）6月4日実施

【長崎県選挙区】定数1

当	秋山俊一郎		57	男	自由 新	225,963
	木原津与志		40	男	無所属 新	163,831
	丸亀	秀雄	45	男	無所属 新	135,588

第3回参議院議員選挙
昭和28年（1953年）4月24日実施

【長崎県選挙区】定数1

当	藤野	繁雄	67	男	自由吉 現	229,203
	下川	忠雄	43	男	右社 新	212,689
	青木	勇	46	男	改進 新	81,254

第4回参議院議員選挙
昭和31年（1956年）7月8日実施

【長崎県選挙区】定数1

当	秋山俊一郎		63	男	自民 前	267,640
	中村	重光	45	男	社会 新	242,355
	森	正雄	43	男	共産 新	20,069

第5回参議院議員選挙
昭和34年（1959年）6月2日実施

【長崎県選挙区】定数1

当	藤野	繁雄	74	男	自民 前	259,224
	中村	重光	48	男	社会 新	248,259
	宮島	豊	52	男	共産 新	28,138

第6回参議院議員選挙
昭和37年（1962年）7月1日実施

【長崎県選挙区】定数1

当	久保	勘一	51	男	自民 新	320,911
	達田	龍彦	35	男	社会 新	241,968
	福岡醇次郎		58	男	共産 新	13,755

第7回参議院議員選挙
昭和40年（1965年）7月4日実施

【長崎県選挙区】定数1

当	田浦	直蔵	66	男	自民 新	247,026
繰当	達田	龍彦	38	男	社会 新	218,423

	佐野	豊	54	男	民社	新	50,290
	宮本	一	39	男	共産	新	22,930
	日高	一	52	男	諸派	新	7,662
	藤田 治郎		73	男	無所属	新	5,091

※田浦直蔵（自民）死亡のため昭和40年8月24日
　達田龍彦（社会）が繰上当選

第8回参議院議員選挙
昭和43年（1968年）7月7日実施
【長崎県選挙区】定数1

当	久保 勘一	57	男	自民	現	362,875
	阿部 国人	48	男	社会	新	211,821
	内田 保信	39	男	共産	新	43,238

《補選》第8回参議院議員選挙
昭和45年（1970年）3月15日実施
※久保勘一の退職（知事選立候補）による
【長崎県選挙区】被選挙数1

当	初村滝一郎	56	男	自民	新	215,717
	吉永 正人	47	男	社会	新	164,816
	益本 和夫	39	男	共産	新	14,450

第9回参議院議員選挙
昭和46年（1971年）6月27日実施
【長崎県選挙区】定数1

当	中村 禎二	68	男	自民	新	298,099
	達田 龍彦	44	男	社会	現	242,715
	益本 和夫	40	男	共産	新	28,433

第10回参議院議員選挙
昭和49年（1974年）7月7日実施
【長崎県選挙区】定数1

当	初村滝一郎	60	男	自民	現	365,198
	山口 健次	51	男	社会	新	198,713
	谷口 是巨	52	男	公明	新	84,463
	中田 晋介	35	男	共産	新	55,254

第11回参議院議員選挙
昭和52年（1977年）7月10日実施
【長崎県選挙区】定数1

当	中村 禎二	74	男	自民	前	380,332
	達田 龍彦	50	男	社会	元	295,478
	古木 泰男	46	男	共産	新	40,943

第12回参議院議員選挙
昭和55年（1980年）6月22日実施
【長崎県選挙区】定数1

当	初村滝一郎	66	男	自民	現	452,561
	達田 龍彦	53	男	社会	元	267,786
	古木 泰男	49	男	共産	新	55,376

第13回参議院議員選挙
昭和58年（1983年）6月26日実施
【長崎県選挙区】定数1

当	宮島 滉	56	男	自民	新	325,733
	田口 健二	52	男	社会	新	210,483
	田中 康	36	男	共産	新	46,136

第14回参議院議員選挙
昭和61年（1986年）7月6日実施
【長崎県選挙区】定数1

当	初村滝一郎	72	男	自民	現	409,065
	速見 魁	57	男	社会	新	200,385
	浅田 五郎	48	男	無所属	新	174,896
	田中 康	39	男	共産	新	47,113

第15回参議院議員選挙
平成元年（1989年）7月23日実施
【長崎県選挙区】定数1

当	篠崎 年子	71	女	社会	新	344,416
	宮島 滉	62	男	自民	前	238,511
	松谷蒼一郎	61	男	無所属	新	151,053
	石川 悟	36	男	共産	新	30,134
	蜂谷 公一	39	男	諸派	新	3,835

第16回参議院議員選挙
平成4年（1992年）7月26日実施
【長崎県選挙区】定数1

当	松谷蒼一郎	64	男	自民	新	320,060
	萩 雄二	55	男	連合	新	206,611
	石川 悟	39	男	共産	新	55,621

第17回参議院議員選挙
平成7年（1995年）7月23日実施
【長崎県選挙区】定数1

当	田浦 直	58	男	新進	新	174,017
	宮島 大典	32	男	自民	新	165,387
	松田 九郎	72	男	無所属	新	98,447
	佐藤 龍一	58	男	社会	新	96,081
	西村貴恵子	48	女	共産	新	34,032

第18回参議院議員選挙
平成10年(1998年) 7月12日実施

【長崎県選挙区】定数1

	氏名		年齢	性別	所属	新現	得票数
当	松谷蒼一郎		70	男	自民	現	271,607
	光野	有次	49	男	無所属	新	244,733
	西村貴恵子		51	女	共産	新	84,646
	寺岡	一子	56	女	諸派	新	44,807

第19回参議院議員選挙
平成13年(2001年) 7月29日実施

【長崎県選挙区】定数1

	氏名		年齢	性別	所属	新現	得票数
当	田浦	直	64	男	自民	前	356,934
	光野	有次	52	男	無所属	新	195,670
	田中広太郎		53	男	無所属	新	46,199
	小川貴美子		51	女	共産	新	44,262
	松本	幸子	46	女	自連	新	25,265

第20回参議院議員選挙
平成16年(2004年) 7月11日実施

【長崎県選挙区】定数1

	氏名		年齢	性別	所属	新現	得票数
当	犬塚	直史	49	男	民主	新	344,606
	松谷蒼一郎		76	男	自民	現	303,723
	原口	敏彦	42	男	共産	新	47,547

第21回参議院議員選挙
平成19年(2007年) 7月29日実施

【長崎県選挙区】定数1

	氏名		年齢	性別	所属	新現	得票数
当	大久保潔重		41	男	民主	新	352,953
	小嶺	忠敏	62	男	自民	新	331,147
	渕瀬	栄子	51	女	共産	新	35,837

第22回参議院議員選挙
平成22年(2010年) 7月11日実施

【長崎県選挙区】定数1

	氏名		年齢	性別	所属	新現	得票数
当	金子原二郎		66	男	自民	新	344,182
	犬塚	直史	55	男	民主	現	272,043
	中嶋	徳彦	35	男	みんな	新	60,829
	渕瀬	栄子	54	女	共産	新	28,614

第23回参議院議員選挙
平成25年(2013年) 7月21日実施

【長崎県選挙区】定数1

	氏名		年齢	性別	所属	新現	得票数
当	古賀友一郎		45	男	自民	新	359,805
	大久保潔重		47	男	民主	現	186,402
	原口	敏彦	51	男	共産	新	45,638
	山田	聖人	47	男	諸派	新	15,586

第24回参議院議員選挙
平成28年(2016年) 7月10日実施

【長崎県選挙区】定数1

	氏名		年齢	性別	所属	新現	得票数
当	金子原二郎		72	男	自民	現	336,612
	西岡	秀子	52	女	民進	新	285,743
	江夏	正敏	48	男	諸派	新	13,936

選挙区・熊本県

第1回参議院議員選挙
昭和22年(1947年) 4月20日実施

【熊本県選挙区】定数4

	氏名		年齢	性別	所属	得票数
当	田方	進	46	男	民主	122,449
当	堀内	到	62	男	社会	102,468
当3	谷口弥三郎		65	男	民主	96,192
当3	深水	六郎	47	男	自由	72,716
	城	義臣	44	男	自由	55,805
	森	慈秀	58	男	国協	49,949
	有働哲二郎		53	男	社会	26,006
	木村	崇山	52	男	社会	16,943
	清島	辰馬	40	男	無所属	11,090

※「当3」は任期3年の意味

《補選》第1回参議院議員選挙
昭和23年(1948年) 2月15日実施
※堀内到の死去による

【熊本県選挙区】被選挙数1

	氏名	所属	得票数
当	城	義臣	自由	218,459
	福田	虎亀	民主	215,415
	坂本	泰良	社会	65,525
	西里	龍夫	共産	22,278
	清島	辰馬	無所属	9,896
	久良木喜一		無所属	2,701

《補選》第 1 回参議院議員選挙

昭和27年(1952年)10月20日実施
※田方進の辞職による

【熊本県選挙区】被選挙数 1

当	松野	鶴平	68	男	自由 新	306,502
	三島	誠也	58	男	諸派 新	148,182

第 2 回参議院議員選挙

昭和25年(1950年) 6 月 4 日実施

【熊本県選挙区】定数 2

当	深水	六郎	48	男	自由 前	225,416
当	谷口弥三郎	66	男	諸派 前	192,000
	富家	一	43	男	社会 新	89,195
	林	寛信	39	男	無所属 新	81,850
	中田	哲	45	男	共産 新	39,080

第 3 回参議院議員選挙

昭和28年(1953年) 4 月24日実施

【熊本県選挙区】定数 2

当	松野	鶴平	69	男	自由吉 現	253,379
当	寺本	広作	45	男	改進 新	135,473
	城	義臣	48	男	無所属 現	100,305
	富家	一	46	男	左社 新	74,710
	桜井	茂男	46	男	右社 新	22,411
	菊池峯三郎	41	男	無所属 新	10,238

第 4 回参議院議員選挙

昭和31年(1956年) 7 月 8 日実施

【熊本県選挙区】定数 2

当	森中	守義	36	男	社会 新	183,241
当	林田	正治	63	男	無所属 新	150,836
	深水	六郎	54	男	自民 前	145,110
	渡辺太賀次	56	男	自民 新	114,570
	山下	ツ子	57	女	無所属 新	33,877
	田代	安喜	42	男	共産 新	9,667

第 5 回参議院議員選挙

昭和34年(1959年) 6 月 2 日実施

【熊本県選挙区】定数 2

当	桜井	三郎	59	男	自民 新	281,816
当	松野	鶴平	75	男	自民 前	239,452
	百武	秀男	44	男	社会 新	138,637
	田代	安喜	45	男	共産 新	11,779

《補選》第 5 回参議院議員選挙

昭和35年(1960年) 5 月18日実施
※桜井三郎の死去による

【熊本県選挙区】被選挙数 1

当	野上	進	59	男	自民 新	294,589
	吉田	安	70	男	自民 新	136,406
	松岡	明	53	男	社会 新	127,104
	肥後	亨	34	男	無所属 新	10,784
	田代	安喜	46	男	共産 新	7,611
	道山	虎夫	55	男	諸派 新	967

《補選》第 5 回参議院議員選挙

昭和37年(1962年)11月30日実施
※松野鶴平の死去による

【熊本県選挙区】被選挙数 1

当	沢田	一精	41	男	自民 新	249,677
	森中	守義	43	男	社会 前	216,546
	吉田	安	72	男	無所属 新	92,512
	田代	安喜	48	男	共産 新	11,179

第 6 回参議院議員選挙

昭和37年(1962年) 7 月 1 日実施

【熊本県選挙区】定数 2

当	園木	登	60	男	自民 新	240,091
当	林田	正治	69	男	自民 現	212,341
	森中	守義	42	男	社会 現	204,180
	田代	安喜	48	男	共産 新	15,683

《補選》第 6 回参議院議員選挙

昭和38年(1963年) 1 月29日実施
※園木登の死去による

【熊本県選挙区】被選挙数 1

当	北口	龍徳	61	男	自民 新	494,767
	潮永	健一	30	男	民社 新	131,249

《補選》第 6 回参議院議員選挙

昭和40年(1965年) 7 月18日実施
※北口龍徳の死去による

【熊本県選挙区】被選挙数 1

当	園田	清充	45	男	自民 新	304,641
	大中	康雄	45	男	社会 新	159,623
	福永	毅	44	男	共産 新	12,656

第 7 回参議院議員選挙

昭和40年(1965年) 7 月 4 日実施

【熊本県選挙区】定数 2

当	森中	守義	45	男	社会 元	222,976

当	沢田	一精	43	男	自民	前	217,844
	高田	浩運	51	男	自民	新	206,538
	佐藤	義郎	40	男	共産	新	10,992

第8回参議院議員選挙
昭和43年(1968年) 7月7日実施

【熊本県選挙区】定数2

当	高田	浩運	54	男	自民	新	291,280
当	園田	清充	48	男	自民	現	242,834
	大中	康雄	48	男	社会	新	174,171
	佐藤	義郎	43	男	共産	新	16,723
	藤芳	三次	66	男	無所属	新	5,712

第9回参議院議員選挙
昭和46年(1971年) 6月27日実施

【熊本県選挙区】定数2

当	寺本	広作	63	男	自民	元	307,909
当	森中	守義	51	男	社会	現	220,280
	内田	芳郎	52	男	自民	現	169,884
	佐藤	義郎	46	男	共産	新	18,250

第10回参議院議員選挙
昭和49年(1974年) 7月7日実施

【熊本県選挙区】定数2

当	高田	浩運	60	男	自民	現	295,563
当	園田	清充	54	男	自民	現	293,482
	松前	達郎	47	男	社会	新	281,543
	粟田	一哉	39	男	共産	新	28,590
	渡辺	功	68	男	無所属	新	1,360
	池松	則光	75	男	無所属	新	577

《補選》第10回参議院議員選挙
昭和52年(1977年) 9月4日実施
※高田浩運の死去による

【熊本県選挙区】被選挙数1

当	田代	由紀男	61	男	自民	新	351,335
	森中	守義	57	男	社会	元	290,653
	粟田	一哉	42	男	共産	新	17,427
	高田	巌	47	男	無所属	新	6,887
	(高田	がん)					

第11回参議院議員選挙
昭和52年(1977年) 7月10日実施

【熊本県選挙区】定数2

当	三善	信二	56	男	自民	新	331,782
当	細川	護熙	39	男	自民	前	283,359
	森中	守義	57	男	社会	前	271,712
	粟田	一哉	42	男	共産	新	23,157

《補選》第11回参議院議員選挙
昭和54年(1979年) 4月22日実施
※三善信二の死去による

【熊本県選挙区】被選挙数1

当	三浦	八水	49	男	自民	新	524,595
	魚返	正臣	41	男	社会	新	224,424
	粟田	一哉	43	男	共産	新	76,837

第12回参議院議員選挙
昭和55年(1980年) 6月22日実施

【熊本県選挙区】定数2

当	田代	由紀男	64	男	自民	現	325,448
当	園田	清充	60	男	自民	現	299,768
	魚返	正臣	42	男	社会	新	253,240
	粟田	一哉	45	男	共産	新	39,338

《補選》第12回参議院議員選挙
昭和60年(1985年) 10月20日実施
※園田清充の死去による

【熊本県選挙区】被選挙数1

当	守住	有信	61	男	自民	新	303,442
	中原	利丸	57	男	無所属	新	281,829
	竹島	勇	57	男	社会	新	90,945
	粟田	一哉	50	男	共産	新	22,738

第13回参議院議員選挙
昭和58年(1983年) 6月26日実施

【熊本県選挙区】定数2

当	沢田	一精	61	男	自民	元	324,531
当	浦田	勝	58	男	自民	新	234,916
	魚返	正臣	45	男	社会	新	227,333
	粟田	一哉	48	男	共産	新	25,004

第14回参議院議員選挙
昭和61年(1986年) 7月6日実施

【熊本県選挙区】定数2

当	田代	由紀男	70	男	自民	現	324,661
当	守住	有信	61	男	自民	現	315,654
	紀平	悌子	58	女	無所属	新	278,237
	粟田	一哉	51	男	共産	新	39,493

第15回参議院議員選挙
平成元年(1989年) 7月23日実施

【熊本県選挙区】定数2

当	紀平	悌子	61	女	無所属	新	332,699
当	沢田	一精	67	男	無所属	前	284,325
	浦田	勝	64	男	自民	前	198,022

岩崎	八男	56	男	自民	新	121,155
武宮	憲之	38	男	共産	新	22,491

第16回参議院議員選挙
平成4年(1992年) 7月26日実施

【熊本県選挙区】定数2

当	守住	有信	67	男	自民	前	211,414
当	浦田	勝	67	男	無所属	元	163,525
	川村	充夫	42	男	連合	新	148,922
	中山	義崇	68	男	無所属	新	135,986
	矢上	雅義	31	男	無所属	新	102,558
	足立	国功	47	男	無所属	新	20,805
	武宮	憲之	41	男	共産	新	20,243

第17回参議院議員選挙
平成7年(1995年) 7月23日実施

【熊本県選挙区】定数2

当	阿曽田	清	48	男	新進	新	315,898
当	三浦	一水	41	男	無所属	新	279,273
	紀平	悌子	67	女	無所属	前	113,194
	武宮	憲之	44	男	共産	新	20,790
	荒	敬雄	52	男	諸派	新	826

《補選》第17回参議院議員選挙
平成12年(2000年) 4月16日実施
※阿曽田清の辞職(知事選立候補)による

【熊本県選挙区】被選挙数1

当	魚住	汎英	60	男	無所属	新	386,674
	香山	理子	46	女	民主	新	322,229
	林田	陽一	48	男	無所属	新	73,923
	西川	悦子	46	女	共産	新	73,617

第18回参議院議員選挙
平成10年(1998年) 7月12日実施

【熊本県選挙区】定数2

当	本田	良一	58	男	民主	新	296,389
当	木村	仁	64	男	自民	新	248,612
	浦田	勝	73	男	自民	現	214,829
	西川	悦子	44	女	共産	新	86,380
	高野	香代子	46	女	諸派	新	20,128

第19回参議院議員選挙
平成13年(2001年) 7月29日実施

【熊本県選挙区】定数1

当	三浦	一水	47	男	自民	前	477,997
	香山	真理子	47	女	民主	新	300,321
	西川	悦子	47	女	共産	新	46,566
	三角	和雄	43	男	自連	新	21,242

石田	博文	60	男	諸派	新	15,677

第20回参議院議員選挙
平成16年(2004年) 7月11日実施

【熊本県選挙区】定数1

当	木村	仁	70	男	自民	現	411,542
	本田	良一	64	男	民主	現	372,469
	山本	伸裕	40	男	共産	新	57,196

第21回参議院議員選挙
平成19年(2007年) 7月29日実施

【熊本県選挙区】定数1

当	松野	信夫	56	男	民主	新	440,742
	三浦	一水	53	男	自民	前	432,686
	橋田	芳昭	51	男	共産	新	37,483

第22回参議院議員選挙
平成22年(2010年) 7月11日実施

【熊本県選挙区】定数1

当	松村	祥史	46	男	自民	現	393,674
	本田	浩一	43	男	民主	新	349,398
	本田	顕子	38	女	みんな	新	101,869
	安達	安人	54	男	共産	新	30,517
	前田	武男	53	男	諸派	新	14,552

第23回参議院議員選挙
平成25年(2013年) 7月21日実施

【熊本県選挙区】定数1

当	馬場	成志	48	男	自民	新	450,617
	松野	信夫	62	男	民主	現	221,553
	山本	伸裕	50	男	共産	新	58,982
	守田	隆志	63	男	諸派	新	12,944

第24回参議院議員選挙
平成28年(2016年) 7月10日実施

【熊本県選挙区】定数1

当	松村	祥史	52	男	自民	現	440,607
	阿部	広美	49	女	無所属	新	269,168
	木下	順子	57	女	諸派	新	20,742
	本藤	哲哉	62	男	諸派	新	14,493

選挙区・大分県

第1回参議院議員選挙
昭和22年(1947年)4月20日実施

【大分県選挙区】定数2
当	岩男	仁蔵	60	男	国協	134,996
当3	一松	政二	55	男	自由	111,664
	岡本	忠人	48	男	共産	105,247
	首藤	克人	43	男	共産	27,245
	大堀	行順	48	男	無所属	12,935

※「当3」は任期3年の意味

第2回参議院議員選挙
昭和25年(1950年)6月4日実施

【大分県選挙区】定数1
当	一松	政二	56	男	自由	前	213,050
	高山	一三	50	男	無所属	新	162,872
	西野	芳雄	42	男	社会	新	43,165
	橋本	正徳	39	男	共産	新	34,107

第3回参議院議員選挙
昭和28年(1953年)4月24日実施

【大分県選挙区】定数1
当	後藤	文夫	69	男	無所属	新	308,260
	賀来才二郎	50	男	無所属	新	163,199

第4回参議院議員選挙
昭和31年(1956年)7月8日実施

【大分県選挙区】定数1
当	後藤	義隆	55	男	自民	新	264,934
	平野	学	57	男	社会	新	208,581
	石川	章三	44	男	共産	新	15,559
	一松	政二	62	男	無所属	前	辞退

第5回参議院議員選挙
昭和34年(1959年)6月2日実施

【大分県選挙区】定数1
当	村上	春蔵	54	男	自民	新	205,333
	飯田	忠	52	男	社会	新	167,402
	後藤	文夫	75	男	緑風	前	124,112
	石川	章三	47	男	共産	新	11,511

第6回参議院議員選挙
昭和37年(1962年)7月1日実施

【大分県選挙区】定数1
当	後藤	義隆	61	男	自民	現	283,216
	田尻	一雄	50	男	社会	新	206,060
	石川	章三	50	男	共産	新	23,029

第7回参議院議員選挙
昭和40年(1965年)7月4日実施

【大分県選挙区】定数1
当	村上	春蔵	60	男	自民	前	252,004
	工藤	良平	39	男	社会	新	178,866
	矢嶋	三義	53	男	民社	元	53,474
	甲斐	竹二	57	男	共産	新	16,264

第8回参議院議員選挙
昭和43年(1968年)7月7日実施

【大分県選挙区】定数1
当	後藤	義隆	67	男	自民	現	262,412
	二宮	武夫	56	男	社会	新	257,604
	甲斐	竹二	60	男	共産	新	22,642

第9回参議院議員選挙
昭和46年(1971年)6月27日実施

【大分県選挙区】定数1
当	工藤	良平	45	男	社会	新	271,699
	藤巻	敏武	47	男	自民	新	219,968
	浜松昭二朗	44	男	共産	新	23,278
	柴田	勝広	40	男	無所属	新	7,543

第10回参議院議員選挙
昭和49年(1974年)7月7日実施

【大分県選挙区】定数1
当	岩男	頴一	55	男	自民	新	297,769
	斎藤	光寿	45	男	社会	新	249,912
	宮本	憲一	41	男	公明	新	58,328
	平岡	重夫	49	男	共産	新	41,248

《補選》第10回参議院議員選挙
昭和51年(1976年)9月26日実施
※岩男頴一の死去による

【大分県選挙区】被選挙数1
当	後藤	正夫	63	男	諸派	新	277,541
	斎藤	光寿	47	男	社会	新	264,553
	浜田	紘一	37	男	共産	新	30,686

第11回参議院議員選挙
昭和52年(1977年) 7月10日実施

【大分県選挙区】定数1
当	衛藤征士郎	36	男	諸派	新	326,263
	工藤　良平	51	男	社会	前	301,692
	浜田　紘一	38	男	共産	新	30,021

第12回参議院議員選挙
昭和55年(1980年) 6月22日実施

【大分県選挙区】定数1
当	後藤　正夫	67	男	自民	現	528,109
	堀　　　仁	62	男	共産	新	153,971

第13回参議院議員選挙
昭和58年(1983年) 6月26日実施

【大分県選挙区】定数1
当	梶原　敬義	46	男	社会	新	296,049
	森田　克巳	55	男	自民	新	291,461
	田口とし子	49	女	共産	新	29,085

第14回参議院議員選挙
昭和61年(1986年) 7月6日実施

【大分県選挙区】定数1
当	後藤　正夫	73	男	自民	現	347,447
	羽田野　尚	57	男	社会	新	311,298
	田口とし子	52	女	共産	新	48,890

第15回参議院議員選挙
平成元年(1989年) 7月23日実施

【大分県選挙区】定数1
当	梶原　敬義	52	男	社会	前	395,105
	牧野　浩朗	37	男	自民	新	255,594
	藤沢　架住	49	男	共産	新	24,737

第16回参議院議員選挙
平成4年(1992年) 7月26日実施

【大分県選挙区】定数1
当	釘宮　　磐	44	男	自民	新	330,171
	新谷　高己	59	男	連合	新	237,900
	藤沢　架住	52	男	共産	新	25,597

第17回参議院議員選挙
平成7年(1995年) 7月23日実施

【大分県選挙区】定数1
当	梶原　敬義	58	男	社会	前	342,946
	岩男淳一郎	41	男	無所属	新	122,443
	重松　明男	47	男	共産	新	21,603
	沓掛　松秀	47	男	無所属	新	3,481
	大橋　あさ	75	女	諸派	新	1,627

第18回参議院議員選挙
平成10年(1998年) 7月12日実施

【大分県選挙区】定数1
当	仲道　俊哉	68	男	自民	新	224,409
	釘宮　　磐	50	男	民主	現	217,152
	藤崎　　薫	60	女	社民	新	137,812
	土井　正美	58	男	共産	新	48,366
	尾崎　秀幸	62	男	諸派	新	5,632

第19回参議院議員選挙
平成13年(2001年) 7月29日実施

【大分県選挙区】定数1
当	後藤　博子	53	女	自民	新	304,830
	梶原　敬義	64	男	社民	前	267,612
	土井　正美	61	男	共産	新	31,904
	高野香代子	49	女	自連	新	12,846

第20回参議院議員選挙
平成16年(2004年) 7月11日実施

【大分県選挙区】定数1
当	足立　信也	47	男	民主	新	341,741
	仲道　俊哉	74	男	自民	現	241,296
	小野　　勝	61	男	共産	新	28,446
	荒木　国夫	59	男	無所属	新	11,959

第21回参議院議員選挙
平成19年(2007年) 7月29日実施

【大分県選挙区】定数1
当	礒崎　陽輔	49	男	自民	新	199,523
	矢野　大和	51	男	無所属	新	170,645
	松本　文六	64	男	無所属	新	140,287
	後藤　博子	59	女	国民	前	63,099
	山下　　魁	30	男	共産	新	37,764

第22回参議院議員選挙
平成22年(2010年) 7月11日実施

【大分県選挙区】定数1
当	足立　信也	53	男	民主	現	294,286
	小田原　潔	46	男	自民	新	257,322
	山下　　魁	33	男	共産	新	52,863

第23回参議院議員選挙
平成25年(2013年) 7月21日実施

【大分県選挙区】定数1
当	礒崎	陽輔	55	男	自民 現	250,915
	後藤慎太郎		38	男	無所属 新	137,049
	山下	魁	36	男	共産 新	55,249
	浦野	英樹	44	男	みんな 新	44,542
	上田	敦子	46	女	諸派 新	14,265

第24回参議院議員選挙
平成28年(2016年) 7月10日実施

【大分県選挙区】定数1
当	足立	信也	59	男	民進 現	271,783
	古庄	玄知	58	男	自民 新	270,693
	上田	敦子	49	女	諸派 新	22,153

選挙区・宮崎県

第1回参議院議員選挙
昭和22年(1947年) 4月20日実施

【宮崎県選挙区】定数2
当	竹下	豊次	61	男	無所属	179,548
当3	椎井	康雄	42	男	社会	90,855
	茅野	由吉	45	男	無所属	41,075

※「当3」は任期3年の意味

第2回参議院議員選挙
昭和25年(1950年) 6月4日実施

【宮崎県選挙区】定数1
当	三輪	貞治	36	男	社会 新	137,574
	甲斐	善平	51	男	自由 新	133,348
	水久保甚作		65	男	自由 前	62,272
	鎌田	軍次	55	男	無所属 新	32,760
	税田	幸雄	39	男	共産 新	12,694
	吉水	輝文	53	男	無所属 新	11,108
	鈴木憲太郎		67	男	無所属 新	辞退

第3回参議院議員選挙
昭和28年(1953年) 4月24日実施

【宮崎県選挙区】定数1
当	竹下	豊次	66	男	緑風 現	163,633
	二見	甚郷	64	男	改進 新	155,081
	日高	魁	41	男	無所属 新	55,168
	青木	善祐	60	男	右社 新	辞退

第4回参議院議員選挙
昭和31年(1956年) 7月8日実施

【宮崎県選挙区】定数1
当	平島	敏夫	64	男	自民 新	142,336
	三輪	貞治	42	男	社会 前	131,201
	牧	誠	43	男	無所属 新	100,749
	河野	孔明	50	男	諸派 新	29,538
	浦	宏	30	男	無所属 新	11,359
	日高	魁	44	男	無所属 新	6,609

第5回参議院議員選挙
昭和34年(1959年) 6月2日実施

【宮崎県選挙区】定数1
当	二見	甚郷	70	男	自民 新	263,998
	古園	保	50	男	社会 新	146,372
	河野	通孝	58	男	共産 新	11,568

《補選》第5回参議院議員選挙
昭和36年(1961年)12月10日実施
※二見甚郷の辞職による

【宮崎県選挙区】被選挙数1
当	温水	三郎	56	男	自民 新	204,146
	松浦	利尚	36	男	社会 新	110,549
	河野	孔明	56	男	無所属 新	39,892
	畑中せつみ		32	男	共産 新	11,083

第6回参議院議員選挙
昭和37年(1962年) 7月1日実施

【宮崎県選挙区】定数1
当	平島	敏夫	70	男	自民 現	228,892
	森山	金作	55	男	社会 新	105,596
	小島	三郎	46	男	民社 新	77,055
	畑中せつみ		33	男	共産 新	15,491

第7回参議院議員選挙
昭和40年(1965年) 7月4日実施

【宮崎県選挙区】定数1
当	温水	三郎	59	男	自民 前	257,101
	松浦	利尚	39	男	社会 新	152,397
	畑中せつみ		36	男	共産 新	27,107

第8回参議院議員選挙
昭和43年(1968年) 7月7日実施

【宮崎県選挙区】定数1
当	平島	敏夫	76	男	自民 現	259,011

松浦 利尚	42	男	社会	新	159,929
児玉 武夫	40	男	共産	新	23,654
河野 孔明	62	男	無所属	新	18,685
中川 左近	55	男	無所属	新	8,101

第9回参議院議員選挙
昭和46年(1971年)6月27日実施

【宮崎県選挙区】定数1

当	温水 三郎	65	男	自民	現	245,681
	清水 秀夫	45	男	社会	新	140,280
	児玉 武夫	43	男	共産	新	47,649

《補選》第9回参議院議員選挙
昭和51年(1976年)12月12日実施
※温水三郎の死去による

【宮崎県選挙区】被選挙数1

当	坂元 親男	65	男	諸派	新	201,289
	松形 祐堯	58	男	自民	新	147,039
	清水 秀夫	50	男	社会	新	127,195
	佐藤 誠	37	男	共産	新	12,422
	河野 孔明	71	男	諸派	新	8,453

第10回参議院議員選挙
昭和49年(1974年)7月7日実施

【宮崎県選挙区】定数1

当	上条 勝久	63	男	自民	新	287,447
	清水 秀夫	48	男	社会	新	168,167
	堀 典一	44	男	公明	新	65,715
	浜田 浩二	34	男	共産	新	42,594

第11回参議院議員選挙
昭和52年(1977年)7月10日実施

【宮崎県選挙区】定数1

当	坂元 親男	66	男	自民	前	318,401
	清水 秀夫	51	男	社会	新	191,942
	佐藤 誠	38	男	共産	新	32,989

第12回参議院議員選挙
昭和55年(1980年)6月22日実施

【宮崎県選挙区】定数1

当	上条 勝久	69	男	自民	現	370,020
	清水 秀夫	54	男	社会	新	194,816
	児玉 武夫	52	男	共産	新	46,254
	武藤 元吉	53	男	無所属	新	7,932

第13回参議院議員選挙
昭和58年(1983年)6月26日実施

【宮崎県選挙区】定数1

当	坂元 親男	72	男	自民	現	274,863
	藤原 文明	44	男	社会	新	163,450
	佐藤 誠	44	男	共産	新	32,656

第14回参議院議員選挙
昭和61年(1986年)7月6日実施

【宮崎県選挙区】定数1

当	上杉 光弘	44	男	無所属	新	290,537
	上条 勝久	75	男	自民	現	198,207
	藤原 文明	47	男	社会	新	156,987
	佐藤 誠	47	男	共産	新	25,495

第15回参議院議員選挙
平成元年(1989年)7月23日実施

【宮崎県選挙区】定数1

当	野別 隆俊	62	男	社会	新	244,432
	大崎 茂	60	男	無所属	新	195,072
	中武 重美	59	男	無所属	新	137,997
	前屋敷恵美	39	女	共産	新	25,499
	中村 一郎	42	男	無所属	新	4,466

第16回参議院議員選挙
平成4年(1992年)7月26日実施

【宮崎県選挙区】定数1

当	上杉 光弘	50	男	自民	前	283,451
	前田 裕司	43	男	社会	新	146,665
	長友 ちか	36	女	共産	新	27,701

第17回参議院議員選挙
平成7年(1995年)7月23日実施

【宮崎県選挙区】定数1

当	長峯 基	54	男	自民	新	189,562
	野別 隆俊	68	男	社会	前	111,548
	松本 泰高	48	男	新進	新	100,082
	野田 章夫	35	男	共産	新	15,423

第18回参議院議員選挙
平成10年(1998年)7月12日実施

【宮崎県選挙区】定数1

当	上杉 光弘	56	男	自民	現	335,611
	長友 ちか	42	女	共産	新	118,751
	治田孝三郎	66	男	諸派	新	52,910

第19回参議院議員選挙
平成13年（2001年）7月29日実施

【宮崎県選挙区】定数1

当	小斉平敏文	51	男	自民	新	199,171
	東　治男	56	男	無所属	新	172,023
	長峯　基	60	男	無所属	前	155,269
	馬場　洋光	32	男	共産	新	23,109
	木幡　豊	45	男	自連	新	14,842

第20回参議院議員選挙
平成16年（2004年）7月11日実施

【宮崎県選挙区】定数1

当	松下　新平	37	男	無所属	新	277,352
	上杉　光弘	62	男	自民	現	260,621
	馬場　洋光	35	男	共産	新	33,521

第21回参議院議員選挙
平成19年（2007年）7月29日実施

【宮崎県選挙区】定数1

当	外山　斎	31	男	無所属	新	196,685
	小斉平敏文	57	男	自民	前	146,269
	東　治男	62	男	無所属	新	74,700
	長峯　基	66	男	無所属	元	73,228
	馬場　洋光	38	男	共産	新	25,602

	井野　元裕	38	男	諸派	新	6,823

第22回参議院議員選挙
平成22年（2010年）7月11日実施

【宮崎県選挙区】定数1

当	松下　新平	43	男	自民	現	303,711
	渡辺　創	32	男	民主	新	178,854
	馬場　洋光	41	男	共産	新	35,632

第23回参議院議員選挙
平成25年（2013年）7月21日実施

【宮崎県選挙区】定数1

当	長峯　誠	43	男	自民	新	314,599
	道休誠一郎	60	男	民主	新	84,443
	来住　一人	68	男	共産	新	39,673
	河野　一郎	53	男	諸派	新	15,144

第24回参議院議員選挙
平成28年（2016年）7月10日実施

【宮崎県選挙区】定数1

当	松下　新平	49	男	自民	現	282,407
	読谷山洋司	52	男	無所属	新	152,470
	河野　一郎	56	男	諸派	新	20,354

選挙区・鹿児島県

第1回参議院議員選挙
昭和22年（1947年）4月20日実施

【鹿児島県選挙区】定数4

当	中馬猪之吉	63	男	無所属		210,879
当	西郷吉之助	44	男	無所属		113,942
当3	上野喜左衛門	47	男	無所属		59,091
当3	島津　忠彦	49	男	無所属		38,952
	井上　徳命	61	男	国協		33,955
	天辰　正守	62	男	国協		28,409
	橋口　良秋	47	男	社会		27,541

※「当3」は任期3年の意味

《補選》第1回参議院議員選挙
昭和22年（1947年）8月15日実施
※中馬猪之吉、上野喜左衛門の辞職による

【鹿児島県選挙区】被選挙数2

当	前之園喜一郎		民主	87,095
当	岡元　義人		無所属	80,454
	岩川　与助		無所属	72,873
	赤路　友蔵		社会	70,468

	長谷場　敦		無所属	28,719
	永吉　勇		共産	11,994

第2回参議院議員選挙
昭和25年（1950年）6月4日実施

【鹿児島県選挙区】定数2

当	佐多　忠隆	45	男	社会	新	250,487
当	島津　忠彦	50	男	自由	前	216,828
	岡元　義人	39	男	緑風	前	136,351
	山方　清	36	男	共産	新	25,505
	和佐武右衛門	50	男	自由	新	辞退

第3回参議院議員選挙
昭和28年（1953年）4月24日実施

【鹿児島県選挙区】定数2

当	西郷吉之助	46	男	自由吉	現	281,901
当	井上　知治	66	男	自由	新	151,471
	宮之原貞光	35	男	左社	新	112,116
	伊東　隆治	54	男	改進	元	52,049
	村尾　薩男	50	男	右社	新	46,528

前之園喜一郎	62	男	自由吉	現	辞退	

第4回参議院議員選挙
昭和31年(1956年)7月8日実施

【鹿児島県選挙区】定数2

当	重成 格	54	男	自民	新	310,429
当	佐多 忠隆	52	男	社会	前	233,891
	島津 忠彦	56	男	自民	前	158,010
	仮屋まさか	35	男	共産	新	34,050

《補選》第4回参議院議員選挙
昭和31年(1956年)11月30日実施
※重成格の死去による

【鹿児島県選挙区】被選挙数1

当	田中 茂穂	45	男	自民	新	387,782
	村田 実	48	男	社会	新	201,212
	仮屋まさか	36	男	共産	新	36,583

第5回参議院議員選挙
昭和34年(1959年)6月2日実施

【鹿児島県選挙区】定数2

当	西郷吉之助	52	男	自民	前	290,126
当	谷口 慶吉	57	男	自民	新	259,617
	村田 実	51	男	社会	新	175,753
	永吉 勇	53	男	共産	新	13,455

第6回参議院議員選挙
昭和37年(1962年)7月1日実施

【鹿児島県選挙区】定数2

当	田中 茂穂	50	男	自民	現	374,304
当	佐多 忠隆	58	男	社会	現	262,643
	川野 克哉	37	男	自民	新	103,669
	牧之内あつし	35	男	共産	新	15,447

第7回参議院議員選挙
昭和40年(1965年)7月4日実施

【鹿児島県選挙区】定数2

当	西郷吉之助	58	男	自民	前	301,807
当	谷口 慶吉	63	男	自民	前	232,048
	緒方 章	54	男	社会	新	205,078
	久留 義三	48	男	共産	新	17,023

第8回参議院議員選挙
昭和43年(1968年)7月7日実施

【鹿児島県選挙区】定数2

当	田中 茂穂	56	男	自民	現	310,217
当	川上 為治	60	男	自民	元	240,038
	佐多 忠隆	64	男	社会	現	218,949
	久留 義三	51	男	共産	新	22,416

第9回参議院議員選挙
昭和46年(1971年)6月27日実施

【鹿児島県選挙区】定数2

当	柴立 芳文	55	男	自民	新	235,323
当	鶴園 哲夫	56	男	社会	現	203,980
	谷口 慶吉	69	男	自民	現	159,884
	西郷吉之助	64	男	無所属	現	118,370
	真戸原 勲	46	男	共産	新	25,400

《補選》第9回参議院議員選挙
昭和50年(1975年)9月21日実施
※柴立芳文の死去による

【鹿児島県選挙区】被選挙数1

当	佐多 宗二	54	男	自民	新	390,303
	今村 勝美	46	男	社会	新	195,201
	中間浩一郎	37	男	共産	新	40,162

第10回参議院議員選挙
昭和49年(1974年)7月7日実施

【鹿児島県選挙区】定数2

当	井上 吉夫	51	男	自民	新	313,751
当	久保 亘	45	男	社会	新	252,428
	西郷吉之助	67	男	自民	元	224,864
	和泉 照雄	52	男	公明	新	68,254
	中間浩一郎	36	男	共産	新	36,524
	今村 義人	42	男	無所属	新	10,208

第11回参議院議員選挙
昭和52年(1977年)7月10日実施

【鹿児島県選挙区】定数2

当	金丸 三郎	63	男	自民	新	309,677
当	田原 武雄	66	男	無所属	新	272,426
	今村 勝美	48	男	社会	新	194,574
	佐多 宗二	55	男	自民	前	103,472
	中間浩一郎	39	男	共産	新	26,259

第12回参議院議員選挙
昭和55年(1980年)6月22日実施

【鹿児島県選挙区】定数2

当	井上 吉夫	57	男	自民	現	323,615
当	川原新次郎	62	男	自民	新	292,275
	久保 亘	51	男	社会	現	287,975
	亀田徳一郎	42	男	共産	新	35,321
	児島 譲	43	男	諸派	新	3,790

第13回参議院議員選挙
昭和58年(1983年) 6月26日実施
【鹿児島県選挙区】定数2
当	金丸 三郎	69	男	自民	現	320,069
当	久保 亘	54	男	社会	元	314,724
	岩元 力	39	男	自民	新	246,050
	丸野 武人	45	男	共産	新	19,265

第14回参議院議員選挙
昭和61年(1986年) 7月6日実施
【鹿児島県選挙区】定数2
当	井上 吉夫	63	男	自民	現	325,469
当	川原新次郎	68	男	自民	現	316,883
	上山 和人	56	男	社会	新	293,670
	槐島 奉文	35	男	共産	新	30,899

第15回参議院議員選挙
平成元年(1989年) 7月23日実施
【鹿児島県選挙区】定数2
当	鎌田 要人	67	男	自民	新	431,293
当	久保 亘	60	男	社会	前	412,127
	槐島 奉文	38	男	共産	新	31,720
	太佐 順	52	男	諸派	新	25,263

第16回参議院議員選挙
平成4年(1992年) 7月26日実施
【鹿児島県選挙区】定数2
当	井上 吉夫	69	男	自民	前	308,549
当	上山 和人	62	男	社会	新	253,945
	五領 和男	64	男	自民	新	170,520
	桂田 成基	44	男	共産	新	24,533

第17回参議院議員選挙
平成7年(1995年) 7月23日実施
【鹿児島県選挙区】定数2
当	鎌田 要人	73	男	自民	前	293,538
当	久保 亘	66	男	社会	前	238,594
	長野 祐也	56	男	新進	新	133,666
	桂田 成基	47	男	共産	新	23,840

第18回参議院議員選挙
平成10年(1998年) 7月12日実施
【鹿児島県選挙区】定数2
当	森山 裕	53	男	自民	新	243,318
当	井上 吉夫	75	男	自民	現	235,026
	上山 和人	68	男	無所属	現	227,414
	安田 裕一	44	男	諸派	新	106,435

	祝迫 光治	55	男	共産	新	59,080

第19回参議院議員選挙
平成13年(2001年) 7月29日実施
【鹿児島県選挙区】定数1
当	加治屋義人	63	男	自民	新	435,300
	二牟礼正博	53	男	無所属	新	218,504
	柳田 満洋	44	男	無所属	新	57,928
	山田 陽規	48	男	共産	新	37,078
	畑 京子	50	女	諸派	新	33,234

第20回参議院議員選挙
平成16年(2004年) 7月11日実施
【鹿児島県選挙区】定数1
当	野村 哲郎	60	男	自民	新	455,591
	皆吉 稲生	54	男	民主	新	315,560
	祝迫かつ子	61	女	共産	新	85,065

第21回参議院議員選挙
平成19年(2007年) 7月29日実施
【鹿児島県選挙区】定数1
当	加治屋義人	69	男	自民	前	402,541
	皆吉 稲生	57	男	民主	新	399,877
	山口 陽規	54	男	共産	新	42,657

第22回参議院議員選挙
平成22年(2010年) 7月11日実施
【鹿児島県選挙区】定数1
当	野村 哲郎	66	男	自民	現	437,740
	柿内弘一郎	56	男	民主	新	306,183
	山口 陽規	57	男	共産	新	52,448

第23回参議院議員選挙
平成25年(2013年) 7月21日実施
【鹿児島県選挙区】定数1
当	尾辻 秀久	72	男	自民	現	403,450
	皆吉 稲生	63	男	民主	新	120,803
	岩重 仁子	39	女	維新	新	99,355
	野口 寛	67	男	共産	新	50,341
	松沢 力	31	男	諸派	新	9,629

第24回参議院議員選挙
平成28年(2016年) 7月10日実施
【鹿児島県選挙区】定数1
当	野村 哲郎	72	男	自民	現	438,499
	下町 和三	56	男	無所属	新	216,881
	坂田 英明	45	男	無所属	新	46,096
	松沢 力	34	男	諸派	新	42,228

選挙区・沖縄県

《補選》第8回参議院議員選挙
昭和45年（1970年）11月15日実施
※沖縄復帰に伴う参議院選挙

【沖縄県選挙区】被選挙数2
当	喜屋武真栄	58	男	無所属	新	212,929
当3	稲嶺 一郎	65	男	自民	新	194,510
	下里 恵良	59	男	無所属	新	20,264

※「当3」は任期3年の意味

第9回参議院議員選挙
昭和46年（1971年）6月27日実施

【沖縄県選挙区】定数1
当	稲嶺 一郎	66	男	自民	現	188,085
	金城 睦	34	男	諸派	新	175,289
	崎間 敏勝	48	男	諸派	新	2,637

第10回参議院議員選挙
昭和49年（1974年）7月7日実施

【沖縄県選挙区】定数1
当	喜屋武真栄	61	男	無所属	現	261,396
	尚 詮	47	男	自民	新	182,689

第11回参議院議員選挙
昭和52年（1977年）7月10日実施

【沖縄県選挙区】定数1
当	稲嶺 一郎	71	男	自民	前	249,496
	福地 曠昭	46	男	諸派	新	230,163

第12回参議院議員選挙
昭和55年（1980年）6月22日実施

【沖縄県選挙区】定数1
当	喜屋武真栄	67	男	諸派	現	282,926
	大浜 方栄	52	男	無所属	新	248,593

《補選》第12回参議院議員選挙
昭和57年（1982年）11月14日実施
※喜屋武真栄の辞職（知事選立候補）による

【沖縄県選挙区】被選挙数1
当	大城 真順	55	男	自民	新	253,895
	仲本 安一	47	男	諸派	新	191,436
	宮里 松正	55	男	諸派	新	137,806

第13回参議院議員選挙
昭和58年（1983年）6月26日実施

【沖縄県選挙区】定数1
当	喜屋武真栄	70	男	諸派	元	309,006
	西銘順志郎	33	男	自民	新	231,890

第14回参議院議員選挙
昭和61年（1986年）7月6日実施

【沖縄県選挙区】定数1
当	大城 真順	58	男	自民	現	297,228
	仲本 安一	51	男	諸派	新	281,419
	古謝 馨	34	男	諸派	新	7,797

第15回参議院議員選挙
平成元年（1989年）7月23日実施

【沖縄県選挙区】定数1
当	喜屋武真栄	76	男	諸派	前	337,250
	比嘉 幹郎	58	男	自民	新	210,224
	浜田 恵子	31	女	諸派	新	10,081

第16回参議院議員選挙
平成4年（1992年）7月26日実施

【沖縄県選挙区】定数1
当	島袋 宗康	65	男	諸派	新	245,159
	大城 真順	64	男	自民	前	244,818

第17回参議院議員選挙
平成7年（1995年）7月23日実施

【沖縄県選挙区】定数1
当	照屋 寛徳	50	男	無所属	新	215,582
	大城 真順	67	男	諸派	元	189,079
	外間 久子	56	女	共産	新	79,203

第18回参議院議員選挙
平成10年（1998年）7月12日実施

【沖縄県選挙区】定数1
当	島袋 宗康	71	男	無所属	現	243,488
	西田健次郎	54	男	自民	新	238,330
	金城 浩	50	男	諸派	新	42,706
	金城 宏幸	59	男	無所属	新	7,091
	又吉 光雄	54	男	諸派	新	4,007

第19回参議院議員選挙
平成13年（2001年）7月29日実施

【沖縄県選挙区】定数1

当	西銘順志郎	51	男	自民	新	265,821
	照屋 寛徳	56	男	無所属	前	245,375
	嘉陽 宗儀	58	男	共産	新	46,401

第20回参議院議員選挙
平成16年（2004年）7月11日実施

【沖縄県選挙区】定数1

当	糸数 慶子	56	女	無所属	新	316,148
	翁長 政俊	55	男	自民	新	220,803

《補選》第20回参議院議員選挙
平成19年（2007年）4月22日実施
※糸数慶子の辞職（知事選立候補）による

【沖縄県選挙区】被選挙数1

当	島尻安伊子	42	女	諸派	新	255,862
	狩俣 吉正	57	男	諸派	新	228,844
	金城 宏幸	68	男	無所属	新	9,142

第21回参議院議員選挙
平成19年（2007年）7月29日実施

【沖縄県選挙区】定数1

当	糸数 慶子	59	女	無所属	元	376,460
	西銘順志郎	57	男	自民	前	249,136

第22回参議院議員選挙
平成22年（2010年）7月11日実施

【沖縄県選挙区】定数1

当	島尻安伊子	45	女	自民	現	258,946
	山城 博治	57	男	無所属	新	215,690
	伊集 唯行	59	男	無所属	新	58,262
	金城 竜郎	46	男	幸福	新	10,832

第23回参議院議員選挙
平成25年（2013年）7月21日実施

【沖縄県選挙区】定数1

当	糸数 慶子	65	女	諸派	現	294,420
	安里 政晃	45	男	自民	新	261,392
	新島メリー	67	女	無所属	新	10,505
	金城 竜郎	49	男	諸派	新	9,462

第24回参議院議員選挙
平成28年（2016年）7月10日実施

【沖縄県選挙区】定数1

当	伊波 洋一	64	男	無所属	新	356,355
	島尻安伊子	51	女	自民	現	249,955
	金城 竜郎	52	男	諸派	新	9,937

全 国 区

第1回参議院議員選挙　定数100
昭和22年(1947年)4月20日実施

当	星　一	75	男	民主	487,612
当	柳川宗左衛門	53	男	無所属	480,927
当	早川　慎一	52	男	無所属	435,679
当	松本治一郎	61	男	社会	415,494
当	高橋龍太郎	73	男	無所属	370,934
当	田中耕太郎	58	男	無所属	361,904
当	梅原　真隆	63	男	無所属	355,234
当	佐々木良作	33	男	無所属	329,860
当	山本　有三	61	男	無所属	327,955
当	尾崎　行輝	60	男	無所属	325,778
当	堀越　儀郎	57	男	無所属	301,958
当	柏木　庫治	60	男	無所属	290,270
当	伊藤　保平	66	男	無所属	289,807
当	西園寺公一	42	男	無所属	272,984
当	岡部　常	60	男	無所属	266,948
当	膳　桂之助	61	男	無所属	260,069
当	西田　天香	76	男	諸派	254,888
当	赤松　常子	51	女	社会	252,369
当	岩間　正男	43	男	無所属	250,059
当	徳川　宗敬	51	男	無所属	236,739
当	和田　博雄	45	男	無所属	231,703
当	鈴木　清一	44	男	社会	227,210
当	広瀬与兵衛	57	男	無所属	226,479
当	宮城タマヨ	56	女	無所属	223,129
当	大野　幸一	43	男	社会	223,039
当	楠見　義男	43	男	無所属	213,561
当	東浦　庄治	50	男	無所属	202,266
当	原　虎一	51	男	社会	199,305
当	奥　むめお	53	女	国協	195,855
当	高瀬荘太郎	56	男	無所属	189,895
当	木下　辰雄	60	男	無所属	189,408
当	金子　洋文	54	男	社会	180,676
当	青山　正一	43	男	無所属	180,213
当	高良　とみ	52	女	民主	179,252
当	河崎　ナツ	61	女	社会	178,941
当	岡田　宗司	46	男	社会	170,839
当	木内キヤウ	64	女	民主	165,869
当	大隈　信幸	38	男	民主	163,924
当	慶松勝左衛門	72	男	自由	159,021
当	稲垣平太郎	60	男	民主	156,609
当	水橋　藤作	53	男	社会	154,643
当	高田　寛	49	男	無所属	154,129
当	兼岩　伝一	49	男	無所属	150,876
当	中村　正雄	34	男	社会	148,819
当	鈴木　直人	48	男	無所属	147,668
当	荒井　八郎	60	男	自由	137,458
当	岡村文四郎	58	男	国協	134,525
当	鬼丸　義斎	62	男	無所属	130,816
当	井上なつゑ	50	女	無所属	128,728
当	小泉　秀吉	69	男	社会	127,129
当	岡本　愛祐	50	男	無所属	123,679
当3	川上　嘉	39	男	無所属	122,060
当3	中山　寿彦	68	男	無所属	120,924
当3	中川　以良	48	男	無所属	120,051
当3	丹羽　五郎	58	男	社会	118,690
当3	羽仁　五郎	47	男	無所属	117,684
当3	寺尾　豊	50	男	自由	116,027
当3	下条　康麿	63	男	無所属	115,840
当3	河野　正夫	46	男	無所属	114,720
当3	佐々　弘雄	50	男	無所属	112,207
当3	重宗　雄三	54	男	無所属	112,098
当3	宿谷　栄一	54	男	無所属	112,050
当3	市来　乙彦	76	男	無所属	111,640
当3	安部　定	40	男	無所属	110,830
当3	大西十寸男	52	男	無所属	110,621
当3	藤井　新一	56	男	社会	109,988
当3	水久保甚作	64	男	自由	108,605
当3	鎌田　逸郎	51	男	無所属	106,679
当3	中野　重治	46	男	共産	106,334
当3	安達　良助	40	男	民主	106,194
当3	堀　真琴	50	男	社会	104,783
当3	松野　喜内	69	男	自由	102,373
当3	木村禧八郎	47	男	社会	101,775
当3	寺尾　博	65	男	無所属	98,732
当3	穂積真六郎	59	男	無所属	96,979
当3	矢野　酉雄	51	男	無所属	96,929
当3	藤井　丙午	42	男	無所属	95,557
当3	飯田精太郎	64	男	無所属	94,360
当3	小川　友三	44	男	諸派	93,573
当3	小野　光洋	50	男	自由	90,683
当3	塚本　重蔵	59	男	社会	87,208
当3	松井　道夫	42	男	無所属	86,890
当3	吉松　喬	51	男	無所属	85,247
当3	星野　芳樹	39	男	諸派	84,075
当3	北条　秀一	44	男	無所属	83,223
当3	三島　通陽	51	男	国協	83,185
当3	小林　勝馬	42	男	諸派	83,063
当3	中西　功	38	男	共産	80,751
当3	来馬　琢道	71	男	無所属	79,283
当3	新谷寅三郎	46	男	無所属	78,520
当3	松島　喜作	56	男	自由	77,475
当3	内村　清次	46	男	社会	76,177
当3	大山　安	57	男	無所属	74,330
当3	浅岡　信夫	49	男	自由	73,754
当3	江熊　哲翁	55	男	無所属	73,074
当3	松村真一郎	68	男	無所属	72,598
当3	伊東　隆治	50	男	無所属	71,324

参議院・全国区

当3	細川 嘉六	60	男	共産	71,171		今道 潤三	48	男	国協	39,652
当3	小杉 イ子	64	女	諸派	70,330		堀江 邑一	52	男	共産	39,576
当3	仲子 隆	57	男	諸派	68,481		山元亀次郎	54	男	社会	38,281
当3	国井 淳一	46	男	無所属	68,128		青柳長次郎	54	男	自由	37,688
	宮東 孝行	41	男	諸派	65,642		後藤福次郎	47	男	無所属	37,376
	坪井 研精	48	男	無所属	65,642		原田 光雄	42	男	無所属	37,254
	渡部 義通	47	男	共産	65,023		江木 理一	58	男	無所属	37,212
	聴濤 克己	44	男	無所属	64,765		占部 秀男	37	男	社会	36,366
	森川 重一	44	男	自由	64,617		翠田 直次	55	男	社会	36,236
	安田伊左衛門	76	男	無所属	64,475		山口 清吉	56	男	無所属	35,783
	阿部 義宗	62	男	社会	63,844		内田 松太	47	男	民主	35,669
	小山内良夫	38	男	無所属	63,750		高幣 常市	44	男	社会	35,271
	大島 正一	62	男	民主	63,406		松平外与麿	58	男	自由	34,997
	大木 操	57	男	無所属	62,747		松本 慎一	47	男	共産	34,222
	久布白落実	66	女	自由	61,297		梅原 富造	54	男	諸派	33,554
	久保田敬一	67	男	無所属	61,174		織田 信恒	59	男	無所属	33,323
	小笠原日堂	47	男	無所属	61,065		米倉喜太郎	61	男	無所属	32,653
	永田彦太郎	50	男	無所属	60,729		河野 通	60	男	無所属	32,510
	松本 武雄	46	男	無所属	60,612		乾 精末	65	男	自由	32,177
	福田 萬作	47	男	自由	60,587		大野 三留	40	男	共産	31,264
	大野 健三	46	男	無所属	59,736		竹田 菊	61	女	国協	30,750
	秦 孝治郎	58	男	社会	59,516		宮内 藤吉	58	男	民主	29,119
	賀集 章平	51	男	無所属	57,854		蟹江 茂男	43	男	自由	28,791
	鈴木 隆晴	62	男	自由	57,628		桑名 邦雄	50	男	民主	28,629
	菅 道	44	男	無所属	57,422		光吉 悦心	57	男	社会	28,014
	白鳥 三朝	51	男	社会	56,151		山上 末吉	41	男	無所属	27,882
	亀井譲太郎	54	男	民主	56,119		斎藤 和一	61	男	無所属	27,650
	八木 鶴蔵	66	男	無所属	54,852		牧 彦七	75	男	無所属	27,640
	白田 岩夫	40	男	無所属	54,731		小倉 繁	45	男	諸派	26,312
	西森 久記	49	男	無所属	54,516		宮島 綱男	64	男	無所属	25,557
	鞍馬可寿子	36	女	諸派	53,885		谷岡 一直	45	男	社会	25,403
	丹羽 彪吉	63	男	自由	53,434		赤木 光司	60	男	無所属	25,124
	国島貴八郎	55	男	無所属	52,054		鮫島 盛隆	51	男	無所属	25,025
	安江 義蔵	40	男	無所属	50,464		守屋 典郎	41	男	共産	24,683
	鎌田沢一郎	54	男	無所属	47,192		桑原 正枝	36	女	無所属	24,188
	中村 誠司	56	男	社会	46,933		中谷 千章	38	男	自由	24,062
	岡 邦雄	58	男	共産	46,878		佐藤 甚吾	52	男	無所属	23,519
	田口 孝雄	44	男	無所属	46,825		紺野 俊雄	41	男	国協	22,941
	上原 蕃	56	男	社会	46,434		細野 軍治	53	男	無所属	22,482
	深谷 進	50	男	共産	46,052		山口織之進	72	男	無所属	21,996
	肝付 兼英	55	男	無所属	45,211		川本 福一	57	男	無所属	21,509
	福島 要一	41	男	無所属	45,078		近藤 員由	36	男	共産	21,180
	川崎巳三郎	43	男	共産	43,814		木村 繁	55	男	無所属	20,048
	落合 英一	32	男	無所属	43,661		板井 武雄	48	男	民主	19,850
	六角 英通	46	男	無所属	43,243		水谷 清重	52	男	諸派	19,644
	岡川 治郎	37	男	社会	43,071		光本 天造	65	男	社会	18,649
	大沢 助次	47	男	国協	43,008		佐藤 新衛	69	男	無所属	18,402
	真野目吉治	42	男	社会	42,790		久野所之進	45	男	無所属	18,359
	岩佐 矼	46	男	諸派	42,253		山崎 賢一	51	男	無所属	18,006
	吉川 次郎	41	男	無所属	41,475		安藤 博	46	男	無所属	17,375
	神近 イチ	60	女	諸派	41,324		吉村 武吉	36	男	無所属	16,979
	山本 芳松	66	男	無所属	41,093		小原 慶次	47	男	無所属	16,934
	岩崎 常喜	41	男	自由	39,783		田島 朋晴	46	男	諸派	16,283

	津村 文次郎	57	男	無所属	15,938		高橋 鉄五郎	70	男	民主		辞退
	中川 義信	44	男	諸派	15,792		生田 和平	71	男	無所属		辞退
	中目 覚	74	男	社会	15,789		※膳桂之助(無所属)は公職追放により当選辞退					
	山根 真治郎	64	男	民主	15,772		※「当3」は任期3年の意味					
	堀田 正郁	63	男	無所属	15,749							
	中山 作介	64	男	無所属	15,575		**第2回参議院議員選挙** 定数56					
	石井 廉二	51	男	諸派	14,815		昭和25年(1950年)6月4日実施					
	海野 正造	48	男	無所属	14,354							
	前波 仲子	51	男	無所属	14,269	当	山川 良一	58	男	無所属	新	610,611
	瀬口 貢	45	男	無所属	13,757	当	高木 正夫	60	男	無所属	新	610,025
	高橋 重治	39	男	無所属	13,723	当	加藤 正人	63	男	無所属	新	589,120
	藤川 年	60	男	諸派	13,189	当	杉山 昌作	49	男	無所属	新	458,246
	安藤 蘇峰	51	男	無所属	12,708	当	岩沢 忠恭	57	男	自由	新	419,890
	小原 謹太郎	48	男	無所属	12,666	当	加藤 シヅエ	53	女	社会	新	396,181
	長谷川 房雄	33	男	無所属	12,473	当	泉山 三六	54	男	自由	新	395,724
	中峠 国夫	45	男	無所属	12,415	当	荒木 正三郎	43	男	社会	新	349,771
	角谷 三郎	41	男	無所属	11,682	当	大谷 瑩潤	60	男	自由	新	330,769
	植木 義一	43	男	諸派	11,599	当	長島 銀蔵	48	男	自由	新	323,977
	桜井 源兵衛	66	男	諸派	10,673	当	菊川 孝夫	40	男	社会	新	288,403
	岳獅 勇三郎	40	男	諸派	10,654	当	三浦 辰雄	49	男	無所属	新	285,115
	豊島 愛明	66	男	無所属	10,134	当	常岡 一郎	51	男	緑風	新	270,780
	荒川 銈	46	男	無所属	10,114	当	野田 卯一	46	男	自由	新	270,495
	小川 桑兵衛	54	男	無所属	10,055	当	高橋 道男	45	男	緑風	新	269,764
	御厨 信市	54	男	社会	9,982	当	滝井 治三郎	59	男	自由	新	263,462
	藤波 一治	46	男	無所属	9,744	当	岡田 信次	51	男	自由	新	261,964
	斎藤 竹之助	55	男	無所属	9,659	当	一松 定吉	75	男	民主	新	254,552
	野村 芳雄	34	男	無所属	9,431	当	野溝 勝	51	男	社会	新	251,371
	副島 次郎	63	男	諸派	9,143	当	内村 清次	47	男	社会	前	251,291
	穂積 秀博	65	男	無所属	8,992	当	平井 太郎	44	男	自由	新	247,185
	小川 清俊	58	男	無所属	8,764	当	藤原 道子	49	女	社会	新	244,753
	藤野 泰一	49	男	諸派	8,629	当	栗山 良夫	40	男	社会	前	243,960
	堀内 幾三郎	42	男	無所属	7,745	当	溝口 三郎	56	男	緑風	新	241,895
	豊川 良之助	53	男	無所属	7,569	当	石川 清一	44	男	農協	新	238,339
	臼杵 天成	50	男	諸派	7,376	当	愛知 揆一	42	男	自由	新	230,396
	藤沢 広男	40	男	無所属	7,121	当	上条 愛一	55	男	社会	新	230,013
	正親町 又玄	54	男	無所属	7,084	当	小笠原 二三男	40	男	社会	新	227,210
	浦田 関太郎	49	男	諸派	7,079	当	松原 一彦	69	男	無所属	新	222,246
	家高 貞義	47	男	無所属	6,560	当	小酒井 義男	44	男	社会	新	214,317
	小田倉 徳寿	55	男	無所属	5,802	当	片柳 真吉	45	男	緑風	新	209,702
	川端 繁喜	39	男	無所属	5,090	当	宮本 邦彦	50	男	自由	新	206,866
	小塩 儀一	51	男	無所属	4,797	当	重宗 雄三	56	男	自由	前	205,517
	北崎 房太郎	68	男	無所属	4,027	当	堀木 鎌三	51	男	無所属	新	205,097
	長滝 武	53	男	無所属	3,316	当	高田 なほ子	45	女	社会	新	195,093
	石川 実	48	男	無所属	辞退	当	羽仁 五郎	49	男	無所属	前	194,974
	渡辺 修二	60	男	無所属	辞退	当	松本 昇	63	男	自由	新	192,013
	清水 良策	55	男	無所属	追放該当	当	大矢 半次郎	57	男	自由	新	189,636
	三土 忠造	77	男	無所属	辞退	当	石川 栄一	61	男	自由	新	188,569
	上床 将	52	男	無所属	辞退	当	矢嶋 三義	38	男	無所属	新	186,984
	新居 格	60	男	無所属	辞退	当	小野 義夫	69	男	無所属	新	162,737
	三橋 喜久雄	60	男	無所属	追放該当	当	小林 政夫	36	男	緑風	新	162,515
	中沢 忠一	48	男	無所属	追放該当	当	鈴木 文史朗	60	男	緑風	新	161,455
	藤原 咲平	64	男	無所属	辞退	当	白波瀬 米吉	63	男	自由	新	160,796
	米津 藤一	59	男	無所属	辞退	当	小林 孝平	41	男	社会	新	159,407

当 [失]	高倉　　輝	59	男	共産	新	158,839
当	田中　　一	48	男	社会	新	158,649
当	須藤　五郎	52	男	共産	新	151,824
当	木村禧八郎	49	男	労農	前	151,735
当	細川　嘉六	61	男	共産	前	151,621
当	森　八三一	50	男	無所属	新	150,244
当	中山　寿彦	69	男	自由	前	148,894
当	小川　久義	50	男	無所属	前	148,254
当	鈴木　恭一	51	男	自由	新	147,224
当	椿　　繁夫	39	男	社会	新	145,807
当	山花　秀雄	46	男	社会	新	145,617
当	寺尾　　豊	52	男	自由	前	144,524
	増田　俊明	38	男	社会	新	143,330
	門屋　盛一	54	男	民主	前	143,201
	小西　聖夫	63	男	自由	新	142,765
	松平　康東	47	男	自由	新	141,033
	林　　　了	42	男	緑風	新	139,701
	石垣　純二	38	男	緑風	新	137,011
	石山　賢吉	68	男	民主	新	136,707
	下条　康麿	65	男	緑風	前	136,019
	横山　フク	42	女	無所属	新	134,802
	浅岡　信夫	50	男	自由	前	134,140
	島田　千寿	51	男	社会	前	134,044
	勝俣　保雄	44	男	社会	新	132,830
	小幡　　靖	47	男	緑風	新	132,749
	塩谷　信雄	41	男	社会	新	131,036
	玉利　高之	51	男	無所属	新	130,110
	池田　重吉	63	男	自由	新	127,300
	北条　秀一	45	男	緑風	前	121,995
	黒田新一郎	53	男	無所属	新	120,139
	中野　重治	48	男	共産	前	119,896
	松島　喜作	57	男	自由	前	118,807
	板野　勝次	47	男	共産	前	114,128
	小沢　国治	60	男	自由	新	113,629
	河北　響二	55	男	自由	新	111,753
	天田　勝正	44	男	社会	前	111,721
	小林　次郎	58	男	自由	新	111,547
	大島　秀一	53	男	緑風	新	109,532
	鈴木憲太郎	67	男	緑風	新	108,814
	鈴木　市蔵	40	男	共産	新	107,375
	河野　正夫	47	男	社会	前	105,304
	井尻　芳郎	54	男	自由	新	104,977
	鈴木　伝明	50	男	民主	新	103,880
	山地土佐太郎	71	男	無所属	新	102,071
	山本　　茂	50	男	緑風	新	101,846
	大岩喜三郎	46	男	無所属	新	101,736
	小田　静枝	49	女	自由	新	101,650
	蜂谷初四郎	55	男	自由	新	101,612
	櫛田　フキ	51	女	無所属	新	101,510
	榊原　　巌	52	男	社会	新	100,477
	小野　光洋	50	男	自由	前	100,133
	奥田　信雄	49	男	自由	新	99,927
	藤田　たき	51	女	緑風	新	98,771

中村　嘉寿	68	男	自由	新	98,086
小原　　嘉	51	男	共産	新	97,193
松村真一郎	70	男	緑風	前	96,874
松田　正一	64	男	無所属	新	96,793
久布白オチミ	67	女	自由	新	96,125
原　　孝吉	65	男	自由	新	96,035
八木　秀次	64	男	無所属	新	95,417
山田勝次郎	52	男	共産	新	95,125
河村幸次郎	48	男	自由	新	94,642
竹中　稲美	46	男	無所属	新	94,299
津々良　渉	42	男	共産	新	94,037
佐原忠次郎	50	男	緑風	新	91,419
三浦　　孚	52	男	民主	新	90,411
田中　義邦	54	男	民主	新	90,229
石川芳次郎	68	男	緑風	新	90,215
矢野　酉雄	52	男	緑風	前	89,552
栗本　義彦	52	男	自由	新	88,496
箕浦　多一	58	男	自由	新	88,259
近藤　宏二	39	男	緑風	新	87,820
岡田喜久治	60	男	自由	前	87,178
赤岩　勝美	40	男	共産	新	84,977
佐藤　　弥	51	男	自由	新	84,905
久野　次郎	49	男	無所属	新	84,501
堀部　虎猪	52	男	無所属	新	83,221
宿谷　栄一	56	男	緑風	前	81,817
新妻　イト	59	女	社会	新	81,546
塚本　重蔵	61	男	社会	前	81,294
山口　重彦	55	男	無所属	新	81,041
山口　寛治	43	男	共産	新	80,303
太田　哲三	60	男	無所属	新	80,230
中島　良貞	63	男	無所属	新	80,022
野田　　豊	54	男	自由	新	79,946
河原田　巌	52	男	自由	新	79,029
深谷　　進	52	男	共産	新	78,554
田口　教一	58	男	無所属	新	78,355
伊藤　　幟	51	男	自由	新	78,266
田中八百八	65	男	無所属	新	77,843
堀江　実蔵	47	男	無所属	新	77,745
蜷木　　稔	59	男	自由	新	77,660
野沢　密全	51	男	自由	新	76,901
吉崎　千秋	42	男	無所属	新	76,292
富塚　俊信	50	男	無所属	新	76,241
龍　　　断	57	男	自由	新	76,225
出町初太郎	67	男	緑風	新	75,249
伊東　隆治	51	男	民主	前	72,316
神崎　驥一	65	男	無所属	新	71,632
渡辺　信任	64	男	自由	新	71,094
小林　勝馬	43	男	民主	前	70,341
吉田　良雄	37	男	自由	新	70,070
平尾卯二郎	42	男	無所属	新	69,326
中峠　国夫	47	男	無所属	新	69,109
田中広太郎	61	男	無所属	新	68,439
向井　鹿松	62	男	自由	新	67,447

安部	定	42	男	緑風	前	65,263	堀内	千城	61	男	自由	新	38,053
長野作二郎		46	男	社会	新	64,622	大島	正一	64	男	無所属	新	37,933
江熊	哲翁	57	男	緑風	前	64,052	吉田	正	45	男	無所属	新	37,535
田倉	八郎	52	男	民主	新	64,010	藤井	新一	57	男	自由	前	37,130
松尾	節三	55	男	自由	新	63,620	岩城	悌	54	男	自由	新	36,770
村上	好	50	男	緑風	新	62,061	水原	義雄	45	男	無所属	新	36,365
椎井	康雄	44	男	社会	前	61,495	青木清左衛門		51	男	民主	新	36,109
小竹	康三	37	男	民主	新	58,746	泉	芳政	47	男	無所属	新	34,460
真島	チモ	58	女	社会	新	58,428	大山	安	58	男	緑風	前	34,214
川上	嘉	40	男	無所属	前	57,576	宮東	孝行	43	男	諸派	新	33,965
来馬	琢道	72	男	緑風	新	57,521	佐藤金之助		51	男	自由	新	33,954
山本	平保	40	男	無所属	新	57,266	滝沢	正直	48	男	社会	新	33,690
谷本利千代		40	男	自由	新	57,196	坪井	研精	49	男	無所属	新	33,546
村上	ヒデ	56	女	民主	新	57,041	山内	好秀	57	男	自由	新	32,885
久保	春三	42	男	諸派	新	56,148	庄司	嘉	51	男	自由	新	32,672
井上	安正	39	男	無所属	新	54,861	真溪	義貫	44	男	無所属	新	32,362
柚久保虎市		55	男	自由	新	54,843	岡川	治郎	39	男	無所属	新	32,334
小川	友三	45	男	諸派	前	54,842	松山	兼吉	48	男	無所属	新	31,815
斎藤	重朝	41	男	自由	新	54,607	塩原しづか		51	女	自由	新	30,732
橋	真乃夫	48	男	自由	新	54,230	海老名一雄		63	男	緑風	新	30,398
由本	清一	53	男	自由	新	54,220	古川	元	35	男	無所属	新	29,580
伊藤	清	47	男	無所属	新	51,598	江木	武彦	40	男	社会	新	29,429
西	盛吉	42	男	無所属	新	50,877	坂木	貢	51	男	無所属	新	29,303
石田	重成	35	男	無所属	新	49,914	細野	軍治	55	男	緑風	新	27,895
新井	茂	49	男	自由	新	48,924	和泉	盛	48	男	無所属	新	27,542
松本	一夫	54	男	自由	新	48,380	佐々木吉長		51	男	緑風	新	27,427
星野	芳樹	41	男	労農	前	48,331	山中	長作	62	男	無所属	新	27,382
仲子	隆	57	男	民主	前	48,253	小森	健治	54	男	緑風	新	27,115
福田	一	41	男	諸派	新	48,081	松沢	隼人	45	男	無所属	新	27,091
斎藤栄三郎		36	男	自由	新	47,109	多田	政一	38	男	諸派	新	26,074
西	勝造	66	男	民主	新	46,957	置田	忠義	43	男	無所属	新	25,582
寺光	忠	41	男	無所属	新	46,836	安藤	教雄	40	男	無所属	新	25,573
市来	乙彦	78	男	緑風	前	46,482	栗林	敏夫	43	男	社会	新	25,285
細野	良久	39	男	自由	新	45,425	柏木	稲子	35	女	無所属	新	25,255
鈴木豊太郎		51	男	自由	新	45,355	松井	道夫	43	男	緑風	前	24,300
小杉	イ子	65	女	緑風	前	45,024	黒川善治郎		54	男	無所属	新	23,760
広橋	真光	47	男	自由	新	44,943	佐々木栄一		46	男	無所属	新	23,348
森田	哲郎	30	男	民主	新	44,703	庄司	彦男	53	男	自由	新	23,075
山岸	精実	49	男	社会	新	44,257	金高	資治	45	男	無所属	新	22,134
村上	郁郎	46	男	無所属	新	44,086	後藤福次郎		49	男	民主	新	21,958
松枝	良作	60	男	自由	新	43,824	村井	清一	35	男	無所属	新	20,969
松野	喜内	70	男	自由	前	43,652	香山	蕃	55	男	無所属	新	20,612
三浦	鶴三	49	男	無所属	新	42,872	内井	幸治	30	男	諸派	新	20,281
福島	寿	42	男	諸派	新	42,640	中川	義信	45	男	無所属	新	20,265
松葉	保	42	男	無所属	新	42,051	加納	正義	38	男	無所属	新	19,501
白木	翠	44	男	緑風	新	41,934	浅井	一郎	67	男	民主	前	19,312
森川	重一	46	男	無所属	新	40,776	河内ムツミ		41	女	無所属	新	19,136
伊藤憲太郎		43	男	無所属	新	39,739	小川	義夫	55	男	諸派	新	18,656
野間	清三	43	男	無所属	新	39,617	山口	清吉	58	男	無所属	新	18,363
栗田	久男	42	男	諸派	新	39,540	川村	直岡	57	男	無所属	新	18,054
小松	雄道	57	男	自由	新	38,372	小田部荘三郎		63	男	自由	新	17,953
石橋美之介		50	男	自由	新	38,288	中村	福次	51	男	無所属	新	17,835
寺尾	博	66	男	緑風	前	38,139	斎藤	大助	44	男	緑風	新	17,700

	星野 武男	57	男	諸派	新	17,615		藤野 泰一	50	男	諸派	新	1,985
	成田 泉	53	男	無所属	新	17,557		葛西直太郎	51	男	諸派	新	辞退
	朽木 正巳	50	男	無所属	新	17,168		高井 忠雄	64	男	無所属	新	辞退
	黒木 克堂	50	男	無所属	新	17,148		河原田 巌	52	男	自由	新	辞退
	八子音次郎	38	男	無所属	新	15,885		吉岡 金市	46	男	無所属	新	辞退
	高幣 常市	46	男	無所属	新	15,442		清水 玉次	49	男	無所属	新	辞退
	泉 勘次郎	46	男	無所属	新	14,813		黒瀬 義賀	67	男	無所属	新	辞退
	菊岡八百三	45	男	無所属	新	14,553							
	小高 龍湖	51	男	無所属	新	14,220							

※高倉輝(共産)は公職追放のため失格

第3回参議院議員選挙 定数53
昭和28年(1953年)4月24日実施

	嶋 正仁	43	男	無所属	新	14,134	当	宇垣 一成	84	男	無所属	新	513,863
	藤波 一治	48	男	緑風	新	14,016	当	加賀山之雄	50	男	無所属	新	494,543
	柴田 義彦	51	男	社会	新	13,998	当	横川 信夫	51	男	自由吉	新	439,469
	恩田 明	51	男	無所属	新	13,403	当	鹿島守之助	57	男	自由吉	新	432,650
	野間 海造	51	男	緑風	新	13,211	当	上林 忠次	47	男	無所属	新	412,327
	苗代清太郎	46	男	無所属	新	12,733	当	三浦 義男	58	男	無所属	新	394,222
	古賀 光豊	55	男	無所属	新	12,631	当	松本治一郎	65	男	左社	元	368,985
	米倉喜太郎	62	男	無所属	新	11,483	当	木島 虎蔵	51	男	無所属	新	368,426
	野田 幸夫	48	男	無所属	新	11,253	当	白井 勇	54	男	無所属	新	362,293
	青砥 信夫	37	男	無所属	新	11,208	当	高良 とみ	56	女	緑風	現	338,084
	越前 長松	40	男	無所属	新	11,145	当	重政 庸徳	58	男	自由	新	320,738
	吉田 聖一	47	男	無所属	新	10,815	当	津島 寿一	65	男	自由	新	319,575
	武藤 武雄	38	男	無所属	新	10,622	当	鮎川 義介	72	男	無所属	新	317,423
	沢田 義一	37	男	無所属	新	10,588	当	横山 フク	46	女	無所属	新	307,389
	松原 秀一	56	男	無所属	新	10,350	当	梶原 茂嘉	53	男	無所属	新	299,040
	古川 作馬	46	男	無所属	新	10,156	当	八木 幸吉	58	男	改進	元	297,347
	平郡 博典	33	男	民主	新	10,057	当	永岡 光治	39	男	左社	新	296,486
	清水 亘	41	男	諸派	新	9,706	当	鶴見 祐輔	68	男	改進	新	292,428
	磯貝 晴雄	48	男	無所属	新	9,302	当	青木 一男	64	男	自由	新	289,689
	山本 芳松	68	男	無所属	新	8,991	当	吉田 万次	61	男	自由	新	278,409
	福地 周蔵	48	男	無所属	新	8,930	当	早川 慎一	56	男	緑風	現	271,998
	鹿子木日出雄	53	男	無所属	新	8,749	当	西岡 ハル	47	女	自由	新	271,049
	北内 勘平	56	男	無所属	新	8,644	当	豊田 雅孝	54	男	無所属	新	262,804
	田村作太郎	37	男	無所属	新	8,507	当	雨森 常夫	49	男	自由	新	256,132
	高松栄次郎	49	男	無所属	新	8,499	当	久保 等	36	男	左社	新	251,667
	高橋領之助	55	男	無所属	新	8,335	当	森田 義衛	49	男	無所属	新	247,493
	田島 正止	31	男	諸派	新	8,177	当	小沢久太郎	52	男	自由	新	239,777
	砂川 正亮	61	男	緑風	新	8,144	当	赤松 常子	55	女	右社	現	239,491
	荒木 時次	41	男	無所属	新	7,830	当	前田 久吉	60	男	無所属	新	237,249
	大岡 乙松	52	男	無所属	新	7,361	当	山口 重彦	58	男	右社	新	229,009
	青柳長次郎	55	男	無所属	新	6,801	当	岡 三郎	39	男	左社	新	227,775
	堀口 忠信	47	男	無所属	新	6,663	当	奥 むめお	57	女	緑風	現	223,749
	高野清八郎	63	男	無所属	新	6,350	当	藤田 進	40	男	左社	新	222,550
	新免 操	42	男	無所属	新	5,910	当	土田国太郎	63	男	無所属	新	222,325
	藤川 年	62	男	無所属	新	5,564	当	高橋 衛	50	男	自由吉	新	208,778
	出口 競	60	男	無所属	新	5,551	当	阿具根 登	41	男	左社	新	207,837
	政次 広	44	男	無所属	新	5,498	当	野本 品吉	59	男	無所属	新	207,691
	山岸 儀一	51	男	諸派	新	5,448	当	林 了	45	男	緑風	新	205,692
	市橋満之介	42	男	無所属	新	5,315	当	岸 良一	62	男	無所属	新	202,742
	畑 敏秋	38	男	諸派	新	5,175	当	苫米地義三	72	男	改進	新	198,973
	高安 安寿	54	男	無所属	新	4,870	当	大和 与一	44	男	左社	新	183,792
	浅井 茂一	51	男	無所属	新	4,616							
	萩原 熊沖	45	男	無所属	新	2,704							
	日比辰三郎	45	男	諸派	新	2,700							

参議院・全国区

		氏名	年齢	性別	所属	新現元	得票数		氏名	年齢	性別	所属	新現元	得票数
当		高野　一夫	53	男	自由吉	新	182,843	土門　幸一	44	男	労農	新	112,535
当		高瀬荘太郎	61	男	緑風	現	181,296	小野　哲	52	男	緑風	現	111,798
当		中山　寿彦	72	男	自由吉	現	179,667	木下　辰雄	64	男	緑風	現	111,049
当		榊原　亨	53	男	自由吉	新	179,273	尾崎　行輝	64	男	緑風	現	111,002
当		宮城タマヨ	61	女	緑風	現	179,018	岡元　義人	42	男	自由鳩	元	110,889
当		青山　正一	48	男	自由吉	現	175,490	村上義之助	65	男	自由吉	新	110,590
当		大倉　精一	47	男	左社	新	169,287	小田　静枝	52	女	無所属	新	110,349
当		関根　久蔵	58	男	自由吉	新	164,701	土屋　春樹	51	男	無所属	新	109,738
当		大谷　贇雄	52	男	自由吉	新	162,624	下村　海南	77	男	無所属	新	109,403
当 3		八木　秀次	67	男	右社	新	161,328	安孫子藤吉	49	男	無所属	新	109,276
当 3		柏木　庫治	64	男	緑風	現	160,091	下条　康麿	68	男	緑風	元	108,084
		楠見　義男	48	男	緑風	現	159,762	平野義太郎	56	男	無所属	新	106,315
当 3※		平林　剛	31	男	左社	新	159,381	西田　天香	81	男	諸派	現	101,304
		前野与三吉	63	男	無所属	新	158,472	田中　武雄	62	男	改進	新	101,230
		大須賀貞夫	51	男	緑風	新	157,632	大野　幸一	47	男	右社	現	100,868
		寺田　甚吉	56	男	無所属	新	153,788	佐々木泰翁	60	男	無所属	新	99,860
		椿　繁夫	42	男	左社	現	153,259	中地　熊造	48	男	右社	新	99,065
		岡村文四郎	63	男	改進	現	151,859	波多野　鼎	56	男	右社	現	97,020
		梅原　真隆	67	男	緑風	現	151,653	稲垣平太郎	64	男	無所属	現	96,629
		丸山　直友	64	男	自由吉	新	150,340	石黒　武重	55	男	無所属	新	96,328
		原田　雪松	64	男	自由吉	新	149,279	山本　杉	50	女	無所属	新	94,784
		賀屋　茂一	51	男	自由吉	新	148,741	次田大三郎	70	男	無所属	新	94,763
		上野　富市	40	男	左社	新	148,107	佐竹　三吾	72	男	自由吉	新	94,708
		大谷藤之助	46	男	緑風	新	146,372	池田　純久	58	男	無所属	新	92,453
		中村　正雄	39	男	右社	現	145,343	渡辺　金蔵	48	男	無所属	新	90,836
		塩谷　信雄	44	男	左社	新	144,878	北条　秀一	48	男	右社	元	90,759
		平野　成子	53	女	右社	元	144,540	大迫　元繁	69	男	自由吉	新	89,776
		河崎　なつ	65	女	左社	現	143,433	三上　卓	48	男	無所属	新	89,641
		渡辺　信任	67	男	自由吉	新	142,861	石垣　純二	41	男	無所属	新	89,560
		高橋龍太郎	77	男	緑風	現	142,404	西園寺公一	46	男	無所属	現	86,131
		岩間　正男	47	男	共産	現	142,293	河北　敬二	58	男	自由吉	新	83,792
		北村　暢	36	男	左社	新	141,655	広瀬与兵衛	62	男	自由吉	現	83,239
		柳沢　米吉	49	男	無所属	新	136,018	板野　勝次	50	男	共産	元	83,114
		原　虎一	55	男	右社	現	135,848	岡本　愛祐	58	男	緑風	現	82,975
		小柳　勇	41	男	左社	新	130,874	蔭山　茂人	54	男	右社	新	82,008
		徳川　宗敬	55	男	緑風	現	130,776	鈴木　伝明	53	男	改進	新	81,735
		豊瀬　禎一	36	男	左社	新	130,546	中村　元信	61	男	無所属	新	80,191
		森田　俊介	53	男	緑風	新	129,718	河野　義一	56	男	無所属	新	79,401
		藤田藤太郎	42	男	左社	新	129,351	平岡ハツエ	61	女	無所属	新	79,316
		占部　秀男	43	男	左社	新	126,559	鈴木　栄二	52	男	改進	新	77,773
		柴山兼四郎	63	男	無所属	新	125,428	小林　勝馬	46	男	改進	元	76,796
		井上なつゑ	54	女	緑風	現	125,414	芳野　国雄	55	男	無所属	新	76,620
		宝井　馬琴	49	男	無所属	新	124,339	栗本　義彦	55	男	右社	新	74,206
		清水　慎三	39	男	左社	新	123,279	中村　嘉寿	72	男	自由吉	新	73,729
		木内キヤウ	69	女	無所属	現	120,765	清水　良策	60	男	無所属	新	73,134
		小川　久義	53	男	自由吉	現	120,382	川上　嘉	44	男	左社	元	72,107
		金子　洋文	58	男	左社	現	120,170	伊藤　勇助	38	男	無所属	新	71,378
		宮川　宗徳	66	男	無所属	新	117,449	浅岡　信夫	53	男	自由元	元	71,119
		三島　誠也	59	男	改進	新	116,610	庄司　彦男	56	男	無所属	新	70,207
		槇枝　元文	32	男	左社	新	116,288	大森真一郎	49	男	左社	新	69,248
		井尻　芳郎	57	男	自由吉	新	115,894	兼岩　伝一	54	男	共産	現	68,470
		森崎　了三	56	男	自由吉	新	115,300	飯山　太平	61	男	無所属	新	67,528
		中島　俟吉	55	男	自由吉	新	112,738	平野　恒子	54	女	無所属	新	66,320

氏名	年齢	性別	所属	新現	得票数
国島貴八郎	59	男	無所属	新	65,723
若原　譲	44	男	自由吉	新	65,285
河野　孔明	47	男	無所属	新	65,281
梅村　登	54	男	無所属	新	64,448
松沢　隼人	49	男	無所属	新	61,139
栗原　正	63	男	自由吉	新	59,713
清水　美里	39	男	自由吉	新	59,650
玉柳　実	49	男	自由吉	現	59,443
木下クニ子	37	女	諸派	新	58,397
高岡　忠弘	53	男	無所属	新	56,570
五坪　茂雄	63	男	改進	新	56,556
鈴木恭次郎	55	男	自由吉	新	55,491
小杉　イ子	68	女	緑風	元	54,888
森田清市郎	55	男	右社	新	52,473
大山　安	61	男	無所属	元	50,196
中野　寅吉	73	男	無所属	新	49,701
細井　三郎	48	男	無所属	新	49,617
今井　三郎	45	男	諸派	新	48,554
加藤　正見	30	男	無所属	新	48,331
高林ガンジー	46	男	無所属	新	47,373
矢次　保	34	男	自由吉	新	46,653
畑中　政春	46	男	無所属	新	45,808
阿賀　正美	50	男	右社	新	45,246
山本　弘	32	男	無所属	新	44,610
小守　良勝	60	男	無所属	新	44,176
椿　精一	39	男	無所属	新	43,324
高嶺　明達	54	男	右社	新	43,219
満尾　君亮	51	男	無所属	新	42,580
唐木田藤五郎	55	男	改進	新	42,166
篠原　義雄	50	男	無所属	新	41,643
大木　英一	58	男	無所属	新	41,243
野田山喜代一	52	男	自由吉	新	40,340
金山　竜重	60	男	無所属	新	38,857
明本　京静	48	男	無所属	新	37,190
伊藤　述史	68	男	無所属	新	35,590
宮東　孝行	46	男	無所属	新	31,750
白井　正実	45	男	諸派	新	31,723
高松栄次郎	52	男	改進	新	31,400
武田邦太郎	40	男	諸派	新	30,740
日高　一輝	41	男	無所属	新	30,216
権田　鎮雄	49	男	無所属	新	30,088
田中不二雄	38	男	無所属	新	29,789
荒木　義夫	57	男	無所属	新	29,541
福島万寿雄	49	男	無所属	新	26,601
住安　国雄	53	男	無所属	新	26,300
生田乃木次	48	男	改進	新	25,151
古賀　一	58	男	無所属	新	25,119
篠崎　礒次	54	男	改進	新	24,826
片桐　竜子	62	女	無所属	新	24,752
小田　俊与	46	男	諸派	新	22,668
小松　雄道	60	男	無所属	新	21,746
長野　朗	64	男	無所属	新	21,486
宮沢安五郎	46	男	左社	新	21,038
野口　英栄	52	男	無所属	新	20,715
武田　光麿	64	男	無所属	新	20,360
内田　武夫	51	男	無所属	新	19,924
勝田　香月	53	男	無所属	新	19,290
高橋　良岳	45	男	改進	新	18,828
和智　恒蔵	52	男	改進	新	18,439
松下　武義	47	男	改進	新	18,390
小駒重太郎	60	男	無所属	新	17,734
加藤六兵衛	55	男	無所属	新	17,597
大野　熊雄	63	男	緑風	新	17,556
高橋　義郎	30	男	無所属	新	16,829
中西伊之助	63	男	無所属	新	16,457
赤司　徳雄	53	男	無所属	新	15,839
木村忠五郎	39	男	諸派	新	14,781
荻野　丈夫	54	男	無所属	新	13,672
河村　契善	52	男	無所属	新	12,897
山副　博士	30	男	無所属	新	12,598
志田　義忠	55	男	無所属	新	12,212
樫村　広史	57	男	無所属	新	10,229
砂川　正亮	64	男	無所属	新	9,834
佐野　藤重	40	男	無所属	新	9,420
大嶋　忠雄	45	男	無所属	新	8,656
堀口　忠信	50	男	無所属	新	8,461
近藤　昌一	55	男	無所属	新	7,774
亀井　高義	45	男	諸派	新	7,501
森　冨太郎	69	男	無所属	新	7,445
菅野　四郎	46	男	諸派	新	7,377
高野清八郎	66	男	無所属	新	6,913
藤川　年	65	男	無所属	新	6,876
荒木　幸徳	37	男	無所属	新	6,711
浦崎　永錫	52	男	無所属	新	5,850
広海　貫一	53	男	諸派	新	5,349
有田孫三郎	53	男	諸派	新	4,504
飯沼　省三	41	男	無所属	新	2,889
土岐　章	61	男	緑風	新	辞退
宮崎　太郎	46	男	右社	新	辞退
林　林吉	32	男	無所属	新	辞退
岡川　治郎	42	男	無所属	新	辞退
井上　澄恵	51	女	無所属	新	辞退
岡部　常	63	男	緑風	現	辞退
香川　治義	32	男	諸派	新	辞退
渡辺　正男	41	男	諸派	新	辞退

※「当3」は任期3年の意味
※佐野市選挙管理委員会の党名誤記のため一部選挙無効（6議席失格）による再選挙（昭和29年10月17日）があり、楠見義男（緑風）と平林剛（左社）の議席が入れ替わった

第4回参議院議員選挙　定数52
昭和31年（1956年）7月8日実施

	氏名	年齢	性別	所属	新現	得票数
当	加藤シヅエ	58	女	社会	前	750,232
当	加藤　正人	69	男	緑風	前	462,780

参議院・全国区　　国政選挙総覧

当	高田なほ子	51	女	社会	前	461,593		竹中　治	56	男	自民	新	229,433
当	中村　正雄	42	男	社会	元	452,467		児玉マツエ	66	女	自民	新	227,549
当	下条　康麿	71	男	自民	前	410,072		古賀　俊夫	51	男	自民	新	224,821
当	藤原　道子	56	女	社会	前	384,024		小平　芳平	34	男	無所属	新	224,813
当	竹中　恒夫	54	男	諸派	新	370,389		岡村文四郎	65	男	無所属	元	222,737
当	柴田　栄	55	男	自民	新	368,551		片柳　真吉	51	男	緑風	前	221,471
当	重宗　雄三	62	男	自民	前	354,568		羽仁　五郎	55	男	無所属	前	220,551
当	天坊　裕彦	49	男	無所属	新	348,089		佐々木泰翁	62	男	自民	新	218,358
当	鈴木　強	42	男	社会	新	343,323		吉田　セイ	46	女	自民	新	217,818
当	占部　秀男	46	男	社会	新	337,700		山本　杉	53	女	自民	新	217,130
当	野溝　勝	57	男	社会	前	335,414		市川　誠	44	男	社会	新	215,751
当	北村　暢	41	男	社会	新	332,773		基　政七	53	男	社会	新	214,089
当	田中　一	55	男	社会	新	332,191		向井　長年	46	男	社会	新	211,206
当	杉山　昌作	55	男	緑風	前	331,391		松原　一彦	75	男	自民	前	205,833
当	迫水　久常	53	男	自民	新	327,261		近藤　宏二	45	男	社会	新	204,061
当	栗山　良夫	46	男	社会	前	326,510		平野　力三	57	男	無所属	新	203,020
当	松村　秀逸	56	男	自民	新	325,397		滝井治三郎	66	男	自民	前	202,302
当	泉山　三六	60	男	自民	前	324,397		竹中　稲美	58	男	自民	新	198,983
当	大谷藤之助	49	男	自民	新	321,417		伊藤　茂松	53	男	自民	新	195,200
当	岩沢　忠恭	64	男	自民	前	321,050		赤木　正雄	69	男	緑風	前	195,097
当	辻　武寿	38	男	無所属	新	315,597		橋本欣五郎	66	男	無所属	新	194,484
当	小笠原二三男	46	男	社会	前	311,671		長島　銀蔵	54	男	自民	前	193,177
当	手島　栄	59	男	自民	新	302,304		原島　宏治	46	男	無所属	新	189,787
当	平林　剛	34	男	社会	前	302,157		須藤　五郎	58	男	共産	前	189,512
当	小野　義夫	75	男	自民	前	300,703		小原　国芳	68	男	自民	新	187,394
当	勝俣　稔	64	男	自民	新	296,081		河野　義一	59	男	自民	新	185,407
当	阿部　竹松	44	男	社会	新	293,996		宝井　馬琴	52	男	自民	新	182,346
当	塩見　俊二	49	男	自民	新	290,403		木村禧八郎	55	男	労農	前	181,524
当	一松　定吉	81	男	自民	前	288,656		石川　栄一	67	男	自民	前	180,487
当	小酒井義男	51	男	社会	前	287,005		渡辺　信任	70	男	自民	新	172,347
当	大谷　瑩潤	66	男	自民	前	286,871		八木　秀次	70	男	緑風	前	166,890
当	荒木正三郎	49	男	社会	前	285,590		高口　住子	51	女	無所属	新	164,291
当	本多　市郎	60	男	自民	新	283,962		関井　仁	49	男	自民	新	159,433
当	矢嶋　三義	44	男	社会	前	283,511		川上　嘉	47	男	社会	元	158,061
当	石黒　忠篤	72	男	緑風	前	283,469		小林　政夫	42	男	緑風	前	157,756
当	常岡　一郎	57	男	緑風	前	276,308		横田象三郎	65	男	自民	新	155,506
当	岩間　正男	50	男	共産	元	270,984		井上なつゑ	57	女	緑風	元	153,033
当	横川　正市	41	男	社会	新	269,777		森　正男	55	男	社会	新	152,437
当	谷口弥三郎	72	男	自民	前	269,357		高木　正夫	66	男	緑風	前	146,953
当	大竹平八郎	52	男	無所属	新	268,572		飯島　久	48	男	無所属	新	145,276
当	小林　孝平	47	男	社会	前	263,258		喜多楢治郎	56	男	自民	新	143,557
当	北条　雋八	65	男	無所属	新	261,342		門屋　盛一	60	男	自民	元	142,245
当	江藤　智	49	男	無所属	新	261,120		山本　平保	46	男	自民	新	140,934
当	森　八三一	56	男	緑風	前	259,010		水谷　昇	60	男	自民	新	140,424
当	堀木　鎌三	58	男	自民	前	258,112		小林　次郎	64	男	自民	新	139,076
当	光村　甚助	51	男	社会	新	255,076		兼岩　伝一	57	男	共産	元	138,757
当	稲浦　鹿蔵	61	男	自民	新	254,781		白波瀬米吉	69	男	自民	前	135,752
当	内村　清次	53	男	社会	前	254,137		山岡万之助	80	男	自民	新	135,002
当3	柴谷　要	46	男	社会	新	242,990		原田　雪松	68	男	自民	新	133,405
当3	小西　英雄	44	男	自民	前	240,711		渡辺　金蔵	51	男	自民	新	132,853
	上条　愛一	61	男	社会	前	240,617		北原　泰作	50	男	無所属	新	122,844
	岡田　修一	49	男	自民	新	235,062		中道　宏	38	男	無所属	新	114,109
	北畠　教真	51	男	無所属	新	232,849		林　平馬	72	男	緑風	新	111,959

参議院・全国区

	三浦 虎雄	73	男	自民	新	108,380	当	石田 次男	34	男	無所属	新	663,602
	丹羽 五郎	49	男	緑風	新	79,378	当	金丸 冨夫	63	男	無所属	新	628,262
	巣山 末七	62	男	自民	新	78,738	当	奥 むめお	63	女	緑風	前	609,437
	三善 信房	74	男	自民	新	74,709	当	重政 庸徳	64	男	自民	前	603,638
	野田山喜代一	55	男	自民	新	71,419	当	天埜 良吉	54	男	自民	新	550,521
	寺崎新一郎	36	男	無所属	新	69,680	当	大倉 精一	53	男	社会	前	531,576
	加藤 かつ	60	女	無所属	新	65,989	当	石谷 憲男	51	男	自民	新	523,384
	小杉 イ子	71	女	無所属	元	64,806	当	赤松 常子	61	女	社会	前	515,903
	松岡 達夫	51	男	無所属	新	64,798	当	加賀山之雄	56	男	緑風	前	505,367
	宮本 邦彦	56	男	自民	前	63,413	当	中尾 辰義	43	男	無所属	新	494,747
	小川 友三	52	男	諸派	新	60,785	当	小平 芳平	37	男	無所属	新	484,484
	中峠 国夫	53	男	無所属	新	59,146	当	野上 元	44	男	社会	新	472,118
	斎藤 茂	51	男	無所属	新	56,320	当	木村禧八郎	58	男	社会	元	454,679
	春日 重樹	59	男	無所属	新	55,405	当	鮎川 義介	78	男	諸派	前	441,725
	水久保甚作	71	男	自民	元	54,745	当	原島 宏治	49	男	無所属	新	441,003
	国井 秀作	63	男	無所属	新	53,184	当	下村 定	71	男	自民	新	435,231
	木村 清	65	男	無所属	新	53,077	当	北畠 教真	54	男	自民	新	434,705
	山本 円吉	72	男	無所属	新	52,696	当	松本治一郎	71	男	社会	前	426,586
	松本 一夫	60	男	無所属	新	52,062	当	植垣弥一郎	74	男	自民	新	412,876
	藤井 達二	64	男	自民	新	48,966	当	梶原 茂嘉	59	男	自民	前	403,613
	穂積 義孝	49	男	社会	新	48,313	当	上林 忠次	53	男	自民	前	403,263
	中村 嘉寿	75	男	無所属	新	48,174	当	牛田 寛	44	男	無所属	新	402,965
	山田 伊八	67	男	無所属	新	44,468	当	山本伊三郎	53	男	社会	新	395,010
	波多 久	47	男	無所属	新	41,966	当	岡 三郎	45	男	社会	前	389,301
	高橋 義郎	33	男	諸派	新	39,545	当	青木 一男	69	男	自民	前	386,094
	小野市太郎	66	男	無所属	新	38,186	当	鹿島 俊雄	52	男	自民	新	377,192
	間庭 信一	46	男	諸派	新	35,290	当	鶴園 哲夫	44	男	社会	新	355,849
	土岐 章	64	男	緑風	新	31,602	当	大谷 贇雄	58	男	自民	前	355,357
	小田 俊与	49	男	諸派	新	29,923	当	鈴木 恭一	60	男	自民	元	351,180
	上条 愿	47	男	無所属	新	25,953	当	横山 フク	52	女	自民	前	350,606
	小田 天界	51	男	諸派	新	24,375	当	岡村文四郎	68	男	自民	元	350,124
	柾木 一策	32	男	無所属	新	23,016	当	山本 杉	56	女	自民	新	350,007
	田形 竹尾	40	男	諸派	新	20,966	当	阿具根 登	47	男	社会	前	348,622
	伊藤 義賢	71	男	諸派	新	18,666	当	高瀬荘太郎	67	男	緑風	前	347,071
	鎌 文雄	57	男	無所属	新	17,494	当	永岡 光治	45	男	社会	前	343,963
	塩沢 常信	52	男	無所属	新	17,160	当	高野 一夫	59	男	自民	前	335,201
	野村 俊治	45	男	無所属	新	14,076	当	久保 等	42	男	社会	前	330,363
	宮沢安五郎	49	男	無所属	新	12,498	当	野本 品吉	66	男	自民	前	325,387
	近藤 昌一	59	男	無所属	新	12,091	当	田中 清一	66	男	自民	新	312,108
	樫村 広史	60	男	諸派	新	7,890	当	山口 重彦	64	男	社会	前	298,248
	青柳長次郎	61	男	無所属	新	6,450	当	千葉千代世	52	女	社会	新	295,554
	川澄 弘勝	55	男	無所属	新	5,699	当	須藤 五郎	61	男	共産	元	288,430
	志田 義忠	59	男	無所属	新	辞退	当	川上 為治	51	男	自民	新	283,356
	木村 朝雄	41	男	無所属	新	辞退	当	基 政七	56	男	社会	新	283,309

※「当3」は任期3年の意味

第5回参議院議員選挙　定数52
昭和34年(1959年)6月2日実施

							当	豊瀬 禎一	42	男	社会	新	279,330
							当	徳永 正利	45	男	自民	新	276,000
							当3	中村 順造	48	男	社会	新	270,942
							当3	向井 長年	48	男	社会	新	266,150
							当	後藤 俊男	47	男	社会	新	266,059
当	米田 正文	54	男	自民	新	941,053	当	鈴木 市蔵	49	男	共産	新	263,485
当	鹿島守之助	63	男	自民	前	931,726	当	柴谷 要	49	男	社会	前	256,140
当	辻 政信	56	男	無所属	新	683,256	当	林 塩	54	女	無所属	新	256,031
当	前田 久吉	66	男	緑風	前	666,067	当	豊田 雅孝	60	男	緑風	前	254,761

参議院・全国区

大坪 藤市	50	男	自民	新	248,445
河野 義一	62	男	自民	新	248,134
小西 英雄	47	男	自民	元	238,494
椿 精一	45	男	社会	新	228,855
塩谷 竹雄	48	男	社会	新	207,155
高良 とみ	62	女	無所属	前	202,625
楠本 正康	56	男	自民	新	195,260
青山 正一	54	男	自民	前	192,427
中川 源一郎	67	男	自民	新	187,849
斉藤 時郎	46	男	自民	新	186,543
米内 一郎	54	男	社会	新	186,047
吉田 セイ	49	女	自民	新	178,922
井上 善十郎	65	男	社会	新	164,684
真崎 勝次	74	男	自民	新	161,746
武正 総一郎	47	男	自民	新	158,792
城戸 忠愛	55	男	無所属	新	154,425
山沢 真竜	50	男	自民	新	152,297
吉崎 千秋	52	男	無所属	新	150,342
森田 義衛	55	男	自民	前	141,120
井上なつゑ	60	女	無所属	元	132,158
川上 嘉	50	男	社会	元	129,991
大木 実	32	男	無所属	新	119,245
杉山 利一	55	男	無所属	新	112,674
迫 千代子	55	女	無所属	新	108,494
花田 伝	63	男	自民	新	103,092
佐々木 庸	64	男	社会	新	98,314
松崎 健吉	54	男	諸派	新	96,614
田淵 久	47	男	無所属	新	76,046
河野 孔明	53	男	無所属	新	75,296
根本 貞治	74	男	無所属	新	66,185
小川 市吉	37	男	諸派	新	60,180
駒沢 文雄	49	男	無所属	新	56,726
伊藤 修	63	男	無所属	元	53,316
小田 俊与	52	男	諸派	新	47,521
遠藤 三郎	66	男	無所属	新	43,393
野田 耕作	56	男	無所属	新	43,120
溝淵 春次	55	男	無所属	元	42,577
日下 隆	56	男	無所属	新	42,244
関屋 悌蔵	63	男	自民	新	34,848
宮腰 喜助	53	男	自民	新	34,660
古賀 一	64	男	諸派	新	28,993
久保田勝太郎	64	男	無所属	新	24,835
金野 太三郎	65	男	無所属	新	24,278
加藤 大三	36	男	無所属	新	24,108
林 武一	59	男	無所属	新	23,755
伊藤 義賢	74	男	諸派	新	23,113
山田 義太郎	51	男	無所属	新	22,777
浅沼 美知雄	43	男	諸派	新	21,540
近藤 昌一	61	男	無所属	新	15,936
河内 金次郎	50	男	無所属	新	15,810
福島 勝	60	男	無所属	新	15,246
清水 亘	50	男	諸派	新	13,810
平田 宇宙	46	男	諸派	新	12,788
草間 時光	71	男	無所属	新	10,919
綿野 庄太郎	61	男	無所属	新	10,507
江崎 波雄	57	男	無所属	新	10,027
伊藤 忠輝	57	男	無所属	新	9,488
鎌田 文雄	59	男	無所属	新	9,480
水野 鉄雄	55	男	無所属	新	8,733
仲子 武一	67	男	諸派	新	6,977
横山 菊市	57	男	無所属	新	6,133
板谷 峰止	33	男	無所属	新	5,791
斉藤 道厚	54	男	無所属	新	5,296
奈良 繁保	52	男	無所属	新	4,674
福安 増一	61	男	無所属	新	1,511
沖原 紀夫	35	男	無所属	新	辞退

※「当3」は任期3年の意味

第6回参議院議員選挙　定数51
昭和37年(1962年) 7月1日実施

当	藤原 あき	64	女	自民	新	1,165,046
当	加藤 シヅエ	65	女	社会	現	1,110,024
当	長谷川 仁	43	男	自民	新	810,650
当	迫水 久常	59	男	自民	現	780,608
当	源田 実	57	男	自民	新	732,896
当	浅井 亨	59	男	無所属	新	696,156
当	山崎 斉	51	男	自民	新	655,845
当	丸茂 重貞	46	男	自民	新	651,054
当	北条 雋八	71	男	無所属	現	650,164
当	鈴木 一弘	37	男	無所属	新	629,362
当	山下 春江	60	女	自民	新	617,109
当	大谷 藤之助	55	男	自民	現	605,464
当	渋谷 邦彦	38	男	無所属	新	603,093
当	二宮 文造	42	男	無所属	新	595,724
当	小林 武	55	男	社会	新	574,809
当	岩間 正男	56	男	共産	現	564,862
当	鈴木 市蔵	52	男	共産	新	559,083
当	稲浦 鹿蔵	67	男	自民	現	551,567
当	森 八三一	62	男	同志	現	536,727
当	野知 浩之	53	男	自民	新	534,399
当	天坊 裕彦	55	男	自民	現	529,201
当	小西 英雄	50	男	自民	元	528,595
当	林 塩	57	女	無所属	新	518,795
当	田中 一	61	男	社会	現	493,070
当	重宗 雄三	68	男	自民	現	491,044
当	辻 武寿	44	男	無所属	現	489,979
当	野々山 一三	38	男	社会	新	487,292
当	中村 順造	51	男	社会	現	477,389
当	藤原 道子	62	女	社会	現	462,732
当	鬼木 勝利	57	男	無所属	新	459,789
当	北村 暢	47	男	社会	現	454,607
当	高山 恒雄	60	男	自民	新	450,613
当	鈴木 強	48	男	社会	現	450,156
当	占部 秀男	52	男	社会	現	449,191
当	江藤 智	55	男	自民	現	444,695

当	日高 広為	43	男	自民	新	443,707
当	横川 正市	47	男	社会	現	433,897
当	小酒井義男	56	男	社会	現	431,671
当	野溝 勝	63	男	社会	現	431,444
当	豊田 雅孝	63	男	自民	元	427,687
当	竹中 恒夫	60	男	自民	現	420,022
当	向井 長年	51	男	民社	現	417,979
当	手島 栄	65	男	自民	現	413,022
当	中村 正雄	48	男	民社	現	412,029
当	川野 三暁	52	男	自民	新	402,876
当	大竹平八郎	58	男	同志	現	399,326
当	柴谷 要	52	男	社会	元	395,797
当	森田 たま	67	女	自民	新	394,958
当	光村 甚助	57	男	社会	現	387,473
当	松村 秀逸	62	男	自民	現	382,149
当 ※	阿部 竹松	50	男	社会	現	376,901
繰 当3	山高しげり	63	女	無所属	新	375,172
	安田善一郎	50	男	自民	新	374,843
	常岡 一郎	63	男	同志	現	367,828
	平林 剛	40	男	社会	現	356,273
	片山 巌	43	男	社会	新	355,844
	大坪 藤市	53	男	自民	新	355,016
	林 真治	57	男	自民	新	351,198
	永木 正光	46	男	社会	新	339,361
	一松 定吉	87	男	自民	現	328,371
	中山 幸市	61	男	自民	新	328,363
	聖成 稔	52	男	自民	新	327,412
	古賀 専	53	男	民社	新	324,490
	大谷 瑩潤	72	男	同志	現	320,673
	泉山 三六	66	男	自民	現	319,293
	畠山 鶴吉	67	男	自民	新	302,544
	玉置 和郎	39	男	自民	新	301,822
	下条 康麿	77	男	自民	現	300,752
	東 隆	60	男	民社	現	294,627
	河野 義一	66	男	自民	新	287,576
	古谷 敬二	65	男	自民	新	286,224
	上田 音市	65	男	社会	新	199,109
	小林 珍雄	60	男	自民	新	196,235
	磯田 正則	63	男	自民	新	171,479
	苫米地英俊	77	男	自民	現	152,970
	赤尾 敏	63	男	諸派	新	122,532
	井上なつえ	63	女	無所属	元	90,695
	安里積千代	58	男	無所属	新	87,774
	安部 法俊	53	男	自民	新	78,872
	喜多 一雄	60	男	自民	新	72,171
	高木 寿之	42	男	自民	新	64,132
	小田 俊与	55	男	諸派	新	51,240
	河野 孔明	56	男	諸派	新	47,499
	石井 正二	66	男	無所属	新	40,049
	真鍋 儀十	70	男	無所属	新	39,610
	金沢 数男	53	男	同志	新	35,915
	田村 理一	59	男	無所属	新	33,646
	三島 静江	36	女	無所属	新	25,651
	浅野 良治	40	男	無所属	新	23,870
	高木 俊司	40	男	無所属	新	23,860
	伊藤 義賢	77	男	諸派	新	23,478
	黒田 寛一	34	男	諸派	新	23,263
	清水 亘	53	男	諸派	新	22,549
	中村 吟造	66	男	無所属	新	20,766
	高田 静雄	37	男	無所属	新	20,261
	岡本 文男	45	男	無所属	新	18,154
	玉井 庄一	50	男	無所属	新	17,968
	元木嘉一郎	59	男	無所属	新	11,841
	高安 勢	39	男	無所属	新	9,309
	森島初次郎	64	男	無所属	新	9,197
	遠藤 忍	41	男	無所属	新	8,699
	仲子 武一	71	男	無所属	新	8,225
	古林 昌和	46	男	無所属	新	7,504
	高瀬 夢園	61	男	諸派	新	4,913
	田尻 容基	61	男	無所属	新	4,773
	菅野 俊夫	46	男	無所属	新	4,255
	根木 清蔵	70	男	無所属	新	3,740

※松村秀逸(自民)死去のため昭和37年9月10日任期3年議員の阿部竹松(社会)が6年議員となり、山高しげり(無所属)が3年議員に繰上当選

第7回参議院議員選挙　定数52
昭和40年(1965年)7月4日実施

当	鹿島守之助	69	男	自民	前	1,014,545
当	春日 正一	58	男	共産	新	875,093
当	玉置 和郎	42	男	自民	新	854,473
当	田中寿美子	55	女	社会	新	854,272
当	須藤 五郎	67	男	共産	前	777,270
当	楠 正俊	44	男	自民	新	742,055
当	柏原 ヤス	48	女	公明	前	704,722
当	岡本 悟	52	男	自民	新	694,991
当	野上 元	50	男	社会	前	685,280
当	内藤誉三郎	53	男	自民	新	655,351
当	山崎 昇	43	男	社会	新	650,828
当	小林 章	50	男	自民	新	646,054
当	多田 省吾	34	男	公明	新	636,131
当	木村美智男	43	男	社会	新	634,408
当	山田 徹一	44	男	公明	新	632,685
当	山内 一郎	52	男	自民	新	631,770
当	西村 尚治	54	男	自民	新	627,593
当	山本伊三郎	59	男	社会	前	620,188
当	瓜生 清	44	男	民社	新	613,764
当	大倉 精一	59	男	社会	前	610,493
当	小平 芳平	43	男	公明	前	594,210
当	矢追 秀彦	31	男	公明	新	593,326
当	青木 一男	75	男	自民	前	573,446
当	平泉 渉	35	男	自民	新	570,771
当	岡村文四郎	74	男	自民	前	565,586
当	重政 庸徳	70	男	自民	前	555,296

参議院・全国区　　　　　　　　国政選挙総覧

当	松本治一郎	78	男	社会	前	548,022		富田　　定	53	男	無所属	新	39,193
当	山本茂一郎	66	男	自民	新	544,029		古賀　光豊	70	男	諸派	新	38,947
当	久保　　等	48	男	社会	前	526,247		山下　敏男	38	男	無所属	新	38,761
当	鹿島　俊雄	58	男	自民	前	508,433		池内　史郎	32	男	諸派	新	28,491
当	鶴園　哲夫	50	男	社会	前	505,048		岡本　義雄	58	男	諸派	新	27,218
当	鈴木　　力	52	男	社会	新	502,200		長谷　長次	61	男	無所属	新	24,765
当	片山　武夫	58	男	民社	新	500,714		山田　周平	59	男	無所属	新	23,529
当	宮崎　正義	53	男	公明	新	499,665		高林　昌司	57	男	無所属	新	23,028
当	徳永　正利	51	男	自民	前	490,281		小田　俊与	58	男	無所属	新	21,679
当	原田　　立	39	男	公明	新	490,127		井沢　　武	58	男	無所属	新	20,479
当	大谷　贇雄	64	男	自民	前	489,152		佐々木　励	53	男	無所属	新	19,991
当	永岡　光治	52	男	社会	前	487,622		鴨田　徳一	43	男	諸派	新	18,755
当	山本　　杉	62	女	自民	新	486,884		福田　　進	36	男	諸派	新	16,974
当	黒柳　　明	34	男	公明	新	485,903		中西　雅市	40	男	無所属	新	15,729
当	千葉千代世	58	女	社会	前	480,667		清水　　亘	56	男	諸派	新	15,446
当	横山　フク	58	女	自民	前	480,066		青山　雅彦	69	男	無所属	新	14,109
当	北畠　教真	60	男	自民	前	476,041		一条　世界	51	男	無所属	新	13,995
当	八田　一朗	59	男	自民	新	461,768		高瀬　夢園	64	男	諸派	新	5,537
当	中尾　辰義	49	男	公明	前	460,912		安東　熊夫	64	男	無所属	新	5,477
当	内田　俊朗	46	男	自民	新	457,749		田尻　容基	64	男	無所属	新	5,438
当	黒木　利克	51	男	自民	新	454,511							
当	金丸　冨夫	69	男	自民	前	450,731							
当	山高しげり	66	女	無所属	前	450,072							
当	梶原　茂嘉	65	男	自民	前	443,891							
当3	米田　正文	60	男	自民	前	440,944							
当3	石本　　茂	51	女	無所属	新	439,909							
	石谷　憲男	57	男	自民	前	432,644							
	阿具根　登	53	男	社会	前	418,500							
	中野源次郎	51	男	民社	新	417,596							
	北川　義行	58	男	社会	新	414,701							
	豊瀬　禎一	48	男	社会	新	409,457							
	基　　政七	62	男	民社	前	409,228							
	下村　　定	77	男	自民	前	408,593							
	加藤　陽三	55	男	自民	新	387,549							
	鎌倉　繁光	47	男	社会	新	381,820							
	川上　為治	57	男	自民	前	356,120							
	古海　忠之	65	男	自民	新	351,627							
	高野　一夫	65	男	自民	前	327,117							
	天埜　良吉	61	男	自民	前	327,003							
	慶野　聰郎	51	男	自民	新	278,740							
	中村吉次郎	57	男	民社	新	272,973							
	津汲　泰宏	66	男	無所属	新	221,796							
	大田　政作	61	男	自民	新	221,478							
	新居　五郎	67	男	自民	新	110,002							
	赤尾　　敏	66	男	諸派	新	92,633							
	安里積千代	61	男	無所属	新	69,251							
	本田　豊作	53	男	自民	新	66,195							
	菊地清太郎	64	男	諸派	新	54,398							
	中峠　国夫	62	男	無所属	新	54,352							
	石井　正二	69	男	無所属	新	50,882							
	林　　武一	65	男	無所属	新	50,766							
	秋本　明子	40	女	無所属	新	49,673							
	田中　　匡	63	男	無所属	新	47,970							

※「当3」は任期3年の意味

第8回参議院議員選挙　定数51
昭和43年（1968年）7月7日実施

当	石原慎太郎	35	男	自民	新	3,012,552
当	青島　幸男	35	男	無所属	新	1,203,431
当	上田　　哲	40	男	社会	新	1,046,709
当	今　　東光	70	男	自民	新	1,015,872
当	重宗　雄三	74	男	自民	現	882,036
当	長谷川　仁	49	男	自民	現	833,225
当	大松　博文	47	男	自民	新	822,648
当	三木　忠雄	33	男	公明	新	820,952
当	小林　国司	60	男	自民	新	791,655
当	二宮　文造	48	男	公明	現	786,134
当	田渕　哲也	42	男	民社	新	773,136
当	鈴木　一弘	43	男	公明	現	753,736
当	上林繁次郎	51	男	公明	新	753,425
当	小笠原貞子	48	女	共産	新	751,272
当	塩出　啓典	35	男	公明	新	748,835
当	岩間　正男	62	男	共産	現	742,078
当	永野　鎮雄	59	男	自民	新	729,313
当	峯山　昭範	32	男	公明	新	728,996
当	森　八三一	68	男	自民	現	728,152
当	沢田　　実	44	男	公明	新	720,632
当	加藤シヅエ	71	女	社会	現	720,624
当	小林　　武	61	男	社会	現	698,090
当	内田　善利	51	男	公明	新	686,926
当	向井　長年	57	男	民社	現	667,221
当	山田　　勇 （横山ノック）	36	男	無所属	新	667,165
当	松本　英一	47	男	社会	新	662,474
当	藤原　房雄	38	男	公明	新	657,133

550

当	渡辺 武	53	男	共産	新	653,528		鈴木 武一	59	男	無所属	新	21,715
当	中村 正雄	54	男	民社	現	645,415		青山 雅彦	72	男	諸派	新	19,243
当	上田 稔	54	男	自民	新	637,951		高橋 正勝	49	男	無所属	新	16,614
当	若林 正武	55	男	自民	新	632,842		松田 照久	38	男	無所属	新	16,052
当	玉置 猛夫	54	男	自民	新	627,897		森下 正則	49	男	無所属	新	15,700
当	迫水 久常	65	男	自民	現	627,286		末松 久美	52	男	諸派	新	15,649
当	源田 実	63	男	自民	現	598,854		三浦 光保	40	男	無所属	新	13,493
当	鈴木 強	54	男	社会	現	596,392		佐々木 励	56	男	無所属	新	13,360
当	大竹平八郎	64	男	自民	現	594,078		山陰 探月	52	男	諸派	新	11,249
当	長田 裕二	51	男	自民	新	586,563		三原 藤助	57	男	無所属	新	10,303
当	和田 静夫	41	男	社会	新	574,031		小長井 一	70	男	諸派	新	7,412
当	藤原 道子	68	女	社会	現	567,037		竹谷 光雄	56	男	無所属	新	6,872
当	田口長治郎	75	男	自民	新	558,969		新堀 恵	45	男	無所属	新	2,149
当	大谷藤之助	61	男	自民	現	555,245							

※「当3」は任期3年の意味

第9回参議院議員選挙　定数50
昭和46年（1971年）6月27日実施

当	江藤 智	61	男	自民	現	550,982
当	亀井 善彰	67	男	自民	新	542,616
当	長屋 茂	69	男	自民	新	533,997
当	山下 春江	66	女	自民	現	530,469
当	田中 一	67	男	社会	現	520,523
当	安永 英雄	48	男	社会	新	511,587
当	阿具根 登	56	男	社会	元	505,332
当	高山 恒雄	66	男	民社	現	492,808
当	横川 正市	53	男	社会	現	477,493
当3	北村 暢	53	男	社会	現	461,500
	塩崎 潤	51	男	自民	新	452,823
	石本 茂	54	女	無所属	現	448,409
	佐藤しんじろう	47	男	社会	新	433,878
	満岡文太郎	60	男	自民	新	429,903
	佐藤 三蔵	61	男	自民	新	429,517
	日高 広為	49	男	自民	新	428,891
	野々山一三	44	男	社会	現	407,635
	中村 順造	57	男	社会	現	358,891
	豊田 雅孝	69	男	自民	現	329,470
	福田 繁	57	男	自民	新	329,242
	林 塩	63	女	自民	現	293,930
	川野 三暁	58	男	自民	現	261,611
	天坊 裕彦	61	男	自民	現	213,157
	島村 義雄	58	男	自民	新	177,823
	松島 俊之	61	男	自民	新	166,714
	賀陽 邦寿	46	男	無所属	新	142,077
	三巻 秋子	60	女	自民	新	133,203
	近藤 天	56	男	自民	新	80,596
	中峠 国夫	65	男	無所属	新	58,987
	石井 貞夫	50	男	諸派	新	45,665
	岡崎 功	47	男	無所属	新	44,685
	上田しん三	39	男	無所属	新	43,573
	中西 幸男	49	男	無所属	新	39,956
	西郷 隆盛	42	男	諸派	新	36,051
	森きくぞう	41	男	無所属	新	32,031
	大西 末子	58	女	無所属	新	27,432
	伊藤 新夫	73	男	無所属	新	24,782
	有田 正憲	56	男	無所属	新	23,490
	杉本 一夫	59	男	諸派	新	22,231

当	田 英夫	48	男	社会	新	1,921,641
当	志村 愛子	54	女	自民	新	1,491,669
当	鈴木美枝子	54	女	社会	新	1,116,893
当	町村 金五	70	男	自民	新	952,130
当	栗林 卓司	40	男	民社	新	821,067
当	柏原 ヤス	54	女	公明	現	816,408
当	山本茂一郎	72	男	自民	現	796,130
当	山田 徹一	50	男	公明	現	748,912
当	梶木 又三	52	男	自民	新	725,501
当	矢追 秀彦	37	男	公明	現	724,708
当	玉置 和郎	48	男	自民	現	719,017
当	西村 尚治	60	男	自民	現	717,473
当	原田 立	44	男	公明	現	716,896
当	須藤 五郎	73	男	共産	現	697,726
当	春日 正一	64	男	共産	現	697,304
当	岡本 悟	57	男	自民	現	695,226
当	小平 芳平	49	男	公明	現	686,949
当	村上孝太郎	54	男	自民	新	668,844
当	多田 省吾	40	男	公明	現	668,553
当	内藤誉三郎	59	男	自民	現	661,855
当	中尾 辰義	55	男	公明	現	655,989
当	加藤 進	62	男	共産	新	650,957
当	古賀雷四郎	55	男	自民	新	622,955
当	野上 元	56	男	社会	現	621,752
当	細川 護熙	33	男	自民	新	620,049
当	平泉 渉	41	男	自民	現	616,862
当	田中寿美子	61	女	社会	現	615,971
当	宮崎 正義	59	男	公明	現	607,877
当	塚田 大願	61	男	共産	新	588,279
当	中村 利次	54	男	民社	新	587,271
当	野々山一三	47	男	社会	元	586,872
当	星野 力	64	男	共産	新	585,040
当	徳永 正利	57	男	自民	現	577,559
当	桧垣徳太郎	54	男	自民	新	575,959
当	片山 正英	57	男	自民	新	570,993

参議院・全国区

	氏名	年齢	性別	所属	新/現/元	得票数
当	鹿島 俊雄	64	男	自民	現	570,654
当	石本 茂	57	女	自民	元	547,283
当	伊部 真	50	男	社会	新	544,596
当	山本伊三郎	65	男	社会	現	543,299
当	山崎 昇	49	男	社会	現	540,348
当	山内 一郎	58	男	自民	現	537,255
当	楠 正俊	50	男	自民	現	529,290
当	藤井 恒男	42	男	民社	新	519,625
当	柴田利右エ門	55	男	民社	新	513,545
当	一龍斎貞鳳	44	男	自民	新	511,765
当	水口 宏三	56	男	社会	新	487,161
当	鈴木 力	57	男	社会	現	478,723
当	宮之原貞光	53	男	社会	新	470,491
当	青木 一男	81	男	自民	現	445,789
当	立川 談志	35	男	無所属	新	443,854
繰当	黒住 忠行	51	男	自民	新	408,045
繰当	野末 和彦 (野末 陳平)	39	男	無所属	新	400,359
	横山 フク	64	女	自民	現	388,171
	山本 忠義	49	男	社会	新	361,408
	小林 章	55	男	自民	現	357,399
	藤原 岩市	63	男	自民	新	346,005
	渥美 節夫	49	男	自民	新	336,591
	川野 三暁	61	男	自民	元	334,899
	山高しげり	72	女	無所属	現	319,350
	木崎 国嘉	64	男	自民	新	276,900
	八田 一朗	65	男	自民	現	276,374
	坂口徳次郎	59	男	自民	新	247,139
	山本 杉	68	女	自民	現	244,826
	戸枝 義明	46	男	社会	新	205,106
	佐藤 三蔵	64	男	自民	新	197,740
	夏目 通利	57	男	無所属	新	179,706
	高見 圭司	39	男	無所属	新	135,620
	矢田 和一	56	男	自民	新	120,718
	月亭 可朝	33	男	無所属	新	85,627
	佐藤 栄作	47	男	無所属	新	81,031
	田村 理一	68	男	無所属	新	74,605
	慶野 聡郎	57	男	自民	新	70,315
	浪越徳治郎	65	男	無所属	新	56,174
	大西 末子	61	女	無所属	新	47,034
	吉永二千六百年	30	男	無所属	新	45,501
	中西 幸男	52	男	無所属	新	42,738
	織田 大蔵	76	男	無所属	新	42,445
	西郷 隆盛	45	男	無所属	新	39,933
	坂口 登	71	男	無所属	新	30,097
	山中 精一	39	男	無所属	新	29,969
	田中 卯一	69	男	無所属	新	28,627
	渕 通義	60	男	無所属	新	27,715
	高橋 秀郎	65	男	諸派	新	25,839
	東郷 健	39	男	無所属	新	22,915
	宮 公	77	男	無所属	新	21,640
	河野 守宏	41	男	無所属	新	20,701
	海老名竹一	65	男	無所属	新	16,785
	星野 寛	70	男	無所属	新	15,181
	野田 耕作	68	男	無所属	新	14,762
	三浦 光保	43	男	無所属	新	13,526
	谷崎 登	47	男	無所属	新	12,413
	松田 照久	40	男	無所属	新	12,082
	青山 雅彦	75	男	諸派	新	11,553
	三島 直之	51	男	諸派	新	10,907
	吉川 藤三	59	男	無所属	新	10,503
	志水 源司	33	男	無所属	新	9,939
	鳥羽 照司	70	男	無所属	新	9,463
	荒川 幸男	38	男	無所属	新	8,656
	川出庄一郎	46	男	無所属	新	8,527
	窪田 志一	57	男	無所属	新	6,080
	伊賀 秀則	66	男	無所属	新	5,947
	猿楽 一夫	39	男	無所属	新	5,556
	吹田文三郎	42	男	無所属	新	5,355
	岡 愛城	53	男	無所属	新	4,966
	長沢 宗八	56	男	無所属	新	4,595
	菅田 摂男	62	男	無所属	新	2,541

※山本伊三郎(社会)死去のため昭和46年7月13日黒住忠行(自民)が繰上当選
※村上孝太郎(自民)死去のため昭和46年9月13日野末和彦(無所属)が繰上当選

第10回参議院議員選挙　定数54
昭和49年(1974年)7月7日実施

	氏名	年齢	性別	所属	新/現/元	得票数
当	宮田 輝	52	男	自民	新	2,595,236
当	市川 房枝	81	女	無所属	元	1,938,169
当	青島 幸男	41	男	無所属	現	1,833,618
当	鳩山威一郎	55	男	自民	新	1,504,561
当	山東 昭子	32	女	自民	新	1,256,724
当	斎藤栄三郎	61	男	自民	新	1,147,951
当	丸茂 重貞	58	男	自民	現	874,662
当	小林 国司	66	男	自民	現	867,548
当	目黒今朝次郎	52	男	社会	新	865,827
当	田渕 哲也	48	男	民社	現	810,960
当	三木 忠雄	39	男	公明	現	801,748
当	秦 豊	49	男	社会	新	784,119
当	糸山英太郎	32	男	自民	新	778,728
当	鈴木 一弘	49	男	公明	現	758,910
当	峯山 昭範	38	男	公明	現	756,183
当	片山 甚市	51	男	社会	新	734,317
当	佐藤 信二	42	男	自民	新	718,826
当	和田 静夫	47	男	社会	現	718,663
当	二宮 文造	54	男	公明	現	714,968
当	内田 善利	56	男	公明	現	710,996
当	山中 郁子	42	女	共産	新	710,634
当	案納 勝	45	男	社会	新	702,027
当	岡田 広	64	男	自民	新	701,927
当	江藤 智	67	男	自民	現	701,862
当	迫水 久常	71	男	自民	現	690,010
当	阿具根 登	62	男	社会	現	682,448

当	藤原 房雄	44	男	公明	現	676,226		高田 巌 (高田 がん)	44	男	諸派	新	36,197
当	太田 淳夫	40	男	公明	新	675,336							
当	長田 裕二	57	男	自民	現	674,986		小林 勉	43	男	無所属	新	33,768
当	松本 英一	53	男	社会	現	674,086		中山土志延	32	男	無所属	新	32,192
当	坂野 重信	56	男	自民	新	666,475		友田不二男	57	男	無所属	新	31,665
当	野田 哲	48	男	社会	新	665,843		武智 鉄二	61	男	自民	新	30,220
当	向井 長年	63	男	民社	現	663,063		東郷 健	42	男	無所属	新	23,472
当	大谷藤之助	67	男	自民	現	661,332		心 久 (須田喜久夫)	46	男	無所属	新	20,360
当	内藤 功	43	男	共産	新	661,127							
当	福間 知之	46	男	無所属	新	647,476		小坂 三郎	50	男	無所属	新	19,405
当	源田 実	69	男	自民	現	644,378		朝野 利男	50	男	無所属	新	17,568
当	立木 洋	43	男	共産	新	642,235		前田 保	62	男	無所属	新	16,580
当	塩出 啓典	41	男	公明	現	640,623		佐藤 勇吉	49	男	無所属	新	16,509
当	柄谷 道一	49	男	民社	新	636,444		大西 末子	64	女	無所属	新	16,294
当	粕谷 照美	50	女	社会	新	635,504		志水 源司	36	男	無所属	新	15,227
当	安永 英雄	54	男	社会	現	629,036		神田惣一郎	62	男	無所属	新	13,089
当	上林繁次郎	57	男	公明	現	625,428		高橋 秀郎	68	男	諸派	新	12,868
当	神谷信之助	50	男	共産	新	614,785		品川 司	63	男	無所属	新	12,840
当	和田 春生	55	男	民社	新	603,982		江波 進一	34	男	諸派	新	11,611
当	山口 淑子	54	女	自民	新	597,028		河野 孔明	68	男	無所属	新	10,775
当	神田 博	70	男	自民	新	594,080		田代 幸雄	44	男	無所属	新	10,719
当	コロムビア・トップ	52	男	無所属	新	583,886		青山 雅彦	78	男	諸派	新	10,276
当	渡辺 武	59	男	共産	現	580,991		藤崎 睦	72	男	無所属	新	9,970
当	小巻 敏雄	54	男	共産	新	575,110		中尾 太人	52	男	無所属	新	9,955
当3	森下 泰	52	男	自民	新	573,969		加藤 英一	54	男	無所属	新	9,484
当3	岩間 正男	68	男	共産	現	573,556		渡辺 正好	61	男	無所属	新	9,235
当3	上田 稔	60	男	自民	現	573,496		藤本 守	49	男	無所属	新	8,842
当3	近藤 忠孝	42	男	共産	新	573,211		松田 照久	44	男	無所属	新	8,271
	山下 春江	72	女	自民	現	566,309		田島 敬介	44	男	無所属	新	7,177
	村上 正邦	41	男	自民	新	552,854		高橋 卯一	70	男	無所属	新	5,544
	田中 忠雄	68	男	自民	新	550,689		吉川 藤三	62	男	無所属	新	6,196
	田沢 智治	41	男	自民	新	542,119		勝部 栄一	42	男	無所属	新	5,932
	坂 健	45	男	自民	新	516,159		辻田 恒省	44	男	無所属	新	4,816
	長谷川 仁	55	男	自民	現	512,207		松原 広繁	41	男	無所属	新	3,484
	岡部 保	51	男	自民	新	511,891		菊池峰三郎	62	男	諸派	新	3,393
	加藤シヅエ	77	女	社会	現	507,052		植木 光導	42	男	無所属	新	2,379
	満岡文太郎	66	男	自民	新	439,015							
	高橋 幸嗣	60	男	無所属	新	427,350		※「当3」は任期3年の意味					
	横山ノック	42	男	無所属	現	425,047							
	亀井 善彰	73	男	自民	現	421,442		**第11回参議院議員選挙** 定数50					
	永野 鎮雄	65	男	自民	現	400,964		昭和52年(1977年) 7月10日実施					
	井上 計	54	男	民社	新	400,446	当	田 英夫	54	男	社会	前	1,587,262
	田中 一	73	男	社会	現	391,531	当	江田 五月	36	男	社市連	新	1,392,475
	横山 フク	67	女	自民	元	365,211	当	福島 茂夫	59	男	自民	新	1,277,731
	内田 芳郎	55	男	自民	元	313,545	当	玉置 和郎	54	男	自民	前	1,119,598
	福島 恒春	63	男	自民	新	308,792	当	梶木 又三	58	男	自民	前	1,119,430
	横井 庄一	59	男	無所属	新	262,746	当	内藤誉三郎	65	男	自民	前	1,071,893
	玉置 猛夫	60	男	自民	現	251,227	当	楠 正俊	56	男	自民	前	1,042,848
	戸村 一作	65	男	無所属	新	230,407	当	町村 金五	76	男	自民	前	1,028,981
	大松 博文	53	男	自民	現	226,344	当	増岡 康治	52	男	自民	新	980,558
	真野 博	43	男	無所属	新	50,524	当	栗林 卓司	46	男	民社	前	969,805
	田中 洋一	40	男	無所属	新	38,216	当	柳沢 錬造	58	男	民社	新	960,861
							当	古賀雷四郎	61	男	自民	前	955,560

参議院・全国区

当	伊江 朝雄	56	男	自民	新	954,782
当	野末 陳平	45	男	無所属	前	944,275
当	西村 尚治	66	男	自民	前	942,689
当	柏原 ヤス	60	女	公明	前	920,669
当	竹内 潔	56	男	自民	新	884,677
当	矢追 秀彦	43	男	公明	前	839,616
当	徳永 正利	63	男	自民	前	838,427
当	八代 英太	40	男	無所属	新	837,675
当	中尾 辰義	61	男	公明	前	830,941
当	堀江 正夫	62	男	自民	新	813,280
当	松前 達郎	50	男	社会	新	804,969
当	中野 明	51	男	公明	新	802,676
当	片山 正英	63	男	自民	前	798,037
当	大森 昭	50	男	社会	新	791,979
当	小平 芳平	55	男	公明	前	790,040
当	扇 千景	44	女	自民	新	790,022
当	下田 京子	37	女	共産	新	789,828
当	大木 正吾	55	男	社会	新	780,783
当	多田 省吾	46	男	公明	前	772,987
当	渋谷 邦彦	53	男	公明	元	767,416
当	横山ノック	45	男	革自連	元	758,911
当	和泉 照雄	55	男	公明	新	753,485
当	藤井 恒男	48	男	民社	前	748,402
当	高橋 圭三	58	男	無所属	新	741,646
当	安西 愛子	60	女	自民	前	738,750
当	中村 利次	60	男	民社	前	708,472
当	宮本 顕治	68	男	共産	新	706,747
当	宮崎 正義	65	男	公明	前	696,626
当	円山 雅也	50	男	新自ク	新	687,856
当	安恒 良一	53	男	社会	新	687,631
当	山崎 昇	55	男	社会	前	676,790
当	田中寿美子	67	女	社会	前	656,929
当	藤井 裕久	45	男	自民	新	655,496
当	石本 茂	63	女	自民	前	651,553
当	宮之原貞光	59	男	社会	前	638,364
当	佐藤 三吾	48	男	社会	新	625,721
当	市川 正一	53	男	共産	新	608,924
当	穐山 篤	50	男	社会	新	582,847
	佐藤 敬夫	42	男	新自ク	新	559,318
	加藤 進	68	男	共産	前	558,685
	近藤 忠孝	45	男	共産	前	537,604
	春日 正一	70	男	共産	前	530,785
	望月 優子	60	女	社会	前	528,228
	星野 力	70	男	共産	前	527,476
	黒住 忠行	57	男	自民	前	481,682
	一龍斎貞鳳	50	男	自民	前	476,721
	大来佐武郎	62	男	新自ク	新	447,645
	松井 恒子	50	女	社会	新	444,112
	望月 正作	55	男	自民	新	348,952
	笹原金次郎	56	男	新自ク	新	263,083
	吉武 輝子	45	女	無所属	新	263,051
	鈴木 武樹	42	男	革自連	新	260,315
	川上源太郎	38	男	無所属	新	228,292

	藤島 泰輔	44	男	自民	新	188,387
	鬼頭 史郎	43	男	無所属	新	183,466
	中村 武志	68	男	革自連	新	175,931
	長沢 純	36	男	無所属	新	133,274
	はばこういち	44	男	革自連	新	130,504
	武藤 富男	73	男	諸派	新	107,368
	高田 巌 (高田 がん)	47	男	無所属	新	70,631
	阿部 玉子	39	女	革自連	新	56,038
	成田 得平	33	男	諸派	新	53,682
	林 隆造	41	男	無所属	新	46,507
	鈴木 広	58	男	無所属	新	36,341
	中島久美子	34	女	諸派	新	35,302
	有田 二郎	73	男	無所属	新	33,702
	森田 勇造	37	男	無所属	新	32,219
	心 久 (須田喜久夫)	49	男	無所属	新	31,024
	斎藤千恵子	33	女	諸派	新	27,109
	池山 重朗	46	男	社市連	新	26,380
	松浦 範年	46	男	無所属	新	25,893
	井樽 恵子	52	女	諸派	新	24,531
	渡部美恵子	40	女	諸派	新	23,940
	木口 行美	34	男	諸派	新	23,280
	大西 末子	67	女	無所属	新	23,038
	野村 照男	45	男	無所属	新	22,373
	中尾 太人	55	男	無所属	新	22,228
	阿部 修	52	男	無所属	新	21,507
	野崎 章子	56	女	諸派	新	20,775
	城戸嘉世子	47	女	諸派	新	18,839
	鈴木 斐	33	男	無所属	新	18,526
	松田 照久	47	男	無所属	新	17,598
	萩原 猛	36	男	諸派	新	14,337
	篠塚 幸子	55	女	諸派	新	11,196
	高橋 秀郎	71	男	諸派	新	9,440
	奥崎 謙三	57	男	無所属	新	8,794
	大迫 修一	39	男	無所属	新	7,355
	小牟田棋山	52	男	無所属	新	6,971
	間瀬 蔵太	65	男	無所属	新	5,790
	扇 忠雄	57	男	無所属	新	4,431

第12回参議院議員選挙　定数50
昭和55年（1980年）6月22日実施

当	市川 房枝	87	女	無所属	現	2,784,998
当	青島 幸男	47	男	無所属	現	2,247,157
当	鳩山威一郎	61	男	自民	現	2,005,694
当	宮田 輝	58	男	自民	現	1,844,286
当	中山 千夏	31	女	諸派	新	1,619,629
当	山東 昭子	38	女	自民	現	1,508,617
当	山口 淑子	60	女	自民	現	1,247,174
当	岡部 三郎	53	男	自民	新	1,162,003
当	美濃部亮吉	76	男	無所属	新	1,154,764
当	大河原太一郎	58	男	自民	新	1,129,936

当		田渕　哲也	54	男	民社	現	1,101,880	安井　けん	32	男	無所属	新	73,516
当		田沢　智治	47	男	自民	新	1,078,585	鈴木　広	60	男	無所属	新	66,361
当		斎藤栄三郎	67	男	自民	現	1,060,695	秋本　芳郎	51	男	無所属	新	56,822
当		村上　正邦	47	男	自民	新	1,037,410	加茂　修	33	男	無所属	新	43,869
当		長田　裕二	63	男	自民	現	1,030,459	石川　八郎	47	男	無所属	新	41,640
当		岡田　広	70	男	自民	現	992,124	高橋　満	48	男	無所属	新	40,361
当		井上　孝	55	男	自民	新	968,439	前田　文弘	49	男	無所属	新	39,489
当		関口　恵造	54	男	自民	新	931,070	長田　正松	65	男	無所属	新	35,463
当		板垣　正	55	男	自民	新	927,421	東郷　健	48	男	無所属	新	31,419
当		源田　実	75	男	自民	現	901,567	上田倪太郎	81	男	無所属	新	30,323
当		向井　長年	69	男	民社	現	892,582	河野　孔明	74	男	無所属	新	28,339
当		山中　郁子	48	女	共産	現	854,056	内村　健一	54	男	無所属	新	27,849
当		福間　知之	52	男	社会	現	843,232	山本　禅海	80	男	無所属	新	26,440
当		丸茂　重貞	64	男	自民	現	838,721	梶野　東吾	35	男	諸派	新	26,264
当		梶原　清	58	男	自民	新	828,068	佐藤　康文	38	男	無所属	新	25,255
当		目黒今朝次郎	58	男	社会	現	815,100	城戸嘉世子	50	女	無所属	新	24,916
当		鈴木　一弘	55	男	公明	現	814,953	酒井　敏雄	69	男	無所属	新	21,173
当		松浦　功	57	男	自民	新	808,355	飯沼日出夫	55	男	無所属	新	18,008
当		田中　正巳	63	男	自民	新	797,898	前川　逸男	48	男	諸派	新	17,512
当		峯山　昭範	44	男	公明	現	787,124	松沢　一雄	35	男	無所属	新	16,920
当		坂野　重信	62	男	自民	現	781,505	串本金一郎	58	男	無所属	新	15,421
当		片山　甚市	57	男	社会	現	775,822	高橋　秀郎	74	男	諸派	新	12,088
当		大川　清幸	54	男	公明	新	770,333	本間　広次	32	男	無所属	新	12,070
当		野田　哲	54	男	社会	現	768,809	重松九州男	68	男	無所属	新	9,155
当		江藤　智	73	男	自民	現	765,685	奥崎　謙三	60	男	無所属	新	7,568
当		鈴木　和美	50	男	社会	新	761,560	脇田　正男	49	男	無所属	新	7,357
当		二宮　文造	60	男	公明	現	748,751	辰野　昌衛	59	男	無所属	新	5,919
当		阿具根　登	68	男	社会	現	737,663	深沢　繁男	56	男	無所属	新	5,763
当		太田　淳夫	46	男	公明	現	727,811	大岸　善造	60	男	無所属	新	4,025
当		塩出　啓典	47	男	公明	現	712,629	中畝　友幸	47	男	無所属	新	3,615
当		藤原　房雄	50	男	公明	現	709,698						
当		鶴岡　洋	47	男	公明	新	709,044						
当		松本　英一	59	男	社会	現	709,008						
当		近藤　忠孝	48	男	共産	元	704,639						
当		中野　鉄造	53	男	公明	新	689,042						
当		柄谷　道一	55	男	民社	現	686,514						
当		伊藤　郁男	49	男	民社	新	683,502						
当		立木　洋	49	男	共産	現	674,958						
当		粕谷　照美	56	女	社会	現	664,826						
当		和田　静夫	53	男	社会	現	642,554						
繰当		秦　豊	55	男	社民連	現	627,272						
		安永　英雄	60	男	社会	現	623,252						
		渡辺　武	65	男	共産	現	621,135						
		内藤　功	49	男	共産	現	617,768						
		命苫　孝英	45	男	自民	新	605,410						
		小巻　敏雄	60	男	共産	現	599,462						
		コロムビア・トップ	58	男	無所属	現	550,476						
		寺沼　幸子	54	女	自民	新	527,066						
		中沢　啓吉	45	男	新自ク	新	351,291						
		青木　茂	57	男	無所属	新	297,389						
		邱　永漢	56	男	無所属	新	140,257						
		大谷藤之助	73	男	無所属	現	93,903						
		高田　がん	50	男	無所属	新	89,782						

※向井長年(民社)死去のため昭和55年7月8日
　秦豊(社民連)が繰上当選

比例区

第13回参議院議員選挙　定数50
昭和58年(1983年) 6月26日実施

自由民主党　16,441,437票　当選人数 19人

1	当	徳永　正利	69	男	現
2	当	林　健太郎	70	男	新
3	当	梶木　又三	64	男	現
4	当	岡野　裕	56	男	新
5	当	竹内　潔	62	男	現
6	当	伊江　朝雄	62	男	現
7	当	矢野俊比古	59	男	新
8	当	増岡　康治	58	男	現
9	当	吉村　真事	55	男	新
10	当	海江田鶴造	60	男	新
11	当	古賀雷四郎	67	男	現
12	当	大浜　方栄	55	男	新
13	当	石本　茂	69	女	現
14	当	山岡　賢次	40	男	新
15	当	安西　愛子	66	女	現
16	当	扇　千景	50	女	現
17	当	柳川　覚治	57	男	新
18	当	堀江　正夫	68	男	現
19	当	藤井　裕久	51	男	現
20	繰当	石井　道子	50	女	新
21	繰当	寺内　弘子	47	女	新
22		楠　正俊	62	男	現
23		久世　公堯	54	男	新
24		高橋　圭三	64	男	現
25		円山　雅也	56	男	現
26		須藤　徹男	61	男	新
27		堂垣内尚弘	69	男	新
28		上園　辰己	58	男	新
29		井奥　貞雄	44	男	新
30		花田　潔	65	男	新

日本社会党　7,590,331票　当選人数 9人

1	当	中村　哲	71	男	新
2	当	久保田真苗	58	女	新
3	当	松前　達郎	56	男	現
4	当	大森　昭	56	男	現
5	当	大木　正吾	61	男	現
6	当	安恒　良一	59	男	現
7	当	佐藤　三吾	53	男	現
8	当	穐山　篤	56	男	現
9	当	安永　英雄	63	男	元
10		山口　哲夫	54	男	新
11		谷本　巍	54	男	新
12		山本　正和	55	男	新
13		清水　澄子	55	女	新
14		上坂　明	57	男	新
15		津野　公男	37	男	新
16		松木　岩雄	44	男	新
17		津村　喬	34	男	新
18		里深　文彦	40	男	新

公明党　7,314,465票　当選人数 8人

1	当	伏見　康治	73	男	新
2	当	多田　省吾	52	男	現
3	当	中西　珠子	64	女	新
4	当	高桑　栄松	64	男	新
5	当	和田　教美	64	男	新
6	当	刈田　貞子	51	女	新
7	当	中野　明	57	男	現
8	当	飯田　忠雄	71	男	新
9		及川　順郎	46	男	新
10		庭山　昌	43	男	新
11		常松　克安	49	男	新
12		猪熊　重二	52	男	新
13		杉野　重子	61	女	新
14		野村　清	51	男	新
15		福田　明	54	男	新
16		鈴木　武	53	男	新
17		谷口　卓三	47	男	新

日本共産党　4,163,877票　当選人数 5人

1	当	宮本　顕治	74	男	現
2	当	市川　正一	59	男	現
3	当	下田　京子	42	女	現
4	当	橋本　敦	54	男	元
5	当	吉川　春子	42	女	新
6		西沢　舜一	54	男	新
7		岡崎万寿秀	53	男	新
8		佐藤　庸子	42	女	新
9		三堀　雅志	46	男	新
10		筆坂　秀世	35	男	新
11		吉野　高幸	40	男	新
12		林　紀子	43	女	新
13		浦田　宣昭	41	男	新
14		相馬　綾子	36	女	新
15		大田みどり	33	女	新
16		雪野　勉	57	男	新
17		広井　暢子	36	女	新
18		福重泰次郎	36	男	新
19		浅見　善吉	60	男	新
20		佐藤　祐弘	50	男	新
21		植田　晃子	46	女	新
22		日隈　威徳	46	男	新
23		池田　幹幸	41	男	新
24		長住由美子	33	女	新
25		佐々木憲昭	37	男	新

民社党　3,888,429票　当選人数 4人

1	当	関　嘉彦	70	男	新
2	当	栗林　卓司	52	男	現
3	当	藤井　恒男	54	男	現
4	当	柳沢　錬造	64	男	現
5		橋本孝一郎	57	男	新
6		菊池　幸子	60	女	新
7		高橋　芳郎	77	男	新
8		橋口　昭	56	男	新
9		川崎　敏夫	61	男	新
10		前山　茂	51	男	新
11		杉田　房子	50	女	新
12		森木　亮	47	男	新
13		上条　義昭	38	男	新
14		奥川　貴弥	36	男	新
15		畑　昭三	55	男	新
16		小山善次郎	55	男	新
17		遠藤欣之助	47	男	新

サラリーマン新党　1,999,244票　当選人数 2人

1	当	青木　茂	60	男	新
2	当	八木　大介（木本平八郎）	56	男	新
3		小林　喜幸	36	男	新
4		加納　勝美	47	男	新
5		佐々木清成	51	男	新
6		宮川　満	65	男	新
7		吉田　勉	35	男	新
8		杉浦久美子	34	女	新
9		富塚　正男	69	男	新
10		近江谷鑛八郎	67	男	新

福祉党　1,577,630票　当選人数 1人

1	当	八代　英太	46	男	現
2		天坂　辰雄	55	男	新
3		小森　禎司	45	男	新
4		三浦　道明	48	男	新
5		小西　和人	56	男	新
6		麻生　アヤ	47	女	新
7		水上　昌俊	46	男	新
8		畑中　伸三	46	男	新
9		角谷　盛夫	32	男	新
10		矢田　茂	65	男	新

新自由クラブ民主連合　1,239,169票　当選人数 1人

1	当	田　英夫	60	男	現
2		大石　武一	74	男	現
3		水野　晴郎	51	男	新
4		石川　達男	59	男	新
5		大久保　力	43	男	新
6		中沢　啓一	48	男	新
7		西風　勲	56	男	新
8		工藤　良平	57	男	元

| 9 | | 長谷川　保 | 79 | 男 | 新 |

第二院クラブ　1,142,349票　当選人数 1人

1	当	野坂　昭如	52	男	新
2	繰当	コロムビア・トップ	61	男	元
3		いずみたく	53	男	新
4		中村　武志	74	男	新
5		大黒　章弘	40	男	新
6		辺見　広明	32	男	新
7		長沢　郁朗	44	男	新
8		加納　孝	38	男	新
9		杉山　純	35	男	新
10		多代田　至	45	男	新

無党派市民連合　509,104票　当選人数 0人

1		永　六輔	50	男	新
2		矢崎　泰久	48	男	新
3		飛田　洋子	50	女	新
4		前田　俊彦	73	男	新
5		岩城　宏之	50	男	新
6		伊川　東吾	36	男	新
7		安増　武子	57	女	新
8		長谷川きよし	33	男	新
9		林　冬子	55	女	新
10		水戸　巌	50	男	新

田中角栄を政界から追放する勝手連　205,630票　当選人数 0人

1		福田　拓泉	55	男	新

MPD・平和と民主運動　155,448票　当選人数 0人

1		加藤美佐子	33	女	新
2		西村　道義	41	男	新
3		西宮　弘	77	男	新
4		安部　喜久	30	男	新
5		和田　洋一	79	男	新
6		児島　研二	30	男	新
7		一条　ふみ	57	女	新
8		依田　龍一	31	男	新
9		大山　明枝	67	女	新
10		中沢　照雄	32	男	新

自由超党派クラブ　102,925票　当選人数 0人

1		飯沼日出夫	58	男	新
2		氏原　安彦	52	男	新
3		大川　孝治	58	男	新
4		増田　義次	47	男	新
5		中村　愉一	72	男	新
6		曽根　久之	69	男	新
7		丸田　隆夫	58	男	新
8		秦　治男	47	男	新
9		最上長五郎	76	男	新
10		柘植　宗雄	66	男	新

参議院・比例区

教育党			79,033票	当選人数	0人
	1	城戸嘉世子	53	女	新

日本国民政治連合			40,518票	当選人数	0人
	1	赤石 貞治	54	男	新

雑民党			36,703票	当選人数	0人
	1	東郷 健	51	男	新

日本世直し党			34,715票	当選人数	0人
	1	重松九州男	71	男	新

世界浄霊会			15,921票	当選人数	0人
	1	小林 昭治	54	男	新
	2	田中 節生	39	男	新
	3	荒 忠敬	40	男	新
	4	庭山 義治	30	男	新
	5	横川 博一	40	男	新
	6	木谷 允	36	男	新
	7	谷川 信雄	41	男	新
	8	金井 正之	51	男	新
	9	大溝 爽	35	男	新
	10	宍倉 徳明	35	男	新

※野坂昭如(二院ク)の衆院選立候補のため昭和58年12月24日コロムビア・トップが繰上当選
※竹内潔(自民)死去のため昭和59年9月4日石井道子が繰上当選
※藤井裕久(自民)の衆院選立候補のため昭和61年6月23日寺内弘子が繰上当選

第14回参議院議員選挙　定数50
昭和61年(1986年)7月6日実施

自由民主党			22,132,573票	当選人数	22人
1	当	鳩山威一郎	67	男	現
2	当	長田 裕二	69	男	現
3	当	関口 恵造	60	男	現
4	当	大河原太一郎	64	男	新
5	当	下稲葉耕吉	60	男	新
6	当	村上 正邦	53	男	現
7	当	野沢 太三	53	男	新
8	当	井上 孝	61	男	現
9	当	梶原 清	64	男	現
10	当	岡部 三郎	59	男	新
11	当	板垣 正	61	男	現
12	当	田沢 智治	53	男	新
13	当	岡田 広	76	男	現
14	当	山口 淑子	66	女	現
15	当	山東 昭子	44	女	現
16	当	斎藤栄三郎	73	男	現
17	当	松浦 功	63	男	新
18	当	宮崎 秀樹	54	男	新
19	当	久世 公堯	57	男	新
20	当	田中 正巳	69	男	現
21	当	永野 茂門	63	男	新
22	当	宮田 輝	64	男	現
23		清水嘉与子	50	女	新
24		井奥 貞雄	47	男	新
25繰当3		山口 光一	56	男	新

日本社会党			9,869,088票	当選人数	9人
1	当	福間 知之	58	男	現
2	当	野田 哲	60	男	現
3	当	鈴木 和美	56	男	現
4	当	松本 英一	65	男	現
5	当	山本 正和	58	男	新
6	当	及川 一夫	57	男	新
7	当	山口 哲夫	57	男	新
8	当	田淵 勲二	56	男	新
9	当	粕谷 照美	62	女	現
10		谷本 巍	57	男	新
11		上坂 明	60	男	新
12		堀 利和	36	男	新
13		桜井 資浩	71	男	新
14		西川 進	40	男	新
15		新美美津子	38	女	新
16		本田 茂樹	38	男	新
17		山村ちずえ	51	女	新
18		鈴木 澄保	62	男	新

公明党			7,438,501票	当選人数	7人
1	当	広中和歌子	52	女	新
2	当	塩出 啓典	53	男	現
3	当	太田 淳夫	52	男	現
4	当	鶴岡 洋	53	男	現
5	当	中野 鉄造	59	男	現
6	当	猪熊 重二	55	男	新
7	当	及川 順郎	49	男	新
8繰当3		針生 雄吉	49	男	新
9		土師 進	48	男	新
10		庭山 昌	46	男	新
11		加藤 紀子	46	女	新
12		奥山 卓郎	57	男	新
13		大須賀規祐	46	男	新
14		田端 正広	46	男	新
15		橋本 立明	45	男	新
16		佐々木政俊	44	男	新
17		佐々木宏文	43	男	新

日本共産党			5,430,838票	当選人数	5人
1	当	立木 洋	55	男	現
2	当	山中 郁子	54	女	現
3	当	近藤 忠孝	54	男	現
4	当	吉岡 吉典	58	男	新
5	当	諌山 博	64	男	新
6		林 紀子	46	女	新
7		西沢 舜一	57	男	新
8		有田 光雄	56	男	新
9		三堀 雅志	49	男	新

	10	雪野　勉	60	男	新
	11	広井　暢子	39	女	新
	12	佐々木憲昭	40	男	新
	13	相馬　綾子	39	女	新
	14	伊藤　国男	66	男	新
	15	北田　寛二	63	男	新
	16	小笠原政之助	61	男	新
	17	松谷　好一	57	男	新
	18	高柳　新	47	男	新
	19	日隈　威徳	49	男	新
	20	植田　晃子	49	女	新
	21	長住由美子	36	女	新
	22	紙　智子	31	女	新
	23	加藤謙二郎	61	男	新
	24	大塚　淳子	43	女	新
	25	林田　芳徳	59	男	新

民社党　　3,940,325票　　当選人数　3人

1	当	橋本孝一郎	60	男	新
2	当	田渕　哲也	60	男	現
3	当	勝木　健司	43	男	新
4		伊藤　郁男	55	男	現
5		中村久瑠美	42	女	新
6		佐々木秀隆	57	男	新
7		青木　清	59	男	新
8		橋口　昭	59	男	新
9		前山　茂	54	男	新
10		森木　亮	50	男	新
11		植村　信蔵	58	男	新
12		御堂　啓一	54	男	新
13		梅沢　昇平	44	男	新
14		加藤　綾子	56	女	新
15		遠藤　寛	50	男	新
16		遠藤欣之助	50	男	新
17		藤原　範典	39	男	新

税金党　　1,803,051票　　当選人数　1人

1	当	秋山　肇	54	男	新
2		星野　朋市	54	男	新
3		鬼束　幸良	54	男	新
4		白鳥早奈英	46	女	新
5		池中万吏江	43	女	新
6		藤村　光司	39	男	新
7		水野　豊蔵	37	男	新
8		網川　健一	38	男	新
9		谷島　悦雄	39	男	新

サラリーマン新党　1,759,484票　当選人数　1人

1	当	平野　清	56	男	新
2		陣内照太郎	56	男	新
3		門田　正則	39	男	新
4		青木　淑子	62	女	新
5		宮川　満	68	男	新
6		大月　守徳	66	男	新

7		芝　ミイ子	42	女	新
8		富塚　正男	72	男	新
9		近江谷鎭八郎	70	男	新

第二院クラブ　1,455,532票　当選人数　1人

1	当	青島　幸男	53	男	現
2	繰当	いずみたく	56	男	新
3	繰当3	山田　俊昭	49	男	新
4		小長井雅晴	35	男	新
5		奥中　惇夫	55	男	新
6		大黒　章弘	43	男	新
7		加納　将光	41	男	新
8		辺見　広明	35	男	新
9		三崎　信芳	46	男	新
10		多代田　至	48	男	新

新自由クラブ　1,367,291票　当選人数　1人

1	当	宇都宮徳馬	79	男	現
2		石川　達男	62	男	新
3		清水　三雄	45	男	新
4		古柴　和子	47	女	新
5		吉田　良雄	64	男	新
6		藤由　欣久	49	男	新
7		山口太佳子	42	女	新

福祉党　　570,995票　　当選人数　0人

1		天坂　辰雄	58	男	新
2		平田　健治	57	男	新
3		高島　博	74	男	新
4		水城　和子	40	女	新
5		平尾　達夫	62	男	新
6		渡辺　芳子	41	女	新
7		畑中　伸三	49	男	新
8		水上　昌俊	49	男	新
9		奥田　チエ	42	女	新
10		三枝　敏仁	32	男	新

年金党　　353,334票　　当選人数　0人

1		友部　達夫	57	男	新
2		桜庭　清公	61	男	新
3		宮地　徳光	60	男	新
4		水越　玲子	60	女	新
5		有川　武良	68	男	新

老人福祉党　　247,559票　　当選人数　0人

1		有田　正憲	74	男	新
2		林　隆造	50	男	新
3		前川　逸男	54	男	新
4		吉川　朝臣	52	男	新
5		徳原　文夫	51	男	新
6		遠山　博	52	男	新
7		植井　和市	63	男	新
8		片田　花子	68	女	新
9		鈴木　鏡子	35	女	新
10		花輪　春造	70	男	新

参議院・比例区

社会を明るく住みよくする全国婦人の会
156,100票　当選人数　0人
1　宇野　春江　54　女　新
2　福田日出子　55　女　新
3　小林キシノ　68　女　新
4　大島　恵子　34　女　新
5　平野美津子　47　女　新
6　宇夫形冨貴子　38　女　新
7　乙黒みつ子　47　女　新
8　大橋　和子　37　女　新
9　吉沢　圭子　46　女　新

社会主義労働者党　146,243票　当選人数　0人
1　林　紘義　47　男　新

日本みどりの党　138,656票　当選人数　0人
1　山崎　圭次　74　男　新
2　甲賀　喜夫　78　男　新
3　田中　裕子　43　女　新
4　津林　民子　39　女　新
5　永国　淳哉　46　男　新
6　杉本　栄次　73　男　新
7　加川　和義　58　男　新
8　辻松　範昌　52　男　新
9　早草　実　71　男　新

MPD・平和と民主運動
109,607票　当選人数　0人
1　佐々木幸一　34　男　新
2　内田　礼子　32　女　新
3　安部　喜久　33　男　新
4　阿部　淑子　76　女　新
5　内田　茂　32　男　新
6　大山　明枝　70　女　新
7　尾崎　弘治　31　男　新
8　菊池　信顕　31　男　新
9　原　達樹　31　男　新

教育党　103,375票　当選人数　0人
1　城戸嘉世子　56　女　新

日本世直し党　68,972票　当選人数　0人
1　重松九州男　74　男　新

日本みどりの連合　60,488票　当選人数　0人
1　太田　竜　55　男　新

雑民党　42,804票　当選人数　0人
1　東郷　健　54　男　新

民声党　41,274票　当選人数　0人
1　塩森　達朗　46　男　新
2　入江　武雄　53　男　新
3　平野　明　45　男　新
4　山田　要　46　男　新
5　小松　俊雄　47　男　新
6　白田　雄司　52　男　新

7　高橋　祐一　56　男　新
8　金城　薫　33　男　新
9　相木　良一　32　男　新
10　天野　一郎　32　男　新

環境党　31,464票　当選人数　0人
1　伊藤　昌孝　54　男　新

日本教育正常化促進連盟
29,278票　当選人数　0人
1　石川佐智子　52　女　新
2　稲葉　寿の　80　女　新
3　宮北美津子　46　女　新
4　富樫　良子　48　女　新
5　合月けい子　38　女　新
6　佐薙　アイ　68　女　新
7　安達　昭子　58　女　新
8　石倉田鶴枝　47　女　新
9　宮北　昌和　48　男　新

世界浄霊会　18,025票　当選人数　0人
1　小林　三也　57　男　新
2　田中　栄晃　42　男　新
3　荒　敬雄　43　男　新
4　庭山　太郎　37　男　新
5　庭山乃二郎　33　男　新
6　横川　済　43　男　新
7　谷川　展朗　44　男　新
8　大溝　和純　38　男　新
9　宍倉　知明　38　男　新
10　小沢　光生　36　男　新

正義と人権を守り明日の日本を考える救国斬奸党
17,827票　当選人数　0人
1　福田　拓泉　58　男　新
2　宇野　勝三　53　男　新
3　小林　寿夫　62　男　新
4　平野　晃　48　男　新
5　大島　信次　37　男　新
6　乙黒　正夫　55　男　新
7　宇夫形政利　48　男　新
8　吉沢　正夫　55　男　新
9　大橋　忠義　43　男　新

協和党　16,048票　当選人数　0人
1　今野　宗禅　61　男　新

大日本誠流社　14,010票　当選人数　0人
1　楠本　正弘　37　男　新
2　柴田　吉一　33　男　新
3　角田　倉人　52　男　新
4　北村　周二　32　男　新
5　人見　和夫　37　男　新
6　樋口　政喜　47　男　新
7　高橋　賢治　42　男　新
8　梅田　武男　46　男　新

| | | 9 | | 伊藤　晴彦 | 32 | 男 | 新 |

※青島幸男(二院ク)が自民党による衆院本会議の単独強行採決に抗議して辞職したため平成1年6月16日いずみたくが繰上当選

※塩出啓典(公明)の衆院選立候補のため平成2年2月23日針生雄吉が繰上当選(任期3年)

※宮田輝(自民)死去のため名簿順位に従い平成2年8月1日清水嘉与子、9日井奥貞雄が当選人と決定されたが、すでに清水は参議院議員、井奥は衆議院議員に当選していたため辞退し、20日山口光一が繰上当選(任期3年)

※いずみたく(二院ク)死去のため平成4年5月25日名簿順位3位の山田俊昭が繰上当選(任期3年)

第15回参議院議員選挙　定数50
平成元年(1989年)7月23日実施

日本社会党　　19,688,252票　　当選人数 20人

1	当	松前　達郎	62	男	前
2	当	久保田真苗	64	女	前
3	当	国弘　正雄	58	男	新
4	当	日下部禧代子	53	女	新
5	当	安恒　良一	65	男	前
6	当	大森　昭	62	男	前
7	当	佐藤　三吾	60	男	前
8	当	安永　英雄	69	男	前
9	当	堂本　暁子	56	女	新
10	当	谷本　巍	60	男	新
11	当	稲山　篤	62	男	前
12	当	清水　澄子	61	女	新
13	当	北村　哲男	51	男	新
14	当	菅野　寿	66	男	新
15	当	肥田美代子	48	女	新
16	当	庄司　中	63	男	新
17	当	村田　誠醇	42	男	新
18	当	堀　利和	39	男	新
19	当	瓩　正敏	42	男	新
20	当	三石　久江	61	女	新
21		石田　好数	52	男	新
22		後藤みち子	60	女	新
23		片岡　正英	34	男	新
24		笠原　昭男	61	男	新
25		海野　明昇	51	男	新

自由民主党　　15,343,455票　　当選人数 15人

1	当	清水嘉与子	53	女	新
2	当	八代　英太	52	男	前
3	当	岡野　裕	62	男	前
4	当	山岡　賢次	46	男	前
5	当	井上　章平	59	男	新
6	当	石川　弘	60	男	新
7	当	須藤良太郎	56	男	新
8	当	成瀬　守重	56	男	新
9	当	大浜　方栄	61	男	前
10	当	尾辻　秀久	48	男	新
11	当	木暮　山人	61	男	新
12	当	石井　道子	56	女	前
13	当	田村　秀昭	56	男	新
14	当	伊江　朝雄	68	男	前
15	当	柳川　覚治	63	男	新
16繰当3		扇　千景	56	女	前
17繰当3		増岡　康治	64	男	前
18		楢崎　泰昌	60	男	新
19		吉村　真事	61	男	前
20		佐藤　欣子	55	女	新
21		海江田鶴造	66	男	前
22		矢野俊比古	64	男	前
23		寺内　弘子	53	女	前
24		藤江　弘一	59	男	新
25		菊池　淳	56	男	新

公明党　　6,097,971票　　当選人数 6人

1	当	高桑　栄松	70	男	前
2	当	中西　珠子	70	女	前
3	当	和田　教美	70	男	前
4	当	刈田　貞子	57	女	前
5	当	中川　嘉美	55	男	新
6	当	常松　克安	55	男	新
7		駒谷　明	59	男	新
8		福岡　康夫	57	男	新
9		宮崎　角治	60	男	新
10		熊谷　信孝	47	男	新
11		平林　朋紀	48	男	新
12		野村　洋一	49	男	新
13		大木田勝子	47	女	新
14		大井　国崇	51	男	新
15		佐々木宏文	46	男	新
16		菊地　敏行	46	男	新
17		小島　明人	40	男	新

日本共産党　　3,954,408票　　当選人数 4人

1	当	市川　正一	65	男	前
2	当	橋本　敦	60	男	前
3	当	吉川　春子	48	女	前
4	当	林　紀子	49	女	新
5		有働　正治	44	男	新
6		佐々木憲昭	43	男	新
7		緒方　靖夫	41	男	新
8		須藤美也子	54	女	新
9		雪野　勉	63	男	新
10		高柳　新	50	男	新
11		有田　光雄	59	男	新
12		小笠原政之助	64	男	新
13		菅野　悦子	46	女	新
14		北田　寛二	66	男	新
15		大塚　淳子	47	女	新

16		奥川 礼三	60	男	新
17		近藤 芳子	53	女	新
18		紙 智子	34	女	新
19		日隈 威徳	52	男	新
20		田中 昭治	62	男	新
21		林田 芳徳	62	男	新
22		吉谷 泉	66	男	新
23		日高 三郎	53	男	新
24		貝瀬 正	38	男	新
25		吉田 秀樹	36	男	新

民社党　　　　2,726,419票　　当選人数　2人

1	当	足立 良平	53	男	新
2	当	寺崎 昭久	53	男	新
3		伊藤 郁男	58	男	元
4		中村 弘	60	男	新
5		山谷えり子	38	女	新
6		橋口 昭	62	男	新
7		鈴木 俊	63	男	新
8		森木 亮	53	男	新
9		新井田佳子	64	女	新
10		加藤 綾子	59	女	新
11		小山善次郎	61	男	新
12		飯坂 勝美	57	男	新
13		池畑 英雄	57	男	新
14		大西 正悦	54	男	新
15		林 順一郎	54	男	新
16		森 栄二	53	男	新
17		阿部 翰靖	53	男	新

第二院クラブ　　1,250,022票　　当選人数　1人

1	当	コロムビア・トップ	67	男	前
2		青島 幸男	56	男	元
3		山田 俊昭	52	男	新
4		奥中 惇夫	58	男	新
5		大黒 章弘	46	男	新
6		加納 将光	44	男	新
7		辺見 広明	38	男	新
8		三崎 信芳	49	男	新
9		多代田 至	51	男	新
10		青野 暉	58	男	新

税金党　　　　1,179,939票　　当選人数　1人

1	当	横溝 克己	65	男	新
2	繰当	星野 朋市	57	男	新
3		寺尾 寛	46	男	新
4		城市 貫夫	34	男	新
5		白石 和男	39	男	新
6		浜場 健治	39	男	新
7		増本 修治	38	男	新
8		今泉 勝義	36	男	新
9		島尻 昇	31	男	新

スポーツ平和党　　993,989票　　当選人数　1人

1	当	アントニオ猪木	46	男	新

2		春次賢太朗	34	男	新
3		青木太一郎	51	男	新
4		安藤 妍雪	49	女	新
5		中川 泰生	45	男	新
6		生間 六男	54	男	新
7		丸山 恒司	53	男	新
8		深井 修一	34	男	新
9		富沢信太郎	64	男	新
10		倍賞 鉄夫	40	男	新

サラリーマン新党　　872,326票　　当選人数　0人

1		青木 茂	66	男	前
2		井上 信也	55	男	新
3		永井 晶子	49	女	新
4		大月 守徳	69	男	新
5		増渕 広美	40	女	新
6		奥田 邦夫	60	男	新
7		古川 昭宏	34	男	新
8		野口 宏明	31	男	新
9		鈴木 啓功	32	男	新

進歩党　　　　711,980票　　当選人数　0人

1		青木 勝治	49	男	新
2		大久保 力	49	男	新
3		出口孝二郎	45	男	新
4		依田 米秋	53	男	新
5		伊藤 一洋	48	男	新

年金党　　　　682,610票　　当選人数　0人

1		友部 達夫	60	男	新
2		酒井 広	63	男	新
3		清川 虹子	76	女	新
4		高久 徹	52	男	新
5		島村 俊一	59	男	新
6		有川 武良	71	男	新
7		落合 政利	60	男	新
8		本多 冬彦	68	男	新
9		熊谷四郎生	64	男	新
10		岸本 義一	81	男	新

新自由クラブ　　341,003票　　当選人数　0人

1		竹岡 和彦	41	男	新
2		クロード・チアリ	45	男	新
3		田中 良一	40	男	新
4		岩本 敏宏	50	男	新
5		牧野 幸一	40	男	新
6		小田原憲昭	53	男	新
7		江崎久仁子	38	女	新
8		奥田 正弘	42	男	新
9		山路 勲	42	男	新
10		池上 明	33	男	新

ちきゅうクラブ　　334,805票　　当選人数　0人

1		山本コウタロー	40	男	新
2		金住 典子	47	女	新

	3	門野 晴子	51	女	新	太陽の会		147,090票	当選人数	0人
	4	北沢 杏子	59	女	新		1	安西 愛子 72	女	前
	5	駒尺 喜美	64	女	新		2	小林 威 60	男	新
	6	やまだ 紫	40	女	新		3	高木 緑 53	女	新
	7	ゆみこ・ながい・むらせ	42	女	新		4	山本 洋子 47	女	新
	8	タカコ・ナカムラ	31	女	新		5	田中 文子 57	女	新
	9	久保木知恵子	35	女	新		6	藤原 君子 33	女	新
	10	藤枝 澪子	58	女	新		7	岡本 輝興 47	男	新
福祉党		319,298票		当選人数	0人		8	寺地 俊二 48	男	新
	1	天坂 辰雄	61	男	新		9	前田 敬介 59	男	新
	2	近田登志子	58	女	新	新自由党		145,194票	当選人数	0人
	3	松本 しづ	59	女	新		1	高橋 妙子 59	女	新
	4	福士 高	59	男	新		2	石川 八郎 56	男	新
	5	村山 彰	41	男	新		3	石津一二美 48	女	新
	6	藤平 政男	59	男	新		4	竹崎聖代子 49	女	新
	7	小野里雄亮	54	男	新		5	堤 美智子 44	女	新
	8	平尾 達夫	65	男	新		6	岡安 靖男 44	男	新
	9	奥田 チエ	45	女	新		7	高野かほる 45	女	新
	10	赤石 勝美	62	男	新		8	小沢たき子 51	女	新
老人福祉党		173,314票		当選人数	0人		9	星川 裕美 32	女	新
	1	吉元 福吉	57	男	新	社会主義労働者党		139,682票	当選人数	0人
	2	安倍 義雄	52	男	新		1	林 紘義 50	男	新
	3	林 隆造	53	男	新		2	町田 勝 44	男	新
	4	松崎 泰夫	46	男	新		3	伊藤 恵子 42	女	新
	5	藤野 忠士	61	男	新		4	増田加代子 42	女	新
	6	菅原 知見	43	男	新		5	西村 真弓 36	女	新
	7	高嶋 德紘	46	男	新		6	渡辺 宜信 41	男	新
	8	阿部 評博	60	男	新		7	合田 純二 39	男	新
	9	松江 宏次	73	男	新		8	阿部 治正 35	男	新
原発いらない人々		161,523票		当選人数	0人		9	亀崎 勘治 42	男	新
	1	渡辺 春夫	43	男	新	国会議員を半分に減らす会				
	2	紋 治呂	39	男	新			132,130票	当選人数	0人
	3	木村 京子	41	女	新		1	須田喜久夫 61	男	新
	4	阿部 宗悦	63	男	新		2	山田 典吾 73	男	新
	5	丸井美恵子	40	女	新		3	山下 喜淑 66	男	新
	6	奥村 悦夫	37	男	新		4	岡田 香織 62	女	新
	7	柴田由香利	33	女	新		5	松原 友忠 61	男	新
	8	今野 敏	33	男	新		6	福地 恒夫 60	男	新
	9	杉本 皓子	39	女	新		7	山田 晴弘 60	男	新
みどりといのちのネットワーク							8	金子 昭 58	男	新
		150,735票		当選人数	0人		9	中名生 明 51	男	新
	1	西崎 量一	45	男	新		10	海阪 雄藤 43	男	新
	2	北村 弓	33	女	新	緑の党		121,248票	当選人数	0人
	3	新井 俊雄	43	男	新		1	対馬テツ子 36	女	新
	4	野上ふさ子	40	女	新	UFO党		72,894票	当選人数	0人
	5	西川 厚子	38	女	新		1	森脇十九男 45	男	新
	6	田中 裕子	46	女	新		2	野中 和雄 42	男	新
	7	尾崎 順子	58	女	新		3	木上 博 38	男	新
	8	明峯 哲夫	43	男	新		4	守谷 克俊 33	男	新
	9	土橋 敏郎	39	男	新		5	田中 茂樹 37	男	新

6	室田 義隆	36	男	新
7	篠田 文雄	37	男	新
8	森光 宏明	49	男	新
9	米田 信三	59	男	新

教育党　60,193票　当選人数　0人
1	城戸嘉世子	59	女	新

人間党　44,736票　当選人数　0人
1	吉岡 立夫	39	男	新
2	佐々木 明	38	男	新
3	井上 幸隆	39	男	新
4	吉岡 要	38	男	新
5	畑中 武	38	男	新
6	吉岡 清視	38	男	新
7	船戸 正信	38	男	新
8	塩田 聖房	38	男	新
9	坂本 保則	38	男	新
10	高田 照夫	38	男	新

日本世直し党　43,048票　当選人数　0人
1	重松九州男	77	男	新
2	堀沢 哲男	63	男	新
3	兼松 耕作	65	男	新
4	平井 匡介	59	男	新
5	深沢 郁三	50	男	新
6	渡辺 滝雄	36	男	新
7	小野里 博	33	男	新
8	重松 喜代	72	女	新
9	堀内恵美子	31	女	新

全婦会救国党ミニ政党悪税消費税反対大連合　41,481票　当選人数　0人
1	福田 拓泉	61	男	新
2	大島 信次	40	男	新
3	前田 晴吉	49	男	新
4	大島 恵子	37	女	新
5	斉藤智恵子	42	女	新
6	前田光津江	48	女	新
7	大島 三郎	72	男	新
8	小林キシノ	71	女	新
9	大島 信幸	33	男	新

新政クラブ　41,464票　当選人数　0人
1	秋山 昭八	56	男	新
2	西垣 義明	48	男	新
3	丸山 和也	43	男	新
4	井上 章夫	50	男	新
5	星 運吉	47	男	新
6	有岡 学	58	男	新
7	小沢 俊夫	53	男	新
8	鈴木 稔	57	男	新
9	鈴木 利治	39	男	新
10	高橋 庸尚	53	男	新

MPD・平和と民主運動　32,305票　当選人数　0人
1	市田 陽子	33	女	新
2	近 正文	38	男	新
3	佐藤 明子	40	女	新
4	加藤 昭一	32	男	新
5	大山 明枝	73	女	新
6	吉田 泰夫	32	男	新
7	松田 幸子	33	女	新
8	沖永 明久	30	男	新
9	鬼弦千枝子	35	女	新

環境党　29,929票　当選人数　0人
1	伊藤 昌孝	57	男	新

大行社政治連盟　24,030票　当選人数　0人
1	丸山 孝	58	男	新
2	石川佐智子	55	女	新
3	後藤 庸輔	61	男	新
4	川島 孝夫	38	男	新
5	沢之井明峰	58	男	新
6	直井 完治	44	男	新
7	早瀬 内海	36	男	新
8	安藤 治夫	47	男	新
9	岸 繁広	34	男	新

エイズ根絶性病撲滅国民運動太陽新党　23,790票　当選人数　0人
1	花輪 治三	73	男	新
2	三浦江美子	53	女	新
3	青木 三郎	76	男	新
4	磯村 猛夫	70	男	新
5	若林 すい	55	女	新
6	井内 英子	50	女	新
7	中村 勝司	65	男	新
8	志賀 昭次	46	男	新
9	白井 初枝	50	女	新

日本青年社　18,953票　当選人数　0人
1	中川 成城	44	男	新
2	萩野谷輝男	51	男	新
3	斉藤 純孝	39	男	新

政事公団太平会　15,872票　当選人数　0人
1	越野 金子	68	女	新
2	増田 惟子	46	女	新
3	衣川寿寿子	59	女	新
4	神田 渥子	59	女	新
5	戸嶋 悦子	46	女	新
6	高木 福子	50	女	新
7	浜沢 花子	63	女	新
8	牧野 淳子	50	女	新
9	増田 真一	65	男	新

雑民党　14,514票　当選人数　0人
1	東郷 健	57	男	新

道州制推進会議			10,192票		当選人数	0人
1		阿部　　速	56	男	新	
2		吉田　靖雄	51	男	新	
3		庄山　　正	45	男	新	
4		野添　裕子	30	女	新	
5		山根　一郎	32	男	新	
6		川合　淳美	56	男	新	
7		松尾　礼子	34	女	新	
8		阿部　　登	44	男	新	
9		若杉　高昭	36	男	新	
10		松村　潮美	36	女	新	

世界浄霊会			8,857票		当選人数	0人
1		小林　三也	60	男	新	
2		田中　栄晃	45	男	新	
3		荒　　敬雄	46	男	新	
4		庭山　太郎	40	男	新	
5		横川　　済	46	男	新	
6		谷川　展朗	47	男	新	
7		大溝　和純	41	男	新	
8		宍倉　知明	41	男	新	
9		小沢　光生	39	男	新	
10		庭山乃二郎	36	男	新	

日本国民権利擁護連盟			8,685票		当選人数	0人
1		木本　幸雄	61	男	新	

大日本誠流社			8,127票		当選人数	0人
1		楠本　正弘	40	男	新	
2		柴田　吉一	36	男	新	
3		角田　倉人	55	男	新	
4		北村　周二	35	男	新	
5		人見　和夫	40	男	新	
6		高橋　賢治	45	男	新	
7		山口二三夫	42	男	新	
8		須藤　　一	37	男	新	
9		会町　六男	35	男	新	

主権在民党			4,865票		当選人数	0人
1		今井　徳幸	33	男	新	
2		白木　康治	47	男	新	
3		米道　正年	40	男	新	
4		山浦　貞昌	48	男	新	
5		竹本　妙子	41	女	新	
6		岸　　忠夫	40	男	新	
7		相田　栄一	44	男	新	
8		大野　進二	47	男	新	
9		高谷　博子	39	女	新	

※横溝克己（税金）死去のため平成2年3月14日星野朋市が繰上当選

※山岡賢次（自民）の衆院選立候補のため平成5年7月16日扇千景が繰上当選（任期3年）

※石川弘（自民）の石川県知事選立候補のため平成6年3月23日増岡康治が繰上当選（任期3年）

第16回参議院議員選挙　定数50
平成4年(1992年)7月26日実施

自由民主党				14,961,199票		当選人数	19人
1	当	井上　　孝	67	男	前		
2	当	下稲葉耕吉	66	男	前		
3	当	村上　正邦	59	男	前		
4	当	大島　慶久	52	男	前		
5	当	岡部　三郎	65	男	前		
6	当	泉　　信也	54	男	新		
7	当	藤江　弘一	62	男	新		
8	当	野沢　太三	59	男	前		
9	当	岡　　利定	58	男	新		
10	当	大河原太一郎	70	男	前		
11	当	永野　茂門	70	男	新		
12	当	清水　達雄	58	男	新		
13	当	松浦　　功	69	男	前		
14	当	久世　公堯	63	男	前		
15	当	板垣　　正	68	男	前		
16	当	南野知恵子	56	女	新		
17	当	田辺　哲夫	63	男	前		
18	当	田沢　智治	59	男	前		
19	当	楢崎　泰昌	63	男	新		
20繰	当	宮崎　秀樹	61	男	前		
21繰当3		山東　昭子	50	女	前		
22繰当3		嶋崎　　均	69	男	元		
23繰当3		長尾　立子	59	女	新		
24		秋山　　肇	60	男	前		
25		平野　　清	62	男	前		
26		松井ひろみ	53	女	新		
27		山口　光一	62	男	前		

日本社会党				7,981,726票		当選人数	10人
1	当	藁科　満治	60	男	新		
2	当	大脇　雅子	57	女	新		
3	当	鈴木　和美	62	男	前		
4	当	川橋　幸子	54	女	新		
5	当	山本　正和	64	男	前		
6	当	及川　一夫	63	男	前		
7	当	山口　哲夫	63	男	前		
8	当	渕上　貞雄	55	男	前		
9	当	松本　英一	71	男	前		
10	当	志苫　　裕	64	男	元		
11繰	当	萱野　　茂	66	男	新		
12		朝日　俊弘	48	男	新		
13		井上　信也	58	男	新		
14		倉持　八郎	49	男	新		
15		土屋由美子	41	女	新		
16		藤原　英男	45	男	新		
17		曽我　浩侑	70	男	新		
18		今村　　直	56	男	新		
19		飯村　微光	66	男	新		
20		石田　好数	55	男	新		

参議院・比例区

21		田中 直子	34	女	新
22		本保 元将	33	男	新
23		岩瀬ふみ子	68	女	新
24		海野 明昇	54	男	新
25		高木 将勝	53	男	新

公明党 6,415,503票 当選人数 8人

1	当	牛嶋 正	61	男	新
2	当	続 訓弘	61	男	新
3	当	大久保直彦	56	男	新
4	当	広中和歌子	58	女	前
5	当	鶴岡 洋	59	男	前
6	当	及川 順郎	55	男	前
7	当	猪熊 重二	61	男	前
8	当	武田 節子	67	女	新
9		溝口 広義	66	男	新
10		山本 輝雄	66	男	新
11		吉沢 昭雄	63	男	新
12		松本ナツ子	58	女	新
13		大谷美智子	56	女	新
14		花井 啓悦	50	男	新
15		安田 清	54	男	新
16		原口 勲	50	男	新
17		浜田 一雄	49	男	新

日本新党 3,617,235票 当選人数 4人

1	当	細川 護熙	54	男	元
2	当	小池百合子	39	女	新
3	当	寺沢 芳男	60	男	新
4	当	武田邦太郎	79	男	新
5		松崎 哲久	42	男	新
6	繰当	小島 慶三	75	男	新
7	繰当	円 より子	45	女	新
8		安田 公寛	42	男	新
9		横尾 俊彦	36	男	新
10		中島 章夫	56	男	新
11		藤田 綾子	62	女	新
12		川名 英子	52	女	新
13		山口 和之	45	男	新
14		大川優美子	45	女	新
15		兼間 道子	45	女	新
16		大永 貴規	49	男	新

日本共産党 3,532,956票 当選人数 4人

1	当	立木 洋	61	男	前
2	当	聴濤 弘	56	男	新
3	当	吉岡 吉典	64	男	前
4	当	有働 正治	47	男	新
5		須藤美也子	57	女	新
6		緒方 靖夫	44	男	新
7		雪野 勉	66	男	新
8		日隈 威徳	55	男	新
9		石井妃都美	41	女	新
10		山田真一郎	43	男	新
11		篠浦 一朗	61	男	新
12		小島 幸夫	63	男	新
13		碓田のぼる	64	男	新
14		紙 智子	37	女	新
15		佐藤 義淳	51	男	新
16		川原 巍誠	59	男	新
17		鈴木 博子	58	女	新
18		前沢 淑子	44	女	新
19		鳥井 健次	40	男	新
20		日高 三郎	56	男	新
21		高原美佐子	48	女	新
22		三田 真紀	33	女	新
23		山下 芳生	32	男	新
24		松川 康子	59	女	新
25		笠井 亮	39	男	新

民社党 2,255,423票 当選人数 3人

1	当	直嶋 正行	46	男	新
2	当	勝木 健司	49	男	前
3	当	長谷川 清	60	男	新
4		抜山 映子	58	女	元
5		梅沢 昇平	50	男	新
6		仲松 孝	51	男	新
7		前山 茂	60	男	新
8		新井田佳子	67	女	新
9		橋口 昭	65	男	新
10		沖屋 正一	64	男	新
11		浅見 桂子	57	女	新
12		日高 貞次	44	男	新
13		今高 一三	62	男	新
14		太田 哲二	44	男	新
15		大久保尚洋	37	男	新
16		野崎 敏雄	33	男	新
17		熊谷 裕人	30	男	新

スポーツ平和党 1,375,791票 当選人数 1人

1	当	江本 孟紀	44	男	新
2		新間 寿	57	男	新
3		持田 哲也	30	男	新
4		猪木 快守	53	男	新
5		本田 彰	58	男	新
6		倍賞 鉄夫	43	男	新
7		村上 圭三	50	男	新
8		坂口 泰司	36	男	新
9		富沢信太郎	67	男	新
10		花田 正登	42	男	新

第二院クラブ 1,321,639票 当選人数 1人

1	当	青島 幸男	59	男	元
2	繰当	山田 俊昭	55	男	前
3		奥中 惇夫	61	男	新
4		大黒 章弘	49	男	新
5		加納 将光	47	男	新
6		辺見 広明	41	男	新

7	三崎 信芳	52	男	新
8	多代田 至	54	男	新
9	青野 暉	61	男	新
10	堀内 幸夫	44	男	新

社会民主連合　671,594票　当選人数　0人

1	青木 茂	69	男	元
2	西風 勲	65	男	新
3	西川 美紀	41	女	新
4	渡辺 文学	54	男	新
5	稲津千佳子	48	女	新
6	海野 隆	39	男	新
7	奥田 邦夫	63	男	新
8	三村さよ子	43	女	新
9	江田 洋一	31	男	新

老人福祉党　424,212票　当選人数　0人

1	松崎 泰夫	49	男	新
2	植井 和市	69	男	新
3	林 隆造	57	男	新
4	福田 厚子	49	女	新
5	佐野 恒夫	42	男	新
6	久保田悦夫	43	男	新
7	斉藤智恵子	45	女	新
8	久保田リマ	44	女	新
9	松崎 弘子	39	女	新

年金党　307,041票　当選人数　0人

1	友部 達夫	63	男	新
2	益川 昇	59	男	新
3	丹羽 敏雄	53	男	新
4	遠藤 文夫	53	男	新
5	峰藤竜太郎	49	男	新
6	植村俊次郎	62	男	新
7	加藤 泰男	77	男	新
8	三木 寿禄	33	男	新
9	岸本 義一	84	男	新
10	荒井 稔忠	47	男	新

新自由党　275,764票　当選人数　0人

1	高橋 妙子	62	女	新
2	石川 八郎	59	男	新
3	杉本 伸江	31	女	新
4	石津一二美	51	女	新
5	竹崎聖代子	52	女	新
6	岡安 靖男	47	男	新
7	大橋 利枝	54	女	新
8	高野かほる	48	女	新
9	安田 花子	61	女	新

風の会　221,660票　当選人数　0人

1	野村 秋介	57	男	新
2	亀川 正東	62	男	新
3	横山やすし	48	男	新
4	清川 光秋	38	男	新
5	高沢 美香	53	女	新
6	斉藤 純孝	42	男	新
7	塚越 慈徳	41	男	新
8	佐藤 順子	34	女	新
9	田中 清元	43	男	新
10	松本 効三	55	男	新

モーター新党　211,514票　当選人数　0人

1	大久保 力	52	男	新
2	樋口 健治	71	男	新
3	マイク真木	48	男	新
4	神谷 忠	53	男	新
5	金子 博	38	男	新
6	菅原 義正	51	男	新
7	中山 蛙	42	男	新
8	内田アンジェラ	45	女	新
9	田口 顕二	42	男	新
10	ポップ吉村	69	男	新

希望　144,599票　当選人数　0人

1	藤本 敏夫	48	男	新
2	大江 章夫	41	男	新
3	前沢 昇	47	男	新
4	小田々 豊	37	男	新
5	平林 英明	46	男	新
6	熊谷 安弘	34	男	新
7	色本 進	44	男	新
8	下間 律	45	男	新
9	橋本 真一	44	男	新

発明政治　139,728票　当選人数　0人

1	中松 義郎	64	男	新
2	小池 哲二	44	男	新
3	清水 三雄	51	男	新
4	渡辺 長武	51	男	新
5	長原 隆宏	50	男	新
6	藤田 豊	69	男	新
7	森田 精吉	57	男	新
8	小松 宏三	45	男	新
9	黒須 幸子	38	女	新
10	河村 正弥	85	男	新

全日本ドライバーズクラブ　129,642票　当選人数　0人

1	岡田 三男	66	男	新
2	飯浜 俊司	42	男	新
3	橋本 幸男	43	男	新
4	佐藤 武	51	男	新
5	永山 晋右	59	男	新
6	高橋 仁	36	男	新
7	伊藤心太郎	32	男	新
8	宮手 郁子	39	女	新
9	竜野 薫	57	女	新

参議院・比例区

国民新党		129,341票	当選人数	0人
1	笹岡 高志	46	男	新
2	中沢ひさと	45	男	新
3	高田 博明	40	男	新
4	松尾 裕	50	男	新
5	永森 憲三	33	男	新
6	白石喜久男	54	男	新
7	鎌田 光明	40	男	新
8	小林 昭	41	男	新
9	小檜山 章	36	男	新

国民党		98,690票	当選人数	0人
1	志良以 栄	55	男	新

進歩自由連合		90,223票	当選人数	0人
1	斎藤寿々夢	49	男	新
2	依田 米秋	56	男	新
3	川原 寿	57	男	新
4	小林美穂子	49	女	新
5	加藤 成一	51	男	新
6	笠原 規生	51	男	新
7	千田 嘉三	54	男	新
8	望月 工	51	男	新
9	犬井 平	54	男	新

環境党		85,947票	当選人数	0人
1	宮東 久栄	52	女	新

教育党		85,182票	当選人数	0人
1	城戸嘉世子	62	女	新

平民党		74,042票	当選人数	0人
1	影山 裕二	30	男	新

中小企業生活党		48,787票	当選人数	0人
1	嶋岡 誠	59	男	新
2	菅野 豊	39	男	新

日本世直し党		46,713票	当選人数	0人
1	重松九州男	80	男	新

日本国民政治連合		46,682票	当選人数	0人
1	赤石 貞治	63	男	新

日本愛酢党		46,246票	当選人数	0人
1	長田 正松	77	男	新
2	山本真一郎	73	男	新
3	畠 友子	62	女	新
4	吉田卯之助	87	男	新
5	中山 勝次	85	男	新
6	飯田 豊	51	男	新
7	前原 和夫	64	男	新
8	宇賀神 孝	64	男	新
9	伊井 志朗	70	男	新
10	篠田 努	68	男	新

文化フォーラム		37,939票	当選人数	0人
1	大平シロー	35	男	新

「開星論」のUFO党		37,552票	当選人数	0人
1	森脇十九男	48	男	新
2	野中 和雄	45	男	新
3	篠田 純子	42	女	新
4	守谷 克俊	36	男	新
5	田中 茂樹	40	男	新
6	森光 宏明	52	男	新
7	宇野木 洋	41	男	新
8	佐藤けいろう	31	男	新
9	本多ゆういち	30	男	新

国際政治連合		22,688票	当選人数	0人
1	金 昇	41	男	新
2	桑山 照章	49	男	新
3	松井 俊夫	42	男	新
4	小出 孝行	42	男	新
5	渡辺 光訓	36	男	新
6	井上 守	30	男	新
7	川村 武男	43	男	新
8	佐藤 昇	68	男	新
9	稲垣 治雄	40	男	新

表現の自由党		19,332票	当選人数	0人
1	一瀬 晴子	32	女	新

雑民党		17,639票	当選人数	0人
1	東郷 健	60	男	新

平成改新党		16,899票	当選人数	0人
1	長野 勝美	42	男	新
2	原田 光男	42	男	新
3	東 啓明	44	男	新
4	菅野 歳子	36	女	新
5	岡本 清文	32	男	新
6	宮西 渡	50	男	新
7	稲葉 純一	39	男	新
8	呉 俊賢	32	男	新
9	竹下公仁宏	51	男	新
10	佐久間信久	61	男	新

フリーワークユニオン		16,856票	当選人数	0人
1	小野里 博	36	男	新

地球維新党		11,883票	当選人数	0人
1	鈴木 孝子	57	女	新

政事公団太平会		11,757票	当選人数	0人
1	野瀬 庄平	71	男	新
2	増田 惟子	49	女	新
3	浜沢 花子	66	女	新
4	戸嶋 悦子	49	女	新
5	木内 富子	34	女	新
6	長崎笑美香	67	女	新
7	中西 君江	59	女	新
8	村上ミト子	58	女	新
9	牧野 淳子	53	女	新

	10	増田 真一	68	男	新

世界浄霊会　　9,779票　当選人数　0人

1	小林 三也	62	男	新
2	田中 栄晃	48	男	新
3	荒 敬雄	49	男	新
4	庭山 太郎	43	男	新
5	横川 済	49	男	新
6	谷川 展朗	50	男	新
7	大溝 和純	44	男	新
8	宍倉 智明	44	男	新
9	小沢 光生	42	男	新
10	庭山乃二郎	39	男	新

大日本誠流社　　7,294票　当選人数　0人

1	楠本 正弘	43	男	新
2	柴田 吉一	39	男	新
3	角田 倉人	59	男	新
4	金子 譲	31	男	新
5	山口二三夫	45	男	新
6	今野 好喜	45	男	新
7	永尾 隆幸	32	男	新
8	北村 周二	38	男	新
9	須藤 一	40	男	新

※藤江弘一(自民)死去のため平成5年6月23日宮崎秀樹が繰上当選

※細川護熙(日本新)、小池百合子(同)の衆院選立候補のため平成5年7月16日小島慶三、円より子が繰上当選(名簿順位5位の松崎哲久が除名され当選資格を失ったため)

※松本英一(社会)死去のため平成6年8月5日萱野茂が繰上当選

※青島幸男(二院ク)の都知事選立候補のため平成7年4月11日山田俊昭が繰上当選

※田辺哲夫(自民)死去のため平成7年8月25日山東昭子が繰上当選(任期3年)

※山東昭子(自民)の衆院選立候補のため平成8年10月9日嶋崎均が繰上当選(任期3年)

※嶋崎均(自民)死去のため平成9年5月19日長尾立子が繰上当選(任期3年)

第17回参議院議員選挙　定数50

平成7年(1995年)7月23日実施

新進党　　12,506,322票　当選人数　18人

1	当	大森 礼子	45	女	新
2	当	扇 千景	62	女	前
3	当	益田 洋介	49	男	新
4	当	寺崎 昭久	59	男	前
5	当	加藤 修一	47	男	新
6	当	田村 秀昭	62	男	前
7	当	水島 裕	61	男	新
8	当	海野 義孝	59	男	新
9	当	足立 良平	59	男	前

10	当	林 久美子	51	女	新
11		木暮 山人	67	男	前
12		福本 潤一	46	男	新
13		友部 達夫	66	男	新
14		今泉 昭	61	男	新
15	当	渡辺 孝男	45	男	新
16	当	畑 恵	33	女	新
17	当	戸田 邦司	60	男	新
18		星野 朋市	63	男	前
19繰当		松崎 俊久	65	男	新
20繰当3		金石 清禅	56	男	新
21		小林 俊博	47	男	新
22		篠田栄太郎	57	男	新
23		小森 良章	62	男	新
24		市川 宏	52	男	新
25		林 順一郎	60	男	新
26		前橋 通雄	52	男	新
27		今野 竹治	50	男	新
28		安達 裕志	50	男	新
29		半田 善三	45	男	新
30		及川 敏章	38	男	新

自由民主党　　11,096,972票　当選人数　15人

1	当	武見 敬三	43	男	新
2	当	岡野 裕	68	男	前
3	当	中原 爽	59	男	新
4	当	成瀬 守重	62	男	前
5	当	石井 道子	62	女	前
6	当	尾辻 秀久	54	男	前
7	当	清水嘉与子	59	女	前
8	当	石川 弘	66	男	元
9	当	依田 智治	63	男	新
10	当	須藤良太郎	62	男	前
11		釜本 邦茂	51	男	新
12		小山 孝雄	51	男	元
13		橋本 聖子	30	女	新
14		海老原義彦	66	男	新
15	当	岩井 国臣	57	男	新
16		八代 英太	58	男	前
17繰当3		中島 啓雄	57	男	新
18繰当3		柳川 覚治	69	男	前
19		松井比呂美	56	女	新
20		川越 宏樹	47	男	新
21		小山敬次郎	61	男	新
22		伊江 朝雄	74	男	前
23		柴田 知子	62	女	新
24		増岡 康治	70	男	前
25		宮川 知雄	65	男	新
26		塩野谷 晶	30	女	新
27		馬場 文平	75	男	新
28		村口 勝哉	61	男	新
29		常陸 親義	63	男	新

参議院・比例区　　　　　　国政選挙総覧

日本社会党		6,882,918票	当選人数	9人
1	当	日下部禧代子 59	女	前
2	当	松前　達郎 68	男	前
3	当	前川　忠夫 56	男	新
4	当	朝日　俊弘 51	男	新
5	当	竹村　泰子 61	女	前
6	当	伊藤　基隆 56	男	新
7	当	谷本　巍 66	男	前
8	当	清水　澄子 67	女	前
9	当	菅野　寿 72	男	前
10		肥田美代子 54	女	前
11		村田　誠醇 48	男	前
12		堀　利和 45	男	前
13		江藤　浩道 61	男	新
14		前田由美子 43	女	新
15		石田　好数 58	男	新
16		海野　明昇 57	男	新
17		高木　将勝 56	男	新
18		片岡　正英 40	男	新

日本共産党		3,873,954票	当選人数	5人
1	当	橋本　敦 66	男	前
2	当	吉川　春子 54	女	前
3	当	須藤美也子 60	女	新
4	当	笠井　亮 43	男	新
5	当	筆坂　秀世 47	男	新
6		林　紀子 55	女	前
7		菅野　悦子 52	女	前
8		日隈　威徳 59	男	新
9		礒田のぼる 67	男	新
10		栗岩　恵一 40	男	新
11		斎藤　保 67	男	新
12		奥村　明春 45	男	新
13		佐藤　義淳 54	男	新
14		川瀬　武衛 58	男	新
15		高原美佐子 51	女	新
16		川原　巍誠 62	男	新
17		湯浅　晃 66	男	新
18		佐藤　道子 53	女	新
19		今村順一郎 36	男	新
20		渡辺　洲平 68	男	新
21		宮本　岳志 35	男	新
22		小林　亮淳 51	男	新
23		丸山　慎一 39	男	新
24		増田　紘一 55	男	新
25		小泉　親司 47	男	新

新党さきがけ		1,455,886票	当選人数	2人
1	当	水野　誠一 44	男	新
2	当	堂本　暁子 62	女	前
3		渡辺　光子 45	女	新
4	繰当3	黒岩　秩子 55	女	新
5		近藤　雅敏 57	男	新
6		上村多恵子 42	女	新
7		井上　和雄 43	男	新
8		和田　貞実 62	男	新
9		伊藤　忠彦 31	男	新
10		中島　裕子 33	女	新

第二院クラブ		1,282,595票	当選人数	1人
1	当	佐藤　道夫 62	男	新
2		コロムビア・トップ 73	男	前
3		青島　美幸 36	女	新
4		森田浩一郎 69	男	新
5		吉村　成子 41	女	新

スポーツ平和党		541,894票	当選人数	0人
1		猪木　寛至 52（アントニオ猪木）	男	前
2		上田　哲 67	男	新
3		林　雅之 45	男	新

平成維新の会		506,551票	当選人数	0人
1		大前　研一 52	男	新
2		三浦雄一郎 62	男	新
3		丹治　幹雄 40	男	新
4		織山　和久 34	男	新
5		三浦恵美里 34	女	新
6		悉知　雅美 37	女	新
7		三浦　暎代 50	女	新
8		長妻　昭 35	男	新
9		真野　祐輔 51	男	新
10		神村　実 40	男	新

日本福祉党		418,765票	当選人数	0人
1		東　三元 42	男	新

平和・市民		377,786票	当選人数	0人
1		国弘　正雄 64	男	前
2		阿部　知子 47	女	新
3		中北龍太郎 48	男	新
4		有川正沙子 44	女	新

さわやか新党		325,106票	当選人数	0人
1		小林　繁 42	男	新
2		高田　延彦 33	男	新
3		須田　満 54	男	新
4		金森　仁 40	男	新
5		山下　典子 56	女	新
6		山中　毅 56	男	新
7		渡辺　長武 54	男	新
8		浜野　壹 54	男	新
9		鈴木　健 41	男	新
10		五味　典雄 46	男	新

新自由党		315,953票	当選人数	0人
1		高橋　妙子 65	女	新
2		石川　八郎 62	男	新

青年自由党		222,456票	当選人数	0人
1		八田　信之 50	男	新

2	富永	雅之	58	男	新
3	米永	一義	50	男	新
4	中村	功	59	男	新
5	小西	俊博	51	男	新
6	佐藤	克男	45	男	新
7	小林美穂子		52	女	新
8	斎藤清志朗		51	女	新
9	星野	和彦	44	男	新
10	河野	統	37	男	新

全日本ドライバーズクラブ　194,834票　当選人数 0人

1	岡田	三男	69	男	新

みどりといのちの市民・農民連合　143,138票　当選人数 0人

1	奥野美代子		53	女	新
2	宮本	重吾	57	男	新
3	佐藤	昭治	67	男	新
4	木永	健治	43	男	新

新しい時代をつくる党　130,205票　当選人数 0人

1	今野	福子	53	女	新
2	鮎貝	よし	65	女	新
3	大塚	明美	44	女	新
4	香取	文子	47	女	新
5	西川さよ子		52	女	新
6	佐野みづえ		47	女	新
7	山森喜代美		47	女	新

教育党　105,421票　当選人数 0人

1	城戸嘉世子		65	女	新

国民党　86,862票　当選人数 0人

1	志良以	栄	58	男	新

「開星論」のUFO党　54,524票　当選人数 0人

1	韮沢潤一郎		50	男	新

日本世直し党　49,680票　当選人数 0人

1	重松九州男		83	男	新

憲法みどり農の連帯　48,516票　当選人数 0人

1	甑	正敏	48	男	前
2	小林忠太郎		65	男	新
3	星野安三郎		74	男	新

雑民党　36,528票　当選人数 0人

1	中尾	良一	83	男	新
2	東郷	健	63	男	新

世界浄霊会　11,391票　当選人数 0人

1	野沢	喜代	51	女	新
2	横川	済	52	男	新
3	名倉堂院大三郎		51	男	新

※木暮山人(自由,元新進)死去のため平成10年6月3日松崎俊久が繰上当選

※石川弘(自民)死去のため名簿順位に従い八代英太が当選人と決定されたが、すでに衆議院議員に当選していたため辞退し、平成11年8月20日中島啓雄が繰上当選(任期3年)

※小山孝雄(自民)がケーエスデー中小企業経営者福祉事業団(KSD)事件で逮捕され辞職したため平成13年2月6日柳川覚治が繰上当選(任期3年)

※堂本暁子(さきがけ,名簿順位2位)の千葉県知事選立候補のため平成13年3月16日名簿順位4位の黒岩秩子が繰上当選(任期3年,名簿順位3位の渡辺光子が離党して当選資格を失ったため)

※友部達夫(無所属,元新進)がオレンジ共済組合を巡る詐欺事件で実刑判決が確定・失職したため平成13年6月13日金石清禅(保守)が繰上当選(任期3年)

第18回参議院議員選挙　定数50
平成10年(1998年) 7月12日実施

自由民主党　14,128,719票　当選人数 14人

1	当	有馬	朗人	67	男	新
2	当	村上	正邦	65	男	現
3	当	岡	利定	64	男	現
4	当	大島	慶久	58	男	現
5	当	野沢	太三	65	男	現
6	当	阿南	一成	60	男	新
7	当	南野知恵子		62	女	現
8	当	佐藤	昭郎	55	男	新
9	当	日出	英輔	56	男	新
10	当	加納	時男	63	男	新
11	当	佐々木知子		43	女	新
12	当	脇	雅史	53	男	新
13		森田	次夫	61	男	新
14	当	久世	公堯	69	男	現
15	繰当	清水	達雄	64	男	現
16	繰当	宮崎	秀樹	67	男	現
17		楢崎	泰昌	69	男	現
18		石田	潔	57	男	新
19		加藤	英一	47	男	新
20		藤本	良爾	67	男	新
21		石川	晋	55	男	新
22		田沢	智治	65	男	現
23		川越	宏樹	50	男	新
24		松井ひろみ		59	女	新
25		小野	誠	63	男	新
26		井形	厚一	32	男	新
27		小安	英峯	62	男	新
28		奥島	貞雄	61	男	新
29		岩倉	具三	61	男	新
30		星野	尚昭	61	男	新

参議院・比例区

民主党　12,209,685票　当選人数 12人

		氏名	年齢	性別	新旧
1	当	小宮山洋子	49	女	新
2	当	今井　澄	58	男	現
3	当	円　より子	51	女	現
4	当	藁科　満治	66	男	現
5	当	直嶋　正行	52	男	現
6	当	内藤　正光	34	男	新
7	当	勝木　健司	55	男	現
8	当	川橋　幸子	60	女	現
9	当	長谷川　清	66	男	現
10	当	高嶋　良充	57	男	新
11	当	堀　利和	48	男	元
12	当	江本　孟紀	50	男	現
13繰当3		信田　邦雄	61	男	新
14繰当3		中島　章夫	62	男	新
15		中尾　則幸	51	男	現
16繰当3		樋口　俊一	46	男	新
17		寺沢　芳男	66	男	現
18		佐藤　直子	43	女	新
19		前畑　幸子	60	女	元
20		乾　晴美	63	女	元
21		富家　孝	51	男	新
22		天本　俊正	56	男	新
23		木村　健悟	44	男	新
24		遠藤　虎男	64	男	新
25		岡崎　敏広	39	男	新

日本共産党　8,195,078票　当選人数 8人

		氏名	年齢	性別	新旧
1	当	立木　洋	67	男	現
2	当	市田　忠義	55	男	新
3	当	岩佐　恵美	59	女	新
4	当	吉岡　吉典	70	男	現
5	当	池田　幹幸	56	男	新
6	当	小池　晃	38	男	新
7	当	林　紀子	58	女	元
8	当	小泉　親司	50	男	新
9繰当		大門実紀史	42	男	新
10		広井　暢子	51	女	新
11		佐藤　光雄	61	男	新
12		横田　和俊	59	男	新
13		仲西　常雄	54	男	新
14		鈴木　明	51	男	新
15		川瀬　武衛	61	男	新
16		田中　節子	50	女	新
17		栗岩　恵一	43	男	新
18		高原美佐子	54	女	新
19		佐々木健三	57	男	新
20		上田　英子	49	女	新
21		酒井　衛子	35	女	新
22		山下　二男	64	男	新
23		黒須　康代	37	女	新
24		土肥　靖治	46	男	新
25		田村　智子	33	女	新

公明党　7,748,301票　当選人数 7人

		氏名	年齢	性別	新旧
1	当	鶴岡　洋	65	男	現
2	当	続　訓弘	67	男	現
3	当	森本　晃司	56	男	新
4	当	荒木　清寛	42	男	現
5	当	風間　昶	51	男	現
6	当	沢　たまき	61	女	新
7	当	日笠　勝之	53	男	新
8繰当3		千葉　国男	56	男	新
9		木村　悟	69	男	新
10		加藤　紀子	58	女	新
11		森　晴枝	53	女	新
12		佐々木宏文	55	男	新
13		山崎　清美	46	男	新
14		比嘉　弘文	55	男	新
15		平野　善憲	50	男	新
16		青木千代子	54	女	新
17		伊藤　豊	48	男	新
18		合浦　賢	54	男	新

自由党　5,207,813票　当選人数 5人

		氏名	年齢	性別	新旧
1	当	泉　信也	60	男	現
2	当	入沢　肇	57	男	新
3	当	平野　貞夫	62	男	現
4	当	渡辺　秀央	64	男	新
5	当	月原　茂皓	63	男	新
6		重富　雄之	62	男	新
7		中田　滋	57	男	新
8		堀　誠	31	男	新
9		小林　正	65	男	元
10		安達　一士	32	男	新
11		今野　竹治	53	男	新
12		中塚　一宏	33	男	新

社会民主党　4,370,761票　当選人数 4人

		氏名	年齢	性別	新旧
1	当	福島　瑞穂	42	女	新
2	当	渕上　貞雄	61	男	現
3	当	大脇　雅子	63	女	現
4	当	山本　正和	70	男	現
5		吉元　政矩	61	男	新
6		斉藤　昌助	59	男	新
7		森　暢子	66	女	元
8		酒井　和子	51	女	新
9		菅野　道	57	男	新
10		三上　隆雄	64	男	元
11		田口　輝子	49	女	新
12		喜岡　淳	45	男	元
13		戸田　二郎	47	男	新
14		牧野喜久子	40	女	新
15		土屋　富久	61	男	新
16		坂本　洋子	35	女	新
17		石井　薫	62	男	新

新社会党		925,661票	当選人数	0人	
1	矢田部 理	66	男	現	
2	山口 哲夫	64	男	現	
3	山田 篤	59	男	新	

新党さきがけ		784,591票	当選人数	0人	
1	井出 正一	59	男	新	
2	宇佐美 登	31	男	新	
3	中島 裕子	36	女	新	

女性党		690,506票	当選人数	0人	
1	篠原芙早子	54	女	新	
2	前野智加子	53	女	新	
3	上嶋 憲子	45	女	新	

第二院クラブ		579,714票	当選人数	0人	
1	コロムビア・トップ	76	男	元	
2	青島 美幸	39	女	新	
3	奥中 惇夫	67	男	新	

自由連合		514,589票	当選人数	0人	
1	徳田 虎雄	60	男	新	
2	高野 良裕	50	男	新	
3	佐藤 耕造	62	男	新	
4	門田 俊夫	50	男	新	
5	清水 正法	54	男	新	
6	宮村トシ子	65	女	新	
7	福島 安義	56	男	新	
8	窪川 数枝	62	女	新	
9	安富祖久明	48	男	新	

スポーツ平和党		477,284票	当選人数	0人	
1	西銘 一	50	男	新	
2	韓 康一	49	男	新	
3	堀田祐美子	31	女	新	

青年自由党		247,355票	当選人数	0人	
1	野田 将晴	52	男	新	
2	松島 悠佐	59	男	新	
3	中嶋 文雄	53	男	新	
4	星野 和彦	47	男	新	
5	中武 賢臣	30	男	新	

維新政党・新風		56,966票	当選人数	0人	
1	小山 和伸	43	男	新	
2	魚谷 哲央	50	男	新	

※岡利定(自民)死去のため平成12年10月12日清水達雄が繰上当選
※立木洋(共産)が健康上の理由で辞職したため平成13年1月5日大門実紀史が繰上当選
※村上正邦(自民)辞職のため平成13年3月6日宮崎秀樹が繰上当選
※今井澄(民主)死去のため平成14年9月11日信田邦雄が繰上当選(任期3年)
※小宮山洋子(民主)の衆院選立候補のため平成15年4月23日中島章夫が繰上当選(任期3年)
※沢たまき(公明)死去のため平成15年8月22日千葉国男が繰上当選(任期3年)
※江本孟紀(民主)の大阪府知事選立候補のため平成16年1月23日樋口俊一が繰上当選(名簿順位15位の中尾則幸が離党して当選資格を失ったため)

第19回参議院議員選挙　定数48
平成13年(2001年)7月29日実施

自由民主党			21,033,551票	当選人数	20人	
1	当	舛添 要一	52	男	新	1,588,262
2	当	高祖 憲治	54	男	新	478,985
3	当	大仁田 厚	43	男	新	460,421
4	当	小野 清子	65	女	元	295,613
5	当	岩井 国臣	63	男	前	278,521
6	当	橋本 聖子	36	女	前	265,545
7	当	尾辻 秀久	60	男	前	264,888
8	当	武見 敬三	49	男	前	227,042
9	当	桜井 新	68	男	新	218,597
10	当	段本 幸男	56	男	新	207,867
11	当	魚住 汎英	61	男	前	197,542
12	当	清水嘉与子	65	女	前	174,517
13	当	福島啓史郎	55	男	新	166,070
14	当	近藤 剛	59	男	新	160,425
15	当	森元 恒雄	54	男	新	156,656
16	当	藤井 基之	54	男	新	156,380
17	当	山東 昭子	59	女	元	147,568
18	当	小泉 顕雄	50	男	新	142,747
19	当	有村 治子	30	女	新	114,260
20	当	中原 爽	65	男	前	104,581
21繰当		中島 啓雄	63	男	前	95,109
22繰当		藤野 公孝	53	男	新	94,332
23		依田 智治	69	男	前	78,584
24		釜本 邦茂	57	男	前	58,955
25		末広まきこ	56	女	前	19,246
26		佐藤 忠志	50	男	新	19,232
27		水島 裕	67	男	前	17,339

民主党			8,953,603票	当選人数	8人	
1	当	大橋 巨泉	67	男	新	412,087
2	当	藤原 正司	55	男	新	259,576
3	当	池口 修次	51	男	新	230,255
4	当	朝日 俊弘	58	男	前	216,911
5	当	若林 秀樹	47	男	新	202,839
6	当	伊藤 基隆	62	男	前	195,238
7	当	佐藤 道夫	68	男	前	184,476
8	当	神本美恵子	53	女	新	173,705
9繰当		ツルネン・マルティ	61	男	新	159,653
10		柳沢 光美	53	男	新	158,088
11		高見 裕一	45	男	新	151,563
12		幸田シャーミン	45	女	新	138,858
13		前川 忠夫	62	男	前	108,454

14		竹村 泰子	67	女	前	75,708	19		平 静丸	53	男	新	1,094
15		錦織 淳	55	男	新	65,843	20		中条 正実	31	男	新	818
16		樋口 恵子	50	女	新	32,316	21		河江 明美	36	女	新	758
17		太田 述正	52	男	新	23,309	22		駒井 正男	34	男	新	745
18		石川由美子	47	女	新	20,497	23		板見奈津子	32	女	新	723
19		片山 光代	61	女	新	16,717	24		青池 昌道	56	男	新	522
20		寺山 智雄	33	男	新	14,973	25		岩藤 智彦	30	男	新	405
21		冨永 照子	64	女	新	11,394	自由党			4,211,586票		当選人数	4人
22		高比良正司	57	男	新	11,175	1	当	西岡 武夫	65	男	新	121,617
23		森元美代治	63	男	新	11,035	2	当	田村 秀昭	68	男	前	86,666
24		島影せい子	52	女	新	9,887	3	当	広野 允士	58	男	新	59,028
25		須藤甚一郎	62	男	新	6,734	4	当	大江 康弘	47	男	新	43,801
26		村木 弥生	31	女	新	6,579	5		清水 信次	75	男	新	43,027
27		神永 礼子	46	女	新	5,337	6		山本 洋子	55	女	新	42,831
28		田原すみれ	45	女	新	4,614	7		古賀 敬章	48	男	新	32,209
公明党			8,158,512票		当選人数	8人	8		戸田 邦司	66	男	前	32,113
1	当	山本 香苗	30	女	新	1,287,549	9		木本 由孝	57	男	新	30,856
2	当	木庭健太郎	49	男	前	800,563	10		菅原 敏秋	53	男	新	29,731
3	当	遠山 清彦	32	男	新	794,445	11		阿曽 重樹	51	男	新	15,907
4	当	草川 昭三	72	男	新	699,069	12		井脇ノブ子	55	女	新	13,795
5	当	渡辺 孝男	51	男	前	697,198	13		村田 直治	57	男	新	12,532
6	当	魚住裕一郎	48	男	前	669,374	14		岡村 光芳	54	男	新	6,866
7	当	福本 潤一	52	男	前	665,811	15		村本理恵子	46	女	新	6,773
8	当	加藤 修一	53	男	前	663,609	16		荒木 詩郎	47	男	新	3,295
9		中山 朋子	66	女	新	10,309	17		下村 高明	47	男	新	3,214
10		小林 玲子	34	女	新	7,684	社会民主党			3,616,406票		当選人数	3人
11		江藤誠仁右衛門	56	男	新	6,570	1	当	田嶋 陽子	60	女	新	509,567
12		中川 京子	54	女	新	5,866	2	当	大田 昌秀	76	男	新	396,077
13		大蔵 由美	42	女	新	3,953	3	当	又市 征治	57	男	新	148,030
14		平田 道則	50	男	新	3,285	4	繰当	田 英夫	78	男	前	134,934
15		伊藤日出夫	69	男	新	2,841	5		谷本 巍	72	男	前	42,847
16		常磐津八重太夫	60	男	新	2,312	6		清水 澄子	73	女	前	32,723
17		石渡由美子	54	女	新	1,565	7		船橋 邦子	57	女	新	29,990
日本共産党			4,311,535票		当選人数	4人	8		藤原 勝彦	55	男	新	13,032
1	当	紙 智子	46	女	新	56,999	9		戸田 二郎	50	男	新	11,693
2	当	筆坂 秀世	53	男	前	40,193	10		大島 義典	37	男	新	11,635
3	当	井上 哲士	43	男	新	32,107	保守党			1,269,419票		当選人数	1人
4	当	吉川 春子	60	女	前	26,008	1	当	扇 千景	68	女	前	610,212
5	繰当	小林美恵子	42	女	新	20,868	2		三沢 淳	48	男	新	34,292
6		石井 正二	56	男	新	20,211	3		鬼沢 慶一	69	男	新	9,945
7		笠井 亮	48	男	前	18,235	4		荒井 和夫	54	男	新	7,840
8		美見己智子	44	女	新	8,644	5		滝本 泰行	55	男	新	3,330
9		仁比 聡平	37	男	新	7,485	自由連合			777,504票		当選人数	0人
10		井口 真美	40	女	新	6,746	1		石井 一二	65	男	前	64,322
11		小田 一郎	39	男	新	4,279	2		野坂 昭如	70	男	元	43,926
12		田村 智子	36	女	新	4,093	3		ドクター・中松(中松 義郎)	73	男	新	36,076
13		池田真理子	46	女	新	3,782							
14		松竹 伸幸	46	男	新	2,479	4		佐山 聡	43	男	新	33,754
15		成宮真理子	31	女	新	2,008	5		佐藤 耕造	65	男	新	26,040
16		加藤 幹夫	37	男	新	1,905	6		金城 浩	53	男	新	15,377
17		伊藤 岳	41	男	新	1,569	7		田中 良子	52	女	新	12,838
18		小倉 正行	48	男	新	1,482							

8	高野 良裕	53	男	新		11,823
9	上草 義輝	62	男	新		11,188
10	嵐	46	男	新		10,746
11	月亭 可朝	63	男	新		9,451
12	羽柴誠三秀吉	51	男	新		9,382
13	高橋三千綱	53	男	新		6,941
14	渡部 絵美	41	女	新		6,501
15	戸川 昌子	70	女	新		6,460
16	岸野 雅方	52	男	新		5,777
17	玉元 一夫	46	男	新		5,508
18	加藤 元	68	男	新		4,722
19	江藤 慎一	63	男	新		4,285
20	山本 清	58	男	新		3,901
21	千葉マリア	52	女	新		3,728
22	佐々木文雄	59	男	新		3,676
23	山下 典子	62	女	新		3,313
24	和田 静夫	74	男	元		3,079
25	堀田祐美子	34	女	新		3,007
26	畑中 和	32	男	新		2,902
27	荒 勢	52	男	新		2,711
28	渡辺 文学	64	男	新		2,553
29	若井 ぽん	56	男	新		2,482
30	井上 睦己	35	男	新		2,100
31	古川のぼる	66	男	新		1,998
32	東 良平	53	男	新		1,907
33	小林 則子	55	女	新		1,754
34	川島 実	65	男	新		1,659
35	中平 真実（中平 まみ）	47	女	新		1,608
36	杉山 頴男	54	男	新		1,588
37	梅木 恒明	67	男	新		1,407
38	中島 猷一	55	男	新		1,387
39	加藤 将輝	38	男	新		1,373
40	大久保 薫	39	男	新		1,300
41	中田三四郎	55	男	新		1,259
42	高 信太郎	56	男	新		1,182
43	秀島 一生	55	男	新		763
44	相良 寿一	67	男	新		750
45	藤林 紫陽	52	女	新		681
46	持田 哲也	39	男	新		570
47	菅原 研治	34	男	新		363

第二院クラブ 665,130票　当選人数 0人

1	青島 幸男	69	男	元		284,745
2	鈴木 伊予	51	男	新		2,874
3	福岡 秀広	51	男	新		2,015
4	吉村 成子	47	女	新		1,960
5	畑 滋	40	男	新		930
6	原 秀介	48	男	新		881
7	奥中 惇夫	70	男	新		644
8	岡部 昌平	41	男	新		621
9	菊池 正	46	男	新		560
10	菅野 格	50	男	新		433

新党・自由と希望 473,199票　当選人数 0人

1	白川 勝彦	56	男	新		309,994
2	宮崎 学	55	男	新		15,608
3	庄野 寿	52	男	新		15,371
4	村田 敏	50	男	新		6,477
5	臼木 敬子	53	女	新		5,372
6	小森 禎司	63	男	新		5,308
7	田中 良太	58	男	新		3,054
8	福永 恵治	42	男	新		2,407
9	安東 尚美	42	女	新		1,446
10	児玉 かがり	39	女	新		867

女性党 466,921票　当選人数 0人

1	町山 恵子	39	女	新		45,183
2	篠原芙早子	57	女	新		42,757

新社会党 376,158票　当選人数 0人

1	小森 龍邦	68	男	新		49,490
2	矢田部 理	69	男	元		43,667
3	岡崎 宏美	50	女	新		36,133

無所属の会 156,630票　当選人数 0人

1	野屋敷いとこ	50	女	新		23,442

維新政党・新風 59,166票　当選人数 0人

1	小山 和伸	46	男	新		12,136
2	魚谷 哲央	53	男	新		2,942

※高祖憲治（自民）が選挙違反事件の責任を取り辞職したため平成13年10月3日中島啓雄が繰上当選

※大橋巨泉（民主）が党との意見対立を理由に辞職したため平成14年2月8日ツルネン・マルテイが繰上当選

※田嶋陽子（無所属, 元社民）の神奈川県知事選立候補のため平成15年4月8日田英夫が繰上当選

※筆坂秀世（共産）がセクシュアル・ハラスメントの責任を取るとして辞職したため平成15年7月7日小林美恵子が繰上当選

※近藤剛（自民）の日本道路公団総裁就任のため平成15年11月26日藤野公孝が繰上当選

第20回参議院議員選挙　定数48
平成16年（2004年）7月11日実施

民主党 21,137,457票　当選人数 19人

1	当	小林 正夫	57	男	新		301,322
2	当	加藤 敏幸	55	男	新		247,917
3	当	内藤 正光	40	男	現		220,311
4	当	家西 悟	44	男	新		217,095
5	当	柳沢 光美	56	男	新		216,760
6	当	直嶋 正行	58	男	現		211,257
7	当	大石 正光	59	男	新		209,382
8	当	白 真勲	45	男	新		203,052
9	当	那谷屋正義	46	男	新		202,612

参議院・比例区

		氏名	年齢	性別	新現	得票数
10	当	藤末 健三	40	男	新	182,891
11	当	喜納 昌吉	56	男	新	178,815
12	当	高嶋 良充	63	男	現	167,709
13	当	津田弥太郎	52	男	新	162,618
14	当	工藤堅太郎	61	男	新	142,656
15	当	円 より子	57	女	現	130,249
16	当	下田 敦子	63	女	新	120,306
17	当	松岡 徹	52	男	新	114,136
18	当	前田 武志	66	男	新	110,043
19	当	渡辺 秀央	70	男	現	106,140
20		信田 邦雄	67	男	現	82,072
21		吉田 公一	63	男	新	76,908
22		古賀 敬章	51	男	新	72,855
23		渡辺 義彦	47	男	新	44,735
24		樋口 俊一	52	男	現	28,373
25		半田 善三	53	男	新	24,734
26		中島 章夫	68	男	現	17,466

自由民主党　16,797,686票　当選人数 15人

		氏名	年齢	性別	新現	得票数
1	当	竹中 平蔵	53	男	新	722,505
2	当	秋元 司	32	男	新	305,613
3	当	長谷川憲正	61	男	新	282,919
4	当	脇 雅史	59	男	現	253,738
5	当	西島 英利	56	男	新	250,426
6	当	山谷えり子	53	女	新	242,063
7	当	中村 博彦	61	男	新	199,510
8	当	泉 信也	66	男	現	196,499
9	当	荻原 健司	34	男	新	194,854
10	当	加納 時男	69	男	現	188,630
11	当	荒井 広幸	46	男	新	179,567
12	当	水落 敏栄	61	男	新	171,945
13	当	佐藤 昭郎	61	男	現	167,350
14	当	南野知恵子	68	女	現	152,685
15	当	松村 祥史	40	男	新	152,630
16	繰当	神取 忍	39	女	新	123,521
17		尾身 朝子	43	女	新	118,577
18		日出 英輔	62	男	現	118,540
19		横内 正明	62	男	新	113,968
20		北里 敏明	55	男	新	105,737
21		関 肇	68	男	新	105,308
22		鈴木 正孝	64	男	元	101,651
23		小原 健史	56	男	新	100,097
24		古葉 竹識	68	男	新	96,789
25		小西恵一郎	49	男	新	96,463
26		笹川 博義	37	男	新	87,575
27		月原 茂皓	69	男	現	85,502
28		中西 茂昭	55	男	新	82,146
29		入沢 肇	63	男	現	51,664
30		田口 一信	55	男	新	46,536
31		伊良皆高吉	66	男	新	44,185
32		浜田卓二郎	62	男	元	41,507
33		ミチオ高倉	63	男	新	12,416

公明党　8,621,265票　当選人数 8人

		氏名	年齢	性別	新現	得票数
1	当	浜四津敏子	59	女	現	1,822,283
2	当	弘友 和夫	59	男	現	996,188
3	当	谷合 正明	31	男	新	835,983
4	当	荒木 清寛	48	男	現	816,115
5	当	風間 昶	57	男	現	787,886
6	当	浮島 智子	41	女	新	773,749
7	当	浜田 昌良	47	男	新	33,310
8	当	鰐淵 洋子	32	女	新	17,173
9		久保 洋	54	男	新	9,209
10		梅沢 隆	54	男	新	7,104
11		山田 芳治	59	男	新	7,042
12		岡本 和生	43	男	新	6,853
13		橘 正剛	51	男	新	5,886
14		吉本 恵一	50	男	新	3,981
15		網野 正広	41	男	新	3,484
16		佐藤 逸夫	56	男	新	2,726
17		戎居 徹	41	男	新	2,107

日本共産党　4,362,573票　当選人数 4人

		氏名	年齢	性別	新現	得票数
1	当	市田 忠義	61	男	現	199,930
2	当	小池 晃	44	男	現	105,481
3	当	仁比 聡平	40	男	新	73,662
4	当	大門実紀史	48	男	現	73,631
5		笠井 亮	51	男	元	56,963
6		綿貫 英彦	37	男	新	7,043
7		中野 明美	56	女	新	6,930
8		池田 伸宏	31	男	新	5,969
9		中野 早苗	56	女	新	5,927
10		湯川美和子	52	女	新	5,582
11		村主 明子	32	女	新	4,240
12		佐藤 文則	51	男	新	3,679
13		小倉 忠平	42	男	新	3,673
14		斎藤 啓	32	男	新	3,537
15		中原 美江	41	女	新	3,465
16		渡辺 紫	55	女	新	3,176
17		望月 康子	47	女	新	3,168
18		東 裕人	36	男	新	2,872
19		矢口 雅章	37	男	新	2,773
20		川俣 幸雄	49	男	新	2,167
21		塩見 亘	48	男	新	1,937
22		池之上 博	50	男	新	1,374
23		堀内 照文	31	男	新	1,269
24		宮城島 正	56	男	新	997
25		梅 浩一	42	男	新	948

社会民主党　2,990,665票　当選人数 2人

		氏名	年齢	性別	新現	得票数
1	当	福島 瑞穂	48	女	現	640,832
2	当	渕上 貞雄	67	男	現	122,640
3		菅野 哲雄	55	男	新	118,912
4		金子 哲夫	55	男	新	33,515
5		戸田 二郎	53	男	新	20,471

		女性党		989,882票		当選人数	0人
1		町山	恵子	42	女	新	50,322
2		辻元	由美	42	女	新	42,022
3		篠原	芙早子	60	女	新	25,710
4		宇和	徳子	44	女	新	22,573
5		中山	寛子	52	女	新	17,499
6		蔵田	恵利子	53	女	新	15,555
7		柴田	恵子	50	女	新	10,190
8		井口	ゆりえ	55	女	新	7,883
9		福井	智代	48	女	新	6,791
10		早坂	きくみ	48	女	新	2,940

		みどりの会議		903,775票		当選人数	0人
1		中村	敦夫	64	男	現	204,712
2		藤田	恵	64	男	新	20,709
3		熊野	盛夫	34	男	新	13,193
4		安田	節子	57	女	新	10,906
5		小林	一朗	34	男	新	8,337
6		小川	富貴	53	女	新	6,963
7		小倉	昌子	52	女	新	6,692
8		足立	力也	31	男	新	5,514
9		山崎	留美子	49	女	新	3,827
10		木原	省治	55	男	新	2,935

		維新政党・新風		128,478票		当選人数	0人
1		魚谷	哲央	56	男	新	12,570
2		中武	賢臣	36	男	新	8,917

※竹中平蔵(自民)が小泉内閣退陣に伴い辞職したため平成18年10月4日神取忍が繰上当選

第21回参議院議員選挙 定数48
平成19年(2007年) 7月29日実施

		民主党		23,256,242票		当選人数	20人
1	当	相原	久美子	60	女	新	507,792
2		吉川	沙織	30	女	新	306,577
3	当	青木	愛	41	女	新	297,035
4	当	石井	一	72	男	新	292,272
5	当	池口	修次	57	男	前	255,451
6	当	ツルネン・マルテイ		67	男	前	242,740
7	当	神本	美恵子	59	女	前	224,994
8	当	横峯	良郎	47	男	新	211,829
9	当	藤原	正司	61	男	前	194,082
10	当	川合	孝典	43	男	新	171,084
11	当	風間	直樹	40	男	新	169,723
12	当	轟木	利治	47	男	新	166,969
13	当	大島	九州男	46	男	新	153,779
14	当	西岡	武夫	71	男	前	151,375
15	当	今野	東	59	男	新	111,458
16	当	藤原	良信	55	男	新	110,126
17	当	藤谷	光信	70	男	新	79,656
18	当	室井	邦彦	60	男	新	72,545
19	当	大江	康弘	53	男	前	68,973
20	当	山本	孝史	58	男	前	67,611

21繰当		大石	尚子	70	女	新	59,715
22繰当		広野	允士	64	男	前	53,050
23繰当3		秦	知子	40	女	新	47,937
		(はたともこ)					
24		斎藤	勁	62	男	元	44,526
25繰当3		玉置	一弥	63	男	新	43,290
26繰当3		樽井	良和	39	男	新	39,927
27		木下	厚	62	男	新	39,046
28		三輪	信昭	64	男	新	38,524
29繰当3		尾辻	かな子	32	女	新	38,230
30繰当3		山村	明嗣	31	男	新	34,395
31		叶	芳和	64	男	新	33,657
32		山崎	摩耶	60	女	新	27,500
33		長崎	慶一	57	男	新	26,402
34		高竹	和明	41	男	新	25,167
35		金	政玉	51	男	新	19,468

		自由民主党		16,544,696票		当選人数	14人
1	当	舛添	要一	58	男	前	470,571
2	当	山田	俊男	60	男	新	449,183
3	当	中山	恭子	67	女	新	385,914
4	当	丸山	和也	61	男	新	272,348
5	当	川口	順子	66	女	前	261,404
6	当	佐藤	正久	46	男	新	251,578
7	当	尾辻	秀久	66	男	前	230,303
8	当	石井	みどり	58	女	新	228,167
9	当	佐藤	信秋	59	男	新	227,123
10	当	義家	弘介	36	男	新	223,068
11	当	橋本	聖子	42	女	前	221,361
12	当	山東	昭子	65	女	前	203,324
13	当	衛藤	晟一	59	男	新	202,315
14	当	有村	治子	36	女	前	201,301
15繰当3		武見	敬三	55	男	前	186,616
16		阿達	雅志	47	男	新	170,090
17		藤井	基之	60	男	前	168,187
18		松原	まなみ	48	女	新	167,594
19		大高	衛	40	男	新	161,279
20		上野	公成	68	男	元	159,967
21		段本	幸男	62	男	前	128,199
22		尾身	朝子	46	女	新	117,783
23		大西	英男	60	男	新	102,613
24		丸一	芳訓	56	男	新	100,916
25		中西	茂昭	58	男	新	92,206
26		仲宗根	康人	48	男	新	91,472
27		藤野	公孝	59	男	前	78,500
28		小泉	顕雄	56	男	前	70,883
29		森元	恒雄	60	男	前	68,664
30		丸茂	ゆきこ	47	女	新	66,476
31		福島	啓史郎	61	男	前	66,088
32		米田	建三	59	男	新	61,435
33		福本	亜細亜	33	男	新	54,620
34		河瀬	葉子	50	女	新	39,248
35		森下	博之	65	男	元	20,383

参議院・比例区　　　国政選挙総覧

公明党			7,762,324票		当選人数 7人
1	当	山本 香苗	36	女 前	1,027,543
2	当	木庭健太郎	55	男 前	706,996
3	当	山本 博司	52	男 新	619,838
4	当	遠山 清彦	38	男 前	612,972
5	当	渡辺 孝男	57	男 前	558,206
6	当	加藤 修一	59	男 前	392,897
7	当	魚住裕一郎	54	男 前	231,500
8	繰当	草川 昭三	78	男 前	38,792
9		吉本 正史	50	男 新	19,856
10		溝口 三嘉	40	男 新	6,154
11		川島 信雄	48	男 新	5,294
12		徳水 典子	42	女 新	5,084
13		武田 素子	53	女 新	4,997
14		広瀬 憲也	42	男 新	4,480
15		戎居 徹	44	男 新	3,586
16		赤星 純司	53	男 新	3,435
17		東 睦治	44	男 新	3,279

日本共産党			4,407,937票		当選人数 3人
1	当	井上 哲士	49	男 前	189,458
2	当	紙 智子	52	女 前	76,878
3	当	山下 芳生	47	男 元	55,911
4		谷川 智行	36	男 新	38,167
5		春名 直章	48	男 新	24,898
6		吉岡 正史	33	男 新	18,262
7		岡 千陽	44	女 新	10,584
8		藤井美登里	51	女 新	9,233
9		石村 智子	31	女 新	9,126
10		前田芙美子	58	女 新	8,609
11		小林 立雄	58	男 新	6,839
12		穀田 全	31	男 新	6,184
13		佐藤 圭子	45	女 新	5,441
14		河江 明美	42	女 新	5,199
15		山岸 康男	60	男 新	5,091
16		村主 明子	35	女 新	4,985
17		津野 豊臣	63	男 新	1,521

社会民主党			2,637,716票		当選人数 2人
1	当	又市 征治	63	男 前	218,856
2	当	山内 徳信	72	男 新	145,659
3		山口 たか	57	女 新	110,671
4		上原 公子	58	女 新	108,636
5		金子 哲夫	59	男 新	37,834
6		戸田 二郎	56	男 新	11,707
7		横田 昌三	38	男 新	7,945
8		土谷 一雄	60	男 新	7,087
9		市川 博美	59	男 新	5,101

新党日本			1,770,697票		当選人数 1人
1	当	田中 康夫	51	男 新	458,221
2		有田 芳生	55	男 新	159,814
3	繰当	平山 誠	55	男 新	11,475

国民新党			1,269,220票		当選人数 1人
1	当	自見庄三郎	61	男 新	117,590
2		青山 丘	66	男 新	74,834
3		津島 恭一	53	男 新	73,771
4		アルベルト・フジモリ	69	男 新	51,608
5		呉屋 宏	48	男 新	51,098
6		小林 興起	63	男 新	42,072
7		宮本 一三	75	男 新	40,594
8		熊代 昭彦	67	男 新	34,239
9		関口 房朗	71	男 新	27,051
10		ペマ・ギャルポ	54	男 新	23,255
11		伊東 秀子	63	女 新	19,289
12		上田 孝之	48	男 新	18,193
13		松本 信枝	69	女 新	10,103
14		坪井 一宇	68	男 元	6,456

女性党			673,591票		当選人数 0人
1		篠原芙早子	63	女 新	50,179
2		中山 寛子	55	女 新	25,160
3		町山 恵子	45	女 新	15,659
4		福井 智代	51	女 新	11,020
5		竹内恵美子	59	女 新	7,266
6		吉山 英美	50	女 新	6,088
7		篠原 真結	37	女 新	5,987
8		藤田 幸代	51	女 新	5,081
9		西尾 美春	41	女 新	4,611
10		早坂きくみ	51	女 新	4,254
11		斉藤みえ子	58	女 新	3,412
12		蔵田恵利子	56	女 新	2,278

9条ネット			273,755票		当選人数 0人
1		天木 直人	60	男 新	29,158
2		ＺＡＫＩ	44	男 新	19,664
3		栗原 君子	61	女 元	17,884
4		藤田 恵	67	男 新	10,127
5		石川 一郎	65	男 新	8,277
6		小山 広明	65	男 新	3,786
7		鈴田 渉	37	男 新	3,366
8		成島 忠夫	64	男 新	2,981
9		小松 猛	64	男 新	1,834

維新政党・新風			170,515票		当選人数 0人
1		瀬戸 弘幸	55	男 新	14,675
2		魚谷 哲央	59	男 新	8,317
3		松村 久義	58	男 新	4,786

共生新党			146,986票		当選人数 0人
1		若尾 文子	73	女 新	65,267
2		小川 卓也	62	男 新	12,188
3		柏田 清光	39	男 新	4,188
4		白石 茂樹	43	男 新	3,772
5		関根 博之	60	男 新	2,791

※山本孝史(民主)死去のため平成19年12月28日大石尚子が繰上当選
※遠山清彦(公明)の衆院選立候補のため平成20

年9月12日草川昭三が繰上当選
※青木愛(民主)の衆院選立候補のため平成21年8月23日広野允士が繰上当選
※田中康夫(新党日本)の衆院選立候補のため、平成21年8月22日有田芳生が当選人となるが、衆院選立候補のため当選を辞退。このため、31日平山誠が繰上当選
※西岡武夫参院議長死去のため平成23年11月10日秦知子(民主)が繰上当選(任期3年)
※大石尚子(民主)死去のため、平成24年1月11日斎藤勁が当選人となるが、すでに衆議院議員に当選していたため辞退し、17日玉置一弥が繰上当選(任期3年)
※義家弘介(自民)、今野東(民主)の衆院選立候補のため平成24年12月14日武見敬三、樽井良和が繰上当選(ともに任期3年)
※室井邦彦(民主)辞職のため平成25年5月23日尾辻かな子が繰上当選(任期3年)
※大江康弘(無所属,元民主)辞職のため平成25年6月5日山村明嗣が繰上当選(任期3年)

第22回参議院議員選挙 定数48
平成22年(2010年)7月11日実施

民主党　　18,450,140票　　当選人数 16人

1	当	有田 芳生	58	男	新	373,834
2	当	谷 亮子	34	女	新	352,594
3	当	直嶋 正行	64	男	現	207,821
4	当	小林 正夫	63	男	現	207,227
5	当	柳沢 光美	62	男	現	159,325
6	当	石橋 通宏	45	男	新	150,113
7	当	難波 奨二	51	男	新	144,782
8	当	津田弥太郎	58	男	現	143,048
9	当	那谷屋正義	52	男	現	139,006
10	当	江崎 孝	53	男	新	133,248
11	当	藤末 健三	46	男	現	128,511
12	当	加藤 敏幸	61	男	現	120,987
13	当	前田 武志	72	男	現	118,248
14	当	田城 郁	50	男	新	113,468
15	当	白 真勲	51	男	現	111,376
16	当	西村 正美	46	女	新	100,932
17		八代 英太	73	男	元	89,740
18		安藤 高夫	51	男	新	71,346
19		喜納 昌吉	62	男	現	70,726
20		板倉 一幸	59	男	新	70,521
21		小寺 弘之	69	男	新	68,346
22		松岡 徹	58	男	現	68,118
23		工藤堅太郎	67	男	現	66,585
24		石井 茂	50	男	新	62,905
25		田村耕太郎	46	男	現	60,688
26		円 より子	63	女	現	57,009
27		池谷 幸雄	39	男	新	54,155
28		清水 信次	84	男	新	52,716
29		土田 博和	60	男	現	52,439
30		大石 正光	65	男	現	48,282
31		桂 きん枝	59	男	新	47,792
32		亀原 了円	54	男	新	45,810
33		下田 敦子	69	女	現	43,531
34		庄野 真代	55	女	新	43,405
35		中村 秀樹	47	男	新	35,392
36		岡崎 友紀	56	女	新	33,932
37		前田 雄吉	50	男	新	31,458
38		伊藤 和央	51	男	新	29,419
39		広中和歌子	76	女	現	28,629
40		家西 悟	50	男	現	18,973
41		矢野 義昭	60	男	新	18,608
42		野村 紘一	65	男	新	17,480
43		竹内 栄一	56	男	新	13,979
44		村田 直治	66	男	新	7,336
45		松岡 力雄	38	男	新	3,115

自由民主党　　14,071,671票　　当選人数 12人

1	当	片山さつき	51	女	新	299,036
2	当	佐藤ゆかり	48	女	新	278,312
3	当	山谷えり子	59	女	現	254,469
4	当	高階恵美子	46	女	新	210,443
5	当	三原じゅん子	45	女	新	168,342
6	当	中村 博彦	67	男	現	156,467
7	当	脇 雅史	65	男	現	148,779
8	当	藤井 基之	63	男	元	145,771
9	当	小坂 憲次	64	男	新	135,448
10	当	水落 敏栄	67	男	現	131,657
11	当	宇都 隆史	35	男	新	121,441
12	当	赤石 清美	62	男	新	108,258
13繰当3		堀内 恒夫	62	男	新	101,840
14繰当3		阿達 雅志	50	男	新	101,685
15		臼井 正人	47	男	新	100,282
16		秋元 司	38	男	現	87,948
17		木村 義雄	62	男	新	84,378
18		渡辺 具能	69	男	新	81,886
19		保坂 三蔵	71	男	元	81,249
20		門伝 英慈	47	男	新	80,381
21		西島 英利	62	男	現	76,131
22		中野 正志	62	男	新	67,643
23		角田 宏子	43	女	新	56,728
24		大西 宏幸	42	男	新	52,114
25		平田 耕一	61	男	元	48,712
26		三橋 貴明	40	男	新	42,246
27		松浪健四郎	63	男	新	36,643
28		神取 忍	45	女	現	32,793
29		小野寺有一	43	男	新	31,219
30		一瀬 明宏	53	男	新	30,158
31		伊藤 始	60	男	新	19,540
32		柴野多伊三	59	男	新	17,747
33		田島 美和	46	女	新	13,877
34		安井潤一郎	60	男	新	6,514

	35		日置 龍晴	53	男	新	4,357		8		岡 千陽	47 女 新	11,369
みんなの党			7,943,650票		当選人数	7人			9		西田 静郎	63 男 新	6,725
	1	当	柴田 巧	49	男	新	87,863		10		浜田 良之	54 男 新	6,709
	2	当	江口 克彦	70	男	新	86,299		11		片山 和子	34 女 新	6,344
	3	当	上野 宏史	39	男	新	52,051		12		上里 清美	54 女 新	3,478
	4	当	寺田 典城	70	男	新	45,846		13		佐藤長右衛門	66 男 新	2,613
	5	当	小野 次郎	56	男	新	43,012		14		神田美佐子	62 女 新	2,517
	6	当	小熊 慎司	42	男	新	37,222		15		岡崎 裕	32 男 新	2,284
	7	当	桜内 文城	44	男	新	37,191		16		大平 喜信	32 男 新	1,968
	8	繰当	真山 勇一	66	男	新	36,599		17		宮野入晶子	38 女 新	1,446
	9	繰当	藤巻 幸夫	50	男	新	32,161		18		三ケ尻亮子	41 女 新	1,026
	10	繰当	山田 太郎	43	男	新	30,663	社会民主党			2,242,736票	当選人数 2人	
	11	繰当3	田中 茂	52	男	新	30,207		1	当	福島 瑞穂	54 女 現	381,554
	12		蔦田 恵子	48	女	新	24,585		2	当	吉田 忠智	54 男 新	130,745
	13		清水鴻一郎	64	男	新	22,711		3		保坂 展人	54 男 新	69,214
	14		舘 信秀	63	男	新	22,233		4		原 和美	60 女 新	38,813
	15		若林 亜紀	44	女	新	22,097		5		浅野 隆雄	54 男 新	4,522
	16		米田 雅子	54	女	新	22,066		6		大瀬 敬昭	47 男 新	3,064
	17		宮越 馨	68	男	新	20,319	たちあがれ日本			1,232,207票	当選人数 1人	
	18		田中 朝子	50	女	新	19,094		1	当	片山虎之助	74 男 元	117,636
	19		後藤 啓二	50	男	新	13,122		2		中畑 清	56 男 新	111,597
	20		田中 雅英	58	男	新	8,467		3		村岡 敏英	49 男 新	69,375
	21		湯沢 大地	42	男	新	8,146		4		中山 成彬	67 男 新	60,358
	22		吉田 鈴香	51	女	新	7,568		5		中川 義雄	72 男 現	50,236
	23		大嶋 幸治	61	男	新	4,730		6		杉村 太蔵	30 男 新	31,146
公明党			7,639,432票		当選人数	6人			7		三木 圭恵	44 女 新	14,720
	1	当	秋野 公造	43	男	新	836,120		8		藤井 厳喜	57 男 新	10,194
	2	当	長沢 広明	51	男	新	630,775		9		岡 佑樹	33 男 新	9,003
	3	当	横山 信一	50	男	新	579,793	新党改革			1,172,395票	当選人数 1人	
	4	当	谷合 正明	37	男	現	544,217		1	当	荒井 広幸	52 男 現	65,250
	5	当	浜田 昌良	53	男	現	503,177		2		鳩山 太郎	36 男 新	23,944
	6	当	荒木 清寛	54	男	現	457,700		3		萩原 誠司	54 男 新	20,025
	7		浮島 智子	47	女	現	445,068		4		中村 幸嗣	47 男 新	7,607
	8		鰐淵 洋子	38	女	現	28,850		5		佐草 一優	51 男 新	4,590
	9		小野 綾子	39	女	新	20,336	国民新党			1,000,036票	当選人数 0人	
	10		小池 敏昭	53	男	新	15,584		1		長谷川憲正	67 男 現	406,587
	11		雨宮 秀樹	38	男	新	6,184		2		江本 孟紀	62 男 元	43,233
	12		鈴木 敏之	39	男	新	3,866		3		西村 修	38 男 新	34,561
	13		古田 聡	45	男	新	3,470		4		敏 いとう	70 男 新	14,111
	14		宮崎 勝	52	男	新	2,634		5		宮本 一三	78 男 新	9,395
	15		細野 浩司	49	男	新	2,582		6		後藤 俊秀	56 男 新	5,614
	16		米山 哲郎	45	男	新	2,416		7		新渡 英夫	53 男 新	4,641
	17		広恵 敏秀	52	男	新	684	日本創新党			493,619票	当選人数 0人	
日本共産党			3,563,577票		当選人数	3人			1		中田 宏	45 男 新	122,978
	1	当	市田 忠義	67	男	現	83,806		2		斎藤 弘	52 男 新	35,157
	2	当	田村 智子	45	女	新	45,668		3		岡野 俊昭	64 男 新	4,486
	3	当	大門実紀史	54	男	現	43,897		4		杉井 保之	51 男 新	4,184
	4		仁比 聡平	46	男	現	33,614		5		杉本 哲也	31 男 新	3,030
	5		森 正明	59	男	新	21,573		6		清水 隆司	49 男 新	2,660
	6		河江 明美	45	女	新	17,949						
	7		小林 解子	30	女	新	11,497						

	女性党		414,963票		当選人数 0人
1	福井 智代	54	女	新	19,690
2	石川 敬子	51	女	新	17,013
3	永井久美子	38	女	新	11,116
4	塚本 直子	48	女	新	7,943
5	矢野 洋子	54	女	新	3,987
6	竹内恵美子	62	女	新	3,849
7	清水美代子	63	女	新	2,990
8	片岡佳世子	62	女	新	2,496
9	佐藤 雅子	53	女	新	2,303
10	吉山 英美	53	女	新	1,949

	幸福実現党		229,026票		当選人数 0人
1	ドクター・中松 (中松 義郎)	82	男	新	38,242
2	石川 悦男	52	男	新	25,340
3	林 雅敏	54	男	新	1,732
4	黒川 白雲	43	男	新	1,419
5	饗庭 直道	43	男	新	1,275

※上野宏史(みんな)、小熊慎司(同)、桜内文城(同)の衆院選立候補のため平成24年12月14日真山勇一、藤巻幸夫、山田太郎が繰上当選
※中村博彦(自民)死去のため平成25年8月6日堀内恒夫が繰上当選(任期3年)
※藤巻幸夫(結いの党,元みんな)死去のため平成26年3月31日田中茂が繰上当選(任期3年)
※佐藤ゆかり(自民)の衆院選立候補のため平成26年12月4日阿達雅志が繰上当選(任期3年)

第23回参議院議員選挙 定数48
平成25年(2013年)7月21日実施

	自由民主党		18,460,404票		当選人数 18人
1	当 柘植 芳文	67	男	新	429,002
2	当 山田 俊男	66	男	現	338,485
3	当 佐藤 正久	52	男	現	326,541
4	当 石井みどり	64	女	現	294,079
5	当 橋本 聖子	48	女	現	279,953
6	当 羽生田 俊	65	男	新	249,818
7	当 佐藤 信秋	65	男	現	215,506
8	当 赤池 誠章	52	男	新	208,319
9	当 山東 昭子	71	女	現	205,779
10	当 衛藤 晟一	65	男	現	204,404
11	当 石田 昌宏	46	男	新	201,109
12	当 有村 治子	42	女	現	191,342
13	当 宮本 周司	42	男	新	178,480
14	当 丸山 和也	67	男	現	153,303
15	当 北村 経夫	58	男	新	142,613
16	当 渡辺 美樹	53	男	新	104,175
17	当 木村 義雄	65	男	新	98,979
18	当 太田 房江	62	女	新	77,173
19	若狭 勝	56	男	新	76,829
20	園田 修光	56	男	新	65,840
21	大江 康弘	59	男	元	59,376
22	佐々木洋平	71	男	新	56,082
23	木村 隆次	55	男	新	47,627
24	伊藤 洋介	49	男	新	37,423
25	金子善次郎	69	男	新	34,866
26	塚原 光男	65	男	新	28,902
27	畦元 将吾	55	男	新	28,519
28	佐竹 雅昭	47	男	新	27,582
29	米坂 知昭	54	男	新	18,078

	公明党		7,568,080票		当選人数 7人
1	当 山本 香苗	42	女	現	996,959
2	当 平木 大作	38	男	新	770,682
3	当 河野 義博	35	男	新	703,637
4	当 山本 博司	58	男	現	592,815
5	当 若松 謙維	57	男	新	577,951
6	当 魚住裕一郎	60	男	現	540,817
7	当 新妻 秀規	43	男	新	26,044
8	川島 信雄	54	男	新	7,737
9	鈴木 充	58	男	新	4,695
10	清水 定幸	42	男	新	2,626
11	松葉 玲	45	男	新	2,332
12	宮地 広助	38	男	新	2,327
13	雨宮 秀樹	41	男	新	1,831
14	鷲岡 秀明	48	男	新	1,682
15	深沢 淳	34	男	新	1,119
16	窪田 哲也	47	男	新	1,051
17	四重田雅俊	50	男	新	631

	民主党		7,134,215票		当選人数 7人
1	当 礒崎 哲史	44	男	新	271,553
2	当 浜野 喜史	52	男	新	235,917
3	当 相原久美子	66	女	現	235,636
4	当 大島九州男	52	男	現	191,167
5	当 神本美恵子	65	女	現	176,290
6	当 吉川 沙織	36	女	現	167,437
7	当 石上 俊雄	51	男	新	152,121
8	川合 孝典	49	男	現	138,830
9	石井 一	78	男	現	123,355
10	定光 克之	53	男	新	120,782
11	轟木 利治	53	男	現	103,996
12	ツルネン・マルテイ	73	男	現	82,858
13	鹿野 道彦	71	男	新	82,404
14	簗瀬 進	63	男	元	53,940
15	円 より子	66	女	元	49,008
16	五十嵐文彦	64	男	新	29,077
17	吉田 公一	72	男	新	27,890
18	奥村 展三	68	男	元	27,284
19	佐々木隆博	64	男	新	24,329
20	樽井 良和	45	男	現	13,178

	日本維新の会		6,355,299票		当選人数 6人
1	当 アントニオ猪木	70	男	元	356,605
2	当 中山 恭子	73	女	現	306,341

参議院・比例区

3	当	儀間 光男	69	男	新	40,484
4	当	藤巻 健史	63	男	新	33,237
5	当	中野 正志	65	男	新	32,926
6	当	室井 邦彦	66	男	元	32,107
7		土田 博和	63	男	元	28,616
8		奥村慎太郎	58	男	新	27,954
9		桜井よう子	71	女	新	27,757
10		石井 義哲	56	男	新	25,986
11		浅田真澄美	46	女	新	22,406
12		上野 公成	73	男	元	21,457
13		石原 結実	64	男	新	19,097
14		松村 讓裕	46	男	新	18,888
15		山崎 泰	51	男	新	18,130
16		片岡 伸子	43	女	新	16,329
17		川口 浩	58	男	新	16,079
18		宮崎 健治	46	男	新	15,464
19		栗原 博久	66	男	新	14,274
20		瀬戸健一郎	51	男	新	12,768
21		矢口 健一	41	男	新	11,327
22		富山 泰庸	42	男	新	10,186
23		石川 輝久	63	男	新	10,147
24		伊賀 保夫	36	男	新	9,269
25		二瓶 文隆	54	男	新	7,637
26		岩本壮一郎	32	男	新	7,167
27		遠藤 宣彦	50	男	新	7,061
28		松本 孝一	53	男	新	6,122
29		竹内 栄一	59	男	新	4,991
30		高田貴代子	75	女	新	2,921

日本共産党　　5,154,055票　　当選人数　5人

1	当	小池 晃	53	男	元	134,325
2	当	山下 芳生	53	男	現	129,149
3	当	紙 智子	58	女	現	68,729
4	当	井上 哲士	55	男	現	50,874
5	当	仁比 聡平	49	男	元	39,768
6		山本 陽子	59	女	新	36,580
7		浅賀 由香	33	女	新	8,429
8		木村 賢治	62	男	新	6,595
9		池内 沙織	30	女	新	6,387
10		村上 信夫	49	男	新	4,545
11		辻 源巳	41	男	新	4,231
12		大西 理	47	男	新	4,087
13		小高 洋	32	男	新	3,359
14		西平 守伸	62	男	新	2,875
15		武田 良介	33	男	新	2,395
16		江上 博之	58	男	新	2,144
17		井沢 孝典	62	男	新	1,814

みんなの党　　4,755,160票　　当選人数　4人

1	当	川田 龍平	37	男	現	117,389
2	当	山口 和之	57	男	新	75,000
3	当	渡辺美知太郎	30	男	新	50,253
4	当	井上 義行	50	男	新	47,756
5		河合 純一	38	男	新	39,425
6		山本 幸治	41	男	新	37,718
7		石井 竜馬	44	男	新	35,364
8		本田 顕子	41	女	新	32,330
9		梅沢 重雄	60	男	新	23,035
10		菅原 直敏	35	男	新	21,135
11		菊地 文博	53	男	新	12,676
12		平 智之	54	男	新	11,927
13		富岡由紀夫	49	男	元	11,305
14		小斉 太郎	43	男	新	10,527
15		船曳 鴻紅	65	女	新	7,896

社会民主党　　1,255,235票　　当選人数　1人

1	当	又市 征治	69	男	現	156,155
2		山城 博治	60	男	新	112,641
3		矢野 敦子	45	女	新	26,278
4		鴨 桃代	64	女	新	21,934

生活の党　　943,836票　　当選人数　0人

1		山岡 賢次	70	男	元	56,372
2		三宅 雪子	48	女	新	38,766
3		広野 允士	70	男	現	35,554
4		藤原 良信	61	男	現	34,568
5		東 祥三	62	男	新	33,146
6		はたともこ（秦　知子）	46	女	現	21,441

新党大地　　523,146票　　当選人数　0人

1		鈴木 宗男	73	男	新	62,902
2		松木 謙公	54	男	新	38,721
3		内山 晃	59	男	新	6,828
4		橋本 勉	59	男	新	3,643
5		町川 順子	54	女	新	3,313
6		萩原 仁	45	男	新	2,934
7		笹 節子	61	女	新	2,647
8		前川 光	64	男	新	1,834
9		田宮 嘉一	44	男	新	1,475

緑の党グリーンズジャパン　　457,862票　　当選人数　0人

1		三宅 洋平	34	男	新	176,970
2		須黒 奈緒	34	女	新	9,109
3		長谷川羽衣子	32	女	新	7,431
4		木田 節子	59	女	新	5,219
5		大野 拓夫	44	男	新	4,577
6		木村 雄一	53	男	新	4,549
7		田口 まゆ	39	女	新	3,308
8		島崎 直美	54	女	新	2,223
9		尾形 慶子	56	女	新	2,014

みどりの風　　430,673票　　当選人数　0人

1		谷岡 郁子	59	女	現	51,367
2		山田 正彦	71	男	新	44,231
3		井戸川克隆	67	男	新	15,444

幸福実現党　　191,643票　　当選人数　0人

1		矢内 筆勝	51	男	新	17,010

第24回参議院議員選挙 定数48
平成28年(2016年)7月10日実施

自由民主党　20,114,788票　当選人数　19人

1	当	徳茂 雅之	54	男	新	521,060
2	当	青山 繁晴	63	男	新	481,890
3	当	片山さつき	57	女	現	393,382
4	当	中西 哲	64	男	新	392,433
5	当	今井絵理子	32	女	新	319,359
6	当	足立 敏之	62	男	新	293,735
7	当	山谷えり子	65	女	現	249,844
8	当	藤木 真也	49	男	新	236,119
9	当	自見 英子	40	女	新	210,562
10	当	進藤金日子	53	男	新	182,467
11	当	高階恵美子	52	女	現	177,810
12	当	山田 宏	58	男	新	149,833
13	当	藤井 基之	69	男	現	142,132
14	当	阿達 雅志	56	男	現	139,110
15	当	宇都 隆史	41	男	現	137,993
16	当	小川 克巳	64	男	新	130,101
17	当	宮島 喜文	64	男	新	122,833
18	当	水落 敏栄	73	男	現	114,485
19	当	園田 修光	59	男	新	101,154
20		竹内 功	64	男	新	87,578
21		増山 寿一	53	男	新	85,355
22		堀内 恒夫	68	男	現	84,597
23		大江 康弘	62	男	元	53,731
24		畦元 将吾	58	男	新	37,731
25		伊藤 洋介	52	男	新	29,865

民進党　11,750,965票　当選人数　11人

1	当	小林 正夫	69	男	現	270,285
2	当	浜口 誠	51	男	新	266,623
3	当	矢田 稚子	50	女	新	215,823
4	当	有田 芳生	64	男	現	205,884
5	当	川合 孝典	52	男	元	196,023
6	当	難波 奨二	57	男	現	191,823
7	当	江崎 孝	59	男	現	184,187
8	当	那谷屋正義	58	男	現	176,683
9	当	石橋 通宏	51	男	現	171,486
10	当	藤末 健三	52	男	現	143,188
11	当	白 真勲	57	男	現	138,813
12		田城 郁	56	男	現	113,571
13		藤川 慎一	52	男	新	112,995
14		轟木 利治	56	男	元	108,522
15		森屋 隆	49	男	新	102,208
16		田中 直紀	76	男	現	86,596
17		柴田 巧	55	男	現	73,166
18		大河原雅子	63	女	元	71,398
19		前田 武志	78	男	現	59,853
2		トクマ	46	男	新	16,797
3		井沢 一明	55	男	新	4,540

(民進党 続き)
20		小野 次郎	62	男	現	46,213
21		西村 正美	52	女	現	38,899
22		鎌谷 一也	63	男	新	26,717

公明党　7,572,960票　当選人数　7人

1	当	長沢 広明	57	男	現	942,266
2	当	秋野 公造	48	男	現	612,068
3	当	横山 信一	56	男	現	606,889
4	当	熊野 正士	51	男	新	605,223
5	当	谷合 正明	43	男	現	478,174
6	当	浜田 昌良	59	男	現	388,477
7	当	宮崎 勝	58	男	新	18,571
8		竹内 真二	52	男	新	7,489
9		高橋 秀明	50	男	新	5,878
10		星 英一郎	40	男	新	5,666
11		竹内 秀伸	38	男	新	4,334
12		高田 清久	40	男	新	3,497
13		坂本 道応	37	男	新	3,377
14		佐藤 史成	57	男	新	3,226
15		千葉 宣男	51	男	新	2,560
16		飯塚 栄治	38	男	新	2,440
17		栗岡 哲平	46	男	新	1,533

日本共産党　6,016,195票　当選人数　5人

1	当	市田 忠義	73	男	現	77,348
2	当	田村 智子	51	女	現	49,113
3	当	大門実紀史	60	男	現	33,078
4	当	岩渕 友	39	女	新	31,099
5	当	武田 良介	36	男	新	23,938
6		奥田 智子	47	女	新	23,680
7		伊勢田良子	41	女	新	23,261
8		春名 直章	57	男	新	21,478
9		椎葉 寿幸	39	男	新	13,228
10		吉俣 洋	42	男	新	11,139
11		古田美知代	67	女	新	7,921
12		岩渕 彩子	33	女	新	7,757
13		石山 浩行	34	男	新	7,136
14		吉田 恭子	35	女	新	7,088
15		小池 一徳	55	男	新	7,070
16		岡田 正和	34	男	新	7,036
17		山下 魁	39	男	新	4,579
18		伊藤 達也	33	男	新	4,476
19		佐藤 耕平	34	男	新	4,378
20		真栄里 保	59	男	新	4,032
21		藤本 友里	37	女	新	3,921
22		西沢 博	36	男	新	3,661
23		山田 和雄	48	男	新	3,579
24		唐沢 千晶	46	女	新	3,528
25		高木 光弘	56	男	新	3,147
26		坂口多美子	40	女	新	2,957
27		松本 隆	54	男	新	2,784
28		熊谷 智	36	男	新	2,497
29		松山 恭子	65	女	新	2,376
30		高橋 渡	53	男	新	2,257

31		亀田 良典	67	男	新	2,254	4		保江 邦夫	64	男	新	12,948
32		原口 敏彦	54	男	新	2,184	5		矢作 直樹	60	男	新	10,363
33		釜井 敏行	34	男	新	1,932							
34		松田 一志	58	男	新	1,931							
35		益田 牧子	66	女	新	1,786							
36		遠藤 秀和	38	男	新	1,492							
37		上村 泰稔	51	男	新	1,303							
38		三ケ尻亮子	47	女	新	1,299							
39		宮内 現	34	男	新	1,189							
40		和泉 信丈	32	男	新	972							
41		植本 完治	57	男	新	744							
42		小路 貴之	73	男	新	499							

支持政党なし　647,071票　当選人数 0人
1　佐野 秀光 45 男 新 31,334
2　本藤 昭子 74 女 新 18,035

新党改革　580,653票　当選人数 0人
1　山田 太郎 49 男 現 291,188
2　荒井 広幸 58 男 現 63,757
3　平山 誠 64 男 元 5,944
4　大坂 佳巨 45 男 新 3,635
5　伊藤 淳子 60 女 新 3,388
6　田中 大助 63 男 新 3,049
7　福田 晃三 39 男 新 2,405
8　藤岡佳代子 50 女 新 2,065
9　朝倉 秀雄 64 男 新 963

国民怒りの声　466,706票　当選人数 0人
1　小林 節 67 男 新 78,272
2　円 より子 69 女 元 20,496
3　平野 道子 37 女 新 6,194
4　荒木 大樹 45 男 新 4,735
5　大西さちえ 43 女 新 4,659
6　橋本 勉 62 男 新 3,042
7　吉田 晶子 45 女 新 2,934
8　杉本 志乃 48 女 新 2,272
9　立川 光昭 39 男 新 1,958
10　渡辺 良弘 50 男 新 1,806

幸福実現党　366,815票　当選人数 0人
1　七海ひろこ 31 女 新 31,717
2　釈 量子 46 女 新 28,579

おおさか維新の会　5,153,584票　当選人数 4人
1　当　片山虎之助 80 男 現 194,902
2　当　渡辺 喜美 64 男 新 143,343
3　当　石井 苗子 62 女 新 68,147
4　当　石井 章 59 男 新 50,073
5　儀武 剛 54 男 新 43,679
6　梅村 聡 41 男 元 37,570
7　鈴木 宏治 42 男 新 33,518
8　三宅 博 66 男 新 23,021
9　坂井 良和 71 男 新 22,553
10　中谷 裕之 54 男 新 19,946
11　樋口 俊一 64 男 元 17,626
12　鈴木 望 67 男 新 16,816
13　島 聡 58 男 新 12,677
14　矢野 義昭 66 男 新 11,983
15　新渡 英夫 59 男 新 11,090
16　宇佐美孝二 43 男 新 9,755
17　髙橋 英明 53 男 新 8,562
18　串田 誠一 58 男 新 5,959

社会民主党　1,536,238票　当選人数 1人
1　当　福島 瑞穂 60 女 現 254,956
2　吉田 忠智 60 男 現 153,197
3　椎野 隆 69 男 新 9,627
4　伊藤 善規 67 男 新 6,368
5　桝口 敏行 62 男 新 3,370
6　田山 英次 56 男 新 3,273
7　桂川 悟 64 男 新 2,288

生活の党と山本太郎となかまたち
　　　　1,067,300票　当選人数 1人
1　当　青木 愛 50 女 元 109,050
2　姫井由美子 57 女 元 16,116
3　末次 精一 53 男 新 11,878
4　北出 美翔 30 女 新 11,349
5　日吉 雄太 47 男 新 9,862

日本のこころを大切にする党
　　　　734,024票　当選人数 0人
1　中山 成彬 73 男 新 77,884
2　西村 眞悟 68 男 新 42,296
3　ボギーてどこん 52 男 新 35,235

候補者氏名索引

【あ】

相浦　喜代子……… 369
合浦　賢……………… 572
相川　勝六… 381, 382, 572
相川　久吉……… 209, 572
相川　良一……………… 560
相沢　朝子……… 173, 174
逢沢　一郎… 308, 309, 310, 323, 324, 325, 326, 327
逢沢　寛… 305, 306, 307
合沢　栄……………… 378
相沢　重明……………… 448
相沢　武彦………… 7, 408
逢沢　英雄… 307, 308, 502
相沢　秀一……………… 506
相沢　英之… 300, 301, 323
相沢　正巳………… 32, 33
合月　けい子……………… 560
相蘇　完一………………43
相田　勲 262, 263, 290, 291
相田　栄一……………… 565
会田　信源………………87
会田　長栄……………… 424
会田　千和………………86
相田　弥智子… 117, 128
愛知　和男… 32, 33, 34, 54, 164, 165
愛知　揆一…… 31, 32, 540
愛知　治郎……………… 417
相徳　昌平……………… 475
愛野　興一郎 362, 363, 396, 397
愛野　時一郎……………… 361
相浦　慎治……………… 304
相原　久美子… 577, 581
相原　史乃… 108, 130, 132
相原　徳寿……………… 435
相本　芳彦… 181, 456
饗庭　直道… 166, 349, 581
青井　功……………… 116
青井　政美……………… 513
青池　昌道……………… 574
青木　愛 106, 107, 128, 130, 158, 159, 161, 165, 167, 168, 577, 584
青木　勇……… 366, 523
青木　理……………… 230
青木　一男… 543, 547, 549, 552
青木　一功……………… 523
青木　一彦… 498, 500
青木　和美……………… 440
青木　和也……… 79, 96
青木　勝……………… 421
青木　勝治… 562, 115
青木　清…… 145, 559
青木　清保… 319, 320
青木　邦雄… 389, 390
青木　恵一郎……………… 189

青木　康次……… 281, 492
青木　三郎……………… 564
青木　茂樹……………… 463
青木　茂 555, 557, 562, 567
青木　薪次… 469, 470
青木　清左衛門… 186, 542
青木　太一郎……………… 562
青木　孝義……………… 216
青木　正………… 79, 80, 81
青木　巽……………… 109
青木　千代子……………… 572
青木　利男……………… 332
青木　伸夫……………… 215
青木　信恭……………… 359
青木　弘………………71
青木　宏之… 223, 224, 225
青木　勉治……………… 469
青木　方邦……………… 469
青木　正久… 82, 83, 84, 85
青木　幹雄……………… 500
青木　道子………………67
青木　光治……………… 284
青木　康… 188, 197
青木　雪男……………… 365
青木　淑子……………… 559
青木　善祐……………… 531
青木　義照……………… 247
青郷　卓治……………… 384
青島　美幸… 570, 573
青島　保太郎……………… 207
青島　幸男… 446, 550, 552, 554, 559, 562, 566, 575
青島　良平……………… 191
青田　源太郎……………… 489
青砥　信夫……………… 543
青野　暉… 562, 567
青野　武一… 350, 351, 352
青野　美代子………………16
青柳　一郎… 318, 319
青柳　高一……… 79, 80
青柳　伸二………………89
青柳　新七………………47
青柳　長次郎 539, 543, 547
青柳　敏夫……………… 103
青柳　秀夫… 471, 472
青柳　仁士… 89, 90, 96, 97
青柳　盛雄… 136, 137, 138, 142, 143, 144, 145
青柳　陽一郎 121, 122, 132, 133
青柳　良太郎……………… 169
青山　明日香 108, 109, 132, 133
青山　伊津子……………… 222
青山　潔……………… 217
青山　慶二………………16
青山　佐々夫……………… 467
青山　繁晴……………… 583
青山　周平… 228, 229, 240, 241
青山　正一… 538, 544, 548

青山　新太郎……………… 143
青山　丘 220, 221, 222, 223, 224, 226, 236, 237, 238, 239, 578
青山　照明… 329, 330
青山　春雄……………… 314
青山　二三…… 71, 91, 92
青山　雅彦… 216, 220, 472, 550, 551, 552, 553
青山　光子……………… 475
青山　大人……… 67, 97
阿賀　正美… 208, 440, 545
赤井　善三……………… 415
赤池　誠章… 124, 125, 129, 131, 462, 581
赤池　義男……………… 207
赤石　勝美……………… 563
赤石　清美……………… 579
赤石　貞治… 142, 143, 144, 442, 443, 444, 446, 474, 475, 558, 568
赤石　三五郎……………… 442
赤石　真一郎……………… 486
赤岩　勝美……………… 541
赤江　清美……………… 179
赤枝　恒雄… 166, 167
赤尾　敏 136, 137, 138, 139, 140, 142, 143, 147, 441, 442, 443, 444, 549, 550
赤荻　桃太郎………………61
赤木　一生… 369, 398
赤木　光司……………… 539
赤城　徳彦… 64, 65, 66, 91, 92, 93, 94, 95
赤木　正雄… 488, 546
赤木　正幸… 310, 327
赤城　宗徳… 60, 61, 62, 63, 64
赤岸　雅治……… 87, 88
赤桐　操… 438, 439
赤坂　てる子……………… 309
赤沢　幹温… 310, 326
赤沢　正道… 299, 300
赤沢　与仁……………… 508
赤沢　律男……………… 308
赤沢　亮正… 301, 302, 325, 326, 327
明石　喜進………………40
明石　健太郎……………… 360
赤路　友蔵… 385, 386, 387, 388, 533
赤司　徳雄……………… 545
明石　元長……………… 350
明石　行夫… 120, 121
赤塚　裕彦……………… 108
赤沼　武夫……… 47, 48
アカネ　淑郎……………… 433
茜ケ久保　重光 73, 74, 75, 431, 432
赤羽　一嘉… 276, 277, 278, 279, 280

赤羽　寿……………… 488
赤星　純司……………… 578
赤間　二郎… 119, 120, 121, 122, 129, 131, 133
赤間　友子……………… 120
赤間　文三… 484, 485
赤松　明勅……………… 336
赤松　明宏……………… 284
赤松　勇 215, 216, 217, 218, 219, 220, 221
赤松　円豊……………… 308
赤松　和隆… 310, 326
赤松　常子… 538, 543, 547
赤松　広隆… 223, 224, 225, 226, 227, 228, 229, 235, 236, 237, 238, 239, 240, 241
赤松　正雄… 275, 276, 289, 291, 292, 294, 295
赤松　義生… 322, 323
赤嶺　政賢… 394, 395, 398, 399, 400, 401, 402, 403
阿川　銀之助………………60
秋岡　博……………… 306
秋川　保親… 338, 339
秋田　雨雀……………… 410
秋田　喜美男………………10
秋田　大助… 329, 330
秋田　忠昭……………… 509
秋田　信弘… 116, 127
秋田　博紀… 326, 327
秋野　公造… 580, 583
秋葉　賢也… 35, 36, 56, 57, 58
秋葉　忠利… 315, 323
秋葉　保……………… 135
秋原　伸行… 180, 198
秋久　勲……………… 300
秋辺　得平………………11
秋光　民恵… 315, 323
秋本　明子……………… 550
秋元　岩五郎……………… 411
秋元　清一………………87
秋元　正……………… 425
秋元　司 159, 161, 166, 167, 576, 579
秋本　文夫… 147, 148
秋元　真樹………………57
秋本　真利… 108, 109, 131, 133
秋元　正博………………12
秋元　豊……………… 105
秋本　芳郎……………… 555
穐山　篤… 554, 556, 561
秋山　勝美……………… 341
秋山　建……………… 104
秋山　賢蔵……………… 122
秋山　晃一… 125, 126
秋山　俊一郎……………… 523
秋山　順介……………… 136
秋山　昭八……………… 564

秋山　二郎……… 330	浅沼　宏充……… 408	東　　啓明……… 568	穴田　貴洋……………17
秋山　信一……… 305	浅沼　双枝………12	東　　舜英……… 181	穴見　陽一 380, 400, 401, 402
秋山　伸二……… 115	浅沼　美知雄 139, 141, 441, 442, 548	東　　祥三 150, 151, 154, 156, 157, 158, 159, 162, 163, 164, 165, 167, 582	阿南　一成……… 571
秋山　高志……… 103	浅野　麻美……… 444		安孫子　藤吉…… 421, 544
秋山　武……… 129	浅野　一郎………62		安富祖　久明…… 573
秋山　長造……… 501, 502	浅野　勝人… 222, 223, 224, 225, 226, 235, 236, 237, 475	東　　隆…… 3, 407, 549	阿部　昭………………64
秋山　徳雄……… 111, 112		東　　武……… 261, 486	阿部　一郎……… 77, 433
秋山　利恭……… 281		東　　毅…… 309, 310, 326	阿部　英一………… 6
秋山　肇……… 559, 565	浅野　均一……… 441	東　　哲朗……… 151, 445	阿部　修……… 554
秋山　秀男… 145, 146, 222	浅野　謙二……… 320	東　　徹……… 488	阿部　喜元… 338, 339, 340
秋山　文和……………90	浅野　賢澄……… 467	東　　二三郎…… 254	安部　キミ子…… 506
秋山　幸子……… 72, 73	浅野　光雪… 150, 213, 224, 446, 475	東　　治男……… 533	安部　清美……… 518
秋吉　良雄……… 378		東　　正博……… 145, 408	阿部　国人……… 367, 524
安喰　武夫……… 106, 107	浅野　公道………34, 53	東　　睦治……… 578	阿部　憲一……… 442
阿久津　順一…… 444	浅野　仁次郎…… 142	東　　淑子……… 438	安倍　源基……… 506
阿久津　幸彦 153, 155, 156, 157, 158, 160, 161, 162, 163, 165, 166, 168	浅野　隆雄 11, 16, 18, 409, 580	東　　良平……… 575	阿部　五郎 42, 43, 329, 420, 421
		安住　淳 34, 35, 36, 54, 55, 56, 58, 59	
	浅野　貴博… 14, 17, 18, 410	安住　太伸… 14, 18, 410	阿部　幸代 84, 85, 435, 436
阿具根　登… 543, 547, 550, 551, 552, 555	朝野　利男……… 553	畦元　将吾……… 581, 583	阿部　茂夫……… 136
	浅野　信義……… 255	阿曽　重樹……… 574	阿部　繁義……… 382
明峯　哲夫……… 563	浅野　弘樹……… 262	阿蘇　義夫……… 444	阿部　静子……… 414
明本　京静……… 545	浅野　拡……… 467	麻生　アヤ……… 557	阿部　寿一………46
吾郷　武日……… 206	浅野　史子… 108, 109, 129, 130, 439, 440	麻生　重一……… 135, 440	阿部　十七……… 101
阿子島　俊治………30		麻生　太賀吉…… 350, 351	安部　俊吾………30
浅井　一郎……… 437, 542	浅野　真……… 206, 237	麻生　太郎… 355, 356, 357, 358, 359, 360, 361, 396, 397, 398, 399, 401	阿部　昭吾… 43, 44, 45, 53
浅井　亨……… 489, 548	浅野　良治……… 549		安倍　晋三… 321, 322, 323, 324, 325, 326
浅井　正弘……… 183	浅羽　広吉……… 212		
浅井　茂一……… 543	浅原　健三……… 350		安倍　晋太郎 319, 320, 321
浅井　盛夫……… 430	麻原　彰晃……… 149	麻生　良方… 139, 140, 142, 143, 144, 145, 441	阿部　助哉… 171, 172, 173
浅井　美雄… 216, 217, 218, 472, 473	朝日　健太郎…… 447		阿部　スミコ…… 105, 127
	朝日　俊弘… 565, 570, 573	阿曽田　清……… 528	阿部　千一………25
浅井　美幸… 257, 258, 259, 260, 261	安座間　肇……… 488	安宅　正行……… 239	阿部　宗悦……… 563
	朝見　清道……… 218	阿竹　斎次郎…… 476	阿部　一之……… 158
浅尾　慶一郎 116, 120, 121, 131, 132, 450, 451	浅見　桂子……… 566	安達　昭子……… 560	阿部　卓也……… 214, 238
	浅見　善吉……… 556	足立　梅市……… 229, 230	阿部　竹松……… 546, 549
浅岡　信夫… 538, 541, 544	阿左美　広治…… 79, 80	安達　一士……… 572	阿部　忠夫……… 442
浅香　忠雄… 253, 254, 255, 256	浅見　裕一郎…… 346	足立　国功……… 528	安部　正……… 518
	浅利　治……… 116, 126	足立　定雄……… 272	阿部　忠臣………29
浅賀　由香… 121, 451, 582	浅利　三朗………25	足立　信也……… 530, 531	阿部　玉子……… 554
浅貝　正雄……… 78, 93	浅利　崇………22	足立　忠澄……… 351	阿部　伝 261, 415, 416, 486, 487
朝木　直子……… 153	浅利　俊明……… 274	足立　篤郎… 207, 208, 209, 210, 211	
朝倉　篤郎……… 153	浅輪　桂子……… 503		阿部　俊子… 309, 310, 325, 326, 327
朝倉　三洲……… 256	芦尾　長司……… 490	足立　敏之……… 583	
朝倉　多恵子…… 277	味岡　淳二… 195, 466	足立　八郎……… 462	阿部　淑子……… 461, 560
朝倉　肇……… 255, 256	足鹿　覚… 299, 300, 497	安達　裕志……… 235, 569	阿部　知子… 117, 118, 119, 120, 121, 122, 128, 129, 130, 131, 132, 133, 450, 570
朝倉　秀雄……… 584	味口　俊之……… 278	阿達　雅志… 577, 579, 583	
浅田　恵理……… 241	芦沢　喜美恵…… 430	足立　康史… 267, 268, 295, 298	
浅田　菊次郎…… 481	芦田　克巳……… 488, 489		
浅田　五郎……… 524	芦田　均……… 247, 248	安達　安人……… 374, 528	安部　友康……… 258
浅田　均……… 488	安次富　修… 395, 399, 400	安達　義孝……… 264, 265	阿部　野人………84
浅田　真澄美…… 582	芦名　昇盛………50	足立　力也……… 577	阿部　信子……… 36, 58
浅田　豊……… 460	芦名　裕子……… 450, 519	安達　良助……… 420, 538	阿部　登……… 565
安里　仁一郎…… 394, 396	安島　友義………63	足立　良平……… 562, 569	阿部　速……… 204, 565
安里　政晃……… 403, 537	芦村　秀一……… 277	阿知波　吉信 206, 207, 238, 240, 241	阿部　治正… 109, 134, 563
安里　積千代 393, 549, 550	飛鳥　繁……… 185		阿部　秀実………72
浅沼　稲次郎 135, 136, 137, 138, 139	飛鳥田　一雄 110, 111, 145, 146	厚木　学………67	阿部　評博……… 563
		渥美　和也……… 117	阿部　洋………10
浅沼　和仁… 265, 266, 267, 268	東瀬　利雄……… 135, 138	渥美　節夫……… 552	阿部　広美……… 528
	東　　篤……… 181, 200, 201	阿藤　和之……… 159, 161	阿部　文明……… 330
浅沼　享子……… 139		阿閉　豊次……… 224	
浅沼　秀豊………84	東　　国幹………18	阿閉　正雄……… 224, 487	阿部　文男… 7, 8, 9, 10

阿部　翰靖…………562	網谷　徹己…………325	580
安部　法俊…………549	雨谷　義俊…………428	荒木　国夫…………530
阿部　雅二…………443	雨宮　秀樹……580, 581	荒木　正三郎…540, 546
安部　公人……………35	天羽　文吉…………329	荒木　昭三……354, 355
阿部　正俊…………421	綾部　健太郎…377, 378	荒木　丈太郎………177
阿部　政幸………86, 91	綾部　澄子…85, 86, 87, 95,	荒木　詩郎……128, 574
阿部　正義……175, 176	436	荒木　大樹 72, 96, 431, 584
安部　万年…………378	綾部　昌彦…………219	荒木　隆夫… 162, 374, 375
阿部　未喜男（阿部みきお）	鮎貝　よし…………571	荒木　武……………312
378, 379	鮎川　金次郎………441	荒木　伝……………486
安倍　基雄… 211, 212, 235,	鮎川　国彦…………370	荒木　時次……431, 543
236	鮎川　義介……543, 547	荒木　豊雄…………371
阿部　基雄…………470	荒　敬雄 528, 560, 565, 569	荒木　秀子…………450
安部　安則… 154, 156, 157,	荒　忠敬…………558	荒木　宏………258, 259
164	新井　明……………95	荒木　武行………47, 48
阿部　安則…………152	新井　泉……………444	荒木　正義……371, 372
阿部　康彦……………10	荒井　英二………3, 6, 7	荒木　万寿夫 350, 351, 352,
阿部　裕美子… 51, 423, 424	荒井　悦二…88, 89, 94, 95	353, 354
安倍　義雄…………563	新井　和夫…………574	荒木　学………360, 401
安部　喜久…450, 557, 560	新井　堯爾……………80	荒木　幸徳…………545
阿部　義宗…………539	新井　京太… 135, 136, 137,	荒木　義夫…………545
阿部　令子……260, 261	138, 139, 140	荒木　義行…………375
甘粕　和彦… 121, 122, 132,	新井　賢一…………444	荒勢………………575
134	新居　五郎…………550	荒瀬　修一郎 142, 143, 144
天川　由記子………436	荒井　聡 10, 11, 12, 13, 14,	荒田　英一…………501
天木　繁男…………105	15, 16, 17, 18	荒田　孝子…………473
天木　直人……119, 578	新井　茂……………217	荒谷　恵美子………268
天田　勝正… 80, 434, 541	新井　茂……………542	荒谷　宗二…………216
天辰　武夫 86, 87, 93, 436	新井　俊次…………118	新渡　英夫……580, 584
天辰　正守…………533	新井　将敬… 147, 148, 149,	荒畑　寒村…………135
天野　一郎…………560	150, 152	荒原　朴水…………141
天野　公義… 135, 137, 138,	荒井　正吾…………493	荒船　清十郎 80, 81, 82, 83
139, 140, 141, 142, 143,	新尉　ジン…………168	荒牧　隆……………247
144, 145, 146, 147, 148,	新井　信介…………444	荒巻　隆三……358, 398
149, 150	新井　杉生… 158, 159, 161	有岡　学……………564
天野　光晴… 47, 48, 49, 50,	荒井　高雄…………360	有川　功……………262
51	荒井　武……………91	有川　清次……390, 391
天野　修一…………109	新井　徹夫…………446	有川　武良……559, 562
天野　進吾…………212	新井　俊雄…………563	有川　博沙…………444
天野　末治…………471	新井　稔忠…………567	有川　正沙子………570
天野　富太（天野富太郎）…	荒井　八郎…………538	有川　美子…………392
332, 333	荒井　広幸… 51, 52, 53, 54,	有木　茂……………265
天野　久……………122	55, 576, 580, 584	有坂　哲夫…………197
天野　等…………63, 64	新井　富美子………361	有沢　志郎… 262, 263, 264,
天野　正基……228, 240	新井　正則… 86, 87, 91, 92,	289
天野　頼義…………136	93	有島　重武… 142, 143, 145,
天埜　良吉……547, 550	新井　勝………86, 91	146, 148, 149
天宮　清……………445	新井　彬之… 272, 273, 274,	有田　一寿…………518
天本　俊正… 363, 522, 572	275	有田　喜一… 269, 270, 271,
雨森　常夫…………543	新垣　重雄…………446	272, 273
甘利　明 114, 115, 116, 117,	荒川　和男……………55	有田　恵子…………108
118, 119, 120, 121, 122,	荒川　鉎……………540	有田　二郎… 253, 254, 255,
126, 130, 131, 133	荒川　謙治…………410	256, 554
甘利　正……112, 113, 114	荒川　厚太郎………475	有田　八郎…………170
網岡　雄 221, 222, 223, 224,	新川　秀清……395, 401	有田　孫三郎………545
235	荒川　雅司……298, 480	有田　誠……………354
網川　健一…………559	荒川　昌之…………409	有田　正憲… 143, 443, 551,
網野　正広…………576	荒川　幸男…………552	559
網本　浩幸…………261	荒木　和博…………151	有田　光雄… 249, 250, 558,
網屋　信介… 121, 132, 392,	荒木　久……………483	561
400	荒木　清寛… 473, 572, 576,	有田　芳生… 158, 166, 578,

579, 583	
有富　治人…………350	
有馬　朗人…………571	
有馬　英二……354, 407	
有馬　英治… 351, 352, 353	
有馬　和子…………519	
有馬　茂和…………179	
有馬　重武……144, 147	
有馬　順二……………79	
有馬　輝武… 386, 387, 388	
有馬　美利…………381	
有馬　元治… 388, 389, 390	
有馬　良一… 76, 77, 91, 92,	
433	
有馬　良健…………470	
有村　治子… 573, 577, 581	
粟田　一哉…………527	
粟村　栄一…………253	
粟村　ハツ…………256	
粟森　喬……184, 458	
粟屋　敏信… 314, 315, 316	
淡谷　悠蔵………20, 21	
安久　美与子………454	
安西　愛子… 554, 556, 563	
安西　明美…………487	
安済　清雄…………118	
安西　正直…………474	
安蔵　勉……………253	
安宅　常彦……42, 43, 44	
安藤　巌…… 221, 222, 223	
安藤　梅吉…………471	
安藤　悦太郎………215	
安藤　覚…… 110, 111, 112	
安東　熊夫…………550	
安藤　妍雪…………562	
安藤　耕生……219, 473	
安藤　哲……………112	
安藤　三蔵…………303	
安東　仁兵衛………146	
安藤　蘇峰…………540	
安藤　高夫…………579	
安藤　孝俊…………407	
安藤　忠昌…………143	
安藤　俊彦…………353	
安東　尚美…………575	
安藤　信雄…………472	
安藤　教雄…………542	
安藤　治夫…………564	
安藤　裕…… 253, 296, 297	
安藤　博……………539	
安藤　広幸……………78	
安藤　正純… 136, 137, 138	
安藤　正之……………84	
安藤　通広…………206	
安藤　光明… 218, 219, 220	
安藤　幽明…………403	
安東　義雄……169, 170	
安東　義良…………202	
安徳　暢子…………163	
アントニオ猪木… 562, 570,	
581	

589

安中　聡…………… 454
安中　忠雄………… 169
案納　勝…………… 552
安部　定……… 538, 542

【い】

伊井　志朗………… 568
井伊　誠一… 169, 170, 171
伊井　弥四郎 136, 137, 139, 140
伊井　与三二……… 185
飯坂　勝美………… 562
飯島　吉之助………… 73
飯島　忠義… 116, 117, 126, 128
飯島　久…………… 546
飯島　浩史… 117, 126, 128
飯島　幹雄………… 472
飯島　夕雁………… 13, 17
飯島　洋一………… 445
飯島　連次郎……… 431
飯塚　定輔…… 36, 37, 38
飯塚　正……………… 71
飯塚　俊之………… 77
飯塚　博之… 83, 84, 435
飯塚　孫士………… 513
飯塚　侑造………… 136
飯塚　行男…… 303, 499
飯田　エリ子……… 150
飯田　きぬを……… 471
飯田　幸平………… 152
飯田　シズカ……… 99
飯田　精太郎……… 538
飯田　剛…………… 88
飯田　忠雄… 273, 274, 556
飯田　忠……………… 529
飯田　哲也…… 322, 327
飯田　久雄………… 216
飯田　豊…………… 568
飯田　義茂………… 3
飯田　佳宏…… 14, 410
飯塚　栄治………… 583
飯沼　省三………… 545
飯沼　日出夫… 555, 557
飯浜　俊司… 445, 567
飯村　微光… 424, 565
飯村　毬子………… 105
飯山　太平………… 544
井内　英子………… 564
伊江　朝雄… 554, 556, 561, 569
家田　徹…………… 458
家西　悟 283, 289, 290, 575, 579
井岡　大治… 254, 255, 256, 257, 258, 259
井奥　貞雄… 104, 106, 126, 127, 556, 558
伊賀　定盛… 272, 273, 274, 275

伊賀　秀則……… 513, 552
伊賀　保夫………… 582
猪飼　清六………… 478
井形　厚一… 28, 53, 54, 571
五十嵐　勝哉…… 159, 166
五十嵐　完二… 453, 454
五十嵐　吉蔵…… 73, 74
五十嵐　久弥 3, 4, 5, 6, 408
五十嵐　広三…… 9, 10
五十嵐　隆………… 177
五十嵐　辰也……… 34
五十嵐　知江子… 475
五十嵐　恒男… 44, 421
五十嵐　華子…… 446
五十嵐　仁美…… 322
五十嵐　弘子 65, 66, 92, 93, 94
五十嵐　文彦（五十嵐ふみひこ） 85, 86, 87, 88, 89, 91, 92, 93, 94, 95, 96, 150, 581
五十嵐　雅之…… 242
五十嵐　光雄…… 419
猪狩　康代………… 409
鵤　卓徳…………… 359
井川　伊平… 407, 408
井川　東吾………… 557
井川　智隆… 256, 257, 339, 340
井川　弘光… 277, 290, 292
井川　光好… 256, 339
井川　泰雄………… 133
壹岐　愛子… 134, 451
井木　敏晴………… 326
伊草　喜久江…… 486
生末　敏夫………… 306
生田　宏一… 329, 330
生田　智千………… 266
生田　乃木次…… 545
生田　和平… 329, 540
井口　春作………… 467
井口　淳治………… 265
井口　昌彦… 213, 215
井口　真美… 117, 574
井口　ゆりえ……… 577
生間　利貞………… 233
生間　六男………… 562
池内　沙織… 158, 159, 161, 167, 168, 582
池内　史郎………… 550
池生　竹太郎…… 431
池上　明…………… 562
井家上　専………… 247
池上　円平………… 254
池上　喜美子…… 197
池上　五郎………… 299
池谷　信一………… 207
池口　修次… 573, 577
池崎　一郎… 375, 376, 398, 402
池崎　喜太郎…… 407

池尻　久和… 260, 263, 289
生悦住　貞太郎… 229, 230
池田　淳…………… 103
池田　一慶………… 166
池田　宇右衛門… 463, 464
池田　治…………… 514
池田　克也… 145, 146, 147, 148
池田　恭一郎…… 310
池田　清………… 386, 387
池田　清志… 386, 387, 388, 389
池田　喜代治……… 41
池田　清徳………… 365
池田　健………… 457, 458
池田　健一郎…… 304
池田　健三郎… 184, 197
池田　剛久… 159, 167, 212, 213, 237
池田　幸代… 163, 195, 196, 199, 200
池田　七郎兵衛… 459
池田　重吉………… 541
池田　正二………… 156
池田　助二………… 254
池田　純久………… 544
池田　節子………… 500
池田　唯成………… 141
池田　恒雄………… 425
池田　禎治… 350, 351, 352, 353, 354, 355
池田　鉄陽………… 303
池田　東一郎 116, 121, 122, 132
池田　徳誠………… 271
池田　敏博………… 51
池田　伸…………… 339
池田　信隆………… 246
池田　伸宏…… 88, 576
池田　秀雄………… 361
池田　博英… 121, 122
池田　浩幸………… 263
池田　真紀…… 14, 15
井桁　亮 226, 227, 228, 229, 241, 475
池田　允…………… 443
池田　正之輔… 41, 42, 43
池田　万佐代……… 88
池田　正義………… 386
井桁　克…………… 223
池田　真理子 156, 157, 158, 160, 161, 163, 164, 165, 166, 574
池田　道孝… 326, 327
池田　峯雄… 60, 61, 62, 63
池田　元久… 115, 116, 117, 118, 119, 120, 121, 126, 127, 128, 129, 130, 132
池田　康彦………… 362
池田　行彦… 313, 314, 315,

316, 323, 324
池田　佳隆… 228, 229, 240, 241
池田　幹幸… 556, 572
池田　隆一… 10, 11, 15
池田　涼一郎……… 269
池谷　幸雄………… 579
池戸　芳一………… 3
池中　万更江… 11, 559
池野　元章………… 214
池之上　博… 321, 322, 576
池坊　雅史………… 262
池坊　保子… 289, 291, 292, 294, 295
池端　清一… 8, 9, 10, 15
池畑　英雄………… 562
池松　則光………… 527
池見　茂隆………… 350
池本　俊英… 342, 348
池本　柳次…… 11, 15
池谷　源一………… 123
池山　重朗………… 554
伊佐　進一… 267, 268
井坂　信彦… 279, 280, 297, 298, 491
伊差川　昇………… 394
猪崎　武典………… 511
諫山　博… 354, 355, 518
諫山　征和………… 401
井沢　一明………… 583
井沢　京子… 252, 293, 295
井沢　孝典… 280, 582
井沢　武…………… 550
伊沢　昌弘… 29, 57, 58, 415
石合　祐太………… 201
石井　章 67, 95, 96, 97, 428, 584
石井　あや子… 138, 441
石井　郁子… 261, 262, 263, 264, 289, 291, 292, 294
石井　一二… 490, 574
石井　壹郎………… 437
石井　栄一………… 79
石井　栄一………… 485
石井　薫…………… 572
石井　九郎………… 306
石井　桂 143, 144, 441, 442
石井　啓一… 92, 93, 94, 95, 96, 97, 151, 162
石井　健二… 62, 63, 426
石井　健祐… 84, 85, 86, 91, 125
石井　紘基… 149, 151, 152, 154, 162
石井　宏作………… 54
石井　貞夫… 112, 448, 551
石井　智…………… 233
石井　諭…………… 120
石井　三郎………… 273
石井　繁丸…… 73, 74
石井　茂…………… 579

石井　準一…………440	石川　惇三………247, 248	石津　政雄…63, 66, 94, 96, 428
石井　正二…105, 128, 439, 574	石川　渉………45, 46	
石井　正二…138, 139, 140, 141, 142, 143, 549, 550	石川　章三…376, 377, 529	石塚　貞通…108, 109, 132, 133
石井　晋……275, 276, 277	石川　四郎…………77	石塚　聡…85, 91, 213, 237
石井　貴士……160, 167	石川　次郎………426	石積　勝…………175
石井　多計志…………85	石川　清………540	石関　圭……77, 78, 92, 93
石井　糺…………336	石川　大我………168	石関　貴史…78, 79, 94, 95, 96, 97
石井　登志郎 278, 279, 280, 293, 294, 296, 298	石川　多枝………267	石田　昭弘………24, 412
石井　信雄………207, 209	石川　正………108	石田　明………505
石井　一 272, 273, 274, 275, 276, 277, 278, 291, 292, 293, 577, 581	石川　忠義………510	石田　昭………227, 241
	石川　達男…426, 557, 559	石田　絢子………444
	石川　辰正………218	石田　一松…135, 136, 137, 138
	石川　次夫………61, 62	
石井　久子………149	石川　輝久…121, 132, 582	石田　和男………109
石井　英俊………520	石川　十三春………219	石田　計夫…165, 166, 167
石井　妃都美………566	石川　知裕…13, 14, 16, 17, 18	石田　勝之…85, 86, 87, 88, 89, 93, 94, 95, 96
石井　裕朗………108		
石井　浩郎………419, 420	石川　八郎 86, 92, 225, 435, 442, 443, 444, 475, 555, 563, 567, 570	石田　潔………571
石井　正弘…435, 436, 503		石田　幸四郎 219, 220, 221, 222, 223, 224, 235, 472
石井　美鈴………268		
石井　道子…556, 561, 569	石川　寿………226, 228, 229	石田　左近………186
石井　苗子………584	石川　英男………129, 131	石田　幸子……11, 12, 15
石井　光次郎 350, 351, 352, 353, 354	石川　弘………561, 569	石田　重成………542
	石川　博崇………488	石田　正一…254, 255, 256, 257, 258, 259
石井　光義………147	石川　弘之………112	
石井　みどり……577, 581	石川　雅士………120	石田　祥吾………305, 327
石井　安…………89	石川　幹子………415	石田　真一郎………158
石井　祐一…………90	石川　実………540	石田　保………225, 227
石井　義哲…161, 168, 582	石川　右三郎…208, 209	石田　千年…333, 334, 511
石井　竜馬…267, 297, 582	石川　由美子………574	石田　次男………547
石井　鱗…………25	石川　要三…145, 146, 147, 148, 149, 150, 151, 153, 155, 161, 163	石田　哲雄………252, 297
石井　林之助…………99		石田　敏高………264, 291
石井　廉二………540		石田　祝稔…344, 345, 346, 347, 348, 349
石尾　実…299, 300, 497	石川　芳次郎………541	
石下　久雄………215	石川　好………450	石田　寛………41, 58
石垣　一夫………262, 263	石川　錬治郎…40, 56, 419	石田　博英…36, 37, 38, 39
石垣　純二………541, 544	石倉　田鶴枝………560	石田　博文………528
石垣　憲弥………492	石倉　正春………442	石田　正志………305
石神　啓吾………381	石黒　栄一………440	石田　真敏…288, 292, 293, 294, 296, 297
石上　俊雄………581	石黒　幸市………216	
石上　長寿……60, 426	石黒　周一………350	石田　昌宏………581
石川　明克………335	石黒　武重………544	石田　美栄…309, 502, 503
石川　昭彦………225, 475	石黒　忠篤………469, 546	石田　美香………357
石川　昭政…66, 67, 96, 97	石黒　勝………223, 445	石田　道男…………86
石川　朱美………380, 417	石黒　良治………245	石田　三示………130
石川　明美………11, 14	石毛　鍈子…155, 156, 157, 162, 164, 165, 168	石田　元宏…………4
石川　一郎………578		石田　宥全…169, 170, 171
石川　栄一……540, 546	石毛　藤樹………101, 102	石田　義男………238
石川　悦男………95, 581	石毛　宏幸………132	石田　好数…561, 565, 570
石川　一衛………434	石郷岡　百合子………417	石田　芳弘………227, 239
石川　和己…224, 445, 474	石坂　繁………370, 371, 372	石田　良三………304, 325
石川　克二郎…………26	石坂　千穂………193, 194	石谷　徹………477
石川　久一…………39	石坂　豊一………454, 455	石谷　憲男………547, 550
石川　金次郎…………25	石崎　岳 11, 12, 13, 15, 16, 17	伊地知　弘………210
石川　敬子………581		石戸　薫 143, 146, 305, 306
石川　建治………34, 54	石崎　千松………350, 351	石堂　晋子………245
石川　佐智子……560, 564	石崎　徹………176, 199, 200	石飛　育久…304, 326, 500
石川　悟………370, 524	石崎　直三郎…………68	石野　清治………439
石川　準吉………417, 418	石沢　憲之………160	石野　久男……60, 61, 62, 63
	石津　一二美 445, 563, 567	

石破　茂 300, 301, 302, 323, 324, 325, 326, 327	
石破　二朗…………497	
石橋　薫…………156	
石橋　一弥…102, 103, 104, 126	
石橋　健蔵………517	
石橋　広盛………400	
石橋　大吉…303, 304, 323, 324, 500	
石橋　湛山………208, 209	
石橋　勉………441	
石橋　政嗣…366, 367, 368	
石橋　通宏………579, 583	
石橋　義敬………441	
石橋　美之介………542	
石橋　良三………316	
石原　円吉………229, 230	
石原　幹市郎…49, 422, 423	
石原　健太郎…50, 51, 52, 54, 55, 423, 424	
石原　修三………279	
石原　順子………428	
石原　信市郎…52, 55, 56	
石原　慎太郎 144, 145, 146, 147, 148, 149, 150, 166, 168, 550	
石原　倫理………520	
石原　伸晃…149, 151, 152, 154, 155, 156, 158, 159, 160, 161, 164, 165, 166, 167	
石原　登 385, 386, 387, 388	
石原　宏高…155, 156, 157, 159, 160, 164, 165, 166, 167	
石原　増太郎…………74	
石原　守………117, 128	
石原　三起子…………48	
石原　結実………447, 582	
石原　洋三郎 52, 53, 56, 58	
伊嶌　明博………207	
石丸　あきじ………124	
石丸　敦彦………319	
石丸　完治………369, 370	
石丸　泰男………364	
石丸　義篤………338	
石村　和子…251, 252, 253, 298	
石村　幸一郎…………68	
石村　幸作………448	
石村　泰造………474	
石村　智子…326, 327, 578	
石村　秀郎………140	
石村　英雄………318, 319	
石母田　達…111, 112, 113, 114	
石本　憲一………341	
石本　茂 550, 551, 552, 554, 556	
石森　憲四郎………67, 68	

石森　久嗣……　72, 94, 96	磯貝　誠…………　167	197, 198, 201, 459
石山　敬貴…　35, 36, 56, 58	五十川　和洋………　267	市川　雄一…　113, 114, 115, 126, 128
石山　賢吉………　169, 541	五十川　真季子……　461	市川　幸美………　277
石山　権作………　37, 38	礒崎　哲史………　581	市来　乙彦……　538, 542
石山　淳一…………　224	礒崎　陽輔……　530, 531	市木　清逸………　386
石山　浩行…………　583	磯崎　仁彦………　512	市来　伴子……　279, 295
伊集　唯行…………　537	磯田　一雄…………　49	一倉　洋一………　199
伊集院　兼清………　4	磯田　正則………　549	一条　世界………　550
井尻　芳郎……　541, 544	磯野　正一………　253	一条　ふみ………　557
石渡　悦郎…………　428	礒見　恵子……　276, 278	一瀬　明宏………　579
石渡　清元……　449, 450	磯村　修…………　462	市田　忠義…　572, 576, 580, 583
石渡　清作………　448	磯村　健治………　89, 96	市田　陽子………　564
石渡　剛……………　53	磯村　猛夫………　564	市谷　尚三………　498
石渡　由美子………　574	伊田　信光………　242	市谷　知子………　498
石渡　恵美子…　223, 445	板井　武雄………　539	一ノ瀬　大輔………　151
石渡　照久…　148, 149, 150, 151, 163	板垣　正…　555, 558, 565	一瀬　貴男………　445
石渡　秀男……　102, 438	板垣　登……………　8	一瀬　則保………　283
石渡　リキ…………　414	板垣　英憲………　439	一瀬　晴子………　568
伊豆　公夫…………　269	板垣　富美男………　424	一瀬　秀人………　367
猪塚　武……………　335	板垣　義次………　421	市橋　満之介………　543
井筒　伸幸…………　238	板川　正吾…　80, 81, 82, 83	市原　永三………　471
井筒　光男……　49, 423	板倉　一幸………　579	市原　みちえ………　493
泉原　保二…　275, 290, 292, 293, 295, 348	板倉　重永………　232	一万田　尚登……　377, 378
和泉　昭二……　213, 236	板倉　正文……　228, 229	一水　伝……　381, 382
泉　薫………　256, 484	板坂　剛…………　443	市村　浩一郎　277, 278, 279, 291, 292, 293, 294, 296
泉　がぼう…………　486	伊谷　周一………　300	市森　いづみ………　474
泉　勘次郎…　138, 139, 140, 543	井谷　正吉……　337, 338	一柳　芳男………　506
泉　国三郎…………　25	板野　勝次…　305, 306, 307, 501, 502, 541, 544	一龍斎　貞鳳……　552, 554
泉　ケン信………　135	板野　五郎………　305	斉宮　澄江……　264, 265
泉　健太　251, 252, 253, 291, 292, 293, 294, 296, 298	板鼻　耕治………　492	一色　一正……　341, 342
泉　栄恵…………　349	板花　孝子………　402	井手　以誠…　361, 362, 521
和泉　盛………　3, 542	伊丹　善二郎………　173	井出　一太郎　189, 190, 191, 192, 193
和泉　覚…………　441	板見　奈津子………　574	井出　正一…　193, 194, 197, 573
泉　信也……　565, 572, 576	板谷　紀美子………　227	井手　成三………　186
いずみ　たく　557, 559, 561	板谷　順助………　407	井出　泰介……　196, 200
和泉　照雄……　389, 534, 554	板谷　峰止………　548	井手　太郎………　521
和泉　信丈……　284, 584	板谷　みや子………　119	井手　柾夫………　262
泉　房穂　277, 278, 292, 293	井櫻　恵子………　554	井手　光治…　135, 136, 137
泉　芳則……　386, 387	市井　栄作……　247, 248	井出　庸生…　196, 200, 201, 466
泉　正広…………　474	市居　一良……　244, 479	井出　喜三…………　79
泉　幸親……　401, 403	一井　淳治………　502	出井　正男………　449
泉　芳政…………　542	市川　一朗…　416, 417	井手重　美津子………　160
泉田　伊佐夫………　179	市川　克宏………　161	出田　基子……　12, 15
泉野　和之……　181, 456	市川　清敏…………　41	井寺　英人………　158
泉谷　順治…………　417	市川　智志………　131	井戸　寿……　233, 237
泉山　三六…　540, 546, 549	市川　茂浩………　131	井戸　正枝　36, 59, 278, 279, 294, 296
岩動　道行…　26, 413, 414	市川　重元………　125	糸井　洋……………　79
岩動　麗……………　414	市川　正一…　554, 556, 561	伊藤　新夫………　551
伊瀬　幸太郎……　280, 281	市川　隆…………　162	伊藤　郁男…　555, 559, 562
伊勢　敏……………　54	市川　恒雄………　224	伊藤　育子………　358
伊瀬　満…………　249	市川　俊光…………　24	伊東　岩男……　381, 382
伊勢田　良子……　403, 583	市川　英昭…　204, 205, 467	伊藤　卯四郎　350, 351, 352, 353
井芹　栄次…………　376	一河　普…………　105	伊藤　英治………　442
井芹　しま子………　375	市川　宏…………　569	
磯浦　東………　228, 240	市川　博美…　87, 91, 93, 578	
磯谷　香代子　228, 239, 240	市川　房枝…　441, 442, 552, 554	
磯貝　晴雄………　543	市川　誠…………　546	
	市川　実……　224, 487	
	一川　保夫…　184, 185, 196,	

伊藤　栄次…………　223	
伊藤　英成…　222, 223, 224, 225, 236	
伊藤　悦雄…………　321	
伊藤　恵美子………　284	
伊藤　修……　466, 548	
伊藤　鉾一……　45, 56	
伊藤　香織…………　45	
伊藤　岳…　87, 88, 95, 436, 437, 574	
伊藤　和央…………　579	
伊藤　和男…………　104	
伊藤　一洋…………　562	
伊藤　勝太郎………　204	
伊藤　勝人……　224, 235	
伊藤　義賢…　547, 548, 549	
伊藤　喜美子……　183, 458	
伊藤　清…………　220	
伊藤　清…………　542	
伊藤　潔　　→山本　寿夫	
伊藤　国衛…………　490	
伊藤　国男…………　559	
伊藤　久美子…　121, 132	
伊藤　恵子……　275, 563	
伊藤　啓子……　224, 235	
伊藤　健一…　223, 225, 235	
伊藤　憲一…………　135	
伊東　賢一郎……　235, 297	
伊藤　憲太郎………　542	
伊藤　顕道……　431, 432	
伊藤　郷一……　3, 4, 5, 6	
伊藤　弘毅…………　358	
伊藤　宏司…………　444	
伊藤　公介…　144, 145, 146, 147, 148, 149, 150, 151, 153, 155, 156, 157, 158, 161, 163, 164, 165	
伊藤　幸太郎…　25, 27, 413	
伊藤　好道…　216, 217, 218	
伊藤　航平…………　120	
伊藤　五郎…　41, 42, 43, 44, 420, 421	
伊藤　佐十郎………　413	
伊藤　茂夫…………　220	
伊藤　茂松…………　546	
伊藤　茂　113, 114, 115, 116, 127	
伊藤　実雄…………　504	
伊藤　純子…………　108	
伊藤　淳子…………　584	
伊藤　俊輔…　160, 161, 166, 168	
伊藤　昭二…………　419	
伊藤　正三……　171, 172	
伊藤　真二……　317, 327	
伊東　信止郎………　31	
伊藤　心太郎………　567	
伊藤　信太郎　35, 36, 55, 56, 57, 58	
伊藤　勢次…………　148	

| 伊藤　宗一郎 31, 32, 33, 34, 35, 54
| 伊藤　惣助丸 142, 143, 144
| 伊藤　大孝……… 501
| 伊藤　孝江……… 491
| 伊藤　孝恵……… 475
| 伊東　敬芳… 151, 224, 225, 445, 474, 475
| 伊東　武郎……… 243
| 伊藤　佐……… 216, 217
| 伊東　董……… 509
| 伊藤　忠輝… 253, 254, 255, 548
| 伊藤　忠彦… 227, 228, 229, 238, 239, 240, 241, 290, 570
| 伊藤　達也… 151, 153, 156, 157, 158, 160, 161, 163, 164, 165, 166, 167, 583
| 伊藤　為之助………37
| 伊藤　太郎……… 153, 162
| 伊藤　千穂… 172, 452, 453
| 伊藤　忠治… 232, 233, 235, 236, 237
| 伊藤　長三郎……… 434
| 伊藤　司……… 27, 28
| 伊藤　敏行… 109, 329
| 伊藤　富雄… 189, 464
| 伊藤　智巳………34
| 伊藤　虎雄………38
| 伊藤　尚子……… 444
| 伊藤　希望… 159, 168
| 伊東　信久… 267, 268, 295, 298
| 伊藤　述史……… 545
| 伊藤　幟……… 48, 541
| 伊藤　始……… 579
| 伊藤　晴彦……… 561
| 伊藤　日出夫……… 574
| 伊東　秀子… 10, 578
| 伊藤　弘実……… 417
| 伊藤　文雄… 155, 157, 158
| 伊藤　真……… 224
| 伊藤　誠……… 177
| 伊藤　正明… 245, 283
| 伊東　マサコ 151, 224, 225, 445
| 伊東　正子……… 120
| 伊東　昌孝… 486, 560, 564
| 甑　正敏… 315, 561, 571
| 伊藤　昌弘… 145, 146, 147, 148, 149, 150, 151
| 伊藤　正通… 41, 59
| 伊東　正義… 48, 49, 50, 51
| 伊藤　又右衛門……… 186
| 伊藤　真由美……… 224
| 伊藤　実知子……… 449
| 伊藤　満……… 476
| 伊藤　睦子… 151, 486
| 伊藤　基隆… 570, 573
| 伊藤　保平……… 538
| 伊藤　雄一郎……… 86, 91
| 伊藤　勇助……… 544
| 伊藤　優太… 122, 133
| 伊東　佑起子……… 389
| 伊藤　豊……… 572
| 伊藤　洋二……… 317
| 伊藤　洋介… 581, 583
| 井上　与志雄……… 488
| 伊藤　好男……… 486
| 伊藤　善規… 475, 584
| 伊藤　よし子… 218, 219
| 伊藤　義志蔵……… 448
| 伊東　良孝… 13, 14, 17, 18
| 伊東　理砂……… 345
| 伊東　隆治… 136, 386, 387, 388, 533, 538, 541
| 伊藤　渉 238, 239, 240, 242
| 糸数　慶子……… 537
| 井戸川　克隆……… 582
| 糸川　二一郎… 109, 110
| 糸川　正晃… 188, 198, 199, 200
| 糸久　八重子… 438, 439
| 糸山　英太郎… 84, 85, 552
| 稲浦　鹿蔵… 546, 548
| 稲垣　克彦……… 295
| 稲垣　倉造… 75, 76
| 稲垣　恵造……… 175
| 稲垣　実男… 221, 222, 223, 235, 236
| 稲垣　真我……… 471
| 稲垣　豊彦… 340, 341
| 稲垣　治雄……… 568
| 稲垣　寛之……… 227
| 稲垣　平太郎 501, 538, 544
| 稲熊　治郎……… 206
| 稲津　千佳子……… 567
| 稲田　朋美… 188, 189, 198, 199, 200
| 稲田　直道……… 299
| 稲津　久… 14, 15, 17
| 稲月　直江……… 265
| 稲富　修二… 359, 360, 399, 400, 402, 403
| 稲富　稜人… 350, 351, 352, 353, 354, 355, 356
| 稲葉　修 169, 170, 171, 172, 173, 174
| 稲葉　寿の……… 560
| 稲葉　純一……… 568
| 稲葉　誠一… 69, 70, 429
| 稲葉　卓夫……… 430
| 稲葉　修敏… 65, 66, 428
| 稲場　政和… 263, 291
| 稲葉　真澄……… 210
| 稲葉　大和… 174, 175, 176, 196, 197, 198, 199
| 稲辺　富実代……… 512
| 稲見　哲男… 262, 263, 264, 265, 266, 290, 291, 292, 293, 294
| 稲嶺　一郎……… 536
| 稲村　公望……… 239
| 稲村　佐近四郎… 182, 183, 184
| 稲村　順三… 169, 170
| 稲村　建男……… 184
| 稲村　稔夫… 172, 175, 197, 453
| 稲村　利幸… 69, 70, 71
| 稲村　隆一… 170, 171, 452
| 稲森　善稔……… 246
| 乾　精末… 508, 539
| 乾　晴美… 509, 510, 572
| 乾　由香……… 445
| 犬井　平……… 568
| 犬養　健… 305, 306
| 犬養　正男……… 501
| 犬塚　卯作……… 365
| 犬塚　直史… 159, 167, 369, 397, 525
| 犬塚　幸晴……… 365
| 犬伏　秀一… 159, 160, 166, 168
| 犬丸　勝子… 160, 360, 447
| 猪野　隆… 159, 161, 166
| 井野　長英… 106, 107
| 井野　俊郎… 78, 79, 96, 97
| 井野　碩哉……… 476
| 井野　正揮……… 7
| 井野　元裕……… 533
| 伊能　繁次郎 99, 100, 101, 102, 437
| 稲生　俊郎……… 228
| 井上　章夫……… 564
| 井上　明子……… 136
| 井上　明……… 140
| 井上　敦… 286, 287, 495
| 井上　泉… 343, 344, 515
| 井上　一成… 259, 260, 261, 262, 263, 264, 289, 292
| 井上　栄次……… 371
| 井上　覚司……… 376
| 井上　和雄… 152, 154, 155, 157, 162, 163, 165, 570
| 井上　和子… 71, 91
| 井上　和久……… 340
| 井上　喜一… 275, 276, 277, 278, 279
| 井上　菊雄……… 110
| 井上　吉夫… 534, 535
| 井上　計… 473, 553
| 井上　圭一………67
| 井上　幸右エ門……… 440
| 井上　コズエ……… 466
| 井上　定次郎 338, 339, 513
| 井上　哲士… 251, 574, 578, 582
| 井上　諭… 206, 207
| 井上　信貴男… 280, 281
| 井上　章平……… 561
| 井上　真吾……… 358
| 井上　信治… 156, 157, 158, 160, 161, 164, 165, 166, 167
| 井上　信也… 562, 565
| 井上　澄恵……… 545
| 井上　清一……… 481
| 井上　善十郎……… 548
| 井上　惣次郎……… 269
| 井上　孝… 555, 558, 565
| 井上　宣… 160, 161
| 井上　貴博… 360, 401
| 井上　琢磨……… 263
| 井上　武夫……… 247
| 井上　龍男… 45, 421
| 井上　龍雄………55
| 井上　貞蔵……… 135
| 井上　哲夫……… 477
| 井上　東治郎………30
| 井上　徳命……… 533
| 井上　敏一……… 245
| 井上　知治… 385, 533
| 井上　豊治………85
| 井上　寅蔵……… 489
| 井上　なつゑ（井上なつえ） 538, 544, 546, 548, 549
| 井上　英孝… 267, 268, 295, 298
| 井上　秀信……… 249
| 井上　洋… 301, 498
| 井上　浩… 24, 56, 412
| 井上　普方… 330, 331, 509
| 井上　二二夫……… 361
| 井上　雅弘……… 159
| 井上　勝……… 311
| 井上　守……… 568
| 井上　美代……… 446
| 井上　睦己……… 575
| 井上　素子……… 310
| 井上　安正……… 542
| 井上　由紀子……… 108
| 井上　幸隆……… 564
| 井上　幸洋… 267, 297
| 井上　裕… 102, 438, 439
| 井上　良子……… 284
| 井上　義久… 53, 55, 56, 57, 58, 59, 149, 151
| 井上　義行… 120, 121, 132, 582
| 井上　龍生……… 374
| 井上　良二… 253, 254, 255, 256
| 猪方　孝男……… 352
| 猪木　寛至
| →アントニオ猪木
| 猪木　快守… 446, 566
| 猪口　邦子… 164, 440
| 井之口　政雄… 269, 270
| 猪熊　重二… 556, 558, 566
| 猪原　健… 394, 395
| 井ノ部　航太……… 461
| 猪俣　浩三… 169, 170, 171,

172	400	岩川　与助… 385, 386, 387, 533
猪股　ゆり………… 121	今沢　雅一………… 436	岩城　悌…………… 542
猪本　忠夫………… 357	今津　菊松………… 269	岩木　哲夫…… 483, 484
伊波　洋一………… 537	今津　寛… 10, 11, 12, 13, 14, 15, 16, 17, 18	岩城　伸明…… 116, 127
伊橋　甲子男……… 437	今澄　勇…… 318, 319, 320	井脇　ノブ子 212, 236, 265, 266, 267, 293, 295, 296, 378, 470, 495, 574
井林　辰憲… 215, 240, 241	今園　春男………… 467	岩城　宏之………… 557
井原　岸高… 337, 338, 339, 340	今高　一三………… 566	岩城　光英…… 424, 425
井原　巧…………… 515	今富　光博………… 379	岩切　重雄………… 386
井原　忠良…… 354, 355	今西　永児… 276, 336, 348	岩国　哲人… 118, 119, 128, 129, 152, 162
井原　裕和………… 324	今西　丈司………… 281	岩倉　具三………… 571
井原　義博………… 160	今堀　文一郎… 243, 244	岩倉　博文… 12, 13, 16, 17
荊木　一久………… 169	今松　治郎…… 337, 338	岩倉　政治…… 177, 455
衣斐　賢譲…… 233, 236	今道　潤三………… 539	岩倉　守…………… 382
伊吹　文明… 250, 251, 252, 253, 289, 290, 292, 293, 294	今村　修…… 23, 54, 55, 56	岩郷　義雄………… 255
井福　美年………… 384	今村　勝美………… 534	岩佐　恵美… 146, 147, 148, 149, 150, 151, 153, 162, 572
伊部　昌一…… 176, 199	今村　順一郎 156, 162, 163, 164, 446, 570	岩佐　矼…………… 539
伊部　真…………… 552	今村　昭一………… 234	岩浅　嘉仁………… 331
井堀　繁雄…… 79, 80, 81	今村　直…………… 565	岩坂　行雄………… 447
今井　勇……… 339, 340	今村　忠雄…… 193, 465	岩崎　駿介… 175, 197, 446
今井　絵理子……… 583	今村　忠助…… 189, 190	岩崎　純三 68, 69, 429, 430
今井　一久…… 233, 477	今村　長太郎 284, 285, 286	岩崎　昇策…… 208, 209
今井　澄……… 465, 572	今村　等……… 365, 366	岩崎　正三郎……… 428
今井　金平………… 216	今村　洋史………… 166	岩崎　昭弥…… 204, 467
今井　耕…………… 243	今村　雅弘… 363, 364, 396, 397, 398, 400, 401, 402	岩崎　忠夫… 194, 195, 197, 198, 199
今井　三郎………… 545	今村　義人………… 534	岩崎　常喜………… 539
今井　滋…………… 445	今本　博健………… 295	岩崎　八男………… 528
今井　晶三…… 146, 274	井村　重雄………… 182	岩崎　広…………… 120
今井　達也…… 121, 133	井村　徳二…… 181, 457	岩崎　筆吉…… 142, 442
今井　利夫………… 194	井村　弘子…… 276, 279	岩崎　政明………… 487
今井　伸英…… 146, 147	芋生　よしや……… 376	岩崎　弥太郎… 152, 153
今井　徳幸………… 565	井本　英雄………… 384	岩崎　幸弘………… 429
今井　はつ… 135, 136, 186	井柳　学…………… 470	岩崎　豊…………… 209
今井　宏… 85, 86, 87, 88, 92, 93, 94, 95	伊能　芳雄… 74, 431, 432	岩沢　茂行………… 439
今井　正子………… 278	伊良原　周二……… 449	岩沢　忠恭… 504, 540, 546
今井　雅人… 206, 207, 239, 240, 241	伊良皆　高吉……… 576	岩沢　誠…………… 407
今井　光子………… 493	入江　武雄………… 560	岩重　仁子………… 535
今井　洋一………… 107	入倉　要…………… 463	岩下　栄一… 374, 375, 396, 397, 398
今井　洋博………… 242	入沢　俊行………… 108	岩下　かね…… 230, 231
今泉　昭……… 439, 569	入沢　肇……… 572, 576	岩瀬　健蔵………… 99
今泉　勇…………… 318	入野　正明………… 71	岩瀬　ふみ子……… 566
今泉　雲海………… 150	入交　太蔵………… 515	岩瀬　宝作… 101, 102, 103
今泉　理……… 105, 127	入交　好保………… 342	岩瀬　良三………… 439
今泉　克己…… 376, 403	伊礼　一美………… 403	岩田　英一………… 441
今泉　勝義………… 562	岩井　国臣…… 569, 573	岩田　薫…………… 465
今泉　兼寛………… 48	岩井　茂樹………… 471	岩田　和親… 364, 401, 402
今泉　貞雄……… 46, 47	岩井　元祐………… 338	岩田　喜一郎……… 258
今泉　政喜………… 521	岩井　康彦…… 128, 133	岩田　健治………… 463
今泉　義憲………… 44	祝迫　加津子（祝迫かつこ）390, 391, 399, 535	岩田　順介… 356, 357, 358, 396, 397
今井田　俊一……… 227	祝迫　光治… 391, 393, 535	岩田　留吉…… 407, 408
今枝　宗一郎 228, 229, 240, 241	岩内　隆平………… 216	岩田　隼人………… 365
今枝　敬雄… 221, 222, 223, 224, 235	岩男　淳一郎……… 530	岩田　彦治………… 216
今尾　登…………… 247	岩男　峻二………… 74	岩田　浩岳………… 500
今川　和信…… 40, 419	岩男　仁蔵………… 529	
今川　正美… 369, 397, 399,	岩男　頴一………… 529	
	岩岡　三夫………… 21	
	岩上　妙子………… 426	
	岩上　二郎…… 426, 427	

岩田　良孝………… 492	
岩田　吉喜…… 120, 121	
岩垂　寿喜男 112, 113, 114, 115	
岩附　茂……… 148, 149	
岩藤　智彦………… 574	
岩名　秀樹………… 233	
岩永　武夫…… 101, 362	
岩永　尚之… 301, 326, 498	
岩永　裕貴… 246, 295, 298	
岩永　浩美………… 522	
岩永　峯一… 245, 246, 290, 292, 293	
岩中　美保子……… 224	
岩永　敬邦………… 367	
岩波　薫……… 264, 292	
岩橋　東太郎……… 494	
岩橋　治彦………… 286	
岩渕　彩子…… 417, 583	
岩渕　久美………… 436	
岩淵　謙二郎……… 20	
岩淵　庄司………… 486	
岩渕　友… 58, 59, 425, 583	
岩渕　美智子……… 440	
岩間　尹…………… 135	
岩間　正男… 138, 538, 544, 546, 548, 550, 553	
石見　泰介………… 78	
岩見　豊明………… 485	
岩村　卯一郎… 174, 175	
岩本　月洲………… 503	
岩本　康嗣……… 45, 46	
岩元　伸市………… 278	
岩本　杉一………… 285	
岩本　晋…… 322, 324, 507	
岩本　壮一郎……… 582	
岩本　荘太………… 458	
岩本　司…… 357, 397, 520	
岩元　力…… 390, 391, 535	
岩本　敏宏………… 562	
岩本　信行…… 110, 111	
岩本　久人…… 304, 500	
岩本　政光…… 3, 4, 408	
岩本　光弘…… 408, 409	
岩谷　昇介…… 195, 196	
岩屋　毅 379, 380, 397, 398, 399, 400, 401, 402	
院田　浩利…… 88, 89, 436	
位田　周子………… 487	
位田　幹生………… 476	

【う】

植井　和市…… 559, 567	
植垣　弥一郎……… 547	
植木　義一………… 540	
植木　庚子郎… 186, 187	
植木　光導………… 553	
植木　武夫………… 231	
植木　正勝…… 342, 515	
植木　光教…… 481, 482	

上木　嘉郎…………　397	上地　史隆……………17	魚森　豪太郎…… 395, 401
植草　平八郎…………99	上塚　司……………　371	鵜飼　諦…… 221, 222, 223
上草　義輝… 7, 8, 9, 10, 11, 575	上中　康司… 252, 253, 296, 297	鵜飼　健吉…………　202
上坂　明………　556, 558	上西　小百合 267, 268, 295, 298	魚返　正臣……… 373, 527
上里　清美…………　580	上野　アキラ………　442	宇垣　一成…………　543
上嶋　憲子…………　573	上野　喜左衛門……　533	宇賀神　せつ子……　283
上島　秀象…………　202	上野　恵司… 276, 290, 491	宇賀神　孝…………　568
上杉　謙太郎… 53, 58, 59	上野　建一… 103, 104, 127	宇賀神　徳一………　144
上杉　智子…………　266	上野　賢一郎 245, 246, 292, 293, 295, 296, 297, 480	浮島　敏男…… 129, 131
上杉　光弘… 326, 383, 384, 385, 399, 403, 532, 533	上野　公成… 433, 577, 582	浮島　智子 296, 298, 576, 580
上園　辰己…………　556	上野　次郎……………25	請川　清……………　262
植田　晃子………556, 559	上野　孝……………　499	受田　新吉…… 318, 319, 320
上田　晃弘……… 115, 116	上野　高志…… 64, 65, 66	宇佐美　孝二………　584
上田　敦子…………　531	上野　哲夫…… 375, 401	宇佐美　正一………　354
上田　勇 115, 117, 118, 119, 120, 121, 122, 126, 128	上野　富市…………　544	宇佐美　登… 53, 58, 150, 152, 154, 155, 156, 157, 163, 164, 573
上田　音市…… 476, 549	上野　富男…………　485	氏家　民雄……………3
上田　一博……………24	上野　宏史… 78, 79, 96, 580	氏家　次男……………36
上田　偲太郎…… 489, 555	上野　通子…………　431	牛尾　甫……………　497
上田　清司… 84, 85, 86, 92	上野　雄文…… 429, 430	牛窪　宗吉… 79, 80, 81, 434
上田　恵一… 107, 118, 129, 131, 133, 450	上野　仁宏…………　279	牛込　年秋……………94
上田　耕一郎… 442, 443, 444	植原　悦二郎 189, 190, 464	牛嶋　正……………　566
上田　茂行……… 244, 479	上原　康助… 393, 394, 396, 397	宇治田　栄蔵………　287
上田　しん三………　551	上原　蕃……………　539	牛田　寛……………　547
上田　晋三…………　467	上原　正吉…… 434, 435	氏原　一郎…………　342
上田　新三……………99	上原　秀之…………　394	氏原　安彦…………　557
上田　捨次…………　254	上原　公子…………　578	牛丸　義留…………　521
植田　誠一…………　158	上原　吉二…… 394, 398	牛山　靖夫…………　414
上田　孝之… 268, 298, 578	植松　恵美子………　512	後谷　一司…………　234
上田　卓三… 259, 260, 261, 485	植松　満雄… 298, 317, 505	碓井　貞義…………　109
上田　剛史…………　487	植松　義隆…… 150, 486	臼井　正一…… 107, 131
上田　哲 146, 147, 148, 149, 150, 152, 153, 163, 442, 446, 550, 570	上村　昭徳…………　166	臼井　荘一… 99, 100, 101, 102, 438
上田　藤一…………　489	上村　和男…… 355, 356	臼井　孝……………　153
上田　利威…………　186	植村　俊次郎………　567	臼井　俊郎…………　203
上田　俊彦…… 180, 456	植村　信蔵…………　559	臼井　日出男 102, 103, 104, 105, 106, 126, 127, 129
上田　利正…………　124	上村　千一郎 218, 219, 220, 221, 222	臼井　正人…………　579
上田　直吉…………　343	上村　多恵子………　570	臼木　敬子…………　575
上田　秀昭… 195, 196, 201	植村　武……………　281	臼杵　天成…………　540
上田　英子…………　572	上村　鶴吉……………47	臼田　一郎…………　431
上田　博則…………　504	上村　輝雄…………　507	碓田　のぼる…… 566, 570
上田　弘……………　180	植村　道隆…………　125	臼田　寛明…………　466
上田　博之…………　116	植村　嘉三郎………　488	宇田　国栄… 385, 386, 387, 388, 389
上田　不二夫…… 438, 439	上村　好輝… 316, 317, 326	宇田　耕一…… 342, 343
上田　美喜子………　479	植本　完治… 309, 503, 584	宇田　幸生…………　475
上田　稔 288, 482, 551, 553	植本　武夫…………　230	宇田　伸……………　315
上田　美代松………　248	上山　豊治…………　350	宇田　恒……………　311
植田　至紀… 278, 283, 291, 293, 294	魚井　健一…………　277	宇田　哲郎…… 313, 314
植田　義明…………　357	魚崎　嘉三郎………　254	菟田　中子……………59
上田　美毎…………　106	魚住　汎英… 373, 374, 528, 573	宇田川　隆久… 324, 326
上田　令子…… 159, 167	魚住　裕一郎 151, 445, 574, 578, 581	宇田川　芳雄 145, 154, 156
植竹　繁雄… 70, 71, 91, 92, 93, 429	魚谷　俊永…… 258, 485	内井　幸治…………　542
植竹　哲也……… 72, 96	魚谷　哲央… 573, 575, 577, 578	打越　明司… 392, 400, 402
植竹　春彦…… 428, 429	魚谷　増男…………　449	内田　アンジェラ…　567
	魚永　智行… 321, 322, 507	打田　重徳…… 300, 301
		内田　茂……………　560
		内田　洵子…… 198, 454

内田　松太…………　539	
内田　善利…… 550, 552	
内田　隆司…………　211	
内田　武夫…………　545	
内田　常雄… 122, 123, 124	
内田　俊朗…………　550	
内田　信也……………60	
内田　雅敏…………　444	
内田　真良…………　468	
内田　保信…… 367, 524	
内田　康宏…………　221	
内田　幸人…………　299	
内田　裕…… 359, 401	
内田　芳郎…… 527, 553	
内田　礼子…………　560	
打出　信行…………　370	
内野　雅晴…… 360, 401	
内野　竹千代 110, 111, 112	
内村　健一…………　555	
内村　清次… 538, 540, 546	
打本　智香…… 11, 15	
内山　晃 106, 107, 108, 127, 128, 129, 130, 132, 582	
内山　航…… 176, 200	
内山　定雄…………　384	
内山　貴雄… 224, 226, 487	
内山　隆司…………　211	
内山　毅……………43	
内山　弘正…………　455	
内山　光雄…………　182	
内山　烈次…………　350	
宇津野　洋一…………77	
宇都宮　周策…… 337, 513	
宇都宮　徳馬 135, 136, 137, 138, 139, 140, 141, 142, 143, 144, 145, 146, 443, 559	
宇都宮　登…… 498, 499	
宇都宮　則綱…………　376	
宇都宮　惇…………　514	
宇都宮　真由美… 340, 341, 346	
宇都宮　寧子…………　116	
内海　清…… 312, 313, 314	
内海　英男…… 32, 33	
内海　浩唯……………88	
内海　安吉…… 30, 31	
宇都　隆史…… 579, 583	
宇都　幸雄…………　390	
有働　哲二郎………　525	
有働　正治…… 561, 566	
宇野　栄二…………　411	
宇野　治 245, 246, 292, 293, 295	
宇野　勝三…………　560	
宇野　邦弘… 188, 189, 460, 461	
宇野　憲司…………　348	
宇野　周治……………66	
宇野　スマ子………　116	
宇野　宗佑… 243, 244, 245	

宇野　忠康……… 203	浦沢　与三郎…… 171, 452	239, 240, 241	江畑　寅次郎…… 244, 478
宇野　亨………… 102	浦田　関太郎…… 501, 540	江崎　波雄………… 548	江幡　弘道………… 224
宇野　春江……… 560	浦田　宣昭……… 345, 556	江崎　真澄… 216, 217, 218,	江花　静………… 46, 47
宇野　秀次郎…… 3, 4	浦田　勝…… 372, 527, 528	219, 220, 221, 222, 223	江原　栄昭……… 152, 162
宇野　裕……… 103, 104	浦野　幸男… 218, 219, 220,	江崎　洋一郎 116, 117, 127,	江原　学………… 195
宇野　博文……… 501	221	128, 129, 131	海老沢　文範……… 64
宇野　正志……… 305	浦野　保…………… 387	江沢　得二………… 99	海老沢　由紀…… 66, 96
鵜浦　勉…………… 64	浦野　英樹… 380, 403, 531	江島　淳…………… 507	戎居　徹……… 576, 578
宇野木　洋… 487, 568	浦野　匡彦……… 431	江島　潔……… 321, 508	胡末　協子……… 317
生方　伸……… 106, 128	浦野　烋興… 221, 222, 223,	江尻　淳之助…… 141	海老名　一雄… 454, 542
生方　大吉…… 73, 74	225, 235, 474	江尻　征也………… 49	海老名　竹一…… 552
生方　秀男………… 78	浦野　靖人… 267, 268, 295,	江副　水城……… 373, 374	海老原　義彦…… 569
生方　秀幸………… 78	298	江田　憲司… 117, 118, 119,	江渕　征香……… 516
宇夫形　冨貴子… 560	卜部　清人……… 311, 312	120, 121, 122, 128, 131,	江村　利雄……… 264
宇夫形　政利…… 560	占部　秀男… 442, 539, 544,	132	江本　孟紀… 566, 572, 580
生方　幸夫… 105, 106, 107,	546, 548	江田　耕一……… 369	円城寺　隆……… 445
108, 109, 126, 127, 128,	卜部　政巳…… 303, 499	江田　五月… 308, 502, 503,	遠田　敬一………… 35
129, 130, 132, 133	瓜生　清…………… 549	553	遠藤　昭子… 125, 126, 131,
馬越　晃………… 336	宇留賀　行雄…… 192	江田　三郎… 305, 306, 307,	133, 463
海治　広太郎…… 447	漆原　高一……… 257	501	遠藤　いく子 33, 34, 54, 55,
海野　隆…………… 567	漆原　良夫… 196, 197, 198,	江田　斗米吉…… 350, 351	416, 417
海野　義孝……… 569	199, 200, 201	江田　光子……… 308	遠藤　功………… 75, 76
梅川　喜久雄… 264, 292	宇留島　千早…… 385, 386	江田　康幸… 397, 398, 399,	遠藤　五十六…… 165
梅木　恒明… 379, 380, 396,	宇和　徳子……… 577	400, 401, 403	遠藤　乙彦 93, 94, 95, 149,
430, 575	上床　将………… 540	江田　洋一……… 567	150, 154, 162, 163
梅崎　雪男… 341, 346, 347	海野　明昇… 127, 561, 566,	枝野　幸男… 85, 86, 87, 88,	遠藤　香織……… 482
梅沢　永治……… 88, 89	570	89, 90, 91, 92, 93, 94, 95,	遠藤　和良… 330, 331, 346
梅沢　重雄……… 582	海野　三朗……… 41, 420	96, 97	遠藤　要……… 416, 417
梅沢　昇平…… 559, 566	海野　正造……… 540	枝村　要作……… 319, 320	遠藤　可満……… 431
梅沢　隆…………… 576	海野　徹…………… 470	越前　長松……… 253, 543	遠藤　金二………… 30
梅沢　田鶴子……… 66	海野　幹雄……… 63, 426	江渡　聡徳… 23, 24, 53, 54,	遠藤　欣之助 124, 462, 557,
梅沢　伸年………… 91		55, 56, 57, 58	559
梅沢　道喜……… 433	【え】	江戸　妙子……… 444	遠藤　宏司………… 45
梅津　錦一……… 431		江藤　智 546, 548, 551, 552,	遠藤　三郎… 207, 208, 209,
梅津　四郎……… 143	江井　兵庫………… 49	555	210
梅津　慎吾……… 450	永　六輔………… 557	江頭　邦弘……… 520	遠藤　三郎……… 548
梅津　松夫………… 25	永和　淑子… 341, 346, 347	江藤　慎一……… 575	遠藤　重市……… 209
梅田　武男……… 560	江頭　俊満… 214, 242, 471	衛藤　晟一… 379, 380, 396,	遠藤　滋………… 474
梅田　兵一… 181, 182, 183	江頭　暢明……… 261	397, 398, 577, 581	遠藤　忍………… 549
梅田　勝…… 249, 250, 482	江頭　学………… 369	衛藤　征士郎 379, 380, 396,	遠藤　誠一……… 104
梅田　道之………… 99	江上　辰之助…… 354	397, 398, 399, 400, 401,	遠藤　節子…… 23, 24
梅谷　守……… 177, 200	江上　博之… 226, 241, 582	530	遠藤　敬(遠藤たかし) 267,
梅津　庸成……… 422	江木　佐織……… 447	江藤　誠仁右衛門… 574	268, 295, 298, 388
梅林　明…… 247, 248, 299	江木　武彦……… 542	江藤　隆美… 382, 383, 384,	遠藤　武彦… 44, 45, 54, 55,
梅林　時雄……… 376	江木　理一……… 539	397	56
梅原　真隆…… 538, 544	江口　一雄… 103, 104, 105,	江藤　拓 384, 385, 400, 401,	遠藤　利明… 44, 45, 46, 53,
梅原　富造……… 539	106, 126, 127, 129	402	54, 55, 56, 57, 58
梅村　和正……… 204	江口　和伸…… 372, 373	江藤　夏雄……… 361, 362	遠藤　知良……… 346
梅村　早江子……… 97	江口　克彦……… 580	衛藤　速………… 350	遠藤　虎男……… 572
梅村　聡…… 487, 488, 584	江口　子午三…… 362, 521	江藤　彦武……… 442	遠藤　宣彦… 108, 109, 132,
梅村　忠雄……… 219	江口　繁……… 350, 351	江藤　浩道……… 570	134, 154, 155, 163, 359,
梅村　登………… 545	江口　泰助……… 366	江夏　正敏… 241, 403, 525	399, 400, 446, 582
梅本　芳郎……… 332	江口　学……… 360, 361	榎並　憲治……… 265	遠藤　登……… 44, 45
浦　宏…………381, 531	江口　善明……… 360	江波　進一……… 553	遠藤　久雄……… 37, 38
浦井　洋 272, 273, 274, 275	江口　義時……… 69, 430	榎　信晴………… 493	遠藤　英雄……… 202
浦口　高典…… 287, 495	江熊　哲翁…… 538, 542	榎木　三男……… 446	遠藤　秀和……… 584
浦口　静子……… 441	江崎　一治……… 243	榎本　和孝……… 130	遠藤　英徳………… 10
浦口　鉄男………… 3	江崎　久仁子…… 562	榎本　貴志雄…… 481	遠藤　寛………… 559
裏坂　憲一…… 496, 497	江崎　孝……… 579, 583	榎本　和平………… 44	遠藤　文夫……… 567
浦崎　永錫……… 545	江崎　鉄磨… 223, 224, 225,	江端　貴子… 158, 159, 160,	遠藤　文雄……… 421
浦沢　将……… 89, 96	226, 227, 228, 229, 238,	165, 166, 168	遠藤　政夫……… 519

遠藤　正一……… 261
遠藤　正弘……… 423
遠藤　雄蔵………… 48
遠藤　洋一……… 443
遠藤　陽子……… 425
遠藤　陽之助…… 230, 231
遠藤　義孝……… 140
遠藤　義裕………… 51
遠藤　柳作…… 81, 434

【お】

及川　敦…… 29, 55, 56
及川　逸平…… 26, 413
及川　一夫…… 558, 565
及川　順郎… 124, 556, 558, 566
及川　規………… 25
及川　敏章… 29, 54, 58, 346, 569
及川　幸久… 200, 298, 451, 466
扇　忠雄……… 554
扇　千景 554, 556, 561, 569, 574
合馬　敬……… 519
近江　寿………… 35
近江　巳記夫 257, 258, 259, 260, 261, 289
近江谷　鑛八郎… 557, 559
近江屋　信広 40, 53, 57, 58, 129, 201
大阿久　照代…… 70, 429
大麻　唯男…… 370, 371
大麻　勇次……… 371
大井　一郎……… 141
大井　国崇……… 561
大井　忠則……… 224
大家　敏志…… 396, 520
大石　悦子……… 213
大石　宗…… 345, 348, 349
大石　信二………… 80
大石　千八… 210, 211, 212
大石　八治… 209, 210
大石　尚子… 115, 117, 118, 119, 126, 127, 128, 130, 449, 450, 577
大石　秀政…… 213, 235
大石　武一… 30, 31, 32, 416, 557
大石　正光… 33, 34, 35, 54, 55, 575, 579
大石　大……… 342
大石　松雄……… 376
大石　康樹……… 347
大石　豊………… 89
大石　ヨシエ… 247, 248
大石　里奈… 206, 237, 238
大泉　寛三… 79, 80, 81, 82, 434
大泉　博子… 66, 67, 94, 96, 322, 324, 508
大井田　健一……… 162
大出　彰 116, 117, 118, 119, 126, 127, 128, 130
大出　俊 111, 112, 113, 114, 115
大岩　喜三郎……… 541
大植　和子……… 316
大内　一郎…… 46, 47
大内　久美子…… 67, 97
大内　啓伍… 145, 146, 147, 148, 149, 150, 152, 161, 163
大内　淳司……… 348
大内　利裕………… 85
大内　智子………… 65
大内　真理………… 36
大江　章夫……… 567
大江　喜美雄……… 225
大江　康弘… 574, 577, 581, 583
大岡　乙松… 269, 488, 543
大岡　敏孝… 246, 296, 297
大賀　さわ子（大賀サワ子）357
大神　正………… 73
大門　未来………… 97
大神　善吉……… 350
大上　司 269, 270, 271, 272
大川　朗子……… 488
大川　孝治……… 557
大川　成典……… 428
大川　修造………… 30
大川　信助………… 68
大川　末男… 183, 184
大川　清幸……… 555
大川　竜夫……… 255
大川　敏彦……… 116
大川　智彦……… 487
大川　光三… 254, 255, 484
大川　優美子… 87, 92, 566
大川　隆法……… 295
大河原　一次… 47, 48, 423
大河原　太一郎… 554, 558, 565
大河原　寿貴……… 483
大河原　裕志……… 474
大河原　雅子 446, 447, 583
大河原　満……… 462
大木　明雄… 82, 140, 141, 441, 442, 443
大木　英一……… 545
大木　正吾… 104, 554, 556
大木　節子……… 487
大木　武雄………… 79
大木　浩 225, 226, 236, 473, 474
大木　操 138, 440, 441, 539
大木　実……… 548
大岸　善造……… 555
大木田　勝子……… 561
大来　佐武郎……… 554
大北　正史……… 478
大城戸　豊一… 483, 487
正親町　又玄……… 540
大串　博志… 364, 399, 400, 402, 403
大串　正樹… 279, 280, 296, 297
大口　善徳… 212, 213, 237, 238, 239, 240, 242
大久保　薫……… 575
大久保　隆… 191, 192
大久保　貴……… 480
大久保　武雄 370, 371, 372, 373
大久保　猛………… 3
大久保　正… 220, 221
大久保　力… 153, 162, 557, 562, 567
大久保　勉……… 520
大久保　伝蔵… 41, 42
大久保　利夫………23
大久保　留次郎… 61, 137, 138
大久保　直彦 143, 144, 145, 146, 147, 148, 149, 566
大久保　尚洋……… 566
大久保　英俊……… 109
大久保　三代… 36, 57
大久保　弥三郎……… 410
大久保　潔重 369, 370, 399, 403, 525
大隈　和英… 267, 268, 296, 297
大熊　利昭… 159, 160, 167, 168
大隈　信幸……… 538
大倉　三郎… 254, 255, 256, 257
大倉　精… 544, 547, 549
大倉　英生… 355, 356
大蔵　由美……… 574
大倉野　由美子……… 392
大栗　清実……… 329
大黒　章弘… 557, 559, 562, 566
大胡　幸平……… 450
大河内　一郎……… 340
大越　農子………18
大越　稲穂……… 230
大越　和郎……… 316
逢坂　誠二… 13, 14, 16, 17, 18
大坂　佳巨……… 584
大崎　茂……… 532
大迫　修一……… 554
大迫　元繁……… 544
大沢　勝衛……… 171
大沢　嘉平治… 67, 68
大沢　喜代一（大沢久明）… 20, 21, 410
大沢　三郎……… 451
大沢　重信……… 142
大沢　助次……… 539
大沢　孝志……… 435
大沢　辰美… 490, 491
大沢　融……… 462
大沢　昇… 152, 162
大沢　弘………… 81
大沢　雄一… 81, 434
大重　ハナ……… 255
大柴　堅志……… 463
大柴　滋夫（大柴しげ夫）… 137, 138, 139, 140, 141, 142, 143, 144, 145, 146
大島　章……… 445
大島　敦… 86, 87, 88, 89, 90, 92, 93, 94, 95, 96, 97
大島　九州男 358, 359, 398, 399, 577, 581
大島　恵子… 560, 564
大嶋　幸治……… 580
大島　定吉……… 428
大島　三郎……… 564
大嶋　修一… 65, 93
大島　正一… 539, 542
大島　信次… 560, 564
大島　多蔵……… 361
大嶋　忠雄……… 545
大島　理森… 22, 23, 24, 56, 57, 58
大島　知……… 435
大島　友治… 429, 430
大島　寅吉………… 4
大島　信幸……… 564
大島　久代……… 358
大島　秀一… 169, 170, 171, 541
大島　弘… 286, 287
大島　葉子… 223, 224, 445, 474
大島　義典……… 574
大島　義晴… 73, 74
大島　慶久… 473, 565, 571
大島　頼光………… 67
大島　令子… 225, 226, 236, 237, 238
大城　真順… 393, 536
大城　俊男… 395, 401
大城　信彦… 395, 402
大須賀　貞夫……… 544
大須賀　志津香……… 207
大須賀　規祐… 334, 558
大相　鉄夫… 277, 278, 279
大隅　憲二……… 448
大瀬　久市……… 365
大瀬　敬昭……… 580
大曽根　勝正………65
大園　勝司… 391, 397, 398
太田　秋之助………47
太田　昭宏… 150, 151, 155, 157, 158, 159, 161, 162,

おおた　　　　　候補者氏名索引

太田		
		163
太田	朝子	161, 167, 168
太田	淳夫	204, 553, 555, 558
太田	敦	493
太田	乙美	264
太田	一夫	218, 219, 220, 221
太田	和美	52, 53, 56, 58, 107, 109, 133, 440
太田	勝彦	216
太田	清幸	277, 278
太田	金次郎	136
太田	久美子	265
太田	慶太郎	210
太田	健吉	437
太田	幸作	33, 416
太田	順子	159, 166
太田	信吉	3
太田	真平	215, 241, 403
太田	誠一	355, 356, 357, 358, 359, 397, 398, 399, 400
大田	政作	550
太田	哲二	229, 230
太田	哲二	566
太田	哲三	541
太田	典礼	247, 481
太田	敏兄	501
太田	俊男	45, 421, 422
太田	豊秋	424
太田	述正	574
太田	宜興	156, 157, 159, 160
太田	東孝	474
太田	秀子	14
太田	宏	445
太田	宏美	331, 510
太田	博之	341, 347
太田	房江	581
太田	政市	215, 216, 217
太田	正孝	208, 209, 469
太田	正孝	450
大田	昌秀	574
太田	正光	209, 210
太田	みどり	148, 149, 151, 556
太田	祐介	121, 132
太田	理一	365
太田	竜	149, 560
大高	松男	94, 95
大高	衛	577
大高	康	60, 61, 62
大滝	亀代司	41, 42
大竹	作摩	48
大嶽	創太郎	471
大嶽	隆司	233
大竹	太郎	171, 172, 173
大竹	智和	14, 18, 19
大竹	文男	25
大竹	平八郎	546, 549, 551

大達	茂雄	499
大谷	瑩潤	540, 546, 549
大谷	啓	266, 267, 294, 297
大谷	忠雄	219, 224
大谷	務	118, 119
大谷	輝子	301
大谷	藤之助	544, 546, 548, 551, 553, 555
大谷	信盛	262, 263, 264, 265, 266, 267, 290, 291, 292, 293, 294, 296
大谷	信雪	265
大谷	美智子	566
大谷	義夫	487
大谷	贇雄	544, 547, 550
大津	伸太郎	478
大塚	明美	571
大塚	英五郎	20, 21, 22
大塚	和弘	358, 397
大塚	克雄	90
大塚	勝利	397, 398, 399
大塚	幸造	112
大塚	耕平	475
大塚	幸栄	445
大塚	周平	470
大塚	淳子	152, 153, 559, 561
大塚	清次郎	522
大塚	泰順	244
大塚	高司	264, 265, 266, 267, 268, 292, 293, 295, 296, 297
大塚	喬	429, 430
大塚	拓	89, 90, 95, 96, 97, 164
大塚	正	256
大塚	正	426
大塚	辰紀	189, 190
大塚	寿夫	278
大塚	将憲	376
大塚	光義	380
大塚	康樹	265, 266
大塚	勇一郎	370
大塚	祐子	359
大塚	雄司	145, 146, 147, 148, 149, 150, 162
大塚	雪雄	439
大月	和男	60, 61
大槻	信治	247
大槻	文彦	447
大槻	穂奈美	195
大月	守德	559, 562
大槻	庸資	464
大坪	勇	195
大坪	健一郎	362, 363, 521, 522
大坪	憲三	515
大坪	藤市	548, 549
大坪	保雄	361, 362
大友	ひろみ	34
大永	貴規	566

大中	康雄	526, 527
大波	芳男	51
大成	正雄	83, 435
大西	理	316, 317, 505, 582
大西	健一	470
大西	賢治	335
大西	健介	227, 228, 229, 239, 240, 241
大西	さちえ	584
大西	末子	551, 552, 553, 554
大西	正道	269, 270, 271
大西	聡	510
大西	孝典	284, 294, 296, 298, 493
大西	正	272
大西	十寸男	538
大西	利雄	511
大西	英男	159, 161, 165, 166, 167, 577
大西	弘	336, 337
大西	宏幸	267, 268, 296, 297, 579
大西	正男	342, 343, 344, 515
大西	正祐	345, 516
大西	正悦	562
大西	元次郎	491
大西	靖人	263
大西	裕	449
大西	禎夫	332, 333, 510
大仁田	厚	573
大貫	清文	155
大貫	大八	67, 68, 69
大貫	英明	60
大貫	義隆	425
大沼	康	30
大沼	瑞穂	422
大野	明	203, 204, 205, 467
大野	市郎	169, 170, 171, 172
大野	栄美夫	490
大野	潔	142, 143, 144, 145, 146, 147, 148, 149
大野	熊雄	248, 545
大野	敬太郎	336, 348, 349
大野	健次	445
大野	健三	539
大野	幸一	202, 203, 538, 544
大野	正一	50
大野	進二	565
大野	拓夫	582
大野	辰男	90
大野	次男	485
大野	つや子	468
大野	敏英	41, 42
大野	富江	449
大野	伴睦	202, 203
大野	弘忠	101
大野	宙光	225, 226, 228, 229, 236, 242

大野	松茂	86, 87, 88, 91, 92, 93, 94
大野	三留（大野みつる）	139, 539
大野	元裕	436, 437
大野	泰正	468
大野	祐司	284, 296
大野	由利子	150, 151, 153, 154, 163
大野	陽一郎	429
大野	功統	335, 336, 346, 347
大野木	秀次郎	480, 481
大場	宗蔵	43, 420
大庭	哲夫	511
大場	秀樹	53, 58
大場	筆雄	254
大庭	貢	449
大庭	桃子	215
大庭	裕子	117
大橋	あさ	530
大橋	和子	560
大橋	和孝	481
大橋	一之	52
大橋	キミ	67, 428
大橋	巨泉	573
大橋	昌次	87
大橋	武夫	302, 303
大橋	忠義	560
大橋	忠一	202, 203
大橋	利枝	567
大橋	敏雄	353, 354, 355, 356, 518
大橋	弘昌	304
大橋	正雄	135
大畠	章宏	64, 65, 66, 67, 91, 92, 93, 94, 96, 97
大畠	農夫雄	425
大幡	基夫	291
大浜	方栄	536, 556, 561
大浜	亮一	142
大林	誠	13, 409
大原	一三	382, 383, 384, 396, 397
大原	忍	234
大原	昭三郎	439
大原	伸二	151, 486
大原	亨	311, 312, 313, 314
大原	守人	385
大東	政司	232
大日向	蔦次	140
大平	薫久	213
大平	正芳	332, 333, 334
大平	喜信	327, 580
大部	順一	261
大藤	暉一	81
大渕	絹子	453, 454
大淵	正気	352
大堀	行順	529
大前	研一	570

大前　繁雄… 278, 279, 292, 293, 295	大和田　梅花………… 485	小笠原　政之助… 559, 561	緒方　浩………… 152, 162
大前　春代………… 280	大和田　正輝…………63	小笠原　孝…………… 9	岡田　史一……………91
大間知　哲哉………… 117	大和田　弥一………… 422	小笠原　日堂………… 539	岡田　正和………… 583
大松　明則… 148, 149, 150	大和田　義栄…………46	小笠原　洋輝…………89	岡田　正勝…… 314, 315
大見　正 228, 229, 240, 241	大湾　宗則… 250, 251, 291, 482	小笠原　二三男 25, 26, 540, 546	岡田　政彦………… 451
大溝　和純… 560, 565, 569	岡　愛城………… 552	小笠原　八十美……… 20	岡田　まり子……… 128
大溝　爽………… 558	岡　明彦……… 237, 240	小笠原　良子……… 24	岡田　三男…… 567, 571
大嶺　学………… 263	岡　暎………… 307	岡下　昌平…… 268, 297	岡田　美乃利……… 180
大宮　勝之………… 225	岡　邦雄………… 539	岡下　信子 263, 264, 265, 266, 267, 290, 292, 293, 295	緒方　靖夫… 445, 446, 561, 566
大宮　伍三郎………… 311	岡　浩一……………80	岡田　康裕… 278, 279, 280, 292, 293, 294, 296
大村　邦夫… 319, 320, 506	岡　三郎…… 448, 543, 547	岡下　昌浩… 262, 263, 289, 335	岡田　裕……… 226, 238
大村　襄治… 306, 307, 308	岡　周平………… 348	岡島　一成………… 446	岡田　喜雄………… 253
大村　真一…… 151, 474	岡　正吉……………80	岡島　一正 106, 107, 108, 109, 128, 129, 130, 132, 134, 439	岡田　芳秀………… 345
大村　清一…… 305, 306	岡　武夫……………4	緒方　林太郎 359, 360, 361, 400, 402, 403
大村　忠………… 212	岡　千陽… 13, 17, 409, 578, 580
大村　秀章… 225, 226, 227, 235, 236, 237, 238, 239	岡島　正之… 103, 104, 105	尾形　六郎兵衛……… 420
岡　利定…… 565, 571	緒方　明男…… 385, 386	岡地　緑………… 357
大村　博……… 152, 162	岡　延右衛門………… 365	緒方　章………… 534	岡戸　光雄………… 104
大村　昌弘………… 276	岡　遙………… 450	岡田　篤……… 11, 15	岡西　明貞…… 365, 366
大村　巳代治……… 208	岡　正美………… 351	岡田　逸司………… 479	岡野　恵美…… 233, 234
大村　瑤子…… 262, 289	岡　真智子……………84	岡田　香織………… 563	岡野　清豪… 253, 254, 255
大村　義則… 223, 225, 474	岡　万年………… 444	岡田　克也… 233, 234, 239, 240, 241	岡野　茂郎………… 494
大森　昭…… 554, 556, 561	岡　保一………… 511	岡野　繁蔵………… 207
大森　興治………… 118	岡　靖………… 341	緒方　克行………… 142	岡野　庄蔵……………37
大森　諄治…… 216, 217	岡　佑樹…… 332, 580	緒方　克陽 363, 396, 397, 522	岡野　俊昭………… 580
大森　茂………… 487	岡　良… 181, 182, 183	岡野　裕…… 556, 561, 569
大森　真一郎………… 544	岡井　勤………… 267	岡田　包義…… 306, 501	岡野　利右衛門……… 202
大森　創造…… 425, 426	岡井　藤志郎… 336, 337	岡田　喜久治…… 428, 541	岡野　竜一………… 311
大森　猛 115, 116, 117, 118, 119, 127, 128, 129, 130, 449, 450	岡井　康弘… 283, 290, 493	尾形　慶子………… 582	岡林　歓喜…… 3, 407
岡内　須美子………… 512	尾形　憲………… 445	岡久　直弘…… 258, 490
岡内　専一………… 333	尾形　憲三………… 313	岡平　知子… 342, 348, 514
大森　達夫………… 422	岡川　治郎… 539, 542, 545	岡田　五郎…… 269, 270	岡部　桂一……………74
大森　玉木…… 181, 182	小笠　公韶… 329, 330, 509	岡田　定見………… 502	岡部　三郎… 554, 558, 565
大森　俊和………… 164	岡崎　晃…… 280, 296	緒方　繁………… 381	岡部　実夫………… 378
大森　久司………… 492	岡崎　功………… 551	岡田　シズエ… 207, 208	岡部　周治……………73
大森　秀久…… 358, 359	岡崎　英城… 136, 137, 138, 139, 140, 141, 142, 143, 144	岡田　修一… 271, 272, 546	岡部　昌平………… 575
大森　斉………… 364	岡田　昌治…… 250, 314	岡部　保………… 553
大森　誠……………81	岡田　尚平………… 141	岡部　常…… 538, 545
大森　礼子………… 569	岡崎　一夫………… 448	岡田　晋一……………15	岡部　得三… 350, 351, 352
大矢　省三… 253, 254, 255, 256	岡崎　勝男… 51, 110, 111	岡田　慎一郎………… 445	岡部　英明… 65, 66, 93, 94, 95
岡崎　圭介………… 173	岡田　信次…… 441, 540
大屋　晋三………… 483	岡崎　真一…… 488, 489	岡田　勢一………… 329	岡部　英男…… 65, 92
大矢　卓史… 259, 260, 261	岡崎　敏広………… 572	岡田　宗司… 441, 442, 538	岡部　文侯……………47
大矢　健……………7	岡崎　トミ子… 33, 34, 54, 417	緒方　孝男………… 353	岡部　雅夫………… 184
大矢　正…… 407, 408	岡田　隆郎………… 154	岡部　正久………… 116
大矢　半次郎… 413, 540	岡崎　宏美… 275, 276, 277, 290, 575	緒方　竹虎…… 350, 351	岡部　まり………… 488
大八木　光子… 253, 483	岡田　忠彦………… 305	岡部　光規… 53, 59, 425
大山　明枝… 557, 560, 564	岡崎　寛之………… 307	尾形　智矩… 354, 355, 356	岡村　共栄… 113, 114, 449
大山　郁夫………… 480	岡崎　平作………… 213	岡部　哲児… 219, 220, 221, 222	岡村　哲志………… 215
大山　邦夫………… 226	岡崎　万寿秀 147, 148, 149, 150, 556	岡村　能里子……… 324
大山　千恵子… 444, 445	緒方　鉄次………… 385	岡村　文四郎 538, 544, 546, 547, 549
大山　俊則… 223, 474	岡崎　友紀………… 579	岡田　敏男………… 101
大山　奈々子……… 122	岡崎　裕…… 133, 580	岡田　利春… 6, 7, 8, 9, 10
大山　昌宏… 132, 239	岡沢　完治…… 257, 258	岡田　直樹…… 458, 459	岡村　護………… 517
大山　安一……………60	小笠原　恵……………4	岡田　春夫 3, 4, 5, 6, 7, 8, 9	岡村　光芳…… 155, 574
大山　安…… 538, 542, 545	小笠原　貞子… 408, 550	岡田　久雄…… 280, 296	岡村　淑一………… 452
大脇　彦雄………… 216	小笠原　三九郎… 216, 217, 218	岡田　広 69, 427, 428, 552, 555, 558	岡村　芳治郎……… 483
大脇　雅子…… 565, 572	岡村　利右衛門… 202, 203
大脇　松太郎… 215, 216	小笠原　重夫………… 444	岡本　愛祐…… 538, 544
大和田　喜市……………65	小笠原　真明… 78, 93, 433	岡本　章……………93

岡本　丑太郎……… 441	小川　泰…… 113, 114, 115	奥　源寿………… 73
岡本　英子… 119, 120, 130, 132	小川　卓也…… 436, 578	奥　五一………… 270
岡本　和生……… 576	小川　力…… 148, 443	奥　主一郎……… 481
岡本　久三郎……… 20	小川　勉………… 380	奥　むめお… 538, 543, 547
岡本　清文……… 568	小川　藤吉郎…… 365	奥　茂吉………… 490
岡本　憲太郎…… 275	小川　敏夫… 152, 162, 446, 447	奥井　淳二……… 419
岡本　幸三… 121, 159, 167	小川　友三 80, 81, 538, 542, 547	奥川　貴弥……… 557
岡元　貞子……… 445	小川　元 193, 194, 196, 197	奥川　礼三……… 562
岡本　悟…… 549, 551	小川　半次… 247, 248, 249, 481	奥崎　謙三… 274, 554, 555
岡本　茂…… 281, 282	小川　光………… 440	小串　清一……… 448
岡本　佛一… 247, 248	小川　久義… 454, 455, 541, 544	奥島　貞雄… 196, 571
岡本　準一郎 263, 264, 291, 292	小川　富貴……… 577	奥田　香代……… 475
岡本　孝………… 207	小川　平二… 189, 190, 191, 192, 193	奥田　喜久郎…… 365
岡本　貴士……… 161	小川　豊明…… 99, 100	奥田　吉郎……… 210
岡本　忠雄… 311, 312	小川　信………… 321	奥田　クスミ 263, 267, 290
岡本　忠人……… 529	小川　真澄… 262, 264, 289	奥田　邦夫… 562, 567
岡本　輝興……… 563	小川　三男……… 101	奥田　敬和… 183, 184
岡本　徳夫……… 450	小川　泰江… 246, 298	奥田　建 184, 185, 197, 198, 199, 200
岡本　富夫… 272, 273, 274	小川　安之助…… 100	奥田　研二… 151, 335, 336, 346, 347
岡本　宏…… 287, 293	小川　恭彦……… 241	奥田　信吾……… 417
岡本　博之……… 257	小川　八千代…… 434	奥田　チエ… 559, 563
岡本　文男……… 549	小川　友一 157, 158, 164, 165	奥田　智子 89, 90, 97, 583
岡本　正光……… 342	小川　雄一郎…… 367	奥田　信雄……… 541
岡本　正哉……… 34	小川　義夫……… 542	奥田　信義……… 280
岡本　三夫……… 505	小川原　政信…… 3	奥田　正弘……… 562
岡本　三成…… 96, 97	沖　蔵………… 351	奥田　幹生… 249, 250, 251, 289
岡本　充功… 226, 227, 228, 229, 237, 238, 239, 240, 241	沖　茂………… 316	奥田　保明… 301, 326
岡本　義雄……… 550	沖　外夫………… 455	奥谷　通… 276, 289, 290
岡元　義人… 387, 533, 544	沖　智美………… 431	小口　裕嗣……… 120
岡本　芳郎… 331, 332, 346, 347, 348	沖　直子………… 416	奥津　秀雄…… 31, 32
岡本　隆一… 247, 248, 249	沖　ゆり………… 317	奥出　孝子……… 117
岡安　靖男… 475, 487, 563, 567	置鮎　敏宏……… 110	奥中　惇夫… 559, 562, 566, 573, 575
小川　晃………… 456	荻生　和敏… 11, 13, 14, 17	奥貫　東至子…… 436
小川　市吉……… 548	荻沢　稔………… 210	奥主　一郎……… 480
小川　右善… 53, 58, 59, 425	沖田　捷夫… 34, 55, 417	奥野　一雄……… 9, 10
小川　栄一… 116, 117, 118, 126, 128	置田　忠義……… 542	憶野　清雄……… 431
小川　修………… 224	沖田　豊春………… 9	奥野　信亮… 283, 284, 292, 293, 295, 296, 297
小川　克巳……… 583	沖田　正人… 149, 151	奥野　誠亮… 281, 282, 283, 290
小川　勝也… 409, 410	沖津　しのぶ…… 264	奥野　総一郎 108, 109, 130, 132, 133
小川　貴美子…… 525	沖永　明久……… 564	奥野　忠安……… 243
小川　清俊……… 540	荻野　明巳… 275, 276	奥野　正敏……… 10
小川　錦一……… 280	荻野　丈夫……… 545	奥野　美代子…… 571
小川　国彦… 102, 103, 104	荻野　武………… 247	奥原　計三郎…… 465
小川　理………… 206	沖野　忠一……… 503	奥原　信也……… 505
小川　俊介……… 478	荻野　豊平… 122, 123	小熊　慎司… 52, 53, 57, 58, 59, 580
小川　俊三… 38, 418	沖野　寛…… 369, 498	奥村　昭和……… 490
小川　淳也… 335, 336, 347, 348, 349	沖原　唯浩……… 158	奥村　明春… 287, 289, 570
小川　省吾…… 75, 76	沖原　紀夫……… 548	奥村　悦夫……… 563
小川　昇志……… 447	沖本　泰幸… 257, 258, 259	奥村　悦造… 243, 479
小川　仁一 27, 28, 413, 414	沖屋　正一……… 566	奥村　喜和男…… 351
小川　新一郎 82, 83, 84	荻原　和子… 39, 40, 419	奥村　茂………… 254
小川　斉司… 280, 281, 491	荻原　喜代次…… 73	奥村　慎太郎 370, 582
小川　桑兵衛…… 540	荻原　健司……… 576	奥村　猛………… 482
	荻原　隆宏… 121, 122, 132	
	荻原　初男……… 87	

奥村　竹三……… 247	
奥村　鉄三… 216, 217	
奥村　展三… 245, 246, 292, 293, 294, 296, 479, 581	
奥村　利樹… 246, 296	
奥村　規子……… 288	
奥村　邦教………… 4	
奥村　又十郎 185, 186	
奥村　喜則… 182, 458	
奥村　和三郎…… 243	
奥山　英悦……… 42	
奥山　茂彦… 251, 289, 290, 292	
奥山　卓郎……… 558	
小倉　麻子……… 447	
小倉　和巳……… 144	
小倉　三次……… 350	
小倉　治一郎…… 481	
小倉　繁………… 539	
小倉　淳………… 447	
小倉　忠平… 107, 131, 576	
小倉　半平……… 330	
小倉　昌子……… 577	
小倉　将信… 160, 161, 166, 167	
小倉　正行……… 574	
小倉　基………… 444	
小倉　康延……… 430	
小栗　好子……… 514	
桶口　義徳……… 498	
生越　三郎……… 302	
小越　進………… 125	
生越　寛明……… 454	
小此木　左馬太… 73, 74	
小此木　八郎 115, 116, 117, 118, 119, 120, 121, 126, 127, 128, 129, 131, 133	
小此木　彦三郎… 112, 113, 114, 115	
尾崎　昭広… 223, 225, 474	
尾崎　治………… 489	
尾崎　弘治……… 560	
尾崎　順子……… 563	
尾崎　末吉… 385, 386, 387, 388	
尾崎　末広……… 249	
尾崎　貴教……… 284	
尾崎　剛司… 214, 240	
尾崎　天風………… 4	
尾崎　駿雄……… 476	
尾崎　光…… 317, 318	
尾崎　秀幸… 380, 530	
尾崎　宏子……… 309	
尾崎　行雄… 229, 230	
尾崎　行輝… 230, 538, 544	
尾崎　幸弘……… 289	
長田　清子……… 475	
長田　準一……… 150	
長田　正松… 555, 568	
長田　武士… 145, 146, 147, 148, 150	

長田　彫潮……… 150, 453	548, 549, 550	小野　市太郎………… 547
長田　久光………… 178	織田　信恒………… 539	小野　一雄……… 47, 48
長田　裕二… 551, 553, 555, 558	小高　長三郎…… 99, 100	小野　喜公………… 421
小里　貞利… 389, 390, 391, 397	小高　熹郎……… 99, 100	小野　清子 443, 444, 446, 573
小里　泰弘… 392, 393, 399, 400, 401, 402	小田桐　朋子… 151, 439	小野　敬三………… 166
長内　順一……… 10, 11	小田桐　政次郎…… 410	小野　健太郎… 11, 16, 409
小山内　良夫……… 539	小田倉　徳寿……… 540	小野　光洋… 538, 541
小沢　一郎… 26, 27, 28, 29, 30, 59	小竹　輝弥…………44	小野　左恭………… 422
小沢　和秋… 355, 356, 357, 358, 396, 398	小田島　森良…………30	小野　順一………… 251
小沢　和恵………… 206	小田々　豊…… 450, 567	小野　次郎… 125, 129, 131, 580, 583
小沢　克介…… 320, 321	尾立　源幸 263, 291, 487, 488	小野　信一……… 27, 28
小沢　喜久子……… 461	尾谷　洋子…………16	小野　晋也… 340, 341, 346, 347
小沢　久太郎…… 438, 543	小田部　荘三郎…… 542	小野　盛………… 102
小沢　潔 146, 147, 148, 149, 150, 151, 153, 161	小田原　潔… 160, 161, 166, 167, 530	小野　貴樹…… 40, 56
小沢　国治………… 541	小田原　憲昭……… 562	小野　孝……… 41, 42
小沢　佐重喜…… 25, 26	小田原　要四蔵……… 7	小野　孝行………… 137
小沢　鋭仁… 124, 125, 126, 127, 128, 129, 130, 132, 297	越智　伊平… 339, 340, 346	小野　忠太郎……… 417
小沢　たき子……… 563	越智　啓治………… 341	小野　敏郎…… 35, 417
小沢　剛………… 105	越智　茂……… 336, 337	小野　永雄………… 122
小沢　辰男… 171, 172, 173, 174, 196	越智　隆雄… 155, 156, 157, 159, 160, 164, 165, 166, 167	小野　彦治………… 181
小沢　太郎… 319, 320, 507	越智　通雄… 144, 145, 146, 147, 148, 149, 151, 152, 154, 155, 161, 163	小野　ヒサ子… 280, 281
小沢　貞孝… 190, 191, 192, 193, 194	落合　英一………… 539	小野　文彦………… 445
小沢　哲雄………… 155	落合　栄一… 185, 186, 187, 459	小野　誠………… 571
小沢　俊夫………… 564	落合　勝二…… 214, 215	小野　まさよ……… 443
小沢　福子………… 262	落合　寛茂…………62	小野　勝…… 380, 530
小沢　三男…………46	落合　九一………… 254	小野　みどり……… 474
小沢　光生… 560, 565, 569	落合　恵子………… 358	小野　ヤスシ……… 498
小沢　睦夫………… 117	落合　貴之… 159, 160, 167, 168	小野　由紀子……… 253
押川　定秋………… 381	落合　英寿………… 348	小野　義夫… 540, 546
押谷　富三… 253, 254, 255, 256, 257	落合　政利………… 562	小野　善孝………… 225
小島　修… 65, 91, 427	小茶野　満………… 154	小野　隆祥…………25
尾島　充麿………… 178	尾辻　かな子 267, 296, 577, 579	尾ノ上　亀一……… 150
尾関　義一…… 67, 68	尾辻　秀久… 390, 535, 561, 569, 573, 577	小野内　寿松……… 135
尾関　善一郎……… 202	小渡　三郎…… 393, 394	小野崎　一恵……… 122
小田　一郎… 12, 16, 574	小渡　亨………… 395	小野崎　耕平… 477, 478
小田　和代………… 279	乙黒　正夫………… 560	小野崎　四郎………38
小田　憲郎………… 374	乙黒　みつ子……… 560	小野里　勉…… 223, 487
小田　幸平………… 222	踊　哲郎…… 362, 521	小野里　定良……… 109
織田　佐代治……… 254	翁長　助裕…… 393, 396	小野里　博… 151, 474, 564, 568
小田　静枝…… 541, 544	翁長　政俊………… 537	小野里　雄亮……… 563
小田　スエ………… 497	鬼木　勝利… 354, 518, 548	小野沢　智子……… 158
織田　大蔵………… 552	鬼木　誠…… 360, 401, 402	小野塚　勝俊 89, 90, 95, 96, 97
小田　つる子……… 441	鬼沢　慶一………… 574	小野瀬　忠兵衛………60
小田　天界… 137, 138, 140, 547	尾西　洋子…… 184, 458	小野田　紀美……… 503
織田　亨…… 308, 502	鬼弦　千枝子……… 564	小野田　隆…… 262, 290
小田　俊与（小田としよ）… 136, 139, 140, 142, 145, 208, 209, 420, 438, 469, 483, 484, 489, 545, 547,	鬼束　幸良………… 559	小野寺　五典 34, 35, 36, 55, 56, 57, 58
	鬼丸　勝之…… 353, 518	小野寺　永子…………28
	鬼丸　義斎…… 471, 538	小野寺　慶吾……… 433
	小野　明…… 518, 519	尾ノ寺　司行……… 253
	小野　哲…… 437, 544	小野寺　信雄……… 416
	小野　綾子………… 580	小野寺　藤雄…………28
		小野寺　有一……… 579
		小野寺　良雄……… 439
		小畑　勉…… 262, 263
		小畑　哲夫………… 488

小畑　元…………39	
小幡　治和…… 459, 460	
小幡　靖………… 541	
小幡　豊………… 384	
小浜　繁………… 386	
小原　謹太郎……… 540	
小原　国芳………… 546	
小原　慶次………… 539	
小原　宣良…… 29, 57	
小原　武郎………… 414	
小原　春松…………26	
小原　舞 252, 253, 294, 296, 298	
小原　正嘉…………25	
小原　真理………… 120	
小原　美紀………… 100	
小原　嘉…… 190, 541	
小尾　悦太郎……… 471	
小比賀　英孝……… 443	
小渕　恵三… 75, 76, 77, 91	
小渕　光平…… 73, 74	
小渕　優子… 78, 79, 92, 93, 94, 95, 96, 97	
於保　睦…… 319, 320	
小俣　文蔵…… 169, 170	
尾身　朝子… 97, 576, 577	
尾身　幸次… 76, 77, 78, 91, 92, 93	
面川　義雄…………60	
表　権七………… 248	
表　奈就子………… 134	
表　久守………… 183	
小山　和伸… 573, 575	
小山　倉之助…… 30, 31	
尾山　三郎………… 454	
小山田　喜代志………43	
小山田　智枝…………53	
小山田　義孝…………37	
折小野　良一……… 382	
折笠　秀一…………49	
折笠　藤雄… 48, 49, 422	
折田　明子………… 118	
折田　誠………… 180	
織田　正信………… 332	
織部　健太郎……… 377	
折茂　栄寿…………73	
織本　侃…………99	
織山　和久………… 570	
恩田　明………… 543	

【か】

階　一喜………… 107	
甲斐　政治…… 381, 382	
甲斐　善平………… 531	
甲斐　敬浩………… 451	
甲斐　竹二………… 529	
海江田　鶴造… 556, 561	
海江田　万里 150, 152, 153, 155, 156, 157, 158, 160, 162, 163, 165, 166, 167,	

かいく　候補者氏名索引

443	影山　次郎………… 173	91
海口　守三………… 361	景山　哲夫………… 305	梶山　弘志… 65, 66, 67, 92,
海阪　雄藤………… 563	影山　照美………… 223	93, 94, 95, 97
貝瀬　正…………… 562	影山　裕二… 151, 445, 568	賀集　章平………… 539
海内　要道…………… 3	榎　浩一… 331, 346, 347, 576	柏　朔司…… 27, 413, 414
甲斐中　文治郎… 269, 270	笠井　亮 165, 166, 167, 168,	柏　正男………… 80, 81
貝沼　次郎… 307, 308, 309,	566, 570, 574, 576	柏木　稲子………… 542
323	葛西　奥羽之亮……… 3	柏木　庫治…… 538, 544
海部　俊樹… 218, 219, 220,	笠井　重治…… 122, 123	柏倉　祐司… 72, 96, 97
221, 222, 223, 224, 225,	笠井　純一………… 388	柏田　清光………… 578
226, 227	葛西　直太郎…… 135, 543	柏原　正雄………… 171
海堀　洋平………… 286	笠井　深…………… 190	柏原　ヤス… 441, 549, 551,
会町　六男………… 565	葛西　嘉資………… 169	554
加賀　操…………… 407	河西　善治………… 443	柏原　義則………… 329
嘉数　知賢… 394, 395, 396,	笠岡　喬… 307, 308, 501	梶原　清…… 555, 558
397, 398, 399, 400	笠木　隆 117, 118, 119, 120,	梶原　敬義………… 530
加賀田　進……… 247, 248	128, 129, 130, 131	梶原　計国…… 337, 513
各務　正人………… 89	風早　義碓………… 387	梶原　茂嘉… 543, 547, 550
加賀谷　健………… 440	風早　八十二 135, 136, 137,	梶原　康弘… 276, 277, 278,
加賀谷　富士子…… 433	138	279, 289, 291, 292, 293,
加賀山　之雄…… 543, 547	笠原　昭男………… 561	294, 296, 298
加川　和義………… 560	笠原　公夫………… 224	梶原　豊…………… 440
香川　兼吉…………… 3	笠原　潤一…… 467, 468	春日　一幸… 216, 217, 218,
香河　直祐………… 312	笠原　二郎………… 141	219, 220, 221, 222
香川　治義………… 545	笠原　忠雄…… 356, 357	春日　重樹………… 547
垣内　京美………… 503	笠原　多見子 207, 239, 241	春日　正一… 109, 111, 549,
柿内　弘一郎……… 535	笠原　貞造………… 169	551, 554
垣内　雄一… 309, 310, 502,	笠原　利重………… 4, 5	香月　保…………… 352
503	笠原　規生………… 568	数森　圭吾…… 298, 488
柿木　克弘………… 410	笠原　正実…… 108, 109	粕谷　茂 144, 145, 146, 147,
柿沢　弘治… 147, 148, 149,	笠原　吉孝…… 245, 290	148, 149, 151, 152, 154,
150, 151, 152, 154, 156,	風間　啓吉………… 169	161, 163
161, 443	風間　直樹… 176, 454, 577	粕谷　照美… 553, 555, 558
柿沢　日出夫……… 435	風間　日光… 138, 139, 140,	加瀬　包男………… 438
柿沢　未途… 158, 159, 161,	141, 441	加瀬　完…… 437, 438
166, 167, 168	風間　昶… 409, 572, 576	加瀬　左武郎……… 99
鍵田　節哉…… 289, 290	笠巻　健也… 176, 454	加瀬　博…………… 106
垣田　千恵子……… 268	笠巻　孝志………… 485	可世木　文雄… 215, 471
鍵田　忠三郎…… 282, 283	笠松　長麿………… 13	片岡　顕安………… 104
鍵田　忠兵衛 283, 293, 294	風見　章……… 60, 61	片岡　伊三郎……… 99
鍵谷　実…………… 269	鍛冶　清…… 355, 356	片岡　勝治…… 448, 449
鍵主　政範…… 184, 196	樫　昭二…………… 511	片岡　佳世子……… 581
柿沼　綾子……… 87, 88	加地　和…… 249, 250	片岡　清一…… 178, 179
柿沼　二六………… 141	鍛冶　良作…… 177, 178	片岡　武司… 223, 224, 225,
柿沼　正明… 78, 94, 95, 96,	梶浦　勇…… 224, 225	235, 236
316, 324	梶川　康二………… 165	片岡　伸子………… 582
柿沼　康隆………… 263	梶川　静雄…… 270, 299	片岡　久議…… 154, 163
柿木　卓美… 190, 191, 192,	梶　又三… 551, 553, 556	片岡　文重… 101, 437, 438
193	梶田　茂穂…… 229, 230	片岡　正英… 175, 197, 561,
賀来　才二郎……… 529	梶野　東吾… 258, 443, 555	570
岳獅　勇三郎(がくし勇三	梶原　弘徳…… 391, 397	片貝　光次…… 82, 83
郎)……… 138, 540	梶原　守光…… 345, 516	片上　公人…… 490, 491
角田　幸吉……… 30, 31	鹿島　俊雄… 547, 550, 552	片桐　勝昌………… 137
角谷　進… 315, 316, 317	鹿島　守之助 543, 547, 549	片桐　政美… 171, 172, 173
鹿熊　安正………… 456	柏村　武昭………… 505	片桐　竜子………… 545
筧　国雄………… 202	樫村　広史… 138, 140, 545,	片島　港………… 381, 382
筧　直樹………… 278	547	堅田　壮一郎 268, 280, 296,
花月　純誠………… 243	柏本　景司… 262, 290, 487	298
梯　和夫…………… 509	樫本　定雄………… 269	片田　花子………… 559
蔭山　茂人…… 508, 544	加治屋　義人……… 535	片庭　正雄………… 427
景山　俊太郎……… 500	梶山　静六… 62, 63, 64, 65,	片野　英一郎……… 73

片野　英司………… 451
堅野　光正………… 60
片柳　真吉… 540, 546
堅山　勲………… 392
片山　巌………… 549
片山　和子… 95, 580
片山　栄… 441, 506
片山　さつき 214, 237, 239, 579, 583
片山　甚市… 552, 555
片山　大介………… 491
片山　武夫………… 550
片山　哲… 110, 111, 112
片山　徳次………… 79
片山　虎之助 502, 503, 580, 584
片山　春子… 315, 323
片山　均………… 189
片山　正英… 551, 554
片山　光代… 154, 163, 164, 574
片寄　富七………… 60
可知　一太… 203, 204
勝　信貴………… 245
勝木　健司… 559, 566, 572
甲木　保… 350, 351
甲木　美知子……… 523
勝倉　勝………… 151
勝沢　芳雄… 209, 210
勝田　圭治………… 208
勝田　香月………… 545
勝沼　栄明… 18, 36, 59
勝部　栄一………… 553
勝部　賢志… 14, 18
勝部　日出男……… 498
勝部　庸一………… 500
勝又　恒一郎 118, 119, 120, 121, 130, 132, 133
勝間田　清一 207, 208, 209, 210, 211
勝俣　孝明… 215, 240, 241
勝又　武一………… 469
勝俣　稔… 189, 190, 546
勝俣　保雄………… 541
勝谷　勝弘………… 504
勝谷　勝………… 313
桂　きん枝………… 579
桂　秀光………… 118
桂川　悟………… 584
桂木　鉄夫… 182, 183
桂田　成基… 391, 535
桂田　美智子……… 392
門　博文… 288, 296, 297
加藤　愛子………… 217
加藤　綾子… 102, 559, 562
加藤　鮎子… 46, 58
加藤　幾………… 187
加藤　一郎… 302, 499
加藤　英一… 276, 289, 571
加藤　英一… 518, 519, 553
加藤　栄二………… 175

加藤　関男……… 437	加藤　常太郎 332, 333, 334, 510	角屋　堅次郎 230, 231, 232	金子　一也……… 233, 235
加藤　修……… 373, 374	加藤　敏夫……… 216, 217	角谷　三郎……… 540	金子　一義… 205, 206, 207, 235, 236, 237, 238, 239, 241
加藤　学 195, 196, 198, 199, 200	加藤　敏幸……… 575, 579	門屋　盛一… 523, 541, 546	
加藤　一雄……… 207	加藤　叔道……… 136	角谷　盛夫……… 557	
加藤　かつ……… 547	加藤　直臣……… 141	門山　宏哲… 108, 109, 131, 133	金子　健一… 108, 109, 130, 132, 134
加藤　勝信… 310, 323, 324, 325, 326, 327, 502	加藤　直次……… 3		
	加藤　尚彦… 115, 116, 117, 118, 119, 126, 127, 128, 130	香取　文子……… 571	金子　原二郎 368, 369, 396, 525
加藤　勝広……… 121, 122		香取　成知……… 440	
加藤　寛治… 370, 401, 402		門脇　勝太郎……… 299	金子　才十郎………75
加藤　勘十… 136, 137, 138, 139, 140, 141, 142, 215	加藤　南枝……… 449	門脇　壮介……… 318	金子　秀一……… 400, 401
	加藤　登……… 486	金井　栄……… 191	金子　重平………74
加藤　義一……… 361, 362	加藤　紀子……… 558, 572	金井　貴雄……… 108	金子　淳一郎…… 191, 192
加藤　喜太郎……… 448	加藤　紀文……… 502, 503	金井　正夫……… 386, 387	金子　駿介……… 448
加藤　吉太夫…… 185, 459	加藤　伴平………99	金井　正之……… 450, 558	金子　信治……… 169
加藤　仁康……… 199	加藤　英雄… 105, 106, 108, 131	金井　元彦……… 489, 490	金子　善次郎 86, 87, 88, 92, 94, 95, 581
加藤　清政… 144, 145, 443		金井　良雄……… 444	
加藤　恵三……… 214	加藤　碩……… 321, 507	金井　芳次……… 110	金子　哲夫… 316, 324, 325, 327, 576, 578
加藤　元……… 575	加藤　裕康………86	金石　清禅……… 10, 569	
加藤　憲一……… 391	加藤　文康… 133, 134, 157, 451	金出　公子……… 360	金子　哲男……… 153, 162
加藤　謙二郎……… 559		金岩　秀郎……… 520	金子　徳之介………51
加藤　公一… 154, 156, 157, 158, 160, 162, 163, 164, 165, 166	加藤　真砂子…… 65, 427	金久保　喜一…… 194, 197	金子　信雄……… 464
	加藤　正人……… 540, 545	金倉　昌俊…… 12, 14, 19	兼子　秀夫……… 112
	加藤　正法……… 120, 131	金沢　数男……… 549	金子　博……… 567
加藤　紘一… 43, 44, 45, 46, 54, 56, 57	加藤　正見… 218, 472, 545	金沢　勘兵衛………54	金子　正輝……… 472
	加藤　雅之……… 129, 396	金沢　光司………66	金子　正美……… 226
加藤　作雄……… 449	加藤　守……… 204	金沢　忠雄… 139, 142	金子　万寿夫 392, 393, 402
加藤　繁秋… 335, 346, 347, 512	加藤　万吉… 112, 113, 114, 115	金沢　忠雄……… 420	金子　益太郎…… 67, 68
		金沢　知歌子………18	金子　真理子……… 133
加藤　シヅエ 135, 540, 545, 548, 550, 553	加藤　幹夫… 34, 35, 57, 417, 574	金沢　敏夫………69	金子　光 143, 144, 145, 146, 147, 148
		金住　典子……… 562	
加藤　静雄……… 207	加藤　美佐子……… 557	金瀬　俊雄……… 102	金子　満広… 91, 142, 143, 144, 145, 146, 147, 148, 149, 150, 151
加藤　修一… 569, 574, 578	加藤　充 254, 255, 256, 257, 258	金塚　孝………60	
加藤　周四郎……… 422		金丸　徳重……… 123, 124	
加藤　昭一……… 564	加藤　六月… 307, 308, 309, 323	金丸　冨夫……… 547, 550	金子　睦美……… 360
加藤　将輝……… 575		金丸　昌弘……… 331	金子　恵美 53, 59, 424, 425
加藤　真一………12	加藤　盛雄……… 436	金丸　義男……… 221	金子　恭之… 375, 376, 398, 399, 400, 401, 402
加藤　進 216, 218, 219, 472, 551, 554	加藤　森成……… 216	金森　篤子……… 167	
	加藤　泰男……… 567	金森　薫……… 163	金子　遊……… 154
加藤　成一… 262, 480, 486, 568	加藤　康子……… 487	金森　隆… 153, 154, 163	金子　譲……… 569
	加藤　要作…… 67, 428	金森　正……… 239, 241	金子　洋一… 233, 234, 237, 238, 451
加藤　清二… 216, 217, 218, 219, 220	加藤　陽三… 313, 550	金森　仁……… 570	
	加藤　芳江………70	金森　熙隆（金森ひろたか） 302, 303, 499	金子　洋文……… 538, 544
加藤　精三… 41, 42, 43	加藤　義隆……… 158, 166		金子　与重郎………73
加藤　積一…… 154, 155, 163	加藤　隆太郎 135, 136, 137	金谷　重男………95	兼城　明男……… 250
加藤　宗平…… 46, 47	加藤　鐐五郎 216, 217, 218	金谷　武彦……… 286	金田　英行… 10, 11, 12, 13, 15, 16, 17
加藤　大三…… 140, 548	加藤　鐐造… 202, 203, 204	金谷　政雄……… 143	
加藤　高明……… 509	加藤　六兵衛……… 545	金山　竜重……… 545	金田　勝年… 40, 41, 57, 58, 419
加藤　隆雄… 206, 236, 237, 238, 468	河東田　啓彰……… 442	加成　義臣………39	
	門口　与志雄……… 387	蟹江　邦彦……… 480, 481	金田　誠一… 10, 12, 13, 15, 16
加藤　隆 195, 197, 198, 322, 325, 458	廉隅　伝次……… 521	蟹江　茂男……… 539	
	門田　定蔵……… 496	金入　明義……… 412	金田　峰生… 276, 279, 289, 295, 491
加藤　隆史……… 509	門田　剛……… 347	兼岩　伝一… 538, 544, 546	
加藤　高蔵…… 60, 61, 62	門田　俊夫… 86, 91, 573	金親　清… 99, 100, 437	金高　資治……… 542
加藤　隆通……… 230	門田　正則……… 559	包国　嘉介………16	金成　幸子………13
加藤　卓二… 84, 85, 86, 87, 91, 92	角野　達也…… 35, 36	金子　昭……… 563	兼平　健吾……… 117
	門野　晴子……… 563	金子　一平… 203, 204, 205	兼間　道子……… 566
加藤　武徳… 305, 501, 502	門広　繁幸……… 115	金子　岩三……… 366, 367	金政　大四郎……… 517
加藤　正………28	かどま　竜一… 286, 492	金子　恵美… 176, 177, 199, 200	兼松　耕作… 443, 444, 445, 490, 564
加藤　千穂子……… 463	門守　隆……… 120		
加藤　忠七郎……… 207	門屋　功……… 336, 337	金子　一夫……… 172	兼松　信之……… 289
		兼子　一道……… 110	金丸　三郎……… 534, 535

金丸　信………… 123, 124	神内　久綱………… 514	亀井　郁夫………… 505	唐沢　俊樹… 189, 190, 191
金光　庸夫……… 376, 377	上岡　辰夫………… 516	亀井　貫一郎…… 60, 111	柄沢　とし子………… 3, 4
金光　義邦………… 376	神河　照美……… 379, 396	亀井　清…………… 152	柄谷　道一… 490, 553, 555
金元　幸枝… 187, 188, 189, 198, 199	上川　陽子… 212, 213, 214, 215, 237, 238, 239, 241	亀井　静香… 314, 315, 316, 317, 318, 324, 326, 327	唐橋　東……………49
鹿野　晃 160, 161, 166, 168	上川路　昭………… 485	亀井　譲太郎…… 255, 539	唐橋　重政…………47
叶　凸……………… 254	神倉　勝義……………75	亀井　善彰……… 551, 553	刈田　貞子……… 556, 561
鹿野　彦吉…… 41, 42, 43	上倉　藤一………… 464	亀井　善太郎 119, 120, 131	狩俣　吉正………… 537
鹿野　道彦… 43, 44, 45, 46, 55, 56, 58, 581	神先　幹子………… 248	亀井　高義……… 123, 545	仮谷　忠男………… 343
狩野　明男……… 63, 427	上条　愛一…… 540, 546	亀井　光…………… 518	仮屋　政香(仮屋まさか)… 386, 387, 534
加納　克己… 304, 325, 500	上条　勝久………… 532	亀井　久興… 303, 304, 323, 324, 325, 326, 499, 500	苅宿　俊風…………46
加納　勝美…… 6, 557	上条　昭太郎……… 195	亀井　善之… 113, 114, 115, 116, 117, 118, 119, 126, 127, 128, 129	軽部　芳輝………… 252
加納　金助………… 437	上条　愿…………… 547		唐牛　敏世………… 410
加納　孝…………… 557	上条　幸哉……………57		川合　彰武…… 207, 208
狩野　岳也……………67	上条　義昭………… 557		川合　淳美………… 565
加納　時男……… 571, 576	上条　亮一………… 253	亀岡　高夫…… 48, 49, 50	河井　克行… 315, 316, 317, 323, 324, 325, 326, 327
加納　久朗………… 437	上瀬　剛……… 263, 290	亀岡　偉民… 51, 52, 53, 56, 57, 58	
加納　将光… 559, 562, 566	神谷　信之助 481, 482, 553		河合　義一…… 269, 489
加納　正義……… 281, 542	神谷　ちづ子……… 160	亀川　正東………… 567	河合　恭一………… 158
狩野　勝 104, 105, 126, 127	神谷　昇 267, 268, 296, 297	亀崎　勘治………… 563	河合　純一… 215, 240, 471, 582
狩野　安…………… 427	神近　市子(神近イチ) 137, 138, 139, 140, 141, 142, 539	亀沢　正治………… 313	
加納　有輝彦… 207, 468		亀田　東伍………… 139	河合　大介………… 143
叶　芳和…………… 577		亀田　徳一郎…… 389, 534	川合　孝典… 577, 581, 583
鹿子木　日出雄…… 543	神長　保男………… 442	亀田　得治… 483, 484, 485	川井　健男…… 213, 236
叶屋　友基………… 116	神永　礼子………… 574	亀田　良典… 185, 459, 584	川合　武… 110, 111, 113
叶屋　博基……………65	上西　和郎……… 389, 390	亀田　東…………… 430	河相　達夫………… 501
椛沢　洋平………… 109	加味根　史朗… 251, 482	亀長　友義………… 509	河合　常則………… 456
加福　重治……………22	神野　七郎…… 256, 442	亀原　了円………… 579	川井　宏子……………67
蕪　幸男…………… 383	神野　伝蔵…… 385, 386	亀元　由紀美……… 520	河合　平太郎……… 210
加部　明三郎……… 146	神野　吉弘………… 165	亀谷　博昭…… 416, 417	河合　正智… 205, 235, 236, 237
壁谷　祐之……… 46, 47	上村　勝男………… 433	亀山　孝一… 305, 306, 307	
釜井　敏行…… 234, 584	上村　恭子………… 510	亀山　教明…… 159, 379	河井　美和子 322, 328, 508
鎌形　剛…………… 101	上村　進……… 169, 170	加茂　修…………… 555	河合　泰典………… 372
鎌倉　繁光………… 550	上村　秀明…… 331, 509	加茂　篤代………… 497	河合　靖之………… 144
鎌田　逸郎………… 538	上村　正敏………… 354	鴨　桃代…………… 582	河井　弥八…… 468, 469
鎌田　要人………… 535	神村　実…………… 570	鴨志田　昭人……… 152	河合　勇樹………… 188
蒲田　熊次………… 248	神村　みふ子……… 392	鴨下　一郎… 151, 152, 154, 155, 157, 158, 159, 161, 163, 164, 165, 166, 167	河合　良成………… 177
鎌田　軍次………… 531	上村　泰稔… 363, 364, 522, 523, 584		川合　剛弘………… 206
鎌田　敬…………… 399			川内　一男………… 277
鎌田　さゆり 34, 35, 36, 54, 55, 58, 59, 417	神本　美恵子 573, 577, 581	鴨下　元……… 118, 119	川内　卓 245, 246, 291, 292, 294, 295, 479, 480
	上森　子鉄………… 110	鴨志田　安代 106, 107, 109	
鎌田　沢一郎……… 539	神谷　光次………… 218	鴨田　宗一…… 81, 82, 83	川内　博史… 391, 392, 393, 396, 397, 398, 399, 400, 402, 403
鎌田　紳一郎……… 150	神谷　宗幣…… 267, 296	鴨田　徳一… 248, 550	
鎌田　親彦………… 330	神谷　忠…………… 567	鴨田　利太郎…… 83, 84	
鎌田　千代治………36	神谷　達彦………… 129	賀屋　興宣… 139, 140, 141, 142, 143	川浦　伸一……… 96, 97
鎌田　敏郎…… 272, 273	神谷　暢……… 226, 227		河江　明美… 226, 228, 239, 241, 574, 578, 580
鎌田　博…………… 445	神谷　裕……… 15, 18	賀陽　邦寿………… 551	
鎌田　博貴………… 283	神谷　正保………… 460	賀屋　茂一………… 544	川上　嘉市………… 468
鎌田　文雄… 135, 136, 137, 138, 139, 140, 142, 143, 144, 441, 442, 547, 548	神谷　光男………… 221	栢木　寛照…… 245, 289	川上　貫一… 253, 254, 255, 256, 257, 483
	神谷　義尚…… 222, 223	萱野　茂…………… 565	
	神谷　六郎……………31	萱野　志朗………… 409	川上　紀一………… 103
鎌田　光明………… 568	神山　栄一………… 169	茅野　博……… 391, 392	川上　謹一………… 105
蒲田　裕子………… 463	上山　和人………… 535	茅野　誠…………… 126	川上　賢二………… 458
鎌谷　一也………… 583	神山　佐市… 89, 90, 96, 97	茅野　真好…… 138, 139	川上　憲信………… 360
蒲池　重徳…… 117, 128	神山　茂夫… 135, 139, 140, 141, 442	茅野　由吉………… 531	川上　源太郎… 146, 554
鎌野　祥二…… 283, 493		香山　蕃…………… 542	河上　幸一………… 429
釜本　邦茂…… 569, 573	神山　洋介… 120, 121, 122, 130, 132, 133	萱森　政義………… 172	川上　晃司………… 447
		嘉陽　宗儀………… 537	川上　紗智子 374, 375, 398
紙　智子… 10, 11, 15, 16, 409, 559, 562, 566, 574, 578, 582	上吉原　一天……… 430	唐木田　藤五郎 189, 545	河上　丈太郎 269, 270, 271
	嘉村　由道………… 366	唐沢　俊二郎 192, 193, 194	
	亀井　亜紀子……… 500	唐沢　千晶… 196, 466, 583	河上　民雄… 272, 273, 274, 275

川上	為治… 388, 534, 547, 550
川上	照彦… 220, 273, 472
川上	智正…………… 300
河上	覃雄… 115, 126, 128, 129
川上	均……… 71, 72, 73
川上	昌俊………… 117
河上	満栄… 108, 132, 201, 294, 483
川上	康正…… 89, 97, 437
川上	由己雄（川上ユキオ）136, 440
河上	洋子………… 482
川上	義博…… 301, 498
川上	嘉 388, 538, 542, 544, 546, 548
川上	義幸………… 523
河北	敬二（河北警二）541, 544
河口	純之助……… 166
川口	捷子………… 474
川口	大助……… 38, 39
川口	民一……… 57, 58
川口	為之助……… 437
川口	寿……… 136, 137
川口	浩 95, 159, 166, 582
川口	博……… 40, 41, 58
川口	穣………… 356
河口	陽一…… 3, 4, 5, 408
川口	順子…… 450, 577
川口	良治……… 66, 94
川久保	勲………… 450
河毛	市治………… 299
川越	孝洋… 370, 400, 402
川越	宏樹… 384, 569, 571
川越	博………… 381
川崎	篤子……… 65, 66
河崎	巖………… 496
川崎	寛治… 387, 388, 389, 390, 391
川崎	三蔵………… 61
川崎	二郎… 232, 233, 234, 235, 238, 239, 240, 241
川崎	伸一…… 179, 180
川崎	末五郎…… 247, 248
川崎	敏夫………… 557
河崎	なつ（河崎ナツ）538, 544
川崎	秀二… 229, 230, 231, 232
川崎	巳三郎 99, 100, 101, 539
川崎	稔…… 522, 523
河重	寛子………… 502
川嶋	潔典………… 401
川島	金次…… 79, 80
川島	重男………… 457
川島	正次郎 99, 100, 101
川島	孝夫………… 564
川島	隆二………… 225
川島	利枝………… 473
川島	智太郎 154, 156, 163, 164, 165, 167, 168
川島	信雄…… 578, 581
川島	信也…… 244, 245
川島	実 222, 223, 225, 237, 575
川島	隆二………… 245
川島	良吉………… 90
革島	廉三郎……… 247
川条	志嘉… 265, 266, 267, 293, 295, 496
川澄	弘勝………… 547
河瀬	和雄…… 205, 467
河瀬	謙………… 20
河瀬	幸代…… 213, 215
河瀬	武衛…… 570, 572
河瀬	葉子………… 577
川副	隆………… 366
川添	義明…… 345, 347
川田	章………… 145
川田	悦子…… 155, 156
河田	賢治… 247, 481, 482
川田	純一………… 392
河田	成治………… 227
川田	隆…… 240, 241
川田	拓助………… 516
川田	英正…… 309, 324
川田	雅敏………… 347
川田	昌成………… 424
川田	正則………… 8, 9
川田	龍平…… 446, 582
河内	金次郎… 484, 548
河内	直子…… 358, 359
河内	宏之………… 72
河内	ムツミ……… 542
川出	庄一郎… 473, 552
川戸	力………… 145
川名	英子………… 566
川浪	隆 130, 131, 132, 133
川浪	隆幸………… 391
川成	五師………… 310
川西	清 269, 270, 272, 489
川西	基次………… 497
川野	克哉…… 388, 534
河野	幸司…… 114, 115
河野	三暁… 549, 551, 552
河野	祥子………… 361
河野	正 351, 352, 353, 354, 355, 356
川野	敏雄………… 69
河野	敏久 119, 121, 122, 130, 131, 132, 134
河野	裕章… 46, 58, 422
河野	広子………… 380
河野	正美… 360, 401, 403
河野	義博………… 581
河野	芳満…… 381, 382
川野辺	静………… 469
川橋	豊治郎……… 247
川橋	幸子…… 565, 572
河端	修………… 372
河端	作兵衛……… 79
川畑	悟……… 13, 17
川端	繁喜………… 540
川端	達夫… 245, 246, 290, 291, 293, 294, 296, 298
川端	文夫… 140, 141, 142, 143, 144
川端	佳夫…… 336, 337
川原	勇………… 175
川原	新次郎… 534, 535
川原	巍誠…… 566, 570
川原	寿………… 568
川原	フサヨ……… 517
川原	正幸………… 3
川原	康裕…… 359, 360
川平	泰三………… 488
川淵	栄………… 367
川辺	賢一………… 97
川部	竜二………… 12
川俣	健二郎… 38, 39, 40
川俣	幸雄… 174, 175, 176, 196, 197, 198, 576
川俣	清音…… 36, 37, 38
川又	哲也………… 57
川松	真一朗……… 166
河道	和…… 256, 257
川村	充夫…… 374, 528
河村	梅次………… 318
川村	勝 112, 113, 114, 115
河村	契善…… 319, 545
川村	皓章………… 103
河村	幸次郎……… 541
川村	二郎……… 30, 31
川村	清一………… 408
川村	善八郎… 3, 4, 5, 6
河村	たかし（河村隆之）223, 224, 225, 226, 236, 237, 238
川村	武男………… 568
河村	建夫… 321, 322, 323, 324, 325, 326, 327
河村	整…… 335, 336
川村	継義…… 371, 372
川村	直岡………… 542
川村	秀三郎… 385, 402
河村	正弥………… 567
川村	昌代………… 228
川村	松助………… 413
川村	衛………… 426
河村	美知子……… 13
川村	康之………… 105
川村	嵐子………… 450
河村	隆一………… 112
川村	和嘉治……… 343
川本	泉………… 503
河本	英典…… 479, 480
河本	嘉久蔵……… 479
川本	末治… 216, 217, 472
河本	巧………… 250
川元	辰義………… 105
川本	敏美…… 282, 492
川本	福一………… 539
河原	伊三郎……… 243
瓦	力… 183, 184, 185, 196, 197, 198
河原田	巌…… 541, 543
河原田	稔吉………… 47
菅	源太郎… 309, 324, 325
韓	康一………… 573
菅	浩三………… 339
菅	太郎… 337, 338, 339
菅	直人 145, 146, 147, 148, 149, 150, 151, 153, 154, 156, 157, 158, 159, 161, 162, 164, 165, 166, 167, 443
菅	道………… 539
神	雅敏…… 380, 402
甲谷	英生………… 301
寒川	喜一… 256, 257, 258
簡牛	凡夫…… 352, 353
菅家	一郎…… 53, 57, 58
菅家	喜六…… 46, 47, 48
神崎	驥一………… 541
神崎	武法… 355, 356, 357, 396, 397, 398, 399, 400
神崎	敏雄… 257, 258, 259, 260
神沢	浄…… 124, 462
苅田	アサノ（苅田浅野）305, 306
神田	渥子………… 564
神田	厚…… 70, 71, 91
神田	香織………… 424
神田	憲次… 228, 229, 240, 241
神田	惣一郎……… 553
神田	大作……… 68, 69
神田	敏晶………… 446
神田	博 207, 208, 209, 210, 553
神田	美佐子……… 580
神田	三春………… 87
神田	保博………… 474
神取	忍…… 576, 579
神成	昇造………… 469
菅野	格………… 575
菅野	道………… 572
菅野	勝祐………… 156
菅野	敬一………… 26
菅野	佐智子… 53, 57, 59
鴈野	聡…… 108, 132
菅野	四郎………… 545
菅野	哲雄… 34, 35, 36, 55, 56, 57, 58, 417, 576
菅野	俊夫………… 549
菅野	歳子………… 568
菅野	信雄………… 455
菅野	一……… 31, 32
菅野	寿…… 561, 570

菅野　征紀…………487	菊地　清太郎……30, 550	岸野　正明…………195	北川　清子…………291
菅野　豊……………568	菊地　董……213, 235, 236	岸野　雅方……292, 575	北川　定務…………361
菅野　義丸……………47	菊地　長右エ門……57, 58	木島　一直…………502	北川　智子……252, 297
菅野　和太郎 254, 255, 256, 257, 258	菊地　津守…………439	木島　喜兵衛 172, 173, 174	北川　修二…………262
神林　一芳……………63	菊地　時子……………40	貴島　桃隆(喜島登竜) 135, 139, 140, 141, 441	北川　知克…263, 264, 265, 266, 267, 268, 290, 292, 293, 295, 296, 297
上林　繁次郎 101, 550, 553	菊地　敏行…………561	木島　虎蔵…………543	
上林　忠次………543, 547	菊池　信顕…………560	木島　則夫………442, 443	北川　誠……………503
上林　与市郎…41, 42, 43	菊地　宏志…………485	木島　日出夫 193, 194, 196, 197, 198, 464, 465	北川　昌典…………384
上林山　栄吉 385, 386, 387, 388	菊池　福治郎 31, 32, 33, 34		北川　正恭………232, 233
	菊地　文博 35, 36, 58, 417, 582	木島　義夫……99, 437, 438	北側　義一 257, 258, 259, 260
神原　卓志…………317		岸本　義一………562, 567	
神戸　真……216, 217, 472	菊地　雅之…………263	岸本　浩一…………252	北川　義行…………550
神部　伸也……………29	菊池　峯三郎(菊池峰三郎) 526, 553	岸本　清子…………443	北川　れん子 277, 278, 291, 293
神戸　達臣……………53		岸本　茂雄…………269	
神戸　敏光………143, 144	菊池　雄光…………414	岸本　周平…288, 293, 294, 296, 298	北口　龍徳…………526
神戸　世志夫………457	菊池　幸夫 28, 29, 30, 415		北口　博………373, 374
	木口　行美…………554	岸本　健……288, 292, 293	北口　洋人…………258
【き】	菊地　葉子……………14	岸本　光造…287, 288, 289, 290	北口　義明…………266
	菊地　養之輔……30, 31		北崎　辰雄…………146
城井　崇…358, 359, 360, 361, 398, 399, 400, 402, 403	菊池　義郎…135, 136, 137, 138, 139, 140, 141, 142, 143, 144	岸本　善成………360, 402	北崎　房太郎………540
		岸本　義広………256, 257	北里　敏明…………576
	菊池　利吉……………53	岸本　力男………139, 141	北里　槇男…………153
木内　キヤウ……538, 544	聽濤　克巳…135, 139, 140	岸谷　俊雄……………21	北里　正治…………152
木内　幸太郎………141	聽濤　弘……………566	木曽　初行…………311	北沢　杏子…………563
木内　昭二…………104	菊村　柳子…………369	喜多　一雄…………549	北沢　清功……194, 196
木内　四郎………463, 464	木倉　純郎…………177	北　勝太郎………4, 407	北沢　俊美………465, 466
木内　孝胤…158, 159, 160, 165, 167, 168	木倉　和一郎………100	喜多　幸章……………3	北沢　直吉…60, 61, 62, 63
	木阪　清……………309	木田　茂晴…………407	北嶋　雅彦…………147
木内　竜夫………61, 62	木崎　国嘉…………552	北　修二………408, 409	北角　虎男………106, 128
木内　富子…………568	木崎　茂男………138, 139	北　二郎………………3	北角　嘉幸 90, 96, 322, 325
木内　豊昭…………365	木佐木　大助 322, 508	木田　節子…………582	北田　寛二………559, 561
木内　均……196, 199, 200	木佐木　忠晶………121	喜多　壮一郎……181, 182	北田　正………………381
木内　博……………115	木崎　俊行…………108	木田　虎彦…………350	北田　緑……………480
城内　実 214, 215, 240, 241	岸　宏一………421, 422	木田　直子………105, 127	北谷　真利…………122
木内　良明 145, 146, 147, 148, 149	岸　繁広……………564	喜多　楢治郎……254, 546	木立　芳照…………411
	岸　新蔵……………459	喜多　誠………264, 291	北出　美翔……14, 18, 584
紀内　芳夫…………365	来住　新平………382, 383	北　光次……………270	木谷　允……………558
喜岡　淳………512, 572	岸　武志……………160	喜多　義典………296, 349	木谷　八士…146, 147, 148, 149
木上　博……………563	岸　忠夫……………565	北　晧吉………169, 170	
木川　貴志…………463	岸　正………………331	北井　外治…………182	木谷　ユリカ………433
黄川田　徹…28, 29, 30, 54, 55, 56, 58, 59	貴志　徹……………469	北内　勘平…………543	北野　加那子……492, 493
	岸　信夫 322, 326, 327, 508	北浦　圭太郎………280	北野　利夫…………479
黄川田　仁志 89, 90, 96, 97	岸　信介………318, 319, 320	北浦　義久………152, 456	北野　紀子…………279
菊岡　八百三 247, 248, 543	貴志　八郎………286, 287	北尾　幸一………181, 182	北野　光夫…………188
菊川　君子…138, 139, 140, 141	岸　衛………………208	北尾　才智…………497	北之坊　孝治………254
	貴志　元則…………495	北岡　巌 81, 311, 329, 434	北橋　健治…356, 357, 358, 359, 397, 398, 399
菊川　孝夫………476, 540	岸　良信……………158	北岡　勝征…………477	
菊川　忠雄…135, 136, 137	岸　良一……………543	北岡　秀二…………510	北畠　教真…546, 547, 550
菊田　昭……………470	岸上　倭文樹……263, 266	北岡　隆浩………264, 487	北原　泰作…………546
菊田　七平…………425	岸田　清実…………417	北岡　照子…………516	北原　洋子…………267
菊田　真紀子 175, 176, 177, 197, 198, 199, 200	岸田　賢剛………233, 236	北岡　浩……………277	北村　造………122, 133
	岸田　幸雄…………489	北潟　勝………………38	北村　一男…………451
菊池　淳……………561	岸田　順三…………273	北神　圭朗…252, 253, 292, 293, 294, 296, 298, 483	北村　久七郎………478
菊池　完……………245	岸田　文雄…315, 316, 317, 323, 324, 325, 326, 327		北村　茂男…185, 198, 199, 200
菊池　慣……………440		北上　智子…………483	
木口　京子………309, 323	岸田　文武………314, 315	北川　石松…258, 259, 260, 261, 262, 289	北村　周二…560, 565, 569
菊池　謙一…………464	岸田　正記………311, 312		北村　誠吾…368, 369, 370, 398, 399, 400, 401, 402
菊池　幸子…………557	岸田　昌洋……………8	北川　イッセイ…487, 488	
菊池　重作……60, 425	岸野　知子…223, 224, 226	北側　一雄…261, 262, 263, 264, 265, 266, 267, 268	北村　健行…………345
菊池　正……………575	岸野　牧夫…………508		北村　経夫…………581

北村　貞治……… 189, 191	木原　省治……………… 577	木村　太郎… 23, 24, 54, 55, 56, 57, 58	旭道山　和泰………… 289
北村　哲男… 105, 126, 127, 561	木原　誠二… 157, 158, 160, 161, 164, 165, 166, 167	木村　忠五郎………… 545	清崎　正義……… 370, 371
北村　徳太郎…… 365, 366	木原　民也……………… 357	木村　チヨ…………… 481	清沢　達也…………… 196
北村　直人… 10, 11, 12, 13, 16, 17	木原　津与志 365, 366, 523	木村　貞………………… 67	清沢　俊英… 169, 451, 452
北村　寿孝…………… 453	木原　正雄…………… 171	木村　哲也……… 109, 133	清島　辰馬…………… 525
北村　正弘…………… 195	木原　実…… 101, 102, 103	木村　篤太郎………… 492	清末　清文…………… 377
北村　みき…………… 268	木原　稔 375, 376, 399, 400, 401, 402	木村　俊夫… 229, 230, 231, 232	清瀬　一郎… 269, 270, 271, 272
北村　暢 544, 546, 548, 551	紀平　悌子…… 442, 527, 528	木村　豊太郎………… 434	清瀬　邦弘…………… 138
北村　弓……………… 563	儀武　剛……………… 584	木村　寅太郎………… 74	清田　乃り子………… 104
北村　義和………………… 9	木部　一……………… 471	木村　長人……… 108, 132	清原　淳永…………… 149
北山　愛郎…… 25, 26, 27	岐部　健治…………… 147	木村　八郎…………… 141	吉良　州司… 380, 399, 400, 402, 403
北山　敬一…………… 494	木部　達二…………… 468	木村　仁……………… 528	吉良　佳子…………… 447
北脇　保之…………… 213	岐部　哲也…………… 150	木村　広治……… 254, 255	桐島　ローランド…… 447
吉川　久衛… 189, 190, 191, 192	木部　佳昭… 209, 210, 211, 212, 213, 235, 236	木村　文男………… 20, 21	桐畑　好春…………… 244
橘高　明……………… 314	木間　章………… 179, 180	木村　文之助………… 281	桐山　ヒサ子…… 289, 479
城戸　嘉世子 554, 555, 558, 560, 564, 568, 571	義間　武熊…………… 254	木村　文則… 288, 291, 496	金　昇………………… 568
	儀間　光男…………… 582	木村　勉 153, 154, 156, 157, 158, 163, 164, 165	金城　薫……………… 560
城戸　忠愛…………… 548	木俣　佳丈… 225, 474, 475	木村　正弘……… 59, 421	金城　邦男……… 394, 396
城戸　康孝…………… 519	君　健男……………… 452	木村　真佐美………… 246	金城　竜郎……… 395, 537
木戸　好和……… 243, 478	君　英夫……………… 453	木村　美智男… 143, 549	金城　睦……………… 536
鬼頭　史郎…………… 554	木宮　和彦…………… 470	木村　光寿……… 326, 327	金城　利憲……… 395, 401
木戸口　英司………… 415	木宮　岳志…………… 212	木村　美由紀………… 105	金城　浩 394, 395, 396, 398, 400, 536, 574
喜納　昌吉……… 576, 579	金　政玉……………… 577	木村　睦男……… 501, 502	
木永　健治…………… 571	木村　朝雄…………… 547	木村　守江… 48, 49, 422, 423	金城　宏幸……… 536, 537
衣笠　沢治…………… 269	木村　惇……………… 480	木村　守男… 21, 22, 23, 411	金原　舜二… 207, 208, 209
衣川　寿寿子………… 564	木村　栄子……… 134, 451	木村　弥生……………… 97	
木野　晴夫… 257, 258, 259, 260	木村　恵美……… 226, 227	木村　結……………… 444	【く】
木野　雅夫……… 260, 261	木村　一彦…………… 507	木村　雄一…………… 582	久我　司………… 108, 133
木下　厚 86, 87, 88, 92, 93, 94, 577	木村　賀代子………… 482	木村　幸弘……… 28, 55	九鬼　紋十郎………… 476
	木村　莞爾……… 44, 421	木村　吉夫…………… 335	釘丸　進……………… 121
木下　郁………… 376, 377	木村　禧八郎 442, 538, 541, 546, 547	木村　義雄… 335, 336, 346, 347, 348, 579, 581	釘宮　磐…… 379, 397, 530
木下　クニ子………… 545			久後　勝幸…………… 356
木下　敬之助…… 378, 379	木村　京子…………… 563	木村　佳勝…………… 444	日下　隆……………… 548
木下　源吾…………… 407	木村　清……………… 547	木村　隆次…………… 581	日下　博……………… 492
木下　港二…………… 135	木村　清志…………… 510	肝付　兼英…………… 539	日下　正喜…………… 327
木下　栄……………… 269	木村　健悟…………… 572	木本　稔……………… 318	日下部　禧代子… 561, 570
木下　哲……………… 377	木村　賢治……… 14, 15, 582	木本　保平…………… 263	日下部　俊雄………… 207
木下　重範……… 351, 352	木村　剛輔……… 111, 112	木本　幸雄… 146, 147, 148, 149, 565	草川　昭三… 219, 220, 221, 222, 223, 224, 225, 574, 578
木下　順子……… 403, 528	木村　公平… 202, 203, 466		
木下　辰雄……… 538, 544	木村　小左衛門……… 302	木本　由孝… 11, 15, 16, 409, 574	
木下　千代治 23, 24, 55, 56	木村　栄……………… 302		草嶋　安治…………… 456
木下　常雄……… 139, 378	木村　悟……………… 572	木本　好美…………… 505	草野　一郎平…… 243, 244
木下　智彦… 267, 268, 295, 298	木村　小夜子………… 117	城守　昌二…………… 482	草野　威 113, 114, 115, 449
	木村　繁……………… 539	木山　隆行… 339, 340, 514	草葉　隆円……… 471, 472
木下　紀男…………… 357	木村　周二……… 207, 241	喜屋武　真栄………… 536	草深　慶太郎………… 229
木下　陽康…………… 464	木村　昭一…………… 217	邱　永漢……………… 555	草間　重男…………… 465
木下　浩美…………… 150	木村　昭四郎…… 23, 411	久間　章生… 367, 368, 369, 396, 397, 398, 399, 400	草間　時光…………… 548
木下　文雄…………… 351	木村　四郎…………… 219		草創　文男…………… 412
木下　真………… 157, 402	木村　崇山…………… 525	久門　松寿…………… 266	久慈　茂雄…………… 29
木下　正治……… 257, 258	木村　善策……… 172, 173	京極　俊明…………… 486	串　春栄……………… 329
木下　優……………… 236	木村　隆………………… 67	経塚　幸夫…………… 260	久慈　裕子…………… 28
木下　元二… 273, 274, 489	木村　隆………… 363, 491	京藤　啓民… 188, 197, 460	串田　真吾… 226, 228, 229
木下　盛雄…………… 463	木村　隆秀… 224, 225, 226, 235, 236, 237, 238	行徳　收司…………… 358	串田　誠一…………… 584
木下　友敬…………… 506		京野　公子… 40, 41, 56, 58	櫛田　フキ…………… 541
木下　洋一…………… 445	木村　武雄… 41, 42, 43, 44	清川　虹子…………… 562	串畑　啓子…………… 348
木下　陽子…………… 483	木村　武千代…… 333, 334	清川　秀敏…………… 216	串畑　義直……… 193, 194
木下　律子……… 205, 206	木村　剛司… 158, 159, 161, 165, 167	清川　光秋…………… 567	櫛渕　万里… 158, 160, 161, 165, 166, 168
		旭堂　小南陵………… 490	

久次米　圭一郎……… 331	工藤　守……………… 419	久保木　知恵子……… 563	241
久次米　健太郎……… 509	工藤　美恵子…………45	久保田　英一………… 511	熊野　正士…………… 583
串本　金一郎………… 555	工藤　隆一……………23	久保田　悦夫…… 474, 567	熊野　盛夫…… 185, 577
櫛山　弘………… 370, 371	工藤　良平………… 15, 40	久保田　円次… 74, 75, 76	隈元　孝道…………… 386
九条　裕美…………… 141	工藤　良平… 378, 529, 530,	久保田　薫…………… 391	熊本　虎三… 135, 136, 137
鯨岡　兵輔… 140, 141, 143,	557	久保田　勝太郎……… 548	久米　英一郎…… 121, 132
144, 145, 146, 147, 148,	国井　秀作…………… 547	久保田　敬一………… 539	久米　慶典…………… 325
149, 150, 151, 161	国井　淳一………428, 539	久保田　幸平………… 143	久米　誠司…………… 331
楠田　大蔵… 358, 359, 360,	国井　正幸……… 430, 431	久保田　才次郎… 169, 451	久米　正治……… 387, 388
398, 399, 400, 402, 403	国枝　克一郎………… 250	久保田　暁……… 246, 296	久山　知之…………… 305
楠田　健史…………… 151	国方　好市…………… 333	窪田　志一……… 143, 552	倉石　忠雄… 189, 190, 191,
楠田　洋……………… 351	国沢　徳五郎…… 142, 499	久保田　孝………… 64, 149	192, 193
楠田　幹人…………… 357	国沢　秀雄…………… 343	窪田　長松………………6	蔵内　謙……………… 361
楠田　実……………… 389	国塩　耕一郎………… 209	久保田　鶴松… 254, 255, 256,	蔵内　修治… 352, 353, 354,
楠　正俊… 549, 552, 553, 556	国重　徹………… 267, 268	257, 258	355, 519
楠瀬　常猪…………… 503	国重　秀明… 288, 295, 496	窪田　哲也……… 403, 581	久良木　喜一………… 525
楠橋　康弘…………… 342	国島　貴八郎…… 539, 545	久保田　藤麿 230, 231, 476,	倉崎　武二…………… 116
楠原　光政…………… 454	国島　泰次郎………… 248	477	倉茂　博……………… 445
楠間　亀楠…………… 135	国末　吉夫…………… 309	久保田　雅昭………… 131	倉品　克一郎………… 170
楠美　省吾…… 20, 21, 411	国竹　七郎…………… 368	窪田　正人……… 180, 198	倉田　栄喜……… 374, 396
楠見　義男……… 538, 544	国原　賢徳…………… 136	久保田　真苗…… 556, 561	蔵田　恵利子… 450, 577, 578
楠美　隆之進…………20	国弘　正雄……… 561, 570	久保田　豊……… 208, 209	倉田　偉治…………… 205
楠本　清世……… 345, 348	国森　光信……… 239, 240	久保田　由五郎……… 189	倉田　千代喜………… 376
楠本　正弘… 560, 565, 569	国安　正昭…………… 165	久保田　リマ………… 567	倉田　寛之…………… 439
楠本　正康…………… 548	椚瀬　恭……………… 208	久保山　啓介…… 373, 374	倉田　雅年… 213, 214, 235,
楠山　義太郎………… 285	久野　恵司…………… 111	隈　尚雄…………… 350	236, 237, 238, 239
久世　公堯… 556, 558, 565,	久野　恒一…………… 427	熊江　雅子……… 369, 399	倉地　武雄…………… 217
571	久野　所之進………… 539	熊谷　明史…………… 409	倉成　正………… 366, 367, 368
久世　智照……………84	久野　次郎…………… 541	熊谷　敦子…………… 357	倉成　正和… 369, 397, 398
杳掛　哲男……… 199, 458	九野　忠利…………… 203	熊谷　市雄………… 53, 54	倉野　立人…………… 196
杳掛　松秀…………… 530	久野　保……………… 351	熊谷　啓治……………39	倉林　明子…………… 483
朽木　正巳…………… 543	久野　忠治… 216, 217, 218,	熊谷　憲一……… 350, 351	倉林　信義…………… 280
杳脱　タケ子…… 485, 486	219, 220, 221, 222	熊谷　修二………… 28, 54	鞍馬　可寿子…… 177, 539
杳抜　猛……………… 259	久野　統一郎 223, 224, 235	熊谷　四郎生…… 444, 562	倉持　八郎… 175, 197, 198,
工藤　晃 113, 114, 145, 146,	久野　正義…………… 369	熊谷　太三郎…… 459, 460	565
147, 148, 149, 150	久野　益義……………62	熊谷　智……………… 583	倉元　達朗…………… 360
工藤　章………………23	久原　房之助………… 318	熊谷　信孝……… 300, 561	栗岩　恵一……… 570, 572
工藤　巌………… 27, 28	久布白　落実(久布白オチ	熊谷　ヒサ子……………24	栗生　茂也……… 344, 516
工藤　英三…………… 163	ミ)…………… 539, 541	熊谷　弘 211, 212, 213, 214,	栗岡　宏太郎……………82
工藤　嘉右衛門……… 410	久保　勘一……… 523, 524	236, 469	栗岡　哲平…………… 583
工藤　清сто…………… 170	久保　義一… 143, 442, 443	熊谷　裕人… 309, 324, 566	栗岡　尋孝…………… 245
工藤　清司…………… 411	久保　孝喜……… 29, 55, 56	熊谷　正慶……… 206, 238	栗岡　真由美………… 284
工藤　堅太郎 28, 29, 54, 55,	久保　幸男………… 29, 30	熊谷　安弘…………… 567	栗木　伸一……… 113, 449
576, 579	久保　三郎……… 61, 62, 63	熊谷　大……………… 417	栗坂　諭………… 272, 273
工藤　祥子……………23	久保　晴一…………… 411	熊谷　洋子…………… 236	栗栖　弘臣…………… 443
工藤　彰三… 228, 229, 240,	久保　高夫…………… 487	熊谷　義雄………… 21, 22	栗田　四郎……… 73, 431
241	久保　孝之… 331, 332, 510	熊谷　義弘…………… 424	栗田　久男… 135, 376, 440,
工藤　信……………… 412	久保　猛夫…………… 365	熊谷　隆司…………… 414	542
工藤　泰治…………… 147	久保　哲司… 261, 289, 291	熊谷　貞俊……… 294, 297	栗田　英男………… 67, 68
工藤　武………………89	久保　速雄……… 189, 190	熊川　次男… 75, 76, 77, 92	栗田　翠 210, 211, 212, 469
工藤　忠雄………… 41, 42	久保　春三…………… 542	熊木　仁………………85	栗谷　建一郎…… 225, 227
工藤　忠次…………… 105	久保　久治……… 136, 440	熊木　美奈子…… 161, 168	栗浜　和宏…………… 474
工藤　てい子………… 155	久保　等… 334, 543, 547, 550	熊崎　藤三…………… 202	栗林　三郎…………… 37, 38
工藤　鉄男………… 20, 410	久保　洋……………… 576	熊崎　陽一……… 207, 240	栗林　卓司… 551, 553, 557
工藤　哲子……………29	久保　博俊…………… 389	熊沢　高……………… 104	栗林　次美……………40
工藤　敏隆…………… 428	久保　文彦… 333, 334, 511	熊代　昭彦… 308, 309, 310,	栗林　敏夫……… 208, 542
工藤　富裕………… 40, 54	久保　文蔵…………… 459	323, 324, 578	栗原　悦太郎…… 73, 431
工藤　内記……………23	久保　方洋…………… 295	熊代　篤嗣… 264, 265, 266,	栗原　絵里子…… 284, 298
工藤　仁美…… 17, 72, 96	久保　美也子…… 288, 496	267, 292, 293, 294, 297	栗原　君子……… 505, 578
工藤　浩………………20	久保　亘……… 534, 535	熊田　和武……… 115, 116	栗原　隆………… 374, 397
工藤　万砂美…… 408, 409	窪川　数枝… 357, 456, 573	熊田　裕通… 228, 229, 240,	栗原　正……………… 545

栗原　登一…………… 151	黒須　光男…………… 33	鯉江　繁…………… 486	神坂　美代子………… 477
栗原　俊夫…… 74, 75, 432	黒須　康代………105, 572	小池　晃 447, 572, 576, 582	神沢　一正…………… 214
栗原　博久… 173, 174, 175, 176, 196, 197, 200, 582	黒住　忠行………552, 554	小池　一徳 72, 95, 431, 583	合志　栄一…………… 507
	黒瀬　義賀…………… 543	小池　和也…………… 277	小路　貴之…………… 584
栗原　裕康… 212, 213, 214, 235, 237	黒田　明茂…………… 274	小池　十太郎………… 254	荒神　享佑…………… 168
	黒田　巌…………269, 270	古池　信三…………… 466	神津　武士…………… 465
栗原　福雄… 81, 82, 83, 84, 85	黒田　二郎………228, 229	小池　精一…………… 46	神津　ゆかり………… 466
	黒田　新一郎……464, 541	小池　哲二…………… 567	上月　良祐…………… 428
栗原　稔…………… 436	黒田　達也………… 87, 92	小池　督治…………… 73	高土　新太郎………… 443
栗原　安之…………… 474	黒田　春海…………… 244	小池　敏昭…………… 580	高祖　憲治…………… 573
栗原　祐幸… 210, 211, 212, 469	黒田　寿男…… 305, 306, 307	小池　政臣…………… 213	行田　邦子…………… 436
	黒田　英雄…………… 501	小池　正勝…………… 510	幸田　シャーミン…… 573
栗原　洋志… 176, 198, 199	黒田　寛一…………… 549	小池　政就… 214, 215, 240, 241	合田　純二………408, 563
栗原　佳子…………… 444	黒田　雄 107, 108, 130, 132		合田　正…………324, 325
栗原　玲児…………… 442	黒田　嘉寛…………… 89	小池　康修………116, 127	神門　至…………… 500
栗村　和夫…………… 416	クロード・チアリ…… 562	小池　勇二郎………… 272	神門　至馬夫…… 303, 499
栗本　慎一郎 151, 152, 154, 161, 163	黒仁田　周昌………… 401	小池　祐三…………… 272	河野　一郎… 110, 111, 112
	黒柳　明 152, 442, 443, 444, 550	小池　百合子 156, 158, 159, 160, 161, 164, 165, 166, 167, 276, 277, 292, 566, 569	河野　一郎… 375, 403, 533
栗本　義彦………541, 544			河野　統…………152, 571
栗山　清志…………… 518	黒柳　博司………106, 127		高野　香代子 374, 528, 530
栗山　長次郎 135, 137, 138	桑江　朝幸…………… 393		河野　義一… 544, 546, 548, 549
栗山　力………135, 136	加　英昭…………… 384	小石　定吉…………… 20	
栗山　天心………… 67, 97	桑島　崇史…… 36, 58, 59	肥塚　博志………276, 289	河野　金昇………216, 217
栗山　満子…………… 213	桑島　寿雄…………… 425	小泉　昭男………450, 451	河野　謙三… 110, 448, 449
栗山　弥六…………… 517	桑田　虎夫…………… 269	小泉　顕雄………573, 577	河野　孔明… 111, 381, 382, 383, 531, 532, 545, 548, 549, 553, 555
栗山　良夫… 471, 540, 546	桑田　喜夫…………… 217	小泉　純一郎 112, 113, 114, 115, 116, 117, 118, 119	
栗山　礼行… 256, 257, 258	鍬塚　巌…………… 79		
久留　義三………388, 534	桑名　邦雄…………… 539	小泉　純也… 110, 111, 112	河野　孝子…………… 218
栗栖　赳夫………318, 506	桑名　文彦…………… 159	小泉　晨一… 115, 116, 117, 127, 128	河野　剛雄…………… 449
来馬　琢道………538, 542	桑名　義治… 354, 518, 519		河野　太郎… 116, 117, 118, 119, 120, 121, 122, 126, 127, 128, 129, 130, 131, 133
久留宮　保…………… 238	桑野　健次………444, 445	小泉　進次郎 120, 121, 122	
黒石　健太郎………… 503	桑原　功……… 78, 95, 96	小泉　武雄…………… 141	
黒岩　宇洋… 176, 177, 199, 200, 454	桑原　加代子…… 175, 454	小泉　民未嗣…… 158, 161	
	桑原　啓次郎………… 3	小泉　親司… 162, 570, 572	河野　鉄雄…………… 114
黒岩　秩子………446, 570	桑原　耕司…………… 239	小泉　俊明… 65, 66, 92, 93, 94, 96	河野　通…………… 539
黒岩　直良…………… 346	桑原　正一…………… 116		河野　正夫………538, 541
黒岩　東五…………… 389	桑原　宏史………380, 401	小泉　初恵… 114, 115, 449	河野　通孝…………… 531
黒岩　東四………385, 388	桑原　正枝…………… 539	小泉　秀吉…………… 538	河野　密 136, 137, 138, 139, 140, 141, 142, 143, 144
黒岩　勝…………… 342	桑原　豊 184, 185, 196, 197, 198	小泉　安司…………… 117	
黒江　兼司…………… 279		小泉　幸雄…………… 519	河野　美代子………… 505
黒金　泰美…… 41, 42, 43	桑山　照章…………… 568	小泉　龍司… 86, 87, 88, 89, 90, 93	郷野　基秀………336, 337
黒川　紀章…………… 446	郡司　彰…………427, 428		河野　守宏…………… 552
黒川　善治郎………… 542	郡司　納…………… 427	小磯　善彦…………… 163	河野　洋平… 112, 113, 114, 115, 117, 118, 119, 126, 127, 128, 129
黒川　武雄………440, 441	郡司　孝夫………65, 427	小出　孝行…………… 568	
黒川　白雲… 131, 327, 581		小出　良吉…………… 466	
黒木　清…………… 495	【け】	小糸　喜美子…… 143, 144	鴻池　祥肇… 275, 276, 490, 491
黒木　駒代春………… 233	慶野　聡郎………550, 552	古井戸　康雄…… 237, 475	
黒木　健司………384, 399	慶松　勝左衛門……… 538	鯉登　義夫…………… 408	高村　坂彦… 318, 319, 320
黒木　克堂…………… 543	槐島　奉文…………… 535	五位野　和夫………… 177	高村　正彦… 320, 321, 322, 323, 324, 325, 326, 327
黒木　武義…………… 370	見城　美枝子………… 445	小岩井　清… 104, 105, 439	
黒木　利克… 382, 383, 550	源田　実 548, 551, 553, 555	小岩井　実由香……… 310	河本　三郎… 277, 278, 279, 289, 290, 292, 293, 294, 490
黒木　勇吉………381, 382	劔木　亨弘………517, 518	高　信太郎… 153, 446, 575	
黒崎　清則………184, 185	玄葉　光一郎 51, 52, 53, 54, 55, 56, 58, 59	甲賀　喜夫………490, 560	
黒沢　幸一………… 67, 68		高口　清…………… 517	河本　敏夫… 269, 270, 271, 272, 273, 274, 275, 276
黒沢　史郎… 145, 146, 443	源馬　謙太郎 215, 240, 241	纐纈　厚…………… 508	
黒沢　武邦…………… 157		交告　弥三（纐纈弥三）202, 203	甲本　洋子…………… 522
黒沢　富次郎………… 189	【こ】		香山　真理子………… 528
黒沢　苗美…………… 152	呉　俊賢…………… 568	郷右近　修………228, 229	高良　とみ… 538, 543, 548
黒沢　肇…………… 153	五井　節蔵…………… 110	香西　克介………159, 160	紅露　昭…………… 329
黒沢　秀明…………… 106		香西　亮子…………… 119	紅露　みつ………508, 509
黒須　幸子…………… 567		上坂　昇……… 49, 50, 51	興梠　貢…………… 381

小枝　一雄… 305, 306, 307, 501	小坂　英一…………… 473	小杉　繁安…………… 420	後藤　茂之… 194, 195, 196, 197, 198, 199, 200
小枝　英勲…………… 307	小坂　憲次… 194, 195, 197, 198, 199, 579	小杉　隆 146, 147, 148, 149, 151, 152, 154, 155, 156, 161, 163, 164	後藤　茂 273, 274, 275, 276, 277, 289
郡　昭浩 253, 342, 514, 515	小坂　三郎…………… 553	小杉　伴六…………… 469	後藤　慎太郎………… 531
郡　和子 35, 36, 56, 58, 59	小坂　善太郎 189, 190, 191, 192, 193	小杉　秀紀……… 113, 114	五島　大亮…………… 279
郡　祐一…… 425, 426, 427	小坂　徳三郎 143, 144, 145, 146, 147, 148	小菅　一光典…… 80, 81, 82	五島　平… 34, 35, 55, 56
古賀　専……………… 549	小坂　八郎…………… 229	小菅　啓司……… 76, 77, 78	後藤　卓司…………… 140
古賀　篤…… 360, 401, 402	小酒井　義男 540, 546, 549	小菅　昭三…………… 430	後藤　武男…………… 426
古賀　一成… 356, 357, 358, 359, 360, 396, 397, 398, 399, 400, 402	小迫　日出典………… 360	小角　英夫……………… 43	五島　壮……… 276, 277
古賀　喜太郎………… 350	小司　専一…………… 255	小鶴　有生…………… 263	後藤　民夫……… 223, 474
古賀　了……………… 362	興石　東 124, 125, 126, 463	小関　誠……………… 446	後藤　鉄治……………… 7
古賀　治……………… 354	小塩　完次…………… 190	古関　政行……………… 49	後藤　俊男… 244, 479, 547
古賀　潤一郎 358, 359, 398, 520	小塩　儀一…………… 540	小斉平　敏文………… 533	後藤　俊秀…………… 580
古賀　信三…………… 300	越野　鎮吉…………… 494	小平　敦子…………… 465	五島　虎雄… 270, 271, 272
古閑　総一…………… 370	越野　金子…………… 564	小平　忠… 3, 4, 5, 6, 7, 8, 9, 10	五島　久嗣…………… 368
古賀　敬章… 321, 359, 360, 400, 402, 574, 576	越野　太作…………… 444	小平　忠正… 10, 11, 12, 13, 14, 15, 16, 17, 18	五島　秀次…………… 207
古賀　哲夫…………… 490	古柴　和子…………… 559	小平　久雄… 67, 68, 69, 70	後藤　英友… 375, 398, 399, 400
古賀　輝生… 360, 402, 520	小柴　玲子…………… 105	小平　芳平… 546, 547, 549, 551, 554	後藤　均……………… 156
古賀　俊昭…………… 153	越原　公明…………… 215	小高　洋……… 36, 582	後藤　斎 125, 126, 127, 128, 129, 130, 132
古賀　俊介…………… 546	小島　明人…………… 561	小高　真由美…… 90, 96	後藤　博子…………… 530
古賀　直子…………… 327	小島　一郎 18, 98, 158, 437	小高　龍湖…………… 543	五島　昇……………… 322
古賀　一 139, 141, 441, 545, 548	小島　悦吉……… 508, 509	小滝　彬……………… 499	後藤　福次郎… 539, 542
古閑　比佐志………… 440	小島　軍造…………… 431	小竹　耕……………… 183	後藤　文夫…………… 529
古賀　裕也…………… 147	小島　慶三…………… 566	小竹　康三…………… 542	後藤　正夫……… 529, 530
古賀　誠 355, 356, 357, 358, 359, 364, 397, 398, 399	児島　研二…………… 557	小谷　哲……………… 485	五島　正規… 344, 345, 346, 347
古賀　正浩… 356, 357, 358, 397	小島　幸治…………… 197	小谷　輝二……… 260, 261	後藤　昌代…………… 168
古賀　光豊…… 543, 550	小島　佐知子………… 157	小谷　学……… 360, 402	後藤　益夫…………… 202
古賀　友一郎………… 525	小島　三郎…………… 531	小谷　守……… 489, 490	後藤　みち子…… 473, 561
古賀　之士…………… 520	小島　重喜……… 194, 196	小玉　あさ子………… 225	後藤　祐一… 119, 120, 121, 122, 130, 132, 133
古賀　雷四郎 551, 553, 556	小島　重正…………… 142	児玉　かがり………… 575	後藤　雄一…………… 166
小金　義照… 110, 111, 112, 113	小島　静馬… 210, 211, 470	児玉　寛次…………… 507	後藤　百合子 28, 29, 55, 56
古川　忠次郎………… 411	小島　潤一郎 322, 325, 359, 400	児玉　浄司…………… 467	後藤　庸輔…………… 564
後神　芳基…………… 227	小嶋　昭次郎 205, 206, 236	児玉　金友…………… 419	後藤　義隆… 376, 377, 529
五木田　寛……………… 99	小島　誠一…………… 167	児玉　健次 9, 10, 11, 15, 16, 408	後藤　宜久…………… 276
穀田　全……………… 578	児島　誠吾…………… 444	児玉　武夫… 382, 383, 532	後藤　礼子…………… 299
穀田　恵二… 251, 252, 253, 289, 291, 292, 294, 295, 297, 298	小嶋　善吉…………… 212	児玉　俊明…………… 120	後藤田　賀子………… 255
国場　幸昌…………… 393	小島　孝之… 103, 104, 105, 126, 438, 439	小玉　治行……… 376, 377	後藤田　正純 331, 332, 346, 347, 348, 349
国場　幸之助 394, 395, 400, 401, 402	小島　徹三… 269, 270, 271, 272, 273	児玉　富士太郎……… 140	後藤田　正晴 330, 331, 509
小久保　剛志…………… 90	小島　敏栄…………… 316	児玉　マツエ………… 546	後藤田　弥生………… 122
国領　大聖…………… 176	小島　利雄…………… 189	児玉　末男… 381, 382, 383	琴坂　禎子…… 11, 12, 13
国領　豊太……… 328, 498	小島　敏男… 86, 87, 88, 89, 91, 92, 93, 94, 95	樹神　光子…………… 236	小名　孝雄……………… 5
木桧　三四郎………… 431	小島　敏文… 317, 318, 326, 327	小辻　昌平…………… 289	小永井　圭三 208, 209, 343
小暮　藤三郎…… 109, 448	小島　典子……… 445, 486	小堤　勇……………… 154	小長井　一…………… 551
木暮　武太夫… 73, 74, 431, 432	小島　弘……………… 147	五坪　茂雄……… 181, 545	小長井　雅晴………… 559
木暮　山人… 170, 171, 173, 561, 569	小島　祐行…………… 120	小手川　裕市… 380, 402	小長井　良浩… 210, 211
小暮　義雄…………… 106	小島　幸夫…………… 566	古寺　宏……… 21, 22	小西　哲… 245, 289, 290
小駒　重太郎………… 545	児島　讓……………… 534	小寺　弘之…………… 579	小西　理… 245, 246, 292, 480
小斉　太郎… 158, 167, 582	興水　恵一……… 96, 97	後藤　新……… 78, 96	小西　和人…………… 557
	古謝　馨……………… 536	後藤　栄子…………… 421	小西　恵一郎 262, 289, 290, 576
	越谷　政一……………… 22	後藤　悦治……… 269, 270	小西　幸助…………… 135
	古庄　玄知…………… 531	後藤　薫……………… 487	小西　俊一…………… 276
	小城　正克…………… 384	後藤　克彦……………… 46	小西　純一郎………… 276
	小杉　イ子… 539, 542, 545, 547	後藤　勝彦…………… 500	小西　甚右衛門……… 257
		後藤　帰一… 73, 110, 138	小西　聖夫…………… 541
		後藤　啓二…………… 580	
		呉藤　憲治…………… 183	

610

小西　高靖……… 214	小林　昌治……… 137	小林　政夫… 540, 546
小西　達也… 375, 397	小林　昭治……… 558	小林　正和… 225, 226, 236, 238
小西　悌喜………… 7	小林　次郎… 464, 541, 546	小林　正基…… 110, 111
小西　俊博… 263, 291, 571	小林　信一… 122, 123, 124	小林　政子… 144, 145, 146, 147
小西　寅松… 254, 255, 256	小林　末夫……… 247	小林　正民……… 487
小西　英雄… 248, 336, 337, 480, 546, 548	小林　進 169, 170, 171, 172, 173	小林　正人… 234, 238
小西　洋之……… 440	小林　清市………41	小林　正巳… 273, 274, 275
小西　博行… 504, 505	小林　節……… 584	小林　正美……… 230
小西　正雄… 332, 333	小林　節夫… 192, 193	小林　正義……… 325
小西　正典… 116, 126	小林　早賢……… 239	小林　優……… 460
小沼　弥藤次………74	小林　大巖……… 484	小林　亦治… 41, 420
近衛　仙子……… 141	小林　隆… 72, 94, 108, 132	小林　守… 71, 72, 91, 92, 93
近衛　秀麿……… 481	小林　崇徳……… 107	小林　美恵子 263, 574, 575
木場　健……… 364	小林　孝正………60	小林　幹典……… 156
木庭　健太郎 519, 574, 578	小林　鷹之… 108, 109, 131, 133	小林　三也… 560, 565, 569
古葉　竹識……… 576	小林　多喜子……… 292	小林　峯一………48
木場　満義……… 364	小林　武… 548, 550	小林　峰一……… 199
木幡　弘道… 51, 52, 53, 54	小林　武治……… 118	小林　美穂子… 568, 571
小畑　虎之助… 269, 270	小林　武治……… 469	小林　美代……… 413
木幡　豊… 398, 533	小林　威……… 563	小林　睦明………35
小堝　定一… 69, 70	小林　剛……… 474	小林　元……… 427
小堝　三男……… 152	小林　正… 449, 450, 572	小林　泰夫… 418, 419
小浜　一輝……… 318	小林　立雄……… 578	小林　由可里……… 486
小浜　新次… 112, 113, 114	小林　多門… 153, 155, 161, 163	小林　温… 450, 451
小早川　憲雄……… 371	小林　足水……… 351	小林　義明………59
小林　あきら……… 442	小林　ちづ……… 231	小林　珍雄……… 549
小林　昭……… 568	小林　忠太郎……… 571	小林　義昌……… 486
小林　章… 549, 552	小林　長吉……… 474	小林　喜幸… 355, 557
小林　至……… 446	小林　千代美 11, 12, 13, 15, 16, 17	小林　米三郎……… 407
小林　一三… 175, 196, 198	小林　司……… 436	小林　亮淳……… 570
小林　一朗……… 577	小林　勉……… 553	小林　玲子… 92, 574
小林　巖……… 253	小林　恒人… 8, 9, 10	小原　健史……… 576
小林　梅子……… 142	小林　哲也… 252, 292, 293	小針　実… 282, 492
小林　英三……… 434	小林　哲也……… 442	木挽　司 278, 279, 293, 295
小林　郁……… 243	小林　照代……… 493	小曳　光男……… 502
小林　運美… 189, 190	小林　解子… 359, 401, 580	小日向　昭一… 173, 174
小林　勝馬… 538, 541, 544	小林　篤一……… 407	小檜山　章……… 568
小林　錡… 216, 217, 218	小林　寿夫… 443, 444, 560	小平　国雄………30
小林　喜一郎……… 478	小林　年治………71	小平　由紀… 107, 131
小林　キシノ… 560, 564	小林　俊博… 86, 91, 92, 569	古武家　昇平……… 478
小林　喜利……… 518	小林　智雄………17	小渕　正義… 367, 368
小林　絹治… 269, 270, 271	小林　二二……… 141	小鮒　将人……… 158
小林　恭子… 66, 67, 428	小林　則子……… 575	駒井　重次… 136, 137
小林　金一… 305, 501	小林　人志… 79, 97, 98	小間井　俊輔… 185, 200
小林　邦男………65	小林　等… 159, 166	駒井　藤平……… 491
小林　国司… 497, 550, 552	小林　ひとみ……… 262	駒井　正男… 266, 291, 295, 574
小林　建……… 368	小林　宏晨………38	駒井　正樹……… 369
小林　謙……… 178	小林　弘子… 229, 241	駒井　実… 77, 97, 433
小林　鍵三郎………10	小林　宏……… 385	駒井　康人……… 281
小林　憲司… 225, 226, 227, 236, 237, 238	小林　博次……… 133	小牧　次生……… 387
小林　興起… 148, 149, 151, 152, 154, 155, 156, 161, 163, 164, 165, 228, 240, 447, 578	小林　弘幸… 160, 167	小巻　敏雄… 553, 555
	小林　房之助……… 269	駒沢　文雄……… 548
	小林　史明… 317, 318, 326, 327	駒尺　喜美……… 563
小林　孝治……… 200	小林　誠… 66, 94	駒田　拓一……… 233
小林　孝平… 540, 546	小林　正枝… 215, 239, 241	駒谷　明… 275, 561
小林　茂樹… 284, 296, 297	小林　正夫… 575, 579, 583	小松　一彦……… 153
小林　繁……… 570		小松　幹… 376, 377, 378
小林　周二……… 107		小松　宏三……… 567

小松　定男… 84, 85	
小松　七郎… 100, 437, 438	
小松　信太郎… 48, 423	
小松　雄道… 542, 545	
小松　猛……… 578	
駒津　恒治郎… 191, 464	
小松　俊雄……… 560	
小松　豊正… 65, 427	
小松　正雄……… 517	
小松　実……… 109	
小松　美保子……… 474	
小松　勇次… 207, 208	
小松　由佳… 332, 349, 510	
小松　由紀……… 288	
小松　裕 195, 196, 199, 200	
小松　由知………54	
小松崎　清………64	
五味　武……… 443	
五味　豊二……… 192	
五味　典雄……… 570	
五味　靖幸……… 235	
小嶺　忠敏……… 525	
小峯　柳多 73, 74, 139, 140, 141, 142, 143, 144	
小宮　市太郎……… 518	
小宮　佐和子……… 397	
小宮　武喜……… 367	
籠山　佐敏……… 206	
小宮山　重四郎… 81, 82, 83, 84, 85	
小宮山　常吉……… 461	
込山　剛……… 289	
小宮山　徹… 86, 91	
小宮山　泰子 86, 87, 88, 89, 90, 93, 94, 95, 96, 97, 436	
小宮山　洋子 155, 156, 157, 159, 163, 164, 165, 166, 572, 573	
小見山　幸治……… 468	
小牟田　棋山……… 554	
小村　勝洋……… 498	
古村　幸一郎… 189, 464	
小村　貞三………11	
小村　直弘……… 279	
小室　樹… 262, 290	
小室　寿明… 304, 325, 326, 327	
薦野　健……… 356	
小森　健治……… 542	
小森　龍邦… 314, 315, 323, 575	
小森　禎司… 557, 575	
小森　良章……… 569	
小守　良勝……… 545	
呉屋　宏……… 578	
小安　英峯… 292, 571	
小柳　勇… 518, 519, 544	
小柳　和夫… 171, 172	
小柳　茂臣……… 188	
小柳　富太郎……… 365	
小柳　牧衛……… 452	

候補者氏名索引

小山　一平	464, 465	
小山　長規	381, 382, 383	
小山　理	162	
小山　克博	34, 54	
小山　邦太郎	464	
小山　敬次郎	569	
小山　憲一	228, 240	
小山　省二	141, 142, 143, 144, 145	
小山　信一	445	
小山　善次郎	104, 126, 557, 562	
小山　孝雄	569	
小山　寿男	140, 441	
小山　展弘	214, 215, 238, 240, 241	
小山　順子	116, 127	
小山　広明	578	
小山　博史	85	
小山　亮	190	
小山　峰男	465	
小山　良治	472, 473	
小鑓　隆史	480	
五領　和男	535	
コロムビア・トップ	553, 555, 557, 558, 562, 570, 573	
小脇　芳一	501	
小和田　康文	14, 18, 19	
今　正一	147, 148, 443	
昆　貞	413	
今　東光	550	
今　秀子	159, 160	
近　正文	564	
権田　鎮雄	545	
昆田　達夫	253	
今田　保典	53, 54	
近藤　彰	332	
近藤　英一郎	432	
近藤　悦夫	55	
近藤　海城	239	
近藤　薫	154	
近藤　一実	221	
近藤　一視	212, 213, 235	
近藤　和也	185, 199, 200	
近藤　員由	539	
近藤　喜一	410	
近藤　恵一	368	
近藤　宏二	541, 546	
近藤　秀一	206, 235	
近藤　昌一	139, 305, 545, 547, 548	
近藤　昭一	224, 225, 226, 227, 228, 229, 235, 236, 237, 238, 240, 241	
近藤　信一	471, 472	
近藤　隆昭	495	
近藤　天	551	
近藤　剛	226, 228, 236, 240	
近藤　剛	573	
近藤　知昭	119, 120	
近藤　忠孝	553, 554, 555, 558	
権藤　恒夫	355, 356, 357, 396	
近藤　鶴代	305, 306, 501	
近藤　鉄雄	43, 44, 45	
近藤　信夫	306, 307	
近藤　信好	152, 162	
近藤　一	508	
近藤　寿	476	
近藤　浩	223, 226, 237, 240, 475	
近藤　政治郎	220, 472	
近藤　雅敏	570	
近藤　正道	454	
近藤　正行	175	
近藤　三津枝	293, 294, 297	
近藤　光正	437	
近藤　元次	173, 174	
近藤　基彦	175, 176, 197, 198, 199	
近藤　豊	221, 222, 223, 224	
近藤　洋介	45, 46, 55, 56, 58, 59	
近藤　好枝	78	
近藤　芳子	562	
今　東	34, 35, 36, 54, 55, 58, 577	
金野　剛	26, 27	
今野　克義	159, 167	
金野　定吉	41	
金野　茂	27	
今野　宗禅	560	
今野　武雄	109, 110, 111, 440	
今野　竹治	569, 572	
金野　太三郎	548	
紺野　俊雄	25, 26, 136, 441, 539	
今野　智博	89, 90, 96, 97	
今野　弘	114	
昆野　弘志	450	
今野　敏	563	
今野　福子	571	
金野　光政	106, 107	
今野　好喜	444, 569	
紺野　与次郎	142, 143, 144, 145	
紺頼　章	423	

【さ】

斎　武雄	415	
西園寺　公一	538, 544	
雑賀　伊一郎	285	
皀　智子	417	
西川　弥平治	452	
佐伯　嘉三	340, 513, 514	
斎木　重一	185, 186, 459	
斉木　武志	214, 215, 239, 240	
三枝　三郎	7, 8, 9	
西郷　隆盛	551, 552	
西郷　吉之助	533, 534	
西条　寛六	30, 415	
斉田　道夫	121	
税田　幸雄	381, 531	
斉藤　愛子	226, 227, 475	
斎藤　晃	46, 47	
斎藤　章	319, 506	
斎藤　栄三郎	542, 552, 555, 558	
斉藤　一雄	149, 151	
斉藤　和子	107, 108, 109, 131, 132, 133, 440	
斎藤　一保	174	
斎藤　克巳	72	
斎藤　公子	82	
斎藤　邦吉	48, 49, 50, 51	
斎藤　圭一	80	
斉藤　敬一	186, 187	
斉藤　恵子	412	
斎藤　健	107, 108, 109, 130, 131, 133	
斉藤　憲三	37, 38	
斎藤　孝一	23, 55	
斎藤　貞夫	50	
斎藤　幸	352, 353, 370	
斎藤　さちこ	154, 419, 451	
斎藤　重朝	542	
斎藤　滋宣	419	
斎藤　滋与史	210, 211	
斎藤　茂	547	
斎藤　十朗	231, 476, 477	
斎藤　淳	45, 55	
斉藤　潤	223	
斎藤　順衛	432	
斎藤　穐敬	482	
斉藤　昌助	45, 55, 56, 421, 572	
斉藤　信	28, 414	
斎藤　仁	41, 42	
斎藤　進	72	
斉藤　進	212, 213, 214, 215, 238, 240	
斉藤　寿々夢	446, 568	
斎藤　純孝	564, 567	
斎藤　清志朗	571	
斎藤　全一郎	64, 65	
斎藤　大助	542	
斎藤　隆夫	269	
斎藤　竹之助	540	
斎藤　忠彦	166	
斎藤　竜雄	25, 413	
斎藤　保	570	
斎藤　千恵子	554	
斉藤　智恵子	443, 564, 567	
斎藤　勁	119, 125, 130, 132, 450, 577	
斎藤　貞次	437	
斉藤　鉄夫	315, 323, 324, 325, 326, 327	
斉藤　時郎	548	
斎藤　寿夫	210, 469	
斉藤　斗志二	212, 213, 214, 235, 236, 237, 238, 239	
斉藤　俊郎	446	
斎藤　富一	143	
斎藤　尚之	117	
斎藤　宣行	409	
斎藤　昇	476	
斉藤　陽彦	490, 520	
斉藤　昏義	251, 482	
斎藤　久雄	351	
斎藤　秀雄	269	
斎藤　洋明	176, 177, 199, 200	
斎藤　弘	580	
斎藤　啓	226, 227, 228, 576	
斉藤　裕康	90, 96	
斎藤　文昭	51	
斎藤　文夫	449, 450	
斉藤　節	148, 149, 150	
斉藤　正男	210, 211	
斉藤　正志	4	
斎藤　昌宏	288	
斉藤　正美	35, 36, 55, 56, 57	
斉藤　政光	341, 347, 514	
斉藤　みえ子	578	
斎藤　美枝子	443	
斎藤　美緒	24	
斉藤　道厚	548	
斉藤　貢	485	
斎藤　光寿	529	
斎藤　光路	9, 10	
斎藤　実	6, 7, 8, 9	
斎藤　実	175, 176	
斎藤　康雄	53, 58	
斎藤　恭紀	35, 36, 56, 58	
斎藤　裕蔵	143	
斎藤　幸男	226, 237	
斎藤　義明	277, 291	
斎藤　義雄	452	
斎藤　淑子	114, 115, 449	
斎藤　嘉隆	475	
斉藤　義広	44	
斉藤　りえ子	154	
斉藤　玲子	309	
斎藤　和一	539	
財満　慎太郎	322, 327	
佐伯　卯四郎	471	
佐伯　一明	150	
佐伯　民江	295	
佐伯　勉	276	
佐伯　知子	328, 506	
佐伯　信隆	332	
佐伯　守	336	
佐伯　充範	326	
佐伯　宗義	177, 178	
佐伯　めぐみ	181, 199	
三枝　敏仁	559	
阪　彰敏	447	

坂 健	553
佐賀 保	85
堺 勇芳	456
酒井 衛子	572
酒井 悦夫	76, 78
境 一雄	3
酒井 和子	572
酒井 邦男	117
酒井 邦雄	104
酒井 是清	444
酒井 定治	183
坂井 修司	474
酒井 紳一	245
坂井 隆憲	363, 396, 397
酒井 隆裕	14
坂井 辰雄	210
坂井 恒則	162
酒井 強	83, 84, 85, 192
酒井 利雄	459
酒井 俊雄	216
酒井 敏雄	179, 212, 470, 555
酒井 朋三	253
坂井 豊一	254
酒井 春夫	350, 351
酒井 秀光	52, 58, 425
酒井 宏明	78, 95, 433
坂井 弘一	286, 287
酒井 広	562
酒井 文彦	117, 118, 128
酒井 松美	154
坂井 学	118, 119, 120, 121, 122, 129, 130, 131, 133
坂井 康夫	222
酒井 庸行	475
堺井 裕貴	265, 266, 293
坂井 良和	584
坂井 和歌子	168
境野 清雄	431
境野 武夫	74
阪上 善秀	276, 278, 289, 290, 292
坂内 淳	160, 161
寒河江 孝允	45, 54
栄 博士	153
坂上 富男	174, 175, 196, 197, 198
阪上 安太郎	256, 257, 258
坂川 優	187
坂木 拓	408
榊 利夫	146, 147, 443
坂木 貢	542
榊田 博	482
榊原 巌	422, 541
榊原 千代	46, 422
榊原 亨	305, 501, 544
榊原 政春	451
榊原 守	472
榊原 悠二	469
榊原 喜広	91
坂口 章	187, 387, 460

坂口 三郎	494
坂口 重	521
坂口 泰司	566
坂口 岳洋	125, 130, 132, 463
坂口 多美子	583
坂口 親宏	288, 296
坂口 力	231, 232, 233, 235, 236, 237, 238, 239
坂口 主税	370, 371
坂口 徳次郎	552
阪口 直人	118, 119, 128, 130, 288, 294, 295, 298, 496
坂口 登	189, 552
坂口 宏	443
坂口 平兵衛	496
坂口 正義	257
坂口 康男	136
坂口 頼邦	401
坂倉 藤吾	232, 233, 476, 477
坂下 邦文	72
坂下 貞志	205
坂下 たかし	408
坂尻 正由喜	159
坂田 英一	181, 182
坂田 英明	535
坂田 英夫	196
坂田 道太	370, 371, 372, 373
坂田 実	381
坂田 稔	110, 141
坂藤 忠四郎	30, 31
坂藤 朋夫	152, 162
坂根 正洋	514
坂野 三勢	183
坂野 重信	497, 498, 553, 555
坂野 真理	498
坂林 卓美	225, 226, 227
坂村 青波	76
坂村 吉正	75
坂室 英仁	197
阪本 明浩	446
坂本 全	62
坂本 昭	515
坂本 恭一	372, 373
阪本 清	304
坂本 弘毅	106, 107
坂本 剛二	51, 52, 53, 54, 55, 56, 57, 297
坂本 三次郎	20
坂本 譲次	266
坂元 大輔	317, 318, 326, 327
坂本 正	285
坂元 親男	382, 383, 532
坂本 長作	485
坂本 哲志	375, 376, 400, 401, 402

阪本 寿治	492
坂本 直子	150
坂本 直作	23
坂本 哲康	477
坂本 浩	184, 185
坂本 洋史	180, 181, 456
坂本 敏義	70, 71, 430
坂元 雅子	358
坂本 三十次	182, 183, 184, 196
坂本 道応	583
坂本 実	318
坂本 保則	564
坂本 泰良	370, 371, 372, 525
坂本 祐之輔	89, 90, 96, 97
坂本 由紀子	470, 471
坂本 洋子	278, 294, 572
阪本 義信	264
坂本 隆一	167
坂本 良子	28
相良 勝彦	398
相良 寿一	575
相良 輝彦	151, 474, 487
佐川 一雄	247
佐川 公也	251, 291
佐川 由三郎	22
佐川 礼三郎	411
ZAKI	578
鷺 富士雄	87
崎田 実芳	389
埼玉 豊	81
崎浜 宏信	395, 402
崎間 敏勝	536
崎山 健	169
崎山 光友	295
佐草 一優	580
作田 高太郎	311
作道 良吉	469
作並 ゆきの	34, 54
佐久間 勇	423
佐久間 栄吉	136
佐久間 国重	102
佐久間 徹	99
佐久間 敏子	28, 414
佐久間 二五	142
佐久間 信久	568
佐久間 博	26, 413
佐久間 太	42
佐久間 道夫	110
作山 夕貴	214
桜井 郁三	116, 117, 118, 119, 120, 126, 127, 129, 131
桜井 規順	470
桜井 奎夫	169, 170, 171
桜井 源兵衛	540
桜井 光堂	318
桜井 康萃	442
桜井 三郎	526
桜井 茂男	526

桜井 恵	102, 103
桜井 志郎	455
桜井 新	173, 174, 175, 196, 197, 573
桜井 真作	124, 462
桜井 大造	439
桜井 晴子	88, 89, 90, 95, 97
桜井 久雄	453
桜井 宏	234, 240, 241
桜井 宏之	436
桜井 充	417
桜井 資浩	558
桜井 茂尚	100, 101, 102
桜井 行美	73
桜井 よう子	66, 582
桜井 良生	277, 291
桜井 義邦	254, 483
桜内 辰郎	440
桜内 朋雄	500
桜内 文城	342, 348, 349, 580
桜内 義雄	135, 302, 303, 304, 323, 499
桜沢 正顕	89
桜田 大佑	125
桜田 光雄	213, 236
桜田 義孝	105, 106, 107, 108, 109, 126, 127, 129, 131, 133
桜庭 清公	559
桜庭 康喜	11, 12, 15
桜本 タマ子	472
迫 千代子	503, 504, 548
佐護 宗哲	475
迫水 久常	386, 387, 546, 548, 551, 552
左近 正男	260, 261, 289
佐々 栄三郎	333, 334
笹 節子	582
佐々井 一晃	269
笹川 茂智	325, 326
笹川 昌一	446
笹尾 憲司	327
笹岡 祥二	449, 450, 474
笹岡 高志	568
笹岡 優	348
笹川 堯	75, 76, 77, 78, 92, 93, 94
笹川 博義	77, 78, 79, 92, 96, 97, 576
佐々木 明	564
佐々木 朗	223
佐々木 泉	341, 514
佐々木 栄一	11, 542
佐々木 清成	148, 557
佐々木 邦男	9
佐々木 敬一	32
佐々木 けい子	485
佐々木 健二	116
佐々木 賢治	226, 475

佐々木	憲昭 151, 235, 236, 237, 238, 239, 241, 556, 559, 561
佐々木	健三……… 572
佐々木	幸一……… 560
佐々木	孝三郎……… 30
佐々木	更三… 30, 31, 32
佐々木	さやか…… 451
佐々木	鹿蔵……… 503
佐々木	重人 40, 55, 56, 57
佐々木	静子……… 485
佐々木	修一… 316, 324
佐々木	修二……… 448
佐々木	誠一……… 131
佐々木	荘治………46
佐々木	泰翁…… 544, 546
佐々木	隆博 13, 14, 16, 17, 18, 581
佐々木	武千代…… 489
佐々木	励… 140, 441, 550, 551
佐々木	利夫… 106, 128
佐々木	俊郎……… 407
佐々木	知子… 437, 571
佐々木	長秀……… 419
佐々木	信夫… 321, 507
佐々木	紀… 185, 199, 200
佐々木	秀茂……… 412
佐々木	秀隆…… 505, 559
佐々木	秀典 10, 11, 12, 15, 16, 147, 443
佐々木	秀世… 3, 4, 5, 6, 7
佐々木	宏文 558, 561, 572
佐々木	弘道………92
佐々木	文雄……… 575
佐々木	牧夫……… 474
佐々木	誠……… 487
佐々木	正子… 88, 98
佐々木	政俊……… 558
佐々木	昌治……… 385
佐々木	満… 418, 419
佐々木	幹夫……… 298
佐々木	幹雄……… 445
佐々木	道博… 307, 308
佐々木	陸海 151, 154, 162
佐々木	盛雄 269, 270, 271, 272
佐々木	康子… 301, 497
佐々木	友樹……… 107
佐々木	庸……… 548
佐々木	洋子… 304, 500
佐々木	洋平… 28, 581
佐々木	義武… 37, 38, 39
佐々木	吉長……… 542
佐々木	義彦……… 506
佐々木	理江… 160, 166
笹木	竜三… 187, 188, 198, 199, 200
佐々木	亮子………14
佐々木	良作 270, 271, 272, 273, 274, 275, 538
笹口	晃…… 109, 110, 111
捧	政義……… 445
笹崎	四郎……… 141
笹田	治人… 492, 495
佐々田	勇二……… 368
笹沼	正治… 347, 348
笹野	貞子……… 482
笹原	金次郎…… 554
笹本	一雄… 73, 74, 75
笹森	順造… 20, 410, 411
笹山	茂太郎… 36, 37, 38
笹山	登生… 39, 40, 53, 54
佐沢	利和……… 383
佐治	誠吉……… 243
佐塚	重義……… 210
佐瀬	順二郎… 153, 162
佐瀬	昌三… 79, 80, 81
佐田	一郎……… 432
佐田	玄一郎 77, 78, 79, 91, 92, 93, 94, 95, 96, 97
佐多	宗二……… 534
佐多	忠隆… 385, 533, 534
佐高	芳行……… 107
佐竹	弘造… 182, 183
佐竹	三吾……… 544
佐竹	周一… 178, 455
佐竹	新市… 310, 311, 312
佐竹	知之……… 109
佐竹	晴記… 342, 343
佐竹	秀夫……… 359
佐武	弘……… 307
佐竹	弘靖……… 153
佐竹	雅昭……… 581
佐竹	良夫… 41, 420
定近	シズ……… 320
佐立	昭………33
定光	克之……… 581
佐々	弘雄……… 538
薩摩	夘三郎…… 486
薩摩	雄次……… 186
佐渡	一郎……… 251
佐藤	明男… 93, 94, 96, 97
佐藤	昭夫……… 482
佐藤	昭郎… 571, 576
佐藤	亜希子………45
佐藤	明子……… 564
佐藤	昭子… 13, 17
左藤	章 263, 264, 265, 266, 267, 268, 289, 290, 292, 296, 297
佐藤	暁……… 241
佐藤	朝海………47
佐藤	魁……… 508
佐藤	一郎… 48, 49
佐藤	一郎… 113, 114, 448
佐藤	逸夫……… 576
佐藤	糸江………11
佐藤	栄喜……… 175
佐藤	栄吉……… 40
佐藤	ゑい子……… 434
佐藤	栄作… 318, 319, 320
佐藤	栄作……… 552
佐藤	栄佐久… 423, 424
佐藤	栄七………37
佐藤	香……… 447
佐藤	和夫……… 410
佐藤	和友……… 153
佐藤	一馬… 110, 448
佐藤	克男… 450, 571
佐藤	勝男………33
佐藤	克朗… 52, 424
佐藤	観樹… 220, 221, 222, 223, 224, 225, 226, 235, 236, 237
佐藤	観次郎 216, 217, 218, 219
左藤	義詮…… 483, 484
佐藤	公彦……… 437
佐藤	久一郎… 34, 54
佐藤	清… 119, 208, 209
佐藤	清春……… 417
佐藤	欣子……… 561
佐藤	金之助…… 542
佐藤	邦男……… 117
佐藤	国雄………77
佐藤	邦靖………41
佐藤	啓……… 494
佐藤	圭子……… 578
佐藤	啓二……… 262
佐藤	敬治… 38, 39
佐藤	啓輔… 41, 42
佐藤	けいろう…… 568
佐藤	健……… 107
佐藤	謙一… 28, 54
佐藤	絢一郎……… 275
佐藤	謙一郎 115, 116, 117, 118, 119, 126, 127, 128, 130, 449
佐藤	謙吉… 110, 111
佐藤	健治… 12, 13, 16, 17
佐藤	公威………51
佐藤	孝行 6, 7, 8, 9, 10, 11, 12, 15, 16
佐藤	公治… 315, 316, 317, 324, 325, 505, 506
佐藤	耕造… 357, 358, 396, 398, 573, 574
佐藤	耕平… 246, 583
佐藤	サカエ……… 441
佐藤	佐藤治… 170, 171, 452
佐藤	三郎……… 443
佐藤	三吾… 554, 556, 561
佐藤	三蔵… 551, 552
佐藤	茂樹… 262, 267, 268, 289, 291, 292, 294, 295
佐藤	茂……… 117
佐藤	静雄 9, 10, 11, 12, 13, 15, 16, 17
佐藤	静雄……… 424
佐藤	七郎… 102, 103
佐藤	重遠……… 381
佐藤	俊……… 200
佐藤	純……… 196
佐藤	俊一………87
佐藤	俊一……… 503
佐藤	順子……… 567
佐藤	俊次………44
佐藤	昌一郎…… 421
佐藤	正二… 73, 74, 432
佐藤	昭治……… 571
佐藤	二郎… 100, 101, 438
佐藤	信……… 430
佐藤	新衛……… 539
佐藤	甚吾……… 539
佐藤	信二… 320, 321, 322, 323, 324, 552
佐藤	慎司………45
佐藤	しんじろう…… 551
佐藤	真也……… 104
佐藤	助次郎…… 452
佐藤	祐弘… 148, 149, 150, 556
佐藤	清一郎… 428, 429
佐藤	正剛… 66, 92
佐藤	誠治………21
佐藤	正忠………38
佐藤	節夫……… 174
佐藤	節子……… 465
佐藤	善一郎… 46, 47
佐藤	大… 252, 297
佐藤	代作………69
佐藤	泰二……… 445
佐藤	泰介… 223, 224, 235, 474, 475
佐藤	泰三… 422, 435, 436
佐藤	敬夫… 39, 40, 54, 56, 554
佐藤	尊夫……… 445
佐藤	隆 171, 172, 173, 174, 452
佐藤	武… 474, 567
佐藤	丈晴… 46, 58
佐藤	忠志……… 573
佐藤	剛男… 51, 52, 53, 54, 55, 56
佐藤	龍彦……… 215
佐藤	民雄………78
佐藤	多美雄…… 104
佐藤	親弘… 67, 68
佐藤	忠治郎………30
佐藤	長右衛門… 41, 580
佐藤	通吉… 385, 386, 387
佐藤	勉 71, 72, 73, 91, 92, 93, 94, 95, 97
佐藤	恒晴… 51, 52, 54, 55
佐藤	剛……… 169
佐藤	剛… 214, 239
佐藤	時弘… 86, 91
佐藤	徳雄… 50, 51
佐藤	利雄………30
佐藤	敏彦… 51, 52
佐藤	虎次郎 207, 208, 209
佐藤	寅之助…… 450

佐藤　直樹…… 157, 159	157, 165, 206, 238	猿楽　一夫………… 552
佐藤　直子…… 152, 572	佐藤　幸夫…………43	猿田　玲………… 66, 94
佐藤　直史…………17	佐藤　幸博………… 152	猿丸　吉左エ門…… 269
佐藤　尚武………… 410	佐藤　豊……… 34, 35, 54	猿渡　孝次………… 346
佐藤　奈保美…… 29, 58	佐藤　由実……… 65, 92	沢　重徳……… 381, 382
佐藤　信秋…… 577, 581	佐藤　洋子………… 155	沢　たまき…… 152, 572
佐藤　昇…………… 568	佐藤　庸二………… 556	沢　雄二…………… 446
佐藤　久孝…………57	佐藤　洋之助… 60, 61, 62	沢井　正代………… 160
佐藤　秀樹…… 55, 424	佐藤　芳明…………43	沢入　房子…………15
佐藤　英道…………18	佐藤　義淳… 225, 566, 570	沢木　優輔… 117, 118, 127, 128
佐藤　均…………… 447	佐藤　芳男… 169, 170, 452	沢口　千枝子…………87
佐藤　広一………… 418	佐藤　芳男………… 263	沢口　秀真………… 116
佐藤　浩…………… 359	佐藤　吉熊………… 139	沢田　一精…… 526, 527
佐藤　裕彦………… 147	佐藤　芳博…… 34, 54, 417	沢田　英次………… 157
佐藤　博己………… 156	佐藤　誼……… 44, 421	沢田　義一………… 543
佐藤　博美………… 106	佐藤　義郎…… 526, 527	沢田　季江…… 289, 291
佐藤　史成………… 583	佐藤　龍一………… 524	沢田　健一… 10, 11, 409
佐藤　文則… 155, 156, 576	佐藤　隆五郎…………28	沢田　晃一………… 237
さとう　ふみや…… 166	佐藤　隆治………… 521	沢田　耕七郎…… 8, 9, 10
佐藤　文吾………… 231	佐藤　塁…………… 279	沢田　俊史… 155, 156, 158
佐藤　文生… 377, 378, 379, 396	佐藤　錬 380, 397, 398, 399	沢田　正五郎… 444, 446
佐藤　誠……………46	佐藤　弥…………… 541	沢田　真吾………… 160
佐藤　誠……… 383, 532	里深　文彦………… 556	沢田　哲夫… 436, 446, 447
佐藤　誠…………… 498	里見　申一………… 490	沢田　肇……………81
佐藤　雅章………… 310	里見　隆治………… 475	沢田　半右衛門… 21, 22
佐藤　正夫… 360, 361, 402, 520	里村　英一…………13	沢田　ひさ… 229, 230, 476
佐藤　正雄………… 460	佐薙　アイ………… 560	沢田　広…… 82, 83, 84, 85
佐藤　正喜…………62	佐野　明美………… 488	沢田　政治… 38, 418, 419
佐藤　雅子………… 581	佐野　嘉吉…… 210, 211	沢田　実……… 203, 550
佐藤　政則………… 451	佐野　憲治…… 178, 179	沢田　征矢……………8
佐藤　正久…… 577, 581	佐野　重遠………… 381	沢田　隆二……… 14, 18
佐藤　真理… 283, 289, 291, 292	佐野　茂…… 269, 483, 484	沢田　良…………… 437
佐藤　正幸… 184, 185, 199, 458	佐野　進 142, 143, 144, 145, 146, 147	沢野　秀男………… 254
佐藤　雅之 45, 46, 57, 422	佐野　善次郎…… 144, 145	沢之井　明峰……… 564
佐藤　まつ子……… 443	佐野　恒夫………… 567	沢畑　英貴………… 418
佐藤　道夫…… 570, 573	佐野　法充…………15	沢藤　礼次郎…… 28, 54
佐藤　道子… 34, 417, 570	佐野　法幸……………3	沢谷　忠則……… 22, 23
佐藤　みちよ……… 449	佐野　秀光 17, 19, 159, 447, 584	三治　重信…… 220, 473
佐藤　光雄………… 572	佐野　博明………… 481	山上　為男…… 284, 285
佐藤　民三郎……… 416	佐野　広…………… 499	参谷　新一………… 506
左藤　恵 258, 259, 260, 261, 262	佐野　藤重………… 545	三丁目　伸哉……… 227
佐藤　基…………… 451	佐野　増彦………… 332	山東　昭子… 116, 126, 552, 554, 558, 565, 573, 577, 581
佐藤　守男… 351, 352, 353	佐野　みづえ……… 571	山東　誠三郎……… 494
佐藤　盛隆………… 156	佐野　豊……… 366, 524	三宮　維信………… 111
佐藤　守良… 312, 313, 314, 315	佐野　芳雄………… 489	三宮　十五………… 141
佐藤　守義………… 376	佐波　利昭………… 126	三部　豊…………… 448
佐藤　康文………… 555	佐橋　靖隆… 238, 240, 241	三文字　正平…………31
佐藤　佑一………… 379	佐橋　義金… 219, 472	
佐藤　勇吉………… 553	佐原　忠次郎……… 541	**【し】**
佐藤　夕子… 227, 228, 238, 240	佐分利　一昭……… 435	志位　和夫… 104, 127, 128, 129, 130, 131, 132, 133
佐藤　祐次… 145, 146, 147, 509	鮫島　将夫…… 148, 149	椎井　康雄…… 531, 542
佐藤　雄平………… 424	鮫島　宗明… 151, 152, 154, 155, 156, 162, 163, 165	椎木　保 109, 132, 268, 298
佐藤　ゆかり 268, 297, 579,	鮫島　盛隆………… 539	椎木　裕治…… 146, 147
	鮫島　良司………… 447	椎熊　三郎…… 3, 4, 5, 6
	佐山　聡…………… 574	椎熊　正男……………6
	佐山　直…………… 437	椎名　悦三郎… 25, 26, 27
	更科　要治…… 82, 434	
	皿田　幸市………… 267	

椎名　一保…… 439, 440	
椎名　隆……… 99, 100	
椎名　毅 121, 122, 132, 133	
椎名　広志………… 470	
椎名　史明…… 108, 109	
椎名　衛……………30	
椎名　素夫… 27, 28, 414	
椎野　隆…………… 584	
椎葉　寿幸………… 583	
椎葉　憲一…… 384, 396	
塩川　正三………… 255	
塩川　哉直…… 224, 474	
塩川　鉄也… 86, 87, 88, 89, 92, 93, 94, 95, 97	
塩川　正十郎 257, 258, 259, 260, 261, 262, 263, 290	
塩崎　新…………… 329	
塩崎　潤 338, 339, 340, 551	
塩崎　恭久… 340, 341, 342, 346, 347, 348, 349, 514	
塩沢　勇……… 225, 486	
塩沢　常信………… 547	
塩沢　俊之………… 154	
塩地　英二………… 494	
塩島　大…………… 193	
塩田　賀四郎 269, 270, 271	
塩田　聖房………… 564	
塩田　定一………… 332	
塩田　晋 273, 274, 275, 276, 277, 291	
塩田　親雄………… 457	
塩田　智禧…………49	
塩田　儀夫………… 122	
塩塚　公一………… 357	
塩月　修一………… 382	
塩月　政子………… 377	
塩月　盈…………… 384	
塩出　啓典… 313, 315, 550, 553, 555, 558	
潮永　健一………… 526	
塩野　信一………… 269	
塩野谷　晶…… 196, 569	
塩谷　一夫… 210, 211, 212	
塩谷　立 212, 213, 214, 215, 235, 236, 237, 238, 239, 240, 241	
塩原　しづか……… 542	
塩原　孝光………… 486	
塩原　時三郎……… 208	
塩見　俊二… 515, 516, 546	
塩味　達次郎…………84	
塩見　亘…………… 576	
塩森　達朗………… 560	
塩谷　公夫………… 289	
塩谷　竹雄………… 548	
塩谷　信雄…… 541, 544	
志賀　一夫…… 51, 424	
志賀　健次郎…… 25, 26	
志賀　昭次………… 564	
志賀　紳…………… 116	
志賀　節… 27, 28, 53, 54	

志賀　義雄… 253, 255, 256, 257	志戸本　慶次郎……… 381	柴田　弘………… 221, 222	島崎　専蔵…… 136, 441
志賀口　覚…………… 209	階　猛…… 29, 56, 57, 59	柴田　富陽………… 442	島崎　辰美………… 365
鹿田　利吉…………… 190	品川　喜代子 150, 153, 435	柴田　雅子………… 520	島崎　直美…… 14, 582
志鎌　る り 子……… 446	品川　司 136, 137, 138, 139, 140, 143, 144, 146, 147, 149, 441, 442, 443, 444, 553	柴田　政次………… 425	嶋崎　均…… 457, 458, 565
信貴　久治…………… 259		柴田　未来………… 459	島崎　正昭………… 140
色本　幸代…………… 470		柴田　実…………… 472	嶋崎　譲……… 183, 184
色本　進……… 212, 567		柴田　睦夫… 102, 103, 104	嶋崎　義和………… 385
重井　鹿治…………… 305	篠浦　一朗………… 566	柴田　由香利……… 563	嶋崎　隆一………… 120
重枝　琢巳…… 140, 141	篠崎　礒次………… 545	柴田　義男……… 25, 26	島尻　安伊子……… 537
重国　良雄…… 318, 506	篠崎　為八郎… 354, 355	柴田　吉一… 560, 565, 569	島尻　昇 394, 395, 396, 397, 398, 562
繁治　正信…………… 444	篠崎　年子………… 524	柴田　義彦…… 441, 543	
繁住　菊雄…………… 425	篠崎　伸明………… 454	柴田　利右エ門…… 552	島津　昭…… 43, 44, 421
重田　初江…………… 266	篠崎　松太郎……… 428	柴立　俊明… 390, 391, 392	島津　忠彦…… 533, 534
重徳　和彦… 228, 229, 240, 241	篠崎　令子………… 348	柴立　芳文………… 534	島津　尚純… 356, 357, 358, 396, 397
	篠塚　一雄…… 270, 488	柴野　たいぞう(柴野多伊三)… 150, 152, 154, 579	
重富　吉之助………… 519	篠塚　県治…………… 99		島津　久子………… 123
重富　卓……………… 318	篠塚　幸子………… 554	柴野　和喜夫……… 457	島津　幸広… 213, 242, 470
重富　雄之…………… 572	篠田　栄太郎… 356, 569	柴橋　正直… 206, 207, 238, 240	島田　暉山………… 303
重成　格……………… 534	篠田　清…… 360, 401, 520		島田　健三………… 36
茂野　嵩……… 286, 494	篠田　弘作… 3, 4, 5, 6, 7, 8	芝間　衛…………… 193	島田　小市………… 472
重野　誠男…………… 187	篠田　純子………… 568	柴谷　要… 546, 547, 549	嶋田　幸司…… 234, 241
重野　安正… 380, 397, 399, 400	篠田　努…………… 568	柴山　兼四郎……… 544	島田　貞男… 202, 203, 204, 466
	篠田　文雄(篠田ふみお)… 445, 564	柴山　昇…………… 268	
重政　誠之… 311, 312, 313		柴山　昌彦… 87, 88, 89, 90, 94, 95, 96, 97	島田　三郎………… 500
重政　庸徳… 543, 547, 549	篠田　陽介… 226, 227, 238, 239		島田　晋作…………… 36
重松　明男…… 379, 530		柴山　美雪……… 77, 91	島田　末信………… 332
重松　喜代… 449, 485, 564	篠原　豪……… 121, 133	渋江　勝義………… 159	嶋田　助雄………… 244
重松　九州男 113, 114, 149, 449, 555, 558, 560, 564, 568, 571	篠原　貞雄………… 461	渋沢　哲男…… 77, 78, 79	島田　隆…………… 224
	篠原　滋子………… 165	渋沢　秀雄………… 198	島田　琢郎……… 8, 9, 10
	篠原　孝 195, 196, 198, 199, 200	渋沢　利久… 144, 145, 146, 147, 148, 149, 150, 151	島田　千寿…… 517, 541
重松　利生…………… 280			島田　智哉子… 89, 96, 436
重見　均一…………… 138	篠原　芙早子 486, 573, 575, 577, 578	渋谷　修… 24, 55, 56, 150, 151, 152, 154, 162, 163	島田　俊明…………… 16
重光　葵……… 376, 377			島田　久 155, 156, 157, 163, 164, 165
重宗　昌幸…………… 320	篠原　文治………… 518	渋谷　哲一……………24	
重宗　雄三… 538, 540, 546, 548, 550	篠原　真結………… 578	渋谷　要…………… 157	嶋田　正義………… 276
	篠原　みえ子……… 422	渋谷　邦彦… 472, 473, 548, 554	島田　学…………… 338
重盛　寿治… 141, 142, 440, 441	篠原　義雄………… 545		島田　光男…… 102, 103
	篠原　陸朗………… 99	渋谷　倉蔵……………37	島田　充…………… 300
宍倉　知明…… 560, 565	四宮　和子………… 258	渋谷　昇次… 208, 210	島田　安夫………… 300
宍倉　徳明…………… 558	四宮　久吉…… 140, 142	渋谷　直蔵… 48, 49, 50	島田　洋七………… 436
宍戸　忠男…………… 75	芝　博一……… 477, 478	渋谷　肇…………… 12	島田　佳和… 234, 240, 241
宍戸　利夫…………… 423	芝　ミイ子………… 559	渋谷　家寿一……… 424	島名　健…………… 169
宍戸　寛…… 60, 61, 426	柴岡　祐真……… 89, 90	渋谷　雄太郎…………99	島名　二三………… 141
零石　五郎…… 32, 416	柴田　愛…………… 369	島　清… 140, 141, 142, 440, 441	島名　正雄………… 442
静永　俊雄…………… 476	柴田　勝広………… 529		島長　香代子……… 159
始関　伊平… 99, 100, 101, 102, 103	柴田　久次郎……… 20	島　久美子………… 496	島長　国積… 389, 390, 391
	柴田　恵子………… 577	島　聡… 225, 226, 227, 236, 237, 238, 584	嶋貫　健…… 262, 290
志田　光世………… 230	柴田　健治…… 307, 308		島袋　宗康………… 536
志田　ヒデ……………46	柴田　紘一……………35	嶋　正仁…………… 543	島村　一郎… 135, 137, 138, 139, 140, 141, 142, 144
志田　勝……… 230, 476	柴田　栄…… 472, 546	島尾　茂…………… 259	
志田　義忠… 135, 545, 547	芝田　重郎太…… 8, 9, 10	嶋岡　誠………… 568	島村　軍次………… 501
志田　義信……… 41, 42	柴田　潤一………… 396	島垣　正信………… 10	島村　俊一………… 562
七条　明 331, 346, 347, 348	柴田　捨吉………… 218	島影　せい子……… 574	島村　大…………… 451
実川　清之… 100, 101, 102	柴田　隆司…… 258, 485	島上　善五郎 135, 136, 137, 138, 139, 140, 141, 143, 144	島村　義雄………… 551
実川　幸夫… 104, 105, 106, 107, 108, 127, 128, 129, 131	柴田　巧…… 181, 580, 583		島村　宜伸… 145, 146, 147, 148, 149, 150, 151, 152, 154, 156, 157, 158, 161, 163, 164
	柴田　富一………… 223		
	柴田　知子………… 569	島川　崇…………… 514	
悉知　雅美…………… 570	柴田　久史…… 116, 127	島口　重次郎…… 20, 21	島村　善行…… 106, 128
幣原　喜重郎……… 253	柴田　久寛… 364, 397, 399, 522	嶋崎　栄治… 247, 248, 480, 481	島本　虎三…… 5, 6, 7, 8
志苫　裕…… 452, 453, 565			島本　順光…………… 16
	柴田　兵一郎………… 25	島崎　十三………… 141	

616

島本　義夫………　149, 445	清水　美代子…………　581	下村　雅洋…………　288
自見　庄三郎 356, 357, 358, 359, 396, 397, 398, 578	清水　康之…………　414	下村　芽生…………　161
自見　英子…………　583	清水　八十治……　189, 190	下村　保知…………　103
清水　明男………　157, 158	清水　洋子…………　117	下元　孝子…………　444
清水　勇 191, 192, 193, 194	清水　洋三…………　324	下山田　行雄…………62
清水　逸平……………79	清水　良策………　540, 544	釈　量子 167, 168, 447, 584
清水　巌……………　141	清水　良次……　330, 331, 509	秀南　高行…………　520
清水　克実…………　297	清水　和一郎……　276, 490	十文字　孝夫…………　150
清水　嘉与子 558, 561, 569, 573	清水　亘 135, 136, 139, 140, 144, 231, 441, 442, 543, 548, 549, 550	宿谷　栄一………　538, 541
清水　浄……………61	志村　愛子…………　551	首藤　克人………　376, 529
清水　啓司………　194, 195	志村　卯三郎…………　123	首藤　新八……　268, 269, 270, 271
清水　源作…………　407	志村　国作…………　425	首藤　博敏……………36
志水　源司… 490, 491, 552, 553	志村　茂治………　110, 111	主浜　了………　414, 415
清水　堅次郎…………　435	志村　哲良…………　462	城　義臣………　525, 526
清水　鴻一郎 251, 252, 253, 289, 293, 295, 297, 298, 580	占野　秀男…………　522	尚　詮……………　536
	下飯坂　元…………　413	庄　忠人…………　318
清水　栄………　337, 338	下家　淳の介…………　491	城　千尋…………　111
清水　貞夫…………　273	下稲葉　耕吉……　558, 565	城　三丘………………5
清水　定幸…………　581	下岡　昭一…………　213	城市　貫夫…………　562
清水　哲……………　440	下角　力……　288, 292, 294	城下　勇……………　444
清水　重夫……………80	下川　貴久枝…………　157	庄源　一……………　183
清水　純……………　216	下川　儀太郎…………　208	上甲　武……………　513
清水　正二郎…………　143	下川　忠雄…………　523	庄司　中……………　561
清水　省三…………　337	下川　行夫…………　511	庄司　一郎………　30, 31
清水　慎三…………　544	下坂　正英…………　269	正示　啓次郎 285, 286, 287
清水　澄子… 556, 561, 570, 574	下里　恵良…………　536	庄司　幸助………　32, 33
	下地　幹郎… 394, 395, 396, 397, 401, 403	正示　泰一郎…………　275
清水　誠一……………18	下地　玲子…………　403	東海林　忠七…………　415
清水　清一朗 153, 154, 156, 162, 164	下条　恭兵………　451, 452	庄司　彦男… 299, 542, 544
	下条　進一郎……　464, 465	庄司　寛……………　463
清水　太一…………　351	下城　正臣…………　374	東海林　稔………　74, 75
清水　隆司…………　580	下条　みつ… 194, 195, 196, 197, 198, 199, 200	庄司　与一郎…………　459
清水　貴之… 279, 295, 491		庄司　嘉……………　542
清水　武夫…………　523	下条　康麿… 538, 541, 544, 546, 549	城島　正光(城島光力) 120, 121, 122, 130, 132, 133, 154, 155, 157, 162, 163, 165
清水　忠史… 267, 268, 297, 298, 488	下園　静夫…………　445	
	下田　敦子………　576, 579	
清水　達雄………　565, 571	下田　京子 50, 51, 423, 554, 556	上代　善雄… 304, 305, 500
清水　玉次………　135, 543		庄野　寿……………　575
清水　貞子…………　317	霜田　清……………　194	庄野　真代…………　579
清水　鉄男……………89	下田　金助……　215, 216, 217	城野　美代子… 357, 520
清水　照夫……………60	下田　九郎…………　141	城之内　久男…………　396
清水　徳松……　82, 83, 435	下田　謙一………　224, 487	菖蒲　順一郎…………　321
清水　とし子…………　357	下田　彰一………　96, 97	上保　匡勇…………　159
清水　留三郎…………73	下田　文朗…………　435	上木神　秀三…………　110
清水　信次………　574, 579	下平　正一… 190, 191, 192, 193	庄本　悦子… 278, 279, 280, 292
清水　宣弥…………　224		庄山　正……………　565
清水　秀夫…………　532	下間　律……………　567	上祐　史浩…………　150
清水　秀記………　368, 369	下藤　芳久…………　424	正力　松太郎……　177, 178
清水　浩樹…………　487	下町　和三…………　535	白井　勇………　420, 543
清水　宏保………　14, 18	下村　英里子…………　491	志良以　憲…………　225
清水　雅子………　116, 127	下村　海南…………　544	志良以　栄… 151, 155, 213, 224, 435, 474, 475, 568, 571
清水　正法… 116, 127, 375, 398, 573	下村　定………　547, 550	
	下村　高明… 92, 235, 574	白井　佐吉…………　109
清水　聖義……………77	下村　鉄人…………　490	白井　長治…………　438
清水　松太郎……　315, 316	下村　博文… 152, 154, 155, 156, 158, 159, 160, 161, 163, 164, 165, 166, 167	白井　初枝…………　564
清水　美里…………　545		白井　正実…………　545
清水　三雄………　559, 567		白石　和男…………　562

白石　喜久男…………　568	
白石　清………　135, 136	
白石　久美子…………　336	
白石　健一……………77	
白石　茂樹…………　578	
白石　純子… 108, 132, 266, 295, 487	
白石　徹……　342, 348, 349	
白石　敏夫……………80	
白石　正明………　46, 47	
白石　洋一… 342, 348, 349	
白方　幸市……………25	
白髪　みどり…………　280	
白川　一雄…………　511	
白川　勝彦… 173, 174, 175, 196, 197, 575	
白河　忠一…………　141	
白川　哲也………　160, 167	
白川　伝徳…………　302	
白川　光雄………　205, 206	
白川　康之…………　461	
白川　容子… 335, 346, 512	
白木　義一郎……　484, 485	
白木　康治…………　565	
白木　翠……………　542	
白坂　理香………　317, 327	
白沢　三郎… 174, 175, 197	
白須賀　貴樹 108, 109, 131, 133, 440	
白田　岩夫…………　539	
白田　雄司…………　560	
白戸　としえ…………79	
白鳥　早奈英…………　559	
白鳥　大八……………21	
白鳥　三朝…………　539	
白根　登志夫…………　449	
白根　秀夫…………　450	
白根沢　澄子…………46	
白波瀬　米吉…… 540, 546	
白畑　勇……………67	
白畑　三蔵…………　388	
白幡　友敬…………　423	
白浜　一良………　486, 487	
白浜　仁吉… 365, 366, 367, 368	
白保　台一…………　394	
代田　朝義…………　139	
城地　豊司………　63, 64	
城取　孝司…………　166	
城取　良太… 46, 59, 422	
志波　光晴…………　131	
新開　唯雄…………　370	
真貝　秀二… 171, 172, 173	
新開　裕司………　360, 401	
心久 →須田　喜久夫	
新坂　一雄…………　493	
新宅　隆志…………　340	
新谷　高己…………　530	
新谷　寅三郎……　492, 538	
新谷　正夫…………　450	

新谷　正義……… 96, 327	須賀　茂夫……… 472	杉田　一郎………68	257
進藤　一馬……… 352, 353	須賀　裕邦……… 446	杉田　一夫……… 442	杉山　佳子……… 409
進藤　金日子……… 583	菅　義偉 116, 117, 118, 119,	杉田　治郎……… 330, 509	杉山　令肇……… 467
神道　寛次……… 216, 217	120, 121, 126, 127, 128,	杉田　武夫……… 140	須黒　奈緒……… 582
神藤　官蔵……… 254	129, 130, 131, 133	杉田　浩子……… 474	菅川　健二……… 505
新道　虎雄……… 142	菅井　正昭……… 128	杉田　房子……… 557	菅川　洋 316, 317, 325, 326,
新藤　伸夫……… 483	菅沢　三郎……… 125	杉田　水脈… 279, 280, 295,	327
進藤　初洋……… 70, 71	菅田　摂男……… 552	298	助川　良平……… 47, 48
進藤　勇治……… 153, 154, 162,	菅波　茂……… 49, 50	杉田　実……… 255	助田　重義……… 199, 200
163, 164	菅沼　智……… 215	杉田　元司……… 227, 228, 238,	菅野　儀作……… 438
新藤　洋一……… 445	菅根　一紀……… 257	239	菅野　直子………35
新藤　義孝……… 85, 86, 87, 88,	菅野　悦子… 261, 264, 289,	杉田　保雄… 213, 214, 215	瑞慶覧　長敏… 395, 400
89, 90, 91, 92, 93, 94, 95,	291, 561, 570	杉田　優子……… 474	須合　武四郎………5
96, 97	菅野　泰介……… 263, 264	杉田　幸子……… 493	須佐美　八蔵 269, 271, 272
新留　清隆… 358, 359, 360	菅野　久光……… 408, 409	杉野　重子……… 556	頭師　暢秀… 280, 296, 297
陣内　照太郎……… 559	菅野　義章………76	杉野　武彦……… 390	図師　尋次……… 381
神野　美昭……… 330, 331	菅原　美香……… 516	杉之原　舜一… 3, 4, 407	図司　安正……… 41, 42
陣内　孝雄……… 522	菅間　公弥子………86	杉原　荒太……… 521	鈴井　慎一… 213, 235, 236
榛葉　賀津也… 470, 471	菅本　和雅… 53, 58, 425	杉原　一雄… 177, 455	鈴木　愛之助… 254, 255
新原　秀人… 279, 280, 295,	菅原　一秀… 154, 155, 156,	杉原　恭三……… 467	鈴木　明……… 572
298	158, 159, 160, 163, 164,	杉原　圭三……… 434	鈴木　明良………60
榛原　外之守……… 264	165, 166, 167	杉村　沖治郎… 79, 80	鈴木　斐……… 554
神風　英男… 87, 88, 89, 90,	菅原　エン………25	杉村　大造………3	鈴木　郁雄……… 154
93, 94, 95, 96, 97	菅原　寛一………31	杉村　太蔵… 129, 580	鈴木　續……… 99, 100, 438
新福　愛子……… 401	菅原　喜重郎 27, 28, 53, 54,	杉村　康之… 160, 167	鈴木　一司……… 426
神保　カネ………73	55	杉本　栄次… 150, 560	鈴木　市蔵… 140, 541, 547,
新甫　八郎……… 135	菅原　国夫………34	杉本　一夫… 231, 307, 551	548
新堀　豊彦… 114, 115, 126	菅原　研治……… 575	杉本　巳巳… 227, 228, 229,	鈴木　一郎……… 487
新堀　恵……… 551	菅原　智……… 176	238, 239, 240	鈴木　一誠… 116, 117, 126,
新間　正次……… 473	菅原　清六……… 284	杉本　健……… 407	128, 129
新間　寿……… 566	菅原　辰二……… 514	杉本　公文……… 125	鈴木　伊予……… 575
新町　美千代… 279, 280	菅原　敏秋… 417, 574	杉本　志乃……… 584	鈴木　英敬… 234, 239
新村　勝雄… 102, 103, 104	菅原　知見……… 563	杉元　恒雄……… 449	鈴木　栄二……… 544
新村　源雄……… 8, 9, 10	菅原　直敏… 121, 132, 582	杉本　哲也……… 580	鈴木　治……… 158
新免　操……… 543	菅原　則勝… 56, 414	杉本　皓二… 474, 475, 563	鈴木　角蔵……… 109
新本　均……… 315	菅原　甫………38	杉本　伸江… 474, 567	鈴木　和彦……… 214
新盛　辰雄… 389, 390, 391	菅原　誠… 13, 14, 15	杉本　尚司……… 444	鈴木　一弘… 548, 550, 552,
新谷　由紀子……… 225	菅原　道生……… 439	杉本　博昭……… 289	555
	菅原　義正……… 567	杉本　広義… 123, 124	鈴木　和美… 555, 558, 565
【す】	杉　久武……… 488	杉森　弘之……… 427	鈴木　勝治……… 486
	杉井　保之……… 580	椙山　敦男……… 506	鈴木　克昌… 226, 227, 228,
水津　岩男……… 301	杉内　一成… 425, 450	杉山　公紳……… 207	229, 237, 238, 239, 240,
吹田　文三郎……… 552	杉内　美夫………26	杉山　茂雅………55	241
水藤　忠七……… 443	杉浦　昭………66	杉山　純……… 207	鈴木　勝己……… 444
末岡　健一… 149, 150	杉浦　久美子……… 557	杉山　昌作… 540, 546	鈴木　嘉八郎……… 494
末武　和美……… 267	杉浦　茂………85	杉山　正三… 250, 482	鈴木　寛……… 446, 447
末谷　康男……… 320	杉浦　正健… 222, 223, 225,	杉山　善太郎……… 452	鈴木　喜久子 149, 150, 152,
末次　精一… 154, 163, 370,	226, 227, 235, 236, 237,	杉山　千株………68	162, 445
402, 403, 584	238	杉山　恒雄… 212, 470	鈴木　吉治郎 169, 170, 171
末延　一二三… 79, 80, 81	杉浦　武雄… 216, 217, 218,	杉山　利一……… 548	鈴木　公子……… 147
末広　真樹子（末広まきこ）	472	杉山　憲夫… 211, 212, 235,	鈴木　恭一… 110, 111, 541,
474, 573	杉浦　彦衛……… 218	236	547
末藤　方啓… 139, 140, 142	杉浦　ひとみ……… 446	杉山　穎男……… 575	鈴木　京子……… 444
末松　久美……… 551	杉浦　真徳… 110, 111	杉山　洋……… 470	鈴木　鏡子……… 559
末松　信介… 276, 491	杉浦　正康……… 444	杉山　扶美子……… 474	鈴木　恭次郎……… 545
末松　経正……… 350	杉浦　満春……… 431	杉山　真……… 240	鈴木　強平… 73, 431, 432
末松　義規… 153, 154, 156,	杉浦　実……… 150	杉山　通雅……… 487	鈴木　清一……… 538
157, 158, 160, 161, 162,	杉江　彰……… 152	杉山　光男……… 468	鈴木　清… 36, 37, 418
163, 164, 165, 166, 167	杉尾　秀哉……… 466	椙山　三也……… 349	鈴木　清四郎………20
末宗　照彦……… 506	杉川　昇……… 330	杉山　元治郎 254, 255, 256,	鈴木　邦明……… 338
末吉　光徳… 401, 403	杉沢　博吉……… 177		鈴木　邦重… 276, 290

鈴木 馨祐… 120, 121, 122, 129, 131, 133	鈴木 達夫……… 160, 447	138, 139, 140, 141	砂川 正亮… 280, 543, 545
鈴木 健一………… 570	鈴木 千佳………… 471	鈴木 盛夫… 154, 155, 156, 163, 164, 165	砂子 忠治………… 269
鈴木 憲一………… 448	鈴木 千賀子… 87, 88, 90	鈴木 泰 153, 158, 162, 176, 198, 213, 236, 237	砂田 圭佑… 276, 277, 278, 289, 290, 292
鈴木 賢市………… 152	鈴木 千尋………… 120	鈴木 康司………… 11, 15	砂田 重民… 271, 272, 273, 274, 275
鈴木 源次郎………30	鈴木 孟 224, 435, 444, 474, 475	鈴木 安孝………… 417	砂田 重政………… 337
鈴木 健正………… 442	鈴木 恒夫… 114, 115, 116, 117, 118, 119, 126, 127, 129	鈴木 康友… 213, 214, 236, 237, 238	砂原 格… 311, 312, 313
鈴木 憲太郎…… 531, 541	鈴木 剛…………… 276	鈴木 祐子………… 55	砂辺 功…………… 258
鈴木 浩一………… 118	鈴木 強 124, 462, 546, 548, 551	鈴木 雄二………… 110	砂間 一良… 207, 208, 209
鈴木 孝二………… 50	鈴木 豪……………88	鈴木 行雄………… 141	寿原 正一…… 5, 6, 7
鈴木 宏治… 188, 189, 200, 201, 584	鈴木 貞一郎……… 284	鈴木 唯記子……… 471	須原 昭二…… 219, 472
鈴木 幸治………… 359	鈴木 照通………… 116	鈴木 豊……… 135, 137	須磨 弥吉郎………37
鈴木 厚利………… 435	鈴木 伝明…… 541, 544	鈴木 洋一………… 419	須増 伸子………… 310
鈴木 康洋…… 26, 27, 28	鈴木 東民… 25, 137, 413	鈴木 陽悦………… 419	住 一郎…………… 180
鈴木 こず恵………89	鈴木 俊夫…… 39, 419	鈴木 庸介………… 161	角 猪之助………… 285
鈴木 貞敏………… 421	鈴木 利治………… 564	鈴木 要太郎………99	住 栄作…… 178, 179
鈴木 里一郎……… 207	鈴木 俊彦………… 461	鈴木 淑夫… 154, 163, 164, 235	角 恵子…………… 466
鈴木 知… 40, 57, 419	鈴木 俊博……………66	鈴木 義男…… 46, 47, 48	角 建二郎…………18
鈴木 周次郎… 47, 48	鈴木 敏之………… 580	鈴木 義雄…… 38, 418	鷲見 節夫………… 301
鈴木 周助………… 48	鈴木 豊太郎……… 542	鈴木 吉治………… 43	住 博司…… 179, 180, 196
鈴木 重郎………… 208	鈴木 直人…… 47, 538	鈴木 義弘…… 90, 96, 97	澄川 寿之………… 240
鈴木 俊…………… 562	鈴木 尚之…… 51, 424	鈴木 力 414, 550, 552	角藤 三郎………… 361
鈴木 純…………… 115	鈴木 望 215, 240, 403, 584	鈴木 龍次…………14	角出 智一………… 279
鈴木 俊一… 28, 29, 30, 53, 54, 55, 56, 57, 58	鈴木 信行…… 446, 447	鈴木 隆平………… 122	住中 英男………… 281
鈴木 順一…… 73, 431	鈴木 昇………………34	鈴木 六郎………… 46	住野 丙馬………… 269
鈴木 純一郎………97	鈴木 規雄……………52	薄田 美朝……… 3, 4, 5	炭村 信義………… 327
鈴木 淳司… 225, 227, 228, 229, 236, 237, 238, 239, 240, 241	鈴木 徳夫………… 102	鈴切 康雄… 142, 143, 144, 145, 146, 147, 148	角屋 忍…………… 327
鈴木 正一…… 51, 52	鈴木 憲和…… 46, 57, 58	鈴田 渉…………… 578	住谷 輝彦……………77
鈴木 正一………… 423	鈴木 一… 37, 38, 418	鈴村 猛男………… 471	住安 国雄………… 545
鈴木 象一…………22	鈴木 隼人………… 167	須田 喜久夫 250, 414, 446, 553, 554, 563	住吉 栄三………… 379
鈴木 正吾… 216, 217, 218, 219	鈴木 久…… 51, 52, 54, 57	須田 満…………… 570	住吉 繁一………… 503
鈴木 新一郎……… 221	鈴木 比佐志……… 445	須田 安太………… 110	住吉 徳彦………… 519
鈴木 慎一郎……… 399	鈴木 英文………… 228	須田 吉隆…… 34, 54	住吉 正充………… 120
鈴木 新三郎 117, 118, 119	鈴木 寿…………… 418	須藤 喜三郎……… 138	陶山 圭之輔…… 113, 449
鈴木 進…………… 154	鈴木 弘子… 445, 446, 470	須藤 五郎… 541, 546, 547, 549, 551	巣山 末七………… 547
鈴木 進…………… 212	鈴木 博子………… 566	須藤 淳次…………60	須山 初美………… 475
鈴木 進…………… 486	鈴木 広 150, 249, 444, 445	須藤 甚一郎……… 574	須鎗 友市………… 489
鈴木 澄保………… 558	鈴木 広………… 554, 555	須藤 教成………… 120	摺建 寿隆………… 473
鈴木 精紀…… 33, 416	鈴木 広澄………… 423	須藤 武美………… 159	諏訪 三郎………… 479
鈴木 省吾…… 423, 424	鈴木 啓功… 46, 57, 562	須藤 徹男………… 556	
鈴木 政二…… 474, 475	鈴木 武一………… 551	須藤 友三郎 172, 173, 174	【せ】
鈴木 善幸… 25, 26, 27, 28	鈴木 文史朗……… 540	首藤 信彦… 116, 117, 118, 119, 120, 121, 127, 128, 130, 132	清家 宏…… 367, 368
鈴木 善蔵…… 30, 31, 32	鈴木 信………………49	須藤 一…… 565, 569	清家 裕…………… 264
鈴木 仙八… 135, 136, 137, 138, 139, 140, 141, 142	鈴木 正孝…… 470, 576	周東 英雄…… 318, 319	聖成 稔…………… 549
鈴木 隆夫………… 424	鈴木 匡信… 323, 324, 325	須藤 秀夫……………4	清藤 志郎…………20
鈴木 孝子…… 149, 568	鈴木 正典… 206, 207, 239, 468	須藤 浩 104, 105, 106, 107, 108, 126, 127, 128, 130	清藤 唯七…………20
鈴木 貴子…… 14, 18	鈴木 雅博… 225, 236, 237	須藤 美也子 44, 561, 566, 570	清野 学道………… 415
鈴木 隆……… 99, 437	鈴木 正文…… 122, 123	首藤 行雄…… 383, 384	清野 清……… 6, 7, 8, 9
鈴木 隆晴………… 539	鈴木 麻理子……… 447	須藤 良太郎… 561, 569	清野 文五郎……… 449
鈴木 工……… 52, 56	鈴木 万平………… 469	須永 徹………… 76, 77	瀬尾 和志………… 277
鈴木 拓也… 155, 156, 157	鈴木 美枝子……… 551	須永 敏江……………77	瀬尾 政知………… 311
鈴木 武樹………… 554	鈴木 幹雄…… 216, 217		瀬賀 恭夫……………5
鈴木 武…… 43, 556	鈴木 充…………… 581		瀬川 源助………… 434
鈴木 毅 116, 117, 126, 127	鈴木 稔…………… 564		瀬川 貞清 28, 29, 57, 415
鈴木 正…………… 216	鈴木 宗男 9, 10, 11, 15, 17, 409, 582	首藤 行雄…… 383, 384	関 和夫 103, 104, 105, 106
	鈴木 茂三郎 135, 136, 137,		関 健一郎…… 229, 241
			関 研二………… 143
			関 章一……………63
			関 章一…… 150, 151

せき

関 清吉	……………	67
関 ツ子	……………	451
碩 利昭	……………	393
関 肇	……………	576
関 晴正	……	22, 23, 411
関 浩行	……………	195
関 幸夫	……………	31
関 嘉彦	……………	557
関 芳弘		278, 279, 280, 293, 295, 296, 297
関 佳哉	……………	496
関井 仁	……………	546
関内 正一	……	46, 47, 48
関口 喜八郎	……………	135
関口 恵造	……………	555, 558
関口 周司	……	225, 444, 445
関口 太一	……………	165
関口 直久	……………	78
関口 房朗	……	475, 578
関口 昌一	……	436, 437
関沢 知尋	……………	72
関戸 秀子	……………	64
関根 久蔵	……	79, 544
関根 重信	……	150, 152
関根 敏伸	……………	415
関根 信義	……………	136
関根 則之	……	435, 436
関根 博之	……………	578
関藤 政則	……………	17
関本 憲二	……………	165
関森 薫	……………	503
関谷 秋夫	……………	205
関谷 勝嗣	……	339, 340, 341, 346, 514
関谷 勝利	……	336, 337, 338, 339
関谷 水	……………	347
関谷 剛	……………	176
関屋 悌蔵	……………	548
関家 敏正	……………	522
関谷 理記	……	195, 198
関山 信之	……	173, 174, 175, 197, 454
瀬口 貢	……………	540
瀬古 由起子		224, 225, 226, 227, 235, 236, 237, 238, 239, 473
世耕 弘一	……	284, 285, 286
世耕 弘成	……	495, 496
世耕 政隆	……	286, 495
瀬崎 博義	……	244, 245, 479
瀬津 一男	……………	244
瀬戸 朝男	……………	144
瀬戸 和弘	……	118, 119, 122
瀬戸 一正	……………	267
瀬戸 勝枝	……………	416
瀬戸 恵子	……………	295
瀬戸 健一郎	……………	582
瀬戸 隆一	……	336, 348, 349
瀬戸 弘幸	……………	578
瀬戸 優	……………	19
瀬戸 雄也	……	364, 401
瀬戸井 誠	……………	86
瀬戸山 三男	……	381, 382, 383
瀬長 亀次郎	……	393, 394
瀬野 栄次郎	……	372, 373
妹尾 七重	……………	106
妹尾 真由美	……………	336
瀬谷 英行	……	434, 435
世良 弘造	……	313, 504
芹川 幸宏	……………	378
芹沢 彪衛	……………	468
芹沢 力雄	……………	63
膳 桂之助	……………	538
千賀 康治	……	216, 217
仙谷 由人	……	331, 332, 346, 347, 348
千秋 邦夫	……………	4
泉水 都子	……………	453
千代 信人	……………	409

【そ】

惣田 清一	……	145, 146
早乙女 利次	……………	72
相馬 綾子	……	556, 559
相馬 和孝	……………	23
相馬 助治	……	67, 428, 429
相馬 達雄	……………	274
宗前 清	……	136, 386
副島 次郎	……………	540
副島 勝	……………	311
添田 増太郎	……	423, 424
添田 良信	……………	110
曽我 邦雄	……………	474
曽我 周作	……	159, 246, 483
曽我 浩侑	……………	565
曽我 嘉三	……………	457
曽我部 正雄	……………	338
曽本 卓	……………	382
十河 豊	……………	157
曽田 玄陽	……………	5
曽田 二一	……………	141
曽田 治雄	……………	442
曽祢 益	……	112, 113, 448
曽根 久之	……………	557
曽根田 郁夫	……………	427
薗浦 健太郎		106, 107, 108, 109, 129, 131, 133
園木 登	……………	526
園田 昭夫	……………	130
園田 清充	……	526, 527
園田 原三	……	374, 396
園田 修光	……	391, 392, 396, 397, 398, 399, 581, 583
園田 直	……	370, 371, 372, 373
園田 天光光		→松谷 天光光
園田 浩幹	……………	374
園田 博之	……	373, 374, 375, 376, 396, 397, 398, 399, 400, 401, 403
園田 康博	……	206, 207, 236, 237, 238, 240, 241, 468
園田 裕子	……	251, 290
祖父江 儀男	……	220, 221, 222, 223
祖父江 元希	……	159, 161
染谷 末雄	……………	60
染矢 誠治	……………	380
染谷 誠	……	102, 103, 104
空本 誠喜	……	316, 317, 324, 325, 327
反り目 弘国	……………	199
曽和 義弌	……………	254
尊田 四郎	……………	217

【た】

田井 肇	……	345, 347
泰道 三八	……	102, 103
大道寺 ちはる	……………	444
大徳 正一	……………	60
対中 章哲	……………	246
大平 シロー	……………	568
大松 博文	……	550, 553
大門 一也	……………	158
大門 実紀史	……	572, 573, 576, 580, 583
大門 好夫	……	281, 282
大門 義雄	……………	140
平 静丸	……………	574
平 智之	……	252, 253, 294, 297, 582
平良 成輝	……………	395
平 将明	……	156, 157, 159, 160, 164, 165, 166, 167
平 善彦	……………	53
田浦 直	……	368, 524, 525
田浦 直蔵	……………	523
多賀 文雄	……………	445
多賀 安郎	……	305, 306
高井 和伸	……	205, 467
高井 清治	……	4, 5
高井 崇志	……	310, 326, 327, 503
高井 忠雄	……………	543
高井 マサ代	……………	482
高井 美穂	……	331, 332, 346, 347, 348
高石 邦男	……………	356
高石 幸三郎	……………	81
高市 早苗	……	283, 284, 290, 292, 293, 294, 296, 297, 493
高江洲 義政	……	394, 396
高尾 勇美	……………	212
高岡 紀代子	……………	149
高岡 大輔	……	169, 170, 171
高岡 忠弘	……	169, 545
高岡 福重	……………	513
高階 恵美子	……	579, 583
高開 千代子	……………	510
高木 亜紀良	……………	315
高木 章	……	68, 135, 136, 137, 138
高木 佳保里	……………	488
高木 吉之助	……	247, 480
高木 邦雄	……………	465
高木 健太郎	……………	473
高樹 沙耶	……………	447
高木 俊司	……	101, 549
高木 翔之助	……………	74
高木 青年	……	100, 441
高木 惣市	……………	135
高木 規	……………	116
高木 毅	……	188, 189, 196, 197, 198, 199, 200
高木 一	……	476, 477
高木 寿之	……………	549
高木 浩司	……	224, 235
高木 宏寿	……	14, 18
高木 福子	……………	564
高木 正明	……	408, 409
高木 正夫	……	540, 546
高木 将勝	……	566, 570
高木 政広	……………	439
高木 松吉	……	46, 47, 48
高木 美智代	……	164, 165, 167, 168
高儀 満威	……………	426
高木 光弘	……	206, 207, 583
高木 緑	……………	563
高木 睦子	……	180, 196, 197
高木 勇二	……………	186
高木 幸雄	……………	276
高木 豊	……………	65
高木 要治	……………	435
高木 陽介	……	151, 153, 163, 164, 165, 167, 168
高木 義彰	……	279, 491
高木 義明	……	368, 369, 370, 396, 397, 398, 399, 400, 402, 403
高岸 由英	……	180, 197
高際 徳治	……………	428
高久 徹	……………	562
高久 良美	……………	122
高口 住子	……………	546
高口 等	……………	518
高倉 金一郎	……	350, 351, 352, 517, 518
高倉 定助	……	3, 4
高倉 正	……………	376
高倉 徹一	……………	498
高倉 輝(高倉テル)	……	463, 464, 541
高桑 栄松	……	556, 561
タカコ・ナカムラ(ナカムラ・タカコ)	……………	563
高崎 愛子	……………	8
高碕 達之助	……	255, 256, 257
高崎 裕子	……………	409
高沢 勝一	……	65, 93

高沢　健吉… 173, 174, 453	高辻　武邦………… 178	高橋　是孝…………79	高橋　日出男………… 3
高沢　寅男… 144, 145, 146, 147, 148, 149, 151	高鳥　修 172, 173, 174, 175, 196, 197	高橋　権六……… 350, 351	高橋　秀夫… 273, 275, 490
高沢　正治……………69	高鳥　修一… 175, 176, 177, 198, 199, 200	高橋　佐恵子……… 158	高橋　秀郎… 140, 143, 441, 442, 552, 553, 554, 555
高沢　美香…… 446, 567	高梨　俊弘………… 213	高橋　貞夫…… 204, 467	高橋　英行…… 342, 348
高塩　三郎……… 67, 68	高梨　義雄……………41	高橋　貞美………… 449	高橋　仁　77, 78, 91, 93, 94, 567
高品　増之助…… 270, 488	高根　賢一……………82	高橋　敏………… 107	
高島　準………… 254	高野　幾太郎……… 170	高橋　重信…… 203, 204	高橋　等……… 311, 312
高島　民也………… 235	高野　一夫… 544, 547, 550	高橋　重治………… 540	高橋　比奈子 29, 30, 57, 58
高嶋　徳紘………… 563	高野　かほる…… 563, 567	高橋　繁…… 210, 211	高橋　広吉… 150, 445, 474
高島　望………… 500	高野　菊之助……… 365	高橋　十郎………… 141	高橋　富士男……… 415
高島　博………… 559	高野　源蔵…………… 4	高橋　将…… 474, 486	高橋　藤雄……………43
高島　陽子………… 466	高野　光二郎……… 517	高橋　昭一… 277, 278, 279, 292, 293, 294, 296	高橋　文五郎…… 415, 416
高嶋　良充…… 572, 576	高野　三郎……………91	高橋　正次郎…………32	高橋　正夫………… 440
高栖　留美子……… 297	高野　清八郎 136, 543, 545	高橋　庄次郎……… 434	高橋　正男………… 216
高杉　喜八…… 169, 170	高野　保………… 256	高橋　庄八郎……… 135	高橋　正雄………… 474
高杉廸忠… 62, 426, 427	高野　剛………… 463	高橋　次郎……………95	高橋　雅夫………… 285
高瀬　喜太郎……… 140	高野　博……………35	高橋　新紀……………55	高橋　正勝………… 551
高瀬　清…… 202, 466	高野　博師………… 436	高橋　晋作…… 315, 323	高橋　まさし…… 386, 387
高瀬　兼介……………67	高野　雅臣…… 169, 170	高橋　信次郎…………61	高橋　雅成………… 397
高瀬　真一… 46, 47, 422	高野　守　66, 67, 94, 95, 96, 97	高橋　伸典………… 266	高橋　成亘………… 445
高瀬　荘太郎 538, 544, 547		高橋　伸輔………… 224	高橋　正則… 142, 143, 144
高瀬　伝…… 67, 68, 69	高野　良裕… 116, 117, 119, 127, 128, 130, 573, 575	高橋　進太郎……… 415	高橋　雅也…… 296, 298
高瀬　菜穂子…… 360, 361		高橋　甚八………… 7	高橋　衛… 459, 460, 543
高瀬　弘美………… 520	高野　レオ………… 450	高橋　清一郎… 170, 171, 172	高橋　真由美… 120, 132
高瀬　夢園… 256, 549, 550	高萩　粂雄…………50	高橋　誠子………… 486	高橋　ミキ子… 176, 177
高田　愛子………… 491	高橋　彰夫…… 291, 294	高橋　清治郎…… 30, 415	高橋　道男………… 540
高田　巌（高田がん）… 172, 250, 339, 373, 426, 429, 432, 438, 442, 453, 472, 481, 485, 511, 513, 516, 527, 553, 554, 555	高橋　いく子 262, 486, 487	高橋　清蔵…………30	高橋　道雄………… 339
	高橋　功……………71	高橋　妙子… 106, 107, 563, 567, 570	高橋　三千綱……… 575
	高橋　勲………… 102		高橋　満……… 63, 555
	高橋　勇……… 86, 92	高橋　高望… 113, 114, 449	高橋　緑………… 487
	高橋　一…… 228, 241	高橋　誉冨………… 438	高橋　美奈子……… 184
高田　貴代子……… 582	高橋　一郎… 148, 149, 151, 161, 163	高橋　卓也……………35	高橋　美穂 14, 18, 161, 168
高田　清久………… 583		高橋　武夫………… 503	高橋　統閭………… 437
高田　浩運…… 526, 527	高橋　巌雄………… 430	高橋　武行………… 343	高橋　盛吉………… 414
高田　三郎………… 479	高橋　卯…………… 553	高橋　忠春………… 143	高橋　祐一………… 560
高田　静雄………… 549	高橋　栄一郎……… 486	高橋　辰夫　8, 9, 10, 11, 15, 408	高橋　祐介…… 229, 242
高田　十二………… 141	高橋　英吉… 336, 337, 338, 339		高橋　雄之助……… 408
高田　十八………… 141		高橋　辰二……………73	高橋　幸男………… 164
高田　信也………… 274	高橋　英吾…… 340, 341	高橋　千秋…… 477, 478	高橋　雪史………… 415
田方　進…… 371, 525	高橋　円三郎……… 302	高橋　千寿………… 172	高橋　洋一… 85, 223, 439, 470, 486
田形　竹尾………… 547	高橋　円大………… 472	高橋　千鶴子 23, 54, 55, 56, 57, 58, 59, 411, 412	
高田　照夫………… 564	高橋　治………… 416		高橋　庸尚………… 564
高田　富之… 79, 80, 81, 82, 83	高橋　一男………… 474	高橋　長治…… 109, 110	高橋　洋介………… 414
	高橋　和十………… 116	高橋　長次郎……… 411	高橋　由雄…… 320, 321
高田　富与……………5	高橋　佳大…… 11, 14	高橋　勉………… 244	高橋　吉男………… 407
高田　なほ子 141, 540, 546	高橋　克法………… 431	高橋　剛…… 341, 347	高橋　義男………… 362
高田　延彦………… 570	高橋　寛………… 467	高橋　定一………… 318	高橋　義次………… 136
高田　範子………… 106	高橋　紀世子……… 510	高橋　禎一… 311, 312, 313	高橋　嘉信… 29, 54, 57
高田　典義………… 402	高橋　京………… 444	高橋　哲夫………… 103	高橋　令則………… 414
高田　浩明………… 392	高橋　清孝………… 414	高橋　鉄五郎……… 540	高橋　芳郎………… 557
高田　博明………… 568	高橋　邦雄………… 432	高橋　徳次郎…………74	高橋　義郎…… 545, 547
高田　寛………… 538	高橋　啓…… 30, 415	高橋　敏男………… 7	高橋　龍太郎… 538, 544
高田　弥市…………25	高橋　啓一……………27	高橋　敏之…… 261, 487	高橋　良岳………… 545
高田　保典………… 106	高橋　敬子………… 415	高橋　知………… 150	高橋　領之助……… 543
高田　裕治………… 357	高橋　圭三…… 554, 556	高橋　央………… 348	高橋　渡… 181, 456, 583
高田　良徳…… 336, 349	高橋　賢治… 560, 565	高橋　信広………… 228	高畑　タヨ子……… 380
高田　亮子………… 412	高橋　網記…… 29, 30	高橋　久也……………39	高林　ガンジー…… 545
高竹　和明………… 577	高橋　光二……………35	高橋　秀明…… 87, 93	高林　昌司………… 550
高津　正道… 311, 312, 503	高橋　幸嗣………… 553	高橋　秀明………… 583	高林　誠…… 225, 226
高月　辰佳…… 171, 452		高橋　英明………… 584	高原　勝哉………… 502

高原　佐久馬…… 354, 355	田川　章次……… 321, 507	竹内　栄一……… 579, 582	武田　将一朗…… 188, 200
高原　努………… 65, 66	田川　誠一…… 111, 112, 113, 114, 115	竹内　恵美子…… 578, 581	竹田　四郎……… 448, 449
高原　正高…………… 99		竹内　勝彦… 249, 250, 481, 482	武田　慎一……………13
高原　美佐子 566, 570, 572	田川　豊秋…… 277, 291, 490, 491		武田　信之助…… 3, 4, 5
高平　公友……… 455, 456		竹内　克巳…………… 247	武田　節子…………… 566
高比良　正司………… 574	田川　秀明……… 86, 92	竹内　公子…………… 241	武田　忠………………43
高藤　宇一郎……… 135	田川　豊………… 156, 157	竹内　潔………… 554, 556	武田　光麿…………… 545
高幣　常市… 284, 286, 484, 539, 543	滝　友二………… 70, 71	竹内　啓…………… 187	竹田　朋松…………… 445
	高城　憲夫…………… 386	竹内　圭司……… 105, 127	武田　規男… 206, 236, 237
高間　松吉……… 79, 80	滝　実… 50, 283, 284, 289, 290, 292, 294	武内　五郎…………… 452	武田　久之……… 17, 18
高曲　敏三… 351, 352, 353, 354		竹内　七郎… 46, 48, 423	武田　英夫……… 308, 502
	滝　正明…………… 217	竹内　俊吉……… 20, 21	武田　正昭…………… 276
高松　栄次郎…… 543, 545	滝井　治三郎…… 540, 546	竹内　真二…………… 583	竹田　道二…………… 109
高松　和夫 40, 57, 58, 419	滝井　義高… 351, 352, 353, 354	武内　寿美子 144, 442, 443	竹田　光明… 160, 161, 165, 167, 168
高松　みどり………… 118		竹内　征司…………… 287	
高見　篤己……… 316, 506	滝川　末一……… 254, 255	竹内　善之助……… 243	武田　素子…………… 578
田上　開治…………… 269	滝川　流次………… 243	竹内　隆文…………… 214	竹田　安正…………… 455
高見　圭司…………… 552	滝口　学…………… 165	竹内　猛…… 62, 63, 64	武田　良介… 195, 196, 582, 583
高見　三郎… 208, 209, 210	滝口　吉春……… 506	竹内　辰郎……… 439, 445	
田上　武…………… 286	滝崎　明彦……………78	竹内　懇…………… 499	武田　良太… 357, 358, 359, 360, 361, 396, 397, 400, 401, 402
高見　天覚…………… 109	滝沢　佳太………… 463	竹内　友衛…………… 190	
鷹見　信義…………… 207	滝沢　幸助……… 50, 51	竹内　知弘…………… 279	
田上　久信……… 285, 286	滝沢　七郎………… 136	竹内　信昭…………… 520	武谷　甚太郎 181, 182, 457
田上　等…………… 113	滝沢　主税………… 192	竹内　典昭……… 278, 280	武智　鉄二…………… 553
田上　松衛………… 448	滝沢　浜吉…………… 73	武内　則男… 345, 349, 517	武智　徳本…………… 440
高見　優…………… 453	滝沢　正直………… 542	竹内　紀彦……… 380, 401	武知　寿…………… 509
高見　裕一… 276, 290, 573	滝沢　求…………… 412	竹内　秀伸…………… 583	武知　勇記………… 337
高嶺　明達………… 545	田岸　長太郎……… 243	竹内　今日生… 360, 402	武富　敏彦…………… 521
高椋　正次………… 280	滝波　宏文………… 461	竹内　藤男………… 426	竹中　稲美……… 541, 546
高宗　昭敏…………… 373	滝平　卓…………… 515	武内　安治…………… 483	竹中　治…………… 546
高村　昌司………… 468	滝本　実…………… 326	竹内　譲 251, 294, 295, 296, 298	竹中　勝男…………… 481
高村　武人………… 320	滝本　泰行………… 574		竹中　七郎………… 471
高邑　勉… 322, 326, 327	田口　一信……… 368, 576	竹内　利友………… 300	竹中　修一…… 21, 22, 23
高村　直也……………36	田口　一男……… 231, 232	竹内　黎一… 21, 22, 23, 53	竹中　伸…………… 287
高村　宏………………70	田口　教一………… 541	竹尾　あけみ 348, 349, 510	竹中　恒夫……… 546, 549
高村　雅子…… 85, 86, 91, 92	田口　錦一……………81	竹尾　弌………… 99, 100	竹中　恒三郎……… 480
高村　是懿… 313, 314, 504	田口　健二… 368, 396, 524	竹岡　和彦………… 562	竹中　平蔵………… 576
高元　和枝……………13	田口　顕二………… 567	竹川　時正……… 81, 84	竹中　由美子……… 342
高本　征尚………… 376	田口　助太郎…………79	竹腰　徳蔵………… 431	竹野　竹三郎……… 491
多賀谷　真稔 350, 351, 352, 353, 354, 355, 356	田口　誠治……… 203, 466	竹崎　聖代子…… 563, 567	武野　武治……………37
	田口　孝雄……… 539	竹崎　親成………… 257	竹ノ内　信三……… 205
高谷　仁……… 263, 264	田口　長治郎 365, 366, 551	竹崎　佳幸………… 257	竹花　邦彦………… 414
高谷　博子………… 565	田口　輝子………… 572	武士　和弘………… 435	竹林　雄二………… 151
多ケ谷　亮… 159, 160, 167, 168	田口　とし子……… 530	竹下　一馬………… 313	竹原　昭夫………… 509
	田口　政五郎……… 488	竹下　公仁宏……… 568	竹原　秀明………… 446
高安　勢…………… 549	田口　まゆ………… 582	竹下　豊次………… 531	武部　新…… 14, 15, 18
高安　安寿子……… 543	宅野　亮介………… 497	竹下　登… 302, 303, 304, 323	武部　英治……… 181, 182
高柳　新……… 559, 561	詫間　啓司………… 252	竹下　亘 304, 305, 323, 324, 325, 326, 327	武部　勤… 9, 10, 11, 12, 13, 15, 16, 17
高柳　大太郎………… 224	田倉　八郎………… 542		
高柳　博明……… 24, 412	武井　育夫……… 82, 83	竹島　勇…………… 527	武部　文 299, 300, 301, 497
高柳　泰樹………… 440	武井　群嗣……………73	武田　昭彦………… 522	武正　公一… 86, 87, 88, 89, 90, 92, 93, 94, 95, 96, 97
高山　一三………… 529	武井　俊輔…… 385, 401, 402	武田　一夫… 32, 33, 416	
高山　修…………… 119	武井　治郎………… 461	武田　勝利… 176, 199, 454	武正　総一郎…… 434, 548
高山　慶太郎…… 61, 62	武居　博明………… 199	武田　金処………… 432	武見　敬三… 447, 569, 573, 577
高山　智司… 87, 88, 89, 90, 93, 94, 95, 96, 97	武井　優………………83	竹田　儀一………… 181	
	武石　英紀………… 108	武田　菊…………… 539	竹光　秀正………… 376
高山　恒雄……… 548, 551	武市　恭信………… 329	武田　キヨ………… 311	武宮　憲之……… 527, 528
高山　政夫……………42	竹入　義勝… 142, 144, 145, 146, 147, 148, 149	武田　邦太郎…… 545, 566	竹村　昭……… 481, 482
高山　与四郎……… 494		武田　現照………… 408	竹村　かずみ……… 457
高良　雄蔵………… 234	竹内　功…………… 583	武田　厳道……………7	竹村　奈良一…… 280, 281
宝井　馬琴…… 544, 546	竹内　丑松… 41, 42, 420	武田　正一………… 442	武村　展英… 246, 296, 297,

480	田尻 愛義………… 302	立川 談志…… 143, 552	田中 順子………… 157
竹村 英明……… 118, 129	田尻 一雄………… 529	舘沢 恵一………… 117	田中 昭一…… 105, 126
武村 正義………… 245	田尻 繁…………… 456	舘野 良吉………… 445	田中 昭一…… 374, 396
竹村 泰子 9, 409, 570, 574	田尻 貴…………… 382	舘林 三喜男…… 361, 362	田中 松月………… 350
竹村 幸雄… 249, 250, 251, 482	田尻 容基… 144, 441, 443, 549, 550	建部 憲市……………43	田中 昭二…… 353, 354, 355
竹本 信一… 137, 138, 441	田城 郁……… 579, 583	建部 玲子……… 23, 54	田中 昭治………… 562
竹本 妙子………… 565	田代 富士男… 484, 485, 486	舘山 不二夫……… 187	田中 彰治…… 169, 170, 171
竹本 直一… 262, 263, 264, 265, 266, 267, 268, 289, 290, 292, 293, 294, 296	田代 文久… 350, 351, 352, 353, 354	帯刀 妙子………… 500	田中 真一…… 175, 176
竹本 孫一… 209, 210, 211	田代 安喜… 371, 372, 526	田所 久一………… 254	田中 真一………… 415
竹谷 源氏……… 32, 33	田代 由紀男……… 527	田所 国彦………… 329	田中 寿美子 549, 551, 554
竹谷 源太郎… 30, 31, 32	田代 幸雄………… 553	田所 健治………… 439	田中 清一………… 547
竹谷 とし子……… 447	多代田 至… 557, 559, 562, 567	田所 智子………… 163	田中 清逸……………30
竹谷 光雄………… 551	多田 育民…… 105, 127	田所 嘉徳… 66, 67, 95, 97	田中 清元………… 567
武谷 洋三……………17	多田 勇………… 99, 100	田中 朝子… 121, 132, 580	田中 節生………… 558
武山 健二郎……… 153	多田 省吾… 549, 551, 554, 556	田中 幾三郎…… 230, 231	田中 節子………… 572
武山 耕三……………15	多田 外海………… 353	田中 勲……… 144, 146	田中 操吉………… 189
竹山 重勝…… 182, 457	多田 時子…… 143, 144	田中 伊三次 247, 248, 249, 250	田中 大助………… 584
竹山 晋一郎……………61	多田 留治………… 489	田中 いづみ…………17	田中 大蔵………… 300
竹山 祐太郎 207, 208, 209	多田 直弘……………95	田中 卯一………… 552	田中 孝子… 284, 298, 493, 494
竹山 裕………… 470	多田 政一…… 207, 542	田中 栄晃… 560, 565, 569	田中 高…………… 269
武山 百合子 85, 87, 88, 89, 91, 92, 93, 94	多田 光雄……… 7, 8, 9	田中 栄一… 139, 140, 142, 143, 144	田中 高良…… 179, 180
田子 一民……… 25, 26	田高 富貴子……… 474	田中 栄作………… 485	田中 武夫… 269, 270, 271, 272, 273
太佐 順…………… 535	田高 実…………… 445	田中 織之進… 284, 285, 286	田中 武雄………… 544
太宰 寿子………… 163	只野 伍郎……………47	田中 角栄… 169, 170, 171, 172, 173, 174	田中 忠雄………… 553
田坂 幾太… 252, 253, 296, 298	只野 直三郎 30, 31, 32, 33	田中 和徳… 116, 117, 118, 119, 120, 121, 122, 126, 127, 128, 129, 130, 131, 133	田中 匡…………… 550
田崎 正一………… 175	只松 祐治 81, 82, 83, 435	田中 克彦………… 124	田中 惟允…… 283, 290
田崎 末松…… 270, 271	舘 哲二…………… 455	田中 克彦… 341, 342, 348, 514	田中 竜夫(田中龍夫) 318, 319, 320, 321
田崎 藤雄………… 381	舘 信秀…………… 580	田中 勝也……………65	田中 太朗…… 363, 396
田崎 良雄……………87	立川 光昭………… 584	田中 喜久子……… 522	田中 恒利… 339, 340, 341
田沢 吉郎… 21, 22, 23, 53	立木 洋 553, 555, 558, 566, 572	田中 清一…… 301, 325	田中 哲雄………… 461
田沢 智治… 553, 555, 558, 565, 571	橘 慶一郎… 181, 199, 200	田中 堯平…… 318, 319	田中 徹雄………… 123
田沢 摩希子…… 23, 55	橘 謙造…………… 108	田中 釣一…… 351, 517	田中 哲朗………… 444
田沢 裕一……………12	橘 康太郎… 179, 180, 196, 197	田中 邦雄………… 219	田中 照久………… 322
太治 一博………… 445	橘 正剛…………… 576	田中 啓一…… 202, 466	田中 藤作…… 254, 255
田島 一成… 245, 246, 291, 293, 294, 296, 298	立花 敏男… 268, 269, 271, 272	田中 慶秋… 114, 115, 116, 117, 118, 119, 120, 121, 127, 128, 129, 130, 132	田中 稔男… 350, 351, 352, 353, 354
田嶋 要 106, 107, 108, 109, 128, 129, 130, 132, 133	橘 直治…… 177, 455	橘 秀徳 120, 121, 130, 132	田中 利勝… 47, 48, 422
田島 国彦……… 78, 94	日月 外記………… 145	田中 健吉……… 36, 37	田中 俊秀………… 512
田島 敬介………… 553	辰尾 哲雄…… 180, 198	田中 源三郎……… 269	田中 富範………… 315
田島 公一… 199, 200, 201	立崎 誠一………… 439	田中 憲明………… 356	田中 直紀… 50, 51, 52, 454, 583
田嶋 好文… 215, 216, 217, 218	達増 拓也… 28, 29, 54, 55, 56	田中 甲 104, 105, 106, 107, 127, 131, 132	田中 直子………… 566
田島 正……………38	達増 陽子……… 29, 58	田中 好……… 247, 248	田中 長茂………… 382
田島 ひで… 215, 216, 217	龍田 清成………… 460	田中 広太郎… 525, 541	田中 信夫……………3
田島 朋晴………… 539	達田 龍彦…… 523, 524	田中 耕太郎……… 538	田中 信義………… 496
田島 正止 38, 39, 418, 543	竜野 薫…………… 567	田中 策三………… 464	田中 徳光………… 174
田島 将光………… 442	辰野 昌衛………… 555	田中 覚…… 231, 232, 477	田中 一 541, 546, 548, 551, 553
田島 衛 145, 146, 147, 148, 149	辰巳 孝太郎……… 488	田中 佐武郎……… 476	田中 元…………… 3, 4
田島 瑞夫………… 209	楯 兼次郎… 202, 203, 204	田中 茂樹…… 563, 568	田中 久雄… 229, 230, 231
田島 美和………… 579	伊達 源一郎……… 498	田中 茂穂………… 534	田中 英夫…… 252, 292
田島 雄二……………76	舘 俊三………… 3, 4, 5	田中 重弥………… 189	田中 秀樹…… 152, 162
田嶋 陽子………… 574	伊達 忠一…… 409, 410	田中 茂……………… 580	田中 秀子………… 522
田下 政治………… 170	立石 定夫………… 314	田中 実司………… 202	田中 英之… 252, 253, 296, 297
	立石 武博………… 374	田中 秀征… 192, 193, 194	田中 斉…… 216, 217
			田中 弘子………… 103
			田中 博子(タナカ・ヒロ

たなか　　　　　　　　　　候補者氏名索引

コ）............... 157, 447	田辺　丈太郎...... 108, 463	谷口　卓三............... 556	田原　恵子............... 493
田中　博之......... 296, 298	棚辺　四郎............... 423	谷口　徹......... 251, 291	田原　すみれ............ 574
田中　不二雄............ 545	田辺　忠男......... 136, 138	谷口　雅典......... 86, 92	田原　武雄............... 534
田中　文明............... 445	田辺　哲夫......... 443, 565	谷口　守行......... 225, 236	田原　徳............... 423
田中　文子............... 563	田辺　信宏......... 213, 214	谷口　弥三郎 525, 526, 546	田原　春次... 351, 352, 353
田中　不破三...... 381, 382	田辺　八郎............... 13	谷口　是巨......... 367, 524	田原　瑞穂............... 385
田中　真紀子 174, 175, 176, 196, 200	田辺　広雄... 222, 223, 224, 235	谷口　龍生............... 374	旅田　卓宗............... 287
田中　雅英............... 580	田辺　誠...... 74, 75, 76, 77	谷崎　登............... 552	田平　藤一............... 387
田中　正樹............... 43	田部　雄治......... 252, 503	谷崎　治之......... 344, 345	田伏　加南代............ 200
田中　政利......... 308, 309	田並　胤明... 84, 85, 86, 87, 92	谷瀬　綾子......... 360, 402	田淵　五十生............ 251
田中　正巳... 5, 6, 7, 8, 555, 558	棚村　重信............... 170	谷瀬　栄子............... 424	田淵　勲二............... 558
田中　正義......... 135, 366	谷　克己............... 482	谷田　慶子......... 341, 514	田淵　嵩............... 489
田中　松次郎 270, 488, 489	谷　公一 278, 279, 280, 292, 293, 294, 296, 297	谷田　武彦... 226, 236, 237	田淵　光一......... 284, 285
田中　万逸......... 254, 255	谷　俊二......... 279, 296	谷中　三好......... 234, 477	田淵　実夫............... 311
田中　見依............... 512	谷　末三............... 73	谷畑　孝 262, 263, 264, 265, 266, 267, 268, 289, 290, 292, 293, 294, 295, 298, 485, 486	田淵　哲也... 550, 552, 555, 559
田中　美絵子 159, 166, 185, 199, 200	谷　進............... 473		田淵　寿雄............... 269
田中　美智子 220, 221, 222	谷　建夫......... 12, 13	谷林　正昭............... 456	田淵　久......... 307, 548
田中　貢............... 311	谷　徹............... 487	谷藤　征得............... 418	田淵　正文............... 253
田中　美由紀............ 520	谷　博之......... 430, 431	谷村　勇............... 135	玉井　明............... 443
田中　美代子...... 155, 156	谷　洋一 273, 274, 275, 276, 277, 289, 290	谷村　啓介............... 308	玉井　彰......... 341, 347
田中　八百八............ 541		谷村　耕次郎............ 342	玉井　義一......... 284, 285
田中　康夫... 279, 295, 447, 578	谷　亮子............... 579	谷村　蕃............... 140	玉井　庄一............... 549
	谷相　勝二............... 344	谷村　霊真............... 254	玉井　祐吉............... 169
田中　康............... 524	谷合　正明... 576, 580, 583	谷本　彰良............... 326	玉川　安平............... 459
田中　裕子............... 435	谷井　美穂......... 89, 437	谷本　誠治............... 12	玉置　一徳......... 248, 249
田中　裕子......... 560, 563	谷内　智和............... 332	谷本　巍 556, 558, 561, 570, 574	玉城　栄一......... 393, 394
田中　幸弘............... 300	谷内　盛治............ 5, 6		玉置　和郎... 287, 549, 551, 553
田中　豊......... 99, 465	谷岡　一直............... 539	谷本　龍哉... 287, 288, 292, 293, 295	
田中　弓夫............... 12	谷岡　郁子......... 475, 582		玉置　一弥... 249, 250, 251, 252, 291, 293, 577
田中　洋一............... 553	谷垣　禎一... 250, 251, 252, 253, 289, 290, 292, 293, 294, 296, 297	谷本　利千代............ 542	
田中　陽二............... 360		谷脇　旭............... 344	玉置　吉之丞............ 494
田中　義邦............... 541		田沼　隆志... 108, 109, 132, 134	玉置　公良... 287, 288, 294
田中　良子............... 574	谷垣　専一...... 248, 249, 250		玉置　信一............ 3, 4
田中　義彦............... 117	谷上　典之............... 511	種田　鉄馬............... 256	玉置　猛夫... 333, 551, 553
田中　良............... 149	谷川　和穂... 312, 313, 314, 315, 323	種田　誠............... 427	玉城　デニー 395, 399, 400, 402, 403
田中　良一............... 562		種部　静子............... 520	
田中　良生... 88, 89, 90, 94, 95, 96, 97	谷川　和広...... 284, 298, 493	種部　秀之... 184, 197, 458	玉木　朝子............... 95
	谷川　寛三......... 344, 516	種村　由美子............ 252	玉木　襄............... 320
田中　良太............... 575	谷川　秀善......... 486, 487	田上　聡太郎............ 267	玉置　裕康............... 287
田中　六助... 352, 353, 354, 355, 356	谷川　敏通............... 384	田野瀬　太道 284, 296, 297	玉置　実............... 332
	谷川　とむ... 267, 268, 296, 297	田野瀬　良太郎... 283, 284, 289, 290, 292, 293, 294	玉木　雄一郎 336, 347, 348, 349
田中　和加子............ 53			
棚橋　小虎......... 189, 464	谷川　智行......... 166, 578	田野辺　隆男............ 431	玉沢　徳一郎 26, 27, 28, 29, 53, 54, 55, 56, 414
店橋　世津子...... 79, 433	谷川　信雄............... 558	頼母木　真六...... 136, 137	
棚橋　泰文... 205, 206, 207, 235, 236, 237, 238, 239, 241	谷川　展朗... 560, 565, 569	田畑　厳穂（田畑いずほ）... 229, 231	玉沢　正徳............... 29
	谷川　昇......... 311, 312		玉島　照波............... 254
	谷川　博之............... 160	田畑　一郎............... 443	玉田　憲勲............... 506
田麴　新八............... 487	谷川　弥一... 369, 370, 398, 399, 400, 401	田畑　金光... 49, 422, 423	玉村　和夫......... 188, 198
田名部　匡省... 22, 23, 412		田畑　苞（田畑シゲシ）248, 249	玉元　一夫............... 575
田名部　匡代 23, 24, 54, 55, 56, 57, 58, 59, 412	谷川　尚敬............... 334		玉屋　喜章............... 437
	谷口　和史......... 130, 131	田畑　政治............... 208	玉柳　実......... 513, 545
田部　明男......... 71, 72	谷口　和美............... 443	田畑　太三郎............ 244	玉利　高之............... 541
田辺　勝正............... 337	谷口　慶吉............... 534	田畑　毅......... 166, 167	田丸　義高......... 296, 298
田辺　国男... 123, 124, 126	谷口　秀二............... 276	田畑　裕明... 181, 199, 200	田万　清臣......... 254, 255
田辺　軍太郎............ 135	谷口　善太郎 247, 248, 249	田畑　政一郎 186, 187, 459	田万　広文......... 332, 333
田辺　健一............... 512	谷口　隆............... 9	田畑　真佐子............ 287	田宮　嘉一............... 582
田辺　孝三............... 506	谷口　隆義... 261, 262, 263, 264, 265, 266	田端　正広... 261, 262, 263, 264, 265, 266, 558	田村　久美子 345, 347, 348
田辺　省二............... 421			田村　賢作............... 429
		多原　香里......... 17, 409	田村　謙治... 214, 215, 237, 238, 240, 241

624

田村　耕太郎 301, 498, 579	近岡　理一郎 44, 45, 53, 54	塚田　一郎……………454	辻　孝太郎…………245
田村　公平… 344, 516, 517	近田　登志子…………563	塚田　栄二……………225	辻　鈔吉……………268
田村　作太郎…………543	地釜　勉………………441	塚田　十一郎 169, 170, 171, 452, 453	辻　第一…… 282, 283, 289
田村　定一……………318	近松　美喜子…………459		辻　毅………………152
田村　さわ子……………85	近森　毅………………344	塚田　庄平…… 7, 8, 9, 407	辻　武寿………… 546, 548
田村　節美……………500	知久馬　二三子… 301, 323, 324	塚田　昌平……………204	辻　雄文……………401
田村　貴昭… 359, 400, 401, 402, 403		塚田　説夫………………67	辻　英雄………… 354, 355
	地崎　宇三郎………6, 7, 8	塚田　大願… 141, 142, 551	辻　日出子…………266
田村　勉………… 86, 87, 90	千田　嘉三……………568	塚田　武………………44	辻　文雄………… 365, 366, 523
多武良　哲三…………216	千田　勝一郎…………415	塚田　徹…… 171, 172, 173	辻　政信…… 181, 182, 547
田村　智子… 155, 157, 165, 446, 572, 574, 580, 583	千田　正………………413	塚田　成幸………301, 302	辻　正義……………425
	千葉　孝子……………266	塚田　二七……………141	辻　恵… 264, 265, 266, 267, 268, 292, 293, 294, 297
田村　憲久… 233, 234, 235, 236, 237, 238, 239, 240, 241	千葉　国男…… 33, 34, 572	塚田　延充………… 63, 64	
	千葉　景子…… 449, 450, 451	津金　佑近… 142, 144, 145	辻　源巳… 88, 89, 90, 582
	千葉　堅弥………………32	塚野　健治……………170	辻　康裕………… 317, 326
田村　元 230, 231, 232, 233	千葉　紘代………117, 128	塚原　宏司… 154, 163, 446	辻　泰弘 275, 277, 280, 291, 298, 491
田村　秀昭… 561, 569, 574	千葉　浩規………………24	塚原　俊平… 63, 64, 65, 91	
田村　秀吉……………329	千葉　三郎 30, 99, 100, 101, 102	塚原　俊郎…… 60, 61, 62	辻井　民之助…………247
田村　洋…………………83		塚原　光男……………581	辻内　近三……………491
田村　文吉………451, 452	千葉　茂………………474	塚原　光良……………155	辻駒　啓三…… 315, 323
田村　正敏……………85, 92	千葉　七郎…… 26, 27, 413	塚本　三郎… 216, 217, 218, 219, 220, 221, 222, 223, 224, 235	辻田　暁子……………495
田村　幹夫……………283	千葉　潤………………157		辻田　恒省……………553
田村　ミキ子…………116	千葉　庄三郎……………25		辻田　実………… 103, 104
田村　光彦……………444	千葉　伸二……………131	塚元　周三……………365	辻畑　尚史……………416
田村　守男……………512	千葉　民蔵………22, 411	塚本　重蔵………538, 541	辻原　弘市………285, 286
田村　幸彦……………515	千葉　千代世 102, 547, 550	塚本　崇………… 188, 200	津島　恭一… 23, 24, 53, 54, 55, 56, 57, 58, 578
田村　理一… 472, 549, 552	千葉　常義…… 45, 54, 421	塚本　武志………………66	
田村　良平………343, 344	千葉　藤左衛門………135	塚本　直子……………581	津島　寿一……… 511, 543
為　仁史………… 267, 268	千葉　徹………… 223, 474	塚本　靖祐……………103	津島　淳……… 24, 57, 58
玉生　孝久……………179	千葉　宣男……………583	塚本　嘉次郎…………350	対馬　孝旦……………408
田母神　俊雄…… 161, 168	千葉　信………………407	塚本　能照……………317	対馬　テツ子……22, 563
田谷　武夫… 64, 65, 66, 93, 94, 95, 427, 428	千葉　マリア…………575	津川　祥吾… 213, 214, 215, 236, 237, 238, 240	津島　文治…… 21, 410, 411
	千葉　通子……………105		津島　宗康……………338
田山　英次…… 35, 56, 584	千葉　佳男… 31, 32, 34, 416	津川　武一…… 21, 22, 23	津島　雄二…… 22, 23, 24
田山　東虎………………61	千村　常作……………189	次石　曜子……………316	辻松　範昌………150, 560
樽井　良和… 264, 265, 292, 293, 309, 324, 577, 581	茶谷　滋……………86, 91	月川　蘇七郎…………523	辻村　智子……………158
	中願寺　純則…………357	次田　大三郎…………544	辻元　清美… 263, 265, 266, 267, 268, 290, 291, 294, 295, 296, 298, 487
樽床　伸二… 261, 262, 263, 264, 265, 266, 267, 268, 291, 292, 293, 294, 296, 298	中郡　聡………………85	月亭　可朝………552, 575	
	中後　淳……… 108, 130, 132	月野　薫………………422	
	中条　正実……………574	月原　茂皓…… 572, 576	辻元　由美……………577
田原　隆……… 378, 379, 396	中馬　猪之吉…………533	月原　重明……… 334, 335	続　訓弘………… 566, 572
俵　萠子………………443	中馬　弘毅… 258, 259, 260, 261, 262, 263, 264, 265, 266, 267, 289, 290, 292, 293, 295	築山　伸………………348	都築　利夫… 8, 220, 221
団　伊能………… 351, 517		津久井　龍雄…………441	都築　旦……………349
淡　徳三郎………136, 137		築紫　次郎……… 140, 141	都築　譲 225, 226, 228, 236, 237, 240, 474, 475
段　末眤……………486		佃　秀男……………344	
段　光憲……………474	中馬　辰猪… 385, 386, 387, 388, 389	佃　良一……………268	津々良　渉……………541
段　八重子……………445		津汲　泰宏………371, 550	津田　健児……………477
丹下　敬二……………104	長　俊英………………42	津雲　国利… 137, 138, 139, 140, 141	津田　修一……………322
丹治　幹雄……………570	長　正路…… 350, 351, 352		津田　尚美……………487
丹正　巖……………307	丁田　英子……………379	柘植　雅二……………475	津田　宣勝………………34
丹野　君子………………53	長南　博邦……………439	柘植　宗雄……………557	津田　又吉……………365
丹野　富男……………416	長命　保……………189	柘植　芳文……………581	津田　弥太郎…… 576, 579
丹野　実………………30	千代田　一郎…………135	津崎　尚武……………386	蔦田　恵子……………580
団原　敬………………70	千代丸　健二…… 146, 519	辻　一憲………… 189, 201	土川　秀孝……………293
反保　直樹………455, 456	珍道　直人…… 234, 240	辻　一彦 187, 188, 196, 197, 460	土倉　宗明……………177
段本　幸男……… 573, 577			土田　嘉平……………516
	【つ】	辻　一幸……………225	土田　国太郎…………543
【ち】	立木　秀学……………297	辻　寛一 215, 216, 217, 218, 219, 220, 221	土田　作治郎……………41
	津賀　幸子……………106		土田　博和… 471, 579, 582
近石　美智子 336, 348, 512	塚越　慈徳……………567	辻　清人 159, 160, 166, 167	土田　弘……………408
		辻　兼一……………202	土田　充……………424

土田　洋子……………147	坪井　秀夫…………445	出淵　勝次…………413	天坂　辰雄…557, 559, 563
土田　龍司…115, 116, 117, 118, 119, 128, 130	坪内　八郎………365, 366	出町　初太郎…………541	天道　正人……………311
土屋　伊都子…………495	坪川　信三…185, 186, 187	寺内　大介…………402	天坊　裕彦…546, 548, 551
土屋　栄一……………497	坪倉　浩子…………150	寺内　弘子…85, 556, 561	天満屋　是清…………321
土谷　一雄……………578	坪田　五久男 245, 246, 298, 480	寺尾　賢………108, 440	
土谷　幸子……………487	坪田　光蔵…………247	寺尾　博………538, 542	【と】
土谷　享……………8, 9	坪野　米男………248, 249	寺尾　寛…………562	土居　和子……470, 487
土屋　品子…86, 87, 88, 89, 90, 93, 94, 95, 96, 97	坪谷　郁子………153, 163	寺尾　豊…515, 538, 541	土居　一豊……………346
土屋　俊治……………189	坪山　徳弥…………429	寺岡　一子…………525	土井　喜美夫…34, 54, 417
土屋　俊三……………437	津村　啓介…309, 310, 324, 325, 327	寺岡　信夫…………221	土肥　大四郎…………418
土屋　富久…78, 94, 95, 572	津村　喬……………556	寺崎　昭久……562, 569	土井　たか子 272, 273, 274, 275, 276, 277, 278, 290, 291, 293, 294
土屋　春樹……………544	津村　文次郎…………540	寺崎　覚……………350	
土屋　春世……………433	円谷　光衛………46, 47	寺崎　新一郎 177, 178, 455, 547	土井　亨 35, 36, 55, 56, 57, 58
土屋　正忠…157, 158, 159, 161, 164, 165, 166, 167	津山　一男…………333	寺崎　祐義…………370	土井　直作…109, 110, 111
土屋　正秀…107, 130, 498	津山　謙………160, 167	寺迫　好美…………392	土井　秀信……………518
土屋　光子……………247	露木　順一…117, 121, 132, 451	寺沢　芳男……566, 572	土井　真樹…227, 238, 239
土屋　由美子…………565	露口　礼子…………342	寺下　岩蔵…………411	土井　正美……379, 530
土屋　義彦……434, 435	都留　忠久……377, 378	寺島　泰治…169, 171, 452	土居　美佐子…………336
土山　清市……………494	鶴岡　七郎…………142	寺島　博也…………120	土井　裕子……384, 398
土山　弘人……………198	鶴岡　洋 101, 102, 438, 555, 558, 566, 572	寺島　浩幸……360, 402	土肥　隆一…275, 276, 277, 278, 279, 290, 291, 292, 293, 294
筒井　哲二朗……279, 280	鶴川　晃久…………120	寺島　義幸…195, 196, 200	
筒井　直久……………190	鶴園　哲夫…534, 547, 550	寺島　隆太郎…99, 100, 101	戸井田　三郎 273, 274, 275, 276, 289
筒井　信雄……………327	鶴田　知也……………37	寺田　明充……316, 318	
筒井　信隆…174, 175, 176, 197, 198, 199, 200	鶴田　裕貴博……………40	寺田　市正……386, 387	戸井田　真太郎………280
筒井　宏志……………266	鶴谷　鉄男……211, 212	寺田　九一郎…………366	戸井田　徹…277, 278, 279, 290, 292, 293, 295
筒井　密義……………504	ツルネン・マルテイ…117, 127, 450, 573, 575, 577, 581	寺田　熊雄…………502	
筒井　洋介…………67, 96		寺田　甚吉…………544	戸板　まさ恵…………251
堤　栄三………………380	鶴野　幸一郎…………183	寺田　典城…………580	戸板　道広……………310
堤　かなめ……………520	鶴保　庸介…287, 495, 496	寺田　武雄…137, 138, 256, 441	東井　三代次…………280
堤　源寿………73, 74, 75	鶴丸　千夏…………385	寺田　敏之…………369	東海　正次郎………21, 22
堤　ツルヨ……………243	鶴見　俊蔵……………13	寺田　創………………40	東海　由紀子…………447
堤　八郎…………350, 351	鶴見　祐輔…25, 413, 543	寺田　昌弘…………440	堂垣内　尚弘…………556
堤　美智子……………563	鶴森　広……………457	寺田　学 40, 41, 55, 56, 58, 59	道休　誠一郎 385, 400, 402, 533
堤　康次郎……………243		寺田　稔 316, 317, 318, 325, 326, 327	峠　康夫………………330
綱島　正興………365, 366	【て】		堂故　茂……………456
常岡　一郎…540, 546, 549	出合　一市…………492	寺田　幸夫…………230	堂故　敏雄……………178
常岡　要………140, 141	出口　競……………543	寺地　俊二…………563	東郷　健 150, 443, 552, 553, 555, 558, 560, 564, 568, 571
常田　享詳……300, 498	出口　孝二郎…………562	寺地　秀己…………116	
常松　克安…231, 556, 561	出口　広光…………419	寺戸　朋兄…………302	
常松　裕志…148, 149, 150, 151, 153, 162, 163	出口　佑一…………181	寺西　喜一郎…………488	東郷　哲也…228, 229, 240, 241
津野　嘉代……355, 356	出先　隆司…………383	寺西　武……………261	
津野　公男……………556	手島　栄………546, 549	寺西　睦………227, 239	東郷　実………………386
津野　豊臣……520, 578	出島　千鶴子 304, 323, 324, 325	寺沼　幸子…………555	東条　栄之助…………135
角田　義一……432, 433		寺前　巌 249, 250, 251, 289	東条　恭子……………510
角田　邦男……………104	手嶋　秀昭………358, 399	寺光　忠……………542	東城　日出子…………195
角田　倉人…560, 565, 569	手島　雄二…………299	寺村　鈴郎…………243	東条　保子……………167
角田　秀穂……………133	手代木　隆吉……4, 5, 407	寺本　斎………370, 371	東条　由布子…………446
角田　宏子…133, 451, 579	手塚　弘司…………332	寺本　広作……526, 527	東条　幸紀……………348
椿　繁夫 258, 484, 541, 544	手塚　恒雄…………143	寺本　正男……285, 495	任田　新治……………457
椿　精一………545, 548	手塚　洋………………33	寺本　和一郎…………270	東福　淳一……387, 388
津林　民子……………560	手塚　仁雄…152, 154, 155, 156, 157, 159, 160, 162, 163, 164, 165, 166, 167	寺山　智雄…………574	東間　徹………113, 114
津布久　真次……………68		寺山　初代…………267	藤間　生大………79, 80
坪井　一宇…263, 290, 485, 486, 487, 578	出野　博志…………252	照井　善朝…………411	当間　元恒……………254
	出畑　実………131, 133	照屋　寛徳…394, 395, 399, 400, 402, 403, 536, 537	当麻　よし子………86, 91
坪井　亀蔵……………207			堂本　暁子……561, 570
坪井　研精………539, 542		田　英夫 444, 445, 551, 553, 557, 574	堂森　芳夫…185, 186, 187,

459	外口 玉子……… 149, 151	土橋 一吉… 135, 140, 141, 142, 143, 144, 145
東門 美津子 394, 395, 397, 399, 400	徳留 博臣……… 401	土橋 敏郎……… 563
東家 嘉幸… 373, 374, 396	徳留 道信… 153, 154, 155, 156, 158, 166	戸花 喜一………25
頭山 晋太郎 360, 401, 403	徳永 エリ……… 409, 410	戸張 龍雄……… 444
道用 悦子……… 456	徳永 一視……… 150	土肥 靖治……… 572
戸枝 義明……… 552	徳中 祐満……… 3	飛田 洋子……… 557
遠井 浅次………67	徳永 正報……… 451	戸辺 利平……… 408
遠井 司郎……… 141	徳永 久志… 246, 298, 480	苫 和三……… 409
遠野 沙夜……… 474	徳永 正利 547, 550, 551, 554, 556	戸松 武男……… 350
遠山 清彦… 400, 401, 403, 574, 578	徳永 光昭……… 325	戸松 喜蔵… 256, 257, 258
遠山 浩子……… 120	徳原 文夫……… 559	苫米地 義三… 20, 543
遠山 博……… 559	トクマ……… 168, 447, 583	苫米地 英人… 14, 18
遠山 丙市……… 440	徳増 記代子……… 107	苫米地 英俊 3, 4, 407, 549
渡海 紀三朗 275, 276, 277, 278, 279, 280, 290, 293, 295, 296, 297	徳丸 千年……… 388	泊谷 裕夫……… 6, 7
	徳水 典子……… 578	富家 一……… 371, 526
	徳毛 宜策…… 312, 313	富岡 清彦……… 288
土開 千昭……… 364, 399	徳安 実蔵… 299, 300, 496	冨岡 勉 369, 370, 399, 400, 401, 402
渡海 元三郎 270, 271, 272, 273, 274, 275	戸倉 多香子 322, 326, 508	富岡 ナツエ……… 254
富樫 秀雄………23	戸毛 亮蔵……… 281	富岡 由紀夫… 78, 93, 240, 433, 582
冨樫 博之… 40, 41, 57, 58	常井 美治… 64, 65, 92, 93	富岡 芳忠… 72, 94, 95, 96
富樫 正秋……… 20	床尾 芬……… 482	富川 昇……… 395
富樫 良子……… 560	床田 和隆……… 436	富川 将充……… 176
富樫 練三… 85, 436	床次 徳二… 385, 386, 387, 388, 389	富川 満也……… 395
渡嘉敷 奈緒美… 265, 266, 267, 268, 293, 295, 296, 297	野老 誠… 99, 100	冨沢 篤紘… 116, 117, 127
	所谷 尚武… 344, 516	富沢 信太郎… 562, 566
戸叶 勝朗………69	登坂 重次郎… 62, 63, 64	富沢 久雄……… 426
戸叶 里子……… 67, 68, 69	戸坂 富久子……… 327	富塚 俊信……… 541
栂野 泰二…… 303, 499	戸沢 二郎… 152, 154, 162, 163	富塚 正男…… 557, 559
戸叶 武… 67, 68, 428, 429	戸沢 政方… 113, 114, 115	富塚 三夫… 114, 115, 116, 127
戸川 猪佐武……… 112	敏いとう……… 580	富田 喜作…… 181, 182
戸川 真五……… 438	戸嶋 悦子…… 564, 568	富田 邦靖………25
戸川 昌子……… 575	利光 哲也……… 380	富田 健治… 269, 270, 271
土岐 章…… 545, 547	戸田 菊雄 32, 33, 34, 415, 416	富田 定……… 550
土岐 一郎…… 335, 336		富田 茂之… 104, 105, 126, 128, 129, 130, 131, 132, 133
土岐 強…… 141, 142	戸田 邦司…… 569, 574	
土岐 直通……… 388	戸田 定彦…… 153, 154	富田 隆………84
土岐 雄三……… 435	戸田 二郎… 206, 236, 572, 574, 576, 578	富田 照………99
時崎 雄司…… 64, 91		富田 友康……… 485
常葉 雅文……… 469	戸田 豊重……… 162	冨田 直樹… 157, 158, 160
常磐津 八重太夫… 574	戸田 正直……… 135	冨永 格五郎… 3, 4
徳内 厚美……… 341	栃内 健……… 429	富永 進……… 361
徳川 宗敬… 425, 538, 544	戸塚 一二………93	富永 泰輔…… 358, 398
徳川 頼貞……… 494	戸塚 九一郎……… 208	冨永 照子……… 574
徳義 三男……… 504	戸塚 進也… 211, 212, 213, 235, 236, 469, 470	冨永 宣生…… 219, 220
徳茂 雅之……… 583		冨永 雅之……… 571
徳島 正浩……… 120	戸津川 永………36	富村 郷司…… 322, 327
徳田 球一……… 135	轟 泰諄……… 410	富森 啓児…… 192, 193
徳田 恭三……… 277	轟木 利治… 577, 581, 583	富山 栄子… 152, 162, 446
徳田 毅… 392, 400, 401	轟 好人……… 200	富山 叶……… 428
徳田 虎雄… 390, 391, 396, 398, 573	刀袮 勝之… 228, 229, 240, 241	富山 ひで子………97
徳田 憲郎……… 493	利根川 武矩……… 120	富山 泰庸… 121, 132, 582
徳田 与吉郎……… 182	刀弥館 正也……… 273	冨吉 栄二…… 385, 386
徳武 重信……… 192	殿岡 利助……… 428	冨吉 遼……… 388
ドクター・中松 →中松 義郎	外崎 千代吉… 20, 21	戸村 一作……… 553
	殿田 孝次……… 181	友沢 康博…… 379, 396
戸口 佐一…… 89, 90	鳥羽 照司…… 440, 552	

友田 不二男……… 553		
友谷 栄三……… 143		
友近 聡朗… 342, 348, 514		
友野 昭男……… 435		
友野 康治……… 154		
友納 武人… 102, 103, 104		
友久 裕美……… 275		
友部 達夫… 148, 559, 562, 567, 569		
友部 正夫……… 444		
友安 唯夫……… 503		
友行 信……… 396		
友利 栄吉……… 393		
土門 幸一……… 544		
土門 宏………44		
戸谷 聖……… 486		
外山 斎 384, 385, 399, 402, 403, 533		
登山 嘉蔵………74		
外山 高史……… 279		
外山 良治…… 384, 397		
豊川 卓……… 510		
豊川 良之助……… 540		
豊口 茂治……… 135		
豊沢 豊雄……… 332		
豊島 俊男…… 6, 7		
豊島 愛明……… 540		
豊瀬 禎一… 544, 547, 550		
豊田 収……… 496		
豊田 勝彦……… 105		
豊田 潤多郎 251, 252, 291, 294, 297, 298		
豊田 隆久…… 266, 267		
豊田 俊郎……… 440		
豊田 秀男… 305, 306, 307, 501		
豊田 雅孝… 543, 547, 549, 551		
豊田 真由子 89, 90, 96, 97		
豊田 八千代…… 228, 241		
豊田 有希…… 122, 133		
豊原 健次郎……… 372		
豊原 洋………6		
豊福 保次…… 350, 351		
虎島 和夫… 368, 369, 396, 397		
鳥居 一雄… 101, 102, 103, 104		
鳥井 健次……… 566		
鳥居 豊橘…… 267, 297		
鳥海 裕…… 86, 91		
鳥飼 謙二…… 384, 400		
鳥畠 徳次郎……… 457		
鳥谷 寅雄……… 109		

【な】

内柱 綾子……… 221
内藤 功 443, 444, 553, 555
内藤 英一……… 184
内藤 久一郎……… 169

内藤　健⋯⋯⋯⋯⋯509	291, 490	15, 16, 17	中里　富蔵⋯⋯⋯⋯⋯69
内藤　弘一⋯⋯⋯⋯234	永江　孝子⋯ 341, 342, 348,	中川　政一⋯ 231, 232, 476	長沢　郁朗⋯⋯⋯⋯557
内藤　駿次⋯⋯⋯⋯472	349, 515	中川　成城⋯⋯⋯⋯564	中沢　伊登子（中沢いと子）
内藤　尚⋯⋯⋯⋯ 153, 163	永江　正道⋯⋯⋯⋯205	中川　卓也⋯⋯⋯⋯483	489, 490
内藤　誉三郎 549, 551, 553	長尾　彰久⋯⋯⋯ 155, 163	中川　民英⋯⋯⋯ 234, 478	中沢　栄二⋯⋯⋯⋯272
内藤　隆⋯⋯⋯⋯ 177, 178	中尾　栄一⋯ 123, 124, 125,	中川　暢三⋯⋯⋯⋯446	中沢　啓吉（中沢啓一）555,
内藤　隆司⋯⋯⋯⋯ 34, 36	126, 127	中川　千代治⋯⋯⋯337	557
内藤　武宣⋯⋯⋯⋯354	長尾　勝則⋯⋯⋯⋯262	中川　俊直⋯ 317, 318, 326,	中沢　健 15, 106, 108, 128,
内藤　友明⋯⋯⋯ 177, 178	中尾　純子⋯⋯⋯⋯523	327	130, 132
内藤　知周⋯⋯⋯ 441, 504	中尾　順三⋯⋯⋯⋯280	中川　智子⋯ 277, 278, 290,	中沢　憲一⋯⋯⋯⋯194
内藤　正光⋯⋯⋯ 572, 575	長尾　太人⋯⋯⋯ 553, 554	291, 293, 294	中沢　健次⋯⋯⋯ 10, 15
内藤　松次郎⋯⋯⋯⋯41	長尾　敬 264, 265, 266, 267,	中川　智正⋯⋯⋯⋯115	中沢　こうめい⋯⋯462
内藤　良平⋯⋯⋯ 38, 418	268, 292, 293, 294, 297	中川　直人⋯ 156, 164, 165,	長沢　純⋯⋯⋯⋯⋯554
苗村　光雄⋯⋯ 87, 88, 90	永尾　隆幸⋯⋯⋯⋯569	446	長沢　宗八⋯⋯⋯⋯552
名尾　良孝⋯⋯⋯⋯435	中尾　武憲⋯⋯⋯ 368, 369	中川　二四⋯⋯⋯⋯141	中沢　忠一⋯⋯⋯⋯540
直井　完治⋯⋯⋯⋯564	長尾　達生⋯⋯⋯⋯350	仲川　半次郎 243, 244, 478,	中沢　照雄⋯⋯⋯⋯557
直嶋　正行⋯ 566, 572, 575,	長尾　達也⋯⋯⋯⋯301	479	中沢　浪治⋯⋯⋯⋯515
579	中尾　辰義⋯ 484, 547, 550,	中川　秀直⋯ 313, 314, 315,	中沢　ひさと⋯⋯⋯568
中　助松⋯⋯⋯⋯⋯110	551, 554	316, 317, 323, 324, 325,	長沢　広明 93, 94, 95, 580,
仲　春治⋯⋯⋯⋯⋯⋯80	長尾　忠一⋯⋯⋯⋯202	326	583
永井　晶子⋯⋯⋯⋯562	中尾　則幸⋯⋯⋯ 409, 572	中川　博司⋯ 195, 199, 465	中沢　茂一⋯ 189, 190, 191,
永井　一郎⋯⋯⋯ 348, 349	中尾　宏⋯⋯⋯⋯ 388, 389	仲川　房次郎⋯⋯⋯281	192
永井　英慈⋯ 115, 116, 117,	長尾　広志⋯⋯⋯ 324, 325	中川　平一⋯⋯⋯⋯187	中沢　幸男⋯⋯⋯⋯417
127	長尾　正昭⋯⋯⋯⋯357	中川　正春⋯ 233, 234, 237,	中路　雅弘⋯ 112, 113, 114,
永井　英修⋯⋯⋯⋯361	中尾　正利⋯⋯⋯⋯470	238, 239, 240, 241	115, 116, 127, 448, 449
中居　英太郎⋯⋯ 25, 26	長尾　立子⋯⋯⋯⋯565	中川　雅治⋯⋯⋯ 446, 447	中島　章夫⋯ 115, 116, 126,
永井　修⋯⋯⋯⋯⋯278	中尾　良一⋯⋯⋯⋯571	中川　正美⋯⋯⋯⋯320	566, 572, 576
中井　一夫⋯ 269, 270, 271	長岡　栄太郎⋯⋯⋯231	中川　又四郎⋯⋯⋯183	長島　昭久⋯ 155, 156, 157,
永井　勝次郎⋯ 3, 4, 5, 6, 7	永岡　悦子⋯⋯⋯⋯380	中川　睦二⋯⋯⋯⋯246	158, 160, 161, 163, 164,
長井　金太郎⋯⋯⋯440	永岡　桂子⋯ 66, 67, 94, 95,	中川　以良⋯⋯⋯ 506, 538	165, 166, 167
永井　久美子⋯⋯⋯581	96, 97	中川　泰生⋯⋯⋯⋯562	中島　巌⋯⋯⋯ 189, 190, 191
長井　源⋯⋯⋯⋯⋯230	長岡　重代⋯⋯⋯⋯⋯57	中川　泰宏⋯ 252, 293, 295	長島　一由⋯ 116, 120, 130
永井　純一郎⋯⋯ 382, 494	長岡　太刀雄⋯⋯ 41, 420	中川　康洋⋯⋯⋯⋯242	中島　勝一⋯⋯⋯⋯318
中井　俊作⋯⋯⋯⋯372	永岡　光治⋯ 543, 547, 550	中川　郁子⋯⋯ 14, 15, 18	中島　克仁⋯ 126, 132, 133
中井　駿二⋯⋯⋯⋯483	中岡　要⋯⋯⋯⋯ 113, 449	仲川　幸男⋯⋯⋯⋯514	中島　勝広⋯⋯⋯⋯⋯92
永井　純隆⋯⋯⋯⋯320	中岡　陽子⋯⋯⋯⋯157	中川　義雄⋯⋯⋯ 409, 580	中島　絹子⋯⋯⋯⋯373
永井　泰蔵⋯⋯⋯⋯457	永岡　洋治⋯ 64, 65, 66, 93	中川　義信⋯⋯⋯ 540, 542	中島　清延⋯⋯⋯⋯341
永井　孝⋯⋯⋯⋯⋯364	中垣　国男⋯ 216, 218, 219,	中川　嘉美⋯ 143, 144, 145,	長島　銀蔵⋯ 468, 540, 546
永井　孝信⋯ 274, 275, 276	220	146, 147, 148, 149, 561	中島　久美子⋯⋯⋯554
永井　哲男⋯ 10, 11, 12, 15	中垣　静男⋯⋯⋯⋯253	中川　義衛⋯⋯⋯ 266, 297	中島　袈裟重⋯⋯⋯464
中井　徳次郎⋯⋯ 230, 231	中河西　仁兵衛⋯ 47, 423	中川　力松⋯⋯⋯⋯178	中島　賢蔵⋯⋯⋯⋯281
永井　獏⋯⋯⋯⋯⋯395	中上　由美子⋯⋯⋯439	中川　利三郎⋯⋯ 38, 39	中島　源太郎⋯ 75, 76, 77
永井　寿也⋯⋯⋯ 280, 298	中川　功⋯⋯⋯⋯⋯⋯20	中北　龍太郎 264, 291, 293,	長島　功一⋯⋯⋯⋯442
内井　治 231, 232, 233, 234,	中川　一郎⋯⋯ 6, 7, 8, 9	570	中嶋　康介⋯⋯⋯ 196, 200
236, 237, 238, 239	中川　悦良⋯⋯⋯⋯514	中桐　伸五⋯ 309, 323, 324	中島　茂喜⋯ 350, 351, 352,
永井　博⋯⋯⋯⋯⋯456	中川　治 265, 266, 267, 292,	永国　淳哉⋯⋯⋯ 344, 560	353, 354
中井　平一郎⋯⋯⋯381	293, 294, 297	長久保　定雄⋯⋯ 138, 139	中島　順一⋯⋯⋯ 277, 500
中井　光次⋯⋯⋯⋯483	中川　勝俊⋯⋯⋯⋯109	仲子　隆⋯⋯⋯ 506, 539, 542	中島　二郎⋯⋯⋯⋯150
中井　豊⋯⋯⋯⋯ 71, 92	中川　京子⋯⋯⋯⋯574	仲子　武一⋯ 333, 548, 549	中島　雋吉⋯⋯⋯⋯544
永井　要造⋯⋯⋯ 109, 448	中川　圭⋯⋯⋯⋯⋯505	長坂　定⋯⋯⋯⋯⋯220	中島　隆利⋯ 375, 376, 400,
永井　義春⋯⋯⋯⋯473	中川　賢一⋯⋯⋯⋯409	長坂　正春⋯⋯⋯⋯233	402
中家　貞雄⋯⋯⋯ 272, 273	中川　源一郎 247, 248, 480,	長坂　康正⋯ 228, 229, 240,	中島　武市⋯⋯⋯ 3, 407
中家　治子⋯⋯⋯⋯118	548	241	中島　武敏⋯ 143, 144, 145,
中石　仁⋯⋯⋯ 316, 317, 318	中川　浩一郎⋯⋯ 375, 399	長崎　笑美香⋯⋯⋯568	146, 147, 148, 149, 150,
中泉　松司⋯⋯⋯⋯420	中川　幸司⋯⋯⋯ 168, 436	長崎　慶一⋯⋯⋯⋯577	151, 152, 154, 162
仲内　憲治⋯⋯⋯ 99, 100	中川　幸平⋯⋯⋯⋯457	長崎　幸太郎 125, 126, 129	長島　忠美⋯ 176, 177, 198,
中内　秀彦⋯⋯⋯⋯344	中川　左近⋯⋯⋯ 382, 532	長崎　惣之助⋯⋯⋯418	199, 200
中畝　友幸⋯⋯⋯ 84, 555	中川　周三⋯⋯⋯⋯373	中崎　敏⋯⋯⋯⋯⋯302	中島　達郎⋯⋯ 40, 54, 419
永江　一夫⋯ 268, 270, 271,	中川　俊思⋯ 310, 311, 312,	長崎　由美子⋯⋯⋯487	中嶋　太郎⋯⋯⋯ 365, 366
272	313	仲里　利信⋯⋯⋯⋯395	中島　束 152, 153, 156, 157
永江　一仁⋯ 273, 274, 275,	中川　昭 9, 10, 11, 12, 13,		中島　剛⋯⋯⋯⋯ 502, 507

中島　徹…………523	127, 128, 129	157, 159, 160, 162, 163, 164, 165, 166, 167, 570	266, 291, 292, 293, 294
中島　伸枝…………220	中田　久義…………456	長妻　亮…………316	中野　清 86, 87, 88, 92, 93, 94
中嶋　徳彦…………525	長田　英知…118, 119, 128, 130	中堂　利夫…………141	長野　邦子…………262
中島　治彦………222, 223	永田　秀行…………363	長友　清冨…………375	中野　顕…………152
中島　英夫……111, 112	中田　宏 115, 116, 117, 122, 133, 200, 580	長友　忠弘……224, 228, 229	中野　源次郎…………550
中島　英孝…………357	中田　博二…………365	長友　ちか……384, 532	永野　耕士…………107
中島　彪三…………429	永田　博…………476	長縄　幸子……224, 235	長野　作二郎…………542
中島　啓雄………569, 573	中田　昌秀………260, 261	中西　敦信…………370	中野　早苗 194, 195, 197, 198, 199, 200, 465, 466, 576
中島　博…………314	中田　政美…………299	中西　一郎………489, 490	
中嶋　文雄…………573	中田　政行…………255	中西　伊之助………110, 545	
中嶋　誠 105, 106, 127, 128, 439	永田　正義…………371	中西　和也………358, 359	永野　茂門………558, 565
中島　政希…77, 78, 91, 92, 94, 95	中田　守雄…………483	中西　一善……155, 156, 164	中野　重治………538, 541
	永田　安太郎……216, 218	中西　勝治……269, 488, 489	中野　志乃夫………153, 162
中島　正純…266, 294, 402	中田　吉雄………300, 496	中西　君江…………568	長野　重右衛門…………243
中島　真人………462, 463	永田　良雄…………456	中西　郷市…………305	中野　淳子…………120
中島　衛…192, 193, 194	永田　義和…………264	中西　啓介………286, 287	中野　譲 87, 88, 89, 90, 93, 94, 95, 96
中島　睦正…………135	永田　義人………392, 393	中西　健治…………451	
中島　守利…………135	中田　米蔵……………76	中西　功 111, 112, 448, 538	中野　四郎…216, 217, 218, 219, 220, 221, 222
長嶋　康夫…………117	永田　亮一…269, 270, 271, 272, 273, 274	中西　五郎…………368	
中島　康博…………417		中西　哲…………583	長野　祐也…389, 390, 391, 535
中島　弥団次…80, 136, 137	永田　良吉………386, 387	中西　茂昭………576, 577	
中島　獻一…………575	中峠　国夫…216, 217, 218, 219, 472, 540, 541, 547, 550, 551	中西　修二………24, 58	長野　清一…………387
中島　祐吉…269, 270, 272, 489		中西　績介…355, 356, 357, 358, 396, 397	中野　善兵衛…………254
			中野　高明……256, 257, 484
中島　裕子………570, 573	長滝　武…………540	中西　竹太…………218	長野　高一…136, 138, 139, 142
中島　洋次郎…77, 91, 92	中武　賢臣………573, 577	中西　珠子………556, 561	
中島　良貞…………541	中武　重美…………532	仲西　常雄………394, 572	中野　武雄…247, 248, 249, 481
中嶋　義晴…………309	永谷　一三…………476	中西　利理…………299	
永末　英一…248, 249, 250, 481	中谷　一馬………122, 133	中西　豊明………301, 497	中野　武史…234, 239, 477, 478
	長谷　邦夫………365, 366	中西　雅市…………550	
長住　由美子……556, 559	中谷　元 344, 345, 346, 347, 348, 349	中西　祐介…………510	中野　健………383, 384
長瀬　健太郎………135		中西　裕三………277, 490	永野　鎮雄………550, 553
永瀬　茂…………303	中谷　浩一…………335	中西　幸男………551, 552	中野　鉄造…362, 521, 555, 558
長勢　甚遠…179, 180, 181, 196, 197, 198, 199	中谷　真一……126, 131, 133	中西　利恵…………512	
	中谷　武世…………285	長沼　宗二………38, 39	中野　敏雄…………361
中曽根　薫……………73	中谷　千章…………539	長沼　チネ……88, 89, 90	中野　俊夫…………487
中曽根　弘文……432, 433	中谷　鉄也…………286	長沼　哲夫…………487	中野　智裕………121, 122
仲宗根　康人…………577	中谷　智司…………510	長沼　広…77, 78, 91, 92, 93	長野　俊郎…………396
中曽根　康弘 73, 74, 75, 76, 77, 91, 92	中谷　則子…………213	永沼　宏之………90, 96	中野　寅吉…46, 422, 545
	中谷　裕之…………584	長沼　洋一……………29	長野　長広………342, 343
中園　辰信………358, 359	中谷　隆一…………487	中根　一幸…88, 89, 90, 94, 95, 96, 97	中野　初太郎…………381
仲田　明子………152, 162	中地　熊造…………544		中野　英雄…………349
中田　一郎……………91	中地　新吾…………332	中根　佐知………516, 517	仲野　博子…12, 13, 14, 15, 16, 17, 18
永田　悦子………153, 439	中津井　真…………504	中根　寛…………368	
永田　久美子…………227	中塚　一宏…118, 119, 120, 121, 128, 129, 130, 132, 235, 291, 572	中根　裕美…227, 228, 242, 475	中野　弘則…………187
永田　健一……………87			中野　洋昌………279, 280
中田　三四郎…………575		中根　康浩…225, 226, 227, 228, 236, 237, 238, 239, 240, 241	中野　文門…………489
中田　滋…………572	中塚　種夫…………254		中野　正志…34, 35, 36, 54, 55, 56, 57, 58, 416, 579, 582
中田　純………178, 179	長塚　恒夫……………91		
中田　晋介…………524	永塚　友啓………86, 87	中野　光…………151	
中田　清市…………247	長塚　智広…………428	中野　明 343, 344, 554, 556	中野　正康………228, 240
中田　選…………314	中塚　英範………72, 93	長野　朗…………545	永野　護………311, 504
仲田　大介……………96	中司　宏…………262	中野　明美…283, 284, 294, 297, 576	中野　マリ子…………486
永田　節………376, 377	永塚　勇助………79, 80		中野　峯夫…………377
中田　孝幸…………213	中務　正裕…262, 290, 487	永野　厳雄…………504	中野　実…………332
中田　哲………371, 526	中津川　博郷 105, 154, 156, 157, 159, 162, 164, 165, 166	中野　治…………308	中野　泰雄…………352
中田　敏博………108, 132		中野　和夫…………249	中野　雄太………214, 471
中田　信晃…………444		長野　勝美…………568	中野　庸子………224, 445
永田　彦太郎…………539	長妻　昭 152, 154, 155, 156,	中野　寛成…258, 259, 260, 261, 262, 263, 264, 265,	中野　芳宣……………12
永田　寿康…105, 106, 107,			中野　好博…264, 265, 266

永野　若松……………351	中村　巌……148, 149, 150	中村　太郎……………462	121, 122, 126, 127, 129, 132, 134
中名生　明……………563	中村　卯助…………216	中村　千春………………76	
中目　覚………………540	中村　梅吉…136, 137, 138, 139, 140, 141, 142, 143, 144	中村　禎二……………524	中本　奈緒子…………471
中野渡　旬……………122		中村　徹夫……309, 325	仲本　安一……394, 536
中野渡　詔子 24, 57, 58, 59		中村　哲治…283, 284, 291, 292, 293, 297, 298, 493, 523	永森　憲三……………568
中畑　喜一……………281	中村　英一…………212		中森　辰一……………317
中畑　清………………580	中村　鋭一…262, 291, 479, 485, 486		中森　福代………94, 200
長畑　龍介……………309		中村　晃生……356, 357	長屋　茂………………551
長浜　恵美子…384, 397		中村　徹………117, 128	中屋　大介…322, 327, 359, 399, 400
長浜　重造………………21	中村　治……………410	中村　時雄…336, 337, 338, 339	
長浜　昌三……………399	中村　嘉寿…385, 541, 544, 547		仲谷　良子…………24, 56
長浜　博行…104, 105, 106, 127, 128, 129, 440		中村　時広……340, 341	長安　豊 265, 266, 267, 268, 292, 293, 294, 296, 298
	仲村　和平…………105	中村　時保………………62	
中林　美恵子 119, 120, 130, 132	中村　勝司…………564	中村　徳一……150, 486	中山　英一……402, 403
	中村　勝治…………190	中村　年男……………248	中山　栄一……60, 61, 62
中林　佳子…303, 304, 323, 324, 325, 326, 499	中村　勝巳……410, 411	中村　俊夫……269, 270	中山　蛙………………567
	中村　兼文…………208	中村　敏夫………64, 105	中山　一生………66, 93
中原　嘉之吉…………192	中村　寛二……208, 468	中村　敏隆……211, 212	中山　勝次……………568
中原　健次……305, 306	中村　喜四郎 63, 64, 65, 66, 67	中村　利次……551, 554	中山　恭子……577, 581
中原　好治……………315		中村　寿文………………22	中山　幸市……………549
中原　恵人………65, 91	中村　喜四郎………426	中村　登美……………426	中山　作介……………540
仲原　善一……496, 497	中村　吉次郎…362, 550	中村　都茂……………363	永山　茂雄………………52
中原　爽………569, 573	中村　公一………………95	中村　友信……24, 56, 58	中山　信一郎………………7
長原　隆宏……………567	中村　京次…………502	中村　寅太…350, 351, 352, 353, 354	永山　晋右……………567
中原　利丸……………527	中村　清………229, 230		中山　高光……………372
中原　英雄……………107	中村　清人…………364	中村　波男……466, 467	永山　忠則…311, 312, 313
中原　美江……………576	中村　吟造…140, 442, 549	中村　伸丈………………66	中山　太郎…261, 262, 263, 264, 265, 266, 289, 290, 484, 485
永原　稔………210, 211	中村　邦保…………461	中村　宣久……………360	
中原　八一……………454	中村　久美…345, 346, 516	中村　英男…302, 303, 499	
中原　義正……222, 308	中村　久瑠美………559	中村　秀樹……………579	中山　千夏……443, 554
中平　常太郎…………513	中村　啓一…………408	中村　弘………………562	中山　照章……………348
中平　真実(中平まみ) 575	中村　慶一郎…166, 446	中村　宏………219, 220, 472	永山　時雄……………448
中藤　弘彦……………298	中村　健……………227	中村　博彦…330, 331, 576, 579	中山　利生…62, 63, 64, 91, 92
中保　恭一……………407	中村　健司…………367		
中間　浩一郎 388, 389, 534	中村　剛………16, 17	中村　裕之………14, 18	中山　土志延…………553
中前　茂之……13, 14, 18	中村　弘海……367, 368	中村　福次……………542	中山　寿彦…538, 541, 544
中前　拓治……………516	中村　幸樹…66, 98, 428	中村　文則……………317	中山　知意…345, 347, 348
長又　寿夫………………81	中村　幸八…207, 208, 209	中村　正男…260, 261, 262	中山　朋子……………574
仲松　孝………………566	中村　三之丞…247, 248	中村　正雄…258, 259, 260, 538, 544, 546, 549, 551	中山　成彬…383, 384, 385, 398, 399, 401, 403, 580, 584
中松　義郎…151, 160, 166, 445, 446, 447, 567, 574, 581	中村　茂………192, 193		
	中村　重光…366, 367, 368, 523	中村　勝………267, 488	
中丸　啓 317, 318, 326, 327, 506		中村　又一……361, 362	中山　展宏…120, 121, 122, 131, 133
	中村　純一…………337	中村　又七郎…………169	
中道　清司……………249	中村　順造…547, 548, 551	中村　又治…387, 388, 389	中山　均………………175
仲道　俊哉……………530	中村　正三郎 103, 104, 106, 126, 127, 128	中村　宮雄……………202	中山　寛子……577, 578
中道　宏………………546		中村　元治郎…………280	中山　福蔵…253, 483, 484
中港　拓………118, 129	中村　正治……………333	中村　元信……………544	永山　文雄……………199
長嶺　忠………………488	中村　信一郎…………235	中村　靖 142, 145, 146, 147, 148, 150, 151, 162	中山　マサ…253, 254, 255, 256, 257
長峯　誠………………533	中村　聖子…………109		
長峯　正之………87, 92	仲村　正治…393, 394, 397, 398, 399	中村　安太郎…386, 387	中山　正暉…257, 258, 259, 260, 261, 262, 263, 289, 290
長峯　基………532, 533		中村　恭代……………295	
中村　秋則……………227	中村　誠司…………539	中村　愉一……………557	
中村　晃久……………163	中村　泰士……262, 290	中村　幸嗣……………580	中山　正男………………5, 6
中村　哲………………556	中村　高一…137, 138, 139, 140, 141, 142	中村　庸一郎 99, 100, 101, 102	中山　泰秀…262, 264, 265, 266, 267, 268, 289, 290, 292, 293, 295, 296, 297
中村　朝太郎…………274			
中村　敦夫…445, 446, 577	中村　高志……………447	中村　吉男……………520	中山　義活…153, 155, 156, 157, 159, 160, 162, 163, 164, 165, 166, 168
中村　篤子……………493	中村　拓道………21, 22	中村　義雄……209, 469	
中村　敦……224, 445, 487	中村　武志…144, 554, 557	中村　好郎………99, 100	
中村　功………446, 571	中村　匡志…90, 96, 98	中村　力…28, 29, 55, 414	中山　義崇……………528
中村　一郎……………532	中村　直………………27	中村　六郎……………141	永吉　勇……387, 533, 534
	中村　タヌコ…485, 486	中本　太衛…116, 117, 118,	
	中村　太郎……380, 397		

永吉　誓順……………254	成宮　真理子 252, 483, 574	西岡　三郎……………311
南雲　正朔………………4	苗代　清太郎…………543	西岡　潤………………315
名倉　仙蔵……………281	南光　勝美……………277	西岡　武夫 366, 367, 368, 369, 574, 577
名倉　文彦……………150	南条　徳男………4, 5, 6, 7	西岡　豊子……………496
名倉　美登里…………512	南条　博彦………291, 294	西岡　憲康………309, 502
名倉堂院　大三郎……571	難波　重留……………75	西岡　ハル……………543
梨木　作次郎 181, 182, 183, 457	難波　奨二………579, 583	西岡　秀夫……………525
那須　円………………375	難波　四郎………253, 255	西岡　瑠璃子…………516
灘尾　弘吉 311, 312, 313, 314	【に】	西垣　義明……………564
那谷屋　正義 575, 579, 583		西風　勲 256, 257, 258, 557, 567
夏堀　源三郎………20, 21	新居　格………………540	西川　厚子……………563
夏目　忠雄……………464	新里　宝三……………428	西川　英二… 259, 260, 261
夏目　通利……………552	新島　才次……………144	西川　栄司……………295
七海　ひろこ……201, 584	新島　メリー…………537	西川　悦子………375, 528
鍋島　直紹……………521	新妻　イト……………541	西川　攻……… 173, 174, 175
鍋山　貞親……………136	新妻　秀規……………581	西川　京子 359, 360, 397, 398, 399, 400, 401, 403
生江　光喜……………48	新井田　佳子……562, 566	西川　きよし……486, 487
並河　健…………284, 296	新見　修………………497	西川　公也… 71, 72, 91, 92, 93, 95, 97, 430
並木　敏恵……………90	新見　治三郎……143, 144	西川　貞一……………318
並木　正芳… 86, 87, 89, 94, 95, 96, 97	新実　智光……………150	西川　さよ子…………571
並木　芳雄… 136, 137, 138, 139, 140, 141, 142	新美　昌則……………236	西川　繁一……………484
浪越　徳治郎…………552	新美　正代…… 52, 55, 424	西川　仁郎……………492
滑川　清文………………8, 9	新美　美津子…………558	西川　甚五郎…………478
奈良　繁保……………548	新村　正照……………445	西川　進… 152, 162, 558
奈良　武 225, 445, 475, 510	新納　新吉……………506	西川　太一郎 151, 152, 154, 155
奈良　達雄…… 63, 64, 427	仁尾　勝男……………20	西川　知雄………116, 117
奈良　治二……………20	二階　俊博… 287, 288, 293, 294	西川　紀久……………479
奈良　秀則……………412	二階堂　進 385, 386, 387, 388, 389, 390, 391	西川　仁………………246
奈良岡　茂……………54	二階堂　洋史……316, 505	西川　昌夫……………440
奈良岡　末造…………411	苦瓜　一成……………280	西川　将人… 11, 12, 16, 409
楢崎　欣弥… 357, 358, 359, 397, 398, 399	苦木　正男……………269	西川　美紀………486, 567
楢崎　泰昌… 561, 565, 571	仁木　利則……………107	西川　浩………………89, 97
楢崎　弥之助 352, 353, 354, 355, 356, 357	仁木　博文… 331, 332, 347, 348, 349	西川　豊………………266
楢橋　進…… 354, 355, 356	西　勝造……… 135, 542	西川　美水……………343
楢橋　渡 350, 351, 352, 353, 354	西　盛吉………………542	西川　玲子……………450
成相　善十……… 499, 500	西　太一郎……………387	錦織　淳 156, 157, 164, 165, 304, 324, 574
成重　光真……… 350, 351	西　他石………………501	西阪　善治……………493
成田　篤………………243	西　哲史……… 267, 296	西坂　徳家……………499
成田　泉………………543	西　八郎……… 221, 438	西崎　量一……………563
成田　一郎……………489	西　弘次………………71	西里　竜夫… 370, 371, 372
成田　得平……………554	西　博義 287, 289, 291, 292, 294, 295	西沢　耕一……………246
成田　知巳… 332, 333, 334	西　ふみ子……………284	西沢　舜一………556, 558
鳴川　洋一……………389	西井　直人……………342	西沢　博 176, 177, 454, 583
成沢　勇記……………462	西井　勝………………485	西沢　隆二……………440
成島　勇………………100	西浦　昌一……………270	西島　英利………576, 579
成島　忠夫……………578	西江　嘉晃……………456	西島　好夫……………229
成島　憲子……………99	西尾　憲一… 105, 109, 128	西田　一広………225, 473
成瀬　喜五郎…… 329, 508	西尾　末広… 253, 254, 255, 256, 257	西田　健次郎……394, 536
成瀬　幡治……… 471, 472	西尾　種子……………233	西田　静郎……………580
成瀬　守重……… 561, 569	西尾　東三郎…………273	西田　正一…………3, 407
鳴海　清彦……………412	西尾　政英… 180, 198, 316, 324	西田　昌司……………483
成見　憲治……………514	西尾　美春……………578	西田　信夫………407, 408
鳴海　広道……………412	西岡　新………… 342, 348	西田　隆男… 350, 517, 518
成宮　恵津子…………245	西岡　勇………………471	西田　猛 262, 263, 264, 265, 292, 293
		西田　輝雄……………291
		西田　天香………538, 544
		西田　藤二… 357, 396, 397
		西田　当元……………386
		西田　敏子……………228
		西田　八郎……………244
		西田　英郎……………435
		西田　文次……………318
		西田　実仁………436, 437
		西田　司 339, 340, 341, 346
		西田　雄二………… 14, 18
		西田　幸光………246, 491
		西田　譲 108, 109, 132, 134
		西田　吉宏……………482
		西舘　仁………………5
		西舘　好子……………439
		西谷　末七……………21
		西谷　英俊………213, 214
		仁科　哲………………189
		西中　清…………249, 250
		西中　孝男………278, 280
		西根　由佳………267, 295
		西野　あきら（西野陽）261, 262, 264, 265, 266, 290, 292, 293, 294
		西野　晃………… 13, 420
		西野　邦三郎…………480
		西野　弘一… 267, 268, 295, 298
		西野　貞吉………159, 447
		西野　哲太郎…………61
		西野　展先……………8
		西野　方庸………263, 290
		西野　元樹………108, 132
		西野　芳雄……………529
		西野　吉一……………6
		西林　勝… 372, 484, 485
		西原　啓………………459
		西原　佐喜市…………336
		西原　忠弘………326, 361
		西原　貞………………342
		西平　守伸………395, 582
		西見　俊雄……………224
		西峰　正佳………284, 296
		西宮　弘… 31, 32, 33, 557
		西村　明夫……………245
		西村　明宏… 35, 36, 55, 56, 57, 58
		西村　英一… 376, 377, 378, 379
		西村　栄一… 254, 255, 256, 257, 258
		西村　修………………580
		西村　貴恵子 368, 396, 399, 400, 524, 525
		西村　菊次郎…………20
		西村　恭輔………372, 373
		西村　慶二………203, 204
		西村　啓聡… 310, 326, 327
		西村　健志郎……359, 400
		西村　定雄……………448

西村 茂生	318
西村 茂男	269
西村 重蔵	486
西村 彰一	189, 190
西村 尚治	497, 549, 551, 554
西村 章三	258, 259, 260, 261, 346
西村 慎	8
西村 伸一郎	345, 346, 516
西村 真悟	262, 263, 264, 265, 266, 268, 291, 292, 293, 295, 298, 486, 584
西村 関一	243, 244, 478, 479
西村 忠則	401
西村 智奈美	175, 176, 198, 199, 200
西村 聡文	264
西村 直己	207, 208, 209, 210
西村 久之	365, 366
西村 日出男	296
西村 祐士	184, 185
西村 正美	579, 583
西村 勝	230, 476
西村 真弓	563
西村 道義	557
西村 康稔	277, 278, 279, 280, 293, 294, 296, 297
西村 力弥	41, 42, 43
西銘 恒三郎	394, 395, 398, 399, 400, 401, 402
西銘 順治	393, 394
西銘 順志郎	394, 396, 536, 537
西銘 一	573
西本 篤	40, 496
西本 勝子	347, 348
西本 菊雄	356
西本 啓	135
西本 弘暉	287
西本 裕二	205
西本 嘉宏	277
西森 久記	342, 539
西森 洋一	262, 263, 264
西山 亀七	515
西山 敬次郎	274, 275
西山 権太郎	353, 363
西山 聡	396
西山 孝	264
西山 剛	28
西山 剛	151, 445
西山 登紀子	482, 483
西山 富佐太	305
西山 茂幹	342
西山 由高	142
西山 芳行	143
西脇 愛	463
西脇 和義	216, 217, 472
西脇 拓也	119, 120

西脇 正治	472
似鳥 吉治	25
日光 福治	4, 5, 6, 7
仁田 和広	34
新田 和弘	495
新田 勝弥	445
仁田 竹一	503
任都栗 一興	311
蜷川 澄村	251, 253
蜷木 稔	541
二宮 咲子	435
二宮 周平	385
二宮 孝晴	513
二宮 武夫	377, 378, 529
二宮 文造	548, 550, 552, 555
二宮 喜治	3
二之湯 智	483
二之湯 武史	480
仁比 聡平	358, 398, 399, 574, 576, 580, 582
二瓶 文隆	582
日本 太郎	308
韮沢 潤一郎	571
韮沢 四郎	169
丹羽 章夫	222
丹羽 寒月	455
丹羽 久章	219, 220, 221, 222, 473
丹羽 喬四郎	60, 61, 62, 63
丹羽 五郎	538, 547
丹羽 大	451
丹羽 太一	224, 235
丹羽 孝充	223
丹羽 孝行	326
丹羽 敏雄	567
丹羽 秀樹	226, 227, 228, 229, 237, 238, 239, 240, 241
丹羽 彪吉	202, 539
丹羽 兵助	217, 218, 219, 220, 221, 222, 223
丹羽 雄哉	63, 64, 65, 66, 67, 92, 93, 94, 95, 97
丹羽 幸雄	213
丹羽 義一	466
庭野 正敏	487, 490
庭山 昌	75, 76, 432, 556, 558
庭山 乃二郎	560, 565, 569
庭山 太郎	560, 565, 569
庭山 義治	558

【ぬ】

額賀 福志郎	63, 64, 65, 66, 67, 91, 92, 93, 94, 95, 97
貫名 ユウナ	279
抜山 映子	490, 566
貫井 清憲	80
温水 三郎	531, 532

温水 武男	384
布 利秋	337
布目 裕喜雄	465
沼賀 健次	74
沼上 常生	117, 119, 121
沼上 徳光	122
沼川 洋一	373
沼沢 真也	17
沼田 政次	60
沼田 憲男	253, 297
沼田 秀郷	60, 425, 426
沼田 安蔵	448
沼田 幸彦	522
沼田 洋一	271, 272, 273

【ね】

根上 隆	444
根木 清蔵	549
根岸 進	86, 92
根岸 良一	444
根城 堅	357, 396
根本 匠	51, 52, 53, 54, 55, 56, 57, 58
根本 千裕	90, 98
根本 貞治	548
根本 直幸	463
根本 道直	65
根本 幸典	228, 229, 240, 241
根本 龍太郎	36, 37, 38, 39

【の】

野一色 利衛	249
能祖 由多	511
能仲 文夫	169
南野 知恵子	565, 571, 576
野角 満昭	334, 335
野上 元	547, 549, 551
野上 健次	376, 377
野上 浩太郎	456
野上 進	526
野上 徹	179, 180
野上 徳宏	226
野上 ふさ子	408, 563
野苅家 代次	486
野苅家 芳男	445
野木 清	50
野木 清司	50
野木 実	95, 97
野口 綾子	74
野口 喜一	110
野口 幸一	244, 245
野口 航太	66
野口 仁	341, 347
野口 卓爾	85, 91
野口 忠夫	48, 49, 423
野口 辰五郎	137
野口 東秀	159, 166
野口 典良	295

野口 英栄	545
野口 宏明	562
野口 寛	392, 393, 535
野口 平八	83
野口 昌敏	521
野坂 昭如	173, 442, 557, 574
野坂 浩賢	300, 301, 497
野坂 参三	135, 441, 442
野坂 相如	452
野坂 倫生	439
野崎 章子	554
野崎 貫一	478
野崎 清二	501
野崎 孝信	160
野崎 敏雄	54, 566
野崎 洪	175
野沢 和彦	241
野沢 喜代	571
野沢 清人	67, 68
野沢 太三	558, 565, 571
野沢 哲夫	157, 158, 167
野沢 永光	89
野沢 正司	215
野沢 倫昭	263, 264, 265, 266, 267, 268
野沢 密全	541
野沢 吉之	445
野嶋 佐一	448
野島 迪雄	179
野尻 弘孝	281
野末 和彦 →野末 陳平
野末 修治	215, 241
野末 陳平(野末チンペイ)	143, 443, 444, 552, 554
能勢 和子	323, 324
能勢 克郎	480
野瀬 庄平	568
能勢 剛	437
野添 裕子	565
野田 章夫	384, 532
野田 卯一	202, 203, 204, 540
野田 数	160, 166, 277
野田 国義	359, 360, 400, 402, 520
野田 耕作	548, 552
野田 俊作	517, 518
野田 聖子	205, 206, 207, 235, 236, 237, 239, 241
野田 武夫	110, 111, 372
野田 毅	372, 373, 374, 375, 376, 398, 399, 400, 401
野田 哲	553, 555, 558
野田 正男	202
野田 将晴	374, 375, 398, 573
野田 満三	202
野田 実	287, 289
野田 幸夫	543

野田　豊……112, 136, 541	野村　芳雄……………540	萩原　量吉…………233	327
野田　佳彦…104, 105, 106, 107, 108, 109, 127, 128, 129, 130, 132, 133	野本　品吉……73, 543, 547	白　真勲……575, 579, 583	橋本　文彦…………114
野館　伍八………………25	野本　義松……137, 138	羽毛田　正直……191, 192	橋本　勉 206, 207, 239, 240, 582, 584
野田山　喜代一…545, 547	野屋敷　いとこ…107, 131, 575	箱崎　満寿雄……………61	橋本　マサ子…………234
野知　浩之…………548	野依　秀市…………377	狭間　茂……………425	橋本　正徳………377, 529
野中　厚……89, 90, 96, 97	法岡　多聞…………479	土師　進……………558	橋本　正之…………319
野中　英二…82, 83, 84, 85	法雲　俊邑……479, 480	橋　真乃夫…………542	橋本　正幸…………176
野中　和雄…487, 563, 568	則武　真一……307, 308	橋上　保……………517	橋本　万右衛門………422
野中　久三…………522	野呂　昭彦……232, 233	橋口　昭 557, 559, 562, 566	橋本　八百二……………25
野中　賢山…………445	野呂　恭一……231, 232	橋口　隆……388, 389, 390	橋本　雄飛太郎…………69
野中　幸市……317, 327	野呂　恵子…………444	橋口　護………388, 389	橋本　幸男……445, 567
野中　広務… 250, 251, 289, 290	野呂　信次郎……210, 469	橋口　良秋…………533	橋元　陽一…………345
野波　栄一郎…………188	野呂　正和……393, 403	橋口　良一…391, 396, 398	橋本　善行…………488
野上　武敏 140, 142, 441, 442	野呂　峰五郎……………21	橋爪　貴子…………477	橋本　龍太郎 306, 307, 308, 309
野々川　正幸……………17	野呂田　博之……14, 18	橋詰　毅……………517	橋本　龍伍………305, 306
野々山　一三 221, 548, 551	野呂田　芳成 39, 40, 53, 54, 419	橋詰　又一郎……353, 518	橋山　穂波…………364
野々山　研…………157		橋田　芳昭…374, 375, 376, 528	蓮実　進… 52, 56, 70, 71, 91, 92, 93, 429, 430
野畑　圭造……180, 197	【は】	橋中　千代蔵…………112	羽津本　隆夫…………238
野原　覚 254, 255, 256, 257	灰岡　香奈…322, 326, 506	橋野　信一………………7	長谷　秀一…………455
野原　典子… 207, 234, 242, 478	倍賞　鉄夫………562, 566	羽柴　誠三秀吉（羽柴秀吉） 119, 263, 409, 575	長谷　長次 3, 101, 102, 181, 407, 438, 442, 550
野原　正勝……25, 26, 27	芳賀　一太…………424	橋本　明男…………145	長谷　仁美…………125
延　嘉隆……………358	芳賀　勝郎…………416	橋本　敦 485, 556, 561, 570	馳　浩… 184, 185, 197, 199, 200, 458
信井　裕子………315, 323	芳賀　耕輔…………323	橋本　英一…………359	長谷　百合子………150, 151
信岡　博………………141	芳賀　武………………48	橋本　岳 309, 310, 325, 326, 327	長谷雄　幸久 145, 146, 147
信田　邦雄………572, 576	芳賀　貢…… 3, 4, 5, 6, 7, 8	橋本　和雄…………458	長谷川　章………………34
野別　隆俊…………532	芳賀　芳昭………33, 34	橋本　克己…………444	長谷川　暁………157, 158
野間　海造…………543	袴田　里見…………441	橋本　清仁…35, 36, 55, 56, 58, 59	長谷川　羽衣子………582
野間　清三………431, 542	袴田　富治…………229	橋本　金一………215, 216	長谷川　嘉一… 78, 79, 96, 97
野間　赳……………514	計屋　圭宏…115, 116, 117, 118, 119, 127, 128, 130	橋本　欣五郎…………546	長谷川　薫………………77
野間　健 151, 392, 393, 399	萩　都志子…………234	橋本　久美………159, 167	長谷川　岳… 11, 13, 17, 409, 410
野間　千代三……111, 112	萩　雄二……………524	橋本　健一…………474	長谷川　一裕…………223
野間　友一………286, 287	萩生田　光一 156, 157, 158, 160, 161, 164, 165, 166, 167	橋本　孝一郎……557, 559	長谷川　喜久江………486
野溝　勝 189, 540, 546, 549	萩野　浩基 53, 54, 55, 416, 417	橋本　晃和……286, 287	長谷川　きよし………557
野見山　清造…………353	萩野谷　輝男…………564	橋本　定雄…………139	長谷川　清………566, 572
野村　勇……………350	萩原　仁 265, 266, 267, 293, 294, 297, 582	橋本　繁蔵…………472	長谷川　欣之輔………418
野村　五男…65, 92, 427	萩元　たけ子…………190	橋本　城二………156, 164	長谷川　慶子…………263
野村　吉三郎…………494	萩元　隼人…………189	橋本　二郎…………371	長谷川　憲正………576, 580
野村　喜代子……………78	萩山　教厳…179, 180, 196, 197, 198	橋本　真一…………567	長谷川　浩司…………227
野村　清……………556	萩原　中………99, 100	橋本　清吉…………230	長谷川　幸世…………436
野村　紘一…………579	萩原　おさむ…………271	橋本　聖子…569, 573, 577, 581	長谷川　俊………………202
野村　沙知代……152, 162	萩原　熊沖…………543	橋本　大二郎…………345	長谷川　俊英…………262
野村　秋介…………567	萩原　源太郎……………73	橋本　堯夫…………416	長谷川　正三 141, 142, 143, 144, 145, 146, 147
野村　俊治…………547	萩原　貞夫………………79	橋本　忠春…………508	長谷川　四郎… 73, 74, 75, 76
野村　節子…71, 72, 92, 430	萩原　誠司…309, 310, 325, 326, 580	橋本　立明………128, 558	長谷川　仁… 548, 550, 553
野村　善蔵…………387	萩原　武……………429	橋本　千晶………234, 240	長谷川　信…………453
野村　専太郎 135, 136, 137, 138	萩原　猛………259, 554	橋本　富喜良…………469	長谷川　進一…………100
野村　哲郎…………535	萩原　糺……………269	橋本　登美三郎… 60, 61, 62, 63	長谷川　貴子………161, 168
野村　照男…………554	萩原　寿雄…………110	橋本　奉文…………315	長谷川　峻… 30, 31, 32, 33
野村　秀雄…………311	萩原　昇……………227	橋本　八男…………521	長谷川　達也…………237
野村　宏……………449	萩原　幽香子……273, 489	橋元　春男…………419	長谷川　保… 208, 209, 557
野村　典子………225, 226	萩原　幸雄…………313	橋本　尚稔… 76, 446, 450	長谷川　大紋…………428
野村　ミス…………451		橋本　英教… 29, 30, 56, 57, 58	長谷川　勉………81, 82
野村　光雄……………8, 9			長谷川　剛………………46
野村　裕……………105		橋本　博…316, 317, 325,	長谷川　輝………………47
野村　洋一…………561			

はせか

長谷川　東蔵………… 202
長谷川　俊政………… 456
長谷川　昇…………… 273
長谷川　徳俊………… 255
長谷川　英憲………… 154
長谷川　寛…………… 208
長谷川　武一郎… 138, 139
長谷川　房雄………… 540
長谷川　正孝…… 207, 208
長谷川　政友 185, 186, 459
長谷川　大…… 106, 129
長谷川　道郎 198, 453, 454
長谷川　美代………… 485
長谷川　幸夫………… 443
長谷川　吉雄………… 453
長谷川　良雄 263, 264, 265, 266
長谷川　好三……………62
長谷場　敦…………… 533
長谷部　昭夫……… 12, 13
長谷部　七郎……………38
長谷部　広子………… 471
長谷部　平吉…… 191, 192
長谷山　行毅………… 418
畑　　英次郎… 378, 379
畑　　京子…………… 535
畑　　恵…………446, 569
畑　　浩治 29, 30, 56, 58, 59
秦　　孝治郎………… 539
波多　然…… 361, 362, 521
畑　　滋……………… 575
畑　　昭三 144, 145, 289, 482, 557
秦　　誠一…………… 116
羽田　孜 192, 193, 194, 195, 197, 198, 199
秦　　哲美………………85
畑　　利………………… 76
畑　　敏秋 137, 139, 141, 441, 543
畠　　友子…………… 568
秦　　知子（はたともこ）309, 324, 577, 582
秦　　治男…………… 557
波多　久……………… 547
羽畑　武嗣郎 189, 190, 191
畑　　和…………… 81, 82
羽田　雄一郎…… 465, 466
秦　　豊…… 443, 552, 555
畑江　隆……………… 357
畠山　健治郎 39, 40, 54, 55
畠山　晃司郎……………83
畠山　重勇………………36
畠山　樹之…………… 419
畠山　鶴吉 207, 208, 209, 549
畠山　敏雄………………38
畠山　昌樹………… 36, 58
幡新　守也…………… 299
畑中　五雄…… 276, 290
畑中　和……………… 575
畑中　清博…………… 251
畑中　伸三……… 557, 559
畑中　せつみ（畑中誓弥）…382, 531
畑中　孝之………………23
畑中　武………… 446, 564
畑中　政春…………… 545
畠中　光成… 278, 279, 280, 292, 293, 297, 298
畑中　庸助………………15
馬谷　憲太郎………… 480
秦　　章……………… 449
波多野　鼎……… 517, 544
畑野　君枝… 127, 131, 132, 133, 450, 451
旗野　進一…………… 172
波多野　猛…………… 444
波多野　忠文………… 378
波田野　辰雄………… 108
羽田野　忠文…… 378, 379
幡野　直次……… 3, 407
羽田野　尚…………… 530
畑野　泰紀………………13
波多野　里奈… 24, 58, 412
波田野　林一………… 480
畑本　久仁枝 252, 253, 296, 298
幡谷　仙次郎……………60
畠山　和也…… 18, 19, 409
蜂須　豊………………… 78
蜂谷　公一…………… 524
蜂谷　初四郎………… 541
八山　雪光…………… 315
鉢呂　吉雄… 10, 11, 12, 13, 14, 15, 16, 17, 18, 410
初鹿　明博… 158, 159, 161, 165, 167, 168
八田　一朗………550, 552
八田　和佳…………… 152
八田　貞義…… 47, 48, 49, 50
八田　信之…… 11, 16, 570
八田　ひろ子（八田広子）…222, 227, 239, 474, 475
八田　通孝…………28, 55
初谷　幸………………… 105
服部　岩吉…………… 243
服部　英明…………… 471
服部　教一……… 281, 491
服部　耕一……… 176, 177
服部　信吾…………… 449
服部　隆男…………… 142
服部　千秋……… 277, 291
服部　輝成…………… 227
服部　聖巳…………… 159
服部　三男雄…… 283, 493
服部　実………… 47, 422
服部　安司… 281, 282, 492, 493
服部　頼義…………… 207
服部　良一… 268, 295, 297, 298, 487
初村　謙一郎………… 368
初村　滝一郎………… 524
羽藤　栄市……… 337, 338
鳩山　威一郎 552, 554, 558
鳩山　一郎… 136, 137, 138, 139
鳩山　邦夫… 145, 146, 147, 148, 149, 150, 151, 152, 156, 162, 163, 164, 359, 360, 399, 400, 402
鳩山　二郎…………… 361
鳩山　太郎…………… 580
鳩山　由紀夫 10, 11, 12, 13, 15, 16
HANA　ジュンコ ……17
花井　啓悦…………… 566
花井　泰子………………14
花岡　明久…… 196, 200
花岡　淳……………… 510
花岡　英三…………… 285
花岡　多美世………… 317
花木　善市…………… 220
花咲　宏基… 310, 325, 326, 327
花崎　広毅…………… 440
花沢　亨……………… 101
葉梨　新五郎……… 60, 61
葉梨　信行… 61, 62, 63, 64, 65, 91, 92
葉梨　康弘… 65, 66, 67, 93, 94, 95, 97
花園　一郎…… 209, 210
花田　潔……………… 556
花田　伝……………… 548
花田　虎男…………… 318
花田　一………… 21, 411
花田　仁 125, 126, 129, 130, 463
花田　正登…………… 566
花村　四郎… 135, 136, 137, 138, 139, 140
花村　正道…………… 141
華山　親義…… 43, 420
塙　　妙子…………… 486
花輪　智史……… 159, 166
花輪　治三…………… 564
花輪　春造…………… 559
羽仁　五郎… 538, 540, 546
羽仁　説子…………… 437
羽生　三七……… 463, 464
羽生田　進………… 75, 76
羽生田　俊…………… 581
羽田　野次郎………… 376
馬場　猪太郎…… 259, 260
馬場　いよ…………… 215
馬場　恵美子…… 358, 399
はば　こういち……… 554
馬場　成志…………… 528
馬場　隆之…………… 367
馬場　富……………… 473
馬場　伸幸… 267, 268, 295, 298
馬場　昇…… 372, 373, 374
馬場　久勝…………… 232
馬場　秀夫………………79
馬場　洋光… 385, 401, 533
馬場　文平…………… 569
馬場　元治…… 365, 366
馬場　能久…………… 520
浜　　十九…………… 141
浜　　万亀彦…… 195, 198
浜石　昭……………… 206
浜上　和康…………… 493
浜川　百合子…… 349, 517
浜口　和久… 304, 324, 325, 375, 397, 500
浜口　金也……… 341, 347
浜口　健司…………… 130
浜口　亘弘…………… 214
浜口　誠……………… 583
浜崎　茂……… 185, 459
浜崎　隆一…………… 151
浜沢　花子……… 564, 568
浜田　一雄…………… 566
浜田　和幸……… 447, 498
浜田　恵子…………… 536
浜田　健一… 391, 392, 396, 397, 399, 445
浜田　幸一… 101, 102, 103, 104
浜田　紘一… 378, 379, 529, 530
浜田　浩二… 383, 384, 532
浜田　峻司…………… 444
浜田　真輔…………… 495
浜田　新太郎…… 508, 509
浜田　大造……… 376, 402
浜田　幸雄… 342, 343, 515
浜田　卓二郎… 83, 84, 85, 436, 576
浜田　正……………… 481
浜田　徳海…………… 385
浜田　寅蔵…………… 517
浜田　尚友…………… 386
浜田　文哉…………… 398
浜田　マキ子（浜田麻記子・浜田槙子）…… 85, 155
浜田　理士…………… 398
浜田　正信…………… 343
浜田　昌良… 576, 580, 583
浜田　満居…………… 342
浜田　光人…………… 313
浜田　満……………… 515
浜田　靖一… 104, 105, 106, 107, 108, 109, 126, 127, 128, 129, 130, 131, 133
浜田　勇作…………… 120
浜田　嘉彦… 345, 346, 516
浜田　良之… 251, 252, 580
浜武　振一… 359, 360, 402
浜地　文平…… 230, 231
浜地　雅一… 400, 401, 403

浜名　勝治……………181	林　静夫……………372	林　林吉……………545
浜西　健次郎…………6	林　潤…118, 119, 120, 129, 131, 288, 296	林田　敬子……………315
浜西　鉄雄…320, 321, 507	林　諄……………183, 184	林田　惣七郎…………351
浜西　正利……………291	林　順一郎…………562, 569	林田　彪 374, 375, 396, 397, 398, 399, 401, 403
浜野　清……………68, 428	林　譲治……………342, 343	林田　竜喜……………372
浜野　清吾…136, 137, 138, 139, 140, 141, 142, 143, 144, 145	林　祥三……………463	林田　哲雄…………336, 337
	林　省之介…262, 289, 290, 292, 487	林田　正治……………526
浜野　剛 146, 147, 148, 149, 150, 151	林　真治……………549	林田　祐輔……………347
浜野　徹太郎………269, 270	林　甚之助……………407	林田　悠紀夫………481, 482
浜野　壹……………570	林　進……………218	林田　陽一……………528
浜野　夕希子…………488	林　大幹 101, 102, 103, 104	林田　芳徳…515, 559, 562
浜野　喜史……………581	林　大作……………216	林田　好文……………475
浜場　健治……………562	林　泰二郎…… 73, 74, 76	林屋　亀次郎…………457
浜松　昭二朗…………529	はやし　たかし………450	早瀬　内海……………564
浜村　進…………296, 298	林　孝矩……………282	早瀬　浩行……………125
浜本　欽弥……………450	林　武一…… 138, 548, 550	葉山　峻………126, 127
浜本　鶴男……………280	林　唯義…………3, 4, 5, 6	葉山　秀俊……………115
浜本　信義……………279	林　千勝……………108, 132	速見　魁…………368, 524
浜本　宏……279, 294, 296	林　勤……………288	速水　桂二……………241
浜本　万三…………504, 505	林　貞三……………118, 129	速水　泰妙……………281
浜四津　敏子 444, 446, 576	林　徹夫……………46	原　和美 277, 278, 491, 580
羽室　武……………298	林　紀子 341, 347, 556, 558, 561, 570, 572	原　清……………480
早川　久美子 158, 159, 165, 167		原　国……………385, 386
	林　俊郎…… 245, 479, 480	原　健三郎… 269, 270, 271, 272, 273, 274, 275, 276, 289
早川　健一郎…………324	林　富美子……………266	
早川　周作…… 168, 301, 325	林　虎雄……………464	原　広吉……………471
早川　周三……………231	林　長禎……………250	原　孝吉………46, 541
早川　襄治……………446	林　伸明……………118, 119	原　茂…189, 190, 191, 192, 193
早川　慎一…………538, 543	林　信雄……………351	
早川　惣市……………452	林　秀和……………106	原　純子……………160
早川　崇 284, 285, 286, 287	林　百郎 189, 190, 191, 192, 193	原　侑……………311
早川　忠孝… 85, 86, 87, 88, 91, 92, 93, 94, 95, 436		原　捨思…… 385, 386, 387
	林　宙紀……… 36, 58, 59	原　武夫…… 86, 91, 146, 358
早川　輝道……………145	林　寛子……………436	原　彪… 60, 135, 136, 137, 138, 139, 140, 142
早川　浩人……………117	林　弘二……………172, 173	
早川　勝…… 222, 223, 224	林　博… 135, 136, 137, 138, 139, 140, 141	原　武弘……………498
早川　幸彦…………105, 126		原　達樹……………560
早川　竜介……………85	林　洋武…… 321, 323, 507	原　忠三……………462
早草　実……………560	林　寛信……………526	原　哲朗……………324
早坂　きくみ 417, 577, 578	林　紘義…………560, 563	原　享……………135
早坂　志……………30	林　福治……………503	原　利一……………370
早崎　末浩……………213	林　冬子……………557	原　俊史 251, 252, 253, 295
林　秋男……………106	林　平馬…… 47, 546	原　知良……………163
林　郁男……………501	林　雅敏…………295, 581	原　虎一… 80, 434, 538, 544
林　功…………350, 518	林　政人……………280	原　直子………105, 470
林　英一……………438	林　雅之……………570	原　伸雄……………34
林　英一郎……………437	林　護……………312, 313	原　秀介……………575
林　かづき……………16	林　睦美……………514	原　洋………113, 449
林　勝義……………499	林　幹雄 104, 105, 106, 107, 108, 109, 126, 127, 128, 129, 130, 131, 133	原　文兵衛… 442, 443, 444
林　邦美……………99		原　正人……………115
林　久美子…………480, 569		原　増己……………350
林　建二……………233	林　保夫…………307, 308	原　宗雄……………350
林　謙二……………6	林　逍…… 344, 515, 516	原　矢寸久… 287, 288, 291, 297, 298, 495, 496
林　健太郎……………556	林　由美子………116, 127	
林　好次………………3, 4	林　与重……………431	原　陽子 117, 118, 128, 129
林　公太郎…………121, 132	林　芳正……………507, 508	原　由子……………182
林　覚……………319	林　義郎 319, 320, 321, 323	原上　権次郎(原上権二郎) 342, 343, 515
林　塩…… 547, 548, 551	林　隆造 554, 559, 563, 567	
林　重信……………109	林　了……………541, 543	原上　蔓子……………515

原川　聡明……………150	
原口　勲…………163, 566	
原口　一博… 363, 364, 397, 398, 399, 400, 402, 403	
原口　善一……………377	
原口　忠次郎…………488	
原口　敏彦… 369, 525, 584	
原島　宏治…………546, 547	
原田　勇…………224, 225	
原田　悦子……………117	
原田　興……………443	
原田　香留夫 311, 312, 313	
原田　君明……………447	
原田　憲 254, 255, 256, 257, 258, 259, 260, 261, 262, 289	
原田　憲治… 265, 266, 267, 268, 295, 296, 297	
原田　孝三……………507	
原田　昇左右 210, 211, 212, 213, 235, 236	
原田　進……………474	
原田　雪松… 370, 371, 544, 546	
原田　大二郎…………508	
原田　孝……………260	
原田　立…… 519, 550, 551	
原田　千鶴……………263	
原田　長司…………319, 506	
原田　敏明……………354	
原田　俊広……… 51, 52, 53	
原田　尚武…… 116, 117, 126	
原田　秀俊……………224	
原田　文枝…………353, 518	
原田　政治…………262, 290	
原田　和広……………46, 59	
原田　雅也……………66, 96	
原田　貢彰…………180, 197	
原田　光男……………568	
原田　光雄……………539	
原田　有康………12, 14	
原田　義昭… 114, 115, 357, 358, 359, 360, 396, 397, 398, 399, 400, 401, 402	
原田　令嗣… 213, 214, 237, 238, 239	
原山　幸三……………195	
針生　雄吉……………558	
針谷　武夫………61, 62	
榛田　敦行…………154, 156	
巴陵　宣正… 177, 178, 455	
春木　智江……………16	
治　孝三郎……………532	
春田　重昭… 259, 260, 261	
春次　賢太朗…………562	
春名　明義……………487	
春名　直章… 345, 346, 347, 348, 349, 517, 578, 583	
春永　孚……………355	
春野　鶴子……………442	
春山　美一……………266

坂　喜代子……… 239	297, 572, 576, 584	日野　洋子……… 379	平岡　由美子……… 490
伴　正一……… 344, 516	樋口　尚也……… 296, 298	日野　吉夫… 30, 31, 32	平岡　良蔵………80
半沢　勝男……… 105	樋口　信博……… 392	桧田　仁 314, 315, 316, 323,	平賀　信一………42
半沢　健次郎………30	樋口　博康… 108, 132, 364,	324, 325, 326	平賀　高成… 212, 213, 214,
半田　善三… 106, 127, 235,	397	日出　英輔……… 571, 576	215, 235, 236, 237, 239,
569, 576	樋口　政喜……… 560	日野原　修治……… 326	471
半田　正………78	樋口　美智子…… 214, 237	日比　静夫……… 224	平垣　美代司……… 257
半田　芳男……… 407	樋口　光子……… 468	日比　辰三郎 137, 138, 139,	平川　明宏……… 363
坂東　一男……… 330	樋口　雄一……… 463	140, 141, 142, 543	平川　カズ子……… 485
坂東　幸太郎………3	樋口　喜徳……… 302	日比野　暁美……… 473	平川　篤雄…… 311, 312
坂東　義教……… 408	樋口　叔弘……… 114	日村　豊彦……… 278	平木　大作……… 581
坂東　頼之…… 258, 485	日隈　威徳… 556, 559, 562,	姫井　伊介……… 506	平工　喜一……… 202
坂内　義子……… 450	566, 570	姫井　敬治……… 263	平口　洋 316, 317, 325, 326,
伴野　豊 224, 225, 226, 227,	肥後　亨…	姫井　由美子 108, 132, 503,	327
228, 229, 236, 237, 238,	5, 136, 137, 140, 337, 420,	584	平越　孝一……… 286
239, 240, 241	437, 441, 489, 511, 526	姫治　けんじ（ひめじけん	平崎　功…… 180, 181
半場　きよ……… 446	彦川　太志……… 133	じ）……… 447	平沢　暁男………33
	久枝　彰……… 385	姫野　浄……… 266	平沢　勝栄… 152, 154, 156,
【ひ】	久野　弘文……… 150	姫野　龍…… 439, 444	157, 158, 159, 161, 162,
	久松　定武……… 513	日森　文尋… 87, 89, 92, 93,	163, 164, 165, 166, 167
柊　弘一……… 102	菱田　健次…… 251, 291	94, 95, 436	平沢　長吉…… 36, 37
日色　隆善…… 89, 96	菱田　嘉明… 251, 252, 290,	百武　公親… 93, 94, 96, 97	平沢　智子……… 505
比江嶋　俊和……… 360	292	百武　威…… 284, 296	平沢　義郎………86
稗田　憲太郎……… 352	火爪　弘子……… 180	百武　秀男……… 526	平島　広志…… 214, 238
日置　龍晴……… 580	肥田　次郎… 255, 256, 257,	檜山　秋彦……… 245	平島　敏夫……… 531
比嘉　常一…… 119, 121	258	桧山　千里…… 118, 119	平島　良一…… 254, 255
比嘉　奈津美 395, 401, 402	肥田　琢司……… 311	日向　美行……… 124	平瀬　実武……… 386
比嘉　弘文……… 572	飛田　利光…… 51, 52	兵頭　浩一……… 261	平田　市松……… 139
比嘉　正子……… 254	肥田　美代子 262, 263, 264,	兵藤　高志……… 475	平田　一郎………46
比嘉　幹郎……… 536	265, 289, 291, 292, 293,	兵藤　忠一…… 69, 429	平田　宇宙……… 548
樋貝　詮三……… 122	561, 570	平等　文成……… 191	平田　桂子……… 118
桧垣　徳太郎 513, 514, 551	肥田　理吉……… 311	日吉　宗能……… 182	平田　健二…… 467, 468
桧垣　徳雄……… 322	日高　魁…… 381, 531	日吉　雄太…… 215, 241, 584	平田　健治……… 559
日笠　勝之… 308, 309, 572	日高　一輝……… 545	平井　章…… 216, 217	平田　耕一… 233, 234, 236,
東　順治 356, 357, 396, 397,	日高　貞次……… 566	平井　義一… 142, 350, 351,	237, 238, 239, 477, 579
398, 399, 400	日高　三郎… 196, 562, 566	352, 353, 354	平田　純一……… 214
東　力…… 287, 288, 289	日高　順子…… 317, 506	平井　匡介… 474, 486, 564	平田　辰一郎…… 390, 391
東　友重……… 381	日高　妙子……… 254	平井　国造……… 244	平田　誠一郎…… 507, 508
東　奈津子……… 376	樋高　剛 117, 118, 119, 120,	平井　佐代子……… 511	平田　多加秋……… 264
東　裕人……… 576	121, 122, 128, 129, 130,	平井　卓志…… 511, 512	平田　藤吉…… 81, 82, 83
東　美智子……… 474	132, 134, 450	平井　卓也… 335, 336, 347,	平田　ヒデ…… 47, 48
東　三元 105, 127, 444, 570	日高　忠男……… 302	348, 349	平田　博…… 444, 486
東　陽一……… 377	日高　達夫…… 148, 149	平井　太郎… 510, 511, 540	平田　正源…… 359, 399
東　義和……… 185	日高　一……… 524	平井　済……… 220	平田　守……… 304
東浦　庄治……… 538	日高　広為…… 549, 551	平石　磨作太郎… 344, 516	平田　道則……… 574
東国原　英夫…… 295, 297	日高　康……… 355	平石　正則……… 449	平田　良衛………46
東出　忠泰……… 249	常陸　親義……… 569	平泉　渉 187, 188, 196, 197,	平田　米男… 223, 225, 235,
東中　光雄… 257, 258, 259,	秀島　一生……… 575	549, 551	473
260, 261, 262, 263, 289,	美藤　智……… 444	平出　芳幸…… 123, 124	平田　良……… 151
484	一松　定吉… 253, 540, 546,	平尾　卯二郎……… 541	平塚　常次郎…… 3, 4, 5
東山　昭久……… 495	549	平尾　達夫…… 559, 563	平沼　越夫… 307, 308, 309,
樋上　新一…… 248, 249	一松　政二…… 377, 529	平尾　利雄……… 501	310, 323, 324, 326, 327
比企　能忠………83	人見　和夫…… 560, 565	平岡　市三……… 468	平沼　弥太郎……… 434
疋田　敏男……… 318	人見　誠治……… 418	平岡　幸雄…… 116, 127	平野　明……… 560
引地　金治郎……… 415	人見　康之… 439, 486, 487	平岡　重夫……… 529	平野　晃……… 560
樋口　兼三郎……… 283	日向　和夫………81	平岡　忠次郎 79, 80, 81, 82	平野　市太郎……… 333
樋口　恵子……… 574	日野　市朗… 32, 33, 34, 54	平岡　初枝（平岡ハツエ）…	平野　馨……… 310
樋口　健治……… 567	日野　喜助……… 339	455, 544	平野　清…… 559, 565
樋口　幸吉… 170, 171, 452	日野　啓佑…… 341, 514	平岡　秀夫… 321, 322, 324,	平野　耕平……… 323
樋口　徹……… 286	日野　博行……… 338	325, 327, 508	平野　貞夫… 59, 516, 572
樋口　俊一… 152, 267, 294,	日野　雄策……… 153	平岡　保三………80	平野　貞雄……… 279

平野 三郎……… 202, 203	広坂 光則……………12	深津 玉一郎…… 216, 217	福島 瑞穂… 572, 576, 580, 584
平野 成子…… 461, 544	広沢 一郎……………229	深野 昭男……………151	
平野 繁展…… 391, 398	広沢 賢一… 140, 142, 143	深町 孝郎……………368	福島 易男………………74
平野 成基…… 193, 194	広沢 直樹……………330	深水 六郎…… 525, 526	福島 安義……………573
平野 世界……………140	広瀬 憲也……………578	深谷 進……… 539, 541	福島 豊 262, 263, 264, 265, 266
平野 善治郎…… 20, 410	広瀬 勝邦…… 329, 330	深谷 隆司… 144, 145, 146, 147, 148, 149, 150, 151, 152, 153, 155, 156, 157, 161, 163, 164	
平野 達男…… 414, 415	広瀬 健一…… 85, 189		福島 要一……………539
平野 恒子……………544	広瀬 俊吉……………139		福住 英行…… 301, 302
平野 照子………………69	広瀬 伸一………………89		福田 あい子……………78
平野 徳雄……………416	広瀬 真一……………452	吹田 愰……… 320, 321, 323	福田 昭夫… 72, 94, 96, 97
平野 博文… 262, 263, 264, 265, 266, 267, 268, 291, 292, 293, 294, 296, 298	広瀬 富男……………444	福井 勇 216, 217, 218, 219, 220, 473	福田 明……… 66, 67
	広瀬 久忠…… 461, 462		福田 明……………556
	広瀬 秀吉… 68, 69, 70	福井 順一… 99, 100, 101, 353	福田 晃……………225
平野 文活…… 378, 379	広瀬 正雄… 376, 377, 378		福田 厚子……………567
平野 増吉……………202	広瀬 雅志…… 159, 167	福井 隆夫…… 330, 509	福田 英二……………487
平野 学……… 377, 529	広瀬 由美……………376	福井 武雄……………271	福田 衣里子 297, 369, 400
平野 道子……………584	広瀬 与兵衛…… 538, 544	福井 智代… 577, 578, 581	福田 勝美……………450
平野 美津子……………560	広田 幸一……………497	福井 照 345, 346, 347, 348, 349	福田 喜代徳…… 113, 449
平野 光徳……………315	広田 貞治……………446		福田 慧一……………375
平野 義太郎……………544	広田 信子……………151	福井 直一……………350	福田 剛司… 124, 128, 462
平野 善憲……………572	広田 一……… 516, 517	福井 実………………445	福田 晃治……………433
平野 力三… 122, 123, 546	広田 勝……… 345, 516	福井 盛太……… 73, 74	福田 晃三……………584
平林 鴻三… 300, 301, 323, 324	広田 まゆみ(ひろたまゆみ)	福岡 悦子……………445	福田 子好…… 215, 216
	広津 素子… 364, 399, 401	福岡 醇次郎…… 366, 523	福田 繁芳… 332, 333, 334
平林 新一郎……………123	弘友 和夫… 357, 520, 576	福岡 宗也……………235	福田 繁……………551
平林 太一… 139, 140, 441, 442, 461, 462	広長 敬太郎……………449	福岡 資麿… 364, 398, 399, 400, 523	福田 純二……………500
	広中 和歌子 439, 558, 566, 579		福田 進……… 141, 550
平林 剛 112, 113, 114, 544, 546, 549		福岡 徳雄……………257	福田 拓泉… 557, 560, 564
	広野 允士(広野ただし)… 179, 180, 197, 574, 577, 582	福岡 ともみ 283, 291, 292	福田 越夫… 73, 74, 75, 76
平林 俊夫……………192		福岡 秀広……………575	福田 達夫…… 79, 96, 97
平林 朋紀……………561		福岡 日出麿…… 521, 522	福田 種男……………361
平林 英明……………567	広橋 真光……………542	福岡 康夫…… 314, 561	福田 哲也……………309
平林 正勝…… 363, 522	宇畑 智由美……………439	福岡 義登… 313, 314, 504	福田 輝夫……………187
平松 重雄……………508	広海 貫一……………545	福川 政則…… 255, 256	福田 篤泰… 135, 137, 138, 139, 140, 141, 142, 143, 144, 145, 146
平松 順子… 277, 278, 280, 292, 294, 491	広森 すみ子………………90	福崎 末松……………253	
	広谷 俊二………… 3, 4	福士 高……………563	
平松 雅人……………214		福士 文知………………20	福田 敏南……………354
平元 駿作……………419		福重 泰次郎……………556	福田 虎亀…… 370, 525
平本 哲郎……………341	【ふ】	福島 いづみ……………295	福田 撫子…… 443, 444
平本 寿………………60		福島 市郎…… 273, 274	福田 一……… 185, 186, 187
平山 和志…… 278, 279	深井 修一……………562	福島 修………………83	福田 一………………542
平山 久衛……………422	深江 孝……………447	福島 一恵………………36	福田 日出子……………560
平山 幸司……………412	深尾 一平……………158	福島 捷美…… 309, 325	福田 宏一……………432
平山 祥枝……………474	深尾 浩紹…… 242, 478	福島 菊次……………515	福田 昌子… 350, 351, 352
平山 佐知子……………471	深川 栄左衛門……………521	福島 啓史郎… 13, 17, 573, 577	福田 萬作…… 523, 539
平山 淳一……………226	深川 タマヱ…… 440, 441		福田 道夫……… 71, 72
平山 泰朗…… 158, 165	深川 康裕… 364, 398, 522	福嶋 健一郎 375, 376, 400, 402	福田 道代……………276
平山 知子… 145, 146, 147	深作 清次郎 112, 140, 143, 144, 145, 146, 148, 426, 442, 443, 444, 448		福田 貢……… 263, 291
平山 誠 94, 475, 578, 584		福島 茂夫…… 435, 553	福田 満……………172
平山 良平… 227, 229, 239, 241, 475		福島 重之…… 231, 476	福田 峰之… 119, 120, 121, 122, 129, 131, 133
	深沢 淳……………581	福島 譲二… 372, 373, 374	
平山 林吉……………432	深沢 郁三…… 486, 564	福島 崇行…… 75, 84, 432	福田 康夫… 77, 78, 91, 92, 93, 94
平渡 信……… 30, 415	深沢 賢一郎……………465	福島 恒春……………553	
広井 忠男……………174	深沢 繁男……………555	福島 信夫……………389	福田 幸弘……………519
広井 暢子… 556, 559, 572	深沢 久……………125	福島 伸享… 65, 66, 67, 93, 94, 96, 97	福田 喜東…… 376, 377
広恵 敏秀……………580	深沢 裕……… 67, 96		福田 良彦…… 322, 325
広岡 征男……………469	深沢 満寿子……………463	福島 肇………………92	福地 周蔵…… 60, 543
広神 伊藤……………170	深沢 義守…… 122, 123	福島 寿……………542	福地 恒夫……………563
広川 弘禅…… 48, 135, 136, 137, 138, 140, 141	深田 太市……………247	福島 浩彦……………498	福地 曠昭……………536
	深田 敏子… 266, 297, 488	福島 万寿雄……………545	福冨 健一…… 71, 92
広川 シズエ…… 142, 143	深田 肇… 86, 91, 435, 436		福留 泰蔵…… 84, 85, 91

福留 大士 392, 401	468	藤木 三郎 141
福永 一臣 370, 371, 372, 373	藤井 岳志 323	藤木 祥平 491
福永 恵治 446, 575	藤井 達二 547	藤木 真也 583
福永 健司 79, 80, 81, 82, 83, 84	藤井 恒男 552, 554, 557	藤木 平次 426
福永 浩介 373, 374	藤井 十四 142	藤木 巳喜 370
福永 毅 372, 526	藤井 利夫 40	節木 三千代 246, 297
福永 信彦 85, 86, 91, 92	藤井 俊男 436	藤木 光雄 109, 110
福西 亮 262, 290	藤井 敏子 317	藤木 洋二 274, 275, 276, 277, 289, 291, 490
福野 幸央 87	藤井 利範 16, 17	藤木 利恵 266
福原 秋一 391	藤井 虎衛 305	伏木田 政義 10, 12
福原 真由美 227, 228	藤井 直子 322, 508	藤倉 喜久治 28, 54
福間 知之 553, 555, 558	藤井 二十 141	藤倉 健二 74, 75
福間 嶺子 289, 486	藤井 紀子 372	藤崎 暖 553
福光 秀明 327	藤井 比早之 279, 280, 296, 297	藤崎 勲 11
福村 洸 457	藤井 博樹 228, 229	藤崎 薫 530
福村 隆 159, 166, 168	藤井 裕久 114, 115, 116, 117, 118, 119, 128, 129, 130, 554, 556	藤崎 浩太郎 120
福本 亜細亜 577	藤井 丙午 467, 538	藤崎 徳雄 505
福本 和夫 496	藤井 平治 280	藤崎 久男 372
福本 潤一 505, 569, 574	藤井 正人 398	藤沢 架佳 530
福本 正一 479	藤井 満義 382	藤沢 弘太郎 285, 286, 494, 495
福元 博 193, 194	藤井 美登里 117, 118, 120, 131, 132, 578	藤沢 広男 540
福安 増一 548	藤井 基之 573, 577, 579, 583	藤沢 裕美 364, 397, 398
福山 建定 443	藤井 勇治 246, 293, 295	藤沢 隆治郎 191
福山 卓美 442	藤井 豊 72	藤島 泰輔 554
福山 忠仁 339, 513	藤井 陽光 40	藤島 利久 89, 97, 345, 488, 517
福山 哲郎 251, 290, 482, 483	藤井 義裕 160, 161, 166, 168	藤島 正之 175, 398
福山 紘史 375	藤江 弘一 561, 565	藤代 洋行 447
福山 正敏 510	藤枝 昭英 492	藤末 健三 576, 579, 583
福山 守 332, 348, 349	藤枝 昭信 491	藤末 衛 277, 291
福家 誠二郎 339	藤枝 泉介 73, 74, 75	藤関 義範 478
富家 孝 155, 265, 289, 294, 572	藤枝 澪子 563	藤田 綾子 566
福家 俊一 332, 333, 334, 335	藤尾 直樹 159, 167	藤田 市介 60
房宗 治 152, 153	藤尾 正行 69, 70, 71	藤田 一郎 141
富士 克郎 411	藤生 安太郎 361, 362	藤田 一枝 357, 358, 359, 360, 397, 398, 399, 400, 402, 403, 520
藤 二雄 47	藤岡 和美 477	藤田 和久 419
藤 宮彦 385	藤岡 佳代子 515, 584	藤田 和郎 366
藤井 悦雄 121	藤岡 啓 464	藤田 国雄 518
藤井 一夫 116	藤岡 繁樹 188	藤田 邦良 64, 65, 66
藤井 勝志 306, 307, 308	藤岡 隆雄 72, 73, 96, 97	藤田 敬治 247, 248
藤井 吉三郎 256, 257, 484, 485	藤岡 智明 156	藤田 栄 470
藤井 九助 185	藤掛 久夫 71	藤田 幸代 520, 578
藤井 賢 335	藤掛 順恒 78, 79	藤田 重幸 374, 396
藤井 源右衛門 253	藤川 一秋 473	藤田 治郎 524
藤井 厳喜 326, 580	藤川 慎一 583	藤田 進 504, 543
藤井 幸子 262, 263, 264	藤川 保 474	藤田 スミ 259, 260, 261, 262, 263, 289
藤居 静子 244	藤川 千秋 222, 225, 235	藤田 大助 234, 239, 240, 241
藤井 純二 355, 519	藤川 雅司 409	藤田 高景 252, 295, 298, 341, 346, 347
藤井 省三 498	藤川 政人 475	藤田 高敏 338, 339, 340, 341, 346
藤井 二郎 306, 501	藤川 年 540, 543, 545	藤田 たき 441, 541
藤井 新一 233	藤川 基之 262, 290	藤田 立身 445
藤井 新一 538, 542	藤川 美也 313	藤田 中道 257
藤井 誠一 494	伏木 和雄 112, 113, 114, 115	藤田 勉 11, 16
藤井 宗一 181, 199	藤木 邦顕 263, 264, 265, 291	
藤井 孝男 205, 206, 235, 236, 237, 240, 242, 467,		

藤田 藤太郎 480, 481, 544	
藤田 直樹 159	
藤田 憲彦 157, 159, 160, 165, 166, 168	
藤田 均 331, 336, 510, 512	
藤田 二三夫 474	
藤田 正明 504	
藤田 正也 323	
藤田 幹雄 107, 108, 129, 131, 133	
藤田 みどり 373	
藤田 恵 577, 578	
藤田 康男 259, 260	
藤田 雄山 505	
藤田 祐司 160, 167	
藤田 幸久 154, 155, 157, 162, 163, 165, 428	
藤田 豊 567	
藤田 芳雄 451	
藤田 義光 370, 371, 372, 373	
藤田 義郎 272	
冨士谷 香恵子 280	
藤谷 恵三 315	
藤谷 光信 577	
藤戸 翼 254	
藤中 寛之 361, 403	
藤波 一治 540, 543	
藤浪 敬司 369, 396	
藤波 孝生 231, 232, 233, 235	
藤波 典雄 150, 445	
藤浪 義浩 215	
藤根 清 204	
藤野 公孝 573, 577	
藤野 公平 457	
藤野 繁雄 523	
藤野 重次郎 350	
藤野 正剛 105	
藤野 泰一 540, 543	
藤野 忠士 563	
藤野 達善 519	
藤野 利和 461	
藤野 真紀子 226, 227, 238, 239	
藤野 靖 168	
藤野 泰弘 435	
藤野 靖裕 522	
藤野 保史 200, 201	
藤林 紫陽 575	
藤原 周 516	
藤平 政男 563	
藤巻 健太 109, 133	
藤巻 健史 582	
藤巻 敏武 529	
藤牧 晴毅 236	
藤巻 幸夫 580	
藤丸 敏 360, 361, 401, 402	
伏見 康治 556	
藤村 昭孝 39	
藤村 修 261, 262, 263, 264,	

藤村　光司……………559	藤原　房雄　9, 10, 550, 553, 555	278, 279
藤村　茂八… 217, 218, 219, 472, 473	藤原　文明……………532	古井　喜実………299, 300
藤村　慎也……345, 348	藤原　信………105, 128	古市　隆雄……………147
藤村　二生……………115	藤原　正明………118, 119	古内　広雄………32, 416
藤村　久子……………115	藤原　正司………573, 577	古川　昭宏……………562
藤村　武平……………254	藤原　正治……………271	古川　喜一………178, 179
藤目　千代子…………512	藤原　超………………193	古川　孝作……………184
藤本　昭………………255	藤原　美智子…………224	古川　作馬……………543
藤本　一歩……………306	藤原　道子… 540, 546, 548, 551	古川　丈吉… 135, 136, 255, 256, 257, 258, 259
藤元　勝夫……83, 84, 85	藤原　通裕……………276	古川　大航……………207
藤本　金治………… 40, 41	藤原　良信………577, 582	古川　太三郎 188, 196, 460
藤本　欣三… 277, 289, 291	藤原　隆三………26, 413	古川　忠………………520
藤本　国夫… 4, 5, 6, 7, 407, 408	文月　涼………131, 133	古川　俊治……………436
藤本　栄………………226	布施　掬一……………110	古川　のぼる…………575
藤本　聡志… 316, 317, 325, 326, 505	布施　ともえ…………485	古川　元…………270, 542
藤本　捨助………332, 333	伏屋　修治… 204, 205, 467	古川　久……… 172, 173, 453
藤本　直………………122	二神　能基……………103	古川　秀雄……………488
藤本　孝雄… 333, 334, 335, 346, 347	二木　秀雄……………457	古川　雅司… 313, 314, 315
藤本　敏夫……………567	二子石　邦雄…………141	古川　元久… 224, 225, 226, 227, 228, 229, 235, 236, 237, 238, 240, 241
藤本　シズ……………319	二田　孝治… 39, 40, 53, 54, 55, 56, 57	古川　康………364, 402
藤本　直大………318, 506	二木　謙吾………506, 507	古川　裕三… 107, 109, 134, 440
藤本　博一……………507	二木　秀夫……………507	古川　洋次郎…………511
藤本　守………271, 553	二見　剛……34, 53, 54	古川　禎久… 384, 385, 400, 401, 402
藤本　実………155, 156	二見　順子……………316	古木　力………………443
藤本　祐司………470, 471	二見　甚郷……………531	古木　泰男……………524
藤本　豊… 358, 359, 520	二見　伸明… 62, 63, 64, 65, 66, 91, 92, 93, 426	古久保　暢男……263, 264
藤本　友里……………583	二牟礼　正博…………535	古倉　伸二……………288
藤本　良爾……………571	渕　通義………………552	古堅　実吉………394, 396
フジモリ, アルベルト　578	渕上　貞雄… 519, 565, 572, 576	古堅　宗嘉……………394
藤森　真治……………488	淵上　房太郎 350, 351, 352	古郡　利郎………207, 208
藤森　徳衛……………257	渕上　桃太郎……262, 289	古沢　泰一………… 4, 5
藤山　愛一郎……111, 112	渕瀬　栄子… 369, 401, 525	古沢　利之……………180
藤山　和正……………158	筆坂　秀世… 148, 149, 150, 556, 570, 574	古島　義英……79, 80, 81
藤芳　三次……………527	船川　克夫………40, 55	古末　憲一… 79, 81, 82, 434
藤由　欣久……………559	船川　治郎………121, 132	古園　保………381, 531
藤原　あき……………548	船木　千照……………149	古田　覚成… 253, 254, 255, 484
藤原　岩市……………552	船木　武雄………………41	古田　圭一……………327
藤原　一威………267, 296	船越　弘…………311, 312	古田　聡………………580
藤原　和秀……………149	船田　享二………67, 428	古田　美知代…………583
藤原　勝彦……………574	船田　中……67, 68, 69, 70	古田　元則… 332, 348, 510
藤原　君子……………563	船田　元… 70, 71, 72, 92, 93, 94, 95, 97	古橋　和大……………215
藤原　咲平……………540	船田　譲………………429	古橋　清………………106
藤原　幸朗………………86	船津　賢次……………364	古橋　良恭……………158
藤原　三郎……………274	船戸　タキ子…………520	降旗　徳弥………189, 190
藤原　繁太郎…………365	船戸　正信……………564	古畑　昌夫……………465
藤原　純一………………40	船橋　邦子……………574	古林　昌和……………549
藤原　節夫………306, 307	舟橋　功…………………83	古坊　満吉……………458
藤原　高雄……………272	舟橋　静一……………269	古松　国昭……………310
藤原　崇……29, 30, 57, 58	船橋　利実………14, 18	古松　健治……………310
藤原　忠一郎…………488	船曳　鴻紅……………582	古海　忠之……………550
藤原　哲太郎…………148	船水　奐彦………………24	古本　伸一郎 226, 227, 228, 229, 237, 238, 239, 240, 241
藤原　敏隆………341, 346	舟山　康江………421, 422	古屋　菊男……………123
藤原　豊次郎 100, 101, 438	冬柴　鉄三… 275, 276, 277,	降矢　敬義……………421
藤原　範典………416, 559		
藤原　英男………308, 565		
藤原　広子… 249, 250, 481		

古谷　敬二……………549		
古屋　圭司… 205, 206, 207, 235, 236, 237, 239, 241		
降矢　敬雄……………462		
古屋　貞雄… 122, 123, 461		
古屋　勤………………122		
古屋　亨………203, 204, 205		
古屋　範子… 129, 130, 131, 132, 133		
古谷　靖彦………120, 131		
古屋　義貴……………362		
古山　和宏… 150, 151, 152, 154, 163		
不破　哲三… 143, 144, 145, 146, 147, 148, 149, 150, 151, 162, 163		
不破　照子……………467		

【へ】

平郡　博典……………543		
別川　悠紀夫…………183		
別所　喜一郎…………243		
別城　遺一… 254, 255, 256, 258, 484		
ペマ・ギャルポ…………578		
部谷　孝之………320, 321		
戸来　勉……23, 54, 55		
逸見　英幸… 151, 154, 162, 163		
辺見　広明… 557, 559, 562, 566		
辺見　雅男……………225		

【ほ】

帆足　計 136, 137, 138, 139, 140, 141, 142, 143, 440		
坊　秀男………285, 286		
宝鏡　晃………………459		
朴沢　宏明………181, 200		
北条　雋八………546, 548		
北条　秀一… 138, 139, 140, 141, 142, 538, 541, 544		
北条　浩………………442		
帽田　智子……………279		
保谷　俊平………………67		
外尾　静子…………7, 8, 9		
保格　博夫………………10		
外間　清隆……………393		
外間　久子………395, 536		
ボギーてどこん………584		
穂坂　邦夫………………85		
保坂　三蔵… 445, 446, 579		
保坂　武………125, 129		
保坂　武文……………383		
保坂　司………………463		
保坂　展人… 153, 154, 155, 158, 162, 163, 164, 165, 166, 580		
星　篤麿………………158		

星 運吉 …… 564	95, 96, 97	堀 昌雄 270, 271, 272, 273, 274, 275	堀本 宜実 …… 513
星 英一郎 …… 583	細川 隆元 …… 370		本郷 公威 …… 378
星 和男 …… 165	細木 久慶 … 104, 145, 146, 147, 148, 149	堀 幸光 …… 23, 411	本郷 史剛 …… 188, 198
星 長治 …… 416		堀 譲和 …… 280	本庄 晶 …… 431, 432
星 伸雄 …… 479	細木 志雄 …… 515	堀 義和 …… 477	本庄 庸 … 356, 357, 519
星 一 …… 538	細迫 兼光 …… 318, 319	堀 良道 …… 310	本庄 孝夫 …… 251
星 雅之 …… 51	細田 伊太郎 …… 311, 312	堀 六平 …… 465	本城 広信 …… 361
星井 一 …… 138	細田 栄蔵 …… 79	堀井 巌 …… 493	本庄 政之 …… 235
星加 要 …… 511	細田 義安 …… 139, 140	堀井 玄一 …… 302	本庄 幸人 …… 378
星川 明道 …… 483, 484	細田 吉蔵 …… 302, 303	堀居 哲郎 …… 200	本田 顕子 … 376, 402, 528, 582
星川 裕美 …… 563	細田 健一 … 176, 177, 199, 200	堀井 学 …… 14, 15, 18	
星川 保松 …… 421		堀井 実 …… 99	本田 彰 …… 566
星島 二郎 …… 305, 306	細田 重雄 …… 500	堀井 勇子 …… 36, 37	本多 市郎 …… 365, 546
保科 治朗 …… 177	細田 綱吉 …… 60, 61	堀井 良殷 …… 493	本田 伊八 …… 491
保科 真一 …… 33	細田 博之 … 304, 305, 323, 324, 325, 326, 327	堀内 幾三郎 …… 100, 540	本田 栄一 …… 49
保科 善四郎 …… 31, 32		堀内 到 …… 525	本田 勝利 …… 416
保科 弘 …… 53	細野 歩 …… 283	堀内 恵美子 …… 564	本多 佳苗 …… 289
星名 芳男 …… 169	細野 軍治 …… 539, 542	堀内 一雄 …… 123	本多 浩一 … 376, 401, 528
星野 和彦 …… 571, 573	細野 浩司 …… 580	堀内 千城 …… 542	本多 公二 …… 345
星野 重次 …… 123, 462	細野 豪志 … 213, 214, 215, 236, 237, 238, 240	堀内 長栄 …… 488	本多 鋼治 …… 217
星野 武男 …… 543		堀内 恒夫 …… 579, 583	本田 佐敏 …… 454
星野 力 350, 352, 517, 551, 554	細野 重利 …… 7	堀内 照文 … 297, 298, 491, 576	本田 茂樹 …… 558
	細野 純子 …… 223		本田 トヨ …… 135, 138
星野 剛士 … 121, 122, 131, 133	細野 三千雄 … 36, 37, 418	堀内 俊夫 …… 492, 493	本多 平直 … 87, 88, 89, 90, 93, 94, 95, 96, 97
	細野 祐治 …… 185, 200	堀内 尚人 …… 95	
星野 敏子 …… 435	細野 良久 …… 542	堀内 詔子 … 125, 126, 131, 133	本多 冬彦 …… 562
星野 朋市 … 559, 562, 569	細野 義幸 …… 466		本田 文吉 …… 357
星野 智子 …… 439	細淵 平重 …… 441, 442	堀内 秀昭 …… 450	本田 豊作 …… 550
星野 尚昭 …… 571	細谷 昭雄 …… 39, 419	堀内 文美 …… 123, 124	本多 正樹 …… 159, 167
星野 寛 …… 552	細谷 登起男 …… 194	堀内 文吾 …… 144	本多 稔 …… 444
星野 政雄 …… 350	細谷 治通 … 356, 357, 358, 396, 397	堀内 万吉 …… 448	本多 ゆういち …… 568
星野 安三郎 …… 571		堀内 光雄 … 124, 125, 126, 127	本田 宥元 …… 46
星野 靖之助 …… 4	細谷 治嘉 … 353, 354, 355, 356		本田 由美 …… 13, 17
星野 行男 … 174, 175, 198, 454		堀内 幸夫 …… 567	本田 良一 …… 528
	堀田 昭夫 …… 211	堀内 義之輔 …… 461	本谷 純子 …… 223
星野 吉男 …… 474	堀田 耕三 …… 257	堀江 鶴治 …… 67	本藤 昭子 …… 17, 19, 584
星野 芳樹 …… 538, 542	堀田 恵彦 …… 162	堀江 実蔵 …… 299, 541	本藤 恒松 …… 189
星野 律子 …… 233, 234	堀田 正篤 …… 178	堀江 貴文 …… 317	本藤 哲哉 …… 528
星原 幸代 …… 278	堀田 正郁 …… 540	堀江 秀典 …… 481	本名 武 … 3, 4, 5, 6, 7, 8
星見 定子 …… 156	堀田 政孝 …… 43	堀江 正夫 …… 554, 556	本保 元将 …… 566
穂積 七郎 … 216, 217, 218, 219, 220	堀田 祐美子 …… 573, 575	堀江 邑一 …… 441, 539	本間 英作 …… 6
	堀田 容正 …… 154, 163	堀江 泰信 …… 156	本間 一裕 …… 131
穂積 真六郎 …… 538	堀田 利恵 …… 239, 241	堀川 功 …… 460	本間 国雄 …… 407
穂積 秀博 …… 540	ポップ吉村 …… 567	堀川 恭平 … 269, 270, 271, 272	本間 広次 …… 555
穂積 惇 …… 418	仏坂 健二 …… 380		本間 俊一 …… 30, 31
穂積 義孝 …… 547	保利 耕輔 … 363, 364, 397, 398	堀川 良男 …… 443	本間 俊太郎 …… 35
穂積 良行 … 51, 52, 53, 54		堀木 鎌三 …… 540, 546	本間 進 …… 440
細井 三郎 …… 216, 545	保利 茂 …… 361, 362	堀口 忠信 …… 543, 545	本間 政男 …… 49
細井 良雄 …… 176	堀 昭二郎 …… 439	堀口 望 …… 121, 122	本領 信治郎 … 136, 137, 139
細金 志づ江 …… 427	堀 慎太郎 …… 214	堀越 和行 …… 315	
細川 嘉六 … 136, 137, 539, 541	堀 末治 …… 407	堀越 儀郎 …… 538	**【ま】**
	堀 大助 …… 360, 401	堀越 啓仁 …… 433	
細川 正 …… 436	堀 拓生 …… 391	堀越 節義 …… 73	マイク真木 …… 567
細川 雅生 …… 445	堀 正 …… 6	堀込 征雄 … 194, 195, 196, 197, 198	米田 晴彦 … 336, 348, 349
細川 光正 …… 29, 30, 56, 59	堀 典一 …… 383, 532		舞立 昇治 …… 498
細川 護熙 … 372, 374, 527, 551, 566	堀 利和 558, 561, 570, 572	堀沢 哲男 …… 564	前 久 …… 495
	堀 仁 …… 377, 378, 530	堀野 祐吉 …… 116	前尾 繁三郎 247, 248, 249, 250
細川 八十八 …… 253	堀 文雄 …… 190, 463	堀之内 久男 383, 384, 397	
細川 幸宏 …… 301	堀 真琴 …… 440, 441, 538	堀部 虎猪 …… 541	前垣 忠司 …… 233
細川 律夫 … 84, 85, 86, 87, 88, 89, 90, 91, 92, 93, 94,	堀 誠 34, 54, 126, 207, 240, 572	堀部 靖雄 …… 521	前川 逸男 … 232, 555, 559
		堀間 禎子 … 315, 316, 323	前川 一夫 …… 13

前川　清成…… 493, 494	前田　雄吉… 223, 225, 226, 228, 236, 237, 238, 240, 579	牧野　輝子………… 315
前川　健太郎……… 217		牧野　浩朗………… 530
前川　貢一………… 510	前田　裕司……… 384, 532	牧野　藤宗………… 459
前川　忠夫… 133, 570, 573	前田　由美子……… 570	牧野　正彦…… 107, 440
前川　旦……… 334, 511	前田　義雄…… 203, 466	牧野　守一………… 449
前川　とみえ(前川トミヱ) 511	前田　善成……… 66, 96	牧野　良三…… 202, 203
	前田　禎信………… 157	牧野　苓子………… 519
前川　紀昭………… 65	前田　米蔵…… 136, 137	牧之内　淳(牧之内あつし) 388, 534
前川　光…………… 582	前田　米実………… 486	
前川　恵…………… 167	前田　律…………… 43	牧野内　武人… 189, 190
前川　吉栄………… 181	前谷　宏… 6, 407, 408, 409	牧原　正朗………… 364
真栄里　保…… 395, 583	前野　智加子…… 439, 573	牧原　秀樹… 88, 89, 90, 94, 95, 96, 97
前沢　淑子………… 566	前野　与三吉……… 544	
前沢　延浩………… 153	前之園　喜一郎… 533, 534	牧山　昭郎………… 146
前沢　昇…………… 567	前波　仲子………… 540	横山　健二………… 278
前島　秀行… 212, 213, 235	前橋　通雄………… 569	牧山　耕蔵………… 365
前田　郁…… 385, 386, 387	前畑　幸子… 473, 474, 572	牧山　隆…………… 370
前田　勲男………… 495	前畑　伸光………… 151	牧山　弘恵…… 450, 451
前田　栄之助… 311, 312	前原　和夫………… 568	馬郡　賢一………… 375
前田　えり子……… 277	前原　誠司… 251, 252, 253, 289, 290, 291, 293, 294, 296, 298	正垣　泰比古……… 287
前田　一男…… 12, 14, 18		正門　真佐行……… 312
前田　和克………… 272		正木　敦…… 283, 284
前田　佳都男… 494, 495	前原　博孝……… 85, 91	柾木　一策………… 547
前田　久吾………… 31	前宮　徳男………… 394	真崎　勝次… 361, 362, 548
前田　京子………… 106	前屋敷　恵美… 384, 532	正木　清………… 3, 4, 5
前田　清 272, 273, 274, 275	前山　茂 221, 557, 559, 566	真崎　洋…………… 519
前田　清貴… 394, 398, 512, 516	満岡　文太郎… 551, 553	正木　裕美…… 228, 240
	真壁　仁………… 420	正木　満之………… 416
前田　敬介………… 563	槙　茂…………… 509	正木　良明… 257, 258, 259, 260, 261
前田　啓太………… 376	横　昌三………… 71, 72	
前田　堅一郎……… 438	牧　彦七………… 539	真砂　泰三…… 263, 289
前田　浩一………… 158	牧　秀司…… 385, 387	真砂　太郎… 158, 160, 166, 167
前田　幸作………… 350	牧　誠………… 531	
前田　宏三…… 356, 519	牧　雅人………… 435	政次　広………… 350, 543
前田　定一…… 330, 509	牧　義夫 225, 226, 227, 228, 229, 236, 237, 238, 240, 241	正森　成二… 257, 258, 259, 260, 261, 323
前田　貞夫… 273, 274, 275		
前田　治一郎 257, 258, 259		増子　輝彦… 51, 52, 54, 55, 56, 424, 425
前田　純一………… 487	牧内　正哉………… 485	
前田　正治………… 375	横枝　元文………… 544	猿子　昌正……… 11, 12
前田　真司………… 157	横岡　剛…………… 233	真下　紀子………… 11
前田　武男………… 528	牧島　功…………… 450	真島　一男… 197, 453, 454
前田　武志… 282, 283, 291, 493, 576, 579, 583	牧島　かれん 120, 121, 122, 130, 131, 133	真島　省三… 359, 360, 361, 402, 403, 520
前田　岳洋………… 186	牧田　充生………… 229	真島　チモ………… 542
前田　正 259, 260, 261, 262, 263	牧野　克敏………… 445	益　修…………… 268
	牧野　寛索……… 41, 42	増井　慶太郎……… 468
前田　種男… 253, 254, 255	牧野　喜久子……… 572	桝井　恒義………… 258
前田　保…………… 553	牧野　喜代志……… 10	増岡　康治… 553, 556, 561, 569
前田　俊彦………… 557	牧野　幸一………… 562	
前田　知克………… 273	牧野　淳子…… 564, 568	増岡　博之… 313, 314, 315
前田　晴吉………… 564	牧野　祥子………… 277	升川　清雄………… 41
前田　久吉…… 543, 547	牧野　次郎………… 229	益川　昇…………… 567
前田　均………… 275, 276	牧野　聖修… 212, 213, 214, 215, 235, 236, 237, 238, 240, 241	馬杉　栄一……… 11, 15
前田　福三郎……… 149		桝口　敏行…… 200, 584
前田　房之助 269, 270, 271		増子　典男………… 92
前田　芙美子……… 578	牧野　京夫………… 471	舛添　要一…… 573, 577
前田　文彦………… 487	牧野　隆守… 187, 188, 196, 197	増沢　宏昭………… 195
前田　文弘………… 555		増田　甲子七 189, 190, 191, 192
前田　正男… 280, 281, 282	牧野　剛…………… 474	
前田　光津江……… 564	牧野　哲朗…… 379, 396	増田　加代子……… 563
前田　穣…………… 476		増田　喜代治……… 271
益田　健宏………… 375		
増田　紘一………… 570		
増田　盛…… 26, 413, 414		
増田　真一… 146, 148, 224, 249, 475, 482, 564, 569		
升田　世喜男… 24, 58, 59, 412		
益田　隆時………… 474		
増田　卓二………… 148		
増田　俊明………… 541		
増田　敏男… 84, 85, 86, 87, 92		
増田　成美… 228, 229, 240		
増田　惟子…… 564, 568		
増田　信彦………… 193		
増田　紘………… 276		
益田　牧子………… 584		
益田　洋介………… 569		
増田　義雄………… 487		
増田　義次………… 557		
増田　連也………… 73		
益谷　秀次… 181, 182, 183		
桝谷　寅吉………… 253		
舛冨　圭一… 320, 506, 507		
増原　恵吉…… 511, 513		
増原　義剛… 315, 316, 317, 324, 325, 326		
増淵　忠…………… 68		
増渕　賢一………… 430		
増渕　広美………… 562		
増満　繁雄………… 381		
増宮　乙吉………… 182		
増村　耕太郎 151, 152, 162		
桝村　実…………… 507		
益本　和夫………… 524		
増本　一彦… 112, 113, 114		
増本　修治………… 562		
増本　知栄子……… 291		
増元　照明… 36, 59, 446		
桝屋　敬悟… 321, 323, 324, 325, 326, 327		
増山　寿………… 583		
増山　直太郎… 178, 455		
増山　佳延………… 262		
増山　麗奈………… 447		
間瀬　蔵太………… 554		
間瀬　春一………… 217		
又市　征治… 574, 578, 582		
真渓　義貫………… 542		
又吉　光雄… 155, 156, 157, 159, 160, 446, 447, 536		
町川　順子… 14, 18, 582		
町田　明広………… 176		
町田　勇…………… 367		
町田　貴志………… 89		
町田　健彦…… 150, 151		
町田　徹…………… 149		
町田　勝…… 444, 563		
町田　充…… 272, 273		
町田　義友…… 284, 285		
待鳥　恵…………… 354		

町野 吉蔵 …………… 181	松尾 寅彦 …………… 358	91, 92, 93, 94, 95, 96, 98, 566
町村 金五 3, 4, 5, 551, 553	松尾 信人 …………… 367	松崎 敏則 …………… 348
町村 信孝 9, 10, 11, 12, 13, 14, 15, 16, 17, 18	松尾 彪五 … 110, 111, 448	松崎 俊久 …………… 569
町村 敬貴 …………… 407	松尾 正夫 ……… 277, 291	松崎 信夫 ……………・52
町山 恵子 … 439, 575, 577, 578	松尾 正吉 …………… 112	松崎 弘子 …………… 567
松 あきら ……… 450, 451	松尾 裕 ……………… 568	松崎 誠 ………………・47
松井 岩男 …………… 269	松尾 洋治 …… 323, 324, 325	松崎 正策 ……… 116, 126
松井 栄治 …………… 375	松尾 洋平 …………… 158	松崎 泰夫 … 125, 127, 154, 487, 563, 567
松井 輝一郎 ………… 74, 75	松尾 義勝 …………… 354	松崎 悠紀子 ………… 450
松井 孝治 ……… 482, 483	松尾 義幸 ……… 363, 522	松崎 百合子 …… 358, 399
松井 佐彦 …………… 479	松尾 礼子 …………… 565	松崎 芳伸 …………… 187
松井 清市 …………… 269	松岡 明 ……………… 526	松沢 力 ………… 392, 535
松井 孝 ………… 219, 220	松岡 一男 ……… 366, 367	松沢 勇 ………………・88
松井 千佳子 ………… 482	松岡 嘉兵衛 ………… 209	松沢 悦子 …… 95, 97, 436
松井 恒子 …………… 554	松岡 清 ……………… 467	松沢 一雄 ……… 444, 555
松井 俊夫 …………… 568	松岡 駒吉 … 135, 136, 137, 138, 139	松沢 兼人 … 268, 269, 489
松井 豊吉 ………… 73, 74	松岡 賛城 …………… 255	松沢 成文 … 115, 116, 117, 127, 451
松井 秀明 ………… 13, 36	松岡 正二 …………… 448	松沢 俊昭 ……… 172, 173
松井 秀明 … 316, 324, 325	松岡 達夫 …………… 547	松沢 一 ……………… 122
松井 比呂美(松井ひろみ) 149, 565, 569, 571	松岡 徹 ……………… 375	松沢 隼人 ……… 542, 545
松井 不朽 …………… 217	松岡 徹 ………… 576, 579	松沢 瑞枝 …………… 194
松井 誠 …… 170, 171, 452	松岡 利勝 … 374, 375, 396, 397, 398	松沢 靖介 …………… 420
松井 政吉 … 46, 47, 48, 49	松岡 俊三 ………… 41, 42	松沢 雄蔵 … 41, 42, 43, 44
松井 正剛 …………… 493	松岡 富治 ……… 139, 270	松下 新平 …………… 533
松井 雅博 ……… 280, 298	松岡 広隆 … 267, 294, 296	松下 武義 …………… 545
松井 道夫 ……… 538, 542	松岡 平市 ……… 362, 521	松下 忠洋 … 391, 392, 397, 398, 401
松石 秀介 …………… 355	松岡 満寿男 …… 321, 507	松下 忠由 …………… 332
松浦 昭 ………………・10	松岡 松平 ……… 177, 178	松下 正寿 …………… 442
松浦 功 …… 555, 558, 565	松岡 由美子 ………… 517	松下 正利 ……… 225, 487
松浦 伊平 ……… 332, 333	松岡 与一 …………… 247	松下 松治郎 ………… 459
松浦 薫 ……………… 332	松岡 力雄 …………… 579	松下 裕 …………… 87, 88
松浦 孝治 ……… 509, 510	松岡 林造 …………… 353	松下 陽一 …………… 263
松浦 栄 ………………… 3	松形 祐堯 …………… 532	松島 宇平 ……………・67
松浦 定義 …… 5, 6, 407	松上 二郎 …………… 457	松島 喜作 ……… 538, 541
松浦 周太郎 … 3, 4, 5, 6, 7	松川 康子 …………… 566	松島 俊之 …………… 551
松浦 真太郎 ………… 431	松川 嘉太郎 ………… 407	松島 治重 …………… 177
松浦 清一 … 272, 488, 489	松川 涼子 …………… 409	松島 弘典 …… 57, 58, 440
松浦 大悟 ……… 419, 420	松川 るい …………… 488	松島 松太郎 …… 112, 448
松浦 武志 …………… 89, 97	松木 岩雄 …………… 556	松島 みどり 152, 155, 157, 158, 159, 161, 162, 163, 164, 165, 166, 167
松浦 東介 …… 41, 42, 43	松木 謙公 … 11, 12, 13, 14, 16, 17, 18, 19, 582	松島 悠佐 …………… 573
松浦 敏夫 …………… 215	松木 弘 ……………… 169	松島 弥 ……………… 311
松浦 利尚 … 382, 383, 384, 396, 531, 532	松木 豊年 …………… 234	松寿 忠三郎 ………… 420
松浦 知子 ……………・10	マック赤坂 … 157, 446, 447	松田 篤之 ……… 188, 196
松浦 信夫 ……………・78	松隈 一博 …………… 401	松田 岩夫 ……… 205, 468
松浦 範年 …………… 554	松倉 三郎 ……… 353, 354	松田 一志 …………… 584
松浦 秀夫 …………… 144	松倉 城久 ……………・91	松田 菊寿 ……… 147, 444
松浦 良平 …………… 135	松坂 知恒 ……… 315, 323	松田 清 ……………… 117
松江 澄 ………… 312, 504	松阪 雅子 …………… 118	松田 九郎 … 367, 368, 369, 524
松江 宏次 …………… 563	松崎 朝治 … 79, 80, 434	松田 公太 …………… 447
松枝 良作 …………… 542	松崎 克彦 ……… 279, 297	松田 幸子 ……… 148, 564
松尾 和弥 ……… 228, 240	松崎 公昭 … 106, 107, 108, 126, 127, 128, 129, 130, 132	松田 準一 …………… 308
松尾 官平 ……… 411, 412	松崎 健吉 …………… 548	松田 隆彦 …………… 276
松尾 節三 …………… 542	松崎 定治 …………… 110	松田 竹千代 … 254, 255, 256, 257, 258
松尾 唯男 …………… 489	松崎 省三 … 225, 226, 227, 228	
松尾 勉 ………… 215, 241	松崎 哲久 … 86, 87, 88, 89,	
松尾 トシ子 109, 110, 111		
松尾 豊喜 …………… 365		

松田 鉄蔵 …… 3, 4, 5, 6, 7	
松田 照久 … 551, 552, 553, 554	
松田 直久 … 234, 240, 241	
松田 宣哉 …………… 232	
松田 紀子 …………… 133	
松田 文雄 …………… 510	
松田 正一 ……… 229, 541	
松田 学 122, 132, 134, 451	
松田 ユカリ …………… 150	
松田 佳子 …………… 153	
松平 勇雄 ……… 422, 423	
松平 銑之助 ………… 431	
松平 忠久 … 190, 191, 192	
松平 恒雄 …………… 422	
松平 外与麿 ………… 539	
松平 康東 …………… 541	
松竹 伸幸 …………… 574	
松谷 蒼一郎 …… 524, 525	
松谷 天光光 136, 137, 138, 139, 374	
松谷 好一 …………… 559	
松永 攻 ……………… 449	
松永 真一 ……… 375, 401	
松永 忠君 …………… 498	
松永 忠二 …………… 469	
松永 東 ……… 79, 80, 81	
松永 信行 …………… 508	
松永 光 82, 83, 84, 85, 86, 87	
松永 広次 …………… 212	
松永 仏骨 ……… 254, 255	
松永 昌樹 ………… 72, 93	
松永 靖彦 ……… 116, 127	
松永 陽三 …………… 474	
松永 義雄 …………… 434	
松浪 健四郎 263, 264, 265, 266, 293, 295, 579	
松浪 健太 … 264, 265, 266, 267, 268, 292, 293, 294, 295, 298	
松浪 武久 ……… 284, 296	
松野 喜内 ……… 538, 542	
松野 孝一 ……… 37, 418	
松野 鶴平 …………… 526	
松野 信夫 … 374, 375, 397, 398, 399, 528	
松野 博一 … 105, 106, 107, 108, 109, 126, 127, 129, 130, 131, 133	
松野 正利 …………… 204	
松野 幸昭 …………… 205	
松野 幸泰 … 203, 204, 205	
松野 頼久 … 374, 375, 376, 397, 398, 399, 400, 401, 403	
松野 頼三 … 370, 371, 372, 373, 374	
松葉 保 ……………… 542	
松葉 裕子 …………… 149	
松葉 玲 ……………… 581	

松橋 三夫………… 23, 24	松本 孝一… 120, 132, 582	松本 満雄……… 330, 509	間宮 三男也……………60
松林 淳一……………185	松本 弘司……………176	松本 実……………447	豆田 至功… 284, 295, 493
松原 昭夫… 334, 335, 336, 346	松本 効三……………567	松本 基督……… 375, 399	間山 治子………… 55, 56
松原 和夫…… 476, 477	松本 五郎……………141	松本 安正……… 309, 324	間山 稔……………411
松原 一彦… 376, 540, 546	松本 幸子……………525	松本 惟子… 358, 396, 397	真山 勇一…… 451, 580
松原 喜之次 253, 254, 255, 256, 257, 484	松本 三益… 67, 138, 139, 140	松本 幸男……………83	真山 祐一………… 58, 59
松原 久三…………464	松本 治一郎 538, 543, 547, 550	松本 洋平… 156, 157, 158, 160, 161, 164, 165, 166, 167	黛 敬子……………84
松原 秀一…………543	松本 しげ子…… 225, 445	松本 佳和………… 89, 96	丸井 美恵子………563
松原 脩雄…… 282, 283	松本 しづ……………563	松本 善寿 46, 47, 48, 146	丸井 八千代…… 85, 86
松原 仁 152, 153, 155, 156, 157, 159, 160, 162, 163, 164, 165, 166, 167	松本 七五…… 350, 517	松本 義広……………213	丸一 芳訓……………577
松原 慎治…………385	松本 七郎… 350, 351, 352, 353, 354, 355	松本 龍 356, 357, 358, 359, 360, 396, 397, 398, 399, 400, 402	丸岡 和世……………246
松原 友忠…………563	松本 寿一……………73	松本 六太郎……………3	丸岡 博司……………265
松原 広繁… 145, 146, 147, 553	松本 十郎… 272, 273, 274, 275, 276	松森 俊逸……………23	丸岡 真澄……………279
松原 まなみ………577	松本 純 116, 117, 118, 119, 120, 121, 126, 127, 128, 129, 130, 131, 133	松山 兼吉……………542	丸亀 秀雄…… 366, 523
松原 瑞彦…………450	松本 俊一…… 312, 313	松山 恭子……………583	丸川 珠代…… 446, 447
松原 美省…… 231, 232	松本 淳造……………302	松山 邦夫……………376	丸川 仁……………153
松藤 淳…………354	松本 翔………… 90, 98	松山 治郎……………21	丸子 安子… 159, 167, 447
松前 仰…… 211, 212	松本 慎一……………539	松山 隆茂……………448	丸田 舜巍…… 110, 112
松前 重義… 370, 371, 372	松本 新八郎… 336, 513	松山 千恵子…… 81, 82	丸田 隆夫……………557
松前 達郎… 527, 554, 556, 561, 570	松本 進……………316	松山 常次郎……………285	丸谷 金保……………408
松宮 勲 188, 197, 199, 200	松本 善明 54, 55, 141, 142, 143, 144, 145, 146, 147, 148, 149, 151	松山 望……………284	丸野 武人…… 390, 535
松村 章……………507	松本 惣一郎……………101	松山 政司……………520	丸林 秀彦…… 357, 358
松村 金助…… 137, 138	松本 泰高… 86, 215, 241, 532	松山 義雄…… 79, 80, 81	丸茂 重貞… 432, 548, 552, 555
松村 謙三…… 177, 178	松本 大輔… 316, 317, 324, 325, 327	円 より子… 159, 160, 166, 167, 566, 572, 576, 579, 581, 584	丸茂 ゆきこ…………577
松村 光三……………68	松本 隆…… 385, 583	的場 金右衛門……… 385	丸谷 佳織…… 15, 16, 17
松村 幸之……………332	松本 滝蔵… 310, 311, 312	的場 鹿五郎…… 285, 286	丸山 勇……………210
松村 潮美……………565	松本 剛明… 277, 278, 279, 280, 291, 292, 293, 294, 296, 298	真戸原 勲… 388, 389, 534	丸山 悦子……………474
松村 秀逸…… 546, 549	松本 隆……… 385, 583	真砂 房夫……………286	丸山 海二……………464
松村 真一郎…… 538, 541	松本 武夫……………135	真鍋 麻未……………297	丸山 和也… 564, 577, 581
松村 多美子……………409	松本 武雄……………539	真鍋 勝……………329	丸山 義一……………135
松村 勖…… 245, 251, 291	松本 達也……………263	真鍋 儀十… 136, 137, 138, 139, 140, 549	丸山 邦雄……………189
松村 敏夫……………90	松本 忠助… 142, 143, 144, 145, 146, 147	真鍋 賢二…… 511, 512	丸山 恒司……………562
松村 春繁……………515	松本 鉄平…… 160, 166	真鍋 健……………336	丸山 三郎……………461
松村 久……………335	松本 徳太郎…… 401, 402	真鍋 晃篤… 263, 288, 291, 294	丸山 繁次……………350
松村 久義…… 446, 578	松本 知子……………149	真鍋 富次……………136	丸山 茂 135, 142, 143, 189, 190
松村 秀利… 385, 400, 402	松本 寅一……………365	真部 友一…… 332, 333	丸山 象二郎……………463
松村 祥史… 528, 576	松本 直明……………44	真鍋 一……………450	丸山 慎一…… 105, 570
松村 譲裕……………582	松本 ナツ子……………566	真鍋 政雄…… 219, 220	丸山 澄雄……………374
松本 龍二…… 460, 461	松本 なみほ……………491	真鍋 光広… 334, 335, 346, 347	丸山 孝……………564
松本 亮佑…… 160, 161	松本 信枝……………578	真鍋 穣… 263, 264, 265	丸山 直友…… 169, 544
松本 或彦……………146	松本 昇……………540	間庭 信一… 80, 339, 547	丸山 久明… 173, 174, 453
松本 一郎… 229, 230, 231	松本 英男……………251	真野 恵潛……………472	丸山 穂高… 267, 268, 295, 298
松本 英一… 550, 553, 555, 558, 565	松本 英征……………105	真野 哲…… 228, 240	円山 雅也… 449, 450, 554, 556
杉本 薫……………232	松本 文明… 155, 156, 157, 159, 160, 164, 165, 166, 167	真野 昭一……………203	丸山 芳一……………310
松本 一夫…… 542, 547	松本 文六……………530	真野 博……………553	間脇 八蔵…… 276, 290
松本 和那… 105, 106, 126, 127	松本 昌士……………273	真野 祐輔……………570	馬渡 龍治… 118, 154, 163, 226, 227, 238, 239
松本 和巳… 106, 107, 129, 159, 166	松本 雅威…… 121, 132	真野目 吉治…… 46, 539	万谷 義雄……………186
松本 勝雄…… 277, 279		馬淵 澄夫… 283, 284, 291, 292, 293, 294, 296, 298	
松本 勝仁…… 106, 127			**【み】**
松本 喜一………… 53, 58		馬渕 保彦……………206	三池 信 361, 362, 363, 522
松本 賢一……………504		間宮 重一郎……………478	美見 己智子……………574
松本 謙之……………334		間宮 清介……………206	美見 芳明…… 309, 310
			三浦 暎代……………570
			三浦 一水…… 375, 528
			三浦 岩男……………159

643

三浦　江美子………… 564	三木　立………… 152, 162	131, 440	三土　忠造…………… 540
三浦　恵美里………… 570	三木　亨………… 510	水野　孝吉………… 453	満永　茂樹…………… 449
三浦　和夫……………… 28	三木　俊治…… 331, 346	水野　晃治………… 218	光野　有次…………… 525
三浦　義覚…………… 407	三木　武吉…… 332, 333	水野　実郎…… 216, 217	三觜　明美……… 98, 431
三浦　恭………………… 55	三鬼　陽之助……… 230	水野　誠一………… 570	三橋　貴明…………… 579
三浦　一雄………… 20, 21	三木　与吉郎… 508, 509	水野　武光…………… 88	三橋　八次郎………… 513
三浦　敬三…… 221, 222, 223	三木　喜夫… 271, 272, 273	水野　力夫………… 196	三ッ林　幸三…………… 80
三浦　茂樹… 196, 199, 200	三国　俊夫………… 164	水野　鉄雄………… 548	三ッ林　隆志 87, 88, 89, 92,
三浦　真一……… 150, 486	三国　佑貴………… 412	水野　時郎………… 474	93, 94, 95
三浦　宗太郎……… 413	御厨　さとみ……… 364	水野　智彦… 130, 228, 240	三ッ林　裕巳… 90, 96, 97
三浦　惣平……………… 25	御厨　信市………… 540	水野　豊蔵………… 559	三ッ林　弥太郎… 82, 83, 84,
三浦　卓…………… 40, 54	三小田　准一……… 154	水野　晴彦………… 557	85, 86, 91
三浦　隆…… 113, 114, 115	三崎　信芳… 559, 562, 567	水野　彦治郎……… 207	三星　実………………… 21
三浦　辰雄………… 540	三沢　源三郎…… 41, 42	水野　吉近…… 238, 239	三巻　秋子…………… 551
三浦　鶴三………… 542	三沢　淳 224, 225, 226, 574	水野谷　友次郎……… 47	三ツ松　要…………… 105
三浦　俊男………… 326	三沢　英生………… 133	水橋　藤作………… 538	光村　甚助…… 546, 549
三浦　虎雄………… 547	三沢　好夫…… 195, 196	水原　義雄………… 542	光本　天造…………… 539
三浦　寅之助 109, 110, 111	三品　孝行…… 12, 16, 17	水平　豊彦…… 221, 222	三森　信………………… 462
三浦　伸子………… 128	三島　安精………… 336	三角　和雄… 106, 128, 528	三ツ矢　憲生 233, 234, 237,
三浦　信祐………… 451	三島　佳代子……… 107	水本　務…… 70, 259, 430	238
三浦　昇 322, 323, 325, 326,	三島　静江………… 549	水由　正美………… 409	三ッ屋　政夫………… 429
327	三島　照…………… 392	溝江　百合子………… 54	光吉　悦心…………… 539
三浦　八水………… 527	三島　直之………… 552	溝口　三郎………… 540	水戸　巌……………… 557
三浦　久 354, 355, 356, 357	三島　誠也…… 526, 544	溝口　敏盛………… 451	水戸　将史… 122, 133, 451
三浦　秀夫………… 416	三島　通陽………… 538	溝口　広義………… 566	御堂　啓一…………… 559
三浦　英夫……… 30, 31	三島　雄太郎……… 302	溝口　三嘉…… 94, 578	三富　要…… 50, 51, 423
三浦　孚…………… 541	水岡　俊一………… 491	溝田　弘利…………… 490	緑川　一徳……… 53, 58
三浦　満吉……………… 3	水落　恒彦……………… 8	溝手　顕正…… 505, 506	緑川　貴士……… 41, 59
三浦　道明………… 557	水落　敏栄… 576, 579, 583	溝淵　春次… 255, 483, 484,	翠川　勉………… 189, 190
三浦　光保…… 551, 552	水上　敏英………… 350	548	緑川　風子……………… 95
三浦　雄一郎……… 570	水上　昌俊…… 557, 559	溝淵　松太郎……… 332	緑川　幹男……………… 51
三浦　洋子………… 486	水上　美華…… 15, 18	三田　真紀………… 566	翠田　直次…………… 539
三浦　義秋………… 478	水川　清一………… 255	三谷　秀治… 258, 259, 260,	皆川　恵史…………… 506
三浦　義男………… 543	水城　和子………… 559	483, 485	皆川　四郎平…………… 61
三浦　義弘………… 199	水口　仙松………… 361	三谷　英弘… 159, 160, 167	水口　宏三…………… 552
三浦　雷太郎…… 37, 38	水口　俊幸………… 348	三谷　光男… 316, 317, 325,	水無瀬　攻…… 152, 154
三重野　勝彦……… 140	水久保　甚作 531, 538, 547	327	湊　徹郎……… 48, 49, 50
三重野　栄子… 519, 520	水越　寛陽………… 410	身玉山　宗三郎… 229, 242,	湊　侑子 288, 297, 298, 491
三重野　昇………… 379	水越　玄郷………… 441	475	湊谷　道夫…… 180, 197
三ケ尻　亮子… 580, 584	水越　玲子………… 559	三田村　武夫… 202, 203	三鍋　義三…… 177, 178
三日月　大造 245, 246, 291,	水島　広子… 71, 72, 92, 93,	道　あゆみ………… 440	南　悦雄……………… 304
293, 294, 296, 297	94	ミチオ　高倉……… 576	南　秀一……… 187, 460
三ケ田　三十四… 379, 380	水島　裕……… 569, 573	道岡　宏有………… 439	南　俊夫 140, 142, 144, 145,
三上　英子… 142, 143, 145	水田　伸三………… 372	道林　実………………… 19	148, 442, 443
三上　隆雄… 411, 412, 572	水田　武夫………… 346	道山　虎夫… 420, 441, 526	南　与之……………… 80
三上　隆…… 249, 251, 482	水田　三喜男　99, 100, 101,	三津　丈夫……… 15, 18	南　政宏……………… 375
三上　卓…………… 544	102	三井　泉太郎……… 420	南　道郎………………… 7
三上　正…………… 117	水田　稔…… 307, 308, 309	三井　隆典…… 194, 465	南　好雄……… 181, 182
三上　辰蔵………… 21	水谷　清重………… 539	三井　常三………… 143	皆吉　稲生… 392, 400, 402,
三上　英雄………… 136	水谷　長三郎… 247, 248	三井　啓光………… 421	535
三上　誠…………… 199	水谷　力…………… 477	三井　マリ子… 41, 58, 151	峯岸　益生…………… 160
三上　良喜…………… 34	水谷　昇…… 229, 230, 546	三井　理峯… 149, 444, 445	峰崎　直樹…………… 409
三木　キヨ子……… 253	水谷　弘…… 70, 71, 429	三井　辨雄… 11, 12, 13, 14,	峰藤　竜太郎………… 567
三木　圭恵… 279, 280, 295,	水谷　保夫………… 445	15, 16, 17, 18	峰村　芳夫…… 153, 162
298, 580	水谷　洋一………… 264	満生　均史………… 149	峯山　昭範… 486, 550, 552,
三木　寿禄………… 567	水沼　義隆………… 266	光石　士郎…… 362, 521	555
三木　詔一………… 262	水野　栄三郎……… 230	三石　久江………… 561	美濃　政市………… 7, 8
三木　治朗………… 448	水野　清 101, 102, 103, 104	三石　文隆………… 346	三野　優美…………… 335
三木　申三…… 331, 346	水野　金一郎……… 420	満尾　君亮… 385, 386, 545	箕浦　一雄…… 118, 449
三木　武夫… 329, 330, 331	水野　賢一… 105, 106, 107,	三塚　博… 32, 33, 34, 54	箕浦　多一…… 377, 541
三木　忠雄… 443, 550, 552	108, 126, 127, 128, 129,	光武　顕…………… 368	蓑島　宗平………… 177

蓑田　庸子………… 376	宮川　義雄………… 370	323, 503, 504	545
美濃部　亮吉……… 554	宮城　孝治………… 517	宮沢　潔…………… 494	宮東　久栄………… 568
御法川　信英 40, 41, 56, 57, 58	宮城　タマヨ…… 538, 544	宮沢　仙吉……… 151, 445	宮永　照彦………… 437
御法川　英文 39, 53, 54, 55	宮城島　正……… 213, 576	宮沢　隆仁… 195, 196, 200, 201	宮西　伊佐雄……… 180
箕輪　幸代… 204, 205, 467	宮北　三七郎……… 407	宮沢　忠夫………… 432	宮西　渡…………… 568
箕輪　登…… 5, 6, 7, 8, 9	宮北　昌和………… 560	宮沢　胤勇… 189, 190, 191	宮野　健治………… 485
三橋　喜久雄……… 540	宮北　美津子……… 560	宮沢　秀雄………… 102	宮野入　晶子……… 580
三橋　真記… 279, 297, 491	宮国　忠広… 394, 395, 398, 399	宮沢　弘……… 504, 505	宮之原　貞光 533, 552, 554
三原　朝雄… 350, 351, 353, 354, 355, 356	三宅　正一… 169, 170, 171, 172, 173	宮沢　宏之………… 215	宮幡　靖………… 207, 208
三原　朝彦… 356, 357, 358, 359, 360, 361, 396, 397, 398, 399, 400, 401, 402	三宅　伸吾………… 512	宮沢　博行… 215, 240, 241	宮原　幸三郎 310, 311, 312
	三宅　則義…… 216, 218	宮沢　安五郎… 545, 547	宮原　信孝………… 399
	三宅　秀夫…… 362, 521	宮沢　由佳………… 463	宮原　美佐子… 227, 239
三原　じゅん子… 451, 579	三宅　博 266, 268, 295, 298, 584	宮沢　裕…………… 311	宮原田　綾香…… 79, 96
三原　四郎………… 149		宮沢　洋一… 316, 317, 324, 325, 326, 505, 506	宮部　寛……… 435, 444
三原　藤助……… 506, 551	三宅　雪子 78, 95, 108, 132, 582		宮松　宏至… 125, 133, 134
三保　恵一………… 424		宮路　和明… 390, 391, 392, 396, 397, 398, 400, 401	宮村　トシ子……… 573
三堀　雅志…… 556, 558	三宅　洋平…… 447, 582		宮村　又八………… 370
美馬　与三次……… 481	三宅　嘉久………… 185	宮地　広助………… 581	宮本　一三… 275, 276, 277, 278, 279, 289, 290, 292, 294, 295, 491, 578, 580
美間坂　剛太……… 361	宮後　恵喜…… 276, 290	宮地　太市………… 471	
三村　勲…………… 426	宮越　馨……… 174, 580	宮路　拓馬…… 393, 402	
三村　勇…………… 426	宮腰　喜助 36, 37, 137, 548	宮地　忠継………… 116	宮本　悦朗………… 105
三村　和也… 119, 120, 122, 130, 132, 133	宮腰　庄太郎………37	宮地　徳光………… 559	宮本　一二… 183, 184, 458
	宮腰　光寛… 180, 181, 197, 198, 199, 200	宮地　利雄………… 390	宮本　公恵………… 150
味村　耕太郎……… 122		宮路　敏裕………… 176	宮本　邦彦…… 540, 547
三村　さよ子……… 567	宮崎　修…………… 247	宮地　秀雄………… 361	宮本　啓子…… 185, 200
三村　申吾……………23	宮崎　角治…… 368, 561	宮司　正憲………… 387	宮本　憲一…… 378, 529
三村　真千代……… 322	宮崎　欣子………… 114	宮下　一郎… 195, 196, 197, 198, 199, 200	宮本　顕治(宮本けんじ)… 138, 554, 556
三村　誉一………… 176	宮崎　賢一郎……… 215		
三村　雷太郎………37	宮崎　健治… 280, 296, 582	宮下　重寿… 67, 68, 69, 428	宮本　栄…… 154, 155, 157
宮　公……………… 552	宮崎　謙介… 252, 253, 296, 297	宮下　創平… 193, 194, 195, 196, 197	宮元　智……… 185, 459
宮井　清香………… 332			宮本　しづえ…… 57, 424
宮井　進一………… 332	宮崎　小市………… 351	宮下　為友………… 318	宮本　重吾………… 571
宮井　泰良………… 320	宮崎　茂…………… 521	宮下　学……… 189, 463	宮本　周司………… 581
宮内　明…………… 273	宮崎　岳志… 78, 79, 94, 96, 97	宮島　鎮治………… 443	宮本　次郎………… 283
宮内　香織………… 317		宮島　大典… 368, 369, 370, 396, 397, 398, 399, 400, 402, 403, 524	宮本　正心………… 343
宮内　現…………… 584	宮崎　貞…………… 340		宮本　岳志… 295, 297, 298, 487, 570
宮内　聡 11, 12, 13, 16, 17, 409	宮崎　忠義…… 336, 337		
	宮崎　太郎………… 545	宮島　綱男………… 539	宮本　徹…… 157, 167, 168
宮内　藤吉…… 329, 539	宮崎　道秀………… 359	宮島　ヒサ…… 135, 136	宮本　融………… 13, 17
宮内　俊清………… 154	宮崎　久常……………65	宮島　滉…………… 524	宮本　尚美………… 152
宮内　秀樹… 360, 401, 402	宮崎　秀樹… 558, 565, 571	宮島　豊 365, 366, 367, 523	宮本　一…………… 524
宮内　雪夫………… 367	宮崎　正雄………… 497	宮島　善治………… 280	宮本　春樹……………66
宮内　陽肇…… 148, 444	宮崎　正人………… 364	宮島　喜文………… 583	宮本　広喜…… 366, 367
宮応　勝幸………… 121	宮崎　政久… 395, 401, 402	宮代　徹……… 60, 61, 425	宮本　三木………… 425
宮岡　義一……………80	宮崎　正義… 550, 551, 554	宮瀬　英治…… 89, 96	宮本　巳之吉……… 455
宮岡　進一郎… 106, 107	宮崎　勝……… 580, 583	宮瀬　睦夫………… 376	宮脇　貞美…… 271, 272
宮川　和男………… 474	宮崎　増次…… 176, 198	宮田　修…………… 104	宮脇　繁…………… 342
宮川　和浩………… 194	宮崎　学…………… 575	宮田　早苗… 354, 355, 356	宮脇　則夫……………84
宮川　勝義………… 206	宮崎　麻美………… 266	宮田　重文…… 425, 426	宮脇　善雄…… 27, 414
宮川　金彦………… 225	宮崎　まり子……… 450	宮田　輝……… 552, 554, 558	宮脇　嘉一…… 26, 413
宮川　宗徳………… 544	宮崎　茂一… 388, 389, 390, 391	宮田　正之… 220, 225, 475	明瀬　英之助……… 371
宮川　喬…………… 116		宮田　吉金………… 339	明礼　輝三郎… 337, 513
宮川　敏明……………86	宮崎　守正………… 262	宮田　義信………… 508	身吉　秋太郎……… 517
宮川　知雄………… 569	宮崎　雄介…… 221, 473	宮地　勲……… 228, 229	三好　一光………… 308
宮川　寅雄………… 407	宮里　武志………… 394	宮地　茂…………… 313	三好　一平………… 321
宮川　典子… 125, 126, 131, 133, 463	宮里　昇…………… 395	宮地　正介… 82, 83, 84, 85, 91	三好　勝見………… 318
	宮里　松正…… 394, 536		三好　重夫………… 503
宮川　雅之……………90	宮沢　要…………… 471	宮手　郁子………… 567	三善　信一………… 370
宮川　満……… 557, 559	宮沢　喜一… 313, 314, 315,	宮寺　新三……………62	三善　信二………… 527
		宮東　孝行 30, 31, 539, 542,	三好　竹勇……………3
			三善　信房…… 371, 547

三好　始……… 510, 511	宗像　孝三………… 46	村上　正邦… 553, 555, 558, 565, 571	村山　智……… 390, 391
三好　英之…… 299, 496	宗形　孝至……… 117		村山　達雄… 171, 172, 173, 174, 196
三輪　邦興………… 260	宗清　皇一…… 268, 297	村上　政俊…… 267, 295	
三輪　貞治…… 382, 531	宗田　裕之… 118, 119, 120, 131, 450	村上　ミト子……… 568	村山　富市… 378, 379, 396
三輪　寿壮… 136, 137, 138		村上　睦郎……… 102	村山　史彦……… 175
三和　精一……… 20, 21	宗行　源治……… 273	村上　康也… 190, 191, 192	村山　道雄……… 420
三輪　武司……… 450	村井　明美…… 314, 315	村上　有司……… 286	室　喜代一… 153, 155
三輪　智恵美… 116, 121	村井　勝喜… 204, 205, 467	村上　由……… 5, 407, 408	室井　邦彦… 276, 277, 278, 289, 292, 293, 491, 577, 582
三和　智之…… 267, 268	村井　仁 193, 194, 195, 197	村上　善昭…… 35, 36, 417	
三輪　信昭… 239, 241, 577	村井　清……… 542	村上　義夫……… 517	
三輪　久義……… 219	村井　秀夫……… 150	村上　義之助……… 544	室井　秀子… 279, 294, 296
三輪　博久……… 450	村井　英樹… 89, 90, 96, 97	村上　好彦……… 316	室崎　勝造……… 499
三輪　行治………… 47	村井　実……… 105	村上　好……… 542	室田　隆……… 227
三羽　嘉彦……… 413	村井　宗明… 180, 181, 198, 199, 200	村上　六三……… 494	室田　智恵子……… 487
三輪　由美… 105, 108, 109		村木　継明……… 507	室田　義隆……… 564
	村井　右喜男……… 73	村木　敏子……… 421	室谷　友英……… 157
【む】	村浦　行男……… 381	村木　弥生……… 574	
	村尾　薩男…… 385, 533	村口　勝哉……… 569	【め】
向井　英二… 180, 198	村尾　重雄…… 483, 484	村口　久美子……… 268	
向井　鹿松……… 541	村尾　英俊… 385, 403	村口　照美… 10, 11, 12	梅　蘭……… 153, 163
向井　宗一……… 142	村岡　兼造… 38, 39, 40, 53, 54, 55	村越　祐民… 106, 107, 108, 109, 128, 129, 130, 132, 133	命苫　孝英… 390, 555
向井　長年… 492, 546, 547, 549, 550, 553, 555			目片　文夫……… 228
	村岡　敏英… 40, 41, 58, 59, 580		目片　信… 245, 289, 290
向井　弘…… 283, 493		村沢　牧…… 464, 465	恵　忠久……… 144
向　義法……… 362	村岡　正嗣………… 88	村瀬　宣親… 336, 337, 338	廻　実……… 386
向谷　千鳥……… 310	村上　家彦……… 486	村田　一男……… 453	目黒　一秋……… 454
向山　一人… 191, 192, 193, 465	村上　郁郎……… 542	村田　享子… 318, 327	目黒　吉之助 174, 175, 197, 453
	村上　勇… 376, 377, 378	村田　恭子… 412, 460	
百足　健一………… 34	村上　薫………… 91	村田　敬次郎 220, 221, 222, 223, 224, 225, 235	目黒　今朝次郎… 552, 555
麦谷　一雄……… 143	村上　和繁……… 13		目黒　好江… 225, 236
椋木　浩治………… 64	村上　克子… 108, 131, 133	村田　光造… 256, 280, 281, 491	
向山　操……… 490	村上　勝二…… 358, 359		【も】
向瀬　慎一… 304, 305, 500	村上　義一……… 478	村田　柴太……… 414	
向山　好一… 279, 280, 294, 296, 298	村上　圭三……… 566	村田　敏… 155, 164, 575	毛利　勇……… 467
	村上　孝太郎… 551, 552	村田　茂忠………… 70	毛利　松平… 337, 338, 339, 340
務台　俊介… 195, 196, 199, 200	村上　茂利…… 7, 8, 9	村田　純一……… 322	
	村上　昭二… 314, 505	村田　誠醇… 152, 162, 561, 570	最上　健造………… 39
武藤　明美… 363, 364, 522	村上　信二郎… 338, 339		最上　進… 77, 91, 93, 432, 433
武藤　運十郎… 73, 74, 432	村上　誠一郎 340, 341, 342, 346, 347, 348, 349	村田　正示……… 201	
武藤　嘉一……… 202		村田　恒有…… 55, 439	最上　清治……… 423
武藤　嘉文… 203, 204, 205, 206, 235, 236	村上　清治…… 36, 37	村田　直治… 356, 574, 579	最上　長五郎……… 557
	村上　武…… 52, 55	村田　光…… 283, 290	最上　英子… 73, 431, 432
武藤　山治… 69, 70, 71	村上　経行… 313, 314, 504	村田　秀夫……… 409	最上　宏……… 386
武藤　孝志……… 514	村上　徳一郎……… 25	村田　秀三……… 423	最上　政三………… 73
武藤　隆司……… 487	村上　俊樹……… 266	村田　英保… 105, 106, 127	茂木　耕三……… 442
武藤　貴也… 246, 295, 296, 297	村上　知己………… 96	村田　文一……… 436	茂木　清吾……… 431
	村上　豊司……… 339	村田　万一郎……… 169	門司　亮 109, 110, 111, 112
武藤　武雄… 48, 60, 61, 142, 143	村上　虎雄… 177, 455	村田　実……… 534	望月　邦夫……… 479
	村上　信夫… 345, 517, 582	村田　吉隆… 308, 309, 310, 323, 324, 325, 326	望月　幸明……… 462
武藤　武雄……… 543	村上　賀厚… 280, 298		望月　正作……… 554
武藤　常介……… 425	村上　春蔵……… 529	村中　克也… 167, 168	望月　工……… 568
武藤　敏治………… 51	村上　彦二………… 3	村主　明子… 87, 88, 89, 576, 578	望月　武義……… 408
武藤　富男……… 554	村上　ヒデ……… 542		望月　飛竜……… 471
武藤　晴子……… 86, 87	村上　博………… 85	村松　久義 30, 31, 415, 416	望月　康子… 154, 155, 156, 576
武藤　博光 65, 92, 427, 428	村上　弘充……… 266	村松　陽一……… 224	
武藤　三徳…… 305, 306	村上　弘… 258, 259, 260	村松　庸子……… 224	望月　優子……… 554
武藤　元吉……… 532	村上　文人…… 57, 59	村本　理恵子……… 574	望月　雄内… 194, 196
武藤　元美…… 175, 176	村上　史好… 263, 264, 265, 266, 267, 268, 291, 292, 293, 294, 297, 298	村山　彰……… 563	望月　義夫… 212, 213, 214, 215, 236, 237, 238, 239, 240, 241
武藤　優子… 66, 97, 428		村山　喜一… 387, 388, 389, 390	
武藤　容治… 206, 207, 238, 239, 241			
	村上　信……… 319	村山　吉五郎……… 171	持田　哲也… 566, 575

持永　和見	383, 384, 396, 397	森　　拓也	370
持永　哲志	384, 399	森　　武雄	353, 354
持永　義夫	381	森　　達雄	150
茂木　敏充	71, 72, 73, 91, 92, 93, 94, 95, 97	森　　英士	14, 410
基　　政七	546, 547, 550	森　　徹夫	371
元栄　太一郎	440	森　　徳久	365
本岡　昭次	490	森　　富太	441
元岡　稔	337, 338, 513, 514	森　　冨太郎	545
元木　嘉一郎	549	森　　登守	365
本島　寛	140, 141, 142	森　　直次	361
本島　百合子	139, 140, 141, 142, 143	森　　夏枝	253, 342, 348, 349
本地川　瑞祥	166	森　　暢子	502, 572
元信　堯	211, 212	森　　信之	409
元場　鉄太郎	210	森　　晴枝	572
本橋　佳世	120	森　　治男	222, 223, 224, 235
本橋　千明	105, 127	森　　寿子	259, 260
元林　義治	280, 491	森　　英夫	451
本宮　章雄	443	森　　文義	370
本宮　武子	485	森　　正明	580
本村　和喜	519	森　　正夫	182
本村　賢太郎	120, 121, 122, 130, 132, 133	森　　正男	546
本村　伸子	227, 242, 475	森　　正雄	366, 523
元山　佳与子（元山かよ子）	87, 88, 93, 94	森　　雅子	424, 425
本山　修一	88	森　　雅彦	151, 445
元山　章一郎	187, 460	森　　正慶	96
粟山　明	49, 50, 51	森　　三樹二	3, 4, 5
粟山　ひで（粟山秀）	48, 49	森　　通暁	84
粟山　博	47, 48	森　　弥代一	367
百瀬　智之	195, 196, 200, 201	モリ　ムケン	141
桃田　妙子	345	森　　元治郎	425, 426
森　　明	218, 219	森　　泰子	108
森　　昭	183, 184, 457, 458	森　　慈秀	525
森　　栄二	562	森　　八三一	541, 546, 548, 550
森　　英介	104, 105, 106, 107, 108, 109, 126, 127, 128, 129, 130, 131, 133	森　　ゆうこ（森裕子）	177, 201, 454
森　　悦子	142, 143, 442	森　　美秀	102, 103, 104
森　　勝治	434, 435	森　　悦宏	266, 488
森　　克己	488	森　　義視	281, 282
森　　兼光	72	森　　喜朗	183, 184, 185, 196, 197, 198, 199
森　　きくぞう	551	森　　利一	80
森　　清	99, 100, 101	森井　忠良	313, 314, 315, 323
森　　清	339, 340	森井　勝	259
森　　憲作	29	森内　勇	412
森　　香樹	158	森江　信照	60
森　　幸太郎	243	森岡　智恵子	458
森　　悟	316	森丘　正唯	177, 455
森　　暁	99	森岡　正宏	283, 284, 289, 290, 292, 295
森　　茂樹	245	森岡　三八	229
森　　成之	16	森岡　洋一郎	89, 90, 95, 96
森　　茂	64	森上　晋平	520
森　　純	447	森川　生朗	375, 399
森　　昇三郎	448	森川　健	210, 211
森　　大吾郎	46	森川　貢次	246
森　　大介	471	森川　重一	491, 539, 542
		森川　輝造	511
		森川　美紀恵	316, 317
		森木　亮	146, 147, 557, 559, 562
森国　年男	42	森田　恵	105, 126
森崎　隆	510, 511	森田　安正	109
森崎　了三	544	森田　優一	149
森桜　房義	206, 207	森田　裕介	224, 225, 227, 238
森沢　恵美子	455	森田　勇造	516, 554
森下　栄二	236	森田　義衞	543, 548
森下　郷三	474	森高　十六	141
森下　国雄	68, 69, 70	森戸　辰男	311
森下　孝	67	守友　友範	183
森下　定幸	325	森永　武夫	474
森下　昭司	473	森中　守義	373, 526, 527
森下　泰	485, 553	森原　公敏	93, 94
森下　知則	70	森原　春一	517
森下　博之	516, 517, 577	森原　秀樹	447
森下　政一	483, 484	森部　隆輔	518
森下　正勝	451	森光　浄	24
森下　正則	256, 257, 484, 551	森光　宏明	445, 564, 568
森下　元晴	329, 330, 331	森本　和義	227, 228, 229, 238, 239, 240, 241
森下　豊	284, 293	盛本　勘治	299
守島　伍郎	350, 351	森本　享佐	487
森島　丈裕	105, 127	森本　潔	279
森島　初次郎	549	森本　晃司	282, 283, 572
森島　倫生	214	森本　耕治	487
森島　守人	110, 111, 112, 181	森本　茂樹	276
森末　繁雄	501	森本　正一	281
守住　有信	527, 528	森本　真治	506
森田　修	77, 78, 91	森本　靖	343, 515
森田　克巳	530	森元　恒雄	573, 577
森田　キヨ	20	森本　哲生	234, 238, 239, 240
森田　欽二	354	森本　敏秀	121
森田　景一	102, 103, 104	森元　美代治	574
森田　健作	153, 154, 444	森本　康仁	376, 402
森田　浩一郎	570	森本　由美	358, 397
森田　浩二	342, 349, 515	守屋　栄夫	30
守田　茂子	321	森谷　克俊	487, 563, 568
森田　重次郎	20, 21, 22, 410	森屋　隆	583
森田　洲右	7	守屋　伴男	30
森田　重郎	435	森屋　宏	463
森田　俊介	544	守屋　典郎	539
森田　清市郎	545	森山　金作	531
森田　精吉	567	森山　欽司	67, 68, 69, 70
森田　大三	503	森山　武彦	381
森田　高	456	森山　晧子	358
守田　隆志	375, 528	森山　春夫	474, 485, 486
森田　貴行	78	森山　裕	392, 393, 400, 401, 402, 535
森田　多希子	277	森山　浩行	266, 267, 268, 294, 296, 298
森田　たま	549	盛山　正仁	278, 279, 280, 293, 295, 296, 297
森田　次夫	571	森山　真弓	72, 91, 92, 430
森田　哲郎	411, 542	森山　佳則	13, 14, 19, 410
森田　俊和	90, 98	森脇　勝義	504, 505
森田　豊寿	468, 469	森脇　十九男	444, 563, 568
森田　稔夫	21, 22	森脇　久紀	309, 324, 503
森田　一	334, 335, 346, 347	森脇　光義	253
森田　裕之	222	森脇　みのる	323
森田　正喜	343	毛呂　武史	120, 132
盛田　三喜雄	410, 411		
守田　道輔	318		

師岡　栄一……… 79, 80	矢崎　公二… 195, 196, 199, 200	安田　幹太………… 376	柳沢　雅美……… 65, 91
師岡　たま………… 143	矢崎　泰久………… 557	保田　睦美…… 300, 497	柳沢　光美… 573, 575, 579
師岡　徹…………… 107	屋舖　保…………… 133	安田　基隆………… 259	柳沢　漫…………… 191
諸里　正典………… 174	谷島　悦雄………… 559	安田　裕一………… 535	柳沢　義男…… 99, 100
諸田　洋之…… 215, 240	矢島　笑鯉子……… 78	安田　吉広………… 265	柳沢　米吉………… 544
諸田　稔…………… 364	八島　勝麿………… 518	安田　竜…… 141, 143, 144	柳沢　錬造…… 553, 557
諸橋　茂一………… 184	八島　定…………… 135	保田　玲子… 151, 224, 225, 445, 475	柳田　和己… 66, 67, 95, 96
諸星　充司………… 449	矢島　聡…………… 289	安武　洋子(安武ひろ子)… 489, 490	柳田　キミ子……… 78
紋　治呂…………… 563	矢島　卓臣………… 35	安恒　良一… 554, 556, 561	柳田　さえ子……… 224
門伝　英慈………… 579	矢島　恒夫… 83, 84, 85, 86, 91, 92, 435	安永　陽…… 29, 97, 433	柳田　祥子………… 105
門間　文行………… 421	八嶋　英俊………… 409	安永　英雄… 551, 553, 555, 556, 561	柳田　秀一… 247, 248, 249
門間　由記子…… 35, 56	矢島　浩美………… 445	保野　健治郎……… 314	柳田　満洋………… 535
【や】	矢嶋　三義… 377, 529, 540, 546	安原　園枝…… 310, 503	柳田　稔…… 315, 505, 506
八重樫　運吉……… 25	八代　英太… 17, 152, 154, 157, 162, 163, 164, 554, 557, 561, 569, 579	安平　鹿一… 336, 337, 338	柳田　桃太郎…… 518, 519
八重樫　奈都子…… 28	八代　重信………… 438	安平　房治………… 270	柳原　三郎…… 202, 203
八重樫　登………… 16	矢代　智康………… 107	安広　和雄………… 519	柳本　光三………… 461
八重樫　利康……… 413	安井　教一………… 216	安広　欣記… 320, 321, 507	柳本　卓治… 260, 261, 262, 289, 290, 292, 293, 294, 488
矢尾　喜三郎 243, 244, 478, 479	安井　けん………… 555	安増　武子………… 557	柳谷　清三郎…… 37, 38
矢追　秀彦… 260, 261, 549, 551, 554	安井　謙 440, 441, 442, 443	安村　隆一………… 247	簗瀬　勇…………… 69
八百板　正… 46, 47, 48, 49, 50, 423, 424	安井　源吾………… 305	矢田　茂…… 146, 557	柳瀬　映二…… 364, 400
矢上　雅義… 374, 375, 376, 397, 528	安井　潤一郎 164, 165, 579	矢田　富郎…… 184, 459	柳瀬　進一………… 242
八木　昭次… 87, 88, 93, 94	安井　延…………… 223	矢田　満男…… 224, 445	簗瀬　進… 71, 91, 430, 431, 581
八木　一郎… 216, 217, 218, 219, 472, 473	安井　誠一郎……… 139	矢田　良彦… 104, 223, 439, 474, 486	梁田　正次郎……… 36
八木　一男… 280, 281, 282	安井　大吉…… 137, 138	矢田　和雄………… 552	柳武　フク代……… 358
八木　幸吉… 269, 488, 543	安井　美沙子……… 475	矢田　稚子………… 583	矢野　敦子………… 582
八木　佐太治……… 269	安井　吉典…… 5, 6, 7, 8, 9	家高　貞義………… 540	矢野　和友………… 510
八木　大介(木本平八郎)… 449, 557	保江　邦夫………… 584	谷田川　元… 106, 107, 108, 109, 130, 132, 133	矢野　絢也… 257, 258, 259, 260, 261
八木　鶴蔵………… 539	安江　義蔵………… 539	矢田部　理… 426, 427, 573, 575	矢野　大和………… 530
八木　徹雄… 337, 338, 339	保岡　興治… 389, 390, 391, 392, 393, 396, 397, 398, 399, 400	谷津　義男… 76, 77, 78, 91, 92, 93, 94	矢野　隆司…… 293, 295
八木　哲也… 228, 229, 240, 241	保岡　武久… 386, 387, 388, 389	矢次　保…………… 545	矢野　匡…………… 357
八木　昇…… 362, 363, 521	安田　伊左衛門…… 539	八並　達雄… 136, 377, 440	矢野　忠重…… 267, 268
八木　初枝………… 467	安田　勝栄………… 496	簗　和生… 72, 73, 96, 97	矢野　哲朗………… 430
八木　秀次… 541, 544, 546	安田　公寛…… 374, 566	八名　見江子……… 436	矢野　俊比古… 556, 561
八木　靖彦………… 12	安田　清…………… 566	梁井　淳二………… 361	八野　知子………… 360
八木　隆次……… 71, 93	安田　貴六……… 7, 8, 9	矢内　筆勝… 59, 402, 425, 447, 471, 582	矢野　酉雄… 137, 538, 541
八木沢　藤吉……… 8	安田　邦弘…… 395, 401	柳井　誠…………… 519	矢野　登…………… 429
柳下　礼子………… 88	安田　桂造………… 257	柳岡　秋夫………… 438	矢野　寿俊…… 365, 366
柳沼　沢介………… 46	安田　権寧…… 151, 152	柳河瀬　精…… 262, 263	矢野　斎士………… 351
薬師寺　道代……… 475	安田　聡…………… 19	柳川　覚治… 556, 561, 569	矢野　博之………… 266
薬師神　岩太郎… 336, 337	安田　修三… 179, 180, 455	柳川　敬二………… 476	矢野　正彦…… 251, 291
矢口　健一… 89, 96, 582	安田　純治…… 49, 50, 51	柳川　耕平………… 522	矢野　洋子………… 581
谷口　武雄………… 60	安田　庄一…… 229, 242	柳川　宗左衛門…… 538	矢野　義昭…… 579, 584
矢口　広義………… 44	安田　節子… 117, 128, 577	柳　孝義…………… 160	矢羽　一美………… 444
矢口　雅章…… 252, 576	安田　善一郎……… 549	柳　武……………… 266	矢作　徹…………… 148
矢口　麓蔵………… 43	安田　桑次………… 202	柳沢　けさ美… 226, 227, 228, 229	矢作　直樹………… 584
矢倉　克夫………… 436	安田　隆明…… 457, 458	柳沢　知…………… 450	八幡　志乃………… 29
八子　音次郎……… 543	安田　武雄………… 441	柳沢　詔雄………… 446	矢原　秀男…… 489, 490
矢後　嘉蔵………… 177	安田　徳治………… 135	柳沢　伯夫… 211, 212, 213, 214, 235, 236, 237, 238	矢原　由佳子……… 478
谷古宇　勘司…… 89, 96	安田　敏雄… 123, 461, 462	柳沢　春吉…… 192, 464	矢引　亮介………… 327
谷古宇　甚三郎…… 82	安田　直……………　437	柳沢　彦三郎……… 217	籔内　喜一郎……… 423
矢崎　勝己………… 370	安田　花子…… 444, 567	柳沢　秀敏………… 447	矢吹　一枝………… 414
矢崎　義一………… 202	安田　範…………… 71		矢吹　省吾………… 425
	安田　仁紀………… 220		藪谷　虎芳………… 285
			藪仲　義彦… 210, 211, 212
			矢部　一…………… 155
			矢部　宏之………… 444
			山　登志浩………… 242

山内 晃	266
山内 梅良	41
山内 功	301, 324, 325
山内 金久	160
山内 金次郎	215
山内 庫三郎	471
山内 恵子	12, 16, 17, 409
山内 健	253
山内 康一	90, 95, 96, 97, 119, 129
山内 錠平	220
山内 二郎	46, 47, 422
山内 成介	252, 295, 483
山内 崇	24, 59
山内 徳信	578
山内 俊夫	512
山内 日出夫	52, 54, 55
山内 広	6, 7
山内 弘	23, 411
山内 元春	511
山内 譲	459
山内 好秀	542
山浦 貞昌	565
山尾 志桜里	227, 228, 229, 239, 240, 241
山岡 賢次	71, 72, 92, 93, 94, 96, 556, 561, 582
山岡 謙蔵	344
山岡 達丸	14, 15, 17, 18
山岡 万之助	546
山岡 保治	289
山家 義樹	445
山陰 探月	257, 484, 551
山県 勝見	488
山方 清	533
山上 アヤ	376
山上 末吉	539
山川 泰邦	393
山川 幸信	44
山川 喜蔵	229
山川 良一	540
山岸 晟(山岸アキラ)	135, 136
山岸 梅茂	448
山岸 英一	443
山岸 儀一	543
山岸 精実	542
山岸 丈夫	190
山岸 正博	474
山岸 光夫	154, 155
山岸 康男	578
山喜多 時世志	445
山極 秋男	478
山際 大志郎	118, 119, 120, 121, 122, 129, 130, 131, 133
山際 功修	240
山口 歩	277
山口 勇	424
山口 織之進	539
山口 一雄	509
山口 和之	57, 566, 582
山口 勝弘	364, 523
山口 克也	265
山口 寛治	541
山口 喜久一郎	284, 285, 286
山口 久太郎	135
山口 健次	367, 524
山口 乾治	513
山口 好一	67, 68, 69
山口 光一	558, 565
山口 茂夫	231
山口 重彦	541, 543, 547
山口 繁	133
山口 シヅエ	135, 137, 138, 139, 140, 141, 142, 143, 144, 145, 146, 147, 148
山口 十一	141
山口 俊一	331, 332, 346, 347, 348, 349
山口 昌一	483
山口 丈太郎	269, 270, 271, 272
山口 四郎	136
山口 清吉	539, 542
山口 節生	86, 87, 88, 153, 363, 436, 445
山口 泰明	86, 87, 88, 89, 90, 91, 92, 93, 94, 95, 96, 97
山口 たか	17, 578
山口 太佳子	559
山口 隆	442
山口 武和	485
山口 武秀	60, 61
山口 壮	277, 278, 279, 280, 293, 294, 296
山口 鶴男	74, 75, 76, 77, 78, 92
山口 哲夫	556, 558, 565, 573
山口 透	461
山口 俊明	444
山口 敏夫	82, 83, 84, 85
山口 富男	155, 163, 164
山口 那津男	150, 151, 152, 154, 163, 446, 447
山口 南行	487
山口 典久	194, 195, 199, 465
山口 陽規	391, 393, 535
山口 はるな	360, 400
山口 富永	192, 464
山口 広延	392, 393, 401
山口 武平	426
山口 二三夫	565, 569
山口 正明	183
山口 昌司	263, 291, 498, 500
山口 正義	202
山口 実	357
山口 都	443
山口 睦子	72, 94
山口 森蔵	21
山口 康雄	264, 487
山口 裕	155
山口 陽一	444
山口 佳子	86
山口 淑子	553, 554, 558
山口 六郎次	79, 80, 81
山口 わか子	194, 195, 197, 198, 465
山崎 泉	368, 369, 396
山崎 岩男	20
山崎 巌	350, 351, 352, 353
山崎 和子	154
山崎 和子	224
山崎 清美	572
山崎 国太郎	486
山崎 圭次	560
山崎 賢一	539
山崎 建治	300
山崎 健二	101
山崎 釼二	208
山崎 光三郎	61
山崎 小五郎	518
山崎 五郎	38, 418
山崎 敏	302
山崎 晋吾	45, 54
山崎 泰	582
山崎 尚明	339, 340
山崎 隆敏	188, 200
山崎 貴裕	13
山崎 拓	353, 354, 355, 356, 357, 358, 359, 397, 398, 399, 400
山崎 工	84
山崎 武三郎	389, 390
山崎 猛	60, 61
山崎 竜男	21, 410, 411
山崎 タヨ	284
山崎 力	23, 412
山崎 常吉	216, 217
山崎 輝男	502
山崎 寿彦	72, 73
山崎 寿郎	369
山崎 豊定	499
山崎 昇	549, 552, 554
山崎 温之	107
山崎 晴世	433
山崎 久栄	449
山崎 恒	437
山崎 斉	548
山崎 広	181, 457
山崎 広太郎	356, 357
山崎 平太郎	169
山崎 平八郎	354, 355, 356
山崎 誠	120, 121, 130, 132
山崎 正昭	460, 461
山崎 雅子	121
山崎 正辰	515
山崎 政彦	495
山崎 摩耶	14, 17, 18, 577
山崎 道子	207
山崎 光雄	207
山崎 始男	305, 306, 307
山崎 桃生	321, 324
山崎 康弘	363
山崎 義章	151, 224, 225, 445, 450, 475
山崎 義雄	343
山崎 芳子	149
山崎 亮	499
山崎 留美子	577
山沢 真竜	548
山沢 有一	474
山路 勲	562
山地 寿	333
山下 栄一	486, 487
山下 栄二	269, 270, 271, 272
山下 恵美子	409
山下 魁	380, 401, 530, 531, 583
山下 元利	244, 245
山下 義信	503
山下 京子	263, 264, 265, 266
山下 喜淑	563
山下 浩一郎	118, 119, 120
山下 純一	392
山下 順一郎	140
山下 大輔	288, 296
山下 貴司	310, 326, 327
山下 貴史	12, 13, 16
山下 千秋	369
山下 二男	572
山下 ツ子	370, 526
山下 徳夫	362, 363, 396
山下 敏男	550
山下 登美子	360, 361
山下 順正	297
山下 典子	570, 575
山下 春江	46, 47, 48, 422, 548, 551, 553
山下 万葉	157
山下 英雄	362
山下 英利	479, 480
山下 博一	292
山下 正子	494
山下 幹雄	475
山下 八洲夫	205, 206, 468
山下 雄平	523
山下 容子	161, 168
山下 芳生	264, 265, 292, 294, 486, 487, 566, 578, 582
山下 善彦	470
山下 頼行	120, 132
山条 隆史	35, 55, 117, 127
山城 博治	537, 582
山瀬 徹	363, 522
山添 拓	447

山副 博士 545	山田 寅治郎 280	山中 悦子 117, 128	236, 237, 238, 239
山田 明人 150	山田 耻目 319, 320	山中 邦紀 28, 54	山本 晃 485
山田 晶 78	山田 陽規 535	山中 宏一郎 107	山本 充志 158
山田 篤 301, 323, 573	山田 晴弘 563	山中 吾郎 26, 27	山本 敦 151
山田 勇 550	山田 久就 142, 143, 144, 145, 146	山中 貞則 386, 387, 388, 389, 390, 391	山本 伊三郎 547, 549, 552
山田 至 372	山田 英美 505	山中 末治 250	山本 勇 220
山田 一枝 206	山田 宏 151, 152, 160, 161, 166, 168, 447, 583	山中 精一 233, 552	山本 一太 433
山田 市郎 430	山田 洋 211, 469, 470	山中 章嘉 260	山本 英一 3
山田 伊八 547	山田 浩 224, 474	山中 節子 444	山本 円吉 547
山田 イワオ 135, 136, 137, 138	山田 博敏 359	山中 長作 521, 542	山本 一雄 116
山田 英介 83, 84, 85, 86, 87, 92	山田 文子 414	山中 毅 570	山本 勝市 80, 81, 82
山田 栄三 49	山田 富美子 77	山中 トミ 253	山本 勝三郎 465
山田 栄太郎 122	山田 誠 113	山中 智子 262	山本 香苗 574, 578, 581
山田 和明 364	山田 正明 139, 142, 143	山中 一 441	山元 亀次郎 136, 386, 539
山田 和雄 461, 583	山田 正雄 60	山中 日露史 3, 4, 5, 6	山本 香代子 162
山田 一繁 436	山田 正彦 367, 368, 369, 370, 398, 399, 400, 402, 582	山中 正博 345	山本 喜助 36
山田 勝次郎 541	山田 正幸 389	山中 勝 64	山本 清 575
山田 要 560	山田 将之 88	山中 良二 321, 322	山本 喜代宏 40, 55, 56, 57
山田 喜一 506	山田 真澄 225	山根 一郎 565	山本 粂吉 60, 61
山田 喜三郎 518	山田 美香 503	山根 幸嗣 11	山本 敬一 258, 259
山田 吉三郎 114	山田 美樹 158, 160, 166, 167	山根 真治郎 540	山本 敬三郎 469
山田 聖人 370, 525	山田 幹雄 285	山根 健男 440	山本 源次郎 437
山田 清彦 412	やまだ 紫 563	山根 隆治 97, 436	山本 公一 341, 342, 346, 347, 348, 349
山田 健一 321, 323, 507	山田 弥一 208, 209, 210	山井 和則 251, 252, 253, 289, 290, 292, 293, 294, 296, 298	山本 幸一 202, 203, 204
山田 賢司 279, 280, 296, 297	山田 泰吉 216	山之内 梓 386	山本 幸治 108, 132, 582
山田 孝一 370	山田 行彦 467	山内 一郎 47, 460, 549, 552	山本 剛正 359, 360, 400, 402, 403
山田 幸一 217	山田 譲 432	山内 卓 24, 58	山本 幸三 356, 357, 358, 359, 360, 361, 398, 399, 400, 402
山田 弘吉 86	山田 裕 52	山内 卓郎 471	
山田 耕三郎 479	山田 義秋 205	山之内 毅 392, 393, 401, 403	山本 コウタロー 562
山田 幸次 481	山田 好孝 176	山ノ口 栄蔵 270	山本 幸雄 231, 232
山田 佐一 471	山田 義太郎 548	山畑 武雄 82	山本 佐知子 478
山田 茂 120	山田 芳治 249, 250	山端 光子 268	山本 悟己 498
山田 修路 459	山田 芳治 576	山花 郁夫 154, 156, 157, 158, 160, 161, 162, 163, 165, 166, 167	山本 繁太郎 322, 326
山田 衆三 493	山田 祥晴 445		山本 茂 148
山田 周平 469, 550	山田 良司 206, 236, 237, 239	山花 貞夫 144, 145, 146, 147, 148, 149, 150, 151, 153, 162	山本 茂 380
山田 庄太郎 337, 484	山田 六左衛門 284, 484		山本 茂 541
山田 真一郎 358, 398, 566	山田 六郎 270	山花 秀雄 136, 137, 138, 139, 140, 141, 142, 143, 541	山本 繁 512
山田 節夫 427	山高 しげり 549, 550, 552		山本 宗間 178
山田 節男 503, 504	山谷 えり子 155, 236, 562, 576, 579, 583	山原 健二郎 342, 343, 344, 346	山本 修太郎 417
山田 隆 326		山部 洋史 376	山本 俊五 74, 75
山田 武之介 247	山谷 賢治 365	山村 幸穂 493	山本 純子 239, 241, 242
山田 忠男 244	山谷 親平 186	山村 庄之助 255	山本 純二 277
山田 忠義 142, 143, 144, 145, 146, 147, 148	山地 土佐太郎 541	山村 新治郎 99, 100, 101	山本 順三 514, 515
	山手 拓郎 232	山村 新治郎 101, 102, 103, 104	山本 純平 159, 160
山田 太郎 307, 308	山手 満男 229, 230, 231		山本 正一 110, 111
山田 太郎 580, 584	大和 時也 11	山村 健 233, 236	山本 譲司 153, 154, 162
山田 長司 67, 68, 69	大和 虎之助 270	山村 ちずえ 558	山本 昭太 263, 290
山田 二男 70	大和 与一 432, 543	山村 明嗣 577	山本 真一郎 568
山田 禎一 148	山名 義芳 269	山村 久 139	山本 杉 544, 546, 547, 550, 552
山田 徹一 549, 551	山名 文世 58	山本 章雄 91	山本 進 507
山田 哲男 180, 181	山名 靖英 251, 291, 292	山本 亜希子 454	山本 誠一 119, 451
山田 典吾 563	山中 燁子 107, 129, 131, 225, 235, 236	山本 明彦 226, 227, 228,	山本 禅海 555
山田 徳太郎 279			山本 孝史 261, 263, 289, 291, 487, 577
山田 俊昭 559, 562, 566	山中 郁子 552, 555, 558		山本 崇 131
山田 俊夫 490	山中 栄司 118, 119		山本 拓 187, 188, 197, 198, 199, 200
山田 俊男 577, 581			
山田 敏雅 316, 324			
山田 智信 115			

氏名	ページ
山本 丈夫	321
山本 武男	273
山本 猛夫	25, 26, 27
山本 武弘	61
山本 忠雄	148, 149, 150
山本 正	61, 62
山本 忠義	552
山本 達雄	140
山本 保	171
山本 保	474, 475
山本 太郎	159, 447
山本 力	99
山本 長蔵	99, 137, 141, 142
山本 千代子	331
山元 勉	245, 289, 290, 479
山本 経勝	517, 518
山本 悌二郎	171, 172, 173, 174
山本 鉄太郎	496
山本 輝雄	566
山元 徹	335, 347
山本 敏明	316
山本 敏江	154, 155, 156, 158
山本 敏夫	27
山本 利寿	302, 499
山本 富雄	432, 433
山本 富嘉(山本とみか)	79, 82
山本 友一	337, 338
山本 朋広	121, 131, 133, 252, 293, 295
山本 直子	283, 292
山本 直彦	251, 290, 292, 482
山本 信晃	183
山本 伸裕	374, 528
山本 法明	216
山本 鉎	205
山本 晴彦	507
山本 はるみ	236
山本 久夫	514
山本 久雄	310
山本 寿夫	320, 507
山本 平保	542, 546
山本 弘	545
山本 弘志	341
山本 洋史	180
山本 博司	578, 581
山本 浩徳	317
山本 博幸	235, 467, 468
山本 誉	305, 328
山本 誠	505
山本 正和	556, 558, 565, 572
山本 正治	113, 114, 115, 449
山本 正晴	279
山本 雅彦	188
山本 政弘	142, 143, 144, 145, 146, 147, 148
山本 松次郎	42, 177
山本 守	307
山本 まゆみ	150
山元 美恵子	358
山本 満	330
山本 峯章	145, 146
山本 茂一郎	550, 551
山本 志美	13
山本 弥之助	26, 27, 413
山本 悠子	90
山本 有二	344, 345, 346, 347, 348, 349
山本 有三	538
山本 洋一	228, 240
山本 洋子	563, 574
山本 陽子	267, 268, 582
山本 義章	496
山元 良夫	358
山本 義則	179
山本 芳松	539, 543
山本 米治	471, 472
山本 利平	318, 319, 506
山本 竜二	193
山森 喜代美	571
山屋 八万雄	135, 137
山脇 一男	247
山分 ネルソン祥興	488
谷村 貞治	413
矢山 有作	307, 308, 501, 502

【ゆ】

氏名	ページ
湯浅 晃	570
湯浅 和子	105, 126
湯浅 豊治	169, 171, 172
湯浅 満	349
油井 賢太郎	422
油井 哲史	59, 417
由木 隆之	80
結城 安次	425
結城 亮	161
祐野 恵	252, 296
湯川 一行	401, 403
湯川 宏	258, 259, 260
湯川 美和子	118, 576
湯川 康平	139, 371
雪江 雪	123, 461
雪沢 千代治	365
雪野 勉	556, 559, 561, 566
柚久保 虎市	542
弓削 徳介	60
弓削 勇人	89, 96, 436
湯沢 大地	121, 132, 580
湯沢 三千男	429
湯田 博雄	106
豊 永光	388, 389
柚木 栄吉	455
柚木 道義	309, 310, 324, 325, 327
湯原 俊二	301, 302, 326, 327
ゆみこ・ながい・むらせ	563
湯峯 理之	297
由本 清一	542
湯山 勇	338, 339, 340, 513
由良 巌	306, 307
由良 隆	250
由良 登信	496

【よ】

氏名	ページ
余 志遠	450
世一 良幸	246, 297
四重田 雅俊	581
与国 秀行	158
除村 吉太郎	431
与呉 鋼二	217, 218
横井 邦彦	473
横井 庄一	553
横井 太郎	216, 217, 218, 219, 472
横井 基至	200, 201, 454
横内 正明	124, 125, 126, 127, 576
横江 金夫	221, 222, 223, 473
横尾 和伸	519
横尾 俊彦	363, 566
横尾 文栄	41
横尾 龍	488
横川 重次	79, 80, 81
横川 正市	546, 549, 551
横川 信夫	543
横川 博一	558
横川 済	560, 565, 569, 571
横粂 勝仁	120, 130, 159, 447
横倉 達士	64, 65
横瀬 清	523
横錢 重吉	100
横田 英司	121
横田 和俊	572
横田 象三郎	546
横田 昌三	156, 164, 167, 578
横田 甚太郎	253, 254, 255, 256, 257
横田 達雄	344
横田 匡人	36, 58
横田 光弘	115, 121, 132, 134
横田 基文	195
横田 陽吉	32
横田 洋子	53
横塚 広一	324
横手 文雄	187
横手 行雄	137
横畑 和幸	279, 280, 296, 298
横堀 喜久	447
横溝 克己	562
横路 節雄	3, 4, 5, 6
横路 孝弘	7, 8, 9, 11, 12, 13, 14, 15, 16, 17, 18
横光 克彦	379, 380, 396, 397, 399, 400, 402
横峯 良郎	577
横山 勝雄	444
横山 菊市	548
横山 恵子	314
横山 賢二	45
横山 茂	314
横山 信一	580, 583
横山 純子	115
横山 征吾	121, 122
横山 龍寛	461
横山 利秋	217, 218, 219, 220, 221, 222
横山 ノック	485, 486, 550, 553, 554
横山 博子	12
横山 博幸	342, 349
横山 フク	541, 543, 547, 550, 552, 553
横山 北斗	23, 24, 56, 58
横山 真人	456
横山 充洋	11, 16, 409
横山 やすし	567
横山 有延	378
横山 義雄	42, 420
与謝野 馨	144, 145, 146, 147, 148, 149, 150, 152, 153, 155, 156, 157, 161, 163, 164, 165
吉井 晃	385
吉井 亀吉	272, 273
吉井 中山	271
吉井 利光	161, 167, 168
吉井 英勝	261, 263, 264, 265, 266, 291, 292, 294, 295, 396, 485, 486
吉井 光照	320, 321
吉井 芳子	267, 268
義家 弘介	121, 122, 131, 133, 577
吉泉 秀男	46, 57, 58
吉浦 忠治	102, 103, 104
吉江 勝保	122, 123, 461, 462
吉岡 要	564
吉岡 喜三郎	170
吉岡 清視	564
吉岡 金市	543
吉岡 健次	280
吉岡 賢治	275, 276, 277, 291
吉岡 孝嘉	267, 268
吉岡 立夫	564
吉岡 徹男	205, 468
吉岡 昇	190, 191

吉岡　弘子……………14	162	吉田　宣弘…………403	吉野　信次………415
吉岡　正史…158, 160, 161, 168, 578	吉田　兼治…………452	吉田　則義…………435	吉野　佐次………434
吉岡　万理子…………427	吉田　吉太郎 269, 270, 271	吉田　晴美…………415	吉野　高幸………556
吉岡　由里子…………498	吉田　恭子…29, 30, 583	吉田　晴保…………430	吉野　忠男………494
吉岡　吉典…558, 566, 572	吉田　賢一…269, 270, 271, 272, 273	吉田　秀雄…………182	吉野　房見………381
吉川　兼光…99, 100, 101, 438	吉田　剛……………36	吉田　秀樹……439, 562	吉野　正芳…52, 53, 54, 55, 56, 57, 58, 326
吉川　肇造………321, 323	吉田　公一…151, 152, 154, 155, 162, 164, 165, 167, 576, 581	吉田　寛……………60	吉野　泰文………327
吉川　沙織……577, 581		吉田　博美……465, 466	吉野　良司………86
吉川　覚 270, 271, 272, 329		吉田　福治…………122	吉羽　美華…267, 297, 488
吉川　成夫……102, 438	吉田　幸一……252, 253	吉田　富久雄………274	吉原　英一………65
吉川　次郎…………231	吉田　幸一郎…………32	吉田　文夫…………474	吉原　勝一………67
吉川　次郎…………539	吉田　康一郎 159, 160, 166, 168	吉田　法晴……354, 517, 518	吉原　勘右衛門………136
吉川　末次郎……440, 441		吉田　正雄…173, 174, 452, 453	吉原　稔………245
吉川　大介……169, 170	吉田　小雪……287, 288		吉原　米治……303, 304
吉川　貴盛…11, 12, 13, 14, 15, 16, 17, 18	吉田　貞夫…………118	吉田　正敏…………417	吉俣　洋…24, 57, 412, 583
	吉田　貞好…322, 323, 326, 508	吉田　昌文…………158	吉松　喬………538
吉川　武三…………103		吉田　雅哉……288, 496	吉松　伸晃………389
吉川　越……215, 240, 241	吉田　悟……………63	吉田　直義…………109	吉見　秋彦………279
吉川　藤三……552, 553	吉田　早由美 251, 252, 253, 292	吉田　益子……348, 510	吉水　輝文………531
吉川　朝臣…113, 449, 559		吉田　万次…………543	吉峯　啓晴………104
吉川　元………380, 402, 403	吉田　重延……371, 372	吉田　実……178, 179, 455	吉村　金之助……432, 433
吉川　晴雄…………304	吉田　茂……342, 343, 372	吉田　稔…………289	吉村　光次郎………517
吉川　春子…83, 435, 556, 561, 570, 574	吉田　静乃…………470	吉田　泰夫…………564	吉村　剛太郎 356, 519, 520
	吉田　七五郎……79, 80	吉田　靖雄…………565	吉村　繁………282
芳川　宏………………312	吉田　秀一……………31	吉田　康人…………264	吉村　紫山………482
吉川　博…224, 235, 473	吉田　順一……………55	吉田　行儀…………408	吉村　庄二………369
吉川　寛…………258	吉田　省三…………269	吉田　之久…281, 282, 283, 493	吉村　成子……570, 575
吉川　文助…………466	吉田　資治…136, 137, 138, 139, 140, 141, 142		吉村　誠司……276, 290
吉川　政重…284, 293, 294, 296		吉田　幸弘…224, 226, 236, 237	吉村　洋文……268, 298
	吉田　鈴香…………580		吉村　武吉………539
吉川　真由美…………433	吉田　セイ…110, 448, 546, 548	吉田　良雄……541, 559	吉村　真事……556, 561
吉川　有美…………478		吉田　義憲…………365	吉村　吉夫………236
吉川　芳男…………453	吉田　聖一…………543	吉田　吉光…………424	吉村　吉雄………48, 49
吉川　玲子…………267	吉田　善五郎…………243	吉田　里江…207, 241, 428, 468	吉村　良雄………254
吉儀　敬子…………305	吉田　大成………46, 59		吉本　恵一………576
吉崎　耕二…………502	吉田　泰造……257, 258	吉田　利作…………48	吉本　洋美………474
吉崎　千秋……541, 548	吉田　隆則…………120	吉田　六左エ門…174, 175, 176, 196, 197, 198, 199	吉元　福吉………563
吉沢　昭雄…………566	吉田　貴行…………385		吉本　政雄………293
吉沢　圭子…………560	吉田　孝美…………378	吉武　恵市…318, 319, 506, 507	吉元　政矩………572
吉沢　保…………151, 445	吉田　隆嘉……118, 129		吉本　昌弘………486
吉沢　正夫…………560	吉田　正………189, 190	吉武　輝子…………554	吉本　正史………578
吉瀬　孝子…………262	吉田　正……………542	吉武　信昭…………264	吉山　英美……578, 581
吉田　愛弥…………491	吉田　忠智……580, 584	吉谷　泉…………562	依田　貴久子………486
吉田　晶子…………584	吉田　達男……497, 498	吉冨　和枝…360, 403, 520	依田　均嶺………142
吉田　安……370, 371, 526	吉田　竜之…………326	吉富　一雄…223, 224, 225	依田　圭五…142, 143, 144
吉田　泉 52, 53, 54, 55, 56, 57, 58, 59	吉田　忠三郎……407, 408	吉冨　安彦…………359	依田　智治……569, 573
	吉田　長蔵…………138	吉永　邦秀…………439	依田　七重……190, 191
吉田　卯之助…………568	吉田　次雄…………367	吉永　治市…371, 372, 373	依田　実 145, 146, 147, 148
吉田　英策………52, 53	吉田　力………179, 455	吉永　輝文…………381	依田　米秋…149, 192, 193, 562, 568
吉田　治 261, 263, 264, 265, 266, 267, 268, 289, 291, 292, 293, 294, 296	吉田　勉……149, 150, 557	吉永　朋之……265, 266	
	吉田　統彦…228, 229, 239, 240, 241	吉永　二千六百年 375, 398, 552	依田　龍一………557
			四井　猛士……251, 482
吉田　修………53, 57, 59	吉田　照雄…………357	吉永　正人…………524	四本　まゆみ………430
吉田　かをる 181, 200, 201, 456	吉田　年男…157, 158, 159, 161	吉長　ゆい…………505	四ツ谷　光子 259, 260, 261
		吉永　洋司…………153	四ツ谷　恵……213, 215
吉田　一夫……188, 460	吉田　敏也…………445	吉野　悦子…………409	米内　一郎………548
吉田　一男…………474	吉田　俊之…360, 401, 520	芳野　国雄…………544	米内山　義一郎 20, 21, 22
吉田　一国…129, 130, 132	吉田　富雄…………165	吉野　宏一……266, 295	米　正剛……391, 392, 399
吉田　和子…150, 151, 153,	吉田　知子…………227	吉野　幸子……103, 104	米窪　満亮………269
	吉田　豊史……181, 201	吉野　志解…………73	米倉　辰治郎………415

米倉　文吉……………389	【ろ】	和所　英二……479
米倉　喜太郎 365, 539, 543		早稲田　柳右エ門 216, 217, 218, 219, 220
米倉　龍也……………463	六角　英通……………539	輪田　一造……………182
米坂　知昭……………581	【わ】	和田　一郎……………69, 70
米沢　勇………………3		和田　江美子…………519
米沢　隆 383, 384, 397, 398, 399	和賀　正雄……………40	和田　修………………492
米重　均………………392	若井　ぽん……………575	和田　一雄……………303
米津　源市……………216	若井　康彦… 106, 107, 108, 109, 129, 130, 132, 439	和田　一仁… 82, 83, 84, 85
米津　藤一……………540	若泉　征三… 188, 198, 199, 200, 461	和田　清志……………435
米田　勲………………407	若尾　文子……………578	和田　耕作… 142, 143, 144, 145, 146, 147, 442
米田　建三… 115, 125, 126, 127, 129, 297, 577	若王子　博夫…………105	和田　作郎……………283, 290
米田　正一……………458	若木　勝蔵……………407	和田　貞夫… 258, 259, 260, 261, 262
米田　信三……………474, 564	若狭　勝… 161, 167, 581	和田　貞実……………570
米田　東吾… 171, 172, 173	若城　史………………375	和田　実治……………497
米田　富………………492	若杉　高昭……………565	和田　茂 118, 129, 130, 451
米田　雅子……………580	若月　秀人…………152, 153	和田　静夫 84, 85, 148, 235, 551, 552, 555, 575
米田　正文… 518, 547, 550	我妻　桂子……………40, 41	和田　章一郎…………305, 327
米田　吉盛… 110, 111, 336	我妻　勇一……………44	和田　庶吾……………154
米津　等史……………126	若菜　徳則……………64	和田　甚九郎…………270
米永　一義……………571	若林　亜紀……………580	和田　隆志… 316, 317, 324, 325, 327
米長　知得……………18	若林　喬二…………44, 421	和田　敬久……………423
米長　晴信……………463	若林　国昭……………196	和田　教美……………556, 561
米原　昶（米原いたる）143, 144, 145, 299, 442, 497	若林　健太……………466	和田　忠明……………516
米道　正年……………565	若林　すい……………564	和田　鶴一……………494
米村　嘉一郎…………440	若林　秀樹……………573	和田　伝五郎…………285
米村　健………………497	若林　正武……………551	和田　敏… 86, 91, 263
米村　照夫……………458	若林　正俊… 193, 194, 196, 465	和田　敏明（和田としあき）3, 137, 138
米本　展久……………108, 109	若林　靖久……………122	和田　智之……………161
米山　久美子 152, 154, 162	若林　義孝……………305, 306	和田　春生… 143, 144, 146, 147, 553
米山　恒治……………387, 388	若林　義春… 156, 157, 163, 164, 165	和田　博雄… 305, 306, 538
米山　哲郎……………580	若原　譲…………5, 545	和田　洋子……………424
米山　昇…………176, 199	若松　謙維… 56, 57, 85, 86, 87, 92, 581	和田　政宗……………417
米山　洋子……………175	若松　繁男… 106, 107, 129, 130	和田　美奈……………253
米山　隆一… 176, 198, 199, 200, 454	若松　虎雄……………365	和田　宗春… 151, 152, 162
読谷山　洋司…………533	若宮　清……………276, 290	和田　有一朗…………280, 298
依岡　雄一郎…………114	若宮　健嗣… 159, 160, 164, 165, 166, 167	和田　洋一……………557
依田　喜隆……………226, 236	若山　明夫……………414, 415	和田　義明……………15
依光　好秋……………342, 343	若山　晴史……………228	和田　好清……………303
来住　一人……………385, 533	脇　洵……………209, 210	和田　与平……………420
【ら】	脇　雅史… 571, 576, 579	渡司　考一……………268
	脇川　利勝……………411	渡瀬　憲明……………374, 396
嵐………………………575	脇田　正男……………555	渡辺　明生……………444
【り】	脇本　和夫… 103, 104, 107	渡部　篤… 52, 56, 57
	和気　豊………………265, 266	渡辺　功………………527
力石　義忠…………46, 47	和合　秀典… 158, 446, 447	渡部　一郎… 272, 273, 274, 275, 489
龍　断……………………541	和佐　武右衛門………533	渡部　一夫……………57
笠　浩史 118, 119, 120, 121, 122, 128, 129, 130, 132, 133	和崎　ハル……………36	渡辺　イネ……………439
竜野　喜一郎…………350	鷲尾　英一郎 176, 177, 198, 199, 200	渡辺　栄一… 203, 204, 205
【れ】	鷲岡　秀明……………581	渡辺　栄蔵……………464
	鷲野　陽子……………349	渡辺　悦子……………223
蓮舫………………446, 447	和嶋　未希……………57	渡部　絵美……………575
		渡辺　長武……………567, 570

渡辺　和幸……………358, 359	渡辺　修二……………540
渡辺　嘉蔵… 205, 206, 235, 236, 467	渡辺　修次……………158
渡辺　完一……………444	渡辺　洲平……………570
渡辺　勘吉……………413	渡辺　省一… 8, 9, 10, 11, 15
渡辺　清行……………442	渡部　城克 →渡部　一郎
渡辺　金蔵……………544, 546	渡辺　四郎……………519
渡辺　国男……………124	渡辺　伸………………110
渡辺　国弘……………5	渡辺　信一郎……392, 402
渡辺　恵子……………224, 474	渡辺　甚吉……………466
渡辺　孝一……………18	渡辺　信次……………152
渡辺　浩一郎 151, 153, 154, 155, 156, 160, 163, 164, 165, 167	渡辺　新二……………424
渡辺　耕士……………108, 132	渡部　節雄……………500
渡辺　皓二……………273	渡辺　善寿……………80
渡部　恒三… 49, 50, 51, 52, 56	渡辺　創………………533
渡部　浩三……………340	渡辺　惣蔵… 4, 5, 6, 7
渡辺　紘三… 172, 173, 174	渡辺　孝夫……………192
渡辺　智子……………512	渡辺　孝男… 569, 574, 578
渡辺　三郎… 43, 44	渡部　隆夫… 106, 108, 109
渡辺　周 213, 214, 215, 235, 236, 237, 238, 240, 241	渡辺　太賀次…………526
	渡辺　滝雄… 223, 486, 564
	渡辺　卓也……………104, 323
	渡辺　武子……………444
	渡辺　武………………192
	渡辺　武… 551, 553, 555
	渡辺　武三……………220, 221
	渡辺　猛之……………468
	渡辺　忠雄……………311, 312
	渡辺　玉三郎…………471
	渡部　チイ子…………53
	渡辺　慈子……………120
	渡辺　千鶴……………486
	渡辺　長福……………413
	渡辺　悌次郎…………339
	渡辺　鉄蔵… 137, 440, 441
	渡辺　藤次……………476
	渡辺　藤蔵……………202

わたな

渡辺　徹	159, 160, 166, 168
渡辺　年	441
渡辺　年之助	135, 137
渡辺　智康	199
渡辺　具能	357, 358, 359, 396, 397, 398, 399, 400, 579
渡辺　長純	25
渡辺　長松	99
渡辺　信任	541, 544, 546
渡辺　信幸	358, 398, 465, 475
渡辺　憲彦	175
渡辺　肇	171, 172
渡辺　春夫	563
渡辺　英明	176, 177, 200, 201, 454
渡辺　秀央	172, 173, 174, 175, 572, 576
渡辺　英彦	24, 57, 412
渡辺　裕	228, 229
渡辺　浩美	213, 471
渡辺　博道	105, 106, 107, 108, 109, 126, 127, 129, 131, 133
渡辺　文学	567, 575
渡辺　昌明	36
渡辺　正男	545
渡辺　正好	125, 553
渡部　正郎	44
渡辺　ますみ	224
渡辺　万作	189
渡辺　美恵	140, 377
渡部　美恵子	554
渡辺　美樹	581
渡辺　三知夫	254
渡辺　美智雄	68, 69, 70, 71
渡部　通子（渡部みち子）	143, 144, 490
渡辺　道子	513
渡辺　美知太郎	582
渡辺　三夫	22, 411
渡辺　貢	83, 84, 434
渡辺　光訓	568
渡辺　光子	115, 570
渡辺　本治	352
渡辺　百三	337
渡辺　恭章	114
渡部　保子	53
渡部　結	267, 268, 488
渡辺　裕一	440
渡辺　裕子	185
渡辺　紫	13, 14, 17, 576
渡部　行雄	49, 50, 51
渡辺　良夫	169, 170, 171
渡辺　芳男	210, 211
渡辺　芳子	559
渡辺　義太郎	217
渡辺　宜信	435, 563
渡辺　義彦	242, 267, 294, 297, 487, 576
渡辺　良弘	584
渡辺　喜美	71, 72, 73, 91, 92, 94, 95, 584
渡部　義通	79, 539
渡辺　利絵	323
渡辺　朗	210, 211, 212
綿貫　民輔	178, 179, 180, 196, 197, 198, 199
綿貫　英彦	576
綿野　庄太郎	548
渡部　敬吉郎	445
渡部　実	219, 220
渡会　恍	220
亘　四郎	169, 170, 171, 453
渡　利三	67
和智　恒蔵	545
和智　正行	519
和出　徳一	218, 219
和爾　俊二郎	256, 257
和仁　隆明	206, 238
鰐淵　俊之	12, 15, 16
鰐淵　洋子	576, 580
藁科　満治	565, 572

付　　　録

党派別獲得議席一覧………………… *657*
衆議院議員選挙補欠選挙一覧…… *665*
参議院議員選挙補欠選挙一覧…… *668*

党派別獲得議席一覧

衆議院議員選挙

第24回　昭和24年（1949年）1月23日

党派	民自	民主	社会	共産	国協	労農	農新	諸派	無所属	合計
	264	68	49	35	14	7	6	11	12	466

民自＝民主自由党、民主＝民主党、社会＝日本社会党、共産＝日本共産党、国協＝国民協同党、労農＝労働者農民党、農新＝農民新党、諸派＝社会革新党と新自由党を含む

第25回　昭和27年（1952年）10月1日

党派	自由	改進	右社	左社	労農	協同	再建	諸派	無所属	合計
	240	85	57	54	4	2	1	4	19	466

自由＝日本自由党、改進＝改進党、右社＝日本社会党右派、左社＝日本社会党左派、労農＝労働者農民党、協同＝協同党、再建＝日本再建連盟

第26回　昭和28年（1953年）4月19日

党派	自由吉	改進	左社	右社	自由鳩	労農	共産	諸派	無所属	合計
	199	76	72	66	35	5	1	1	11	466

自由吉＝自由党吉田派、改進＝改進党、左社＝日本社会党左派、右社＝日本社会党右派、自由鳩＝自由党鳩山派、労農＝労働者農民党、共産＝日本共産党

第27回　昭和30年（1955年）2月27日

党派	民主	自由	左社	右社	労農	共産	諸派	無所属	合計
	185	112	89	67	4	2	2	6	467

民主＝日本民主党、自由＝自由党、左社＝日本社会党左派、右社＝日本社会党右派、労農＝労働者農民党、共産＝日本共産党

参議院議員選挙

昭和22年（1947年）

第1回　昭和22年（1947年）4月20日

党派	社会	自由	民主	国協	共産	諸派	無所属	合計
地方	30	30	22	6	1	7	54	150
全国	17	8	3	3	3	9	57	100
合計	47	38	25	9	4	16	111	250

社会＝日本社会党、自由＝日本自由党、民主＝民主党、国協＝国民協同党、共産＝日本共産党

昭和23年（1948年）

昭和24年（1949年）

昭和25年（1950年）

第2回　昭和25年（1950年）6月4日

党派	自由	社会	民主	緑風	農協	共産	労農	無所属	合計
地方	34	21	8	3	2	0	1	7	76
全国	18	15	1	6	1	2	1	12	56
合計	52	36	9	9	3	2	2	19	132

自由＝日本自由党、社会＝日本社会党、民主＝国民民主党、緑風＝緑風会、農協＝農民協同党、共産＝日本共産党、労農＝労働者農民党

昭和26年（1951年）

昭和27年（1952年）

昭和28年（1953年）

第3回　昭和28年（1953年）4月24日

党派	自由吉	左社	緑風	右社	改進	無所属	合計
地方	30	10	8	7	5	15	75
全国	16	8	8	3	3	15	53
合計	46	18	16	10	8	30	128

自由吉＝自由党吉田派、左社＝日本社会党左派、緑風＝緑風会、右社＝日本社会党右派、改進＝改進党

昭和29年（1954年）

昭和30年（1955年）

657

衆議院議員選挙 / 参議院議員選挙

昭和31年（1956年）

第4回　昭和31年（1956年）7月8日

党派	自民	社会	緑風	共産	諸派	無所属	合計
地方	42	28	0	1	0	4	75
全国	19	21	5	1	1	5	52
合計	61	49	5	2	1	9	127

自民＝自由民主党、社会＝日本社会党、緑風＝緑風会、共産＝日本共産党

昭和32年（1957年）

昭和33年（1958年）

第28回　昭和33年（1958年）5月22日

党派	自民	社会	共産	諸派	無所属	合計
	287	166	1	1	12	467

自民＝自由民主党、社会＝日本社会党、共産＝日本共産党

昭和34年（1959年）

第5回　昭和34年（1959年）6月2日

党派	自民	社会	緑風	共産	諸派	無所属	合計
地方	49	21	2	0	0	3	75
全国	22	17	4	1	1	7	52
合計	71	38	6	1	1	10	127

自民＝自由民主党、社会＝日本社会党、緑風＝緑風会、共産＝日本共産党

昭和35年（1960年）

第29回　昭和35年（1960年）11月20日

党派	自民	社会	民社	共産	諸派	無所属	合計
	296	145	17	3	1	5	467

自民＝自由民主党、社会＝日本社会党、民社＝民主社会党、共産＝日本共産党

昭和36年（1961年）

昭和37年（1962年）

第6回　昭和37年（1962年）7月1日

党派	自民	社会	民社	共産	同志	無所属	合計
地方	48	22	1	1	0	4	76
全国	21	15	3	2	2	8	51
合計	69	37	4	3	2	12	127

自民＝自由民主党、社会＝日本社会党、民社＝民主社会党、共産＝日本共産党、同志＝参議院同志会

昭和38年（1963年）

第30回　昭和38年（1963年）11月21日

党派	自民	社会	民社	共産	無所属	合計
	283	144	23	5	12	467

自民＝自由民主党、社会＝日本社会党、民社＝民主社会党、共産＝日本共産党

昭和39年（1964年）

衆議院議員選挙

第31回　昭和42年(1967年)1月29日

党派	自民	社会	民社	公明	共産	無所属	合計
	277	140	30	25	5	9	486

自民＝自由民主党、社会＝日本社会党、民社＝民主社会党、公明＝公明党、共産＝日本共産党

第32回　昭和44年(1969年)12月27日

党派	自民	社会	公明	民社	共産	無所属	合計
	288	90	47	31	14	16	486

自民＝自由民主党、社会＝日本社会党、公明＝公明党、民社＝民主社会党、共産＝日本共産党

第33回　昭和47年(1972年)12月10日

党派	自民	社会	共産	公明	民社	諸派	無所属	合計
	271	118	38	29	19	2	14	491

自民＝自由民主党、社会＝日本社会党、共産＝日本共産党、公明＝公明党、民社＝民主社会党

昭和40年(1965年)
昭和41年(1966年)
昭和42年(1967年)
昭和43年(1968年)
昭和44年(1969年)
昭和45年(1970年)
昭和46年(1971年)
昭和47年(1972年)
昭和48年(1973年)

参議院議員選挙

第7回　昭和40年(1965年)7月4日

党派	自民	社会	公明	民社	共産	無所属	合計
地方	46	24	2	1	1	1	75
全国	25	12	9	2	2	2	52
合計	71	36	11	3	3	3	127

自民＝自由民主党、社会＝日本社会党、公明＝公明党、民社＝民主社会党、共産＝日本共産党

第8回　昭和43年(1968年)7月7日

党派	自民	社会	公明	民社	共産	無所属	合計
地方	48	16	4	3	1	3	75
全国	21	12	9	4	3	2	51
合計	69	28	13	7	4	5	126

自民＝自由民主党、社会＝日本社会党、公明＝公明党、民社＝民主社会党、共産＝日本共産党

第9回　昭和46年(1971年)6月27日

党派	自民	社会	公明	民社	共産	無所属	合計
地方	42	28	2	2	1	1	76
全国	21	11	8	4	5	1	50
合計	63	39	10	6	6	2	126

自民＝自由民主党、社会＝日本社会党、公明＝公明党、民社＝民主社会党、共産＝日本共産党

衆議院議員選挙 | 参議院議員選挙

昭和49年（1974年）

第10回　昭和49年（1974年）7月7日

党派	自民	社会	公明	共産	民社	諸派	無所属	合計
地方	43	18	5	5	1	1	3	76
全国	19	10	9	8	4	0	4	54
合計	62	28	14	13	5	1	7	130

自民＝自由民主党、社会＝日本社会党、公明＝公明党、共産＝日本共産党、民社＝民主社会党

昭和50年（1975年）

昭和51年（1976年）

第34回　昭和51年（1976年）12月5日

党派	自民	社会	公明	民社	共産	新自ク	無所属	合計
	257	123	55	29	19	17	11	511

自民＝自由民主党、社会＝日本社会党、公明＝公明党、民社＝民主社会党、共産＝日本共産党、新自ク＝新自由クラブ

昭和52年（1977年）

第11回　昭和52年（1977年）7月10日

党派	自民	社会	公明	民社	共産	新自ク	諸派	無所属	合計
地方	45	17	5	2	2	2	1	2	76
全国	18	10	9	4	3	1	2	3	50
合計	63	27	14	6	5	3	3	5	126

自民＝自由民主党、社会＝日本社会党、公明＝公明党、民社＝民主社会党、共産＝日本共産党、新自ク＝新自由クラブ、諸派＝社会市民連合、革新自由連合を含む

昭和53年（1978年）

昭和54年（1979年）

第35回　昭和54年（1979年）10月7日

党派	自民	社会	公明	共産	民社	新自ク	社民連	無所属	合計
	253	107	58	41	36	4	2	10	511

自民＝自由民主党、社会＝日本社会党、公明＝公明党、共産＝日本共産党、民社＝民主社会党、新自ク＝新自由クラブ、社民連＝社会民主連合

昭和55年（1980年）

第36回　昭和55年（1980年）6月22日

党派	自民	社会	公明	民社	共産	新自ク	社民連	無所属	合計
	284	107	33	32	29	12	3	11	511

自民＝自由民主党、社会＝日本社会党、公明＝公明党、民社＝民主社会党、共産＝日本共産党、新自ク＝新自由クラブ、社民連＝社会民主連合

第12回　昭和55年（1980年）6月22日

党派	自民	社会	公明	共産	民社	諸派	無所属	合計
地方	48	13	4	4	2	1	4	76
全国	21	9	9	3	4	1	3	50
合計	69	22	13	7	6	2	7	126

自民＝自由民主党、社会＝日本社会党、公明＝公明党、共産＝日本共産党、民社＝民主社会党

昭和56年（1981年）

衆議院議員選挙 | 参議院議員選挙

昭和57年（1982年）

昭和58年（1983年）

第13回　昭和58年（1983年）6月26日

党派	自民	社会	公明	共産	民社	自ク連	諸派	無所属	合計
選挙	49	13	6	2	2	1	2	1	76
比例	19	9	8	5	4	1	4	—	50
合計	68	22	14	7	6	2	6	1	126

自民＝自由民主党、社会＝日本社会党、公明＝公明党、共産＝日本共産党、民社＝民主社会党、自ク連＝新自由クラブ民主連合、諸派＝サラリーマン新党、第二院クラブ、福祉党を含む

第37回　昭和58年（1983年）12月18日

党派	自民	社会	公明	民社	共産	新自ク	社民連	無所属	合計
	250	112	58	38	26	8	3	16	511

自民＝自由民主党、社会＝日本社会党、公明＝公明党、共産＝日本共産党、民社＝民主社会党、新自ク＝新自由クラブ、社民連＝社会民主連合

昭和59年（1984年）

昭和60年（1985年）

昭和61年（1986年）

第38回　昭和61年（1986年）7月6日

党派	自民	社会	公明	共産	民社	新自ク	社民連	無所属	合計
	300	85	56	26	26	6	4	9	512

自民＝自由民主党、社会＝日本社会党、公明＝公明党、共産＝日本共産党、民社＝民主社会党、新自ク＝新自由クラブ、社民連＝社会民主連合

第14回　昭和61年（1986年）7月6日

党派	自民	社会	公明	共産	民社	新自ク	諸派	無所属	合計
選挙	50	11	3	4	2	—	0	6	76
比例	22	9	7	5	3	1	3	—	50
合計	72	20	10	9	5	1	3	6	126

自民＝自由民主党、社会＝日本社会党、公明＝公明党、共産＝日本共産党、民社＝民主社会党、新自ク＝新自由クラブ、諸派＝第二院クラブ、サラリーマン新党、税金党を含む

昭和62年（1987年）

昭和63年（1988年）

平成元年（1989年）

第15回　平成元年（1989年）7月23日

党派	社会	自民	連合	公明	共産	民社	税金	諸派	無所属	合計
選挙	26	21	11	4	1	1	1	1	10	76
比例	20	15	—	6	4	2	1	2	—	50
合計	46	36	11	10	5	3	2	3	10	126

社会＝日本社会党、自民＝自由民主党、連合＝連合の会、公明＝公明党、共産＝日本共産党、民社＝民主社会党、税金＝税金党、諸派＝第二院クラブ、スポーツ平和党を含む

平成2年（1990年）

第39回　平成2年（1990年）2月18日

党派	自民	社会	公明	共産	民社	社民連	進歩	無所属	合計
	275	136	45	16	14	4	1	21	512

自民＝自由民主党、社会＝日本社会党、公明＝公明党、共産＝日本共産党、民社＝民主社会党、社民連＝社会民主連合、進歩＝進歩党

衆議院議員選挙 / 参議院議員選挙

平成3年（1991年）

平成4年（1992年）

第16回　平成4年（1992年）7月26日

党派	自民	社会	公明	共産	民社	日本新	諸派	無所属	合計
選挙	50	12	6	2	1	―	2	4	77
比例	19	10	8	4	3	4	2	―	50
合計	69	22	14	6	4	4	4	4	127

自民＝自由民主党、社会＝日本社会党、公明＝公明党、共産＝日本共産党、民社＝民主社会党、日本新＝日本新党、諸派＝スポーツ平和党、第二院クラブを含む

平成5年（1993年）

第40回　平成5年（1993年）7月18日

党派	自民	社会	新生	公明	日本新	共産	民社	さき	社民連	無所属	合計
	223	70	55	51	35	15	15	13	4	30	511

自民＝自由民主党、社会＝日本社会党、新生＝新生党、公明＝公明党、日本新＝日本新党、共産＝日本共産党、民社＝民主社会党、さき＝新党さきがけ、社民連＝社会民主連合

平成6年（1994年）

平成7年（1995年）

第17回　平成7年（1995年）7月23日

党派	自民	新進	社会	共産	さき	民改連	諸派	無所属	合計
選挙	34	22	7	3	1	2	1	6	76
比例	15	18	9	5	―	―	1	―	50
合計	49	40	16	8	3	2	2	6	126

自民＝自由民主党、新進＝新進党、社会＝日本社会党、共産＝日本共産党、さき＝新党さきがけ、民改連＝民主改革連合、諸派＝第二院クラブ、平和・市民を含む

平成8年（1996年）

第41回　平成8年（1996年）10月20日

党派	自民	新進	民主	共産	社民	さき	民改連	無所属	合計
選挙	169	96	17	2	4	2	1	9	300
比例	70	60	35	24	11	0	0	―	200
合計	239	156	52	26	15	2	1	9	500

自民＝自由民主党、新進＝新進党、民主＝民主党、共産＝日本共産党、社民＝社会民主党、さき＝新党さきがけ、民改連＝民主改革連合

平成9年（1997年）

平成10年（1998年）

第18回　平成10年（1998年）7月12日

党派	自民	民主	共産	公明	自由	社民	無所属	合計
選挙	31	15	7	2	1	1	19	76
比例	14	12	8	7	5	4	―	50
合計	45	27	15	9	6	5	19	126

自民＝自由民主党、民主＝民主党、共産＝日本共産党、公明＝公明党、自由＝自由党、社民＝社会民主党

平成11年（1999年）

衆議院議員選挙

第42回　平成12年（2000年）6月25日

党派	自民	民主	公明	自由	共産	社民	保守	無会	自連	無所属	合計
選挙	177	80	7	4	0	4	7	5	1	15	300
比例	56	47	24	18	20	15	0	0	0	—	180
合計	233	127	31	22	20	19	7	5	1	15	480

自民＝自由民主党、民主＝民主党、公明＝公明党、自由＝自由党、共産＝日本共産党、社民＝社会民主党、保守＝保守党、無会＝無所属の会、自連＝自由連合

第43回　平成15年（2003年）11月9日

党派	自民	民主	公明	共産	社民	保守新	無会	自連	無所属	合計
選挙	168	105	9	0	1	4	1	1	11	300
比例	69	72	25	9	5	—	—	—	—	180
合計	237	177	34	9	6	4	1	1	11	480

自民＝自由民主党、民主＝民主党、公明＝公明党、共産＝日本共産党、社民＝社会民主党、保守新＝保守新党、無会＝無所属の会、自連＝自由連合

第44回　平成17年（2005年）9月11日

党派	自民	民主	公明	共産	社民	国民	日本	諸派	無所属	合計
選挙	219	52	8	0	1	2	0	0	18	300
比例	77	61	23	9	6	2	1	1	—	180
合計	296	113	31	9	7	4	1	1	18	480

自民＝自由民主党、民主＝民主党、公明＝公明党、共産＝日本共産党、社民＝社会民主党、国民＝国民新党、日本＝新党日本、諸派＝新党大地

平成12年（2000年）
平成13年（2001年）
平成14年（2002年）
平成15年（2003年）
平成16年（2004年）
平成17年（2005年）
平成18年（2006年）
平成19年（2007年）
平成20年（2008年）

参議院議員選挙

第19回　平成13年（2001年）7月29日

党派	自民	民主	公明	自由	共産	社民	保守	無所属	合計
選挙	45	18	5	2	1	0	—	2	73
比例	20	8	8	4	4	3	1	—	48
合計	65	26	13	6	5	3	1	2	121

自民＝自由民主党、民主＝民主党、公明＝公明党、自由＝自由党、共産＝日本共産党、社民＝社会民主党、保守＝保守党

第20回　平成16年（2004年）7月11日

党派	民主	自民	公明	共産	社民	無所属	合計
選挙	31	34	3	0	0	5	73
比例	19	15	8	4	2	—	48
合計	50	49	11	4	2	5	121

民主＝民主党、自民＝自由民主党、公明＝公明党、共産＝日本共産党、社民＝社会民主党

第21回　平成19年（2007年）7月29日

党派	民主	自民	公明	共産	社民	国民	日本	無所属	合計
選挙	40	23	2	0	0	1	—	7	73
比例	20	14	7	3	2	1	1	—	48
合計	60	37	9	3	2	2	1	7	121

民主＝民主党、自民＝自由民主党、公明＝公明党、共産＝日本共産党、社民＝社会民主党、国民＝国民新党、日本＝たちあがれ日本

衆議院議員選挙

第45回　平成21年（2009年）8月30日

党派	民主	自民	公明	共産	社民	みんな	国民	日本	大地	無所属	合計
選挙	221	64	0	0	3	2	3	1	—	6	300
比例	87	55	21	9	4	3	0	0	1	—	180
合計	308	119	21	9	7	5	3	1	1	6	480

民主＝民主党、自民＝自由民主党、公明＝公明党、共産＝日本共産党、社民＝社会民主党、みんな＝みんなの党、国民＝国民新党、日本＝新党日本、大地＝新党大地

第46回　平成24年（2012年）12月16日

党派	自民	民主	維新	公明	みんな	未来	共産	社民	諸派	無所属	合計
選挙	237	27	14	9	4	2	0	1	1	5	300
比例	57	30	40	22	14	7	8	1	1	—	180
合計	294	57	54	31	18	9	8	2	2	5	480

自民＝自由民主党、民主＝民主党、維新＝日本維新の会、公明＝公明党、みんな＝みんなの党、未来＝日本未来の党、共産＝日本共産党、社民＝社会民主党、諸派＝国民新党、新党大地を含む

第47回　平成26年（2014年）12月14日

党派	自民	民主	維新	公明	共産	次世代	社民	生活	無所属	合計
選挙	222	38	11	9	1	2	1	2	9	295
比例	68	35	30	26	20	0	1	0	—	180
合計	290	73	41	35	21	2	2	2	9	475

自民＝自由民主党、民主＝民主党、維新＝維新の党、公明＝公明党、共産＝日本共産党、次世代＝次世代の党、社民＝社会民主党、生活＝生活の党

※衆議院議員選挙の「選挙」は小選挙区、参議院議員選挙の「選挙」は選挙区を指す

参議院議員選挙

平成21年（2009年）

平成22年（2010年）

第22回　平成22年（2010年）7月11日

党派	自民	民主	みんな	公明	共産	社民	改革	日本	合計
選挙	39	28	3	3	0	0	0	0	73
比例	12	16	7	6	3	2	1	1	48
合計	51	44	10	9	3	2	1	1	121

自民＝自由民主党、民主＝民主党、みんな＝みんなの党、公明＝公明党、共産＝日本共産党、社民＝社会民主党、改革＝新党改革、日本＝たちあがれ日本

平成23年（2011年）

平成24年（2012年）

平成25年（2013年）

第23回　平成25年（2013年）7月21日

党派	自民	民主	公明	みんな	共産	維新	社民	諸派	無所属	合計
選挙	47	10	4	4	3	2	0	1	2	73
比例	18	7	7	4	5	6	1	0	—	48
合計	65	17	11	8	8	8	1	1	2	121

自民＝自由民主党、民主＝民主党、公明＝公明党、みんな＝みんなの党、共産＝日本共産党、維新＝日本維新の会、社民＝社会民主党

平成26年（2014年）

平成27年（2015年）

平成28年（2016年）

第24回　平成28年（2016年）7月10日

党派	自民	民進	公明	お維新	共産	社民	生活	無所属	合計
選挙	37	21	7	3	1	0	—	4	73
比例	19	11	7	4	5	1	1	—	48
合計	56	32	14	7	6	1	1	4	121

自民＝自由民主党、民進＝民進党、公明＝公明党、お維新＝おおさか維新の会、共産＝日本共産党、社民＝社会民主党、生活＝生活の党と山本太郎となかまたち

衆議院議員選挙補欠選挙一覧

実施日	対象回	選挙区	事由	被選挙数
昭和25年(1950年)				
10月30日	第24回	新潟県第2区	中蒲原郡七谷村における選挙無効による再選挙	4
昭和27年(1952年)				
3月12日	第24回	東京都第6区	聴濤克巳の公職追放、中島守利の死去	2
昭和29年(1954年)				
2月15日	第26回	鹿児島県奄美群島区	奄美群島復帰に伴う選挙	1
4月30日	第26回	鹿児島県奄美群島区	法定得票に達した候補者がいなかったことによる再選挙	1
昭和31年(1956年)				
11月22日	第27回	福岡県第1区	緒方竹虎、熊谷憲一の死去	2
昭和32年(1957年)				
9月3日	第27回	福島県第1区	鈴木周次郎の当選無効(公職選挙法違反)	1
昭和33年(1958年)				
2月9日	第27回	愛媛県第2区	越智茂、砂田重政の死去	2
昭和34年(1959年)				
5月16日	第28回	北海道第1区	町村金五の退職、横路節雄の辞職(ともに知事選立候補)	2
昭和39年(1964年)				
11月16日	第30回	千葉県第2区	寺島隆太郎、山村新治郎の死去	2
12月27日	第30回	岐阜県第1区	大野伴睦、三田村武夫の死去	2
昭和43年(1968年)				
5月12日	第31回	鹿児島県奄美群島区	伊東隆治の死去	1
昭和45年(1970年)				
11月15日	第32回	沖縄県全県区	沖縄復帰に伴う選挙	5
昭和47年(1972年)				
9月23日	第32回	山形県第1区	堀田政孝、華山親義の死去	2
10月8日	第32回	愛媛県第2区	八木徹雄、村上信二郎の死去	2
昭和48年(1973年)				
12月23日	第33回	福岡県第3区	荒木万寿夫、楢橋渡の死去	2
昭和54年(1979年)				
1月14日	第34回	京都府第2区	山田芳治の退職(知事選立候補)、玉置一徳の死去	2
昭和58年(1983年)				
8月7日	第36回	京都府第2区	前尾繁三郎、谷垣専一の死去	2
平成4年(1992年)				
3月29日	第39回	群馬県第2区	中島源太郎、須永徹の死去	2

実施日	対象回	選挙区	事由	被選挙数
平成9年(1997年)				
12月14日	第41回	宮城県第6区	菊池福治郎の辞職	1
平成10年(1998年)				
2月1日	第41回	茨城県第5区	塚原俊平の死去	1
2月22日	第41回	長崎県第4区	金子原二郎の辞職(知事選立候補)	1
3月15日	第41回	長崎県第1区	西岡武夫の辞職(知事選立候補)	1
3月29日	第41回	東京都第4区	新井将敬の死去	1
6月14日	第41回	熊本県第1区	細川護煕の辞職	1
8月23日	第41回	富山県第2区	住博司の死去	1
8月23日	第41回	石川県第1区	奥田敬和の死去	1
平成11年(1999年)				
4月11日	第41回	東京都第2区	鳩山邦夫の辞職(知事選立候補)	1
4月11日	第41回	東京都第15区	柿沢弘治の退職(知事選立候補)	1
4月11日	第41回	静岡県第8区	北脇保之の辞職(浜松市長選立候補)	1
平成12年(2000年)				
2月27日	第41回	宮城県第6区	小野寺五典の辞職	1
10月22日	第42回	東京都第21区	山本譲司の辞職	1
平成13年(2001年)				
10月28日	第42回	宮城県第4区	伊藤宗一郎の死去	1
10月28日	第42回	滋賀県第2区	小西哲の死去	1
平成14年(2002年)				
4月28日	第42回	和歌山県第2区	岸本光造の死去	1
10月27日	第42回	山形県第4区	加藤紘一の辞職	1
10月27日	第42回	神奈川県第8区	中田宏の退職(横浜市長選立候補)	1
10月27日	第42回	新潟県第5区	田中真紀子の辞職	1
10月27日	第42回	大阪府第10区	辻元清美の辞職	1
10月27日	第42回	福岡県第6区	古賀正浩の死去	1
平成15年(2003年)				
4月27日	第42回	茨城県第7区	中村喜四郎の退職(被選資格の喪失)	1
4月27日	第42回	山梨県第3区	横内正明の辞職(知事選立候補)	1
4月27日	第42回	東京都第6区	石井紘基の死去	1
平成16年(2004年)				
4月25日	第43回	埼玉県第8区	新井正則の辞職	1
4月25日	第43回	広島県第5区	池田行彦の死去	1
4月25日	第43回	鹿児島県第5区	山中貞則の死去	1

実施日	対象回	選挙区	事由	被選挙数
平成17年(2005年)				
4月24日	第43回	宮城県第2区	鎌田さゆりの辞職	1
4月24日	第43回	福岡県第2区	古賀潤一郎の辞職	1
平成18年(2006年)				
4月23日	第44回	千葉県第7区	松本和巳の辞職	1
10月22日	第44回	神奈川県第16区	亀井善之の死去	1
10月22日	第44回	大阪府第9区	西田猛の死去	1
平成19年(2007年)				
7月29日	第44回	岩手県第1区	達増拓也の辞職(知事選立候補)	1
7月29日	第44回	熊本県第3区	松岡利勝の死去	1
平成20年(2008年)				
4月27日	第44回	山口県第2区	福田良彦の辞職(岩国市長選立候補)	1
平成22年(2010年)				
10月24日	第45回	北海道第5区	小林千代美の辞職	1
平成23年(2011年)				
4月24日	第45回	愛知県第6区	石田芳弘の辞職(名古屋市長選立候補)	1
平成24年(2012年)				
10月28日	第45回	鹿児島県第3区	松下忠洋の死去	1
平成26年(2014年)				
4月27日	第46回	鹿児島県第2区	徳田毅の辞職	1
平成28年(2016年)				
4月24日	第47回	北海道第5区	町村信孝の死去	1
4月24日	第47回	京都府第3区	宮崎謙介の辞職	1
10月23日	第47回	東京都第10区	小池百合子の辞職(知事選立候補)	1
10月23日	第47回	福岡県第6区	鳩山邦夫の死去	1

参議院議員選挙補欠選挙一覧

実施日	対象回	選挙区	事　由	被選挙数
昭和22年（1947年）				
8月11日	第1回	滋賀県選挙区	猪飼清六の辞職	1
8月15日	第1回	栃木県選挙区	殿岡利助の辞職	1
8月15日	第1回	群馬県選挙区	竹腰徳蔵の公職追放	1
8月15日	第1回	徳島県選挙区	岸野牧夫の辞職	1
8月15日	第1回	鹿児島県選挙区	中馬猪之吉、上野喜左衛門の辞職	2
10月7日	第1回	岩手県選挙区	出淵勝次の死去	1
昭和23年（1948年）				
1月11日	第1回	長崎県選挙区	清水武夫の死去	1
2月5日	第1回	長野県選挙区	木下盛雄の死去	1
2月15日	第1回	熊本県選挙区	堀内到の死去	1
6月18日	第1回	奈良県選挙区	服部教一の公職追放	1
昭和24年（1949年）				
6月3日	第1回	兵庫県選挙区	八木幸吉の公職追放	1
12月24日	第1回	福島県選挙区	松平恒雄の死去	1
昭和25年（1950年）				
1月12日	第1回	兵庫県選挙区	原口忠次郎の辞職（神戸市長選当選）	1
1月17日	第1回	福岡県選挙区	橋上保の死去	1
11月3日	第1回	茨城県選挙区	柴田政次の死去	1
12月13日	第2回	千葉県選挙区	土屋俊三の死去	1
12月20日	第1回	広島県選挙区	佐々木鹿蔵の死去	1
昭和26年（1951年）				
2月12日	第2回	福島県選挙区	橋本万右衛門の死去	1
4月21日	第1回	愛媛県選挙区	久松定武の辞職（知事選立候補）	1
5月16日	第1回	大阪府選挙区	中井光次、森下政一の辞職（ともに大阪市長選立候補）	2
11月16日	第2回	富山県選挙区	尾山三郎の死去	1
昭和27年（1952年）				
5月6日	第2回	静岡県選挙区	平岡市三の死去	1
10月20日	第1回	熊本県選挙区	田方進の辞職	1
昭和28年（1953年）				
7月30日	第2回	青森県選挙区	工藤鉄男の死去	1

実施日	対象回	選挙区	事由	被選挙数
昭和29年(1954年)				
1月20日	第2回	千葉県選挙区	加納金助の死去	1
6月3日	第3回	和歌山県選挙区	徳川頼貞の死去	1
10月17日	第3回	全国区(群馬県)	佐野市選挙管理委員会の党名誤記のため一部選挙が無効となり、6議席が再選挙となった	6
昭和30年(1955年)				
3月10日	第2回	福井県選挙区	堂森芳夫の辞職(衆院選立候補)	1
3月17日	第2回	福岡県選挙区	団伊能の辞職(衆院選立候補)	1
5月15日	第2回	新潟県選挙区	北村一男の退職(知事選立候補)	1
6月5日	第2回	埼玉県選挙区	松永義雄の死去	1
8月7日	第2回	三重県選挙区	前田穣の死去	1
11月11日	第3回	島根県選挙区	大達茂雄の死去	1
昭和31年(1956年)				
1月15日	第2回	京都府選挙区	大山郁夫の死去	1
4月4日	第3回	鳥取県選挙区	三好英之の死去	1
11月30日	第4回	鹿児島県選挙区	重成格の死去	1
昭和32年(1957年)				
4月23日	第3回	大阪府選挙区	森下政一の死去	1
6月28日	第3回	香川県選挙区	白川一雄の死去	1
昭和33年(1958年)				
6月22日	第3回	秋田県選挙区	鈴木一の退職(衆院選立候補)	1
7月6日	第4回	島根県選挙区	小滝彬の死去	1
8月24日	第4回	福岡県選挙区	山本経勝の死去	1
12月7日	第3回	石川県選挙区	井村徳二の死去	1
昭和34年(1959年)				
4月30日	第4回	大阪府選挙区	左藤義詮の退職(知事選立候補)	1
7月24日	第4回	山形県選挙区	松沢靖介の死去	1
8月20日	第4回	兵庫県選挙区	成田一郎の死去	1
昭和35年(1960年)				
5月18日	第5回	熊本県選挙区	桜井三郎の死去	1
11月20日	第4回	埼玉県選挙区	大沢雄一の辞職(衆院選立候補)	1
12月1日	第4回	千葉県選挙区	伊能繁次郎の辞職(衆院選立候補)	1
昭和36年(1961年)				
12月10日	第5回	宮崎県選挙区	二見甚郷の辞職	1

実施日	対象回	選挙区	事　由	被選挙数
昭和37年(1962年)				
11月30日	第5回	熊本県選挙区	松野鶴平の死去	1
昭和38年(1963年)				
1月29日	第6回	熊本県選挙区	園木登の死去	1
4月6日	第5回	栃木県選挙区	湯沢三千男の死去	1
4月9日	第5回	福岡県選挙区	吉田法晴の退職(北九州市長選立候補)	1
9月18日	第5回	茨城県選挙区	武藤常介の死去	1
10月28日	第5回	愛知県選挙区	杉浦武雄の死去	1
12月10日	第5回	京都府選挙区	永末英一の辞職(衆院選立候補)	1
昭和39年(1964年)				
6月21日	第5回	和歌山県選挙区	野村吉三郎の死去	1
12月9日	第5回	岡山県選挙区	秋山長造、加藤武徳の退職(ともに知事選立候補)	2
昭和40年(1965年)				
4月11日	第6回	宮城県選挙区	高橋進太郎の退職(知事選立候補)	1
7月18日	第6回	熊本県選挙区	北口龍徳の死去	1
昭和41年(1966年)				
1月30日	第6回	広島県選挙区	岩沢忠恭の死去	1
4月27日	第6回	京都府選挙区	大野木秀次郎の死去	1
11月5日	第6回	愛知県選挙区	草葉隆円の死去	1
昭和42年(1967年)				
2月12日	第6回	神奈川県選挙区	曽祢益の辞職(衆院選立候補)	1
4月30日	第6回	福岡県選挙区	亀井光の辞職(知事選立候補)	1
6月25日	第6回	滋賀県選挙区	西川甚五郎の死去	1
8月20日	第6回	群馬県選挙区	木暮武太夫の死去	1
9月15日	第7回	秋田県選挙区	松野孝一の死去	1
11月5日	第7回	千葉県選挙区	小沢久太郎の死去	1
11月5日	第7回	新潟県選挙区	佐藤芳男の死去	1
昭和43年(1968年)				
6月9日	第7回	岩手県選挙区	谷村貞治の死去	1
昭和45年(1970年)				
3月15日	第8回	長崎県選挙区	久保勘一の退職(知事選立候補)	1
11月1日	第8回	山梨県選挙区	吉江勝保の死去	1
11月15日	第8回	沖縄県選挙区	沖縄復帰に伴う選挙	2

実施日	対象回	選挙区	事　由	被選挙数
昭和46年（1971年）				
2月7日	第7回	石川県選挙区	任田新治の死去	1
昭和47年（1972年）				
2月6日	第9回	茨城県選挙区	中村喜四郎の死去	1
10月22日	第8回	三重県選挙区	斎藤昇の死去	1
11月5日	第8回	兵庫県選挙区	佐野芳雄の死去	1
12月10日	第8回	静岡県選挙区	栗原祐幸の辞職（衆院選立候補）	1
12月17日	第8回	新潟県選挙区	松井誠の死去	1
昭和48年（1973年）				
6月17日	第9回	青森県選挙区	津島文治の死去	1
6月17日	第9回	大阪府選挙区	赤間文三の死去	1
昭和49年（1974年）				
1月27日	第8回	香川県選挙区	平井太郎の死去	1
4月21日	第9回	京都府選挙区	大橋和孝の退職（知事選立候補）	1
5月12日	第9回	高知県選挙区	浜田幸雄の死去	1
12月8日	第9回	栃木県選挙区	船田譲の辞職（知事選立候補）	1
昭和50年（1975年）				
4月27日	第9回	茨城県選挙区	竹内藤男の辞職（知事選立候補）	1
4月27日	第9回	愛知県選挙区	須原昭二の死去	1
9月21日	第9回	鹿児島県選挙区	柴立芳文の死去	1
昭和51年（1976年）				
5月23日	第10回	秋田県選挙区	山崎五郎の死去	1
9月26日	第9回	奈良県選挙区	大森久司の死去	1
9月26日	第10回	大分県選挙区	岩男頴一の死去	1
12月12日	第9回	新潟県選挙区	佐藤隆の辞職（衆院選立候補）	1
12月12日	第9回	宮崎県選挙区	温水三郎の死去	1
昭和52年（1977年）				
5月22日	第10回	新潟県選挙区	亘四郎の死去	1
9月4日	第10回	熊本県選挙区	高田浩運の死去	1
昭和53年（1978年）				
2月5日	第10回	茨城県選挙区	岩上妙子の辞職	1
2月19日	第10回	和歌山県選挙区	前田佳都男の死去	1
4月23日	第10回	京都府選挙区	林田悠紀夫の退職（知事選立候補）	1

実施日	対象回	選挙区	事　由	被選挙数
昭和54年(1979年)				
4月22日	第11回	熊本県選挙区	三善信二の死去	1
昭和55年(1980年)				
6月1日	第11回	青森県選挙区	寺下岩蔵の死去	1
昭和56年(1981年)				
2月1日	第12回	岐阜県選挙区	藤井丙午の死去	1
3月8日	第11回	千葉県選挙区	菅野儀作の死去	1
6月28日	第11回	岐阜県選挙区	浅野拡の死去	1
11月1日	第12回	鳥取県選挙区	石破二朗の死去	1
11月29日	第12回	広島県選挙区	永野厳雄の死去	1
昭和57年(1982年)				
1月10日	第11回	佐賀県選挙区	鍋島直紹の死去	1
11月14日	第12回	沖縄県選挙区	喜屋武真栄の辞職(知事選立候補)	1
12月26日	第12回	富山県選挙区	吉田実の死去	1
昭和58年(1983年)				
2月13日	第11回	栃木県選挙区	戸叶武の死去	1
12月18日	第12回	静岡県選挙区	戸塚進也の退職(衆院選立候補)	1
昭和60年(1985年)				
2月3日	第12回	奈良県選挙区	新谷寅三郎の死去	1
2月17日	第13回	福島県選挙区	村田秀三の死去	1
10月20日	第12回	熊本県選挙区	園田清充の死去	1
昭和61年(1986年)				
8月10日	第13回	佐賀県選挙区	大坪健一郎の辞職(衆院選立候補)	1
昭和62年(1987年)				
3月8日	第13回	岩手県選挙区	岩動道行の死去	1
7月12日	第14回	山口県選挙区	江島淳の死去	1
11月1日	第13回	神奈川県選挙区	服部信吾の死去	1
12月27日	第13回	大阪府選挙区	森下泰の死去	1
昭和63年(1988年)				
2月28日	第13回	大阪府選挙区	田代富士男の辞職	1
4月10日	第14回	佐賀県選挙区	三池信の死去	1
9月4日	第13回	福島県選挙区	佐藤栄佐久の辞職(知事選立候補)	1

実施日	対象回	選挙区	事由	被選挙数
平成元年(1989年)				
2月12日	第14回	福岡県選挙区	福田幸弘の死去	1
6月25日	第14回	新潟県選挙区	志苫裕の退職(知事選立候補)	1
10月1日	第14回	茨城県選挙区	岩上二郎の死去	1
平成2年(1990年)				
6月10日	第15回	福岡県選挙区	小野明の死去	1
11月4日	第14回	愛知県選挙区	高木健太郎の死去	1
12月9日	第14回	新潟県選挙区	長谷川信の死去	1
平成3年(1991年)				
2月24日	第14回	青森県選挙区	山崎竜男の退職(知事選立候補)	1
6月16日	第14回	埼玉県選挙区	名尾良孝の死去	1
9月29日	第14回	福岡県選挙区	本村和喜の死去	1
平成4年(1992年)				
2月9日	第15回	奈良県選挙区	新坂一雄の死去	1
3月8日	第15回	宮城県選挙区	栗村和夫の死去	1
4月12日	第15回	茨城県選挙区	狩野明男の死去	1
平成5年(1993年)				
7月18日	第15回	福島県選挙区	石原健太郎の辞職(衆院選立候補)	1
7月18日	第16回	岐阜県選挙区	藤井孝男、高井和伸の辞職(ともに衆院選立候補)	2
12月5日	第15回	広島県選挙区	藤田雄山の退職(知事選立候補)	1
平成6年(1994年)				
9月11日	第16回	愛知県選挙区	新間正次の当選無効(公選法違反)による再選挙	1
平成7年(1995年)				
11月19日	第16回	佐賀県選挙区	大塚清次郎の死去	1
平成8年(1996年)				
3月24日	第17回	岐阜県選挙区	大野明の死去	1
10月20日	第16回	栃木県選挙区	森山真弓の辞職(衆院選立候補)	1
11月17日	第16回	兵庫県選挙区	河本三郎の退職(衆院選立候補)	1
平成9年(1997年)				
11月16日	第17回	宮城県選挙区	市川一朗の辞職(知事選立候補)	1
平成10年(1998年)				
11月8日	第17回	和歌山県選挙区	世耕政隆の死去	1

実施日	対象回	選挙区	事由	被選挙数
平成11年（1999年）				
10月17日	第17回	長野県選挙区	村沢牧の死去	1
平成12年（2000年）				
4月16日	第17回	熊本県選挙区	阿曽田清の辞職（知事選立候補）	1
6月25日	第17回	石川県選挙区	馳浩の辞職（衆院選立候補）	1
6月25日	第17回	三重県選挙区	平田耕一の辞職（衆院選立候補）	1
6月25日	第17回	愛媛県選挙区	塩崎恭久の辞職（衆院選立候補）	1
10月22日	第17回	滋賀県選挙区	奥村展三の辞職（衆院選立候補）	1
平成14年（2002年）				
4月28日	第19回	新潟県選挙区	真島一男の死去	1
10月27日	第18回	千葉県選挙区	井上裕の辞職	1
10月27日	第18回	鳥取県選挙区	坂野重信の死去	1
平成15年（2003年）				
4月27日	第18回	茨城県選挙区	久野恒一の死去	1
10月26日	第18回	埼玉県選挙区	浜田卓二郎の退職（知事選立候補）	1
10月23日	第19回	神奈川県選挙区	斎藤勁の退職（衆院選立候補）	1
平成19年（2007年）				
4月22日	第20回	福島県選挙区	佐藤雄平の辞職（知事選立候補）	1
4月22日	第20回	沖縄県選挙区	糸数慶子の辞職（知事選立候補）	1
平成21年（2009年）				
10月25日	第20回	神奈川県選挙区	浅尾慶一郎の辞職（衆院選立候補）	1
10月25日	第20回	静岡県選挙区	坂本由紀子の辞職（知事選立候補）	1
平成25年（2013年）				
4月28日	第22回	山口県選挙区	岸信夫の辞職（衆院選立候補）	1

国政選挙総覧 1947〜2016

2017年7月25日　第1刷発行

発　行　者／大高利夫
編集・発行／日外アソシエーツ株式会社
　　　　　〒140-0013 東京都品川区南大井6-16-16鈴中ビル大森アネックス
　　　　　電話(03)3763-5241(代表)　FAX(03)3764-0845
　　　　　URL　http://www.nichigai.co.jp/
発　売　元／株式会社紀伊國屋書店
　　　　　〒163-8636 東京都新宿区新宿 3-17-7
　　　　　電話(03)3354-0131(代表)
　　　　　ホールセール部(営業)　電話(03)6910-0519

組版処理／有限会社デジタル工房
印刷・製本／株式会社平河工業社

不許複製・禁無断転載　　《中性紙三菱クリームエレガ使用》
〈落丁・乱丁本はお取り替えいたします〉
ISBN978-4-8169-2674-7　　Printed in Japan, 2017

本書はディジタルデータでご利用いただくことができます。詳細はお問い合わせください。

日本議会政治史事典
—トピックス1881-2015

A5・470頁　定価（本体14,200円＋税）　2016.1刊

1881年から2015年まで、日本の議会政治に関するトピック4,700件を年月日順に掲載した記録事典。帝国議会・国会の召集、衆議院・参議院の選挙、法案の審議、政党の変遷、疑獄事件など幅広いテーマを収録。「分野別索引」「事項名索引」付き。

憲法改正 最新文献目録

A5・690頁　定価（本体27,500円＋税）　2016.5刊

2006年から2015年に発表された図書2,200点、雑誌記事14,000点の文献目録。改正手続きから集団的自衛権行使を認める安保法制、解釈改憲、立憲主義など憲法改正論議を中心に天皇制、基本的人権、選挙制度など憲法に関わる分野をテーマ別に分類して収録。著者・発言者名から引く「著者名索引」とテーマから引く「事項名索引」付き。

都市問題・地方自治 調査研究文献要覧

後藤・安田記念東京都市研究所 市政専門図書館 監修

市政専門図書館が長年にわたり独自に収集してきた都市問題・地方自治に関する書籍・研究論文・調査報告等を体系的に収録した文献目録。国立国会図書館「雑誌記事索引」未収録の記事も多数収録。

① **明治～1945**　B5・940頁　定価（本体43,000円＋税）　2017.5刊
② **1945～1980**　B5・1,110頁　定価（本体43,000円＋税）　2016.12刊
③ **1981～2015**　B5・1,200頁　定価（本体43,000円＋税）　2016.7刊

民俗風俗 図版レファレンス事典

民俗事典、風俗事典、民具事典、生活・文化に関する事典、祭礼・芸能・行事事典、図集・図説・写真集に掲載された日本各地・各時代の民俗・風俗に関する写真や図を探すことができる図版索引。郷土の祭礼、民俗芸能、年中行事、衣食住や生産・生業、信仰、人の一生にまつわることなどに関する写真や図の掲載情報がわかる。図版の掲載頁および写真/図、カラー/白黒の区別、文化財指定、地名、所蔵、行事等の実施時期、作画者、出典、撮影者、撮影年代などを記載。

古代・中世・近世篇　B5・1,110頁　定価（本体46,250円＋税）　2016.12刊
衣食住・生活篇　B5・1,120頁　定価（本体45,000円＋税）　2015.11刊
祭礼・年中行事篇　B5・770頁　定価（本体45,000円＋税）　2015.6刊

データベースカンパニー
日外アソシエーツ　〒140-0013　東京都品川区南大井6-16-16
TEL.（03）3763-5241　FAX.（03）3764-0845　http://www.nichigai.co.jp/